Spuren + Indizien
in der Mikro-Historie 172

Handbuch der Geschichtsdidaktik

Handbuch der Geschichtsdidaktik

Mit Beiträgen von

F. Baumgart (Bochum)
H. M. Baumgartner (Bonn)
U. A. J. Becher (Bochum)
K. Bergmann (Bielefeld)
D. Böhn (Würzburg)
P. Böhning (Bielefeld)
W. Boldt (Oldenburg)
B. v. Borries (Hamburg)
H. Callies (Hannover)
J. Calließ (Loccum)
M. Dörr (Stuttgart / Heilbronn)
K. Eder (Düsseldorf)
K. G. Faber † (Münster)
B. Faulenbach (Bochum)
K. Filser (Augsburg)
K. G. Fischer (Gießen)
H. Fleischer (Darmstadt)
K. Fröhlich (Bochum)
W. Fürnrohr (Erlangen / Würzburg)
K. Gebauer (Soest)
A. Genger (Essen)
S. George (Gießen)
M. Goldmann (Recklinghausen)
D. Harth (Heidelberg)
K. Hausen (Berlin)
U. Herbert (Hagen)
G. v. d. Heuvel (Hannover)
B. Hey (Bielefeld)
D. Hoffmann (Oldenburg)
W. Hug (Freiburg)
J. Huhn (Kassel)
G. Iggers (Buffalo / USA)
K.-E. Jeismann (Braunschweig)
H.-W. Jung (Hamburg)
W. v. Kampen (Osnabrück)
P. Ketsch (Hannover)
J. Kocka (Bielefeld)
U. Kratz (London)
R. Krieger (Gießen)
A. Kuhn (Bonn)
M. Kutz (Hamburg)
U. Lachauer (Mannheim)
C. Lindenberg (Tübingen)
U. Mayer (Wetzlar)

H. Mommsen (Bochum)
A. v. Müller (Berlin)
H. Müller-Michaels (Bochum)
B. Mütter (Bielefeld)
W. Oelmüller (Bochum)
H.-J. Pandel (Osnabrück)
D. Peukert (Essen)
R. Piepmeier (Paderborn)
S. Quandt (Gießen)
K. Remus (Bochum)
R. Riemenschneider (Paris)
G. Ringshausen (Heidelberg)
K. Rohe (Essen)
J. Rohlfes (Bielefeld)
G. Rohlfing (Bielfeld)
V. Rothe (Duisburg)
J. Rüsen (Bochum)
F. Scherf (Gau-Bischofsheim)
H. Scheuer (Siegen)
H.-D. Schmid (Hannover)
G. Schneider (Hannover)
R. Schörken (Duisburg)
P. Schöttler (Bremen)
D. Scholle (Lünen)
W. Schulze (Bochum)
G. v. Staehr (Hamburg)
H. Süssmuth (Düsseldorf)
S. Thurn (Bielefeld)
U. Uffelmann (Heidelberg)
H. P. Ullmann (Gießen)
B. Unckel (Marburg)
R. Vierhaus (Göttingen)
J. V. Wagner (Bochum)
W. Weber (Bochum)
F. Weigend (Stuttgart)
E. Weyrauch (Wolfenbüttel)
I. Wilharm (Hannover)
H. Witthöft (Siegen)
M. Wohlleben (Zürich)
H. Wunder (Kassel)
W. Zacharias (München)
M. Zimmermann (Bochum)
W. Zitzlaff (Lollar)

Handbuch der Geschichtsdidaktik

Herausgegeben von

Klaus Bergmann
Annette Kuhn
Jörn Rüsen
Gerhard Schneider

in Verbindung mit
Werner Boldt
Klaus Fröhlich
Jochen Huhn
Hans-Jürgen Pandel
Rolf Schörken

Redaktion
Klaus Fröhlich
Klaus Remus

Schwann Düsseldorf

CIP-Kurztitelaufnahme der Deutschen Bibliothek

Handbuch der Geschichtsdidaktik / hrsg. von Klaus
Bergmann... in Verbindung mit Werner Boldt...
[Mit Beitr. von F. Baumgart...]. – 3., völlig
überarb. u. bedeutend erweiterte Aufl. – Düsseldorf:
Schwann, 1985.
   ISBN 3-590-14463-7
NE: Bergmann, Klaus [Hrsg.]

© 1985 Schwann GmbH Düsseldorf
Alle Rechte vorbehalten
3. völlig überarbeitete und bedeutend erweiterte Auflage
Umschlaggestaltung Ralf Rudolph
Satz Brigitte Struve Düsseldorf
Druck Rasch, Bramsche
ISBN 3-590-14463-7

Inhalt

Vorwort zur 1. Auflage XI
Vorwort zur 3. Auflage XIV
Abkürzungsverzeichnis XVII

I. Geschichte als Lebenswelt 1

Kapiteleinführung: Rolf Schörken 3
Zeit (H.-J. Pandel) 11
Tradition (J.-E. Jeismann) 18
Sozialisation (H.-J. Pandel) 20
Identität (K. Bergmann) 29
Alltagsbewußtsein (R. Schörken) 36
Geschichtsbewußtsein (K.-E. Jeismann) 40
Historisches Erzählen (J. Rüsen) 44
Geschichte und Utopie (J. Rüsen) 50
Geschichte als Argument (J. Calließ) 55
Politische Kultur (K. Rohe) 60
Öffentlichkeit (S. Quandt) 63

II. Geschichte als Wissenschaft 67

Kapiteleinführung: Jörn Rüsen 69
Geschichte (W. Weyrauch) 83
Geschichtsphilosophie (W. Oelmüller) 89
Periodisierung (U. A. J. Becher) 93
Historische Anthropologie (K. Eder) 98
Historismus (J. Rüsen) 102
Historischer Materialismus (H. Fleischer) 106
Gesellschaftstheorie (G. von Staehr) 110
Ideologie, Ideologiekritik (G. von Staehr) 115
Historik (J. Rüsen) 120
Historische Methode (J. Rüsen) 123
Hermeneutik, Verstehen (K.-G. Faber †) 127
Historische Kategorien (J. Rüsen) 130
Fortschritt (R. Piepmeier) 134
Historische Begriffe (K.-G. Faber †) 138
Gesetze, Erklärungen (J. Rüsen) 140

Narrativität (*H. M. Baumgartner*) 146
Kontinuität (*H. M. Baumgartner*) 150
Objektivität (*J. Rüsen*) 151
Geschichtsschreibung (*D. Harth*) 156
Universalgeschichte (*K. Eder*) 161
Sozialgeschichte, Gesellschaftsgeschichte (*J. Kocka*) . 164
Strukturgeschichte (*J. Kocka*) 168
Historische Sozialwissenschaft (*J. Kocka*) 170
Mikro-Historie (*W. Schulze*) 173
Frauengeschichte (*A. Kuhn*) 175
Wirtschaftsgeschichte (*H.-P. Ullmann*) 177
Technikgeschichte (*W. Weber*) 180
Politische Geschichte (*H. Mommsen*) 183
Kulturgeschichte (*R. Vierhaus*) 187
Geistesgeschichte, Ideengeschichte, Geschichte der Mentalitäten
   (*G. G. Iggers*) 191
Begriffsgeschichte, Historische Semantik (*G. van den Heuvel*) 194
Zeitgeschichte (*U. A. J. Becher*) 197
Biographie (*H. Scheuer*) 201

III. Geschichte in der didaktischen Reflexion 205

Kapiteleinführung: Klaus Bergmann 207
Geschichte der Geschichtsdidaktik und des Geschichtsunterrichts
   (*K. Bergmann / G. Schneider*) 219
Historisches Lernen (*J. Rüsen*) 224
Kategorien der Geschichtsdidaktik (*U. Mayer / H. J. Pandel*) 230
Gegenwarts- und Zukunftsbezogenheit (*K. Bergmann*) ... 233
Emanzipation (*K. Bergmann*) 236
Auswahl (*H. Süssmuth*) 240
Wissenschaftspropädeutik im Geschichtsunterricht (*J. Rüsen*) 246
Materialistische Geschichtsdidaktik (*H.-W. Jung*) 250
Problemorientierter Geschichtsunterricht (*U. Uffelmann*) 253
Exemplarischer Geschichtsunterricht (*J. Rohlfes*) 256
Historisches Wissen (*M. Dörr*) 258
Geschichtsbild (*G. Schneider / I. Wilharm*) 261
Sprache (*F. J. Lucas † / U. A. J. Becher*) 264
Personalisierung, Personifizierung (*K. Bergmann*) 268
Multiperspektivität (*K. Bergmann*) 271
Werturteile im Geschichtsunterricht (*J. Rüsen*) 274
Moralische Entwicklung (*H.-J. Pandel*) 279
Vorurteile und Feindbilder (*H.-D. Schmid*) 287
Schulbuchanalyse (*D. Scholle*) 291
Politische Bildung (*S. George*) 298
Didaktik der Universalgeschichte (*V. Rothe*) 301
Didaktik der Friedenserziehung (*A. Kuhn*) 304
Didaktik der Zeitgeschichte (*U. A. J. Becher*) 307

Didaktik der Heimatgeschichte (*D. Peukert*) 310
Didaktik der Alltagsgeschichte (*K. Bergmann / S. Thurn*) 315
Didaktik der Arbeitergeschichte (*D. Peukert*) 320
Didaktik der Frauengeschichte (*B. v. Borries*) 325
Didaktik der Kindheitsgeschichte (*K. Hausen*) 331
Didaktik der Schul- und Unterrichtsgeschichte (*K. Bergmann /
  G. Schneider*) 333

IV. Geschichtsdidaktik und Curriculumentwicklung 337

Kapiteleinführung: Annette Kuhn 339
Kommunikative Geschichtsdidaktik (*F. Baumgart*) 349
Lerntheorie und Geschichtsdidaktik (*A. Kuhn*) 355
Bildungstheorie und Geschichtsdidaktik (*B. Mütter*) 357
Ideologiekritik und Geschichtsdidaktik (*G. von Staehr*) 363
Psychologie und Geschichtsunterricht (*R. Krieger*) 365
Bedingungsanalyse (*A. Kuhn*) 371
Schülerinteresse (*A. Kuhn*) 374
Lernziele, Qualifikationen (*J. Rohlfes*) 379
Operationalisierung (*J. Rohlfes*) 385
Transfer (*R. Krieger*) 386
Chronologischer Geschichtsunterricht (*U. A. J. Becher*) 390
Richtlinien, Lehrpläne (*K. Fröhlich*) 393

V. Geschichte im Unterricht 405

Kapiteleinführung: Hans-Jürgen Pandel 407
Methodik (*H.-J. Pandel*) 417
Arbeitsformen (*B. Unckel*) 421
Entdeckendes Lernen (*K. Filser*) 432
Projektarbeit (*W. Boldt*) 436
Historisches Interview (Oral History) (*U. Herbert*) 439
Programmierter Geschichtsunterricht (*B. von Borries*) 442
Sozialformen (*H.-J. Pandel*) 444
Medien (*H. Witthöft*) 456
Veranschaulichen und Vergegenwärtigen (*H.-J. Pandel / G. Schneider*) . 464
Schulbuch (*W. Hug*) 469
Quellenarbeit, Quelleninterpretation (*H.-J. Pandel*) 475
Film (*W. van Kampen*) 480
Schulfunk (*P. Ketsch*) 483
Geschichtsunterricht und Museen (*D. Hoffmann*) 489
Geschichtserzählung (*G. Schneider*) 493
Geschichte im Jugendbuch (*H. Witthöft*) 497
Unterrichtsplanung (*A. Kuhn*) 501
Längsschnitte, Querschnitte (*I. Wilharm*) 507
Begriffsbildung (*J. Rohlfes*) 511
Leistungsmessung und Leistungsbeurteilung (*B. von Borries*) 513

Tests (B. von Borries) 518
Empirische Unterrichtsforschung (W. Fürnrohr) 522

VI. Geschichtsunterricht als Institution 527

Kapiteleinführung: Gerhard Schneider 529
Historisches Lernen in der Grundschule (H.-D. Schmid) 539
Geschichtsunterricht in der Haupt- und Realschule (H.-J. Pandel) 545
Geschichtsunterricht in der Sekundarstufe II (P. Böhning) 551
Geschichte in berufsbildenden Schulen (G. Rohlfing) 555
Geschichtsunterricht in Gesamtschulen (K. Gebauer) 558
Geschichtsunterricht in der Sonderschule (W. Zitzlaff) 567
Geschichtsunterricht an Waldorfschulen (C. Lindenberg) 572
Historisch-politische Bildung in der Bundeswehr (M. Kutz) 575
Geschichtsunterricht in der DDR (H.-D. Schmid) 580
Geschichtsunterricht in der Dritten Welt (U. Kratz) 585
Georg-Eckert-Institut für internationale Schulbuchforschung
  (R. Riemenschneider) 588
„Schülerwettbewerb Deutsche Geschichte um den Preis des
  Bundespräsidenten" (G. Schneider) 591
Geschichtsunterricht und Archiv (F. Scherf) 597
Fachverbände für Geschichtslehrer (D. Scholle) 600

VIII. Geschichte im Kanon der Unterrichtsfächer 609

Kapiteleinführung: Werner Boldt 611
Integration, Kooperation, Koordination (H. Süssmuth) 619
Geschichtsunterricht und politische Bildung (S. George) 622
Geschichtsunterricht und Social Studies (H. Süssmuth) 627
Geschichtsunterricht und Geographieunterricht (D. Böhn) 634
Geschichtsunterricht und Arbeitslehre (K. G. Fischer) 639
Geschichtsunterricht und Deutschunterricht (H. Müller-Michaels) . . . 641
Geschichtsunterricht und Ästhetische Erziehung (W. Zacharias) 645
Geschichtsunterricht und Religionsunterricht (G. Ringshausen) 649

VIII. Geschichtslehrerausbildung 657

Kapiteleinführung: Klaus Fröhlich 659
Studium der Geschichte (H. Wunder) 671
Studium der Sozialwissenschaften (H. Süssmuth) 676
Studium der Geschichtsdidaktik (K. Fröhlich) 681
Fachpraktikum (U. Mayer / H.-J. Pandel) 688
Historische Praktika in außerschulischen Berufsbereichen (U. Lachauer) 690
Projektstudium (W. Boldt) 694
Einphasige Lehrerausbildung (W. Boldt) 697
Referendariat (B. Unckel) 699
Beurteilung von Geschichtsunterricht (U. Mayer) 704
Lehrerfortbildung (A. Genger) 710

IX. Geschichte in der außerschulischen Öffentlichkeit 715

Kapiteleinführung: Jochen Huhn 717
Geschichte im Film (*P. Schöttler*) 723
Geschichte im Sachbuch (*R. Schörken*) 728
Geschichte im Museum (*D. Hoffmann*) 732
Geschichte und Touristik (*H. Callies*) 734
Exkursionen, Lehrpfade, alternative Stadterkundungen (*B. Hey*) 738
Geschichte in der Erwachsenenbildung (*B. Faulenbach*) 743
Geschichte in der gewerkschaftlichen Bildungsarbeit (*B. Faulenbach*) . . 749
Geschichtsvereine (*U. A. J. Becher*) 754
Geschichte in der Presse (*F. Weigend*) 758
Geschichte im Fernsehen (*A. v. Müller*) 761
Archiv und Öffentlichkeit (*J. V. Wagner*) 765
Denkmalpflege und Geschichte (*M. Wohlleben*) 769
Akademiearbeit (*J. Calließ*) 773
Geschichtswerkstätten (*G. Schneider*) 776
Geschichte im Stadtteil (*M. Goldmann / M. Zimmermann*) 782
Historische Beratung (*J. Huhn*) 787

Die Autoren 793

Wichtige Literatur (zusammengestellt von K. Remus) 817

Im Handel befindliche Lehrbücher (zusammengestellt von P. Ketsch) . . 823

Personenregister 831

Sachregister 835

Vorwort zur 1. Auflage

Seit sich die Geschichtsdidaktik nicht mehr als bloße Methodenlehre für den Schulunterricht im Fach Geschichte versteht, sondern als eine Disziplin, die sich der Frage nach der Gestalt, der Entstehung und der Funktion des historischen Bewußtseins in der Gesellschaft verschrieben hat, ist die Orientierung in diesem Fachgebiet schwierig, aber auch dringlich geworden. In den letzten fünfzehn Jahren hat die Geschichtsdidaktik ihr Erkenntnisinteresse und ihre Erkenntnisweisen unter Aufnahme von Ergebnissen und Methoden vielfältiger Bezugswissenschaften wesentlich ausgeweitet. Von besonderer Bedeutung war dabei einerseits der Wandel im Selbstverständnis der Geschichtswissenschaft, die sich als „historische Sozialwissenschaft" neu definierte, andererseits die curriculare Orientierung der Erziehungswissenschaft, die den Aufbau historischen Bewußtseins in intentionalen Erziehungs- und Bildungsprozessen neuen Rationalitätsstandards unterwarf. Die Entwicklung der Geschichtsdidaitik von einer stofforientierten Kunstlehre, die der unterrichtlichen Anwendung unbefragter geschichtswissenschaftlicher Ergebnisse diente, zu einer theoriegeleiteten, methodenregulierten Wissenschaft, die ihre praktischen Absichten in einem rationalen Diskurs theoretisch abzuleiten und empirisch zu begründen sucht, ist heute, nach mehr als zehnjähriger Diskussion, weder abgeschlossen noch in allen Aspekten unumstritten. Trotz aller Kontroversen weist die fachdidaktische Diskussion jedoch einen Konsens darüber aus, daß Geschichte und die Beschäftigung mit ihr in einen engeren und bewußteren Verwendungszusammenhang gesellschaftlicher und individueller Praxis hineingedacht werden muß. Der damit angedeutete Frageansatz der Geschichtsdidaktik bringt Konsequenzen mit sich, die geeignet sind, die Praxis des Lehrens und Lernens von Geschichte sehr weitgehenden Veränderungen auszusetzen. Wenn auch die Probleme der Umsetzung der fachdidaktischen Reflexionen in den Geschichtsunterricht von der Geschichtsdidaktik in vielen Aspekten noch kaum erkannt, geschweige denn gelöst worden sind, scheint es doch an der Zeit, den erreichten Reflexions- und Diskussionsstand den lehrenden Praktikern und einer breiteren Öffentlichkeit in einer Weise zugänglich zu machen, die sich dem Bedürfnis nach rascher Orientierung nicht verwehrt.

Das vorliegende Handbuch informiert über theoretische Grundlagen, Fragestellungen, Gegenstände und Verfahren der Geschichtsdidaktik und versucht, Schlußfolgerungen für die Praxis des Geschichtsunterrichts zu ziehen. Es dokumentiert unterschiedliche, auch gegensätzliche geschichtsdidaktische Positionen und gibt die in den einzelnen Arbeitsfeldern erreichten Ergebnisse und offenen Fragen wieder. Es erörtert die einer demokratischen Gesellschaft angemessenen Ziele, Inhalte und Verfahren historisch-politischer Bildung und zeigt Perspektiven für die weitere fachdidaktische Arbeit auf. Bei dem gegebenen Entwicklungsstand der Geschichtsdidaktik mußte dabei vieles vorläufig, programmatisch und auch kontrovers bleiben. Die Herausgeber haben nicht versucht, zu harmonisieren oder einen Konsens vorzutäuschen, wo er nicht gegeben ist. Das Handbuch will kein abgeschlossenes geschichtsdidaktisches System bieten, es ist vielmehr so angelegt, daß die fachdidaktische Diskussion in ihrer ganzen Breite zum Ausdruck kommen kann. Auch ist mit der Bezeichnung „Handbuch" kein Anspruch auf Vollständigkeit und Endgültigkeit verbunden. Die im Fluß befindliche Fachdiskussion legt es nahe, unter dieser Bezeichnung ein Buch zu verstehen, das dem in dem breiten Feld historisch-sozialwissenschaftlicher Lehre und Forschung tätigen Lehrer, Studenten oder Hochschullehrer in den täglichen Auseinandersetzungen mit den angesprochenen Problemen zur Hand sein möge.

Das Handbuch der Geschichtsdidaktik versammelte Einzelbeiträge von mehr als sechzig Autoren zu 110 Stichworten. Da die Geschichtsdidaktik als eine in ihrer Art junge Disziplin mit unscharfen Abgrenzungen zu den Nachbarwissenschaften noch nicht über eine ausgeprägte Fachsprache verfügt, verbot sich die lexikalische Anordnung der Stichworte nach der Art eines Handwörterbuches. Das Werk ordnet die Beiträge acht Kapiteln zu, die für die wichtigsten Gebiete der geschichtsdidaktischen Reflexion stehen und die, jeweils durch kurze Problemskizzen eingeführt, die leitenden Gesichtspunkte für die Auswahl der Stichworte abgeben. Im ersten Band werden die lebensweltlichen Grundlagen des historischen Denkens und das geschichtswissenschaftliche Paradigma als Basis der didaktischen Reflexion über Geschichte expliziert (Kapitel I bis III) und mit den edukativen Intentionen (Kapitel IV) verbunden. Im zweiten Band stehen die Fragen des institutionalisierten Geschichtsunterrichts im Vordergrund (Kapitel V und VI), auf die die Probleme der Fächerabgrenzung und der Lehrerausbildung (Kapitel VII und VIII) bezogen werden. Der Stellenwert des einzelnen Stichwortes ist durch seine Position innerhalb des jeweiligen Kapitels bezeichnet, wobei sich wegen des Verzichts auf systematische Vollständigkeit eine lockere Folge von Einzelbeiträgen ergibt, die mit Hilfe der Kapiteleinführungen zu Problemkomplexen gebündelt werden können. Jeder Beitrag ist mit Quellennachweisen und Hinweisen auf weiterführende Literatur versehen und kann auch für sich gelesen werden. Den Zusammemhang mit anderen Beiträgen stellen die im Text angebrachten Querverweise her. Die einzelnen Stichworte werden über das dem zweiten Band beigegebene Sachregister erschlossen. Das Register enthält darüber hinaus facherhebliche Begriffe, denen kein eigenes Stichwort gewidmet werden konnte; entsprechende Referenzen sind auch dann aufgenommen worden, wenn der Begriff an der zitierten Stelle nicht wörtlich ausgewiesen ist, sich aber aus dem Sinnzusammenhang notwendig ergibt. Das Personenregister berücksichtigt nur Namensnennungen von Personen, über deren Produktionen an der zitierten Stelle Substantielles ausgesagt wird. Die Autorennamen der Literaturzitate sind nicht aufgenommen worden.

Bei der Herstellung des Druckmanuskripts konnte von vielen Seiten Hilfe in Anspruch genommen werden. Dafür haben Herausgeber und Redaktion zu danken. Stellvertretend für manche andere seien an dieser Stelle Christa Holland-Nell (Gießen), Christel Schmid (Bochum) und Anne Micus (Bochum) genannt, die zahlreiche Manuskripte in eine satzgemäße Form gebracht, die redaktionellen Teile geschrieben und die umfangreiche Korrespondenz geführt haben; Bernd Rosengart ist dem Redakteur in den letzten Phasen der Manuskriptbearbeitung intensiv zur Hand gegangen und hat, wie auch andere Bochumer Hilfskräfte, viel zur rechtzeitigen Fertigstellung des Handbuches beigetragen. Heinz Gibas vom Pädagogischen Verlag Schwann danken wir für das hohe persönliche Engagement an dem Handbuchprojekt und die konstruktive Zusammenarbeit bei dessen Realisierung.

September 1979 *Die Herausgeber*

Vorwort zur 3. Auflage

Das Handbuch der Geschichtsdidaktik hat gute Aufnahme bei seinen Benutzern gefunden. Schon 1980 konnte die zweite, unveränderte Auflage herausgebracht werden, und auch diese ist seit längerem vollständig vergriffen. Herausgebern und Verlag erschien es indessen nicht sinnvoll, jetzt eine weitere unveränderte Auflage zu veranlassen, die wiederum vier oder fünf Jahre am Markt wäre. Der Fortgang der geschichtstheoretischen und geschichtsdidaktischen Diskussion gibt Anlaß und Material zur Revision des Kompendiums. Innerwissenschaftlich und außerwissenschaftlich sind Entwicklungen und Argumentationslinien sichtbar geworden, die sich 1978/79 so deutlich noch nicht abgezeichnet hatten; neue Fragestellungen sind in den Blick geraten, neue Untersuchungsfelder – besonders im Bereich der außerschulischen Verwendung von Geschichte – erschlossen worden. Alle diese Fortschritte waren nach Kräften aufzunehmen. Dabei mußte zugleich der Versuch gemacht werden, einige der Lücken und Defizite zu beseitigen, die die ersten beiden Auflagen aufwiesen. Jene Unvollständigkeit und Vorläufigkeit, die das Vorwort zur 1. Auflage für das Handbuch reklamiert, konnte und wollte die Bearbeitung allerdings nicht beheben.
Die Bearbeitungen für die 3. Auflage haben die bewährte Konzeption des Handbuches im ganzen unberührt gelassen. Die Überarbeitung und Aktualisierung der Beiträge im einzelnen blieb in der Verantwortung der jeweiligen Autoren. Dabei sind zwei Kapiteleinführungen und eine Reihe von Artikeln völlig neu gefaßt worden – in drei Fällen von anderen Autoren –, viele Beiträge wurden substantiell verändert oder erweitert. Darüber hinaus sind 29 Stichworte in die vorhandenen acht Kapitel integriert worden; 16 weitere Beiträge konnten unter der Federführung von Jochen Huhn zu einem neuen Kapitel „Geschichte in der außerschulischen Öffentlichkeit" zusammengeführt werden. Es dokumentiert die theoretisch längst angebahnte, in den letzten Jahren aber verstärkt vollzogene Horizonterweiterung der Geschichtsdidaktik, die sich auf die außerschulischen Verwendungszusammenhänge von Geschichte richtet. Das Handbuch der Geschichtsdidaktik vereinigt damit jetzt in neun Kapiteln 163 Beiträge von 86 Autoren, von denen nicht weniger als 27 neu gewonnen worden sind.
Auch äußerlich wird das Handbuch mit der 3. Auflage in neuer Gestalt vorgelegt. Trotz der bedeutenden Umfangserweiterung werden die neun Kapitel in einem Band zusammengefaßt, um die Benutzung des Gesamtwerkes zu erleichtern. Aus technischen Gründen mußten die Querverweise innerhalb der

Vorwort zur 3. Auflage XV

einzelnen Artikel entfallen. Wir hoffen, für die Nachteile durch ein verbessertes Register zu entschädigen. Die neu zusammengestellte Überblicksbibliographie und ein Verzeichnis der im Handel befindlichen Geschichtsschulbücher sollen den Informationswert des Handbuches erhöhen.

Für die Mitarbeit an dieser Neuausgabe sagen die Herausgeber allen Beiträgern Dank, die zur Verbesserung, Ergänzung und Erweiterung des Werkes das Mögliche gegeben haben. Die Redaktion hat namentlich Frau Monika Werth (Dortmund) für manche Hilfe bei der technischen Einrichtung des Druckmanuskripts und Frau Brigitte Struve (Düsseldorf) für die kritisch besonnene und umsichtige Besorgung des Satzes zu danken. Auf seiten des Verlages lag die Betreuung der Neuauflage wieder in den bewährten Händen von Heinz Gibas. Ihm gilt der Dank von Herausgebern und Redakteuren für sein stetes Interesse und die wirksame Kooperationsbereitschaft.

März 1985 *Die Herausgeber*

Abkürzungsverzeichnis

apz	aus politik und zeitgeschichte. Beilage zur Wochenzeitung „Das Parlament", hrsg. von der Bundeszentrale für politische Bildung, Bonn
AuA	Anmerkungen und Argumente zur historischen und politischen Bildung, Stuttgart
Gd	Geschichtsdidaktik. Probleme, Projekte, Perspektiven, Düsseldorf
GSE	Gesellschaft, Staat, Erziehung. Zeitschrift für politische Bildung und Erziehung, Frankfurt
GuG	Geschichte und Gesellschaft. Zeitschrift für Historische Sozialwissenschaft, Göttingen
GWU	Geschichte in Wissenschaft und Unterricht. Zeitschrift des Verbandes der Geschichtslehrer Deutschlands, Stuttgart
HZ	Historische Zeitschrift, München
KZSS	Kölner Zeitschrift für Soziologie und Sozialpsychologie, Köln / Opladen
NSlg	Neue Sammlung. Göttinger Blätter für Kultur und Erziehung, Göttingen
VfZ	Vierteljahreshefte für Zeitgeschichte, Stuttgart
VSWG	Vierteljahrschrift für Sozial- und Wirtschaftsgeschichte, Leipzig
WPB	Westermanns pädagogische Beiträge, Braunschweig / Hamburg / Berlin / Kiel
ZfG	Zeitschrift für Geschichtswissenschaft, Berlin
ZfPäd	Zeitschrift für Pädagogik, Weinheim

I. Geschichte als Lebenswelt

Geschichte als Lebenswelt
Rolf Schörken

Lebensweltbegriffe

Seit dem Spätwerk Edmund Husserls ist „Lebenswelt" zu einem Schlüsselbegriff in der philosophischen, wissenschaftstheoretischen, erziehungs- und sozialwissenschaftlichen Auseinandersetzung geworden. Breitenwirkung erreichte er neuerlich dadurch, daß Jürgen Habermas die Lebenswelttheorie von Alfred Schütz aktualisierte und zu einer der Grundlagen für die sozialwissenschaftliche Diskussion der siebziger Jahre machte.

Der Begriff hat unterschiedliche Auslegungen gefunden. Von diesen seien hier nur einige skizziert:

- Die Lebenswelt ist die *„einzig wirkliche Welt"*, in der wir allezeit sind, „wenn wir miteinander leben, zueinander sprechen, einander im Gruß die Hand reichen, in Liebe und Abneigung, in Gesinnung und Tat, in Rede und Gegenrede aufeinanderbezogen sind; desgleichen in der wir sind, wenn wir die uns umgebenden Dinge eben als unsere Umgebung und nicht wie in den Naturwissenschaften als ‚objektive Natur' ansehen" (Husserl 1952, 183). Die Lebenswelt ist in fragloser Selbstverständlichkeit da. Sie „ist die ständig vorgegebene, ständig im voraus seiend geltende, aber nicht geltend aus irgendeiner Absicht, Thematik, nach irgendwelchem universalem Zweck" (Husserl 1962, 461).
- Die Lebenswelt ist *vor aller Reflexion* in unveräußerlicher Gegenwart *„je schon da"*. Mensch und Welt leben in „Koexistenz" miteinander. Das wahrnehmende Bewußtsein des Menschen tritt den Dingen nicht primär in der Art wissenschaftlicher Beobachtung distanziert gegenüber, vielmehr ist die primäre Bewußtseinstätigkeit ein unreflektiertes, im Umgang mit den Dingen erfahrenes und engagiertes Bewußtsein. Träger dieser ursprünglichen Beziehung von Mensch und Welt ist der Leib, der als vorpersonales Subjekt aufzufassen ist. — Diese (im Unterschied von Husserl) vom Organismus ausgehende Vorstellung der Lebenswelt hat M. Merleau-Ponty entwickelt.
- Als Lebenswelt ist die uns *umgebende*, als *natürlich erscheinende*, aus *vertrauten Situationen* bestehende Welt zu verstehen, in der wir und die anderen uns auf der Basis selbstverständlicher Erwartungen und in der Vorstellung, daß jeder normale Mensch diese Wirklichkeitsauffassung teile, bewegen und verhalten. Die Lebenswelt ist „einfach da", und über ihre Präsenz hinaus bedarf sie keiner zusätzlichen Bestätigung. Sie ist jedoch nicht die einzige Realität, in der der Mensch lebt; er kann sich zeitweise

auch in der Realität der Religion, der wissenschaftlichen Forschung, der Kunst, des Traumes und des Spieles aufhalten; doch ist die Lebenswelt insofern *oberste Wirklichkeit*, als das Bewußtsein des Menschen, wenn es sich in einer anderen Sinnprovinz aufgehalten hat, immer wieder „wie von einer Reise" in sie zurückkehrt. Das Ich teilt die Lebenswelt immer mit anderen. Es geht von dem Bewußtsein aus, daß die natürliche Einstellung zur Welt, die es selbst hat, auch die der anderen ist. Obwohl das Ich weiß, daß die anderen, mit denen es zu tun hat, an anderen Orten leben und auch altersmäßig verschieden sind, geht es davon aus, daß alle eine *gemeinsame Auffassung von Alltagswirklichkeit* haben. Es ist eine Voraussetzung der praktischen lebensweltlichen Erfahrung, daß das Alltagsbewußtsein bei den Menschen, mit denen man im normalen Alltag zu tun hat, im wesentlichen übereinstimmt. Die lebensweltliche Erfahrung setzt den Zweifel an der Gültigkeit der Alltagswelt außer Kraft. — Dieser Variante des Lebensweltbegriffs folgen Alfred Schütz, Thomas Luckmann und Peter Berger.

- In der neueren sozialwissenschaftlichen Grundlagendebatte wird Lebenswelt auch verstanden als Ort von *Kommunikation, Interaktion*, von *Handlungs- und Sinnfindungsprozessen*. Sie bildet den Rahmen für die Verständigung der Gesellschaftsmitglieder über gesellschaftliche Normen und für den Aufbau sozialer Identität und ist der Ort, wo Konflikte entschieden, Interessen durchgesetzt und Interpretationen gefunden werden müssen, d. h. wo praktische Politik gemacht wird.
- Auch in der Erziehungswissenschaft fehlt es nicht an Versuchen, den Lebensweltbegriff als Grundlage für moderne Erziehungstheorien zu verwenden. Für Mollenhauer zum Beispiel basiert Erziehung wie alle gesellschaftliche Interaktion auf der Erfahrung, daß die Regeln, nach denen der einzelne Ereignisse wahrnimmt und interpretiert, auch von den anderen in der gleichen Weise wahrgenommen und interpretiert werden. Das „pädagogische Feld" ist ein solcher Sinnzusammenhang, für den die Handlungsintentionen aller im Feld Interagierenden konstitutiv sind (Mollenhauer 1972, 27). Im pädagogischen Feld vollzieht sich das Erziehungshandeln als besondere Form kommunikativen Handelns (Lippitz 1980, 313). Die Lebenswelt ist *primärer Konstitutionszusammenhang pädagogischer Felder* (Mollenhauer 1972, 35). Lebenswelten sind immer auch Bildungswelten.

Bei unterschiedlicher Akzentuierung und Begründung im einzelnen überwiegt an den verschiedenen Lebensweltbegriffen das Gemeinsame. Dieses besteht

— im Rückgriff auf einen natürlichen Weltbegriff, auf eine schlichte Erfahrungswelt;
— in der Idee eines Vertrautseins mit der Welt, das vor aller Erfahrungsgeschichte des Bewußtseins liegt;
— in der Erkenntnis, daß Natur nicht primär als Objekt da ist;
— in der Idee, daß diese primäre Welterfahrung den anderen Menschen genauso vertraut ist wie mir;

— in der Erkenntnis, daß die Lebenswelt ein vorwissenschaftlicher Bereich menschlicher Praxis und Lebensvollzüge ist.

Der wissenschaftstheoretische Ort und Anspruch des Lebensweltbegriffs

Seit den siebziger Jahren ist der Lebensweltbegriff Indikator für eine Neuorientierung der Sozial- und der Erziehungswissenschaft. Die *vorwissenschaftlichen* Deutungsmuster und Verstehensprozesse der Gesellschaftsmitglieder werden wiederentdeckt; die konkrete gesellschaftliche Wirklichkeit wird als ein relativ eigenständiger Sinn- und Bedeutungszusammenhang ernst genommen; vorwissenschaftliche Erfahrung wird rehabilitiert.

Gleichlaufend damit wendet sich die Aufmerksamkeit dem Problem des Verhältnisses von wissenschaftlicher Theorie und vorwissenschaftlicher Wirklichkeit zu. Dieses Problem reicht über die Sozialwissenschaften hinaus und betrifft generell das Verhältnis von *Wissenschaft und Leben*. Die Allmachtansprüche wissenschaftlicher Rationalität werden insofern begrenzt, als wissenschaftliche Vernunft sich als abgeleitete Rationalität erweist, die phänomenologisch begründet werden muß. Damit wird auch das Subjekt rehabilitiert, d. h. nicht mehr nur als Zutat zu rein objektiven Erkenntnisprozessen verstanden, sondern als notwendig für die Konstituierung des Objekts. Husserl war der erste, der die Krise der europäischen Wissenschaft als einen Verlust an Lebensbedeutsamkeit diagnostizierte: Mit dem Aufkommen des neuzeitlichen Objektivismus geht die Einheit von Philosophie, Wissenschaft und wahrem Menschentum verloren. Die objektiven Wissenschaften reduzieren sich auf „bloße Tatsachenwissenschaft, die sich den Fragen ihrer Begründung entzieht" (Lippitz 1980, 20). In der Praxis der modernen Wissenschaften und der durch sie konstituierten technischen Welt geht die Frage nach sinnvoller Existenz des Menschen verloren. Husserl kennzeichnet dieses Defizit in der Praxis der Wissenschaften mit dem Terminus „Lebensweltvergessenheit". Seine philosophischen Bemühungen gelten der Wiedergewinnung eines „Sinnbodens" für die Wissenschaften aus ihrem vorwissenschaftlichen Grund.

Die Lebensweltproblematik hängt auf das engste mit der *Krise der modernen verwissenschaftlichten Welt* zusammen. Es gibt viele Aspekte der Entzweiung der modernen Welt:

- Das wachsende Wissen der Menschen geht Hand in Hand mit einer immer stärkeren Aufgliederung und Verzweigung der Lebensbereiche, der Berufe, der Einzelwissenschaften. Damit wächst die Schwierigkeit, den immer undurchsichtiger werdenden Zusammenhang unseres modernen Lebens zu durchschauen (Ulmer 1972, 1).
- Die Prozesse, in denen technischer Fortschritt in die Lebenspraxis eindringt, sind schwer zu erkennen und schwer zu kontrollieren. Die ungewollten Folgen des technischen Fortschritts drohen uns über den Kopf zu wachsen, sie werden zur Schicksalsfrage für die Gattung Mensch. Zur Schwierigkeit des Durchschauens tritt die Schwierigkeit des Handelns. „Die Technologien entbinden die Menschen nicht vom Handeln" (Habermas 1968, 112); die Technik muß in die praktische Lebenswelt, in

- die Kommunikation handelnder Menschen, eingeholt werden (Habermas 1968, 113), freilich nicht in die Art der Inkraftsetzung einfacher vorwissenschaftlicher Erfahrung, sondern in wissenschaftlicher Reflexion.
- Der erziehungswissenschaftliche Hauptaspekt der Krise der modernen Welt liegt darin, daß die Allgemeinbildung in eine zweifache Krise geraten ist. Keine Allgemeinbildung ist mehr in der Lage, die Vereinzelung der Lebensbereiche, Fachwissenschaften und Berufe zu überwinden und ein Lebenswissen von der Gesamtheit der modernen Welt herzustellen. Die auf Humboldt zurückgehende Vorstellung von der handlungsorientierenden Kraft der Wissenschaft, die sich auf dem Weg der individuellen Bildung in der Lebensgeschichte des einzelnen Menschen niederschlägt, genügt nicht mehr, um „die Übersetzung wissenschaftlicher Informationen ins praktische Bewußtsein" zu gewährleisten und das spezifisch wissenschaftliche Verfügenkönnen in ein Leben- und Handelnkönnen umzusetzen (Habermas 1968, 111).

Lebenswelt, Zeit, Geschichte

Die phänomenologisch ausgerichtete Lebensweltphilosophie begründet Geschichte aus der Bewußtseinsimmanenz. Die *Historizität* des Menschen wird als Grundkonstituens angesehen.

Nach Husserl steht der Mensch immer schon „je in der Geschichte" — er hat seine Vergangenheit im Rückblick, eine Zukunft im Blick auf ein Eschaton und eine Gegenwart, in der er gerade steht. Geschichtlichkeit ist die Strukturform seines Lebens (Hohl 1962, 62).

Für Merleau-Ponty ist ebenfalls die zeitliche Struktur die Grundstruktur des „Zur-Welt-Seins". Die unmittelbare Zeiterfahrung zeigt, daß eine Gegenwart zur Vergangenheit wird, dort aber „nicht verloren geht, sondern als Vergangenheit noch in der Gegenwart präsent ist". In der Gegenwart zeichnen sich auf der Grundlage von Vergangenheit Zukunftsmöglichkeiten ab, die der Mensch aktiv deutend und handelnd als seine Möglichkeiten übernehmen muß, damit sie zur Wirklichkeit werden. „Möglichkeiten erscheinen nur dem, der in der Wirklichkeit situiert ist" (Lippitz 1980, 69).

Nach Peter Berger und Thomas Luckmann erlebt das Ich seine Lebenswelt in verschiedenen Stadien räumlicher und zeitlicher Nähe und Entfernung. Was in der Nähe des eigenen Körpers geschieht, ist von besonderem Interesse. In dieser Zone arbeitet man und betätigt sich. Aber auch die entfernteren Bereiche, die für den Körper nicht unmittelbar erreichbar sind, zählen mit zur Lebenswelt, also auch die Gegenden, in denen man nicht anwesend ist. Für die zeitlichen Bezüge gilt entsprechendes. Das Interesse des Ich an der eigenen Gegenwart, die seine Handlungszone ist, ist besonders groß. Aber auch die vergangene und zukünftige Zeit kann mit zur Lebenswelt gehören. In aller Regel ist das Interesse daran aber geringer als das an der unmittelbaren Gegenwart. Das Interesse an Zukunft und Vergangenheit ist nicht so pragmatisch orientiert wie das an der Gegenwart, doch können diese Fernzonen indirekt in den Nahbereich der Gegenwart hineinspielen und sich auf ihn auswirken.

Die Existenz des Ich wird durch *Zeit* strukturiert und reguliert. Zeit ist nicht umkehrbar. Sie wirkt in der Alltagswelt als Zwang, indem sie alle Handlungen

als ein Nacheinander konstituiert: Ich muß etwas Bestimmtes vorher tun, bevor ich etwas anderes nachher tun kann. Diese Zeitstruktur setzt auch die Geschichtlichkeit der eigenen Existenz. Bevor das eigene Ich da war, hat es schon menschliche Handlungen in einem Strom von Zeit gegeben, es wird sie auch nachher geben. Die eigene Existenz hat ihren Ort irgendwo in diesem großen Zeitstrom. Die Identität des Ich wird vor allem anderen von ihren fundamentalen Daten, vom Tag der Geburt, dem Schulbesuch, Berufseintritt, der Eheschließung usw. bestimmt. Diese Daten setzen für das Ich Wirklichkeit und gestatten ihm überhaupt erst Orientierung. Sie bilden die Voraussetzung dafür, daß das jeweilige Ich sich als ein von anderen unterschiedenes Individuum begreifen kann, also als jemand, der Identität hat.
Nach Alfred Schütz ist die Mit- und Umwelt durch das Zeitverhältnis der *Gleichzeitigkeit* charakterisiert; die Vergangenheit — „Vorwelt" genannt (Schütz 1960) — ist immer schon abgelaufen. Das Ich kann der Vorwelt niemals Erwartungen entgegenbringen, weil Vorwelt immer schon fertig, invariant und „entworden" ist. Dennoch kann das Ich auch die Vorwelt in der Weise erfahren, wie es seine gleichzeitige Um- und Mitwelt erlebt. Personen, die in derselben Um- und Mitwelt leben, können dem Ich ihre Erinnerungen mitteilen. Diese *Erinnerungen* können aus der Vorwelt des Ich stammen, also aus der Zeit vor seiner Geburt; da die sich erinnernden Personen jedoch in einem umwelthaften Zusammenhang mit dem Ich stehen, enthält das Ich von dieser Vorwelt als von vergangenen Ereignissen seiner Mit- und Umwelt Kenntnis. Das Ich erfährt die Vorwelt durch die dargestellten scheiden, welche ihm ein anderes Du aus der Mit- und Umwelt mitteilt. Wenn man mit Alfred Schütz Erlebnisnähe und Inhaltserfülltheit als Charakteristika der Mit- und Umwelterfahrung ansieht, so unterscheidet sich die erwähnte Form der Erfahrung von Vorwelt davon nicht grundsätzlich.
grundsätzlich.
Die Kunde von der Vorwelt stammt aber nicht nur von anderen mit mir lebenden Personen, sondern auch von *Urkunden und Denkmälern*. Diesen fehlt der umweltliche Du-Bezug und die Gleichzeitigkeit, sie sind anonym. Das Ich kann diese Anonymität jedoch aufheben und die fremde Umwelt, aus der diese Zeichen stammen, in Form eines imaginären Aktes als die eigene Mitwelt setzen. Es kann auch die Vorwelt so zum Sprechen bringen, daß sie alle Stufungen von Inhaltserfülltheit und Erlebnisnähe aufweist, die meine Um- und Mitwelt hat. Freilich ist die Um- und Mitwelt der vorweltlichen Bezugspersonen, also der historischen Personen, mit denen das Ich sich beschäftigt, von seiner gegenwärtigen mitweltlichen Umgebung verschieden. Damit ist auch der Erfahrungszusammenhang, in dem das Ich zu diesen vorweltlichen Personen steht, verschieden von den von ihm gegenwärtig erfahrenen Lebenszusammenhängen. Daraus ergibt sich die Vagheit der Interpretation der vorweltlichen Zeichen, die Zeugnis geben. Die vorweltlichen Bezugspersonen können nicht so befragt werden wie die Personen in meiner Mit- und Umwelt. Auf dieser zweiten Form der Erfahrung von Vorwelt basiert die Geschichtsforschung als Wissenschaft. Die speziellen Methoden, mit denen der Fachmann die Vorwelt untersucht, gehören zwar nicht mehr

unmittelbar zu seinen alltäglichen Lebenserfahrungen, haben diese jedoch zur Voraussetzung und sind ohne sie nicht möglich. Die speziellen Forschungszugriffe des Historikers sind ohne die Alltagserfahrungen gesellschaftlichen Lebens nicht denkbar, obwohl sie als solche nicht mehr unmittelbar zutage liegen. Wenn der Historiker das Bild einer Epoche entwirft, so vollzieht sich eine solche Konstruktion unter der unausgesprochenen Voraussetzung, daß sie seinem gesamten Erfahrungshintergrund von Lebenswelt, von menschlichen Beziehungen und Möglichkeiten überhaupt nicht widersprechen darf.

Geschichte als Lebenswelt

Wenn Geschichte als Lebenswelt den Fundierungsgrund für Geschichte als Wissenschaft darstellt, müssen sich Grundelemente lebensweltlichen Geschichtsverstehens auch in der wissenschaftlich betriebenen Geschichte wiederfinden lassen, wenngleich in reflektierter und methodisch kontrollierter Form.

Als solche Elemente sehen wir die Funktionen der *Weltorientierung* und der *Identitätskonstruktion* an. Im vorwissenschaftlichen Lebensbereich dient der Umgang mit Geschichte (immer auch) der Orientierung über den eigenen Ort im historischen Kontinuum und/oder in der historisch-politischen Problemwelt; gleichzeitig trägt sie immer zur Klärung der sozialen Gruppenzugehörigkeit (soziale Identität) bei. Wissenschaftliche Beschäftigung mit der Geschichte impliziert diese Funktionen, indem sie sie als elementare Lebensbedürfnisse voraussetzt und methodisch weiterverfolgt.

Die Aneignung der Geschichte als Lebenswelt findet in den Formen der *Sozialisation* und der *Tradition* statt, in Formen nicht-intentionaler und nicht-organisierter Lernprozesse im öffentlichen und privaten Leben. Für die Aneignung der Geschichte als Wissenschaft sind intentionale und organisierte Lernprozesse nötig.

In der primären Sozialisation werden Normen vermittelt, die sich im historischen Prozeß herausgebildet haben und die Ausdruck des historischen Ortes der jeweiligen Gesellschaft sind. Das Kind lernt, Welt zu erfassen. Es wird aber immer schon in eine fertige Welt hineingeboren; deshalb muß das Kind die Welt übernehmen, in der andere schon leben. Beim Erlernen der Welt folgt das Kind bestimmten ihm nahestehenden Leitpersonen, den „signifikanten anderen". Das sind in der Regel die Eltern, auch die Angehörigen der Eltern, die nahen Verwandten. Diese setzen die Akzente für das Erlernen von Welt, sie lehren, Wichtiges von Unwichtigem zu unterscheiden, Objekte mit Gefühlen auszustatten und soziale Normen zu befolgen. Diese signifikanten anderen sind selbst auch immer schon durch Geschichte geprägt und geben ihre Prägungen in der Phase der primären Sozialisation ihrer Kinder in Form von Filterungen und Akzentuierungen der sozialen Welt weiter. Auf diese Weise werden die Kinder zum Leben in der Ordnung ihrer Alltagswelt instandgesetzt. Diese Ordnung der jeweiligen speziellen Welt ist in einem langen Geschichtsprozeß so geworden. Um in ihr leben zu können, braucht man kein Bewußtsein von diesem Prozeß selbst zu haben, man muß aber die Rollenkompetenzen erwerben, die das internalisierte Ergebnis der Sozialisation sind und die die institutionelle Ordnung der jeweiligen sozialen Einheit repräsentieren.

Das Leben in der normalen Alltagswelt ist ohne Tradition nicht denkbar. Durch Tradition wird dem einzelnen eine Vielzahl von Erfahrungen, Kenntnissen, Regeln und Motivationen vermittelt, die gerade für das unreflektierte, wie selbstverständlich ablaufende Leben im Alltag notwendig sind. Die Hunderte von kleinen Entscheidungen, die alltäglich zu treffen sind, können nicht mit dem Gewicht langen Nachdenkens und ausgeprägten rationalen Kalküls getroffen werden; vielmehr müssen sie mit einer gewissen Selbstverständlichkeit eingespielt und eingeschliffen sein, und zwar so, daß sie vom Individuum kaum mehr als Entscheidungen wahrgenommen werden, damit die Entscheidungsbelastung nicht fühlbar wird. Traditionen im Sinne eines Alltagsvorrats von eingeschliffenen Handlungsregeln und Lebensgewohnheiten sind damit unentbehrlich als Entlastung des einzelnen vom dauernden Entscheidungsdruck. Eine weitere Funktion der Tradition liegt darin, daß sie die verschiedenen Generationen und Altersstufen zusammenbindet. Streng genommen macht jede Generation ihre neuen Erfahrungen, lebt unter anderen Bedingungen als die vorherige. Daß diese zeitliche Abfolge nicht zu einem Auseinanderreißen der Gesellschaft führt, ist nur möglich, weil ein Strom von Alltagsregeln und -erfahrungen die Generationen und Gruppen in einer Gesellschaft zusammenbindet. Traditionen werden zum großen Teil unbewußt weitergetragen.

Geschichtsdidaktische Folgerungen

1. Die Unterscheidung von wissenschaftlicher und vorwissenschaftlich-lebensweltlicher Rationalität ist für die Didaktik von hohem hermeneutischen Wert. Sie macht auf die Fragen aufmerksam, wie Lernprozesse im Fachunterricht auszurichten sind — nach den Zielen, Inhalten, Methoden der jeweiligen Fachwissenschaft, die für Unterrichtszwecke allenfalls vereinfacht und „verkleinert" werden müssen, oder nach den Modi praktischer Lebensorientierung in Kommunikation und Interaktion mit anderen, oder nach beidem, und wenn ja, in welchem Verhältnis? Den Fachdidaktikern stellt sich die Aufgabe, der *Vermittlung von Wissenschaft und Lebenswelt* in doppelter Richtung nachzugehen: einmal von der Lebenswelt her Wissenschaft zu erschließen, und zum anderen, die Ergebnisse und Erkenntnisse der Wissenschaften in die Lebenswelt zurückzuvermitteln.

Solche Fragestellungen bringen gerade auch für die Geschichtsdidaktik manche bisher noch nicht überzeugend gelöste Schwierigkeiten mit sich. Die „Lebensbedeutsamkeit" geschichtlicher Epochen und Themen ist höchst unterschiedlich. Die Kriterien, nach denen die Lebensbedeutsamkeit historischer Stoffe zu erkennen und zu staffeln wäre und die es ermöglichen, ein überzeugendes Geschichtscurriculum zu entwickeln, sind noch nicht

gefunden. Hilfe von seiten der Fachwissenschaft hat der Didaktiker hier kaum zu erwarten, weil die Lebensbedeutsamkeit kein Moment wissenschaftlicher Rationalität ist und die Übersetzung wissenschaftlicher Erkenntnis in praktisches Bewußtsein in aller Regel von der Fachhistorie nicht geleistet wird.
2. Geschichtliche Orientierungen in der Lebenswelt werden zunehmend zum Gegenstand geschichtsdidaktischer Forschung. Das betrifft die Rolle geschichtlicher Inhalte im Sozialisationsprozeß ebenso wie das pragmatische Vorkommen geschichtlicher Bildungsbruchstücke und -elemente in der Alltagswelt, zum Beispiel in den Medien, in der Politik, im Trivialbereich. Dazu sind auch die privaten Bildungsbemühungen etwa durch historische Romane und Sachbücher zu rechnen.

Ohne die Berücksichtigung der Lebenswelt wäre eine Definition der Aufgaben der Geschichtsdidaktik nicht denkbar, wie sie Jeismann 1977 ausgesprochen hat: „Didaktik der Geschichte hat es zu tun mit dem Geschichtsbewußtsein in der Gesellschaft sowohl in seiner Zuständlichkeit, den vorhandenen Inhalten und Denkfiguren, wie in seinem Wandel, dem ständigen Um- und Aufbau historischer Vorstellungen, der sich stets erneuernden und verändernden Rekonstruktion des Wissens von der Vergangenheit" (Jeismann 1977, 12).

Literatur

Berger, P. L. / Luckmann, T.: Die gesellschaftliche Konstruktion der Wirklichkeit, Frankfurt 1970
Brand, G.: Die Lebenswelt, Berlin 1971
Habermas, J.: Technischer Fortschritt und soziale Lebenswelt, in: *ders.*: Technik und Wissenschaft als „Ideologie", Frankfurt 1968, 104 – 119
Hohl, H.: Lebenswelt und Geschichte, Freiburg / München 1962
Husserl, E.: Ideen zu einer reinen Phänomenologie und phänomenologischen Philosophie, 2. Buch: Phänomenologische Untersuchungen zur Konstitution (Husserliana, Bd. IV, hrsg. von Walter Biemel), Den Haag 1952
– Die Krisis der europäischen Wissenschaften und die transzendentale Phänomenologie (Husserliana, Bd. VI, hrsg. von Walter Biemel), Den Haag 1962
Jeismann, K.-E.: Didaktik der Geschichte, in: *Kosthorst, E.* (Hrsg.): Geschichtswissenschaft. Didaktik – Forschung – Theorie, Göttingen 1977
Lippitz, W.: „Lebenswelt" oder die Rehabilitierung vorwissenschaftlicher Erfahrung, Weinheim / Basel 1980
Merleau-Ponty, M.: Phänomenologie der Wahrnehmung, Berlin 1966
Mollenhauer, K.: Theorien zum Erziehungsprozeß, München 1972
Schütz, A.: Der sinnhafte Aufbau der sozialen Welt, Wien 1960
Schütz, A. / Luckmann, T.: Strukturen der Lebenswelt, Neuwied / Darmstadt 1975
Ulmer, K.: Philosophie der modernen Lebenswelt, Tübingen 1972

Zeit

Hans-Jürgen Pandel

Als Gegenstand philosophischer Reflexion besitzt Zeit, im Gegensatz zur geschichtswissenschaftlichen Auseinandersetzung mit ihr, eine lange Tradition. Die einzelnen philosophischen Versuche, Zeit existentialontologisch, transzendental oder sprachanalytisch zu entfalten, blieben durch ihre Abstraktionshöhe der Geschichtswissenschaft weitgehend äußerlich. Sie wurden nicht in das theoretische und methodologische Instrumentarium der Geschichtswissenschaft umgesetzt, obwohl deren Vertreter die Zeit zu ihrer zentralen Kategorie erklärten. Auch die neueren Richtungen der gegenwärtigen Geschichtswissenschaft, die eine Theorie der Zeiten zum „Tabernakel" (Wehler 1972, 17) einer jeden historischen Sozialwissenschaft erheben, sind über Anleihen bei der französischen Geschichtswissenschaft (Braudel 1958) hinaus nur bis zu Diskussionsangeboten (Koselleck 1973) vorgedrungen (Universalgeschichte, Periodisierung).

Zeit und Philosophie

In der Antike herrschte ein physikalischer Zeitbegriff vor. Zeit wurde als Bewegung im Hinblick auf das Frühere und Spätere verstanden (Aristoteles). Dieser physikalisch-objektivistische Zeitbegriff galt auch noch im Mittelalter, obwohl Augustinus eine Deduktion der Zeit aus der Auslegung des Daseins vornahm. Die Annahme einer Zeit, unabhängig von der Existenz der Welt, wie sie später von Kant als leere Zeit beschrieben wurde, war dem mittelalterlichen Denken noch fremd. Außer der Welt, in der die Zeit ist, gibt es nur Ewigkeit. Die Welt hat Zeit, ist aber nicht in der Zeit (Augustinus). Folgenreicher für die neuzeitliche Wissenschaftsentwicklung ist die Definition Kants geworden. Für ihn ist die Zeit kein allgemeiner Begriff, sondern eine Form der sinnlichen Anschauung. In diesem Punkt wurden Kants Spekulationen durch die kognitivistische Psychologie bestätigt (Piaget). Für Hegel ist Zeit durch Negativität bestimmt. Zeit ist das abstrakte, sich selbst negierende Unendliche. Sie ist das daseiende Sein, das unmittelbar nicht ist. Die ausgefaltete Negativität der Zeit stellt sich als ihre Dimensionen dar: Gegenwart, Vergangenheit und Zukunft. In dieser Tradition ist es Marx gewesen, der einen ersten Schritt vollzog, um von der Reflexion auf eine „objektive", allgemeine und universale Zeit weg zu einer den einzelnen historischen Epochen und gesellschaftlichen Systemen spezifischen Zeit zu kommen. Er beschrieb die Zeit der kapitalistischen Gesellschaftsformation als eine zyklische Zeit. Innerhalb der universalhistorischen Perspektive, in der es ständig zur Gleichzeitigkeit des Ungleichzeitigen kommt, stellt sich Zeit im Kapitalismus als zyklische Umlaufgeschwindigkeit des Kapitals dar, dem das Bestreben innewohnt, sich erweitert zu beschleunigen. In seinen Analysen stellt Marx Zeiten verschiedener Dauer dar (Arbeitszeit, Produktionszeit, Zirkulationszeit,

Umlaufgeschwindigkeit), wobei diese Zeiten die Tendenz haben, sich in der historischen Zeit zu verlängern und zu verkürzen. Das Bestreben des Kapitals ist es, seine Umlaufgeschwindigkeit auf erweiterter Stufe zu erhöhen. Dazu ist es notwendig, die Arbeitszeit zu verlängern und die Produktions- und Zirkulationszeit zu verkürzen.

Dieser erste Anstoß zur Konzeptualisierung von sozialen Zeiten unterschiedlicher Dauer wurde durch die Vermittlung der Ökonomie und der Kulturanthropologie zuerst von der Soziologie aufgenommen; die Geschichtswissenschaft nahm erst sehr spät von dieser Entwicklung Kenntnis.

Zeit und Geschichtswissenschaft

Im 18. Jahrhundert ging die Geschichtswissenschaft daran, aus praktischem Forschungsbedürfnis den Zeitbegriff zu säkularisieren und intersubjektiv verfügbar zu machen. Die Vereinheitlichung der Zeitmeßsysteme war notwendig geworden, um den Gegenstand der Geschichtswissenschaft in dem Kollektivsingular Geschichte und nicht mehr in der Pluralität von Geschichten zu sehen (Koselleck). Die Fassung von Zeit als einer menschenleeren Kategorie war Voraussetzung für den Beginn der empirischen Forschung und der Kommunikation ihrer Ergebnisse. Folgerichtig hat die Geschichtswissenschaft an ihren neuzeitlichen Anfängen mit der historischen Chronologie eigens eine Spezialdisziplin eingerichtet, um ihre Zeitprobleme lösen zu können. Ihr ging es darum, durch Umrechnung von unterschiedlichen Daten aus verschiedenen chronologischen Datierungs- und Notierungssystemen mit unterschiedlichen Nullpunkten ein einheitliches chronologisches System zu schaffen, mit dem sie ihre Daten in frühere, spätere und gleichzeitige ordnen konnte. Der hier entwickelte Zeitbegriff beruht auf der Annahme einer einzigen linearen Zeitpunktreihe (Linearität), in der die Punkte immer den gleichen Abstand voneinander haben (Homogenität). Zeit wurde so zu einem neutralen Meß- und Datierungsinstrument. Die ursprünglichen Versuche, dieser absoluten Chronologie auch einen absoluten Nullpunkt zuzuschreiben („nach Erschaffung der Welt"), scheiterten bald. An dem neutralen, zeitenthobenen Charakter des Zeitbegriffs änderte sich auch nichts durch die jeweils kulturspezifische Definition des Nullpunktes. Die absolute Chronologie wurde auch dann noch beibehalten, als die Nullpunkte relativiert und durch historische Ereignisse auf der absoluten Chronologie abgebildet wurden. Die Eichung der Meßskala geschieht seitdem durch historische Ereignisse, wobei der Nullpunkt jeweils signalisiert, daß die Ereignisse vor dem Nullpunkt von weniger Relevanz sind als nach ihm (ab urbe condita, ante/post Christum natum, Hedschra, ans de l'egalité, ...).

Diese Vereinheitlichung der Datierungssysteme zu einem wissenschaftlich brauchbaren allgemeingültigen System durch die historische Chronologie wurde erst dann zu einem positivistischen Instrument umgeformt, als die Geschichtswissenschaft sich gegen die Philosophie wandte. Das 19. Jahrhundert entfernte aus dem Zeitbegriff der Aufklärungshistorie den Fortschrittsbegriff, der das notwendige inhaltliche Korrelat der formalen Chronologie darstellte. Die Geschichtswissenschaft des späten 19. Jahrhunderts versuchte sich von den philosophischen Bestimmungen und dem sozialwissenschaftlichen Gebrauch des Zeitbegriffs freizuhalten. Sie setzte gegen die sogenannte philosophische Spekulation ihre „historische Zeit" (Periodisierung). Diese antiphilosophische Wendung kann nicht verdecken, daß der Begriff der historischen Zeit dem philosophisch-theologischem Denken verpflichtet ist. Ihm verdankt er mit Einheit und Gerichtetheit zwei seiner wichtigsten Eigenschaften. Der historische Zeitbegriff nimmt aus dem christlich-theologischen Denken die Gerichtetheit der Zeit, ihre Erstreckung auf einer Geraden. Gleichzeitig ist die historische Zeit Kant verpflichtet. Von ihm übernimmt die Geschichtswissenschaft die Einheit der Zeit. Verschiedene Zeiten sind nur Teile einer einzigen Zeit, da sie nicht gleichzeitig, sondern nur nacheinander sein können, so wie Räume nicht nacheinander, sondern nur gleichzeitig nebeneinander existieren können.

Soziale Zeit

Der Begriff der sozialen Zeit wird gegenwärtig von Geschichtswissenschaftlern und Geschichtsdidaktikern als ein kritischer Begriff gebraucht, der sich gegen jenes Verständnis von Zeit wendet, nach dem die zunächst leere, naturale Zeit für ein bestimmtes politisches und ideologisches Interesse funktionalisiert wird, indem ihr spezifische Inhaltlichkeit zugeschrieben wird. Eine solche soziale Zeit läßt sich sowohl von objektiven sozialen Bewegungen wie vom Zeitbewußtsein her begründen. Soziale Zeit kann verstanden werden als die Zeit der Annäherung bzw. der Abweichung eines sozialen Systems von den Bewegungen des umgreifenden Gesamtsystems (Gurvitch 1964). Jedes soziale System (Subgruppen, Schichten, Klassen, Gesellschaften) hat seine eigene soziale Zeit, die in bezug auf das umgreifende soziale System definiert wird. Theoretisch beruht die Konzeption der sozialen Zeit auf der Gleichzeitigkeit als einem bestimmten Modus der Zeit. Gleichzeitigkeit meint die Koinzidenz von verschiedenen Ereignissen aus unterschiedlichen sozialen Systemen in einer Zeitstelle. Auf diese zeitliche Mehrdimensionalität hat Braudel hingewiesen. Da die gleiche Zeitstelle aber unterschiedliche Entwicklungsstadien unterschiedlicher gesellschaftlicher Systeme (Gesellschaften, soziale Gruppen usw.) bezeichnet, läßt sich von der Zeitstelle der objektiven Zeit kein Rückschluß auf irgendein soziales System ziehen. Man ist daher dazu übergegangen, einzelnen Systemen eine ihnen eigene Zeit zuzuschreiben: die soziale Zeit. Die Annahme von unterschiedlichen sozialen Zeiten setzt immer die Annahme einer Metazeit voraus. Die soziale Zeit eines Subsystems ist nur sinnvoll durch Bezug auf die Metazeit des umgreifenden sozialen Systems angehbar. So gesehen setzt die Annahme von sozialen Zeiten immer schon eine Metazeit der Gattungsgeschichte voraus. Mit dem Instrumentarium der sozialen Zeiten lassen sich die verschiedenen sozialen Prozesse, die innerhalb einer historischen Epoche oder einer Gesellschaft in unterschiedlichen Zeitrhythmen ablaufen, genauer beschreiben. Zeitrhythmik meint die Häufigkeit von Ereignissen in einer Zeit. Dauer und Wechsel von historischen Prozessen sind nicht absolut. Es ist immer nur eine Ebene auf der ein Stillstand eintritt. „Ein plötzlicher Stillstand, der alle Zeitläufe umgreift, ist an sich fast absurd" (Braudel 1958, 201).

Zukunft

Wenn Geschichtswissenschaft die Wissenschaft von dem ist, was geschehen ist, so scheint sie nichts mit dem zu tun haben, was geschehen wird. Diese simple Trennung trifft aber nicht den Charakter der Geschichtswissenschaft. Auch Zukunft als das Insgesamt der Ereignisse, die noch nicht eingetreten sind, stellt sich der prinzipiell auf Vergangenheit bezogenen Geschichtswissenschaft als Problem. Wenn die noch nicht ereigneten Ereignisse keinen Stellenwert in der Geschichtswissenschaft hätten, wäre Zukunft weder Kategorie noch Gegenstand von Geschichte. Das würde sie in methodologische wie auch inhaltliche Schwierigkeiten bringen.

Zukunft kann aber sehr wohl *Gegenstand der Geschichte* sein. In einer jeden Gegenwart sind Gegenwart, Vergangenheit und Zukunft als Erfahrung und Erwartung unauflöslich miteinander verknüpft. Da es der Historiker mit verschiedenen vergangenen Gegenwarten zu tun hat, so stellt sich ihm die diesen Gegenwarten zugeordnete Zukunft als historiographisches Problem. Dieser Tatbestand ist mit dem Begriff der „*Vergangenen Zukunft*" (Koselleck 1979) bezeichnet worden. Vergangene Zukunft als Forschungsproblem beschäftigt sich nicht mit dem, was zeitlich nach einer historischen Gegenwart geschehen ist – das wäre wieder eine historische Gegenwart –, sondern was die Menschen der historischen Gegenwart erwarten oder befürchten. Gegenstand vergangener Zukunft sind also weniger vergangene Ereignisse als *geistig antizipierte Ereignisse*. Dieses Forschungskonzept konnte zeigen, wie historische Veränderungsprozesse auch einen Strukturwandel im denkenden Umgang nach sich gezogen hatten. Apokalyptische Prophetik wurde zu Beginn der Neuzeit von rationaler und dann später von historischer Prognostik abgelöst. Diese drei Vorstellungen von Zukunft (Prophetik, rationale Prognostik und Geschichtsphilosophie) unterscheiden sich dadurch, wo und auf welche Weise sie das Ende der Zukunft, die Schwelle, von wo aus Zukunft wieder Vergangenheit wird, setzen (Apokalypse, Reich der Freiheit, atomarer Holocaust, ökologisches Ende . . .).

Neben dem Konzept der „Vergangenen Zukunft" hat es die Geschichtswissenschaft noch mit Zukunft als *erkenntnisleitender Kategorie* zu tun. Während die marxistisch-leninistische Geschichtswissenschaft Zukunft nicht nur als erkennbar, sondern schon als prinzipiell erkannt ansieht, gehen positivistische wie neohistoristische Konzeptionen von einer nicht erkennbaren Zukunft aus. Neben diesen sogenannten offenen und teleologisch ausgerichteten Zukunftskonzeptionen gibt es eine dritte Position, die Zukunft als erkenntnisleitende Kategorie verwendet. Erst von der Zukunft aus, derer wir uns antizipierend vergewissern, von dem, was noch nicht ist, das wir aber erwarten oder befürchten, läßt sich Geschichte schreiben. Wenn der letzte zeitlich mögliche Punkt, von dem der Historiker zurückschaut, der Zeitpunkt des Abfassens der historischen Darstellung ist, wäre Zukunft keine Kategorie der Geschichtsschreibung und die Geschichtsschreibung wäre stets überholt, noch ehe sie ihre Leser erreichte. Der Historiker nimmt aber nicht den realen Zeitpunkt seiner Gegenwart zum Ausgangspunkt, sondern antizipiert einen Zeitpunkt in der Zukunft. Er unterstellt stets, er sei der zeitlich letzte Historiker; von diesem angenommenen Zeitpunkt blickt er zurück. Der Historiker betrachtete die Vergangenheit nicht nur aus der Sicht „der Probleme der gegenwärtigen Gesellschaft, sondern auf ihre zukünftigen Möglichkeiten" (Mommsen 1972, 45). Ebenso argumentiert Wehler: „Wer nach der Mitte des 19. Jahrhunderts das allgemeine Wahlrecht für Männer und Frauen für wünschenswert hielt, schrieb über deutsche Innenpolitik anders als der gewöhnliche Konservative; wer heute Herrschaft im Betrieb auflösen will, schreibt Industriegeschichte anders als der Historiograph von Unternehmern. Auch die erkenntnisleitenden Interessen des Historikers implizieren daher immer Vorstellungen von einer wünschbaren, anderen, besseren Zukunft" (Wehler 1973, 72).

Objektive Zeit und Zeitbewußtsein

Wir müssen zwischen Zeit und Zeitbewußtsein unterscheiden. Reale Zeit ist diejenige Zeit, die unabhängig davon besteht, wie wir sie erfahren. Ob auch Gegenwart, Vergangenheit und Zukunft als Charakteren der Zeit Realität zukommt, ist ein gegenwärtig „unlösbares kategoriales Explikationsproblem" (Bieri 1974, 177). Am leichtesten läßt sich das Problem der Realität der Zeit dadurch lösen, daß man reale Zeit einschränkt auf eine objektive Zeit: Objektive Zeit ist die objektivierte Zeit der Zeiterfahrung. Unter Zeiterfahrung wird jener Sachverhalt verstanden, der beschreibt, „daß sich unsere bewußten Daten als zeitlich geordnet darstellen" (Bieri 1974, 182). Dieser Definition liegen zwei Erfahrungstatbestände zugrunde: Es gibt kein Bewußtsein, in dem nur Zeit enthalten oder in dem Zeit selbst ein Datum wäre. Es ist ebenfalls kein Bewußtsein denkbar, in dem Daten enthalten wären, die jeder zeitlichen Ordnung entbehren. Der Begriff des Zeitbewußtseins deutet auf die allgemeine menschliche Qualität der Zeiterfahrung hin. Er darf aber nicht darüber hinwegtäuschen, daß Zeiterfahrung in konkreten historisch-sozialen Systemen gemacht wird. Zeitbewußtsein ist abhängig von der sozialen Struktur des Gesellschaftssystems. Die sozialspezifische Ausprägung kultur- und schichtspezifischer Art des Zeitbewußtseins, bezogen auf Vergangenheit, Gegenwart und Zukunft, wird unter den Begriff der Zeitperspektive gefaßt. Zeitperspektive meint die gesellschaftlich vermittelte, präreflexiv existente Vergegenwärtigung kollektiver wie individueller Lebenszeit. In ihr verschränken sich Erfahrungen und Antizipationen.

Zeit und Geschichtsdidaktik

Die traditionelle Geschichtsdidaktik orientierte ihren Zeitbegriff an Naturvorgängen. Sie hat aus unterrichtsmethodischen Gründen die Historisierung der Zeit nicht nachvollzogen. Historische Zeit war für sie die naturale Chronologie der Umlaufgeschwindigkeiten der Gestirne (astronomische Zeit) und die Abfolge der Generationen (biologische Zeit). Einführung in die historische Zeit waren Veranschaulichungen der Zeit als kalendarisches System. Der zu vermittelnde Zeitbegriff lief auf die Fähigkeit hinaus, Datierungen vorzunehmen und Ereignisse auf der Skala der absoluten Chronologie zu lokalisieren. Die Geschichtsdidaktik beachtete nicht, daß chronologisch gleichzeitige Phänomene innerhalb der Gattungsgeschichte ungleichzeitig sein können. So wurde die europäisch-abendländische Entwicklung zum Wertmaßstab fremder Kulturen. Dieser geschichtsdidaktische Zeitbegriff kannte die Kategorie der Dauer nicht. Er arbeitete mit Ereignissen, die die faktische zeitliche Ausdehnung Null hatten. Sie traten ein und konnten in einem Punkt der linearen Zeit fixiert werden. Da alle Ereignisse punktuell und nacheinander festgefügt auf dem Zeitstrahl als unilinearem Notierungssystem waren, kamen historische Fragen nicht in den Blick. Die neuere Geschichtsdidaktik hat deshalb vorwiegend die soziale Zeit zur Basis des Geschichtsunterrichts gemacht. Erst ein Geschichtsunterricht, der nicht mehr „die staubige Straße der Chronologie entlangtrotten" (Arno Koselleck) will, macht den Blick für die soziale Zeit frei. Gegenwart. Vergangenheit und Zukunft sind keine voneinander abtrennbaren Bereiche mehr. Aus der Gegenwart werden Fragen an die Vergangenheit aus Interesse an einer bestimmten Zukunft gestellt. Erinnern und Erwarten aus gegenwärtigen Bedürfnissen werden zum zentralen Bezugspunkt in der Geschichtsdidaktik. Im gegenwärtigen Interesse ist das Erinnern von Vergangenem aus bestimmten Erwartungen und Befürchtungen für die Zukunft verbunden. In der Vergangenheit kann Zukunft endeckt werden. Zukunft in der Vergangenheit meint die uneingelösten Postulate für eine menschenwürdigere Gesellschaft.

Literatur

Albrecht, I.: Das Problem der historischen Zeit, Ludwigshafen 1930
Bieri, P.: Zeit und Zeiterfahrung. Exposition eines Problembereichs, Frankfurt/M. 1972
Braudel, F.: Geschichte und Sozialwissenschaften — die „longue durée" (1958), in: Wehler, H.-U. (Hrsg.): Geschichte und Soziologie, Köln 1972, 189 — 215
Eisenstein, E. L.: Clio and Chronos. An Essay on the making and breaking of History-Book Time, in: History and the concept of time (History and Theory, Beiheft 6), 1966, 36 — 64
Gurvitch, G.: The Spectrum of Social Time, Dordrecht 1964
Heidegger, M.: Der Zeitbegriff in der Geschichtswissenschaft, in: *Zeitschrift für Philosophie und philosophische Kritik* 161 (1916), 173 — 188
Kasakos, G.: Zeitperspektive, Planungsverhalten und Sozialisation. Überblick über internationale Forschungsergebnisse, München 1971

Koselleck, R.: Geschichte, Geschichten und formale Zeitstrukturen, in: *Koselleck, R. / Stempel, W.-D.* (Hrsg.): Geschichte — Ereignisse und Erzählung (Poetik und Hermeneutik V), München 1973, 211 — 222
— Vergangene Zukunft, Frankfurt/M. 1979
Kuhn, A.: Einführung in die Didaktik der Geschichte, 2. Aufl. München 1977, 45 — 53
Lewin, K.: Zeitperspektive und Moral, in: *Lewin, K.*: Die Lösung sozialer Konflikte, 3. Aufl. Bad Nauheim 1968, 152 — 180
Luhmann, N.: Weltzeit und Systemgeschichte, in: *Lutz, P. Ch.* (Hrsg.): Soziologie und Sozialgeschichte, Opladen 1973, 81 — 115
Mannzmann, A.: Vorüberlegungen zu einer Didaktik der Soziohistorie, in: *Blankertz, H.* (Hrsg.): Fachdidaktische Curriculumforschung, Essen 1973, 28 — 99
Meyer, R. W. (Hrsg.): Das Zeitproblem im 20. Jahrhundert, Bern / München 1964
Mommsen, W. J.: Die Geschichtswissenschaft jenseits des Historismus, 2. Aufl. Düsseldorf 1972
Piaget, J.: Die Bildung des Zeitbegriffs beim Kinde (1946), Frankfurt/M. 1974
Rothacker, E.: Die Rolle der Zeit im historischen Bewußtsein (1936), in: *ders.*: Mensch und Geschichte, Bonn 1950, 144 — 150
Schulze, W.: Soziologie und Geschichtswissenschaft, München 1974, 197 — 209
Simmel, G.: Das Problem der historischen Zeit (1961), in: *ders.*: Brücke und Tor, Stuttgart 1957, 43 — 58
Waldmann, P.: Zeit und Wandel als Grundbestandteile sozialer Systeme, in: *KZSS* 23 (1971), 687 — 703
Wehler, H.-U.: Einleitung, in: *Wehler, H.-U.* (Hrsg.): Geschichte und Soziologie, Köln 1972, 11 — 31
— Geschichte und Soziologie, in: *Albrecht, G.*, u. a. (Hrsg.): Soziologie, Opladen 1973
Wendorff, R.: Zeit und Kultur. Geschichte des Zeitbewußtseins in Europa, Opladen 1980

Tradition

Karl-Ernst Jeismann

Im engeren Sinne bedeutet Tradition Fortbestand konkreter Daseinsweisen der Vergangenheit in der Gegenwart. Solche konkreten Traditionen erfaßt das Bewußtsein als Kontinuitäten (Baumgartner 1972, 198 f.; Kluxen 1974, 156 ff.). Individuen, Gruppen, Institutionen stehen in einem System spezifischer Traditionszusammenhänge, die „ihre" Vergangenheit darstellen. Die Weitergabe als verpflichtend verstandener Tradition bedeutet Identitätsvermittlung, Legitimationsbeschaffung, Orientierungs- und Handlungsbefähigung für das Traditionssubjekt. Darin liegt die Grundfunktion aller Überlieferung von Vergangenem.

Mit der Forderung nach der Vernünftigkeit, d. h. nach rationaler Zweckbestimmung und nicht mehr nur durch Geschichtlichkeit legitimierter Beurteilung und Gestaltung gesellschaftlicher Verhältnisse, setzt sich seit der Aufklärung der Begriff Emanzipation als Gegenbegriff zu Tradition zur Wehr;

ungeachtet des faktischen Weiterwirkens von Tradition wird deren Geltung kritisierbar; von bloßer Überlieferung methodisch distanziertes Geschichtsbewußtsein tritt als spezifisch moderne Haltung zur Vergangenheit an die Stelle des Traditionalismus (Faber 1978, 32 ff.).

Historische Lehre und insbesondere der Geschichtsunterricht im öffentlichen Unterrichtswesen können seitdem ihre Aufgabe nicht mehr durch naive Überlieferung von Tradition erfüllen. Da sie dennoch funktional an die Lebenswelt gebunden bleiben, entstehen Konfliktpotentiale zwischen Politik und Pädagogik. In autoritären Systemen werden durch Unterricht zu festigende Traditionen selektiv gesetzt und verordnet; in offenen politischen Systemen kommt es zu unterschiedlichen oder kontroversen didaktischen Konzeptionen im Rahmen des Toleranzspektrums der Verfassung. Sie lassen sich u. a. durch das Maß und die Richtung der Traditionsrezeption bzw. -kritik unterscheiden. In scharfer Ablehnung von Traditionsvermittlung und im Gegensatz zum weithin den Traditionen verpflichteten herkömmlichen Geschichtsunterricht der Nachkriegszeit kann in Gegenwarts- und Zukunftsorientierung des Geschichtsinteresses der Akzent ganz auf „Emanzipation" gelegt (Kuhn 1977, 12) oder die Wahl der „richtigen" Tradition von der Bestimmung der „richtigen" Zukunft abhängig gemacht werden (Bergmann / Pandel 1975, 65 ff.).

Die Hauptrichtung der neuen Geschichtsdidaktik läßt sich jedoch durch die Pole „Tradition" und „Emanzipation" nicht bestimmen. Sie setzt sich vielmehr die Aufgabe, methodisch Traditionen in ihrer Herkunft, Gebundenheit und Bedeutung zu erkennen, das Maß des Verpflichtenden wie den Grad des Problematischen zu begreifen und die Orientierungsmöglichkeiten im Traditionszusammenhang aufgrund von Kenntnis und Einsicht zu entwickeln. Sie zwingt keine Traditionen auf und indoktriniert damit weder Identifikations- noch Legitimationsmuster; sie verkennt aber auch nicht die lebensweltliche Gebundenheit historischen Bewußtseins und respektiert sie unter der Voraussetzung, daß sie sich methodisch überprüfen läßt und legitimieren kann. Sie ist damit bestrebt, den Weg für einen rationalen Diskurs zwischen verschiedenen Traditionssystemen und damit unterschiedlichem Selbstverständnis zu ermöglichen (siehe u. a. Rohlfes / Jeismann 1974; Behrmann / Jeismann / Süssmuth 1978; Rohlfes 1978).

Dieses Verhältnis der Didaktik zur Tradition beruht auf der Akzeptierung liberal-demokratischer Normen, die den Verzicht auf den Anspruch politischen Wahrheitsmonopols einschließen; es beruht zugleich auf erkenntnistheoretischen und fachwissenschaftlichen Positionen, die einerseits wissenschaftliche Wahrheitsmonopole leugnen und andererseits ein Instrumentarium zur Kritik von Tradition entwickelt haben, das es ermöglicht, historische Lehre von blinder Tradierung und von einseitiger Traditionsverleumdung fernzuhalten. Wissenschaftliche Traditionskritik zum Zweck überprüfbarer Rekonstruktion von Geschichte („Begründungsobjektivität") ermöglicht reflektiertes Verhalten zu eigenen und fremden Traditionen; es befähigt damit zur „Konsensobjektivität" (Lübbe 1977, 318) zwischen verschiedenen Traditionssystemen. Damit wird in der didaktischen Konzeption die — sei es

affirmative oder destruktive — undurchschaute und fast zwanghafte Bindung historischer Lehre an Identifikations- und Legitimationsmechanismen überwunden durch den Versuch einer „Errichtung des spezifisch Menschlichen, des Gebäudes von Tradition und Einsicht" (Weizsäcker 1978, 227).
In einem weiteren Sinne kann Tradition als der Gesamtzusammenhang des menschlichen Kulturgefüges in der Zeit verstanden werden. In dieser Auffassung, die erst nach der kritischen Überwindung der Befangenheit in der je eigenen Tradition im engeren Sinne möglich wurde, wird Tradition „nahezu gleichbedeutend mit der Geschichtlichkeit des Menschen" (Wittram 1963, 97) und zur „Bezeichnung für die geschichtliche Substanz des Menschseins" (Jaspers 1949, 227). Diesem umfassenden Gebrauch des Begriffs fehlt zwar die Trennschärfe, die für die Unterscheidung verschiedener didaktischer Konzeptionen nach ihrem Verhältnis zur Tradition unerläßlich ist — Beharrungswille wie Emanzipationsstreben erscheinen gleicherweise als Elemente der Tradition. Aber die weite Deutung öffnet den Blick dafür, daß auch die Emanzipation von Tradition in einen Traditionszusammenhang gehört und als Rezeption bestimmter Tradition begriffen werden kann; damit wird sie nicht nur unter ihrem Zukunftsanspruch normativ, sondern auch historisch-empirisch begründbar und kritisierbar zugleich.

Literatur

Baumgartner, H. M.: Kontinuität und Geschichte, Frankfurt/M. 1972
Behrmann, G. C. / Jeismann, K.-E. / Süssmuth, H.: Geschichte und Politik. Didaktische Grundlegung eines kooperativen Unterrichts (Didaktische Studien, Bd. 1), Paderborn 1978
Bergmann, K. / Pandel, H. J.: Geschichte und Zukunft. Didaktische Reflexionen über veröffentlichtes Geschichtsbewußtsein, Frankfurt/M. 1975
Faber, K. G.: Theorie der Geschichtswissenschaft, 4. Aufl. München 1978
Gadamer, H. G.: Wahrheit und Methode, 3. Aufl. Tübingen 1972
Jaspers, K.: Vom Ursprung und Ziel der Geschichte, München 1949
Kuhn, A.: Einführung in die Didaktik der Geschichte, 2. Aufl. München 1977
Kluxen, K.: Vorlesungen zur Geschichtstheorie, Bd. 1, Paderborn 1974
Krüger, G.: Geschichte und Tradition (Lebendige Wissenschaft, Bd. 12), Stuttgart 1948
Lübbe, H.: Wer kann sich historische Aufklärung leisten?, in: *Oelmüller, W.* (Hrsg.): Wozu noch Geschichte?, München 1977
Weizsäcker, C. F. von: Der Garten des Menschlichen. Beiträge zu einer geschichtlichen Anthropologie, 4. Aufl. Wien 1978
Wittram, R.: Tradition und Geschichte, in: *Wittram, R.*: Das Interesse an der Geschichte, 2. Aufl. Göttingen 1958

Sozialisation

Hans-Jürgen Pandel

1. *Sozialisation als Begriff* bezeichnet eine sozialwissenschaftliche Arbeitshypothese, die es unternimmt, den Prozeß der Vergesellschaftung der menschlichen Natur in Vergangenheit und Gegenwart zu untersuchen, um ihn der menschlichen Praxis verfügbar zu machen. In der Bundesrepublik Deutschland konstituierte diese Hypothese seit den sechziger Jahren ein Interessengebiet interdisziplinärer Bemühungen, ohne daß es zu einer eigentlichen interdisziplinären Kooperation kam. Obwohl sie ursprünglich von den systematisierenden Sozialwissenschaften (Psychologie, Sozialpsychologie, Soziologie etc.) entwickelt wurde, um sogenannte Begabungsreserven zu entdecken, wird diese Hypothese nun auch von dem Zweig der Geschichtswissenschaft benutzt, der sich als Historische Sozialwissenschaft versteht. Der inflationäre Gebrauch des Sozialisationsbegriffs in der Geschichtsdidaktik täuscht darüber hinweg, daß diese historische Spezialdisziplin sich der Arbeitshypothese kaum zu eigener Forschung bedient, obwohl Lern- und Bewußtseinsprozesse erklärtermaßen zum zentralen Gegenstand der Geschichtsdidaktik gehören. Sozialisation als Arbeitshypothese besteht aus einem Satz von Annahmen über die Soziogenese von Bedürfnis-, Verhaltens- und Bewußtseinsformen in Interaktionsprozessen. Fungiert Sozialisation auch als generelle Arbeitshypothese, so fehlt es noch an einer Metatheorie der Sozialisationsforschung (Oevermann 1976), die die einzelnen Theoreme, Fragestellungen und empirischen Ergebnisse zusammenfassen und neue Forschungsprozesse einleiten könnte.

2. *Als Prozeß ist Sozialisation* derjenige Entwicklungszusammenhang, in dem die subjektiven Korrelate einer durch Herrschaft geordneten Gesellschaft hergestellt werden. Alle bekannten historisch-konkreten soziokulturellen Ordnungen sind nach dem Prinzip der Ungleichheit organisiert. Insofern sind „Macht" und „Herrschaft" von Anfang an zentrale Kategorien der Sozialisationsprozesse. Die Feststellung, daß im Sozialisationsprozeß menschliche Strukturen hergestellt werden, impliziert deshalb noch nicht, daß diese Strukturen auch menschlich sind. So gesehen kann der Sozialisationsprozeß auch als „Herstellung von Pathologie" (Orban 1973) verstanden werden. In diesem höchst komplexen Lern- und Bildungsprozeß, für den der Sammelbegriff Sozialisation steht, erfolgt die soziale Konstitution des Subjekts. Sie ist als „gesellschaftliche ‚zweite Natur' ... für die Individuen immer schon Bedingung der Möglichkeit ihres Lebens" (Dahmer 1971, 89). Bei der Analyse der sozialen Konstitution untersucht die Sozialisationsforschung die sozialen Grundqualifikationen des Denkens und Handelns in ihrer Genese und ermittelt die Entstehungsbedingungen in der sozialisatorischen Interaktion konkreter, gesellschaftlich vermittelter Lebenssituationen. Die Sozialisationsforschung kann nicht bei den einzelnen Lebenssituationen stehen bleiben, da diese durch die jeweilige historisch geformte Gegenwart strukturiert werden. Wenn

Sozialisation

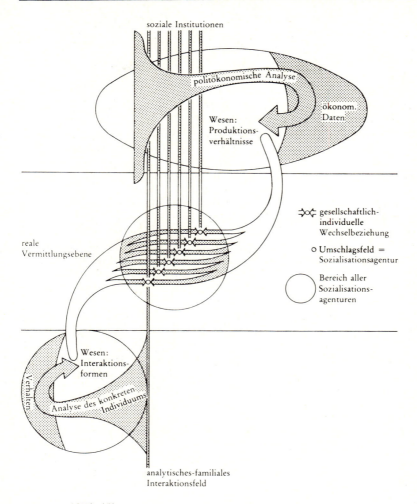

(Lorenzer 1976, 45)

die alltäglichen Lebenswelten ihre Struktur dem jeweiligen Ausschnitt der Gesellschaftsformation verdanken, kann die Alltagspraxis bei der Analyse des Sozialisationsvorganges nicht übersprungen werden. Das historisch geformte gesellschaftliche Gesamtsystem setzt sich nicht unmittelbar in den Individuen durch, sondern nur über die Interaktionsformen der konkreten alltäglichen Lebenssituationen (vgl. Graphik). Die verbreitete Annahme, daß soziale Einflüsse des Gesellschaftssystems sich schlicht ins Bewußtsein hinein verlängern, ist noch aus einem zweiten Grund unzureichend. Diese Argumentation übersieht, daß die Erfahrungen „durch die je gegebene und sich produzierende kognitive Struktur in systematischer Weise gebrochen" (Wacker 1974, 137) sind. Die im Sozialisationsprozeß erfolgende Realitätskonstitution und Realitätsinterpretation unterliegt somit doppelten systematischen Brechungsregeln.

3. Der gesellschaftlich vermittelte Charakter der Interaktionsformen macht es notwendig, daß *Sozialisationsforschung nur in Verbindung mit Gesellschaftstheorie und historischer Forschung* betrieben werden kann. Der Rückgriff auf historische und systematische Analyse des Gesellschaftssystems bedeutet jedoch nicht, daß sozialisationstheoretische Ergebnisse sich aus einer Gesellschaftstheorie „ableiten" oder mit Hilfe der historischen Forschung „widerlegen" lassen. Sozialisationsforschung nimmt die gesellschaftlichen und sozialstrukturellen Verhältnisse als restriktive Bedingungen für die Entfaltung der Entwicklungsmöglichkeiten des Subjekts. Die bisherige Beschreibung des Sozialisationsprozesses in soziohistorischen, sozioökonomischen und sozioökologischen Parametern ist der Subjektentwicklung weitgehend äußerlich geblieben. Ökonomische, ökologische und historische Faktoren wurden nur unter dem Aspekt betrachtet, mit welcher Unterschiedlichkeit und welcher Intensität sie als Anregungspotentiale auf die Individuen wirken (Oevermann 1976, 50). Die „Erklärung" durch solche soziostatistische Verteilungsmuster (zum Beispiel Einkommen, Wohnlage, Religionszugehörigkeit etc.) ist aber weitgehend unzureichend, da sie selbst nichts erklären kann, sondern auf psychologische Erklärungsmuster zurückgreifen muß. Weitaus wichtiger wäre es jedoch zu erfahren, welche Leistungen diese Faktoren im Hinblick auf die Konstituierung lebensweltlicher Strukturen erbringen.

4. Neben dem Begriff der Sozialisation wird auch der Begriff der „*politischen Sozialisation*" verwandt. Politische Sozialisation versteht sich als „Ausschnitt" aus dem Prozeß der allgemeinen Sozialisation. Sie wird weitgehend aufgefaßt als eine Vergesellschaftung von Individuen durch die aktuellen gesellschaftlichen Bedingungen einer zeitlich als sehr restringiert begriffenen Gegenwart, d. h. einer Gesellschaft ohne historische Vergangenheit und qualitativ anderer Zukunftsperspektive. Politische Sozialisation versucht im Rahmen der allgemeinen Sozialisation politisch relevante Motive, Einstellungen und Verhaltensweisen zu erklären. Gegen diese, sich gegenüber der allgemeinen Sozialisationsforschung als autonom verstehende Untersuchungsrichtung, ist der berechtigte Einwand erhoben worden (Preuß-Lausitz), daß eine politische Sozialisation in Gegenüberstellung zur allgemeinen (also nichtpolitischen) Sozialisation nicht existiert. Jede Sozialisation ist politisch und somit auch politisch relevant. Was aber das Adjektiv „politisch" zu bezeichnen versucht — sofern es bewußt zur Unterscheidung verwandt wird —, ist eine Orientierung der Forschung auf Einstellungen, Meinungen, Vorlieben und Verhaltensweisen innerhalb der institutionellen Willensbildungsprozesse westlicher Industriegesellschaften. In dieser Perspektive untersucht die politische Sozialisationsforschung Wählerverhalten, Kenntnis nationaler Symbole, Parteipräferenzen, staatsbürgerliches Rollenverhalten etc. Die amerikanische Richtung dieser Sozialisationsforschung hat häufig eine politische Implikation, die von einigen ihrer Vertreter auch bewußt explizit

gemacht wird. Sie verstehen die Forschungsergebnisse der politischen Sozialisation als einen Beitrag zu einer Theorie der Systemerhaltung.

5. Aus *geschichtswissenschaftlicher* und *geschichtsdidaktischer Perspektive* sind gegen die allgemeine Sozialisation sowie gegen die politische Sozialisation Einwände zu erheben, die sich auf die Faktoren *Sprache* und *Zeit* beziehen. Sozialisation ist kein Vorgang, in den lediglich gegenwärtig aktuelle Faktoren als Bedingungen eingehen, sondern auch solche Faktoren, die ihre Entstehung einer früheren Phase des Gesellschaftssystems verdanken, aber gegenwärtig als präsent wirken. Der Tendenz, den Vergesellschaftungsprozeß zu historisieren, über die jeweils aktuelle zeitlich begrenzte Gegenwart hinaus zu verlängern, kommt die empirische Sozialisationsforschung (zumindest in ihren theoretischen Beiträgen) gegenwärtig stärker entgegen. Sie erkennt, daß das, was sie mit ihren bisherigen Methoden erfaßt hat, „allzusehr den Charakter von Momentaufnahmen" (Bahrdt 1975, 9) hatte. Es sind zwei Verfahren, die stärker betont werden sollten: das freie Interview und die Längsschnittuntersuchung. Beide Verfahren lassen sich auch als historische Verfahren definieren. Das freie Interview, die Abkehr von standardisierten Fragebogenmethoden, ist die wiederholte Aufforderung an die Probanden, Ausschnitte der eigenen Lebensgeschichte zu erzählen. Längsschnittuntersuchungen können unter geschichtswissenschaftlichem Aspekt als prospektive historische Fragestellung gedeutet werden: eine Produktion von bewußt hervorgebrachten historischen Quellen für eine zukünftige retrospektive geschichtswissenschaftliche Untersuchung. In der Gegenwart wird eine Untersuchung begonnen, um in Zukunft eine historische Analyse zu erhalten. Durch beide Verfahren wird Sprache (Narrativität) und Zeit (Historizität) berücksichtigt.

Es ist deshalb unter geschichtswissenschaftlicher und geschichtsdidaktischer Perspektive sinnvoller, statt ausschließlich von einem „sozialisierten Subjekt" von „*Lebensgeschichte*" zu sprechen. Lebensgeschichte ist der objektive reale Prozeß der Entwicklung eines Individuums, der seine durchlebte Vergangenheit bezeichnet. Lebensgeschichte ist nach rückwärts zeitlich nicht eindeutig abgrenzbar. Sie beginnt nicht erst mit der Geburt, sondern umfaßt ein zeitlich nicht klar abgrenzbares pränatales Stadium. Sie ist zur Zukunft nicht eindeutig determiniert. Die bereits abgelaufene Lebensgeschichte hat allerdings im Individuum eine Fülle von Tendenzen und Latenzen angelegt, die als Bedingungen und Möglichkeiten lebensgeschichtlicher Zukunft gelten müssen. Ein Konzept von Lebensgeschichte bezieht sich auf einen historisch-gesellschaftlichen Subjektbegriff. „Subjekt" wird dabei nicht als letztinstanzliche, bloß gegenwärtig punktuelle Einheit verstanden, sondern der Begriff „Lebensgeschichte" faltet den Begriff „Subjekt" in die drei Zeitdimensionen auf. Eine Theorie von Lebensgeschichte versteht das Subjekt als Ensemble lebensgeschichtlicher und als Ensemble gesellschaftlich-historischer Verhältnisse. Innerhalb dieses historisch gerichteten sozialisationstheoretischen Ansatzes wird die „kritische Auflösung des Subjekts in Lebensgeschichte über Lebensgeschichte hinaus auf Geschichte verlängert" (Lorenzer 1973, 159). Die lebensgeschichtlichen Verhältnisse, in die ein Individuum verwickelt ist, sind nicht getrennt zu sehen von Herrschafts- und Tauschverhältnissen, von

Produktions- und Machtverhältnissen der jeweils konkreten historischen Gegenwart. Die gesellschaftlichen Verhältnisse strukturieren die lebensgeschichtlichen Verhältnisse vor.

6. *Geschichte* und *Lebensgeschichte* verlaufen nicht getrennt voneinander, sondern sind dialektisch miteinander verschränkt. Der Vorgang dieser dialektischen Verschränkung ist der Sozialisationsprozeß. Sozialisation meint dann jenen Prozeß der „Einfädelung" (A. Lorenzer) individueller Lebensgeschichte in jenen Ausschnitt der Gattungsgeschichte, der sich den Individuen als ihre jeweilige Gegenwart darstellt. In der Gegenwart ist die bisherige Gattungsgeschichte auf vielfältige Weise akkumuliert: materiell und ideell, realiter und als utopischer Entwurf. Die so akkumulierte Gattungsgeschichte aktualisiert sich in den Interaktionsformen und Interaktionsstrukturen, in die das Individuum hineingestellt wird. Im Sozialisationsprozeß werden die Individuen so in diese Gesellschaft eingefädelt, daß die historische Umwelt ihnen ausschnittweise zur Innenwelt wird. Sozialisation ist damit ein *sozialer Bildungsprozeß, der als Einfädelung in den gattungsgeschichtlich erreichten Stand* beschrieben werden kann. Der zeitliche und soziale Standort des Individuums in der Gattungsgeschichte bestimmt, welchen Anteil es an den gattungsgeschichtlich erarbeiteten und erreichten Möglichkeiten hat (Identität). „Einfädelung" als Metapher des Sozialisationsvorganges benennt dabei die menschliche Qualität des Vorganges: Nicht das heriditär angelegte, sondern das sozial erworbene, in Interaktionsprozessen sozial ein-gebildete Wahrnehmen, Erinnern und Verhalten ist konstitutiv für Lebensgeschichte.

Der Zusammenhang von Sozialisation und Geschichte meint aber wesentlich mehr als den Verweis, daß die Formen, in denen sich der Sozialisationsprozeß vollzieht, durch kulturspezifische und nationalgeschichtliche Eigenarten geprägt wird. Dieser Aspekt ist ohne Zweifel sehr wichtig, denn er bedeutet im Kern, daß die menschliche Natur mehr Möglichkeiten des Wahrnehmens, Denkens und Fühlens beinhaltet, als die jeweiligen historisch-gesellschaftlichen Gegebenheiten einer Gesellschaftsformation zu realisieren erlauben. Der Zusammenhang von Geschichte und Sozialisation liegt aber auch jenseits der spezifischen kulturellen und historischen Formbestimmtheit und thematisiert den *gattungsgeschichtlichen Aspekt des Sozialisationsvorganges*. Dieser Aspekt wendet sich gegen die Sichtweisen, die die jeweiligen kultur- und epochenspezifischen Sozialisationsformen als stets neue Formung einer gesellschaftlich unabhängigen menschlichen Natur betrachten. Historische Sozialisationsformen und -praktiken sind eben nicht unmittelbar zur Natur, sondern diese Natur ist im gattungsgeschichtlichen Prozeß bereits durch menschliche Praxis hergestellt. Die Verschränkung von Gattungsgeschichte und menschlicher Natur im Prozeß gesellschaftlicher Praxis hat Marx schon sehr früh (1844) thematisiert. In den Frühschriften heißt es bei ihm: „Die Bildung der fünf Sinne ist eine Arbeit der ganzen bisherigen Weltgeschichte".

7. *Sozialisation in der Familie* hat insofern größere Aufmerksamkeit als andere Sozialisationsinstanzen auf sich gezogen, weil der Familie im Sozialisationsprozeß chronologische Priorität zukommt. In ihr beginnt für das Individuum in der Regel der Sozialisationsvorgang; in ihr liegt der Ursprung

jeglicher Lebensgeschichte. Die chronologische Priorität der Familie wird noch durch die größere Intensität ihrer sozialen Kontakte und ihrer sozialen Kontrolle unterstützt. Formal wird die Familie als Kleingruppe beschrieben, die sich durch starke affektive Beziehungen ihrer Mitglieder auszeichnet: Sie ist eine affektive Solidargemeinschaft (Oevermann).
Seit dem 18. Jahrhundert ist die Familie erstmals in der Geschichte im zentralen Maß um das Kind zentriert (Lepenies 1975). Die „Wertschätzung des Kindes (war) an die Verminderung ihrer Zahl, verbunden mit einer erhöhten Chance des Überlebens, gebunden" (Lüscher 1976, 133 f.). Innerhalb der Familie lernt das Kind die grundlegenden Rollen: die Geschlechts- und die Generationsrolle. Geschlechts- und Generationsrolle differenzieren sich in die Dimensionen instrumentell / expressiv (Vater / Mutter) und mehr Macht / weniger Macht (Vater — Mutter / Kind). Bezogen auf das Rollenlernen wird im allgemeinen *primäre* und *sekundäre Sozialisation* unterschieden. Primäre Sozialisation ist derjenige Vorgang, in dem das Individuum die Sprache und die Grundqualifikationen des Rollenhandelns lernt. Sekundäre Sozialisation ist der Prozeß, in dem das bereits handlungsfähige Subjekt neue Rollen hinzugewinnt. Zu den in den frühen Phasen des Sozialisationsprozesses erworbenen sozialen Grundqualifikationen (Sprach- und Rollenlernen) gehört auch das Lernen von sozialen Differenzierungen: *schichten- und geschlechtsspezifische Sozialisation*.

a) Ausgangspunkt aller Untersuchungen über *schichtspezifische Sozialisation* ist die Tatsache, daß es objektive Unterschiede in den Arbeitsplatzbedingungen von Unterschicht und Mittelschicht gibt. Unter Arbeitsplatzerfahrung werden in der Regel folgende Faktoren verstanden: Autonomiegrade der Arbeitsplatzbedingungen, zugeteilte Arbeit, manuelle Arbeit, Schwere der körperlichen Arbeit, Abhängigkeit von Vorgesetzten, Länge der Kündigungsfrist, fremdbestimmte Arbeitseinteilung, erschwerende Bedingungen (Lärm etc.), Umgang mit Personen und Umgang mit Sachen, Weisungsbefugnis, Kommunikationsmöglichkeiten am Arbeitsplatz usw.

Der Transfer von elterlichen Erfahrungen im Produktionsprozeß in die Familie hinein gilt als erwiesen. Er ist allerdings von den vorhandenen empirischen Daten nicht voll abgesichert. Der Verbindungsmechanismus zwischen Berufserfahrung der Eltern und den Interaktionsstrukturen in der Familie spielt eine zentrale Rolle für die Perpetuierung von Privilegien und Ungleichheit. Die durch die unterschiedlichen Arbeitsplatzerfahrungen geformten familiären Interaktions- und Kommunikationsstrukturen beeinflussen die spezifische kognitive Entwicklung des Kindes und seine spezifischen Formen des Spracherwerbs (Kompetenz) und des Sprachgebrauchs (Performanz). Da die Arbeitsplatzerfahrungen schichtenspezifisch sind, erhält sich die schichtenmäßige Ausprägung auch in die Denk- und Sprachformen (und eventuell in die Urteilsformen) hinein. Das Ergebnis besteht dann in schichtenmäßig differenzierten Sprachcodes und unterschiedlichen kognitiven Stilen. Der bisher sehr stark betonte Zusammenhang zwischen Arbeitsplatzerfahrungen und schichtenspezifischen Erziehungspraktiken und Erziehungsstilen der Eltern ist in letzter Zeit erheblich relativiert worden. Ausschlaggebender als isolierte

Erziehungspraktiken dürften die unterschiedlichen Interaktionsformen in der Familie sein.

b) Neben der Generationsrolle ist die *Geschlechtsrolle* die zweite Basisrolle, die das Kind in der Familie erwirbt. Die Geschlechtsrolle ist eine universale Rolle. Alle Kulturen kennen Rollenunterschiede der Geschlechter, die aber keineswegs in der biologischen Funktion der Fortpflanzung aufgehen. Das gesellschaftliche Geschlecht wird am biologischen festgemacht, verläuft dann an ökonomischen Faktoren entlang (Arbeitsteilung) bis zu kulturspezifischen Geschlechtsstereotypen. Was in einer Kultur zu den Eigenschaften des weiblichen Geschlechtsstereotyps gehört, gilt manchen in anderen Kulturen als männliche Eigenschaft. Neben den unterschiedlichen Formen der kulturspezifischen Ausprägung des gesellschaftlichen Geschlechts spielen auch historische Faktoren eine Rolle. Historische Umstände können die den Geschlechtsrollen zugeschriebenen Eigenschaften und Verhaltensweisen auch in sehr kurzen Zeiträumen verändern. „Hätte ein Beobachter, der nicht sehr gut über die spezifischen Umstände informiert war, die Rollenverteilung in Deutschland im Jahre 1945 beschrieben, so hätte er feststellen müssen, daß Straßenbahnen vorwiegend von Frauen gefahren werden und daß Schwerarbeit, wie das Wegschaffen von Trümmern in den Städten, vorwiegend die Aufgabe von Frauen ist" (Merz 1979, 80).

Bereits in den ersten Lebensjahren (von 14 Wochen bis zum zweiten Lebensjahr) sind Geschlechtsunterschiede beobachtbar. Mädchen lernen im Alter von 14 Wochen besser auditive, Jungen besser visuelle Signale; verbale Fähigkeiten sind bei Mädchen höher; Jungen fixieren soziale und geometrische Reize länger; Mädchen diskriminieren Reizkonfigurationen besser etc. Diese Befunde stützen die Vermutung, daß Mädchen früher als Jungen ein komplexes begriffliches Schema zur Interpretation ihrer Umwelt entwickeln. Ob man (vorübergehende) Unterschiede des Entwicklungszustandes schon als Geschlechtsunterschiede auffassen kann, ist zumindest zweifelhaft. Wie gesichert diese Ergebnisse auch immer sein mögen, sie legen hinsichtlich der Geschlechtsdifferenzen eine Schlußfolgerung nahe: „Alle nachgewiesenen Geschlechtsunterschiede stehen im klaren Widerspruch zum landläufigen Frauenstereotyp" (Safilios-Rothschild u. a. 1977, 157).

Die frühkindliche affektive Bindung an die erste Pflegeperson (in der Regel die Mutter) stellt die Basis dar, auf der die motivationalen (und im geringeren Maße auch die kognitiven) Bedingungen zur späteren geschlechtsspezifischen Differenzierung gelegt werden. Erst auf dieser Basis entwickeln sich jene Grundmuster der aggressiv-explorativen bzw. passiv-dependenten Verhaltensweisen, die mit den späteren Geschlechtsstereotypen korrelieren. Das Erlernen des gesellschaftlichen Geschlechtsstereotyps ist im vierten Lebensjahr bereits abgeschlossen. Dagegen wird die Geschlechtsrollenidentität zwischen dem dritten und siebten Lebensjahr erworben.

8. Ebensowenig wie die Geschichtswissenschaft auf eine lebensweltliche Fundamentierung verzichten kann, kommt die *Geschichtsdidaktik* ohne eine *Theorie des Subjekts* aus. Sozialisationsforschung könnte der Geschichtsdidaktik zu der benötigten historisch-kritischen Theorie des Subjekts ver-

helfen. *Bedingungen, Genese und Formen historischen Denkens und Urteilens in den Lern- und Arbeitsprozessen des Alltags* könnten so aufgehellt werden. Die Sozialisationstheorie hat bereits dazu beigetragen, reifungstheoretische Vorurteile zu beseitigen, indem sie die Regeln der Subjektentwicklung aus der sozialisatorischen Interaktion zu entfalten suchte. Ergebnisse der Sozialisationsforschung nehmen zunehmend die Stelle ein, die in den frühen sechziger Jahren die Entwicklungspsychologie ausgefüllt hat.

Von der inhaltlichen Seite her gesehen haben wir es im Geschichtsunterricht mit dem Wandel von Gesellschaftsstrukturen und -formen zu tun. Wir konfrontieren Schüler vorwiegend mit handelnden Menschen, die in herrschaftsgeordneten Systemen durch die unterschiedlichen Besitzverhältnisse ungleiche Chancen der Bedürfnisbefriedigung besitzen. Die Ungleichheit der Befriedigungschancen wird dabei durch Rechtfertigungssysteme so legitimiert, daß die Betroffenen sie akzeptieren. Diese Rechtfertigungssysteme und die Systeme der Regulierung des Gesellschaftssystems (Normen- und Rechtssysteme) bleiben in der Zeit nicht stabil. Sie werden gemacht und werden verändert. Zusammengefaßt bedeutet das, daß Schüler sich im Geschichtsunterricht in unausgesetzter Weise mit sozialen Unterschieden (Klassen, Ständen, Schichten, Herrschaftsverhältnissen (Feudalismus, Kapitalismus), Wert-, Normen- und Regelverletzungen (Mord, Krieg, Revolution) und Wandlungsprozessen, die die Länge eines Menschenlebens überschreiten, konfrontiert sehen. Die für die Geschichtsdidaktik fundamentale Erkenntnisvoraussetzung liegt in der Beantwortung der Frage, wie Kinder der verschiedenen Sozialschichten die Begriffe arm – reich, oben – unten, gerecht – ungerecht, erlaubt – unerlaubt, kurz – lange, selten – oft lernen. Im Rahmen der Sozialisationsforschung liegen hierzu unter den Stichworten: Wahrnehmung sozialer Unterschiede, moralisches Bewußtsein, Autoritätsfixierung, Identifikationsprozesse, Zeitperspektive und Raumvorstellungen erste Ergebnisse vor.

Die einzelnen Faktoren, über die zumindest tendenziell Befunde vorliegen, die sich auf historisches Lernen beziehen, lassen sich in einer vorläufigen Weise ordnen: Geht man davon aus, daß Denk-, Urteils- und Handlungsprozesse unterschieden werden können, so ergibt sich folgende Aufteilung: Wir können *kognitive* (zum Beispiel Wahrnehmung sozialer Unterschiede) und *evaluative* (zum Beispiel moralisches Bewußtsein) Verarbeitungsmodi historischen Wissens unterscheiden, die einen bestimmten, noch näher zu präzisierenden Anteil an der Fähigkeit zum Handeln haben (Apathie, Aktivismus, Rückzugspotentiale). Für die Geschichtsdidaktik ist die Kenntnis der Genese von kognitiven Voraussetzungen, der Entwicklung des Wort-, Begriffs- und Klassifikationslernens unerläßlich, will Geschichtsdidaktik zu einer kategorialen Erschließbarkeit von Gegenwartsproblemen beitragen. Eine schlichte Anwendung der allgemeinen Sozialisationsergebnisse auf historische Lernprozesse ist vermutlich eher schädlich als hilfreich. Anzeichen deuten nämlich darauf hin, daß moralische Wertung, Vergangenheitsperspektive und die Wahrnehmung sozialer Unterschiede an gegenwärtigen Ereignissen und Situationen in anderer Weise erfolgt als an historischen Situationen und

Akteuren. So urteilen zum Beispiel die gleichen Schüler auf unterschiedlichen Ebenen des moralischen Bewußtseins je nach dem, ob es sich um vergangene oder gegenwärtige Ereignisse handelt. In diesem Geflecht von voreiligen Identifikationen und ausgeprägter Identifikationsunlust der Schüler, einem moralischen Bewußtsein, das die Moralität über die Zeitdimensionen unterschiedlich verteilt, ohne daß eine durchgehende Ebene der moralischen Argumentation deutlich wird, verfängt sich ein Geschichtsunterricht, der ohne eine Subjekttheorie arbeitet. Ihm sind die kognitiven und evaluativen Verarbeitungsmodi historischen Wissens, derer sich der Schüler bedient, noch weitgehend unbekannt. Vielleicht wiegt aber noch schwerer, daß die sozialisatorischen Wirkungen jenes Ausschnittes der Gegenwart, der traditionell „die Geschichte" genannt wird, äußerst mangelhaft untersucht sind.

Literatur

Bahrdt, H. P.: Erzählte Lebensgeschichte von Arbeitern, in: *Osterland, M.* (Hrsg.): Arbeitssituation, Lebenslage und Konfliktpotential, Frankfurt/M. 1975, 9 — 37

Bellmann, W.: Verstärkung oder Kompensation? Probleme des „wesensgemäß-geschlechtsspezifischen" Unterrichts für Mädchen und Ansätze zu einer Neuorientierung — dargestellt am Beispiel des Geschichts- und Sozialkundeunterrichts, in: *Schriftenreihe des Pädagogischen Instituts der Landeshauptstadt Düsseldorf* 7 (1973)

Dahmer, H.: Psychoanalyse und historischer Materialismus, in: *Lorenzer, A.*, u. a.: Psychoanalyse als Sozialwissenschaft, Frankfurt/M. 1971, 60 — 92

Döbert, R. / Habermas, J. / Nunner-Winkler, G. (Hrsg.): Entwicklung des Ichs (Neue Wissenschaftliche Bibliothek, Bd. 90), Köln 1977

Fend, H.: Sozialisierung und Erziehung, Weinheim / Basel 1969

Geulen, D.: Das vergesellschaftete Subjekt. Zur Grundlegung einer Sozialisationstheorie, Frankfurt/M. 1977

Hurrelmann, K. (Hrsg.): Sozialisation und Lebenslauf, Reinbek 1976

Kohlberg, L.: Zur kognitiven Entwicklung des Kindes, Frankfurt/M. 1974

Lindesmith, A. R. / Strauß, A. L.: Symbolische Bedingungen der Sozialisation, 2. Bde., Düsseldorf 1974

Lorenzer, A.: Zur Begründung einer materialistischen Sozialisationstheorie, Frankfurt/M. 1972

— Über den Gegenstand der Psychoanalyse oder Sprache und Interaktion, Frankfurt/M. 1973

— Zur Dialektik von Individuum und Gesellschaft, in: *Leithäuser, Th. / Heinz, W. R.* (Hrsg.): Produktion, Arbeit, Sozialisation, Frankfurt/M. 1976, 13 — 47

Lüscher, K.: Die Entwicklung der Rolle des Kindes, in: *Hurrelmann, K.* (Hrsg): Sozialisation und Lebenslauf, Reinbek 1976, 129 — 150

Merz, F.: Geschlechtsunterschiede und ihre Entwicklung. Ergebnisse und Theorien der Psychologie, Göttingen 1979

Oevermann, U.: Programmatische Überlegungen zu einer Theorie der Bildungsprozesse und zur Strategie der Sozialisationsforschung, in: *Hurrelmann, K.* (Hrsg.): Sozialisation und Lebenslauf, Reinbek 1976, 34 — 52

Orban, P.: Sozialisation, Frankfurt/M. 1973

Safilios-Rothschild, C. / Polk, B. B. / Stein, R. B.: Frühe Geschlechtsrollen-Sozialisation und Geschlechtsunterschiede, in: *Fthenakis, W. E. / Kasten, H.* (Hrsg.): Neuere Studien zur kognitiven und sozialen Entwicklung des Kindes, Donauwörth 1977, 155 — 200

Schülein, J. A., u. a.: Politische Psychologie. Entwürfe zu einer historisch-materialistischen Theorie des Subjekts, Frankfurt/M. 1981

Wacker, A.: Zum Gesellschaftsverständnis von Kindern, in: *Politische Psychologie*, Wien 1974, 135 — 154
— (Hrsg.): Die Entwicklung des Gesellschaftsverständnisses bei Kindern, Frankfurt/M. 1976
Walter, H. (Hrsg.): Sozialisationsforschung, 3 Bde., Stuttgart-Bad Cannstatt 1973

Identität

Klaus Bergmann

Ich-Identität, kollektive Identität, historische Identität

Identität kann zunächst in zwei Hinsichten betrachtet werden — als Eigenschaft und Fähigkeit sprach- und handlungsfähiger Subjekte (Ich-Identität) und als Eigenschaft und Fähigkeit von Gruppen (kollektive Identität), sich im zeitlichen Wandel ohne Einbuße an innerer und äußerer Glaubwürdigkeit zu behaupten und zugleich zu ändern. Das zwischen der Ich-Identität und der Identität von Gruppen bestehende Verhältnis kann und muß als grundlegendes Problem aller Überlegungen über Erziehungsprozesse gelten (Mollenhauer 1972).

Ich-Identität bedeutet die nur menschlichen Wesen eigentümliche Eigenschaft und Fähigkeit, sich selbst — vor allem: vor sich selbst — im zeitlichen Wandel der Lebenswelt erkennbar gleich oder ähnlich zu bleiben. Dazu gehört die Fähigkeit, die eigene Lebensgeschichte so als an und für sich sinn-voll zusammenhängend zu gestalten, daß das eigene Verhalten in unterschiedlichen Situationen und gegenüber unterschiedlichen sozialen Erwartungen nicht nur vom Individuum selbst als stimmig empfunden, sondern auch von anderen verläßlich und als verläßlich eingeschätzt werden kann (Habermas 1976).

„Auch soziale Systeme haben ihre Identität" (Habermas 1973c, 13). Sie liegt in der Fähigkeit von Gruppen, sich als Zusammenschluß von Menschen zu begreifen und darzubieten, deren innerer und äußerer Zusammenhalt ungeachtet aller Unterschiedlichkeiten der sie tragenden Individuen in der Anerkennung gemeinsamer Vorstellungen über Gegenwart, Vergangenheit und Zukunft durch die in ihr zusammengeschlossenen und an sie gebundenen Personen begründet ist. Wie das Individuum eine für seine Ich-Identität bedeutsame Lebensgeschichte hat, so haben auch Gruppen ihre Geschichte, die ihrer Selbstvergewisserung dient (Selbstidentifikation) und von anderen Gruppen als die unverwechselbare Geschichte dieser Gruppe ausgemacht werden kann. Dieses historische Selbstverständnis einer Gruppe kann auch als ihre historische Identität bezeichnet werden (Bergmann / Pandel 1975).

Zwischen Ich-Identität und kollektiver Identität besteht ein Zusammenhang, insofern das Individuum die Zugehörigkeit zur übergreifenden Identität einer Gruppe und die Abgrenzung von anderen braucht, um sich selber als Individuum in seiner Eigenart erfahren und reflektieren und damit überhaupt eine Ich-Identität ausbilden zu können (Habermas 1976).

Identität und Identitätskrisen in erziehungswissenschaftlicher und didaktischer Sicht

Werden Individuen oder Gruppen in ihrer Übereinstimmung mit sich selber durch eigenes Verhalten und/oder durch andere verunsichert, geraten sie in Identitätskrisen, die zu schweren Belastungen und Erschütterungen führen (Haeberlin / Niklaus 1978). Identität ist gegenwärtig ein wesentlicher Forschungs- und Reflexionsgegenstand aller Humanwissenschaften, weil durch die realhistorische Entwicklung Individuen und Gruppen in einem bislang wohl unerhörten Maße in ihrer Identität gestört oder beschädigt werden und weil die identitätsbildenden Normen sozialer Systeme ihren früher selbstverständlichen Geltungsanspruch verloren haben, so daß sich „bestimmte Gruppen von identitätsbildender Kraft (wie Familie, Stadt, Staat oder Nation) nicht mehr privilegieren" lassen gegenüber anderen (Habermas 1976, 96).

Daher gelten gegenwärtig auch in der Erziehungswissenschaft die Ich-Identitäten der Schüler als wesentliche Zielsetzung von Erziehungsprozessen: „Nur der Begriff der Ich-Identität, die zugleich Freiheit und Individuierung des einzelnen in komplexen Rollensystemen sichert, kann heute eine zustimmungsfähige Orientierung für Bildungsprozesse angeben" (Habermas 1976, 96). Diese Aussage mit ihrem entschieden normativen Gehalt erwächst historischen Erfahrungen, der Sorge um gegenwärtige Identitätskrisen und der Hoffnung auf eine individuell und gesellschaftlich mögliche Minderung massenhafter Identitätskrisen. Ich-Identitäten wurden früher in Erziehungsprozessen gering geachtet und der von oben gesetzten übergreifenden Identität zum Beispiel der Nation oder des Staates entschieden nachgeordnet — bis hin zu dem faschistischen Extrem „Du bist nichts, Dein Volk ist alles". Der Einsicht, daß in Erziehungsprozessen „keine Generationen verheizt, aufgeopfert werden (dürfen), um eine künftige Harmonie zu düngen" (Ernst Bloch) oder in der Gegenwart eine nicht mehr allgemein zustimmungsfähige Gruppenidentität zu erzwingen, kann sich nach allen Erfahrungen aus der Geschichte des Geschichtsunterrichts auch die Geschichtsdidaktik nicht länger verschließen. In ihr ist vielmehr — bei allen auch gegenläufigen Tendenzen, eine bestimmte Vorstellung etwa von „nationaler Identität" normativ vorzugeben und verbindlich zu machen — die Überzeugung verbreitet, „daß in unserer Situation die konkrete, persönliche, individuelle Freiheit Voraussetzung, Aufgabe und Problem jeder situationsgerechten Bildung und Erziehung sein muß" (Lucas 1972, 225).

Andererseits: eine Identität des Ich kann sich „nur an der übergreifenden Identität einer Gruppe ausbilden" (Habermas 1976, 96). Solange die Geschichtsdidaktik sich an der Bildung von Ich-Identitäten interessiert und engagiert zeigt und damit ihre normativen Implikationen weder leugnet noch verdrängt, kann sie nur die Möglichkeiten der Bindung an die übergreifende Identität einer erst im Vorschein begriffenen, real utopischen Gesellschaft reflektieren, die eine zwanglose Bildung von Ich-Identitäten ermöglicht und zusichert und deren praktisch-moralisches Normensystem mit seinem universalistischen Geltungsanspruch historisch längst gedacht und antizipiert ist (Habermas 1976).

Ich-Identität: Balance von personaler und sozialer Identität
Die Notwendigkeit einer solchen normativen Orientierung erweist sich in der Betrachtung der komplizierten Struktur der Ich-Identität. Von außen betrachtet, umfaßt sie die Aspekte der personalen Identität und der sozialen Identität (Mitscherlich 1966; Goffmann 1967).
Personale Identität erlangt das Individuum, wenn es ihm gelingt, in lebensgeschichtlicher Perspektive eine unverwechselbare Biographie aufzubauen und als handelndes Subjekt die Lebensgeschichte als sinnvoll zusammenhängend zu gestalten. In den wechselnden Situationen seiner Lebensgeschichte muß das Individuum die Kontinuität des Ichs wahren und mit sich selber identisch bleiben, in sich einzigartig und von allen anderen Menschen unterscheidbar. Dazu gehört die Annahme, daß es — bei allen neu hinzukommenden Orientierungen und Verhaltensweisen und teilweise abgelegten Orientierungen — auch von anderen als sich selber im wesentlichen gleichbleibend identifiziert werden kann.
Soziale Identität erlangt das Individuum durch seine in Sympathie verankerte und in Loyalität oder Solidarität sich ausdrückende Zugehörigkeit zu verschiedenen Bezugsgruppen. Es bewahrt seine soziale Identität, wenn es ihm gelingt, die mit seiner Zugehörigkeit zu verschiedenen, oft scheinbar nicht zu vereinbarenden Bezugsgruppen gegeben und ihm zugemuteten Rollen und sozialen Erwartungen zu einer Einheit integrieren zu können.
Die Eigenleistung, die das Individuum beim Aufbau seiner Ich-Identität aufbringen muß, liegt in seiner Fähigkeit, die personale und die soziale Identität gleichsam in *Balance* zu halten. Mit der sozialen Identität und mit der personalen Identität reagiert das Individuum „auf zwei unterschiedliche Klassen von sozialen Erwartungen: zu sein wie jeder andere und zu sein wie kein anderer" (Mollenhauer 1972, 104). Das Individuum wird in seiner Ich-Identität beschädigt, wenn es personale und soziale Identität nicht in der Balance zu halten vermag: entweder droht — zum Beispiel als Folge von Erziehungsprozessen, die einseitig auf die Herstellung einer nicht allgemein zustimmungsfähigen kollektiven Identität abheben — die Vernichtung der personalen Identität zugunsten der Alleinherrschaft sozialer Erwartungen und der Bereitschaft, sozialen Erwartungen in jedem Falle gerecht zu werden (Typ der autoritätsfixierten oder der manipulativen Persönlichkeit), oder es droht die Vernichtung der sozialen Identität und damit der Verlust der Kommunikations- und Interaktionsfähigkeit (im Extremfall bis zum Autismus). In Er-

ziehungsprozessen kommt es folglich darauf an, die Fähigkeit zur Ausbalancierung zu unterstützen und die identitätsfördernden Fähigkeiten auszubilden, die für eine erfolgreiche Beteiligung an Interaktionen und für die Behauptung der Ich-Identität notwendig sind (Rollendistanz, Empathie, Ambiguitätstoleranz und Identitätsdarstellung: Krappmann 1972).

Der Aufbau der Ich-Identität, die Ich-Bildung, erfolgt in *Identifikationsprozessen*. In symbolischen Interaktionen übernimmt das Individuum als handelndes und rezipierendes Subjekt Züge, Eigenschaften, Verhaltensweisen, Wertvorstellungen, Deutungsmuster der Interaktionspartner und Identifikationsobjekte und integriert sie durch diesen „Mechanismus des Rollenlernens" (Habermas 1973b, 122) in seine Persönlichkeitsstruktur. „Identität konstituiert sich erst in der Zeit" (Kuhn 1974, 72). Die Identifikation mit anderen Personen und mit Gruppen und den durch sie vertretenen Wertorientierungen ist ein fortlaufender Prozeß in der Lebensgeschichte eines Individuums, das sich in diesem Prozeß zwar verändert, manches hinter sich läßt und manches neu erwirbt, aber bei gelingender Identitätsbildung in der Regel mit sich identisch bleibt und auch von anderen so identifiziert werden kann.

Ich-Identität und historische Identität

Identifikationsprozesse sind immer Identifikationsprozesse mit Personen und Gruppen, die eine Geschichte haben und in den historischen Prozeß eingebunden sind. Sie erstrecken sich auch auf historische Personen und Gruppen. Bestandteil der Ich-Identität ist immer auch die historische Identität von sozialen Gruppen, denen das Individuum sich zugehörig weiß oder fühlt. Historische Identität ist das Bewußtsein der Zugehörigkeit oder die unbewußte Zugehörigkeit zum historischen Selbstverständnis und zu den historisch erarbeiteten Wertorientierungen von Bezugsgruppen (Becher 1978; Bergmann/Pandel 1975).

Die historische Identität als Bestand der Ich-Identität wird so wenig wie die Ich-Identität überhaupt erst im GU angelegt. Subjekte werden in das historische Selbstverständnis ihrer Bezugspersonen und Bezugsgruppen hineingeboren. Es ist ihnen vorgegeben. Die Rezeption dieser historischen Identität vollzieht sich während des gesamten Sozialisationsprozesses in symbolischen Interaktionen über sozialspezifische Sprache und die in ihr gespeicherten historischen Erfahrung und Deutungsmuster — die als bereits interpretierte Erfahrungen und Deutungsmuster nicht unbedingt realitätsangemessen sind. Der gesamte, also auch vor- und außerschulische Sozialisationsprozeß ist derart ein je und je sozialspezifischer Einfädelungsprozeß in eine randvoll mit Geschichte angefüllte Gesellschaft. In dieser Gesellschaft ist die bisherige Geschichte auf vielfältige Weise materiell und ideell, real und als utopischer Entwurf versammelt — eine Welt von historischer Erarbeitungen, historisch erarbeiteten Möglichkeiten und Bedürfnissen. Im Sozialisationsprozeß werden die Individuen so in diese in sich zerrissene, an historischen Erarbeitungen und Möglichkeiten in ungleicher Weise teilhabende Gesellschaft eingefädelt, daß diese historische Umwelt ihnen ausschnitthaft und in einer bereits vorinterpretierten, gebrochenen Form zur Inwelt wird. Der zeitliche Standort im historischen Prozeß und die soziale Herkunft und Existenz bedingen wesentlich, welchen Anteil das Individuum an den geschichtlich erarbeiteten und erreichten Möglichkeiten hat, was es rezipiert und welche Identität unter Einschluß einer historischen Identität es für sich ausbildet; sie bedingen wesentlich, welche Identität das Individuum sich als handelndes Subjekt erarbeitet und erwirbt, wenn es sich über die vorgefundene und bewußtlos eingebildete Lebenswelt erhebt; sie sind der wesentliche Grund dafür, daß der einzelne — auf Unterrichtsprozesse bezogen: der einzelne Schüler — in seiner historischen Identität unterhalb von historisch erarbeiteten Normen bleiben kann, die eine vernünftige und allgemein zustimmungsfähige Identität übergreifende Art begründen können.

Geschichtsunterricht, Identität und Rollenkompetenz

Der Geschichtsunterricht ist der Ort, wo eine kritisch kontrollierte Identitätsbildung erfolgen kann und soll, wo Identität zur bewußten und kritisch erworbenen Identität, *Geschichts*bewußtsein zu Geschichts*bewußtsein* (Schörken 1972) wird, wo die Schüler erfahren, wer sie sind, zu welchen Gruppen sie warum „wir" sagen, wer die anderen sind und warum die anderen aus ihren Gründen die anderen sind. Diese durch den Geschichtsunterricht gebotenen Möglichkeiten der Identitätsgewinnung und der Identitätserweiterung decken sich mit den erkenntnisleitenden Interessen einer Erziehungswissenschaft, die an der Bildung, Behauptung, Erweiterung oder Veränderung der Ich-Identität sich ausrichtet (Mollenhauer 1972). Sie decken sich auch mit den lebensweltlichen Absichten und Aufgaben der Geschichtswissenschaft: Identität und historische Identität werden von der Geschichtswissenschaft (und im Geschichtsunterricht) auf ihren Wahrheitsanspruch untersucht. So zutreffend es ist, daß das Interesse an Geschichte dem Bedürfnis von Individuen und Kollektiven nach Identität entspringt, so notwendig ist es, daß die Geschichtswissenschaft den methodisch-kritischen Umgang mit der betreffenden Vergangenheit als Voraussetzung für eine vernünftige, bedachte Identität fordert und verwirklicht (und daß der Geschichtsunterricht den Lernenden eine bewußte, reflektierte Identitätsbildung zumutet).
Das Interesse der Geschichtsdidaktik an einer zwanglosen Bildung und Ermöglichung von Ich-Identitäten schließt dabei das Interesse an einer möglichen übergreifenden und allgemein zustimmungsfähigen Identität einer Gesellschaft ein, die eine zwanglose Bildung von Ich-Identitäten zusichert. Oder anders gewendet: Das Interesse an der Ermöglichung von Ich-Identitäten ist das Interesse an einer Gesellschaft — einer utopischen Gesellschaft —, die so verfaßt ist und darin übereinstimmt, daß sie die zwang-lose Bildung von Ich-Identitäten garantiert.
Die ständige Reflexion des Verhältnisses von Ich-Identität und einer gesellschaftlichen Identität, die ihre Substanz in der Garantie zwang-loser, herrschaftsfreier Bildung von Ich-Identitäten hat, ist die wesentliche Aufgabe der

Geschichtsdidaktik. Sie ist auch die Voraussetzung für einen nicht indoktrinierenden Geschichtsunterricht. In dieser Hinsicht nämlich sind alle Zielsetzungen für den Geschichtsunterricht zu verwerfen, die den Lernenden eine bestimmte, nicht mehr allgemein zustimmungsfähige Identität und Gesinnung als verbindlich und gleichsam zensierfähig zumuten. Unter solchen Zielsetzungen erscheinen die vor- und außerschulisch vorgebildeten Ich-Identitäten und historischen Identitäten der Lernenden oft nur als störender Lernwiderstand, der einer Realisierung von Lernzielen entgegensteht, die von außen vorgegeben werden und auf ein einheitliches Geschichtsbild – in traditioneller Form auf ein nationales Geschichtsbild – abheben. Daß die Schüler dabei in ihrer Ich-Identität beschädigt, sich selbst und ihren Bezugsgruppen entfremdet und in ihren Empfindungen verletzt werden könnten, bleibt dabei außer Betracht.

Andererseits hat sich ein Geschichtsunterricht, der nur darauf angelegt ist, die lebensgeschichtlich erworbenen Ich-Identitäten und historischen Identitäten der Schüler bloß zu ratifizieren und in Prozessen selektiver Wahrnehmung kognitiv aufzufüllen, als Moment im Bildungsprozeß selber aufgegeben. Gegenüber der lebensgeschichtlich eingebildeten, unreflektierten und nicht kritisch aufgearbeiteten Identität stellt der Geschichtsunterricht eine Instanz dar, die die identitätsfördernden Fähigkeiten vermitteln und eine eigenständig-kritische Aufarbeitung und Erweiterung der Ich-Identität und der historischen Identität ermöglichen soll und kann. Die in den Interaktionen des Alltags entstandene Identität stellt in dieser Hinsicht einen Lerngegenstand im Geschichtsunterricht dar: Sie soll kritisch aufgearbeitet, in ihrer Entstehung und in ihrem Entstehungszusammenhang der Lebensgeschichte, der Geschichte der Bezugsgruppen und der Gattungsgeschichte erkannt und bedacht werden. Im Geschichtsunterricht müssen also die vor- und außerschulisch eingebildeten, noch weitgehend unreflektierten „Identitätsbindungen an Familie, Gruppen, Nation usw. ... in ihrem Geltungsanspruch problematisiert und erst durch eine offene Diskussion argumentativ bestätigt oder abgewiesen werden" (Kuhn 1974, 72 f.). Erst dadurch wird die Möglichkeit eröffnet, daß die Schüler nicht unberaten unterhalb eines historisch erarbeiteten Lernniveaus der Gesellschaft verbleiben, das sich in der Artikulierung einer universalistischen Moral äußert (Becher 1978).

Identitäten bilden sich in und durch Interaktionen. Wesentliches Merkmal des Geschichtsunterrichts ist, daß in ihm immer gleichsam gedoppelte Interaktionen stattfinden – Interaktionen mit historischen Personen oder Gruppen, mit denen die Schüler über das Medium von Primärzeugnissen kommunizieren, und Interaktionen mit Lehrer und Mitschülern, die in der gleichen Auseinandersetzung mit wertbesetzten Primärzeugnissen der Vergangenheit ihre Ich-Identitäten ausdrücken und der Kritik aussetzen. Besonders interaktions- und damit identitätsfördernd ist ein *multiperspektivisch* angelegter Geschichtsunterricht: In der Auseinandersetzung mit kontroversen Primärzeugnissen und mit den Mitschülern erlernen die Schüler wesentliche Voraussetzungen für eine erfolgreiche Beteiligung an Interaktionen und für soziales Handeln. In einem solchen Geschichtsunterricht werden zum Beispiel ständig folgende formale Operationen geübt:

- „Motive, Normen und Grundsätze von gesellschaftlichem Handeln kennenlernen und Handlungsfolgen abschätzen lernen;
- die Perspektivität von Erwartungen, Gedanken, Gefühlen anderer Personen oder Gruppen analysieren lernen;
- die wechselnde Reflexivität von Erwartungen in Interaktionen abtasten lernen;
- die Bündelung von Verhaltenserwartungen in Gruppen und Gesellschaften analysieren lernen" (Schörken 1975, 29).

Diese Operationen sind eine ständige Einübung in Rollenkompetenz als einer sozialen Handlungsfähigkeit. Grundbedingung für Rollenkompetenz ist die Fähigkeit, in Interaktionen zuzulernen, sich über bewußtlos eingebildete Ich-Identitäten zu erheben, erworbene Ich-Identitäten zu erweitern und „alte Ich-Identitäten ‚aufzuheben', d. h. gleichzeitig zu bewahren und neue aufzubauen" (Schörken 1975, 292), um komplexe künftige Situationen bewältigen und mitgestalten zu können.

Über das Erlernen der Rollenkompetenz hinaus vermittelt ein multiperspektivisch angelegter Geschichtsunterricht, der den Schülern Identifikationsangebote macht und sie zu kritisch-argumentativer Auseinandersetzung anhält, den Vorschein von Verhältnissen, die eine zwanglose Bildung von Ich-Identitäten zusichern: Unabdingbarer Bestandteil eines multiperspektivischen Geschichtsunterrichts ist der Diskurs, dessen norm- und identitätsbildende Kraft darin besteht, daß die an ihm Beteiligten in der Auseinandersetzung mit den wertbesetzten Zeugnissen der Vergangenheit und voneinander lernen und sich zugleich in ihrer vernünftig begründeten Unterschiedlichkeit anerkennen, respektieren und garantieren. Ein Geschichtsunterricht, der diese Erfahrungen vermittelt, fördert nicht nur die Bildung von Ich-Identitäten; er leistet einen entschiedenen Beitrag zur politischen Bildung der Gesellschaft und zur politischen Kultur.

Literatur

Becher, U. A. J.: Personale und historische Identität, in: *Bergmann, K. / Rüsen, J.* (Hrsg.): Geschichtsdidaktik: Theorie für die Praxis, Düsseldorf 1978
Bergmann, K.: Geschichtsunterricht und Identität, in: *apz* B 39, 1975
— Was ist des deutschen Schülers Vaterland?, in: *Gd* 3 (1978)
Bergmann, K. / Pandel, H. J.: Geschichte und Zukunft. Didaktische Reflexionen über veröffentlichtes Geschichtsbewußtsein, Frankfurt 1975
Döbert, R. / Habermas, J. / Nunner-Winkler, G. (Hrsg.): Entwicklung des Ich, 2. Aufl. Königstein (Taunus) 1980
Erikson, E. H.: Identität und Lebenszyklus, Frankfurt 1966
Goffmann, E.: Stigma. Über die Techniken der Bewältigung beschädigter Identität, Frankfurt 1967
Habermas, J.: Stichworte zu einer Theorie der Sozialisation (1968), in: *Habermas, J.*: Kultur und Kritik, Frankfurt 1973a
— Notizen zum Begriff der Rollenkompetenz, in: *Habermas, J.*: Kultur und Kritik, Frankfurt 1973b
— Legitimationsprobleme im Spätkapitalismus, Frankfurt 1973c
— Können komplexe Gesellschaften eine vernünftige Identität ausbilden?, in: *Habermas, J.*: Zur Rekonstruktion des Historischen Materialismus, Frankfurt 1976
Haeberlin, U. / Niklaus, E.: Identitätskrisen, Bern / Stuttgart 1978

Knoch, P. / Pöschko, H. H. (Hrsg.): Lernfeld Geschichte. Materialien zum Zusammenhang von Identität und Geschichte, Weinheim 1983
Krappmann, L.: Soziologische Dimensionen der Identität, 3. Aufl. Stuttgart 1973
Kuhn, A.: Einführung in die Didaktik der Geschichte (1974), 2. Aufl. München 1977
Lessing, C. / Fischer, K. G. (Hrsg.): Deutsche Fragen in Geschichte, Politik und Politischer Bildung, Stuttgart 1982
Lucas, F. J.: Die Bildungssinn von Geschichte und Zeitgeschichte in Schule und Erwachsenenbildung (1966), in: *Süssmuth, H.* (Hrsg.): Geschichtsunterricht ohne Zukunft? (AuA, Bd. 1, 2), Stuttgart 1972, 212 − 234
Marquardt, O. / Stierle, K. (Hrsg.): Identität (Poetik und Hermeneutik VIII), München 1979
Mitscherlich, A.: Das persönliche und das soziale Ich, in: *KZSS* 18 (1966)
Mollenhauer, K.: Theorien zum Erziehungsprozeß, München 1972
Schörken, R.: Geschichtsdidaktik und Geschichtsbewußtsein, in: *GWU* 23 (1972)
— Kriterien für einen lernzielorientierten Geschichtsunterricht, in: *Jäckel, E. / Weymar, E.* (Hrsg.): Die Funktion der Geschichte in unserer Zeit, Stuttgart 1975
— Geschichtsunterricht in einer kleiner werdenden Welt, in: *Süssmuth, H.* (Hrsg.): Geschichtsdidaktische Positionen, Paderborn 1980

Alltagsbewußtsein

Rolf Schörken

Explikation und Grundinformation

Das Alltagsbewußtsein ist für die Geschichtsdidaktik ein neuer Untersuchungsgegenstand. Es zieht das didaktische Interesse auf sich, weil sich die Geschichtsdidaktik nicht mehr ausschließlich als eine Instanz zur pädagogischen Vermittlung fachwissenschaftlicher Erkenntnisse und Ergebnisse versteht, sondern auch die nichtwissenschaftlichen Formen des Geschichtsbewußtseins in der Gesellschaft erforschen will. Da es von der bisherigen geschichtsdidaktischen und geschichtswissenschaftlichen Literatur keinen unmittelbaren Zugang zum Phänomen des Alltagsbewußtseins gibt, müssen zuvor Philosophie und Soziologie, die sich mit diesem Phänomen seit langem beschäftigen, daraufhin befragt werden, was sie unter Alltagsbewußtsein verstehen.
Unentbehrlich für das Verständnis des Alltagsbewußtseins ist der von Alfred Schütz geprägte Begriff vom „verfügbaren" und vom „gesellschaftlichen Wissensvorrat".
Die gewöhnliche Alltagswelt ist die Welt, in der wir uns jeden Augenblick unseres Lebens befinden, in der wir unsere täglichen Erfahrungen machen, mit der wir vertraut sind und die wir nicht in Zweifel ziehen, jedenfalls nicht als Ganzes, bestenfalls in Einzelaspekten. Unsere gesamten Tätigkeiten und Handlungen, so unterschiedlich sie auch sein mögen, basieren auf der Hin-

nahme der Alltagswelt. Auch alle geistige Tätigkeit setzt ein allgemeines Überzeugtsein von der Existenz der Alltagswelt voraus. Selbst der radikale Zweifel von Philosophie und Wissenschaft an der Existenz der Welt ist nicht denkbar ohne die vorgängige Hinnahme der gewöhnlichen Alltagswelt.
Die Alltagswelt ist eine interpretierte Welt, und die Interpretationen stammen nur in geringem Maße von der eigenen Person. Das Individuum ist vielmehr immer schon in solche Interpretationen hineingewachsen. Das Bewußtsein, das ich von meiner alltäglichen Umwelt habe und das mir gestattet, darin zu handeln, ist seiner Herkunft nach im wesentlichen sozialer und nur zu einem kleinen Teil persönlicher Natur. Das Individuum erwirbt im Laufe seiner Lebensgeschichte vielfältige Regeln zum Umgang mit Menschen und Dingen und Weisen des Verhaltens in typischen Situationen. Die Gesamtheit dieser erworbenen Kenntnisse und Regeln wird von Alfred Schütz der „verfügbare Wissensvorrat" genannt. Mein verfügbarer Wissensvorrat ist das Sediment meiner Lebensgeschichte. Alle Erfahrungen, die ich neu erwerbe, müssen mit dem bereits erworbenen Wissensvorrat in Übereinstimmung gebracht werden. Der verfügbare Wissensvorrat ist die Grundlage des gesamten Verständnisses, das ich von der Welt habe, und es ist maßgebend für meine Handlungen gegenüber Menschen und für meinen Umgang mit den Dingen.
Zur Hinnahme der Alltagswelt gehört es, daß wir von unseren Mitmenschen annehmen, sie verfügen im großen und ganzen über denselben Wissensvorrat wie wir selbst, also über dieselben Alltagsorientierungen. Der einzelne im Alltag versteht sich nie als isoliert; er geht davon aus, daß die Mitmenschen sich nach demselben „gesellschaftlichen Wissensvorrat" richten, über den er selbst auch verfügt. Das heißt nicht, alle Mitmenschen verfügten über denselben Wissensvorrat; jeder weiß, daß es Spezialisten gibt und daß man sich ihrer Fähigkeiten bedienen kann; so geht man zum Arzt, wenn man krank ist, oder zum Rechtsanwalt, wenn man juristischer Hilfe bedarf. Spezialwissen ist sozial verteilt.
Wer in der Alltagswelt lebt, tut dies nicht als Zuschauer, sondern als Handelnder, der Wünsche, Absichten und Interessen verwirklichen möchte. Deshalb ist das Alltagsbewußtsein durch eine besondere Aufmerksamkeit auf pragmatische Elemente gekennzeichnet.
Ausgangspunkt des Handelns für den einzelnen ist nicht seine abstrakte Qualifikation als Alltagsmensch, sondern seine konkrete soziale Position, die er in der Gesellschaft einnimmt. Diese soziale Position ist das Ergebnis seiner Lebensgeschichte, und sie bestimmt die Inhalte und Akzente seines verfügbaren Wissensvorrates.
Im gesellschaftlichen Wissensvorrat sind neben den vielfältigen natürlichen und sozialen Inhalten auch geschichtliche Inhalte eingeschmolzen. Über die spezielle Funktion dieser geschichtlichen Inhalte für das Alltagsbewußtsein liegen noch keine empirischen Untersuchungen vor; mit aller Vorsicht kann aber aus den allgemeinen Bedingungen des Phänomens des gesellschaftlichen Wissensvorrates die Hypothese formuliert werden, daß auch das Alltagswissen von Geschichte die Bedingungen der pragmatischen Grundorientierung („Man muß etwas anfangen können mit historischem Wissen"), des Freiseins von

Grundsatzzweifeln („Es kann doch in der Geschichte nicht alles ganz anders gewesen sein, als meine Geschichtskenntnisse mir sagen"), der intersubjektiven Anerkennung („Auch andere müssen der Meinung sein, daß das, was ich über Geschichte denke, richtig ist") und der Abhängigkeit des Geschichtsbildes von der erreichten sozialen Position erfüllt.

Heutige Problemansätze

Die heutigen Forschungsansätze, die sich mit Begriffen wie Ethnotheorie und Ethnomethodologie, symbolischem Interaktionismus und reflexiver Soziologie bezeichnen, sollen hier wegen ihrer vielen Überschneidungen nicht im einzelnen skizziert werden. Vielmehr sollen einige Forschungsintentionen, die diesen Richtungen gemeinsam sind, aufgezeigt werden.

— Die Erforschung der unausgesprochenen gemeinsamen Einvernehmenszusammenhänge, die die Mitglieder einer Gesellschaft instand setzen, die Alltagswirklichkeit übereinstimmend zu erfahren und sich in ihr übereinstimmend zu verhalten.
— Untersuchungen der Interaktionsprozesse in gesellschaftlichen Gruppen, speziell derjenigen Regeln, die Interaktion ermöglichen, und derjenigen Arrangements, die dabei getroffen werden.
— Untersuchungen über Bedingungen und Regeln von Fremdverstehen, einbegriffen die Regeln über das sprachliche Verhalten von Gruppen.
— Grundlagenuntersuchungen über anthropologische, d. h. die einzelne Kultur oder Gesellschaft transzendierende Fähigkeiten des Menschen, die ihn grundsätzlich zur Kultur instand setzen.

Für das Problem „Geschichtsbewußtsein im Alltag" geben alle diese Untersuchungen keine unmittelbar anzuwendenden Ergebnisse her.
Geht man dem Geschichtsbewußtsein in der Gesellschaft in seiner Breite nach, stößt man auf einen Komplex, der nur mehr höchst locker oder gar nicht von den Ergebnissen der Geschichtswissenschaft geprägt ist: das triviale Geschichtsbewußtsein. Dieser Trivialbereich ist aber nicht durch eine eindeutige Grenzlinie von der Geschichtswissenschaft getrennt, vielmehr schiebt sich zwischen beide noch der äußerst umfangreiche Komplex der „geschichtlichen Bildungswelt", der Populärdarstellungen usw., die weder als strikt wissenschaftlich noch als trivial charakterisiert werden können. Der Begriff des Alltagsbewußtseins von Geschichte ist — vorerst wenigstens noch — ein schwankender Begriff. Verwendet man ihn im engeren Sinne, so meint man nur die Trivialformen des Geschichtsbewußtseins; versteht man ihn im weiteren Sinne, schließt man das gesamte Feld der Geschichte in der Öffentlichkeit, aber auch die private Beschäftigung mit Geschichte mit ein.
Welche personalen und sozialen Funktionen erfüllt die Beschäftigung mit Geschichte im Alltag, also speziell im nichtwissenschaftlichen Zusammenhang?

— *Entlastungsfunktionen*: Fast der gesamte Umgang mit Geschichte außerhalb des wissenschaftlichen oder journalistischen Berufszusammenhangs

findet in der Freizeit statt. Ähnlich wie die vielfältigen Inhalte von Freizeitbeschäftigungen, zum Beispiel Sport, Wandern, Urlaubsreisen usw., darf auch der Freizeitinhalt Geschichte in der Regel nicht mit belastenden Momenten versehen sein, er hat einen Erholungscharakter und bildet ein Kontrastprogramm zum grauen Alltag. Diese Rahmenbedingungen bewirken, daß Geschichte hochselektiv wahrgenommen wird.
— *Prestigefunktionen*: Man kann sich im Alltag und im Berufsleben mit Geschichte in Form historischer Attribute umgeben, zum Beispiel mit alten Möbeln. Auf diese Weise wird ein Flair des „Besonderen" und „Vornehmen" geschaffen. Bestimmte Berufszweige, wie zum Beispiel die Hotellerie, betreiben auf diese Weise Imagepflege. Der Einfluß dieses Gebrauchs von Geschichte reicht bis in die Selbstdarstellungen von Gemeinden, manche Branchen leben buchstäblich davon (Antiquitätenhandel), und die Auswirkungen erstrecken sich bis in die Warenwerbung (vor allem in der gehobenen Genußmittelindustrie).
— *Stabilisierungsfunktionen*: Soziale Gruppen und einzelne können in schwierige psychische Verfassung geraten, wenn ihnen ihre Geschichte genommen wird, zum Beispiel durch aufgezwungene Geschichtsbilder oder, im Extremfall, durch Erinnerungsverbote (so zum Beispiel bei den Sklaven in Nordamerika). Umgekehrt können soziale Gruppen und einzelne, die sich in Konflikt- oder Unsicherheitssituationen befinden, Stabilisierung durch Erinnerung an eine gemeinsame Geschichte erfahren.
— *Rechtfertigungsfunktionen*: Die Selbstbestätigungsfunktion der Geschichte wird im Alltag auf pragmatische Weise wahrgenommen. Für die Alltagsmentalität stellt sich das unüberblickbare historische Wissen naiv als ein großes Arsenal dar, in das man hineingreift und Beispiele zwecks Legitimation des eigenen Verhaltens und Argumente für die Richtigkeit der eigenen Position herausholt.

Literatur

Alltagswissen und sozialwissenschaftliche Erkenntnis, in: *Politische Bildung* 9 (1976), H. 2, mit Materialien: *Ost, P. / Sander, W. / Sayer, J.*: Der Aufbau unserer Alltagswelt, Stuttgart 1976
Alltagswissen, Interaktion und gesellschaftliche Wirklichkeit, Bd. 1 — 2, Hamburg 1973
Berger, P. L. / Luckmann, Th.: Die gesellschaftliche Konstruktion der Wirklichkeit, Frankfurt 1969
Goffman, E.: Verhalten in sozialen Situationen, Düsseldorf 1971
— Interaktionsrituale, Frankfurt 1972
Heller, A.: Alltag und Geschichte. Zur sozialistischen Gesellschaftslehre, Neuwied / Berlin 1970
Lefebvre, H.: Kritik des Alltagslebens, hrsg. v. D. Prokop, Kronberg/Ts. 1977
Leithäuser, Th.: Formen des Alltagsbewußtseins, Frankfurt/M. / New York 1976
Schütz, A.: Der sinnhafte Aufbau der sozialen Welt, 2. Aufl. Wien 1960
— Gesammelte Aufsätze, Bd. 1: Das Problem der sozialen Wirklichkeit, mit einer Einführung von A. Gurwitsch und einem Nachwort von H.-L. von Breda, Den Haag 1971
Steinert, H. (Hrsg.): Symbolische Interaktion. Arbeiten zu einer reflexiven Soziologie, Stuttgart 1973

Watzlawick, P.: Wie wirklich ist die Wirklichkeit?, München / Zürich 1976
Weingarten, E. / Sack, F. / Schenkstein, J. (Hrsg.): Ethnomethodologie. Beiträge zu einer Soziologie des Alltagshandelns, Frankfurt 1976

Geschichtsbewußtsein

Karl-Ernst Jeismann

„Geschichtsbewußtsein meint die ständige Gegenwart des Wissens, daß der Mensch und alle von ihm geschaffenen Einrichtungen und Formen seines Zusammenlebens in der Zeit existieren, also eine Herkunft und eine Zukunft haben, daß sie nichts darstellen, was stabil, unveränderlich und ohne Voraussetzungen ist" (Schieder 1974, 78 f.). Mehr als bloßes Wissen oder reines Interesse an der Geschichte, umgreift Geschichtsbewußtsein den Zusammenhang von Vergangenheitsdeutung, Gegenwartsverständnis und Zukunftsperspektive.

Da „Geschichte" aber nicht als Abbild vergangener Realität, sondern nur als ihre aus Zeugnissen erstellte, auswählende und deutende Rekonstruktion ins Bewußtsein treten kann, ist Geschichtsbewußtsein die Art, in der Vergangenheit in Vorstellung und Erkenntnis gegenwärtig ist: „L'Histoire est la reconstruction, par et pour les vivants, de la vie des morts. Elle naît donc de l'interérêt actuel que des hommes pensant, souffrant, agissant, trouvent à explorer le passé (Aron 1961, 17).

Die Formen, Inhalte und Reflexionsgrade des Geschichtsbewußtseins sind von Person zu Person, von Gruppe zu Gruppe sehr unterschiedlich. Es existiert in rudimentären wie in elaborierten Formen, kann zu Klischees, „Geschichtsbildern" oder Parolen erstarren, kann tief fundiert, vielfältig und offen für neue Erkenntnisse und Erfahrungen sein. Auf verschiedensten Wegen wird Geschichtsbewußtsein in der Gesellschaft erzeugt, weitergegeben, verändert; immer weist es zurück auf die Erkenntnisfähigkeit, -möglichkeit und -willigkeit seiner Träger.

Identifizierungs- und Legitimationsbedürfnisse prägen mit elementarer sozialer Kraft das Geschichtsbewußtsein. Liegt die Identität des Individuums in der Möglichkeit, sich durch sein Leben hindurch als mit sich selbst übereinstimmende Person zu verstehen, so die des Kollektivs, sich als eine Gruppe von Menschen zu begreifen, deren Gemeinsamkeiten die Unterschiede überwiegen und sie von anderen Gruppen als Einheit abheben. Dieser Aufweis von Zusammengehörigkeit ist nur durch akzentuierte Rekonstruktion von Geschichtsvorstellungen dauernd möglich. An Symbolen, Bildern, Geschichtsvorstellungen wird die Gleichheit der Erfahrungen festgemacht; so ruht Geschichtsbewußtsein auf einem im emotionalen Bereich wurzelnden Gemeinsamkeitsverständnis und ist ein notwendiges Element der Bildung und des Bestandes menschlicher Gesellschaften. Rationaler vermittelt sich das Legitimationsbedürfnis: durch argumentierenden Nachweis historischer Berechtigungen und Ansprüche, durch Aufbau von Kontinuitätsbehauptung, durch Analogieschlüsse, durch interessierte Sinngebungen historischer Verläufe. Bleibt Geschichtsbewußtsein im Bereich dieser Prägekräfte, ist es Teil einer „Ideologie" im allgemeinen Sinne eines Überzeugungssystems (Plamenatz 1972, 11 ff.). Geschichtswissenschaft kann zu einer bloßen Rationalisierung solcher elementaren Prägungen des Geschichtsbewußtseins werden; sie kann (und sollte) aber durch methodische Distanzierung die Verfälschungen und Einseitigkeiten abbauen, die das Geschichtsbewußtsein oft in Widerspruch zur begründbaren Vergangenheitskonstruktion bringen. Wird geschichtswissenschaftliche Erkenntnis zu einem erheblichen Störfaktor des vorherrschenden Geschichtsbewußtseins, sind ihre Träger je nach Art des politischen Systems unterschiedlich schweren Sanktionen ausgesetzt; das Schicksal verschwiegener, verfemter, verfolgter Historiker illustriert die elementare Kraft gesellschaftlichen Geschichtsbewußtseins. Unterschiedliche oder gar gegensätzliche Formen von Geschichtsbewußtsein innerhalb einer gesellschaftlichen Gruppe sind Ursachen und Folgen starker politischer Gegensätze und Spannungen.

Der Geschichtsunterricht — der institutionalisierte, staatlich beaufsichtigte Teil des Prozesses, durch den Geschichtsbewußtsein immer neu aufgebaut wird — folgt in der Regel dem geltenden, sanktionierten Spektrums unanstößigen Geschichtsbewußtseins. Die Breite des Spektrums hängt von der Art der politischen Verfassung des Staates, wie der Homogenität oder Heterogenität der sozialen Zusammensetzung der Gesellschaft, ab, dessen Unterrichtsverwaltung durch Lehrpläne, Erlasse, Unterrichtsmaterial und Lehrerausbildung die Art des im Unterricht erzeugten Geschichtsbewußtseins beeinflußt. Mit dem gleichzeitigen Aufkommen des modernen Nationalstaates und des staatlichen Unterrichtswesens ist die Nationalstaatsidee in Europa weithin der Bezugspunkt des Geschichtsbewußtseins geworden, das im Geschichtsunterricht vermittelt wird. Geschichtsbewußtsein konnte mit Nationalbewußtsein identisch werden und eine wesentliche Rolle für Entstehung und Bestand des Nationalstaates spielen. Dieser Zustand dauert dort an, wo Nationalstaaten in ungebrochenem Selbstverständnis bestehen; die Krise des Nationalstaats hat, wie zum Beispiel in Deutschland, auch eine Krise des Geschichtsbewußtseins mit sich gebracht.

Diese Krise, die zur Infragestellung des gängigen Geschichtsbewußtseins und zu Versuchen führte, durch Lehrpläne eine Umorientierung des Geschichtsbewußtseins zu erreichen (Hessische Rahmenrichtlinien für Gesellschaftslehre 1972, Bergmann / Pandel 1975), hat die Chance geboten, die undurchschaute Bindung des Geschichtsunterrichts an die gesellschaftlichen Funktionen des Geschichtsbewußtseins zu erkennen und neue geschichtsdidaktische Ansätze zu entwickeln. Diese Versuche gründen sich auf die Beobachtung der Faktoren, die den Auf- und Umbau von Geschichtsbewußtsein bestimmen, und beruhen auf der Überzeugung von der Notwendigkeit, dem gesellschaftlichen Geschichtsbewußtsein das Bewußtsein seiner eigenen Bedingtheit und Geltungsgrenzen hinzuzufügen. Sie lösen den Geschichtsunterricht von dem naiven erkenntnistheoretischen Realismus, dem er weithin verpflichtet war. Aus der Blindheit gegenüber den eigenen Funktionen und Begrenzungen folgte die Verabsolutierung der als Realgeschichte mißverstandenen Inhalte des Unterrichts. Wird hingegen Geschichtsbewußtsein als zentrale Kategorie der Didaktik der Geschichte begriffen, muß im Unterricht mit und durch die Vermittlung von historischen Verhältnissen und Vorgängen auch in Grundzügen die Art überliefert werden, wie diese historischen Vorstellungen entstehen und was aus ihnen an Einstellungen folgt. Das im öffentlichen Geschichtsunterricht aufgebaute Geschichtsbewußtsein muß also um die Kenntnis der Instrumente und der Funktionen bereichert werden, denen das Geschichtsbewußtsein seine bestimmten Inhalte und Denkfiguren verdankt. Wird in elementarer Weise vermittelt, wie die Analyse, die Beurteilung und die Wertung von Aussagen über Vergangenheit zustandekommen, kann das Geschichtsbewußtsein der Überprüfung am Kriterium methodischer Richtigkeit unterzogen und auf seine von Voreinstellungen und Interessen her bestimmten Prägungen hin befragt werden. Damit werden Identifikations- und Legitimierungsmechanismen erkennbar und bewertbar; eine eigene, begründbare Position zum Angebot geschichtlicher Deutungen kann auf diese Weise bezogen werden. Durch methodische Reflexion führt „historische Aufklärung" (Lübbe 1977) den Träger von Geschichtsbewußtsein zur Erkenntnis der Bedingungen, unter denen er selbst sein Geschichtsbild formt und zum Verständnis, warum verschiedene Inhalte und Formen von Geschichtsbewußtsein zur „gleichen" Vergangenheit auftreten. Dies ist die Voraussetzung dafür, daß unterschiedliche historische wie politische Deutungen argumentativ erörtert werden und sich gegenseitig korrigieren oder gelten lassen. Ein solcher Unterricht bemüht sich, zum Abbau des Konfliktpotentials beizutragen, das zwischen verschiedenen Gruppen von Menschen in ihrer unterschiedlich akzentuierten Erinnerung lagert. Die Versuche internationaler Schulbuchrevision bieten eine Fülle von Beispielen für die Schwierigkeiten, aber auch für die Möglichkeiten einer solchen historischen Aufklärung des Geschichtsbewußtseins.

Eine starke Richtung der modernen Geschichtsdidaktik gründet sich, wenngleich mit unterschiedlichen Akzenten, auf das Grundaxiom dieser Aufklärung des Geschichtsbewußtseins (Schörken 1972; Rüsen / Bergmann / Pandel 1975; Kosthorst 1977; Behrmann / Jeismann / Süssmuth 1978). Von diesem Grundansatz verschieden bleibt jedoch die Position, die die Erzeugung eines „richtigen" Geschichtsbewußtseins ganz an die gegenwärtigen, bestimmt ausgelegten Interessen und in Abhängigkeit von einer selbst historisch zu beschreibenden Gesellschaftstheorie bindet; hier wird die „Methodenobjektivität" vernachlässigt und die „Konsensobjektivität" (Lübbe 1977) unmöglich gemacht (Kuhn 1977). Auf der anderen Seite hat der neue didaktische Ansatz einer Arbeitsgruppe des Geschichtslehrerverbandes den Rückgriff auf das Geschichtsbewußtsein nicht mitvollzogen; gerade der curriculare Aufwand bei der Ermittlung von Themen und Gegenständen des Geschichtsunterrichts zeigt, daß er in einer älteren Schicht scheinobjektiver Didaktik gefangen bleibt und den Geschichtsunterricht in seiner Reflexionsunfähigkeit gegenüber den lebensweltlichen Zumutungen und Bedingungen beläßt (M. Dörr, in: Rohlfes / Jeismann 1974; Rohlfes 1978). Sowohl bei der normativen Setzung eines bestimmten Geschichtsbewußtseins wie bei der Vernachlässigung von Geschichtsbewußtsein überhaupt läßt sich zweifellos Unterricht einfacher und auf den ersten Blick praktikabler entwerfen, als wenn man ihn auf den hohen Anspruch der Ausbildung eines, wenn auch nur in den elementaren Grundzügen reflektierten Geschichtsbewußtseins gründet; aber je stärker in den Medien die Bildung historischer Vorstellungen unmittelbar auf die Bewegung des Gemütes und die Prägung der Einstellungen zielt, um so unerläßlicher ist im Unterricht die Ausbildung eines methodisch und diskursiv argumentierfähigen Geschichtsbewußtseins. Die Entwicklung und Erprobung entsprechender Unterrichtsmodelle steht noch in den Anfängen (Behrmann / Jeismann / Süssmuth 1978) und bildet die wichtigste Aufgabe der Geschichtsdidaktik in den nächsten Jahren.

Literatur

Aron, R.: Dimensions de la conscience historique, Paris 1961
Behrmann, G. C. / Jeismann, K.-E. / Süssmuth, H.: Geschichte und Politik. Didaktische Grundlegung eines kooperativen Unterrichts (Didaktische Studien, Bd. 1), Paderborn 1978
Bergmann, K. / Pandel, H. J.: Geschichte und Zukunft. Didaktische Reflexion über veröffentlichtes Geschichtsbewußtsein, Frankfurt 1975
Faber, K. G.: Theorie der Geschichtswissenschaft, 4. Aufl. München 1978
Koselleck, R. / Mommsen, W. J. / Rüsen, J. (Hrsg.): Objektivität und Parteilichkeit in der Geschichtswissenschaft (Beiträge zur Historik, Bd. 1), München 1977
Kosthorst, E. (Hrsg.): Geschichtswissenschaft: Didaktik – Forschung – Theorie, Göttingen 1977
Kuhn, A.: Einführung in die Didaktik der Geschichte, 2. Aufl. München 1977
Lübbe, H.: Wer kann sich historische Aufklärung leisten?, in: *Oelmüller. W.* (Hrsg.): Wozu noch Geschichte?, München 1977
Plamenatz, J.: Ideologie, München 1972
Rohlfes, J. (Hrsg.): Geschichtsunterricht. Entwurf eines Curriculums für die Sekundarstufe I. Ergebnisse und Beiträge einer Arbeitsgruppe des Verbandes der Geschichtslehrer Deutschlands (*GWU* 1978, Beiheft), Stuttgart 1978
Rohlfes, J. / Jeismann, K. E. (Hrsg.): Geschichtsunterricht. Inhalte und Ziele. Arbeitsergebnisse zweier Kommissionen (*GWU* 1974, Beiheft), Stuttgart 1974
Rüsen, J.: Historische Vernunft. Grundzüge einer Historik I, Göttingen 1983
Schieder, Th.: Geschichtsinteresse und Geschichtsbewußtsein heute, in: *Burckhardt, C. J.*, u. a.: Geschichte zwischen Gestern und Morgen, München 1974
Schörken, R.: Geschichtsdidaktik und Geschichtsbewußtsein, in: *Süssmuth, H.* (Hrsg.): Geschichtsunterricht ohne Zukunft (AuA, Bd. 1, 1), Stuttgart 1972
Wittram, R.: Anspruch und Fragwürdigkeit der Geschichte. Sechs Vorlesungen zur Methodik der Geschichtswissenschaft und zur Ortsbestimmung der Historie, Göttingen 1969

Historisches Erzählen

Jörn Rüsen

Begriffliche Unterscheidungen

„Historisches Erzählen" ist zunächst einmal die *alltägliche sprachliche Form*, in der Geschichte artikuliert wird, also *Geschichtsbewußtsein* sich manifestiert. Es tritt in sehr unterschiedlichen, zumeist fragmentarischen Formen auf, deren Gemeinsamkeit darin besteht, daß ein Zeitverlauf in der Vergangenheit berichtet wird. Dieser Bericht erfolgt stets in einer kommunikativen Situation, in der ein Erzähler seinen Zuhörern die Vergangenheit vergegenwärtigt, die aus unterschiedlichen Gründen für die Gegenwart wichtig ist. Die Grenzen dieser alltäglichen Form, in der sich Geschichtsbewußtsein artikuliert, zu anderen, nicht spezifisch historischen Formen sprachlicher Darstellung von Zeit sind fließend.

Im Bereich der elaborierten Formen der Geschichtsdarstellung, also vor allem der Historiographie als literarischer Gattung und ihrer fachwissenschaftlichen Ausprägung, wird „Erzählen" als eine *historiographische Darstellungsform* neben anderen verstanden. So unterscheidet Droysen zum Beispiel eine untersuchende, eine erzählende, eine didaktische und eine erörternde oder diskursive Darstellung von Geschichte: In der ersten werden Quellenbefunde unter der Leitfrage erörtert, was in der Vergangenheit tatsächlich der Fall war; in der zweiten werden quellenkritisch ermittelte Tatsachen zu zeitlichen Verläufen verknüpft und diese Verläufe ‚mimetisch' dargestellt, so daß sich Geschichte als anschauliches Sinngebilde zeitlicher Ereignisketten präsentiert; in der dritten werden zeitliche Verläufe mit Annahmen über allgemeine Sinnzusammenhänge der geschichtlichen Entwicklung gedeutet; in der vierten und letzten schließlich werden gedeutete historische Verläufe auf Probleme aktueller (zumeist politischer) Praxis bezogen (Droysen 1977, 217 ff., 245 ff.).

Diese Unterscheidung ist auch für die Geschichtsdidaktik wichtig geworden: In ihr wurde *Erzählen als Darstellungsform im Unterricht* (zumeist durch den Lehrer) verstanden und einer eingehenden kritischen Erörterung unterzogen, die andere Unterrichtsformen (zum Beispiel Arbeitsunterricht mit Quellen) favorisierte. „Erzählen" wird als Gegenbegriff zu allen diskursiven Unterrichtsformen verstanden: Emotionalität steht gegen Rationalität, Unmittelbarkeit gegen Distanz, Konkretheit gegen Abstraktion, lebendige Erinnerung gegen blasses Räsonnement. In ähnlicher Weise wurde auch in der wissenschaftlichen Historiographie die erzählende Darstellungsform als überholt, ja als nicht wissenschaftsspezifisch angesehen und zugunsten diskursiverer Formen (zum Beispiel durch argumentativen Theoriegebrauch) überwunden (Kocka 1984). Inzwischen wird jedoch die Darstellungsform des Erzählens sowohl in der akademischen Historiographie wie auch im Geschichtsunterricht wieder aufgewertet (Stone 1979; Tocha 1979).

Eine grundsätzlichere und umgreifendere Bedeutung hat der Erzählbegriff demgegenüber in der jüngeren geschichtstheoretischen Diskussion. „Erzählen" bezeichnet hier die für das historische Denken maßgebliche *Form des Erklärens* (Danto 1974), in ihm wird die spezifisch historische *Form des menschlichen Wissens* gesehen (Baumgartner 1976), und im historischen Erzählen wird die allem historischen Denken zugrunde liegende maßgebliche *Sprachhandlung* ausgemacht und linguistisch beschrieben (White 1973; Ankersmit 1983). Von dieser umfassenden und fundamentalen Bestimmung des historischen Erzählens aus lassen sich wesentliche Einsichten in die lebensweltliche Struktur und Funktion des menschlichen Geschichtsbewußtseins gewinnen.

Die Konstitution des Geschichtsbewußtseins durch historisches Erzählen

Geschichtsbewußtsein ist Inbegriff der mentalen Operationen, durch die Zeiterfahrungen der Gegenwart im erinnernden Rekurs auf die Erfahrung zeitlicher Veränderungen des Menschen und seiner Welt in der Vergangenheit gedeutet und dabei Zukunftsperspektiven für die aktuelle Lebenspraxis eröffnet werden. Diese mentalen Operationen lassen sich zusammenfassend als „historisches Erzählen" bezeichnen. Die Konstitution des Geschichtsbewußtseins durch historisches Erzählen geschieht im Rahmen der umgreifenden Operation des *Erzählens als Sinnbildung über Zeiterfahrung.* Diese Sinnbildungsleistung besteht darin, daß lebensbestimmende Zeiterfahrungen durch die betroffenen Subjekte so gedeutet werden, daß sie mit deren handlungsleitenden Absichten vereinbar werden: *Zeit* als Handlungsabsicht und Zeit als Handlungsbedingung (innere und äußere Zeit) werden durch Erzählen in den inneren Zusammenhang einer Orientierung der menschlichen Lebenspraxis gebracht. Das Erzählen bezieht Zeit als Erfahrung der Veränderung des Menschen und seiner Welt und Zeit als Erwartung und Hoffnung solcher Veränderung so aufeinander, daß sich der Mensch gleichsam im Fluß der Zeit einrichten kann, daß er in ihm nicht untergehen muß (durch zeitliche Veränderung sich verliert), sondern auf ihm schwimmen kann (sich in der zeitlichen Veränderung gewinnt).

Erzählen bezieht also Zeiterfahrungen auf oberste Gesichtspunkte der bewußten Organisation der menschlichen Lebenspraxis. Das Resultat eines solchen deutenden Bezuges von Erfahrungen auf Intentionen ist das *Sinngebilde einer „Geschichte".*

Diese für den Menschen als Gattung wesentliche Sinnbildungsoperation des Erzählens ist dann spezifisch historisch, wenn sie drei Besonderheiten hat:

- Erzählen ist historisch, wenn es sich an das *Medium der Erinnerung* bindet. Historisches Erzählen deutet die Zeiterfahrung der Vergangenheit so, daß gegenwärtig erfahrene zeitliche Veränderungen verstanden und Zukunft in Form einer Handlungsperspektive erwartet werden kann. Auf dieser geschichtsspezifischen Einbindung des Erzählens ins Medium der Erinnerung beruht der Tatsachenbezug des historischen Erzählens, in dem zumeist sein wesentlicher Unterschied zur sogenannten „fiktionalen" Erzählung gesehen wird.
- Erzählen ist dann historisch, d. h. spezifisch auf den Inhalt „Geschichte" bezogen, wenn die Sinnbildung über Zeiterfahrung in der Form einer *Kontinuitätsvorstellung* erfolgt, die Zeiterfahrung und Zeitabsicht in einen inneren Zusammenhang bringt.

Das historische Erzählen organisiert den inneren Zusammenhang der erzählten Geschichte nach Maßgabe einer übergreifenden Kontinuitätsvorstellung, die die drei Zeitdimensionen in die Einheit einer handlungsleitenden Zeitorientierung zusammenschließt.

- Erzählen ist schließlich dann historisch, wenn die für seine Sinnbildung maßgebliche Kontinuitätsvorstellung im lebenspraktischen Zusammenhang *subjektiver Identitätsbildung* erfolgt. Die historischen Kontinuitätsvorstellungen müssen die Funktion einer Vergewisserung menschlicher Identität im Wandel der Zeit erfüllen können.

Typen des historischen Erzählens

Die große Fülle von Erscheinungsformen des historischen Erzählens in den verschiedenen Bereichen menschlicher Sprachhandlungen von der stereotypen Alltagsfloskel bis zur fachspezifischen Abhandlung und in verschiedenen Zeiten und Kulturen verlangt nach einem begrifflichen Instrumentarium, mittels dessen sie analysiert und interpretiert werden kann. Als ein solches Instrumentarium bietet sich eine Typologie des historischen Erzählens an, die nach den obengenannten Charakteristika (Erinnerung, Kontinuität, Identität und zusammenfassend: Sinn) entworfen werden kann (Rüsen 1982). Es lassen sich idealtypisch vier Arten des historischen Erzählens unterscheiden, die nie rein vorkommen, die aber wesentliche Bestandteile der unterschiedlichsten Manifestationen des Geschichtsbewußtseins in narrativen Sprachhandlungen ausmachen (siehe Schema, S. 48).

(a) *Traditionales historisches Erzählen* erinnert an die Ursprünge, die gegenwärtige Lebensverhältnisse begründen, es stellt Kontinuität als Dauer dieser verpflichtenden Ursprünge vor, und es bringt Identität durch Affirmation vorgegebener Deutungsmuster menschlicher Subjektivität (zum Beispiel Rollen) zur Geltung. Diese Orientierungsfunktion des traditionalen Erzählens wird durch Geschichten erfüllt, die den Ursprung von Lebensumständen und -verhältnissen so erinnern, daß die von diesen Umständen Betroffenen aktuelle Zeiterfahrungen als Impulse zur Erneuerung dieses Ursprungs verarbeiten und demgemäß Zukunft als dessen Wiederkehr erwarten und absichtsvoll intendieren können. Identität wird durch solche Geschichten als eine (lebensnotwendige) Veränderungsresistenz gebildet. Vergangenheit und Zukunft verschmelzen zur Dauer gegenwärtig wirksamer Lebensordnungen, die vom Fluß der Zeit getragen und der Vergänglichkeit enthoben sind. Durch traditionales Erzählen wird Zeit als Sinn verewigt (Beispiele: Ursprungsmythen, Stiftungsgeschichten, herrschaftslegitimierende Genealogien, Rückblicke in Jubiläen).

(b) *Exemplarisches historisches Erzählen* erinnert an Sachverhalte der Vergangenheit, die Regeln gegenwärtiger Lebensverhältnisse konkretisieren. Es stellt Kontinuität als Geltung dieser Regeln vor, die zeitlich verschiedene Lebensordnungen umgreifen, und es bringt Identität durch Generalisierung verschiedener Zeiterfahrungen zu Handlungsregeln (also als Regelkompetenz) zur Geltung. Dieses Erzählen erschließt Veränderungen als Spielraum unterschiedlicher Anwendungen sich gleichbleibender Handlungsregeln. Es befähigt seine Adressaten dazu, sich im Bewußtsein einer zeitenthobenen Geltung von Regeln in die Vielfalt von äußeren Handlungsbedingungen hineinzugeben und sich in ihr regelkompetent zur Geltung zu bringen. Durch exemplarisches Erzählen wird Zeit als Sinn gleichsam verräumlicht (zu einer Reihe von Anwendungsfällen zeitlos geltender Normen). Dieser Erzähltyp wird durch die klassische Devise „Historia vitae magistra" charakterisiert (Beispiele: Geschichten, die Vorbilder präsentieren; Geschichten, die eine „Moral" haben oder Einsichten in politische Prinzipien vermitteln). Eine Reihe von Indizien spricht dafür, daß dieser Erzähltyp, der seine kulturelle Dominanz seit der Ent-

stehung des Historismus verloren hat, nach wie vor als Sinnbildungsmuster des historischen Denkens im schulischen Geschichtsunterricht vorherrscht.
(c) *Kritisches historisches Erzählen* erinnert an Sachverhalte der Vergangenheit, von denen her gegenwärtige Lebensverhältnisse in Frage gestellt werden können, es stellt Kontinuität als Veränderung vorgegebener und im Orientierungsrahmen der Lebenspraxis wirksamer Kontinuitätsvorstellungen vor (also als Anti-Kontinuität), und es bringt Identität durch Negation identitätsbildender Deutungsmuster, also als Kraft, „nein"sagen zu können, zur Geltung. Geschichten, die diesem Erzähltyp besonders nahekommen, ermöglichen die Bildung neuer Kontinuitätsvorstellungen, indem sie die alten wegarbeiten. Solche Geschichten bringen die Identität ihrer Adressaten als deren Kompetenz zur Normveränderung zur Geltung. Durch kritisches Erzählen werden Identitätszumutungen durch angesonnene Kontinuitätsvorstellungen abgewehrt. Zeit wird als Sinn beurteilbar (Beispiele: Geschichten, die traditionale Legitimationen dadurch in Frage stellen, daß sie auf historische Erfahrungen verweisen, die den legitimierenden Kontinuitätsvorstellungen widersprechen; Geschichten, die eingefahrene historische Klischees oder orientierungspraktisch wirksame Überlieferungen empirisch widerlegen).
(d) *Genetisches historisches Erzählen* erinnert an qualitative Veränderungen in der Vergangenheit, die andere und fremde Lebensverhältnisse in eigene und vertraute münden lassen. Es stellt Kontinuität als Entwicklung vor, in der sich Lebensordnungen ändern, um sich (dynamisch) auf Dauer zu stellen, und es bringt Identität als Synthese von Dauer und Wandel, also als „Bildung" zur Geltung. Zeitliche Veränderungen werden als Modi der Kontinuierung menschlicher Lebensformen interpretiert. Herkunft und Zukunft werden in der Form einer qualitativen Differenz auseinandergehalten, zugleich aber auch mit der Vorstellung eines kontinuierlichen Übergangs von der einen Qualität zur anderen zusammengeschlossen. Geschichten, die diesem Typ nahekommen, bringen ein dynamisches Moment in die historische Orientierung der menschlichen Lebenspraxis: Die Kräfte der Veränderung werden als Faktoren der Kontinuierung gedeutet. Durch genetisches Erzählen wird Zeit als Sinn verzeitlicht (Beispiele: Fortschrittsgeschichten, Geschichten, die dem historistischen Entwicklungsprinzip folgen).

Mit Hilfe dieser Typologie lassen sich konkrete empirische Befunde des historischen Erzählens in einzelne, für die jeweilig erfolgte historische Sinnbildung maßgebliche Faktoren zerlegen, deren Verhältnis aufschlüsseln und dadurch die Besonderheit dieser Befunde begrifflich trennscharf darlegen. Sie dient zugleich zu systematischen Vergleichen zwischen verschiedenen empirischen Befunden, und mit ihr können auch Perspektiven der historischen Entwicklung der Historiographie theorieförmig konstruiert werden.

Geschichtsdidaktische Ausblicke

Wenn historisches Erzählen die für das Geschichtsbewußtsein konstitutive und über seine Orientierungsleistungen entscheidende mentale Operation darstellt, dann ist es zugleich ein fundamentales *geschichtsdidaktisches Prinzip;* es stellt einen wesentlichen Gesichtspunkt dar, von dem aus historisches Lernen empirisch erforscht, normativ geregelt und pragmatisch organisiert werden kann.
Die von der Geschichtsdidaktik angesprochenen Phänomene des Geschichtsbewußtseins lassen sich als narrative Sprachhandlungen identifizieren, erforschen und bestimmen. Die *Fachspezifik des historischen Lernens* läßt sich sowohl auf der Ebene von Alltagsbefunden wie auch auf der Ebene elementa-

Schema einer Typologie des historischen Erzählens

	Erinnerung an	Kontinuität als	Identität durch	Sinn von Zeit
traditionales Erzählen	*Ursprünge*, die gegenwärtige Lebensformen begründen	*Dauer* ursprünglich begründeter Lebensformen	*Affirmation* vorgegebener Deutungsmuster	Zeit wird als Sinn verewigt
exemplarisches Erzählen	*Fälle*, die Anwendungen von Verhaltensregeln demonstrieren	*Geltung von Regeln*, die zeitlich verschiedene Lebensformen umgreifen	*Verallgemeinerung* von Zeiterfahrungen zu Verhaltensregeln	Zeit wird als Sinn veräumlicht
kritisches Erzählen	*Abweichungen*, die gegenwärtige Lebensformen in Frage stellen	*Veränderung* gegebener Kontinuitätsvorstellungen	*Verneinung* gegebener Deutungsmuster	Zeit wird als Sinn beurteilbar
genetisches Erzählen	*Transformationen* fremder Lebensformen in eigene	*Entwicklung*, in der sich Lebensformen verändern, um sich dynamisch auf Dauer zu stellen	*Vermittlung* von Dauer und Wandel zu einem Bildungsprozeß	Zeit wird als Sinn verzeitlicht

rer und allgemeiner Operationen des menschlichen Bewußtseins mit den besonderen Eigenschaften des historischen Erzählens ausmachen und in übergreifenden Lernbereichen des gesellschaftswissenschaftlichen Aufgabenfeldes zur Geltung bringen. Die Einheit des Geschichtsbewußtseins läßt sich als innere Kohärenz der mentalen Operationen des historischen Erzählens begreifen, und *historisches Lernen* läßt sich als *Bildung von Geschichtsbewußtsein durch Erzählen* thematisieren. Die Fragen nach den Lernzielen des Geschichtsunterrichts lassen sich als Fragen der *narrativen Kompetenz* neu aufwerfen, und schließlich bieten sich die verschiedenen Typen des historischen Erzählens dazu an, verschiedene Lernformen in den Bildungsprozessen des Geschichtsbewußtseins zu unterscheiden, zu analysieren und die ihnen entsprechenden normativen und pragmatischen Bestimmungen auszuarbeiten. Offen ist die Frage, ob mit einer erzähltypologischen Unterscheidung von Grundformen des historischen Lernens nicht auch die Frage nach dem Prozeß der Individuation und Sozialisation beantwortet werden kann, in dem sich Geschichtsbewußtsein bildet. Die Typen des traditionalen, exemplarischen, kritischen und genetischen Erzählens können als *Entwicklungsphasen des Geschichtsbewußtseins* verstanden werden, die sich in komplexen, im einzelnen noch zu erforschenden Prozessen einer kontinuierlichen Verarbeitung historischer Erfahrungen in identitätsbildende Deutungsmuster des zeitlichen Wandels von Mensch und Welt sukzessive herausbilden.

Literatur

Ankersmit, F. R.: Narrative Logic. A Semantic Analysis of the Historian's Language, Den Haag / Boston / London 1983

Becher, U. A. J.: Didaktische Prinzipien der Geschichtsdarstellung, in: *Jeismann, K.-E. / Quandt, S.* (Hrsg.): Geschichtsdarstellung. Determinanten und Prinzipien, Göttingen 1982, 22 — 38

Droysen, J. G.: Historik. Historisch-kritische Ausgabe, hrsg. von P. Leyh, Bd. 1, Stuttgart 1977

Ehlich, K. (Hrsg.): Erzählen im Alltag, Frankfurt 1980

Ferro, M.: Comment on raconte l'Histoire aux enfants à travers le monde entier, Paris 1981

Gumbrecht, H. U.: „Das in vergangenen Zeiten Gewesene so gut erzählen, als ob es in der eigenen Welt wäre." Versuch zur Anthropologie der Geschichtsschreibung, in: *Koselleck, R. / Lutz, H. / Rüsen, J.* (Hrsg.): Formen der Geschichtsschreibung (Beiträge zur Historik, Bd. 4), München 1982, 480 — 513

Kocka, J.: Zurück zur Erzählung? Plädoyer für historische Argumentation, in: *GuG* 10 (1984), 395 — 408

Lämmert, E. (Hrsg.): Erzählforschung. Ein Symposion, Stuttgart 1982

Pandel, H.-J.: Historik und Didaktik. Das Problem der Distribution historiographisch erzeugten Wissens in der deutschen Geschichtswissenschaft von der Spätaufklärung zum Frühhistorismus (1765 — 1830), phil. Diss. Osnabrück 1983

Quandt, S. / Süssmuth, H. (Hrsg.): Historisches Erzählen. Formen und Funktionen, Göttingen 1982

Ricoeur, P.: Narrative Time, in: *Critical Inquiry* 7 (1971), 169 — 190

Röttgers, K.: Der kommunikative Text und die Zeitstruktur von Geschichten, Freiburg / München 1982

Rüsen, J.: Die vier Typen des historischen Erzählens, in: *Koselleck, R. / Lutz, H. / Rüsen, J.* (Hrsg.): Formen der Geschichtsschreibung (Beträge zur Historik, Bd. 4), München 1982, 514 – 605
— Geschichtsdidaktische Konsequenzen aus einer erzähltheoretischen Historik, in: *Quandt, S. / Süssmuth, H.* (Hrsg.): Historisches Erzählen. Formen und Funktionen, Göttingen 1982, 129 – 170
Schütze, F.: Zur soziologischen und linguistischen Analyse von Erzählungen, in: *Dux, G.* (Hrsg.): Beiträge zur Wissenssoziologie, Opladen 1976, 7 – 41
Stanzel, F. K.: Theorie des Erzählens, Göttingen 1979
Stone, L.: The Revival of Narrative: Reflections on a New Old History, in: *Past and Present* 85 (1979), 3 – 24
Tocha, M.: Zur Theorie und Praxis narrativer Darstellungsformen mit besonderer Berücksichtigung der Geschichtserzählung, in: *Gd* 4 (1979), 209 – 222
White, H.: Meta-History. The Historical Imagination in Nineteenth-Century Europe, Baltimore / London 1973
— Rhetoric and History, in: *White, H. / Manuel, F. E.* (Hrsg.): Theories of History, Los Angeles 1978, 3 – 25

Geschichte und Utopie

Jörn Rüsen

Differenzen

Historisches und utopisches Denken stehen in einem eigentümlichen Spannungsverhältnis. Sie scheinen sich auf den ersten Blick durch ihre verschiedene Ausrichtung und ihre verschiedenen Absichten so sehr voneinander zu unterscheiden, daß sie kaum in ein produktives Verhältnis zueinander gesetzt werden können. *Utopisches Denken* ist dadurch gekennzeichnet, daß es sich über wirkliche einschränkende Bedingungen der menschlichen Lebenspraxis hinwegsetzt und alternativ zu ihr neue und qualitativ andere Möglichkeiten menschlicher Daseinsgestaltung eröffnet. Umgekehrt erinnert *das historische Denken* an tatsächliche menschliche Lebensverhältnisse in der Vergangenheit; es legt nicht dar, was hätte sein können oder sollen, sondern wie es in den zeitlichen Veränderungen des Menschen und seiner Welt in der Vergangenheit wirklich zugegangen ist. Zugespitzt formuliert, bringt das utopische Denken zum Ausdruck, wie es eigentlich sein könnte, während das historische Denken daran erinnert, „wie es eigentlich gewesen" (Ranke). Hinzu kommt natürlich, daß historisches Denken grundsätzlich von der Vergangenheit handelt, während utopisches Denken primär die Zukunft thematisiert (allerdings manchmal in historischem Gewande oder in der Form einer Gegenwartsbeschreibung).

Zusammenhänge

Trotz dieser Differenzen ist es sinnvoll und notwendig, nach inneren Zusammenhängen zwischen historischem und utopischem Denken zu fragen; denn beide Denkweisen gehören gemeinsam zu den Bewußtseinsformen, in denen handelnde und leidende *Menschen ihr Dasein zeitlich orientieren*. Die menschliche Lebenspraxis ist grundsätzlich von bewußten Deutungsleistungen abhängig, die die in ihr bzw. mit und durch sie geschehenden zeitlichen Veränderungen betreffen. Solche Deutungsleistungen bringen die Erfahrungen, die die Menschen mit der zeitlichen Veränderung ihrer selbst und ihrer Welt machen, und die Absichten, die sie im zeitlichen Verlauf ihres Handelns und Leidens zur Geltung bringen wollen, in ein konsistentes Verhältnis, das als Vorstellung Handeln über Absichten steuern kann. Dabei dient diese bewußte, *kulturschöpferische Deutungsleistung* zugleich einer sozialen Kommunikation, in der miteinander vergesellschaftete Menschen sich über ihre Vergesellschaftung miteinander ins Benehmen setzen.

Solche, die zeitliche Dimension der menschlichen Lebenspraxis betreffenden Sinnbildungen müssen ein Mindestmaß an innerer Kohärenz besitzen, um ihre Orientierungsfunktion erfüllen, d. h. menschliches Handeln leiten und dabei dessen soziale Realität (mit-)konstituieren zu können. Diesem Stimmigkeitsgebot unterliegen historische und utopische Daseinsorientierungen, da auf beide in der menschlichen Lebenspraxis nicht verzichtet werden kann: Weder ist eine wirkungsvolle Handlungsorientierung ohne die *Erinnerungsleistung* des historischen Denkens möglich, noch kann die menschliche Lebenspraxis auf die Artikulation überschießender, ihren *Erfahrungshorizont übersteigende Bedürfnisse* verzichten.

Die historischen und die utopischen Elemente der menschlichen Daseinsorientierung in der Zeit stehen also in einem inneren *Spannungsverhältnis;* die beiden Denkweisen vollziehen sich nicht ungestört nebeneinander, sondern negieren sich wechselseitig und sind doch zugleich aufeinander angewiesen. Mit seinem überschwenglichen Ausgriff auf das Nirgendwo jenseits realer Handlungsbedingungen kritisiert das utopische Denken den Erfahrungsbezug, den die historische Erinnerung auszeichnet. Umgekehrt kritisiert das historische Denken, indem es die handlungsleitenden Zukunftsperspektiven der menschlichen Lebenspraxis im Medium der historischen Erinnerung an der Erfahrung ausrichtet, das utopische Überspringen solcher Erfahrungen. Diese *wechselseitige Kritik,* ja Negation von Utopie und Historie ist jedoch nicht als ein strenges Entweder — Oder zu verstehen, weil die von ihnen in die zeitliche Orientierung der menschlichen Lebenspraxis eingebrachten Sinnbestimmungen (erfahrungsgesättigte Erinnerung und erfahrungsüberhobene Erwartung) beide notwendig sind. Utopie und Geschichte können also ihre *lebensweltliche Funktion* nur dann erfüllen, wenn sie sich nicht wechselseitig außer Kraft setzen, sondern wenn ihr kritisches Verhältnis zueinander so gewendet wird, daß die jeweiligen unterschiedlich gerichteten Zeitdeutungen sich wechselseitig hervorrufen und ins Recht setzen.

Was bedeutet dies für das historische Denken? Es hat mit dem utopischen Denken eines gemeinsam: Es artikuliert im Blick auf die gegenwärtigen

Lebensverhältnisse seiner Subjekte Vorstellungen vom Anderssein des Menschen und seiner Welt; es verändert gedanklich die Erfahrung der Gegenwart, indem es sie in ihre eigene Vergangenheit vergehen läßt, um sie aus dieser ihrer Vergangenheit gleichsam neu erstehen zu lassen; sie erhält im Medium der Erinnerung die Züge einer zeitlichen Erstreckung, in denen das Anders-Sein der als real erfahrenen Lebensverhältnisse zu deren eigener zeitlicher Wirklichkeit gehört. Das historische Denken läßt die gegenwärtigen Lebensverhältnisse so in die Vergangenheit hinein-alterieren, daß sie die geschichtliche Qualität des Anders-werden-Könnens bekommen (Jauss 1977). Mit dieser *Alterierungsfunktion* rückt das historische Denken in die Nähe der Utopie, ja es empfängt von dieser den für ihre Erinnerungsleistung unverzichtbaren Impuls, das Anders-Sein der Vergangenheit als Zukunftschance der Gegenwart lebendig werden zu lassen. Insofern ist das historische Denken auf die Schubkraft der dem Menschen eigentümlichen Bedürfnisstruktur angewiesen, mit der er es bei gegebenen Verhältnissen intentional nicht aushält, mit der Erfüllung von Bedürfnissen qualitativ neue generiert und so grundsätzlich mit handlungsleitenden Vorstellungen des Anderssein-Sollens der Wirklichkeit über die bisherige Erfahrung seiner selbst und seiner Welt hinausgeht.

Im Unterschied zur Utopie bindet das historische Denken dieses Hinausgehen als Handlungschance an die Erfahrung, aber es ist *historisch*, indem es aus den Tiefen der Vergangenheit eine die Gegenwart (in der Vorstellung) zeitlich verändernde Erfahrung artikuliert; es spielt gleichsam den gegenwärtigen Verhältnissen die historische Melodie ihres zeitlichen Gewordenseins vor, um es in die Bewegung zu einer Zukunft hinzubringen, in der es sich qualitativ verändert. Die Sehnsucht der Utopie nach dem ganz anderen wird vom historischen Denken in eine Erinnerung gewendet, in der dieses andere zugleich verzeitlicht und mit Erfahrungsgehalten gefüllt wird. Zugleich verfährt das historische Denken dabei utopiekritisch, insofern natürlich der überschwengliche Ausgriff aufs andere in die Grenzen der Erfahrung zurückgenommen wird, die die Erinnerung hergibt. Andererseits weitet sich erst durch dieses Hineinholen utopischer Intentionen der Daseinsorientierung in die historische Erinnerung deren Erfahrungspotential; es kann auf neue und überraschende Weise erweitert und vertieft werden. Utopische Zukunftsentwürfe können also das historische Denken produktiv dazu provozieren, in die Vergangenheit so zurückzugreifen, daß die Vorstellungen zeitlich *dynamisiert* werden, die die gegenwärtigen Lebensverhältnisse in ihrer zeitlichen Dimension betreffen. Das historische Denken kann seine utopiekritische Funktion also so wahrnehmen, daß es zwar den Überschwang zurücknimmt, mit dem Erwartungen über die Erfahrung von realen menschlichen Lebensverhältnissen hinausgehen, zugleich aber den Erfahrungshorizont der aktuellen Lebenspraxis qualitativ durch den erinnernden Rückgriff auf die Vergangenheit erweitert.

Damit wird das *Spezifikum des utopischen Denkens*, eben sein Überschwang, vom historischen Denken weder übernommen noch die in ihm liegende Erwartung realisiert. Das utopische Denken würde im Kern negiert, wenn es auf die Dimensionen einer ‚Real-Utopie' zurückgeschnitten und bruchloseinlinig an die historische Einsicht in die bisherigen Entwicklungen des Menschen und seiner Welt angebunden würde. Ihm würde die Spitze der Radikalität abgebrochen, mit der es über die Erfahrung hinaus Bedürfnisse artikuliert, und damit würde es gerade die Eigenschaften verlieren, mit der es das historische Denken in seiner grundsätzlich utopiekritischen Wendung zum Erfahrungsgehalt der Erinnerung dazu provozieren kann, diesen Erfahrungsgehalt qualitativ zu steigern. Die Irrealität utopischen Denkens entspricht dem prinzipiellen Erwartungsüberschuß, mit dem der Mensch aufgrund der ihm eigentümlichen Intentionalität seines Handelns (und Leidens) über die Erfahrung seiner selbst und seiner Welt hinausgeht. Eben diese Irrealität ist es, die das historische Denken dazu provoziert, Zukunftsentwürfe durch Vergangenheitserinnerungen abzustützen und plausibel zu machen. Dabei bannt es zugleich das Zerstörungspotential, das utopischer Überschwang immer dann gewinnt, wenn er in direkte Handlungsanleitungen übergeht. Gegen einen solchen Überschwang nimmt das historische Denken grundsätzlich seine utopiekritische Funktion wahr, indem es die Plausibilität von Zukunftserwartungen davon abhängig macht, in welchem Ausmaß sie sich mit der Erfahrung der Vergangenheit vereinbaren lassen.

Didaktische Möglichkeiten

Aus dem skizzierten komplexen Zusammenhang zwischen Utopie und Geschichte lassen sich geschichtsdidaktische Konsequenzen ziehen, die Ausmaß und Intensität der dem Geschichtsbewußtsein abverlangten Kompetenz zu einer historischen Orientierung in gegenwärtigen Lebenszusammenhängen betreffen. Die *Orientierungschancen des historischen Denkens* werden geschmälert, wenn seine ihm prinzipiell eigene utopiekritische Funktion nur in der Form einer abstrakten Negation utopischen Denkens realisiert wird. Dann schneidet sich das historische Denken in seinem konstitutiven Gegenwartsbezug genau die *Zukunftsdimension der Gegenwart* ab, in der Zukunft mehr ist als eine Extrapolation gegebener Verhältnisse oder Entwicklungen, die zu diesen Verhältnissen geführt haben. Unversehens friert das historische Denken, wenn es sich vom utopischen Potential menschlicher Bedürfnisse abschnürt, seinen Gegenwartsbezug auf den Status quo ein. Historische Entwicklungen enden in dem, was der Fall ist, die alterierende Kraft der historischen Erinnerung führt dann nicht mehr zu Zukunftsperspektiven, die qualitative Innovationen eröffnen.

Aber auch eine unkritische Öffnung des historischen Denkens auf überschwengliche Erwartungen alternativer Lebensverhältnisse, die gegenüber den gegenwärtigen mit einer emphatischen Humanitätsqualität erträumt werden, kann zu einer Schwächung der Orientierungsleistung des Geschichtsbewußtseins führen. Die *Vergangenheit* würde dann *von der Gegenwart abgekoppelt,* sie erhielte ihr gegenüber eine *ästhetische* Qualität, mit der die historische Erinnerung das Anders-gewesen-Sein des Menschen und seiner Welt als Kompensation gegenwärtiger Verhältnisse anbietet. In dieser Form könnte das historische Denken dazu dienen, enttäuschte Zukunftshoffnungen oder

Zukunftsängste in handlungslähmende Stilisierungen der Vergangenheit abzureagieren oder zu rationalisieren. Solch einer *romantisierenden Verklärung der Vergangenheit* ist das historische Denken immer dann anheimgefallen, wenn es die Erfahrung aktueller Veränderungen nicht mehr mit den Sinnzusammenhängen vermitteln kann, in denen es vergangene zeitliche Veränderungen als geschichtliche Entwicklungen verständlich macht.

Demgegenüber wäre der Überschwang utopischer Zukunftshoffnungen als provozierender Anstoß zu historischen Rückblicken auf die Vergangenheit ernst zu nehmen und von ihnen her das historische Denken als Prozeß der *Alterierung von Gegenwartserfahrungen in die Vergangenheit hinein* in Gang zu bringen: Die Vergangenheit könnte dann historisch faszinieren; die historische Erfahrung könnte dort Betroffenheit auslösen, wo Hoffnungen lebenswichtig sind. Dabei dürfte freilich die Brücke zur Gegenwart (über begründete Vorstellungen historischer Kontinuität) nicht abreißen, sondern im Gegenteil: Vom Anderssein der Vergangenheit her muß das Gewordensein der Gegenwart als Bewegung auf Zukunft hin einsichtig und diese *Zukunft als Handlungschance* erkennbar werden. Utopiebedürfnisse der Daseinsorientierung würden so durch das historische Denken nicht abgeblockt, sondern zu einer zeitlichen Vertiefung und Erweiterung des Erfahrungshorizontes der gegenwärtigen Lebenspraxis genutzt. Dabei läßt sich eine unabgegoltene Zukunft in der Erfahrung der Vergangenheit ausmachen (zum Beispiel in der Geschichte der Menschenrechte), der utopische Überschwang verlöre seine Erfahrungsresistenz, und die historische Erfahrung lehrte im Blick auf den Status quo gewordener gegenwärtiger Lebensverhältnisse die Offenheit der Zukunft.

Literatur

Acham, K.: Zur Funktion von Utopien. Ein Beitrag zur Analyse von Glückserwartungen, in: *Seuter, H.* (Hrsg.): Der Traum vom Paradies. Zwischen Trauer und Entzücken, Wien 1983, 211 – 234

Cioran, E. M.: Geschichte und Utopie, 2. Aufl. Stuttgart 1979

Jauss, H. R.: Alterität und Modernität der mittelalterlichen Literatur. Gesammelte Aufsätze 1956 bis 1976, München 1977

Neusüss, A. (Hrsg.): Utopie. Begriff und Phänomen des Utopischen, Neuwied / Berlin 1968

Rüsen, J.: Utopie und Geschichte, in: *Voßkamp, W.* (Hrsg.): Utopieforschung. Interdisziplinäre Studien zur neuzeitlichen Utopie, Bd. 1, Stuttgart 1982, 356 – 374

Tillich, P.: Die politische Bedeutung der Utopie im Leben der Völker (1951), in: *ders.*: Der Widerstreit von Raum und Zeit. Schriften zur Geschichtsphilosophie (Gesammelte Werke, Bd. 6), Stuttgart 1963, 149 – 156

— Kairos und Utopie (1959), in: *ders.*: Der Widerstreit von Raum und Zeit. Schriften zur Geschichtsphilosophie (Gesammelte Werke, Bd. 6), Stuttgart 1963, 157 – 210

Voßkamp, W. (Hrsg.): Utopieforschung. Interdisziplinäre Studien zur neuzeitlichen Utopie, 3 Bde., Stuttgart 1982

Geschichte als Argument

Jörg Calließ

„Geschichte als Argument" soll die Einführung historischen Wissens als Beweismittel zur Begründung von Aussagen oder Behauptungen in der politischen Auseinandersetzung bezeichnen. Gegenwärtig gehört die Chiffre „Geschichte als Argument" in diesem Sinne vielleicht noch nicht zum allgemeinen Sprachgebrauch der Geschichtswissenschaft und der Geschichtsdidaktik. Der heuristische Nutzen einer Arbeit mit dieser Chiffre dürfte aber darin liegen, daß die Frage nach der *Instrumentalisierung historischen Wissens* explizit thematisiert und in den Blick gerückt wird.
Die Frage nach der Instrumentalisierung historischen Wissens in der Politik muß eingebunden werden in den weiteren Zusammenhang der Fragen nach der *Funktion historischer Erfahrung* in all den gesellschaftlichen Vorgängen, die mit Identitätsfindung und Identitätsstabilisierung, mit Gegenwartsverständnis und Meinungsbildung, mit Problemverarbeitung und Zukunftsgestaltung zu tun haben: Die praktische Verwendung historischer Erfahrung und historischer Erkenntnis in aktuellen Meinungs- und Willensbildungsprozessen ist eine konkrete Erscheinung gesellschaftlicher und politischer Praxis, in der die Beziehungen zwischen Geschichte als Lebenswelt und Geschichte als Wissenschaft auf der einen Seite und politischem Handeln auf der andern Seite manifest und damit faßbar werden.
Bezugsgrößen für ein Argumentieren, das den Rückgriff auf Geschichte für eine Verständigung über die Gegenwart und über die Zukunft instrumentalisiert, sind *Tradition, historische Identität* und *Geschichtsbewußtsein* ebenso wie wissenschaftliche *Geschichtsforschung* und die Vermittlung und Aneignung von Informationen und Einsichten über die Vergangenheit, die in Bildungseinrichtungen oder anderen gesellschaftlichen *Lern- und Kommunikationszusammenhängen* geschehen. Bezugsgrößen sind auf der anderen Seite die aktuellen Wert- und Verhaltensorientierungen der Gesellschaft, ihre soziale Struktur, Verfassung und politische Kultur. Zwischen all diesen Bezugsgrößen und „Geschichte als Argument" bestehen vielfältige, sehr komplexe Verbindungen und Interdependenzen.
In der geschichtswissenschaftlichen und der geschichtsdidaktischen Arbeit ist diesen Beziehungen bisher kaum Aufmerksamkeit geschenkt worden. Die Diskussion über Wert und Nutzen der Geschichte für Gegenwartsorientierung und Zukunftsgestaltung hat sich zumeist darauf beschränkt zu erörtern, welche Funktion historisches Wissen und historisches Denken haben kann oder haben sollte. Die empirische Untersuchung der tatsächlichen Nutzung von Geschichte ist darüber weithin zu kurz gekommen. Ja, sie wurde gewiß sogar entscheidend dadurch erschwert, daß Historiker sich weithin darüber einig sind, mit ihrer Arbeit zur Verständigung über Gegenwart und Zukunft wichtige Beiträge leisten zu können, zugleich aber nachdrücklich darauf bestehen, daß historisches Wissen nicht instrumentalisiert werden dürfe (Nipperdey

1976). Die folgenden Ausführungen können deshalb nur skizzenhaft und vorläufig sein.

„Geschichte als Argument" ist eine *Kulturtechnik,* der sich Menschen, Gruppen und Institutionen zu allen Zeiten und in allen Gesellschaften bedient haben und bedienen. Sie kommt in der gesellschaftlichen Praxis auf unterschiedlichen Ebenen und in vielfältigen Zusammenhängen zur Anwendung. Dies geschieht teils theoretisch reflektiert und legitimiert — als Beispiel sei der alte Topos „historia magistra vitae" in Erinnerung gerufen — teils unreflektiert und ohne theoretische Absicherung, teils sogar gegen eigene theoretische Überzeugungen — hier sei etwa auf Vertreter des Historismus wie Gervinus, Treitschke und Sybel verwiesen, die in der politischen Auseinandersetzung ihrer Zeit nicht darauf verzichtet haben, historisches Wissen zu instrumentalisieren (Faber 1977, insbesondere S. 207). „Geschichte als Argument" ist etwa in alltäglichen politischen Diskussionen, in Stammtischgesprächen, in Wahlkampfauseinandersetzungen und in Parlamentsdebatten ebenso gebräuchlich wie in politischen Analysen, Kommentaren und Leitartikeln, in Festreden und Standortbestimmungen, in programmatischen Papieren von Gruppen, Parteien, Verbänden und Institutionen, in wissenschaftlichen Untersuchungen und Vorträgen oder auch in rechtsetzenden Dokumenten, Verträgen und Gerichtsbeschlüssen. „Geschichte als Argument" wird dabei einmal für den Prozeß der Identitätsversicherung und Selbstverständigung genutzt, zum anderen bei dem Bemühen, allgemeine Handlungsregeln zu finden und zu legitimieren und schließlich auch bei der Entwicklung, Begründung und Vertretung konkreter Handlungsoptionen. Durchaus gebräuchlich ist aber auch das Argumentieren mit Geschichte, um Andersdenkenden und politische Gegner und ihre Vorstellungen und Konzepte zu attackieren oder zu diskreditieren.

Die bei einer Anwendung der Kulturtechnik „Geschichte als Argument" leitenden Interessen können von Fall zu Fall sehr verschieden sein, zumeist wird es sich um sehr *komplexe Interessenlagen* handeln, wobei gelegentlich wohl durchaus auch widersprüchliche Interessen zusammenfließen dürften. Grundsätzlich kann dabei das Anliegen, die *„Lehren der Geschichte"* für die Orientierung gegenwärtigen und zukünftigen Handelns fruchtbar zu machen, ebenso eine Rolle spielen wie die Absicht, für aktuelle politische Vorstellungen und Optionen aus der Geschichte besondere *Begründungen und Rechtfertigungen* zu gewinnen. Von Bedeutung kann freilich auch das Bemühen sein, die eigene Argumentation auf einer Ebene zu entwickeln, die den aktuellen Beweis- und Legitimationszwängen enthoben ist. Eindeutig dürfte in den meisten Fällen der *politische Impetus* sein. Er zielt entweder auf die Wiederherstellung früherer Verhältnisse oder auf die Abweisung jedweden Wunsches nach Veränderung oder auf die Umformung oder Neugestaltung sozialer oder politischer Realitäten.

Die *Formen,* in denen die Kulturtechnik „Geschichte als Argument" auftritt, sind mannigfaltig. Idealtypisch lassen sich vier verschiedene Muster unterscheiden:

1. die Einführung historischer Beispiele (*Argumentum ab exemplo*),
2. die Konstruktion von Analogien (*Argumentum ab analogia*),

3. die Darstellung von Trends und Entwicklungen, die zur Genese aktueller Wirklichkeit gehören (*Argumentum a progressione*) und
4. die Inanspruchnahme von „Wirkungs-" und „Sinnzusammenhängen", die Geschichte als Prozeß konstituieren (*Argumentum a processu*).

Während das Argumentum ab exemplo sich häufig damit begnügt, historisches Wissen über einfache und zumeist isolierte Sachverhalte vergangener Wirklichkeit einzuführen, wird in den anderen Argumentationsformen in der Regel historisches Wissen verwandt, das komplexere Zusammenhänge vergangener Wirklichkeiten oder geschichtlicher Prozesse umgreift. Die Argumentation kann dementsprechend – isolierte, aneinander gereihte oder auch miteinander verknüpfte – Elemente von Beschreibung, Erzählung, Erklärung, Deutung und Theorie einschließen.

In jedem Fall ist es für den Einsatz der Kulturtechnik „Geschichte als Argument" in der Praxis politischer Auseinandersetzungen charakteristisch, daß die Beschreibung, Erzählung, Erklärung, Deutung und Theorie von Geschichte immer nur in mehr oder weniger starker *Verkürzung* oder *Vergröberung* geleistet wird und geleistet werden kann. Diese Verkürzung und Vergröberung ist nicht nur dadurch bedingt, daß für die differenzierte und erschöpfende Ausbreitung historischen Wissens kaum Zeit zur Verfügung steht. Sie dürfte geradezu eine Bedingung der Wirksamkeit einer Argumentation sein, die politischer Willensbildung und Entscheidung dienen soll, wenn auch nicht übersehen werden sollte, daß es Politikfelder gibt, auf denen differenzierte historische Arbeit in der Problemanalyse und Problembearbeitung eine konstitutive Rolle spielt (zum Beispiel bei Stadtplanung und Stadterneuerung oder neuerdings auch in der Entwicklungspolitik). Häufig geht die Verkürzung und Vergröberung komplexer historischer Zusammenhänge so weit, daß sie nur mehr als Formeln in der politischen Argumentation vorkommen (vgl. zum Beispiel Formeln wie „Weimarer Verhältnisse", „Situation von 1914", „preußische Staatsauffassung" usw.). Hier wird die Gefahr besonders offensichtlich, daß über „Geschichte als Argument" häufig die in historischem Wissen und Denken liegenden Chancen für eine vernünftigere Gestaltung von Gegenwart und Zukunft gerade nicht genutzt werden, sondern vielmehr ein Element von Irrationalität in die politische Auseinandersetzung kommt. Diese Gefahr ist freilich bei der Instrumentalisierung historischen Wissens immer gegeben. Dabei spielt neben der bereits erwähnten Verkürzung, die ja stets mit dem Risiko der unzulässigen Verzerrung, Verdrehung und Entstellung wissenschaftlich gesicherter historischer Aussagen belastet ist, ohne Zweifel auch eine Rolle, daß jedes Argumentieren mit Geschichte nur Ausschnitte von Geschichte in den Blick rücken kann und in der Selektion unabweisbar ein Moment von Willkür und Einseitigkeit liegt. Hinzu kommen zwei weitere Probleme: Einmal gründet „Geschichte als Argument" kaum je allein auf wissenschaftlich gesicherter Kenntnis der Vergangenheit, sondern zumeist auch – häufig gar vorwiegend oder allein – auf wissenschaftlich nicht verarbeiteten *individuellen und kollektiven Erfahrungen* oder auf gesellschaftlich tradierten *Legenden* und *Mythen*. Zum anderen dürfte bei der Instrumentalisierung historischen Wissens in der politischen Auseinandersetzung allgemein – zumindest häufig — ein Primat der politischen Zielsetzungen gegeben sein, der ein Aufnehmen und Reflektieren von historischen Aussagen, die im Widerspruch zu diesen Zielsetzungen stehen, blockiert und eine Überprüfung der Argumentation nach den fachspezifischen Regeln der Geschichtswissenschaft unterläuft.

Diese Probleme in der praktischen Anwendung der Kulturtechnik „Geschichte als Argument" werden auch im politischen Diskurs nur begrenzt relativiert, da kaum je die Plausibilität und Angemessenheit der Argumentation selbst hinterfragt und mit den Maßstäben der etablierten historischen Methode geprüft wird. Zwar weisen gelegentlich Historiker schiefe oder falsche Instrumentalisierungen von Geschichte zurück, aber ihre Kritik an dem Mißbrauch von Geschichte in der Politik setzt meist erst ein, wenn das Argument seine Wirkung längst getan hat.

Wenn auch gegenwärtig die Möglichkeiten, Wirkungen und Grenzen der Instrumentalisierung von Geschichte mangels einschlägiger empirischer Untersuchungen und theoretischer Reflexionen noch kaum näher bestimmt werden können, dürfte trotz der genannten Gefahren und Probleme außer Frage stehen, daß ein *vernünftiges Argumentieren mit historischem Wissen und historischem Denken* in der politischen Auseinandersetzung einen wichtigen Beitrag zu Gegenwartsbewältigung und Zukunftsgestaltung leisten kann. Voraussetzung dafür ist freilich, daß die Bedingungen und Verfahren des Argumentierens selbst *transparent und ideologiekritisch hinterfragbar* und daß die Plausibilität und Angemessenheit der Argumente geschichtswissenschaftlich *begründbar* sind. Diese Voraussetzungen ständig zu verbessern, ist eine Aufgabe, an deren Lösung sich Geschichtswissenschaftler und Geschichtsdidaktiker zu beteiligen haben. Sie können dies tun, indem sie

— die Bedingungen, Verfahren und Wirkungen einer Instrumentalisierung historischen Wissens und historischen Denkens in der gesellschaftlichen und politischen Praxis empirisch erforschen und theoretisch reflektieren;
— auf der Grundlage dieser empirischen Forschungen und theoretischen Reflexionen Kriterien für einen Umgang mit der Kulturtechnik „Geschichte als Argument" entwickeln, die es erlauben, angemessene historische Argumentation von unangemessener historischer Argumentation zu unterscheiden und Rahmen für eine vernünftige Nutzung historischer Argumente in der Politik abstecken;
— Konzepte für das Erlernen der Kulturtechnik „Geschichte als Argument" erarbeiten und Möglichkeiten einer Umsetzung dieser Konzepte darstellen. Das Lernen und Einüben der Kulturtechnik „Geschichte als Argument" hätte der Plausibilität und Angemessenheit historischen Argumentierens ebenso verpflichtet zu sein wie dem Ziel, der gesellschaftlichen und politischen Auseinandersetzung einen Zuwachs an Rationalität zu sichern;
— in der historischen Forschung und in der Darstellung ihrer Ergebnisse die Abhängigkeit der eigenen geschichtswissenschaftlichen Arbeit von außerwissenschaftlichen Faktoren ebenso durchsichtig machen und reflektieren wie die politische Relevanz und die Möglichkeiten, Bedingungen und Gren-

zen einer Instrumentalisierung der gewonnenen historischen Einsichten und Erkenntnisse;
- in der historischen Forschung und Lehre gezielter und expliziter an aktuelle Problemlagen anknüpfen und subjektiv oder objektiv bestehende Bedürfnisse nach historischer Orientierung zum Ausgangspunkt nehmen, um so historisches Wissen für eine vernünftigte Problemanalyse und Problemverarbeitung zur Verfügung zu stellen;
- die Instrumentalisierung historischen Wissens und historischen Denkens in der gesellschaftlichen und politischen Praxis kontinuierlich und wachsam beobachten, die Angemessenheit und Legitimität der historischen Argumentation kritisch prüfen und selbst zum Inhalt eines gesellschaftlichen Diskurses machen;
- sich in gesellschaftlichen und politischen Auseinandersetzungen mit ihrem historischen Wissen und mit ihrer Erfahrung im historischen Denken unmittelbar engagieren und so selbst einen Beitrag dazu leisten, daß die Klüfte zwischen Geschichte als Lebenswelt, Geschichte als Wissenschaft und aktueller Politik überbrückbar werden.

Literatur

Bach, W.: Geschichte als politisches Argument. Eine Untersuchung an ausgewählten Debatten des Deutschen Bundestages, Stuttgart 1977

Bindig, R.: Historische Aufklärung als Entscheidungsgrundlage für Entwicklungspolitik, in: *Calließ, J.*: Historische Identität und Entwicklungspolitik. Zur Rolle der Geschichtswissenschaft in der Politikberatung, *Loccumer Protokolle* 11 (1981), Loccum 1982, 4 – 13

Dermandt, A.: Geschichte als Argument. Drei Formen politischen Zukunftsdenkens im Altertum, Konstanz 1972

Faber, K.-G.: Zur Instrumentalisierung historischen Wissens in der politischen Diskussion, in: *Koselleck, R. / Mommsen, W. J. / Rüsen, J.* (Hrsg.): Objektivität und Parteilichkeit (Beiträge zur Historik, Bd. 1), München 1977, 270 – 316

Kocka, J.: Angemessenheitskriterien historischer Argumente, in: *Koselleck, R. / Mommsen, W. J. / Rüsen, J.* (Hrsg.): Objektivität und Parteilichkeit (Beiträge zur Historik, Bd. 1), München 1977, 469 – 475

Koselleck, R.: Historia Magistra Vitae. Über die Auflösung des Topos im Horizont neuzeitlich bewegter Geschichte, in: *Natur und Geschichte*, Festschrift für Karl Löwith, Stuttgart 1967

May, E. R.: „Lessons" of the Past. The Use and Misuse of History in American Foreign Policy, London / Oxford / New York 1978

Mellon, St.: The political use of history. A study of historians in the French restoration, Stanford 1958

Nipperdey, Th.: Über Relevanz, in: *ders.*: Gesellschaft, Kultur, Theorie, gesammelte Aufsätze zur neueren Geschichte, Göttingen 1976, 12 – 32

Politische Kultur

Karl Rohe

Das Konzept der politischen Kultur wurde in den fünfziger Jahren von dem amerikanischen Politikwissenschaftler Gabriel Almond und seinen Mitarbeitern als Forschungskonzept in die politikwissenschaftliche Diskussion eingeführt (Almond 1956; Almond / Verba 1963). Wort und Begriff selbst sind freilich älter, gerade auch im deutschsprachigen Raum. Gleichwohl konnte sich der Begriff und der Forschungsansatz lange Zeit in der Bundesrepublik Deutschland nicht durchsetzen, obwohl gerade diese Gesellschaft auf das besondere Interesse einer politischen Kulturforschung stieß, hinter der als realhistorischer Antrieb nicht zuletzt die Frage nach den Zukunftsaussichten westlicher politischer Institutionen in Entwicklungsländern und „postfaschistischen" Gesellschaften stand. Erst in den letzten Jahren hat sich ein einschneidender Wandel vollzogen. Politische Kultur ist geradezu zu einem Modewort in der historischen und politischen Publizistik geworden, mit dem Effekt freilich, daß bei stärker empirisch-quantitativ orientierten Politik- und Sozialwissenschaftlern heute fast von einer Berührungsangst gesprochen werden muß.

Ähnlich wie die Kulturgeschichte leidet auch die politische Kulturforschung von Beginn an an der *Vieldeutigkeit des Kulturbegriffs*. Almond und seine Mitarbeiter tendierten zu einem psychologischen Reduktionismus, wenn sie unter der politischen Kultur einer Gesellschaft mehr oder minder nichts anderes verstanden als die Summe der kognitiven, affektiven und evaluativen Orientierungen ihrer einzelnen Mitglieder gegenüber der Politik. Andere plädierten dafür, die politischen Symbole einer Gesellschaft als eigentlichen Gegenstand einer politischen Kulturforschung zu begreifen (Dittmer 1977). Hier sollen unter politischer Kultur die für eine gesellschaftliche Gruppe — Träger von politischer Kultur sind nicht Individuen, sondern gesellschaftliche Gruppen, freilich keineswegs nur nationale Gesellschaften — charakteristischen *Grundannahmen über die politische Welt* (Elkins / Simeon 1979) verstanden werden, *über die das politische Denken, Fühlen und Handeln der Gruppenangehörigen konditioniert,* freilich nicht determiniert wird. Politische Kultur bildet also einen Denk- und Handlungsrahmen, innerhalb dessen vieles, aber eben nicht alles möglich ist, was theoretisch denkbar wäre. Angehörige der gleichen politischen Kultur zeichnen sich dadurch aus, daß sie sich ohne viele Worte „verstehen", auch wenn sie unterschiedliche Interessen verfolgen und sich erbittert bekämpfen. Angehörige unterschiedlicher politischer Kulturen stehen dagegen immer wieder vor dem Problem, daß sie „aneinander vorbeireden", eben weil sie unterschiedliche politische Selbstverständlichkeiten besitzen. Solche unterschiedlichen Selbstverständlichkeiten reflektieren in aller Regel unterschiedliche Geschichtsverläufe. Deshalb gilt auch, daß über Geschichte nicht schweigen kann, wer über politische Kultur sinnvoll reden will. Gleichwohl ist festzuhalten, daß vorgefundene politische Kulturen niemals nur die Erfahrungen spiegeln, die die „Großväter" mit politischer Wirklichkeit gemacht haben, und die ideologischen Beeinflussungen, denen sie historisch ausgesetzt waren, sondern stets auch, in einem Falle mehr, im anderen Falle weniger, die Erfahrungen, die die jeweils lebenden Generationen mit politischen Institutionen machen und gemacht haben.

Viele dieser Grundannahmen sind dem einzelnen Angehörigen einer politischen Kultur oft gar *nicht voll bewußt,* weil sie als „selbstverständlich" und „natürlich" empfunden werden. Sie sind deshalb auch mit den gängigen Methoden der Umfrageforschung nur bedingt erfaßbar. Wer die politische Kultur einer gesellschaftlichen Gruppe erforschen will, darf sich deshalb auch nicht damit begnügen zu untersuchen, was die Angehörigen dieser politischen Kultur über die Politik sagen, sondern er muß stets auch, in den bewährten Traditionen der Kulturanthropologien, beobachten, was die Menschen politisch tun. Darüber hinaus ist es unerläßlich, die politisch-kulturellen Objektivationen der jeweiligen Gruppe und die für sie spezifischen verbalen und nichtverbalen politischen Symbolwelten zu untersuchen. Derartige Forschungsansätze sind kein notdürftiger Ersatz für eine häufig nicht mögliche Einstellungsforschung — Umfragedaten für nichtwestliche Gesellschaften und für historische Gesellschaften vor 1945 liegen in aller Regel nicht vor —, sondern Forschungsansätze, ohne die gerade die als selbstverständlich empfundenen politischen Grundannahmen einer Gesellschaft und damit der harte Kern einer jeweiligen politischen Kultur nicht in den Blick geraten.

Politische Gesellschaften unterscheiden sich nicht nur durch die spezifische Selektivität ihrer jeweiligen politischen Kultur, also dadurch, daß sie *unterschiedliche Inhalte* positiv oder negativ programmieren, sondern auch aufgrund der *unterschiedlichen Bedeutung und Funktion,* die kulturelle Programmierungen überhaupt für ihr politisches Leben besitzen. Stehen auf der einen Seite Gesellschaften, in denen das politische Verhalten vorwiegend über letztlich nur sozial sanktionierbare Konventionen („ungeschriebene Verfassung") gesteuert wird, so auf der anderen Seite Gesellschaften, in denen diese Steuerung primär auf dem Weg über rechtliche Regeln erfolgt, hinter denen als Sanktionsmacht freilich nicht nur eine Staatsgewalt, sondern zumeist auch eine diese legitimierende ideologische Kultur steht.

Am Beispiel der ideologischen politischen Kultur wird deutlich, daß politische Kultur niemals nur das Resultat geronnener Handlungspraxis und verarbeiteter Erfahrung mit politischer Realität ist, sondern stets auch das Erzeugnis ideologischer Arbeit und bewußter politisch-kultureller Anstrengungen. Damit werden zwei unterschiedliche, aber zusammengehörige Aspekte von politischer Kultur sichtbar, die sich mit Hilfe der beiden Begriffe *politische Soziokultur* und *politische Deutungskultur* fassen lassen (Rohe 1984). Politische Soziokultur ist ein Stück lebensweltlicher Realität. Sie reguliert das Verhalten zwischen politischen Akteuren unmittelbar und/oder sie versucht, wenn sich die Politik weniger *zwischen* Akteuren als vielmehr *über* Systeme vollzieht, die Kluft zwischen einem als „technischen Apparat" begriffenen politischen System und der Alltags- und Lebenswelt der Bürger „sinnvoll" zu überbrücken. Politische Deutungskultur ist dagegen eine Kultur der Kultur, in der politisches Leben nicht gelebt, sondern gedeutet wird und die deshalb nicht Realcharakter, sondern Symbolcharakter besitzt. Politische Deutungskultur als zumindest unterscheidbarer Aspekt von politischer Kultur ist auch dann vorhanden, wenn sie nicht eine abgehobene Handlungssphäre mit starker Eigenlogik darstellt und wenn die realen und symbolischen Züge einer politischen Handlung nahtlos ineinander übergehen. Politische Kultur ist somit stets beides, Soziokultur und Deutungskultur, „Basis" und „Überbau", und beide Aspekte stehen in einem komplexen Wechselverhältnis. Reichtum, Entwicklungsstand, Fähigkeit zu nicht katastrophischem Wandel, kurzum: die Qualität einer politischen Soziokultur hängt gewiß von vielen Faktoren ab, nicht zuletzt von den politischen und technischen Produktionsbedingungen einer Gesellschaft; alles andere wäre ein „idealistisches" Mißverständnis. Aber sie hängt eben auch entscheidend davon ab, ob und wie politische Soziokultur im Bereich der Deutungskultur thematisiert wird, ob sinnfällig oder abstrakt, ob kritisch oder affirmativ, ob neue Denk- und Handlungsmöglichkeiten erschlossen und in Vergessenheit geratene politische Lebensweisen wieder in Erinnerung gerufen werden, ob neue Symbole gestiftet oder vorhandene Sinnbezüge wieder sinnfällig gemacht werden. Angesichts der historischen Dimension, die für jede politische Kultur, freilich in unterschiedlichem Maße, konstitutiv ist, versteht es sich von selbst, daß Geschichtswissenschaft, Geschichtsschreibung und Geschichtsdidaktik sich aus diesem permanent zu führenden Dialog sinnvollerweise nicht auskoppeln können und sollen. Für die Geschichtsdidaktik könnte das eventuell bedeuten, daß sie nicht nur über die Sachadäquatheit, Subjektadäquatheit und Medienadäquatheit, sondern auch über die *Kulturadäquatheit* ihres Gegenstandes nachzudenken hätte.

Literatur

Almond, G. A.: Comparative Political Systems, in: *Journal of Politics* 18 (1956), 391 bis 409
Almond, G. A. / *Verba, S.*: The Civic Culture. Political Attitudes and Democracy in Five Nations, Princeton 1963
— (Hrsg.): The Civic Culture Revisited, Boston / Toronto 1980
Dittmer, L.: Political Culture and Political Symbolism: Towards a Theoretical Synthesis, in: *World Politics* 19 (1977), 552 — 583
Elkins, D. J. / *Simeon, R. E. B.*: A Cause in Search of its Effect, or: What does Political Culture Explain?, in: *Comparative Politics* 11 (1979), 127 — 145
Greiffenhagen, M. / *Greiffenhagen, S.* / *Prätorius, R.* (Hrsg.): Handwörterbuch zur politischen Kultur der Bundesrepublik Deutschland, Opladen 1981
Kaase, M.: Sinn oder Unsinn des Konzepts „Politische Kultur" für die vergleichende Politikforschung. Oder auch: Der Versuch, einen Pudding an die Wand zu nageln, in: *Kaase, M.* / *Klingmann, H. D.* (Hrsg.): Wahlen und politische Kultur. Studien zur Bundestagswahl 1980, Opladen 1982, 1 — 35
Reichel, P.: Politische Kultur der Bundesrepublik, Opladen 1981
— (Hrsg.): Politische Kultur in Westeuropa. Bürger und Staaten in europäischen Gemeinschaften, Frankfurt 1984
Rohe, K.: Zur Typologie politischer Kulturen in westlichen Demokratien. Überlegungen am Beispiel Großbritanniens und Deutschlands, in: *Dollinger, H.* / *Gründer, H.* /

Hanschmidt, H. (Hrsg.): Weltpolitik — Europagedanke — Regionalismus. Festschrift für Heinz Gollwitzer, Münster 1982, 581 — 596
— Regionalkultur, regionale Identität und Regionalismus im Ruhrgebiet: Empirische Sachverhalte und theoretische Überlegungen, in: Lipp, W. (Hrsg.): Industriegesellschaft und Regionalkultur (*Schriftenreihe der Hochschule für Politik*, Bd. 6), München 1984, 123 — 153

Öffentlichkeit

Siegfried Quandt

Grundlegende Bezüge und Funktion in der fachlichen Diskussion

Öffentlichkeit ist als politisches Prinzip sowie als Form oder Forum der Kommunikation über politische Erfahrungen und Erwartungen zeitlich auf einen historischen Ursprung (18. Jahrhundert) und einen längerfristigen Zusammenhang, inhaltlich auf moderne Gesellschaft und Herrschaft und damit immer schon auf Geschichte bezogen. Geschichtswissenschaft und Geschichtsbewußtsein wiederum stehen insofern in einem ursprünglichen Bezug zur Öffentlichkeit, als sie beschreibende und wertende Vorstellungen über historisch-politische Prozesse kommunikativ entwickeln und verbreiten. — Im zweiten Jahrfünft der siebziger Jahre wurde der Begriff Öffentlichkeit zum Leitbegriff neuer geschichtsdidaktischer Bemühungen. Er diente als Signal und Instrument der Ausweitung des traditionell auf die Schule beschränkten geschichtsdidaktischen Blickfeldes auf die Bereiche „der außerwissenschaftlichen und außerschulischen Vermittlung von geschichtlichem Wissen" (Rohlfes 1978, 308). Diese geschichtsdidaktische Entwicklung wurde durch die vorausgehende, politisch und wissenschaftstheoretisch begründete geschichtswissenschaftliche Wendung zur Gesellschaft gefördert. Während die Geschichtstheorie sich unter der Formel „Geschichte und Öffentlichkeit" (Rüsen 1978) mit vorwiegend philosophisch-erkenntnistheoretischer Fragestellung primär der innerfachlichen Diskussion und dem grundsätzlichen Sozialbezug der Geschichtswissenschaft zuwandte und demgemäß vor allem den Innenaspekt des Begriffs Öffentlichkeit verfolgte, beschäftigte sich die Geschichtsdidaktik unter der Formel „Geschichte in der Öffentlichkeit" (Fachtagungen 1977/78; Rohlfes 1978) in vorwiegend empirischer Fragestellung primär mit den außerfachlichen „Agenturen der Geschichtsvermittlung" und infolgedessen hauptsächlich mit dem Außenaspekt. Der Begriff Öffentlichkeit bezeichnete in den geschichtstheoretischen Überlegungen zumeist den wissenschaftlich inszenierten historischen Kommunikations- und Identitätsbildungsprozeß sowie den davon beeinflußten historisch-politischen

Willensbildungsprozeß eines Sozialverbandes, darüber hinaus ein Regulativ zur Sicherung der Rationalität dieser Prozesse und der Teilnahme daran; in den geschichtsdidaktischen Untersuchungen fungierte der Begriff in der Regel zur Bezeichnung eines Feldes geschichtsvermittelnder Institutionen und Medien oder eines allgemeinen Adressaten historischer Information. Die neue geschichtsdidaktische Leitformel wirkte zunächst sehr anregend und bündelte recht unterschiedliche Aktivitäten — etwa die Beschäftigungen mit historischen Museen, historischer Belletristik und historischen Stadtfesten. Der Mangel an einer geschichtsdidaktischen Theorie der Öffentlichkeit behindert aber eine systematische Weiterentwicklung der neuen Ansätze.

Kritik der Verwendung und begriffliche Klärungen

Der Bezugsrahmen Öffentlichkeit schwankt (auch) in der Geschichtsdidaktik in verwirrender Weise (Negt / Kluge 1972, 17). Manche Didaktiker sehen, wenn sie von der öffentlichen Funktion der Geschichtswissenschaft sprechen, auf den Geschichtsunterricht (Blankertz 1976, 409), andere denken, wenn sie von Geschichte in der Öffentlichkeit reden, gerade nicht an den Geschichtsunterricht. Aber auch wenn mit Öffentlichkeit außerunterrichtliche Bereiche anvisiert werden, erhält der Begriff in der Geschichtsdidaktik sehr unterschiedliche Bedeutungen; zum einen wird Öffentlichkeit umgangssprachlich-naiv gebraucht, um Institutionen wie das Fernsehen und Museen oder Medien wie das historische Sachbuch und den historischen Roman in den Blick zu rücken; zum anderen wird der Begriff in Anlehnung an die Kritische Theorie vor allem als normative Idee und gesellschaftspolitische Kampfparole im Rahmen eines Fortschrittmodells verstanden (Behrendt / Grösch 1978). Im ersten Fall werden die normativ-demokratietheoretische Seite des Begriffs und sein soziales Moment vernachlässigt. Im zweiten Fall wird die deskriptiv-empirische Seite vernachlässigt und Öffentlichkeit im Extrem zu einem sozial und institutionell nicht mehr zu ortenden utopisch-totalen Mythos überhöht. Der bei der zweiten Verwendungsweise auftauchende Begriff „proletarische Öffentlichkeit" paßt zudem nicht in eine liberal- oder sozial-demokratisch-kommunikative Geschichtsdidaktik, da er zum Abbau der Kommunikation zwischen „bürgerlicher" und „proletarischer Öffentlichkeit" auffordert und das Interesse an einer allen Gesellschaftsmitgliedern gemeinsamen Geschichte mindert.

Die Gegen- bzw. Komplementärbegriffe Öffentlichkeit und Privatheit gliedern seit dem 18. Jahrhundert in rechtlicher, politischer, sozialer und kommunikativer Hinsicht das gesellschaftliche Leben in zwei Bereiche. Dabei hat der Begriff Öffentlichkeit eine doppelte Bedeutung: einmal bezeichnet er den staatlichen Bereich der öffentlichen Gewalt, ein andermal einen gesellschaftlichen Bereich der Kritik an der öffentlichen Gewalt. Die Rolle der Geschichte in der staatlichen Öffentlichkeit kann u. a. durch Auftritte und Aussagen hoher Repräsentanten des Staates auf Fachtagungen oder durch staatliche Vorgaben für den Geschichtsunterricht zum Ausdruck kommen. Dem Zusammenhang zwischen Geschichte und staatlicher Öffentlichkeit war und ist die Aufmerksamkeit der geisteswissenschaftlichen Geschichtsdidaktik in besonderer Weise zugewandt; sie stellte sich eher als die sozialwissenschaftlich geprägte der Aufgabe, dem Legitimations- und Loyalitätsbedarf des Staates zu entsprechen. Die jüngste geschichtsdidaktische Diskussion zielt in fast allen Ansätzen auf die gesellschaftliche Öffentlichkeit. Das traditionelle herrschaftskritische Element ist nur bei „linken" Positionen ausgeprägt; bei radikalen Linkspositionen wird eine vorwiegend als spontane und zum Teil als heimliche gedachte „Gegen-Öffentlichkeit" allen etablierten Institutionen kritisch-negativ entgegengesetzt. — Die Privatsphäre wurde in der Geschichtsdidaktik bislang vernachlässigt, obwohl „private" historische Kommunikation die „öffentliche" zweifellos beeinflußt. Die häufig unter Öffentlichkeit rubrizierte historische Trivialliteratur wird im übrigen eher privat als öffentlich rezipiert. Bei totalisierender Verwendung des Begriffs Öffentlichkeit bzw. „proletarische Öffentlichkeit" entfällt der Privatbereich ganz, etwa wenn Familie als Ursprungsort jener Öffentlichkeit angesehen wird (Behrendt / Grösch 1978).

Das geschichtsdidaktische Problem und Perspektiven seiner Bearbeitung

Der zentrale Aspekt des angesprochenen geschichts*didaktischen* Problems ist die Kommunikation des Faches mit der Laienwelt. Ergänzend zum Sachbezug muß ein Publikumsbezug aufgebaut werden, der systematisch schriftliche und mündliche Formen historischer Kommunikation zielgruppenspezifisch aktiviert und organisiert. Es geht um eine modernen Kommunikationsverhältnissen angemessene, intensive und demokratiewürdige Beziehung zwischen „Geschichte und Gesellschaft". Ein ex-cathedra-Anspruch und eine bloße „*Selbst*reflexion" der Geschichtswissenschaft führen hier nicht weiter. Wenn das Fach Geschichte über den traditionellen Adressatenkreis der „gebildeten Öffentlichkeit" hinaus ein „breiteres" Publikum erreichen und mit historischer Information versorgen will, braucht es ein konkreteres, differenzierteres und psychosozial besser unterbautes Adressatenbild, als es mit dem unanschaulich-diffusen Abstraktum Öffentlichkeit gegeben wird. Es müssen nicht nur die Institutionen und Medien der Öffentlichkeit, sondern auch deren soziale Träger- oder Bezugsgruppen und ihre erfahrungs- und erwartungsbedingten Ansprechbarkeiten sozialpsychologisch und kommunikationstheoretisch untersucht werden, um Geschichte entsprechend den gruppenspezifischen Zugangsmöglichkeiten und Informationsbedürfnissen anbieten zu können. Dabei wäre der Wirkungswunsch des Faches mit der Nutzenfrage verschiedener Publika in einem System doppelseitiger Kommunikation positiv zu verbinden. Die verschiedenen „Öffentlichkeiten" (auch der schulische Geschichtsunterricht gehört dazu) sollten als qualitativ unterschiedliche Prozesse der Kommunikation über und der Rezeption von Geschichte sozial, intentional, thematisch, medial und organisatorisch bzw. institutionell genauer bestimmt und damit als geschichtsdidaktische Situationen mit unterschiedlichen Eingriffs- und Verbesserungschancen definiert werden.

Literatur

Aretin, K. O. von: Wer soll die deutsche Geschichte schreiben? Über Wissenschaftlichkeit und Lesbarkeit — Die Historiker und die Praxis, in: *Frankfurter Allgemeine Zeitung* Nr. 231, 4. 10. 1979

Becher, U. A. J.: Politische Gesellschaft. Studien zur Genese bürgerlicher Öffentlichkeit in Deutschland, Göttingen 1978

Behrendt, R. / Grösch, D.: Biographische Verfahren in der Bildungsarbeit mit Arbeiterjugendlichen, in: *Broch, A. / Müller, H. D. / Negt, O.* (Hrsg.): Arbeiterbildung, Reinbek 1978, 198 — 219

Blankertz, H.: Geschichtsunterricht und Geschichtsbewußtsein, in: *Vierteljahresschrift für wissenschaftliche Pädagogik* (1976), 409 — 421

Habermas, J.: Strukturwandel der Öffentlichkeit. Untersuchungen zu einer Kategorie der bürgerlichen Gesellschaft, 9. Aufl. Darmstadt 1978

Hölscher, L.: Öffentlichkeit und Geheimnis. Eine begriffsgeschichtliche Untersuchung zur Entstehung der Öffentlichkeit in der frühen Neuzeit, Stuttgart 1979

Kärtner, G.: Wissenschaft und Öffentlichkeit. Die gesellschaftliche Kontrolle der Wissenschaft als Kommunikationsproblem, Göppingen 1972

Kampen, W. van / Kirchhoff, H. G. (Hrsg.): Geschichte in der Öffentlichkeit (*AuA*, Bd. 23), Stuttgart 1979

Negt, O. / Kluge, A.: Öffentlichkeit und Erfahrung. Zur Organisationsanalyse von bürgerlicher und proletarischer Öffentlichkeit, Frankfurt a. M. 1972

Quandt, S.: Geschichte und Gesellschaft — Kommunikationsprobleme der westdeutschen Geschichtswissenschaft in didaktischer Perspektive, in: *Loccumer Protokolle* 40, Loccum 1980

Rohlfes, J.: Geschichte in der Öffentlichkeit, in: *GWU* 29 (1978), 307 — 311

Rüsen, J.: Geschichte und Öffentlichkeit, in: *Gd* 3 (1978), 96 — 111

Schulz, H.: Geschichte im öffentlichen Leben der Nachkriegszeit, in: *GWU* 29 (1978), 312 — 320

II. Geschichte als Wissenschaft

Geschichte als Wissenschaft

Jörn Rüsen

1. Problemlage

Für die Geschichtsdidaktik stellt die Geschichtswissenschaft eine der wichtigsten Bezugsgrößen dar; denn die wissenschaftliche historische Erkenntnis ist ein unverzichtbarer Bestandteil jeder Überlegung, die das Lehren und Lernen von Geschichte betrifft, wenn es vernünftig sein soll. Es ist selbstverständlich für die Geschichtsdidaktik, die Ergebnisse der historischen Forschung zu berücksichtigen, wenn sie danach fragt, als was und wie Geschichte gelernt werden soll; dennoch kann sie sich von der Geschichte als Wissenschaft die Antwort auf diese ihre Frage nicht einfach vorgeben lassen. Sie muß vielmehr die Erkenntnisleistungen der Geschichtswissenschaft eigens daraufhin reflektieren, in welcher Weise sie in den Prozessen der historischen Bewußtseinsbildung außerhalb der Geschichtswissenschaft, insbesondere im Geschichtsunterricht, zur Geltung gebracht werden sollen. Geht die Geschichtsdidaktik dieser Frage nach, dann stößt sie auf das Problem, welche Ansprüche und Erwartungen an die wissenschaftlichen historischen Erkenntnisse hinsichtlich ihrer Funktion im gesellschaftlichen Leben herangetragen werden können. Um dieses Problem lösen zu können, muß die Geschichtsdidaktik eine explizite und begründete Auffassung davon haben, was Geschichte als Wissenschaft ist, was sie leisten kann und was nicht. Insbesondere muß sie klären, ob und wie die wissenschaftliche historische Erkenntnis von sich aus schon eine didaktische Bedeutung hat, also in sich selbst bereits didaktisch konzipiert ist.
Wird die Geschichtswissenschaft als eine Form des historischen Denkens angesehen, die sich gegenüber den von der Geschichtsdidaktik analysierten historischen Bildungs- und Erziehungsprozessen weitgehend verselbständigt hat, dann wird die praktische Verwendung der historischen Erkenntnis von der Geschichtsdidaktik nach primär wissenschaftsexternen Kriterien analysiert und bestimmt. Geht man aber davon aus, daß die Geschichtswissenschaft selbst dazu fähig ist, die Verwendung ihrer Erkenntnisse in außerwissenschaftlichen Bildungs- und Erziehungsprozessen festzulegen, dann beschränkt sich die Geschichtsdidaktik darauf, die von der Geschichte als Wissenschaft angegebenen Kriterien einer solchen Verwendung den jeweils in den Blick genommenen Verwendungszusammenhängen gemäß auszulegen und anzuwenden. Die Frage, wie im Beziehungsgeflecht zwischen Geschichtswissenschaft und Geschichtsdidaktik über die praktische Verwendung der

historischen Erkenntnis befunden werden kann, läßt sich nur dann sachgerecht beantworten, wenn das Verhältnis geklärt ist, in dem die Geschichte als Wissenschaft zur Geschichte als Lebenswelt steht. Denn dieses Verhältnis gibt Aufschluß darüber, welche Bedeutung die Erkenntnisleistungen der Geschichtswissenschaft im praktischen Leben haben. Damit wird nicht nur geklärt, was es heißt, Geschichte als Wissenschaft zu betreiben, sondern zugleich wird auch die Aufgabe der Geschichtsdidaktik umrissen. Sie besteht darin, die Gesichtspunkte zu erörtern, nach denen sich die Erkenntnisleistungen der Geschichtswissenschaft kontrolliert in die Prozesse der historischen Bewußtseinsbildung einbringen lassen, die sich im Leben von Individuen, Gruppen und Gesellschaften abspielen. Geht man also davon aus, daß das wissenschaftliche historische Erkennen ebenso wie die von der Geschichtsdidaktik untersuchten Lehr- und Lernprozesse in lebensweltlichen Zusammenhängen des menschlichen Geschichtsbewußtseins verwurzelt ist, dann wird weder die Geschichtsdidaktik einseitig von der Geschichtswissenschaft noch umgekehrt die Geschichtswissenschaft einseitig von der Geschichtsdidaktik her bestimmt.

Wenn also im folgenden der Status der Geschichtswissenschaft als Fachdisziplin beschrieben und zugleich seine didaktische Bedeutung umrissen werden soll, dann erfolgt dies am besten von den lebensweltlichen Wurzeln der Geschichte als Wissenschaft her; denn der mit ihnen gegebene Zusammenhang zwischen historischem Denken und praktischem Leben, aus dem die Geschichte als Wissenschaft erwächst, stellt auch das Fundament jeder Geschichtsdidaktik dar. Daran anschließend soll die fachliche Eigenständigkeit der Geschichtswissenschaft, ihre spezifisch wissenschaftliche Rationalität, beschrieben werden; in ihr liegen Vernunftchancen des historischen Denkens, die die Geschichtsdidaktik sich zu eigen machen muß, wenn sie Vernunftkriterien in das Lehren und Lernen von Geschichte außerhalb der Geschichtswissenschaft einbringen will. Danach soll ein summarischer Überblick über die innerfachliche Differenzierung der historischen Forschung gegeben werden; er charakterisiert den von der Geschichte als Wissenschaft eröffneten Horizont des historischen Bewußtseins. Angesichts der Differenz dieses Horizonts zu demjenigen der historischen Bewußtseinsbildung im gesellschaftlichen Kontext der Geschichtswissenschaft stellt sich die Vermittlung beider Horizonte als eine Aufgabe dar, die von der Geschichte als Wissenschaft nicht mehr selbst wahrgenommen werden kann. Abschließend sollen daher aus der inneren didaktischen Bedeutung der Wissenschaftlichkeit des historischen Denkens Konsequenzen für das Verhältnis der Geschichtsdidaktik zur Geschichtswissenschaft gezogen werden.

2. Geschichtswissenschaft und Lebenswelt

Die allgemeine philosophische These, daß die wissenschaftlichen Formen des menschlichen Denkens nicht ohne Rückgang auf ihnen voraus- und zugrunde liegende lebensweltliche Zusammenhänge zwischen Denken und

Handeln begriffen werden können (Habermas 1968), läßt sich an der Geschichtswissenschaft besonders eindrucksvoll demonstrieren. Es ist unbestreitbar, daß die wissenschaftliche Geschichtsschreibung von praktischen Interessen abhängig ist, die ihr aus ihrem gesellschaftlichen Kontext zuwachsen. Nur mit dieser Abhängigkeit kann erklärt werden, warum die Geschichte mit wechselnden Orientierungsbedürfnissen im gesellschaftlichen Leben ihrer Zeit immer wieder umgeschrieben wird. Dieses Umschreiben stellt keine äußerliche Anpassung der Geschichtswissenschaft an ihre Zeit dar und kann daher von den Historikern und ihrem Publikum auch nicht als ärgerlicher und eigentlich zu vermeidender Gegenwartsbezug aufgefaßt werden, sondern es folgt aus der inneren Logik der historischen Erkenntnis selbst, muß also als notwendig und sinnvoll anerkannt werden. Warum?

Geschichte als Inbegriff des historisch Erkennbaren ist nicht einfach die Summe aller vergangenen menschlichen Handlungen, ihrer Voraussetzungen, Bedingungen, Absichten und Folgen, die rein für sich, also unabhängig von den Absichten gegenwärtigen Handelns („wertfrei") erforscht, interpretiert und dargestellt werden können. Geschichte ist vielmehr ein bedeutungsvoller Zusammenhang zwischen vergangenem und gegenwärtigem Handeln, der nur auf der Grundlage bedeutungsverleihender Normen, die aus praktischen Interessen, genauer: aus den Sinnkriterien absichtsvollen aktuellen Handelns herrühren, erkannt und dargestellt werden. „Unser Gegenstand ist diejenige Vergangenheit, welche deutlich mit Gegenwart und Zukunft zusammenhängt" (Burckhardt 1957, 1). Die Geschichte, mit der sich die Geschichtswissenschaft befaßt, ist immer schon *konstituiert durch allgemeine Sinn- und Bedeutungszusammenhänge zwischen der Gegenwart und der Vergangenheit*, die der Forschungsarbeit des Historikers voraus- und zugrunde liegen. Sie können durch die Forschung nicht selbst gesetzt werden, sondern eröffnen dem Forscher den Zugang zum Erforschten, lassen ihn seine Fragen an die Quellen stellen und legen den Umkreis möglicher Antworten fest; kurz: sie machen die Forschung allererst möglich.

Diese Sinn- und Bedeutungszusammenhänge entstehen in der Lebenswelt des Historikers und seines Publikums aus dem allgemeinen Bedürfnis der hier handelnden und leidenden Menschen nach einer zeitlichen Orientierung ihrer Praxis. Sie erfüllen dieses Bedürfnis durch das Erzählen von Geschichten, in denen sie die Erfahrung des zeitlichen Wandels ihrer Welt und ihrer selbst in eine Vorstellung sinnerfüllter Zeit geistig verarbeiten. Mit dieser Zeitvorstellung entwerfen sie aus den Erfahrungen der Vergangenheit die Zukunftsperspektive ihres Handelns und mit ihr als Einheit von Erinnerung und Erwartung vergewissern sie sich ihrer Identität, der Dauer ihrer selbst in den durch ihr Handeln beeinflußten Veränderungen ihrer Welt. Geschichte wird also konstituiert durch den Akt des historischen Erzählens, durch den die Erfahrung der Vergangenheit geistig angeeignet, gegenwärtige zeitliche Verläufe gedeutet, die Erwartung von Zukunft erfahrungskonform entworfen und Identität als Kontinuität der Handlungssubjekte im Wandel der Zeit gesichert wird.

Diese Zeitorientierung stellt die lebensweltliche Basis, den Lebensquell der wissenschaftlichen historischen Erkennntnis dar. In ihr entsteht das historische Interesse und die aus ihm folgenden Sinn- und Bedeutungszusammenhänge zwischen Vergangenheit, Gegenwart und Zukunft, die darüber entscheiden, was von der menschlichen Vergangenheit als ‚Geschichte' in den Blick kommt und unter welchen Gesichtspunkten sie erkennend vergegenwärtigt wird. Sie bindet die Geschichtswissenschaft in das gesellschaftliche Leben ihrer Zeit ein und verleiht ihren Erkenntnissen eine praktische Bedeutung als Antwort auf die Frage der historisch Interessierten, wer sie selbst und wer die anderen sind, mit denen sie in einem Handlungszusammenhang stehen.

Doch wenn auch die Geschichtswissenschaft lebensweltlich konstituiert ist, als *Wissenschaft* grenzt sie sich zugleich von den Formen und Inhalten der lebensweltlichen historischen Bewußtseinsbildung ab; sie verhält sich zu ihnen fundamental kritisch. Die konstitutionelle Abhängigkeit der Geschichtswissenschaft von der Lebenswelt ist systematisch gebrochen. „Es muß das Erste sein, das, was wir bis dahin gehabt und geglaubt, in Frage zu stellen, um es prüfend und begründend neu und sicher zu erwerben" (Droysen 1977, 32). Die Geschichtswissenschaft unterscheidet sich von der lebensweltlichen historischen Bewußtseinsbildung durch einen höheren Geltungsanspruch ihrer historischen Aussagen. Sie begründet diesen ihren Anspruch mit der ihr als Wissenschaft eigentümlichen *methodischen Rationalität der historischen Erkenntnis*. Sie unterwirft das historische Denken methodischen Regeln, durch die seine Geltungsansprüche, seine Wahrheit, systematisch gesteigert und intersubjektiv überprüfbar werden, und sie gewinnt dadurch für ihre Erkenntnisse die Eigenschaft der Objektivität.

Diese methodische Rationalität, die das historische Denken im Schritt von der lebensweltlichen Vergegenwärtigung der Vergangenheit zur wissenschaftlichen Behandlungsart der Geschichte gewinnt, wird besonders deutlich am Erkenntnisfortschritt durch die historische Forschung. Über unterschiedliche Sinn- und Bedeutungsvorgaben der Lebenswelt an das historische Denken hinaus führt die Geschichtswissenschaft durch ihren forschenden Umgang mit den Quellen zu immer mehr und immer besserem Wissen über die menschliche Vergangenheit. Diese Erkenntnisfortschritte konnten im Laufe der Wissenschaftsentwicklung qualitativ gesteigert werden. Zunächst erwarb die Geschichtswissenschaft mit der *Quellenkritik* ein methodisches Instrumentarium zur Prüfung und Sicherung des Informationsgehaltes der Quellen, mit dem sie hinsichtlich des empirischen Gehalts ihrer Aussagen allen anderen Formen des historischen Denkens überlegen wurde. Schon vor der Epoche des Historismus entwickelt, wurde dieses Instrumentarium erst in ihr voll zur Geltung gebracht und zugleich durch eine *Methodisierung der historischen Interpretation* ergänzt. Dadurch wurde die Erstellung eines historischen Zusammenhangs zwischen den quellenkritisch ermittelten Tatsachen ebenfalls zur Angelegenheit eines methodischen Verfahrens; es wurde nicht mehr wie bis dahin vor allem als Problem der Darstellung angesehen. Die historische Erkenntnis ist seit dem Historismus zum Metier von Fachleuten, zur Domäne einer Fachwissenschaft geworden. Als Fachwissenschaft institutionalisiert, verfeinerte die Geschichtswissenschaft ihr methodisches Instrumentarium und differenzierte sich durch eine arbeitsteilige Spezialisierung der historischen Forschung zu einem gegenüber der lebensweltlichen historischen Bewußtseinsbildung relativ eigenständigen System des historischen Denkens. Im Zuge dieser Entwicklung bildete die Geschichtswissenschaft eine eigene Form der Explikation und Begründung ihres Status als Wissenschaft aus, die Historik. Mit ihr sicherte sie die Professionalisierung der historischen Forschung theoretisch ab und behauptete zugleich ihre Eigenständigkeit im Zusammenhang aller Wissenschaften vom Menschen und seiner Welt.

3. Die Eigenständigkeit der Geschichtswissenschaft

Die Verwissenschaftlichung des historischen Denkens ist angesichts seiner fundamentalen Abhängigkeit von den zeitlichen Orientierungsbedürfnissen seines gesellschaftlichen Kontextes immer wieder problematisch geworden. Bis heute ist die für die Geschichte als Wissenschaft spezifische Rationalität, also ihre methodische Eigenständigkeit, umstritten. So sehr die Quellenkritik als methodische Errungenschaft des historischen Denkens allgemein anerkannt ist, so wenig stellt sie die eigentlich historische Erkenntnisoperation dar. Denn die quellenkritisch ermittelten Tatsachen sind noch keine Geschichte; erst durch ihre narrative Verknüpfung zu einem zeitlichen Zusammenhang werden sie eine. Der Sprachgebrauch, in dem bis zur Mitte des 19. Jahrhunderts unter „historischer Methode" die Darstellungsarten der Historie verstanden wurde, bestätigt dies. Zugleich wird dadurch angezeigt, daß die eigentlich historische Denkweise in den Bereich der Rhetorik gehört, und dort wurden auch bis zu Verwissenschaftlichung des historischen Denkens Bedeutung und Eigenart der Geschichtsschreibung reflektiert und begründet. Die mit der Verwissenschaftlichung einhergehende Methodisierung der Interpretation rückt jedoch die Frage nach der Eigenart des historischen Denkens aus dem Bereich der Rhetorik und mindert zugleich die Bedeutung der *Geschichtsschreibung* für das Selbstverständnis der Historiker als Fachgelehrte zugunsten der für die *historische Forschung* wesentlichen Erkenntnisoperationen.
Entscheidend dafür, was die Interpretation der quellenkritisch ermittelten Tatsachen als eigentlich historische Denkweise ist und wie diese methodisch geregelt werden kann und soll, wurde nun die Frage nach der Erstellung eines Leitfadens, der die zeitliche Folge (quellenkritisch festgestellter) vergangener menschlicher Handlungen als einen sinn- und bedeutungsvollen Zusammenhang, also als Geschichte, begreifen läßt. Der Historismus entwickelte einen solchen Leitfaden als Theorie der historischen Ideen: Ideen konstituieren als geistige Triebkräfte der menschlichen Vergesellschaftung „Geschichte" als inneren Sinnzusammenhang in der zeitlichen Folge weltverändernden menschlichen Handelns. Die dieser Theorie entsprechende Methode der historischen Interpretation ist diejenige des *Verstehens*. Diese Methode, vergangenes menschliches Handeln im Lichte seiner Intention als „Streben

einer Idee, Dasein in der Wirklichkeit zu gewinnen" (Humboldt 1821, 605) historisch zu interpretieren, verbürgte die Eigenständigkeit der Geschichte als Fachwissenschaft.

Obwohl diese Begründung der methodischen Eigenart der historischen Wissenschaften durch die Philosophie erkenntnistheoretisch vertieft und bekräftigt wurde (Dilthey 1959; Rickert 1924), bewahrte sie die Geschichtswissenschaft nicht vor Versuchen, ihre methodische Rationalität anders zu definieren und damit ihren Status als Wissenschaft zu verändern. Dafür waren im wesentlichen zwei Gründe ausschlaggebend: einmal das Vorbild der Naturwissenschaften und dann die Schwierigkeit, den Bezugsrahmen (Leitfaden) der historischen Interpretation theoretisch zu konzipieren.

Beides hat immer wieder zu einer Kritik an der historischen Ideenlehre und Hermeneutik und zu Versuchen geführt, sie durch *erklärende Verfahren* zu ersetzen; Geschichte sollte als gesetzmäßig geregelter Entwicklungsprozeß gedacht werden, und dabei wurde auf die Theorien, Methoden und Erkenntnisse der Sozialwissenschaften zurückgegriffen. Dies hat langfristig zu einer Überwindung des Historismus geführt. Die historische Forschung wandte sich zunehmend denjenigen Bedingungsfaktoren des vergangenen menschlichen Handelns zu, die sich nicht mehr aus dessen intentionalen (Sinn-)Bestimmungen hermeneutisch erschließen lassen, sondern mit denen solche Bestimmungen selbst noch erklärt werden können.

Dies ist am augenfälligsten in der marxistisch konzipierten oder vom Marxismus beeinflußten Geschichtsinterpretation der Fall. Hier wird „Geschichte" als ein zeitlicher Geschehenszusammenhang vergangenen menschlichen Handelns aufgefaßt, der sich dem Bewußtsein der in ihm Handelnden und Leidenden mindestens partiell entzieht, also sich auch „hinter ihrem Rücken" vollzieht, und in dieser Auffassung wird eine Ideologiekritik der in der Vergangenheit wirksam gewesenen Sinnbestimmungen des menschlichen Lebens möglich.

Aber auch die dem Marxismus gegenüber kritisch eingestellte Geschichtswissenschaft, die insbesondere eine weltanschauliche Dogmatisierung seiner Geschichtsauffassung im Dienste der Legitimation gegebener Herrschaftsverhältnisse ablehnt, bedient sich nicht-hermeneutischer, analytisch-erklärender Methoden zu Erschließung komplexer Bedingungszusammenhänge des menschlichen Handelns und öffnet sich dabei dem Erklärungspotential der systematischen Sozialwissenschaften. Die Geschichtswissenschaft sieht sich also vor die Aufgabe gestellt, die Bezugsrahmen der historischen Interpretation explizit zu konstruieren. Mit solchen Konstruktionen (Theorien) sollen der Bereich der historischen Erfahrung systematisch erweitert, die Quelleninformationen erschlossen, geordnet und gewichtet und in trennscharfer Begrifflichkeit empirisch gehaltvolle komplexe historische Zusammenhänge des vergangenen menschlichen Handelns und Leidens dargestellt werden.

Damit aber stellt sich die Frage erneut und verschärft, worin die Eigenständigkeit der Geschichtswissenschaft als Fachdisziplin besteht, welche Aufgaben ihr zukommen und welche Bedeutung sie für die Erkenntnis des Menschen und seiner Welt hat. Nachdem die analytische Wissenschaftstheorie gezeigt hat, daß auch in historischen Erklärungen Gebrauch von nomologischem Wissen gemacht wird, liegt es nahe, als Bezugsrahmen der historischen Interpretation Theorien zu verwenden, die von den systematischen Sozialwissenschaften in Annäherung an das Vorbild der Naturwissenschaften erarbeitet worden sind. Dies aber hätte die Konsequenz, daß die Geschichtswissenschaft gerade dort, wo aus empirischen Befunden der Vergangenheit historische Erkenntnisse erarbeitet werden sollen, ihre Fachkompetenz an andere Wissenschaften abzugeben hätte; sie würde auf die quellenkritische Ermittlung von Tatsachen beschränkt, deren Erklärung in die Domäne anderer Wissenschaften fiele. Dieser Gewinn an wissenschaftlicher Rationalität des historischen Denkens läßt die Geschichtswissenschaft auf den Status einer Hilfswissenschaft der systematischen Sozialwissenschaften regredieren.

Eine ähnliche Konsequenz läßt sich aus dem historischen Materialismus ziehen, wenn er als Theorie allgemeiner Gesetzmäßigkeiten der geschichtlichen Entwicklung ausgebildet wird, die eine Geltung als Weltanschauung beansprucht und daher prinzipiell den Kompetenzbereich der Geschichtswissenschaft als Fachdisziplin überschreitet; deren Aufgabe kann dann nur noch darin bestehen, diese Theorie durch Forschung empirisch zu konkretisieren. In beiden Fällen geben letztlich allgemeine Theorien der menschlichen Vergesellschaftung, deren Konzeption nicht primär in den Bereich der Geschichtswissenschaft fällt, den Ausschlag darüber, wie durch die Geschichtswissenschaft die menschliche Vergangenheit als Geschichte interpretiert wird. Der wissenschaftliche Status der Geschichtswissenschaft und ihr Verhältnis zu nomologischen Theorien, Methoden und Erkenntnissen des Menschen und seiner Welt im Rahmen anderer Wissenschaften hängt also von der Klärung des allgemeinen Problems ab, ob und wie Theorien in historischer Absicht verwendet werden können.

Eine Erkenntnis des Menschen und seiner Welt ist dann historisch, wenn sie die formalen Bedingungen einer erzählbaren Geschichte erfüllt. In der narrativen Struktur historischer Aussagen liegt die methodische Eigenart der Geschichtswissenschaft begründet, und sie entscheidet auch über Möglichkeiten und Grenzen der Theoriebildung in der Geschichtswissenschaft und über ihr Verhältnis zu den nomologisch verfahrenden Wissenschaften vom Menschen und seiner Welt. Nomologische Aussagen haben eine fundamental andere Struktur als narrative; daher können sie auch nicht als Bezugsrahmen der historischen Interpretation verwendet werden. Gesetzeserkenntnisse und die für sie spezifischen methodischen Regeln haben daher für die Geschichtswissenschaft nur eine hilfswissenschaftliche Funktion. Sie tangieren die methodische Rationalität der Geschichtswissenschaft nicht im Kern, sondern stellen nur erwünschte (und notwendige) Hilfsmittel zur Klärung von Bedingungszusammenhängen des menschlichen Handelns dar; deren historische Dimension freilich kann nicht nomologisch, sondern nur narrativ erschlossen werden.

Es wäre jedoch verfehlt, daraus den Schluß zu ziehen, die Geschichte sei als Wissenschaft prinzipiell theorielos. Denn dann würde ihr Charakter als Wissenschaft prekär: Soll es nicht doch nur die Quellenkritik sein, die sie als Wissenschaft methodisch auszeichnet, und soll ihre narrative Verfassung nicht auf einer letztlich blinden Übernahme lebensweltlich vorgegebener Sinn- und Bedeutungszusammenhänge der menschlichen Vergangenheit beruhen, dann ist die Theoretisierungszumutung ernstzunehmen. Dies ist auch in der qualitativen Steigerung des Erkenntnisfortschritts durch die historische Forschung der Fall gewesen und immer noch der Fall; denn dieser Fortschritt beruht durchaus auch auf der Einführung theorieförmiger Denkweisen in die historische Interpretation (zum Beispiel durch die Verwendung von Idealtypen). Diese Theorieelemente stellen eine Rationalisierung der für die Narrativität der historischen Erkenntnis konstitutiven Sinn- und Bedeutungsannahmen über den zeitlichen Zusammenhang vergangenen menschlichen Handelns und Leidens dar. Mit ihnen erhebt sich die Geschichtswissenschaft über die lebensweltlichen Formen der historischen Bewußtseinsbildung und gewinnt ihre höheren Geltungsansprüche. An die Stelle einer common sense-förmigen theoretischen Orientierung der gesellschaftlichen Praxis treten theorieförmige Konstruktionen, in denen Sinn und Bedeutung der menschlichen Vergangenheit als Geschichte zur Angelegenheit eines kritik- und begründungsfähigen wissenschaftlichen Diskurses werden.

Mit dieser Theorieleistung ist die Geschichtswissenschaft als Wissenschaft durchaus fähig und in der Lage, allgemeine Theorien der menschlichen Vergesellschaftung unterschiedlicher Provenienz auf ihre Brauchbarkeit für die Steigerung des Rationalitätspotentials des historischen Denkens hin zu überprüfen und zu verwenden. Sie ist ihnen freilich ebensowenig blind ausgeliefert wie den Vorgaben und Erwartungen ihres gesellschaftlichen Kontextes hinsichtlich einer (ideologischen) historischen Legitimation von Lebensumständen und Handlungsabsichten. Sie behauptet vielmehr ihre methodische Eigenständigkeit als Fachwissenschaft dadurch, daß sie das an sie adressierte Theorieangebot kritisch auf seine Brauchbarkeit daraufhin überprüft, ob und wie mit ihm Geschichten besser (im Sinne von: geltungsstärker) als ohne sie erzählt werden können.

4. Fachliche Differenzierungen

Die Erkenntnisfortschrittsleistung der Geschichtswissenschaft vollzieht sich im Rahmen einer zunehmenden Spezialisierung, die kein geschlossenes Geschichtsbild zur Verfügung stellt. Die Geschichtsdidaktik kann daher von der Geschichtswissenschaft nicht umstandslos einen verbindlichen Kanon historischer Erkenntnisse übernehmen und zur historischen Orientierung der gegenwärtigen gesellschaftlichen Praxis zubereiten. Die Geschichtswissenschaft vergegenwärtigt die menschliche Vergangenheit vielmehr in einer Fülle unterschiedlicher Hinsichten, die sich zwar gegenseitig ergänzen, die sich aber nicht einfach zu einer in sich kohärenten Gesamtsumme des historischen Wissens addieren lassen. In einer solchen Gesamtsumme ginge die innere Dynamik verloren, die das historische Denken durch seine Verwissenschaftlichung gewonnen hat; an die Stelle eines stetigen Erkenntnisfortschritts durch die

historische Forschung träte ein statisches Wissen, das sich seiner dauernden Überprüfung am historischen Material und an den praktischen Orientierungsbedürfnissen der Lebenswelt entzöge.
Dennoch wäre es verfehlt, auf jeden Versuch einer Synthese der im Rahmen der fachwissenschaftlichen Spezialisierung gewonnenen historischen Erkenntnisse zu verzichten. Ein solcher Verzicht schnitte die Prozesse der historischen Bewußtseinsbildung im gesellschaftlichen Kontext dort von der wissenschaftlichen Rationalität ab, wo es ums „Ganze" geht, d. h. wo zwischen Gegenwart und Vergangenheit ein allgemeiner und fundamentaler geschichtlicher Zusammenhang entworfen und als zeitlicher Orientierungsrahmen der gesellschaftlichen Praxis verwendet wird.
Nimmt man den Anspruch der Geschichtswissenschaft auf eine prinzipielle Steigerung der Vernünftigkeit (im Sinne der Zustimmungsfähigkeit) des historischen Denkens ernst, dann kann er nicht gerade dort preisgegeben werden, wo Geschichte als allgemeiner Sinn- und Bedeutungszusammenhang von Vergangenheit und Gegenwart in Frage steht. Andererseits löst die Geschichtswissenschaft diesen ihren Anspruch dadurch ein, daß sie sich spezialisiert, also keine definitive Gesamterkenntnis der menschlichen Vergangenheit in Form eines geschlossenen allgemeinen Geschichtsbildes produziert. Dieses Dilemma kann nur dadurch überwunden werden, daß in den Spezialisierungen selbst die in Frage stehenden allgemeinen Zusammenhänge der historischen Erkenntnis aufgesucht und nachgewiesen werden.
In der Tat bedeutet die Spezialisierung der historischen Forschung nicht, daß der Gesamtbereich der historischen Erfahrung aus dem Blick gerät und zur Angelegenheit von nicht mehr wahrheitsfähigen (ideologischen) Konzeptionen des Geschichtsganzen wird. Im Gegenteil: Erst durch die Vielzahl von Perspektivierungen, die die Geschichtswissenschaft durch ihre innerfachliche Differenzierung vornimmt, wird der Bereich der historischen Erfahrung in seiner Weite offengehalten und sichtbar gemacht. Die Forschung weitet durch ihre Spezialisierung den Erfahrungsbereich des historischen Denkens ständig aus und kritisiert dadurch prinzipiell jede ideologische Verengung des Geschichtsbewußtseins. So führt zum Beispiel die Spezialisierung auf Epochen zur Einsicht in die Zeitspezifik des menschlichen Handelns, die eine unkritische Beurteilung der Vergangenheit nach gegenwärtigen Wertvorstellungen nicht mehr zuläßt. Sie intensiviert die Erfahrung unterschiedlicher kultureller Deutungsmuster der menschlichen Welt und schärft den Blick auf die genetische Bedingtheit der Normensysteme der Gegenwart. Wird diese Epochenspezialisierung noch durch eine Spezialisierung auf unterschiedliche Aspekte des menschlichen Handelns ergänzt, dann tritt der ganze Reichtum der historischen Erfahrung in den Blick und korrigiert jede einseitige Festlegung der zeitlichen Orientierung gegenwärtigen Handelns auf einzelne Handlungskomplexe. Wirtschaftsgeschichte, Sozialgeschichte, politische Geschichte, Geistesgeschichte, Kulturgeschichte — alle diese (und weitere) Forschungszweige der Geschichtswissenschaft, die über ein je spezifisches methodisches Instrumentarium verfügen, schlüsseln die menschliche Vergangenheit in unterschiedlichen Hinsichten auf. Sie stellen ein Netz von Orientierungen im

weiten Bereich der historischen Erfahrung zur Verfügung, das es erlaubt, sich besser in ihm zurechtzufinden als in jeder Globalperspektive.

Allerdings dürfen diese einzelnen Forschungsperspektiven nicht selber unkritisch als Blick auf das Ganze fixiert werden, sondern müssen im steten Fluß ihrer wechselseitigen Kritik und Ergänzung gehalten werden. Dazu bedarf es einer eigenen Reflexion, die die einzelnen Zweige der historischen Forschung nicht nach einer der Geschichtswissenschaft extern vorgegebenen Gesamterkenntnis der menschlichen Vergangenheit miteinander verbindet, sondern die wechselseitige Kritik und Ergänzung dieser unterschiedlichen Hinsichten aus ihnen selbst begründet und in ihnen selbst sicherstellt. Der Bezug aufs Ganze ist jeweils in den einzelnen Perspektiven und nicht neben ihnen herauszuarbeiten und festzuhalten. Und dies wird auch, im Rahmen der jeweiligen Spezialisierung, wenn auch oft nur in ergänzungsbedürftigen Ansätzen, geleistet: So sind zum Beispiel kaum sinnvolle Aussagen über die Zeitspezifik vergangenen menschlichen Handelns möglich, in denen nicht implizit oder explizit Bezug auf eine Periodisierung genommen wird, die die jeweils in den Blick geratenen zeitspezifischen Lebensformen in die Vorstellung eines umgreifenden geschichtlichen Entwicklungsprozesses integriert. Auch die speziellen Forschungsrichtungen auf einzelne Handlungskomplexe (Wirtschaft, Gesellschaft, Politik, Kultur) stehen in einem systematischen Zusammenhang. Ebensowenig wie die Geistes- und Ideengeschichte gegenwärtig ohne Berücksichtigung materieller Handlungsbedingungen zu akzeptablen Forschungsergebnissen kommt, können auch die Wirtschafts- und Sozialgeschichte auf die Erklärung der von ihnen untersuchten Phänomene durch geistige und kulturelle Faktoren verzichten. Die Reflexion und Begründung dieser Zusammenhänge führt selbst wieder zu Spezialisierungen des historischen Denkens, in denen die die einzelnen Epochen und die einzelnen Aspekte vergangenen menschlichen Handelns umgreifenden Gesichtspunkte eigens herausgearbeitet werden.

In den hier einschlägigen methodischen Operationen (und der für sie charakteristischen Ausarbeitung allgemeiner Theorien) geht es darum, die den speziellen Hinsichten der historischen Forschung immanenten allgemeinen Gesichtspunkte zu explizieren und von ihnen her die durch die Forschung geleistete allgemeine Orientierung über die menschliche Vergangenheit in ihren Grundzügen zu skizzieren. Dadurch wird verhindert, daß der Perspektivenreichtum der spezialisierten historischen Forschung als Spielraum beliebiger, willkürlich zu setzender Einschätzungen der Vergangenheit mißverstanden wird. Der in der Forschung selbst ausgetragene Streit um die bessere (umgreifendere, erklärungsreichere) Interpretation ist der beste Beleg dafür, daß es in jeder einzelnen Problemstellung der historischen Forschung — wie vermittelt und indirekt auch immer — stets um größere Zusammenhänge, letztlich um eine tragfähige, allgemeine Orientierung der Gegenwart durch historische Erkenntnis geht.

In letzter Instanz sind es die Plausibilitätskriterien dieser Orientierung, die die Richtung der innerfachlichen Differenzierung und des durch sie erfolgenden Erkenntnisfortschritts bestimmen. Insofern bleibt die Geschichtswissenschaft auch dort, wo sie sich am weitesten von den Formen der lebensweltlichen historischen Bewußtseinsbildung entfernt hat, dem Orientierungsbedürfnis ihres gesellschaftlichen Kontextes verpflichtet.

5. Geschichtswissenschaft und Geschichtsdidaktik

Die Geschichtswissenschaft hat diese Verpflichtung immer wieder dadurch unterstrichen, daß sie für ihre Erkenntnisleistungen einen über ihre Fachgrenzen hinausweisenden allgemeinen Bildungsanspruch erhoben hat. Bei allen Wandlungen, die dieser Anspruch im Laufe der Wissenschaftsentwicklung erfahren hat, hält sich in ihm eine Einsicht durch: In die Forschungsleistungen der Geschichtswissenschaft ist ein Orientierungsinteresse aus ihrem gesellschaftlichen Kontext eingegangen, das sie dazu berechtigt und verpflichtet, nun ihrerseits ihre Forschungsergebnisse als Orientierungswissen an ihren gesellschaftlichen Kontext zu adressieren. In dem Maße, in dem sich die Geschichte als Wissenschaft ihrer lebensweltlichen Verwurzelung bewußt ist, kann sie für sich eine didaktische Kompetenz beanspruchen. Die Geschichtsdidaktik kann an diesem Anspruch nicht vorübergehen, ohne die mit der Geschichte als Wissenschaft realisierten Vernunftchancen des historischen Denkens zu verfehlen. Alle von der Geschichtsdidaktik entworfenen Verwendungszusammenhänge der von der Geschichtswissenschaft produzierten historischen Erkenntnisse müssen sich einer Überprüfung ihrer Kohärenz mit den in diesen Erkenntnissen selbst angelegten praktischen Verwendungsmöglichkeiten gefallen lassen.

Diese Möglichkeiten aber sind den Forschungsergebnissen der Geschichtswissenschaft nicht ohne weiteres anzusehen, um so weniger, je spezialisierter die historische Forschung organisiert ist. Es bedarf vielmehr einer eigenen Reflexion der Erkenntnisleistungen der Geschichtswissenschaft, die ihre didaktische Qualität an den Tag bringt. Ort dieser Reflexion ist die Historik, die den Status der Geschichte als Wissenschaft und mit ihm zugleich ihr Verhältnis zur lebensweltlichen historischen Bewußtseinsbildung darlegt. Die Historik zeigt auf, wie aus lebensweltlichen Orientierungsinteressen theoretische Hinsichten auf die menschliche Vergangenheit werden, wie diese Hinsichten zu Bezugsrahmen der historischen Forschung ausgearbeitet werden, wie mit ihnen der Informationsgehalt der Quellen ausgeschöpft und zu empirischen Einsichten über den zeitlichen Zusammenhang vergangenen menschlichen Handelns und Leidens verarbeitet wird und wie diese Einsichten schließlich als Geschichtsschreibung auf das in sie eingegangene Orientierungsinteresse des gesellschaftlichen Lebens antworten. Hier stellt sich die Geschichtswissenschaft selbst als ein Prozeß der historischen Bewußtseinsbildung mit besonderen, ihr als Wissenschaft eigentümlichen Vernunftchancen dar.

Die Geschichtsdidaktik hat diese Vernunftchancen in die von ihr thematisierten Prozesse der historischen Bewußtseinsbildung (insbesondere diejenigen des Geschichtsunterrichts) einzubringen.

Damit wird der Spielraum der Geschichtsdidaktik nicht unzulässig eingeschränkt, sondern allererst eröffnet: In dem Maße, in dem sich die Geschichte als Wissenschaft über die Geschichte als Lebenswelt erhebt, ist die Geschichtsdidaktik als eine eigene Fachdisziplin notwendig, die die Erkenntnisse der Geschichtswissenschaft (im Lichte ihrer Reflektiertheit durch die Historik) bewußt und kontrolliert in die Lebenswelt zurückvermittelt, in der sie verwurzelt sind. Wenn die Geschichtsdidaktik also an die Geschichtswissenschaft Fragen nach der Orientierungsrelevanz historischer Forschungsergebnisse stellt, dann können diese Fragen von der Geschichtswissenschaft nicht durch einen Hinweis auf ihren wissenschaftlichen Status zurückgewiesen, sondern müssen von den Fachhistorikern als Erinnerung daran ernstgenommen werden, daß ihre Forschungspraxis von lebensweltlichen Orientierungsbedürfnissen fundamental abhängig ist. Ein Selbstverständnis der Geschichtswissenschaft, in dem die Geschichtsdidaktik lediglich eine marginale Existenz als Vermittlungstechnologie des Unterrichtens führt, ist inadäquat, so sehr sich auch viele Historiker mit dem falschen Bewußtsein einer sich selbst genügenden historischen Forschung zufriedengeben und den Zusammenhang ihrer Forschungsleistungen mit elementaren Bedürfnissen nach zeitlicher Orientierung der aktuellen gesellschaftlichen Praxis aus ihrem Selbstverständnis ausblenden. Eine Kritik dieses Selbstverständnisses durch die Geschichtsdidaktik stellt in der Sache ein Plädoyer für eine unverkürzte Rationalität des historischen Denkens dar. In dieser Hinsicht muß immer wieder darauf hingewiesen werden, daß die von der Geschichtsdidaktik thematisierten Faktoren des Lehrens und Lernens von Geschichte von der Geschichtswissenschaft zur Kenntnis genommen und als Anregungen der historischen Forschung zu Geltung gebracht werden müssen. Ein geschärftes Bewußtsein aller historisch Interessierten an der inneren didaktischen Qualität der Geschichte als Wissenschaft könnte diesen Mangel beseitigen.

Literatur

Berlin, J.: Geschichte als Wissenschaft, in: *Baumgartner, H. M. / Rüsen, J.* (Hrsg.): Seminar: Geschichte und Theorie. Umrisse einer Historik, Frankfurt 1976
Bloch, M.: Apologie der Geschichte oder Der Beruf des Historikers, Stuttgart 1974
Burckhardt, J.: Historische Fragmente, hrsg. von E. Dürr, Stuttgart 1957
Dilthey, W.: Einleitung in die Geisteswissenschaften (Gesammelte Schriften, Bd. 1), Stuttgart / Göttingen 1959
Droysen, J. G.: Historik. Vorlesungen über Enzyklopädie und Methodologie der Geschichte, hrsg. von R. Hübner, 8. Aufl. Darmstadt 1977
Faber, K.-G.: Theorie der Geschichtswissenschaft, 4. Aufl. München 1978
Habermas, J.: Erkenntnis und Interesse, Frankfurt 1968
Hesse, R.: Geschichtswissenschaft in praktischer Absicht. Vorschläge und Kritik, Wiesbaden 1979
Humboldt, W. v.: Über die Aufgabe des Geschichtsschreibers (1821), in: *Humboldt, W. v.*: Werke in fünf Bänden, hrsg. von A. Flitner und K. Giel, Bd. 1, Darmstadt 1960
Iggers, G. G.: Neue Geschichtswissenschaft, München 1978

Jackel, E. / Weymar, E. (Hrsg.): Die Funktion der Geschichte in unserer Zeit, Stuttgart 1975

Jeismann, K.-E.: Geschichte als Element politischen Denkens, Braunschweig 1981

Kosthorst, E. (Hrsg.): Geschichtswissenschaft. Didaktik — Forschung — Theorie, Göttingen 1977

Le Goff, J. / Nova, P. (Hrsg.): Faire de l'histoire. Nouveaux problèmes, 2. Bde., Paris 1974

Oelmüller, W. (Hrsg.): Wozu noch Geschichte?, München 1977

Pandel, H.-J.: Historik und Didaktik. Das Problem der Distribution historiographisch erzeugten Wissens in der deutschen Geschichtswissenschaft von der Spätaufklärung zum Frühhistorismus (1765 — 1830), phil. Diss. Osnabrück 1983

Rickert, H.: Die Probleme der Geschichtsphilosophie, 3. Aufl. Heidelberg 1924

Rüsen, J.: Historische Vernunft. Grundzüge einer Historik I: Die Grundlagen der Geschichtswissenschaft, Göttingen 1983

— Für eine erneuerte Historik. Studien zur Theorie der Geschichtswissenschaft, Stuttgart 1976

Schieder, Th.: Geschichte als Wissenschaft. Eine Einführung, Wien 1965

Weymar, E.: Dimensionen der Geschichtswissenschaft. Geschichtsforschung — Theorie der Geschichtswissenschaft — Didaktik der Geschichte, in: *GWU* 33 (1982), 1 — 11

Wittram, H.: Das Interesse an der Geschichte. Zwölf Vorlesungen über Fragen des zeitgenössischen Geschichtsverständnisses, 2. Aufl. Göttingen 1963

Geschichte

Erdmann Weyrauch

Die Gesamtheit der Inhalte, die der Begriff Geschichte (Scholtz 1974, 344 ff.) meint, kann zumindest in folgende Bedeutungskomplexe zerlegt werden: *a)* das Erlebte, Widerfahrene, das Ereignis; die Tat, der Tatbestand, das Geschehen; die Ereignisse, also: *res gestae; b)* der Bericht bzw. *die Erzählung* (mündlich oder schriftlich) des historischen Prozesses bzw. von Ereignissen, „die sich auf einen Gegenstand, Ort, Land, Volk oder eine Person beziehen und dadurch zu einer Einheit werden, zunächst nur rein äußerlich aneinandergereiht und zusammengezogen, dann durch die Kunst der Geschichtsschreibung in ihrer Entwicklung dargestellt" (Jacob Grimm); *c)* die Geschichtskunde, wissenschaftliche Geschichtsschreibung (Historiographie), Geschichtswissenschaft, -forschung (*historia rerum gestarum*, Historie) in vielfältigen aspekt-, perspektiv-, epochen- oder methodenspezifischen Differenzierungen (Geistesgeschichte, Strukturgeschichte, Historische Sozialwissenschaft, Universalgeschichte, Ur- und Frühgeschichte, Alte und Mittelalterliche Geschichte usw., Zeitgeschichte); *d)* das *Unterrichtsfach; e)* als *sozialer und politischer Leitbegriff* der Neuzeit (Geschichte als „transzendentale Kategorie", „Sammelbecken aller nur denkbaren Ideologien", als „Handlungsfeld", das „machbar" und „produzierbar" erscheint – Koselleck 1975, 712 ff.), „der objektive historische Prozeß" (Schaff 1970).
In der seit etwa Mitte des 18. Jahrhunderts (Aufklärung) vollzogenen Ausbildung des Begriffes Geschichte spiegelt sich die historische Entwicklung der bürgerlich-vergesellschafteten, sich rational selbst reflektierenden und zunehmend wissenschaftsorientierten Lebens- und Erfahrungswelt der Moderne. Die bedeutungsmäßige Entfaltung des Begriffes gestaltete sich dabei, dem realhistorischen Prozeß der Lebensweltentwicklung vergleichbar, nicht geradlinig, sondern verlief in Schüben, Brüchen und Widersprüchen. Insbesondere im Hinblick auf die erkenntnis- und wissenschaftstheoretische Begründung und Konstitution des Begriffes Geschichte als Sachverhalt, Darstellung und Wissenschaft ist diese Entfaltung keineswegs als abgeschlossen anzusehen, vielmehr erleben Geschichte und Geschichtswissenschaft auf epistemologischer und methodologischer Ebene gegenwärtig eine weitere lebhafte Grundlagendiskussion, die auf die Ausbildung einer erneuerten, nachhistorischen Historik abzielt. Als zentrale Themen des Diskurses sind Aussagen 1. zum Gegenstandscharakter und -bereich von Geschichte im weiteren Sinne, 2. zur Geschichte als Ergebnis eines Reflexionsprozesses und 3. zum Problem der historischen Tatsache(n) zu benennen.

1. Gegenstandscharakter und -bereich

Die Historie definiert sich als *Gegenstandswissenschaft*, der „die Geschichte" insoweit als spezifisches Objekt von Informationsbedürfnissen und Erkenntnisinteressen gegenübertritt, als sie über durchaus unterschiedliche Sinnkriterien jene „allgemeine[n] Hinsichten [entwickelt], in denen die Vergangenheit als Geschichte erscheint" (Rüsen 1983, 26). Geschichte „existiert" mithin nach neueren Überlegungen zur Historik nicht als objektiv vorgegebener, vom Erkenntnissubjekt unabhängiger Gegenstand, sondern konstituiert sich im (seinerseits historisch bedingten) Spannungsfeld von Orientierungsbedürfnissen, leitenden Sinnkriterien und fachwissenschaftlicher Arbeit. Der Objektcharakter der Geschichte ist jedoch auch bezweifelt oder völlig in Abrede gestellt worden. Die Hermeneutik sieht etwa Thema und Gegenstand erst „durch die Motivation der Forschung konstituiert" (Gadamer 1965, 268), der Präsentismus (Croce, Beard, Becker u. a.) leugnet gar prinzipiell die Unterscheidung von Erkenntnisgegenstand und Erkenntnissubjekt und anerkennt Geschichte ausschließlich als Denken über Geschichte. Der modernen Geschichtswissenschaft verbürgt indes gerade die Trennung von Geschichte als Gegenstand der historischen Erkenntnis und Geschichte als lebensweltliche Grundlage dieser Erkenntnis (Rothfels: „Objekt der Darstellung" versus „Darstellung des Objekts") Möglichkeiten zu intersubjektiver Geltung, Objektivität und Rationalität der Geschichte.

Die Geschichtstheorie hat vielfach explizit versucht, den Gegenstandsbereich der Geschichte abstrakt-systematisch zu bestimmen. Zahllose Ergebnisse der praktischen Geschichtsforschung und -schreibung enthalten implizit Antworten auf die Frage, was Geschichte sei. Ranke, ausgehend von der objektiven Realität der Geschichte als „Daseinsform", erkennt als ihren Gegenstand das „Leben des einzelnen, der Geschlechter, der Völker" (1874, VIII) in der „inneren Notwendigkeit der Aufeinanderfolge der Zeiten" (1971, 62), über denen „die (zwar nicht exakt nachweisbare, aber doch zu ahnende) göttliche Ordnung der Dinge" schwebt (1949, 518). Marx kehrt die innere Notwendigkeit der bei Ranke ideel und als „unmittelbar zu Gott" begründeten Geschichte in die „materiellen Verhältnisse" des dialektisch ablaufenden, aber einheitlichen und zielgerichteten Prozesses der Geschichte um. Der Prozeß, begriffen als das in revolutionären Sprüngen sich verwirklichende Bewegungsgesetz der Gesellschaftsformationen, läßt im Modus der Klassenkämpfe („Die Geschichte aller bisherigen Gesellschaften ist die Geschichte von Klassenkämpfen", 1959, 462) den Fortschritt der Geschichte teleologisch im Ziel der klassenlosen Gesellschaft enden.

Droysen, der Verfasser der ersten „Historik", und die meisten Historiker nach ihm waren und sind um gleichsam instrumentellere Abgrenzungen des Gegenstandsbereiches der Geschichte bemüht. Sie reflektieren damit zugleich die zunehmende Emanzipation der sich entwickelnden Fachwissenschaft von einer die historische Totalität deutenden Geschichtsphilosophie und die Ausbildung einer disziplinären Methodologie der professionellen Historie. Droysen meint mit Geschichte „die Summe dessen, was im Lauf der Zeit geschehen ist", schließt aber aus dieser Summe die Natur insofern aus, als er für sie das „Moment der Zeit" als „sekundär" gewichtet. Vor allem aber spricht er nur dem Menschen ein „in Formen schaffendes und neuschaffendes Wesen" („individuell, also frei") zu, das ihn durch „Wille" und „Wollen"

Teil der sittlichen Mächte werden läßt. „Geschichte im eminenten Sinn ist nur die des sittlichen Kosmos, die der Menschenwelt" (Droysen 1974, 13). Für Bernheim (1908, 6) liegt der Gegenstand der Geschichte in den „Tatsachen der Entwicklung der Menschen in ihren (singulären wie typischen und kollektiven) Bestätigungen als soziale Wesen".

Die Differenz zu Objektumschreibungen durch die gegenwärtige Historie ist damit nicht mehr groß. Sie klären Geschichte etwa als „menschliches Tun und Leiden in der Vergangenheit" (Faber 1978, 35), als „Tatsachen und Tatsachenzusammenhänge vergangenen menschlichen Handelns und Leidens" (Rüsen 1975, 84) oder als „Veränderung des Menschen und seiner gesellschaftlichen Verhältnisse der Zeit" (Schulze 1974, 188). Der ambivalente Charakter von Geschichte, Produkt intentionalen Handelns individueller Menschen zu sein und Resultante von Strukturen und Naturprozessen zugleich, wird in diesen Gegenstandsbestimmungen in der Regel nur noch graduell, nicht mehr prinzipiell verschieden eingeschätzt. Anders als in genuin historischen Betrachtungsweisen wird der handelnde Mensch als Substanz von Geschichte sowohl als freies Individuum wie als „konkretes Gattungswesen" (Marx) und „homo sociologicus" (Dahrendorf) verstanden. Somit kennzeichnen mehrere Merkmale den Gegenstand von Geschichte: sie ist *der Gesamtkomplex menschlicher Praxis in der Vergangenheit in all ihren Veränderungen,* seien sie durch absichtsvolles, zweckrationales Handeln, seien sie durch materielle, objektive Bedingungen und Bezüge bewirkt. Sie konstituiert sich im spannungsgeladenen Ineinander von Fachwissenschaft und Lebenspraxis, von leitenden Ideen, disziplinspezifischen Arbeitsregeln und angemessenen Formen der Darstellung einerseits und Orientierungsbedürfnissen und Funktionen der Daseinsbewältigung andererseits (Rüsen 1983, 20 – 32). Umfassendere, generalisierte Bestimmungen des Erkenntnisobjektes, insbesondere etwa in der französischen Historie (Le Roy Ladurie: „Le climat a une histoire") erscheinen im allgemeinen nur insoweit akzeptabel, als sie zur Erkenntnis menschlicher Vergangenheit vertiefend beizutragen vermögen.

2. Geschichte als Reflexionsprozeß

Diesem bedingten Gegenstandscharakter zum Trotz ist die Geschichte nicht ohne weiteres vorfindlich. Vielmehr muß sie rekonstruiert werden. Damit wird Geschichte notwendigerweise Resultat eines Reflexionsprozesses (Schaff 1970), dessen institutionelle Möglichkeit und Organisation in der Geschichtswissenschaft gegeben sind. Die Gewährleistung von Rationalität, Relevanz und Richtigkeit historischer Aussagen unterwirft die Reflexion einem Kanon elementarer Grundsätze fachwissenschaftlicher Arbeit, der eine *„disziplinäre Matrix"* (Rüsen 1976, 46) mit wenigstens drei Bestandteilen konstituiert:

— Jede geschichtswissenschaftliche Praxis basiert auf einem wertbesetzten *Bezugsrahmen,* der „ihr die Fragestellung für ihre Arbeit liefert" (Weber 1968, 511), das, „worauf es eigentlich ankommt", wenn die empirische Über-

lieferung von menschlicher Vergangenheit befragt wird. „Hier wird sozusagen die Geschichte konzipiert, die nicht in den Quellen steht, um die der Historiker aber wissen muß, wenn er die Quellen zum Fließen bringen will" (Rüsen 1976, 47). Dieser Bezugsrahmen mag — auch unausgewiesen — einen hermeneutischen Entwurf zur sinnreichen Vergegenwärtigung vergangenen Geschehens enthalten, indem etwa geschichtliche Ereignisse unter Aufnahme eines leitenden Gesichtspunktes narrativ durch Einbettung in Zeitstrukturen verarbeitet werden. Die „Logik der Situation" (Popper) bestimmt demnach die Struktur „des in der Erzählung begründeten Konstruktes" (Baumgartner 1975, 57). Der Interpretationsrahmen mag — meist expliziert — auf der Anwendung abstrakter und/oder generalisierender Modelle, Hypothesen oder Theorien durchaus unterschiedlicher Reichweite fußen, die in der Regel die Selektion, Anordnung und Verknüpfung von Quelleninformationen auf die Erklärung struktureller oder prozessualer Phänomene der Vergangenheit ausrichten. Im Bezugsrahmen geschichtswissenschaftlicher Arbeit sind somit auf komplexe Weise Erkenntnisinteressen, leitende Sinnkriterien (Rüsen: „Ideen") und Orientierungsfunktionen für die Lebenspraxis verknüpft.
— Jede geschichtswissenschaftliche Praxis unterliegt allgemeinen, fachwissenschaftlich entwickelten und verbindlichen *Regeln*, die die Auffindung, Behandlung und Auswertung von Quellen dirigieren, mit denen der Bezugsrahmen historisch-empirisch ausgefüllt wird. Die „Regeln weisen den Historiker an, die Geschichte, die nicht in den Quellen steht, sondern theoretisch vorentworfen an die Quellen herangetragen wird, allgemein überprüfbar durch die Quellen zu konkretisieren" (Rüsen 1976, 47). Die Reziprozität von Quellen und Interpretationsrahmen begründet die Wissenschaftlichkeit, d. h. die intersubjektiv prüfbare Geltung, Rationalität und Objektivität der Historie.
— Der Zusammenhang von „Erkenntnis und Interesse" (Habermas), der stets und besonders für den Historiker vor- und außerwissenschaftlich, d. h. gesellschaftlich vermittelt ist, beeinflußt die fachwissenschaftliche Erkenntnisfähigkeit und -leistung, d. h. die *kognitive Kapazität* der Historie. Umgekehrt wirkt diese durch die Ergebnisse ihrer methodisch-geregelten Praxis auf die Umwelt ihrer Erkenntnissubjekte zurück. Geschichtswissenschaftlich rekonstruierte Ereignisse und Sachverhalte der Vergangenheit „produzieren" also innerwissenschaftlich Erkenntnis und Sinn; lebensweltlich orientieren sie — idealiter und realiter — Bewußtsein und Handeln und tragen letztlich zur Identitätsfindung der Gegenwart bei. Das Gebot der Reflexion, welche die historische Erkenntnis vorgegebener aber nicht unmittelbar vorfindlicher Geschichte auf den gesellschaftlichen, jeweils historisch einzulösenden Gegenwartskontext der Erkenntnisarbeit zurückbindet, versöhnt, sofern es befolgt wird, die konstitutive Spannung zwischen erkennender (subjektiver) Historie und erkannter (objektiver) Geschichte.
Jüngere geschichtstheoretische Erörterungen betonen über diese zentralen methodologischen Faktoren hinaus verstärkt die Bedeutung von *Darstellungsformen* der Ergebnisse geschichtswissenschaftlicher Rekonstruktionen (Koselleck / Lutz / Rüsen 1982). Sie heben in gewisser Abkehr von eher

funktional-strukturell-analytischen Präsentationsformen die für die historische Erkenntnis bestimmende Operation des Erzählens hervor. Indem es auf Erinnerungen zurückgreife, Kontinuitätsvorstellungen wecke, trage es letztlich zur Identitätsfindung der Erzählenden und ihrer Öffentlichkeit bei. Wenn fraglos historisches Erzählen in hervorragender Weise Deutungsaufgaben der Historie zu erfüllen vermag, ohne deren Einlösung aus der Vergangenheit kaum „Geschichte" werden kann, und damit die Narrativität der Geschichte als ein Kernstück ihrer Konstituiton anzusehen ist, erscheinen andere, quellen-, problem- oder funktionsangepaßte Formen der Darstellung damit nicht prinzipiell als obsolet.

3. Historische Tatsache

Naive Geschichtsschreibung glaubt, die erkenntnis- und wissenschaftstheoretischen Probleme der Standortbindung, Parteilichkeit, Perspektivität und Wertfreiheit historischer Erkenntnis durch Rückgriff auf die „Tatsachen" neutralisieren zu können. Als Tatsachen werden dabei die objektiven Informationen verstanden, die aus den Quellen als Korpus der empirischen Überlieferung menschlicher Vergangenheit erschlossen werden können. Diese Annahme ist insofern richtig, als die Aussage gilt: „Die Geschichte ergibt sich aus den Quellen" (Marrou 1973, 83); sie ist insoweit falsch, als sie von der Unterstellung ausgeht: die Geschichte ist in den Quellen.

Quellen sind für den Historiker „alle Texte, Gegenstände und Tatsachen, aus denen Kenntnis der Vergangenheit gewonnen werden kann" (Brandt 1973, 48). Der geschichtswissenschaftliche Erkenntniswert der empirischen Überlieferung von Vergangenheit wird durch methodisch geregelte quellenkritische Operationen erarbeitet, die das geschichtliche Material differenzieren in *Überreste* und in *Tradition*. Unter *Überresten* wird all das begriffen, was unmittelbar und ohne bewußte Absicht entstanden ist, von vergangenen Begebenheiten und Sachverhalten für eine spätere Zeit Zeugnis abzulegen; mit *Tradition* wird all das gemeint, was gerade mit dem willkürlichen, absichtlichen Zweck verbunden ist, historische Kunde und Nachricht der Mit- und Nachwelt zu übermitteln. Darüber hinaus werden die Quellen einer „äußeren" und „inneren" Kritik unterzogen, die vor allem die Fragen nach Echtheit und Provenienz bzw. Interpretation und Glaubwürdigkeit zu beantworten sucht. Das Aussagesubstrat historischer Quellen verweist einerseits auf die Tatsächlichkeit menschlicher Vergangenheit und stellt die unerläßliche, faktische Füllung jedweder historischen Erkenntnis bereit. Andererseits schließt es verbindlich aus, was eine historische Aussage nicht enthalten darf, ohne vorzuschreiben, was sie enthalten kann: „Die Quellen haben ein Vetorecht" (Koselleck 1977, 45).

Die aus den Quellen destillierten Informationen über Vergangenheit sind nicht eo ipso mit historischen Tatsachen identisch, vielmehr steht die Quelleninformation in funktioneller Relation zum Frage-, Forschungs- und Erkenntnisinteresse des Historikers. Es ist das Erkenntnissubjekt, das (sich) nach Maßgabe fachwissenschaftlicher Prinzipien die Fakten schafft (Carr 1977).

Dabei sind mehrere Faktoren bestimmend: Die Genese einer historischen Tatsache steht in unmittelbarem Zusammenhang mit dem gegenwärtigen Prozeß der Erkenntnisfindung; ihre Konstitution ist angewiesen auf einen expliziten oder impliziten apriorischen Bezugsrahmen, der sich durch bestimmte hypothetische oder theoretische Annahmen des erkennenden Subjekts definiert; die historische Tatsache ist stets sowohl ein Teil der objektiven geschichtlichen Wirklichkeit (sie hat es immer mit der Vergangenheit zu tun) als auch eine gedankliche Abstraktion, die die durch Zeit und Raum fixierte Individualität eines geschichtlichen Ereignisses ebenso einschließt wie dessen realhistorischen Bedingungs- und Faktenzusammenhang. Unabhängig von der Unterscheidbarkeit von „relativ einfachen" und „sehr komplexen Fakten" (Faber 1978, 64), manifestiert sich in ihnen die „erste Stufe einer begrifflichen Erfassung der historischen Wirklichkeit" (Schulze 1974, 214).

Die begriffliche Benennung historischer Tatsachen und Tatsachenkomplexe berührt unmittelbar das Verhältnis von Historie und Sprache, das im Kern aus einem Übersetzungsproblem besteht: die methodisch geregelte Erschließung von Aussagen der empirischen Vergangenheitsüberlieferung und — bei verbalen Quellen — von historischem Sprachsinn und deren Übertragung in eine (geschichts-)wissenschaftliche Begrifflichkeit. Dem älteren Postulat möglichst vergangenheitsbezogener Begriffsbildung (Brunner) stehen neuere Versuche gegenüber, „den naiven Zirkelschluß vom Wort auf den Sachverhalt und zurück" (Koselleck 1972, XXIII) zu durchbrechen und — ohne Aufhebung der unverzichtbaren Quellenkontrolle — die Sprache der Geschichte unter Beachtung der Geschichtlichkeit der Sprache selbst den Verstehens- und Erklärungsbedürfnissen der Gegenwart zu vermitteln. Weil die jeweils gewählten Objekte und historiographischen Darstellungsformen die sprachliche Gestaltung historischer Erkenntnis prädeterminieren, scheint letztlich das „notorische Durch- und Miteinander von Vergangenheits- und Gegenwartssprache" (Rohlfes) in der auf die Umgangssprache angewiesenen Geschichtsschreibung unaufhebbar zu sein.

Literatur

Baumgartner, H. M.: Narrative Struktur und Objektivität, in: *Rüsen, J.* (Hrsg.): Historische Objektivität, Göttingen 1975
Baumgartner, H. M. / Rüsen J. (Hrsg.): Seminar Geschichte und Theorie. Umrisse einer Historik, Frankfurt/M. 1976
Bernheim, E.: Lehrbuch der Historischen Methode und der Geschichtsphilosophie, 5. / 6. Aufl. Leipzig 1908, Nachdruck New York 1960
Brandt, A. v.: Werkzeug des Historikers, 7. Aufl. Stuttgart 1973
Carr, E. H.: Was ist Geschichte? (1961), 5. Aufl. Stuttgart 1977
Droysen, J. G.: Historik, Vorlesung über Enzyklopädie und Methodologie der Geschichte, hrsg. v. *R. Hübner*, 7. Aufl. München 1974
Faber, K.-G.: Theorie der Geschichtswissenschaft, 4. Aufl. München 1978
Gadamer, G.: Wahrheit und Methode, 2. Aufl. Tübingen 1965
Kocka, J. / Nipperdey, Th. (Hrsg.): Theorie und Erzählung in der Geschichte (Beiträge zur Historik, Bd. 3), München 1979

Koselleck, R.: Einleitung, in: *Brunner, O. / Conze, W. / Koselleck, R.* (Hrsg.): Geschichtliche Grundbegriffe. Historisches Lexikon zur politisch-sozialen Sprache, Bd. 1, Stuttgart 1972
— Artikel „Geschichte", in: *Brunner, O. / Conze, W. / Koselleck, R.* (Hrsg.) Geschichtliche Grundbegriffe. Historisches Lexikon zur politisch-sozialen Sprache, Bd. 2, Stuttgart 1975, 593 — 717
Koselleck, R. / Lutz, H. / Rüsen, J. (Hrsg.): Formen der Geschichtsschreibung (Beiträge zur Historik, Bd. 4), München 1982
Koselleck, R. / Mommsen, W. J. / Rüsen, J. (Hrsg.): Objektivität und Parteilichkeit in der Geschichtswissenschaft (Beiträge zur Historik, Bd. 1), München 1977
Marrou, H.-I.: Über die historische Erkenntnis (1954), Freiburg / München 1973
Marx, K. / Engels, F.: Kommunistisches Manifest, MEW, Bd. 4, Berlin 1959
Ranke, L. v.: Aus Werk und Nachlaß, Bd. 2, München 1971
— Das Briefwerk, Hamburg 1949
— Sämtliche Werke, Bd. 33/34, 2. Aufl. Leipzig 1874
Rüsen, J.: Für eine erneuerte Historik. Studien zur Theorie der Geschichtswissenschaft, Stuttgart 1976
— Historische Vernunft. Grundzüge einer Historik I: Die Grundlagen der Geschichtswissenschaft, Göttingen 1983
— Werturteilsstreit und Erkenntnisfortschritt, in: *Rüsen, J.* (Hrsg.): Historische Objektivität, Göttingen 1975
Schaff, A.: Geschichte und Wahrheit, Wien / Frankfurt/M. / Zürich 1970
Schieder, Th.: Geschichte als Wissenschaft, München / Wien 1965
Scholtz, G.: Artikel „Geschichte, Historie", in: Historisches Wörterbuch der Philosophie, Bd. 3, Basel 1974, 344 — 398
Schulze, W.: Soziologie und Geschichtswissenschaft. Einführung in die Probleme der Kooperation beider Wissenschaften, München 1974
Weber, M.: Gesammelte Aufsätze zur Wissenschaftslehre, 3. Aufl. Tübingen 1968

Geschichtsphilosophie

Willi Oelmüller

Mit dem *Begriff* ‚Geschichtsphilosophie', der zuerst von Voltaire gebildet wurde und der seit der Mitte des 18. Jahrhunderts zur Bezeichnung einer philosophischen Deutung der Geschichte und manchmal auch zur Bezeichnung einer neuen Disziplin der Philosophie verwendet wird, hat man nicht erst heute Schwierigkeiten. Begriffs- und wissenschaftsgeschichtliche Untersuchungen, aber auch die Verwendung des Begriffs in den ideologischen und ideenpolitischen Auseinandersetzungen zeigen, daß den verschiedenen Verwendungen des Begriffs vor allem verschiedene Deutungen der Moderne zugrunde liegen. Typologisch sehr vereinfacht kann man drei historisch und sachlich nicht präzise abgrenzbare Verwendungen des Begriffs ‚Geschichtsphilosophie' unterscheiden:

Geschichtsphilosophie als philosophischer Versuch, die eine Geschichte der Menschheit als einen mehr oder weniger einlinigen, monokausalen und europazentrierten Fortschrittsprozeß zu denken

Die ‚klassischen' geschichtsphilosophischen Reflexionen und Modelle von Voltaire, Lessing, Herder, Kant, Fichte, Schelling, Hegel, Condillac, Comte und Marx und ihren verschiedenen Nachfolgern sind Beispiele für diesen Typ von Geschichtsphilosophie. Heute werden diese geschichtsphilosophischen Reflexionen verschieden gedeutet: als schlimme (Löwith) oder gute (Taubes) Säkularisierung der christlichen Eschatologie, als Ergebnis der Sattelzeit (Koselleck), als Legitimationsinstanz des Klassenkampfes, als evolutionsgeschichtliche (Luhmann) oder entwicklungslogische (Habermas) Perspektiven. Gemeinsam ist all diesen geschichtsphilosophischen Reflexionen die Annahme, daß man anders als die alteuropäische Rhetorik und Historiographie aufgrund der Verbesserung der Sitten, des Rechts, der Wirtschaft, der Politik, der Künste, der Wissenschaften und der Religion einen *Fortschritt der Menschheit* erwarten kann. Gemeinsam ist ihnen ferner die Annahme, daß man von einem rekonstruierbaren Ursprung der Geschichte aus aufgrund von benennbaren Faktoren einen Fortschritt der Weltgeschichte auf *ein bestimmtes Ziel* (zum Beispiel die das Recht verwaltende bürgerliche Gesellschaft [Kant], den Fortschritt im Bewußtsein der Freiheit [Hegel], die klassenlose Gesellschaft [Marx] erwarten kann. Gemeinsam ist diesen geschichtsphilosophischen Reflexionen schließlich die Überzeugung, daß immer weniger die metaphysischen Instanzen (zum Beispiel Schicksal, Gott, Vorsehung, Natur), sondern *die Menschen selbst* die Geschichte machen können und machen müssen. Spätestens seit der Mitte des 19. Jahrhunderts schwindet jedoch die Zuversicht, mit diesen klassischen geschichtsphilosophischen Reflexionen und Modellen Geschichte begreifen und gestalten zu können.

Geschichtsphilosophie als philosophische Reflexion, die nach der Einsicht in das Ende der einen europazentrierten Geschichte versucht, die Vielzahl der Kulturen und Gesellschaften der Erde in verschiedenen kulturübergreifenden Modellen zu denken

Auch hierfür gibt es viele Beispiele; ich nenne vier: Spengler und Toynbee versuchen, das Entstehen und Vergehen der verschiedenen Kulturen und Gesellschaften mit verschiedenen Kulturkreismodellen zu erklären. Nach Lévi-Strauss gleicht die fortschreitende Menschheit einem Würfelspieler, „dessen Glück von mehreren Würfeln abhängt und dem sich mit jedem Wurf immer neue Kombinationen bieten". Aus der Perspektive der nichtentwickelten bzw. unterdrückten Kulturen und Gesellschaften der Dritten Welt entwirft Ribeiro aufgrund seiner kulturübergreifenden System- und Strukturanalysen das Konzept eines einheitlichen zivilisatorischen Prozesses. Während Modernisierungstheoretiker in den vergangenen Jahren noch davon ausgingen, daß sich die in der westlichen Welt durchgesetzten Modernisierungsprozesse überall auf der Erde durchsetzen würden, reflektiert man inzwischen auch die unübersehbaren Gegenbewegungen zu den Modernisierungsprozessen in der Dritten Welt und in den entwickelten Industriegesellschaften des Westens und des Ostens. Gemeinsam ist all diesen kulturübergreifenden geschichtsphilosophischen Reflexionen und Modellen der *Verzicht auf allen Kulturen und Zivilisationen gemeinsame religiöse, philosophische und ideologische Weltbilder*, aber auch der Verzicht auf handlungsorientierende Perspektiven für das Machen von Geschichte durch einzelne, Völker, Klassen usw. Gemeinsam ist den geschichtsphilosophischen Reflexionen des zweiten Typs ferner die stärkere Berücksichtigung der *Ergebnisse der modernen Wissenschaften* sowie die größere Berücksichtigung der *Diskontinuität* und *Ungleichzeitigkeit* der verschiedenen Kulturen und Gesellschaften.

Geschichtsphilosophie als diejenige philosophische Reflexion, die ohne Anspruch auf globale Modelle der Weltgeschichte im Blick auf den handelnden und leidenden Menschen von den verschiedenen Wissenschaften und wissenschaftstheoretischen Methoden aus oder von den verschiedenen vorwissenschaftlichen geschichtlichen Lebenswelten aus Grundfragen der Geschichte erörtert

Auch dafür einige Beispiele. Geschichtsphilosophische Reflexionen sind heute nicht allein Gegenstand der traditionellen Hermeneutik. Die Analytische Geschichtsphilosophie fragt zum Beispiel nach der Erzähl- und Handlungsstruktur von Geschichten und Geschichte. Die Wissenschaftstheorie hat die Phase ihrer wissenschaftsinternen, weithin ahistorischen Theoriediskussionen überschritten und fragt immer mehr nach den wissenschaftsgeschichtlichen und geschichtlichen Voraussetzungen der Natur- und Geisteswissenschaften und ihrer Paradigmawechsel. Poststrukturalisten fragen, die Entlarvungsgenealogien des historischen Bewußtseins von Marx, Nietzsche und Freud radikalisierend, nach den geschichtlichen Feldern und Zusammenhängen, die durch den fortschreitenden Rationalisierungsprozeß verdrängt und ausgeschlossen wurden. Andere gehen davon aus, daß bei allen verschiedenen Weltbildern und Wissenschaftskonzeptionen und in allen geschichtlichen Lebenswelten die Menschen als endliche und bedürftige Wesen trotz aller notwendigen bestimmten Traditionskritik zunächst und vor allem auf den Erwerb und die Erarbeitung sehr voraussetzungsreicher geschichtlicher Vorgaben angewiesen sind, wenn sie überleben und gut leben wollen.
Wir können nicht ausschließen, daß der Begriff Geschichtsphilosophie und daß geschichtsphilosophische Reflexionen in der Philosophie und in den Wissenschaften sowie im Leben der einzelnen und sozialen Gruppen, die erst mit der Ausbildung der Moderne entwickelt wurden, mit dem Ende der Moderne verschwinden. Es gibt jedoch heute auch gewichtige *Gründe für eine kritische Geschichtsphilosophie*. Trotz aller unübersehbaren Schwierigkeiten mit der Geschichtsphilosophie können wir — zumindest in den entwickelten Industriegesellschaften — ohne gefährliche Regressionen nicht einfach zurückkehren zu mythischen oder alteuropäischen Geschichtsvorstellungen. Wir können unsere Wirklichkeitsvorstellungen, unsere Handlungsorientierungen

und unsere Kontingenzbewältigungsversuche nicht mehr wie vor der sogenannten Achsenzeit, d. h. vor der Ausbildung der Hochkulturen, aus den Paradigmata mythischer Weltorientierungen gewinnen. Alle neueren Remythisierungen in der Gesellschaft und Politik, in der Kunst, der Wissenschaft und der Religion und alle mehr oder weniger ästhetischen Arbeiten an Mythen können darüber nicht hinwegtäuschen. Auch die Geschichtsvorstellungen der alteuropäischen Rhetorik und Historiographie – historia magistra vitae (Koselleck) – sind nicht sehr hilfreich bei der Klärung unserer Wirklichkeitsvorstellungen, Handlungsorientierungen und Kontingenzbewältigungsversuche. Wir müssen zumindest mit drei Erfahrungen mit der Geschichte und mit Geschichten leben: Im alltäglichen Leben haben Geschichten, die tradiert und erzählt werden, die Funktion, zu erklären und verständlich zu machen, warum einzelne, soziale Gruppen, Völker, Religionsgemeinschaften, aber auch Institutionen so sind bzw. geworden sind, wie sie sind. Endgültig durch die Entlarvungsgenealogien von Marx, Freud, Nietzsche und Foucault und anderen wissen wir, daß einzelne und soziale Gruppen, für soziale Institutionen und soziale Systeme Geschichte und Geschichten auch Fiktionen, Masken, Ideologien, „Vorratskammern der Kostüme", Ersatzidentitäten des „europäischen Mischmenschen" (Nietzsche) sein können, mit denen man personale und soziale Identität vortäuscht und Herrschaft legitimiert. Wer angesichts der Erfahrungen von Auschwitz und vom Archipel Gulag und angesichts all der Erfahrungen, für die diese Namen stehen, Geschichte nach wie vor so deutet, daß trotz allem die Welt und das Leben einfach vernünftig und zustimmungsfähig bleiben, muß mit Skepsis, Zweifel, Ratlosigkeit und Empörung rechnen. Überzeugende geschichtsphilosophische Reflexionen heute haben von diesen und anderen Erfahrungen mit Geschichte und Geschichten auszugehen.

Literatur

Baumgartner, H. M. / Rüsen, J. (Hrsg.): Seminar: Geschichte und Theorie. Umrisse einer Historik, Frankfurt 1976
Bubner, R.: Geschichtsprozesse und Handlungsnormen, Frankfurt 1984
Danto, A. C.: Analytische Philosophie der Geschichte, Frankfurt 1974
Habermas, J. (Hrsg.): Hermeneutik und Ideologiekritik. Mit Beiträgen von K.-O. Apel / C. von Bormann / R. Bubner / H.-G. Gadamer / H. J. Giegel / J. Habermas. Theorie-Diskussion, Frankfurt 1971
Habermas, J. / Luhmann, N.: Theorie der Gesellschaft oder Sozialtechnologie – Was leistet die Systemforschung? Theorie-Diskussion, Frankfurt 1971
Koselleck, R.: Vergangene Zukunft. Zur Semantik geschichtlicher Zeiten, Frankfurt 1979
Lévi-Strauss, C.: Rasse und Geschichte, Frankfurt 1972
Löwith, K.: Weltgeschichte und Heilsgeschehen. Die theologischen Voraussetzungen der Geschichtsphilosophie, 6. Aufl. Stuttgart 1973
Lübbe, H.: Geschichtsbegriff und Geschichtsinteresse. Analytik und Pragmatik der Historie, Basel / Stuttgart 1977
Marquard, O.: Schwierigkeiten mit der Geschichtsphilosophie. Aufsätze, Theorie, Frankfurt 1973
Oelmüller, W. (Hrsg.): Normen und Geschichte (Materialien zur Normendiskussion, Bd. 3), Paderborn 1978

— (Hrsg.): Wozu noch Geschichte?, München 1977
Oelmüller, W. / Dölle-Oelmüller, R. / Piepmeier, R.: Diskurs: Geschichte (Philosophische Arbeitsbücher, Bd. 4), 2. Aufl. Paderborn / München / Wien / Zürich 1983
Ribeiro, D.: Der zivilisatorische Prozeß, Frankfurt 1971
Schnädelbach, H.: Geschichtsphilosophie nach Hegel, München / Freiburg 1974

Periodisierung

Ursula A. J. Becher

Das Problem der Periodisierung

Die Gliederung der historischen Zeit in bestimmte Perioden oder Epochen bereitet zunehmend theoretische Schwierigkeiten. Das lange Nachwirken des historistischen Paradigmas in der deutschen Geschichtswissenschaft hatte einen unbefragten Umgang mit den im 19. Jahrhundert ausgebildeten und seither tradierten methodischen Verfahren und Erklärungsformen der historischen Forschung begünstigt und damit auch die herkömmlichen Periodisierungsschemata unangetastet gelassen. Eine im Zusammenhang mit der Theoriediskussion innerhalb der Geschichtswissenschaft stehende Reflexion der Historiker auf die Grundlagen ihrer Arbeit hat mit der Differenzierung des Geschichtsbegriffs auch die Fragwürdigkeit der üblichen Periodisierungsschemata bewußt gemacht. Die Gliederung der historischen Zeit ergibt sich ja nicht aus dieser selbst, so als sei Geschichte ein vom forschenden Subjekt unabhängiger Geschehensverlauf, sondern sie ist das Ergebnis der Erforschung und deutenden Erklärung des vergangenen Geschehens. Als Resultat historischer Interpretation muß auch die Periodisierung, mit deren Hilfe Geschichte strukturiert werden soll, allgemeinen Vernunftkriterien genügen, um Geltung beanspruchen zu können, d. h. die Wertgesichtspunkte, die der Interpretation zugrunde liegen, müssen expliziert werden und intersubjektiv überprüfbar sein.

Das Problem einer sinnhaften Gliederung der Zeit tritt aber nicht erst im wissenschaftlichen Diskurs auf. Schon im vorwissenschaftlichen Umgang mit Zeiterfahrungen zeigt sich das Bedürfnis des Menschen, den Ablauf seines Lebens als eine sinnvoll gegliederte Einheit, als seine Lebensgeschichte, zu begreifen. Dazu müssen zeitliche Verläufe in einen Bedeutungszusammenhang gestellt werden. Da die eigene Lebensgeschichte nur dann als vernünftig gedacht werden kann, wenn sie einem größeren, einheitlichen, sinnvollen und zweckgerichteten Entwicklungsprozeß eingefügt ist, von dem her sie sich erklären läßt, wird die Idee der Menschheitsgeschichte zur notwendigen

Vorbedingung der eigenen Weltdeutung. Die Idee der Menschheitsgeschichte enthält den Gedanken einer fortschreitenden Entwicklung zu einer, wie auch immer gedachten, Vollendung: sei sie in der Gestalt der christlichen Heilserwartung am Ende der Zeiten oder als Erfüllung der Geschichte in dieser selbst (Hegel, Marx). Wird es schon schwierig sein, einen Konsens über die inhaltliche Ausprägung des mit Vollendung der Geschichte Gemeinten anders als auf einer sehr allgemeinen Weise zu erreichen, so ist es vollends unmöglich, diesen Gang der Menschheitsgeschichte empirisch nachzuzeichnen. Ohne Kenntnis des Ganzen ist seine Gliederung nicht möglich. Die Geschichte als einheitlicher Gang der Menschheitsgeschichte ist jedoch nicht belegbar. Weder ist der Anfang der Geschichte bestimmbar — er verliert sich im mythischen Dunkel früher Welterklärungen —, noch läßt sich über ihr Ende etwas anderes als Spekulatives ausmachen. Auch über Teilerkenntnisse läßt sich die Gesamtheit der Geschichte nicht erschließen. Wohl lassen sich durch den Vergleich unterschiedlicher Strukturen Epochen bestimmen. Über die antike und die feudale Gesellschaft lassen sich präzise Aussagen treffen, die beide voneinander unterscheiden, dasselbe gilt für die staatlichen Organisationsformen in verschiedenen historischen Zeitabschnitten, doch sind die Übergänge zwischen den auf diese Weise gefundenen Perioden nicht exakt bestimmbar.
Damit ist die Vorstellung einer Totalität der Geschichte freilich nicht unwirksam. Ist sie auch empirisch nicht erweisbar, so wirkt sie als regulative Idee implizit in der historischen Arbeit fort in Form einer Theorie, aus der allgemeine Hinsichten gewonnen werden, die in die einzelnen historischen Interpretationen eingehen.

Formen der Periodisierung

Periodisierung hat es seit altersher gegeben aus einem Bedürfnis nach Welterklärung und Daseinsorientierung. Für den Historiker ist sie ein notwendiges Hilfsmittel, um die Fülle des historischen Wissens zu ordnen. Aus der Vielzahl der im Laufe der Geschichte entstandenen Vorschläge zur zeitlichen Gliederung werden nachfolgend nur jene erörtert, die in unserer Gegenwart fortwirken als prägende Inhalte des Geschichtsbewußtseins wie als Medien der historischen Interpretation.
Immer noch vorherrschend, wenngleich nicht unbestritten, ist die herkömmliche Dreiteilung der historischen Zeit in *Altertum, Mittelalter* und *Neuzeit*. Gleichsam als Bildungsgut kanonisiert und institutionalisiert in der Lehrstuhlorganisation der Universitäten, in Prüfungsordnungen und Lehrplänen, beherrscht sie auch heute noch unsere Vorstellungen von der Vergangenheit. Diese Dreigliederung, erstmals von C. Cellarius (1634 — 1707) vorgenommen, ist die Antwort des Humanismus auf die Frage nach seiner eigenen Gegenwart, die nun, da die Endzeiterwartung versunken war, als eigene Zeit bewußt wurde. Er bestimmte diese Gegenwart als Wiedergeburt einer als vollkommen gedachten Kultur der Antike und benannte den zeitlichen Zwischenraum abwertend als mittlere Zeit. Freilich bedurfte es noch einer stärkeren Historisie-

rung der zunächst als zeitlos geltenden Norm der Perfektion, um dieses Dreierschema für die historische Arbeit fruchtbar werden zu lassen.
Die fortwirkende Tradition dieses Dreierschemas hat die theoretischen Schwierigkeiten lange nur verdeckt, die mit seiner interpretatorischen Verwendung gegeben sind. Der Einwand, es verstoße gegen die historische Kontinuität (Croce 1915; Collingwood 1946), ist heute zurückgedrängt durch andere Bedenken, die sich aus Begründungen und Erfordernissen der modernen Forschungspraxis ergeben: Dieses aus der europäischen Bildungstradition stammende Periodisierungsschema läßt sich auf außereuropäische, weltgeschichtliche Entwicklungen nicht übertragen und genügt daher der modernen, notwendig spezialisierten historischen Forschung nicht mehr. Dennoch wirkt es in die Gegenwart hinein fort.
Unter den Konzeptionen zur Epochengliederung hat die *marxistische Periodisierung* eine große Wirkung ausgeübt. Denn mit ihr wird keine bloß chronologische Einteilung vorgenommen, sondern die Epochen selber werden inhaltlich bestimmt durch eine strukturelle Kennzeichnung, die aus der Arbeitsorganisation aufgrund der Produktionsverhältnisse als dem Grundprinzip der Gesellschaft abgeleitet ist. Eine Idee von Marx weiterführend, entwickelte Engels die folgenden Gesellschaftsformationen der Menschheitsgeschichte: klassenlose Urgesellschaft, Sklavenwirtschaft, Feudalismus, Kapitalismus, Sozialismus / Kommunismus. Diese fünf Typen gesellschaftlicher Organisation wurden von Stalin als die Entwicklungsstufen der Menschheit dogmatisiert. Dieses Periodisierungsschema wird heute differenziert gedacht.
Drei theoretische Schwierigkeiten haben maßgeblich zu dieser Entwicklung beigetragen: Die ursprüngliche Annahme, alle Gesellschaften müßten diese sozial-ökonomischen Entwicklungsstadien durchlaufen, ließ sich im weltgeschichtlichen Maßstab nicht aufrechterhalten. Bei der empirischen Überprüfung zeigte sich, daß es Gesellschaften gibt, die eine Entwicklungsstufe überspringen. Ferner bereitete es Schwierigkeiten, die einzelnen historischen Typen so zu definieren, daß sie zur Interpretation konkreter Erscheinungen anwendbar sind. Die Übergänge zwischen den einzelnen Gesellschaftsformationen waren als revolutionäre Auseinandersetzungen zwischen den beharrenden Kräften, der untergehenden Klasse, und der aufstrebenden Klasse gedacht. Dieses Modell des revolutionären Übergangs ist aber nicht für alle Gesellschaften gültig. Diese Schwierigkeiten haben dazu geführt, daß das klassische Schema der fünf Gesellschaftsformationen heute differenzierter gehandhabt wird.
Nimmt man der marxistischen Periodisierung ihren dogmatischen Charakter und betrachtet sie als heuristische Denkmöglichkeit, so leistet sie Interpretationshilfe bei der Bündelung von Einzelphänomenen zu strukturellen Zusammenhängen. Problematisch wird das Verfahren erst, wenn es andere Erklärungsmöglichkeiten ausschließt. Die marxistische Periodisierung stößt freilich an die Grenze, die jedem Periodisierungsversuch gesetzt sind: Sie geht von der Kenntnis der Totalität der Menschheitsgeschichte aus, mehr noch, sie begreift den Geschichtsverlauf als eine gesetzmäßige Entwicklung, deren Kenntnis prognostische Schlußfolgerungen erlaubt. Da die Subjekte der Ge-

schichte bewußt denkende und handelnde Menschen sind, wird der Erkenntnis des Geschichtsverlaufs die Aufforderung zum politischen Handeln beigelegt. Dieser aus der theoretischen Erkenntnis unmittelbar abgeleitete Praxisbezug und die Verheißung einer Vollendung der Geschichte sind das spezifische Problem dieses Periodisierungsversuchs.

Ein weiteres Konzept zur Strukturierung analysiert die Weltgeschichte anhand einschneidender Zäsuren, die lange Entwicklungsphasen der Menschheit wesentlich bestimmt haben. Als Zäsuren dieser Art werden benannt: das *Neolithikum* und die *Industrialisierung*. Mit dem Neolithikum beginnt die Seßhaftigkeit des Menschen und als ihre Folge die Ausbildung der Hochkulturen. Es handelt sich damit um die entscheidende Wende, die erst geschichtliche Zeit, ja eigentlich Geschichte überhaupt möglich macht. Denn erst jetzt bilden sich politische Organisationsformen und differenzierte Gesellschaften heraus mit neuen Formen des Wirtschaftens wie des sozialen Umgangs. Nun erst werden politische Macht und soziale Rollen legitimierungsbedürftig, Erfahrungen werden in Geschichten gedeutet und erfüllen in dieser Weise soziale Funktionen. Die Industrialisierung ist eine zweite Wende, die die bisherigen Lebensverhältnisse radikal verändert. Mit der neuen Wirtschaftsweise werden die sozialen Strukturen und die Kommunikationsformen innerhalb der Gesellschaft verwandelt und andere politische Ordnungen notwendig. Zur Erklärung dieses grundlegenden Wandels werden neue Deutungsmuster gebraucht.

Als Beispiel für diese Art der Periodisierung kann das Konzept von Hans Freyer dienen. Aus einer „Theorie des gegenwärtigen Zeitalters" (1955) wird eine Epochenbestimmung abgeleitet. Mit dem Modell des industriellen Systems als Idealtypus werden Gegenwartserfahrungen gedeutet. Zugleich wird die Geschichte dieses industriellen Systems, von seiner Entstehung am Ende des 18. Jahrhunderts bis heute, als eine einheitliche Epoche der Weltgeschichte begriffen. Durch die historische Rückfrage nach einer der eigenen vergleichbaren einschneidenden Wende wird die mit dem Neolithikum einsetzende Entwicklungsphase der Menschheit als erste Epoche konstituiert. Die Schwierigkeiten der bisher vorgestellten Periodisierungen, die eine Geschichte strukturieren, deren Anfang und Ende wir nicht kennen, wird in dieser Konzeption vermieden, weil ein solch umfassender Anspruch nicht gestellt wird. Das Neolithikum wird deshalb zum Beginn der Menschheitsgeschichte, weil das wertende Subjekt in dieser säkularen Wende den Beginn seiner Geschichte erkennt. So deutlich freilich die Zäsuren auszumachen sind, so wenig hilfreich ist das Periodisierungsschema zur Interpretation der Epochen selbst. Ist das Industrialisierungstheorem auch zur Deutung der neueren Geschichte vielfältig verwendbar, so erklärt die Seßhaftigkeit des Menschen nur unzulänglich die Entwicklungs- und Wandlungsprozesse der ersten langen Epoche.

Von ganz anderen Voraussetzungen geht N. Luhmann aus (Luhmann 1985). Er lehnt Epochenbestimmung auf der Grundlage von Evolutionstheorien ab, weil eine Evolutionstheorie keine Prozeßtheorie sei und daher allein zum Verständnis von historischer Entwicklung mit ihren Wendepunkten nicht ausreiche. Als Alternative schlägt Luhmann vor, von Formen der *gesellschaftlichen Systemdifferenzierung* auszugehen und historische Entwicklung als

zunehmende Systemdifferenzierung zu begreifen. Folgt man diesem Vorschlag, so ergeben sich ganz verschiedene Epocheneinteilungen, je nachdem auf welche neue Errungenschaft innerhalb der Entwicklung der Blick gelenkt wird. Im Ergebnis entsteht daraus nicht die Vorstellung einer linear fortschreitenden Entwicklung, sondern *sich überlagernder Sequenzen*, da es immer verschiedene Formen des Systems sind, deren Differenzierungen verfolgt werden können.
Doch auch wenn man das Luhmannsche Modell gesellschaftlicher Systemdifferenzierung zur Epochenkonstitution auf die historische Interpretation anwendet, kommt man zu ähnlichen inhaltlichen Bestimmungen, die auch mit Hilfe der *Evolutionstheorie* gefunden werden können. Auch hier wird die zweite Hälfte des 18. Jahrhunderts als die entscheidende *Epochenschwelle zur Moderne* bestimmt, die eine lange Transformationsphase beschließt. Diese epochale Zäsur markiert die Phase, in der sich die europäische Gesellschaft ihrer neuen Form — man könnte auch sagen: ihres neuen Lernniveaus — bewußt wird.
Welche Theorie aber auch die Epochenbestimmung ermöglicht — ob Evolutionstheorie oder Systemdifferenzierung —, immer wird ein Leitfaden gesellschaftlicher Entwicklung gewonnen, der zur historischen Rekonstruktion dienen kann.

Didaktische Überlegungen

Das Problem der Periodisierung kann nur im Kontext der konkreten historischen Arbeit gelöst werden. Durch die Fragestellung des Historikers wird sein Erkenntnisgegenstand konstituiert und damit zugleich die Periode bestimmt, die zur Beantwortung der Ausgangsfrage erforscht werden muß. Das gilt für den Geschichtsdidaktiker in gleicher Weise.
Dennoch sind die vorgestellten Periodisierungen, die der Idee der Weltgeschichte verpflichtet sind, nicht unbedeutend für Geschichtsdidaktik und Geschichtsunterricht. Sie alle haben vielfältige Wirkungen gehabt.
Das Dreierschema (Altertum, Mittelalter, Neuzeit) beherrscht weiterhin Lehrpläne und Schulbücher. Das marxistische Konzept der Gesellschaftsformationen gilt in den sozialistischen Ländern und hat in den sechziger Jahren die Reformdiskussion der Bundesrepublik Deutschland beeinflußt. Die Vorstellung der Epochenschwellen hat in einer bezeichnenden Verkürzung eine Rolle gespielt: Die Epoche der Industrialisierung wurde in der gegenwärtigen Entwicklungsphase gleichsam stillgestellt und als Paradigma enthistorisiert. Diese Gegenwart wurde als eine Umbruchsituation definiert, die als solche nur mit dem Neolithikum vergleichbar sei. Diese These wurde dann gegen den Geschichtsunterricht gewendet, denn zur Meisterung dieser neuartigen Probleme der Gegenwart waren unter dieser Prämisse keine historischen Erfahrungen denkbar. Die Rezeption der Theorie der sozialen Evolution in der Geschichtsdidaktik steht noch weitgehend in den Anfängen und bleibt ein Desiderat der geschichtsdidaktischen Theoriebildung. Denn Weltgeschichte in der Weise zu betreiben, daß sie als ein in die Zukunft reichender

Bildungs- und Lernprozeß begriffen wird, eröffnet die Chance, das didaktische Moment in der Geschichte selbst zu entdecken und die Analyse der Gegenwart in die historische Perspektive einzuordnen.

Literatur

Collingwood, R. G.: The Idea of History, Oxford 1946
Croce, B.: Theorie und Geschichte der Historiographie und Betrachtungen zur Philosophie der Politik, Tübingen 1915
Engelberg, E.: Zu methodologischen Problemen der Periodisierung, in: *Zeitschrift für Geschichtswissenschaft* 19 (1971), 1219 – 1250
Engels, F.: Der Ursprung der Familie, des Privateigentums und des Staates, in: *MEW*, Bd. 21, Berlin 1962, 25 – 173
Esch, A.: Zeitalter und Menschenalter. Die Perspektiven historischer Periodisierung, in: *HZ* 239 (1984), 309 – 351
Freyer, H.: Theorie des gegenwärtigen Zeitalters, Stuttgart 1955
Gumbrecht, H. U. / Link-Heer, U. (Hrsg.): Epochenschwellen und Epochenstrukturen im Diskurs der Literatur- und Sprachhistorie, Frankfurt/M. 1985
Habermas, J.: Zur Rekonstruktion des Historischen Materialismus, Frankfurt 1976
Jauß, H. R.: Literarische Tradition und gegenwärtiges Bewußtsein der Modernität, in: *Jauß, H. R.*: Literaturgeschichte als Provokation, Frankfurt 1970
Luhmann, N.: Das Problem der Epochenbildung und die Evolutionstheorie, in: *Gumbrecht, H. U. / Link-Heer, U.* (Hrsg.): Epochenschwellen und Epochenstrukturen im Diskurs der Literatur- und Sprachhistorie, Frankfurt 1985, 11 – 33
Otto, K.-H.: Zerfall und Auflösung der Urgesellschaft, in: *Deutsche Geschichte in drei Bänden*, Bd. 1, Berlin 1965
Piaget, J.: Die Bildung des Zeitbegriffs beim Kinde, Frankfurt 1974
— Das moralische Urteil beim Kinde, Frankfurt 1973
Schulin, E. (Hrsg.): Universalgeschichte, Köln 1974

Historische Anthropologie

Klaus Eder

Die historische Anthropologie bezeichnet in der Geschichtswissenschaft bislang eher eine Programmatik als einen etablierten Forschungszweig. Da unter „Anthropologie" die verschiedensten Dinge gemeint sein können (von der philosophischen Anthropologie bis zur biologischen Anthropologie), ist es zunächst notwendig, diejenige anthropologische Perspektive auszugrenzen, die für historische Phänomene relevant ist.

Wenn Geschichte als dasjenige Feld, in dem Menschen miteinander handeln und soziale Tatsachen schaffen, begriffen wird, dann interessiert die anthropologische Perspektive hier im Hinblick auf das Handeln von Menschen und damit auf Wissenschaften, die das menschliche Handeln zu erklären suchen (Psychologie, Soziologie, Sozialpsychologie, Psychosoziologie). Die historische Anthropologie untersucht die Eigenschaften, die für die Sozialität des Menschen konstitutiv sind und seine Vergesellschaftung in der Geschichte ermöglicht haben.

Historische Anthropologie kann nun zweierlei bedeuten: eine *Historisierung der Anthropologie* und eine *Anthropologisierung der Geschichte* (Lepenies 1977, 131). Die Historisierung der Anthropologie führt zu einem empirischen Forschungsprogramm: die Geschichte hat — neben anderen Gegenständen — die historische Variabilität menschlicher Verhaltensweisen zum Gegenstand. Die Anthropologisierung der Geschichte signalisiert eine theoretische Programmatik: nämlich die Erklärung des historischen Prozesses aus anthropologischen Annahmen, ein Programm, das in der Geschichtsphilosophie seinen Ursprung hat.

Die Forderung nach einer *Historisierung der Anthropologie* haben im deutschen Sprachraum insbesondere Koselleck (1976) und Nipperdey (1976) erhoben. Das Paradebeispiel für eine solche historische Anthropologie ist Norbert Elias' „Der Prozeß der Zivilisation" (1976); Elias untersucht hier langfristige Wandlungen der Affekt- und Kontrollstrukturen, insbesondere am Beispiel des Vorrückens der Scham- und Peinlichkeitsschwelle. Historische Anthroplogie ist in dieser Perspektive eine historische Sozialpsychologie. Ähnliche Ansätze finden sich in den Versuchen einer historischen Psychologie (van den Berg 1960), in den Versuchen einer Geschichte der Mentalitäten (Mandrou 1974; Sprandel 1972), in den Versuchen, Wahrnehmungsweisen, kognitive Strukturen in ihrer historischen Verfaßtheit und Veränderung aufzuzeigen (Nitschke 1967, 1977), in den Versuchen, dieses Forschungsprogramm einer historischen Anthropologie auf „anthropologienahe" Gegenstände zu beschränken: auf Dinge wie Geburt, Kindheit, Sexualität, Krankheit, Tod, Verbrechen (Lepenies 1977). Diese historische Anthropologie versteht sich somit als Analyse des alltäglichen Verhaltens der Menschen und der diesen Verhalten zugrunde liegenden Motive und Alltagstheorien. Gegenstand einer historischen Anthropologie sind somit letztlich die Interpretationen, Deutungen, die das alltägliche Verhalten der Menschen orientieren.

Eine eher *soziologische* Wendung hat die historische Anthropologie dort genommen, wo sie von grundlegenden institutionellen Tatbeständen wie Medizin, Recht und Religion ausgegangen ist. Historisch-vergleichende Forschungen in diesen Bereichen haben Versuche vorangetrieben, medizinanthropologische, rechtsanthropologische oder religionsanthropologische „Gegebenheiten" zu identifizieren („Universalienforschung"). Allerdings ist dieser Forschungsbereich nicht frei von der Gefahr, zu ideologieverdächtigen vorschnellen Generalisierungen zu kommen (Schnipperges 1978; Fikentscher 1980).

Dieses Forschungsprogramm hat in der sogenannten *Geistesgeschichte* einen prominenten Vorläufer. Geistesgeschichte ist die Analyse intellektueller Deutungssysteme, mit denen Menschen ihrem Handeln und Verhalten einen Sinn geben, die Analyse eines hochkultivierten Selbst- und Weltbewußtseins, das menschlichem Handeln und Verhalten zugrunde liegt. Dazu gehört die Analyse religiöser Deutungssysteme, der Formen moralischer Begründungen, der Formen der Naturkenntnisse. Eine Verknüpfung beider Ebenen, der intellektuellen Interpretationen und der Alltagsinterpretationen ist in der historisch orientierten Soziologie versucht worden (Max Weber 1921). Die anthropologische Begründung menschlicher Historizität, die ‚*Anthropologisierung der Geschichte*‘, war das Thema der klassischen Geschichtsphilosophen (Kant, Diderot, Condorcet, Hegel, Marx).

Eine Anthropologisierung der Geschichte wird jedoch mit der Entfaltung einer *empirischen historischen Anthropologie,* mit der Idee einer empirisch gewendeten Geschichtsphilosophie (Habermas) schwieriger. Denn alle Versuche, eine allgemeine Menschennatur „hinter" den historisch-gesellschaftlichen Manifestationen zu entziffern, scheinen an der prizipiellen Offenheit dieser Menschennatur zu scheitern. Wenn man nicht den Ausweg einer transzendentalen (und d. h. notwendig nicht-empirischen) historischen Anthropologie gehen will, dann bleibt nur der Ausweg, die Frage nach den anthropologischen Grundlagen nicht inhaltlich (als Frage nach dem, was die Menschennatur ausmacht), sondern formal (als Frage nach den Erzeugungsregeln von menschlicher Geschichte) zu stellen. In der soziologischen Theoriediskussion wird dieses Problem insofern aufgegriffen, als man versucht, die Soziologie in einer Handlungstheorie zu fundieren (Parsons u. a. 1953; Habermas / Luhmann 1971). Das bedeutet einmal, die Interpretationen, die sich soziale Akteure von ihrer Welt machen, zum Ausgangspunkt der Analyse zu machen; das bedeutet zweitens, diese Interpretationen selbst als konstruktive Leistungen dieser Akteure zu sehen, als Ergebnis der Lernfähigkeit des Menschen im Prozeß seiner Sozialisation und Enkulturation.

Was in der Soziologie noch weitgehend Programm geblieben ist, ist in der Kultur- / Sozialanthropologie und in der psychologischen Anthropologie (der theoretischen Völkerkunde) weiter entwickelt. Das hat zunächst mit der spezifischen Schwierigkeit ethnologischer Feldforschung zu tun. Kulturanthropologen und Sozialanthropologen waren immer gezwungen, das Weltbild anderer Kulturen, ihre religiösen Vorstellungen, ihre moralischen Begriffe, ihre Kategorien zu analysieren, von denen unserer Kultur zu unterscheiden und von daher den Sinn sozialer Institutionen (etwa des potlach, des Kannibalismus, des Totemismus) zu verstehen. Psychologische Anthropologen haben versucht, den Zusammenhang von solchen Deutungsstrukturen und Persönlichkeitsvariablen, die gegenseitige Abhängigkeit individueller Lernfähigkeiten und kollektiver Deutungssysteme zu erhalten. Diese anthropologische Perspektive bleibt aber trotz der Tatsache, daß der historische Ansatz in der Kultur- und Sozialanthropologie immer eine gewisse Bedeutung gehabt hat (Hudson 1973), auf einfache Gesellschaften beschränkt. Die historische Anthropologie bedeutet eine Ausdehnung der anthropologischen Methode auf *alle* historischen Erscheinungen sozialen Handelns, sozialen Verhaltens, auf kollektiv geteilte Deutungen wie auf die entsprechenden Persönlichkeitskorrelate (zum Beispiel Anderson 1971) und damit auch eine reflexive Distanzierung von den Voraussetzungen unserer eigenen historischen und kulturellen Tradition.

Eine historische Anthropologie steht dann aber vor einem weiteren Problem: nicht nur vor dem Problem einer anthropologischen Analyse der eigenen kulturellen Tradition und der eigenen Gesellschaft; sondern auch vor dem Problem, den Zusammenhang bzw. die Differenz der verschiedenen, anthropologisch erschlossenen historischen Welten begreifen zu können. Es stellt sich die Frage, ob es anthropologische Strukturen gibt, die der Verschiedenartigkeit und dem Wandel der Interpretationsmuster der Welt und der Persönlichkeitskorrelate zugrunde liegen. Gibt es anthropologische Tiefenstrukturen, die diese Verschiedenartigkeit gewissermaßen „erzeugen"? Ein Versuch in dieser Richtung ist, die historischen Welten als Ergebnis sozialevolutionärer Lernprozesse, Geschichte als soziale Evolution zu deuten und evolutionäre Lernprozesse in universalen Lernfähigkeiten des Menschen zu verankern, in sprachlichen, kognitiven und interaktiven Kompetenzen (Habermas 1976), die in der Ontogenese jedes einzelnen Menschen entfaltet werden und als solche empirisch analysierbar sind.

Mit der empirischen und methodologischen Wendung der historischen Anthropologie läßt sich der Anschluß an die spekulative Geschichtsphilosophie des 18. und 19. Jahrhunderts wiedergewinnen. Die historische Anthropologie wäre ein Ansatzpunkt, Geschichtsphilosophie zu einer empirischen Wissenschaft zu machen.

Literatur

Anderson, R. T.: Traditional Europe. A Study in Anthropology and History, Belmond/Ca. 1971

Berg, J.-H. van den: Metabletica. Über die Wandlung des Menschen. Grundlinien einer historischen Psychologie, Göttingen 1960

Elias, N.: Über den Prozeß der Zivilisation. Soziogenetische und psychogenetische Untersuchungen, 2 Bde., Frankfurt/M. 1976

Fikentscher, W. / Franke, H. / Köhler, O. (Hrsg.): Entstehung und Wandel rechtlicher Traditionen (Veröffentlichungen des Instituts für Historische Anthropologie e. V., Bd. 2), Freiburg / München 1980

Habermas, J.: Zur Rekonstruktion des Historischen Materialismus, Frankfurt 1976

Habermas, J. / Luhmann, N.: Theorie der Gesellschaft oder Sozialtechnologie, Frankfurt 1971

Hudson, Ch.: The Historical Approach in Anthropology, in: *Honigmann, J. J.* (ed.): Handbook of Social and Cultural Anthropology, Chicago 1973

Koselleck, R.: Wozu noch Historie?, in: *Baumgartner, H. M. / Rüsen, J.* (Hrsg.): Geschichte und Theorie. Umrisse einer Historik, Frankfurt 1976

Lepenies, W.: Probleme einer historischen Anthropologie, in: *Rürup, R.* (Hrsg.): Historische Sozialwissenschaft. Beiträge zur Einführung in die Forschungspraxis, Göttingen 1977

Mandrou, R.: Introduction à la France moderne. Essai de psychologie historique 1500 − 1640, Paris 1974

Nipperdey, Th.: Kulturgeschichte, Sozialgeschichte, historische Anthropolgie, in: *VSWG* 55 (1968), 145 − 164

— Die anthropologische Dimension der Geschichtswissenschaft, in: *Nipperdey, Th.*: Gesellschaft, Kultur, Theorie. Gesammelte Aufsätze zur neueren Geschichte, Göttingen 1976
Nitschke, A.: Naturerkenntnis und politisches Handeln im Mittelalter. Körper — Bewegung — Raum, Stuttgart 1967
— Soziale Ordnungen im Spiegel der Märchen, 2 Bde., Stuttgart 1976 — 1977
Parsons, T. / Bales, R. F. / Shils, E. A.: Working Papers in the Theorie of Action, New York 1953
Schipperges, H. / Seidler, E. / Unschuld, P. U. (Hrsg.): Krankheit, Heilkunst, Heilung (Veröffentlichungen des Instituts für Historische Anthropologie e. V., Bd. 1),. Freiburg / München 1978
Sprandel, R.: Mentalitäten und Systeme. Neue Zugänge zur mittelalterlichen Geschichte, Stuttgart 1972
— Historische Anthropologie. Zugänge zum Forschungsstand, in: *Saeculum* 27 (1976), 121 — 142
Weber, M.: Gesammelte Aufsätze zur Religionssoziologie, 3 Bde., Tübingen 1921

Historismus

Jörn Rüsen

Wortbedeutung und Einschätzungen

Das Wort Historismus bezeichnete zunächst seit dem Ende des 19. Jahrhunderts überwiegend polemisch ein historisches Denken, das ganz in der Produktion von Wissen über die menschliche Vergangenheit aufgeht und sich nicht mehr den Orientierungsproblemen der Gegenwart stellt („Betrieb der Historie um ihrer selbst willen": Heussi 1932, 6). Noch heute wird es gelegentlich synonym mit der Bedeutung eines Positivismus in der Geschichtswissenschaft verwendet, der auf eine wertende Beurteilung der menschlichen Vergangenheit vom Standpunkt der Gegenwart aus verzichten zu können glaubt. Inzwischen aber bezeichnet Historismus überwiegend die Auffassung von der Eigenart und Bedeutung des historischen Denkens, die typisch ist für die im 19. Jahrhundert als historische Fachdisziplinen entwickelten Geisteswissenschaften (Nipperdey 1975; Rüsen 1978; Faber 1979).
Als nach dem Ersten Weltkrieg im Zusammenhang mit einer tiefen Identitätskrise des Bürgertums die geschichtliche Relativität kultureller Normen diskutiert und versucht wurde, tragfähige Wertsysteme des individuellen und kollektiven Handelns neu zu begründen, wurde ‚Historismus' zu einem zentralen Begriff in der Auseinandersetzung um die Grundlagen und Aufgaben der historischen Wissenschaften (Troeltsch 1922). Deren Erkenntnisleistungen wurden als „höchste bisher erreichte Stufe in dem Verständnis menschlicher Dinge" gewürdigt (Meinecke 1965, 4) und als Medium einer tragfähigen

Identitätsvergewisserung moderner Gesellschaften gegen den Rationalismus der Gesetzeswissenschaften verteidigt.

In der gegenwärtigen Diskussion um Eigenart und Aufgabe der Geschichtswissenschaft ist der Historismus umstritten: Auf der einen Seite gilt er als traditionsfähige, wenn auch in einigen Hinsichten (zum Beispiel Begriffsbildung) revisionsbedürftige Wissenschaftstradition (Nipperdey 1975); auf der anderen Seite werden die Grenzen seiner Geschichtsauffassung und Methodenkonzeption betont, seine ideologische Anfälligkeit kritisiert (Iggers 1971) und der modernen Geschichtswissenschaft eine Position „jenseits des Historismus" zugewiesen (Mommsen 1971).

Historismus als Wissenschaftskonzeption

Maßgebend für die historistische Auffassung von Geschichte als verstehender Geisteswissenschaft ist (a) ein idealistischer Geschichtsbegriff, (b) eine Kanonisierung von Forschungsregeln zur Einheit der historischen Methode und (c) ein fachübergreifender Anspruch auf Allgemeinbildung.

a) Im Historismus wird Geschichte aufgefaßt als *Selbsthervorbringung und Selbstdarstellung des den Menschen allgemein (als Gattung) definierenden Geistes* in der Entwicklung je besonderer, individueller Kulturgebilde. Triebkraft der durch menschliches Handeln bewirkten Weltveränderung sind *Ideen*, oberste Gesichtspunkte der sprachlichen Sinngebung und Zwecksetzung des menschlichen Handelns, die in den Absichten der Handelnden und in den für diese Absichten maßgeblichen kulturellen Deutungsmustern der Welt wirksam sind. Sie bestimmen die Richtung der durch Handeln bewirkten Weltveränderung und gehen zugleich — als erkenntnisleitende Interessen — in die historische Urteilsbildung ein. „Das Geschäft des Geschichtsschreibers in seiner letzten, aber einfachsten Auflösung ist Darstellung des Strebens einer Idee, Dasein in der Wirklichkeit zu gewinnen" (Humboldt 1821, 605).

b) Der Historismus definiert *historische Methode als System von Regeln,* die den Umgang mit der Vergangenheit in die Bahnen einer fachwissenschaftlich betriebenen Forschung lenken und Erkenntnisfortschritt verbürgen. Diese Regeln weisen den Historiker an, aus der empirischen Bekundung vergangenen menschlichen Handelns dessen Tatsächlichkeit festzustellen und seinen zeitlichen Zusammenhang im Lichte seiner Triebkräfte zu integrieren. Durch diese Regelung wird die historische Erkenntnis auf eine Hermeneutik des menschlichen Handelns festgelegt; Geschichte erschließt sich durch ein Verstehen vergangenen Handelns und Leidens nach dem Modell einer philologischen Sinnerschließung von Texten. „Das Wesen der geschichtlichen Methode ist forschend zu verstehen, ist die Interpretation" (Droysen 1977, 22). Daraus folgt forschungspraktisch eine Bevorzugung derjenigen Quellen, in denen Handlungsabläufe vornehmlich hinsichtlich der jeweils von den Akteuren verfolgten Absichten dokumentiert werden.

c) Im Historismus werden die über die geschichtliche Qualität vergangenen menschlichen Handelns und Leidens entscheidenden geistigen Triebkräfte (Ideen) auch als die über die historische Urteilsbildung entscheidenden Normen gedacht. Die als Kulturprozeß begriffene Geschichte setzt sich gleichsam in die historische Erkenntnis hinein fort, so daß die Geschichtsschreibung eine *allgemeinbildende Funktion* im gesellschaftlichen Leben ihrer Zeit beansprucht: Vergangenes menschliches Handeln und Leiden wird als eine kontinuierliche Kulturbildung der menschlichen Gattung so vergegenwärtigt, daß gegenwärtiges Handeln als Weiterentwicklung dieser Kulturbildung erscheint und auf deren historisch ermittelte leitende Gesichtspunkte als oberste Sinnkriterien verpflichtet werden kann. „Das in der Geschichte der Zeiten und Völker, der Menschheit Erarbeitete im Geist, dem Gedanken nach, als Kontinuität durcharbeitet und durchlebt haben, heißt Bildung" (Droysen 1977, 395). Der Historismus hat daher eine politische Theorie entwickelt, in der die Legitimität der politischen Verfassung einer Gesellschaft von der historischen Einsicht in ihre Genese abhängig gemacht wurde; die in dieser Genese dominierenden kulturbildenden Prinzipien galten als normative Maßstäbe für die Zustimmungsfähigkeit und Kritikbedürftigkeit gegenwärtiger politischer Verhältnisse. Der Geschichtsschreibung wurde die politische Aufgabe gestellt, „das Wesen des Staates aus der Reihe der früheren Begebenheiten darzutun und dasselbe zum Verständnis zu bringen, die (Aufgabe) der Politik aber, nach erfolgtem Verständnis und gewonnener Erkenntnis es weiter zu entwickeln und zu vollenden" (Ranke 1836, 288 f.).

In der *Geschichtsschreibung* hat der Historismus eine epische Darstellungsform von hoher literarischer Qualität entwickelt (1902 Literatur-Nobelpreis für Theodor Mommsens „Römische Geschichte"). Sie gilt heute als klassische Ausprägung einer *„erzählenden"* Historiographie (wobei „Erzählen" als eine Darstellungsform neben anderen verstanden wird).

Kritik und Wirkung

Die Grenzen des Historismus liegen darin, daß es im Rahmen seiner Wissenschaftskonzeption nicht möglich ist, die ökonomischen und sozialen Bedingungsfaktoren absichtsvollen menschlichen Handelns dort hinreichend zu erschließen, wo sie sich dem kulturellen Selbstverständnis einer Gesellschaft entziehen. In dem Maße, in dem die Industrialisierung und der moderne Kapitalismus zur dominierenden lebensweltlichen Erfahrung der Historiker und ihres Publikums wurden, büßte der Historismus die Plausibilität seines Bildungsanspruchs ein und veränderte sich die Geschichtswissenschaft von einer verstehenden Geisteswissenschaft zu einer historischen Sozialwissenschaft. Solange freilich bewußte Intentionen zur Erklärung von Handlungszusammenhängen der Vergangenheit notwendig herangezogen werden müssen, bleiben wesentliche Elemente des Historismus in den historischen Wissenschaften erhalten. Außerdem hat der Historismus fruchtbare Gesichtspunkte zur Begründung der fachlichen Eigenständigkeit der Geschichtswissenschaft entwickelt (Lübbe 1977; Rüsen 1979). Insbesondere hat sich seine These von einer fundamentalen Abhängigkeit der historischen Erkenntnis vom Standpunkt des Historikers im gesellschaftlichen Leben seiner Zeit bestätigt: Diese These wird gegenwärtig erneuert als Einsicht in die praktische

Funktion der Geschichtswissenschaft, durch ihre Erkenntnisleistungen handelnde Subjekte über ihre Identität aufzuklären.

Allerdings führt die historistische These von der Standortgebundenheit der historischen Erkenntnis in die Gefahr des Relativismus. Konnte diese Gefahr solange nicht auftreten, als die Geschichtswissenschaft sich noch an der Vorstellung einer allgemeinen Kulturentwicklung der Menschheit orientierte und aus ihr ein Normensystem folgerte, das im Namen der historischen Erfahrung allgemeine Zustimmung beanspruchte, so mußte sie in dem Augenblick zu einem zentralen Problem werden, als in der Gegenwartserfahrung der Historiker und ihres Publikums ein tiefgreifender Bruch der kulturellen Entwicklung dominierte. Die damit ausgelöste Krise des historischen Bewußtseins dauert hinsichtlich der Frage nach allgemeinverbindlichen Normen der historischen Urteilsbildung noch an. Eine Antwort könnte darin bestehen, daß die Normen der diskursiven Argumentation, auf die sich alle Historiker verpflichten, die Geschichte als Wissenschaft betreiben wollen, als standpunktübergreifende Gesichtspunkte in die historische Interpretation eingehen und sie auf Konsensbildung hin organisieren.

Literatur

Blanke, H. W. / Rüsen, J. (Hrsg.): Von der Aufklärung zum Historismus. Zum Strukturwandel des Historischen Denkens, Paderborn 1985

Droysen, J. G.: Historik. Historisch-kritische Ausgabe von P. Leyh, Bd. 1, Stuttgart 1977
— Erhebung der Geschichte zum Rang einer Wissenschaft, in: *ders.*: Historik, hrsg. von R. Hübner, 8. Aufl. Darmstadt 1977, 386 − 405

Faber, K.-G.: Ausprägung des Historismus, in: *HZ* 228 (1979), 1 − 22

Gollwitzer, H.: Historismus als kultur- und sozialgeschichtliche Bewegung, in: *Geschichte / Politik und ihre Didaktik* 10 (1982), 5 − 16

Heussi, K.: Die Krisis des Historismus, Tübingen 1932

Humboldt, W. v.: Über die Aufgabe des Geschichtsschreibers, in: *ders.*: Werke in 5 Bänden, hrsg. von A. Flitner und K. Giel, Bd. 1, Darmstadt 1960, 585 − 606

Iggers, G. G.: Deutsche Geschichtswissenschaft. Eine Kritik der traditionellen Geschichtsauffassung von Herder bis zur Gegenwart, 2. Aufl. München 1972

Lübbe, H.: Geschichtsbegriff und Geschichtsinteresse. Analytik und Pragmatik der Historie, Basel 1977

Meinecke, F.: Die Entstehung des Historismus (Werke, Bd. 3), München 1965

Mommsen, W. J.: Die Geschichtswissenschaft jenseits des Historismus, Düsseldorf 1971

Nipperdey, Th.: Historismus und Historismuskritik heute, in: *Jäckel, E. / Weymar, E.* (Hrsg.): Die Funktion der Geschichte in unserer Zeit, Stuttgart 1975

Ranke, L. v.: Über die Verwandtschaft und den Unterschied der Historie und der Politik (1836), in: *ders.*: Abhandlung und Versuche (Sämtliche Werke, Bd. 24) Leipzig 1877, 280 − 293

Reill, P. H.: The German Enlightenment and the Rise of Historicism, Berkeley 1975

Rüsen, J.: Historismus, in: *Braun, E. / Rademacher, H.* (Hrsg.): Wissenschaftstheoretisches Lexikon. Graz / Wien / Köln 1978
— Zur Kritik des Neohistorismus, in: *Zeitschrift für philosophische Forschung* 33, (1979)
— Theorien im Historismus, in: *Rüsen, J. / Süssmuth, H.* (Hrsg.): Theorien in der Geschichtswissenschaft, Düsseldorf 1980

Schlaffer, H. u. H.: Studien zum ästhetischen Historismus, Frankfurt/M. 1975

Schnädelbach, H.: Geschichtsphilosophie nach Hegel. Die Probleme des Historismus, Freiburg 1974
Troeltsch, E.: Der Historismus und seine Probleme (Gesammelte Schriften, Bd. 3), Tübingen 1922

Historischer Materialismus

Helmut Fleischer

Ausrichtung und Ausformungen

Unter der Titulatur „materialistische Geschichtsauffassung" erarbeiteten K. Marx und F. Engels 1845/46 im Gegenzug gegen spekulative Geschichtsphilosophie und utopische Gesellschaftskonstruktionen ein Konzept von der Grundstruktur geschichtlicher Wirksamkeiten und Umbrüche. Vordringliches Ziel war es, die Fixierung des Geschichtsdenkens an den geschichtlich auftretenden Ideenbildungen zu durchbrechen und die maßgebenden Triebkräfte im Felde der Aktivitäten und Interessen zu finden, die auf die Ausgestaltung der jeweiligen materiellen und sozialen Existenzbedingungen gerichtet sind. Kardinale Bestimmungen, so die Generalthese, liegen darin beschlossen, wie Gesellschaften vermittels ihrer Produktivkräfte ihre Existenzmittel gewinnen und in welchen Produktionsverhältnissen (Arbeitsteilungen, Besitzverteilungen, Zu- und Unterordnungen) die Beteiligten aufeinander bezogen sind. So stellen sich die größeren geschichtlichen Umwälzungen als solche der Produktionsweise aufgrund des Aufkommens neuer Produktivkräfte von höherer Potenz dar. Solche Grundlagen-Klärungen schienen erforderlich, um einen realistischen Verständnisrahmen für die anstehenden geschichtlichen Aktivitäten zu gewinnen, deren Sinn es sein werde, die kapitalistische Produktionsweise revolutionär zu überwinden.
Die skizzenhaften Formulierungen der Begründer (Marx / Engels 1845/46; Marx 1859; Engels 1878, 1884, 1888, 1890 f.) wurden von vielen Nachfolgern (Mehring, Kautsky, Labriola, Plechanow, Adler, Renner, Cunow, Lenin, Bucharin, Lukacs, Korsch, Stalin, Konstantinow u. a.) in verschiedenen Richtungen weitergeführt, systematisiert und mitunter streng kanonisiert. Im Bereich des Sowjetmarxismus wurde dann „Historischer Materialismus" zum bevorzugten Titel. Vom Aufriß einer Betrachtungsweise, die einige neue Akzente setzt, führte der Systematisierungsweg zur Ausformung einer umfassenden Theorie des gesellschaftlich-geschichtlichen Lebens der Menschen; diese fungiert so als die (allgemeine) „marxistische Soziologie" (Hahn 1968). Außerhalb des sowjetmarxistischen Schulrahmens sind Versuche in Gang

gekommen, einen modifizierten Historischen Materialismus als Theorie der sozialen Evolution zu „rekonstruieren" (Habermas 1976).

Theoretische Positionen

Die Hauptsätze, in denen sich der spezifisch „materialistische" Sinn der Doktrin ausspricht, betreffen einen strukturell-dynamischen Zusammenhang, in dem sich die verschiedenen thematischen Ebenen und funktionellen Felder des Sozialprozesses überhaupt befinden. Dem schließen sich Sätze über die Faktur geschichtlicher Prozesse an.
1. In der *Analytik von Grundfunktionen und Grundverhältnissen* wird der weiteste Rahmen abgesteckt (a) mit Sätzen, die das Grundverhältnis zwischen geschichtlichen *Ideenbildungen* („Bewußtseinsformen") und den „wirklichen" Handlungsinhalten oder *Wirkkräften* definieren: „Nicht das Bewußtsein bestimmt das Leben, sondern das Leben bestimmt das Bewußtsein." „Das Bewußtsein kann nie etwas anderes sein als das bewußte Sein, und das Sein der Menschen ist ihr wirklicher Lebensprozeß" (Marx / Engels 1945/46, in: *MEW* 3, 26 f.). Desweiteren bestimmt sich der Inbegriff des „wirklichen Lebensprozesses" so, daß (b) die „*Produktionsweise* des materiellen Lebens" als die Handlungsebene zu gelten hat, die den gesamten sozialen Lebensprozeß (gesellschaftliche Gliederung), die politischen Aktivitäten (Staat, Recht, Parteiungen, zwischenstaatliche Beziehungen und Konflikte) und ebenso die geistig-kulturellen Hervorbringungen (Religion, Moral, Philosophie, Künste, Wissenschaften) „bedingt".
Eine weitere Aufschlüsselung des Komplexes „Produktionsweise" (c) zeigt als deren Kernstruktur die bewegliche Einheit der (entwicklungsfähigen) materiellen „*Produktivkräfte*" menschlicher Arbeit mit dem „*Produktionsverhältnissen*", den gesellschaftlichen Beziehungen, die sich im Produktionsprozeß und um ihn herum herstellen. Soziale Umwälzungen treten ein, wenn sich Produktivkräfte herausgearbeitet haben, die in den bisherigen Produktionsverhältnissen keine „Entwicklungsform" mehr finden, sondern von ihnen gefesselt werden. (d) Die *Produktionsverhältnisse* (Arbeitsteilung, Produktionsmittel-Eigentum) bilden insofern den Schlüsselbereich gesellschaftlichen Lebens, als in ihnen nicht nur die soziale Klassen- und Schichtenstruktur beschlossen liegt, sondern sie zudem auch die „*Basis*" der politischen Aktivitäten, Interessen, Potenzen und Machtverhältnisse bilden (politisch-juristischer „*Überbau*") und ebenso die gesellschaftlichen Sinngehalte in den Feldern des geistig-kulturellen Lebens („ideologischer Überbau") gemäß den Produktionsverhältnissen differenziert sind (Marx 1859, in: *MEW* 13, 8 f.).
2. *Perspektiven für den Geschichtsprozeß* ergeben sich aus den aufgewiesenen Grundverhältnissen mehr im Sinne einer Dynamik der *einzelnen Prozeßschritte* als für eine Konstruktion der *geschichtlichen Totale* und Stufenfolge von Zeitaltern. Ausgegangen war Marx zunächst von einer anthropologischen Vision der Geschichte als „Selbsterzeugung des Menschen" unter der Maßgabe einer essentiellen Zielbestimmung: Der „totale", im ganzen Reichtum seiner

entfalteten „Wesenskräfte" lebende „tief- und allsinnige Mensch" (Marx 1844, in: *MEW*, Erg.-Bd. 1, 542). Der Übergang zur materialistischen Geschichtsauffassung bedeutet eine entschiedene Reduktion und Transformation solcher Sinn-Teleologie der Geschichte. Die weiterhin festgehaltene Prospektive auf eine künftige Gesellschaftsformation ohne die Antagonismen von Klasse und Nationalität, auf eine uneingeschränkt „menschliche Gesellschaft", begründet sich eher in einem geschichtlich engeren und mehr kontingenten Bezugsrahmen, dem der modernen bürgerlichen Produktionsweise, nicht universal-anthropologisch.

Als Analytik der geschichtlichen Umwälzungen konzentriert sich der Historische Materialismus auf eine mehr formale Geschichts-Prozeßordnung, welche die *„Entwicklung der Produktivkräfte"* als die inhärente Voraussetzung für Veränderungen der Produktionsverhältnisse, der sozialen Gliederungen und politischen Ordnungen begreift und den äußerst mannigfachen „ideologischen Formen" nachgeht, in denen die Menschen die Kämpfe um die Ausformung ihrer gesellschaftlichen Daseinsweisen ausfechten. In materieller Hinsicht sind es Kämpfe um die Verteilung von Lasten der Arbeit und Genüssen des Lebens, um soziale Positionen und Berechtigungen, um Räume der „Selbstbestätigung" bzw. um die Behauptung oder die Beseitigung von Formen der Fremdbestimmung und Fremdbestimmtheit, um Formen von Kooperation oder Subordination. Die Gesellschaft unserer überlieferten Geschichte zeigt zusammen mit der nationalen Partikularität eine Spaltung der Menschen in *Klassen*. Mehrere Formationen von Klassengesellschaften haben einander abgelöst: antike, asiatische, feudale, modern-bürgerliche; und mit der bürgerlichen Gesellschaft sind materielle Bedingungen für eine menschheitliche Integration jenseits dieser Antagonismen entstanden (Marx 1859, in: *MEW* 13, 9).

Im Historischen Materialismus der marxistisch-leninistischen Schulrichtung ist der (bei Marx in einem engeren Umkreis bedeutsame) Gedanke stark vorherrschend geworden, daß die Geschichte („gesellschaftliche Entwicklung") durchgängig von „objektiven Gesetzen" bestimmt ist, die sich bis jetzt „blind" durchgesetzt haben, die in der sozialistischen Gesellschaftsformation aber erkannt, eingesehen und bewußt befolgt („ausgenutzt") werden.

Kritische Würdigung

Die materialistische Geschichtsauffassung ist ein früher Beitrag zur Ausbildung eines soziologischen Geschichtsdenkens, das nicht die „Ideen" ins Zentrum setzt, sondern Gedanken über Lebensbedingungen, Daseinserhaltung, Interessen, Machtverhältnisse.

Die materiale Evidenz wichtiger Grundgedanken wird freilich oft überdeckt durch Verkürzungen, Mehrdeutigkeiten und andere Schwierigkeiten der Ausformulierung, die ein Abgleiten in Schematismen eher begünstigen als einen sinngemäßen Gebrauch von den theoretischen und methodischen Errungenschaften der Doktrin. Stellenweise (zumal bei den Kategorien „Basis – Überbau") dürfte es sich so verhalten, daß die Traditionsbegriffe mehr Aufwand für ihre eigene Interpretation erfordern als Hilfestellung für die Durchdringung der Sache leisten (Bauer u. a. 1974; Fleischer 1969 und 1978). Eine generelle Schwierigkeit für das Verständnis erwächst daraus, daß der Historische Materialismus in seinen nach-marxschen Ausformungen stark in die politischen Spaltungen der marxistischen Bewegung verwickelt und auf einer ihrer Hauptlinien einer sehr schematischen Dogmatisierung unterworfen worden ist. Der kanonisierte Historische Materialismus hat namentlich für das Verständnis der eigenen Praxis sozialistischer Formationen und „marxistischer Politik" überwiegend ideologische Denkweisen restituiert, die zu überwinden gerade der Sinn der materialistischen Wendung von Marx gewesen war. Die begonnene „Rekonstruktion" des Historischen Materialismus hat noch zu keinem befriedigenden Abschluß geführt. So ist nicht nur die systematische Gestalt, sondern auch die Interpretation der Quellen noch in vieler Hinsicht ungesichert.

Literatur

Quellen: *K. Marx*: Ökonomisch-philosophische Manuskripte (1844); *K. Marx* und *F. Engels*: Die deutsche Ideologie (1845/46); *K. Marx*: Zur Kritik der politischen Ökonomie, Vorwort (1859); *F. Engels*: Herrn Eugen Dührings Umwälzung der Wissenschaft (Anti-Dühring, 1878), Der Ursprung der Familie, des Privateigentums und des Staates (1884), Ludwig Feuerbach und der Ausgang der klassischen deutschen Philosophie (1888), Briefe über historischen Materialismus (1890 – 1894). Die Zitate in dem vorstehenden Artikel sind entnommen der Dietz-Ausgabe *Marx / Engels*: Werke, 39 Bde. und Erg.-Bde., Berlin 1956 ff (*MEW*).
Bauer, A. / Crüger, H. / Koch, G. / Zak, Ch.: Basis und Überbau der Gesellschaft, Frankfurt 1974
Dialektischer und historischer Materialismus. Lehrbuch für das marxistisch-leninistische Grundlagenstudium, Berlin (DDR) 1974
Fleischer, H.: Marxismus und Geschichte, Frankfurt 1969
— Zur Analytik des Geschichtsprozesses bei Marx, in: *Faber, K. G. / Meier, Ch.* (Hrsg.): Historische Prozesse, München 1978
— Geschichtsmaterialismus, in: *Rudolph, E. / Stöve, E.* (Hrsg.): Geschichtsbewußtsein und Rationalität, Stuttgart 1982
Habermas, J.: Zur Rekonstruktion des Historischen Materialismus, Frankfurt 1976
Hahn, E.: Historischer Materialismus und marxistische Soziologie, Berlin (Ost) 1968
Honneth, A. / Jaeggi, U. (Hrsg.): Arbeit, Handlung, Normativität. Theorien des Historischen Materialismus, 2. Aufl. Frankfurt 1980
Jaeggi, U. / Honneth, A. (Hrsg.): Theorien des Historischen Materialismus, Frankfurt 1977
Kaegi, P.: Genesis des Historischen Materialismus, Wien 1965

Gesellschaftstheorie

Gerda von Staehr

Jede Definition von Gesellschaft ist einer bestimmten philosophisch-soziologischen und historischen Konzeption verpflichtet. Die Entwicklung der Gesellschaftstheorie hat mannigfaltige Gesellschaftsbegriffe hervorgebracht. Gesellschaftstheorien stellen den Versuch dar, *Gesellschaft als Gesamtzusammenhang systematisch zu erklären* und ihre Genese zu rekonstruieren. Sehr allgemein wird Gesellchaft definiert als ein empirisch erforschbarer Gesamtzusammenhang, dessen Struktur sich im Verlauf der historischen Entwicklung wandelt. Die als Entwicklungsursache bestimmten gesellschaftlichen Triebkräfte bilden ein wesentliches Element jeder Gesellschaftstheorie, doch werden in den verschiedenen Theorien unterschiedliche Triebkräfte als Ursache für die Entwicklung benannt.

Theorien der bürgerlichen Gesellschaft werden zuerst in der *Aufklärung* formuliert; als einer Ausdifferenzierung aus den Staatstheorien wird in ihnen die Trennung von Staat und Gesellschaft mit der Doppelrolle der Individuen als Staatsbürger und Privatpersonen erklärt. Die Wirtschaft ist die Basis für die staatsfreie Sphäre der Gesellschaft, deren Zusammenleben durch gesetzliche Regeln geordnet wird (Macpherson 1967). Der bürgerliche Gesellschaftsbegriff des 17. und 18. Jahrhunderts tendiert zu der fortschrittlichen Erkenntnis, daß die Gesellschaft ihre politische Verfassung verändern kann (Montesquieu, Hobbes, Locke) und daß sich durch vernünftige und naturgemäße Gesetze gesellschaftliche Zustände gerechter gestalten lassen. Die Entstehung von Gesellschaft und Staat wird als Ergebnis eines freiwilligen und vernünftigen Gesellschaftsvertrags betrachtet, durch den der Wille des einzelnen mit dem Willen der Allgemeinheit in Übereinstimmung gebracht wird.

Mit dem Aufkommen des Pauperismus kritisieren die *Frühsozialisten* die Klassenbildung und entwickeln utopische Vorstellungen von neuen Gesellschaftsordnungen, in denen wesentliche Ideen und Begriffe des wissenschaftlichen Sozialismus erarbeitet worden sind (Kool / Krause 1972). Ebenfalls in der Tradition der Aufklärung stehend, halten sie die *politische* Gleichheit als Voraussetzung für eine harmonische Gesellschaft für unzureichend und fordern die *soziale* Gleichheit (Fourier, Saint-Simon, Owen). Auf die diese Unterscheidung außer acht lassende Begrenzung hatte schon Rousseau hingewiesen. Spuren der Vertragstheorie sind noch in Ansätzen wie dem vom Gegensatz zwischen *Gemeinschaft* und *Gesellschaft* enthalten, wonach Gemeinschaft als ein lebendiger Organismus, in dem die Menschen durch innere seelische Verbundenheit ein Gefühl der Zusammengehörigkeit entwickeln, Gesellschaft aber als eine künstliche Konstruktion, in der die Mitglieder wesentlich voneinander getrennt sind, verstanden wird (Tönnies 1935). *Hegel* entwickelte eine Theorie der bürgerlichen Gesellschaft, wonach diese innerhalb des sittlichen Geistes als Antithese zur Familie gesehen wird und der

Staat als Synthese, als Vereinigung des Prinzips der Familie und der Gesellschaft erscheint. Der Staat verkörpert die sittliche Vernunft gegenüber den Interessengegensätzen, die in der wirtschaftenden Gesellschaft entstehen und die historische Entwicklung vorantreiben (Hegel 1970). Sowohl Hegel wie Fourier und Saint-Simon begreifen Gesellschaft historisch und unterscheiden verschiedene Entwicklungsstufen. Auf dieser Tradition aufbauend, hat *Marx* die Theorie der ökonomischen Gesellschaftsformation erarbeitet.

In der Tradition der Gegenaufklärung, die sich gegen die politischen Ziele der Französischen Revolution und die Vertragstheorie wendet, wird die Idee des autonomen Menschen und einer sich selbst bestimmenden Gesellschaft bekämpft. *Burke* lieferte bereits 1796 die wesentlichen Argumente des *Konservatismus,* der sich auf überindividuelle Autoritäten beruft. Urzelle des Staates und der Gesellschaft, die als Einheit gedacht werden, ist die Familie. Sie beinhaltet Hierarchie, Privateigentum, Ordnung, Sicherheit und Bindung. Familie macht bodenständig und sichert durch die Erziehung der Jugend bürgerliche Stetigkeit, die zum Interesse des Ganzen wird und die Verbindung zwischen privater Existenz und staatlichen Forderungen festigt; diese werden durch Institutionen (Ehe, Eigentum, Kirche, Staat) abgesichert, denen sich die Menschen bewußt und freiwillig unterwerfen. Dem entspricht eine organische Staatsvorstellung: der Staat bildet die Gemeinschaft aller seiner Gliederungen — nicht nur zwischen den Lebenden, sondern auch zwischen den Toten und den Nachkommen. Staat und Gesellschaft, das Ergebnis des menschlichen Bedürfnisses nach Ordnung und Sinngebung, stehen damit jenseits menschlicher Willkür und planender Rationalität. Tugend und Gehorsam gegenüber der Tradition gewährleisten den Einsatz für gemeinschaftliche Ziele, denen gegenüber die Verfolgung partikularer gesellschaftlicher Interessen zurückzustehen haben. Elitetheorien, Ideen eines autoritären Staates und ein Widerwille gegen Formen der gesellschaftlichen Planung, Versuche einer christlichen Legitimation des Autoritätsgedankens sowie die Negation von Klassenunterschieden sind wesentliche Elemente der *modernen konservativen Gesellschaftstheorie* (Lenk 1972).

Zu den jüngeren auf soziale Phänomene bezogenen Theorien werden zum Teil auch die *Handlungstheorien* gerechnet, in denen der Gesellschaftsbegriff durch das ‚soziale Handeln' ersetzt wird, das als sinnhaftes Handeln — im Gegensatz zu bloßem Verhalten ohne Sinnbezug — definiert ist. Soziale Beziehungen zeichnen sich danach durch die Reflexion wechselseitiger Erwartungen aus (Bader u. a. 1980). Diese Reduktion des Gesellschaftsbegriffs auf einzelne Handlungszusammenhänge wurde kritisiert. Der Versuch, Gesellschaft als ein soziales System zu rekonstruieren, das die einzelnen Handlungszusammenhänge umgreift, sollte diesen Mangel beheben.

Die *strukturell-funktionale Theorie* begreift Gesellschaft als soziales System nach den Kriterien des *Gleichgewichts* und der *Selbstregulation,* d. h. sie fragt nach den Funktionen bzw. Dysfunktionen eines bestimmten Systemzustandes und seiner strukturierten Elemente. Die zentralen Kategorien sind *Struktur, Rolle* und *Funktion.* Die Begriffe Rolle und Funktion werden auf eine bestehende Ordnung — Struktur — bezogen und auf deren Funkionieren bzw.

Abweichungen hin untersucht. Alle für die Reproduktion notwendigen Funktionen des Systems werden von Teilsystemen ausgeführt, die sich durch ihre innere Differenzierung gegenüber ihrer Umwelt sowie durch die in ihnen wirkenden verallgemeinerten sozialen Mechanismen stabilisieren: Die Rollenbildung ist die Verallgemeinerung von Verhaltenserwartungen, welche die Orientierung in der komplexen Umwelt erleichtern; Mitgliedschaft, Funktion und Einstellungen werden in institutionalisierten Rollen zusammengefaßt, die eine Konsensvermutung zugunsten des fremden und eigenen Verhaltens in den einzelnen Subsystemen ermöglichen (Parsons 1972).

Da mit dieser Theorie gegebene Systeme immer schon vorausgesetzt werden, wurde kritisiert, daß die Entstehung und Entwicklung sozialer Systeme im Rahmen funktionaler Argumentation nicht erklärt werden können. Außerdem entbehre diese normativ-spekulative Theorie der Grundlage empirischer Untersuchungen realgesellschaftlicher Prozesse und bleibe damit formalabstrakt (Holzer 1978).

Die *funktional-strukturelle Theorie* soll diese Mängel beheben. Soziale Systeme entstehen danach durch *sinnhaft aufeinander bezogene Handlungen* mehrerer Personen, die einen Zusammenhang bilden und von ihrer Umwelt abgrenzbar sind. Der Mensch als Mängelwesen muß aus der Fülle der Lebensmöglichkeiten auswählen; er reduziert damit die Komplexität der Umwelt und steigert die des sozialen Systems. Dieser Prozeß erfolgt durch die sinnvermittelnde Interaktion, wobei sich Sinn aus den Bedingungen der Lebensnotwendigkeit ergibt. Die Systembildung ist an die *Selektion von Erlebnis- und Handlungsmöglichkeiten* gebunden und damit *kontingent*. Die Übertragung von Sinn erfolgt über spezifische Medien wie Sprache, Macht, Geld, Wahrheit. Damit ist jedes Gesellschaftssystem nur als ein sich entwickelndes zu begreifen (Evolution). *Gesellschaft* ist definiert als ein *kommunikativ vermitteltes, evoluierendes System,* das sich in – relativ autonome – Teilsysteme ausdifferenziert und damit seine Möglichkeiten für alternative Problemlösungen steigert. Gesellschaft und ihre Entwicklung werden primär unter dem Aspekt ihrer Steuerungs- und Kontrollfähigkeit, d. h. der Sinnkonstitution sozialer Systeme behandelt, deren Evolution nach den Prinzipien Variation, Selektion und Differenzierung / Stabilisierung erfolgt (Habermas / Luhmann 1971). Die technizistische Verengung dieser systemtheoretischen Variante wurde kritisiert, während ihre Leistung der Selbst-Thematisierung des Gesellschaftssystems hervorgehoben wird. Da jedoch die Kategorien Sinn und Umwelt nur eine formale Bestimmung erhalten, kann Gesellschaft nicht als jeweilige historische Ausformung des konkret-materiellen Lebensprozesses erfaßt werden. Die Vorentscheidung für die Analyse von Steuerungsproblemen verstellt in dieser Theorie den Blick für den Übergang gesellschaftlicher Systeme von einem Entwicklungsniveau zum nächsten (Holzer 1978).

Habermas will die Gattungsgeschichte im Rahmen einer *Theorie kommunikativen Handelns* als Prozeß evolutionären Lernens rekonstruieren. Sein Begriff von Gesellschaft schließt alle Systeme ein, die sich über sprachlich koordinierte – instrumentelle und soziale – Handlungen die äußere Natur durch Produktions- und die innere Natur durch Soialisationsprozesse aneignen

(Habermas 1976). *Gesellschaft ist Sprach- und Kommunikationsgemeinschaft,* Vergesellschaftung erfolgt durch Kommunikation und Diskussion über Werte, Zwecke und Normen, gesellschaftliches Handeln ist Sprachhandeln (Tuschling 1978). Die Gattungsgeschichte wird als *evolutionärer Lernprozeß* begriffen, in dem durch bestimmte Lernkompetenzen Steuerungsprobleme innovativ gelöst werden. Die individuellen Lernkapazitäten sind kollektiv durch Weltbilder vermittelt, und die gelösten Steuerungsprobleme schlagen sich in Organisationsprinzipien nieder, die *Gesellschaftsformationen* konstituieren. Sie gründen auf entwicklungslogisch nachkonstruierbaren *Lernniveaus,* die die möglichen kognitiv-technischen und moralisch-praktischen Lernprozesse bestimmen. Bewußtseins- und Handlungsstrukturen werden in der *Lebenswelt* ausgebildet und bedingen die *Sozialintegration,* das Maß für die Stabilität von gesellschaftlichem System durch Deutungssysteme, Wertkonsens und Handlungsnormen. Demgegenüber gilt *Systemintegration* als Maß für die Kontroll- und Lernfähigkeiten eines Systems im Verhältnis zum Steuerungsbedarf gegenüber einer komplexen Umwelt. Ihnen entsprechen die Kategorien *Interaktion* und *Arbeit.* Die spezifisch menschliche Reproduktionsform bestimmt Habermas als sprachliche Kommunikation und Rollenhandeln auf der Basis intersubjektiver Anerkennung und normierter Verhaltenserwartungen. Die evolutionäre Entwicklung als Veränderung des institutionellen Rahmens und des ihn tragenden moralisch-praktischen Bewußtseins erfolgt zwar in Reaktion auf Entwicklungen im Bereich technisch-organisatorischen Wissens, aber sie folgt einer eigenen Logik, nämlich der *ontogenetischen Entwicklungslogik der Entfaltung von Handlungskompetenzen und moralischem Bewußtsein.* In Analogie zur kognitiven Entwicklungspsychologie (Kohlberg) rekonstruiert Habermas die Evolutionslinie der Gattungsgeschichte in Gesellschaftsformationen, indem er sie mit der Entwicklung der Persönlichkeitsstruktur in Zusammenhang bringt (Habermas 1976). Die soziale Evolution beruht damit auf Lernprozessen im Bereich des moralisch-praktischen Bewußtseins, sie erfolgt kommunikativ und führt zu Veränderungen der institutionellen Rahmenbedingungen. Die wesentliche Kritik an dieser Theorie bezieht sich auf den Ersatz des Konzepts „Produktionsweise" durch das Konzept „gesellschaftliches Organisationsprinzip", auf die anthropologische These, nach der die Geschichte auf der Fähigkeit zu sprachlicher Kommunikation beruhe, und auf das ungeklärte Verhältnis von ontogenetischer und gesellschaftlicher Entwicklung (Holzer 1978).

Der *historisch-materialistischen Theorie* von der Entwicklung der Gesellschaft geht es nicht um eine Reduktion gesellschaftlicher Evolution auf ökonomische Ursachen, soziale Konflikte oder Naturgesetze, sondern um die theoretische Rekonstruktion der Entwicklung der Gesellschaftsformationen in der Weise, daß diese als Formen der systematisch-praktischen Bewältigung eines Gegensatzes zwischen menschlicher und außermenschlicher Natur begriffen werden. Gesellschaftliche Praxis konstituiert sich als *kommunikativ-kooperativer Handlungsvollzug,* der die gesellschaftlichen Lebensbedingungen der Menschen hervorbringt (Holzer 1978). Gesellschaftliche Arbeit ist vergegenständlichende menschliche Tätigkeit. Der *Vergegenständlichung* durch Arbeit wird die individuelle *Aneignung* ihrer Resultate zugeordnet. Vergegenständlichung und Aneignung ermöglichen die historische Bewahrung, Weitergabe und kumulative Verwertung gesellschaftlicher Erfahrung und damit den gesellschaftlich-historischen Entwicklungsfortschritt (Holzkamp 1973). Gesellschaft wird definiert als eine Systemgesamtheit von praktischen Verhältnissen, welche die Menschen auf jeder konkreten historischen Entwicklungsstufe auf der Grundlage eines bestimmten Entwicklungsstandes der materiellen Produktivkräfte eingehen und deren grundlegender Bestandteil ein jeweiliges System materieller Produktionsverhältnisse dargestellt.

Die *Basis* ist demnach die ökonomische Struktur der Gesellschaft, das System der jeweiligen Produktions- und Klassenverhältnisse, die einer bestimmten Entwicklungsstufe der materiellen Produktivkräfte entsprechen. Der *Überbau* ist das System der dieser Basis entsprechenden (politischen, juristischen, moralischen, weltanschaulichen) Bewußtseinsformen sowie der dieser Basis entsprechenden Institutionen (Staat, Parteien, gesellschaftliche Organisationen, kulturelle Einrichtungen, Bildungswesen usw.). Die Kategorie der *ökonomischen Gesellschaftsformation* erfaßt jeweils konkrete Gesellschaften gleichen Typs nach den sie jeweils bestimmenden herrschenden Produktionsweisen.

Das Konzept der *Industriegesellschaft* begreift deren Entwicklung im Rahmen der Gesellschaftsgeschichte (Wehler 1979) als Prozeß der *Modernisierung und Demokratisierung* auf der Basis des technisch-wissenschaftlichen Fortschritts und des wirtschaftlichen Wachstums. Dieser Ansatz abstrahiert von den konkreten Produktionsverhältnissen und kann daher beim Vergleich hochindustrialisierter kapitalistischer und sozialistischer Gesellschaften zu konvergenztheoretischen Konsequenzen führen, indem Probleme der Sozialintegration in beiden Systemen analog gesehen werden.

In der geschichtsdidaktischen Diskussion hat Annette Kuhn als erste die Gesellschaftstheorie als zentrales geschichtsdidaktisches Entscheidungsfeld bezeichnet (Kuhn 1974). Aber alle geschichtsdidaktischen Konzeptionen sind mindestens implizit gesellschaftstheoretischen Prämissen verpflichtet (Jung 1978). Während A. Kuhn dem kritisch-theoretischen Konzept von Gesellschaftsformation folgt (Kuhn 1980), gehen Jung / v. Staehr vom historisch-materialistischen Ansatz der ökonomischen Gesellschaftsformation aus (Jung / v. Staehr 1983).

Literatur

Bader, V. M. / Berger, J. / Ganßmann, H., Knesebeck, J. v. d.: Einführung in die Gesellschaftstheorie. Gesellschaft, Wirtschaft und Staat bei Marx und Weber, 2. Aufl. Frankfurt / New York 1980
Habermas, J.: Zur Rekonstruktion des historischen Materialismus, Frankfurt 1976
Habermas, J. / Luhmann, N.: Theorie der Gesellschaft oder Sozialtechnologie — Was leistet die Systemforschung?, Frankfurt 1971
Hegel, G. W. F.: Grundlinien der Philosophie des Rechts (Werke, Bd. 7), Frankfurt 1970
Holzer, H.: Evolution oder Geschichte? Einführung in Theorien gesellschaftlicher Entwicklung, Köln 1978

Holzkamp, K.: Sinnliche Erkenntnis. Historischer Ursprung und gesellschaftliche Funktion der Wahrnehmung, Frankfurt 1973
Jung, H. W.: Studienbuch Geschichtsdidaktik, Stuttgart 1978
Jung, H. W. / Staehr, G. von: Historisches Lernen, Didaktik der Geschichte, Köln 1983
Kool, F. / Krause, W. (Hrsg.): Die frühen Sozialisten, Bd. 1 − 2, München 1972
Kuhn, A.: Einführung in die Didaktik der Geschichte, München 1974
— Frauengeschichte und die geschlechtsspezifische Identitätsbildung von Mädchen. Ansätze zu einem frauengeschichtlichen Curriculum, in: *Kuhn, A. / Tornieporth, G.*: Frauenbildung und Geschlechtsrolle. Historische und erziehungswissenschaftliche Studien zum Wandel der Frauenrolle in Familie und Gesellschaft, Gelnhausen / Berlin / Stein (Mfr.) 1980, 69 − 144
Lenk, K.: Konservatismus, in: *Kühnl, R.* (Hrsg.): Der bürgerliche Staat der Gegenwart. Formen bürgerlicher Herrschaft II, Reinbek 1972, 131 − 154
Macpherson, C. B.: Die politische Theorie des Besitzindividualismus. Von Hobbes bis Locke, Frankfurt 1967
Parsons, T.: Das System moderner Gesellschaften, in: *Claessens, D.* (Hrsg.): Grundfragen der Soziologie, Bd. 15, München 1972
Tönnies, F.: Gemeinschaft und Gesellschaft, 8. Aufl. Leipzig 1935
Tuschling, B.: Die „offene" und die „abstrakte" Gesellschaft. Habermas und die Konzeption von Vergesellschaftung der klassisch-bürgerlichen Rechts- und Staatsphilosophie, Berlin 1978
Wehler, H.-U.: Anwendungen von Theorien in der Geschichtswissenschaft, in: *Kocka, J. / Nipperdey, Th.* (Hrsg.): Theorie und Erzählung in der Geschichte (Beiträge zur Historik, Bd. 3), München 1979, 17 − 39

Ideologie, Ideologiekritik

Gerda von Staehr

Wie alle gesellschaftswissenschaftlichen Begriffe ist auch der Begriff Ideologie historisch entstanden. Er ist abhängig von der jeweiligen *ideologietheoretischen Position*. Alltagssprachlich wird unter Ideologie eine unrichtige, an bestimmte Interessen gebundene Theorie von der Gesellschaft bzw. eine die wirklichen Verhältnisse verkürzt oder verkehrt wiedergebende Weltanschauung verstanden, in der die funktionalen Abhängigkeiten in der gesellschaftlichen Wirklichkeit nicht der Realität entsprechend erklärt werden bzw. sich der Erkenntnis überhaupt entziehen. Neben solchen umfassenden Denksystemen werden unter Ideologie auch bestimmte Einstellungen zu einzelnen sozialen Phänomenen verstanden (zum Beispiel rassistisches Denken); danach besteht Idoelogie aus Lügen, Vorurteilen, Mythen und Legendenbildungen. Beide Formen von Ideologie sollen durch wissenschaftliche Erkenntnisse und Aufklärung — durch Ideologiekritik — aufgehoben und durch ein begründetes Wissen ersetzt werden. Neben diesem auf die Erkenntnisgegenstände bezogenen Aspekt von Ideologie, der den Zusammenhang von sozialer Realität und

deren Erklärung betrifft, ist der subjektive Aspekt des gesellschaftlichen und historischen Bewußtseins der die soziale Realität erkennenden Menschen zu berücksichtigen, das, soweit es idologisch ist, von falschen Vorstellungen über die sozialen, politischen, wirtschaftlichen und rechtlichen Zusammenhänge sowie über die anthropologischen Prämissen und die ethisch begründeten Handlungsnormen in einer Gesellschaft geleitet ist. Als Teil des sozialen Bewußtseins besitzt Ideologie damit eine *kognitive* sowie eine *affektiv-motivationale* und damit handlungsorientierende Funktion.
Ideologiekritik hat in diesem Rahmen die Aufgabe, über Ursachen, Inhalte und Wirkungen des Ideologischen im gesellschaftlichen Bewußtsein aufzuklären. Dabei trifft sie auf historisch bedingte Interessen an der Erhaltung oder Veränderung der Organisationsformen, in denen die sozialen Verhältnisse der Menschen geregelt sind (Lenk 1972). Ideologie umschreibt den Zusammenhang von „falschem" vorurteilsbeladenem Bewußtsein und dessen Beeinflussung durch politische Machtverhältnisse, die in ihrer Legitimität umstritten sind. Ideologiekritik hat eine *sozial-kritische Funktion* und zielt auf die vernünftige Gestaltung der gesellschaftlichen Verhältnisse (Kofler 1975). Aufklärung als Kritik an Herrschaft beruft sich auf die Vernunft erstens bezüglich der Methoden der Erkenntnis, zweitens bezüglich der antizipierten idealen Gesellschaftsordnung. Da es verschiedene Vernunftbegriffe gibt, kann Ideologiekritik ihrerseits als Ideologie denunziert werden (Lieber 1965).
Ideologiekritik bezieht sich sowohl auf die Gegenstände, über die aufgeklärt werden soll (Geschichte, gesellschaftswissenschaftliche Ebene) als auch auf die Subjekte, deren Bewußtsein (Einstellungen und Vorurteile) von der sozialen und historischen Realität verändert werden soll (sozialpsychologische Ebene) (Jung / v. Staehr 1983).

Der hier skizzierte Begriff von Ideologie steht in der Tradition der *bürgerlichen Aufklärung*, in der die Ideolgie-Theorie als Vorbereitung der bürgerlichen Revolution gegen den Feudalismus entstand. So begriffen Holbach und Helvetius Ideologie als falsches, trügerisches Denken, durch dessen Verbreitung die feudalen Kräfte ihre Macht schützen. Das Wort in seiner modernen Bedeutung entstand in der Französischen Revolution mit der Gruppe von „Savants", die der Konvent von 1795 mit der Gründung eines Zentrums revolutionären Denkens beauftragte. Diese „idéologues" wollten die Ideen der Aufklärung durch die Revolution verwirklichen. Napoleon, der sich anfänglich auf diese Gruppe und die sie vertretenden gebildeten Mittelschichten stützte, löste, als er 1803 sein Konkordat mit der Kirche abgeschlossen hatte, das „Zentrum" auf und tat dessen liberale und republikanische Bestrebungen denunziatorisch als „Ideologie" ab (Lichtheim 1973). Destutt de Tracy wollte in Eléments d'Idéologie (1801) die Historizität der Ideen entlarven und dadurch zu einer allgemeinen und wahren Erkenntnis der menschlichen Natur gelangen. Auguste Comte, der die Entwicklung des menschlichen Geistes als Prozeß behandelt, vollzieht in dessen drittem, dem „positiven" Stadium, die für den Positivismus fortan geltende Trennung zwischen Wissenschaft und Ideologie. Da das Wesen der Dinge nicht zu ermitteln sei, beschränke sich die Wissenschaft auf die Erkenntnis der gegebenen Tatsachen.

Im *Positivismus* gelten Werturteile, Normen, Motivationen und Parteinahmen als ideologisch, wenn nicht nachprüfbar ist, welches die Bedingungen der Erkenntnis waren, die das Werturteil bestimmen. Ideologische Aussagen sind demnach vermeidbar, wenn es sich um methodologisch nachprüfbare Erkenntnisse von eng umgrenzten Erkenntnisobjekten handelt (Junker 1970). Der Forscher hat seine sozial bedingten Motivationen für eine Problemstellung von deren wissenschaftsimmanenter Begründung zu trennen. Soziale Vorurteile und partikuläre Interessen bewirken ein der Realität unangemessenes Denken (Fleischer 1977). Dieser Ideologiebegriff erfordert Ideologiekritik als Nachweis ideologischer Elemente in nur scheinbar logischen Aussagen. Indem Ideologie als unrealistische Aussage im Einzelfall verstanden wird, verliert Ideologiekritik ihre sozialkritische Funktion. Sie bezieht sich lediglich auf isolierte Aussagen in den einzelnen Fachwissenschaften, deren Relevanz für die Gesellschaft unreflektiert bleiben. Ziel der Ideologiekritik in diesen Ansätzen ist, über Vorurteile und Legendenbildungen aufzuklären.

Neben den traditionellen fachwissenschaftlichen Methoden wird neuerdings in der *Semiotik* die Beziehung zwischen Zeichen und ihrer Bedeutung untersucht. Mit Hilfe dieser Methode können die bezeichnenden (symbolischen) Systeme einer Kultur erforscht werden. In die bezeichnenden Systeme jeder Kultur sind Bruchstücke von Ideologie eingegangen. Ideologien sind danach besondere Bezeichnungssysteme in einer Kultur, die sich die herrschenden Klassen zur Aufrechterhaltung ihrer Herrschaft aneignen. Semiotisch verfahrende Ideologiekritik hätte das Ideologische in sprachlichen Zeichensystemen herauszuarbeiten (Barthes 1964).

Die *Wissenssoziologie* geht von der Seinsgebundenheit allen Denkens aus und folgert daraus, daß ein standortgebundenes gesellschaftliches Bewußtsein grundsätzlich ideologisch und damit auch zur Wahrheit nicht fähig ist — allenfalls könne die gesellschaftlich freischwebende Intelligenz durch die Zusammenschau aller Aspekte zu relativ unrelativistischen Erkenntnissen gelangen (Mannheim 1975). Ideologie ist Resultat sozialer Erfahrungen der erkennenden Subjekte. Die dadurch entstehende Verfälschung des Wissens ist durch Psychologie oder Sozialpsychologie zwar erklärbar, aber letztlich nicht auflösbar. Ideologiekritik besteht in dem methodisch abgesicherten Nachweis der gesellschaftlich bedingten Theorien und Vorurteile in den Einzelwissenschaften. Die Frage der Wissenssoziologie nach dem Zusammenhang von Ideologie und Gesellschaft wird auf der Ebene der Erkennntistheorie negativ beantwortet. Die Untersuchung der konkreten historischen Bedingungen für die Entstehung ideologischer Bewußtseinsformen — Teil der klassischen Ideologiekritik — ist der Wissenssoziologie fremd (Lenk 1972).

Die *Kritische Theorie* widerlegt die Annahme einer sich an der Vernunft und dem wissenschaftlichen Fortschritt orientierenden entideologisierten Gesellschaft (Habermas 1970), indem die Abhängigkeit des Wissens von *gesellschaftlichen Interessen* als Ideologie aufgedeckt wird. Ideologiekritik soll Unterschiede zwischen politischem idealen Selbstverständnis und sozialer Realität als interessenbedingt nachweisen, um über den Prozeß der Selbstaufklärung der Gesellschaft Alternativen für deren Humanisierung aufzuzeigen (Schmidt 1968). Die als klassenlos behandelten Individuen sind in einer pluralistischen Fülle von Institutionen organisiert und deren irrationaler und manipulativer Herrschaft unterworfen, die undurchschaut ist. Aufklärung und Vermittlung kritischer Einsicht dient der Abschaffung irrationaler Herrschaft bzw. deren Rationalisierung. Herrschaftsfreie Kommunikation als gewaltlos-argumentative

Ermittlung des im allgemeinen Interesse praktisch Notwendigen sollen zur gesellschaftlichen Befreiung führen. Demokratisierung, kritische Öffentlichkeit und Kritik des Rechts sind Voraussetzungen und Ziele einer ideologiefreien Gesellschaft. Ideologie ist wesentlich in den legitimierenden Weltbildern enthalten, die die Individuen internalisiert haben. Ideologie ist damit ein Problem individuellen Bewußtseins, Ideologiekritik setzt bei der am emanzipatorischen Erkenntnisinteresse orientierten Selbstreflexion der Individuen ein, so daß es sich um einen eher subjektiven Ideologiebegriff handelt (Tuschling 1978), der an der bürgerlichen Aufklärung orientiert ist und sich somit von der marxistischen Ideologietheorie unterscheidet, deren Perspektive die Aufhebung der Klassengesellschaft ist.

Die jüngste *marxistische* Kontroverse zur Ideologie-Theorie ist vom „Projekt Ideologie-Theorie" (PIT) ausgelöst worden (PIT 1979).

Ideologie wird als „Wirkungszusammenhang ideeller Vergesellschaftung-von-oben" definiert. Der Staat (unter bestimmten historischen Bedingungen von unten nach oben ausdifferenziert) ist die erste ideologische materiale Macht; Recht und Kirche sind ebenfalls ideologische Mächte; die ideologischen Mächte bedienen sich spezialisierter Staatsapparate mit entsprechenden bestimmten Praxen, die in einem flexiblen Wirkungszusammenhang stehen. Ihre Agenten bilden konkrete Ideologien in die Gesellschaft hinein, um die Selbstvergesellschaftung der Produzenten von unten zu verhindern. Letztere bewirkt mit der Abschaffung des Staates auch die der Ideologie. Ideologiekritik hat die Aufgabe, „Veränderungen im ‚Ensemble der gesellschaftlichen Verhältnisse' zu analysieren, durch welche die Handlungsfähigkeiten und -zuständigkeiten der Individuen in bezug auf die Kontrolle der gesellschaftlichen Lebensbedingungen bestimmt werden". Gegenstände der Ideologiekritik sind die Rekonstruktion der Entstehung des Staates, hinsichtlich des gesellschaftlichen Bewußtseins die Psychologie sowie die Integrationsbemühungen der ideologischen Mächte mit dem Ziel, das organisierte „(Er-)Leben der Klassengesellschaft als Erleben der Klassenlosigkeit" aufzuheben. Das PIT versteht seinen Ansatz als radikal antiideologisch. Der entfremdeten ideologischen Vergesellschaftung-von-oben wird die horizontale Vergesellschaftung von unten entgegengesetzt; deren organisatorische Form ist als basisdemokratisch zu verstehen. Der Wissenschaftsprozeß ist — nach PIT — grundsätzlich antiideologisch; jedoch ist Wissenschaft in dem Maße ideologisch bestimmt, wie sie vom Produktionsprozeß und der Gestaltung gesamtgesellschaftlicher Bedingungen abgeschnitten wird. Von der Zusammenarbeit von Arbeiterbewegung, Wissenschaft und horizontal vergesellschafteter Kultur hängt es ab, inwiefern es dem Alltagsbewußtsein möglich ist, sich wissenschaftliches Denken anzueignen, in ideologiefreien Formen zu denken und die Vergesellschaft von unten aufzubauen.

Mit diesem Ansatz wendet sich das PIT in erster Linie gegen die Ideologie-Theorie des *Marxismus-Leninismus,* der die marxistische Weltanschauung im Gegensatz zu den bürgerlichen Ideologie-Theorien als *wissenschaftliche Ideologie* versteht. Sie ist Ergebnis der wahren Erkenntnis der Wirklichkeit vom Standpunkt eines besonderen sozialen Interesses und leitet die praktisch-politische Durchsetzung dieses Interesses, das mit dem der Arbeiterklasse an der Aufhebung der Klassengesellschaft identisch ist. Da Ideologie stets gesellschaftlich und damit historisch bedingt ist, gilt für die marxistische ebenso wie für die vor-marxistische Wissenschaft das Verhältnis von relativer und absoluter Wahrheit: weil Erkenntnis historisch bedingt ist, gilt das Prinzip der Relativität unserer Erkenntnis (Lenin 1973); absolute Wahrheit bezeichnet das Erkenntisideal; im historischen Prozeß der Wissenschaft wird die Erkenntnis der absoluten Wahrheit angenähert (Metscher / Steigerwald 1983). Der Begriff der Ideologie umfaßt — in der erkenntnistheoretischen Dimension — somit Wahres und Falsches, er ist dialektisch. Das sozialistische ideologische Bewußtsein ist sich dieses Umstands bewußt und bemüht sich um die theoretische Destruktion des als falsch Erkannten und um die Klärung der Wahrheitsmomente in Ideologie. Ideologiekritik ist dialektische Kritik. Ideologiekritik in diesem Sinne ist nur möglich, wenn die zweite — praktisch-soziale — Dimension des Ideologie-Begriffs berücksichtigt wird: Ideologie bezeichnet „die *materielle Existenzweise* von Bewußtsein, oder anders gesagt: Bewußtsein als materiell existentes soziales Verhältnis, Bewußtsein in seiner *institutionellen Realität und sozialen Funktion* bis hin zur unmittelbaren materiellen (gesellschaftlichen) Gewalt" (Metscher 1982). Der Ideologie-Begriff umfaßt beides, gesellschaftliches Bewußtsein und materielle Existenz, Bewußtsein existiert als in Institutionen vergegenständlichtes soziales Verhältnis. Gesellschaftliches Bewußtsein umfaßt vom Alltagsbewußtsein über das religiöse, politische, juristische Bewußtsein alle Bewußtseinsformen bis hin zu Wissenschaft und Kultur. Materielle Existenz meint die institutionelle Realität dieser Bewußtseinsformen in Familie, Kirche, Schule, Gewerkschaften, Parteien, Medien etc. Es ist demnach zu unterscheiden zwischen den ideologischen Formen des Überbaus (Ort des ideologischen Kampfes), den gesellschaftlichen Bewußtseinsformen, die vom gesellschaftlichen Sein bestimmt sind und dem wirklichen Wissen von der „Umwälzung in den ökonomischen Produktionsbedingungen" (Marx 1969). Ideologiekritik ist als Teil des wissenschaftlichen Prozesses ständig notwendig und bildet ein Moment des ideologischen Klassenkampfes. Ziel der Ideologiekritik ist die Bewußtseinsbildung der Arbeiterklasse, Aufhebung der Begrenzungen des Denkens und der Handlungsfähigkeit als Voraussetzung der Bildung einer Klasse „für sich". Eine weitere Voraussetzung für die Bildung einr Klasse „für sich" ist der „Aufbau einer neuen Identität, die eine des Bruchs mit der Klassenherrschaft und ihren ideologischen Integrationsformen ist" (PIT 1979). Hierin stimmen PIT und Marxismus-Leninismus überein.

Literatur

Barthes, R.: Mythen des Alltags, Frankfurt 1964
Fleischer, H.: Parteilichkeit und Objektivität im Geschichtsdenken nach Marx, in: *Koselleck, R. / Mommsen, W. J. / Rüsen, J.* (Hrsg.): Objektivität und Parteilichkeit in der Geschichtswissenschaft, München 1977, 337 — 361
Habermas, J.: Technik und Wissenschaft als „Ideologie", 4. Aufl. Frankfurt 1970
Jung, H. W. / Staehr, G. von: Antikommunismus — ein ideologisches Gewaltverhältnis, in: *Calließ, J.* (Hrsg.): Gewalt in der Geschichte, Düsseldorf 1983, 313 — 334
Junker, D.: Über die Legitimität von Werturteilen in den Sozialwissenschaften und der Geschichtswissenschaft, in: *HZ* 211 (1970), 1 — 33
Kofler, L.: Soziologie des Ideologischen, Stuttgart 1975
Lenk, K. (Hrsg.): Ideologie, Ideologiekritik und Wissenssoziologie (Soziologische Texte, Bd. 4), 6. Aufl. Frankfurt 1972

Lichtheim, G.: Das Konzept der Ideologie, Frankfurt 1973
Lieber, H. J.: Philosophie, Soziologie, Gesellschaft, Berlin 1965
Lenin, W. I.: Materialismus und Empiriokritizismus, in: *Lenin*: Werke, Bd. 14, Berlin 1973
Mannheim, K.: Wissenssoziologie. Auswahl aus dem Werk, hrsg. von K. H. Wolff, 2. Aufl. Neuwied 1975
Marx, K. / Engels, F.: Die deutsche Ideologie, in: *MEW*, Bd. 3, Berlin 1969
Metscher, Th.: Kunst Kultur Humanität, Bd. 1: Studien zur Kulturtheorie, Ideologietheorie und Ästhetik, Fischerhude 1982
Metscher, Th. / Steigerwald, R.: Zu den Kontroversen über Ideologie und Ideologietheorie, in: „. . . *einen großen Hebel der Geschichte"* (Marxistische Studien, Jahrbuch des IMSF, Sonderband I), Frankfurt 1983, 188 – 211
Projekt Ideologie-Theorie (PIT): Theorien über Ideologie (*Argument*-Sonderband AS 40), Berlin 1979
Tuschling, B.: Die „offene" und die „abstrakte" Gesellschaft. Habermas und die Konzeption von Vergesellschaftung der klassisch-bürgerlichen Rechts- und Staatsphilosophie, Berlin 1978

Historik

Jörn Rüsen

Historik ist eine Theorie, die die Grundlage der Geschichtswissenschaft als Fachdisziplin, ihre *„disziplinäre Matrix",* expliziert und begründet. Diese Grundlagen bestehen im systematischen Zusammenhang der fünf für die fachwissenschaftliche Forschung und Geschichtsschreibung maßgeblichen Faktoren: Orientierungsbedürfnisse, (theorieförmige) leitende Hinsichten auf die menschliche Vergangenheit, methodische Verfahren der historischen Forschung, Formen der Darstellung und Funktionen der Daseinsorientierung (Rüsen 1983, 23 – 32). Indem die Historik diese Faktoren thematisiert, dient sie den Historikern und ihrem Publikum zur Verständigung über Eigenart, Leistung und Grenzen der Geschichte als Wissenschaft.
Im Prozeß der fortschreitenden Spezialisierung und Differenzierung der historischen Forschung hält sie ein Bewußtsein von den umgreifenden, die Einheit der Geschichtswissenschaft gewährleistenden Prinzipien des historischen Denkens wach und stellt insofern ein integrierendes Element in der Entwicklung der Geschichtswissenschaft dar. Zusätzlich zu dieser Integrationsfunktion kommt der Historik noch die wichtige Aufgabe der Kontrolle und Begründung von Veränderungen in den Grundlagen der Geschichtswissenschaft zu. Vor allem in ihren Grundlagenkrisen muß die Geschichtswissenschaft neue historische Orientierungsbedürfnisse des gesellschaftlichen Lebens in Form einer von der Historik reflektierten Revision ihrer leitenden Hinsichten und ihrer methodischen Verfahren verarbeiten (Rüsen 1976).

„Historik" als Bezeichnung einer speziellen Literatur, die die Regeln der Geschichtsschreibung und den rechten Erwerb und Gebrauch des historischen Wissens behandelt, gibt es schon seit der frühen Neuzeit (Hedinger 1974). Aber erst der Historismus schuf (auf der Grundlage wesentlicher Innovationen der Spätaufklärung) die heute noch vorherrschende Konzeption der Historik. In den klassisch gewordenen Werken von Droysen und Bernheim formulierte die Geschichtswissenschaft die theoretischen und methodischen Prinzipien ihrer fachlichen Verfassung und Eigenständigkeit.

Die gegenwärtigen Problemstellungen der Historik sind gekennzeichnet (a) durch eine Problematisierung der praktischen Funktion der historischen Erkenntnis, (b) durch eine Erweiterung und Veränderung der allgemeinen Bezugsrahmen der historischen Interpretation und der Forschungsmethoden und (c) durch eine Thematisierung der narrativen Struktur historischer Aussagen.

a) Die Historik analysiert die unbestreitbare Abhängigkeit des historischen Denkens von praktischen Interessen ihres gesellschaftlichen Kontextes an historischer Orientierung des menschlichen Lebens in seinen zeitlichen Veränderungen; dabei verfolgt sie die Absicht, die in der fachwissenschaftlichen Verfassung des historischen Denkens liegenden Objektivitätschancen zu sichern und zu erhöhen (Hedinger 1969; Koselleck u. a. 1977; Rüsen 1983). Sie präzisiert das lebenspraktische Interesse an der Historie als Interesse handelnder Subjekte an einer Vergewisserung ihrer Identität und sieht dieses Interesse als Lebensimpuls des historischen Denkens an (Lübbe 1977). Sie zeigt zugleich auf, daß und wie dieser Impuls in eine wissenschaftliche Rationalität umgesetzt werden kann und muß, die eine unterschiedliche Standpunkte im gesellschaftlichen Leben umgreifende Konsensbildung über die menschliche Vergangenheit und ihre Bedeutung für die Gegenwart ermöglicht.

b) Aus dem Anspruch der Geschichtswissenschaft auf allgemeine Überprüfbarkeit ihrer Forschungsergebnisse folgt zwingend, daß die in inhaltlicher und methodischer Hinsicht jeweils gewählten Gesichtspunkte der historischen Interpretation expliziert werden müssen. Die Historik analysiert den Status und die Funktion solcher Explikationen als Theoriebildungen. In ihnen werden allgemeine Annahmen über die jeweils in Frage stehenden geschichtlichen Zusammenhänge formuliert, die an die Quellen herangetragen werden müssen, um deren besonderen Tatsachengehalt erschließen zu können. Die Historik betont den konstruktiven Charakter solcher Annahmen: Sie legen fest, welche zeitlichen Zusammenhänge in den Blick geraten, welche Bedingungsfaktoren für sie als ausschlaggebend gelten und nach welchen Erklärungsmustern sie aufeinander bezogen werden, welche Analyseebenen unterschieden und welche Zusammenhänge zwischen ihnen festgestellt werden, nach welchen Kriterien Zeitspezifika erhoben und epochale Abgrenzungen vorgenommen werden sollen. Durch alle diese konstruktiven Leistungen der historischen Theoriebildung gewinnt die historische Interpretation eine präzise Begrifflichkeit, und zugleich wird die historische Forschung fähig, Erkenntnisse und Methoden benachbarter Wissenschaften zu rezipieren.

c) Da historische Theorien letztlich Historiographie organisieren, müssen sie dem Kriterium der Narrativität historiographischer Texte genügen (Baumgartner, in: Baumgartner / Rüsen 1976). Mit diesem Kriterium kann der geschichtsspezifische Charakter der Theoriebildungen der Geschichtswissenschaft — im Unterschied zu nomologischen Theorien anderer Wissenschaften — und die normative Orientierungsfunktion (also der Praxisbezug) der historischen Erkenntnis präzise bestimmt werden. Die Historik gibt Aufschluß über die Eigenart der Geschichtswissenschaft, indem sie die formale Struktur der Geschichtsschreibung untersucht. Sie betont die Bedeutung, die narrative Sprachhandlungen für die Gegenstandsbestimmung „Geschichte" haben (White 1973) und erweitert dann damit die seit dem Historismus dominierenden Fragen nach den Bezugsrahmen und Methoden der historischen Forschung um Gesichtspunkte, die die sprachliche Konstitution des historischen Wissens und die Rezeption und Wirkung der durch die Forschung erbrachten historischen Erkenntnis in ihrem sozialen Kontext in den Blick bringen.

Die Historik ist eine notwendige Bezugsgröße jeder Geschichtsdidaktik, die fachwissenschaftsbezogen sein will (Rüsen 1977). Die Frage der Geschichtsdidaktik nach Vernunftkriterien der historischen Bewußtseinsbildung im Leben einer Gesellschaft kann nicht hinreichend beantwortet werden, wenn nicht die durch die Geschichtswissenschaft geleistete Rationalität des historischen Denkens in der allgemeinen und prinzipiellen Form berücksichtigt wird, wie sie die Historik expliziert. Die Geschichtsdidaktik, die sich als Gegenstandsbereich nicht nur den Geschichtsunterricht, sondern das umgreifende Phänomen der historischen Bewußtseinsbildung im gesellschaftlichen Leben zuschreibt, muß sich in dem Maße auf die Historik beziehen oder selber zur Historik werden, in dem sie die der Geschichtswissenschaft als Fachdisziplin eigentümliche Rationalität des historischen Denkens als faktisch und normativ wesentlichen Faktor der historischen Bewußtseinsbildung einer Gesellschaft ansieht.

Literatur

Baumgartner, H. M. / Rüsen, J.: Seminar: Geschichte und Theorie. Umrisse einer Historik, Frankfurt 1976
Berding, H.: Bibliographie zur Geschichtstheorie, Göttingen 1977
Bernheim, F.: Lehrbuch der historischen Methode und der Geschichtsphilosophie. 2 Bde., 5. / 6. Aufl. Leipzig 1908 (Reprint New York 1970)
Blanke, H. W. / Fleischer, D. / Rüsen, J.: Historik als akademische Praxis. Eine Dokumentation der geschichtstheoretischen Vorlesungen an deutschsprachigen Universitäten von 1750 bis 1900, in: *Dilthey-Jahrbuch für Philosophie und Geschichte der Geisteswissenschaften* 1 (1983), 182 — 255
Droysen, J. G.: Historik. Historisch-kritische Ausgabe von P. Leyh, Bd. 1, Stuttgart 1977
Faber, K.-G.: Theorie der Geschichtswissenschaft (1971), 4. Aufl. München 1978
Faber, K.-G. / Meier, Chr. (Hrsg.): Historische Prozesse (Beiräge zur Historik, Bd. 2), München 1978
Hedinger, H. W.: Historik, ars historica, in: *Ritter, J.* (Hrsg.): Historisches Wörterbuch der Philosophie, Bd. 3, Darmstadt 1974, 1132 — 1137
— Subjektivität und Geschichtswissenschaft. Grundzüge einer Historik, Berlin 1969

Hesse, R.: Geschichtswissenschaft in praktischer Absicht. Vorschläge und Kritik, Wiesbaden 1979
Kocka, J. / Nipperdey, Th. (Hrsg.): Theorie und Erzählung in der Geschichte (Beiträge zur Historik, Bd. 3), München 1979
Koselleck, R. / Mommsen, W. J. / Rüsen, J. (Hrsg.): Objektivität und Parteilichkeit in der Geschichtswissenschaft (Beiträge zur Historik, Bd. 1), München 1977
Koselleck, R. / Lutz, H. / Rüsen, J. (Hrsg.): Formen der Geschichtsschreibung (Beiträge zur Historik, Bd. 4), München 1982
Lübbe, H.: Geschichtsbegriff und Geschichtsinteresse. Analytik und Pragmatik der Historie, Basel 1977
Rüsen, J.: Für eine erneuerte Historik. Studien zur Theorie der Geschichtswissenschaft, Stuttgart 1976
— Historik und Didaktik. Ort und Funktion der Geschichtstheorie im Zusammenhang von Geschichtsforschung und historischer Bildung, in: *Kosthorst, E.* (Hrsg.): Geschichtswissenschaft. Didaktik — Forschung — Theorie, Göttingen 1977
— Historische Vernunft. Grundzüge einer Historik I: Die Grundlagen der Geschichtswissenschaft, Göttingen 1983
Schieder, Th.: Geschichte als Wissenschaft. Eine Einführung, München / Wien 1965
Schmidt, A.: Zum Problem einer marxistischen Historik, in: *Oelmüller, W.* (Hrsg.): Wozu noch Geschichte?, München 1977, 135 — 181
White, H.: Meta-History. The Historical Imagination in Nineteenth-Century Europe, Baltimore 1973

Historische Methode

Jörn Rüsen

Definition

Historische Methode ist die Gesamtheit der *Regeln des historischen Denkens*. Sie bestimmen die Verfahren, nach denen die menschliche Vergangenheit als Geschichte vergegenwärtigt wird. Im Laufe der Entwicklung des historischen Denkens wurden die Schwerpunkte seiner Regelbarkeit unterschiedlich gesetzt: Ging es vor der Aufklärung zumeist darum, die Verfahren der historischen Darstellung und der optimalen Aneignung des historischen Wissens herauszuarbeiten, so setzte sich seit der Aufklärung die Idee der wissenschaftlichen Rationalität im Bereich der Geschichtsschreibung immer mehr durch. Sie bedeutete, daß die Verfahren des historischen Denkens primär am Gesichtspunkt der *Sicherung der historischen Erkenntnis* orientiert wurden. Zunächst wurde diese Sicherung darin gesehen, daß die Regeln der historischen Kritik beachtet wurden, die eine systematische Überprüfung des Informationsgehalts der Quellen garantieren. Der Historismus erweiterte diesen Methodenbegriff dadurch, daß auch die historische Interpretation als regelhaft angesehen wurde. Seit dem Historismus wird der Wahrheitsanspruch

der historischen Erkenntnis damit begründet, daß sie das Resultat eines *methodisch geregelten Forschungsprozesses* ist.
Man kann in der Geschichtswissenschaft einen weiteren und einen engeren Methodenbegriff unterscheiden: der weitere betrifft die allgemeinen und fundamentalen Regeln der Geltungssicherung historischer Aussagen, der engere das Regelsystem der historischen Forschung.

Methodische Prinzipien des historischen Denkens

Historisches Denken wird wissenschaftlich, wenn es sich auf das Prinzip verpflichtet, seine Geltungsansprüche systematisch und d. h. regelhaft zu begründen. Geltungsansprüche („Wahrheit") von Geschichten können in drei Hinsichten begründet werden: durch Verweis auf ihren *Erfahrungsgehalt*, auf ihre Bedeutung für die Zeitorientierung der aktuellen Lebenspraxis (*Normengehalt*) und auf ihre Funktion im kulturellen Orientierungsrahmen der Gegenwart (*Sinngehalt*). Diesen Hinsichten entsprechend können drei verschiedene methodische Prinzipien des wissenschaftlichen historischen Denkens unterschieden werden, die ihm die besondere Qualität der *Objektivität* verleihen: Methodisierung des Erfahrungsbezuges durch *Forschung*, Methodisierung des Normenbezuges durch *Standpunktreflexion* und Methodisierung des Bezuges auf oberste Sinnkriterien der zeitlichen Orientierung durch *Theoretisierung* (Rüsen 1983, 90 – 116).

Die Regeln der historischen Forschung

Voraussetzung jeder historischen Forschung ist die Entwicklung einer Frage an die Vergangenheit, die dem Bedürfnis gegenwärtig handelnder Menschen entspricht, sich in der Zeit zu orientieren. Wenn auch diese Artikulation des historischen Interesses noch nicht eigentlich zur Forschung gehört, gibt es doch schon hier Plausibilitätskriterien, die das methodische Vorgehen der Forschung vorbereiten: Die gestellten Fragen müssen am historischen Orientierungsbedürfnis der Gegenwart und am Stand der bisherigen historischen Forschung überprüfbar sein, wenn sie als relevant für den durch die Forschung zu bewirkenden Erkenntnisfortschritt des historischen Denkens gelten sollen.
Die historische Forschung beginnt mit der methodischen Erkenntnisoperation der *Heuristik*. Ist durch die historische Fragestellung festgelegt, was man wissen will, dann wird in einem geregelten Verfahren überprüft, was man wissen kann. Heuristik ist das Verfahren der systematischen Sammlung und Klassifikation der relevanten Quellen und der Einschätzung ihres Informationsgehalts; die mit der historischen Fragestellung verbundenen ersten Hypothesen über die in Frage stehende menschliche Vergangenheit werden nun dem Kriterium der empirischen Kontrollierbarkeit und Konkretisierbarkeit unterworfen. – Der zweite methodische Schritt der historischen Forschung besteht in der *Kritik*. Hier werden aus den Quellen historische Daten über tatsächliches vergangenes menschliches Handeln überprüfbar erhoben, und diese Erhebung

orientiert sich am Kriterium der Plausibilität des Informationsgehaltes der Quellen. In der Form der historischen Hilfswissenschaften steht der Kritik ein Instrumentarium zur Steigerung dieser Plausibilität zur Verfügung. Der dritte, abschließende methodische Schritt der historischen Forschung besteht in der *Interpretation*. In ihr werden die durch die Kritik aus den Quellen erhobenen Informationen über vergangenes menschliches Handeln zu einer Vorstellung über diejenigen zeitlichen Zusammenhänge dieses Handelns zusammengefügt, die durch die historische Frage angesprochen sind. Dabei gilt das Kriterium der Verständlichkeit: Die untersuchten Vorgänge müssen hinsichtlich ihrer Voraussetzungen, Bedingungen und Folgen erklärt und durch solche Erklärungen verständlich werden.

Über die historische Forschung hinaus führt dann schließlich die *Darstellung*; sie präsentiert die durch die Forschung erbrachte Vorstellung der menschlichen Vergangenheit in der Form einer Geschichte. Analog zur Regelung der historischen Forschung ist auch die Darstellung einem Plausibilitätskriterium unterworfen, das die Erstellung eines historiographischen Textes regelt: Die Geschichtsschreibung ist der Direktive unterworfen, den durch die historische Forschung geleisteten Erkenntnisfortschritt gleichsam in Gang zu halten; Geschichte soll so geschrieben werden, daß sie auf eine Vertiefung und Erweiterung des historischen Wissens hin offen ist.

Sowenig die methodische Regulation der historischen Forschung im allgemeinen bestritten werden kann, so sehr ist aber auf der anderen Seite gegenwärtig unklar, ob und inwieweit die historische Methode als ein geschlossenes Regelsystem verstanden werden kann. Im Historismus ist ein solches geschlossenes System im Dreischritt von Heuristik, Kritik und Interpretation entwickelt und als verbindlicher Kanon der historischen Methode dargelegt worden (Bernheim 1908). Die hier dominierende hermeneutische Bestimmung der historischen Methode wurde aber durch die Übernahme analytischer Denkweisen aus den systematischen Sozialwissenschaften erweitert und verändert, und damit löste sich der traditionelle Kanon der historischen Methode in eine Vielfalt unterschiedlicher Forschungstechniken (zum Beispiel quantifizierende Methoden, Methoden der oral history) auf. Seitdem kann von „der" historischen Methode nur noch insofern gesprochen werden, als damit die Anwendung unterschiedlicher Forschungsverfahren im Bereich der Geschichtswissenschaft gemeint ist; zu klären bleibt, worin der innere Zusammenhang dieser Verfahren besteht, der die Operationen der historischen Erkenntnis als einen in sich kohärenten und von anderen Erkenntnisprozessen abgrenzbaren Vorgang bestimmt.

Dazu ist zunächst einmal am systematischen Zusammenhang der methodischen Operationen von Heuristik, Kritik und Interpretation festzuhalten. Dieser Zusammenhang definiert die Einheit der historischen Methode in *operativprozessualer* Hinsicht.

Offen ist dann noch die Frage, ob es eine methodische Einheit auch hinsichtlich der verschiedenen Forschungsstrategien gibt, die ja unterschiedlich festlegen, was eigentlich inhaltlich an historischer Tatsächlichkeit aus den Quellen erhoben und als Geschichte interpretiert werden soll. Dieser *operativ-*

substantielle Aspekt der historischen Methode wird zumeist als Verhältnis von hermeneutischen und analytischen Methoden angesprochen. In ihm ergibt sich die Einheit der historischen Methode aus der Funktion, die das forschend erzeugte historische Wissen im Prozeß der historischen Bewußtseinsbildung wahrnimmt. Insofern hier historische Identitäten durch Deutung von Zeiterfahrung gebildet werden, müssen die dafür maßgeblichen drei Zeitdimensionen methodisch erschlossen werden: die Zeitdimension subjektiver Selbstverständigungen und handlungsleitende Absichten, die Zeitdimension objektiver (struktureller) Handlungsbedingungen und -umstände und die Vermittlung beider in die eigentlich historische Zeit. Aus dieser Mehrdimensionalität der historischen Erfahrung folgt, daß die Forschung in operativ-substantieller Hinsicht drei methodologischen Gesichtspunkten folgt, die systematisch miteinander zusammenhängen: *Hermeneutisch* rekonstruiert sie Zeitverläufe in der Vergangenheit nach Gesichtspunkten von Sinnzusammenhängen, die aus den Absichten der in diesen Verläufen handelnd und leidend Beteiligten folgen. *Analytisch* rekonstruiert sie Zeitverläufe in der Vergangenheit nach Gesichtspunkten von Wirkungszusammenhängen, die aus strukturellen Bedingungen folgen, unter denen Subjekte durch ihr Handeln und Leiden diese Verläufe (mit-)vollziehen. Schließlich vermittelt sie (man könnte sagen: *dialektisch*) die Gesichtspunkte der hermeneutischen und analytischen Rekonstruktion von Zeitverläufen zu komplexen Zusammenhängen, in denen die Richtung historischer Prozesse aus einem offenen Wechselverhältnis zwischen Absichten und strukturellen Bedingungen menschlichen Handelns resultiert. Diese Vermittlung bindet die Vielfalt verschiedener methodischer Zugriffe auf die Quellen so in die Einheit *der* historischen Methode zusammen, daß unterschiedliche Erfahrungsbereiche in die Einheit einer identitätsbildenden Geschichte substantiell integriert werden können.

Bedeutung

Die historische Methode garantiert die *Objektivität* historischer Aussagen. Damit wird zwar nicht die fundamentale Abhängigkeit der Geschichtsschreibung vom Standpunkt ihrer Autoren und ihrer Rezipienten im gesellschaftlichen Lebenszusammenhang der Gegenwart außer Kraft gesetzt; wohl aber wird der Wahrheitsanspruch der Geschichtsschreibung zu einer Angelegenheit des rationalen Argumentierens. Über unterschiedliche Standpunkte und widersprüchliche Interessenlagen hinweg führt die historische Methode in die Operationen der historischen Erkenntnis das Ziel der intersubjektiven Verbindlichkeit durch konsensbildende Argumentation ein.

Die durch die historische Methode erreichbare Objektivität der historischen Erkenntnis muß als einer der wichtigsten Gesichtspunkte der historischen Bewußtseinsbildung nicht nur innerhalb der Geschichtswissenschaft angesehen werden. Die Methodisierung der historischen Erkenntnis ist eine Leistung der Geschichtswissenschaft, hinter die kein Lehren und Lernen der Geschichte zurück kann. Der Geschichtsdidaktik ist damit die Aufgabe gestellt, in alle von ihr untersuchten Prozesse der historischen Bewußtseinsbildung normativ das Kriterium des Objektivitätsgewinns durch Methodisierung einzubringen und sich dabei an den für die Geschichte als Wissenschaft wesentlichen Plausibilitätskriterien zu orientieren. Dabei müssen diese Kriterien von der Didaktik über die Grenzen der Wissenschaft hinaus — und das heißt auch: über die Grenzen der Wissenschaftspropädeutik des Geschichtsunterrichts hinaus — als Vernunftchancen für jede gesellschaftliche Kommunikation über Geschichte zur Geltung gebracht werden.

Literatur

Bernheim, E.: Lehrbuch der historischen Methode und der Geschichtsphilosophie. 2. Bde., 5. und 6. Aufl. Leipzig 1908 (Reprint New York 1970)
Le Goff, J. / Nora, P. (Hrsg.): Faire de l'histoire. Noveaux problèmes. 2. Bde., Paris 1974
Topolski, J.: Methodology of History, Dordrecht 1976
Rüsen, J. / Schulz, W.: Historische Methode, in: *Ritter, J. / Gründer, K.* (Hrsg.): Historisches Wörterbuch der Philosophie, Bd. 5, Basel 1980, 1345 — 1355

Hermeneutik, Verstehen

Karl-Georg Faber †

Hermeneutik heißt ursprünglich die Lehre von der methodisch verfahrenden Auslegung sprachlicher Äußerungen mit dem Ziel, den in ihnen verborgenen „Sinn" zu verstehen. Sie ist zunächst die Kunst der Auslegung der Heiligen Schrift durch Theologen und der Interpretation von Gesetzestexten durch Juristen, um aus ihnen die verpflichtende Norm zu ermitteln. Gegenüber dieser „normativen" Hermeneutik (Betti 1967) untersucht die philosophische Hermeneutik (Gadamer 1972) die Bedingungen der Möglichkeit des Verstehens überhaupt und seinen Stellenwert in der Erkenntnistheorie der Geisteswissenschaften, wodurch diese von den „nur" erklärenden Naturwissenschaften getrennt sind.
Von beiden Varianten der Hermeneutik ist die Lehre vom *historischen Verstehen* zu unterscheiden. Die Methode der Geschichtswissenschaft wurde 1857 von Johann Gustav Droysen mit der Formel „forschend zu verstehen" umschrieben (Droysen 1977, 22). Sie hat die Ermittlung des Sinnzusammenhanges vergangener menschlicher Handlungskomplexe zum Ziel. Das historische Verstehen vollzieht sich nicht nur über Texte oder über das auf Schallplatten und Tonbändern festgehaltene gesprochene Wort, sondern über jeden Niederschlag, den vergangenes menschliches Tun in den dem Historiker

zugängliche Quellen gefunden hat, zum Beispiel die Flur eines Dorfes, das Grabmal eines Bischofs, das Register eines Standesamtes oder Bismarcks „Erinnerung und Gedanke". Insoweit die Überreste vergangener menschlicher Praxis Ausdruck der ihnen zugrunde liegenden Absichten, von Traditionen, Wertvorstellungen, Bedeutungsannahmen und Zukunftsentwürfen sind, bedürfen sie der verstehenden Interpretation. Historisches Verstehen nimmt aber immer von der aktuellen Lebenserfahrung des Historikers, also von einem „Vorverständnis", seinen Ausgang. Es ist deshalb der Gefahr ausgesetzt, daß es vergangenen Handlungen die Vorstellungen und Motive der Gegenwart unterlegt. Es muß kontrolliert werden, und dies geschieht durch eine Reihe von Annahmen und Operationen, mit denen der Kontext derjenigen Handlungskomplexe und -zusammenhänge rekonstruiert und objektiviert wird, um deren Verständnis es geht.

Zu solchen Operationen und Annahmen, mit denen der ursprüngliche Verstehenshorizont des Interpreten korrigiert und erweitert wird, gehören die Trennung des nachträglichen Wissens des Historikers über die Folgen vergangener Praxis von dem Verstehen der Intention der Handelnden selbst, der dauernde Vergleich des eigenen Erlebens und des Geschehens der Gegenwart mit demjenigen der Vergangenheit, um deren Handlungs- und Erfahrungshorizont zu bestimmen, die Einsicht in das Sich-Wiederholende, das Strukturhafte menschlichen Tuns und die Annahme des Kausalitätsverhältnisses in dem Sinne, daß nichts, auch nicht menschliches Handeln, ohne Ursache geschieht. Die Summe solcher kritischen Verfahren, die auf einer historischen Anthropologie aufliegen, läßt sich mit Habermas als *„kontrollierte Verfremdung" des Verstehens* bezeichnen (Habermas 1967, 172). Sie liefert den Rahmen, in dem die Menschen in einer bestimmten Epoche unter mehr oder weniger bekannten Umständen zu handeln imstande waren. An welchen Orten dieses Rahmens die vergangene Praxis angesiedelt war, inwieweit sie ihn ausgefüllt oder gar gesprengt hat, läßt sich durch das Verstehen nicht eindeutig bestimmen. Das liegt nicht nur an der spezifischen Struktur menschlichen Wollens und Handelns, sondern auch daran, daß dem Historiker das vergangene menschliche Tun nur in seinen Überresten, gewissermaßen als „Zeichen", zugänglich ist, von denen auf die Intentionen der Handelnden zurückgeschlossen werden muß. Da einerseits die Menschen ihre Absichten auf verschiedenen Wegen und mit verschiedenen Resultaten verwirklichen, da andererseits die in den Überresten vorliegenden „Zeichen" und der Bestand menschlicher Intentionen niemals, jedenfalls nicht erkennbar, geschlossene Systeme bilden und nicht unabänderlich aufeinander bezogen sind, kommt das kontrollierte Verstehen nur zu Aussagen von „tentativer Geltung" (Habermas 1967, 34).

Das kann nur denjenigen beunruhigen, der den — keineswegs absoluten — Exaktheitsmaßstab der Naturwissenschaften an die Historie legt. Im übrigen läßt der Wandel des lebenspraktischen Standortes des Historikers einen Fortschritt im Verständnis der Geschichte zu. So wie das kontrollierte Verstehen zwischen dem Handlungsentwurf und seinen Folgen unterscheidet und damit den historischen Wirkungszusammenhang gedanklich unterbricht, so vermag *die wissenschaftliche Kritik* das frühere Sinnverständnis von einem neuen Standort aus zu korrigieren. So ist die in den letzten Jahrzehnten vollzogene Revision des traditionellen Lutherverständnisses durch den Abbau konfessioneller Vorurteile und die wachsende Skepsis gegenüber dem angeblichen Sinnzusammenhang „von Luther über Bismarck bis zur Gegenwart" gefördert worden. Profan- und Kirchenhistoriker stimmen darin überein, daß ältere Interpretationen Luthers als Revolutionär, als nationaler Held oder als Vorkämpfer der Geistesfreiheit falsch oder schief waren und die religiöse Motivation seines Tuns unterschätzen.

Über die Erklärung relativ isolierter Handlungskomplexe aus den ihnen zugrunde liegenden Intentionen hinaus ist das historische Verstehen an der *Konstituierung oder Überprüfung größerer Sinn- und Wirkungszusammenhänge* in der Geschichte beteiligt. Es ist zum Beispiel die Frage, in welchem Verhältnis Luthers Thesenanschlag von 1517 zur „Reformation" oder der Bastillesturm zur „Französischen Revolution" stehen. Aufgrund welcher wissenschaftlicher Erfahrung ist der Historiker berechtigt, solchen größeren Einheiten „Sinn" oder „Bedeutung" zuzusprechen, ohne eine hinter den Ereignissen wirkende anaonyme Kraft — etwa den Volks- oder Weltgeist — zu bemühen? Solche Einheiten blieben ohne historischen Sinn und unverstanden, würde der Historiker nicht zu ihrer „Konstruktion" auf das Material von Handlungskomplexen zurückgreifen, die mit Hilfe des kontrollierten Verstehens erklärt worden sind. Das gilt auch für menschliches Tun und Leiden unter extremen natürlichen Bedingungen — etwa der Schwarzen Pest im 14. Jahrhundert — oder unter dem Einfluß ökonomischer und technischer „Sachzwänge", zumal diese ein Reagieren der Menschen nicht ausschließen. Das historische Verstehen ist also zumindest eine Voraussetzung für die Stiftung von komplexen Einheiten, denen der Historiker Name und Bedeutung zuspricht. Diese Einheiten repräsentieren zugleich objektive Wirkungszusammenhänge, die die Absichten der in ihnen lebenden Menschen überschreiten. Ihre Kohäsion beruht ebenso sehr auf der Funktion und Struktur „bewußtloser" Faktoren wie auf der sie möglicherweise sprengenden menschlichen Praxis, so daß zu ihrer Erklärung auf hermeneutische und kausalanalytische Verfahren zugleich zurückgegriffen werden muß.

Das noch weitergehende Problem, inwieweit die Geschichte als *ein* Komplex menschlicher Interaktionen und überindividueller Prozesse „verstanden" werden kann, weist auf das umstrittene Feld der philosophischen Hermeneutik und der praktischen Philosophie zurück. Umstritten ist nicht so sehr die Verwurzelung des Verstehens im allgemeinen Lebenszusammenhang, sondern die Frage, in welchem Verhältnis die vorwissenschaftliche „Erfahrung von Geschichte selbst", in der „sich Wahrheit kundtut" (Gadamer 1972, XVIII), zu den hermeneutisch ermittelten Aussagen des Historikers steht. An dieser Stelle berührt sich die Arbeit des verstehend und analysierend verfahrenden Wissenschaftlers mit der *didaktischen Aufgabe der Historie*, insoweit diese die Ergebnisse der Geschichtswissenschaft als Grundlage für eine kritische Auseinandersetzung mit der Vergangenheit, zur Stiftung von Identität und als Orientierungshilfe in den lebenspraktischen Zusammenhang einbringt.

Literatur

Betti, E.: Allgemeine Auslegungslehre als Methodik der Geisteswissenschaften, Tübingen 1967
Droysen, J. G.: Historik. Historisch-kritische Ausgabe von P. Leyh, Bd. 1, Stuttgart 1977
Faber, K. G.: Theorie der Geschichtswissenschaft, 4. Aufl. München 1978
Gadamer, H. G.: Wahrheit und Methode. Grundzüge einer philosophischen Hermeneutik, 3. Aufl. Tübingen 1972
Gadamer, H. G. / Boehm, G. (Hrsg.): Seminar: Die Hermeneutik und die Wissenschaften, Frankfurt 1978
Habermas, J.: Zur Logik der Sozialwissenschaften, Tübingen 1967
Riedel, M.: Verstehen oder Erklären? Zur Theorie und Geschichte der hermeneutischen Wissenschaften, Stuttgart 1978
Schaeffler, R.: Artikel „Verstehen", in: *Handbuch philosophischer Grundbegriffe*. Studienausgabe, Bd. 6, München 1974, 1628–1641

Historische Kategorien

Jörn Rüsen

Kategorien sind fundamentale Denkformen, die die erfahrene Wirklichkeit der menschlichen Erkenntnis erschließen. Mit ihnen ordnet das Denken die Welt, und sie geben den Ausschlag darüber, ob ein Reden über Sachverhalte sinnvoll oder sinnlos ist. Historische Kategorien sind *fundamentale Deutungsmuster der historischen Erfahrung*. Mit ihnen wird der Bereich „Geschichte" aus der Gesamtheit aller möglichen Erfahrungen ausgegrenzt und festgelegt, worauf es ankommen soll, wenn etwas als „geschichtlich" oder „historisch" bezeichnet wird. Historische Kategorien sind *oberste Sinnkriterien der historischen Erkenntnis;* sie entscheiden darüber, nach welchen Gesichtspunkten durch historisches Erzählen die Zeiterfahrung der Vergangenheit zur Deutung der Gegenwart und zur Perspektivierung von Zukunft als Richtungsbestimmung menschlichen Handelns aufgearbeitet und gedeutet wird.

Erörtert werden die kategorialen Probleme des historischen Denkens im Rahmen einer allgemeinen Theorie der Geschichte. Theorien dieser Art sind aus verschiedenen Gründen problematisch, aber unverzichtbar, solange mit Argumenten darüber gestritten werden soll, was als spezifisch „historisch" den Erfahrungs- und Gegenstandsbereich der historischen Erkenntnis ausmacht, welche denkenden Zugriffsweisen diesem Bereich entsprechen und welche besondere Aufgabe dem historischen Denken im kulturellen Haushalt der menschlichen Lebenspraxis zukommt. Kategoriale Reflexionen gehören also im Rahmen einer Historik zum unverzichtbaren Bestandteil der Selbstverständigung der Geschichtswissenschaft.

Historische Kategorien sind Antworten auf die Frage, welche Prinzipien die Zeiterfahrung als Geschichte erfahrbar, erkennbar, erforschbar, darstellbar und brauchbar (im Kontext menschlicher Daseinsorientierung) machen. Sie stellen Grundbegriffe des historischen Denkens dar, mit denen Zeiterfahrung in historisches Wissen verarbeitet werden kann. Sie ordnen Zeiterfahrungen zum Bereich des historisch Erkennbaren; sie „definieren" (im Sinne von „grenzen aus") Geschichte als Erfahrungs- und Erkenntnisbereich und als Bereich praktisch verwendbaren Wissens, und zugleich ordnen sie diesen Bereich in sich selbst, indem sie seinen Sinn und seine Bedeutung fundamental festlegen.

Solche kategorialen Orientierungen erfährt das historische Denken in drei Hinsichten: inhaltlich, formal und funktional.

a) Historische Kategorien bringen *„Geschichte" als Inbegriff inhaltlicher Bestimmungen historischer Aussagen* in den Blick. Sie ordnen also die Erfahrung von zeitlichen Veränderungen des Menschen und seiner Welt in der Vergangenheit zum Bereich erkennbarer geschichtlicher Verläufe und ihrer Zusammenhänge; sie geben Zeit den Sinn von Geschichte. Maßgebend für diese kategoriale Ausprägung einer historischen Sinnbestimmung ist das Sinnkriterium der *Kontinuität*. Historische Kategorien formen dieses Kriterium zu *Zeitverlaufsstrukturen*, mit denen empirische Zeitverläufe als geschichtliche identifiziert und interpretierbar gemacht werden (Koselleck 1979). Beispiele solcher Kategorien sind: Fortschritt (und seine Negation: Rückschritt); Entwicklung (mit ihrem Pendant: Individualität); Prozeß; Strukturwandel; Evolution (mit ihrer Spezifikation: Revolution). Solche Zeitverlaufsstrukturen lassen sich zu einem Netzwerk kategorialer Grundbegriffe oder *historischer Universalien* ausarbeiten, wenn synchrone Differenzierungen (zum Beispiel Arbeit, Gesellschaft, Herrschaft, Kultur) auf Interdependenzen allgemeiner Art hin angesprochen und diesen Interdependenzen diachrone Tendenzbestimmungen abgewonnen werden. Jeder historischen Interpretation liegen solche Netzwerke historischer Universalien bestimmend zugrunde. Sie werden von der geschichtswissenschaftlichen Forschungsarbeit zumeist vorausgesetzt und nur selten expliziert. Sie müssen aber immer dann systematisch in Theorieform expliziert und diskutiert werden, wenn gängige Deutungsmuster der historischen Interpretation ihre Plausibilität verlieren oder kritisiert und neue Sinnkriterien des historischen Denkens eingeführt werden (ein bedeutendes Beispiel: Marx 1845). Auch hängt von der Theoriefähigkeit der historischen Grundbegriffe der Wissenschaftlichkeitsanspruch der Geschichtswissenschaft, zumindest sein Ausmaß, ab; denn ohne sie blieben die kategorialen Grundlagen des historischen Denkens rhetorische und poetische Sprachhandlungen, und die historische Forschung stellte bloß eine sekundäre Rationalisierung einer letztlich irrationalen „Sinngebung des Sinnlosen" dar.

b) Kategoriale Strukturen weist auch die *Form des historischen Denkens* auf; denn „Geschichte" ist nicht nur Gegenstandsbestimmung historischer Aussagen, sondern zugleich auch eine Qualifikation ihrer spezifischen Form. Kategoriale Formbestimmungen ordnen die Zusammenhänge von Aussagen über die menschliche Vergangenheit zu sinn- und bedeutungsvollen, und d. h. rezeptionsfähigen Geschichten. Maßgebend für diese kategoriale Strukturierung des historischen Denkens ist das Sinnkriterium der *Narrativität*. Die Ausprägung der narrativen Struktur historischer Aussagen (bzw. Aussageverknüpfungen) zu verschiedenen Formen des historischen Wissens läßt sich kategorial ordnen und reflektieren. Dann werden *Grundmuster des historischen Erzählens* sichtbar und ihr Verhältnis zu den kategorialen Deutungsmustern der historischen Erfahrung bestimmbar. Damit erfährt zugleich die Geschichtsschreibung im Selbstverständnis der Geschichtswissenschaft eine erhebliche Aufwertung: Sie ist kein bloßer Appendix der Forschung mehr, sondern eine eigenständige Operation des historischen Denkens mit eigenen Kriterien wissenschaftsspezifischer Rationalität. Die Reflexionsarbeit an den Grundlagen der Geschichtswissenschaft hat erst damit begonnen, kategoriale Formelemente des historischen Denkens zu explizieren (H. White 1973, 1978; Metz 1979; Rüsen 1982); dabei kann auf die weit zurückreichende Tradition der Rhetorik zurückgegriffen werden, die die formalen Kategorien des historischen Denkens erörtert hatte, bevor im Prozeß seiner Verwissenschaftlichung die inhaltlichen Kategorisierungen des historischen Denkens dominant in den Vordergrund traten.

c) Schließlich gibt es auch kategoriale *Funktionsbestimmungen des historischen Denkens*. Sie strukturieren seinen Bezug auf den Orientierungsrahmen der menschlichen Lebenspraxis, in dem zeitliche Richtungsbestimmungen, die Vergangenheitserfahrungen und Zukunftserwartungen verbinden, Handeln intentional beeinflussen. Maßgebend für diese kategoriale Funktionsbestimmung des historischen Denkens im Orientierungsrahmen der menschlichen Lebenspraxis ist der Gesichtspunkt sozialer und personaler *Identität* in den zeitlichen Veränderungen des Menschen und seiner Welt. Zeiterfahrungen müssen kategorial so als Geschichte gedeutet und narrativ zum Ausdruck gebracht werden, daß sich die angesprochenen Subjekte mit ihnen der Dauer ihrer selbst im Wandel der Zeit vergewissern können. In dieser Funktionsbestimmung liegt die *kommunikative Dimension* beschlossen, die das historische Denken im Lebenszusammenhang seiner Subjekte hat (Röttgers 1982). Auch diese Dimension läßt sich kategorial ordnen und erschließen, indem die für das Wechselspiel zwischen Produzenten und Rezipienten historischen Wissens maßgeblichen Strukturen und Prozesse historischer Identität herausgearbeitet und erörtert werden. Die Reflexionsarbeit an einer solchen funktionsspezifischen kategorialen Analyse des historischen Denkens steckt noch in den Anfängen. Historische Identität ist strukturanalytisch als diachrone Dimension sozialer und personaler Identität in ihrem komplexen Zusammenhang noch wenig erschlossen. Allerdings bietet die historiographiegeschichtliche Forschung eine Fülle aufschlußreichen Materials.

So definiert zum Beispiel die Aufklärung historische Identität kategorial mit einem Konzept von Menschheit (Bödeker 1982), und der Historismus partikularisiert diese kategoriale Verallgemeinerung zur historischen Vorstellung nationaler Identität. Gegenwärtig wird die geschlechtliche Identität des Menschen aus dem Banne quasi-natürlicher Fixierungen zu einer kategorialen historischen Bestimmung befreit (Hassauer-Ross 1983), ohne daß die hier notwendigen theoretischen Reflexionen zum Thema: Geschlecht als historische Kategorie, über kontroverse Ansätze schon hinausgegangen wären.

Die Reflexion kategorialer Strukturen des historischen Denkens in inhaltlicher, formaler und funktionaler Hinsicht kann dazu dienen, Eigenart, Leistung und Grenzen des historischen Denkens, Art und Ausmaß seiner wissenschaftsspezifischen Rationalität und schließlich auch seine lebenspraktische Bedeutung grundsätzlich aufzuklären. Solche kategorialen Analysen haben immer auch eine kritische Funktion, da sie elementare und allgemeine Voraussetzungen des historischen Denkens in den Blick bringen, die in der konkreten historischen Erinnerungsarbeit eher verborgen bleiben, obwohl sie diese Arbeit maßgeblich bestimmen.

Die Geschichtsdidaktik muß auf die für das historische Denken maßgeblichen Kategorien rekurrieren, um die Fachspezifik des historischen Lernens und Lehrens dort zur Geltung bringen und reflektieren zu können, wo Lernen und Lehren unter anderen kategorialen Zugriffen erziehungswissenschaftlich (mit Hilfe anderer Wissenschaften, wie vor allem der Psychologie) untersucht wird. Die Aufgabe der Geschichtsdidaktik besteht dann darin, die *historischen Kategorien als fundamentale Bestimmungsfaktoren des historischen Lernens* in inhaltlicher, formaler und funktionaler Hinsicht zu formulieren. Dann ergeben sich Gesichtspunkte, nach denen diskursiv mit dem Gewicht geschichtstheoretischer Plausibilität darüber entschieden werden kann, worauf es im historischen Lernen inhaltlich ankommt, welche formalen Kompetenzen lernend erworben und lehrend vermittelt und unter welchen Gesichtspunkten der Lebensdienlichkeit historische Lernprozesse organisiert werden können (Ansätze dazu bei Mayer / Pandel 1976).

Literatur

Baumgartner, H. M.: Kategorie, in: *Handbuch philosophischer Grundbegriffe*, hrsg. von H. Krings / H. M. Baumgartner / Chr. Wild, München 1973, 761 — 778

Bödeker, H. E.: Menschheit, Humanität, Humanismus, in: *Geschichtliche Grundbegriffe*, hrsg. von O. Brunner u. a., Bd. 3, Stuttgart 1982, 1063 — 1128

Hassauer-Roos, F.: Das Weib und die Idee der Menschheit. Überlegungen zur neueren Geschichte der Diskurse über die Frau, in: *Kuhn, A. / Rüsen, J.* (Hrsg.): Frauen in der Geschichte III. Fachwissenschaftliche und fachdidaktische Beiträge zur Geschichte der Weiblichkeit vom frühen Mittelalter bis zur Gegenwart, Düsseldorf 1983, 87 bis 108

Koselleck, R.: „Erfahrungsraum" und „Erwartungshorizont" — zwei historische Kategorien, in: *ders.*: Vergangene Zukunft. Zur Semantik geschichtlicher Zeiten, Frankfurt 1979, 349 — 375

Mayer, U. / Pandel, H.-J.: Kategorien der Geschichtsdidaktik und Praxis der Unterrichtsanalyse. Zur empirischen Untersuchung fachspezifischer Kommunikation im historisch-politischen Unterricht, Stuttgart 1976

Marx, K. / Engels, F.: Feuerbach, in: *dies.*: Die deutsche Ideologie (1845), *MEW*, Bd. 3, 17 — 77

Metz, K. H.: Grundformen historiographischen Denkens. Wissenschaftsgeschichte als Methodologie. Dargestellt an Ranke, Treitschke und Lamprecht. Mit einem Anhang über zeitgenössische Geschichtstheorie, München 1979

Perelmann, C. (Hrsg.): Les catégories en historie, Brüssel 1969
Röttgers, K.: Geschichtserzählung als kommunikativer Text, in: *Quandt, S. / Süssmuth, H.* (Hrsg.): Historisches Erzählen. Formen und Funktionen, Göttingen 1982, 29 — 48
Rüsen, J.: Die vier Typen des historischen Erzählens, in: *Koselleck, R, / Lutz, H. / Rüsen, J.* (Hrsg.): Formen der Geschichtsschreibung (Beiträge zur Historik, Bd. 4), München 1982, 514 — 605
White, H.: Meta-History. The Historical Imagination in Nineteenth-Century Europe, Baltimore 1973
— Rhetoric and History, in: *White, H. / Manuel, F. E.*: Theories of History, Los Angeles 1978, 3 — 25

Fortschritt

Rainer Piepmeier

Fortschritt ist ein historisch ausgebildeter *Deutungsbegriff für Geschichtsabläufe,* der begründet ist in der räumlichen und zeitlichen Endlichkeit des Menschen und der nichtmenschlichen Wirklichkeit. Der doppelte Bezug auf Raum und Zeit artikuliert sich im Wort Fortschritt selbst, das als Metapher eine räumliche Vorstellung aufnimmt und hierin zeitliches Geschehen sprachlich und gedanklich faßbar machen will. Das Wort und die Sache des Fortschritts ist gekennzeichnet durch die allgemeine Bedingung, daß zeitliche Vorgänge nicht vom Raum getrennt werden können. Fortschritt als Deutungsbegriff erfaßt den Zusammenhang der Erfahrung endlicher Zeitlichkeit, des menschlichen *Strebens nach Selbsterhaltung,* das naturhaft ist, sich aber jeweils historisch verschieden artikuliert, und des *Willens nach Freiheit.* Insofern dieser Zusammenhang besonders in der europäischen Geschichte ausgebildet zu sein scheint, ist Fortschritt einer der konstitutiven Begriffe der *europäischen* Kultur. Unter dem Wortzeichen Fortschritt wird dieses Merkmal europäischer Kultur allerdings erst Ende des 18. Jahrhunderts terminologisch festgelegt (Ritter 1972; Koselleck 1975), um die neuzeitlich bestimmte Ausprägung zu kennzeichnen. Analoge historische Erfahrungen artikulieren sich aber schon vorher, im Rahmen anderer Deutungssysteme, auf der Basis materiell bedingter und beschränkter Aneignungs- und Freiheitsmöglichkeiten.

Auch die *Antike* kennt ein Bewußtsein des Fortschreitens als *qualitative Veränderung zum Besseren* hin, das man methodisch kontrolliert und plausibel begründet als „Könnens-Bewußtsein" bezeichnet hat (Meier 1980). Es bildet sich in der griechischen Antike das Bewußtsein von tatsächlichen und möglichen Verbesserungen, auf der Grundlage der erfahrenen neuen Möglichkeiten des politischen Handelns, der nutzbaren Aneignung der Natur und des künstlerischen Gestaltens. Dies Bewußtsein bleibt aber partiell in bezug auf räumlichen Umfang und zeitliche Dimension, entsprechend dem Ausmaß der Aneignung von Natur und der Partialität von Freiheitsverwirklichung. Der umfassende Deutungsrahmen für zeitliche Abläufe, die Vorstellung eines Kosmos mit seinen Umkehrungen und kreisförmigen Umläufen, bleibt unberührt.

Die *christliche* Deutung des Weltgeschehens geht von einer *unumkehrbaren Linearität* aus, die im einmaligen Erscheinen Christi begründet ist. Indem aber mit dem Erscheinen Christi das Entscheidende im Weltgeschehen vollbracht ist, kann und muß kein qualitativer Fortschritt gedacht werden. Da sich die Naherwartung der Wiederkehr Christi nicht erfüllt, eröffnet sich zwar Geschichte als Zeit-Raum christlichen Lebens, aber der Zusammenhang von Schöpfung, Geburt, Tod und Wiederkehr Christi ist nicht als linearer Prozeß eines endlich-historischen Fortschritts zu fassen, sondern transzendiert Geschichte und ist ein Geschehen, das der Verfügungsmacht der Menschen entzogen ist. In bestimmender Weise hat Augustinus dieses Geschichtsverständnis für die christliche Spätantike und das Mittelalter formuliert (vgl. Ritter 1972; Koselleck 1975); Joachim von Fiore dynamisiert zwar diese Vorstellung, überschreitet aber den heilsgeschichtlichen Rahmen nicht.

Der *neuzeitliche Begriff* des Fortschritts ist Folge eines grundlegenden Erfahrungswandels, der begründet ist in der Erfahrung einer zunehmend möglichen *Aneignung der Natur* zugunsten der Selbsterhaltungsmöglichkeiten des Menschen. Das Bewußtsein beschleunigt wiederum den realen Prozeß. Bewußt wird die Erfahrung zunächst in einzelnen Bereichen, den Wissenschaften, in der Kunst und Philosophie, in Moral und Gesellschaft (vgl. Koselleck 1975). Das Bewußtsein des tatsächlichen oder möglichen Fortschritts in Teilbereichen vereinigt sich schließlich zum Bewußtsein eines Fortschritts *der* Geschichte, die nun selbst als Einheit, als linearer Prozeß auf ein Ziel hin aufgefaßt wird. Als Subjekt wie Objekt dieser Fortschrittsgeschichte wird *die Menschheit* als ganze gedacht. Daß dies noch nicht Stand der realen Geschichte ist, es also räumliche und zeitliche Ungleichheiten gibt, nährt gerade die Idee des Fortschritts. Fortschritt wird so *Deutungsbegriff* für vergangene Geschichte, *Selbstverständigungsbegriff* der Gegenwart, deren Stelle im Prozeß des Fortschritts bestimmt wird, und *Handlungs- und Planungsbegriff,* der die Zukunftsdimension erschließt.

Die neuzeitliche Wissenschaft, die daraus sich ergebende mögliche neue Technik der Naturbeherrschung, die gesellschaftlichen und politischen Revolutionen bilden den multikausal verknüpften Prozeß der *Emanzipation* aus der historischen Wirklichkeit des alten Europas und der Konstitution der neuzeitlichen Gesellschaft, die auf rationeller Beherrschung und technischer Nutzung der Natur begründet ist. Entscheidend für den Fortschrittsbegriff ist, daß die Erwartung zunehmender bürgerlicher Freiheiten hoffnungsvoll gebunden ist an die zunehmenden Möglichkeiten der Naturaneignung. Die *bürgerliche Gesellschaft,* die sich in diesen historischen Entwicklungen herausbildet und sich als Träger und Motor der Fortschrittsgeschichte versteht, behauptet sich als Gesellschaft zunehmender Freiheiten in der Realisierung zunehmender Aneignung der Natur als Arbeit. Die Sinnbestimmung durch Fortschritt und das Selbstverständnis als Arbeitsgesellschaft sind unabdingbar verbunden. Der hier knapp gekennzeichnete neuzeitliche Begriff des Fortschritts stellt einen Idealtypus dar, der kaum je in allen seinen Elementen sich in den Quellen bei einem einzelnen Autor vorfindet. In seinen theoretisch prägnanten Ausprägungen zum Beispiel bei Condorcet, Kant, Hegel, Marx ist trotz entscheidender Differenzen in bezug auf Definition, Erwartung und Erfüllung der Zusammenhang von Fortschritt in der Naturaneignung und Fortschritt der Freiheitsgeschichte grundlegend (zu den einzelnen Positionen Ritter 1972; Koselleck 1975; Piepmeier 1983).

Im 19. Jahrhundert war die Dynamik des Fortschritts in allen Bereichen der Lebenswelt, im wissenschaftlichen, technischen, politischen und gesellschaftlichen Handeln historische Wirklichkeit geworden. Sich mit dem Prinzip Fortschritt auseinanderzusetzen heißt nun, sich mit der Härte historischer Realität auseinandersetzen zu müssen. Gegenwärtig ist der Fortschrittsbegriff nicht mehr ohne das kritische Bewußtsein zu verwenden, das begründet ist in der historischen Aufweisbarkeit der *ambivalenten Folgen des Fortschritts*. Nicht zu leugnen sind – auf Europa und Nordamerika bezogen – die materiellen Fortschritte in der zunehmenden Aneignung der Natur, mit der Folge zunehmender Nahrungsmittel- und Güterproduktion. Nicht zu leugnen ist die *Zunahme individueller Freiheitsräume* und prinzipiell verbriefter – wenn auch oft nicht oder nicht voll realisierter – Freiheitsrechte. Andererseits gibt es Fakten oder Indizien für die Annahme, daß die Geschichte zunehmender Naturaneignung und Freiheitsgeschichte nicht konvergieren, auseinanderzulaufen drohen oder gar gegenläufig sind. Fortschreitende Naturaneignung führt zu neuen Freiheiten, aber auch zu neuen Zwängen und bedroht durch die intensiv und extensiv universal werdende Nutzung der natürlichen Ressourcen die elementaren Bedingungen der Selbsterhaltung. Die *Krise des Fortschrittsbegriffs* zeigt sich in der Konfrontation von Anspruch und Realisierung.

- Der neuzeitliche Fortschritt war getragen von der Hoffnung, daß durch vereinheitlichende philosophische Vernunft und wissenschaftliche Rationalität der innere Friede der Gesellschaft und der äußere der Staatenwelt hergestellt werden könnte. Die Menschen des 20. Jahrhunderts erleben große innergesellschaftliche Spannungen bis hin zu Bürgerkriegen, zwei Weltkriege, eine Unzahl regional begrenzter Kriege, eine wissenschaftlich perfektionierte Rüstung, die die Gattung Mensch, vielleicht sogar den Planeten Erde zum erstenmal in der Geschichte der Menschheit mit der Vernichtung bedroht.
- Die neuzeitliche Fortschrittsgesellschaft ist in ihrer intensiven Naturaneignung Arbeitsgesellschaft. Nicht die Mißerfolge, sondern die Erfolge dieser Arbeitsgesellschaft sind es, die in der Erhöhung der Arbeitsproduktivität, Entlastung des Menschen von schwerer Arbeit, schließlich in der Automatisierung zur gegenwärtigen Krise der Arbeitsgesellschaft führen.
- Die neuzeitliche Fortschrittsgesellschaft ist mit so großem Erfolg Natur aneignende Gesellschaft, daß nichtmenschliche Natur als sich selbst regenerierendes System gefährdet ist und damit das Naturwesen Mensch, zu dessen gesicherter Selbsterhaltung Fortschrittsprozesse in Wissenschaft und Technik in Gang gesetzt wurden.
- Der Glaube an den Fortschritt war ein wesentlicher identitätsbildender Faktor im Selbstverständnis neuzeitlicher Gesellschaft, ihrer Gruppen und Individuen. Die Krise des Fortschritts führt so zu einer *Identitätskrise,* die sich in verschiedenen Be-

reichen verschieden ausprägt, zum Beispiel als Krise der Legitation politischer Systeme, politischen und gesellschaftlichen Handelns. Angesichts unvorhergesehener und bisher unbewältigter Folgelasten stehen Konstanten der neuzeitlichen Fortschrittsgeschichte zur Disposition ihrer kritischen Erörterung und schon im Prozeß ihrer faktischen Veränderung.

Theoretisch artikuliert sich die *Fortschrittskritik* seit dem 19. Jahrhundert, theologisch begründet bei Kierkegaard; philosophisch prägnant, aber auch mißverständlich bei Nietzsche; in der Ambivalenz von Bejahung und Bewußtsein der Gefahr bei M. Weber; von verschiedenen philosophischen Voraussetzungen und mit verschiedenen Lösungsperspektiven bei M. Heidegger, E. Husserl, K. Löwith, H. Marcuse, W. Benjamin, Th. W. Adorno, M. Horkheimer, um einige Positonen zu nennen, die die Komplexität von Vernunftanspruch, Selbsterhaltungsstreben und Freiheitswillen aufnehmen, die den Fortschrittsbegriff konstituierte. Alle diese Versuche kennzeichnet es, daß sie die europäische Geschichte seit ihrer Konstitution in der griechischen Antike und in ihrer Formung durch das Christentum in die *kritische Erörterung* ihrer Grundlagen einbeziehen. Insofern steht mit dem Begriff des Fortschritts die europäische Geschichte als ganze in der kritischen Erörterung. In dieser kritischen Erörterung muß vieles erinnernd festgehalten werden. Grundlegend ist die Erinnerung an die *humane Motivation,* die den neuzeitlichen Fortschrittsprozeß bewegte. Sie kann Kriterium zur Anerkennung wie zur Ablehnung mancher seiner Verwirklichungen sein. Eine der Realisierungen der humanen Motivation ist, daß Erinnerung selbst nicht im Prozeß der Veränderungen verlorengeht, in denen unsere Zeit steht.

Literatur

Burck, E. (Hrsg.): Die Idee des Fortschritts. Neun Vorträge über Wege und Grenzen des Fortschrittsglaubens, München 1963

Bury, J. B.: The Idea of Progress. An Inquiry into Its Origin and Growth (1932), Neudruck New York 1955

Edelstein, L.: The Idea of Progress in Classical Antiquity, Baltimore 1967

Koselleck, R. / Meier, Chr.: Fortschritt, in: *Brunner, O. / Conze, W. / Koselleck, R.* (Hrsg.): Geschichtliche Grundbegriffe, Bd. 2, Stuttgart 1975, 351 – 423

Kuhn, H. / Wiedmann, F. (Hrsg.): Die Philosophie und die Frage nach dem Fortschritt, München 1964

Meier, Chr.: Ein antikes Äquivalent des Fortschrittsgedankens: Das ‚Könnens-Bewußtsein' des 5. Jahrhunderts v. Chr., in: *ders.*: Die Entstehung des Politischen bei den Griechen, Frankfurt/M. 1980, 435 – 499

Oeing-Hanhoff, L.: Fortschritt, in: *Krings, H. / Baumgartner, H. M. / Wild, Ch.* (Hrsg.): Handbuch philosophischer Grundbegriffe, München 1973

Piepmeier, R.: Geschichte und Geschichten. Systematisch-historische Hinweise zu einem Diskurs: Geschichte, in: *Oelmüller, W. / Dölle-Oelmüller, R. / Piepmeier, R.* (Hrsg.): Diskus: Geschichte (Philosophische Arbeitsbücher, Bd. 4), 2. Aufl. Paderborn 1983

Ritter, J.: Fortschritt, in: *Ritter, J.* (Hrsg.): Historisches Wörterbuch der Philosophie, Basel 1972

Weymar, F.: Fortschritt als Orientierungsproblem in Geschichtswissenschaft und Geschichtsdidaktik, in: *Jeismann, K.-F.* (Hrsg.): Geschichte als Legitimation? Internationale Schulbuchrevision unter den Ansprüchen von Politik, Geschichtswissenschaft und Geschichtsbedürfnis (Studien zur internationalen Schulbuchforschung, Bd. 39), Braunschweig 1984

Historische Begriffe

Karl-Georg Faber †

Wie jede andere Disziplin ist die Geschichtswissenschaft auf ein begriffliches Instrumentarium angewiesen, mit dessen Hilfe der Historiker seinen Gegenstand, die Vergangenheit des Menschen in ihrem zeitlichen Wandel, beschreiben und verstehend erklären kann. Die im älteren Historismus gelegentlich vertretene Auffassung, daß die „Anschauung" nicht nur eine Voraussetzung, sondern die einzig adäquate Möglichkeit der Erkenntnis historischer Individualitäten sei, läßt sich nicht halten. In jeder historischen Erkenntnis sind Anschauung und Begrifflichkeit miteinander verbunden. Historische Begriffe reichen über das Singuläre hinaus, fassen den *allgemeinen Bedeutungsgehalt komplexer historischer Erfahrung* zusammen und führen diese damit der intersubjektiven Beurteilung zu. In ihrer Tendenz zur generalisierenden Verwendung enthalten sie Bedingungen möglicher Geschichte.

Sieht man von relativ genau definierten Begriffen der historischen Theorie und Methode ab — wie etwa ‚Quelle', ‚Überreste', ‚Tradition', ‚historisches Verstehen', ‚historischer Prozeß' — so entstammt die Mehrzahl der Begriffe, mit denen der Historiker arbeitet, der in den Quellen fixierten politisch-sozialen *Sprache* der Vergangenheit oder derjenigen der Gegenwart. Die spezifische Schwierigkeit des Historikers im Umgang mit ihnen beruht darauf, daß sie sich, sofern sie nicht schon selbst den zeitlichen Wandel in ihrer Bedeutung enthalten (etwa ‚Revolution', ‚sozialer Wandel' ‚Industrialierung'), auf sich verändernde Sachverhalte beziehen und zugleich an die jeweilige Sprache gebunden sind, die ihrerseits geschichtlich ist. Die Einsicht in die *Historizität der Begriffssprache* der Geschichtswissenschaft, die dem jüngeren Historismus verdankt wird, ist in ihrer Bedeutung für die Forschungspraxis vor allem von Otto Brunner (1939 / 1965) am Beispiel der unbesehenen Übertragung von Verfassungsausdrücken des 19. Jahrhunderts auf das Mittelalter geschärft worden. Die Übersetzung der Quellensprache und ihres begrifflichen Gehaltes in die Sprache der Gegenwart und umgekehrt die Verwendung von Ausdrücken, die ihre Entstehung und Bedeutungsvielfalt der politisch-gesellschaftlichen Praxis der Gegenwart verdanken, zum Begreifen vergangener Sachverhalte sind seither in das Zentrum historischer Reflexion gerückt. *Begriffsgeschichte* ist als historische Zweigdisziplin zu einer notwendigen Ergänzung der Erforschung geschichtlicher Sachzusammenhänge geworden (Koselleck 1972). Sie thematisiert nicht nur den keineswegs strikt parallelen Verlauf von begrifflichem Wandel und Sozialgeschichte, sondern trägt zur Präzisierung der Wissenschaftssprache und zur Bildung von Theorien bei, mit denen vergangene Verhältnisse über den unmittelbaren Begriffsgehalt der Quellen hinaus unter Berücksichtigung der Zeitdifferenz zur Gegenwart rekonstruiert und interpretiert werden.

Die historischen Sachbegriffe sind in der Regel „zweischichtig", indem sie einmal einen Sachverhalt aus einer bestimmten Epoche bedeuten, das andere Mal aus der Horizontgebundenheit herausgelöst und zeitlich übergreifend verwendet werden (Wittram 1963, 43). Ihre Analyse im jeweiligen Sprachgebrauch hat darüber hinaus Unterschiede hinsichtlich der *Konstanz* oder des *Wandels* ihres Bedeutungsgehaltes erkennen lassen. „Traditionsbegriffe" haben ihre Bedeutung über lange Zeiträume hinweg bis zur Gegenwart durchgehalten; Neubildungen dienen der Erfassung und Bewertung aktueller politisch-gesellschaftlicher Phänomene („Faschismus", „Totalitarismus"). Dagegen haben so zentrale historische Begriffe wie „Staat", „Gesellschaft", „Freiheit", „Nation" und „Geschichte" in der Epoche der politischen und der industriellen Revolution von etwa 1750 bis 1850 einen so großen Bedeutungswandel durchgemacht, daß ihre Übertragung in frühere Zeiten nur mit großer Vorsicht vorgenommen werden sollte (Koselleck 1973, 122 f.). Viele ältere und neuere Ausdrücke haben infolge der Beschleunigung des historischen Prozesses das, was sie an Erfahrungsgehalt einbüßten, an Programmatik gewonnen. Ihre *Ideologisierbarkeit*, die auf ihrer Verwechslung mit der „Sache" selbst beruht, nimmt im Zuge ihrer Verzeitlichung zu. Das gilt vor allem für die zahlreichen -ismus-Prägungen, die gleichwohl unentbehrlich sind, weil sie trotz ihres ideologischen Gehaltes, der in der Verwendung durch den Historiker neutralisiert werden kann, auf die Dynamik historischer Prozesse verweisen.

Die Grenzen zwischen Eigennamen und historischen Begriffen sind fließend. Eigennamen, die eine „*Sache*" (oder Person) bezeichnen, die empirisch verfügbar war und vor jeder Beschreibung identifiziert werden kann, sind in der Regel Abbreviaturen für eine Auswahl von Merkmalen an jener „Sache". Das gilt noch mehr für die Bezeichnungen historischer Ereignisse, Institutionen und Perioden, die als solche keinen festen Platz im Erfahrungsraum haben und ihre Identität erst aufgrund ihrer Beschreibung unter besonderen Relevanzkriterien gewinnen. Sie können nur paraphrasierend definiert werden (Burke 1969, 183 f.). Hier haben die für die Geschichtswissenschaft keineswegs überflüssigen Kontroversen über den Inhalt und die Abgrenzung von Epochennamen wie „Renaissance" oder über die „Definition" des Ereignisses „Reichsgründung" ihren Platz. Solche Bezeichnungen, die man mit gewissen Einschränkungen „Gestalttypus" nennen kann (Schieder 1958, 182 f.), leiten zu den seit Max Weber immer wieder diskutierten historischen *Typenbegriffen* über. Werden die aus den Quellen ermittelten Merkmale relativ konstanter historischer Phänomene zu Begriffskomplexen zusammengefaßt — etwa in einer Typologie von Verfassungsformen oder Gesellschaftsformationen —, dann wird von „*Strukturtypen*" gesprochen. Werden die zeitlich hintereinander liegenden Glieder von mehrmals vorkommenden Abläufen als Typus deklariert — Revolution / Restauration — so spricht man von „*Verlaufstypen*" (Schieder 1958, 183 f.). Wie jeder historische Begriff, so repräsentiert auch der Typus einen Ausschnitt aus der menschlichen Vergangenheit in Relation zur jeweiligen Fragestellung. Als Konstruktion ist er „*Idealtypus*" (Max Weber). Sein geschichtswissenschaftlicher Nutzen liegt in der Spannung zwischen seiner tendenziellen Allgemeinheit und der Bindung an Daten, die den Quellen entnommen sind. Noch mehr einer quellenmäßigen Überprüfung entziehen sich Begriffe — „ultimate terms" (Burke 1969, 185) —, die sich auf die Struktur der Geschichte als Ganzes beziehen oder sie einem einigenden Prinzip — etwa dem „Fortschritt" — unterwerfen, nicht zuletzt der Begriff der „Geschichte" selbst, sofern er die Vergangenheit, Gegenwart und Zukunft des Menschen umfaßt. Der Inhalt solcher Begriffe geht als Prämissen oder regulative Idee auch in die Geschichtswissenschaft ein, ohne ihrer Kontrolle zu unterliegen. Das schließt nicht aus, daß sie wie viele andere Begriffe den zeitgeschichtlichen Kontext ihrer Entstehung nicht verleugnen.

Literatur

Brunner, O. / Conze, W. / Koselleck, R. (Hrsg.): Geschichtliche Grundbegriffe. Historisches Lexikon zur politisch-sozialen Sprache in Deutschland, Bd. 1 ff., Stuttgart 1972 ff.
Brunner, O.: Land und Herrschaft (1939), 5. Aufl. Wien 1965
— Neue Wege der Sozialgeschichte. Vorträge und Aufsätze, 2. Aufl. Göttingen 1968
Burke, K.: A Rhetoric of Motives, Berkeley / Los Angeles 1969
Faber, K. G.: Theorie der Geschichtswissenschaft, 4. Aufl. München 1978
Koselleck, R.: Begriffsgeschichte und Sozialgeschichte, in: *Ludz, P. Chr.* (Hrsg.): Soziologie und Sozialgeschichte (KZSS, Sonderheft 16), Opladen 1973, 116 — 131
Rohlfes, J.: Beobachtungen zur Begriffsbildung in der Geschichtswissenschaft, in: *Jäckel, E. / Weymar, E.* (Hrsg.): Die Funktion der Geschichte in unserer Zeit, Stuttgart 1975, 59 — 73
Schieder, Th.: Der Typus in der Geschichtswissenschaft (1952), in: *Schieder, Th.*: Staat und Gesellschaft im Wandel der Zeit. Studien zur Geschichte des 19. und 20. Jahrhunderts, 2. Aufl. München 1970, 172 — 187
Stalnacker, R. C.: Events, Periods and Institutions in Historians' Language, in: *History and Theory* 6 (1967), 159 — 179
Weber, M.: Gesammelte Aufsätze zur Wissenschaftslehre, 2. Aufl. Tübingen 1951
Wittram, R.: Das Interesse an der Geschichte, 3. Aufl. Göttingen 1970

Gesetze, Erklärungen

Jörn Rüsen

Allgemeines

Erklärung und Gesetze hängen im wissenschaftlichen Denken eng zusammen, da (im Vorbild der Naturwissenschaften) ein Sachverhalt dann erklärt wird, wenn sein gesetzmäßiger Zusammenhang mit anderen Sachverhalten angegeben wird. Gesetze decken gleichsam die Abhängigkeit einer Tatsache von einer anderen ab, indem sie sie als allgemein, als für alle Tatsachen gleicher Art gültig, formulieren (Covering Laws). Kennt man diese Gesetzmäßigkeiten, so kann man beim Vorliegen einer Tatsache *erklärend* auf andere Tatsachen als „Ursachen" (im heutigen Sprachgebrauch: Anfangs- und Randbedingungen) zurückschließen, oder von diesen „Ursachen" *prognostisch* auf die eine Tatsache schließen. Die Kenntnis solcher gesetzmäßigen Zusammenhänge befähigt die Menschen zur technischen Beherrschung der angesprochenen Sachverhalte.

Das Vorbild der Naturwissenschaften hat die Geschichtswissenschaft immer wieder dazu provoziert, sich entweder von ihm definitiv abzugrenzen, ihre methodische Eigenständigkeit zu betonen und historische Gesetze in Analogie zu den Naturgesetzen zu bestreiten, oder aber umgekehrt sich durch Angleichung an dieses Vorbild in den „Rang einer Wissenschaft" zu erheben, also historische Gesetzmäßigkeiten zu formulieren und mit ihnen erklärend zu arbeiten. Im ersteren Falle wurde historisches Verstehen von naturwissenschaftlichem Erklären abgegrenzt (Droysen 1977; Dilthey 1958) oder den Geisteswissenschaften eine ideographische oder individualisierende Denkweise im Unterschied zu einer nomothetischen oder generalisierenden Denkweise der Naturwissenschaften zugesprochen (Rickert 1982). Im anderen Falle begründete die Geschichtswissenschaft ihre wissenschaftliche Dignität damit, daß sie einzelne geschichtliche Veränderungen auf allgemeine Gesetzmäßigkeiten zurückführte, die entweder für die geschichtlich-gesellschaftliche Welt im ganzen gelten oder zeitspezifisch für einzelne Epochen, die ihrerseits wieder mit den anderen Epochen in einen umgreifenden gesetzmäßigen Zusammenhang gebracht werden. Letzeres ist vor allem in der marxistisch-leninistischen Konzeption von Geschichtswissenschaft der Fall; hier fungieren Vorstellungen einer historischen Gesetzmäßigkeit, die in der Theorieform des historischen Materialismus zusammengefaßt und expliziert werden, als Erklärungen für die geschichtlichen Veränderungen des Menschen und seiner Welt im Ganzen, also auch als Prognosen für die Zukunft.

Die marxistisch-leninistische Geschichtskonzeption beruht auf dem Gedanken einer inneren Einheit aller geschichtlichen Entwicklungen als durchgängigen Prozeß, der einer erkennbaren Gesetzmäßigkeit folgt und daher auch prognostiziert und bewußt planend realisiert werden kann. K. R. Popper hat diesen Gedanken einer allgemeinen Gesetzmäßigkeit der geschichtlichen Entwicklung, die Prognosen zukünftiger geschichtlicher Entwicklungen erlaubt, mit folgendem Argument widerlegt: „(1) Der Verlauf der menschlichen Geschichte wird durch das Anwachsen des menschlichen Wissens stark beeinflußt. ... (2) Wir können mit rational-wissenschaftlichen Methoden das zukünftige Anwachsen unserer wissenschaftlichen Erkenntnis nicht vorhersagen. ... (3) Daher können wir den zukünftigen Verlauf der menschlichen Geschichte nicht vorhersagen" (Popper 1965, XI). Die Vorstellung einer gesetzmäßigen Einheit der zeitlichen Veränderungen des Menschen und seiner Welt, einer Einheit, die *die* Geschichte als Sachverhalt gegenständlich konstituiert, kann auch narrativitätstheoretisch kritisiert werden mit dem Argument, daß Geschichte wegen der narrativen Struktur historischer Aussagen nur als partikular gedacht, die Vorstellung einer übergeordneten Geschichte, die alle anderen Geschichten in sich begreift, also logisch widersinnig ist (Baumgartner 1982).

Damit ist die Frage nicht entschieden, ob und wie die Geschichtswissenschaft historische Gesetzmäßigkeiten erkennen und mit ihnen erklärend verfahren kann. Die Antwort auf diese Frage hängt davon ab, welches Erklärungsmodell für das historische Denken als maßgeblich angesehen wird.

Nomologisches Erklären

Geht man davon aus, daß es nur eine einzige wissenschaftsspezifische Erklärungsart gibt, dann liegt es nahe, sie am Modell der Naturwissenschaften zu explizieren. Das hat die analytische Wissenschaftstheorie mit dem sogenannten *H-O-Schema einer rationalen oder wissenschaftlichen Erklärung* getan. In extremer Vereinfachung sieht dieses Schema so aus:

Schema einer nomologischen Erklärung (nach Hempel)	
(1) A ist der Fall.	Explanans
(2) Immer wenn A der Fall ist, dann geschieht auch B.	
(3) B geschieht.	Explanandum

(1) = Anfangs- oder Randbedingung („Ursache")
(2) = Gesetz
(3) = („Wirkung")

Dieses Schema zeigt, daß das Explanandum, die zu erklärende Tatsache, aus dem Explanans, das aus einer Reihe von Anfangsbedingungen und den Gesetzmäßigkeiten besteht, die den Zusammenhang der Anfangsbedingungen mit der zu erklärenden Tatsache allgemein formulieren, im Falle eines allgemeingültigen Gesetzes zwingend deduziert, im Falle einer statistischen Regelmäßigkeit mit einer bestimmten Wahrscheinlichkeit abgeleitet werden kann. An diesem Schema wird auch deutlich, daß Erklärungen mit Hilfe von Gesetzmäßigkeiten der gleichen Logik folgen wie Prognosen. Geht man erklärend vom Explanandum auf die Antezedenzdaten und die gesetzmäßigen Zusammenhänge zwischen ihnen und dem Explanandum zurück, so geht man prognostizierend von den Antezedenzdaten aus und schließt von ihnen auf das Eintreffen des Explanandums mit Hilfe der einschlägigen Gesetzmäßigkeiten. Das klassische Beispiel für eine solche rationale Erklärung ist der Vorgang, daß ein Faden reißt, an den man ein Gewicht gehängt hat. Im Falle einer Erklärung geht es darum, die gesetzmäßige Verknüpfung der Tatsache, daß der Faden reißt (Explanandum), mit den Antezedenzdaten zu finden, die das Reißen des Fadens erklären. Das Explanans besteht in diesem Falle aus dem Antezedenzdatum, daß an dem Faden ein Gewicht von einer bestimmten Schwere gehangen hat, und dem Gesetz, daß Fäden von der Art desjenigen, der gerissen ist, immer dann reißen, wenn sie über einen bestimmten Grenzwert hinaus belastet werden, der von dem verwendeten Gewicht überschritten wird. Bei einer Prognose würde entsprechend aufgrund der Tatsache des bestimmten Gewichts am Faden und der Gesetzmäßigkeit seiner Reißfestigkeit das Reißen des Fadens vorhergesagt.

Erklärungen solcher Art — zumeist sind sie komplexer und in den seltensten Fällen streng deduktiv oder probabilistisch aufgebaut — finden sich in der geschichtswissenschaftlichen Literatur nicht selten. Die oft nur implizit erklärend verwendeten Gesetzmäßigkeiten sind jedoch *nicht spezifisch historisch*, insofern in ihnen die spezifisch zeitlichen Zusammenhänge der menschlichen Vergangenheit nicht angesprochen werden, um die es der historischen Erkenntnis geht; es handelt sich um Gesetzmäßigkeiten, die in den Zuständigkeitsbereich anderer Wissenschaften fallen (zum Beispiel Psychologie, Ökonomie). Entscheidend für die Frage nach historischen Gesetzmäßigkeiten im Lichte des H-O-Schemas ist die Tatsache, daß die in historischen Argumentationen implizit oder explizit verwendeten Gesetzmäßigkeiten gerade nicht die jeweils in Frage stehenden Zeitverläufe betreffen, so daß diese in ihrer geschichtlich-zeitlichen Spezifik aus übergeordneten Gesetzmäßigkeiten abgeleitet werden könnten. Solche Gesetzmäßigkeiten und eine ihnen entsprechende Logik erklärender Ableitung geschichtlicher Sachverhalte sind nicht typisch für das historische Denken. Sieht man die im H-O-Schema explizierte Denkweise als die einzig wissenschaftliche oder rationale an, dann muß man spezifisch historische Gesetzmäßigkeiten bestreiten und dann entweder das Erklärungspotential historischer Argumentationen vom Gebrauch gesetzesförmigen Wissens anderer Wissenschaften (vor allem der Sozialwissenschaften) abhängig machen (Popper 1965) oder aber die Geschichte als grundsätzlich theorielos, also erklärender Gesetzmäßigkeiten (deren Zusammenhang „Theorie" genannt wird) als nicht bedürftig erklären (Lübbe 1979).

Intentionales Erklären

Kritisch gegenüber dem Monopolanspruch der Erklärungsweise, die für Gesetzeswissenschaften maßgeblich ist, wurde für die historischen Wissenschaften ein anderes Erklärungsschema vorgeschlagen, das auf der Denkweise beruht, wie man *menschliche Handlungen aus den Absichten der Handelnden erklärt*. Solche Erklärungen — man kann sie intentionale oder hermeneutische Erklärungen nennen — können schlüssig und plausibel vorgetragen werden, ohne daß notwendig in ihnen auf eine allgemeine Gesetzmäßigkeit rekurriert wird. Sie haben ihre eigene Rationalität, die man im Unterschied zur nomologischen des H-O-Schemas im Rückgriff auf die traditionelle Argumentation des Historismus (Droysen, Dilthey) eine *hermeneutische Rationalität* nennen könnte. Das Schema einer solchen Erklärung sieht folgendermaßen aus (vgl. Seite 144).

Explanandum ist hier die Tatsache, daß ein Handlungssubjekt S (ein Mensch, eine Gruppe von Menschen, eine Regierung, ein Staat, eine soziale Schicht usw.) die Handlung oder den Handlungskomplex ausgeführt hat. Zunächst wird festgestellt, daß S entschlossen war, ein bestimmtes Ziel (Z) zu erreichen. Ferner wird festgestellt, daß S davon überzeugt war, sich in einer Handlungssituation vom Typ C zu befinden. Schließlich wird festgestellt, daß S davon überzeugt war, in der Handlungssituation des Typs C das Ziel Z nur erreichen

Schema einer intentionalen Erklärung (nach Donagan)	
(1) S will Z. (2) S schätzt seine Situation als C ein. (3) S ist davon überzeugt, daß in C Z nur durch x erreicht werden kann.	Explanans
(4) S führt x aus.	Explanandum

S = Handlungssubjekt
Z = Handlungsziel
C = Art einer Situation (Konstellation von Handlungschancen)
x = Handlung

zu können, wenn es die Handlung x ausführt. In diesem Erklärungsschema entspricht die handlungsleitende Situationsdeutung durch das Handlungssubjekt der Gesetzmäßigkeit im nomologischen Schema. „Gesetz" wird gleichsam durch eine subjektive „Sinn"-Vorstellung ersetzt.
Erklärungen, die diesem Schema folgen, finden sich natürlich in historischen Argumentationen sehr häufig, immer dann nämlich, wenn geschichtsrelevante Handlungen auf Absichten ihrer Subjekte zurückgeführt werden. Die erklärende Argumentation besteht hier nicht in der Angabe eines objektiven, gesetzmäßigen Zusammenhangs, sondern in dem eines *subjektiven Sinnzusammenhangs*. Solche Erklärungen sind nur bei Handlungen möglich, die gleichsam von „innen", also hermeneutisch, gesehen und erklärt werden.
Mit dem Schema einer intentionalen Erklärung kann man zwar plausibel machen, daß historische Argumentationen nicht notwendig nomologisch aufgebaut sein müssen, um als rational erklärend anerkannt zu werden, daß es also andere Erklärungsformen und ihnen entsprechende Rationalitätskriterien gibt. Es ist aber fraglich, ob die hier skizzierte hermeneutische Erklärungsweise spezifisch historisch ist. Denn geschichtliche Verläufe sind gerade dort spezifisch geschichtlich, und d. h. einer spezifisch historischen Erklärung bedürftig, wo sie nicht als Resultat der Absicht verständlich gemacht werden können, die genau das wollte, was geschehen ist (Lübbe 1979).

Narratives Erklären

Die Eigenart des historischen Erklärens kommt erst dann in den Blick, wenn die für das historische Denken maßgebliche *narrative Struktur* berücksichtigt wird. Das historische Erzählen selbst stellt eine elementare und fundamentale Erklärungsform dar, die ihre eigenen Plausibilitätskriterien, also auch ihre eigene Ausprägung wissenschaftsspezifischer Rationalität hat. Schematisch läßt sich die Struktur einer historischen Erklärung folgendermaßen darlegen:

Schema einer narrativen Erklärung (nach Danto)
(1) S ist F in t_1 (2) G ereignet sich mit S in t_2 (3) S ist H in t_3
Explanandum: (1), (3) Explanans: (2)

Dieses Schema macht deutlich, was eigentlich eine spezifisch historische Warum-Frage ist: Ein historisches Explanandum ist eine *zeitliche Veränderung* von etwas (S), also die Tatsache, daß etwas (S) in einer früheren Zeit (t_1) andere Eigenschaften (F) hatte, als in einer späteren (H, t_3); um dies zu erklären, wird erzählt, was sich zwischen der früheren und der späteren Zeit (t_2) mit diesem Etwas ereignet hat (G). Dieses „Etwas" kann eine Person sein, die ihre Meinung ändert, ein Begriff, der seine Bedeutung verändert, ein komplexes sozioökonomisches System, das seine Struktur ändert usw. In jedem Falle wird die Tatsache, daß sich in einem bestimmten Zeitraum etwas verändert hat, mit der Angabe des Vorgangs der Veränderung erklärt.

Dieses Erklären ist formal identisch mit der *elementaren Struktur einer Geschichte*. So wird zum Beispiel die Tatsache, daß die englische Gesellschaft in der Mitte des 18. Jahrhunderts überwiegend agrarisch strukturiert war und in der Mitte des 19. Jahrhunderts überwiegend industriell, dadurch erklärt, daß die Geschichte der Industrialisierung Englands in einem Jahrhundert erzählt wird. Gesetzmäßigkeiten übergeordneter Art, aus denen zusammen mit historischen Anfangsbedingungen die Industrialisierung deduziert würde, spielen dabei ebensowenig eine Rolle wie der Rekurs auf Absichten handlungsmächtiger Subjekte, die die Industrialisierung als solche gewollt haben. Das narrative Schema einer historischen Erklärung macht auch plausibel, warum es keine historischen Prognosen geben kann: weil das historische Erklären gar nicht deduktiv, sondern narrativ strukturiert ist.

Zugleich kann mit diesem Schema erläutert werden, was *historische Theorien* sind und welche Erklärungsfunktion sie wahrnehmen können (Kocka 1982; Rüsen 1979). Historische Theorien sind Formulierungen, die allgemeine, den Zeitraum zwischen t_1 und t_3 charakterisierende Angaben darüber machen, welche Faktoren herangezogen werden müssen, um die in Frage stehende Veränderung von S von F nach H plausibel zu machen. Sie „decken" die erklärende Geschichte in der Form eines Erzählkonstrukts, eines Bauplans oder eines Plots der Erzählung ab, können also durchaus als *Covering Laws* angesprochen und expliziert werden. Historische Theorien haben die Struktur *narrativer Konstrukte*; sie legen fest, worauf es in den erklärenden Schritten einer historischen Argumentation, die erzählend von t_1 über t_2 nach t_3 führen, ankommen soll. Ihre logische Struktur und erklärende Funktion muß im einzelnen noch erforscht und im Hinblick auf die Praxis des geschichtswissenschaftlichen Arbeitens expliziert werden (Kocka / Nipperdey 1979).

Literatur

Baumgartner, H. M.: Thesen zur Grundlegung einer transzendentalen Historik, in: Baumgartner, H. M. / Rüsen, J. (Hrsg.): Seminar: Geschichte und Theorie. Umrisse einer Historik, 2. Aufl. Frankfurt 1982, 275 – 302

Baumgartner, H. M. / Rüsen, J. (Hrsg.): Seminar: Geschichte und Theorie. Umrisse einer Historik, 2. Aufl. Frankfurt 1982

Danto, H.: Analytische Philosophie der Geschichte, Frankfurt 1974

Dilthey, W.: Der Aufbau der geschichtlichen Welt in den Geisteswissenschaften (Gesammelte Schriften, Bd. 7), Stuttgart 1958

Donagan, A.: Neue Überlegungen zur Popper-Hempel-Theorie, in: *Baumgartner, H. M. / Rüsen, J.* (Hrsg.): Seminar: Geschichte und Theorie. Umrisse einer Historik, 2. Aufl. Frankfurt 1982, 172 – 208

Dray, W.: Laws and Explanation in History, Oxford 1957

Droysen, J. G.: Historik. Historisch-kritische Ausgabe, hrsg. von P. Leyh, Bd. 1, Stuttgart 1977

Hempel, C. G.: Wissenschaftliche und historische Erklärung, in: *Albert, H.* (Hrsg.): Theorie und Realität. Ausgewählte Aufsätze zur Wissenschaftslehre der Sozialwissenschaften, 2. Aufl. Tübingen 1972, 237 – 261

— Aspekte wissenschaftlicher Erklärung, Berlin 1977

Hennig, H. Chr.: Erklären — Verstehen — Erzählen. Die wissenschaftstheoretische Analyse der Historiographie, in: *Rüsen, J. / Süssmuth, H.* (Hrsg): Theorien in der Geschichtswissenschaft, Düsseldorf 1980, 60 – 78

Kocka, J.: Theorien in der Geschichtswissenschaft, in: *Leidinger, P.* (Hrsg.): Theoriedebatte und Geschichtsunterricht. Sozialgeschichte, Paradigmawechsel und Geschichtsdidaktik in der aktuellen Diskussion, Paderborn 1982, 7 – 27

Kocka, J. / Nipperdey, Th. (Hrsg.): Theorie und Erzählung in der Geschichte (Beiträge zur Historik, Bd. 3), München 1979

Küttler, W. / Lozek, G.: Marxistisch-leninistischer Historismus und Gesellschaftsanalyse. Die historische Gesetzmäßigkeit der Gesellschaftsformationen als Dialektik von Ereignis, Struktur und Entwicklung, in: *Engelberg, E.* (Hrsg.): Probleme der Geschichtsmethodologie, Berlin (DDR) 1972, 33 – 77

Lübbe, H.: Was heißt: „Das kann man nur historisch erklären?", in: *Schieder, Th. / Gräubig, K.* (Hrsg.): Theorieprobleme der Geschichtswissenschaft (Wege der Forschung 378), Darmstadt 1977, 148 – 163

Lübbe, H.: Warum es keine Theorie der Geschichte gibt, in: *Kocka, J. / Nipperdey, Th.* Hrsg.): Theorie und Erzählung in der Geschichte (Beiträge zur Historik, Bd. 31), München 1979, 65 – 74

Popper, K. R.: Das Elend des Historizismus, Tübingen 1965

Rickert, H.: Individualisierende Methode und historische Wertbeziehung, in: *Baumgartner, H. M. / Rüsen, J.* (Hrsg.): Seminar: Geschichte und Theorie. Umrisse einer Historik, 2. Aufl. Frankfurt 1982, 253 – 273

Rüsen, J.: Wie kann man Geschichte vernünftig schreiben? Über das Verhältnis von Narrativität und Theoriegebrauch in der Geschichtswissenschaft, in: *Kocka, J. / Nipperdey, Th.* (Hrsg.): Theorie und Erzählung in der Geschichte (Beiträge zur Historik, Bd. 3), 1979, 300 – 333

— Erklärung und Theorie in der Geschichtswissenschaft, in: *Storia Della Storiografia* 3 (1984)

Schwemmer, O.: Theorie der rationalen Erklärung. Zu den methodischen Grundlagen der Kulturwissenschaften, München 1976

Narrativität

Hans Michael Baumgartner

Narrativität wurde als Terminus erst in jüngster Zeit in der analytischen Geschichtsphilosophie (Morton White 1965; Danto 1965) sowie mehr oder weniger parallel in Untersuchungen zur systematischen Literaturwissenschaft und Textlinguistik (Stempel 1973; Stierle 1975) eingeführt. Er kennzeichnet die spezifische Bestimmtheit gewisser logischer und sprachlicher Gebilde bzw. Sachverhalte durch die dem Menschen in Historiographie und Literatur eigentümliche Tätigkeit des *Erzählens*. Je nach Sachverhalt bzw. Forschungsperspektive wird daher von narrativen Ausdrücken, Sätzen, Texten, aber auch von narrativen Elementen, Strukturen, Schemata etc. gesprochen.

Im Bereich des historischen Wissens und seiner Theorie bedeutet Narrativität in erster Linie den Tatbestand, daß alle Geschichte zunächst in *Erzählungen über Vergangenes*, d. h. in *Geschichten*, präsent ist. Während dieser Tatbestand und mithin auch die enge Beziehung von Geschichte und Erzählung unbestritten ist, ergeben sich jedoch Probleme bei der genaueren Bestimmung und der entsprechenden geschichtstheoretischen Begründung dieses Zusammenhangs. Die zentrale Frage, an der sich die einzelnen Ansätze scheiden, läßt sich allgemein als Frage nach dem strukturellen *Aufbau des Wissens von Geschichte* formulieren: Betrifft Erzählen mit seinen Momenten der Sequenz, der selektiven Verknüpfung (Synthesis) und der Bedeutung, die grundsätzlich durch die strukturellen Eigenschaften der Retrospektivität, Partikularität (Nicht-Totalität) und Konstruktivität bestimmt sind, nur die Oberflächenstruktur unserer Rede über Vergangenes oder kommt ihm eine innere konzeptuelle Beziehung zum Begriff der Geschichte selbst zu? Enthält der Hinweis auf Erzählung eine Antwort auf das nicht erst seit Droysen bekannte und immer wieder diskutierte Grundproblem der Philosophie der Geschichte, wodurch aus Geschehen Geschichte werde, wie sich Geschichte allererst konstituiere, oder nicht? Diese Fragen umschreiben das allgemeine Problem der *Narrativität der Geschichte*, das von der Konstitutionsanalyse des historischen Bewußtseins, d. h. der Bestimmung der Art und Weise, wie Geschichte als Geschichte allererst aufgefaßt und konstituiert wird, bis zur Analyse des Forschungsprozesses der Historie als Wissenschaft und seiner Logik reicht und ein breites Spektrum von systematisch relevanten Fragen aufwirft.

Daß Narrativität in dieser Weise zum aktuellen Problem der Geschichtstheorie geworden ist, hat seinen Grund vor allem in der durch die Entwicklung der Sozialwissenschaften einerseits, durch die Idee der Einheitswissenschaft und ihres methodologischen Anspruchs an die Historie andererseits hervorgerufenen Grundlagenkrise des bis zu diesem Zeitpunkt mehr oder weniger unangefochtenen historischen Paradigmas der Geschichtswissenschaft (Rüsen 1976). Die für alle Wissenschaften geforderte einheitliche Erkärungsstruktur und die vielfältigen Plädoyers für eine rein theoretische Geschichte ließen die erzählende Geschichte als obsolet erscheinen und nötigten die Geschichtstheorie zur Revision der Grundbegriffe historischen Wissens. Daraus erklärt sich nicht nur, daß vor allem die methodologischen Probleme im Mittelpunkt standen: die neu zu bestimmenden Beziehungen von Erzählung und Erklärung, Erzählung und Theorie; es wird auch verständlich, daß die klassische Auffassung der Erzählung als einer Darstellungsform des historisch Erforschten, die als gleichrangig neben der untersuchenden, didaktischen und diskussiven Darstellung rubriziert wurde (Droysem 1960, § 91), für die Bewältigung der anstehenden Probleme als ungeeignet betrachtet werden mußte. Eine Rehabilitation der erzählenden Historie konnte nur unter der Voraussetzung gelingen, daß *Erzählung* in mehrfachen und sich ergänzenden Hinsichten *als Basis und Ziel* der Geschichtswissenschaft nachgewiesen wurde: als notwendiges Element der historischen Sprache, als Grundfigur historischer Erklärung und als durch Theorien nicht substituierbarer Platzhalter des geschichtlichen Sachverhalts. Danto hat durch seine Analyse sowohl der narrativen Sätze als auch des narrativen Schemas der historischen Erklärung die grundlegenden Voraussetzungen dafür geschaffen, daß die Alternative „Erzählung versus Theorie" nun ihrerseits als falsch gestellt und irreführend erkannt werden konnte. Die an Danto anknüpfende noch keineswegs abgeschlossene Diskussion (Habermas 1967, 1977; Baumgartner 1972, 1976, 1979, 1982; Kluxen 1974; Rüsen 1976, 1979, 1983; Acham 1974; Lübbe 1977; Faber 1978; Kocka / Nipperdey 1979) hat jedenfalls die grundsätzliche Bedeutung der Erzählung, ihre Unverzichtbarkeit für den Erkenntnisprozeß der historischen Forschung und seine Darstellung bestätigt, ohne die wichtige (für manche freilich nur subsidiäre) Funktion der Theoriebildung in den Sozialwissenschaften für die Historie zu vernachlässigen.

Gleichwohl ist die oben skizzierte Kernfrage des Problems der Narrativität damit nur ansatzweise berührt. Es ist sicher richtig, daß narrative Sätze wesentlich in Geschichtswerken vorkommen (Danto 1965), daß der Ort der erzählenden Geschichte die Interferenz von Handlungen, die Heterogonie der Zwecke und der Zufall ist (Lübbe 1977), daß Geschichte um der ihr zugrunde liegenden praktischen Absicht willen erzählt werden muß (Habermas 1977; Rüsen 1979), daß Erzählung und Theorie mindestens im Verhältnis der Komplementarität stehen (Acham 1974), daß Theorien dem Kriterium der Erzählbarkeit unterworfen werden müssen (Rüsen 1979). Dennoch scheint die Einsicht Dantos, daß die Homogenität der Historie in der Erzählstruktur besteht, über die bloß methodologische auf die *konstitutionslogische Ebene* hinauszuführen, auf der die Struktur des historischen Wissens überhaupt in Rede steht. Seine Einsicht legt jedenfalls den, allerdings nur in einer transzendentalen Historik einlösbaren Gedanken nahe, daß Erzählung nicht allein Bezugspunkt, organisierendes Prinzip und Ziel der historischen Forschung sowie der historiographischen Präsentation ihrer Ergebnisse ist, sondern als Grundfunktion des menschlichen Wissens eine *Realisationsweise der Existenz des Menschen* darstellt, vermöge deren er sich allererst als geschichtliches Wesen versteht (Weil 1976): Erzählung wäre dann die Form des Geschichtlichen überhaupt, der geschichtliche Gegenstand als solcher aber konstituiert durch eine ursprüngliche narrative Synthesis.

Unabhängig davon, ob sich eine transzendentale Theorie der Erzählstruktur des historischen Wissens stichhaltig begründen läßt, die erfolgreiche *Rehabilitierung des Erzählbegriffes* für die Historie hat in jedem Falle eine wesentlich *restriktive Bedeutung* für die Einschätzung der Möglichkeiten von Theorie in Historie und Geschichtsphilosophie. Die Totalität der Geschichte als nachvollziehbarer und präsentierbarer, Vergangenheit – Gegenwart – Zukunft übergreifender Prozeß zeigt sich nunmehr als eine im gleichen Maße uneinlösbare Vorstellung wie die definitive Geschichte irgendeines begrenzten Zusammenhangs vergangener Ereignisse. Die berechtigte Rückkehr zur Erzählung ist ein wesentlicher Schritt im Rahmen der allgemeinen philosophischen Aufgabe einer Selbstkritik der menschlichen Vernunft: Sie lehrt, daß unser Wissen von und über Geschichte in analoger Weise begrenzt und hypothetisch ist wie die uns mögliche Erkenntnis der Natur.

Literatur

Acham, K.: Analytische Geschichtsphilosophie, Freiburg 1974
Baumgartner, H. M.: Kontinuität und Geschichte. Zur Kritik und Metakritik der historischen Vernunft, Frankfurt 1972
— Thesen zur Grundlegung einer Transzendentalen Historik, in: *Baumgartner, H. M. / Rüsen, J.* (Hrsg.): Seminar: Geschichte und Theorie. Umrisse einer Historik, Frankfurt 1976, 274 — 302
— Erzählung und Theorie in der Geschichte, in: *Kocka, J. / Nipperdey, Th.* (Hrsg.): Theorie und Erzählung in der Geschichte (Beiträge zur Historik, Bd. 3), München 1979, 259 — 289
— Die Erzählstruktur des historischen Wissens und ihr Verhältnis zu den Formen seiner Vermittlung, in: *Quandt, S. / Süssmuth, H.* (Hrsg.): Historisches Erzählen. Formen und Funktionen, Göttingen 1982, 73 — 76
Danto, A. C.: Analytical Philosophy of History, Cambridge 1965 (Deutsche Ausgabe Frankfurt 1974)
Dray, W.: On the Nature and Role of Narrative in Historiography, in: *History and Theory* 10 (1971), 153 — 171
Droysen, J. G.: Historik. Vorlesungen über Enzyklopädie und Methodologie der Geschichte, hrsg. von R. Hübner (1937), 4. Aufl. Darmstadt 1960
Faber, K. G.: Theorie der Geschichtswissenschaft (1971), 4. Aufl. 1978
— Zum Stand der Geschichtstheorie in der Bundesrepublik Deutschland, in: *Jahrbuch der historischen Forschung* (1976/77), 13 — 28
Habermas, J.: Zur Logik der Sozialwissenschaften (Philosophische Rundschau, Beiheft 5), Tübingen 1967
— Zum Thema: Geschichte und Evolution, in: *Habermas, J.*: Zur Rekonstruktion des historischen Materialismus, Frankfurt 1977
Kluxen, K.: Vorlesungen zur Geschichtstheorie I, Paderborn 1974
Kocka, J. / Nipperdey, Th. (Hrsg.): Theorie und Erzählung in der Geschichte (Beiträge zur Historik, Bd. 3), München 1979
Koselleck, R. / Stempel, W. D.: Geschichte — Ereignis und Erzählung (Poetik und Hermeneutik, Bd. 5), München 1973
Lämmert, E. (Hrsg.): Erzählforschung. Ein Symposion, Stuttgart 1982
Lübbe, H.: Geschichtsbegriff und Geschichtsinteresse. Analytik und Pragmatik der Historie, Basel 1977
Quandt, S. / Süssmuth, H. (Hrsg.): Historisches Erzählen. Formen und Funktionen, Göttingen 1982
Rüsen, J.: Für eine erneuerte Historik. Studien zur Theorie der Geschichtswissenschaft, Stuttgart 1976
— Geschichte und Norm. Wahrheitskriterien der historischen Erkenntnis, in: *Oelmüller, W.* (Hrsg.): Normen und Geschichte (Materialien zur Normendiskussion, Bd. 3), Paderborn 1979, 110 — 139
— Historische Vernunft. Grundzüge einer Historik I: Die Grundlagen der Geschichtswissenschaft, Göttingen 1983
Stierle, K.: Geschehen, Geschichte, Text der Geschichte, in: *Stierle, K.*: Text als Handlung. Perspektiven einer systematischen Literaturwissenschaft, München 1975, 49 — 55
Weil, E.: Wert und Würde der erzählenden Geschichtsschreibung, Göttingen 1976
White, M.: Foundations of Historical Knowledge, New York 1965

Kontinuität

Hans Michael Baumgartner

Wo immer eine Folge von Ereignissen als Geschichte aufgefaßt, untersucht, dargestellt wird, erscheint sie als ein kontinuierlicher Zusammenhang, selbst wenn dieser Zusammenhang Unterbrechungen, Brüche, Diskontinuitäten enthalten sollte. *Jede Geschichte ist eine Kontinuität,* solange sie überhaupt eine Geschichte ist. Der Begriff der Kontinuität gehört daher zu den wesentlichen Merkmalen dessen, was wir unter Geschichte verstehen, und ist logisch dem Begriff der Diskontinuität vorgeordnet.

Auf den ersten Blick ist es deshalb überraschend, daß der Begriff der Kontinuität erst sehr spät in der Geschichtstheorie ausdrücklich erörtert wird. Um so mehr, als er bereits eine bis in die Ursprünge der Philosophie zurückreichende, vor allem freilich kosmologische und mathematisch-naturphilosophische Tradition hatte, ehe er durch Droysen ausdrücklich für die Geschichte in Anspruch genommen wurde und als zentraler Begriff in die Historik, in die Grundlegung der Geschichtswissenschaft, Eingang fand (Droysen 1960). Gleichwohl wird dieser Tatbestand verständlich, wenn man bedenkt, daß Droysen eine in mehrfacher Hinsicht prekäre Situation zu bewältigen hatte: Sowohl die weiterwirkende Erfahrung der Französischen Revolution und die dadurch heraufbeschworene Gefahr des Verlustes der geschichtlichen Herkunft als auch das nach dem Scheitern der Geschichtsphilosophie Hegels erfolgte Auseinanderbrechen der Geschichtswissenschaft in spekulative und positivistische Historie machten eine Grundlegung des historischen Wissens erforderlich, die am prinzipiellen Zusammenhang von Vergangenheit und Gegenwart festhalten kann, ohne Geschichte spekulativ und zugleich abstrakt als Entwicklungsgeschichte (sei es des sich begreifenden Geistes, sei es der sich befreienden Menschengattung) konzipieren zu müssen. Genau diesen Anforderungen entspricht und genügt sein Begriff der Geschichte als *stetes Werden,* als *rastlose Arbeit,* als fortschreitende, sich in sich steigernde *Kontinuität,* „in der jedes Frühere sich erweitert und ergänzt durch das Spätere :.., in der die ganze Reihe durchlebter Gestaltungen sich zu fortschreitenden Ergebnissen summiert und jede der durchlebten Gestaltungen als ein Moment der werdenden Summe erscheint" (Droysen 1960, 12). Geschichte als Kontinuität verstanden, ist weder eine bloße Abfolge sich ansammelnder Fakten noch eine apriori erkennbare Selbstentfaltung des Geistes oder der Menschheit. Die zugleich antipositivistische wie antispekulative Idee der Kontinuität bleibt jedoch Sinnidee: Sie beansprucht den *Sinn von Geschichte* im Fortgang der Arbeit und Selbsterkenntnis der Menschheit, ohne jedoch des Anfangs und des Endes der geschichtlichen Bewegung gewiß zu sein. Droysens Einführung der Kontinuitätsvorstellung vermittelt zwischen Gegenwart und Vergangenheit, zwischen Geschichtslosigkeit und begriffener Geschichte: sie erweist sich dadurch als ein restriktives und kritisches Konzept von Geschichtsphilosophie, das dem forschenden Verstehen, der empirischen Forschung Raum gibt, ohne sie ins Antiquarische und Museale abgleiten zu lassen.

Dieses Verständnis von Geschichte als Kontinuität blieb maßgeblich für Burckhardt, Dilthey, Troeltsch, Meinecke, aber auch für ihre jeweiligen geschichtstheoretischen Antipoden; es bestimmte die großen historischen Auseinandersetzungen um die Epochenprobleme des Übergangs von der Antike zum Mittelalter und der Bestimmung der Legitimität der Neuzeit; aber auch die philosophischen Diskussionen um die Deutung der Französischen Revolution, um das Selbstverständnis der Geisteswissenschaften, um die Ortsbestimmung der geschichtlichen Situation des 20. Jahrhunderts. Ursprünglich gebildet an der Erfahrung des drohenden Geschichtsverlustes, der Geschichtslosigkeit der modernen Welt, kehrte es paradigmatisch wieder, wo Erfahrungen des Bruches, der Diskontinuität, der Krise die historische Identität und das geschichtliche Selbstverständnis der Menschen bedrohten. Auf diese Weise konnte es, mißverständlich genug, als ideologisches Konzept des bloßen Festhaltens am Vergangenen kritisiert werden, wobei jedoch vergessen wurde, daß das Interesse an Kontinuität nicht beliebig aufs Bestehende, sondern auf die *Vernunfteinheit der Menschheit* im Ganzen ihrer geschichtlichen Arbeit bezogen war.

Im Verlauf der Krise des Historismus wurde allerdings mit dem Gedanken der Individualität auch die Kontinuität als brauchbare Erkenntniskategorie der geschichtlichen Realität in Frage gestellt.

Gerade in der Erforschung historischer Details zeigte sich, daß die Begriffe Kontinuität und Diskontinuität, sofern sie die Arbeit am Gegenstand ersetzen sollten, zu wenig mehr tauglich waren als zu Bekenntnissen und zur oberflächlichen Charakterisierung bestimmter sich gleich bleibender oder langsam sich wandelnder Züge des in Rede stehenden Sachverhalts. Man hatte übersehen, daß ohne Festlegung der *Bedingungen* von Kontinuität und Diskontinuität ihre Verwendung ohne Trennschärfe und deshalb ohne Erkenntnisgewinn bleiben muß. Erst die Unterscheidung verschiedener Gegenstandsbereiche, etwa einzelner Institutionen auf der einen Seite, großer Systemstrukturen und Kulturen auf der anderen, erlaubt eine geeignete und spezifische Festlegung von Kriterien, die die Feststellung von Kontinuität und Diskontinuität ermöglichen. Noch davon abzuheben ist das Problem der Kontinuität des historischen Wandels von Gesellschaften und Makrostrukturgebilden, deren „langsame Form der Veränderung bzw. der historischen Fortbewegung" selbst in denjenigen Bereichen unter Umständen als Kontinuität angesprochen werden kann, „wo gerade eine Ordnung sich auflöst, also Diskontinuität einer Struktur eintritt" (Meier 1973, 62 f.).

Berechtigte methodologische Kritik dieser Art — wie schon die philosophische Analyse disparater Rekonstruktionslinien in Droysens Konzept (Baumgartner 1972, 67 f.) — machte deutlich, daß die Idee der Kontinuität nicht selbst als apriorische Erkenntnis des Geschichtsprozesses bzw. einzelner geschichtlicher Entwicklungen, sondern allein als *apriori gerechtfertigter Leitfaden* für empirisch verfahrende historische Forschung aufgefaßt werden darf. Würde man indessen selbst diese Funktion der Kontinuitätsidee aufgeben, so würde der Begriff der Geschichte selbst und seine Orientierung an der regulativen Idee der Totalität sich auflösen und unser Wissen von sowie unser Interesse an Vergangenheit — Gegenwart — Zukunft zerfallen. Wie diese einheitstiftende, sinngebende, Historie und historisches Bewußtsein ermöglichende Idee reflexiv gerechtfertigt werden kann, ist ein spezielles, gleichwohl fundamentales Problem einer (formalen) Philosophie der Geschichte und muß in diesem Zusammenhang außer Betracht bleiben. Von seiner Lösung hängt es jedoch ab, ob Geschichtsschreibung und Geschichtsforschung das im Historismus erreichte Niveau werden halten können. Die Alternativen des Scheiterns sind noch die gleichen wie zur Zeit Droysens: die Zerstückelung des Vergangenen in eine chaotische Mannigfaltigkeit oder die Willkür philosophisch wie immer einfallsreicher Spekulation. Die Idee der Kontinuität ist deshalb nicht ein beliebiger Begriff unter anderen: sie repräsentiert die dem Menschen und seinen Möglichkeiten angemessene *Theorie der Geschichte*. Materialiter uneinlösbar hält sie als formales Apriori die Mitte zwischen Geschichtslosigkeit und endzeitlichem Wissen und verleiht der Geschichte Sinn, ohne seiner vorweg schon mächtig zu sein. Eben dadurch begründet die Idee der Kontinuität zugleich die Notwendigkeit der Historie als Wissenschaft.

Literatur

Aretin, K. O. v.: Das Problem der historischen Kontinuität und die Krise im Geschichtsbewußtsein der Deutschen, in: *Stolle, D. / Wisser, R.* (Hrsg.): Integritas, Tübingen 1966
Baumgartner, H. M.: Kontinuität und Geschichte. Zur Kritik und Metakritik der historischen Vernunft, Frankfurt 1972
Bausinger, H. / Brückner, W.: Kontinuität? Geschichtlichkeit und Dauer als volkskundliches Problem, Berlin 1969
Droysen, J. G.: Historik. Vorlesungen über Enzyklopädie und Methodologie der Geschichte, hrsg. von R. Hübner (1937), 4. Aufl. Darmstadt 1960
Krüger, G.: Der Wandel und das Bleibende, in: *Krüger, G.*: Grundfragen der Philosophie, Frankfurt 1958
Herold, N.: Kontinuität, histoische, in: *Ritter, J.* (Hrsg.): Historisches Wörterbuch der Philosophie, Bd. 4, Basel 1976, 1038 — 1042
Meier, Chr.: Kontinuität — Diskontinuität im Übergang von der Antike zum Mittelalter, in: *Trümpy, H.* (Hrsg.): Kontinuität — Diskontinuität in den Geisteswissenschaften, Darmstadt 1973, 53 — 94
Rüsen, J.: Historische Vernunft. Grundzüge einer Historik I: Die Grundlagen der Geschichtswissenschaft, Göttingen 1983
Troeltsch, E.: Der Historismus und seine Probleme, Tübingen 1922 (Neudruck Aalen 1961)
Zapf, W. (Hrsg.): Theorien des sozialen Wandels, Köln 1970

Objektivität

Jörn Rüsen

Problemlage

Objektivität ist die Eigenschaft von Aussagen, unabhängig von wertenden Einstellungen der Subjekte zu gelten, die diese Aussagen machen oder an die sie gerichtet sind. Im Bereich der historischen Erkenntnis ist die Objektivität insofern ein gravierendes Problem, als die Geschichtswissenschaft einerseits als Wissenschaft für ihre Forschungsergebnisse eine objektive Geltung beansprucht und andererseits nicht leugnen kann, daß ihre Forschungsarbeit fundamental vom subjektiven Standpunkt des Historikers und seines Publikums im gesellschaftlichen Leben der Gegenwart abhängt. Geschichte als Gegenstand der historischen Erkenntnis ist nicht einfach die bloße Tatsächlichkeit der menschlichen Vergangenheit jenseits aller wertenden Bezüge der Gegenwart, sondern ein bedeutungsvoller Zusammenhang der Vergangenheit mit der Gegenwart, der durch Wertbezüge des Historikers wesentlich bestimmt ist. Jede historische Aussage muß daher als parteilich angesehen werden, wenn „Parteilichkeit" bedeutet, daß die für eine historische Aussage wesentlichen wertenden Einstellungen zur Vergangenheit maßgeblich vom Standpunkt des Historikers und seines Publikums im gesellschaftlichn Leben ihrer Zeit abhängig sind.

Auf die Frage, wie das Verhältnis von Objektivität und Parteilichkeit in der Geschichtswissenschaft hinsichtlich der Geltung ihrer Erkenntnis beurteilt werden muß, gibt es in grober Vereinfachung zwei unterschiedliche Kontroversen: (a) Die These von der *Wertfreiheit* sieht die Objektivität der historischen Erkenntnis als Resultat des methodischen Vorgehens der historischen Forschung (Weber 1968). Dadurch werde zwar ihre Standortgebundenheit nicht prinzipiell aufgehoben, wohl aber könne sie jenseits des jeweiligen Standpunktes auf ihren Erfahrungsgehalt und auf ihre formale Kohärenz hin allgemein überprüft werden und sei insofern intersubjektiv verbindlich. (b) Die vor allem im Marxismus vertretene These von der *Parteilichkeit* macht demgegenüber die Objektivität der historischen Erkenntnis von der begründeten Wahl eines bestimmten (Klassen-)Standpunktes abhängig, der erst einen sachadäquaten Zugang zur menschlichen Vergangenheit erschließe (Brendler 1972).

Beide Thesen haben charakteristische Schwächen: Die Wertfreiheitsthese blendet die sacherschließende Kraft des Gegenwartsinteresses an der Vergangenheit aus dem Bereich der methodischen Rationalität der Geschichtswissenschaft aus und kann zu einem Pluralismus der bloßen Beliebigkeit von Standpunkten führen; sie trägt der Möglichkeit einer rationalen Argumentation über Vorteile und Nachteile unterschiedlicher Bedeutungsgesichtspunkte nicht hinreichend Rechnung. Die Parteilichkeitsthese bringt die standpunktübergreifende Objektivierungsleistung der historischen Methode nicht hinreichend zum Ausdruck und gerät in die Gefahr eines Dogmatismus, in dem der Geltungsanspruch der historischen Erkenntnis einseitig von vor- und außerwissenschaftlichen Relevanzzumutungen abhängig gemacht wird.

Die drei Dimensionen der historischen Objektivität

Diese Schwächen lassen sich überwinden, wenn die für die Geschichtswissenschaft spezifischen Aussagen, nämlich Geschichten, daraufhin analysiert werden, in welcher Weise der Geltungsanspruch von Geschichten wissenschaftlich begründet werden kann (Rüsen 1979, 1983, 116 — 136). Dies geschieht in drei Hinsichten: (a) im Hinblick auf die Erfahrungen, die dem Tatsachengehalt von Geschichten zugrunde liegen; (b) im Hinblick auf die Normen, die dem Bedeutungsgehalt von Geschichten, ihrer Relevanz für die Gegenwart, zugrunde liegen; (c) im Hinblick auf die Sinnkriterien, nach denen Erfahrungs- und Bedeutungsgehalt einer Geschichte zur Einheit einer Erzählung vermittelt werden.

a) Geschichten werden mit dem Argument begründet, daß sie *empirisch triftig* sind, d. h. daß das von ihnen erzählte Handeln sich wirklich so ereignet hat, wie es erzählt wird. Für die Geschichte als Wissenschaft bedeutet dies, daß der Historiker sich der Regel unterwirft, den Erfahrungsgehalt seiner Geschichtsschreibung durch *Forschung* zu sichern, zu steigern und intersubjektiv überprüfbar zu machen. Indem er dieser Regel folgt, verleiht er seiner Geschichtsschreibung die wissenschaftsspezifische Eigenschaft der *Begründungsobjektivität* (Lübbe 1977, 173 ff.) oder Wertfreiheit. Dies meint die Eigenschaft von Geschichten, hinsichtlich ihres Tatsachengehalts unabhängig vom Standpunkt des Historikers (wertfrei) zu gelten.

b) Geschichten werden mit dem Argument begründet, daß sie *normativ triftig* sind, d. h. daß das von ihnen erzählte Handeln eine Bedeutung für die Gegenwart hat. Für die Geschichte als Wissenschaft heißt dies, daß der Historiker sich der Regel unterwirft, den normativen Gehalt seiner Geschichtsschreibung durch *Reflexion seines Standpunktes* zu sichern, zu steigern und intersubjektiv überprüfbar zu machen (Maßstab für Steigerung und Überprüfung ist die Verallgemeinerungsfähigkeit der jeweils ins Spiel gebrachten bedeutungverleihenden Normen). Indem er dieser Regel folgt, wird die von seinem Standpunkt aus entworfene Perspektive der historischen Betrachtung erweiterungsfähig, also daraufhin angelegt, Perspektiven von anderen Standpunkten zu umgreifen. Damit gewinnt seine Geschichte die Eigenschaft der *Konsensobjektivität* (Lübbe 1977, 177 ff.): Ihr Bedeutungsgehalt schließt unterschiedliche Standpunkte in sich ein.

c) Geschichten werden mit dem Argument begründet, daß sie *narrativ triftig* sind, d. h. daß sie die Tatsächlichkeit und die Bedeutung vergangenen menschlichen Handelns und Leidens in die Einheit einer in sich sinnvollen Erzählung vermitteln. Obwohl hier immer fachübergreifende, allgemein-weltanschauliche (in ihrer Geltung höchst umstrittene, aber in ihrer Wirksamkeit für das historische Denken unbestreitbare) Sinnkriterien des menschlichen Handelns im Spiel sind, kann auch für das Wahrheitskriterium der narrativen Triftigkeit eine wissenschaftsspezifische Fassung angegeben werden: Der Historiker unterwirft sich der Regel, den Sinngehalt seiner Geschichtsschreibung durch *Theoretisierung* zu sichern, zu steigern und intersubjektiv überprüfbar zu machen. Indem er dieser Regel folgt, expliziert und begründet er die Leitfäden, nach denen er die menschliche Vergangenheit in Form einer Geschichte rekonstruiert. Der Common sense menschlichen Handelns, der in Geschichten eingeht und sie befähigt, ihre Adressaten in der Zeit zu orientieren, wird als Sinngehalt dieser Geschichten gewöhnlich nur indirekt, in ihrem Erzählduktus sichtbar. Wissenschaftsspezifisch wird er durch Objektivierung zu einer Theorie, die das Begründungspotential der von ihr organisierten Geschichte erheblich vermehrt und die historische Erzählweise verändert (Rüsen 1976, 114 ff.). So erzählte Geschichten sind zur Ideologiekritik von Handlungsorientierungen in der gesellschaftlichen Praxis der Gegenwart fähig. Durch die Theoretisierung ihres Sinngehalts gewinnen Geschichten einen Geltungsanspruch, der sich als *Konstruktionsobjektivität* bezeichnen läßt (Rüsen 1979, 130). Damit wird zum Ausdruck gebracht, daß sich die Begründungs- und die Konsensobjektivität zur Einheit eines Geltungsanspruchs von Geschichten vermitteln läßt, der ihren Sinngehalt betrifft, der also die maßgeblichen Leitfäden ihrer erzählenden Vergegenwärtigung der menschlichen Vergangenheit zum Zwecke der zeitlichen Orientierung aktuellen Handelns und Leidens organisiert.

Didaktische Forderungen

Die durch die Geschichte als Wissenschaft mögliche Objektivität der historischen Erkenntnis besteht nicht darin, daß einmal erzählte Geschichten dauernd gültig bleiben. Die Geschichtswissenschaft kann im Lehren und Lernen von Geschichte nicht als Garant für allgemein verbindliche Geschichtsbilder jenseits unterschiedlicher Parteilichkeit im gesellschaftlichen Leben der Gegenwart in Anspruch genommen werden. Im Gegenteil: Die durch die Geschichte als Wissenschaft eröffneten Objektivitätschancen des historischen Denkens bestehen darin, daß die Orientierung handelnder und leidender Menschen in der Zeit durch Geschichten erfolgt, die immer anders erzählt werden müssen — im Sinne einer Steigerung ihres Erfahrungs-, Bedeutungs- und Sinngehaltes. Dabei wird die Verankerung des historischen Denkens im praktischen Leben der Gegenwart nicht verdrängt, sondern thematisch: Die nicht hintergehbare Parteilichkeit der Historie wird in die Bewegung eines rationalen Diskurses gebracht und (im doppelten Sinne des Wortes) aufgehoben in den Prozeß einer Konsensbildung. Durch Geschichten, die diesem objektivitätsbildenden Diskurs verpflichtet sind, erfahren ihre Adressaten nicht nur, wer sie sind, sondern sie werden auch fähig, sich in ihrer Unterschiedlichkeit gegenseitig anzuerkennen.

Literatur

Brendler, G.: Zum Prinzip der Parteilichkeit in der marxistisch-leninistischen Geschichtswissenschaft, in: *ZfG* 20 (1972), 277 — 301
Dunk, H. von der: Wertfreiheit und Geschichtswissenschaft, in: *HZ* 214 (1972), 1 — 25

Gosmann, W.: Überlegungen zum Problem der Urteilsbildung im Geschichtsunterricht, in: *Bergmann, K. / Rüsen, J.* (Hrsg.): Geschichtsdidaktik: Theorie für die Praxis, Düsseldorf 1978, 67 – 84

Junker, D.: Über die Legitimität von Werturteilen von den Sozialwissenschaften und der Geschichtswissenschaft, in: *HZ* 211 (1970), 1 – 33

Junker, D. / Reisinger, P.: Was kann Objektivität in der Geschichtswissenschaft heißen und wie ist sie möglich?, in: *Schieder, Th.* (Hrsg.): Methodenprobleme der Geschichtswissenschaft (Beiheft 3 der HZ, Neue Folge), München 1974, 1 – 46

Koselleck, R. / Mommsen, W. J. / Rüsen, J. (Hrsg.): Objektivität und Parteilichkeit in der Geschichtswissenschaft (Beiträge zur Historik, Bd. 1), München 1977 (mit ausführlicher Bibliographie)

Lübbe, H.: Geschichtsbegriff und Geschichtsinteresse. Analytik und Pragmatik der Historie, Basel 1977

Nagl-Docekal, H.: Die Objektivität der Geschichtswissenschaft. Systematische Untersuchungen zum wissenschaftlichen Status der Historie, München 1982

Nipperdey, Th.: Kann Geschichte objektiv sein?, in: *GWU* 30 (1979), 329 – 342

— Über Relevanz, in: *GWU* 23 (1972), 577 – 596

Rüsen, J. (Hrsg.): Historische Objektivität. Aufsätze zur Geschichtstheorie, Göttingen 1975

— Ästhetik und Geschichte. Geschichtstheoretische Untersuchungen zum Begründungszusammenhang von Kunst, Gesellschaft und Wissenschaft, Stuttgart 1976

— Geschichte und Norm. Wahrheitskriterien der historischen Erkenntnis, in: *Oelmüller, W.* (Hrsg.): Normen und Geschichte (Materialien zur Normendiskussion, Bd. 3), Paderborn 1979

— Historische Vernunft. Grundzüge einer Historik I: Die Grundlagen der Geschichtswissenschaft, Göttingen 1983

Schaff, A.: Geschichte und Wahrheit, Wien 1970

Weber, M.: Die „Objektivität" sozialwissenschaftlicher und sozialpolitischer Erkenntnis (1904), in: *Weber, M.*: Gesammelte Aufsätze zur Wissenschaftslehre, 3. Aufl. Tübingen 1968

Geschichtsschreibung

Dietrich Harth

Zum Wortgebrauch

Das Wort „Geschichte" erfreut sich im Deutschen eines mehrdeutigen Gebrauchs. Unter anderem bezeichnet es den Bericht über Geschehenes, der mündlich oder schriftlich weitergegeben wird. Für diesen Begriffsinhalt wurden im 18. Jahrhundert die Ausdrücke „Historie" und „Geschichtserzählung" eingebürgert. „Geschichtsschreibung" hingegen – auch Historiographie – bezieht sich allein auf Geschichten, die ans Medium der Schrift gebunden sind. Im Rahmen der Geschichtswissenschaft wurde Geschichtsschreibung gewöhnlich als „*Darstellung*" von der „*Forschung*" geschieden

(Droysen 1977). Als neueres Äquivalent gilt der Begriffsausdruck „historischer Diskurs" (de Certeau 1974, 10). Er weist darauf hin, daß Geschichtsschreibung im wissenschaftlichen Sinne in erster Linie eine diskursive Praxis ist, die mit institutionalisierten und regelgeleiteten Kooperationsformen übereinstimmt.

Formen, Muster, Typen

Am Anfang war Geschichtsschreibung, bald kamen Lehrbücher „Wie man Geschichte schreiben soll" (Lukian) auf, später traten Theorien hinzu. Die Geschichte der Geschichtsschreibung hat die *Formen* inventarisiert, die lange vor dem Auftreten wissenschaftlicher Theorien standardisiert waren: Erzählungen von Augen- und Ohrenzeugen, Annalen, Chroniken, Memorabilien u. a. (Fueter 1911; Thompson 1942). Diese traditionsgesättigten Formen sind heute jedermann verfügbar und werden weiterhin für informative und popularisierende Zwecke verwendet. Unter den Mustern der erzählenden Geschichtsschreibung haben des *Thukydides* Bücher über den Peloponnesischen Krieg noch zu Beginn des 19. Jahrhunderts die Geltung einer klassischen Norm besessen. Ihre Wirkung verdankten sie indes nicht nur der erzählenden Form, sondern deren Verschmelzung mit der diagnostischen Kraft und therapeutischen Absicht des Erzählers. Für Thukydides war die Suche nach der wahren Geschichte ein ethisches, nicht ein erkenntnistheoretisches Problem. Die Tatsache, daß sie eine, wenn auch nur relative Gewißheit über die darzustellenden Ereignisse herbeiführen sollte, unterschied schon zu diesem frühen Zeitpunkt die Funktion der historischen von der imaginativen Erzählung.

Die Entstehung des historischen Bewußtseins in der Moderne hat zur Prüfung und Revision des tradierten Formenkanons geführt. Im 19. Jahrhundert wurden *Typen der Darstellung* unterschieden, an die aktuelle Theorien der Geschichtsschreibung heute wieder kritisch anknüpfen können. Hegel unterschied 1822 zwischen „ursprünglicher", „reflektierter" und „philosophischer" Geschichtsschreibung (1955, 4 f.). Droysens Typologie von 1857 grenzte „untersuchende", „erzählende", „didaktische" und „erörternde" Darstellungen von der literarisierten Historie ab (1977, 405 ff.). Beide Autoren haben die subjektiven Implikationen der Erzählform als Hindernis auf dem Weg zu einer philosophischen bzw. wissenschaftlichen Geschichtsschreibung betrachtet und empfohlen, den unvermeidlichen Anteil der Subjektivität am Zustandekommen des Geschichtsbildes durch systematische Begriffsbildung in Grenzen zu halten.

Gegen die theoretischen und wissenschaftlichen Ansprüche an Geschichte und ihre Darstellung hat der junge Nietzsche 1874 die Betrachtungsarten der „monumentalischen", „antiquarischen" und „kritischen" Historie aufgeboten (Nietzsche 1962). Er verband damit die Absicht, vergangene Ereignisse und Werke aus dem Bereich begrifflicher Abstraktion in die Sphäre kulturell bedeutsamen Handelns zurückzuführen. An diesen Vorschlag erinnert der jüngste Versuch, *Funktionen des historischen Erzählens* zu unterscheiden, die auf lebensweltlich eingespielte Bedürfnisse der Sinnbildung bezogen sind: Bewahrung des Hergebrachten, Exemplifizierung von Handlungsnormen, Kritik des Herkommens, Sicherung relativer Kontinuität (Rüsen 1982).

Systematische Fragen

Die Formen der Geschichtsschreibung scheinen sich heute weniger denn je in rein erzählenden Texten zu erschöpfen. Sozial- und Wirtschaftsgeschichte haben generalisierende, typologisierende und quantifizierende Verfahren in die Geschichtsschreibung eingeführt, die mit Merkmalen der Erzählung nicht verrechenbar sind. Das Interesse für Diskontinuitäten, für synchrone Querschnittsanalysen und für die Beschreibung von Langzeitstrukturen zumal in der „nouvelle histoire" französischer Wissenschaftler hat darüber hinaus das alte Paradigma der erzählenden Geschichtsschreibung, die Ereignisgeschichte, in eine apologetische Position gedrängt (Le Goff / Nora 1974; Iggers 1975). Die neue *„konzeptualisierende"* Geschichtsschreibung will nicht „Tatsachen erzählen" (Croce 1984), sondern Zusammenhänge zwischen sozialer Praxis, Kollektiv, Langzeitstrukturen und imaginativer Symbolwelt rekonstruieren (Duby 1971; Veyne 1974).

An der Forderung, die Geschichtsschreibung vom Medium der Erzählung zu lösen, um sie – wie es in neueren Publikationen heißt – als *„Problemgeschichte"* anzulegen (Furet 1982), hat sich schon in den sechziger Jahren eine bis heute andauernde Debatte über logischen Status und Funktionen der „narrativen Aussage" entzündet (Gallie 1964; Danto 1965; White 1965). Die mit dieser Debatte verbundenen Überlegungen sind vielfältiger Art: Zu ihren wichtigsten Themen gehören die Frage nach den Konstitutionsbedingungen der Geschichtsschreibung, die Beziehungen der Geschichtsschreibung zur „historischen Zeit", zum Forschungsprozeß, zu lebensweltlichen Erfahrungen, zu den Lesern, und nicht zuletzt das prekäre Verhältnis zwischen wissenschaftlicher Theoriebildung und den Akten der Formgebung bzw. Sinnkonstitution (Koselleck / Stempel 1973; Kocka / Nipperdey 1979; Koselleck / Lutz / Rüsen 1982).

Den Befürwortern der nicht-erzählenden Geschichtsschreibung stehen die Vertreter eines erfahrungs- und handlungstheoretisch fundierten Begriffs *„historischer Erzählung"* gegenüber (dazu die Übersichten und Synthesen bei Baumgartner 1972; Acham 1974; Weil 1976). Diese halten der anderen Seite vor, daß die für Geschichte konstitutiven Merkmale der Retrospektivität, der Kontinuität, der explanatorischen Deutung und der Sinnbildung an den Strukturen der narrativen Aussage haften. Der Geschichtsschreiber, der im Unterschied zum Romanschreiber zugleich erzählend darstellt und erklärt, bildet darüber hinaus seine Aussagen über vergangene Ereignisse bewußt mit Hilfe von Grundbegriffen, die er in außerwissenschaftlichen Lebenssituationen erworben und eingeübt hat. Dazu gehören die „Strukturen der Intersubjektivität" (Formen des Handelns, der Kommunikation usw.), die „Strukturen der Normativität" (Werte, Normen, Weltbilder usw.) und die „Strukturen der Subjektivität" (Intentionen, Erlebnisse, Motive usw.) (Habermas 1976, 204).

Weder kann die serielle noch die problemorientierte Geschichtsschreibung ganz auf diese Grundbegriffe verzichten; selbst quantifizierende Verfahren sind auf sie angewiesen, wenn es darum geht, den Sinn der Daten im Kontext von Institutionen und Handlungssystemen zu interpretieren. Begründen läßt sich die Narrativitätsthese zudem mit der Beobachtung, daß die vergangene Lebenswelt, als Forschungsgegenstand der Geschichtswissenschaft, an sich narrative Strukturen und insofern die von den Grundbegriffen der historischen Erzählung benannten spezifischen Merkmale besitzt (Habermas 1976, 251 f.; Baumgartner 1979). Nicht zuletzt darauf beruht die Notwendigkeit eines *verstehenden* Zugangs zum Vergangenen, den die Geschichtshermeneutik schon früh mit den Konstruktionsbedingungen der historischen Welt zusammengebracht hat (Dilthey 1958).

Angriffe auf die Narrativitätsformel bedienen sich gern des Arguments, eine mit Erzählung übereinstimmende Geschichtsschreibung werde den Rationalitätsstandards wissenschaftlicher Erkenntnis nicht gerecht. Eine Geschichtsschreibung, die sich allein poetischen Formgebungsakten verdanken würde (H. White 1973), wäre gegen diesen Einwand schwerlich gefeit. Aber die Analyse selbst älterer Geschichtsdarstellungen läßt erkennen, daß sich deren Formen durch eine eigentümliche Wechselbeziehung zwischen Erzählen und Theoriebildung auszeichnen (Harth 1980). Die Frage nach der *Rationalität historischer Diskurse*, wie sie Jörn Rüsen neuerdings wieder aufgeworfen hat (1979, 1982), ist freilich nicht durch Schreibvorschriften zu bereinigen. Jede retrospektive, mit wissenschaftlichem Anspruch verfaßte Erzählung über vergangenes Geschehen ist nicht nur auf vorgegebene Begriffsschemata, sondern auch auf Selektionsentscheidungen, Standpunkte, Interessen und auf einen persönlich zu verantwortenden Darstellungsstil angewiesen. Diese Implikationen bewußt zu machen, dazu ist die *Kritik der Geschichtsschreibung* da, mit der jede neue Darstellung — sei es in ausdrücklicher, sei es in verdeckter Weise — auf die vor ihr entstandenen Texte antwortet. In der Auseinandersetzung mit anderen narrativen Aussagen erkennt der Geschichtsschreiber Normen der Verständigung an, die in der Idee rationaler, d. h. einsichtiger, zustimungs- und kritikfähiger Argumentation einen gemeinsamen Nenner besitzen.

Literatur

Acham, K.: Analytische Geschichtsphilosophie. Eine kritische Einführung, Freiburg 1974

Baumgartner, H. M.: Kontinuität und Geschichte. Zur Kritik und Metakritik der historischen Vernunft, Frankfurt/M. 1972

— Erzählung und Theorie in der Geschichte, in: *Kocka, J. / Nipperdey, Th.* (Hrsg.): Theorie und Erzählung in der Geschichte (Beiträge zur Historik, Bd. 3), München 1979, 259 – 289

Certeau, M. de: L'opération historique, in: *Le Goff, J. / Nora, P.* (Hrsg.): Faire de l'histoire. Nouveau problèmes, Paris 1974, 3 – 41

Croce, B.: Die Geschichte auf den allgemeinen Begriff der Kunst gebracht, Hamburg 1984

Danto, A. C.: Analytical Philosophy of History, Cambridge 1965 (Deutsche Ausgabe: Analytische Philosophie der Geschichte, Frankfurt/M. 1974)
Dilthey, W.: Der Aufbau der geschichtlichen Welt in den Geisteswissenschaften (Gesammelte Schriften, Bd. 7), Stuttgart 1958
Droysen, J. G.: Historik. Historisch-kritische Ausgabe von P. Leyh, Stuttgart-Bad Cannstatt 1977
Duby, G.: Des sociétés médiévales, Paris 1971
Fueter, E.: Geschichte der neueren Historiographie, München 1911
Furet, F.: L'Atelier de l'histoire, Paris 1982
Gallie, W. B.: Philosophy and the Historical Understanding, London 1964
Habermas, J.: Zur Rekonstruktion des Historischen Materialismus, Frankfurt/M. 1976
Harth, D.: Biographie als Weltgeschichte. Die theoretische und ästhetische Konstruktion der historischen Handlung in Droysens „Alexander" und Rankes „Wallenstein", in: *Deutsche Vierteljahrsschrift für Literaturwissenschaft und Geistesgeschichte* 54 (1980), 58 − 104
Hegel, G. W. F.: Vorlesungen über die Philosophie der Weltgeschichte, Bd. 1: Die Vernunft in der Geschichte, hrsg. von J. Hoffmeister, Hamburg 1955
Iggers, G. G.: New Directions in European Historiography, Middletown, Conn. 1975
Kocka, J. / Nipperdey, Th. (Hrsg.): Theorie und Erzählung in der Geschichte (Beiträge zur Historik, Bd. 3), München 1979
Koselleck, R. / Lutz, H. / Rüsen, J. (Hrsg.): Formen der Geschichtsschreibung (Beiträge zur Historik, Bd. 4), München 1982
Koselleck, R. / Stempel W.-D. (Hrsg.): Geschichte − Ereignis und Erzählung (Poetik und Hermeneutik, Bd. V), München 1973
Le Goff, J. / Nora, P. (Hrsg.) Faire de l'histoire. Nouveaux problèmes, Paris 1974
Nietzsche, F.: Vom Nutzen und Nachteil der Historie für das Leben, in: ders.: Werke, hrsg. von K. Schlechta, Bd. 1, 3. Aufl. München 1962, 209 − 285
Rüsen, J.: Wie kann man Geschichte vernünftig schreiben? Über das Verhältnis von Narrativität und Theoriegebrauch in der Geschichtswissenschaft, in: *Kocka, J. / Nipperdey, Th.* (Hrsg.): Theorie und Erzählung in der Geschichte (Beiträge zur Historik, Bd. 3), München 1979, 300 − 333
− Die vier Typen des historischen Erzählens, in: *Koselleck, R. / Lutz, H. / Rüsen, J.* (Hrsg.): Formen der Geschichtsschreibung (Beiträge zur Historik, Bd. 4), München 1982, 514 − 606
Thompson, G. W.: A History of Historical Writing, 2 Bde., New York 1942
Veyne, P.: L'histoire conceptualisante, in: *Le Goff, J. / Nora, P.* (Hrsg.): Faire de l'histoire. Nouveaux problèmes, Paris 1974, 62 − 92
Weil, E.: Wert und Würde der erzählenden Geschichtsschreibung, Göttingen 1976
White, H.: Metahistory. The Historical Imagination in Nineteenth-century Europe, Baltimore / London 1973
White, M.: Foundations of Historical Knowledge, New York 1965

Universalgeschichte
Klaus Eder

Der Versuch, Universalgeschichte als Wissenschaft zu betreiben, steht vor zwei Problemen: einmal vor dem Problem, ihren *empirischen* Status gegenüber den spezialisierten Teilgeschichten zu bestimmen und einen spezifischen Objektbereich anzugeben; dann vor dem Problem, ihren *theoretischen* Status von der Geschichtsphilosophie abzugrenzen.
Der empirische Status der Universalgeschichte beschränkte sich bislang darauf, *Addition von Einzelgeschichten,* Nationalgeschichten zu sein; die bessere Kenntnis der europäischen Traditionen führte von daher fast zwangsläufig zu einer Europäisierung der Universalgeschichte und zu einer untergeordneten Rolle der asiatischen, afrikanischen und altamerikanischen Geschichte (dies gilt selbst für die von der UNESCO herausgegebene „History of Mankind"). Universalgeschichte in diesem Sinne verhält sich parasitär zu den historischen Teildisziplinen.
Eine derartige additive Geschichte, die letztlich alles historische Wissen umfassen müßte, ist kein sinnvolles Unterfangen. Universalgeschichte kann nur *selektiv* betrieben werden. Die Gesichtspunkte für die Selektion bestimmter Daten zu finden, setzt jedoch *Theorien* über den universalgeschichtlichen Prozeß voraus. Unter den universalgeschichtlich angelegten theoretischen Deutungsversuchen lassen sich zwei Typen unterscheiden: einmal die Deutung der Universalgeschichte als Evolutionsprozeß, dann die Deutung der Universalgeschichte als zyklischen Prozeß von Aufstieg und Niedergang und Kulturen. Beide Versionen (ein Überblick findet sich bei Schulin 1974) sind heute überholt, und zwar aus folgenden Gründen: Die *evolutionstheoretische Deutung* versucht, Stufen des universalgeschichtlichen Prozesses auszumachen, die jede Gesellschaft durchlaufen müßte, wollte sie ein bestimmtes Entwicklungsniveau (meist war das europäische gemeint) erreichen. Dies gilt sowohl für die viktorianischen Evolutionstheorien (Spencer 1967) wie für die dogmatischen Versionen des historischen Materialismus (Engels, Lenin, Stalin). Diese Theorie ist unhaltbar, da vergleichende Studien von Sozialstrukturen gezeigt haben, daß unterschiedliche Entwicklungsniveaus auf sehr verschiedenen Wegen erreicht werden. Aufgrund dieser Schwierigkeit hat man unilineare Evolutionstheorien durch multilineare Evolutionstheorien zu ersetzen versucht (Steward 1955), dabei jedoch das Stufenkonzept weitgehend aufgeweicht.
Zyklische Deutungen der Universalgeschichte (Spengler 1963; Toynbee 1934 bis 1961) haben zum Gegenstand nicht konkrete Gesellschaften, sondern Kulturen. Kulturen werden als abgeschlossene Gebilde betrachtet, die alle dem Muster Aufstieg, Reife, Untergang folgen. Mit dieser Deutung ist eine Relativierung der eurozentrischen Perspektive möglich: alle Kulturen gleichermaßen, die europäische wie die asiatische oder altamerikanische, entfalten sich nach dem gleichen Verlaufsmuster. Diese zyklischen Theorien (die wissenschaftshistorisch gesehen regressive Erscheinungen sind) beruhen auf dem ver-

gleichenden Nebeneinanderstellen von zu verschiedenen Zeiten existierenden Hochkulturen; Universalgeschichte war die Geschichte verschiedener Hochkulturen; vorhochkulturelle Gesellschaften blieben für den *universalgeschichtlichen* Prozeß irrelevant. Diese universalgeschichtliche Fragestellung beschränkt sich letztlich darauf festzustellen, wann jede dieser Hochkulturen ihr Reifestadium erreicht hat. Toynbee hat diese Einschränkung gesehen und versucht, die einzelnen Kulturen im Rahmen einer Theorie kumulativer Kulturentwicklung, insbesondere auf der Ebene der Entwicklung von Hochreligionen, in einen universalgeschichtlichen Zusammenhang zu stellen (Toynbee 1961).

Aus diesen Aporien klassischer Theorien der Universalgeschichte versuchen zwei neuere Entwicklungen in der Universalgeschichtsschreibung herauszugelangen. Der erste Weg ist empiristischer Natur: die Universalgeschichte hat es nicht mit allen historischen Erscheinungen, sondern nur mit jenen zu tun, die *universal* relevant sind (Barraclough 1974), d. h. mit Ereignissen, die nicht nationalgeschichtlich beschränkt sind, sondern mit Ereignissen, die Verbindungen und Verknüpfungen zwischen den einzelnen Nationalgeschichten (oder auch Kulturgeschichten) herstellen (Wallerstein 1974). Dieser Vorschlag läuft darauf hinaus, eine *historische Wissenschaft der internationalen bzw. interkulturellen Beziehungen* zu entwickeln, die als Teildisziplin einer deskriptiv orientierten Geschichtswissenschaft zu gelten hätte.

Der zweite Weg ist der, die Universalgeschichte als eine *historische Sozialwissenschaft* zu konzipieren. Ausgangspunkt dieses Ansatzes ist der Vergleich politischer und religiöser Systeme verschiedener Gesellschaften. Max Weber (1929) verglich Kulturen unter der Fragestellung, warum die Entwicklung der einen Kultur den Kapitalismus hervorbrachte, die Entwicklung der anderen Kultur komplexe bürokratische Strukturen, die Entwicklung der dritten komplexe Kastensysteme. Es geht darum, die Ursachen festzustellen, warum kulturell ähnliche Erscheinungen (wie etwa Hochreligionen, Städte, Rechtssysteme) sich in unterschiedlicher Weise weiterentwickelt haben und welche Entwicklungen universalgeschichtliche Bedeutung erlangt haben. Marx (1953) verfolgt dieselbe Intention in der vergleichenden Analyse von Gesellschaftsformationen, insbesondere in der Analyse verschiedener kapitalistischer Gesellschaftsformationen.

Beide, Marx und Weber, bleiben jedoch nicht bei dieser komparativen Analyse stehen; sie versuchen auch, solche Strukturen außerhalb der historischen Zeit als *Typen* zu konstruieren, die historischen Entwicklungen zugrunde liegen. Weber legt die Betonung auf das politische Moment; er konstruiert *Typen der Herrschaft,* die den universalgeschichtlichen Vergleich gesellschaftlicher Systeme ermöglichen; Marx legt die Betonung auf das ökonomische Moment; er konstruiert *Typen der Produktionsweise,* die den universalgeschichtlichen Vergleich von Gesellschaftsformationen möglich machen sollen. Solche Typenbildungen stellen einen radikalen Bruch mit der traditionellen Universalgeschichtsschreibung dar. Nicht mehr die historische Zeit, sondern ungleichzeitige Strukturmerkmale von Kulturen / Gesellschaftssystemen sind charakteristisch für dieses methodische Vorgehen.

Beide Autoren waren noch mißtrauisch gegenüber einer evolutionären Klassifikation von Strukturtypen. Evolutionsvorstellungen waren zu ihrer Zeit noch zu sehr mit Vorstellungen einer historischen Zeit verknüpft. Hier lassen sich neuere Trends ausmachen, die den radikalen methodologischen Bruch in der Universalgeschichtsschreibung nicht nur auf der Ebene des komparativen Vorgehens, sondern auch auf der Ebene der Typenbildung versuchen. Neuere Ansätze zu einer *Theorie der soziokulturellen Evolution* (Habermas 1976) stellen den Versuch dar, Typen der Herrschaft, des Wirtschaftens, der religiösen Welterfahrung, der Naturerkenntnis als Stufen eines evolutionären Prozesses, als evolutionäre *Entwicklungsniveaus* zu formulieren. Strukturtypen werden als Ergebnis kumulativer Lernprozesse in der handelnden Auseinandersetzung des Menschen mit der Natur und seinesgleichen begriffen.

Universalgeschichte in dieser Perspektive als ein universaler moralischer und kognitiver *Lernprozeß* (Dux 1982; Eder 1982), der unter sich wandelnden räumlichen, demographischen und soziologischen Randbedingungen jene konkreten historischen Gebilde, seien es nun Kulturen oder Gesellschaften, hervorbringt, die die soziale Welt der Menschen in der Geschichte bestimmt haben.

Gegen diese Versuche, Universalgeschichte als einen allgemeinen Lernprozeß zu rekonstruieren (Dux 1982) richten sich jene Ansätze, die aus den Schwierigkeiten der klassischen Universalgeschichtsschreibung den Schluß ziehen, die Idee einer Universalgeschichte aufzugeben (Marquard 1982). Diese Position verbindet sich methodisch mit einem kulturellen Relativismus und inhaltlich mit dem Versuch, Modernität mit Hilfe des Alten zu überwinden. Insofern gerät die Idee einer Universalgeschichte ins Zentrum aktueller ideologischer Kontroversen.

Literatur

Barraclough, G.: Universal History, in: *Finberg, H. P. R.* (Hrsg.): Approaches to History, London 1962
Clark, G.: World Prehistory, Cambridge 1962
Dux, F.: Die Logik der Weltbilder, Frankfurt 1982
Eder, K.: Kollektive Lernprozesse und Geschichte, in: *Saeculum* 33 (1982), 116 – 132
Goldschmidt, W.: Man's Way. A Preface to the Understanding of Human Society, New York 1959
Grundlagen des historischen Materialismus, Berlin (Ost) 1976
Habermas, J.: Zur Rekonstruktion des Historischen Materialismus, Frankfurt 1976
Honneth, A. / Jaeggi, U. (Hrsg.): Theorien des Historischen Materialismus, Frankfurt 1977
Jaspers, K.: Vom Ursprung und Ziel der Geschichte, Frankfurt 1955
Luhmann, N.: Geschichte als Prozeß und die Theorie soziokultureller Evolution, in: *Faber, K. G. / Meier, Chr.* (Hrsg.): Historische Prozesse, München 1978, 413 – 440
Marquard, O.: Universalgeschichte und Multiversalgeschichte, in: *Saeculum* 33 (1982), 106 – 115
Marx, K.: Grundrisse der Kritik der Politischen Ökonomie, Berlin (Ost) 1953
Schulin, E. (Hrsg.): Universalgeschichte, Köln 1974
— Das alte und das neue Problem der Weltgeschichte als Kulturgeschichte, in: *Saeculum* 33 (1982), 161 – 173

Spencer, H.: The Evolution of Society, hrsg. von Robert Carneiro, Chicago 1967
Spengler, O.: Der Untergang des Abendlandes. Umrisse einer Morphologie der Weltgeschichte, München 1963
Steward, J.: Theory of Culture Change, Urbana 1955
Toynbee, A. J.: A Study of History, 12 Bde., London 1934 — 1961 (deutsch gekürzt: Der Gang der Weltgeschichte, 2 Bde., Stuttgart 1949 — 1958)
Wallerstein, I.: The Modern World System, New York 1974
Weber, M.: Gesammelte Aufsätze zur Religionssoziologie, 3 Bde., Tübingen 1921
— Wirtschaft und Gesellschaft, Tübingen 1956

Sozialgeschichte, Gesellschaftsgeschichte
Jürgen Kocka

Definition und Vorbemerkung

Unter Sozialgeschichte versteht man erstens eine geschichtswissenschaftliche Teildisziplin, die sich mit einem Teilbereich der geschichtlichen Wirklichkeit, den sozialen Strukturen und Prozessen in einem engeren Sinn, beschäftigt und häufig in Verbindung mit der Wirtschaftsgeschichte — als Sozial- und Wirtschaftsgeschichte — betrieben wird; zweitens die Geschichte ganzer Gesellschaften bzw. allgemeine Geschichte aus sozialgeschichtlichem Blickwinkel; dafür ist die Bezeichnung Gesellschaftsgeschichte vorgeschlagen worden. Darüber hinaus kommt Sozialgeschichte in anderen Bedeutungen vor, so im Sinne von „Strukturgeschichte".

Sozialgeschichte als Teilbereichsgeschichte

Sozialgeschichte als besondere Teildisziplin zur Erforschung und Darstellung eines Teilbereichs der geschichtlichen Wirklichkeit, der *sozialen Strukturen und Prozesse in einem engeren Sinn,* entstand und besteht vor allem, weil und soweit die allgemeine Geschichte jenen Bereich vernachlässigt(e) oder doch an den Rand drängt(e). Das galt für die west- und zentraleuropäischen Fachhistorien in der zweiten Hälfte des 19. Jahrhunderts zunehmend, besonders für die deutsche. Vor allem soweit sie die Neuzeit behandelte, standen für sie seit dem frühen 19. Jahrhundert der Staat, seine äußeren Beziehungen und inneren Tätigkeiten im Vordergrund des Interesses. Sie tendierte dazu, den sich im Laufe des 19. Jahrhunderts klarer ausdifferenzierenden und vom „Staat" zum Teil absetzenden Bereich „Gesellschaft" — im Sinne eines eigenständigen, widersprüchlichen und Veränderungen vorantreibenden, durch sozialökonomische Faktoren (Arbeit, Arbeitsteilung, Tauschbeziehungen usw.) konstituierten Systems von Bedürfnissen, Interessen und Abhängigkei-

ten — zu vernachlässigen oder nur als Folge und Bedingung staatlichen Handelns einzubeziehen. Diese Abblendung des Bereichs der materiellen Verhältnisse, kollektiven Bedürfnisse und treibenden Konflikte enthielt ein Element der Verdrängung und entsprach den in der Geschichtswissenschaft vorwiegend hermeneutischen Methoden, die zur Erschließung jenes Bereichs nicht allzu gut geeignet waren.
Auseinandersetzungen wie der Streit um den Historiker K. Lamprecht in den neunziger Jahren des vorigen Jahrhunderts (Oestreich 1969) und der verlorene Erste Weltkrieg, der zur weiteren Abkehr von westlich-sozialwissenschaftlichen Strömungen führte, waren wichtige Stationen auf diesem langen Weg, der — trotz hier nicht zu behandelnder Ausnahmen (einzelne Fachhistoriker, Regional- und Stadtgeschichte besonders des Mittelalters) — die allgemeine Geschichte in Deutschland als primär staatsorientiert, politische Geschichte mit geistes-, verfassungs- und rechtshistorischen Erweiterungen festlegte und die Behandlung der sozialen Strukturen und Prozesse anderen überließ: den im 19. und frühen 20. Jahrhundert stark historisch arbeitenden Staats- und Sozialwissenschaftlern wie Schmoller, Sombart und M. Weber einerseits, einer sich in dieser Situation allmählich herausbildenden geschichtswissenschaftlichen Rand- und Spezialdisziplin andererseits: der „Kulturgeschichte" zunächst, daneben seit den neunziger Jahren der „Sozialgeschichte" meist in Verbindung mit Wirtschaftsgeschichte (als Sozial- und Wirtschaftsgeschichte) — so im Titel der „Zeitschrift für Social- und Wirthschaftsgeschichte" von 1893 (seit 1903: Vierteljahresschrift für Sozial- und Wirtschaftsgeschichte) sowie in der Bezeichnung von Lehrstühlen, Handbüchern und wissenschaftlichen Gesellschaften seitdem (Aubin 1963; Zorn 1974).
Als separatem Randfach haftete der Sozial- und Wirtschaftsgeschichte, besonders anfangs, leicht ein oppositioneller Geruch an: wissenschaftlich als kritische Erinnerung an das von der allgemeinen Geschichte Verdrängte; gesellschaftlich-politisch als Erinnerung an eine Wirklichkeitsdimension mit bedrohlichen Problemen („soziale Frage", Geschichte der Unterschichten und Arbeiterbewegung). So erklärt sich zu einem Teil die politische Aufladung der Diskussion um den Stellenwert der Sozialgeschichte auch noch in jüngster Zeit.
Als nach 1945 — zum Teil als Folge der Erfahrung von Diktatur, Weltkrieg und Zusammenbruch — und besonders durch eine jüngere Generation seit etwa 1960 die traditionelle Staatsorientierung der Geschichtswissenschaft auch in Deutschland bzw. in der Bundesrepublik Deutschland zunehmend auf Kritik stieß und die große Bedeutung sozialer und ökonomischer Veränderungsprozesse stärker ins Bewußtsein trat, führte das zur Betonung und Ausweitung des Faches Sozial- und Wirtschaftsgeschichte, zugleich zum immer stärkeren Eindringen sozialgeschichtlicher sowie sozial- und wirtschaftsgeschichtlicher Fragestellungen und Erkenntnisse in die allgemeine Geschichte (Conze 1957; Köllmann 1969; Journal of Social History (1976), 144 — 165). 1972 war die Sozialgeschichte in der Bundesrepublik Deutschland an 23 von 38 Universitäten und Hochschulen institutionell verankert (meist in Professu-

ren für Sozial- und Wirtschaftsgeschichte). Die Zahl der einschlägigen Veröffentlichungen und die Vielfalt der behandelten Themen nahmen zu. In der Sozialgeschichte geht es um so diverse Themen wie: Arbeiterschaft und Arbeiterbewegung, Unternehmens- und Arbeitsverhältnisse, Professionalisierungstendenzen und Berufsstruktur, Familie und Sozialisation, Bevölkerungsbewegungen und generatives Verhalten, Vereinswesen und Interessengruppen, Freizeitverhalten und Generationsproblematik, um kollektive Mentalitäten, Volkskultur, Mobilität, Frauenemanzipation und vieles andere mehr.

Neben Strukturen und Prozessen — und in Verknüpfung mit diesen — untersucht man in der Sozialgeschichte auch Erfahrungen und Handlungen, „Lebensweisen" und Verhaltensmuster, wie sie neuerdings in der „Alltagsgeschichte" großes Interesse finden. Aus dieser Sicht bezeichnet „Alltagsgeschichte" eine Strömung in der Sozialgeschichte.

Hermeneutische Methoden haben auch in der Sozialgeschichte wie in der Sozial- und Wirtschaftsgeschichte ihren Platz, werden aber stark durch analytische Zugriffe ergänzt. Dies geschieht vor allem durch die modifizierende Verwendung von Theorien, Theoremen und Modellen aus den systematischen Nachbarwissenschaften, besonders aus der Soziologie und der Ökonomie. Die Rolle von *Theorien* in der Geschichtswissenschaft ist in den letzten Jahren vor allem mit Bezug auf die Sozialgeschichte und die Sozial- und Wirtschaftsgeschichte stark diskutiert worden (Kocka / Nipperdey 1979). Doch bleibt ihre tatsächliche Verwendung sehr begrenzt. Quantifizierende Arbeitsschritte sind in der Sozialgeschichte häufig. Für die weitere Entwicklung ist anzunehmen, daß die Spezialisierung innerhalb der Sozialgeschichte bzw. Sozial- und Wirtschaftsgeschichte weiter zunimmt, gleichzeitig sozialgeschichtliche Elemente immer stärker in die allgemeine Geschichtswissenschaft einbezogen werden, so daß die äußeren Konturen der Sozial- und Wirtschaftsgeschichte eher unschärfer und ihre innere Vielfalt eher deutlicher werden dürften, auch im Sinne einer möglichen Auseinanderentwicklung der Sozialgeschichte und der Wirtschaftsgeschichte.

Sozialgeschichte als Gesellschaftsgeschichte

Diese zunehmende Verflüssigung der Abgrenzung zwischen Sozialgeschichte und allgemeiner Geschichte hängt wechselseitig zusammen mit den ebenfalls alten, in letzter Zeit zunehmenden, gleichwohl weiterhin minderheitlichen Versuchen, Sozialgeschichte *auch* im Sinne von Allgemeingeschichte unter sozialgeschichtlichem Blickwinkel, im Sinne von „Gesellschaftsgeschichte" („history of society") zu verstehen (Hobsbawm 1971; Kocka 1977, 97 bis 111; Wehler 1978; Begriff schon bei Bosl 1968, 1053). Sozialgeschichte als Gesellschaftsgeschichte bedeutet *Geschichte ganzer Gesellschaften*, wobei „Gesellschaft" nicht einen Teilbereich, ein Subsystem oder eine Dimension der geschichtlichen Wirklichkeit neben anderen meint, sondern das sich entwickelnde Gesamtsystem, welches — und dies ist der theoretisch-hypothetische Vorgriff — als durch jenen Teilbereich (Gesellschaft im engeren Sinn) vorzüglich geprägt vorgestellt wird. Das *Programm der Gesellschaftsgeschichte* fußt auf den Annahmen,

— daß geschichtswissenschaftliche Synthesen oder Syntheseskizzen möglich und notwendig sind, wenn auch jeweils nur in perspektivischer Weise, um die Einordnung von Einzeluntersuchungen, die Verknüpfung von Wirtschaft, Sozialstruktur, Politik und Kultur im historischen Gesamtprozeß zu begreifen und den Auftrag der Geschichtswissenschaft, zur sinnhaften Selbstverständigung und — praktisch relevanten — Selbstaufklärung der Gesellschaft beizutragen, zu erfüllen;
— daß solche Synthesen unter Betonung der sozialen Struktur und Prozesse im engeren Sinn, also „von der Gesellschaft her" möglich, sinnvoll und häufig jenen Syntheseversuchen überlegen sind, die staatlich-politische oder ideengeschichtliche Prozesse als Strukturierungsprinzipien benutzen;
— daß Synthesen der angestrebten Art nicht additiv, assoziativ und erschöpfend sein, sondern nur durch übergreifende Theorien bewerkstelligt werden können, die Selektion, Strukturierung und Verknüpfung in kontrollierter Weise ermöglichen sollten.

Die theoretische Begründung dieser Annahmen ist nicht abgeschlossen und umstritten. Die Kritik hat die Legitimation des Ziels, den historischen Gesamtprozeß bzw. das Ganze einer historischen Periode zu begreifen, bestritten und eine Art Monopolanspruch der Sozialgeschichte (über die staatsorientierte Politikgeschichte zum Beispiel) zu entdecken gemeint (Hildebrand 1976).

Auch gesellschaftsgeschichtliche Untersuchungen werden schon aus arbeitsökonomischen Gründen Arbeitsschwerpunkte bilden und perspektivisch auswählen müssen; doch sind sie dadurch gekennzeichnet, daß sie im Prinzip die verschiedensten Wirklichkeitsbereiche einbeziehen. Ihrem Grundsatz entsprechend versuchen sie, die untersuchten Phänomene, welchem Wirklichkeitsbereich im engeren Sinn sie auch zugehören mögen, mit sozialen bzw. sozialökonomischen Faktoren in Verbindung zu setzen, und zwar in einer Weise, die von deren hervorragender Wirkungsmächtigkeit innerhalb der Gesamtgeschichte ausgeht, ohne jedoch Monokausalität zu behaupten, die den historisch variablen Wechselwirkungsverhältnissen widersprechen würde. Gesellschaftsgeschichte kann in inhaltlich verschiedener Weise realisiert werden, je nachdem welche der verschiedenen möglichen, zum Teil konkurrierenden, zum Teil sich ergänzenden, zum Teil verknüpfbaren Theorien (zum Beispiel historisch-marxistische Ansätze, Modernisierungstheorien, Theoreme sozialer Ungleichheit u. a.) zur Strukturierung verwandt werden.

Literatur

Aubin, H.: Zum 50. Band der Vierteljahresschrift für Sozial- und Wirtschaftsgeschichte, in: *VSWG* 50 (1963), 1 — 24
Bosl, K.: Der gesellschaftlich-anthropologische Aspekt und seine Bedeutung für einen erneuerten Bildungswert der Geschichte, in: *Zeitschrift für Bayerische Landesgeschichte* 31 (1968)
Brunner, O.: Neue Wege der Verfassungs- und Sozialgeschichte, 2. Aufl. Göttingen 1968
Conze, W.: Sozialgeschichte, in: *Wehler, H. U.* (Hrsg.): Moderne deutsche Sozialgeschichte, Köln / Berlin 1966, 19 — 26
— Die Strukturgeschichte des technisch-industriellen Zeitalters als Aufgabe für Forschung und Unterricht, Köln / Opladen 1957

Erbe, M.: Zur neueren französischen Sozialgeschichtsforschung, Darmstadt 1979
Geschichte und Gesellschaft. Zeitschrift für Historische Sozialwissenschaft 1 (1975), 5 — 7 (Vorwort)
Hildebrand, K.: Geschichte oder „Gesellschaftsgeschichte"?, in: *HZ* 223 (1976), 328 bis 357
Hobsbawm, E. J.: From Social History to the History of Society, in: *Historical Studies Today* (Daedalus, Winter 1971), 20 — 45 (deutsch in: Wehler, H. U. (Hrsg.): Geschichte und Soziologie, Köln 1972, 331 — 353)
Journal of Social History 10 (Winter 1976) [Überblick über jüngere internationale Forschung]
Kocka, J.: Artikel „Sozial- und Wirtschaftsgeschichte", in: *Sowjetsystem und Demokratische Gesellschaft*, Bd. 6, Freiburg 1972, 1 — 39 [Überblick über die Entwicklung in verschiedenen Ländern]
— Sozialgeschichte. Begriff — Entwicklung — Probleme, Göttingen 1977
Kocka, J. / Nipperdey, Th. (Hrsg.): Theorie und Erzählung in der Geschichte (Beiträge zur Historik, Bd. 3), München 1979
Leidinger, P. (Hrsg.): Theoriedebatte und Geschichtsunterricht. Sozialgeschichte, Paradigmawechsel und Geschichtsdidaktik in der aktuellen Diskussion, Paderborn 1982
Köllmann, W.: Zur Situation des Faches Sozial- und Wirtschaftsgeschichte in Deutschland, in: *Manegold, K. H.* (Hrsg.): Wissenschaft, Wirtschaft und Technik. Wilhelm Treue zum 60. Geburtstag, München 1969, 135 — 146
Oestreich, G.: Die Fachhistorie und die Anfänge der sozialgeschichtlichen Forschung in Deutschland, in: *HZ* 208 (1969), 320 — 363
Rosenberg, H.: Probleme der deutschen Sozialgeschichte, Frankfurt 1969
Wehler, H. U. (Hrsg.): Moderne deutsche Sozialgeschichte, Köln / Berlin 1966
— Vorüberlgungen zu einer modernen deutschen Gesellschaftsgeschichte, in: *Stegmann, D.*, u. a. (Hrsg.): Industrielle Gesellschaft und politisches System. Festschrift für Fritz Fischer zum 70. Geburtstag, Bonn 1978, 3 — 20
— Historische Sozialwissenschaft und Geschichtsschreibung. Studien zu Aufgaben und Traditionen deutscher Geschichtswissenschaft, Göttingen 1980
Zorn, W.: Einführung in die Wirtschafts- und Sozialgeschichte, München 1972
— Das Fach Wirtschafts- und Sozialgeschichte im letzten halben Jahrhundert, in: *Wirtschaftliche und soziale Veränderungen im säkularen Wandel.* Festschrift für W. Abel, Bd. 1, Hannover 1974, 11 — 22

Strukturgeschichte

Jürgen Kocka

Strukturgeschichte meint eine geschichtswissenschaftliche Betrachtungsweise, für die die „*Verhältnisse*" und „*Zustände*", die überindividuellen Entwicklungen und Prozesse, weniger die einzelnen Ereignisse und Personen im Vordergrund stehen; sie lenkt den Blick eher auf die *Bedingungen, Spielräume* und *Möglichkeiten* menschlichen Handelns in der Geschichte als auf individuelle Motive, Entscheidungen und Handlungen selber; sie beleuchtet eher *Kollektivphänomene* als Individualitäten; sie macht Wirklichkeitsbereiche und Phänomene zum Gegenstand der Forschung, die eher durch *Beschreibung* und *Erklärung* als durch hermeneutisch-individualisierendes Sinnverstehen zu erschließen sind; sie interessiert sich vor allem für die relativ *dauerhaften*, nur schwer veränderbaren Phänomene, für Wirklichkeitsschichten mit langsamer Veränderungsgeschwindigkeit, nicht so sehr für Wirklichkeitsbereiche, die sich schnell ändern und Wandlungsanstößen nur geringen Widerstand entgegenstellen. Schließlich zielt diese Betrachtungsweise oft, wenn auch nicht immer, auf die Erfassung *übergreifender Zusammenhänge*: letztlich auf die Erfassung des gesamtgeschichtlichen Prozesses (eines Zeitalters) in seinem synchronen und diachronen Zusammenhang.

Insbesondere W. Conze hat die strukturgeschichtliche Betrachtungsweise seit den frühen 1950er Jahren in der deutschen Geschichtswissenschaft — durch modifizierenden Rückgriff auf Vorschläge O. Brunners und unter Verwendung eines von F. Braudel 1949 gebrauchten Schlüsselbegriffs („histoire des structures") — vorgeschlagen und begründet (Conze 1957). Die strukturgeschichtliche Betrachtungsweise kann inhaltlich in sehr verschiedener Weise realisiert werden. Sie hat auch in der traditionellen Geschichtsschreibung nicht gefehlt (wenn sie auch anders bezeichnet wurde). Sie hat in den letzten Jahrzehnten in Forschung und Darstellung an Gewicht gewonnen, da zunehmend ins Bewußtsein trat, daß der geschichtliche Prozeß nicht in intendierten *Handlungen* und *Ereignissen* aufgeht. Strukturgeschichtliche Betrachtungsweisen können und sollen allerdings handlungs-, personen- und ereignishistorische Betrachtungsweisen nicht ersetzen und verdrängen. Strukturgeschichtliche Betrachtungsweisen sind Voraussetzung für die Verwendung von *Theorien, Theoremen* und *Modellen* der systematischen Sozialwissenschaften in der Geschichtswissenschaft. Kritik an der Strukturgeschichte ist neuerdings vor allem von „alltagsgeschichtlicher" Seite geübt worden, der es stärker und primär um die Rekonstruktion von Erfahrungen und Wahrnehmungen, Handlungsmustern und „Lebensweisen" der „kleinen Leute" in überschaubaren Räumen geht (Niethammer 1980; zur Problematik und Literatur: Tenfelde 1984).

Strukturgeschichte wird manchmal mit „Sozialgeschichte" synonym verwandt. Dies ist, wenn man die obige Umschreibung akzeptiert, deshalb irreführend, weil strukturgeschichtliche Betrachtungsweisen zwar in der Sozialgeschichte eine besonders große (wenn auch keine ausschließliche) Rolle spielen, aber keineswegs auf Sozialgeschichte beschränkt sind. Vielmehr finden sie auch in der Politikgeschichte, Kulturgeschichte, Wirtschaftsgeschichte, Verfassungsgeschichte etc. zunehmende Verwendung.

Literatur

Born, K. E.: Der Strukturbegriff in der Geschichtswissenschaft, in: *Einem, H. v.*, u. a.: Der Strukturbegriff in den Geisteswissenschaften, Mainz / Wiesbaden 1973, 17 — 30
Bosch, M. (Hrsg.): Persönlichkeit und Struktur in der Geschichte, Düsseldorf 1977

Braudel, F.: La longue durée (1958), in: *Braudel, F.*: Ecrits sur l'histoire, Paris 1969, 41 — 83 (deutsch in: *Wehler, H. U.* (Hrsg.): Geschichte und Soziologie, Köln 1972, 189 — 215)
Brunner, O.: Neue Wege der Verfassungs- und Sozialgeschichte, 2. Aufl. Göttingen 1968
Conze, W.: Die Strukturgeschichte des technisch-industriellen Zeitalters als Aufgabe für Forschung und Unterricht, Köln / Opladen 1957
Groh, D.: Strukturgeschichte als „totale" Geschichte? Kritische Bemerkungen zur französischen Sozialgeschichtsschreibung, in: *VSWG* 58 (1971), 289 — 322
Kocka, J.: Sozialgeschichte. Begriff — Entwicklung — Probleme, Göttingen 1977, 70 bis 82
Koselleck, R.: Darstellung, Ereignis und Struktur, in: *Schulz, G.* (Hrsg.): Geschichte heute. Positionen, Tendenzen und Probleme, Göttingen 1973, 307 — 317
Niethammer, L.: Anmerkungen zur Alltagsgeschichte, in: *Gd* 5 (1980), 231 — 242
Schieder, Th.: Strukturen und Persönlichkeiten in der Geschichte, in: *Schieder, Th.*: Geschichte als Wissenschaft. Eine Einführung, München 1965, 149 — 186
Tenfelde, K.: Schwierigkeiten mit dem Alltag, in: *GuG* 10 (1984), 376 — 394

Historische Sozialwissenschaft

Jürgen Kocka

Der Begriff wurde vor allem von H. U. Wehler in die jüngere deutsche theoretisch-methodologische Diskussion eingebracht, weiterentwickelt und vertreten (vor allem Wehler 1973 und 1975; siehe auch Vierhaus 1973, 30; Mommsen 1971, 27 f.; Schulze 1974, 178 ff.; Geschichte und Gesellschaft 1975, 5 — 7; Rüsen 1976, 52; Rürup 1977; kritisch: Conze 1977). Der Begriff, der häufig ohne präzise Bestimmung und in polemischer Absicht gebraucht wird, dient zur Umschreibung eines geschichtswissenschaftlichen Paradigmas, das sich kritisch gegen traditionelle, insbesondere historistische Geschichtswissenschaft wendet. Er meint eine Geschichtswissenschaft, die nicht primär Ereignisse, Personen, Intentionen und Handlungen erforscht, sondern vor allem *Strukturen und Prozesse als Bedingungen und Folgen von Ereignissen, Entscheidungen und Handlungen*, die den Entscheidenden und Handelnden nicht voll bewußt sind, von ihnen nicht ganz oder anders beabsichtigt wurden und die die Ereignisse zwar bestimmen, aber nicht in ihnen aufgehen. Historische Sozialwissenschaft zieht damit, ähnlich wie schon die Verfechter der strukturgeschichtlichen Betrachtungsweise, die Konsequenz aus der sich durchsetzenden Einsicht, daß die Geschichte nicht in dem aufgeht, was die Menschen wechselseitig intendieren, daß die Umstände mindestens so sehr die Menschen wie die Menschen die Umstände machen, und daß sich Geschichte nicht zureichend als Zusammenhang von Ereignissen, Entscheidungen, Erfahrungen und Handlungen begreifen läßt. Methodisch folgt daraus die stärkere Einbeziehung generalisierend-erklärender, analytischer

Verfahren in eine Geschichtswissenschaft, die traditionell hermeneutisch-verstehenden Verfahren den Vorzug gab.

Dadurch rückt die Geschichtswissenschaft näher an die *systematischen Sozialwissenschaften* heran, tritt mit ihnen in engeren Austausch, bis hin zu einzelnen Grenzüberschreitungen und Grenzverwischungen: In den systematischen Sozialwissenschaften entwickelte Methoden — etwa solche quantifizierender Art — finden gewissen Eingang in die Geschichtswissenschaft. Sozialwissenschaftliche Theorien, entsprechend modifiziert, spielen in der geschichtswissenschaftlichen Arbeit eine immer wichtigere Rolle. Diese *Theorieanwendung* geschieht möglichst explizit (Meran 1985). Analytische Darstellungsweisen treten damit oft an die Stelle oder doch an die Seite erzählender und beschreibender Passagen. Schließlich zeichnet sich Geschichte, wie sie von Verfechtern einer Historischen Sozialwissenschaft verstanden wird, durch eine ausgeprägte Tendenz zur Reflexion auf die eigenen erkenntnistheoretisch-methodologischen Voraussetzungen aus und damit durch die Bereitschaft, den geschichtlich-sozialwissenschaftliche Erkenntnisse allererst konstituierenden *lebensweltlich-wissenschaftlichen, praktisch-theoretischen Verknüpfungszusammenhang*, der traditionell im Rahmen der Werturteilsproblematik diskutiert wird, anzuerkennen und mitzureflektieren. Dabei wendet sich die Absicht der Historischen Sozialwissenschaft in spezifischer Weise auf ihre Entstehungsvoraussetzungen zurück (Rüsen 1976): Während sie ihre Existenz, wie angedeutet, der zunehmend eingesehenen Tatsache verdankt, daß die geschichtlichen Verhältnisse und Entwicklungen nur zum (kleinen) Teil intendierte Resultate menschlicher Entscheidungen und Handlungen, oft jedoch nicht gewußte Vorgegebenheiten und nicht intendierte Nebenfolgen von Handlungen sind, begreift sie diesen Tatbestand als veränderungsbedürftig und orientiert sich an dem Ziel dazu beizutragen, daß möglichst viel von diesen nicht bewußten und nicht beherrschten Dimensionen der geschichtlichen Wirklichkeit durchschaubar und durch vernünftiges Handeln beeinflußbar wird. Darin liegt — in einem allgemeinen Sinn — ihre *aufklärerisch-emanzipatorische* Stoßrichtung, so bescheiden man auch sein wird bei der Einschätzung dessen, was die Geschichtswissenschaft in dieser Hinsicht wirklich vermag. Darüber hinaus ist Historische Sozialwissenschaft in sehr verschiedener Weise einlösbar. Sie ist weder auf bestimmte Theorien festgelegt noch per se mit bestimmten inhaltlichen Positionen (etwa „Primat der Innenpolitik") verknüpft. Sehr verschiedene Spezialisierungen und Zugriffe haben ihren Platz (Kocka 1984a).

Umstritten ist neben der Werturteils- und Objektivitätsproblematik vor allem, ob die Geschichtswissenschaft auch (unter anderem, zum Teil) Historische Sozialwissenschaft ist oder ob man Geschichtswissenschaft und Historische Sozialwissenschaft programmatisch gleichsetzen darf und soll. Wenn man dies tut, ist es zweifellos notwendig, „Sozialwissenschaften" in einem sehr weiten Sinn zu verstehen, der nicht nur hermeneutisch-verstehende Verfahren einbezieht, sondern auch die für geschichtswissenschaftliches Arbeiten unverzichtbare Erforschung und Darstellung von einzelnen Ereignissen, Personen, Entscheidungen und Handlungen nicht ausschließt.

Manche Kritiker verwechseln die Grundprinzipien der Historischen Sozialwissenschaft mit besonderen inhaltlichen Positionen einzelner ihrer Vertreter (so zum Teil Veit-Brause 1984). Andere bestreiten, daß Historische Sozialwissenschaft, soweit sie tragfähig sei, einen Paradigmawechsel bedeute (Repgen 1979). Wieder andere kritisieren ihren angeblich zu mechanistischen Theoriebegriff und werfen ihr Vernachlässigung kultur- und erfahrungsgeschichtlicher Momente vor (Medick 1984). Der verbreiteten Forderung „Zurück zur Erzählung" (zum Beispiel Stone 1979) entspricht Historische Sozialwissenschaft zweifellos nicht (Kocka 1984b). In der Praxis der Geschichtsforschung wurden Prinzipien der Historischen Sozialwissenschaft nur als Tendenz oder zum Teil verwirklicht. Die Debatte dauert an.

Literatur

Conze, W.: Die deute Geschichtswissenschaft seit 1945. Bedingungen und Ergebnisse, in: *HZ* 225 (1977), 1 — 28

Geschichte und Gesellschaft. Zeitschrift für Historische Sozialwissenschaft 1 (1975), 5 — 7

Iggers, G. G.: Neue Geschichtswissenschaft. Vom Historismus zur Historischen Sozialwissenschaft. Ein internationaler Vergleich, München 1978

Kocka, J.: Sozialgeschichte — Strukturgeschichte — Historische Sozialwissenschaft. Vorüberlegungen zu ihrer Didaktik, in: *Gd* 2 (1977), 284 — 297

— Historisch-anthropologische Fragestellungen — ein Defizit der Historischen Sozialwissenschaft, in: *Süssmuth, H.* (Hrsg.): Historische Anthropologie. Der Mensch in der Geschichte, Göttingen 1984a, 73 — 83

— Zurück zur Erzählung? Plädoyer für historische Argumentation, in: *GuG* 10 (1984b), 395 — 408

Medick, H.: „Missionare im Ruderboot?". Ethnologische Erkenntnisweisen als Herausforderung an die Sozialgeschichte, in: *GuG* 10 (1984), 295 — 319

Meran, J.: Theorien in der Geschichtswissenschaft, Göttingen 1985

Mommsen, W. J.: Die Geschichtswissenschaft jenseits des Historismus, Düsseldorf 1971

Repgen, K.: Methoden- oder Richtungskämpfe in der deutschen Geschichtswissenschaft seit 1945?, in: *GWU* 30 (1979), 591 — 610

Rürup, R. (Hrsg.): Historische Sozialwissenschaft, Göttingen 1977

Rüsen, J.: Für eine erneute Historik. Studien zur Theorie der Geschichtswissenschaft, Stuttgart-Bad Cannstatt 1976

Schulze, W.: Soziologie und Geschichtswissenschaft, München 1974

Stone, L.: The Revival of Narrative, in: *Past and Present* 85 (1979), 3 — 24

Veit-Brause, I.: Zur Kritik der „Kritischen Geschichtswissenschaft": Tendenzwende oder Paradigmawechsel?, in: *GWU* 35 (1984), 1 — 24

Vierhaus, R.: Gedanken zum Studium der Geschichtswissenschaft, in: *Conze, W.* (Hrsg.): Theorie der Geschichtswissenschaft und Praxis des Geschichtsunterrichts, Stuttgart 1972, 29 — 37

Wehler, H. U.: Geschichte als Historische Sozialwissenschaft, Frankfurt 1973

— Modernisierungstheorie und Geschichte, Göttingen 1974

Mikro-Historie
Winfried Schulze

Der Begriff der Mikro-Historie ist ein relativ neuer Begriff und bezieht sich auf den Gegenstandsbereich historischer Untersuchungen. Er ist eng verbunden mit der Diskussion um das Verhältnis von Geschichtswissenschaft und historischer Anthropologie. In diesem Zusammenhang bedeutet Mikro-Historie die *detaillierte und umfassende Analyse eines historischen Gegenstandes*, der zu den *grundlegenden* Einheiten oder Verhältnissen in historischen Gesellschaften gehört. Diese notwendigerweise vage Bestimmung der Mikro-Historie ist kaum zu vermeiden angesichts einer anders nicht generalisierbaren Forschungspraxis auf diesem Gebiet. Diese zeigt schon auf den ersten Blick ein Überwiegen von Studien, die sich auf *kleinräumige* oder *Einzelphänomene* gesellschaftlichen Verhaltens konzentrieren. Sowohl die vielzitierten Arbeiten von Nathalie Zemon Davis und Carlo Ginzburg als auch die neueren deutschen Untersuchungen zeigen, daß das Interesse dieser Geschichtsschreibung nicht mehr vorrangig der Gesamtgesellschaft oder relativ großen Teileinheiten höherer Komplexität gilt, sondern kleineren Einheiten bis zu exemplarischen oder außergewöhnlichen Individuen selbst. Hans Medick glaubt, daß die Ansprüche des von ihm vertretenen Ansatzes einer historischen Anthropologie „zum Beispiel in historischen Mikro-Analysen kleiner gesellschaftlicher Einheiten einzulösen sind, etwa eines Dorfes, einer Stadt oder eines Betriebes". Der amerikanische Anthropologe Clifford Geertz, auf den sich Historiker bei ihrem mikro-historischen Vorgehen oft berufen — so zum Beispiel Medick und Robert Darnton — hat bislang eine der reflektiertesten Analysen von Mikro-Studien, allerdings auf ethnologischem Felde vorgelegt. Ihm kommt es vor allem darauf an, „große Schlußfolgerungen aus kleinen, aber sehr dicht strukturierten Fakten zu ziehen", d. h. eine so hoch *verdichtete Beschreibung* des Einzelphänomens zu erstellen, daß sowohl die historische Realität gewahrt bleibt, zugleich aber die *Generalisierung* des Phänomens aus dieser verdichteten Beschreibung selbst hervorgeht.

Die italienischen Historiker Carlo Ginzburg und Carlo Poni haben bislang als einzige eine programmatische Umschreibung des Begriffs der Mikro-Historie vorgenommen. Sie sehen im Vordringen dieser Detailstudien eine Reaktion auf wachsende *Zweifel an der Sinnhaftigkeit makro-historischer Prozesse* unseres Zeitalters. Die Neuorientierung der Geschichtsschreibung ergibt sich dabei durch die Namen der historischen Subjekte, die sich in den Archiven für den Historiker als roter Faden erweisen und sein Interesse auf die Lebenswelt der untersuchten historischen Subjekte konzentriert. Eine mögliche Lösung des Problems der Bedeutung der Detailaussage für das jeweilige Gesamtsystem sehen Ginzburg / Poni zum einen in der Bedeutung des „*normalen Außergewöhnlichen*". Dies bedeutet, daß angesichts der üblichen Deformation der historischen Überlieferung gerade der unteren sozialen Schichten das statistisch nicht Bedeutsame, also vielleicht Einmalige, möglicherweise mehr enthüllen kann als der statistische Durchschnitt und das sich stereotyp Wiederholende. Ohne hier direkt Verfahrensanweisungen zu geben, erhoffen die Verfasser damit, Spuren und Indizien für die bislang verborgene Realität der Untersuchungsobjekte zu gewinnen. Die Mikro-Historie, von ihnen bezeichnenderweise science de vécu genannt, bietet sowohl den Vorteil, die begrenzte, aber tiefe Einsicht in eine sonst verborgene Lebenswelt als auch die Erkenntnis jener verborgenen Regeln zu ermöglichen, nach denen diese Lebenswelt geordnet ist. Die bislang vorliegenden Äußerungen zur Praxis mikro-historischer Forschung gehen von der allgemeinen Annahme aus, daß im Verhalten von Individuen und kleinen Gruppen oder begrenzten Lebenszusammenhängen mehr steckt als nur die bloße Handlung selbst. Sie enthält ein schwer quantifizierbares Moment an *Vergesellschaftung*, da das jeweilige Handeln gesellschaftlich bedingt und vermittelt ist. So läßt sich sagen, daß jede soziale Handlung oder jeder mikro-historische Gegenstand immer auch ein Kommentar über die Bedingung seiner selbst ist. Mikro-Historie zehrt von diesem ständigen *Bedeutungsüberschuß des Einzelphänomens*. Zum anderen bieten sich mikro-historische Studien dort an, wo es darum geht, historische Veränderungen im Makro-Maßstab, etwa Epochenschwellen, auf die mögliche Veränderung elementarer Verhaltensweisen, die das Substrat solcher Veränderungen bilden können, hin zu untersuchen.

Neben diesen Möglichkeiten der Herleitung und Begründung von Mikro-Historie muß darauf verwiesen werden, daß die Dynamik sozialhistorischer Forschung mit ihrer Zeit- und Personalaufwendigkeit selbst eine Voraussetzung für das verstärkte Auftreten mikro-historischer Studien bietet. Erinnert werden muß hier an den qualitativen Sprung von der aggregativen zur rekonstituierenden Methode in der historischen Demographie, an die Fortschritte der prosopographischen und Community-Forschung (Lawrence Stone und Allan Macfarlane), die aus ihrer Eigenentwicklung heraus Berührungspunkte mit anthropologischen Forschungsmethoden und -konzepten boten. Gerade die Bilanz dieser Forschungsrichtungen mag belegen, daß mikro-historische Forschungen immer wieder der Einbindung in makro-historische Fragen bedürfen, weil sie anderenfalls bloße Faktensammelei wären, daß der Historiker auf der anderen Seite der Vertiefungsmöglichkeiten nicht entbehren kann, die ihm diese Forschungsrichtung bietet.

Literatur

Geertz, C.: Dichte Beschreibung. Beiträge zum Verstehen kultureller Systeme, in: ders.: Dichte Beschreibung. Bemerkungen zu einer deutenden Theorie von Kultur, Frankfurt/M. 1983, 7 — 43
Ginzburg, C.: Spurensicherung über verborgene Geschichte. Kunst und soziales Gedächtnis, Berlin 1983
Ginzburg, C. / Poni, C.: La micro-histoire, in: *Le débat* 17 (1981), 133 — 136
Imhof, A. E.: Die verlorenen Welten. Alltagsbewältigung durch unsere Vorfahren — und weshalb wir uns heute so schwer damit tun, München 1984

Medick, H.: „Missionare im Ruderboot?". Ethnologische Erkenntnisweisen als Herausforderung an die Sozialgeschichte, in: *GuG* 10 (1984), 295 — 319
Schulze, W.: Mikro-Historie versus Makro-Historie?, in: *Meier, C. / Rüsen, J.* (Hrsg.): Theorie der Geschichte (Beiträge zur Historik, Bd. 5), München 1985 (i. E.)
Stone, L.: The Revival of Narrative: Reflections on a new old history, in: *Past and Present* 85 (1979), 3 — 24
Süssmuth, H. (Hrsg.): Historische Anthropologie, Göttingen 1984

Frauengeschichte

Annette Kuhn

Obgleich die Frauengeschichtsforschung auf die Anfänge der organisierten Frauenbewegungen im 19. Jahrhundert zurückzuführen ist und vor allem in den USA seit den zwanziger Jahren kontinuierlich betrieben wird, hat sich in der Bundesrepublik Deutschland erst seit Anfang der siebziger Jahre in enger Verbindung mit der neuen Frauenbewegung Frauengeschichte trotz Widerständen als eine akademisch anzuerkennende, wissenschaftliche Disziplin durchzusetzen versucht. Für die Lage der Frauengeschichtsforschung in der Bundesrepublik Deutschland ist vor allem charakteristisch:

- Die scharfe Trennung von *akademisch anerkannter* Frauengeschichtsforschung und einer breiten *außeruniversitären* Frauengeschichtsforschung;
- eine starke *Theorieabstinenz* der inneruniversitär betriebenen Frauengeschichtsforschung und
- eine allmähliche *Festigung* der bundesdeutschen Frauengeschichtsforschung innerhalb der bundesdeutschen, primär sozialwissenschaftlich orientierten und der internationalen, vor allem nordamerikanischen Geschichtsforschung (Bock 1983).

Die Trennung zwischen einer akademisch anerkannten Frauengeschichtsforschung und den breiten Forschungsaktivitäten innerhalb einer sich autonom verstehenden Frauengeschichtsforschung (Schenk 1977) schlägt sich nicht nur in der erschreckend geringen Repräsentanz von Frauen in den üblichen deutschen Standardwerken zur Geschichte und im öffentlichen Geschichtsbewußtsein im Verhältnis zu der konstant ansteigenden Zahl von Publikationen innerhalb von Sonderreihen zur Frauengeschichte als einer quasi eigenen Sondergeschichte nieder (Brinker-Gabler 1979 ff.; Kuhn u. a. 1979 ff.). Auch die theoretische Diskussion um den Stellenwert von Frauen im Kontext der Gesellschaftsgeschichte und die gesellschaftspolitische Reflexion über das öffentliche Selbstverständnis von Frauengeschichtsforschung werden von dieser Ein- und Abgrenzungssituation negativ beeinflußt (von Borries 1985).
Konsens besteht innerhalb der Frauengeschichte darüber, daß alle Geschichte eine Geschichte von Geschlechterbeziehungen darstellt und daß entsprechend

das Geschlecht nicht als eine „natürliche", sondern nur als eine *historisch-soziale Kategorie* zu begreifen ist (Bock 1982). Ebenfalls wird allgemein anerkannt, daß die herrschende Geschichtsschreibung die Arbeit und die Lebensweise von Frauen entweder *unsichtbar* gemacht oder ideologisch zur *Geschlechterstereotype* verformt hat (Hausen 1983). Im Gegensatz zur feministischen Positionssuche innerhalb der anglo-amerikanischen Frauengeschichte (Evans 1985) werden — sehen wir von eher polemisch verkürzten Kontroversen (Bock, Kuhn, Kocka 1982) und von Theoriediskussionen in der sozialwissenschaftlichen feministischen Forschung (beiträge 1977 ff.) ab — in der sozialgeschichtlichen Forschung aufgeworfene Fragestellungen (Puhle 1981), etwa vom Verhältnis von Klassen- und Geschlechterfrage oder von der Entstehung der Geschlechterrollen (Hausen 1976; Kuhn 1983) von der Frauengeschichtsforschung in der Bundesrepublik Deutschland in ihrem systematischen Gehalt nur zögerlich aufgegriffen. Die zentralen Diskussionen um den *Stellenwert der Frauengeschichte innerhalb der Geschichte* sind weitgehend durch die Rezeption entweder der anglo-amerikanischen Diskussion (Hausen 1981) oder der sozialwissenschaftlichen Forschung innerhalb der Bundesrepublik Deutschland bestimmt. Die von der feministischen Forschung anderer Disziplinen inzwischen weitgehend geforderten Überprüfungen traditioneller, männlich bestimmter Begriffs- und Denkstrukturen und wissenschaftlicher Kategorien sind ebenso wie die Diskussion um Feminismus / Sozialismus kaum in der Frauengeschichte der Bundesrepublik Deutschland aufgegriffen worden. An neueren Ansätzen der Geschichtswissenschaft, vor allem in der mündlichen Geschichtsforschung (oral history), der Geschichtswerkstattbewegung und der erneuten Zuwendung zur Volkskunde hat die Frauengeschichte einen erheblichen Anteil (Frauen in der Geschichte IV, in: *Gd* 1985, H. 2). Während gerade diese Initiativen sich auch positiv auf den Geschichtsunterricht auswirken, schlägt sich der Mangel sowohl an geschichtstheoretischer Fundierung als auch an empirischer Forschung negativ auf die Verstärkung von Frauengeschichte in schulischen und außerschulischen Lernprozessen nieder.

Literatur

beiträge zur feministischen theorie und praxis. Erste Orientierungen, München 1977 ff.
Bock, G.: Historische Frauenforschung: Fragestellungen und Perspektiven, in: *Hausen, K.* (Hrsg.): Frauen suchen ihre Geschichte, München 1983, 22 — 62
Borries, B. v.: Forschen und Lernen an Frauengeschichte — Versuch einer Zwischenbilanz, in: *Kuhn, A.,* u. a. (Hrsg.): Frauen in der Geschichte VI, Düsseldorf 1985 (i. E.)
Brinker-Gabler, G. (Hrsg.) Die Frau in der Gesellschaft, Frankfurt/M. 1982
Duelli-Klein, R. / Nerad, M. / Metz-Göckel, S. (Hrsg.): Feministische Wissenschaft und Frauenstudium (Blickpunkt Hochschuldidaktik 71), 1982
Evans, R. J.: Feminismus als Forschungskonzept: Anmerkungen für die Praxis, in: *Kuhn, A.,* u. a. (Hrsg.): Frauen in der Geschichte VI , Düsseldorf 1985 (i. E.)
Fox-Genovese, E.: Der Geschichte der Frauen einen Platz in der Geschichte, in: *Das Argument* 141 (1983)

Frauenforschung oder feministische Forschung (beiträge zur feministischen theorie und praxis 11), München 1984

Hausen, K.: Die Polarisierung der „Geschlechtercharaktere". Eine Spiegelung der Dissoziation von Erwerbs- und Familienleben, in: *Conze, W.* (Hrsg.): Sozialgeschichte der Familie der Neuzeit Europas, Stuttgart 1976

— Women's History in den Vereinigten Staaten, in: *GuG* 7 (1981), 347 — 363

— (Hrsg.): Frauen suchen ihre Geschichte, München 1983

Honegger, C. / Heintz, B.: Listen der Ohnmacht. Zur Sozialgeschichte weiblicher Widerstandsformen, Frankfurt 1981

Kontroverse zwischen dem Bielefelder Historiker *J. Kocka* und den Historikerinnen *G. Bock* und *A. Kuhn*, in: *Gd* 6 (1981), 312 — 315; 7 (1982), 99 — 109; 7 (1982), 325 — 330

Kuhn, A.: Das Geschlecht — eine historische Kategorie?, in: *Brehmer, I.*, u. a. (Hrsg.): Frauen in der Geschichte IV, Düsseldorf 1983, 29 — 50

Kuhn, A., u. a. (Hrsg.): Frauen in der Geschichte I — VI, Düsseldorf 1979 ff.

Kuhn, A. / Wolpe, A. M. (Hrsg.): Feminism and materialism. Women and modes of production, London 1978

Lerner, G.: The Majority Finds its Past, New York / Oxford 1979

Puhle, H. J.: Warum gibt es so wenig Historikerinnen?, in: *GuG* 7 (1981), 364 — 393

Schaeffer-Hegel, B. / Wartmann, B. (Hrsg.): Mythos Frau. Projektionen und Inszenierungen im Patriarchat, Berlin 1984

Schenk, H.: Die feministische Herausforderung. 150 Jahre Frauenbewegung in Deutschland, München 1977

Tröger, A. / Wickert, C. / Hagemanns, K., u. a.: Oral history, in: *Frauengeschichte* (beiträge zur feministischen theorie und praxis 5), München 1981, 39 — 60

Wartmann, B. (Hrsg.): Weibliche Produktivität, in: *Ästhetik und Kommunikation* 13 (1982), 12 — 33

Wirtschaftsgeschichte

Hans-Peter Ullmann

Unter Wirtschaftsgeschichte versteht man die „*Geschichte wirtschaftlicher Strukturen und Prozesse, Institutionen und Theorien, Handlungen und Ereignisse*" (Kocka 1972, 1). Als eigenständige wissenschaftliche Disziplin entstand die Wirtschaftsgeschichte im Laufe des 19. Jahrhunderts. In einer Zeit sich beschleunigender Industrialisierung gewannen die wirtschaftlichen Phänomene mit ihrem relativen Eigengewicht an Bedeutung und folglich auch an Erklärungsbedürftigkeit. Die allgemeine Geschichtswissenschaft verkürzte gleichzeitig ihr Forschungsinteresse auf die politische Geschichte der Nationalstaaten. Die von ihr ausgebildete historisch-kritische Methode richtete sich zudem mehr auf das Verstehen individueller Handlungsintentionen und eignete sich kaum für die Untersuchung überindividueller wirtschaftlicher Strukturen und Prozesse. Dieser Verengungsvorgang beschleunigte die Abtrennung der Wirtschaftsgeschichte, die wichtige Anstöße vom Marxismus und der Wirtschaftswissenschaft aufnahm. Dabei erleichterte die Historisierung der Nationalökonomie zunächst eine Entwicklung der Wirtschaftsgeschichte innerhalb der Wirtschaftswissenschaft (Historische Schule der Nationalökonomie). Erst der Methodenstreit zwischen den Vertretern einer historischen und einer systematischen Betrachtungsweise mündete nach der Jahrhundertwende in eine Retheoretisierung der Nationalökonomie ein und führte mithin zu einer Zurückdrängung der Wirtschaftsgeschichte. War sie für die Geschichtswissenschaft eine Randdisziplin geblieben (Lamprecht-Streit), so wurde sie es nun auch für die Wirtschaftswissenschaft. Ein Aufschwung der Wirtschaftsgeschichte setzte erst nach dem Zweiten Weltkrieg, verstärkt seit den sechziger Jahren in der Bundesrepublik Deutschland ein.

Die Entwicklung der Wirtschaftsgeschichte als Disziplin und ihre Mittelstellung zwischen Geschichts- und Wirtschaftswissenschaft haben, bei fließenden Übergängen im einzelnen, zu vier unterschiedlichen Ausprägungen geführt:

Die Wirtschaftsgeschichte ist ein *Zweig der allgemeinen Geschichtswissenschaft*. Sie befaßt sich wie andere Teildisziplinen (Politik-, Verfassungsgeschichte usw.) mit einem bestimmten, abgrenzbaren Ausschnitt historischer Wirklichkeit. Wegen der engen Wechselbeziehung wirtschaftlicher und sozialer Momente wird sie dabei häufig zusammen mit einer ebenfalls als Sektorwissenschaft verstandenen Sozialgeschichte betrieben (Wirtschafts- und Sozialgeschichte). Die Wirtschaftsgeschichte geht von den Erkenntnisinteressen der Geschichtswissenschaft und von ihrer Methode aus, nimmt zugleich aber unterschiedlich stark Begriffe und Theorien aus den Wirtschafts- und den systematischen Sozialwissenschaften auf. Sie gelangt damit über die historisch-verstehende Betrachtung hinaus zur kausalen und funktionalen Erklärung wirtschaftlicher Entwicklung und ihres Zusammenhanges mit anderen Bereichen.

Die Wirtschaftsgeschichte ist ein *Teil der Wirtschaftswissenschaft*. Sie wendet systematische Modelle und Theorien mit dem Anspruch allgemeiner Gültigkeit auf historische Fälle an. Deshalb neigt sie dazu, die wirtschaftlichen Probleme zu isolieren und damit ihren Untersuchungsgegenstand aus seinem historischen Zusammenhang zu lösen. Dies wird besonders deutlich bei den „Cliometrikern" der New Economic History und den Vertretern der Histoire Quantitative. Methodisch lehnt sich die Wirtschaftsgeschichte eng an das analytische Wissenschaftsverständnis der Wirtschaftswissenschaft an. Sie erreicht durch Hypothesen-, Modell- und Theoriebildung sowie durch deren Überprüfung mit Hilfe quantifizierender Verfahren eine größere Genauigkeit und bessere Kontrollierbarkeit als die der Geschichtswissenschaft verpflichtete Wirtschaftsgeschichte.

Die *marxistische Wirtschaftsgeschichte* nimmt zwischen den bisher beschriebenen Ausprägungen eine besondere Position ein. Für sie ist methodisch die sozialökonomische Analyse geschichtlicher Triebkräfte und Gesetze grundlegend, wie sie Marx und Engels entwickelt haben. In ihrem Rahmen bildet die Wirtschaftsgeschichte den empirischen, die politische Ökonomie den theoretischen Zweig marxistischer Wirtschaftswissenschaft, die sich als eine historisch wie theoretisch arbeitende Disziplin begreift. Die Wirtschaftsgeschichte untersucht die Geschichte der Produktivkräfte und Produktionsverhältnisse in verschiedenen Gesellschaftsformationen. Da den wirtschaftlichen Faktoren im marxistischen Verständnis grundlegende Bedeutung zukommt und sie immer im gesellschaftlichen Zusammenhang gesehen werden, bezieht sich die Wirtschaftsgeschichte weniger auf einen abgegrenzten Ausschnitt historischer Wirklichkeit. Sie zielt vielmehr auf eine sozialökonomische Interpretation von Geschichte.

Die Wirtschaftsgeschichte wird schließlich zusammen mit der Sozialgeschichte als Ausgangspunkt (Strukturierungskern) einer umfassenden *Gesellschaftsgeschichte* gesehen. Diese untersucht, von bestimmten Teilbereichen (Wirtschaft, Soziales, Kultur usw.) ausgehend, das Wechselverhältnis und den Stellenwert dieser Sektoren innerhalb gesamtgesellschaftlicher Systeme. Die Gesellschaftsgeschichte ist dabei nicht auf die Dominanz eines Bereiches festgelegt, geht aber bei der Erforschung der Moderne von der hervorragenden Bedeutung wirtschaftlich-sozialer Faktoren aus. Damit nähert sie sich einer sozialökonomischen Interpretation von Gesamtgeschichte. Gesellschaftsgeschichte baut auf der Wirtschaftsgeschichte als historischer / wirtschaftswissenschaftlicher Teildisziplin auf, bemüht sich aber, deren Untersuchungsgegenstand in ihre übergreifendere Betrachtung zu integrieren. Auch methodisch eignet sie sich das Instrumentarium der Wirtschafts- und Sozialwissenschaften an, verändert es jedoch für die Bedürfnisse des Historikers.

Gegenwärtig ist eine Annäherung der unterschiedlichen Ausprägungen von Wirtschaftsgeschichte zu beobachten. Die Wirtschaftsgeschichte als historische Teildisziplin nimmt immer stärker systematische Theorien aus der Wirtschaftswissenschaft auf. Noch deutlicher betreibt die Gesellschaftsgeschichte unter Einbeziehung der Wirtschaftsgeschichte den Brückenschlag zwischen historischen und systematischen Wissenschaften. Sie orientiert sich dabei u. a. an der marxistischen Position. Die Wirtschaftsgeschichte als wirtschaftswissenschaftliche Teildisziplin beginnt sich durch die Einbeziehung institutionellen Wandels (Property Rights-Ansatz) beschränkt wieder historischen Fragen zu öffnen. Gegenläufg zu diesen integrativen Tendenzen wirkt die wachsende Theorieorientierung jedoch zugleich spezialisierend und damit auch segmentierend.

Literatur

Beutin, L.: Einführung in die Wirtschaftsgeschichte (1958), 2. Aufl. Köln 1971
Bloch, M., u. a.: Schrift und Materie der Geschichte. Vorschläge zur systematischen Aneignung historischer Prozesse, hrsg. von C. Honegger, Frankfurt 1977
Borchardt, K.: Der „Property Rights-Ansatz" in der Wirtschaftsgeschichte — Zeichen für eine systematische Neuorientierung des Fachs?, in: *Kocka, J.* (Hrsg.): Theorien in der Praxis des Historikers, Göttingen 1977, 140 — 156
Bouvier, J.: Histoire économique et histoire sociale, Genf 1968
Fogel, R. W.: Die neue Wirtschaftsgeschichte. Forschungsergebnisse und Methoden (1966), Köln 1970
Iggers, G. G.: Neue Geschichtswissenschaft. Vom Historismus zur Historischen Sozialwissenschaft, München 1978

Kellenbenz, H.: Artikel „Wirtschaftsgeschichte — Grundlegung", in: *Handwörterbuch der Sozialwissenschaften*, Bd. 12, Stuttgart 1962, 124 — 141
Kocka, J.: Artikel „Sozial- und Wirtschaftsgeschichte", in: *Sowjetsystem und Demokratische Gesellschaft*, Bd. 6, Freiburg 1972, 1 — 39
— Sozialgeschichte. Begriff — Entwicklung — Probleme, Göttingen 1977
— (Hrsg.): Theorien in der Praxis des Historikers, Göttingen 1977
Kuczynski, J.: Die Position der Wirtschaftsgeschichte im System der Wissenschaften, in: *Jahrbuch für Wirtschaftsgeschichte* 2 (1976), 11 — 31
Marczewski, J.: Introduction à l'histoire quantitative, Genf 1965
Redlich, F.: New and Traditional Approaches to Economic History, in: *Redlich, F.*: Steeped in Two Cultures, New York 1971, 339 — 355
Sarrazin, Th.: Ökonomie und Logik der historischen Erklärung. Zur Wissenschaftslogik der New Economic History, Bonn 1974
Wehler, H.-U. (Hrsg.): Geschichte und Ökonomie, Köln 1973
— Theorieprobleme der modernen deutschen Wirtschaftsgeschichte, in: *Wehler, H.-U.*: Krisenherde des Kaiserreiches 1871 — 1918, Göttingen 1970, 291 — 311
— Bibliographie zur modernen deutschen Wirtschaftsgeschichte (18. — 20. Jahrhundert), Göttingen 1976
Zorn, W.: Einführung in die Wirtschafts- und Sozialgeschichte, 2. Aufl. München 1974
— Artikel „Wirtschaftsgeschichte", in: *Handwörterbuch der Wirtschaftswissenschaft*, Bd. 9, Stuttgart 1982, 55 — 82

Technikgeschichte
Wolfhard Weber

Technik ist ein unverzichbarer Bestandteil gesellschaftlicher Existenz. Sie hat im Verlauf der Geschichte ständig an Bedeutung gewonnen. Seit der offensichtlichen Abhängigkeit der Menschen von gespeicherten Rohstoffen und Energie ist sie auch im gesellschaftlichen Bewußtsein zu einem wichtigen Teilbereich unseres politischen Zusammenlebens geworden. Seitdem durch ständige lebensweltliche Erfahrung ihre komplexe Bedeutung unübersehbar ist und den traditionell eher positiven nun auch eher negative Bewertungen gegenüberstehen, regt sie auch zu ihrer historischen Betrachtung an.
Was Technik begrifflich zum Inhalt hat, ist trotz zahlloser Definitionsversuche nach wie vor umstritten. Man hat ihr drei „Bestimmungsstücke" (Ropohl) zugeordnet: die *Artefakte* selbst, deren *Herstellung* durch den (die) Menschen und deren *Verwendung* im Rahmen mehr oder minder zweckorientierten Handelns.
Gerade dieser letztgenannte starke handlungsorientierte Bezug regt dazu an, den historischen Einfluß zur Technik auf das praktische Verhalten des (der) Menschen zu untersuchen (Alltagsgeschichte, anthropologische Untersuchungen), aber auch die Einflüsse, die von der vorhandenen Technik auf den (die) konstruierenden, Technik schaffenden Menschen ausgeübt worden sind; auf

einer höheren Ebene wiederholen sich diese Untersuchungen in der Analyse der Sozialbedingtheit oder Eigengesetzlichkeit ingenieurwissenschaftlicher Theorien. Schließlich ist Technik ganz offenbar ein geeignetes Medium zur Durchsetzung wirtschaftlichen und gesellschaftlichen Wandels mit all seinen Interessenkonflikten; in dieser Funktion ist sie aber nicht autonom, sondern unterliegt ebenfalls langfristigen sozialen und anderen Einflüssen.

Technikgeschichte entsteht wie die Geschichtswissenshaft auch in der Aufklärung als ein rationales Gestaltungsmittel der Orientierung in der Welt. Im Rahmen der *kameralistischen Technologie* tritt sie zunächst als historische Lehrformelsammlung auf (Historia Magistra Vitae). Der Historismus mit seiner geistes- und kulturgeschichtlichen Individualitätenschau erkannte allerdings in anwendungsorientierten und den Mittel- und Unterschichten zugeschriebenen nützlichen Handlungsweisen und Ergebnissen keine behandelnswerten Inhalte.

Im Zeitalter des Liberalismus überlebte die Erinnerung an technische Leistungen in der Geschichte im Rahmen einer breit verstandenen *Kulturgeschichte* (als Geschichte ohne Politik), der Lokal- oder Regionalgeschichte und als Einführung in die Beschreibung moderner technischer Apparaturen. In diesen Zusammenhängen bildete sich jedoch kein methodologisches Instrumentarium heraus; es sei denn, man rechnete die Vorstellung vom unaufhaltsam voranschreitenden „technischen Fortschritt" dazu. Mit dem Anwachsen des Ingenieurstandes und einem Paradigmawechsel in den Ingenieurwissenschaften selbst (Forschungslabors für den Maschinenbau an Stelle bisher fast ausschließlich theoriegeleiteter Konstruktion) am Ende des 19. Jahrhunderts setzte jedoch ein neuer Prozeß ein. Ingenieure begannen, den vom Bildungsbürgertum weithin negierten „Kulturwert" der Technik und ihren Beitrag zur nationalen Entwicklung darzustellen. Dabei ergab sich ein bis heute vorhandener Widerspruch: Einerseits wird der weltweite völkerverbindende Charakter der Technik betont, andererseits sind gerade technikhistorische Darstellungen bis heute ungemein „nationallastig".

An die Interpretation der Technik trugen mit Beginn der historischen Disziplin Technikgeschichte zu Beginn des 20. Jahrhunderts Ingenieure und Historiker ihre eigenen Bewertungsmaßstäbe heran: Ingenieure sahen in positivistischer Weise den unmittelbaren Nutzen zusätzlicher Information und vorbildlicher Gestaltung für die Ingenieurausbildung (Ostwald), während historische Interpretationen Technik unter Absehung der Zweckverwendungen und in Anlehnung an die Vorstellung von Kulturepochen als Geistesgeschichte der Technik verkannten.

Die Vertreter der „jungen" Technologien (Elektrotechnik, Chemotechnik) rückten zudem ihre Leistungen gern in den Bereich der zugehörigen naturwissenschaftlichen Disziplinen. In dem zu Beginn des 20. Jahrhunderts ausgetragenen Streit zwischen empirischen und Gesetzeswissenschaften ist ein eigener Standpunkt für die Technik nicht entwickelt worden (Sachsse). Dabei war spätestens (mit K. Marx erkennbar) seit J. A. Schumpeter das *Spannungsfeld zwischen Invention und Innovation*, zwischen den eher mit den Ingenieur- und Naturwissenschaften verbundenen Problemlösungsvorschlägen und den eher mit den wirtschaftlichen, gesellschaftlichen und politischen Gegebenheiten verbundenen erfolgreichen Neuerungen, als ein Untersuchungsziel für Technikhistoriker klar beschrieben worden. Weitere unbestritten der Technikhistorie zuzurechnende Untersuchungsfelder betreffen die Reichweite sogenannter *Sachzwänge der Technik* (bzw. ihre „Eigenlogik") oder die komplexe Problematik des *Mensch-Maschine-Verhältnisses*. Dabei unterliegt die historische Betrachtung des Wechselverhältnisses von Mensch(en) und Technik den gleichen methodologischen Überlegungen wie die anderer historischer Teildisziplinen auch.

Sensible Technikhistoriker wie H. T. Horwitz, der in den 1920er Jahren sich ganz dieser neuen Disziplin der Technikgeschichte verschrieben hatte und es auch als Ingenieur wagte, Autobiographien und Entwicklungsdaten von Instrumenten nur für den Ausgangspunkt, nicht jedoch bereits für Technikhistorie selbst zu halten, empfahl einen analytischen Zugriff zu technischen Entwicklungen, um mit Hilfe von soziotechnologischen Strukturelementen (zum Beispiel Relais-Prinzip) ein von den vordergründigen Erscheinungen abgehobenes begriffliches Instrumentatium an der Hand zu haben, ohne damit freilich Nachfolger zu finden.

Eher noch gelang es den Franzosen Febvre und Braudel mit ihrer in der 1930er Jahren entwickelten, breit verstandenen Geschichte auch der *materiellen Kultur*, die Technik mit ihren alltäglichen Einflüssen auf die Gesellschaft in ein Rahmenkonzept einzubeziehen. Doch waren die ersten Jahre nach dem Kriege in Deutschland mit ihrer scharfen Rückbesinnung — deutlich etwa in der Person F. Meineckes und seiner Ablehnung utilitaristischen „Geistes" — der Wiederaufnahme einer strukturgeschichtlich orientierten Technikgeschichte außerordentlich hinderlich (Ludwig 1978; 1980).

Literatur

Borchardt, K.: Technikgeschichte im Lichte der Wirtschaftsgeschichte, in: *Technikgeschichte* 34 (1967), 1 − 13

Conze, W.: Die Strukturgeschichte des technisch-industriellen Zeitalters als Aufgabe für Forschung und Unterricht, Köln 1957

Febvre, L.: Reflexions sur l'histoire des techniques, in: *Annales d'histoire économique et sociale* 7 (1935), 531 − 535

Ferguson, E. S.: The Mind's Eye: Nonverbal Thougt in Technology, in: *Science* 197 (1977), 827 − 836

Fischer, W.: Technik und sozialer Wandel, in: *Physikalische Blätter* 34 (1978), 245 bis 254

Geschichte der Technikgeschichte. Themenheft der Zeitschrift *Technikgeschichte* 50 (1983), Heft 4

Habermas, J.: Technischer Fortschritt und soziale Lebenswelt, in: ders.: Technik und Wissenschaft als Ideologie, 2. Aufl. Frankfurt 1969, 9 − 47

Hortleder, G.: Ingenieure in der Industriegesellschaft. Zur Soziologie der Technik und der naturwissenschaftlichen Intelligenz im öffentlichen Dienst und in der Industrie, Frankfurt 1973

Horwitz, H. T.: Über das Gesetz vom Gebrauchswechsel und die Entwicklungsprinzipien bei einfachen technischen Gebilden, in: *Beiträge zur Geschichte der Technik und Industrie* 21 (1931/32), 123 − 130

Klemm, F.: Geschichte der Technik. Der Mensch und seine Erfindungen im Bereich des Abendlandes, Reinbek 1983
Lange, H.: Technik im Kapitalismus, Köln 1977
Ludwig, K.-H.: Technikgeschichte als Beitrag zur Strukturgeschichte, in: *Technikgeschichte* 33 (1966) 105 – 120
— Entwicklung und Aufgaben der Technikgeschichte, in: *Archiv für Sozialgeschichte* 18 (1978), 502 – 523
Lüdtke, G. / Mackensen, K.: Deutscher Kulturatlas, 5 Bde., Berlin 1928 – 1938
Ostwald, W.: Grundsätzliches zur Geschichte der Technik, in: *Zeitschrift des Vereins Deutscher Ingenieure* 73 (1929), Nr. 1
Rammert, W.: Technik, Technologie und technische Intelligenz in Geschichte und Gesellschaft. Eine Dokumentation und Evaluation historischer, soziologischer und ökonomischer Forschung zur Begründung einer sozialwissenschaftlichen Technikforschung, Bielefeld 1975
Rapp. F.: Determinanten der technischen Entwicklung, Berlin 1980
Ropohl, G.: Eine Systemtheorie der Technik, München 1979
Rosenberg, N.: Perspectives on Technology, London 1976
Rürup, R.: Die Geschichtswissenschaft und die moderne Technik. Bemerkungen zur Entwicklung und Problematik der technikgeschichtlichen Forschung, in: *Kurze, H.* (Hrsg.): Aus Theorie und Praxis der Geschichtswissenschaft, Berlin 1972, 49 – 85
— (Hrsg.): Technik und Gesellschaft im 19. und 20. Jahrhundert, Göttingen 1978
Rüsen, J.: Technik und Geschichte in der Tradition der Geisteswissenschaften, in: *HZ* 211 (1970), 530 – 555
Sachsse, H. (Hrsg.): Technik und Gesellschaft, München 1974 – 1976
Schuchardin, S. W.: Grundlagen der Geschichte der Technik, Leipzig 1963
— Allgemeine Geschichte der Technik, 2 Bde., Leipzig 1981 – 1984
Sombart, W.: Die Zähmung der Technik, Berlin 1935
Stahlschmidt, R.: Quellen und Fragestellungen einer deutschen Technikgeschichte des frühen 20. Jahrhunderts bis 1945, Göttingen 1977
Timm, A.: Einführung in die Technikgeschichte, Berlin 1972
Troitzsch, U.: Zu den Anfängen der deutschen Technikgeschichtsschreibung um die Wende vom 18. zum 19. Jahrhundert, in: *Technikgeschichte* 40 (1973), 33 – 57
Troitzsch, U. / Weber, W.: Methodologische Fragen einer künftigen Technikhistorie, in: *Treue, W.* (Hrsg.): Deutsche Technikgeschichte, Göttingen 1977, 99 – 122
Troitzsch, U. / Wohlauf, G. (Hrsg.): Technik-Geschichte. Historische Beiträge und neuere Ansätze, Frankfurt 1980

Politische Geschichte

Hans Mommsen

Die herkömmliche Historiographie bezeichnet mit dem Begriff der politischen Geschichtsschreibung das Untersuchungsfeld der *in engerem Sinne politischen Interaktionen,* das von dem Bereich sozio-ökonomischer und sozio-kultureller Interessenlagen wie der „Geistesgeschichte" abgehoben erscheint. In dem Begriff mischen sich zwei Traditionen. Einerseits der Topos von der herausragenden Bedeutung der „Haupt- und Staatsaktionen" als besonderem Interessenfeld des anspruchsvollen Historikers und praktischen Philosophen. Im Begriff der „großen Politik" lebt diese Vorstellung fort. Er zielt auf die Tätigkeit leitender Staatsmänner wie auf die Beziehungen zwischen den Staaten, damit auf den Bereich der außenpolitischen Entscheidungen. Zum anderen spiegelt der Begriff der politischen Geschichte das politische Selbstverständnis der klassischen deutschen Historiographie des 19. Jahrhunderts, den Anspruch also auf unmittelbare politische Beratung sowohl wie historische Legitimierung politischer Aktion.

Der Rang der Geschichtsschreibung bemaß sich geradezu daran, inwieweit sie an die zentralen politischen Entscheidungen heranführte – ganz im Sinne jener denkwürdigen Äußerung Leopold von Rankes zu Bismarck: „Der Historiker kann von Ihnen lernen." Die Geschichte einzelner Institutionen, Wissenschaften, Ideen wie diejenige der Regionen und Lokalitäten überließ man kleineren Geistern. Die so verstandene politische Geschichte war gleichsam die *eigentliche* Geschichte. Sie wies von vornherein eine ausgeprägte Affinität zu der Vorstellung vom „Primat der äußeren Politik" auf, wenngleich der Terminus selbst erst relativ spät geprägt worden ist. Denn die Diplomatie war eben jener Bereich, in dem staatsmännische Größe und Übersicht zur Geltung gelangte. Politik in diesem Sinne war vorzüglich das Handeln von Staaten und Nationen und ihrer Regierungen. Unter dem Einfluß der borussischen Schule und des von ihr verfochtenen Mythos der „Realpolitik" vollzog sich eine zunehmende Verengung des Begriffs der politischen Historiographie auf den nationalstaatlichen Zusammenhang, während die Bereiche der Kultur, der Wirtschaft und der Institutionen an die sich rasch auffächernden Spezialdisziplinen abgegeben wurden. Die klassische Historiographie war prinzipiell von der Einheit von Politik und Kultur ausgegangen. Erst der Späthistorismus gab Anlaß zu der Frage, ob die Geschichtswissenschaft sich mehr „in der Politik baden" solle (Friedrich Meinecke). Die Unterwerfung der bürgerlichen Historiographie unter den Mythos der „Realpoltik" und den Machtgedanken, die noch in Meineckes Formel von der „Pleonexie der Macht" fortklang, verschaffte der Vorstellung zusätzliche Nahrung, daß der Bereich der eigentlichen Politik durch eine *prinzipielle Autonomie des Entscheidungshandelns* gekennzeichnet sei, in der die Genialität des Staatsmanns voll zum Zuge komme und „historische Größe" anzusiedeln sei. Die Verselbständigung der Sphäre politischer Führung, die darin zum Ausdruck kam, wurde in Deutschland dadurch bestärkt, daß das historisch-politische Denken des späten 19. und frühen 20. Jahrhunderts die der idealistischen Überlieferung entspringenden Dichotomien wie Staat und Gesellschaft, Politik und Kultur, Macht und Geist nur ausnahmsweise zu hinterfragen bereit war.

Die Annahme einer relativen Autonomie der Sphäre des politischen Entscheidungshandelns auf den staatlichen Führungsebenen trotz der Einsicht in die Fülle der dieses vorprägenden und determinierenden gesellschaftlichen, ökonomischen und ideologischen Strukturen bildet den Ausgangspunkt für das auch neuerdings wieder erhobene Postulat, der politischen Geschichte den Rang als selbständige, nicht als abgeleitete historische Teildisziplin zuzuerkennen, wenngleich nicht mehr die Königsrolle unter den historisch-sozialwissen-

schaftlichen Disziplinen. So betont Andreas Hillgruber, daß es in der politischen Geschichte — generell gesehen — vor allem darum gehe, „die gegeneinander stehenden, einander ablösenden oder sich im Kompromiß zusammenfindenden Intentionen und Zielvorstellungen der Führungsgruppen der Großstaaten und ihrer wichtigsten Repräsentanten vor dem jeweiligen zeitgenössischen Erfahrungshorizont herauszuarbeiten und den Grad ihrer Abhängigkeit oder Beeinflussung von verschiedenen konstanten oder variablen Faktoren zu ermitteln" (Hillgruber 1973, 533 f.).
An anderer Stelle weist Hillgruber der politischen Geschichte den Bereich der „praktizierten Politik" zu (S. 532). Unabhängig von der umstrittenen Frage, ob die Geschichtswissenschaft als kritische Gesellschaftsgeschichte" (Hans-Ulrich Wehler) umfassend konzipiert werden kann, wogegen sich Hillgrubers Forderung einer „*Politikgeschichte moderner Prägung*" richtet, stellt sich das Problem, ob der in dieser Konzeption der „Politikgeschichte" implizierte Politik-Begriff wissenschaftstheoretisch tragbar ist oder ob er hinreichend verbindlich gemacht werden kann, wie dies für den älteren Terminus bis in die Mitte des 20. Jahrhunderts überwiegend der Fall war.
Die Frage nach dem Verhältnis von innerer und äußerer Politik ist in diesem Zusammenhang von geringerer Bedeutung. Ohne jeden Zweifel sind internationale Konstellationen in der Regel durch langfristige Interessenlagen und Einflüsse bestimmt, so daß das außenpolitische Agieren und Reagieren der nationalen Regierungen schwerlich auf die einwirkenden innenpolitischen Faktoren allein zurückgeführt werden kann. Ergibt sich daraus eine relative Autonomie außenpolitischer Entscheidungen gegenüber kurzfristig einwirkenden innenpolitischen Faktoren, so darf andererseits nicht übersehen werden, daß der souveräne Nationalstaat als Handlungseinheit gegenüber multinationalen Verbänden und Interessen, aber auch regionalen Bestrebungen zunehmend an Bedeutung verliert.
Das entscheidende Problem einer als eigenständiger Teildisziplin konzipierten politischen Geschichte betrifft den von ihr beanspruchten Bezugsrahmen. Hillgruber und seine Schule orientieren sich hierbei an der *staatlichen Machtpolitik* und fragen nach dem Verhältnis von „machtpolitischen Kalkulationen", dominanten wirtschaftlichen Interessen und „politischen Doktrinen", das in Entscheidungssituationen charakterisch hervortritt. Zielkonflikte dieser Art sind jedoch kennzeichnend für politisches Entscheidungshandeln als solches, und nur die Reminiszenz an das Prinzip der „Staatsräson" scheint die qualitative Stufung von Politik-Ebenen, die hiermit angestrebt wird, zu rechtfertigen. Die Politik-Wissenschaft selbst hat unter dem Einfluß des angelsächsischen Politikverständnisses die Begrenzung auf den Staat als Grundeinheit politischen Handelns hinter sich gelassen. Im Begriff des „*politischen Systems*" wird gerade vermieden, die Ausschließlichkeit oligarchischen Führungshandelns an der Spitze von Staaten zum Ausgangspunkt der Politik-Analyse zu machen. Die Systemtheorie und der struktur-funktionale Ansatz stehen freilich tendenziell quer zu einer primär auf die Motivationsanalyse repräsentativ Handelnder gerichteten politischen Geschichte. Letzere besitzt gerade deshalb eine komplementäre Funktion gegenüber statischen Systemmodellen,

und sie ist umgekehrt mit einem auf die Frage des Systemwandels zielenden Ansatz durchaus vereinbar. Politische Geschichte wäre daher zweckmäßiger als „*Geschichte politischer Systeme*" zu bezeichnen, zumal diese in einem doppelseitigen außen- und innenpolitischen Bezugsrahmen stehen.

Die Schwächen der Systemtheorien haben zu einer Reihe von stärker genetischen Politik-Theorien geführt, darunter der Theorie des „*political development*", mit der die Modernisierungs-Theoreme eng verwandt sind. Überlegungen zu „*politischer Kultur*" sozialer Systeme zielen ebenso darauf ab, die sozio-ökonomischen, sozio-kulturellen und sozialpsychologischen Faktoren zur Erklärung politischer Prozesse heranzuziehen und den Bedingungsrahmen politischen Entscheidungshandelns weiterzustecken. Eine analog dazu konzipierte politische Geschichte würde nur durch das leitende Erkenntnisinteresse, nicht durch die Selektion möglicher Untersuchungsfelder von konkurrierenden historiographischen Richtungen wie der sozialgeschichtlichen Forschung (Sozialgeschichte, Gesellschaftsgeschichte) unterschieden sein. Konstitutiv ist für eine solche Sehweise die Feststellung, daß politische Systeme mehr sind als der institutionelle und politisch-kulturelle Überbau eines gegebenen sozialen Systems und eigene Regulative entwickeln, die nicht unmittelbarer Ausdruck dominanter gesellschaftlicher Interessenlagen und vorherrschender ideologischer Strömungen sind. Sowohl institutionelle Verfestigungen, insbesondere bürokratischer Art, wie die Ausbildung einer spezifisch politischen Kultur gehören zum zentralen Gegenstand politikwissenschaftlicher und – analog dazu – politikgeschichtlicher Analyse.

Soweit der in der Bundesrepublik Deutschland anhaltende Streit zwischen den Verfechtern einer gesellschaftsgeschichtlichen Synthese, die der Geschichtswissenschaft den Rang einer „*Historischen Sozialwissenschaft*" zuweist, und den Gegnern eines angeblichen Übermaßes an Sozialgeschichte, der man ein „reduktionistisches Geschichtsverständnis" unterstellt (Hildebrandt 1976, 340), nicht nur ein Streit um politische Vorurteile darstellt, bezieht er sich auf das Verhältnis von sozialwissenschaftlicher und politikbezogener, d. h. letztendlich handlungsbezogener Analyse. Indessen ist von den Anwälten einer „Historischen Sozialwissenschaft" zu keinem Zeitpunkt eine Ausschließlichkeit sozial-wissenschaftlicher Erklärungsmodelle postuliert worden, und die Unterstellung, daß das Paradigma der „*Gesellschaftsgeschichte*" (H. U. Wehler) den Blick für individuelles und kollektives Entscheidungshandeln versperre, ist schlechthin absurd.

Die Kritiker einer angeblich deterministischen Sozialgeschichte, deren marxistischen Charakter sie ohne Nachweis behaupten, tun ihrer Sache mit dem Postulat, eine moderne „Politikgeschichte" als historische Teildisziplin zu etablieren, Abbruch. Die Teildisziplinen der Geschichtswissenschaft beziehen sich auf sowohl sachlich wie räumlich ausgegrenzte Teilbereiche. Die sozialhistorische wie die politikhistorische Betrachtungsweise schließen – richtig verstanden – einander jedoch nicht aus und zielen, wenngleich mit Theorien unterschiedlicher Reichweite, auf die Integration der verzweigten und vielfältigen geschichtlichen Erfahrung als ganzer Geschichte als Wissenschaft. Der herkömmliche Begriff der politischen Geschichte, der von einem unzulässig verengten und mit problematischen Konnotationen beladenen Politik-Verständnis ausgeht, sollte besser vermieden werden, zumal die Begriffe „Geschichte der internationalen Beziehungen" und „Geschichte der politischen Systeme" das sinnvollerweise Gemeinte eindeutiger bezeichnen. Denn es ist evident, daß jede historische Disziplin, wenn sie über den Rang einer Hilfswissenschaft hinausreicht, politischen Motivationen im weitesten Sinne verpflichtet ist und letztlich politisch-relevante Aussagen zu machen sucht. So könnte allenfalls von „Politik-Geschichte" die Rede sein.

Literatur

Hildebrandt, K.: Geschichte oder „Gesellschaftsgeschichte". Die Notwendigkeit einer politischen Geschichtsschreibung von den internationalen Beziehungen, in: *HZ* 223 (1976), 328 – 357
Hillgruber, A.: Politische Geschichte in moderner Sicht, in: *HZ* 216 (1973), 529 – 552
Kocka, J.: Sozialgeschichte, Göttingen 1977
Mommsen, H.: Zum Verhältnis von Politischer Wissenschaft und Geschichtswissenschaft in Deutschland, in: *VfZ* 10 (1962), 341 – 372
Mommsen, W. J.: Die Geschichtswissenschaft jenseits des Historismus, Düsseldorf 1971
Rüsen, J.: Für eine erneuerte Historik, Stuttgart 1976
Schmidt, G.: Wozu noch „politische Geschichte"? Zum Verhältnis von Innen- und Außenpolitik am Beispiel der englischen Friedensstrategie 1918/19, in: *apz* B 17/75, 26. 4. 1974, 21 ff.
Schulze, W.: Soziologie und Geschichtswissenschaft, München 1974
Wehler, H. U.: Moderne Politikgeschichte oder „Große Politik der Kabinette"?, in: *GuG* 1 (1975), 344 – 369
– Sozialgeschichte zwischen Wirtschaftsgeschichte und Politikgeschichte, in: *Sozialgeschichte und Strukturgeschichte in der Schule,* Bonn 1975, 13 – 25
– Kritik und kritische Antikritik, in: *HZ* 225 (1977), 347 – 384

Kulturgeschichte

Rudolf Vierhaus

Wird Kulturgeschichte als eine *Teildisziplin* der Geschichtswissenschaft verstanden, so sieht sie sich leicht auf jene Gebiete der geschichtlichen Wirklichkeit verwiesen, die von anderen – und traditionell angeseheneren – Teildisziplinen nicht behandelt werden. Wird sie *umfassend* verstanden, so tendiert sie dahin, das gesamte menschliche Handeln als ihren Gegenstand anzusehen. Die Kritik an ihr reicht von dem Vorwurf der Quisquilienkrämerei bis zu dem der unhistorischen Zustandsbeschreibung. Ihrem Ansehen hat es auch nicht gedient, daß sie nach politischen Fehlentwicklungen gegen die

„politische" Geschichte ausgespielt und als gleichsam politisch ungefährlich dargestellt wurde Vor allem aber: es gelang ihr nicht, ihren Gegenstandsbereich — die „Kultur" — hinreichend deutlich zu bestimmen und zu realisieren, daß sie nicht eigentlich eine besondere Disziplin, sondern *eine Betrachtungsweise menschlichen Handelns in der Geschichte* ist.

Für Jacob Burckhardt war *Kultur* „die ganze Summe derjenigen Entwicklungen des Geistes, welche spontan geschehen und keine universale oder Zwangsgeltung in Anspruch nehmen". Sie ist das dynamische Element, das auf die beiden „stabilen Lebenseinrichtungen", also den Staat und die Religion, verändernd einwirkt; „ihre äußerliche Gesamtform . . . ist die Gesellschaft im weitesten Sinne" (Burckhardt 1929, 42 f.). Damit ist zwar die soziale Dimension der Kultur einbezogen (und Burckhardts Werke sagen, recht gelesen, sehr viel über die Gesellschaft der untersuchten Zeitalter aus!), es wird aber doch an einer Vorstellung von Kultur festgehalten, die wesentlich an Kunst und Literatur als freien Hervorbringungen (Objektivationen) des Geistes orientiert ist. Obwohl in dieser Tradition stehend, hat J. Huizinga (1954) weiter ausgegriffen und die wirtschaftlichen und mentalen Bedingungen des menschlichen Tuns, auch des alltäglichen, stärker berücksichtigt. Demgegenüber erscheint die Kulturgeschichtsschreibung der Richtung W. H. Riehl, G. Freytag, G. Steinhausen — abgesehen von ihrem politischen Traditionalismus — bei aller Aufmerksamkeit für die konkreten Lebensverhältnisse und des Verhaltens auch der breiten Volksschichten — harmlos deskriptiv. Stärker sozial- und wirtschaftsgeschichtlich haben einige „positivistische" Kulturhistoriker um 1900 gearbeitet: E. Gothein, F. v. Bezold, später W. Goetz. K. Lamprecht gelangte mit der Absicht, für die „Gesamtentfaltung der materiellen wie geistigen Kultur einheitliche Grundlagen und Fortschrittsstufen nachzuweisen" (zitiert in: Steinberg 1971, 59), unter Aufnahme sozialpsychologischer Betrachtung schließlich zu einer *Kulturzeitalterlehre.* Er folgte damit einem Trend, der andere Geschichtsdenker des frühen 20. Jahrhunderts — die Historiker folgten ihnen kaum — zu kulturmorphologischen Konzeptionen der Weltgeschichte (O. Spengler, K. Breysig) führte, während zugleich die Kultursoziologie ihrer Frage nach den Strukturen menschlichen Handelns universalgeschichtliche Dimensionen gab (A. Weber, A. Vierkandt u. a.).

Bei unterschiedlicher Motivation kann als gemeinsamer Antrieb kulturgeschichtlicher Forschung und Darstellung das Interesse an einer die Fixierung auf das politische Geschehen, auf Staat und Nation überwindenden, die *Totalität des menschlichen Handelns* erfassenden Betrachtung der geschichtlichen Entwicklung gelten, welche Regelhaftigkeiten des menschlichen Verhaltens erkennbar macht und interkulturelle Vergleiche ermöglicht. Dabei weitet der Begriff der *Kultur* sich geographisch und sozial zur Bezeichnung der *tragenden sozialen Einheiten der Geschichte* aus. Huizinga verstand Geschichte als die geistige Form, „in der sich eine Kultur über ihre Vergangenheit Rechenschaft gibt" (1954, 13), und A. Toynbee sah die Weltgeschichte als Aufstieg, Stillstand und Verfall von „civilizations" (Tonybee 1934 bis 1961). Unter dem Einfluß moderner anthropologischer, soziologischer und volkskundlicher Fragestellungen ist der Begriff der Kultur heute thematisch differenzierter, theoretisch strenger (vgl. Maurer 1973; Girtler 1978; Gadamer / Vogler 1973; Mühlmann 1966; Gehlen 1956; Geertz 1973). Er umfaßt einerseits die Summe menschlicher Werke, andererseits das gestaltende Handeln der Menschen in seiner vollen Breite nach typischen Mustern, deren Anzahl und Konstellation die Besonderheit der jeweiligen Kultur ausmachen, wobei die horizontale Differenzierung (plebejische, bürgerliche etc. Kultur, Subkulturen) besondere Aufmerksamkeit findet. Wesentlich ist auch das vertiefte Verständnis des Zusammenhangs zwischen der „natürlichen Umwelt" und der Kultur als Symbolwelt, in der der Mensch lebt. Die symbolische Bild- und Sprachwelt, die, von den Menschen geschaffen, dem einzelnen Menschen geschichtlich vorgegeben ist, prägt seine Wahrnehmung der Realität und ihr Verständnis; die Manifestationen dieser Welt wirken als Modelle auf sein Handeln ein und formen seine kulturspezifischen Leitvorstellungen und Haltungen. Deshalb läßt die Beschäftigung mit der Symbolwelt die Welt der menschlichen Praxis nicht außer Betracht, sondern sieht mitten in diese hinein.

Damit öffnet sich ein fast unübersehbares Gebiet kulturhistorischer Themen. Es reicht vom Alltagsleben in Familie und Verwandtschaft, von Arbeit und Nicht-Arbeit, Produktion und Moral bis zu Kunst, Dichtung und Religion. Es schließt Feste und Feiern, Formen des sozialen Protestes und Symbole der Herrschaft, Ziele und Prozesse der Erziehung, soziale Geltungs- und Legitimationsweisen, Mentalitäten und Sensibilitäten usw. ein. Diese können sowohl in gleichsam synchroner Betrachtung, in ihrem temporalen Funktionszusammenhang analysiert (la vie cotidienne), als auch unter diachronem Aspekt, im geschichtlichen Wandel untersucht werden. Da es sich nicht um Geschichtsabläufe handelt, die sich narrativ darstellen lassen, sondern um komplexe Bedingungs- und Wirkungszusammenhänge, für deren Erfassung es oft an expliziten schriftlichen Quellen mangelt, ist kulturhistorische Arbeit einerseits auf eine sehr breite Erschließung der Überlieferung — auch materieller Zeugnisse, mündlicher Traditionen, quantifizierbarer Daten, symbolischer Zeichen und Handlungen — andererseits, für die Interpretation der historischen Befunde, auf anthropologische und soziologische Theorien verwiesen. Sie arbeitet mikroanalytisch, etwa bei der Zerlegung von Handlungsweisen in ihre Bedeutungsbezüge, wie auch makroanalytisch, etwa bei der Untersuchung kulturellen Wandels; überzeugende Synthesen — wie sie zum Beispiel N. Elias (1969a, 1969b) versucht hat — sind noch weithin ein Desiderat.

Neue Ansätze kulturhistorischer Forschung sind in letzter Zeit vor allem aus der Beschäftigung mit der mündlichen und Unterschichtenkultur (Duby 1977; Duby / Mandrou 1968; Thompson 1976; G. St. Jones 1971 u. a.) mit den Lesestoffen und -gewohnheiten der „kleinen Leute" (Mandrou 1964; Schenda 1970 u. a.), mit der Alphabetisation (Furet / Ozouf 1977; Goody 1975), mit dem dörflichen Leben in allen seinen Bezügen (E. Le Roy Ladurie 1976), mit der Familie (P. Laslett 1965, 1972; Mitterauer / Sieder 1977; Medick 1977), der Kindheit (Ph. Ariès), der Kriminalität (D. Blasius 1978), der „Lebensformen" (A. Borst 1973) erwachsen. Daß diese Ansätze sich meist „sozialgeschichtlich" verstehen, verweist auf die sich erweiternde

Dimensionen des Verständnisses menschlichen, „geschichtlich-gesellschaftlichen" Lebens.

Literatur

Berdahl / Lüdtke / Medick / Poni / Reddy / Rosaldo / Sabean / Schindler / Sider: Klassen und Kultur. Sozialanthropologische Perspektiven wider Geschichtsschreibung, Frankfurt 1982
Blasius, D.: Kriminalität und Alltag, Göttingen 1978
Borst, A.: Lebensformen im Mittelalter, Frankfurt u. a. 1973
Burckhardt, J.: Weltgeschichtliche Betrachtungen (Gesamtausgabe, Bd. 7, hrsg. von A. Oeri und E. Dürr), Berlin / Leipzig 1929
Duby, G.: Krieger und Bauern. Die Entwicklung von Wirtschaft und Gesellschaft im frühen Mittelalter, Frankfurt 1977
Duby, G. / Mandrou, R.: Histoire de la civilisation française, 2 Bde., 2. Aufl. Paris 1968
Elias, N.: Die höfische Gesellschaft, Neuwied / Berlin 1969a
— Über den Prozeß der Zivilisation, 2. Aufl. Bern 1969b
Furet, F. / Ozouf, J.: Lire et écrire. L'alphabétisation des françaises de Calvin à Jules Ferry, 2 Bde., Paris 1977
Gadamer, H. G. / Vogler, P. (Hrsg.): Kulturanthropologie (Neue Anthropologie, Bd. 4), Stuttgart 1973
Geertz, C.: The interpretation of cultures. Selected Essays, New York 1973
Gehlen, A.: Urmensch und Spätkultur. Philosophische Ergebnisse und Aussagen, Bonn 1956
Girtler, R.: Kulturanthropologien. Entwicklungslinien, Paradigmata, Methoden, München 1978
Goody, J. (Hrsg.): Literacy in traditional societies, London 1975
Huizinga, J.: Über eine Definition des Begriffs Geschichte (1929 / 1935), in: *Huizinga, J.*: Geschichte und Kultur. Gesammelte Aufsätze, hrsg. von K. Köster, Stuttgart 1954
— Homo Ludens. Versuch einer Bestimmung des Spielelements der Kultur, 6. Aufl. Zürich / Brüssel 1948
Jones, G. St.: Outcast London. A study on the relationship between classes in victorian society, 1971
Laslett, P.: The world we have lost, London 1965
— (Hrsg.): Household and familiy in past time, Cambridge 1972
Le Roy Landurie, E.: Montailou, village occitane de 1294 à 1324, Paris 1976
Mandrou, R.: De la culture populaire aux XVIIe et XVIIIe siècle. La Bibliotheque de Troyes, Paris 1964
Maurer, R.: Artikel „Kultur" in: *Handbuch philosophischer Grundbegriffe*, Bd. 3, 1973, 823 – 832
Medick, H.: Die protoindustrielle Familienwirtschaft, in: *Kriedte, P. / Medick, H. / Schlumbohm, J.*: Industrialisierung vor der Industrialisierung, Göttingen 1977
Mitterauer, M. / Sieder, R.: Vom Patriarchat zur Partnerschaft. Zum Strukturwandel in der Familie, München 1977
Mühlmann, E. W. / Müller, E. W. (Hrsg.): Kulturanthropologie, Köln 1966
Schenda, R.: Volk ohne Buch. Studien zur Sozialgeschichte der populären Lesestoffe 1770 – 1910, Frankfurt/M. 1970
Schweder, R. A. / LeVine, R. A. (Hrsg.): Culture Theory. Essays on Mind, Self, and Emotion, Cambridge 1984
Steinberg, H. J.: Karl Lamprecht, in: *Wehler, H.-U.* (Hrsg.): Deutsche Historiker, Bd. 1, Göttingen 1971
Thompson, E. P.: The making of the English working class, London 1976
Toynbee, A.: A study of History, 12 Bde., London 1934 – 1961

Geistesgeschichte, Ideengeschichte, Geschichte der Mentalitäten

Georg G. Iggers

In Deutschland ist bis vor wenigen Jahren Bewußtseinsgeschichte überwiegend mit Geistesgeschichte identifiziert worden. Der deutsche Begriff Geistesgeschichte ist aber zu restriktiv, um das breite Gebiet der *Bewußtseinsgeschichte* zu umfassen. In vieler Hinsicht wird die deutsche Tradition der Geistesgeschichte auch von Sozialhistorikern in der Bundesrepublik Deutschland als überholt oder veraltet betrachtet (Iggers 1971). Wie behauptet wird, hat sich die Geistesgeschichte viel zu sehr auf „geistige", von realen ökonomischen und sozialen Bedingungen des Bewußtseins abgeschlossene Phänomene eingeengt. Trotzdem spielen Bewußtseinsfaktoren in den verschiedenen Spielarten der modernen Sozialgeschichte eine zunehmend bedeutende Rolle, wenn auch die theoretischen und methodologischen Voraussetzungen andere sind als die der deutschen Tradition der Geistesgeschichte.

Die Anfänge der modernen *Geistesgeschichte* sind in der französischen Aufklärung zu finden. Voltaire versuchte eine Form der Geschichtsschreibung zu begründen, die um Gegensatz zu der herkömmlichen Historie nicht Haupt- und Staatsaktionen, sondern den „*Geist" (esprit) der Zeiten,* wie er in Philosophie, Literatur, Wissenschaft, Technik und Sitten zum Ausdruck kommt, in den Vordergrund stellt. Diese Art der Kulturgeschichte, die es unternahm, die Grundeinstellung einer bestimmten Zeit zu beschreiben, unterschied sich von deutschen Versuchen im späten 18. und frühen 19. Jahrhundert, im Zeichen des Historismus den Geist *genetisch* zu verstehen und ihn mit der „Seele" (Herder) einzelner in Entwicklung befindlicher Volksgruppen zu identifizieren. Dieser Geist konnte nicht in Voltairischer Art beschrieben, sondern nur durch *intuitives Einfühlen* erfaßt werden. Der Begriff Geistesgeschichte selber wurde 1812 von Friedrich Schlegel geprägt. Hegel betrachtete den Geist als etwas Objektives und verstand Staat, Gesellschaft und Kultur als Objektivierungen des Geistes. Es ist diese Ableitung gesellschaftlicher Verhältnisse von ideellen Faktoren, die Marx und Engels in der „Deutschen Ideologie" (1845) für eine Verkehrung der Wirklichkeit hielten. Erst im späten 19. Jahrhundert wird sich die Geistesgeschichte in Abwendung gegen sozialgeschichtliche Ansätze, wie bei Lampbrecht und Breysig, ihrer methodischen Voraussetzungen bewußt. Dilthey unterscheidet scharf zwischen den individualisierend vorgehenden Geisteswissenschaften, die den Sinn menschlicher Handlungen und Institutionen „verstehend" erfassen, und den auf abstrakte Erklärungen und Gesetzmäßigkeiten zielenden Naturwissenschaften. Von diesem Standpunkt ausgehend, kann jede Form von Geschichte als Geistesgeschichte betrachtet werden (Dilthey 1922).

Daß ein geisteswissenschaftlicher Ansatz über eine individualisierende Methode hinausgehen kann, beweist Max Weber in seiner „verstehenden" Soziologie, die den kausalen Gesetzesbegriff durch eine Logik der Sozialforschung ablöst, die strenge Begrifflichkeit in die Analyse wertbezogener Gesellschaftsphänomene und -prozesse einführt. In eine andere Richtung geht die *Ideengeschichte* Friedrich Meineckes, die die in Deutschland dominierende eng konzipierte Politikgeschichte wieder beleben will, indem sie Geschichte und Philosophie neu verknüpft und die Rolle der Ideen berücksichtigt, die sie für die politische Entwicklung als ausschlaggebend betrachtet. Meinecke verband die leitenden Ideen allerdings so eng mit führenden Persönlichkeiten, daß nicht nur die Sozialgeschichte, sondern auch eine Kulturgeschichte, die, wie bei Burckhardt oder Huizinga, das Bewußtsein breiter Gruppen der Bevölkerung untersucht, ausgeschlossen wird.

Die Begriffe der Ideengeschichte ist aber nicht auf die deutsche Geschichtsschreibung beschränkt. Eine ähnliche Verfahrensweise spiegelt sich in Italien in den historischen Schriften Benedetto Croces sowie in amerikanischen, teils von Croce und Meinecke beeinflußten Arbeiten (Hughes) wider. Die von Arthur Lovejoy vertretene „*history of ideas*" untersucht die *Kontinuität von Ideenkomplexen* und ihre Auswirkungen auf Politik und Gesellschaft. Für Lovejoy stehen Ideen als Hauptfaktor der Geschichte im Vordergrund. Soziale Faktoren werden in den USA in der sogenannten „*intellectual history*" betont, die ihre Ursprünge in der progressiven Geschichtsschreibung des frühen 20. Jahrhudnerts hat und politischen, sozialen, aber auch religiösen Auffassungen in breiten Schichten der Bevölkerung nachgeht (Parrington, Miller, Becker). Der Begriff „intellectual history" kann allerdings nicht auf einen Nenner gebracht werden. Einerseits erscheinen weiter Arbeiten, die ähnlich wie Meinecke die Geschichte vom Standpunkt führender Denker betrachten, andererseits Ansätze zu einer Ideengeschichtsschreibung, die bewußt mit sozialwissenschaftlichen Kategorien arbeitet, sei es wissenschaftssoziologisch (Ringer) oder psychoanalytisch (Erikson).

Radikaler ist der Bruch mit der herkömmlichen Ideengeschichte in der „*histoire des mentalités*" der mit der Zeitschrift *Annales* verbundenen französischen Historiker. Die Grundlage für eine Geschichte des Bewußtseins, die über die Analyse der expliziten Ideen der Intellektuellen zu den grundliegenden „Mentalitäten" der Bevölkerung hinausgeht und diese in Zusammenhang mit sozialen, aber auch geographischen und biologischen Faktoren bringt, werden von Marc Bloch und Lucien Febvre in den Zwischenkriegsjahren vorbereitet (Honegger 1977). In den sechziger und siebziger Jahren wird die Bewußtseinsgeschichte eng mit anthropologischen Kategorien verbunden, mit denen die Einstellungen zu existentiellen Lebenssituationen wie Sexualität, Kindheit und Tod ans Licht gebracht werden sollen. Der betonte Dualismus zwischen Eliten und Massen, individuellem Bewußtsein und kollektivem Unbewußten, Geistes- und Naturwissenschaften, der nicht nur der deutschen Geistesgeschichte, sondern auch weitgehend der amerikanischen „intellectual history" zugrunde liegt, wird abgebaut. Der Entwicklungsgedanke wird grundsätzlich aufgegeben und die Diskontinuitäten in der Geschichte betont. Da es sich hier um empirisch beobachtbare, sich wiederholende Erscheinungen handelt, ist ein hoher Grad von Quantifizierung möglich. Allerdings wird durch die Betonung relativ konstanter anthropologischer Verhaltensstrukturen die Möglichkeit eingeschränkt, dynamische, durch politisches Bewußtsein mitbedingte Gesellschaften zu verstehen. Ein Versuch, diese Verbindung wieder herzustellen, wird in der stark durch anthropologische Konzeptionen beeinflußten anglo-marxistischen Geschichtsschreibung (Hobsbawm, Thompson) gemacht, die die politische Bedeutung von an sich unpolitisch erscheinenden Verhaltensweisen akzentuiert, diese aber in Verbindung mit materiellen Lebensverhältnissen und sozialen Konflikten bringt.

Bewußtseinsgeschichte bleibt weiterhin ein integraler Teil jeder Geschichtsschreibung. Zwar bewegt sich die moderne Bewußtseinsgeschichte nicht in einheitlicher Richtung. Doch wird Bewußtseinsgeschichte zunehmend in sozialen Zusammenhängen gesehen, und ihre Methoden enger mit denen der Human- und Sozialwissenschaften verbunden.

Literatur

Ariès, Ph.: L'histoire des mentalités, in: *Le Goff, J.* (Hrsg.): La Nouvelle Histoire, Paris 1978, 402 – 423

Bowsma, W.: Intellectual History in the 1980's. From History of Ideas to History of Meaning, in: *Journal of Interdisciplinary History* 12 (1981/82), 279 – 291

Conkin, P.: Intellectual History: Past, Present and Future, in: *Delzell, Ch.* (Hrsg.): The Future of History, Nashville 1977, 111 – 134

Darnton, R.: Intellectual and Cultural History, in: *Kammen, M.* (Hrsg.): The Past Before Us. Contemporary Historical Writing in the United States, Ithaca 1980

Dilthey, W.: Einführungen in die Geisteswissenschaften (Schriften, Bd. 1), Leipzig / Berlin 1922

Gilbert, F.: Intellectual History: Its Aims and Methods, in: *Gilbert, F. / Graubard, S. R.* (Hrsg.): Historical Studies Today, New York 1972

Holborn, H.: The History of Ideas, in: *American Historical Review* 73 (1967/68), 683 bis 695

Honegger, C.: Die Geschichte der kollektiven Mentalitäten, in: *Honegger, C.* (Hrsg.): Schrift und Materie der Geschichte. Vorschläge zur systematischen Aneignung historischer Prozesse, Frankfurt 1977, 31 – 34

Iggers, G. G.: Deutsche Geschichtswissenschaft. Eine Kritik der traditionellen Geschichtsauffassung von Herder bis zur Gegenwart, München 1971

Krieger, L.: The Autonomy of Intellectual History, in: *Journal of the History of Ideas* 34 (1973), 499 – 516

LaCapra, D. / Kaplan, S. (Hrsg.): Modern European Intellectual History. Reappraisals and New Perspectives, Ithaca 1982

Le Goff, J.: Les Mentalités: une histoire ambigue, in: *Le Goff, J. / Nora, P.* (Hrsg.): Faire de l'histoire, Bd. 3, Paris 1974, 76 – 94

Lovejoy, A. O.: Reflections of the History of Ideas, in: *Journal of the History of Ideas* I (1940), 3 – 23

Mandelbaum, M.: The History of Ideas, Intellectual History and the History of Philosophy, in: *History and Theory*, Beiheft 5 (1965), 33 – 66

Schulin, E.: Geistesgeschichte, Intellectual History und Histoire des Mentalités:, in: *Schulin, E.*: Traditionskritik und Rekonstruktionsversuch, Göttingen 1979

Tellenbach, G.: „Mentalität", in: *Hassinger, E.*, u. a. (Hrsg.): Geschichte, Wirtschaft, Gesellschaft. Festschrift für Clemens Bauer, Berlin / München 1974, 11 – 30

Begriffsgeschichte, Historische Semantik

Gerd van den Heuvel

In den deutschen Geisteswissenschaften haben begriffsgeschichtliche Fragestellungen eine lange Tradition. Innerhalb der Philosophie läßt sich Begriffsgeschichte als „historisch-kritische Behandlungsweise der begrifflich gefaßten philosophischen Gegenstände" (Meier 1971, 788) bis zu den Anfängen einer philosophischen Lexikographie im 18. Jahrhundert zurückverfolgen. Seit der Mitte des 20. Jahrhunderts erreicht die Begriffsgeschichte mit eigener Zeitschrift (Archiv für Begriffsgeschichte, seit 1955) und einem umfassenden Lexikon der philosophischen Terminologie (Historisches Wörterbuch der Philosophie, 1971 ff.) in der akademisch betriebenen Philosophie den Rang einer Spezialdisziplin.

Innerhalb der Geschichtswissenschaft thematisiert seit dem Ende des 19. Jahrhunderts zunächst die *Mediävistik* begriffsgeschichtliche Probleme, sieht doch besonders sie sich vor die Aufgabe gestellt, den heute nicht mehr geläufigen Gehalt einzelner Worte in den Quellen zu rekonstruieren, um spezifisch mittelalterliche Denk- und Handlungsmuster aufzuzeigen (Schulze 1979). Während die mediävistische Begriffsgeschichte weitgehend den Methoden einer *historisch-philologischen Quellenkritik* verpflichtet bleibt und darüber hinaus das Bewußtsein für die Historizität der geschichtswissenschaftlichen Terminologie schärft, formuliert R. Koselleck ein Konzept von Begriffsgeschichte, das den Anspruch einer in Theorie und Methode *eigenständigen* historischen Spezialdisziplin erhebt. Dieses Konzept und die fachspezifische Diskussion ist eng mit dem Gemeinschaftswerk der *Geschichtlichen Grundbegriffe* (1972 ff.) verbunden; dessen Ausgangshypothese einer sogenannten Sattelzeit zwischen 1750 und 1850, in der einhergehend mit der Auflösung der ständischen Gesellschaft auch die politisch-soziale Begriffswelt ihre grundlegende, auf die Moderne hinweisende Wandlung erfahren hat, prägt die aktuellen Überlegungen zur begriffsgeschichtlichen Methode.

Gegenstand der Begriffsgeschichte ist die synchrone und diachrone Interpretation solcher Wörter, deren Analyse als „Konzentrate vieler Bedeutungsinhalte" und „Leitbegriffe der geschichtlichen Bewegung" (Koselleck, Einleitung 1972) Strukturen und große Ereigniszusammenhänge erschließen kann. Die *Grundbegriffe der politisch-sozialen Welt* werden gleichzeitig als Indikatoren für außersprachliche Sachverhalte (etwa sich wandelnder Sozialstrukturen) wie Faktoren der historischen Entwicklung (etwa in handlungsleitenden Gesellschaftstheorien) angesehen. Die Begriffsgeschichte fragt nach der sozialen Reichweite von Begriffen, sie thematisiert die bindende, prägende oder sprengende Kraft von Begriffen in politischen und sozialen Gruppen und behandelt den epochalen sozialen und politischen Strukturwandel, soweit er sprachlich als Erfahrungs-, Erwartungs- und Theoriewandel faßbar ist. Unter diesen Prämissen wird Begriffsgeschichte auf dreifache Weise definiert:

- als spezialisierte *Methode der Quellenkritik* und ein *Hilfsinstrument für die Sozialwissenschaften;*
- als ein *methodisch eigenständiger Wissenschaftszweig,* der den Übergang zur Moderne thematisiert und Verweise für „Sachgeschichte" liefert;
- als *Basiswissenschaft für Sozialgeschichte,* „als conditio sine qua non sozialgeschichtlicher Fragen" (Koselleck 1967; Koselleck 1972b; 1972a 127).

In ihrer Methode vereint die von R. Koselleck begründete Begriffsgeschichte eine historisch-kritische Textanalyse, sach- und geistesgeschichtliche Fragestellungen sowie der Linguistik entlehnte semasiologische und onomasiologische Analysen (Koselleck 1972, Einleitung).
Als Programm historischer Sprachbetrachtung zustimmend aufgenommen, entzündete sich die Kritik an der Begriffsgeschichte sowohl an einzelnen Artikeln der *Geschichtlichen Grundbegriffe* wie an der inkohärenten theoretischen Grundlegung des Projekts. Einerseits bleibt eine Vielzahl von Artikeln durch eine Beschränkung auf die „Höhenkammzitate" der Philosophie auf dem Niveau der traditionellen Ideengeschichte stehen und kann ihren sozialhistorischen Anspruch durch den Verzicht auf sozial repräsentative Quellen nicht einlösen, andererseits ist die sozialhistorische Relevanz der Begriffsgeschichte insofern problematisch, als ihr Verweischarakter auf die soziale Realität theoretisch nicht befriedigend fundiert ist (Schultz 1979; Berding 1976; Sheehan 1978).
Diese Defizite sucht eine wissenssoziologische fundierte *sozialhistorische Semantik* zu überwinden. Sie reflektiert Sprache allgemein und insbesondere die politisch-soziale Begrifflichkeit nicht primär als Indikator für außersprachliche Sachverhalte, sondern als eigenständigen sozialen Faktor, als bewußtseinbildendes und handlungsdisponierendes Element. Ausgehend von der wissenssoziologischen Definition von Sprache als Medium intersubjektiver Sinnbildung, sedimentierter gesellschaftlicher Erfahrungen und zukunftsorientierter Erfahrungs- und Prognosebildung (Berger / Luckmann 1980) eruiert die sozialhistorische Semantik das soziale Wissen einer Epoche anhand ihrer Sprachzeugnisse. Sie widmet sich bevorzugt solchen Begriffen, die aufgrund ihres hohen Abstraktionsgrades und ihrer Bedeutungsvielfalt eine Fülle sedimentierter Erfahrungen aus unterschiedlichen gesellschaftlichen Praxisbereichen in sich vereinen, durch breite gesellschaftliche Verwendung Aussagen über sozialspezifische Bedeutungen ermöglichen und in diachroner Perspektive Aufschluß über den partiellen oder gesamtgesellschaftlichen Wandel von Sinnbildungsprozessen geben (Gumbrecht 1979). Eine so fundierte historische Sprachbetrachtung fragt nicht primär nach der philosophisch innovativen Definition von Begriffen im Kontinuum der Philosophiegeschichte, sondern nach deren Genese aus dem gesellschaftlichen Wissen der Zeit, ihrer Brechung in der Rezeption, ihrer möglichen (Ir-)Relevanz für gesellschaftliches Handeln. Die sozialhistorische Semantik thematisiert die im Sprachgebrauch deutlich werdende gesellschaftliche Verbreitung von Wissensbeständen, deren Traditionen, schleichende Veränderungen und Brüche (Reihardt 1984). Gerade die Frage nach kollektiven Einstellungen, Überzeugun-

gen und Wirklichkeitsdeutungen unterscheidet sie von der traditionellen Ideengeschichte und rückt sie in die Nähe der *Mentalitätsgeschichte*. Darüber hinaus untersucht sie Bedeutung und Funktion einzelner Begriffe und Begriffsfelder im politischen Diskurs, die parteipolitische Besetzung von Leitbegriffen sowie deren Instrumentalisierung zum Erwerb politischer Legitimität und gewinnt damit Affinität zur *Ideologieforschung* und zum Problem der *politischen Sprache* (Ludz 1977; Lübbe 1967).

Zur Einlösung ihres sozialhistorischen Anspruchs greift die wissenssoziologisch orientierte Begriffsgeschichte auf *sozial repräsentatives Quellenmaterial* zurück, d. h. sie wertet nach Möglichkeit Sprachzeugnisse aus der Lebenswelt aller Bevölkerungsschichten aus. Zeitungen, Pamphlete, Reden, Kolportageliteratur und Lieder zählen ebenso zu einem möglichen Quellenkorpus wie Lexika, Traktate, Tagebücher, Plakate, Theaterstücke etc. Die je nach Epoche und Themenstellung in verschiedener Auswahl zur Verfügung stehenden Sprachzeugnisse können durch außersprachliche Zeugnisse für die „gesellschaftliche Konstruktion der Wirklichkeit" (Berger / Luckmann) ergänzt werden, etwa durch Bilder dokumentarischer, allegorischer oder symbolischer Art, die einen Bezug zum behandelten Grundbegriff aufweisen.

Die begriffsgeschichtliche Forschung unter den Prämissen einer sozialhistorischen Semantik befaßt sich zum einen mit langfristig-diachronen Analysen des Bedeutungswandels und epochalen Neuorientierungen des sozialen Wissens — so das *Handbuch der politisch-sozialen Grundbegriffe in Frankreich 1680 – 1820* (1984 ff.) —, richtet zum anderen ihr Interesse aber auch auf microdiachrone Untersuchungen, beispielsweise die serielle, quantifizierende Auswertung von Pamphleten gegen die Bastille im unmittelbaren Vorfeld der Französischen Revolution (Lüsebrink / Reichardt 1983).

Dabei nimmt die Begriffsgeschichte in ihrer Methodik Anregungen der in Frankreich konzipierten Diskursanalyse und der am Institut de la Langue française entwickelten Lexikometrie auf, deren exakte linguistische Detailanalysen allerdings nur noch sehr mittelbar den Bezug zur Geschichtswissenschaft erkennen lassen.

Überwog bislang die begriffsgeschichtliche Theorie- und Methodenreflexion, so wird deren Umsetzung in weiteren konkreten Studien erweisen müssen, inwieweit die Begriffsgeschichte über eine bloße Quellenkritik und traditionelle ideengeschichtliche Ansätze hinaus zu vertiefter historischer Erkenntnis beitragen kann. Dabei wird die Begriffsgeschichte trotz grundsätzlicher Offenheit gegenüber linguistischen Theorieelementen, wortstatistischen Untersuchungen etc. sich bewußt bleiben müssen, daß die vom Historiker nachvollziehbare begriffsgeschichtliche Narration unter Berücksichtigung der Ergebnisse der anderen geschichtswissenschaftlichen Forschungszweige (oder in kritischer Auseinandersetzung mit diesen) ihren Anspruch einer *historischen* Spezialdisziplin begründet.

Literatur

Berding, H.: Begriffsgeschichte und Sozialgeschichte, in: *HZ* 223 (1976), 98 – 110
Berger, P. L. / Luckmann, Th.: Die gesellschaftliche Konstruktion der Wirklichkeit. Eine Theorie der Wissenssoziologie (1966), Frankfurt/M. 1980
Geschichtliche Grundbegriffe. Historisches Lexikon zur politisch-sozialen Sprache in Deutschland, hrsg. von O. Brunner, W. Conze, R. Koselleck, Stuttgart 1972 ff.
Gumbrecht, H.-U.: Für eine phänomenologische Fundierung der sozialhistorischen Begriffsgeschichte, in: *R. Koselleck* (Hrsg.): Historische Semantik und Begriffsgeschichte, Stuttgart 1979, 75 – 101
Handbuch politisch-sozialer Grundbegriffe in Frankreich 1620 – 1820, hrsg. von R. Reichardt und E. Schmitt, in Verbindung mit G. van den Heuvel und A. Höfer, München / Wien 1984 ff.
Koselleck, R.: Richtlinien für das Lexikon politisch-sozialer Begriffe der Neuzeit, in: *ABG* 11 (1967), 81 – 99
— Begriffsgeschichte und Sozialgeschichte, in: *Ludz, P. Ch.* (Hrsg.): Soziologie und Sozialgeschichte, Opladen 1972b, 116 – 131
— Einleitung zu: Geschichtliche Grundbegriffe, Bd. I, Stuttgart 1972b, XIII – XXVII
Ludz, P. Ch.: Ideologieforschung. Eine Rückbesinnung und ein Neubeginn, in: *KZSS* 29 (1977), 1 – 31
Lübbe, H.: Der Streit um Worte. Sprache und Politik, in: *Gadamer, H. G.* (Hrsg.): Das Problem der Sprache, München 1967, 352 – 371
Lüsebrink, H.-J. / Reichardt, R.: La „Bastille" dans l'imaginaire social de la France à la fin du XVIIIe siècle, in: *RHMC* 30 (1983), 196 – 234
Meier, H. G.: Begriffsgeschichte, in: *Historisches Wörterbuch der Philosophie,* hrsg. von J. Ritter, Bd. 1, Basel / Stuttgart 1971, 788 – 808
Reichardt, R.: Einleitung, in: *Reichardt, R.* u. a. (Hrsg.): Handbuch politisch-sozialer Grundbegriffe in Frankreich 1680 – 1820, München / Wien 1984
Schultz, H.: Begriffsgeschichte und Argumentationsgeschichte, in: *Koselleck, R.* (Hrsg.): Historische Semantik und Begriffsgeschichte, Stuttgart 1979, 43 – 74
Schulze, H. K.: Mediävistik und Begriffsgeschichte, in: *Koselleck, R.* (Hrsg.): Historische Semantik und Begriffsgeschichte, Stuttgart 1979, 242 – 261
Sheehan, J. J.: „Begriffsgeschichte". Theory and Practice, in: *Journal of Modern History* 50 (1978), 312 – 319

Zeitgeschichte

Ursula A. J. Becher

1. Das Wort Zeitgeschichte meint, als Übersetzung des lateinischen historia temporis, die *Geschichte der eigenen Zeit.* In der englischen und französischen Sprache (contemporary history / histoire contemporaine) wird das Moment des Zeitgenössischen besonders hervorgehoben, und dies hatte wohl auch H. Rothfels im Sinn, als er die Zeitgeschichte als die „Geschichte der Mitlebenden und ihre wissenschaftliche Behandlung" definierte. Diese Bezeichnung findet sich in seinem programmatischen Aufsatz, der die Viertel-

jahreshefte für Zeitgeschichte im Jahre 1953 einleitete. Diese Zeitschrift und die kurz zuvor erfolgte Gründung des Instituts für Zeitgeschichte haben die zeitgeschichtliche Forschung in der Bundesrepublik Deutschland gefördert und den Begriff und die Thematik der Zeitgeschichte ins öffentliche Bewußtsein gerückt. Es wäre aber verfehlt, aus ihrer Institutionalisierung in den fünfziger Jahren zu schließen, es handle sich bei der Zeitgeschichte um einen neuen Zweig der Geschichtswissenschaft. Ein Rückblick in die Geschichte der Geschichtsschreibung zeigt vielmehr, daß die frühen historischen Fragen solche zeitgeschichtlicher Art waren. Die Geschichtsschreibung des Thukydides ist hierfür ein hervorragendes Beispiel. Mit seiner Darstellung des Peloponnesischen Krieges, einem Werk der Zeitgeschichte, will er einer Gesellschaft nützen, die sich durch Vergangenheitserkenntnis ihrer Zukunft vergewissert.

Freilich bedarf der Begriff Zeitgeschichte noch einer präziseren Bestimmung. *Historia sui temporis* meint: „Zeitgeschichte ist Geschichte dessen, auf den das Wort bezogen wird" (Jäckel 1975, 171). Damit wird der Bezug zum Subjekt deutlich, dessen Geschichte erzählt wird.

2. Die Beziehung des Subjektes zu seiner Geschichte manifestiert sich in der Zeitgeschichte in besonderem Maße, denn Zeitgeschichte ist immer auch *Lebensgeschichte der jeweils lebenden Menschen.* Auf der Ebene der Realgeschichte sind die vielen individuellen Lebensgeschichten in den umfassenden Kontext der Zeitgeschichte verwoben, als Erklärungs- und Interpretationszusammenhang integriert Zeitgeschichte ihre individuellen und kollektiven Erinnerungen. Es ist nicht gleichgültig, wie die Erfahrungen selbsterlebter Geschichte verarbeitet werden. Die Art, wie diese Vergangenheit aufgeklärt wird, und die Ergebnisse ihrer Interpretation prägen nachhaltig das Geschichtsbewußtsein des einzelnen und der Gesellschaft. Zeitgeschichte als Wissenschaft kann hier Unbegriffenes aufklären, Mythen und Vorurteile zerstören, Urteile begründen. Die Offenheit der historischen Situation, die für die Zeitgeschichte konstitutiv ist, da die Entwicklungen, die sie erforscht, in der Regel nicht abgeschlossen sind, läßt den Praxisbezug zeitgeschichtlicher Erkenntnis besonders deutlich werden. Die Aufklärung über die Vorgeschichte gegenwärtigen Handelns benennt die Bedingungen dieses Handelns und kann dadurch die individuelle und gesellschaftliche Handlungskompetenz erweitern. Über die Interpretation ihrer zeitgeschichtlichen Erfahrungen vergewissert sich eine Gesellschaft ihrer selbst. Für diese Identitätsfindung ist die Klärung zeitgeschichtlicher Erfahrungen von entscheidender Bedeutung, wenn sie auch nicht allein auf diese beschränkt ist, so wie die Zeitgeschichte grundsätzlich weniger neuartige theoretische Probleme aufwirft, als daß sie diejenigen der allgemeinen Geschichte in besonders prägnanter Weise verdeutlicht.

3. Auch das Problem der *Zeitdimensionen* gewinnt in der zeitgeschichtlichen Betrachtung eine besondere Aktualität. Die Gegenwart ist nicht nur der Ausgangspunkt der historischen Frage, sondern zugleich ein Bereich der zeitgeschichtlichen Forschung selbst. Darin liegt ein Problem für die historische Interpretation, denn die Gegenwart ist in besonderer Weise erklärungsbedürftig. Die allgemeine Geschichtswissenschaft kann die Gegenstände ihrer

Forschung in den Zusammenhang einer Epoche einordnen und durch diesen Bezug näher definieren, der Zeitgeschichte fehlt bei der Analyse der Gegenwart eine analoge Form der Periodisierung. Sie bedarf daher einer Theorie, aus der sie die leitenden Hinsichten ihrer Interpretation begründet gewinnen kann. Eine solche Theorie müßte dem Anspruch genügen, so allgemein zu sein, daß sie die unterschiedlichen Perspektiven der Darstellung ermöglicht, und zugleich so präzise, daß sie den interpretatorischen Rahmen für historische Forschungen bilden kann. Sie müßte das zunächst noch ungegliederte Geschehen als Epoche rekonstruieren und mögliche Zukunftsperspektiven entwerfen. Durch sie müßte Gegenwart erklärbar werden.
Versuche, die bestimmenden Tendenzen des gegenwärtigen Zeitalters festzustellen und von daher eine *theoretische Bestimmung der Gegenwart* zu gewinnen, sind verschiedentlich unternommen worden (Mannheim 1951; Freyer 1955; Barraclough 1971). Neuerlich ist unsere Gesellschaft als eine „spätkapitalistische" (Habermas 1973) bezeichnet worden. Der Erklärungswert dieses Begriffes ist begrenzt. Dennoch läßt sich auf dem Hintergrund einer Theorie der sozialen Evolution eine Epochenbestimmung der Gegenwart gewinnen: Sie wird interpretatorisch eingeordnet in den Entwicklungszusammenhang einer Industriegesellschaft in ihrer ausgebildeten Form. Ihre Geschichte läßt sich erzählen, ihre gegenwärtige Struktur analysieren, ihre Zukunftsperspektiven aus den Anforderungen der gegenwärtigen Entwicklungsphase, die neue Lernprozesse notwendig macht, ermitteln.
Wird Industrialisierung als das Signum der gegenwärtigen Gesellschaft erkannt, könnte Zeitgeschichte die Geschichte dieser Industrialisierung sein, und genau diese zeitliche Ausdehnung war der Hintergrund für Freyers „Theorie des gegenwärtigen Zeitalters". Grundsätzlich ist die Zeitgeschichte *nicht datierbar*. Nur aus den *Erkenntnisbedürfnissen der gegenwärtigen Gesellschaft* ist zu entscheiden, welche zeitliche Rückfrage notwendig ist. So ist die Zeit nach dem Zweiten Weltkrieg, die Geschichte der Bundesrepublik Deutschland und der DDR, die weltpolitischen Entwicklungen bis in die Gegenwart hinein ein wichtiges Forschungsgebiet der Zeitgeschichte, doch ist es nicht das einzige. Die Geschichte der Weimarer Republik und des Nationalsozialismus nehmen in der zeitgeschichtlichen Forschung der Bundesrepublik Deutschland immer noch einen breiten Raum ein. Dieses kontinuierliche Forschungsinteresse ist auf zwei Ursachen zurückzuführen: Zum einen geht mit diesem Zeitabschnitt die Lebensgeschichte der heute mittleren und älteren Generation in die Geschichte der gegenwärtigen Gesellschaft ein: als Erinnerungen in den Dialog der Generationen, als Erfahrungen in aktuelles politisches Handeln, als Erkenntnisse in heutige Erklärungsmuster und Weltdeutungen. Zum anderen lassen sich die gegenwärtigen staatlichen und gesellschaftlichen Verhältnisse ohne diese Vorgeschichte nicht erklären, deren Ergebnisse sie sind. Mit dem Wechsel der Generationen wird sich auch diese Periodisierung der Zeitgeschichte ändern, die immer aus den Fragebedürfnissen der Menschen abgeleitet wird, um deren Geschichte es sich handelt.
4. In ihren *Methoden* unterscheidet sich die Zeitgeschichte nicht grundsätzlich von jener der allgemeinen Geschichtswissenschaft. Einige Präzisierungen

sind freilich angebracht: Zunächst hat die Zeitgeschichte, die auch die geschehende Geschichte einschließt. einen ihrer Forschungsbereiche mit der **Politikwissenschaft** gemeinsam. Bei allen fachspezifischen Unterschieden überwiegen auf dem Felde der zeitgeschichtlichen Forschung die gemeinsamen Aufgaben und eine wechselseitige methodische Bereicherung (Mommsen 1962, 368 ff.). Die Verwendung von Modellen und Fallstudien, von *typologisierenden* und *generalisierenden* Methoden sind in der zeitgeschichtlichen Forschung üblich, versteht sie sich doch weitgehend als Sozialgeschichte und gewinnt aus diesem Selbstverständnis ein adäquates theoretisches und methodisches Instrumentarium. In heuristischer Absicht verwendet sie *„gegenstandsbezogene Theorien"* (Kocka 1977, 178) und überprüft ihren Erklärungswert bei der Interpretation zeitgeschichtlicher Phänomene. In dieser Weise sind Modernisierungstheorie und Faschismustheorien zur Deutung des Nationalsozialismus angewandt und diskutiert worden (Matzerath / Volkmann 1977). Das Ungenügen an einer überwiegend individualisierend personalistischen Interpretation des deutschen Faschismus und die daraus folgenden Notwendigkeit, intensiver seine Herrschafts- und Sozialstruktur zu analysieren (Mommsen 1977), verlangen eine verstärkte Verwendung *quantifizierender Verfahren* (Kater 1977). Zugleich bleibt freilich zur Deutung von Handlungsintentionen und zur Aufdeckung von Mentalitäten die *hermeneutische* Methode unverzichtbar. Dies wird auch in der Berücksichtigung der Oral History deutlich. Der Versuch, die Erinnerungen unbekannter Menschen zum Sprechen zu bringen, die sonst ungehört blieben und doch Zeugen gewesen sind, ist ohne historisches Verstehen nicht denkbar. Der Zusammenhang von Lebens- und Zeitgeschichte, von Erinnerung und historischer Erkenntnis wird auf diesem relativ neuen Feld der zeitgeschichtlichen Forschung sichtbar und bedarf noch weiterer theoretischer Klärung (Becher 1979). An Material für eine solche Untersuchung mangelt es nicht: Das Interesse vieler jüngerer Historiker und Historikerinnen hat sich seit einer Reihe von Jahren der Erforschung historischer Alltagswelten zugewandt. Aus dieser Beschäftigung mit einem lange vernachlässigten Thema ist eine Fülle von Darstellungen hervorgegangen, die in der Regel auch viele Quellen – die Selbstzeugnisse von Betroffenen – einschließen.

Die theoretischen und methodologischen Probleme dieser Art der Geschichtsschreibung sind freilich noch weitgehend ungelöst. Die Quellen sind gleichsam vom Historiker selbst produziert.

Ohne eine Analyse der Kommunikationssituation, die den Historiker und die Zeitzeugen, die ihm berichten, miteinander verbindet, sind auch die Quellen, die als Ergebnisse aus ihr hervorgegangen sind, nicht adäquat und sinnvoll zu interpretieren. Neben der besonderen Schwierigkeit der Quellenkritik und -interpretation stellt sich das Problem, diese Zeugnisse einer höchst subjektiven Betroffenheit intersubjektiv zu vermitteln. Vielfach erweist sich noch als Desiderat, die persönlichen Erfahrungen von Zeitzeugen in einen größeren politischen und gesellschaftlichen Kontext zu stellen und so zu analysieren, daß sie als unsere Geschichte begriffen werden können.

Literatur

Barraclough, G.: Tendenzen der Geschichte im 20. Jahrhundert, 2. Aufl. München 1971
Becher, U. A. J.: Zeitgeschichte und Lebensgeschichte. Überlegungen zu einer Theorie der Zeitgeschichte, in: *Gd* 4 (1979), 298 – 306
Freyer, H.: Theorie des gegenwärtigen Zeitalters, Stuttgart 1955
Habermas, J.: Legitimationsprobleme des Spätkapitalismus, Frankfurt 1973
Jäckel, E.: Begriff und Funktion der Zeitgeschichte, in: *Jäckel, E. / Weymar, E.* (Hrsg.): Die Funktion der Geschichte in unserer Zeit, Stuttgart 1975, 162 ff.
Kater, H. M.: Quantifizierung und NS-Geschichte. Methodologische Überlegungen über Grenzen und Möglichkeiten einer EDV-Analyse der NSDAP-Sozialstruktur, in: *GuG* 3 (1977), 453 ff.
Kocka, J.: Gegenstandsbezogene Theorien in der Geschichtswissenschaft, in: *Theorien in der Praxis des Historikers* (GuG, Sonderheft 3), Göttingen 1977, 178 ff.
Mannheim, K.: Diagnose unserer Zeit, Zürich / Wien / Konstanz 1951
Matzerath, H. / Volkmann, H.: Modernisierungstheorie und Nationalsozialismus, in: *Theorien in der Praxis des Historikers* (GuG, Sonderheft 3), Göttingen 1977, 86 ff.
Mommsen, H.: Zum Verhältnis von Politischer Wissenschaft und Geschichtswissenschaft in Deutschland, in: *VfZ* 10 (1962), 341 ff.
— Nationalsozialismus oder Hitlerismus?, in: *Bosch, M.* (Hrsg.): Persönlichkeit und Struktur in der Geschichte, Düsseldorf 1977, 62 ff.
Niethammer, L. (Hrsg.): Lebenserfahrung und kollektives Gedächtnis. Die Praxis der „Oral History", Frankfurt/M. 1980
Rothfels, H.: Zeitgeschichte als Aufgabe, in: *VfZ* 1 (1953), 1 ff.

Biographie

Helmut Scheuer

Im allgemeinen Verständnis meint der Terminus Biographie die *ausgeführte, das ganze Leben umfassende Darstellung.* Eine bestehende Unsicherheit deckt sich im Gebrauch von Kompositabildungen wie „Individual-", „Sozial-" oder „Gesellschaftsbiographie" auf. Die wohl wichtigste Gruppe der Biographie stellt die Autobiographie dar. Als verwandte literarische Kleinformen treten der biographische Essay und die Charakteristik auf, die in allgemeinhistorische Darstellungen eingelagert sind (vgl. zum Beispiel bei Ranke). Die „biographie romancée" und der historische Roman zeigen einen freieren Umgang mit den historischen Quellen und operieren auch mit fiktionalisierenden Elementen (zum Beispiel in Dialogen). Biographie ist heute keineswegs auf das Medium Buch beschränkt, sondern auch in Massenmedien (Fernsehen, Film) zu finden. Von der Antike bis zur Gegenwart steht die Biographie in der Tradition einer bewußt *didaktischen Geschichtsschreibung.* Eine starke lebenspraktische Ausrichtung hat das Verständnis von Biographie auf das Individuell-Ethische und Psychologisch-Seelische festgelegt. Droysen lehnt deshalb in der „Historik" die biographische Behandlung von historisch bedeutenden Figuren als ungenügend ab (Droysen 1977, 291 f.); Ranke fühlte sich verpflichtet, einen demonstrativen Titel wie „Geschichte Wallensteins" (1869) zu wählen, der eine Überwindung des von Plutarch hergestellten Dualismus von ‚Geschichte' und ‚Biographie' signalisiert.

War die Biographie seit der Renaissance (besonders als Autobiographie) ein wichtiger Faktor für die Herausbildung eines bürgerlichen Selbstbewußtseins (Individualismus), so erstarrt sie in der Phase der Dekomposition des traditionellen Bürgertums im 19. Jahrhundert zur Heroenverehrung (Treitschke: „Männer machen die Geschichte"), verliert ihren klassenkämpferischen Impetus und trägt zur Annäherung von Bürgertum und Adel bei (ähnlich wie „Bildung" wird nun auch „Persönlichkeit" zum abgrenzenden Begriff gegenüber dem Proletariat). Zu Recht wird heute im Zeichen eines sich ändernden Geschichtsverständnisses die Biographie als *problematische Form* der Geschichtsschreibung angesehen. Der erkennbaren Zurückhaltung der Fachhistoriker steht in der Gegenwart jedoch eine blühende popularhistorische Biographie gegenüber.

In dieser Biographie, die seit den zwanziger Jahren gern als „historische Belletristik" bezeichnet wird, herrscht vor allem das „Menschliche" vor, das eine anthropologische Typenkonstanz über die Jahrhunderte hinweg suggeriert (vgl. Emil Ludwig, Stefan Zweig). Im Blick auf eingängige Identifikationsmuster verliert sich historisch Singuläres im menschlich Allgemeinen. Ausgespart bleibt die politische, soziale, ökonomische und kulturelle Umwelt; dadurch wird Privates zum Öffentlichen erhoben. Geschichte gerät zu einem undurchschaubaren und meist auch schicksalhaften Vorgang. Durch eine bewußt romanhafte und spannende Präsentation werden nicht so sehr Phantasie und Intellekt angesprochen, sondern vor allem eine unkritisch-affirmative Zustimmung gesucht.

So berechtigt die Kritik an jeder Form von Individualbiographie ist, so müßte dennoch erneut die Diskussion über den Wert einer biographischen Betrachtung aufgenommen werden. Dabei darf nicht hinter den Stand der Diskussion zurückgegangen werden, wie er durch Klaus Bergmanns Wendung gegen eine „Personalisierung im Geschichtsunterricht" (1977) markiert wird. Wird *das Personale* nicht als Zweck, sondern als *Mittel* zum besseren Verständnis der Geschichte anerkannt und vor allem auf ein dialektisches Verhältnis von Individuum und Gesellschaft geachtet, dann kann die biographische Darstellung eine wichtige Aufgabe bei der historischen Vergewisserung und besonders bei der individuellen Sinn- und Wertbestimmung leisten. Die Biographie könnte eine identitätstiftende Funktion gewinnen, wenn es ihr gelingt, die Identitätsbildung in ihrer personalen *und* sozialen Dimension zu erschließen. Der Blick auf historische Lebenssituationen und Sozialisationsformen, die Verschränkung von individuellem Verhalten mit klassen- bzw. gruppenspezifischen Reaktionen könnten zum Vergleichen und zur Anteilnahme anregen, zur Identifikation *und* Distanzierung führen, wobei Phantasie und Intellekt gleichermaßen gefordert würden. Möglich wird damit auch eine „Sozial-" bzw. „Gesellschaftsbiographie", in der Typisches und Repräsentatives die

Konstruktion eines „Sozialcharakters" bzw. einer „Kollektivmentalität" erlauben (Wehler). Auch könnte eine moderne Prosopographie, die sich um biographische Muster bemüht, um Strukturen von Institutionen (zum Beispiel Parlamenten, Parteien, Wirtschaftsunternehmen) nachzuzeichnen, nützlich sein. Solche ‚Gruppenprofile' können eine wichtige Ergänzung zur Struktur- und Sozialgeschichte sein.

Einen neuen Ansatz zeigt die moderne literarische Biographie (zum Beispiel Dieter Kühn). Hier werden Kunst und Wissenschaft als zwei gleichberechtigte Arten der Realitätsaneignung verstanden, die sich vorteilhaft ergänzen und den Erkenntnisprozeß gleichermaßen vorantreiben können. Aufgegeben wird die ästhetische Harmonie und die finale Struktur. Aufsplitterung und Relativierung der Perspektive sorgen für erzählerische „Brüche" („Entfabelung", Diskontinuität) und zerstören so den Eindruck von Geschlossenheit und Endgültigkeit.

Die historische Lebensgeschichte kann ihre gegenwartsbezogene Anwendung finden, wenn in ihr Beurteilungs- und Wertungskriterien bereitgestellt werden, die auch auf die individuelle Identitätsbestimmung des Lesers beziehbar sind. Aus der Beobachtung fremder Individuation können so Handlungs-, Verhaltens- und Meinungsdispositionen gewonnen werden. Ähnlich wie die Psychologie mit der „biographischen Methode" Persönlichkeitsmerkmale zu erschließen versucht oder die Psychoanalyse mit der Rekonstruktion der Ververgangenheit des Probanden einen Beitrag zur Stärkung der Ich-Identität leisten will, könnte auch der Unterricht eine fruchtbare Wechselbeziehung zwischen der Rekonstruktion fremder und eigener Lebensläufe herstellen. Auch der erzählte (oder schriftlich fixierte) Lebenslauf des Schülers wäre auf private *und* öffentliche, auf individuelle *und* allgemeine Bezüge zu befragen. Individuell erfahrene Lebensgeschichte hätte sich auch immer als kollektive zu erweisen und würde damit, wie bei der historischen Biographie, das Wechselverhältnis von Freiheit und Notwendigkeit aufzeigen können.

Literatur

Bergmann, K.: Personalisierung im Geschichtsunterricht — Erziehung zu Demokratie?, 2. Aufl. Stuttgart 1977

Bosch, M. (Hrsg.): Persönlichkeit und Struktur in der Geschichte, Düsseldorf 1977

Droysen, J. G.: Historik, hrsg. von R. Hübner, 8. Aufl. Darmstadt 1977

Fuchs, W.: Biographische Forschung. Eine Einführung in Praxis und Methoden, Wiesbaden 1983

Graevenitz, G. v.: Geschichte aus dem Geist des Nekrologs. Zur Begründung der Biographie im 19. Jahrhundert, in: *Deutsche Vierteljahrsschrift für Literaturwissenschaft und Geistesgeschichte* 54 (1980), 105 — 170

Grimm, H. / Hermand, J.: Vom Anderen und vom Selbst. Beiträge zu Fragen der Biographie und Autobiographie, Königstein 1982

Klingenstein, G. / Lutz, H. / Stourzh, G. (Hrsg.): Biographie und Geschichtswissenschaft (Wiener Beiträge zur Geschichte der Neuzeit, Bd. 6), München 1979

Kohli, M. / Robert, G. (Hrsg.): Biographie und soziale Wirklichkeit, Stuttgart 1984

Matthes, J. (Hrsg.): Biographie in handlungswissenschaftlicher Perspektive, Nürnberg 1981

Nipperdey, Th.: Die anthropologische Dimension der Geschichtswissenschaft, in: *Schulz, G.* (Hrsg.): Geschichte heute, Göttingen 1973, 225 — 255
Oelkers, J.: Biographik — Überlegungen zu einer unschuldigen Gattung, in: *Neue politische Literatur* 19 (1974), 269 — 309
Romein, J.: Die Biographie. Einführung in ihre Geschichte und ihre Problematik, Bern 1948
Schabert, I.: Interauktorialität, in: *Deutsche Vierteljahresschrift für Literaturwissenschaft und Geistesgeschichte* 57 (1983), 679 — 701
Scheuer, H.: Biographie. Studien zur Funktion und zum Wandel einer literarischen Gattung vom 18. Jahrhundert bis zur Gegenwart, Stuttgart 1979
Schulze, H.: Die Biographie in der „Krise der Geschichtswissenschaft", in: *GWU* 29 (1978), 508 — 518
Thomae, H.: Die biographische Methode in den anthropologischen Wissenschaften, in: *Studium Generale* 5 (1952), 163 — 177
Wehler, H. U.: Geschichte und Psychoanalyse, in: *Wehler, H. U.*: Geschichte als Historische Sozialwissenschaft, Frankfurt 1973, 85 — 123
Zeller, R.: Biographie und Roman. Zur literarischen Biographie der 70er Jahre, in: *LiLi. Zeitschrift für Literaturwissenschaft und Linguistik* 10 (1980), 107 — 126

III. Geschichte in der didaktischen Reflexion

Geschichte in der didaktischen Reflexion
Klaus Bergmann

Didaktisch ist eine Reflexion, die ihren Gegenstand daraufhin untersucht, was an ihm in lebenspraktischer Hinsicht gelernt und gelehrt wird, werden kann und sollte. Geschichte didaktisch zu reflektieren heißt, zu untersuchen, was an und durch Geschichte gelernt wird (*empirische* Aufgabe der Geschichtsdidaktik), gelernt werden kann (*reflexive* Aufgabe der Geschichtsdidaktik) und gelernt werden sollte (*normative* Aufgabe der Geschichtsdidaktik). Geschichtsdidaktik ist also die wissenschaftliche Disziplin, die aus praktischem Interesse nach der *Tatsächlichkeit, Möglichkeit* und *Notwendigkeit* von Lehr- und Lernprozessen, Bildungs- und Selbstbildungsprozessen an und durch Geschichte fragt. In diesem Sinne befaßt sich die Geschichtsdidaktik mit der *Entstehung, Beschaffenheit* und *Wirkung* von Geschichtsbewußtsein in einem gegebenen historisch-gesellschaftlichen Zusammenhang (Jeismann 1977). Sie hat die Aufgabe, Geschichtsbewußtsein als wesentlichen Faktor menschlicher Selbstidentität und als notwendige Voraussetzung vernünftiger gesellschaftlicher Praxis sowohl deskriptiv-empirisch zu erforschen als auch didaktisch-normativ zu regeln (Bergmann / Rüsen 1978). Im einzelnen läßt sich diese Aufgabe in drei Hinsichten explizieren.

Die empirische Aufgabe der Geschichtsdidaktik

Die Geschichtsdidaktik ist diejenige wissenschaftliche Disziplin, die Lehr- und Lernprozesse, Bildungs- und Selbstbildungsprozesse von Individuen, Gruppen und Gesellschaften an und durch Geschichte systematisch erforscht. Sie befaßt sich mit allen denkbaren Arten und Formen von Lehr- und Lernprozessen, Bildungs- und Selbstbildungsprozessen an allen denkbaren Arten von Geschichte. Abgekürzt kann man die Geschichtsdidaktik als eine Disziplin bezeichnen, die sich mit der Verarbeitung (Rezeption) von Geschichte beschäftigt. Die *Rezeption* von Geschichte und die dabei erfolgende Konstituierung von Geschichtsbewußtsein erfolgen in einem gesellschaftlichen Kontext und historischen Zusammenhang schulisch und außerschulisch, intentional, nicht-intentional und von dritter Seite intentional gesteuert. Rezipiert wird (a) die unmittelbar erfahrene *geschehende Geschichte* der Gegenwart, (b) die nicht unmittelbar erfahrene, sondern vor- und außerwissenschaftlich *referierte geschehene Geschichte* und (c) die *Geschichtswissenschaft* als eine Fachwissenschaft mit den ihr eigentümlichen Frageweisen, Absichten, Grundannahmen, Theorien, Methoden, Kategorien und Ergebnissen (Bergmann / Pandel 1975).

Die Erforschung dieser Rezeptionsvorgänge ist die empirische Aufgabe der Geschichtsdidaktik.

Die reflexive Aufgabe der Geschichtsdidaktik

Die Geschichtsdidaktik ist diejenige wissenschaftliche Disziplin, die Lehr- und Lernprozesse, Bildungs- und Selbstbildungsprozesse an der und durch die Geschichtswissenschaft erforscht und darstellt. Sie bezieht sich dabei auf die der Fachwissenschaft eigentümlichen praktischen Absichten und Interessen, Frageweisen, Grundannahmen, Theorien, Methoden, Kategorien, Darstellungsformen und Ergebnisse. Mit dieser reflexiven Aufgabe geht sie zwanglos in das Gebiet der Historik über und ist in dem Maße auf die Geschichtswissenschaft bezogen, wie die Historik ein Teil der Geschichtswissenschaft selbst ist. Während die empirische Geschichtsforschung ihren Forschungsgegenstand in den Zeugnissen der Vergangenheit hat, aus deren Informationen sie zeitliche Zusammenhänge vergangenen menschlichen Handelns und Leidens rekonstruiert, haben Historik und Geschichtsdidaktik ihren Gegenstand in der empirischen Geschichtsforschung. Im Rahmen dieser Aufgabe ist die Geschichtsdidaktik auch eine *Didaktik der Geschichtswissenschaft*: sie analysiert und expliziert die der Geschichtswissenschaft immanenten didaktischen Faktoren und erforscht die allgemeine Bedeutung der Geschichtswissenschaft für das geistige Leben und die gesellschaftliche Praxis ihrer Zeit.

Die normative Aufgabe der Geschichtsdidaktik

Die Geschichtsdidaktik ist diejenige wissenschaftliche Disziplin, die systematisch alle Formen der *intentionalen Vermittlung* und Darstellung von Geschichte, insbesondere den Geschichtsunterricht erforscht. Sie befaßt sich dabei auf der Grundlage der Lösungen, die sie für die bisher geschilderten Aufgaben gefunden hat, vor allem mit der *Begründung* des Unterrichtsfaches Geschichte im historischen und gesellschaftlichen Zusammenhang absichtsvoller Erziehung und Bildung und mit der Begründung der Geschichts-Darstellung durch die außerschulischen Medien und Massenkommunikationsmittel (Film, Fernsehen, Video, Radio, Presse etc.), mit den Voraussetzungen, Bedingungen und Zielen des fachspezifischen Lernens, mit den zu lernenden Inhalten, Methoden und Kategorien, mit der Möglichkeit der Strukturierung der Inhalte durch didaktisch ausgewählte Kategorien der Geschichtswissenschaft, mit den Lernmedien und Lernmaterialien und mit den Möglichkeiten der Geschichts-Darstellung im Unterricht und in der außerschulischen Lebenswelt. Im Umkreis dieser normativen Aufgabenstellung ist die Geschichtsdidaktik (vermittelt über die Historik) auf die Geschichtswissenschaft als Lerngegenstand bezogen. Zugleich bezieht sie sich aber auch auf alle jene Disziplinen der Erziehungswissenschaft, der Psychologie und der systematischen Sozialwissenschaften, ohne die der Schulunterricht und das außerschulische Darstellen und Lernen wissenschaftlich nicht hinreichend geregelt und begriffen werden können. Die drei skizzierten Aufgaben sind verschiedene

Seiten eines Zusammenhanges, der sich durch die Frage nach der Entstehung, Beschaffenheit, Auswirkung und Beeinflussung von Geschichtsbewußtsein konstituiert. Einige der sich in diesem Zusammenhang ergebenden Probleme werden im folgenden behandelt.

Geschichtsdidaktik als empirische Forschung

Das Interesse der Geschichtsdidaktik ist grundsätzlich darauf gerichtet, die *Bedeutung von Geschichte im gesellschaftlichen Zusammenhang* zu erforschen. Es ist darüber hinaus aber auch immer darauf gerichtet, ein Geschichtsbewußtsein zu ermöglichen, das eine *Identität* von Individuen und Kollektiven im zeitlichen Wandel verbürgt, eine vernünftige gesellschaftliche *Praxis* fördert und Geschichte als einen *Prozeß* begreift, dessen humane Qualität durch menschliches Handeln gesteigert werden kann. Sie geht dabei von der Grundannahme aus, daß Geschichtsbewußtsein gesellschaftlich bedingt ist und gesellschaftliche Wirkungen zeitigt. Auch in ihrer empirischen Aufgabe ist sie nie allein deskriptiv orientiert, sondern erforscht sie Geschichtsbewußtsein in der Absicht, zu verhindern, daß krude, historisch überwundene Handlungsorientierungen, Handlungsmotivationen und Handlungen (und daraus resultierende Leiden) Platz greifen oder vermittelt werden können. Diese Absicht nötigt die Geschichtsdidaktik dazu, die *außerschulische* Rezeption von Geschichte und die außerschulischen Einflüsse auf das Geschichtsbewußtsein in den Umkreis ihrer Forschungsgegenstände aufzunehmen. Sie thematisiert also nicht nur den durch Wissenschaft und Unterricht disziplinierten Umgang mit Geschichte, sondern auch die durch keine Disziplin gefilterte Rezeption von Geschichte im Prozeß der Sozialisation. Indem sie auch die außerwissenschaftliche und außerschulische Lebenswelt in ihrer Bedeutung für die Entstehung, Beschaffenheit und Wirkung von Geschichtsbewußtsein erforscht, leistet sie einen wichtigen Beitrag zur Erkenntnis jenes gesellschaftlich vermittelten *subjektiven Faktors*, der in jede Erkenntnisarbeit von Wissenschaftlern und Schülern eingeht, die vergangenes menschliches Handeln und Leiden auf unterschiedlichen Ebenen rekonstruieren (Becher 1978). Sie erforscht in didaktischer Absicht jene erkenntnisbeeinflussenden Faktoren der außerwissenschaftlichen und außerschulischen Lebenswelt, die die Historik erkenntnistheoretisch reflektiert.

Ihr *Objektbereich* ist dabei weit bemessen. Er umfaßt im wesentlichen die Formen und Inhalte der gruppen-, schichten-, klassenspezifischen historisch-politischen Sozialisation sowie die Beschaffenheit und Wirkung des daraus resultierenden je und je gruppen-, schichten-, klassenspezifischen Geschichtsbewußtseins. Zu diesem Zweck umfaßt der Objektbereich der Geschichtsdidaktik auch alle Vehikel und Medien, soweit durch sie Geschichtsbewußtsein erzeugt wird und soweit sich in ihnen Geschichtsbewußtsein ausdrückt, zum Beispiel Fernsehen, Radio, Video, Presse, Alltagsgespräche, Museen, historische Belletristik, historische Werbung, wissenschaftliche Geschichtsdarstellungen ebenso wie populärwissenschaftliche Darstellungen, historische Sachbücher, historische Jugendbücher oder Schulbücher, vergegenständlichtes

Geschichtsbewußtsein in Form von Kriegerdenkmälern, historisierenden Bauten oder Straßennamen (van Kampen / Kirchhoff 1979). Insbesondere erforscht sie den Geschichtsunterricht als eine absichtsvolle gesellschaftliche Veranstaltung, durch die Geschichtsbewußtsein erzeugt werden soll und die zugleich ein vorherrschendes Geschichtsbewußtsein ausdrückt. Er umfaßt weiterhin die fachspezifische empirische Unterrichtsforschung, die darauf gerichtet ist, das Verhältnis zwischen Intention und Ergebnis des Geschichtsunterrichts empirisch zu bestimmen (Fürnrohr / Kirchhoff 1976; Mayer / Pandel 1976). Diese empirische Aufgabe der Geschichtsdidaktik wirft methodologische Probleme auf, für die die Geschichtsdidaktik bislang noch kaum oder allenfalls einseitig hermeneutisch gerüstet ist. Die empirische Aufgabe der Geschichtsdidaktik ist bislang eher ein *Postulat*, als daß sie quantitativ einen erheblichen Bereich geschichtsdidaktischer Forschung ausmacht. Dies ist deshalb ein gravierender Mangel, weil die Kenntnis des vorschulisch angelegten Geschichtsbewußtseins und der vorschulisch und außerschulisch erworbenen historischen Identität eine Voraussetzung für einen vernünftigen Geschichtsunterricht darstellt.

Geschichtsdidaktik und Geschichtswissenschaft

In zunehmendem Maße hat sich die Geschichtsdidaktik in den letzten Jahren durch den Anspruch begründet, eine notwendige Instanz der *Reflexion* und *Selbstreflexion der Geschichtswissenschaft* zu sein (Kosthorst 1977; Pandel 1981). Um diesen Anspruch zu begründen, der auch folgenreich für die Konzipierung von Geschichtsunterricht und andere Arten der Geschichtsvermittlung ist, geht die Geschichtsdidaktik von dem Zusammenhang aus, in dem die Geschichtswissenschaft ursprünglich mit der vor- und außerschulischen Lebenssphäre der Menschen steht. Wie alle Wissenschaften konstituiert sich auch die Historie auf einer bestimmten Stufe des realhistorischen Prozesses. Wissenschaften entstehen, wenn das ihnen vorgängige unwissenschaftliche Denken nicht mehr ausreicht, menschliches Handeln rational und sinnvoll anzuleiten. So stellt die Geschichtswissenschaft ein Produkt gesellschaftlich notwendiger Arbeitsteilung dar und ist als eine gesellschaftlich institutionalisierte und professionell betriebene Instanz anzusehen, die methodisch-kritisch gegenwarts- und zukunftsbezogene Erinnerung leistet und das historische Denken diszipliniert, um — so der ihr eigene didaktische Impetus — in der Auseinandersetzung mit der Vergangenheit für die Gegenwart und Zukunft zu lernen. Charakteristisch für die Geschichte als Wissenschaft gegenüber dem vorwissenschaftlichen und alltäglichen historischen Denken ist ein Zuwachs an *Rationalität*, der sich im theoretischen Bezugsrahmen, in der historischen Methode und im historischen Wissen niederschlägt (Rüsen 1983).

Wie alle Wissenschaften spezialisiert sich auch die Geschichtswissenschaft immer mehr. Damit realisiert sie zwar Erkenntnisfortschritt, gerät aber zugleich in die Gefahr einer esoterischen Fachgenügsamkeit. Sie scheint dann

nur noch *wissenschaftsimmanenten* Antrieben zu folgen, sich von ihren ursprünglichen lebensweltlichen Absichten abzukoppeln und die Fähigkeit zu verlieren, die einzelnen Resultate ihrer Forschungsleistung unter übergreifenden Fragen zu bedenken und entsprechende Aussagen über die Bedeutung ihrer Erkenntnisleistungen für die Gesellschaft zu machen, in der sie steht (Bergmann 1980).
Die Geschichtsdidaktik ist für die Geschichtswissenschaft deshalb unerläßlich, weil sie nach dieser *Bedeutung* fragt und damit der Gefahr begegnet, daß sich die Geschichtswissenschaft von den legitimen Bedürfnissen der sie tragenden Gesellschaft nach historischen Orientierungen zunehmend isoliert. Sie nimmt damit eine Funktion wahr, die für die Geschichtswissenschaft lebenswichtig ist, von ihr aber durch den Vollzug der hochspezialisierten Forschung selber nicht mehr hinreichend wahrgenommen werden kann. Schon vor dem Vollzug der Forschung bringt sich die Geschichtsdidaktik als das didaktische Organon der Geschichtswissenschaft ins Spiel: indem sie das forschende Denken mit dem *Relevanzproblem* (Nipperdey 1972; W. J. Mommsen 1975) konfrontiert, orientiert sie es an Erwartungen, Forderungen und Bedürfnissen, die – blieben sie unreflektiert – die Geschichtswissenschaft nur hinter dem Rücken der Historiker beeinflußten. A priori lassen sich aber allenfalls vage Kriterien dafür angeben, ob eine auf den ersten Blick als Schrulle erscheinende Forschungsabsicht eine irrelevante Quisquilie erbringt oder aber ein in der Gegenwart und in der Zukunft bedeutungsvolles Ergebnis. Das ist einer der wesentlichen Gründe dafür, die *Freiheit der Wissenschaft*, ihr Entlastetsein von unmittelbaren Ansprüchen der gesellschaftlichen Praxis, auch geschichtsdidaktisch zu begründen. Zugleich ist aber auch damit der Anspruch der Geschichtsdidaktik legitimiert, nach dem Vollzug der Forschung eine *reflektierend-auswählende Funktion* wahrzunehmen und die ermittelten geschichtlichen Sachverhalte auf ihre Bedeutung hin – und damit auch auf ihre Lernwürdigkeit hin – zu befragen (Bergmann 1980). Die Geschichtsdidaktik begnügt sich aber nicht damit, die Forschungsvorhaben und Forschungsleistungen der Geschichtswissenschaft didaktisch zu beurteilen oder der Geschichtswissenschaft aus didaktischen Erwägungen die Bearbeitung historischer Sachverhalte anzuempfehlen. Sie untersucht auch jene Erkenntnisverfahren und Kategorien der Geschichtswissenschaft, die die Geschichtstheorie erkenntnistheoretisch reflektiert, auf ihren potentiellen „*Bildungs*"-wert. Während das forschende Denken der Geschichtswissenschaft auf die Ermittlung historischer Sachverhalte gerichtet ist, ist das didaktische Denken gleichsam „in einer Reflektion zweiten Grades auf die im erkennenden Subjekt ins Spiel tretenden Voraussetzungen und Wirkungen" (Lucas 1965, 285) bezogen; sie fragt, was Geschichte demjenigen, der sich mit ihr beschäftigt, für seine allgemeine Bildung und für seine gesellschaftliche Praxis austrägt. Geschichte als Wissenschaft geht aber nicht in dem auf, was sie an überholbarem historischem Wissen ermittelt. Geschichte ist vielmehr wesentlich eine besondere, bestimmten Regeln unterworfene und dadurch vom vorwissenschaftlichen Denken unterschiedene Art, die Wirklichkeit aus wechselnden Problemlagen immer neu zu befragen, neu zu betrachten, mit

bestimmten Methoden zu analysieren und zu ordnen. Geschichte ist eine besondere Weise des Denkens und nicht ein Ensemble von Forschungsergebnissen. Diese Form des Denkens wird von der Geschichtsdidaktik daraufhin untersucht, was von ihr in *lebenspraktischer* Hinsicht gelernt werden kann und soll (Lucas 1985).

Die Kriterien, nach denen die Geschichtsdidaktik verfährt, wenn sie die Historie daraufhin befragt, was an ihr in lebenspraktischer Arbeit gelernt werden kann und sollte, sind nicht willkürlich gesetzt, sondern *historisch abgeleitet*. Sie entsprechen den ursprünglichen lebensweltlichen Absichten der Geschichtswissenschaft. Die Geschichtswissenschaft als eine im historischen Prozeß entstandene Instanz, die darauf gerichtet ist, zukunfts- und handlungsorientierende Erinnerung zu leisten, ist unablösbar vom Ideal einer *vernunftbestimmten* Aufklärung und einer *vernunftbestimmten* Lebenswelt (Rüsen 1983). Das Interesse an unteilbarer Vernunft ist ein der Geschichtswissenschaft gleichsam eingeborenes Interesse, das sich nicht auf die innerwissenschaftliche Sonderwelt und nicht auf die Befähigung zu rationalem Denken beschränkt, sondern sich auch fordernd auf die gesellschaftlichen Verhältnisse bezieht, denen die Geschichtswissenschaft zugehört. Insofern ist auch die Geschichtswissenschaft ursprünglich auf Emanzipation bezogen — auf die Befreiung von Verhältnissen, die dem Anspruch von Vernunft nicht genügen oder die Realisierung von Vernunft behindern (Rüsen 1981).

Der der Geschichtswissenschaft ursprünglich eigene Vernunftbegriff und das historisch erarbeitete gültige Postulat *allgemeiner Humanität* werden in jenem *emanzipatorischen Interesse* an einer vernünftig organisierten Gesellschaft der Zukunft bewahrt, das die historische Sozialwissenschaft (Wehler 1973; Kocka 1977) und neuere Frage- und Forschungsrichtungen der westdeutschen Geschichtswissenschaft als ihr erkenntnisleitendes Interesse aufgegriffen haben, das auch in die geschichtsdidaktische Diskussion eingegangen ist (Kuhn 1974, 1977; Bergmann 1980; Jung / v. Staehr 1983) und das die Chancen einer auch für den Geschichtsunterricht und die außerschulische Vermittlung von Geschichte folgenreiche Zusammenarbeit von Geschichtswissenschaft und Geschichtsdidaktik erhöhen könnte.

Geschichtsdidaktik und Geschichtsunterricht

In ihrer bekanntesten Ausformung ist die Geschichtsdidaktik noch immer diejenige Disziplin, die den Geschichtsunterricht als eine gesellschaftliche Veranstaltung erforscht, kritisch analysiert und reflektiert. Aber sie ist nach den Paradigmawechseln in ihren Bezugsdisziplinen eben nicht mehr nur als eine Methodik des Geschichtsunterrichts zu verstehen, als die sie sich noch bis in die sechziger Jahre hinein darstellt. Die Geschichtsdidaktik fragt vielmehr nach der *Notwendigkeit*, den *Zielsetzungen* und *Funktionen* des Geschichtsunterrichts, ehe sie auf der Grundlage der dabei gefundenen Anworten sich den Fragen der *Unterrichtspraxis* und der Unterrichtsmethodik zuwendet.

Die Geschichtsdidaktik begründet die Notwendigkeit und die beabsichtigten Zielsetzungen der Vermittlung von Geschichte mit jenem *Zuwachs an Ratio-*

nalität, der das wissenschaftliche historische Denken von dem ihm vorgängigen unwissenschaftlichen Denken abhebt. Die Geschichtsdidaktik macht diesen Zuwachs an Rationalität, der durch die Geschichtswissenschaft erzielt wird und für den Geschichtsunterricht didaktisch reflektiert wird, in folgenden Hinsichten fest:

— Die Geschichtswissenschaft vermittelt ein theoretisches und methodisches Instrumentarium zur rationalen Erfassung der Wirklichkeit;
— die Geschichtswissenschaft vermittelt ein stets forschrittfähiges und forschrittbedürftiges, auf Gegenwart und Zukunft bezogenes historisches Wissen, das einzelnen und gesellschaftlichen Systemen und Subsystemen eine Identität im zeitlichen Wandel ermöglicht;
— die Geschichtswissenschaft ermöglicht eine Befreiung von Handlungszwängen durch verdrängte und unbegriffene Vergangenheit (auch von einer unbegriffenen Lebensgeschichte und der in ihr angelegten historischen Identität), indem sie die Überholtheit, Unzeitgemäßheit und Unangemessenheit gewordener Lebensverhältnisse vor der objektiven Möglichkeit anderer Verhältnisse erweist oder zu erweisen befähigt;
— schließlich ermöglicht die Geschichtswissenschaft eine reflektierte Vergegenwärtigung gedachter und gelebter, antizipierter und gelungener oder gescheiterter Möglichkeiten menschlich-gesellschaftlicher Existenz, die der Norm einer vernünftigen historischen Selbstverständigung entspricht.

Auf den Geschichtsunterricht als Gegenstand der Geschichtsdidaktik bezogen heißt das, daß er dann eine zugleich *fachgerechte* und *subjektgerechte*, am Schülerinteresse orientierte *historisch-politische Bildung* leistet, wenn er sich eng an die didaktisch aufgearbeitete Fachspezifik der Geschichtswissenschaft hält (Bergmann 1976). Wird der Geschichtsunterricht den Kriterien vernünftigen historischen Denkens unterworfen, die die Geschichtsdidaktik über die Historik aus der Geschichtswissenschaft erhebt, dann ist er zu folgenden Leistungen imstande:

— Der Geschichtsunterricht produziert und vermittelt Fähigkeiten, Fertigkeiten und Gewohnheiten eines disziplinierten historischen Denkens, durch das in der Vergangenheit liegende innere und äußere Zwänge des menschlichen Lebens kritisch aufgeklärt und überlieferte Freiheitschancen normativ aufgegeben werden. Die Aufgabe der Geschichtsdidaktik besteht darin, das theoretische und methodische Instrumentarium der Geschichtswissenschaft, das durch die Historik auf den Begriff gebracht wird, didaktisch zu reflektieren, um Lernwürdiges von Lernmöglichem abzusondern (Mayer / Pandel 1976).
— Der Geschichtsunterricht produziert und vermittelt Kenntnisse und Erkenntnisse und ermöglicht Überzeugungen, die den Schülern eine tragfähige Selbstidentität im zeitlichen Wandel ihrer Gesellschaft und Zukunftsperspektive ermöglichen. Die Aufgabe der Geschichtsdidaktik besteht darin, Kriterien für die Auswahl von Inhalten anzugeben, an denen sowohl die disziplinierende Rationalität des wissenschaftlichen historischen Denkens eingeübt wie auch zugleich eine tragfähige Selbstidentität der Lernenden erworben werden kann.
— Der Geschichtsunterricht produziert und vermittelt schließlich Orientierungen und Gesinnungen, durch die ein rationales historisches Denken nach Maßgabe gelingender Selbstidentität zu individuellem und gesellschaftlichem Handeln disponiert. Hier besteht die Aufgabe der Geschichtsdidaktik darin, Möglichkeiten und Legitimität von Eingriffen in den Bereich der Gesinnungen und der historischen Identität von einzelnen und von Gruppen zu erforschen und dabei zu prüfen, ob solche Eingriffe den Normen eines vernünftigen historischen Denkens entsprechen oder sie verletzen.

Folgerungen

Eine Geschichtsdidaktik, die den beschriebenen Aufgaben sich verpflichtet weiß, bringt ein Vernunftpotential in den Umgang mit Geschichte ein, das sie befähigt, (a) in die öffentliche Auseinandersetzung über Geschichte klärend einzugreifen, (b) sich kritisch und anregend gegenüber der Geschichtswissenschaft zu verhalten, (c) Forderungen an den Geschichtsunterricht und jede andere Form der absichtsvollen Vermittlung und Darstellung von Geschichte zu stellen, nach denen sie vernunftgemäß begründet und geregelt werden können, (d) Forderungen an den Geschichtsunterricht abzuweisen, die dem geschichtlichen Denken von außerhalb seiner selbst zugewiesen werden und (e) den Geschichtsunterricht für andere als die tradierten Kategorien und Inhalte offenzuhalten.

a) Die *Geschichtsdidaktik* unterzieht kurzschlüssige Analogien und Gegenwartsbezüge, die in der öffentlichen Verwendung von Geschichte auftauchen, um Identität und Tradition zu erhalten oder zu bilden, bestehende Zustände ideologisch abzusichern und nicht mehr verallgemeinerungsfähige Interessen zu begründen, einer ideologiekritischen Reflexion, die ihren Verwendungsgrund offenlegt und erkennbar macht. Indem die Geschichtsdidaktik *„Ideologiekritik als historische Kritik"* (Bergmann / Pandel 1975) betreibt, unterwirft sie solche Verwendungen dem Maßstab des wissenschaftlich geregelten historischen Denkens, des konsensfähigen Forschungsstandes sowie den Überlegungen, die auf die Bildung einer als vernünftig ausweisbaren übergreifenden Identität gerichtet sind.

b) Eine *Geschichtsdidaktik*, die in methodisch disziplinierter Weise den durch die Geschichtswissenschaft für die Lebenswelt hergestellten Zusammenhang von Gegenwart, Vergangenheit und Zukunft in der Absicht betrachtet, der Auskunftsbedürftigkeit der Individuen und der Gesellschaft gerecht zu werden, erwirbt sich das Recht und gerät in die Pflicht, die empirische Geschichtsforschung auf didaktisch bemerkte *Forschungslücken* hinzuweisen und sie ständig an ihre auf die Lebenswelt bezogene ursprüngliche *Aufklärungspflicht* zu erinnern.

c) Die *Geschichtsdidaktik* verpflichtet den Geschichtsunterricht und jede andere absichtsvolle Vermittlung und Darstellung von Geschichte auf die *Rationalität* des historischen Denkens und Argumentierens. Sie antwortet auf das Interesse der Lernenden an historischer Information und Orientierung und auf den Anspruch der Lernenden (und des Publikums überhaupt) auf Identität und Emanzipation, indem sie dem Geschichtsunterricht und der außerschulischen Vermittlung und Darstellung von Geschichte die Aufgabe zuweist, den Lernenden Informationen über die Entstehungs- und Vorgeschichte gegenwärtiger Probleme zu vermitteln und eine normbildende Auseinandersetzung mit historischen und historisch erarbeiteten Normen und Lebensformen zu ermöglichen. Kommen der Geschichtsunterricht und die anderen Arten und Formen der Vermittlung und Darstellung von Geschichte (zum Beispiel Filme oder Fernsehspiele, Hörspiele und verschiedene Text- und Literaturgattungen) dieser Forderung nach, befähigen sie die Lernenden und das mit Geschichte konfrontierte Publikum überhaupt zur *kritischen Auseinandersetzung mit ihrer Gegenwart* und zu diszipliniert gedachten Zukunftsentwürfen, in denen die uneingelösten und unabgegoltenen Hoffnungen und Bestrebungen der Vergangenheit ebenso zur Geltung kommen wie die vermittelte Erfahrung und Erkenntnis, unter welchen Bedingungen politische Vorstellungen allein zu verwirklichen sind.

d) Die *Geschichtsdidaktik* erfährt aus der Geschichte des Geschichtsunterrichts die Notwendigkeit, politisch-pragmatisch begründete Auflagen und Aufträge an den Geschichtsunterricht zurückzuweisen, die unter den Gesichtspunkten historischen Denkens und des Schülerinteresses unstatthaft sind. Dazu gehören alle Versuche, Schüler auf eine *bestimmte* Gesinnung und partikularistische Identität festzulegen, ein *einheitliches* Geschichtsbild (wieder-)herzustellen und die Kategorie der *Veränderlichkeit* aus dem Geschichtsunterricht herauszunehmen, indem die Gegenwart als Endpunkt eines einsinnigen historischen Prozesses unterstellt wird.

e) Die *Geschichtsdidaktik*, die die Gegenwarts- und Zukunftsbezogenheit von Geschichte als notwendige Kategorie geschichtstheoretischen und als legitime Kategorie geschichtsdidaktischen Denkens annimmt, kennt keinen Kanon von Unterrichtsinhalten, der allein durch Tradition und als Tradition begründbar wäre. Auch die Geschichtswissenschaft kennt keinen Kanon von Forschungsgegenständen, sondern je und je historisch-gesellschaftlich bedingte wechselnde Forschungsschwerpunkte. Gewichtige ungelöste Probleme der Gegenwart und absehbaren Zukunft konstituieren vielmehr einen „stets prinzipiell *revisionsbedürftigen* Kanon von Inhalten intentionaler historischer Bildung" (Lucas 1966). Darin liegen die Notwendigkeit und die Berechtigung von Themen und Konzeptionen, die etwa unter den Stichworten „Frauengeschichte", „Geschichtsunterricht als Friedenserziehung", „Heimatgeschichte" als demokratische Heimatgeschichte, „Universalgeschichte", „Geschichte der Arbeiterbewegung", „Geschichte der Kindheit", „Alltag", „Schule" die geschichtsdidaktische Diskussion und den Geschichtsunterricht seit Jahren erheblich beeinflussen.

Literatur

Becher, U. A. J.: Personale und historische Identität, in: *Bergmann, K. / Rüsen, J.* (Hrsg.): Geschichtsdidaktik: Theorie für die Praxis, Düsseldorf 1978, 57 – 66
— Didaktische Prinzipien der Geschichtsdarstellung, in: *Jeismann, K.-E. / Quandt, S.* (Hrsg.): Geschichtsdarstellung. Determinanten und Prinzipien, Göttingen 1982, 22 – 38
Bergmann, K.: Warum sollen Schüler Geschichte lernen?, in: *Gd* 1 (1976), 3 – 14
— Geschichtsdidaktik als Sozialwissenschaft, in: *Süssmuth, H.* (Hrsg.): Geschichtsdidaktische Positionen, Paderborn 1980
Bergmann, K. / Pandel, H.-J.: Geschichte und Zukunft. Didaktische Reflexionen über veröffentlichtes Geschichtsbewußtsein, Frankfurt 1975
Bergmann, K. / Rüsen, J.: Zum Verhältnis von Geschichtswissenschaft und Geschichtsdidaktik, in: *dies.* (Hrsg.): Geschichtsdidaktik: Theorie für die Praxis, Düsseldorf 1978, 7 – 13

Bergmann, K. / Schneider, G. (Hrsg.): Gesellschaft — Staat — Geschichtsunterricht. Beiträge zu einer Geschichte der Geschichtsdidaktik und des Geschichtsunterrichts von 1500 bis 1980, Düsseldorf 1982
Dörr, M.: Geschichtsdidaktik in der Bundesrepublik Deutschland — Neuere Entwicklungen, gegenwärtige Positionen und offene Fragen, in: *Twellmann, W.* (Hrsg.): Handbuch Schule und Unterricht, Bd. 5,1, Düsseldorf 1981
Fürnrohr, W. / Kirchhoff, H. G. (Hrsg.): Ansätze empirischer Forschung im Bereich der Geschichtsdidaktik, Stuttgart 1976
Jeismann, K.-E.: Didaktik der Geschichte. Die Wissenschaft von Zustand, Funktion und Veränderung geschichtlicher Vorstellungen im Selbstverständnis der Gegenwart, in: *Kosthorst, E.* (Hrsg.): Geschichtswissenschaft. Didaktik — Forschung — Theorie, Göttingen 1977, 9 — 33
— Didaktik der Geschichte. Das spezifische Bedingungsfeld des Geschichtsunterrichts, in: *Behrmann, G. C. / Jeismann, K.-E. / Süssmuth, H.*: Geschichte und Politik. Didaktische Grundlegung eines kooperativen Unterrichts, Paderborn 1978, 50 — 107
Jung, H. W. / Staehr, G. v.: Historisches Lernen. Didaktik der Geschichte, Köln 1983
Kampen, W. van / Kirchhoff, H. G. (Hrsg.): Geschichte in der Öffentlichkeit, Stuttgart 1979
Kocka, J.: Sozialgeschichte — Strukturgeschichte — Historische Sozialwissenschaft. Vorüberlegungen zu ihrer Didaktik, in: *Gd* 2 (1977), 284 — 297
Kröll, U. (Hrsg.): Historisches Lernen in der Erwachsenenbildung, Münster 1984
Kuhn, A.: Einführung in die Didaktik der Geschichte, 2. Aufl. München 1977
Lucas, F. J.: Zur Geschichts-Darstellung im Unterricht, in: *GWU* 16 (1965)
— Der Beitrag des Geschichtsunterrichts zur politischen Bildung (1966), in: *Süssmuth, H.* (Hrsg.): Geschichtsunterricht ohne Zukunft? (AuA, Bd. 1,2), Stuttgart 1972, 147 — 170
— Geschichte als engagierte Wissenschaft, Stuttgart 1985
Mayer, U. / Pandel, H.-J.: Kategorien der Geschichtsdidaktik und Praxis der Unterrichtsanalyse, Stuttgart 1976
Mommsen, W. J.: Gesellschaftliche Bedingtheit und gesellschaftliche Relevanz historischer Aussagen, in: *Jäckel, E. / Weymar, E.* (Hrsg.): Die Funktion der Geschichte in unserer Zeit, Stuttgart 1975, 208 — 224
Niemetz, G. (Hrsg.): Lexikon für den Geschichtsunterricht, Freiburg / Würzburg 1984
Nipperdey, Th.: Über Relevanz, in: *GWU* 23 (1972), 577 — 596
Pandel, H.-J.: Didaktik der Geschichte als Reflexionsinstanz historischen Denkens, in: *Twellmann, W.* (Hrsg.): Handbuch Schule und Unterricht, Bd. 5.1, Düsseldorf 1981
— Historik und Didaktik, phil. Diss., Osnabrück 1983 (masch.)
Pellens, K. / Quandt, S. / Süssmuth, H. (Hrsg.): Geschichtskultur — Geschichtsdidaktik, Internationale Bibliographie (i. E.)
Quandt, S. (Hrsg.): Deutsche Geschichtsdidaktiker des 19. und 20. Jahrhunderts, Paderborn 1978
Rohlfes, J.: Umrisse einer Didaktik der Geschichte, 3. erweiterte Aufl. Göttingen 1974
— Vermittlung und Rezeption von Geschichte. Ein Forschungs- und Literaturbericht, Stuttgart 1984
Rüsen, J.: Historik und Didaktik. Ort und Funktion der Geschichtstheorie im Zusammenhang von Geschichtsforschung und historischer Bildung, in: *Kosthorst, E.* (Hrsg.): Geschichtswissenschaft. Didaktik — Forschung — Theorie, Göttingen 1977, 48 — 64
— Geschichte als Aufklärung? Oder: Das Dilemma des historischen Denkens zwischen Herrschaft und Emanzipation, in: *GuG* 7 (1981), 189 — 218
— Historische Vernunft. Grundzüge einer Historik I, Göttingen 1983
Schörken, R.: Geschichtsdidaktik und Geschichtsbewußtsein, in: *GWU* 23 (1972), 81 — 90
— (Hrsg.): Der lange Weg zum Geschichtscurriculum, in: *Gd* 2 (1977), 254 — 270, 335 — 359
— (Hrsg.): Zur Zusammenarbeit von Geschichts- und Politikunterricht, Stuttgart 1978

— Geschichtsunterricht in der kleiner werdenden Welt, in: *Süssmuth, H.* (Hrsg.): Geschichtsdidaktische Positionen, Paderborn 1980, 315 — 335
— Geschichte in der Alltagswelt, Stuttgart 1981

Schulz-Hageleit, P.: Wie lehrt man Geschichte heute?, 2. erweiterte Aufl. Heidelberg 1977

Süssmuth, H. (Hrsg.): Geschichtsdidaktische Positionen, Paderborn 1980
— Geschichtsdidaktik. Eine Einführung in Aufgaben und Arbeitsfelder, Göttingen 1980

Wehler, H.-U.: Geschichte als Historische Sozialwissenschaft, Frankfurt 1973

Weymar, E.: Dimensionen der Geschichtswissenschaft. Geschichtsforschung — Theorie der Geschichtswissenschaft — Didaktik der Geschichte, in: *GWU* 33 (1982), 1 — 11, 65 — 78, 129 — 153

Geschichte der Geschichtsdidaktik und des Geschichtsunterrichts

Klaus Bergmann / Gerhard Schneider

Zum Stand der Forschung

Eine Geschichte der Geschichtsdidaktik und des Geschichtsunterrichts ist trotz wichtiger Vorarbeiten zu bestimmten Zeiträumen (Weymar 1961; Schallenberger 1964; Selmeier 1969; Huhn 1975; Herbst 1977; Beilner 1977; weitere Literatur bei Quandt 1978, 21, Anm. 30 und 31) und zu Einzelfragen (Münter 1965, 21 – 119; Schneider 1975, 11 – 57; Blochmann 1978; Marienfeld 1979) noch immer ein Desiderat. Auch die umfangreichen Arbeiten von Quandt (1978), Bergmann / Schneider (1982), Pandel (1983), Mayer (i. E.) und erste Regionalstudien (Günther-Arndt 1980) ändern kaum etwas an dieser Feststellung.

Bis zum Ende des Kaiserreichs enthielten die meisten Bücher zur Didaktik und Methodik des Geschichtsunterrichts kürzere Abrisse zur Entwicklung des Unterrichtsfaches Geschichte (im allgemeinen ausgehend vom 16. Jahrhundert), wobei diese eng mit den konzeptionellen Vorstellungen einzelner Methodiker verkoppelt waren. Ziel dieser Darstellungen war es, den gegenwärtigen Stand der Geschichtsdidaktik bzw. der Geschichtsmethodik genetisch herzuleiten. Auch die Geschichtsdidaktiker der sechziger Jahre des 20. Jahrhunderts pflegten diese Praxis, allerdings fiel es ihnen angesichts der unzähligen Brüche, Verwerfungen und politischen Funktionalisierungen, die das Fach Geschichte seit den letzten sechzig Jahren erlebte, zunehmend schwerer, dem Geschichtsunterricht eine zukunftsträchtige Tradition zu verleihen. So wirkten diese knappen Kapitel zur Geschichte des Geschichtsunterrichts (meist bezogen sie sich aber weniger auf die unterrichtliche Praxis als auf die geschichtsdidaktische Diskussion) wie überkommene Pflichtübungen; sie konnten allenfalls ein antiquarisches Interesse befriedigen (zum Beispiel Döhn 1967).

Erst unter dem Einfluß der geistesgeschichtlich orientierten historischen Pädagogik, vor allem aber im Zuge der Rezeption einiger von den systematischen Sozialwissenschaften an Geschichtswissenschaft und Erziehungswissenschaft herangetragener Fragestellungen sowie unter dem Einfluß der Durchsetzung der Curriculumtheorie auch in der Geschichtsdidaktik entstanden mehrere Arbeiten, die die Entwicklung geschichtsdidaktischer Theoriebildungen und des Schulfaches Geschichte grundsätzlicher angingen, um zu fixierbaren Strukturen zu gelangen (zum Beispiel Huhn 1975; Herbst 1977; Quandt 1978; mit Abstrichen auch Reichert 1976). Es ging in ihnen um erste Antworten auf die Frage, „was denn eine Geschichte der Geschichtsdidaktik und des Geschichtsunterrichts oder auch nur lückenhafte Ab- und Umrisse für eine gegenwärtige und zukünftige Geschichtsdidaktik bzw. für die Praxis des Geschichtsunterrichts austragen können" (Bergmann / Schneider 1977, 69).

Geschichtsdidaktisches Interesse an einer Geschichte der Geschichtsdidaktik und des Geschichtsunterrichts

Während Huhn die politischen Optionen und Implikationen der Geschichtsdidaktik in der Weimarer Republik und in der Bundesrepublik Deutschland untersucht, indem er Geschichtsdidaktik und Geschichtsunterricht als „Teile des gesellschaftlichen Konfliktaustrags" versteht (Huhn 1975, 286), analysiert Herbst das Verhältnis von Geschichtsdidaktik und Geschichtswissenschaft, die Beziehung zwischen historischem und politischem Unterricht und den Zusammenhang von Geschichtsdidaktik und allgemeiner politischer Entwicklung vor allem für die Zeit nach 1945. Quandts Leitfragen sind nur scheinbar enger gefaßt: „Welches sind die ‚verschiedenen Ansätze' und die ‚noch uneingelösten Entwürfe'? . . . Welche älteren Konzeptionen stehen also zur Verfügung bzw. leben einfach weiter? In welchem Verhältnis steht überhaupt die neue zur traditionellen Geschichtsdidaktik? Wie weit zurück reicht die bedenkenswerte Tradition?" (Quandt 1978, 8).

Die weitgefaßten Fragestellungen, die für neuere Untersuchungen zur Geschichte der Geschichtsdidaktik kennzeichnend sind, spiegeln das gegenwärtige Selbstverständnis der Geschichtsdidaktik. Die Geschichtsdidaktik stellt sich heute als die wissenschaftliche Disziplin dar, die über Bildungs- und Selbstbildungsprozesse, Lehr- und Lernprozesse an und durch Geschichte nachdenkt und damit die Entstehung, Beschaffenheit, Funktion und Beeinflussung von Geschichtsbewußtsein im gesellschaftlichen und historischen Zusammenhang thematisiert. Eine so verstandene Geschichtsdidaktik fragt auch in ihrer historischen Selbstreflexion nicht mehr ausschließlich nach Geschichtsunterricht und Theorien, die ausschließlich auf den Geschichtsunterricht gerichtet waren. Sie zeigt sich gleichermaßen an einem vernünftigen, fach- und subjektgerechten Geschichtsunterricht wie an einer systematisch und historisch begründbaren Theorie der Geschichtsdidaktik wie an einer möglichst vorbehaltlosen Zusammenarbeit von Geschichtswissenschaft, Historik und Geschichtsdidaktik interessiert. Aus diesem Interesse stellt sie die Fragen an die Vergangenheit — zum Beispiel Fragen nach verschütteten bzw. abgebrochenen Traditionen, nach den Ursachen für die Preisgabe bestimmter geschichtsdidaktisch relevanter Positionen und Denkansätze, nach Optionen für bestimmte politische Leitvorstellungen und Geschichtsbilder, nach den Gründen für öffentliches Ansehen bzw. öffentliche Mißachtung von Geschichte und Geschichtsunterricht. Von der Beantwortung dieser Fragen erwartet sie Erklärungs- und Entscheidungshilfen für analoge und vergleichbare Tendenzen und Entwicklungen in der Gegenwart. Ziel dieser *historischen Selbstreflexion* der Geschichtsdidaktik ist es, einerseits zu lernen, wie Gefährdungen bestanden, Irrwege vermieden und ideologische Funktionalität verhindert werden können, andererseits zu erfahren, welche heute noch oder wieder bedenkenswerten Vorstellungen über den Geschichtsunterricht — seine Zielsetzungen, seine Normenentscheidungen, seine Methodik zum Beispiel — in früheren Zeiten geäußert worden sind" (Bergmann / Schneider 1977, 78 f.). Damit rückt auch die Vorgeschichte des gegenwärtig erreichten geschichtsdidaktischen Diskussionsstandes ins Blickfeld.

Um aber zu verhindern, daß diese Selbstvergewisserung über die Entwicklungsgeschichte der Geschichtsdidaktik und des Geschichtsunterrichts in der Eindimensionalität geschichtsdidaktischer Theoriebildungen verbleibt, darf eine Geschichte der Geschichtsdidaktik und des Geschichtsunterrichts sich nicht auf die Analyse von didaktischen Theorien und Theorieansätzen, Lehrplänen, Lehrbüchern, Unterrichtshilfen und methodisch-didaktischer Literatur beschränken. Sie muß ferner u. a. ministerielle Verlautbarungen und Erlasse, Akten der Schulbehörden, Äußerungen von Verbänden und sonstigen Gruppen zu Geschichte und Geschichtsunterricht berücksichtigen. Um auch die Realität der geschichtsunterrichtlichen Praxis wenigstens ansatzweise zu erfassen, müssen u. a. (Lehrer-)Biographien, Schülerhefte zum Geschichtsunterricht, Unterrichts- bzw. Visitationsprotokolle, ferner etwa auch die Ausstattung der Schulbibliotheken mit historischen Schriften mit herangezogen werden.

In *sozialwissenschaftlicher Perspektive* sind Geschichtsdidaktik und Geschichtsunterricht vor allem im Kontext des konkreten historischen Herrschaftszusammenhanges zu verorten, indem die gesellschaftliche Funktion geschichtlicher Bildung vor dem Hintergrund jedweder Form von „Außenplanung" und „Außensteuerung", speziell herrschender Gedanken und staatlicher Reglementierung beschrieben und kritisch analysiert wird (vgl. Bergmann / Schneider 1977, 77). Hierbei geht es immer auch um die Rolle des Geschichtsunterrichts für eine einseitig herrschaftsorientierte Schulung oder eine vielseitige Bildung von Menschen in der Gesellschaft und um das spannungsreiche Verhältnis des Geschichtsunterrichts zu den Emanzipations- und Demokratisierungsprozessen in Vergangenheit und Gegenwart (so schon Schürbeuk 1783).

In dieser Zielsetzung nähert sich das geschichtsdidaktische Interesse an einer Geschichte der Geschichtsdidaktik und des Geschichtsunterrichts dem Interesse der Geschichtswissenschaft an einer Geschichte der Sozialisationsinstanzen Familie, Schule, Hochschule und Militär an (vgl. etwa Wehler 1975, 122 ff.). Hierbei geht es nicht um Erziehungsgeschichte oder Bildungsgeschichte im engeren Sinne einer geistesgeschichtlichen Orientierung. Im Vordergrund steht das Interesse an den gesellschaftlichen Bedingungen und Folgen von *Sozialisationsprozessen,* an der Entstehung, Legitimation und Vermittlung von Normen, Traditionen und Konventionen sowie deren Wirkungen auf alle an Sozialisationsprozessen beteiligten Individuen und Gruppen.

Inhaltsaspekte einer Geschichte der Geschichtsdidaktik und des Geschichtsunterrichts

Eine Geschichte der Geschichtsdidaktik und des Geschichtsunterrichts, die mehr sein will als eine chronologische Reihung herrschender Lehrmeinungen und ihrer Repräsentanten, die auch mehr sein will als eine ausschließlich unterrichtsbezogene historische Selbstreflexion der Geschichtsdidaktik, wird sich an diesem Interessen- und Fragenkatalog zu orientieren haben, will sie gegenwarts- und zukunftsrelevante Aussagen treffen.

In diesem Sinne wird sie dem historisch mehr oder weniger institutionalisierten Verhältnis zwischen Geschichtswissenschaft, Historik und Geschichtsdidaktik, der didaktischen Orientierung der Geschichtswissenschaft oder einzelner Historiker und der zeitweiligen Ausgrenzung didaktischen Denkens aus dem historischen Denken ebenso nachzugehen haben wie der Entwicklung von unterrichtsbezogenen geschichtsdidaktischen Konzeptionen oder der Entwicklung des Geschichtsunterrichts (vgl. jetzt vor allem Pandel 1983).

Die Beschäftigung mit bestimmten *Entwicklungsphasen* des Geschichtsunterrichts, die Analyse außengesteuerter Kurskorrekturen der Lehrziele und Verlagerungen der Inhaltsschwerpunkte (zum Beispiel an den Gymnasien nach 1840/1854 und in der Phase des Imperialismus nach 1890), die Offenlegung der Ursachen, Ziele und Folgen massiver gesellschaftlicher und staatlicher Beeinflussung, aber auch die Würdigung von Phasen intensiver fachinterner Methoden- und Zieldiskussionen (zum Beispiel nach 1871 für den Bereich der Volksschulen, ferner ab etwa 1900 unter dem Einfluß der Reformbewegung, teilweise in der Weimarer Republik und nach 1970) können zur *Sensibilisierung* gegenüber allen *gegenwärtigen ideologischen Gefährdungen* des Unterrichtsfaches Geschichte beitragen: gegenüber staatlichen Reglementierungsversuchen (zum Beispiel Stiehlsche Regulative von 1854, Diskussionen der Schulkonferenzen von 1890 und 1900, NS-Verordnungen und Lehrpläne nach 1933/1938, Totalitarismus-Erlaß, KMK-Vereinbarung zur nationalen Frage im Geschichtsunterricht 1978), gegenüber doktrinären Konzepten (zum Beispiel rassebiologisch orientierter Geschichtsunterricht der NS-Zeit, Pseudo-Marxismus in der DDR, Neo-Nationalismus in der Bundesrepublik Deutschland), gegenüber allen Versuchen, das Fach Geschichte zu vereinnahmen oder fachfremden Gesichtspunkten zu unterwerfen (zum Beispiel deutschkundliche Bildungskonzeptionen in den zwanziger Jahren). Die Beschäftigung mit der Geschichte der Geschichtsdidaktik und des Geschichtsunterrichts veranlaßt aber auch, in Hinsicht auf gegenwärtige Bedürfnisse und Erkenntnisfortschritte *ältere Ansätze neu zu überdenken* (zum Beispiel kulturgeschichtlicher Geschichtsunterricht; demokratische Heimatkunde), positive Elemente des älteren Geschichtsunterrichts fortzuführen bzw. fortzuentwickeln (zum Beispiel Teile der älteren Erzähldidaktik; Kooperationsversuche des Geschichtsunterrichts mit anderen Fächern, etwa der Kunsterziehung seit etwa 1900). An den Bruchstellen der staatlichen Entwicklung (1918/19; 1945/49) wäre überdies zu zeigen, auf welche Art und Weise und inwieweit staatliche Instanzen, Geschichtsdidaktiker und Geschichtslehrer die Chancen einer prinzipiellen *Veränderung* des Geschichtsunterrichts genutzt oder versäumt haben.

Geschichte der Geschichtsdidaktik und des Geschichtsunterrichts als Gegenstand des Geschichtsunterrichts

Neben diesen potentiellen Erträgen einer Geschichte der Geschichtsdidaktik und des Geschichtsunterrichts für die geschichtsdidaktische Reflexion ergeben sich mannigfache Anknüpfungspunkte für die unterrichtliche Praxis. Mehr als bisher könnten *Schule und Geschichtsunterricht* als primäre Erfahrungsfelder der Schüler *zum Gegenstand von Geschichtsunterricht* gemacht werden. Dabei wären drei alternative bzw. additive Möglichkeiten in Betracht zu ziehen.

— Die Geschichte des Schulwesens bzw. einzelner Unterrichtsfächer (hier: Geschichtsunterricht) wird *in traditionelle Inhalte* des Geschichtsunterrichts zum 19. und 20. Jahrhundert *integriert*; zum Beispiel: Das Thema „Imperialismus" erfährt eine Ausweitung durch Berücksichtigung des Aspekts „Schule bzw. Geschichtsunterricht im Zeitalter des Imperialismus". In der Beschäftigung mit zeitgenössischen Schulbüchern und Stoffplänen könnte gezeigt werden, wie gesellschaftliche und staatliche Interessen (hier: Kolonial- und Flottenpolitik) im Geschichtsunterricht durchgesetzt werden sollten. Ähnliches gilt auch für die Behandlung der Innenpolitik des Kaiserreichs. So könnte etwa das Thema „Arbeiterbewegung" dadurch schülernäher behandelt werden, daß die Lehrbuchtexte jener Zeit (bzw. Passagen aus der didaktisch-methodischen Literatur) auf ihre expliziten und impliziten Werturteile über die Sozialdemokratie untersucht würden. Die Wirkungen des Gesinnungsunterrichts einerseits als gesellschaftliches Sedativum, andererseits als Einrichtung zur Einübung in Patriotismus und erwünschte Werthaltungen lägen auf der Hand. Selbst auf der Sekundarstufe I könnten diese Aspekte von den Schülern auf dem Wege des entdeckenden Lernens selbständig herausgearbeitet werden.
— Im *projektunterrichtlichen Verfahren* vor allem der Sekundarstufe II könnte die Geschichte des Geschichtsunterrichts als eigenständiger *thematischer Schwerpunkt* behandelt werden. Dabei käme es darauf an, die Entstehungsbedingungen, die Entwicklung, Zielsetzung und Wirkung des Geschichtsunterrichts im Kontext gesellschaftlicher und staatlicher Interessen, d. h. des Herrschaftszusammenhangs erfahrbar zu machen.
— Schließlich wäre eine Sensibilisierung der Schüler im Hinblick auf *selbsterfahrene* Unterrichtswirklichkeit dadurch zu erzielen, daß sie im metaunterrichtlichen Verfahren mit Unterricht konfrontiert werden, den *frühere* Schülergenerationen erfahren haben. Dies ist allerdings im allgemeinen nur insoweit möglich, als gedruckte Unterrichtsbeispiele vorliegen (auch Geschichtslehrbuchtexte und Lehrpläne lassen auf die Praxis des Geschichtsunterrichts schließen, ohne indes den planerischen Aspekt widerzuspiegeln). Indem der Geschichtsunterricht der Vergangenheit zum Gegenstand des gegenwärtigen Geschichtsunterricht gemacht wird, werden Denk- und Lernprozesse ermöglicht, die geeignet sind, den gegenwärtigen Geschichtsunterricht nicht nur einfach hinzunehmen, sondern wachsam kritisch zu verfolgen.

Literatur

Beilner, H.: Geschichtsunterricht vor 1918, in: *Zeitschrift für bayerische Landesgeschichte* 40 (1977), 641 — 675

Bergmann, K. / Schneider, G.: Das Interesse der Geschichtsdidaktik an der Geschichte der Geschichtsdidaktik, in: *Informationen zur erziehungs- und bildungshistorischen Forschung* 8 (1977), 67 — 93

— (Hrsg.): Gesellschaft — Staat — Geschichtsunterricht. Beiträge zu einer Geschichte der Geschichtsdidaktik und des Geschichtsunterrichts von 1500 — 1980, Düsseldorf 1982

Blochmann, M.: Zur Geschichte der Arbeit mit schriftlichen historischen Quellen im Geschichtsunterricht 1900 — 1933, päd. Diss., PH Dortmund 1978

Döhn, H.: Der Geschichtsunterricht in Volks- und Realschulen, Hannover 1967, 35 — 44

Günther-Arndt, H.: Geschichtsunterricht in Oldenburg 1900 — 1930 (Oldenburger Studien, Bd. 19), Oldenburg 1980

Herbst, K.: Didaktik des Geschichtsunterrichts zwischen Traditionalismus und Reformismus, Hannover / Dortmund / Darmstadt / Berlin 1977
Huhn, J.: Politische Geschichtsdidaktik. Untersuchungen über politische Implikationen der Geschichtsdidaktik in der Weimarer Republik und in der Bundesrepublik, Kronberg 1975
Marienfeld, W.: Ur- und Frühgeschichte im Unterricht. Zugleich ein Beitrag zur Geschichte des Geschichtsunterrichts, Frankfurt / Berlin / München 1979
Mayer, U.: „Neue Wege im Geschichtsunterricht"?, in: Geschichtsdidaktik und Geschichtsunterrichtsunterricht 1945 – 1953, phil. Diss. Gießen 1985
Münter, W.: Geschichtsunterricht und Schüieraktivität mit besonderer Berücksichtigung der Volksschule, Ratingen 1965
Pandel, H.-J.: Historik und Didaktik, phil. Diss., Osnabrück 1983 (masch.)
Quandt, S. (Hrsg.): Deutsche Geschichtsdidaktiker des 19. und 20. Jahrhunderts. Wege, Konzeptionen, Wirkungen, Paderborn / München / Wien / Zürich 1978
Reichert, E.: Der Geschichtsunterricht in der Reform. Ein Beitrag zur Didaktik der historischen Unterweisung, Kastellaun 1976, 19 – 45
Schallenberger, E. H.: Untersuchungen zum Geschichtsbild der Wilhelminischen Ära und der Weimarer Republik. Eine vergleichende Schulbuchanalyse deutscher Schulgeschichtsbücher aus der Zeit von 1888 – 1933, Ratingen 1964
Schneider, G.: Zur Geschichte der Quellenbenutzung im Geschichtsunterricht, in: *ders.* (Hrsg.): Die Quelle im Geschichtsunterricht, Donauwörth 1975, 11 – 57
Schürbeuk, P. F. U.: Magna Didactica Historica oder Umständliche Erörterung des vernunftmäßigen Erlernens der Universal-Historie, Basel 1783
Selmeier, F.: Das nationalsozialistische Geschichtsbild und der Geschichtsunterricht 1933 – 1945, phil. Diss., München 1969
Wehler, H.-U.: Das deutsche Kaiserreich 1871 – 1918 (Deutsche Geschichte, Bd. 9), 2. Aufl. Göttingen 1975
Weymar, E.: Das Selbstverständnis der Deutschen. Ein Bericht über den Geist des Geschichtsunterrichts der höheren Schulen im 19. Jahrhundert, Stuttgart 1961

Historisches Lernen

Jörn Rüsen

Problemlage

Die Geschichtsdidaktik hat seit über einem Jahrzehnt wichtige Impulse von der *Lerntheorie* erfahren (Schörken 1970; Rohlfes 1971 u. a.). Zumeist vermittelt über eine curriculumtheoretisch angelegte allgemeine Didaktik, wurden die Lernvorgänge des Geschichtsunterrichts als steuerbare und kontrollierbare Prozesse schärfer in den Blick genommen. Die didaktische Organisation des Geschichtsunterrichts erfuhr damit nicht nur eine technische Präzisierung, sondern zugleich richtete sich die Aufmerksamkeit von den

Lerninhalten auf die Bedingungen, Formen und Funktionen ihrer Rezeption. Diese lerntheoretischen Innovationen der Geschichtsdidaktik gingen einher mit einer tiefgehenden Kritik an älteren entwicklungspsychologischen Determinationen des historischen Lernens in der Schule: Entwicklung wurde als Lernvorgang entnaturalisiert und damit in den Kompetenzbereich des Lehrens einbezogen.

Trotz aller fruchtbaren Bezüge der Geschichtsdidaktik auf eine Lerntheorie, die in unterschiedlichen (erziehungswissenschaftlichen und psychologischen) Konzeptionen auftrat, ist noch *keine systematische Theorie des historischen Lernens* entwickelt worden. Das liegt daran, daß die einschlägigen psychologischen Lerntheorien auf einem Abstraktionsniveau formuliert und in experimentellen Situationen empirisch getestet werden, die der Fachspezifik des historischen Lernens, seinem Geschichtsbezug, nicht entsprechen. Das gleiche gilt für die erziehungswissenschaftlichen Versionen moderner Lerntheorien: Sie bringen den Geschichtsunterricht als Geschichts*unterricht* in den Blick, ohne dessen Fachspezifik in den leitenden Hinsichten ihrer Analyse und Interpretationen hinreichend Rechnung getragen zu haben. Eine schlüssige Synthese lerntheoretischer und fachspezifischer Aspekte in der didaktischen Analyse des historischen Lernens steht noch aus. Ob sie sich im Rahmen einer umgreifenden gesellschaftstheoretischen Interpretation des historischen Lernens gewinnen läßt (Jung / v. Staehr 1983), ist solange eine offene Frage, als die in Anspruch genommene Gesellschaftstheorie noch nicht über ihre ideologiekritische Funktion gegenüber anderen geschichtsdidaktischen Ansätzen zu einer theoretisch konsistenten und empirisch prüfbaren Explikation des historischen Lernens fortgeschritten ist, in der es als mentaler Prozeß in seiner Eigenart aufgeschlüsselt wird.

Geschichtsbewußtsein und historisches Lernen

Einen wichtigen Schritt dazu stellt die Thematisierung des *Geschichtsbewußtseins* als „zentrale Kategorie" der Geschichtsdidaktik dar (Schörken 1972; Jeismann 1980). Mit dem Geschichtsbewußtsein wird der Geschichtsbezug des historischen Lernens auf einer fundamentalen und zugleich allgemeinen Ebene angesprochen, also noch vor der fachwissenschaftlich vermittelten, didaktischen Explikation von „Geschichte" als Lerninhalt. Damit treten diejenigen mentalen Prozesse oder Bewußtseinstätigkeiten in den Blick der Geschichtsdidaktik, auf denen der Geschichtsbezug des historischen Lernens letztlich beruht. Es handelt sich um „bewußtseinstrukturierende Denk- und Einstellungsprozesse", „die durchweg ‚hinter' den Inhalten liegen und dem aufnehmenden Subjekt in aller Regel verborgen bleiben", um „verhaltensbestimmende geistige Akte, die aller Beschäftigung mit Geschichte unterliegen" (Schörken 1972, 84). In diesen Prozessen und Akten vollzieht sich historisches Lernen. Sie sind noch nicht systematisch expliziert worden, wohl aber konnten zentrale Operationen des Geschichtsbewußtseins im einzelnen aufgewiesen und auf ihre Bedeutung für das historische Lernen hin befragt werden. Schörken hat vor allem die „Herstellung von *Identität, Loyalität,*

Sympathie" (Schörken 1972), also eine Subjektivierungs- und Individuierungsfunktion des Geschichtsbewußtseins als wesentliche Komponente des historischen Lernens betont und daraus Perspektivierungsstrategien des Geschichtsunterrichts hergeleitet (Schörken 1975). Jeismann hat demgegenüber die kognitive Seite der Entwicklung von Geschichtsbewußtsein durch Lernen, die Operationen der *Analyse*, des *Sachurteils* und der *Wertung* hervorgehoben und auf sie hin die Strategien des Geschichtsunterrichts entworfen (Jeismann 1980).

Da es noch keine systematische Theorie der Bewußtseinsoperationen gibt, die das historische Lernen ausmachen, ist zunächst die Frage zu klären, ob sich die mannigfaltigen Tätigkeiten des Geschichtsbewußtseins nicht zu *einer Grundoperation* zusammenfassen lassen, die es in seiner Eigenart und Unterschiedlichkeit von anderen mentalen Prozessen konstituiert und von der her historisches Lernen als einheitlicher Vorgang thematisiert werden kann. Das *historische Erzählen* kann als eine solche konstitutive mentale Operation angesehen und beschrieben werden. Mit ihm können Eigenart und Prozessualität des Geschichtsbewußtseins als eine bestimmte Sinnbildung über Zeiterfahrung ausgemacht und lerntheoretisch expliziert werden. Historisches Lernen kann dann als mentaler Prozeß der *Sinnbildung über Zeiterfahrung* durch historisches Erzählen (mit den Faktoren: historische *Erinnerung*, Entwicklung einer *Kontinuitätsvorstellung* und *Identitätsbildung*) begriffen werden.

Historisches Erzählen kann elementar als Lernen qualifiziert werden, insofern mit ihm durch eine produktive Tätigkeit des Subjekts Kompetenzen erworben werden: diejenigen einer sinnhaften Orientierung der menschlichen Lebenspraxis im Zusammenhang der drei Zeitdimensionen; und das historische Erzählen kann zugleich ebenso elementar als geschichtsspezifisch qualifiziert werden, insofern die Orientierung, zu der es befähigt, durch „Geschichte" als Inbegriff deutend erinnerter Vergangenheit erfolgt. Die Einheit des historischen Lernens in seinen komplexen Bezügen auf Herausforderungen der Gegenwart, Erfahrungen der Vergangenheit und Erwartungen der Zukunft liegt in der narrativen Struktur dieser Deutungsleistung. Sein Prozeßcharakter kann wie folgt beschrieben werden: Anstoß und Triebkraft des historischen Lernens liegen in den Orientierungsbedürfnissen handelnder und leidender Menschen, die ihnen angesichts irritierender Zeiterfahrungen erwachsen. Historisches Lernen kann also nur im Rekurs auf handlungsrelevante Gegenwartserfahrungen in Gang gesetzt werden. Diese Orientierungsbedürfnisse werden nun in (fragende) Hinsichten auf die Vergangenheit umgesetzt, die das Erfahrungspotential der historischen Erinnerung erschließen. Nur dann also, wenn Geschichte nicht als positiver Wissensbestand erworben wird, an den man auch Fragen richten kann, sondern als Antwort auf eine Frage, kann sie produktiv lernend angeeignet und zum „dauernden Besitz" (Thukydides) werden. Das Erfahrungspotential der historischen Erinnerung wird dann in die fragend vorentworfenen Hinsichten auf die Vergangenheit eingearbeitet: Im Horizont historisch gewendeter Problemlagen der Gegenwart wird die Erfahrung der Vergangenheit zur spezifisch historischen Erfahrung, und nur in diesem Zusammenhang wird sie wirklich angeeignet, zum Bestandteil des mentalen Haushaltes eines Subjekts. Da diese Aneignung in Interaktionen erfolgt, muß das fragend vorentworfene und dann empirisch erworbene historische Wissen nun noch eigens geformt, adressierbar, intersubjektiv verhandelbar gemacht werden, um schließlich in dieser Form zum Bestandteil eines Diskurses zu werden, in dem sich die historische Identität der miteinander interagierenden Subjekte bildet.

Lernformen

Die skizzierte narrativitätstheoretische Bestimmung der Einheit und Prozessualität des Geschichtsbewußtseins ist abstrakt; mit ihr lassen sich konkrete Lernprozesse kaum empirisch aufschlüsseln, normativ bestimmen und pragmatisch organisieren. Es können jedoch typologische Differenzierungen des historischen Lernens lerntheoretisch gewendet und mit ihnen Formen des historischen Lernens unterschieden werden, die als idealtypische Mittel zur Analyse und Interpretation konkreter Lernprozesse verwendet werden können. Entsprechend den vier typischen Formen narrativer Sinnbildung über Zeiterfahrung lassen sich vier Formen des historischen Lernens unterscheiden: traditionales, exemplarisches, kritisches und genetisches. Alle vier Formen kommen tendenziell in jedem historischen Lernprozeß vor, so daß er mit Hilfe der künstlich-analytischen Unterscheidung der vier Lernformen auf seine wesentlichen Komponenten hin zerlegt, deren Wechselverhältnis ausgemacht und der gesamte Lernprozeß auf eine innere komplexe Struktur hin durchsichtig gemacht werden kann.

(a) In der *Lernform traditionaler Sinnbildung über Zeiterfahrung* werden Zeiterfahrungen zu handlungsermöglichenden und -leitenden Traditionen verarbeitet. Traditionen werden sichtbar und als stabilisierende Orientierungen der eigenen Lebenspraxis übernommen und weitergebildet.

(b) In der *Lernform exemplarischer Sinnbildung über Zeiterfahrung* werden über den Horizont von Traditionen hinaus Zeiterfahrungen zu handlungsleitenden allgemeinen Regeln verarbeitet. In dieser Lernform bildet sich Regelkompetenz im Verhältnis zur historischen Erfahrung; die Erfahrungsinhalte werden als Fälle übergreifender Regeln gedeutet, und im Wechselspiel zwischen Generalisierung von Regeln und Vereinzelung von Fällen bildet sich als notwendige Bedingung für eine lebenspraktische Verwendung der erworbenen Regelkompetenz Urteilskraft aus.

(c) In der *Lernform kritischer Sinnbildung über Zeiterfahrung* werden Zeiterfahrungen so verarbeitet, daß vorgegebene Deutungsmuster der Lebenspraxis außer Kraft gesetzt und subjektive Bedürfnisse und Interessen gegen sie zur Geltung gebracht werden. Historisches Lernen dient hier dem Erwerb der Fähigkeit, vorgegebene historische Muster personaler und sozialer Identität zu negieren.

(d) In der *Lernform genetischer Sinnbildung über Zeiterfahrung* werden Zeiterfahrungen in Verzeitlichungen der eigenen Handlungsorientierung verarbeitet. Die Subjekte lernen in der produktiven Aneignung historischer

Erfahrung, ihr eigenes Selbstverhältnis als dynamisches, zeitlich bewegtes anzusehen: Sie verstehen ihre Identität als „Entwicklung" oder als „Bildung", und zugleich damit lernen sie, ihre eigene Lebenspraxis zeitlich so zu orientieren, daß sie die für die moderne Welt charakteristische Asymmetrie zwischen Erfahrung der Vergangenheit und Erwartung der Zukunft in Richtungsbestimmungen der eigenen Lebenspraxis produktiv verarbeiten können.

Stufungen des historischen Lernens

Die erzähltypologisch unterschiedenen Lernformen lassen sich (noch sehr hypothetisch) als Stufungen im Lernprozeß interpretieren, wenn dieser auf die ontogenetische Entwicklung als Prozeß der Individuierung und Sozialisation projiziert wird. Historisches Lernen läßt sich dann denken als ein Prozeß, der auf *verschiedenen Lernniveaus* erfolgt, und zwar so, daß jeweils das eine Lernniveau eine notwendige Voraussetzung für das andere darstellt. Die vier Lernformen lassen sich als solche Lernniveaus deuten und in der Reihenfolge der traditionalen, exemplarischen, kritischen und genetischen entwicklungslogisch ordnen. Sie können so dazu dienen, Entwicklungsphasen und Entwicklungsstufen des Geschichtsbewußtseins als epochale Abschnitte eines umgreifenden Lernprozesses zu unterscheiden und zu interpretieren. Die Abfolge der Lernformen in ihrer entwicklungslogischen Ordnung läßt sich als strukturelle Konsequenz eines dauernden qualitativen Erfahrungszuwachses, einer ihm korrespondierenden qualitativen Zunahme von Subjektivität (Individuierung) in der Deutungsarbeit der historischen Erinnerung und einer beide umgreifenden qualitativen Zunahme konsensverbürgender Intersubjektivität historischer Daseinsorientierungen begreifen.

Ziele des historischen Lernens

Eine erzähltheoretische Interpretation des historischen Lernens kann dessen Ziele in dem Maße fachspezifisch und zugleich lebenspraktisch bestimmen, wie historisches Erzählen als konstitutive Operation des Geschichtsbewußtseins beides zugleich thematisiert: die lebenspraktische Funktion des historischen Denkens und den ihm eigentümlichen Geschichtsbezug. Noch vor aller inhaltlichen, also auf bestimmte historische Wissensbestände ausgerichteten Zielbestimmung des historischen Lernens läßt sich eine fundamentalere, zugleich übergreifende und das historische Lernen als historisches spezifizierende ausmachen: Man kann den Inbegriff der Fähigkeiten, die durch historisches Lernen zur zeitlichen Orientierung der eigenen Lebenspraxis erworben werden müssen, *narrative Kompetenz* nennen. Sie macht die Qualifikation aus, auf die hin alles historische Lernen zielhaft bezogen ist. Eine geschichtsdidaktische Zielbestimmung des historischen Lernens läßt sich also als Arbeit an der Konkretisierung und Differenzierung narrativer Kompetenz begreifen und praktisch betreiben.
Diese Konkretisierung und Differenzierung kann in vier Hinsichten erfolgen: (a) Durch historisches Lernen muß die zeitliche Orientierung der eigenen

Lebenspraxis auf *historische Erfahrung* hin geöffnet und für einen Zuwachs an historischer Erfahrung offengehalten werden. (b) Dieser Erfahrungsbezug des historischen Lernens ist didaktisch sinnlos, wenn er nicht auf die lernende Subjektivität rückbezogen wird. Historisches Lernen muß also auf die *Subjektivität der Rezipienten* bezogen werden, auf die aktuelle Problemlage und auf Orientierungsbedürfnisse, von denen der erinnernde Rückgriff auf die Vergangenheit ausgeht. Ohne diesen Subjektbezug versteinert das historische Wissen zu bloßem Erinnerungsballast. (c) Der Subjektbezug des historischen Lernes gelingt erst dann, wenn es auf die Bewegung zwischen verschiedenen Subjekten, also auf die Intersubjektivität bezogen wird, in der sich jeweils historische Identität bildet. Historisches Lernen muß also im Medium einer *diskursiven Intersubjektivität*, in einem offenen, argumentativ-rationalen Kommunikationsverhältnis erfolgen. (d) Schließlich muß das historische Lernen so organisiert werden, daß seine *unterschiedlichen Formen* angesprochen, eingeübt und in ein konsistentes Verhältnis dynamischer Entwicklung gesetzt werden.

Literatur

Jeismann, K.-E.: „Geschichtsbewußtsein". Überlegungen zur zentralen Kategorie eines neuen Ansatzes der Geschichtsdidaktik, in: *Süssmuth, H.* (Hrsg.): Geschichtsdidaktische Positionen. Bestandsaufnahme und Neuorientierung, Paderborn 1980, 179 — 222

Jung, H. W. / Staehr, G. v.: Historisches Lernen, Köln 1983

Rohlfes, J.: Umrisse einer Didaktik der Geschichte (1971), 3. erweiterte Aufl. Göttingen 1974

Rüsen, J.: Geschichtsdidaktische Konsequenzen aus einer erzähltheoretischen Historik, in: *Quandt, S. / Süssmuth, H.* (Hrsg.): Historisches Erzählen. Formen und Funktionen, Göttingen 1982, 129 — 170

Schörken, R.: Lerntheoretische Fragen an die Didaktik des Geschichtsunterrichts, in: *GWU* 21 (1970), 406 — 420

— Geschichtsdidaktik und Geschichtsbewußtsein, in: *GWU* 23 (1972), 81 — 89

— Kriterien für einen lernzielorientierten Geschichtsunterricht, in: *Jäckel, E. / Weymar, E.* (Hrsg.): Die Funktion der Geschichte in unserer Zeit, Stuttgart 1975, 280 — 293

Kategorien der Geschichtsdidaktik
Ulrich Mayer / Hans-Jürgen Pandel

Definition

Kategorien sind die grundlegenden und allgemeinsten Begriffe einer Wissenschaft; sie umfassen mehr und greifen tiefer als Fachtermini, zusammenfassende Ausdrücke oder generalisierte Inhalte. Kategorien werden durch einen Prozeß systematischer Verallgemeinerung aus den Resultaten von Wissenschaft gewonnen und fassen deren wesentliche Eigenschaften und Beziehungen zusammen. Historische Kategorien werden somit aus den Ergebnissen der Geschichtswissenschaft entwickelt, systematisiert und gehen wiederum als Analyseinstrumente in den Forschungsprozeß ein. Sie ermöglichen darin die Vermittlung der einzelnen konkreten Ergebnisse miteinander und machen allgemeine Aussagen über sie möglich. In diesem Sinne sind Kategorien „Denkregister" (Droysen), mit denen man Geschichte durchdenken, durchgehend aufschlüsseln, immer wieder neu befragen kann. Die Einsicht, daß Geschichte von den erkennenden Subjekten kategorial aufgefaßt wird (Hegel), verweist auf eine für die Didaktik wichtige Beziehung: Kategorien als Erkenntnisinstrumente konstituieren den „Gegenstand" Geschichte wesentlich mit.

Ableitung

Geschichtsdidaktik als spezialisierte Metadisziplin der Geschichtswissenschaft (worin sich allerdings ihr Charakter nicht erschöpft) kann nicht aus sich heraus ein Kategoriensystem entwerfen und sich damit autonom und autark gegenüber Geschichtswissenschaft als ihrer Bezugsdisziplin verhalten. Dabei ist Geschichtsdidaktik auf die Leistungen der Geschichtstheorie als Spezialdisziplin zur Erforschung der die Geschichte als Wissenschaft bestimmenden Faktoren und Prinzipien verwiesen. Indem Geschichtsdidaktik sich auf die Historik bezieht, akzeptiert sie keineswegs alles durch diese Disziplin hervorgebrachte Wissenschafts-Wissen. Die von dieser ermittelten Kategorien werden vielmehr in einer „Reflexion zweiten Grades" (F. J. Lucas) daraufhin überprüft, was sie zur Bildung heute lebender Menschen beitragen. Gleichlautende Kategorien bedeuten im Verwendungszusammenhang von Historik und Didaktik weder Identisches noch Konträres, sondern leisten je nach ihrem Bezug auf Forschung oder Bildung Unterschiedliches. Geschichtstheoretische Kategorien zielen auf fachwissenschaftlichen Erkenntnisfortschritt; geschichtsdidaktische Kategorien sollen die Struktur der Disziplin Geschichte in didaktischer Absicht zum Ausdruck bringen. Geschichtsdidaktik wählt also unter Bezug auf die je aktuelle, soziohistorische Situation aus den von der Geschichtstheorie abstrahierten Kategorien diejenigen aus, die zur Strukturierung des Geschichtsbewußtseins beitragen können.

Eigenschaften

Kategorien sind in Systemen geordnet. Vermehrt man gezielt oder willkürlich die Anzahl der Kategorien, so ändert sich der Charakter des gesamten Systems als Erkenntnisinstrument. Disziplinmischungen statt Disziplinierung der Disziplin und subjektiv oder politisch motivierte Hereinnahme von Kategorien in ein System führen Kategorien als grundlegende Denkregister ad absurdum. Kategorien sind zahlenmäßig begrenzt. Wenn es beliebig viele Kategorien geben kann, sind sie überflüssig. Sie können nicht mehr ordnen, weil jedes Einzelphänomen tendenziell seine eigene Kategorien erhalten würde.

Traditionelle Kategorien

Mit und hinter jeder Vermittlung / Aufnahme historischer Ereignisse und Zustände vermittelt sich eine spezifische Auffassung von der Bezogenheit der Einzelheiten zueinander, d. h. aber eine bestimmte Kategorienstruktur. Die denkende Ordnung von Geschichte über die einzelnen Sachverhalte hinaus ist schon immer vollzogen worden. Herkömmliche Kategorisierungen sind beispielsweise die nach *substantiellen* (Volk, Rasse, Staat), *morphologischen* (Wachstum, Blüte, Vergehen), *systematisierenden* (Verfassung, Wirtschaft, Mentalität, internationale Beziehungen), *philosophischen* bzw. pseudophilosophischen (Zufall, Schicksal, Verhängnis, Fügung) Kriterien. Diese traditionellen Kategorien bleiben jedoch hinter den Beiträgen zurück, die Geschichte tatsächlich für Weltkonstitution, -verstehen und -interpretation sowie für Emanzipation leisten kann.

System

a) Die in der Literatur am häufigsten anzutreffenden Kategorien beziehen sich auf die Gruppe *Entwicklungszusammenhang sozialer Zustände und Veränderungen in der Zeit.* Dieser Zusammenhang wird durch die Kategorie Zeitpunkt, Dauer, Gewordenheit, Veränderbarkeit, Zukunftsperspektive gebildet. Begriffe wie Wandel, Kontinuität, Diskontinuität bezeichnen Formen der Veränderung und sind in den Kategorien enthalten. b) Die Gruppe *Bezogenheit aller Geschichte auf die eigene Situation* formuliert den didaktischen Anspruch der erkenntnistheoretischen Einsicht, daß Geschichte nicht „an sich" existiert, sondern „für uns". In jüngeren theoretischen Anstrengungen haben sich Gegenwartsbezug und Identifikation als Kategorien bestätigt, die die Verflochtenheit von erkennendem Subjekt und betrachtetem Objekt ausdrücken. c) Die Gruppe *Methoden historischer Erkenntnis* umfaßt die Kategorien Verstehen und Erklären, die unter didaktischem Primat auch auf das dialektische Ineinander der Verstehbarkeit (von Motiven, Sinngebungen) und Sachbedingtheit (konkrete Umstände) menschlichen Handelns zielen. d) Die Kennzeichnung von Geschichte als historische Sozialwissenschaft macht es unverzichtbar, in der Gruppe *Menschliches Handeln im fortschreitenden Prozeß gesellschaftlicher Praxis* Menschen als Handelnde, Arbeit, Macht und Herrschaft, Rechtfertigung als Kategorien anzusehen. In dieser Kategoriengruppe liegt die

Schnittfläche von Geschichtswissenschaft und systematisierenden Sozialwissenschaften bzw. Geschichtsunterricht und Sozialkunde / Geographie.

Funktionen

In *forschungsstrategischer* Hinsicht kann ein System geschichtsdidaktischer Kategorien als Auflistung der spezifischen Merkmale, die sowohl die Struktur des Gegenstandes Geschichte wie die Art seiner Auffassung bezeichnen, dazu dienen, das Unterscheidungsvermögen im Bereich des theoretischen Selbstverständnisses der Disziplin zu schärfen. Unter *hochschul-* und *ausbildungsdidaktischem* Aspekt können die Kategorien unterschiedliche Leistungen erbringen. Sie können das Fach lehrbar machen, Wissenschaftspropädeutik leisten und Unterrichtsanalyse ermöglichen: 1. Wenn man unter *Fach* eine objektiv mögliche und übliche Weise versteht, die Welt zu erfassen und denkend zu ordnen sowie die Ergebnisse dieser Frage-, Denk- und Forschungsweise, dann ist Lernen nicht in erster Linie auf inhaltliche Ergebnisse, sondern auf die eigentümliche Erkenntnisleistung und Aussagenintention der Disziplin gerichtet. In diesem Sinne können die Kategorien eine Aufstellung der *spezifischen Lernziele* der Geschichte sein. 2. Wissenschaftspropädeutik bedeutet in didaktischer Hinsicht das *Erlernen einer Denkweise* zum kritischen Umgang mit den Resultaten der Wissenschaft. Das Erlernen der Kategorien soll dazu beitragen, sich der Wissenschaft zumindest soweit bedienen zu können, um ihre Ergebnisse ansatzweise kontrollieren zu können. 3. Zudem kann die Bildung geschichtsdidaktischer Kategorien das Problem *fachspezifischer Unterrichtsanalyse* lösen helfen. Wie die Kategorien als Kriterien für die Qualität fachspezifischer Kommunikation im Unterricht gelten, so lassen sie sich auch in präzise und trennscharfe Merkmale eines Beobachtungssystems umsetzen, die wiederum die Erlernbarkeit der Kategorien in Unterrichtsprozessen sicherstellen. Auf diese Weise könnte es gelingen, nicht nur mehr über die Gestalt durchschnittlichen Fachunterrichts zu erfahren, sondern diesen Unterricht auch gezielt und empirisch überprüfbar zu verbessern.

Literatur

Behr, W.: Politikwissenschaftliche und politisch-didaktische Grundkategorien, in: *GSE* 17 (1972), 289 — 304
Hilligen, W.: Vorschläge für didaktische Kategorien zur Strukturierung von Inhalten und Intentionen der politischen Bildung, in: *apz* B 3 (1970), 20 — 24
Jahr, F.: Didaktische Kategorien für den Geschichtsunterricht an Realschulen, in: *GWU* 18 (1967), 16 — 20
Lucas, F. J.: Der Beitrag des Geschichtsunterrichts zur politischen Bildung, in: *GSE* 11 (1966), 381 — 395
— Geschichte als engagierte Wissenschaft, Stuttgart 1985
Mayer, U. / Pandel, H.-J.: Kategorien der Geschichtssidaktik und Praxis der Unterrichtsanalyse (AuA, Bd. 13), Stuttgart 1976
Rohlfes, J.: Kategorien des Geschichtsunterrichts, in: *GWU* 22 (1971), 474 — 494
Rosenshine, B.: Die Beobachtung des Unterrichts in der Klasse, in: *Hofer, M. / Weinert, F. E.*: Pädagogische Psychologie. Grundlagentexte 2. Lernen und Instruktion, Frankfurt/M. 1973, 200 — 217

Gegenwarts- und Zukunftsbezogenheit

Klaus Bergmann

Gegenwartsbezogenheit und Zukunftsbezogenheit von Geschichte sind öffentlich-politisch umstrittene, in wissenschaftlicher Hinsicht unumstrittene Kategorien historischen Denkens. Gegenüber der politisch begründeten Befürchtung, gegenwarts- und zukunftsbezogene Geschichte sei tendenziell funktionalisierte und ideologisierte Geschichte, ist geschichtstheoretisch die Notwendigkeit (Mommsen 1975; Rüsen 1981; Rüsen 1983), geschichtsdidaktisch die Legitimität der Kategorien (Bergmann 1981; Rohlfes 1981) zu betonen.

Geschichtstheoretisch meinen Gegenwartsbezogenheit und Zukunftsbezogenheit, daß Geschichte als Rekonstruktion vergangenen menschlichen Handelns und Leidens erst entsteht, wenn ein gegenwärtiges zukunftsgerichtetes Interesse und Bedürfnis an Information und Orientierung vorliegt, das auf eine an erfolgversprechende Regeln gebundene Erinnerung drängt: Geschichte ist eine Denkbewegung, die in der Gegenwart ansetzt und sich mit vergangenem menschlichem Handeln und Leiden befaßt, um in der Gegenwart und Zukunft ein vernunftgeleitetes Handeln zu ermöglichen. Dieser unauflösliche Zusammenhang von Gegenwart, Vergangenheit und Zukunft wird geschichtstheoretisch in dem Satz zusammengefaßt, das Ziel der Geschichtswissenschaft sei „eine narrative, aus gegenwärtiger Kommunikation entspringende, vergangene Ereignis zu einem Sinnzusammenhang organisierende Konstruktion in praktischer Absicht" (Baumgartner 1972, 250).

Die notwendige Bezogenheit von Geschichte auf Gegenwart und Zukunft begründet *geschichtsdidaktisch* die Überlegung, die Gegenwarts- und Zukunftsbezogenheit von Geschichte als theoretische Prämisse einer wissenschaftlich begründbaren Lösung des zentralen geschichtsdidaktischen Problems der Auswahl anzunehmen. Das geschichtsdidaktische Interesse an den Kategorien der Gegenwartsbezogenheit und Zukunftsbezogenheit ist darauf gerichtet, wie ein konkreter Bezug zwischen Gegenwart und Geschichte, zwischen Schülerinteresse und Wissenschaftswissen hergestellt werden kann. Die Geschichtsdidaktik untersucht die Fülle des Lern- und Wißbaren, die von der Geschichtswissenschaft aufgehäuft worden ist und wird, daraufhin, was für gegenwärtig lebende und zukünftig handelnde Menschen wissenswert und bedenkenswert ist. Ihr Ausgangspunkt sind dabei gegenwärtige, öffentlich umstrittene, zur Lösung anstehende Probleme von tendenziell langer Dauer, denen eine erkennbare gesellschaftliche Relevanz zukommt. Diese Probleme, die sich durch die Annahme einer offenen, nicht bereits vorentschiedenen Zukunft allererst als Probleme konstituieren, lösen didaktisch begründete Anfragen an das Wissenschaftswissen aus und bestimmen damit die *Auswahl der Darstellungs- und Lerninhalte*. Von gegenwärtigen Problemen ausgehend, kann die Auswahl unter zwei leitenden Hinsichten erfolgen:

1. Die Auswahl richtet sich auf historische Sachverhalte, die als Ursachen der gegenwärtig anstehenden Probleme gelten können. Zwischen Gegenwart und Vergangenheit wird ein *Ursachenzusammenhang* hergestellt. Die im Geschichtsunterricht erarbeitete Kenntnis der Entstehungsgeschichte eines gegenwärtigen Problems stellt ein *Informationswissen* dar, das die Gefahr irrtümlicher Entscheidungen und Handlungen zwar nicht ausschließt, aber verringert.
2. Die Auswahl richtet sich auf historische Sachverhalte, die durch die in ihnen auffindbaren Probleme und Werte / Sinnvorstellungen den gegenwärtig existenten Problemen und/oder Werten und Sinnvorstellungen identisch sind, entsprechen oder entgegengesetzt sind. Dabei werden historische Sinnvorstellungen, gedachte und gelebte Möglichkeiten damals und heute entdeckt. Zwischen Gegenwart und Vergangenheit wird ein *Sinnzusammenhang* hergestellt. Das dabei anfallende *Orientierungswissen* ermöglicht ein differenziertes Nachdenken über die Lösung gegenwärtiger Probleme, das Denken von Alternativen zu gegenwärtigen Lebens- und Denkgewohnheiten und den Entwurf von Zukunftsperspektiven, die an unerledigte und uneingelöste historische Hoffnungen und gedankliche Vorgriffe auf menschenwürdige Zukunft anknüpfen.

Ein derart gegenwarts- und zukunftsbezogener Geschichtsunterricht berührt sowohl die Fragen des a) sogenannten chronologischen Geschichtsunterrichts als auch b) die eines tradierten Kanons von Unterrichtsinhalten. Er ist c) zugleich das Glied, das den Geschichtsunterricht und die anderen, an politischer Bildung beteiligten Fächer sinnvoll verbindet.

a) Dem Geschichtsunterricht, der von nicht randständigen gegenwärtigen Problemen sich leiten läßt, ist keine chronologische Faktenreihung im Sinne einer tradierten Kontinuität vorgegeben. Er stellt der Kontinuität „die Kontiguität, die wechselseitige Berührung von historisch konkretisierten Sinnfragen gegenüber, die uns zur Begegnung und Auseinandersetzung mit anderen Lösungen sinnanaloger Probleme führt und damit den Käfig unseres bloß aktuellen Hier- und Jetztseins öffnet, unsere Vorstellungen vom Möglichen und Zu-Sollenden in der historischen Begegnung zugleich erweitert und abklärt und damit unsere Zukunftsentwürfe gleichzeitig offener, besonnener und reicher macht" (Lucas 1972, 227 f.). Gleichwohl ermöglicht der Geschichtsunterricht eine von den Schülern selbst hergestellte Kontinuität wie er auch — in relativer Chronologie — den in Rede stehenden historischen Sachverhalt in seinem zeitlichen Zusammenhang vergegenwärtigt.

b) Wird Geschichte in einem kritischen Denkakt auf gegenwärtige und voraussehbar zukünftige Probleme bezogen, wird sie an die lebensweltlichen Interessen und Bedürfnisse der Lernenden angebunden, ohne damit zum oft geargwöhnten „Steinbruch" zur Beglaubigung von Vor-Urteilen zu werden. „Entscheidend ist dabei, daß wir . . . im Sinne unserer ständig sich wandelnden Situation für veränderte Fragestellungen offen bleiben und nicht etwa auf anderer Ebene einen neuen Kanon fixieren. Entscheidend ist zugleich, daß wir im Sinne des historischen Denkmodus unsere durchaus engagierten Fragen an die Vergangenheit für alle einschlägigen Antworten offenhalten" (Lucas 1972, 229).

c) Erst der bewußt und kritisch auf Gegenwart und Zukunft bezogene Geschichtsunterricht ermöglicht eine sinnvoll begründbare Kooperation zwischen Schulfächern, die auf unterschiedlichen Wissenschaftsdisziplinen und den ihnen eigentümlichen Frage- und Erkenntnisweisen beruhen. Die an der politischen Bildung beteiligten Fächer haben an gegenwärtigen Problemen ihren gemeinsamen Erkenntnis-, Reflexions- und Lerngegenstand, den sie unterschiedlich angehen — der Geschichtsunterricht, indem er vergangenes menschliches Handeln und Leiden als bedenkenswerte Erfahrung für Gegenwart und Zukunft aufhebt (Pandel 1978).

Literatur

Baumgartner, H. M.: Kontinuität und Geschichte. Zur Kritik und Metakritik der historischen Vernunft, Frankfurt 1972
Bergmann, K.: Gegenwartsbezogenheit und Zukunftsbezogenheit historischen und geschichtsdidaktischen Denkens, in: *Schörken, R.* (Hrsg.): Der Gegenwartsbezug der Geschichte, Stuttgart 1981
Bergmann, K. / Pandel, H.-J.: Geschichte und Zukunft. Didaktische Reflexionen über veröffentlichtes Geschichtsbewußtsein, Frankfurt 1975
Lucas, F. J.: Der Bildungssinn von Geschichte und Zeitgeschichte in Schule und Erwachsenenbildung, in: *Süssmuth, H.* (Hrsg.): Geschichtsunterricht ohne Zukunft? (AuA, Bd. 1,2), Stuttgart 1972, 212 — 234
Mommsen, W. J.: Gesellschaftliche Bedingtheit und gesellschaftliche Relevanz historischer Aussagen, in: *Jäckel, W. / Weymar, E.* (Hrsg.): Die Funktion der Geschichte in unserer Zeit, Stuttgart 1975, 208 — 224
Pandel, H.-J.: Integration durch Eigenständigkeit? Zum didaktischen Zusammenhang von Gegenwartsproblemen und fachspezifischen Erkenntnisweisen, in: *Schörken, R.* (Hrsg.): Zur Zusammenarbeit von Geschichts- und Politikunterricht (AuA, Bd. 20), Stuttgart 1978, 346 — 379
Rohlfes, J.: Gegenwartsbezug als Kategorie der Geschichtswissenschaft und des Geschichtsunterrichts, in: *Schörken, R.* (Hrsg.): Der Gegenwartsbezug der Geschichte, Stuttgart 1981
Rüsen, J.: Utopie und Geschichte, in: *Voßkamp, W.* (Hrsg.): Utopieforschung. Interdisziplinäre Studien zur neuzeitlichen Utopie, Bd. 1, Stuttgart 1982
— Historische Vernunft. Grundzüge einer Historik I, Göttingen 1983
Schulz-Hageleit, P.: „Gegenwartsbezüge" als Problem und Aufgabe des Geschichtsunterrichts, in: *Gd* 1 (1976), H. 1, 59 — 72; H. 2, 38 — 51
— „Vergegenwärtigung" und „Gegenwartsbezug", in: *Schörken, R.* (Hrsg.): Der Gegenwartsbezug der Geschichte, Stuttgart 1981

Emanzipation

Klaus Bergmann

Emanzipation meint die individuelle und kollektive Befreiung von gesellschaftlichen und Herrschaftsverhältnissen, von gesellschaftlich festgeschriebenen Rollen und von gesellschaftlich bedingten Bewußtseinssperren, die Menschen in historisch überflüssiger Abhängigkeit und unter einem denkmöglichen und real möglichen Niveau halten. Emanzipation kann sich richten auf

— die *politisch-rechtliche Gleichstellung* von Gruppen, Schichten, Ständen, Klassen, Völkern oder Rassen (politische Emanzipation zum Beispiel der Bauern, des Dritten Standes, der Juden, der Frauen, des Proletariats, der Farbigen, von Minderheiten aller Art);
— die Befreiuung von folgenreichen, gesellschaftlich üblichen *Rollenzuschreibungen und Diskriminierungen* (zum Beispiel Emanzipation der Frauen);
— die Befreiung von einer durch kapitalistische Warenproduktion verursachten *Entfremdungssituation,* in der alle Menschen nur „den Schein einer menschlichen Existenz" haben (Marx: menschliche Emanzipation);
— die am oder vom Individuum zu leistende Befreiung von lebensgeschichtlich eingebildeten *Einstellungen und Vorurteilen,* die es dazu bestimmen, unterhalb seiner Lebensmöglichkeiten zu bleiben.

Emanzipation ist ein stets unabgeschlossener historischer oder lebensgeschichtlicher Prozeß. Dies ist auch der Grund dafür, daß der Begriff Emanzipation nicht nur deskriptiv, zur Beschreibung historischer Prozesse, sondern auch präskriptiv-fordernd und damit zukunftsgerichtet verwendet wird.

Die Unabgeschlossenheit von Emanzipation und der erkennbare Widerspruch zwischen Wirklichkeit und Möglichkeit menschlich-gesellschaftlicher Existenz begründen das anhaltende Interesse an Emanzipation. Dem Interesse an Emanzipation liegt ein historisch erarbeiteter und gültiger gedanklicher Vorgriff auf eine mögliche gesellschaftliche Sittlichkeit zugrunde, die in der *Idee der allgemeinen Humanität* seine höchste und nicht hintergehbare Ausformung erfahren hat (Hofmann 1961). Wissenschaften, die ihr erkenntnisleitendes Interesse als ein Interesse an Emanzipation bestimmen, begründen dieses Interesse mit der offenbaren Kluft zwischen theoretischer Erkenntnis gesellschaftlicher Möglichkeiten und einer gesellschaftlichen Wirklichkeit, die unterhalb des historisch objektiv Möglichen verbleibt.

Erziehung und Emanzipation sind seit der Aufklärungszeit theoretisch aufeinander bezogen: „Kinder sollen nicht nur dem gegenwärtigen, sondern dem zukünftig möglichen besseren Zustande des menschlichen Geschlechts, das ist der Idee der Menschheit ... angemessen erzogen werden" (Kant 1777). In den Bezugsdisziplinen der Geschichtsdidaktik hat das erkenntnisleitende Interesse an Emanzipation in den letzten Jahren zunehmend an Geltung gewonnen (Historische Sozialwissenschaft, Kritische Erziehungswissenschaft): Bestimmte

Richtungen und Fragehaltungen der deutschen Geschichtswissenschaft — Historische Sozialwissenschaft (u. a. Kocka, Wehler), Alltagsgeschichte (vgl. Tenfelde 1984), Oral History (u. a. Niethammer) — weisen, ausgesprochen oder unausgesprochen, ein Interesse an der Erweiterung von Freiheitsräumen in der gesellschaftlichen Praxis aus und zielen daher in ihrer Forschung vorzugsweise auf die herrschaftsbestimmte Vergangenheit der unteren Bevölkerungsschichten und -klassen; Erziehung kann wissenschaftlich in einer von Anspruch und Selbstverständnis her demokratischen Gesellschaft nicht anders gedacht werden denn als Vorgang, in dem — entsprechend den gültigen Grundsätzen der Aufklärung — noch Unerwachsene zu *Mündigkeit,* das ist zu *freiem und selbständigem Verstandesgebrauch* befähigt werden.

Kritische und polemische Einwände gegen eine am Leitbegriff der Emanzipation orientierte Geschichtswissenschaft (Nipperdey 1980) übersehen, daß Emanzipation, als „fragende Sinnvermutung" gedacht, zu einem „fruchtbaren leitenden Gesichtspunkt der historischen Interpretation" wird (Rüsen 1981), der keine Antworten vorab festlegt, sondern der befragten Vergangenheit unterschiedliche und bedenkenswerte historische Erfahrungen zu entnehmen hilft. Aus erziehungswissenschaftlicher Sicht lassen sich Einwände gegen Emanzipation nur formulieren, wenn die Eingebundenheit von Erziehungswissenschaft und Erziehungsvorgängen in das politische und gesellschaftliche Leben der Zeit geleugnet oder übersehen und wenn Emanzipation als ahistorische Idee vorgefunden oder aber verzerrend unterstellt wird.

Die Diskussion über die Schulfächer sind — in dieser Form und Intensität in der deutschen Schul- und Erziehungsgeschichte einmalig — seit Jahren bestimmt durch Kontroversen über die Legitimität eines *obersten Lernzieles,* das mit „Emanzipation" benannt oder mit „Selbst- und Mitbestimmung" umschrieben wird. In der Geschichtsdidaktik ist das Interesse an Emanzipation erst jüngsten Datums. Geschichte diente traditionell — vor allem seit der zweiten Hälfte des 19. Jahrhunderts — eher der Herstellung nationaler Identität oder der Legitimation bestehender gesellschaftlicher Verhältnisse als den Emanzipationsbewegungen (Wehler 1979), und bis in die Gegenwart hinein ist etwa die Geschichte des Geschichtsunterrichts eine fortdauernde Kette von Versuchen gewesen, Schüler ungeachtet ihrer historisch legitimen Ansprüche und Rechte auf die als elementar entwicklungslos unterstellten gegebenen Herrschaftsverhältnisse festzulegen. Erst die Hessischen Rahmenrichtlinien für Gesellschaftslehre (1972) und A. Kuhn (1974), danach Bergmann / Pandel (1975), Bergmann (1980) und — aus marxistischer Sicht — Jung / v. Staehr (1983) haben Konzepte einer Geschichtsdidaktik vorgelegt, die der Idee der Emanzipation verpflichtet sind. Sie haben die geschichtsdidaktische Diskussion der letzten Jahre zum Teil erheblich beeinflußt und bereichert.

Sofern Emanzipation durch materielle Verhältnisse und Interessen behindert wird, kann Wissenschaft ebenso wie Unterricht *nur mittelbar durch Aufklärung* zur Emanzipation beitragen. Wissenschaft und Unterricht bauen keine Barrikaden und sind unmittelbar unfähig, „alle Verhältnisse umzuwerfen, in denen der Mensch ein erniedrigtes, ein geknechtetes, ein verlassenes, ein verächtliches Wesen ist" (Marx 1843/1944). Sofern dagegen Emanzipation durch

individuell und kollektiv auffindbares gesellschaftlich falsches Bewußtsein aufgehalten wird, können Wissenschaft und Unterricht zur Emanzipation beitragen, indem sie *sagen, was möglich geworden ist*, und indem sie das Vermögen ausbilden, „sich seines Verstandes ohne Leitung eines anderen zu bedienen" (Kant 1784).
Die Möglichkeiten, durch Geschichtsunterricht Emanzipation zu befördern, sind begrenzt; aber das Wissen über die Begrenztheit erhöht die Chancen. Sie beschränken sich auf drei Bereiche:

— Im Geschichtsunterricht werden gedachte und gelebte, antizipierte und gelungene oder gescheiterte Möglichkeiten menschlich-gesellschaftlicher Existenz verhandelt, die Annäherungen an die Idee der allgemeinen Humanität darstellen und im historischen Kontext und im Bezugsrahmen gegenwärtiger objektiver Möglichkeiten besprochen werden. Im Geschichtsunterricht werden dadurch neue, bislang *vernachlässigte Inhalte erschlossen;* den Schülern werden an der Vergangenheit *Perspektiven auf mögliche Zukünfte eröffnet.*
— Der Geschichtsunterricht vergegenwärtigt historisch-politisches Handeln in der dialektischen Spannung von Absicht und Sachbedingung. Er macht die Bedingungen für historischen Erfolg und für historisches Scheitern, für historisches Handeln und für historisches Leiden kategorial erkennbar und lernbar. Er ist darauf gerichtet, gleichermaßen politische Apathie und Ohnmachtsbewußtsein wie naiven politischen Volutarismus abzubauen und die *Möglichkeiten eingreifenden Denkens* und *denkenden Eingreifens* herauszuarbeiten.
— Der Geschichtsunterricht vermittelt geregeltes historisches Denken als ein gattungsgeschichtlich erarbeitetes Vermögen der Wirklichkeitserfassung, das selber ein Teil der Emanzipation der Gattung ist und einer vernunftbestimmten gesellschaftlichen Praxis unabdingbar zugehört. Voraussetzung für das Lernen des historischen Denkens sind neue Präsentationsformen von Geschichte, die nach Maßgabe des Möglichen vermeiden, den Lernenden Geschichte als fertiges Produkt vorzuführen, vielmehr so angelegt sind, daß die Lernenden zu *eigenständigen und durchaus kontroversen Rekonstruktionen* der sie betreffenden Vergangenheit kommen können.

In dieser Bestimmung der begrenzten Möglichkeiten des Geschichtsunterrichts, Emanzipation zu fördern, sind die emanzipatorischen Fähigkeiten beschlossen, die A. Kuhn als mögliche Ergebnisse eines emanzipatorischen Geschichtsunterrichts skizziert hat und die auch dem Konzept der Hessischen Rahmenrichtlinien für Gesellschaftslehre zugrunde liegen:

„1. Fähigkeit zur Kommunikation;
2. Fähigkeit zum ideologiekritischen Denken;
3. Fähigkeit zur gesellschaftlichen Analyse;
4. Fähigkeit zur Parteinahme;
5. Fähigkeit zur Identitätserweiterung" (Kuhn 1974, 71)

Historisch-politische Erfahrungen lassen es darüber hinaus als sinnvoll erscheinen, eine emanzipatorische Fähigkeit anzunehmen und auszubilden, die darauf gerichtet ist, den erreichten Stand der Emanzipation vor Regression zu bewahren.

Entgegen wissenschaftlichen Befürchtungen (Rohlfes 1980) und politischen Unterstellungen schließen das Interesse an Emanzipation und Indoktrination einander aus. Die Idee der Emanzipation verwirft den Gedanken, „daß eine Gruppe von Menschen einer anderen die Geschichte vordenkt und vorschreibt"; eine an der Idee der Emanzipation orientierte Geschichtsdarstellung will vielmehr die Lernenden befähigen, „sich ihre Geschichte selber zu schreiben, indem sie ihren Verstand frei gebrauchen, und das bedeutet immer auch, indem sie ihnen vorgegebene historische Deutungen kritisch auf ihre Berechtigung hin überprüfen" (Rüsen 1981, 206).

Emanzipation ist im Geschichtsunterricht immer konkret mögliche und zu realisierende Emanzipation von Individuen mit durchaus angestrebten gesellschaftlichen Folgewirkungen. Das Interesse an Emanzipation konkretisiert sich im Geschichtsunterricht auch in der *Interaktion* und im *Diskurs,* wenn die an ihm beteiligten Lehrer und Schüler sich wechselseitig und untereinander als Individuen anerkennen, respektieren und garantieren. Ebenso werden auch inhaltliche Vorstellungen über Emanzipation erst in der Auseinandersetzung mit historischen Sachverhalten — Prozessen, Wertvorstellungen — konkretisiert und angereichert.

Literatur

Behrmann, G. C. / Jeismann, K.-E. / Süssmuth, H.: Geschichte und Politik. Didaktische Grundlegung eines kooperativen Unterrichts, Paderborn 1978
Bergmann, K.: Geschichtsdidaktik als Sozialwissenschaft, in: *Süssmuth, H.* (Hrsg.): Geschichtsdidaktische Positionen, Paderborn 1980, 17 — 48
Bergmann, K. / Pandel, H.-J.: Geschichte und Zukunft. Didaktische Reflexionen über veröffentlichtes Geschichtsbewußtsein, Frankfurt/M. 1975
Fischer, K. G.: Emanzipation als Lernziel der Schule von Morgen, in: *ders.*: Überlegungen zur Didaktik des Politischen Unterrichts, Göttingen 1972
Grass, K. M. / Koselleck, R.: Emanzipation, in: *Geschichtliche Grundbegriffe.* Historisches Lexikon zur politisch-sozialen Sprache in Deutschland, hrsg. von O. Brunner, W. Conze, R. Koselleck, Bd. 2, Stuttgart 1975
Greiffenhagen, M. (Hrsg.): Emanzipation, Hamburg 1973
Groh, D.: Kritische Geschichtswissenschaft in emanzipatorischer Absicht, Stuttgart 1973
Habermas, J.: Erkenntnis und Interesse, Frankfurt 1968
Hofmann, W.: Gesellschaftslehre als Ordnungsmacht. Die Werturteilsfrage — heute, Berlin 1961
Jung, H. W. / Staehr, G. v.: Historisches Lernen. Diaktik der Geschichte, Köln 1983
Kocka, J.: Sozialgeschichte — Strukturgeschichte — Historische Sozialwissenschaft. Vorüberlegungen zu ihrer Didaktik, in: *Bergmann, K. / Rüsen, J.* (Hrsg.): Geschichtsdidaktik: Theorie für die Praxis, Düsseldorf 1978, 14 — 30
Kuhn, A.: Einführung in die Didaktik der Geschichte, München 1974 (2. Aufl. 1977)
— Geschichtsdidaktik in emanzipatorischer Absicht. Versuch einer kritischen Überprüfung, in: *Süssmuth, H.* (Hrsg.): Geschichtsdidaktische Positionen, Paderborn 1980, 49 — 82

Mollenhauer, K.: Erziehung und Emanzipation, München 1968
Niethammer, L. (Hrsg.): Lebenserfahrung und kollektives Gedächtnis. Die Praxis der Oral History, Frankfurt/M. 1980
Nipperdey, Th.: Geschichte als Aufklärung, in: *Zöllner, M.* (Hrsg.): Aufklärung heute. Bedingungen unserer Freiheit, Zürich 1980
Oral History — Kommunikative Geschichte — „Geschichte von unten", in: *Gd* 9 (1984), Heft 3
Rohlfes, J.: Objektivität und Parteilichkeit im Geschichtsunterricht, in: *Süssmuth, H.* (Hrsg.): Geschichtsdidaktische Positionen, Paderborn 1980, 337—381
Rüsen, J.: Geschichte als Aufklärung? Oder: Das Dilemma des historischen Denkens zwischen Herrschaft und Emanzipation, in: *GuG* 7 (1981), 189—218
Tenfelde, K.: Schwierigkeiten mit dem Alltag, in: *GuG* 10 (1984), 376—394
Wehler, H.-U.: Geschichtswissenschaft heute, in: *Habermas, J.* (Hrsg.): Stichworte zur „Geistigen Situation der Zeit", Bd. 2, Frankfurt/M. 1979

Auswahl

Hans Süssmuth

Die zentrale Frage der Inhaltsauswahl für Geschichtscurricula steht in engem Zusammenhang mit der Entscheidung über Aufgaben oder Ziele des Geschichtsunterrichts. In dieser Ebene der Auseinandersetzungen gehen Vorstellungen gesellschaftlicher Gruppen ebenso ein wie Aussagen der Bezugsdisziplin über Funktionsziele der Geschichtsforschung für den einzelnen wie für die Gesellschaft. Bei der Entscheidung über Inhalte des Geschichtsunterrichts sind auch die Interessen der Adressaten zu berücksichtigen und die lernpsychologischen oder allgemeindidaktischen Forderungen einzubringen, die sich aus der psychologischen und pädagogischen Forschung ergeben. Eine weitere Rahmenbedingung bildet die Institution Schule mit ihren Vorhaben.

Saul B. Robinsohn nennt drei *Kriterien* für die Auswahl von Inhalten:

— die Bedeutung eines Gegenstandes im Gefüge der Wissenschaft;
— die Leistung eines Gegenstandes für Weltverstehen, d. h. für die Orientierung innerhalb einer Kultur und für die Interpretation ihrer Phänomene;
— die Funktion eines Gegenstandes in spezifischen Verwendungssituationen des privaten und öffentlichen Lebens (Robinsohn 1967, 47).

Die Ausrichtung an diesen Kriterien stellt keine Alternative, sondern eine Einheit dar. Es genügt also nicht, bei der Auswahl historischer Inhalte ausschließlich auf deren *gesellschaftliche Relevanz* abzustellen. Diese in der Curriculumdiskussion häufig benutzte Kategorie hat Thomas Nipperdey für die Auseinandersetzung mit Geschichte zu Recht problematisiert und auf mögliche Gefahen hingewiesen. Er fordert stattdessen, anstelle der Ver-

kürzung der Geschichte unter dem Gesichtspunkt der gesellschaftlichen Relevanz, das Ganze der Vergangenheit in Betracht zu ziehen. Damit löst er allerdings das Problem der Auswahl nicht (Nipperdey 1972, 577 — 596).
Gesellschaftliche Relevanz ist nur ein Aspekt für die Auswahl von Inhalten des Geschichtsunterrichts, zu denen andere hinzutreten. Geschichtswissenschaft hat wie die anderen Sozialwissenschaften die Aufgabe, die von ihr entwickelten Kategorien und Begriffe, Ordnungsschemata, Erklärungsansätze, Erkenntnisse über gesellschaftliche Teilbereiche und deren Zusammenhang mit anderen Teilbereichen als Orientierungshilfe in den Dienst der nachwachsenden Generation zu stellen. Es geht also nicht um die Reproduktion der Fachwissenschaft in technischer Umsetzung, sondern um die instrumentelle Funktion von Wissenschaft für Erziehung und Bildung. Die Disziplin Geschichtswissenschaft verfügt über Prinzipien, ein System von Grundbegriffen und Ansätzen, die die Komplexität menschlicher Wirklichkeit zugänglich und erschließbar machen. Ein Geschichtscurriculum hat insofern die *Matrix der Geschichtswissenschaft* zu repräsentieren. Wenn das nicht gelingt, verfehlt der Curriculumentwurf seine wissenschaftliche Legitimation.
Aber die Inhalte eines Geschichtscurriculums lassen sich nicht aus der Bezugsdisziplin allein erarbeiten. Es geht darum, die Geschichtswissenschaft in didaktischer Absicht zu repräsentieren. In diesem Zusammenhang ist die von Robinsohn eingeführte pädagogische Kategorie *Lebensrelevanz* näher zu beschreiben und zu problematisieren. Die Wissenschaften können nur in begrenztem Ausmaß Entscheidungen über Lebensrelevanz treffen. Der Didaktiker bewegt sich hier in einem schwierigen Feld, in dem wissenschaftlich Erforschtes und Unerforschtes dicht nebeneinander liegen. Es ist einzugestehen, daß in diesem Bereich zum Teil ohne wissenschaftlich abgesicherte Annahmen Entscheidungen über Lerninhalte und Lernprozesse getroffen werden müssen, die sich auf Gegenwartsprobleme, zukünftige Entwicklungen, Lebensbedingungen und Angaben der lebenden Generation beziehen. Ein Weg wird in der diskursiven Argumentation gesehen, in der Bereitschaft zur Konsensfindung, in der Offenheit für Alternativen. Insofern können auch Entwürfe von Geschichtscurricula jeweils nur Angebote im Sinne von Alternativen mit der Qualität der Vorläufigkeit sein.
Wenn wir die Kategorie Lebensrelevanz einbeziehen, ist von der Frage nach den historischen Kenntnissen und Erkenntnissen oder den durch historisches Lernen vermittelten Qualifikationen auszugehen, die Schüler erwerben müssen, um gegenwärtige und zukünftige Lebenssituationen analysieren, beurteilen und mitgestalten zu können, die für ihren individuellen Sozialisationsprozeß gewichtig sind.
Für die Beschreibung dieser Lebenssituationen und die Bestimmung der aus dieser Situationsanalyse zu folgendern Qualifikationen ist nicht an den Einsatz des von Robinsohn vorgeschlagenen Verfahrens gedacht, das kaum verwirklichbar erscheint. Wohl sollten, in Anlehnung an die Überlegungen Robinsohns, die Lebensbereiche, in denen die Schüler stehen und in die sie vermutlich in Zukunft gestellt sein werden, vom einzelnen Lehrer auf der Grundlage eigener Erfahrungen, der Beobachtung seiner Schüler und unter

Zuhilfenahme ausgewählter Literatur beschrieben werden (v. Hentig 1969). Diese Vorgehensweise hat den Vorteil, daß der die geschichtsdidaktischen Entscheidungen treffende Lehrer beteiligt ist und von vornherein nicht der Eindruck eines objektiven Verfahrens entstehen kann, sondern die subjektiven Elemente der Entscheidung als konstruktiv ausgeworfen werden. Durch die Offenlegung der Ausgangsprämissen ist die Möglichkeit der Überprüfung gesichert. Ein höherer Grad an Objektivität scheint auch beim Einsatz curricularer Strukturgitter nicht gegeben zu sein, weil hier ebenfalls bestimmte subjektive Elemente in die Prämissen einfließen (Blankertz 1973; Schörken 1974). Das Verfahren bleibt zugleich offen für die Berücksichtigung veränderter Lebenssituationen. Lehrer und Studenten können auf der Grundlage dieser Vorgabe ihr eigenes geschichtsdidaktisches Konzept erarbeiten.

Gehen wir davon aus, daß historisches Lernen eine anthropologische, eine gesellschaftsfunktionale, eine kulturelle Dimension hat, so kann die *Zielsetzung* historisch-politischer Bildung in folgender Form beschrieben werden:

— Erfassen menschlicher Wirklichkeiten in ihren vielfältigen Ausprägungen zu unterschiedlichen Zeiten und in unterschiedlichen geographischen Räumen, um so einen Einblick in Bedingungen, Möglichkeiten und Eigenart menschlicher Lebensvollzüge und menschlichen Handelns zu gewinnen und die Frage nach der menschlichen Existenz und deren Sinn auf der Grundlage historischer Analysen angehen zu können.
— Erfassen geschichtlicher Strukturen und vom Menschen mitgestalteter Prozesse in ihrer politischen, ökonomischen, sozialen, kulturellen Interdependenz und Bedingtheit, mit dem Ziel, die inhaltlichen und methodischen Qualifikationen zu erwerben, die zur Mitgestaltung, Erhaltung und Veränderung der gegenwärtigen Verhältnisse notwendig sind, um eine Gesellschaft zu schaffen, die ein größeres Maß an Entscheidungsraum, Selbstbestimmung, Mitbestimmung, Mitbeteiligung, Mitverantwortung in allen Bereichen ermöglicht.
— Erfassen historischer Strukturen und Prozesse, historischen Planens und Handelns von Menschen, um eine grundlegende Voraussetzung für die kulturelle Orientierung und Teilhabe des einzelnen, also für seine Enkulturation zu schaffen.

Diese Ausdifferenzierung auf der Zielebene sichert ab, daß historische Bildung nicht auf eine der drei Dimensionen verengt wird. Sie eröffnet Möglichkeiten unterschiedlicher Zugänge wie genetisch systematisch oder regressiv diachronisch (Schmid, in: Rohlfes / Jeismann 1974, 53 – 64). Es ist keine Präferenz für eine bestimmte Epoche vorgegeben, und der historische Längsschnitt ist ebenso ansetzbar wie der historische Querschnitt.

Die Entscheidungen über die Inhaltsauswahl fallen in Geschichtscurricula unter Berücksichtigung der obengenannten Bedingungsfaktoren. Das läßt sich an ausgewählten Beispielen geschichtsdidaktischer Ansätze verdeutlichen.

Hermann Giesecke geht in seinem *präsentistischen* geschichtsdidaktischen Ansatz von der Zielsetzung aus, daß Geschichtsunterricht als zentrale Aufgabe „die Rekonstruktion der Biographie des gegenwärtigen demokratischen Gemeinwesens" habe. Dabei geht es um die Beantwortung der Frage,

„wie dieser Staat und diese Gesellschaft, ihre verfassungsmäßigen Prinzipien, ihre charakteristischen Institutionen und Regelungen entstanden sind; welche Ursachen ihrer Entstehung und Entwicklung zugrunde liegen, welche Probleme sie gelöst haben und welche sie neu geschaffen haben; wer aus welchen Gründen die Gegner des Demokratisierungs-

prozesses waren und welche entscheidenden Krisen das demokratische Gemeinwesen wie
überstanden hat" (Giesecke 1978, 64 f.).

Damit ist Gegenwart als Bezugrahmen gesetzt, und der Demokratisierungsprozeß wird leitendes Auswahlkriterium für Inhalte des Geschichtsunterrichts. Der vorgeschlagene Kanon von „Schlüsselereignissen" beinhaltet folgende Themen: Französische Revolution, Stein-Hardenbergsche Reformen, das Jahr 1848, das Sozialistengesetz, Bismarcks Sozialpolitik, Erster Weltkrieg, Russische Revolution, Deutsche Revolution 1918/19, Entstehung der Weimarer Republik, Weltwirtschaftskrise, Nationalsozialistische Machtergreifung, Nürnberger Gesetze, Zweiter Weltkrieg, Potsdamer Abkommen. Dabei ist sich Giesecke bewußt, daß es für seine Auswahl kein „konkretisierbares Prinzip" gibt, und daher auch andere Inhalte vorgeschlagen werden können.

Annette Kuhn orientiert ihren *kritisch-kommunikativen* Absatz, dessen Ziel die Emanzipation des einzelnen und der Gesellschaft ist, am Interesse des Schülers. Sie stellt fest, daß der herkömmliche Geschichtsunterricht die Themen vernachlässige, die Schüler interessieren. Daher setzt sie neu an:

„Geschichte im Interesse des Schülers ist in erster Linie eine Geschichte der gelungenen, aber vor allem der mißlungenen Partizipationsbestrebungen, in der die Bedingungen der Emanzipation und ihrer Verhinderungsmechanismen aufgedeckt werden. Die Veränderungschancen, das Innovationspotential stehen im Vordergrund, nicht die Kontinuitäten, sondern die Diskontinuitäten, die Brüche, die abgerissenen Möglichkeiten sind in einem Geschichtsunterricht hervorzuheben, der sich nicht von den Interessen der wenigen, sondern der vielen leiten läßt" (Kuhn 1974, 30).

In der von Annette Kuhn herausgegebenen Reihe „Geschichte im Unterricht" sind u. a. Unterrichtsmodelle zu den Themen Französische Revolution, Russische Revolution, Englische Revolution veröffentlicht worden.

Hans Süssmuth geht in Erweiterung seines *strukturierenden* Ansatzes von einer anthropologischen, einer gesellschaftsfunktionalen und einer kulturellen Dimension historischer Bildung aus (Süssmuth 1972 und 1980). Für die Entscheidung über die Inhaltsauswahl berücksichtigt er zwei Ebenen: den lebensweltlichen Zusammenhang, in dem die Schüler stehen, und die weltgeschichtliche Perspektive. Aus alltäglichen Erfahrungen und aus Problemstellungen ihrer Gegenwart gewinnen Schüler in ihren Lebenssituationen auf der Mikroebene allmählich Zugang zu den komplexeren Verflechtungen der politischen, gesellschaftlichen, wirtschaftlichen, kulturellen Wirklichkeit. Zu dieser Mikroebene muß der Zugang erst vermittelt werden. Um Aussagen über die Existenz des Menschen machen zu können, genügt es nicht, nur einen – durch die Fragestellung – begrenzten Ausschnitt aus der Vergangenheit aufzuarbeiten. Notwendig ist es vielmehr, einen prinzipiell möglichst breiten Zugang zu unterschiedlichen Gesellschaften und Kulturen und deren spezifischen Lebensbedingungen und Lebensvollzügen zu suchen. Zu dieser Argumentation für einen welthistorischen geschichtsdidaktischen Zugriff kommt die pädagogische Zielsetzung einer *global education,* die ihre Begründung in der zunehmend deutlich werdenden internationalen Verflechtung findet. Es handelt sich um einen geschichtsdidaktischen Zugriff unter gegenwartsorientierter

Perspektive, der um einen zweiten Zugang unter welthistorischer Perspektive ergänzt wird.

Die *Lübecker Arbeitsgruppe* hat den Versuch unternommen, Elemente eines Geschichtscurriculums für die Sekundarstufe I zu entwickeln (Rohlfes / Jeismann 1974, 5 — 105). Im Mittelpunkt steht die Absicht, auf unterschiedlichen Ebenen Gesichtspunkte für die Auswahl von Inhalten zu systematisieren. Dabei richtet sich das Bemühen darauf, verschiedenartige Zugänge nach sachstrukturellen und didaktischen Aspekten zu erfassen und diese zu ordnen. Die Gruppe charakterisiert ihren Ansatz als „pragmatisch gewonnene, didaktisch begründbare Vorschläge, die eine breite Diskussion um die Transparenz und Legitimation inhaltlicher Entscheidungen anregen ... wollen" (Rohlfes / Jeismann 1974, 30). Mit Hilfe einer achtdimensionalen, nicht klassifizierten Matrix, in die Lernzielüberlegungen eingegangen sind, soll der Zugang zu den verschiedenen Inhaltsbereichen gesichert werden:

A. Säkulare Grundlagen des gegenwärtigen Zeitalters
B. Historische Erfahrungen der älteren lebenden Generation
C. Aktuelle politische Probleme
D. Identifikationsmuster und Feindbilder
E. Lebensbedürfnisse und Erkenntnisinteressen der Lernenden
F. Universalgeschichte und Erklärungsmodelle
G. Historisch-politische Kategorien
H. Historisch-politische Sachbereiche

Die Schwerpunktbereiche resultieren aus unterschiedlichen Anforderungen, Erkenntnissen historischer und didaktischer Forschung sowie politisch-gesellschaftlichen Konstellationen mit ihren zu bewältigenden Gegenwarts- und Zukunftsaufgaben.

Der Systematisierungsversuch ist weniger darauf gerichtet, dem Unterrichtenden eindeutig abgesicherte und abgegrenzte Kriterien für die Auswahl und Behandlung historischer Inhalte vorzugeben. Die achtdimensionale Matrix stellt einen Orientierungsrahmen dar, der die Berücksichtigung unterschiedlicher Inhaltsebenen erleichtert. Da auf eine Hierarchisierung verzichtet wird, enthält die Matrix keine Anhaltspunkte für Prioritäten bzw. unverzichtbare Inhaltsebenen. Der Versuch der Lübecker Gruppe ist daher in erster Linie als eine wichtige Vorarbeit zur Gewinnung von Auswahlkriterien zu bewerten.

Karl-Ernst Jeismann geht in seinem Ansatz von einem weit ausdifferenzierten Geschichtsdidaktik-Begriff aus (Rohlfes / Jeismann 1974, 108 ff.; Behrmann / Jeismann / Süssmuth 1978, 50 ff.; Jeismann, in: Süssmuth 1980). Gegenstand der Geschichtsdidaktik ist die *Rezeption von Geschichte in die Gesellschaft*. Ihre Aufgabe ist die Erarbeitung von Genese und Morphologie des in der Gesellschaft existierenden Geschichtsbewußtseins; Es wird ein flexibles System von Inhalten vorgeschlagen, das mit Themen des Politikunterrichts verzahnt ist.

Dementsprechend werden hier in betonter Absetzung von unbefriedigend gebliebenen Versuchen der Lernzielsetzung „Aufgaben von Geschichtswissenschaft und -unterricht" oder *Funktionen* der Geschichtswissenschaft und des Geschichtsunterrichts beschrieben.

- Erklärung von Gegenwartsphänomenen;
- Vermittlung von Orientierungs- und Handlungskategorien;
- Kritik und Kontrolle offensichtlich wirksamer Traditionen;
- Demonstration von Alternativen und Verflüssigung des Selbstverständlichen — Einsicht in dauerhafte Strukturen;
- Historisches Bildungswissen als „Überschuß": die Relevanz des Irrelevanten;
- Erziehung zum konkreten Denken;
- Geschichte als Genuß in Muße und Freiheit (Rohlfes / Jeismann 1974, 118 − 122).

Für jede Jahrgangsstufe werden wiederkehrende *Thementypen* vorgeschlagen, für deren Konstruktion Lernziele mit konstitutiv sind:

- Die dem Zeitverlauf folgende *genetische Betrachtung* der „Vorgeschichte der Gegenwart" in ihren bedeutsamsten Erscheinungen;
- die in einem *gegenwärtigen Problem ansetzende, rückwärts fragende, regressive Vergewisserung der Ursprünge und Ursachen*, die zum Verständnis des gegenwärtigen Ereignisses notwendig sind (historische Analyse eines aktuellen Problems);
- die längsschnittartige Verfolgung einer bestimmten, in der Gegenwart noch bedeutsamen Frage durch mehrere Epochen der Geschichte;
- die Betrachtung des Gesamtgefüges einer vergangenen Zeit in *querschnitthaftem Ansatz*, die entweder in Analogie oder als Kontrast auch die Gegenwart in besserer Weise verstehen läßt (Behrmann / Jeismann / Süssmuth 1978, 98).

Durch die Kombination dieser Zugriffe wird ein flexibles System der Auswahl und Strukturierung von Inhalten gewonnen, das zugleich für eine enge Kooperation mit dem Politikunterricht genutzt werden kann (Einzelheiten s. Behrmann / Jeismann / Süssmuth 1978, 223 − 247).
Vergleichen wir die frühere geschichtsdidaktische Diskussion über die Inhaltsauswahl (Barthel 1957; Erdmann 1963; Weymar 1967; Süssmuth 1972) und die in der jüngeren geschichtsdidaktischen Auseinandersetzung vorgeschlagenen Kriterien für die Auswahl von Inhalten, so zeigt sich, daß kein Ansatz curricular stringent abzusichern ist. „Alle diese Vorüberlegungen reichen nicht aus, eine unstreitige Stoffauswahl ... zu deduzieren" (Giesecke 1978, 67). Diese Aussage gilt für die geschichtsdidaktische Auseinandersetzung wie für die Curriculumdiskussion der politischen Bildung. Da es nicht das *eine* deutsche Geschichtsbild gibt, und *ein* verbindliches Geschichtsbild in einer pluralistischen Gesellschaft weder denkbar noch erstrebenswert ist, weil verbindliche Geschichtsbilder den Verdacht politischer Indoktrination in sich tragen, sind alternative und konkurrierende Vorschläge der Inhaltsauswahl erstrebenswert. Dabei sind allerdings ein möglichst hohes Maß an Transparenz der Prämissen, ein möglichst hoher Grad an Plausibilität und Folgerichtigkeit sowie gesellschaftlicher Konsens anzustreben.

Literatur

Barthel, K.: Das Exemplarische im Geschichtsunterricht, in: *Süssmuth, H.* (Hrsg.): Geschichtsunterricht ohne Zukunft? (AuA, Bd. 1, 2), Stuttgart 1972, 136 − 158; GWU 8 (1957), 216 − 230

Behrmann, G. C. / Jeismann, K. E. / Süssmuth, H.: Geschichte und Politik. Didaktische Grundlegung eines kooperativen Unterrichts (Studien zur Didaktik, Bd. 1), Paderborn 1978

Blankertz H. (Hrsg.): Curriculum Forschung. Strategien, Strukturierung, Konstruktion, Essen 1971
— (Hrsg.): Fachdidaktische Curriculumforschung. Strukturansätze für Geschichte, Deutsch, Biologie, Essen 1973
Erdmann, K. D.: Entwurf einer historischen Gegenwartskunde, in: *Süssmuth, H.* (Hrsg.): Geschichtsunterricht ohne Zukunft? (AuA, Bd. 1, 2), Stuttgart 1972, 44 – 72; *GWU* 14 (1969), 28 – 45
Giesecke, H.: Thesen zum Geschichtsunterricht, in: *Nslg* 14 (1974), 53 – 67
— Skizzen zu einer politisch begründeten historischen Didaktik, in: *NSlg* 18 (1978), 55 – 73
Hentig, H. von: Allgemeine Lernziele der Gesamtschule, in: *Deutscher Bildungsrat* (Hrsg.): Gutachten und Studien der Bildungskommission, Bd. 12: Lernziele der Gesamtschule, Stuttgart 1969, 13 – 43
Jäckel, E. / Weymar, E. (Hrsg.): Die Funktion der Geschichte in unserer Zeit, Stuttgart 1975
Klafki, E. / Lingelbach, K. Chr. / Niklas, H. W. (Hrsg.): Probleme der Curriculumentwicklung. Entwürfe und Reflexionen, Frankfurt 1972, 23 – 37
Kuhn, A.: Einführung in die Didaktik der Geschichte, München 1974
Mommsen, W. J.: Gesellschaftliche Bedingtheit und gesellschaftliche Relevanz historischer Aussagen, in: *Jaeckel, E. / Weymar, E.* (Hrsg.): Die Funktion der Geschichte in unserer Zeit, Stuttgart 1975, 208 – 224
Nipperdey, Th.: Über Relevanz, in: *GWU* 23 (1972), 577 – 596
Robinsohn, S. B.: Bildungsreform als Revision des Curriculum, Neuwied / Berlin 1967
Rohlfes, J. / Jeismann, K. E. (Hrsg.): Geschichtsunterricht. Inhalte und Ziele. Arbeitsergebnisse zweier Kommissionen (*GWU* 1974, Beiheft), Stuttgart 1974
Schörken, R. (Hrsg.): Curriculum „Politik". Von der Curriculumtheorie zur Unterrichtspraxis, Opladen 1974
Süssmuth, H.: Geschichtsdidaktik im Spannungsfeld der Curriculumrevision. Strukturierender Ansatz, in: *Süssmuth, H.* (Hrsg.): Geschichtsunterricht ohne Zukunft? (AuA, Bd. 1, 2), Stuttgart 1972, 277 – 318
— Strukturgeschichte und Geschichtsdidaktik, in: *Süssmuth, H.* (Hrsg.): Geschichtsdidaktische Positionen. Bestandsaufnahme und Neuorientierung, Paderborn 1980
Weymar, E.: Geschichte und Politische Bildung, Hannover 1967
— Funktionen des historischen Unterrichts in der Schule, in: *Jäckel, E. / Weymar, E.* (Hrsg.): Die Funktion der Geschichte in unserer Zeit, Stuttgart 1975, 265 – 279
Wittram, R.: Die Erheblichkeit der Forschung. Zum Problem der gesellschaftlichen Relevanz der Historie, in: *Saeculum* 23 (1972), 221 – 235

Wissenschaftspropädeutik im Geschichtsunterricht

Jörn Rüsen

Dem Geschichtsunterricht kommt grundsätzlich, in allen seinen Formen und Stufen, eine wissenschaftspropädeutische Funktion zu. Diese besteht nicht primär darin, ihn auf die Geschichtswissenschaft so auszurichten, als ginge es im schulischen Lehren und Lernen von Geschichte darum, potentielle Historiker auszubilden. Es geht vielmehr darum, *wissenschaftliche Rationalität* als ein unverzichtbares Mittel zur Erfüllung derjenigen lebenspraktischen Funktionen des historischen Denkens zu erkennen und zu erlernen, die den Geschichtsunterricht nötig machen und rechtfertigen. Von dieser *allgemeinen* wissenschaftspropädeutischen Aufgabe des Geschichtsunterrichts ist die *spezielle* zu unterscheiden, die Schülerinnen und Schüler zu einem wissenschaftlichen Studium zu befähigen.

Jeder Geschichtsunterricht ist grundsätzlich wissenschaftspropädeutisch, insofern er elementar die Fähigkeit zu einer *methodischen und diskursiven Argumentation* vermitteln muß, die das wissenschaftliche historische Denken auszeichnet. Dies bedeutet aber nicht, daß die fachlich institutionalisierte Geschichtswissenschaft im Zuschnitt auf das Lernniveau des Geschichtsunterrichts einfach als dessen Modell genommen werden könnte; denn dann würden die Fachgrenzen, die die Geschichte als Wissenschaft vom lebenspraktischen Gebrauch des historischen Wissens in ihrem politischen und sozialen Kontext unterscheidet, zum Gesichtspunkt schulischen historischen Lehrens und Lernens gemacht. Die Schülerinnen und Schüler würden dann um die Lebensdienlichkeit des historischen Denkens betrogen, die jenseits der Fachgrenzen der Wissenschaft liegt, also dort, wo sie praktisch Gebrauch von den Kenntnissen und Fähigkeiten machen sollen, die sie im Geschichtsunterricht erwerben.

Die die Geschichte als Wissenschaft definierende methodische Rationalität des historischen Denkens muß erst auf ihre fundamentalen Prinzipien hin elementarisiert und diese als Prinzipien auch des vor- und außerwissenschaftlichen historischen Denkens ausgewiesen werden, damit Wissenschaftlichkeit als maßgebender Gesichtspunkt des Geschichtsunterrichts einsichtig gemacht und zur Geltung gebracht werden kann. *Wissenschaftlichkeit* muß *als Lebensform* im deutenden Umgang mit der historischen Erfahrung ausgemacht und diese Lebensform dann im Geschichtsunterricht eingeübt und erlernt werden. Eine solche geschichtsdidaktische Rückübersetzung wissenschaftsspezifischer Rationalität in elementare und allgemeine, lebensweltliche Regulative des historischen Denkens ist notwendig, um jene verengte Vorstellung zu verhindern, die Wissenschaftlichkeit als historische Denkweise unkritisch mit dem methodischen Instrumentarium der historischen Forschung identifiziert, Wissenschaftlichkeit also nur als Forschungstechnik versteht. In einem derart reduzierten Verständnis würde Wissenschaftspropädeutik im Geschichtsunterricht nur den prekären Versuch darstellen, fachwissenschaftliche Professionalität zum Lernziel zu erheben, den Historiker als Forscher in den Laienstand der Schüler zu übersetzen, historisches Lernen also auf Kompetenzen hin zu organisieren, deren Hauptanwendungsgebiet, die wissenschaftliche Forschung, jenseits der Lebenssituation liegt, die die Schülerinnen und Schüler als ihre eigenen erwarten. Wird jedoch die methodische Rationalität des historischen Denkens, die die Geschichte als Wissenschaft definiert, von der Geschichtsdidaktik (über die Historik), als lebensweltliches Element des historischen Denkens identifiziert und als elementare und fundamentale Form einer konsensorientierten und methodisch geregelten Kommunikation über die zeitliche Orientierung der aktuellen Lebenspraxis durch historische Erinnerung expliziert, dann kann Wissenschaftlichkeit als methodische Rationalität des historischen Denkens zum *organisierenden Faktor des Geschichtsunterrichts* werden. Dies muß sogar immer dann geschehen, wenn es im Geschichtsunterricht darum gehen soll, die Schülerinnen und Schüler zu einem eigenständigen, diskursiv-argumentativ angelegten Verhältnis zur Geschichte zu befähigen.

Eine solche wissenschaftspropädeutische Organisation des Geschichtsunterichts geschieht auf zwei Ebenen: pragmatisch und reflexiv.

Pragmatisch werden die Schülerinnen und Schüler in die Grundlagen des wissenschaftlichen historischen Denkens eingeführt, indem sie dessen wichtigste Operationen elementar als methodisch geregelte praktisch einüben: Fragestellung, Vermutung, Sammlung, Sichtung und kritische Prüfung von Quellen, Auswertung und Deutung der Quelleninformationen, Darstellung und Verwendung des erworbenen historischen Wissens. Schon auf dieser Ebene einer elementaren Pragmatik des historischen Arbeitens können erste Erfahrungen mit der Eigenart und Faszination von Forschung vermittelt werden, Wissenschaftlichkeit würde dadurch auch emotional als Reiz des Unbekannten, Freude an der Entdeckung usw. erfahren und angeeignet.

Reflexiv führt der Geschichtsunterricht in die Grundlagen der Geschichtswissenschaft ein, indem er den Schülerinnen und Schülern auf der Grundlage ihrer eigenen pragmatischen Erfahrungen eine Vorstellung von der Leistung und den Grenzen wissenschaftlicher historischer Erkenntnis vermittelt. Der Geschichtsunterricht muß eine Vorstellung von der Geschichtswissenschaft vermitteln, die deren Objektivitätsanspruch verständlich macht und zugleich vor falscher Wissenschaftsgläubigkeit schützt. Es wäre ein Verstoß gegen die Wissenschaftlichkeit der Geschichtswissenschaft, wenn diese wissenschaftspropädeutisch als Autorität gelehrt würde, die den subjektiven Orientierungsbedürfnissen der Schülerinnen und Schüler vermittlungslos gegenübersteht. Ihre Autorität darf nur als Stärke ihrer Diskursivität erscheinen, und mit dieser Diskursivität muß sie nicht nur als vereinbar, sondern als vermittelbar mit der Subjektivität der Schülerinnen und Schüler erscheinen. Wissenschaftspropädeutik ist auf dieser reflexiven Ebene ein „Lernen von Wissenschaft, um sich ihrer bedienen zu können, um mit ihren Ergebnissen im täglichen Lebenszusammenhang umgehen zu können" (Mayer / Pandel 1976, 38). Wird die Wissenschaftlichkeit des historischen Denkens als subjektbezogen erfahren, dann wird auch der Eindruck vermieden, das wissenschaftlich produzierte historische Wissen ließe sich umstandslos als bloßes Mittel zu Zwecken verwenden, die wissenschaftsfremd oder gar -feindlich sind.

Reflexive und pragmatische Wissenschaftspropädeutik durchdringen sich gegenseitig: Die pragmatische Einübung methodischer Verfahren verlangt ein Bewußtsein der Regelhaftigkeit des Vorgehens und ist insofern reflexiv, und die Reflexion von Eigenart und Bedeutung der Geschichtswissenschaft ist nur dann plausibel, wenn sie auf der pragmatischen Erfahrung methodischen Arbeitens beruht.

Eine *spezielle wissenschaftspropädeutische Funktion* hat der Geschichtsunterricht in der *Sekundarstufe II,* insofern er mit der Zielbestimmung der „Studierfähigkeit" erfolgt. Dies kann so mißverstanden werden, als käme es nur darauf an, den Geschichtsunterricht als Vorbereitung eines Geschichtsstudiums zu organisieren. Da eine solche Propädeutik schon deshalb ins Leere geht, weil nur ein kleiner Bruchteil der betroffenen Schülerinnen und Schüler wirklich Geschichte studiert, kann die spezielle wissenschaftspropädeutische Funktion des Geschichtsunterrichts, zu einem wissenschaftlichen Studium zu befähigen, nur dadurch realisiert werden, daß die allgemeine wissenschaftspropädeutische Ausrichtung des Geschichtsunterrichts auf einem höheren Komplexitätsgrad der pragmatischen und reflexiven Aneignung methodisch-diskursiver Kompetenzen des historischen Denkens fortgesetzt wird. Dies bedeutet auf der pragmatischen Ebene eine Ausdifferenzierung der eingeübten methodischen Verfahren (zum Beispiel im Sinne einer deutlichen Differenzierung zwischen hermeneutischen und analytischen Verfahren) und eine Vertiefung der Forschungserfahrung (etwa durch einen entsprechend angelegten Projektunterricht), und es bedeutet auf der reflexiven Ebene eine entsprechende Ausdifferenzierung von Gesichtspunkten, die die Leistung und Grenzen der historischen Forschung und die Funktion einer forschungsbezogenen Geschichtsschreibung beurteilbar machen. Zumindest hier muß anhand entsprechenden historiographischen Materials die Perspektivierung der historischen Erkenntnis durch die Standpunkte ihrer Subjekte erkannt, die damit verbundenen Probleme der Objektivität und Parteilichkeit reflektiert und im Ansatz verschiedene geschichtstheoretische und methodologische Konzeptionen der Geschichtswissenschaft angesprochen werden. Auf beiden Ebenen, der pragmatischen und der reflexiven, sollen die Schülerinnen und Schüler eine Vorstellung vom fachlichen Charakter der Geschichtswissenschaft gewinnen, mit der sie die Geschichtswissenschaft als historische Disziplin von anderen Diziplinbereichen unterscheiden und die Kompetenzen abschätzen können, die für ein Fachstudium nötig sind.

Literatur

Anweiler, O.: Die Bedeutung des Elementaren und das Problem der Vereinfachung im Verhältnis von Geschichtswissenschaft und Geschichtsunterricht, in: *Süssmuth, H.* (Hrsg.): Geschichtsunterricht ohne Zukunft? (AuA, Bd. 1,1), Stuttgart 1972, 248 bis 260

Huhn, J.: Geschichtsdidaktik — Geschichtstheorie — Geschichtslehrerstudium. Eine Problemskizze zum Verhältnis von Geschichtsforschung und Laien, in: *Gd* 2 (1977), 298 – 313

Mayer, U. / Pandel, H.-J.: Kategorien der Geschichtsdidaktik und Praxis der Unterrichtsanalyse. Zur empirischen Untersuchung fachspezifischer Kommunikation im historisch-politischen Unterricht (AuA, Bd. 13), Stuttgart 1976

Rüsen, J.: Historische Vernunft. Grundzüge einer Historik I: Die Grundlagen der Geschichtswissenschaft. Göttingen 1983

Materialistische Geschichtsdidaktik

Horst-Wilhelm Jung

Materialistische Grundpositionen geben sich nicht immer durch explizite Stellungnahmen zum Verhältnis von Sein und Bewußtsein zu erkennen. Das erschwert zunächst die Zuordnung. Hinzu kommt, daß die politische Option: „Transformation der bürgerlichen Klassengesellschaft" nicht umstandslos als erkenntnistheoretische (in diesem Fall: materialistische) Position gedeutet werden kann.

In diesem Dilemma mag als *Zuordnungsbehelf* für einen historisch gewendeten (wenn auch nicht in jedem Fall historisch-dialektischen) Materialismus die Entscheidung für die *Entwicklung der gesellschaftlichen Arbeit* als zentrale (wenn auch nicht ökonomistisch verkürzte) Analyseebene gerechtfertigt sein.

Unter Voraussetzung dieses weiten Materialismusbegriffs lassen sich folgende geschichtsdidaktische Arbeitsebenen unterscheiden:

Kritik: Hier liegt eine Reihe von Arbeiten zur Tradition des Faches vor, u. a. zu Lehrplänen, Geschichtsbüchern und Unterrichtsmaterialien, aber auch zu Positionen der Fachwissenschaft und Fachdidaktik (Hoffacker 1973; Kühnl 1973; Boldt 1978; Jung 1978). Die Verfasser unterscheiden sich — sieht man von dem angegebenen Minimalprogramm ab — in gnoseologisch-weltanschaulicher und politischer Hinsicht, vor allem aber hinsichtlich des Explikationsgrads der eigenen Theorieposition.

Unterrichtsmaterialien: Mehrere nach Standpunkt, Anspruch und Adressatenkreis unterschiedene Reihenpublikationen bilden eine partielle Alternative zu den offiziellen Unterrichtsmitteln (Kuhn 1974a, 1975 und 1977; Hoffacker 1975 ff.; Müller / Rath 1977 ff.; Demokratische Erziehung).

Thesenartige Neuansätze: Lassen sich auch bereits aus den bisher genannten Arbeiten Neuansätze entwickeln, soweit sie nicht explizit vorgestellt werden bzw. konzeptionell entfaltet bereits vorausgehen, so gibt es doch weitere konzeptionelle Vorschläge. So entwickelt u. a. Priester, Forderungen A. Gramscis aufgreifend, ein Programm des „Kampf(es) um die *ganze* Geschichte", der „in den Kampf um die *ganze*, politische *und* soziale Demokratie" „einmünden" solle (Priester 1978, 543). Neben der Favorisierung des „Strukturierungsprinzips" *Gesellschaftsformation* steht die Warnung vor „der Gefahr einer ‚punktuellen Verengung' des historischen Blicks durch einseitige Fixierung auf gegenwartsbezogene Schülerinteressen" (Priester 1978, 542). Hensel propagiert u. a. ein „spiralförmiges Curriculum", in dem in jedem Schuljahr der „lebensthematisch" (Hensel 1984, 18) spezifizierte gesellschaftsformative Gesamtdurchlauf vorgesehen ist.

Entwickelte Konzeptionen: A. Kuhn hat, ausgehend von der Kritischen Theorie, eine Geschichtsdidaktik vorgelegt, die u. a. in kritischer Auseinandersetzung mit historischer Fachwissenschaft und Fachdidaktik die Probleme des historischen Lernens auf den „didaktischen Entscheidungs-

feldern" Gesellschaftstheorie, Interesse des Schülers und Geschichte thematisiert. „Der gesamte Lernprozeß Geschichte ist am Richtziel der Emanzipation orientiert und soll die Lernenden zur größeren Mit- und Selbstbestimmung befähigen" (Kuhn 1974, 13). Unter „Rückgriff auf marxistische dialektische Methoden" (Kuhn 1974, 41), aber auch „in der Weiterführung der marxistischen Geschichtsbetrachtung bei Habermas, vor allem in seinem Rückgriff auf Arbeit, Herrschaft und Sprache als wichtigste Konstituenten der Vergesellschaftung" (Kuhn 1974, 50) erfolgt eine Strukturierung des historischen Gegenstandes, deren „dominante(s)" Prinzip die *Gesellschaftsformation* ist. Zugleich wird Geschichte begriffen als „die kritische Rekonstruktion der Vergangenheit aus dem erkenntnisleitenden Interesse an Emanzipation" (Kuhn 1974, 41). „Ein geschichtsphilosophischer Vorgriff auf eine bestimmte Organisation der Zukunftsgesellschaft, etwa auf eine klassenlose, eigentumslose oder herrschaftslose Gesellschaft, wird ausgeschlossen, um die Fixierung auf eine bestimmte Gesellschaftsform, die sich als irreale, nur mit Gewalt erzwingbare Utopie erweist, zu vermeiden" (Kuhn 1973, 23).
In neueren Arbeiten zur Frauengeschichte und weiblichen Sozialisation (Kuhn 1980 und 1984) wird der Ansatz erweitert, sei es daß die Habermassche Homologisierung von Gattungsgeschichte und Ontogenese rezipiert wird, sei es daß mit Hilfe des Konzepts der *„dualen Ökonomie"* die geschlechtsspezifische Trennung von außerhäuslichem Produktionsbereich und häuslichem Reproduktionsbereich und damit die Unterdrückungsgeschichte der Frau ins Blickfeld gerückt wird. „Frauengeschichte definiert sich" diesem Ansatz zufolge „durch die Arbeit der Frauen im gesamgesellschaftlichen Kontext" (Kuhn 1980, 89). Und: „Die wichtigste Kategorie der Frauengeschichte und des frauengeschichtlichen Curriculums ist die Kategorie der *Arbeit"* (Kuhn 1980, 135). Die Diskussion um die Geschichte der geschlechtsspezifischen Arbeitsteilung und die Auseinandersetzung zum Verhältnis der Kategorien Gesellschaftsformation, „Universalhistorische Stufen" und Matriarchat / Patriarchat dauern an.
Nach Vorarbeiten zum Verhältnis von Geschichts-, Curriculum- und Lerntheorie (v. Staehr 1978) bzw. zur geschichtsdidaktischen Determinantenstruktur (Jung 1978) stellen Jung / v. Staehr (1983), ausgehend von der Marxschen These, daß „die *ganze sogenannte Weltgeschichte* nichts anderes ist als die Erzeugung des Menschen durch die menschliche Arbeit" (Marx 1974, 546), die *Leitkategorie „Arbeit"* ins Zentrum ihres geschichtsdidaktischen Konzepts. Ist für *Geschichts-* und *Gesellschaftstheorie* die (im Kontext der Leitkategorie entwickelte) komplexe Kategorie Gesellschaftsformation konstitutiv, so werden auf *persönlichkeitstheoretischer* Ebene im Anschluß an die Kritische Psychologie die Arbeitsmomente Vergegenständlichung und Aneignung zu einer Theorie individueller Subjektivität entfaltet (Themen sind u. a.: das Verhältnis von „gnostischen Stufen" und Praxisformen, von Kognition, Motivation und Handlungsfähigkeit, von Typen interpersonaler Beziehungen). Die *Curriculumtheorie* wird verstanden als „*die Theorie der systematischen Organisation von individualgeschichtlichen Prozessen der Aneignung der gesellschaftlich-historischen Gattungserfahrungen"* (Jung / v. Staehr

1983, 178). Thema der *Theorie des historischen Lernens* „ist die Aneignung der allgemeinen gesellschaftlich-historischen *Gattungserfahrungen in ihrer Genese*. Nicht ein Teil des gesellschaftlich-historischen Gattungslebens ist Gegenstand, sondern das gesellschaftlich-historische *Gattungsleben als solches in seinem Werden, rekonsturiert aus der Perspektive seiner höchsten Stufe des Werdens*" (Jung / v. Staehr 1983, 179). Das *oberste Lernziel* wird in einer Formulierung von K. Holzkamp deutlich: „Solange die bewußte gemeinsame Planung menschlicher Lebensverhältnisse unter Beteiligung aller, darin die vielseitige Entfaltung menschlicher Lebensmöglichkeiten, nicht gesellschaftliche Wirklichkeit geworden ist, ist der *bewußte solidarische Kampf um die Schaffung einer solchen gesellschaftlichen Wirklichkeit die einzige sinnvolle übergreifende Lebensperspektive*" (zitiert Jung / v. Staehr 1983, 193).

Die „Methodik" (Jung / v. Staehr 1985) schlägt eine Konzeptionalisierung des Lernverfahrens im Anschluß an das Prinzip des „Aufsteigens vom Abstrakten zum Konkreten" vor. Die Fortschreibung der Arbeitsprozeßanalyse ist Leitfaden für die Erkenntnis des geschichtlichen Prozesses. Die *gegenstands*bezogene, formationstheoretisch gewendete *Lernprozeßstrukturierung* wird ergänzt durch die *verfahrens*bezogene, die Bewegung des „Aufsteigens" sichernde Organisation des Lernprozesses in den Stufen der Konstitution (Problemstellung), der Konstruktion (Anleitung zur Problemlösung), der Ausführung und der Einordnung und Kontrolle.

Literatur

Boldt, W.: Geschichte und politische Bildung. Einführende Überlegungen, in: *Gd* 3 (1978), 1 — 12

Demokratische Erziehung. Unterrichtseinheiten für Schule und Jugendbildung, Köln, zum Teil o. J. (mehrere Hefte zu historischen Themen)

Hensel, H.: Den Geschichtsunterricht vom Kopf auf die Füße stellen, in: *Demokratische Erziehung* 10 (1984), 17 — 19

Hoffacker, H. (Hrsg.): Materialien zum historisch-politischen Unterricht, Bd. 1 — 4, Stuttgart 1975 ff.

Hoffacker, H. / Hildebrandt, K. (Hrsg.): Bestandsaufnahme Geschichtsunterricht. Programmatik, Materialien, Perspektiven, Stuttgart 1973

Jung, H.-W.: Studienbuch Geschichtsdidaktik, Stuttgart 1978

Jung. H.-W. / Staehr, G. v.: Historisches Lernen. Didaktik der Geschichte, Köln 1983
— Historisches Lernen II. Methodik, Köln 1985

Kühnl, R. (Hrsg.): Geschichte und Ideologie. Kritische Analyse bundesdeutscher Geschichtsbücher, Reinbek 1973

Kuhn, A.: Einführung in die Didaktik der Geschichte, München 1974
— Die Englische Revolution, München 1974a
— Die Französische Revolution, München 1975
— Industrielle Revolution und gesellschaftlicher Wandel, München 1977
— Frauengeschichte und die geschlechtsspezifische Identitätsbildung von Mädchen. Ansätze zu einem frauengeschichtlichen Curriculum, in: *Kuhn, A. / Tornieporth, G.* (Hrsg.): Frauenbildung und Geschlechtsrolle. Historische und erziehungswissenschaftliche Studien zum Wandel der Frauenrolle in Familie und Gesellschaft, Gelnhausen / Berlin / Stein (Mfr.) 1980, 69 — 144
— Die vergessene Frauenarbeit in der deutschen Nachkriegszeit, in: *Freier, A.-E. / Kuhn, A.* (Hrsg.): Frauen in der Geschichte V. „Das Schicksal Deutschlands liegt in der

Hand seiner Frau" — Frauen in der deutschen Nachkriegsgeschichte, Düsseldorf 1984, 170 – 201

Marx, K.: Ökonomisch-philosophische Manuskripte aus dem Jahre 1844, in: *MEW*, Ergänzungsband, Erster Teil, Berlin 1974, 465 – 588

Müller, H. / Rath, P.: Unterrichtseinheiten. Arbeit und Herrschaft I – IV, Dortmund 1977 ff.

Priester, K.: Thesen zum historisch-politischen Unterricht, in: *Demokratische Erziehung* 4 (1978), 535 – 547

Staehr, G. v.: Zur Konstituierung der politisch-historischen Didaktik. Der Zusammenhang von Geschichtstheorie, Curriculumtheorie und Lerntheorie für die Planung des politisch-historischen Unterrichts, Frankfurt 1978

Problemorientierter Geschichtsunterricht

Uwe Uffelmann

Der Begriff wurde von H. Heumann ohne theoretische Absicherung über ein geschichtliches Unterrichtswerk eingeführt. B. von Borries suchte einen Sammelbegriff für die neueren Ansätze und Forderungen zur Veränderung des Geschichtsunterrichts. Als Leitbegriff für ein didaktisches Konzept wählte ihn U. Uffelmann. Der problemorientierte Geschichtsunterricht (Uffelmann 1975, 1978a, 1983) will dem im Prozeß seiner Identitätsfindung begriffenen Schüler helfen, sich seiner historischen Identität (Bergmann 1975) bewußt zu werden. Diese Absicht geht von der Voraussetzung aus, daß der Mensch lebensweltlich in die Geschichte eingebunden ist (Rüsen 1975). Ihm ist eine historische Fragestellung eigen, da er sich als historische Person aufgegeben ist. Folglich enthält der Deutungs- und Handlungsentwurf, den er in Auseinandersetzung mit seiner Umwelt konzipiert, notwendig eine historische Dimension. Diese bedarf, da sie nicht jeder von sich aus erkennt, der Bewußtmachung. Der problemorientierte Geschichtsunterricht enthält dadurch seine Legitimation und erste Aufgabe. Die Hilfe bei der Identitätsfindung ist aber nur möglich, wenn es gelingt, dem Schüler Geschichte als ihn existentiell angehend begreifbar zu machen. Der Begriff „Problemorientierung" weist die Richtung der erwünschten Veränderung des Geschichtsunterrichts.

Im gängigen Verständnis ist ein *Problem* ein Vorwurf, ein Vorgelegtes, eine zu lösende Aufgabe, eine Fragestellung, eine *unentschiedene Frage*:

a) Menschliches Fragen ist existentiell bedingt. Seine mangelhafte konstitutionelle Verfassung als endliches Seiendes einerseits wie seine Zugehörigkeit zum Sein andererseits zwingen den Menschen zum Fragen nach den Bedingungen, dem Ort und der Sinnhaftigkeit seines Daseins. Muß der Mensch also nach etwas fragen, was er nicht hat, weiß oder kann, so vermag dieses jedoch nur deshalb zum Gegenstand seiner Frage zu werden, weil er einen existentiellen Anteil daran hat. Ein Bestandteil menschlicher Existenz ist ihre Geschichtlichkeit. Das Individuum vermag deshalb Fragen an die Geschichte zu richten, weil es ihr lebensweltlich zugehörig ist.

b) Einen Schlüssel für das Verhältnis von Mensch und Umwelt bietet die Bedürfnis-Kategorie: Der Mensch ist als Mängelwesen zur Überwindung seiner Hilflosigkeit auf die Auseinandersetzung mit der Umwelt angewiesen (Nitschke 1981). Die Bedürfnisse als objektive, lebensnotwendige Bedingungen menschlicher Existenz und Ergebnisse phylogenetischer, soziohistorischer Entwicklung (Gasiet 1981) markieren den Ort, an dem die defiziente Natur des Menschen, der Mangel sichtbar wird. Zur Überwindung der Mangel-Probleme entwickelt der Mensch Energien, die ihn auf die mit ihm ein Bewegungsfeld bildende Umwelt einwirken und ihn mit deren Kräften ringen lassen. Da Bedürfnisbefriedigung nie definitiv ist, entstehen dem Menschen immer neue Probleme. Eine Klassifizierung der Bedürfnisse in 1. physiologische Bedürfnisse, 2. Bedürfnisse nach Sicherheit, zwischenmenschlichen Beziehungen und sozialer Anerkennung und 3. Bedürfnisse nach Sinngebung (Uffelmann 1983) läßt erkennen, daß menschliche Probleme über die kurzfristige Befriedigung der Daseinsnot hinausreichen. Fragen an die Geschichte sind solche nach den Bedürfnissen der Menschen heute und damals wie den vielfachen Versuchen in der Vergangenheit, sie zu befriedigen.

Problemorientierter Geschichtsunterricht geht in diesem Verständnis von *Problem* von Fragen aus, die sich im historisch verwurzelten *sozialen Bezugsfeld des Schülers* ergeben und ihn somit direkt betreffen. Das heißt nicht, daß Fragen, die Historiker an die Geschichte stellen und mit ihren Analysen beantworten, keine Relevanz im problemorientierten Geschichtsunterricht hätten. Nur darf es in ihm nicht um den für den Schüler beziehungslosen Nachvollzug bereits gelöster Probleme gehen. Vielmehr soll das Kind, um „in ein je eigenes Verhältnis zur Geschichte" treten zu können, Gelegenheit erhalten, eigene Problemerfahrungen „auf geschichtliche Situationen und auf Menschen in früherer Zeit" zu übertragen (Hug 1977). Bedürfnisreflexion als Unterrichtsprinzip zur Sensibilisierung des Schülers für seine eigenen Bedürfnisse wird als möglicher Weg gesehen, die Bedingungen zu schaffen, die es ihm gestatten, die Brücke zu historischen Problemen selber zu schlagen (Uffelmann 1978). Erst wenn diese Sensibilisierung erreicht ist, können historische Informations- und Reflexionsimpulse ihn stimulieren, Fragen an die Geschichte zu richten.

In diesem Verständnis ist es *Ziel* des problemorientierten Geschichtsunterrichts, Lernprozesse einzuleiten und durchzuführen, die dem jungen Menschen Fähigkeit und Bereitschaft vermitteln, in Auseinandersetzung mit historischen Problemen ein Gegenwartsverständnis zu gewinnen, das ihm mündige Beteiligung am gegenwärtigen und zukünftigen gesellschaftlichen und politischen Leben ermöglicht.

Die *Auswahl von Unterrichtsinhalten* sollte in einem differenzierten Verfahren mit Hilfe ausgewiesener Kriterien erfolgen. Als eine Möglichkeit unter anderen kann folgendes Verfahren gelten:

a) Setzung eines aus dem Lernpotential Geschichte mit Hilfe ausgewiesener „erkenntnisleitender Interessen" (unterschiedliche Begründung Kuhn 1977;

Uffelmann 1975) entnommenen Sachverhalts als Unterrichtsinhalt unter dem Kriterium der *Bedeutsamkeit* (Ursachen gegenwärtiger Probleme und/oder gelebte und gedachte Möglichkeiten menschlich-gesellschaftlicher Existenz). Bedeutsam erscheinen zum Beispiel solche Inhalte, die mit Hilfe von Struktur- und Wandlungsprozeß-Analysen (Zapf 1971; Süssmuth 1972; Uffelmann 1975) Bedingungen von Gesellschafts- und Herrschaftsmustern (Dörr 1972) erhellen.

b) Prüfung des Sachverhalts unter dem Kriterium der *Betroffenheit* des Schülers, die durch seinen sozialen Ort markiert ist (Kuhn 1976), der sich mittels der drei Bedürfnis-Dimensionen differenzieren läßt. Die Prüfung orientiert sich über die subjektiven Bedürfnisse der Schüler hinaus an einer in bestimmten Abständen immer wieder neu zu identifizierenden mittleren Bedürfnisorientierungen der Majorität der Bevölkerung der Bundesrepublik Deutschland.

„Entdeckendes Lernen" bestimmt — bezogen auf die Unterrichtseinheit — das *Verfahren* des problemorientierten Geschichtsunterrichts. Als Leitlinien für dieses Verfahren — nicht als Methodenmonismus zu verstehen — könnten folgende Schritte dienen:

1. Phase: Problemfindung anhand historischer Materialien, die einen Bezug zum sozialen Ort, also der konkreten Gegenwart der Schüler herzustellen geeignet sind; Problemakzentuierung und Hypothesenbildung hinsichtlich der vermuteten Lösungsergebnisse; Methodenreflexion über Lösungswege, -mittel und -formen. 2. Phase: Historische Analyse in selbständiger Tätigkeit der Schüler und Gemeinschaftsarbeit fördernden Sozialformen: Sammlung und Diskussion der gewonnenen Ergebnisse. 3. Phase: Überprüfung der Ergebnisse der historischen Analyse auf deren Erkenntniswert für die Klärung der Problematik; Diskussion der Deutungs- und Handlungskonsequenzen im Hinblick auf angestrebte Rollenkompetenz.

Literatur

Bergmann, K.: Geschichtsunterricht und Identität, in: *apz* B 39 (1975)
Dörr, M.: Zur Reform des Geschichtsunterrichts, in: *GWU* 23 (1972), 338 — 353
Gasiet, S.: Menschliche Bedürfnisse, Frankfurt / New York 1981
Hondrich, K. O. (Hrsg.): Bedürfnisse im Wandel, Opladen 1983
Hug, W.: Geschichtsunterricht in der Praxis der Sekundarstufe I, Frankfurt / Berlin / München 1977, 2. ergänzte Auflage 1980
Kuhn, A.: Wozu Geschichtsunterricht? Oder ist ein Geschichtsunterricht im Interesse des Schülers möglich?, in: *Gd* 1 (1976), 39 — 47
— Einführung in die Didaktik der Geschichte, 2. Aufl. München 1977
Nitschke, A.: Historische Verhaltensforschung — Geschichte orientiert an der Zukunft, in: *Weidlich, W.* (Hrsg.): Brennpunkte der Forschung, Stuttgart 1981
— Historische Verhaltensforschung, Stuttgart 1981
Rüsen, J.: Zum Verhältnis von Theorie und Didaktik der Geschichte, in: *GWU* 26 (1975), 427 — 441
Süssmuth, H.: Lernziele und Curriculumelemente eines Geschichtsunterrichts nach strukturierendem Verfahren, in: *Lernziel und Stoffauswahl im politischen Unterricht* (Schriftenreihe der Bundeszentrale für politische Bildung, H. 93), Bonn 1972

Uffelmann, U.: Vorüberlegungen zu einem problemorientierten Geschichtsunterricht im sozialwissenschaftlichen Lernbereich, in: *apz* B 33 (1975)
— Problemorientierter Geschichtsunterricht, oder: Die Frage nach dem Zugang des Schülers zu historischem Denken, in: *apz* B 4 (1978a)
— Das Mittelalter im Historischen Unterricht, Düsseldorf 1978
— Historische Verhaltensforschung und Geschichtsdidaktik. Neue Bausteine zur Konzeption eines problemorientierten Geschichtsunterrichts, in: *Geschichte / Politik und ihre Didaktik* 11 (1983), 119 – 133
Zapf, W.: Einleitung, in: *Zapf, W.* (Hrsg.): Theorien des sozialen Wandels, 3. Aufl. Köln / Berlin 1971

Exemplarischer Geschichtsunterricht

Joachim Rohlfes

1. „Exemplarisch" nennt man einen Unterricht, der darauf angelegt ist, seine Inhalte statt in stofflicher Vollständigkeit in *sinnfälligen „Beispielen"* (Exempla) zu vermitteln. Dabei soll die Fülle und Vielfalt der potentiellen Lerngegenstände auf das *„Wesentliche"* verdichtet werden. Man sucht diese zu erreichen, indem man begrenzte, überschaubare Sachverhalte auswählt, die für das gesamte Lerngebiet charakteristisch sind, so daß sich aus ihnen allgemeinere, über den Einzelfall hinausgreifende Einsichten gewinnen lassen. Das Exemplum soll ein *Spiegel des Ganzen* sein, die konkrete Ausformung eines allgemeineren Bedeutungszusammenhanges. Exemplarischer Unterricht wil den Lernenden befähigen, die an einem Exemplum gewonnenen prinzipiellen Erkenntnisse auf neue Sachverhalte und Probleme zu *übertragen.* Die Konzentration auf eine begrenzte Zahl von Exemplar verspricht, von der Hast und Oberflächlichkeit eines enzyklopädischen Überblicklernens wegzuführen und Vertiefung und Gründlichkeit zu fördern. Sie soll Lernen zu einer unmittelbaren, originalen Begegnung mit den Phänomenen und Realitäten selbst werden lassen.

2. Die Idee des exemplarischen Lernens entstand zu Beginn der fünfziger Jahre. Ihre grundlegende Formulierung erfuhr sie in den sogenannten „Tübinger Beschlüssen" (1951), in denen ein Kreis von Gymnasial- und Hochschullehrern erklärte:

„Leistung ist nicht möglich ohne Gründlichkeit, und Gründlichkeit nicht ohne Selbstbeschränkung. Arbeiten-Können ist mehr als Vielwisserei. Ursprüngliche Phänomene der geistigen Welt können am Beispiel eines einzelnen, vom Schüler wirklich erfaßten Gegenstandes sichtbar werden, aber sie werden verdeckt durch eine Anhäufung von bloßem Stoff, der nicht eigentlich verstanden ist und darum bald wieder vergessen wird."

Diese Grundlegung stand ganz im Zeichen des *Bildungsbegriffes*: Bildung als Besinnung auf das Wesentliche und Gültige, das hinter der bunten Wirklichkeit liegt, als wirkende Kraft, die neues Wissen und Können zu erzeugen vermag. In diesem Sinne pflegte die Pädagogik der fünfziger Jahre (Klafki, Derbolav) zwischen *„Bildungsgehalt"* und *„Bildungsinhalt"* zu unterscheiden und in der Aneignung der Bildungsgehalte den eigentlichen Sinn des Lernens zu sehen: „Bildend sind nicht die besonderen Sachverhalte als solche, sondern die an ihnen oder in ihnen zu gewinnenden Struktureinsichten oder Gesetzeserkentnnisse, die erfaßten Prinzipien oder die erfahrenen Motive, die beherrschten Methoden oder die verstandenen Fragerichtungen, die angeeigneten Grundformen oder Kategorien, schließlich die erfahrenen Grenzen" (Klafki). Neben der Herausarbeitung der „Bildungswerte" des exemplarischen Lernens ging es der Pädagogik um eine kategorial-begriffliche Erfassung des exemplarischen Prinzips; dabei wurden dem Exemplarischen vor allem folgende Erscheinungsformen zugeordnet: das *Elementare* (das aus der Komplexitätsreduktion gewonnene Einfache); das *Fundamentale* (die Grunderfahrungen in den zentralen Lebensdimensionen); das *Typische* (die anschauungsverbundene Verdichtung charakteristischer Merkmale); das *Kategoriale* (die begriffliche Fixierung von Grundstrukturen und tragenden Prinzipien); das *Repräsentative* (die sinnfällige Akzentuierung des Ganzen in einem seiner Teile).

3. Die geschichtsdidaktische Diskussion wurde lange von der Frage bestimmt, ob und inwieweit das Prinzip der „Stellvertretung" des Ganzen durch ein einzelnes für die Geschichte tragfähig sei. Es lag auf der Hand, daß der Historiker nicht in der Lage ist, von einem gründlich studierten Sachverhalt (zum Beispiel der Französischen Revolution) zwingend und erschöpfend auf alle verwandten Sachverhalte (zum Beispiel die Revolutionen von 1848 und 1917) zu schließen. Er kann „das Ganze" der Geschichte nicht aus wenigen sinnfälligen Exempla zusammensetzen. Dennoch war man sich in dem Bestreben einig, die notorische Stoffülle des Faches zu beschränken, der Auffaserung des geschichtlichen Wissens in unzählige, unverbundene Einzelheiten entgegenzuwirken, das weithin übliche rezeptive Lernen durch produktives Lernen zu ersetzen. Man empfand die Idee des exemplarischen Lernens als Aufforderung und Chance, die zumeist unstrukturierte „Stofforientierung" des Faches durch die Artikulation gewichtiger Funktionen auszugleichen. Autoren wie Rumpf und Ebeling sahen im exemplarischen Prinzip vor allem die Gelegenheit, durch konzentriertes Verweilen beim einzelnen (Ebeling sprach von „Inseln") mehr Wirklichkeit, Lebensfülle und Kreativität in den Geschichtsunterricht zu bringen. Rumpf plädierte für eine neue „Art der Wirklichkeitsaufnahme". Rohlfes betonte den Vorrang der Intentionen und Funktionen des Geschichte-Lernens vor seinen Stoffen und unterschied sieben funktionale Ebenen („Funktionsziele"): die methodische, universalhistorische, geschichtsphilosophische, politische, anthropologische, existentiale und axiologische. Barthel arbeitete vier Bereiche des exemplarischen Lernens heraus: ein Paradigma im Geschichtsunterricht könne exemplarisch sein für die Verfahrensweise der historischen Wissenschaft, für das Wesen einer Epoche, für das Wesen der Geschichte überhaupt, für die gegenwartsbezogene Wirklichkeit historischen Geschehens.

Trotz mancher Vorbehalte bildete sich ein gewisser Grundkonsens heraus: exemplarisches Lernen galt als sinnvoll, soweit die Erkenntnisprinzipien und kategorialen Grundstrukturen des Faches Geschichte betroffen waren, aber als wenig aussichtsreich, wo es um die realen Geschehenszusammenhänge ging. So zeichneten sich vier Schwerpunkte des exemplarischen Lernens ab:

— das Lernen von *Methoden* und *Arbeitstechniken;*
— das Erfassen von *Kategorien, Prinzipien, Begriffen;*
— das Innewerden des *Charakteristischen, Typischen, Repräsentativen;*
— die Erfahrung persönlicher und kollektiver *Betroffenheit* im Gegenwartsbezug der Vergangenheit.

Gemeinsame Merkmale dieser vier Schwerpunkte sind die Reduzierung des unübersehbar Vielen auf überschaubare Komplexe, die Ermöglichung von Gründlichkeit und originaler Begegnung, die Übertragbarkeit der Lernergebnisse auf neue Gegenstände, Fragestellungen, Erfahrungen.

4. Eine kritische Betrachtung des exemplarischen Geschichtsunterrichts läßt folgende Schwächen erkennen: Das exemplarische Prinzip stellt keine inhaltlichen Auswahlkriterien zur Verfügung; es kann sogar zu einer gewissen „Entwirklichung" der Geschichte beitragen und die reale Geschichte durch eine Meta-Geschichte verdrängen, weil es die Inhalte weithin für austauschbar ausgibt. Der exemplarische Unterricht bedarf der Abstützung durch den *thematischen* Unterricht; nur dieser bringt die Wirkungs- und Bedeutungszusammenhänge zur Geltung, die ein wesentliches Moment der Geschichte sind. Geschichtliche Exempla können ihre „exemplarische" Wirkung erst entfalten, wenn sie in größere Zusammenhänge gerückt werden; darum muß zum punktuell-exemplarischen das ausgreifend-*orientierende* Lernen hinzutreten.

Literatur

Germer, B. (Hrsg.): Das exemplarische Prinzip, 5. Aufl. Darmstadt 1974 (mit weiteren Literaturangaben)

Historisches Wissen

Margarete Dörr

Wie läßt sich historisches Wissen gewinnen? (wissenschaftstheoretischer Aspekt)

Wissen über Geschehenes ist abhängig von Zeit, Raum und erkennendem Subjekt. Es „entsteht" oder „wird gemacht" auf verschiedenen Ebenen, die sich nur gedanklich voneinander trennen lassen.

a) Jeder Mensch macht seine eigenen Lebens*erfahrungen,* die — sofern sie sich auf Vergangenheit beziehen — „historisches Wissen" sind. Er erlebt einen Teil des umfassenden Geschichtsprozesses am eigenen Leibe oder als Augen- und Ohrenzeuge. Dieses historische Wissen ist höchst konkret und existentiell, es ist aber auch höchst subjektiv und speziell, d. h. es kann ohne größeren Bezugsrahmen nicht verallgemeinert und nur unzureichend erklärt werden, formt aber das persönliche Geschichts*bewußtsein* in entscheidender Weise mit. Wenn es nicht irgendwo „aufbewahrt" wird, ist das persönliche Wissen von der Geschichte an den Träger gebunden und mit diesem vergänglich.

b) Historisches Geschehen wird aufbewahrt oder *„gerinnt"* in Zeugnissen aller Art, die wir als die Summe der Überlieferungen oder „Spuren" oder als „Quellen" bezeichnen, gleichgültig ob sie absichtlich oder unabsichtlich Zeugnis von Geschehenem ablegen. Diese Überlieferungen decken sich nicht mit dem Geschehenen, sondern spiegeln einen bestimmten Ausschnitt (so die unabsichtlichen Quellen, wie zum Beispiel Urkunden, materielle Überreste) in einer subjektiven „Brechung" (so die absichtlichen Quellen, wie zum Beispiel Memoiren).

c) Historisches Geschehen wird bewußt *rekonstruiert.* Darin besteht die Leistung der Geschichtsschreibung und der *Geschichtswissenschaft.* Diese kann ebensowenig wie die Quellen das Geschehene selbst „naturgetreu" abbilden, sondern sie geht von bestimmten, aber der jeweiligen Lebenswirklichkeit erwachsenden „Fragen an die Geschichte" aus (auch wenn sie diese Fragen nicht ausdrücklich nennt) und wertet das Wissenpotential aus a) und b) aus, indem sie relevante Quellen auswählt, Quellenkritik übt, die Quellen mit Hilfe bestimmter Methoden und einer bestimmten Theorie ordnet, verknüpft, interpretiert und dadurch in einen verstehbaren Zusammenhang bringt, der durch a) und b) niemals von selbst gegeben ist. Diese zusammenhängende Darstellung ist nicht unabhängig vom Standpunkt des Wissenschaftlers, sie muß aber in rationalem Diskurs mit anderen Wissenschaftlern unter Rückbezug auf die Quellen (unter Umständen im Lichte neuer Quellen) begründet, behauptet, ergänzt oder revidiert werden. In diesem intersubjektiv nachprüfbarem Diskurs der historischen Forschung, die prinzipiell immer offen für Revision sein muß, besteht die „Objektivität", die „Wissenschaftlichkeit" der historischen Wissenschaft und ihre Fortschrittsfähigkeit, bei gleichzeitig nicht aufhebbarer Standortbezogenheit und einem „nicht objektivierbaren Rest" (Faber, in: Rüsen 1975, 27).

Wie läßt sich historisches Wissen vermitteln? *(didaktischer Aspekt)*

a) Die Didaktik muß immer mit dem oben charakterisierten „privaten Wissen" rechnen, das aber — sofern es nicht der Aufklärung unterzogen wird — eine Quelle von Desorientiertheit, Vorurteilen und irrationalen Geschichtsdeutungen werden kann. Daher ist dieses *„Vorwissen"* explizit artikulierbar und analysierbar zu machen. Hier liegt der fruchtbare Ansatzpunkt jeder historischen Vermittlung.

b) Vermittlung historischen Wissens kann nicht darin bestehen, daß eine Ansammlung von Daten, Fakten oder auch Quellen präsentiert wird, die der Lernende zu „lernen" hat. Diese Auffassung von Geschichtsunterricht, dessen Ertrag nach dem Quantum von „abfragbaren Stoff" beurteilt wird, bleibt auf der Stufe eines naiven Geschichtsbewußtseins stehen. Sie verkennt die oben gezeigte Tatsache, daß jede Art von Faktenauswahl und Faktenverknüpfung nicht identisch ist mit *der Geschichte,* sondern ein bestimmtes Geschichtsbild mit vermittelt. Das gilt auch für das darstellend-deutende Geschichtsbuch, für den Lehrervortrag und die Lehrererzählung und für solche Lehrpläne, die Lernziele als nicht befragbare „Wahrheiten" vorschreiben. Diese Oktroyierung einer bestimmten Geschichtsdeutung ist nicht nur unwissenschaftlich, sondern auch unvereinbar mit einer Pluralität möglicher Standpunkte in einer offenen Gesellschaft. Es ist überdies zu vermuten, daß ein solches äußerlich angeklebtes Geschichtswissen höchstens insoweit behalten wird, als es sich mit dem eigenen „Vorwissen" und den eigenen affektiven Vorurteilen verschmelzen läßt.

c) Vermittlung historischen Wissens kann ohne bewußte oder unbewußte Indoktrination nur dort geschehen, wo man *den Lernenden* an dem unter dem wissenschaftstheoretischen Aspekt beschriebenen Reflexionsprozeß *aktiv* beteiligt. Dies geschieht in mehreren Schritten:

— Das eigene Vorwissen wird problematisiert.
— Die naive Wissenschaftsgläubigkeit bzw. der Glaube an die Meinung des Lehrbuches oder des Lehrers wird erschüttert, indem zum Beispiel zwei verschiedene wissenschaftliche Darstellungen desselben historischen Ereignisses oder Sachverhaltes vorgelegt werden. Die genaue Textanalyse (Herausarbeitung von Sachaussagen, Sachurteilen und Werturteilen und deren Interdependenz) führt zu folgenden Einsichten:

— daß kein Wissenschaftler ein „objektives Bild der Geschichte" zeichnen kann, sondern Antworten auf Fragen an die Geschichte formuliert, und zwar von einem bestimmten Standort aus;
— daß man versuchen muß, diesen Standort herauszufinden, um von daher den Deutungshintergrund zu bestimmen;
— daß man eine kontroverse wissenschaftliche Darstellung heranziehen sollte, um vergleichen zu können;
— daß historische Sachurteile intersubjektiv an den Quellen nachprüfbar sein sollten und daß es „bessere" oder „schlechtere" gibt, je nachdem wie gut sie durch Quellen abgestützt werden können;
— daß historische Werturteile, die wissenschaftlich nicht restlos beweisbar sind, notwendig in die historische Darstellung eingehen und diese dadurch relativieren;
— daß man in Abwägung der verschiedenen Positionen in der Forschung sich einer anschließen oder mehrere kombinieren kann, daß man sich aber der Voraussetzungen dieser Entscheidung bewußt sein sollte.

Der Lernende kann und muß nicht die gesamte wissenschaftliche Diskussion nachvollziehen. Entscheidend ist, daß der Weg, wie man zu historischem Wissen kommt, einmal oder mehrmals exemplarisch abgeschritten wird, und daß dem Schüler an den entscheidenden Stellen gegensätzliche Positionen und Aspekte nicht vorenthalten werden, damit er zu eigenem Urteil in dem oben beschriebenen Sinn kommen kann. Diese Forderung hat Folgen für die Lehrmittel und für den Unterrichtsstil. Das darstellend-deutende Geschichtsbuch ist zu ersetzen oder zumindest zu ergänzen durch das geschichtliche Arbeitsbuch, das vielfältiges und auch kontroverses Material zur eigenen Erarbeitung bereitstellt. Historisches Wissen wird nicht „geliefert", sondern ist das Ergebnis eines selbständigen Reflexions- und Aneignungsprozesses. Es wird damit nicht entwertet, sondern Bestandteil eines aufgeklärten Geschichtsbewußtseins, das der Identitätsfindung und dem verantwortlichen politischen Entscheiden und Handeln dient.

Literatur

Bergmann, K. / Pandel, H. J.: Geschichte und Zukunft, Frankfurt 1975
Dörr, M.: Das Schulbuch im Geschichtsunterricht, in: *Jäckel, E. / Weymar, E.*: Die Funktion der Geschichte in unserer Zeit, Stuttgart 1975, 294 − 309
Koselleck, R. / Mommsen, W. J. / Rüsen, J. (Hrsg.): Objektivität und Parteilichkeit in der Geschichtswissenschaft. Theorie der Geschichte (Beiträge zur Historik, Bd. 1), München 1977
Rüsen, J. (Hrsg.): Historische Objektivität. Aufsätze zur Geschichtstheorie, Göttingen 1975

Geschichtsbild

Gerhard Schneider / Irmgard Wilharm

Unter Geschichtsbild versteht man eine sich in Auseinandersetzung mit der gesellschaftlichen Wirklichkeit verändernde, durch Alltagserfahrungen, Umwelteinflüsse, politische, religiöse, soziale und wirtschaftliche Momente sowie durch die wissenschaftliche Entwicklung sich differenzierende bzw. ausweitende, nach Inhalt und Umfang individuell verschiedene *subjektive Gesamtvorstellung* vom Sinn, Wesen, Verlauf und Ziel der Geschichte sowie der sie bestimmenden Kräfte, Ereignisse und Gestalten. Das Geschichtsbild ermöglicht den Individuen eine Selbstverortung und Orientierung im Geschichtsprozeß, wirkt maßgeblich bei der Einschätzung und Bewertung historischer Sachverhalte mit und begründet Optionen auf die Zukunft. Umgekehrt wirken veränderte Zukunftsvorstellungen auf Geschichtsbilder zurück. Das gilt seit den siebziger Jahren besonders für *ökologische Gefährdungen* („Grenzen des Wachstums") wie für das wachsende *Konfliktpotential* der „einen Welt" (Nolte 1982). Fragestellungen der wissenschaftlichen Diskussion sind in individuelle und Kollektivvorstellungen eingegangen und prägen Geschichtsbilder mit. Diese entstehen als *individuelle* und *Kollektiv-*

vorstellungen ständig neu, zum Beispiel als historisch begründete Feindbilder, als Selbstbestätigung einer Gruppe, und werden politisch wirksam.

Die zu allen Zeiten nachweisbaren Versuche verschiedener Gruppen, Instanzen, Institutionen (Kirchen, Parteien, Staat, andere Organisationen und Verbände) tragen zur Ausbildung eines individuellen Geschichtsbildes unterschiedlich stark bei. Damit wird beabsichtigt, die Bevölkerung auf eine bestimmte Sicht der Geschichte zu verpflichten, eigene Herrschaft bzw. Ansprüche auf Herrschaft zu legitimieren, gegebenenfalls zu stabilisieren, aktuelles und zukünftiges Verhalten des Menschen, ihre Normen und Werthaltungen, Handlungen und Bereitschaften auf eine gewünschte Richtung hin zu beeinflussen, um so ein möglichst kollektives Geschichtsbild zu befördern.

Neben der prinzipiellen Trennung eines naiven (zum Beispiel Geschichtsbild des Kindes) und eines wissenschaftlich begründeten Geschichtsbildes kann man je nach Reichweite, ideologischer Zielsetzung oder unter Zugrundelegung anderer Prämissen folgende, bis in die Gegenwart hinein neben- oder nacheinander existierende, teilweise miteinander konkurrierende Geschichtsbilder feststellen: christlich-abendländisches, marxistisch-leninistisches, rassisch-biologisches, heroisches, idealistisches, germanozentrisches, europäisches, universales Geschichtsbild usw. Diese Geschichtsbilder unterscheiden sich auch hinsichtlich der ihnen zugrunde liegenden Ideen (Fortschritt, zyklische Wiederkehr, gesetzmäßiger Ablauf, Sendungsbewußtsein usw.)

Über das Zustandekommen, die Vermittlung und Veränderung von Geschichtsbildern über den jeweiligen Beitrag latenter, manifester und institutionell-intentionaler Faktoren liegen reichende Ergebnisse noch nicht vor (Jeismann 1978, 53 ff., 65 ff.). Es hat den Anschein, als hätten in der Vergangenheit die institutionell-intentionalen Faktoren (Unterricht, Lehrbücher, -pläne) sehr viel größeres Gewicht bei der Ausbildung eines Geschichtsbildes gehabt als heute (Weymar 1961; Schallenberger 1964). Noch in den fünfziger und sechziger Jahren war man angesichts des vermeintlich drohenden Verlusts der Geschichte und der vielfach konstatierten Orientierungslosigkeit in einer unsicheren Gegenwart der Ansicht, daß ein im Geschichtsunterricht „in volkspädagogischer Absicht" vermitteltes deutsches Geschichtsbild, „das auf Tradition, Kontinuität und Revision begründet ist, das aber auch . . . die gegenwartspolitischen Forderungen nach Einbeziehung des Ostraumes, ohne in Nationalsozialismus zu verfallen, Genüge tut" (Schlegel 1961, 20), zu einem „ganzheitlichen Bilde der deutschen Geschichte" verhelfen könne, „das lehr- und lernbar" sei (Schlegel 1961, 98), um so auf dem Wege der (gelegentlich auch kritischen) Identifikation mit unserer Vergangenheit zu einem festen geschichtlichen Standort zu gelangen (Kritik bei Rohlfes 1974, 102 f.).

Zur Erreichung dieses Zieles bediente man sich im Geschichtsunterricht ab der 5. / 6. Klasse der sogenannten *„erzählenden Geschichtsbilder"* (Schlegel 1961, 27), die den älteren Geschichtserzählungen nachgebildet waren und unter Bezugnahme auf die Heimat der Schüler sowie auf der Grundlage der damals herrschenden entwicklungspsychologischen Lehrmeinung (Phasentheorie) meist große Persönlichkeiten in den Mittelpunkt stellten. Die als

Teile eines Ganzen verstandenen „Geschichtsbilder" sollten dem Schüler „eine Ahnung von Geschichte als eines beziehungsreichen und ineinandergreifenden Geschehenszusammenhangs" vermitteln (Schlegel 1964, 94). Das daraus vielfach resultierende, auch schon früher im Geschichtsunterricht dominierende personalisierende Geschichtsbild der Schüler ist geprägt durch „übermächtige Subjekte, personalisierte Kollektiva, stereotype soziale Ordnungsschemata, anthropomorphe Bezugskategorien" (v. Friedeburg / Hübner 1970, 11).

In dem Maße, wie sich seit Ende der sechziger Jahre Ziele und Methoden des Geschichtsunterrichts wandelten, die Offenheit und Mehrdeutigkeit der Geschichte in den Vordergrund traten und die apodiktische Behauptung, jeder Mensch brauche ein Geschichtsbild, in Zweifel gezogen wurde, rückte man mehr und mehr davon ab, im Geschichtsunterricht ein verbindliches Geschichtsbild vermitteln zu wollen (Bergmann 1972). Kritik an der Forderung eines verbindlichen Geschichtsbildes wird auch von seiten der Politik und der Geschichtswissenschaft geübt (zuletzt Mommsen 1978). Während in der DDR das marxistisch-leninistische Geschichtsbild als ein wissenschaftlich begründetes verstanden wird und insofern als Basis für sozialistisches Geschichtsbewußtsein gilt (Riesenberger 1973), wird in der Bundesrepublik Deutschland das Nebeneinander unterschiedlicher Geschichtsbilder als dem politischen Pluralismus angemessen akzeptiert (vgl. die Reden von Bundespräsident Scheel und Bundeskanzler Schmidt auf den Historikertagen 1976 und 1978), während andere in der Bevölkerung ein vitales Bedürfnis nach einem geschlossenen Geschichtsbild konstatieren zu können glauben (Diwald 1977). Während die politische Kritik sich gegen die Funktion der Ideologiebildung durch verbindliche Geschichtsbilder richtet, geht die fachwissenschaftliche Kritik von dem statischen Charakter eines „Bildes" aus, das Veränderungen, Widersprüche, Alternativen verdeckt, anstatt sie zum Gegenstand vergleichender Untersuchung zu machen (Wittram 1969; Erdmann 1977).

Die neuen didaktischen Zielsetzungen (Ausbildung von Problembewußtsein, Kritikfähigkeit, Multiperspektivität usw.), die mit dem bloßen Kenntniserwerb zusätzliche unterrichtliche Perspektiven verbanden, wiesen dem Geschichtsunterricht die Aufgabe zu, die in der Vergangenheit wirksamen Geschichtsbilder selbst zum Gegenstand von Unterricht zu machen.

Literatur

Bergmann, K.: Personalisierung im Geschichtsunterricht — Erziehung zu Demokratie?, Stuttgart 1972

Diwald, H.: Geschichtsbild und Geschichtsbewußtsein im gegenwärtigen Deutschland, in: Saeculum 28 (1977), 22 — 30

Erdmann, K. D.: Die Frage nach dem „Geschichtsbild", in: *GWU* 28 (1977), 157 — 159

Friedeburg, L. v. / Hübner, P.: Das Geschichtsbild der Jugend, 2. Aufl. München 1970

Fürnrohr, W.: Ist Geschichtsunterricht ohne gültiges Geschichtsbild noch sinnvoll?, in: *Pädagogische Welt* 25 (1971), 435 — 442

Gibt es ein deutsches Geschichtsbild? mit Beiträgen von A. Clement, H. Buchheim, L. Dehio u. a. (Studien und Berichte der Katholischen Akademie in Bayern, H. 14), Würzburg 1961

Hättich, M.: Geschichtsbild und Demokratieverständnis, in: *Löwenthal, R. / Schwarz, H.-P.* (Hrsg.): Die zweite Republik, Stuttgart 1974, 3. Aufl. 1979
Jeismann, K. E.: Didaktik der Geschichte, in: *Behrmann, G. C. / Jeismann, K. E. / Süssmuth, H.* (Hrsg.): Geschichte und Politik, Paderborn 1978, 50 — 107
Marxistisch-leninistisches Geschichtsbild und Weltanschauung der Arbeiterklasse, Berlin (DDR) 1975
Mommsen, H.: Geschichtsunterricht und Identitätsfindung in der Bundesrepublik, in: Gd 3 (1978), 291 — 300
Nolte, H.-H.: Die eine Welt. Abriß der Geschichte des internationalen Systems, Hannover 1982
Pietzcker, F.: Geschichtsbild und Geschichtstheorie in Hand- und Schulbüchern, Frankfurt 1979
Riesenberger, D.: Geschichte und Geschichtsunterricht in der DDR, Göttingen 1973
Rohlfes, J.: Umrisse einer Didaktik der Geschichte, 3. Aufl. Göttingen 1974
Schallenberger, H.: Untersuchungen zum Geschichtsbild der Wilhelminischen Ära und der Weimarer Zeit, Ratingen 1964
Schlegel, W.: Geschichtsbild und geschichtliche Bildung als volkspädagogische Aufgabe, Weinheim 1961
— Geschichtsunterricht in der Volksschule, 2. Aufl. München 1964
Streisand, J.: Geschichtsbild — Geschichtsbewußtsein — Geschichtswissenschaft. Ihre Wechselbeziehungen und ihre Bedeutung für die Entwicklung des sozialistischen Bewußtseins, in: *ZfG* 15 (1967), 822 — 834
Weymar, E.: Das Selbstverständnis der Deutschen, Stuttgart 1961
Wittram, R.: Anspruch und Fragwürdigkeit der Geschichte, Göttingen 1969

Sprache

Friedrich J. Lucas † / Ursula A. J. Becher

Problemstellung

Für die geschichtsdidaktische Forschung sind sprachliche Artikulationen von Geschichtsbewußtsein wie auch die sprachliche Fassung, in der Geschichte vermittelt und rezipiert wird, von entscheidender Bedeutung, denn auf diese Weise wird das historisch-politische Bewußtsein einer Gesellschaft geprägt und erarbeitet. Um so merkwürdiger berührt es, daß es trotz der verbreiteten Erkenntnis vom Zusammenhang von Geschichtsbewußtsein und Geschichtsdidaktik (Lucas 1965; Schörken 1972) außer einem Aufsatz von Friedrich Lucas (1975) keine Untersuchung zu diesem Forschungsthema gibt. Dieser Artikel referiert daher leitende Hinsichten, Methoden und Ergebnisse dieser Arbeit.

Leitende Hinsichten

Geschichte, die nicht bloße Annalistik oder Chronik sein will, geht von Problemen aus. Probleme aber können nur durch Sprache vermittelt werden.

Aufgabe eines allgemeinbildenden Geschichtsunterrichts ist es, zutreffende Vorstellungen von uns in besonderem Maße betreffenden historischen Vorgängen zu vermitteln und den Lernenden zur persönlichen Auseinandersetzung mit den in ihnen sich manifestierenden Problemen hinzuführen und anzuleiten. Auch dies kann nur durch Sprache geschehen. Dabei ist zu bedenken:

- Sprache kann Probleme verschleiern oder verharmlosen.
- Sprache kann auch eine bestimmte Einstellung zu Problemen — ausdrücklich oder unausdrücklich — suggerieren.
- Eine wertneutrale Sprache, die doch aussagekräftig wäre, gibt es nicht. Sprache kann aber durch bewußten Einsatz der von ihr hervorgerufenen Assoziationen die Auseinandersetzung mit Problemen provozieren.

Dies gilt gleichermaßen für die gesprochene und geschriebene Sprache. Eine Analyse von Lehrer- und Schülersprache im Geschichtsunterricht bleibt ein dringliches Desiderat. Die vorliegende Untersuchung bezog sich auf gebräuchliche Schulbücher für den Geschichtsunterricht, weil es immer noch diese Medien sind, die im Vordergrund der Vermittlung von Geschichte stehen.

Methoden der Untersuchung

Um dem vorgenommenen Ziel einer besseren Beurteilung der Funktion der Sprache im Geschichtsunterricht näher zu kommen, können zunächst rein pragmatisch Hinweise aus der Sprachwissenschaft aufgenommen, auf ihre Verwendbarkeit geprüft und zu einem Instrumentarium zusammengestellt werden, das zumindest eine methodisch geordnete und nachvollziehbare Annäherung an das gesteckte Ziel ermöglicht. Ausgangspunkte sind die Erkenntnisse und Methoden der Transformationsgrammatik mit ihrer Unterscheidung von Oberflächen- und Tiefenstruktur eines Satzes. Die Analyse der Propositionen, aus denen die Tiefenstruktur eines Satzes besteht, bringt die Wertung hervor, die vom Autor vermutlich nicht beabsichtigt ist und die vom Empfänger unbewußt und deshalb unter Umständen um so wirksamer, weil unreflektiert, aufgenommen wird. Sie wird ihm nicht direkt mitgeteilt, sondern über die Tiefensruktur des Satzes indirekt suggeriert. Um den Bedeutungs- oder, wie man im Hinblick auf die didaktische Zielsetzung unserer Überlegungen auch sagen könnte, den Ausdruckswert der jeweils verwendeten Wörter bestimmen zu können, wurde auf die von Jost Trier und Leo Weißgerber entwickelte Theorie des Wortfeldes zurückgegriffen. Auch diese Theorie geht davon aus, daß die Bedeutung eines Wortes nicht einfach isoliert lexikalisch festgelegt werden kann, sondern durch die der anderen Wörter im Sinnganzen einer Aussage modifiziert wird. Ebenso definieren sich die Bedeutungen sinnverwandter Wörter innerhalb des von ihnen gebildeten, durch die Sinnverwandtschaft konstituierten Wortfeldes. Wählt man nun aus einem solchen Wortfeld diejenigen Wörter aus, die mit dem zu interpretierenden Wort sinnverwandt sind, sofern sie den gleichen, durch den Kontext des Satzes angesprochenen Aspekt aufweisen, so lassen sich diese in einer bzw. mehreren Skalen etwa nach der

Intensität oder Konkretheit des Ausdrucks anordnen und erlauben so eine relative Bestimmung des Ausdruckswerts unseres Wortes.

Ergebnisse der Untersuchung

Die Analyse verbreiteter Schulbuchtexte erbrachte häufig wiederkehrende Sprachmuster, die nach ihren Funktionen als verschleiernd oder suggestiv gekennzeichnet werden können.
— *Verschleiernde Sprache*: Ein häufiges Phänomen ist der Gebrauch abstrakter Wendungen. Die Autoren bemühen sich um eine objektive Darstellung, indem sie lediglich die Feststellung der Geschichtswissenschaft ausgedünnt auf ein, wie sie glauben, für Schüler verständliches Niveau bringen. Die Funktion der benutzten Sprache für den Aufbau konkreter Vorstellungen, die Erkenntnis des auswahlleitenden Problems und die Anbahnung eigener Auseinandersetzung mit ihm werden dabei offensichtlich wenig bedacht. Die Versuche, historische Sachverhalte konkret darzustellen, bleiben auf mittlerer Abstraktionsebene hoffnungslos stecken.

Beispiel: „Napoleon hatte dieses bis dahin größte Heer der Geschichte nur durch starke Druckmittel aufstellen können. Die unterworfenen Völker band nur der Zwang an Napoleons Fahnen."

Das Beispiel zeigt drei typische Erscheinungen heute üblicher Geschichtsbuchtexte: Der Ausdruck „starke Druckmittel" fällt unter die Kategorie verschleiernder und verharmlosender Nomina. Der Versuch, das Geschehen unmittelbarer zu fassen, führt zu einer häufigen Nennung der herausragenden historischen Persönlichkeiten. Der zweite Satz ist ein Musterbeispiel der Verwechselung konkreter mit figurativer Sprache. Sie schafft statt instruktiver Vorstellungen von Gewesenem nur allegorische Bilder, die, statt im Besonderen das Allgemeine dem Nachdenken anzubieten, in der Regel eher irreführend oder ebenso verschleiernd und tendenziell verharmlosend wirken.
— *Suggestive Sprache*: Sehr viel schwieriger ist die Frage der Suggestion vorwegbestimmter Einstellungen und Urteile gegenüber geschichtlichen Erscheinungen, die durch Sprache bewirkt wird. Gemeint sind hier einmal das Phänomen der appellativen Sprache, die das Gefühl und den Willen anspricht, ferner die indirekt suggestive sprachliche Formulierung. Ein direkter Appell an Emotion und affektiv vermittelte Wertvorstellungen unter völliger Hintansetzung des kritisch beurteilenden Verstandes entspricht am ehesten einer Geschichtsauffassung, die wir mit Nietzsches Terminus „monumentalisch" nennen können. Die entsprechende Sprache findet sich vorwiegend in den Lehrbüchern von Staaten mit verordneter Weltanschauung, an die es Gemüt und Willen zu binden gilt. Wenn sich dieser Stil in den heute gebräuchlichen Lehrbüchern nicht findet, bleibt der kritische Hinweis auf diese sprachliche Möglichkeit dennoch angebracht.

Die eher indirekt suggerierten Vorstellungen durch Sprache sind sehr schwierig und nur durch die Analyse des wechselseitigen Verhältnisses von Kontext, Wortwahl, Syntax und zugrunde liegenden Propositionen aufzudecken. Neben der Analyse der Tiefenstruktur ist die kritische Prüfung der Wortwahl im Hinblick auf vermittelte Wertvorstellungen aufschlußreich. Wenn in einem Bericht über den Ersten Weltkrieg die russischen Truppen als „Feind" im Osten, die französischen dagegen als „Gegner" vorgestellt werden, wenn in einer Darstellung des 9. November 1918 in Berlin die Zuhörer Karl Liebknechts als „Masse", jene Scheidemanns sogleich als „Mehrheit" bezeichnet werden, so werden dem lesenden Schüler Wertungen suggeriert, die die eigene Urteilsbildung verstellen.

— *Inzitative Funktion der Sprache*: Die Wirksamkeit der Sprache bei der Rezeption von Geschichte läßt sich nicht nur an negativen Beispielen ablesen; die Erkenntnis dieses Zusammenhangs müßte didaktische Konsequenzen haben. Wir gehen davon aus, daß geschichtliches Lernen heute dahin strebt, ausgewählte historische Gegenstände kritisch analysierend aufzunehmen und zu verarbeiten, um in der Auseinandersetzung mit dem Gewesenen und Gewordenen Erfahrung für die Lösung der eigenen Probleme zu gewinnen. Es kann nicht darum gehen, den Betrachter mit quasi dichterischen Mitteln distanzlos in das Geschehen hineinzuziehen. Die traditionelle Auffassung, Geschichte müsse erzählt werden, wird ersetzt durch das Bestreben, den Lernenden auf die Gedankenbahn zu eigener Urteilsbildung zu lenken. Wie aber motiviert man den Lernenden zur analysierenden und vergleichenden Befassung mit Geschichte? Hier liegt eine wichtige Funktion der Sprache, in der Geschichte sich ihm mitteilt. Diese Sprache muß ihn zunächst anrühren, treffen. Sie muß Affekte freisetzen, die ihn zur Beschäftigung mit dem in Rede stehenden Gegenstand anreizen, indem sie eigene Erfahrungen und Vorstellungen tangiert. Sie muß in diesem Sinne *inzitativen Charakter* haben. Zugleich aber hat sie die Aufgabe, es ihm zu ermöglichen, ja sie soll ihn geradezu auffordern, Geschichte unverschleiert und ohne vorgängige Wertung und Suggestion kennenzulernen.

In der Regel wird sich die Wortwahl im Wortfeld zum Konkreten hin verschieben, da konkrete Bezeichnungen der Wirklichkeit meist assoziationsreicher sind. Dies bedeutet zwar einen Verzicht auf relative Wertneutralität, braucht aber deshalb nicht eindeutige Bewertungen des Benannten mit sich zu bringen. Das sollte auch vermieden werden, da es ja um Anreiz zum eigenen Nachdenken, nicht um seine Vorwegnahme geht. Eine Sprache, die, logisch oder grammatisch, passivische Konstruktionen bevorzugt, läßt die Menschen als Objekte erscheinen, über die die Geschichte als unabwendbares Geschick verfügt hat. Aktivische Konstruktionen tendieren auf die Nennung und Erkenntnis von Faktoren des Geschehens. Sie werden dem kritischen analytischen Anspruch gerecht, indem sie Herausfinden, In-Beziehung-Setzen und Beurteilen der beteiligten Faktoren ermöglichen und anbahnen. Der Lehrer muß sich bewußt sein, daß es kaum über die Aufforderung zum Auswendiglernen hinausreicht, den Schülern fertige Abstrakta zu bieten. Es muß ihm nicht nur als wünschenswert bekannt sein, daß es darum geht, vom Konkreten zu seiner abstrahierenden gedanklichen Bearbeitung fortzuschreiten. Soll dies nicht weithin gute Absicht bleiben, ist es erforderlich, daß er durchschauen lernt, auf welchen sprachlichen Wegen sich diese gewünschte Lernbewegung initiieren und lenken läßt. Er muß sensibel gemacht werden gegen in der Sprache versteckte einsinnige Appelle und Wertungen, vor allem gegen unterbewußt wirkende Suggestionen aus Wortwahl und Satzformulierung und ihre didaktischen Konsequenzen. Nur ein Lehrer, der diese Zusammenhänge selbst sieht, kann auch seine Schüler zum Beispiel an Propaganda-Texten appellative und suggestive Sprache erkennen lehren. Voraussetzung hierfür aber ist, daß er sich selbst mit wachem ideologiekritischem Bewußtsein gegenübersteht und immer erneut versucht, seine eigenen stillschweigenden Voraussetzungen zu kontrollieren, aus denen heraus er spricht bzw. die aus ihm sprechen.

Literatur

Chomsky, N.: Sprache und Geist, Frankfurt 1973
Lucas, F. J.: Zur Geschichts-Darstellung im Unterricht, in: *GWU* 16 (1965), 285 — 298
— Die Funktion der Sprache im Geschichtsunterricht, in: *Jäckel, H. / Weymar, E.* (Hrsg.): Die Funktion der Geschichte in unserer Zeit, Stuttgart 1975, 326 — 342
Schmidt, L. (Hrsg): Wortfeldforschung. Zur Geschichte und Theorie des sprachlichen Feldes, Darmstadt 1973
Schörken, R.: Geschichtsdidaktik und Geschichtsbewußtsein, in: *GWU* 23 (1972), 81 — 89

Personalisierung, Personifizierung

Klaus Bergmann

Personalisierung ist eine Form der Wirklichkeitserfassung, bei der die Wirklichkeit als das Entscheidungsfeld und als das *Resultat des Handelns weniger Einzelpersonen* begriffen wird. Die diesen Personen unterstellte Fähigkeit, die Wirklichleit umstandslos zu „machen" oder unter Umständen erheblich zu gestalten, läßt die Einzelpersonen als „große Persönlichkeiten" erscheinen (Bergmann 1977).
Personalisierung taucht insbesondere in der alltäglichen Lebenswelt auf, wo die Komplexität von Situationen — vor allem durch die öffentlichen Medien — verarbeitet wird, indem sie auf das Handeln von Persönlichkeiten reduziert wird. Das politische und das historische Bewußtsein werden durch diese Wirklichkeitsvermittlung erheblich beeinflußt.
Im Bereich historischen Denkens meint Personalisierung die Deutung und Darstellung historischer Sachverhalte an großen Persönlichkeiten und aus der Sicht großer Persönlichkeiten. Die vor allem im Historismus und in jeder

„monumentalischen Historie" (Nietzsche) bevorzugte Personalisierung widerspricht der geschichtstheoretisch gültigen Erkenntnis, daß — nach Marx — noch immer eher die Umstände die Menschen bestimmen, als daß umgekehrt die Menschen die Verhältnisse bestimmen (Kocka 1977a). Sie läuft auch der Absicht der Geschichtswissenschaft zuwider, die Vergangenheit als einen Zusammenhang zu begreifen, in den alle Menschen handelnd und leidend eingebunden sind. Geschichtstheoretisch begründete Einwände gegen die Personalisierung bedeuten aber nicht, daß die Existenz großer historischer Persönlichkeiten geleugnet wird. Deren Größe und Bedeutsamkeit wird gerade darin gesehen, daß sie den ihnen gesetzten engen Handlungsrahmen bei der Verfolgung ihrer Zwecke optimal nutzen.

Die in der Geschichtswissenschaft übliche Personalisierung hatte ihre Entsprechung immer auch im Geschichtsunterricht und in außerschulischen Darstellungen von Geschichte (Schneider 1977), und auch in der Gegenwart ist die Personalisierung ein deutlich und unkritisch bevorzugtes Mittel der Darstellung von Geschichte in den Massenmedien.

In geschichtsdidaktischer Hinsicht ist eine personalisierende Geschichtsdarstellung unvereinbar mit allen Konzeptionen historischen Lernens, die an der Befähigung der Lernenden zu eigenständigem Handeln, an Selbst- und Mitbestimmung oder an Emanzipation der Lernenden sich interessiert zeigen:

— Personalisierung fördert politische Apathie, indem sie den Schülern die Erkenntnis eigener Handlungs- und Veränderungsmöglichkeiten erschwert;
— Personalisierung begünstigt autoritäre Einstellungen und historisch anachronistische Fixierungen auf „übermächtige Subjekte" (Friedeburg / Hübner 1964);
— Personalisierung verhindert die kategorialen Erkenntnisse, daß der geschichtliche Prozeß ein Zusammenhang von menschlichem Handeln, Nicht-Handeln und Leiden ist und daß objektive Bedingungen die Handlungs- und Veränderungsmöglichkeiten erheblich einschränken;
— indem Personalisierung tendenziell Geschichte monoperspektivisch aus dem Blickwinkel der erfolgreichen historischen Persönlichkeiten vermittelt, werden historisch sinnvolle und gegenwärtig und zukünftig bedenkenswerte, aber historisch gescheiterte Alternativen als mögliche Reflexions- und Lerninhalte von Geschichtsunterricht vernachlässigt;
— indem Personalisierung den Alltag vergangenen menschlichen Handelns und Leidens nicht oder kaum in die Darstellung von Geschichte einläßt, verwehrt sie der Mehrheit der Lernenden ihre sozialgeschichtlich eigentlichen Vorfahren als Identifikations-, Erfahrungs- und Lernobjekte (Streiffeler 1972).

Personifizierung historischer Sachverhalte ist für sich eine nur scheinbar sinnvolle didaktische Alternative zur Personalisierung. Personifizierung meint *die Darstellung von Geschichte an „namenlosen" handelnden und leidenden Personen und aus der Sicht dieser Personen, die immer gesellschaftliche Gruppierungen vertreten.*

Die Personifizierung scheint gegenüber einer traditionellen personalisierenden Geschichtsauffassung und Geschichts-Darstellung unübersehbare didaktische Vorteile zu bergen. Sie kommt der gegen den Historismus vorgebrachten Forderung Walter Benjamins entgegen, „die Geschichte gegen den Strich zu bürsten" (Benjamin 1965, 83). Sie bringt Momente des historischen Alltags — die Bestrebungen, Hoffnungen, Erfahrungen, Leiden der sozialgeschichtlichen Vorfahren der Mehrheit der Bevölkerung – in die Geschichtsdarstellung ein. Geschichte aber läßt sich nur „nach Maßgabe des Möglichen" (Benjamin 1965, 83) gegen den Strich bürsten. Eine personifizierende Geschichte, die als isolierende und isolierte Gegen-Geschichte verstanden wird, führt durch Verzicht auf die Einordnung in den gesamtgesellschaftlichen Herrschaftszusammenhang zu bedenklichen Verzerrungen. Eine ausschließliche Personifizierung in der Geschichtsdarstellung beinhaltet die Gefahren, die jeder monoperspektivischen Geschichtsdarstellung eigentümlich sind:

Die Lernenden erfahren durch Primärzeugnisse oder Geschichtserzählungen einseitige Ansichten eines historischen Sachverhalts, die sie kaum auf ihren Wahrheitsgehalt überprüfen können, weil ihnen andere Zeugnisse und Ansichten fehlen. Didaktisch gefährlicher ist es noch, daß sie Geschichte nicht als einen Zusammenhang gegenläufiger Interessen und Handlungen begreifen lernen, die auf unterschiedlichen Machtpositionen beruhen. Die Lernenden werden weder durch eine personalisierende noch durch eine ausschließlich personifizierende Geschichtsdarstellung dazu befähigt, eine tragfähige eigenständige Rekonstruktion vergangenen menschlichen Handelns und Leidens unter gegebenen Sachumständen zu leisten. Diese Möglichkeit wird erst durch eine multiperspektivische, an kontroversen Primärzeugnissen erfolgende Präsentation von Geschichte geschaffen, in der Momente der Personalisierung und der Personifizierung in der Absicht aufgehoben sind, den Lernenden die kritische Auseinandersetzung auch mit ihnen fremden Interessen und Wertvorstellungen abzuverlangen.

Für den Geschichtsunterricht gilt, daß die Personalisierung als eine in didaktischer Hinsicht besonders bedenkliche Form der Geschichtsdeutung und -darstellung kein vom Unterricht abgehobener und nur außerhalb des Unterrichts diskutierter Reflexionsgegenstand bleiben darf. Sie muß vielmehr als eine Fehlform historischen und politischen Denkens den Schülern selber begrifflich vermittelt werden. Dazu bieten sich verschiedene Möglichkeiten an:

– Das durch die alltägliche Personalisierung im Sozialisationsprozeß vermittelte vorgängige personalisierende Geschichts- und Gesellschaftsbild der Schüler sollte im Unterricht aufgenommen und am konkreten historischen Prozeß als eine vereinfachende und die Wirklichkeit verfehlende Denkfigur vermittelt werden;
– die personalisierende Darstellung in Schulgeschichtsbüchern oder wissenschaftlichen Darstellungen kann durch ein multiperspektivisches Angebot an Primärzeugnissen und durch die Vermittlung des durch die Sachumstände gegebenen Handlungsrahmens in Frage gestellt werden;
– in einer gesonderten Unterrichtseinheit kann das Lehrgedicht Bertolt Brechts „Fragen eines lesenden Arbeiters" Ausgangspunkt eines in Ansätzen geschichtstheoretischen und geschichtsdidaktischen Reflexionsprozesses von Schülern sein.

Literatur

Adorno, T. W.: Glosse über Persönlichkeit, in: *ders.*: Stichworte. Kritische Modelle 2, Frankfurt M. 1969
Benjamin, W.: Geschichtsphilosophische Thesen (1940), in: *ders.*: Zur Kritik der Gewalt und andere Aufsätze, Frankfurt 1965

Bergmann, K.: Personalisierung im Geschichtsunterricht — Erziehung zu Demokratie? (1972), 2. erweiterte Aufl., Stuttgart 1977
Bosch, M. (Hrsg): Persönlichkeit und Struktur in der Geschichte, Düsseldorf 1977
Brecht, B.: Fragen eines lesenden Arbeiters, in: *ders.*: Werke in 20 Bänden, Bd. 8, Frankfurt/M. 1967, 656 f.
Friedeburg, L. v. / Hübner, P.: Das Geschichtsbild der Jugend, München 1964
Kocka, J.: Sozialgeschichte — Strukturgeschichte — Historische Sozialwissenschaft. Vorüberlegungen zu ihrer Didaktik, in: *Gd* 2 (1977a), 284 — 297
— Struktur und Persönlichkeit als methodologisches Problem der Geschichtswissenschaft, in: *Bosch, M.* (Hrsg.): Persönlichkeit und Struktur in der Geschichte, Düsseldorf 1977b, 152 — 169
Lucas, F. J.: Zur Geschichts-Darstellung im Unterricht, in: *GWU* 16 (1965)
— Drei akute Fragen zum Geschichtsunterricht (1972), jetzt wieder in: *Lucas, F. J.*: Geschichte als engagierte Wissenschaft, Stuttgart 1985
Nietzsche, F.: Von Nutzen und Nachteil der Historie für das Leben (1873), in: *ders.*: Werke, hrsg. von K. Schlechta, Bd. 1, 6. Aufl., München 1969
Schneider, G.: Bemerkungen zur Rolle der großen Persönlichkeit im Geschichtsunterricht des 19. und 20. Jahrhunderts, in: *Bosch, M.* (Hrsg.): Persönlichkeit und Struktur in der Geschichte, Düsseldorf 1977, 96 — 124
Streiffeler, F.: Zur lerntheoretischen Grundlegung der Geschichtsdidaktik, in: *Süssmuth, H.* (Hrsg.): Geschichtsunterricht ohne Zukunft? (AuA, Bd. 1, 1), Stuttgart 1972

Multiperspektivität

Klaus Bergmann

Multiperspektivität ist *eine Form der Geschichts-Darstellung*, bei der ein historischer Sachverhalt aus mehreren, mindestens zwei unterschiedlichen Perspektiven beteiligter und betroffener Zeitgenossen dargestellt wird, die verschiedene soziale Positionen und Interessen repräsentieren (Bergmann 1977). Medien der Darstellung sind Primärzeugnisse, in der Regel sprachliche Quellen, aber auch bildliche Zeugnisse und andere Formen der referierten Geschichte, sofern sie erkennbarer Ausdruck sozialspezifischen Lebens und Denkens sind (Wittenbruch 1975).
Soziale Perspektivität ist — wie zeitliche und räumliche Standortgebundenheit — ein unaufhebbarer *Tatbestand menschlicher Wahrnehmung*. Die Zeugnisse der Vergangenheit enthalten perspektivische Sichtweisen und Deutungen der historischen Realität, sind aber nicht diese Realität selber. Die Rekonstruktion eines historischen Sachverhalts erfolgt dadurch, daß die Zeugnisse in bestimmten Hinsichten befragt, ideologiekritisch analysiert, interpretiert und miteinander in Beziehung gesetzt werden, um daraus eine für gegenwärtig lebende Menschen sinnvolle Geschichte zu machen. Das dabei ermittelte und historiographisch dargestellte historische Wissen ist selber wieder

ein perspektivisches Produkt (Mommsen 1975), das in der Forschergemeinschaft in der Regel umstritten ist und diskursiv auf seinen Wahrheitsanspruch hin untersucht wird. Von Borries (1983) hat deshalb vorgeschlagen, zwischen *Multiperspektivität* und *Kontroversität* zu unterscheiden: „Multiperspektivität ist vor allem auf der Ebene der beteiligten Parteien und der hinterlassenen Quellen anzusiedeln . . . Kontroversität dagegen liegt auf der Ebene heutiger Erkenntnisweisen und Handlungskonsequenzen. Sie dient der ‚Geschichte' als offenem Forschungsprozeß mit unausdiskutierten Gegenmeinungen . . ." (von Borries 1983, 569). Gleiches meint die Unterscheidung von Multiperspektivität auf der Ebene der historisch *Beteiligten* und Betroffenen und Multiperspektivität auf der Eben der späteren *Betrachter* (vor allem: der Historiker).

Historisches Wissen kann nicht umstandslos als Lernpensum in den Geschichtsunterricht wie in jede andere Art der Geschichtsdarstellung und -vermittlung eingegeben werden. Aus dem geschichtstheoretischen Befund der *Perspektivität historischer Erkenntnis* ergibt sich geschichtsdidaktisch das „Gebot, beim Lernen von Geschichte den Schein einer interessenlosen Objektivität des historischen Wissens nicht aufkommen zu lassen" (Rüsen 1978, 108). Vielmehr müssen den Schülerinnen und Schülern repräsentative kontroverse Primärzeugnisse angeboten werden, die es ihnen ermöglichen, unter Anwendung der Grundregeln historischen Denkens zu einer argumentativ vertretbaren *eigenständigen Rekonstruktion* vergangenen menschlichen Handelns und Leidens zu kommen.

Multiperspektivische Geschichts-Darstellung ist die Voraussetzung für „entdeckendes Lernen" (Schmid / Vorbach 1978). Systematisch *gelernt* werden jene Fragestellungen, Methoden und Kategorien des Denkens, die die Geschichtsdidaktik in ihrem Interesse an Bildung durch Geschichte dem historisch-sozialwissenschaftlichen Denken entnimmt, um Lernenden ein „Nach-denken more historico" (Lucas 1965, 296) zu ermöglichen. *Entdeckt* werden gedachte und gelebte, antizipierte und gelungene oder gescheiterte Möglichkeiten menschlich-gesellschaftlicher Existenz in ihrem historischen Zusammenhang und im Rahmen gegenwärtiger objektiver Möglichkeiten ihrer Realisierung (Bergmann 1977). Multiperspektivische Geschichtsdarstellung ermöglicht damit „geschichtsbildendes Denken im Doppelsinne" (Lucas 1965, 296): Die Lernenden bilden aus Zeugnissen Geschichte und bilden sich an Geschichte.

Kontroverse Primärzeugnisse zum gleichen Sachverhalt ermöglichen sowohl den verstehenden Nachvollzug als auch die — durch die jeweils anderen Primärzeugnisse und durch die Mitschüler — kontrollierte *eigenständige Beurteilung und Bewertung* einer historischen Situation. Das Lernen von Geschichte wird damit im multiperspektivischen Geschichtsunterricht „an die lebensweltlichen Interessen der Lernenden zurückgebunden; sie lernen, daß es immer auch ihre Geschichte ist, in der vergangenes menschliches Handeln und Leiden vergegenwärtigt wird, und sie werden dadurch in den Stand versetzt, ihre persönliche Identität in eine umfassende historische Identität zu integrieren und dadurch zu erweitern und zu vertiefen" (Rüsen 1978, 108). In der

Regel kommen die Schülerinnen und Schüler aufgrund ihrer vorgängigen unterschiedlichen historisch-politischen Sozialisation zu unterschiedlichen Deutungen, Beurteilungen, Bewertungen und Identifikationen, die in der Klasse kontrovers und diskursiv verhandelt werden. Im *Diskurs in der Klasse* setzen sie — und die Lehrer! — ihre Identität und die an sie gebundenen Wertvorstellungen und Zukunftsperspektiven der Kritik aller am Diskurs Beteiligten aus. Der Diskurs ist Bestandteil und Ziel der multiperspektivischen Geschichtsdarstellung. Er verhindert, daß der historische Sachverhalt in der Bearbeitung durch die Lernenden in voneinander isolierte Geschichten zerfällt. Er ermöglicht, daß die verschiedenen Perspektiven, die durch die Geschichts-Darstellung und in der Bearbeitung durch die Lernenden anfallen, nicht nur subjektive Reflexe auslösen, sondern eine objektive Reflexion in Gang setzen, deren norm- und identitätsbildende Kraft darin besteht, daß die an ihr Beteiligten in der Auseinandersetzung mit den wertbesetzten Zeugnissen der Vergangenheit und voneinander lernen und sich zugleich in ihrer vernünftig begründeten Unterschiedlichkeit anerkennen, respektieren und garantieren.

Literatur

Becher, U.: Personale und historische Identität, in: *Bergmann, K. / Rüsen, J.* (Hrsg.): Geschichtsdidaktik. Theorie für die Praxis, Düsseldorf 1978, 57 — 67
— Didaktische Prinzipien der Geschichtsdarstellung, in: *Jeismann, K.-E. / Quandt, S.* (Hrsg.): Geschichtsdarstellung. Determinanten und Prinzipien, Göttingen 1982, 22 bis 38
Bergmann, K.: Personalisierung im Geschichtsunterricht — Erziehung zu Demokratie? (1972), 2. erweiterte Aufl. Stuttgart 1977
— Geschichtsunterricht und Identität, in: *apz* B 39 (1975)
Borries, B. v.: Geschichte lernen — mit heutigen Schulbüchern?, in: *GWU* 34 (1983), 558 — 585
Dörr, M.: Das Schulbuch im Geschichtsunterricht. Kriterien für seine Beurteilung, in: *Jäckel, E. / Weymar, E.* (Hrsg.): Die Funktion der Geschichte in unserer Zeit, Stuttgart 1975, 294 — 309
Jeismann, K.-E. / Quandt, S. (Hrsg.): Geschichtsdarstellung. Determination und Prinzipien, Göttingen 1982
Lucas, F. J.: Zur Geschichts-Darstellung im Unterricht, in: *GWU* 16 (1965), jetzt wieder in: *Lucas, F. J.*: Geschichte als engagierte Wissenschaft, Stuttgart 1985
Mommsen, W. J.: Gesellschaftliche Bedingtheit und gesellschaftliche Relevanz historischer Aussagen, in: *Jäckel, E. / Weymar, E.* (Hrsg.): Die Funktion der Geschichte in unserer Zeit, Stuttgart 1975, 208 — 224
Quandt, S. / Süssmuth, H. (Hrsg.): Historisches Erzählen. Formen und Funktionen, Göttingen 1982
Rüsen, J.: Geschichte und Öffentlichkeit, in: *Gd* 3 (1978), 96 — 111
— Geschichtsdidaktische Konsequenzen aus einer erzähltheoretischen Historik, in: *Quandt, S. / Süssmuth, H.* (Hrsg.): Historisches Erzählen. Formen und Funktionen, Göttingen 1982, 129 — 170
Rumpf, H.: Kreatives Denken im Geschichtsunterricht, in: *ders.*: Scheinklarheiten, Braunschweig 1971
Schmid, H. D. / Vorbach, K.: Entdeckendes Lernen im Geschichtsunterricht der Sekundarstufe I, in: *Gd* 3 (1978), 129 — 135
Schörken, R.: Geschichtsunterricht in der kleiner werdenden Welt, in: *Süssmuth, H.* (Hrsg.): Geschichtsdidaktische Positionen, Paderborn 1980, 315 — 335

Wittenbruch, W.: Zur Funktion und Stellung der Medien in neueren geschichtsdidaktischen Entwürfen, in: *Impulse für morgen*. Festschrift für Fritz Holthoff, Ratingen / Kastellaun 1975

Werturteile im Geschichtsunterricht

Jörn Rüsen

Problemlage

Die Tatsache, daß alles historische Wissen eine *normative Dimension* hat, ist konstitutiv für den Geschichtsunterricht, und zwar in empirischer, in normativer und in pragmatischer Hinsicht. Empirisch gehören wertende Aussagen, die die geschichtliche Bedeutung von Tatsachen der Vergangenheit in ihrem Verhältnis zu Gegenwart und Zukunft zum Ausdruck bringen, zu den wesentlichen Bestandteilen der Kommunikation des Unterrichts. Normativ sind die Lehrer durch die einschlägigen Richtlinien gehalten, die Schülerinnen und Schüler zu historischen Urteilen zu befähigen, aus denen normative Konsequenzen für politisches Handeln gezogen werden können und sollen. Pragmatisch schließlich soll der Geschichtsunterricht als ein Lernprozeß organisiert werden, in dem bestimmte Formen und Inhalte wertender historischer Urteile von den Schülerinnen und Schülern angeeignet werden.
Diese dreifache Rolle von Werturteilen oder normativen Aussagen im Geschichtsunterricht stellt ein zentrales Problem der Geschichtsdidaktik dar: Mit ihnen geht es auf der einen Seite um die *Legitimationsfunktion,* die historisches Wissen im öffentlichen Diskurs über Geschichte hat (Jeismann 1984), und um die *Subjektivität* der Schülerinnen und Schüler, ihre unterschiedlichen Wertpräferenzen und individuellen Interessen auf der anderen. Der Legitimationsbedarf des Staates und der Geltungsanspruch des Individuums konvergieren im historischen Werturteil; in ihm balanciert sich mehr oder weniger kohärent die historische Identität aus, die durch die Erinnerungsleistung des Geschichtsbewußtseins gebildet wird. Werturteile artikulieren im Prozeß der Sozialisation und Individuation *soziale Zugehörigkeiten und Abgrenzungen;* in historischer Form, d. h. in normativen Einschätzungen der Bedeutung, die vergangene zeitliche Veränderungen des Menschen und seiner Welt für das Verständnis gegenwärtiger Lebensverhältnisse und die Erwartung ihrer zukünftigen Entwicklung haben, regeln Werturteile Fremd- und Selbstzuschreibungen über gemeinsame und verschiedene Vergangenheiten und ihnen entsprechende Gegenwartsorientierungen und Zukunftserwartungen und -aussichten. Mit dem Thema „Geschichte" behandelt der Geschichtsunterricht — ob es den Beteiligten bewußt ist oder nicht — immer auch die Sub-

jektivität von Lehrern und Schülern, die sich in konfliktreichen Bedeutungszumessungen der historischen Erfahrung für die Orientierung der eigenen Lebenspraxis artikuliert. Didaktisch problematisch ist dieser Subjektivitätseinschlag in die Erinnerungsarbeit des Geschichtsunterrichts, weil er ihn mit dem Konfliktpotential politischer Legitimationsansprüche und subjektiver Selbstverwirklichungsansprüche belastet: In ihm geht es immer auch um die Disparatheit und Divergenz der Normen und Werthaltungen, in denen sich unterschiedliche Interessen und Standpunkte im Kontext der Schule und im sozialen Gefüge der Lerngruppe zur Geltung bringen.

Dieser Belastung mit der Wertfrage kann der Geschichtsunterricht nur scheinbar dadurch entgehen, daß er sich auf die Vermittlung *wissenschaftlich gesicherten historischen Wissens* beschränkt und die Schülerinnen und Schüler mit elementaren und fundamentalen Kriterien und Verfahren der wissenschaftlichen Objektivitätssicherung vertraut macht. Solange dabei die subjektiven Interessen und Orientierungsbedürfnisse, die den Schülerinnen und Schülern aus ihrer spezifischen Lebenssituation zuwachsen, auf eine nicht thematisierte, sondern aus dem Unterrichtsdiskurs ausgeschlossene Ebene subjektiver Beliebigkeit und nicht diskursfähiger Emotionalität abgeschoben werden, handelt es sich nur um eine *scheinbare Objektivität;* wesentliche Aspekte des historischen Wissens, insbesondere derjenige seiner Lebensdienlichkeit, werden ausgeklammert, und das historische Lernen wird um ein entscheidendes Motivationspotential verkürzt.

In der geschichtsdidaktischen Diskussion herrscht Einigkeit darüber, daß der Geschichtsunterricht die Schülerinnen und Schüler zur wertenden historischen Urteilsbildung befähigen muß. Umstritten ist die Art der Urteilsbildung, die gelernt werden soll, und entsprechend auch die Art, in der Werturteile im Unterricht angesprochen und behandelt werden sollen. Fast immer spielt die Vorstellung eines fundamentalen Normensystems die Rolle einer letzten Begründungsinstanz, von der aus ein Konsens in der historischen Urteilsbildung — sei es hinsichtlich eindeutiger Präferenzen oder nur hinsichtlich des Ausmaßes von Divergenzen — möglich sein soll; zumeist wird die rechtliche Fassung dieses Systems im Grundgesetz und in internationalen Menschen- und Bürgerrechtskonventionen gesehen. Die Transformation solcher normativer Grundannahmen (die zumeist moralischer und politischer Natur sind) in konsensfähige spezifisch *geschichtsdidaktische* oder gar *unterrichtsmethodische* Prinzipien ist eine offene Frage.

Rationalisierungen des historischen Wertens

Die Möglichkeiten und Grenzen einer wertenden historischen Urteilsbildung im historischen Lernprozeß lassen sich geschichtsdidaktisch erschließen, wenn die mentalen Operationen und Prozesse des Geschichtsbewußtseins in den Blick genommen und dort der Normenbezug des historischen Denkens analytisch ausgemacht und sein Verhältnis zu anderen Denkformen des historischen Wissens bestimmt wird. Jeismann schlägt vor, zwischen den Operationen *Analyse, Sachurteil* und *Wertung* zu unterscheiden, sie je für sich und in ihrem Wechselverhältnis methodisch einzuüben. Dadurch soll eine qualitative Umstrukturierung des Geschichtsbewußtseins erreicht werden: Alltagsweltliche Formen, in denen diffuse und erfahrungsarme Wertungen mit stark apologetischer und legitimatorischer Funktion dominieren, sollen zu gebildeten Formen transformiert werden, in denen reflektierte und erfahrungsgesättigte Wertungen zur „engagierten Besonnnenheit" einer kritischdistanzierten, abwägenden Haltung gegenüber historischen Legitimationsansprüchen führen (Jeismann 1978, 58 ff., 63).

Werden die Lernenden methodisch so trainiert, daß sie die normative Dimension der historischen Urteilsbildung von der empirischen unterscheiden können, dann erschließt sich ihnen das *Rationalitätspotential einer kritischdiskursiven Argumentation.* Mit ihm wird die historische Erfahrung zur Kontrollinstanz für werthafte Einstellungen zur Vergangenheit, und ihnen entsprechende wertbestimmte Muster historischer Identität werden erfahrungsoffen. Zugleich werden sie als Wertungen bewußt und auf ihre innere Stringenz hin kontrollierbar und kritisierbar nach rationalen Kriterien (der Zweck-Mittel-Entsprechung, der Nebenfolgenabschätzung und der Kohärenz und Verallgemeinerungsfähigkeit der jeweils in Anspruch genommenen Normen).

Werden Wertungen als solche im historischen Lernprozeß thematisiert, dann wird mit ihnen die Standpunktabhängigkeit historischer Urteile erkennbar und in der Form einer bewußten Standpunktreflexion zur Angelegenheit einer methodisch vollziehbaren Operation des historischen Denkens. Die Perspektivität des historischen Denkens wird einsehbar, und zugleich werden Chancen der Vertiefung und Erweiterung historischer Orientierungen erschlossen: Die Lernenden können ihre eigene Subjektivität als Organisationsfaktor ihres historischen Wissens erkennen und in einem kontrollierten (auch selbst-kritischen) Verhältnis zu anderen Subjekten als Motivationskraft und Deutungspotential ins Spiel der historischen Erinnerungsarbeit einbringen. Sie lernen mit der methodischen Operation der Standpunktreflexion, sich selbst mit ihren eigenen Interessen einzubringen, und zugleich (und das ist didaktisch entscheidend) lernen sie dabei Formen *argumentativer Intersubjektivität* im Verhältnis zu den anderen, mit denen sie kommunizieren müssen, um leben zu können. In dieser Intersubjektivität vollzieht sich dann auch ein Prozeß der Perspektivenerweiterung, der zu einer Steigerung und Stärkung der eigenen historischen Identität führt (Rüsen 1983, 98 ff., 108 ff.).

Formen und Entwicklungsstufen historischer Wertungen

Je nach dem Entwicklungsstadium des historischen Lernprozesses und nach der ihm entsprechenden Struktur des Geschichtsbewußtseins lassen sich verschiedene Formen historischer Wertungen unterscheiden. Ursprünglich, in der Form historischer Orientierung der Lebenspraxis durch *Tradition,* sind Erfahrungs- und Normenbezug des historischen Denkens gänzlich ungeschieden. Auf dieser ursprünglichen Einheit baut jedes Geschichtsbewußtsein auf, und an sie müßte jeder Lernprozeß des historischen Urteilens auch anknüpfen.

Mit zunehmendem Erfahrungsgehalt und mit der Entwicklung moralischer Regelkompetenzen organisiert sich die historische Wertung dann zur *exemplarischen Regelbildung* über historische Erfahrung um: Historische Sachverhalte konkretisieren abstrakte normative Handlungsregeln (zum Beispiel allgemeine Legitimationskriterien für politische Herrschaft). Auf diesem Niveau historischer Wertung schult das historische Lernen die praktische Urteilskraft: Allgemeine und abstrakte Normen werden auf konkrete, zeitlich differierende Fälle bezogen. Diese Lernform historischer Urteilsbildung dominiert im okzidentalen historischen Denken unter der Devise „Historia vitae magistra" bis zur Entstehung des Historismus, und im schulischen Geschichtsunterricht dominiert sie bis heute. Von ihr kann in der individuellen Entwicklung eine dritte Form und Stufe der historischen Wertung unterschieden werden. Sie tritt immer dann auf, wenn (mehr oder weniger bewußt) gegen vorgegebene Traditionen und Regelsysteme eigene Interessen zur Geltung gebracht werden, Selbstbehauptung gegen Fremdzuschreibung in der historischen Identitätsbildung gesetzt wird. Dann werden normative Zumutungen durch Artikulation abweichender, widersprechender historischer Erfahrungen bestritten und abgewehrt: Historisches Urteil wird zur *Kritik vorgegebener oder angesonnener historischer Urteile*. Die letzte und höchste Stufe historischer Wertung ist dann erreicht, wenn die historische Relativität der normativen Gesichtspunkte des historischen Denkens eingesehen wird, wenn also die historische Wertung im Bewußtsein einer zeitlich-geschichtlichen Dynamik der beanspruchten Normen vollzogen wird. Die historische Erfahrung wird dann auch da bedeutsam, wo sie die geschichtliche Bedingtheit und die Veränderung von Wertsystemen lehrt. Sie kann dann zur *Vorstellung der Entwicklungsfähigkeit und Entwicklungsbedürftigkeit* derjenigen normativen Gesichtspunkte verarbeitet werden, nach denen die Lernenden ihre eigene Lebenspraxis orientieren (Weymar 1970, 213 ff.).

Didaktische und methodische Strukturierungen des historischen Lernens

Sollen sich die Lernenden das Rationalitätspotential historischer Wertungen aneignen und fähig werden, wertende historische Urteile erfahrungsbezogen und standpunktreflektiert zu fällen, dann müssen historische Lernprozesse didaktisch so organisiert werden, daß in den verschiedenen Lernformen und -stufen die ihnen eigentümlichen Rationalitätschancen des historischen Denkens ausgemacht und systematisch genutzt werden. Zugleich sollte die Objektivität des historischen Denkens durch einen Erfahrungsbezug und seine Subjektivität durch seinen Bezug auf die Orientierungsbedürfnisse der Lernenden jeweils gezielt so angesprochen oder gefördert werden, daß sich den Lernenden neue Formen und Stufen der historischen Wertung erschließen. Entscheidend ist dabei, daß die Vermittlung empirischen historischen Wissens stets Hand in Hand geht mit der systematischen Einübung methodischer Operationen, in denen dieses Wissen in die Repertoires des Geschichtsbewußtseins eingebracht wird, die die lernenden Subjekte wirklich zur Bildung ihrer eigenen historischen Identität und zur zeitlichen Orientierung ihrer eigenen Lebenspraxis nutzen.

Für die unterrichtsmethodische Gestaltung historischer Lernprozesse, durch die diesem Doppelaspekt im Erwerb der Kompetenz zum historischen Urteil planmäßig Rechnung getragen wird, ist das Prinzip der *Multiperspektivität* entscheidend. Die wertbestimmten Identifikationen, die in der Aneignung der historischen Erfahrung durch die Lernenden vollzogen werden und mit denen sie ihre Subjektivität unvermerkt ins Spiel der historischen Erinnerung einbringen, können durch eine entsprechende Quellenauswahl oder Darstellungsart so angelegt werden, daß sie in einem Spektrum divergierender Möglichkeiten erfolgen. Damit werden sowohl Verkürzungen der historischen Erfahrung vermieden wie auch zugleich (ohne die irritierende Verunsicherung bewußter Subjektivität durch Standpunktreflexion) die Subjektivität der Lernenden als Motivations- und Deutungspotential eingebracht. Historisches Urteil wird dann zunächst an den Objekten geübt, und dabei wird zugleich der naturwüchsige Dogmatismus werthafter Einstellungen aufgeweicht, d. h. in den Fluß einer Argumentation zwischen verschiedenen Standpunkten im jeweils behandelten geschichtlichen Geschehen gebracht. Erst in einem zweiten und späteren Lernschritt kann dann die Multiperspektivität des historischen Wissens auf der Ebene der lernenden Subjekte zum methodischen Gesichtspunkt des historischen Lernens werden: Dann reflektieren die Lernenden die Voraussetzungen und Bedingungen, unter denen verschiedene Identifikationen mit Vergangenem und Bedeutungszumessungen an Vergangenes erfolgen. Die Standpunktreflexion, die als methodisch geregelte Erkenntnisoperation des historischen Denkens die historische Wertung rationalisiert, trägt dann, wenn sie so im Lernprozeß placiert wird, nicht zur Verunsicherung der historischen Urteilsbildung bei, sondern vollzieht sich als Schritt zur Klärung und argumentativen Stärkung des eigenen historischen Urteils, wenn schon vorher bei der Betrachtung historischer Sachverhalte eine argumentative Kompetenz erworben wurde, die verschiedene Standpunkte (auf der Objektebene) umgreift und vermittelt.

Literatur

Bergmann, K.: Personalisierung im Geschichtsunterricht — Erziehung zu Demokratie?, 2. Aufl. Stuttgart 1977

Gosmann, W.: Überlegungen zum Problem der Urteilsbildung im Geschichtsunterricht, in: *Bergmann, K. / Rüsen, J.* (Hrsg.): Geschichtsdidaktik: Theorie für die Praxis, Düsseldorf 1978, 67 — 84

Jeismann, K.-E.: Didaktik der Geschichte: Das spezifische Bedingungsfeld des Geschichtsunterrichts, in: *Behrmann, G. C. / Jeismann, K.-E. / Süssmuth, H.* (Hrsg.): Geschichte und Politik. Didaktische Grundlegung eines kooperativen Unterrichts, Paderborn 1978, 50 — 107

— (Hrsg.): Geschichte als Legitimation? Internationale Schulbuchrevision unter den Ansprüchen von Politik, Geschichtswissenschaft und Geschichtsbedürfnis (Studien zur internationalen Schulbuchforschung, Bd. 39), Braunschweig 1984

Rintelen, K.: Historismus und Naturrecht oder: Verstehen und Werten im Geschichtsunterricht, in: *GWU* 12 (1961), 353 — 381

Rohlfes, J.: Objektivität und Parteilichkeit im Geschichtsunterricht, in: *Süssmuth, H.* (Hrsg.): Geschichtsdidaktische Positionen. Bestandsaufnahme und Neuorientierung, Paderborn 1980, 337 — 381

Rüsen, J.: Historische Vernunft. Grundzüge einer Historik I: Die Grundlagen der Geschichtswissenschaft, Göttingen 1983

Schmid, H.-D.: Vorurteile und Feindbilder als Problem der Geschichtsdidaktik, in: *Gd* 6 (1981), 131 — 142

Simon, E.: Das Werturteil im Geschichtsunterricht. Mit Beispielen aus der deutschen Geschichte von 1871 — 1918, Leipzig / Berlin 1931

Weymar, E.: Werturteile im Geschichtsunterricht, in: *GWU* 21 (1970), 198 — 215

Moralische Entwicklung

Hans-Jürgen Pandel

Moralisches Bewußtsein als Element von Geschichtsbewußtsein

Der Versuch einer strukturanalytischen Untersuchung von Geschichtsbewußtsein ergibt eine Reihe von *kategorialen Universalien*, die, in einem Beziehungsnetz verbunden, erst Geschichtsbewußtsein begründen. Es sind deshalb Universalien, weil diese Kategorien Grundorientierungen darstellen, die jenseits der jeweiligen inhaltlichen Ausprägungen von Geschichtsbewußtsein liegen und in allen Kulturen und zu verschiedenen historischen Zeiten festgestellt werden können. So macht die Ethnologie — um ein erstes Element dieser universellen Kategorien zu benennen — darauf aufmerksam, daß alle Völker (auch schriftlose) zwischen fiktiven und historischen Erzählungen unterscheiden (auch wenn die Grenzziehung nicht immer mit unseren Maßstäben übereinstimmt). Das doppelte Bezugsnetz „*real — fiktiv*" und „*früher — heute*" wird noch durch eine dritte Doppelkategorie ergänzt: *statisch — veränderlich*. Erst diese Kategorie, die Kategorie der Geschichtlichkeit, ermöglicht es, daß das Geschichtsbewußtsein sich jener Dynamik vergewissert, die für den Begriff der Geschichte als Geschehen konstitutiv ist. Diese *Grundorientierungen* von real — fiktiv, früher — heute, statisch — veränderbar (eine eminente Leistung in der Sozialisation eines Kindes) ergeben erst das (auch sprachanalytisch begründbare) Netz des Geschichtsbewußtseins. Eine zweite Gruppe von Grundorientierungen bildet strukturell die *inhaltliche* Seite des Geschichtsbewußtseins ab. Hier haben wir es mit Herrschaftsbewußtsein, Identitätsbewußtsein, Klassenbewußtsein und moralischem Bewußtsein zu tun. *Moralisches Bewußtsein* ist also nur *ein* Element, *eine* Universalie von Geschichtsbewußtsein. Auch beim moralischen Bewußtsein haben wir es mit einer Doppelkategorie zu tun. Moralisches Bewußtsein besteht, in der Fähigkeit, die Prädikate „*richtig — falsch*" (bzw. „wahr — unwahr", „gut — böse") nach bestimmten Regeln anzuwenden. Die augenblickliche Diskussion beschäftigt sich genau mit dieser Frage: Wie wird dieses Regelsystem individuell-lebensgeschichtlich ausgebildet, wie hängt es mit der Ausbildung anderer Kompetenzen zusammen und wie verändert sich dieses Regelsystem im Verlauf der historischen Entwicklung?

Moralisches Bewußtsein als spezielle Regelkompetenz

Dem moralischen Bewußtsein ist erst in den letzten 15 Jahren wieder theoretische und empirische Aufmerksamkeit entgegengebracht worden. In der kognitivistischen Psychologie, der Soziologie, der Philosophie, der Sprachpragmatik und zuletzt auch in der Pädagogik ist moralisches Bewußtsein ein *theoretischer wie empirischer* Gegenstand. Die Geschichtswissenschaft hat sich dagegen noch nicht der Erforschung moralischen Bewußtseins in verschiedenen historischen Epochen zugewandt. In der Geschichtsdidaktik verfügen wir aber über eine gute erste, an der Ethik (nicht der Entwicklungslogik) orientierte, empirische geschichtsdidaktische Pilotstudie über „Gerechtigkeitsvorstellungen im Geschichtsunterricht" (Santini 1978).
Die meisten Versuche zur Erforschung des moralischen Bewußtseins gehen von dem Modell *Lawrence Kohlbergs* (geb. 1927) aus, der im Anschluß an die älteren Arbeiten von Jean Piaget eine empirisch überprüfbare Theorie des moralischen Bewußtseins vorgelegt hat. Dieses Konzept hat u. a. zwei Eigenschaften, die es auch für die Geschichtsdidaktik interessant machen. (1) Die Theorie des moralischen Bewußtseins läßt sich *mit der Entwicklung anderer Kompetenzen verbinden* (zum Beispiel Perspektivenübernahme, Rollenhandeln, Sprachentwicklung, Herrschaftsbewußtsein, Intelligenzentwicklung), so daß die Erwartung begründet erscheint, moralisches Bewußtsein als ein Element einer Theorie des Geschichtsbewußtseins zu entwickeln. (2) Das Konzept des moralischen Bewußtseins ist im Gegensatz zu anderen entwicklungspsychologischen Konzepten explizit *historisch ausgerichtet.* Die moralische Entwicklung vollzieht sich lebensgeschichtlich (nach Kohlberg) nach einem rational nachkonstruierbaren Muster in sechs Stufen. Die einzelnen Stufen sind in einer invarianten und hierarchisch strukturierten Sequenz von Strukturen angeordnet, wobei die spätere die frühere in sich aufhebt, d. h. sie wird zwar ersetzt, aber ihre Leistung geht in reorganisierter und differenzierter Form in der späteren auf. Die schon vorhandenen kognitiven Strukturen werden so umgebaut, daß dieselben Probleme besser als auf früheren Stufen gelöst werden können (Habermas 1983, 135 f.).
Alle Individuen durchlaufen die gleichen Stufen in der gleichen Reihenfolge; die Geschwindigkeit des Durchschreitens der einzelnen Stufen ist allerdings kultur-, schichten- und individualspezifisch verschieden. Ausgeschlossen ist in diesem Modell jedoch, daß ein Individuum auch auf anderen Pfaden zu den oberen Stufen gelangen kann. Der Übergang von einer Stufe zur anderen erfolgt durch *Lernprozesse,* d. h. durch aktive Auseinandersetzung eines konstruktiv lernenden Subjekts mit seiner Umwelt.

Eine Kurzfassung der Kohlbergschen Theorie zeigt die Aufeinanderfolge der einzelnen Stufen:

Ebene A: Vorkonventionelle Ebene

Stufe 1: *Orientierung an Bestrafung und Gehorsam*
1. Recht ist die Vermeidung von Regelverletzung, der Gehorsam um des Gehorsams willen und die Vermeidung von physischem Schaden an Personen und Sachen.
2. Die Gründe für richtiges Handeln sind die Vermeidung von Strafe und die Beachtung der überlegenen Macht von Autoritäten.

Stufe 2: *Orientierung an instrumenteller Befriedigung, individuellen Zwecken und an wechselseitigem Austausch*
1. Recht ist, den Regeln zu folgen, wenn es von unmittelbarem Interesse ist. Recht ist, die eigenen Interessen und Bedürfnisse zu befriedigen und die anderen das gleiche tun zu lassen. Recht ist also, was fair ist, das ist ein gleichwertiger Austausch, ein Geschäft, eine Übereinkunft.
2. Gründe für richtiges Handeln bestehen darin, seine eigenen Bedürfnisse oder Interessen in einer Welt zu befriedigen, in der man anerkennen muß, daß auch andere Menschen ihre Interessen haben.

Ebene B: Konventionelle Ebene

Stufe 3: *Orientierung an wechselseitigen interpersonellen Erwartungen, Beziehungen und an Konformität*
1. Recht ist, den Erwartungen von Menschen zu entsprechen, die einem nahestehen, oder was Menschen allgemein von anderen in ihrer Rolle als Sohn, Schwester, Freund usw. erwarten. „Gut sein" ist wichtig und bedeutet, gute Absichten zu haben und sich um andere zu sorgen. Das bedeutet also, wechselseitige Beziehungen von Vertrauen, Loyalität, Respekt und Dankbarkeit aufrechtzuerhalten.
2. Die Gründe für richtiges Handeln sind in der Notwendigkeit begründet, in den eigenen Augen und in denen der anderen gut zu sein, sich für andere zu sorgen, weil, wenn man in der Situation des anderen wäre, auch gutes Verhalten von sich selbst wünschen würde (Goldene Regel).

Stufe 4: *Orientierung an Aufrechterhaltung der bestehenden sozialen Ordnung und am Gleichgewicht des Gewissens*
1. Recht ist, seine aktuelle Pflicht zu erfüllen, die man übernommen hat. Gesetze müssen befolgt werden, außer in jenen extremen Fällen, in denen sie mit anderen festgelegten sozialen Pflichten und Rechten im Widerspruch stehen. Recht ist also, einen Beitrag zur Gesellschaft, Gruppe oder Institution zu leisten.
2. Gründe für richtiges Handeln bestehen in der Aufrechterhaltung der Institution als ganzer, Selbstachtung oder Gewissen seinen definierten Verpflichtungen nachzukommen; die Konsequenz: „Was wäre, wenn jeder das täte?"

Ebene C: Postkonventionelle oder prinzipienorientierte Ebene

Stufe 5: *Orientierung an grundlegenden Rechten, am Sozialvertrag oder am sozialen Nutzen*
1. Recht ist, sich der Tatsache bewußt zu sein, daß Menschen eine Vielzahl von Werten vertreten; daß die meisten Werte und Regeln relativ zur eigenen Gruppe sind. Die „relativen" Regeln sollen im allgemeinen befolgt werden, jedoch im Interesse der

Gerechtigkeit und weil sie den sozialen Kontrakt ausmachen. Einige nicht-relative Werte und Rechte wie Leben und Freiheit müssen in jeder Gesellschaft befolgt werden, unabhängig von der Meinung der Mehrheit.
2. Gründe für richtiges Handeln liegen in dem Gefühl, verpflichtet zu sein, die Gesetze zu befolgen, weil ein Sozialvertrag geschlossen wurde, um durch Gesetze für das Wohl aller zu sorgen. Familie, Freundschaft, Vertrauen, Arbeitsverpflichtungen sind ebenso Verpflichtungen oder freiwillig abgeschlossene Verträge und haben Achtung vor den Rechten anderer zur Folge. Man ist überzeugt, daß Rechte und Pflichten begründet sind auf rationalen Überlegungen, um einen allgemeinen Nutzen sicherzustellen: „Der größtmögliche Nutzen für die größtmögliche Zahl."

Stufe 6: *Orientierung an universellen ethischen Prinzipien*

1. Recht ist, universellen ethischen Prinzipien zu folgen. Einzelgesetze oder soziale Übereinkünfte sind gewöhnlich gültig, weil sie auf solchen Prinzipien beruhen. Wenn Gesetze diese Prinzipien verletzten, dann handelt man in Übereinstimmung mit den Prinzipien. Prinzipien sind universelle Prinzipien der Gerechtigkeit: Die Gleichheit der Rechte aller Menschen und Achtung vor der Würde des einzelnen Individuums. Dies sind lediglich anerkannte Werte, sondern es sind ebenso Prinzipien, die nötig sind, um Entscheidungen zu treffen.
2. Die Gründe für richtiges Handeln liegen darin, daß jemand als vernünftige Person die Gültigkeit von Prinzipien erkannt hat und sich ihnen verpflichtet fühlt (Kohlberg 1981, 409 ff.).

Dieses Konzept der *Entwicklungsstufen des moralischen Bewußtseins* hat sogleich Fragen nach der zureichenden Beschreibung der Stufen, der Vollständigkeit der Sequenz und der Allgemeingültigkeit von Stufen und Sequenz für andere Kulturen und Epochen ausgelöst. Kohlberg hat seine Formulierung der Stufen in den letzten Jahren mehrfach umformuliert und in mehreren Längsschnitt- und Kulturvergleichsuntersuchungen empirisch überprüft. Durch diese Umformulierungen und Präzisierungen ist es nicht nötig, hier die verschiedenen Kritiken zu referieren, da sie sich zumeist auf frühere Formulierungen beziehen. Zudem liegt eine ausführliche Antwort Kohlbergs an seine Kritiker vor, die Kritik und Antikritik zussammenfaßt (Kohlberg u. a. 1983).
Einige Hinweise sollen zeigen, daß dieses Konzept sich nicht endgültig gibt, sondern durchaus noch weiter entwickelt werden muß. Kohlberg hat selbst versucht, eine Zwischenstufe (Stufe 4 1/2) einzufügen, die die relativistische Position der Wertskeptiker bezeichnen soll: Die konventionellen Werte der Stufe vier sind relativiert, aber die postkonventionelle Orientierung ist noch nicht aufgenommen. Diese Position wäre diejenige, die Schüler in der Adoleszenzkrise beziehen. Dadurch wird für die Geschichtsdidaktik eine interessante Perspektive eröffnet: Der Geschichtsunterricht fällt schwergewichtsmäßig in die beginnende Adoleszenz.
1976 hatte Habermas gefordert, eine 7. Stufe einzuführen, da Kohlberg ursprünglich seine 6. Stufe auf der Grundlage von Tradition, also auch noch heteronom, formuliert hatte. Habermas hielt eine solche Stufe für denkbar, da er die Stufe der *„formalistischen Pflichtethik"* von der Stufe der *„universellen Sprachethik"* (Habermas 1976, 87) abgelöst wissen wollte. Die Bedürfnisinterpretation wird auf dieser Stufe nicht als gegeben hingenommen, sondern

in die „diskursive Willensbildung" einbezogen (Habermas 1976, 87). Kohlbergs letzte Formulierung berücksichtigt diesen Einwand. Die fünfte Stufe ist danach die Orientierung an formalistischer Pflichtethik, sei sie utilitaristischer, kantianischer oder naturrechtlicher Art. Die neuformulierte sechste Stufe orientiert sich dann auch an dem Verfahren zur Begründung von Prinzipien.
Auch auf eine andere Schwierigkeit hat Kohlberg selbst hingewiesen, die für das Lernen von Geschichte in der Erwachsenenbildung wichtig sein könnte. Es ist vielleicht notwendig, eine neue Ebene, die Ebene der *Postadoleszenz* (etwa nach dem 20. Lebensjahr) einzubeziehen, da nicht alle Erwachsenen in allen historisch-gesellschaftlichen Situationen so argumentieren, urteilen und handeln, wie es nach dem Verlauf ihrer Sozialisation konsequent wäre. Es ist vielmehr eine *Regression* auf frühere Stufen zu beobachten. In einer Analyse der Verteidigungsreden Adolf Eichmanns im Jerusalemer Prozeß hat Kohlberg auf dieses Problem hingewiesen (Kohlberg 1974, 71 f.).

Geschichte und individuelle Lebensgeschichte

Wenn sich die Theorie des moralischen Bewußtseins auf Aussagen über die individuellen Genesen von moralischen Urteilsstrukturen beschränken würde, bliebe sie eine psychologische Phasentheorie unter anderen und damit dem Gegenstand des Geschichtsunterrichts äußerlich. Das geschichtsdidaktische Interesse gründet aber auf der Historizität dieser Theorie: Die Stufen der Moralentwicklung sind auf die *Geschichte der Menschheit als Ganzes* bezogen. Diese „Homologiethese" ist es auch, die das moralische Bewußtsein zu einem zentralen Gesichtspunkt der Geschichtsdidaktik werden läßt. Gattungsgeschichte und individuelle Lebensgeschichte stehen in einem bestimmten Zusammenhang. Dieser Zusammenhang beruht nicht auf einer „mystifizierende(n) Darstellung einer Parallelisierung von Ontogenese und Geschichte" (Dux 1982, 157), sondern es geht darum, „daß in allen Gesellschaften die Entwicklung der grundlegenden kognitiven Strukturen von der gleichen ‚kulturellen Nullage' ausgeht und in allen Gesellschaften auch der gleichen *strukturellen Logik des Entwicklungsprozesses folgt*" (Dux 1982, 157). Die Theorie des moralischen Bewußtseins impliziert also zweierlei:

- Die Moralentwicklung folgt in der Geschichte einem rational nachkonstruierbaren Muster.
- Die individualgeschichtliche Entwicklung dieser Muster wird, da sie nicht kontingent, sondern logisch aufeinanderfolgen, auch individuell-lebensgeschichtlich als Sequenz nachvollzogen.

Die entwicklungslogische Sequenz individualpsychologisch begründeter Ebenen kennzeichnet zugleich eine historische Entwicklung, die wir auch *im Geschichtsprozeß* mit Methoden der Geschichtswissenschaft nachzeichnen können: der Übergang zu den Hochkulturen, die Entstehung der großen Weltreligionen, die Kodifizierung von Recht, die Entstehung des Vertrags- und Naturrechts, Kants kategorischer Imperativ etc. Der „Schlüssel" zur Ausbildung neuer Lernniveaus liegt (nach Eder 1982) in der Entstehung von

Assoziationsgruppen (Mönchsorden, Sozietäten etc.), die nicht traditionell, sondern konsentiell organisiert sind. Wenn sich im historischen Prozeß solche Lernniveaus moralischen Urteilens und Entscheidens auffinden und Übergänge zu komplexeren Niveaus ausmachen lassen, so wird deutlich, daß die Theorie des moralischen Bewußtseins nicht aus wertenden oder abwertenden Urteilen über historische Ereignisse besteht. Es wäre ein grobes Mißverständnis, wollte man annehmen, daß die Theorie des moralischen Bewußtseins darauf hinauslaufen würde, von heute aus historische Ereignisse als richtig oder falsch, gut oder schlecht, akzeptabel oder verwerflich zu werten: Ob die Bauern im Bauernkrieg „richtig" handelten, als sie zur Gewalt schritten, oder ob die Verschwörer des 20. Juli das tun durften, was juristisch Hochverrat war, ist nicht Gegenstand des moralischen Urteils. Es kann einzig und allein darum gehen herauszufinden, welche Argumentationsniveaus für Pro- *oder* Contra-Entscheidungen in der historischen Situation selbst benutzt wurden: die Berufung auf das gute alte und das im Evangelium kodifizierte oder das gesetzte römische Recht; „Aufstand des Gewissens" oder Schadenabwehr. Auf jeder der Stufen ist für das einzelne Problem eine Pro- und eine Contra-Entscheidung möglich.

Geschichtsdidaktische Konsequenzen

Auf diesen Befunden muß die Geschichtsdidaktik aufbauen. Zwar liegen bereits erste unterrichtspraktische Vorschläge vor (zum Beispiel Aufenanger u. a. 1982), aber sie haben wieder jenen Nachteil, den die Geschichtsdidaktik seit Jahrzehnten beobachten kann. Es werden wieder unumwunden allgemeindidaktische Konzepte auf den Geschichtsunterricht angewandt, ohne in die spezifische geschichtsdidaktische Reflexion einzutreten. Es wird hier lediglich beliebiges historisches Material benutzt, um Ziele zu erreichen, die außerhalb der Geschichtsdidaktik formuliert worden sind. Der Geschichtsdidaktik kann es aber nicht um ein allgemeines moralisches Bewußtsein gehen, sondern um *moralisches Bewußtsein als einen integrierten Bestandteil des Geschichtsbewußtseins.*

In Kenntnis der Entwicklung, die die Geschichtsdidaktik im 20. Jahrhundert genommen hat, sind zunächst negative Aussagen angebracht, ehe geschichtsdidaktische Konsequenzen beschrieben werden können. Es ist notwendig, zwei Aspekte zu betonen, um zu zeigen, wofür sich dieses Konzept *nicht* eignet:

- Dieses Konzept stellt die aktiven Lernprozesse in den Vordergrund und ist deshalb untauglich, wieder zu der alten Phaseneinteilung der fünfziger und sechziger Jahre mit ihrer einseitigen Betonung der Reifungsprozesse und der angeborenen Programme zurückzulenken. Die Schulzeit, der schulische Geschichtsunterricht verteilt sich zudem nicht auf alle Phasen gleichmäßig. Das Konzept der moralischen Entwicklung kann deshalb nicht als Stoffverteilungsmechanismus verwendet werden.
- Die Theorie des moralischen Bewußtseins ist keine Hintertür, um neokonservative Werterziehung, d. h. die Festlegung auf ganz bestimmte Werte

zu betreiben. Eine das moralische Bewußtsein berücksichtigende Geschichtsdidaktik betrachtet „Moralerziehung als Stimulierung des jeweils nächsten Entwicklungsschritts im Gegensatz zur Indoktrination festgelegter Regeln der Schule, Kirche oder Nation" (Kohlberg / Turiel 1978, 20).

Aus der Theorie des moralischen Bewußtseins lassen sich dann zwei Konsequenzen für den Geschichtsunterricht ziehen:

1. Das Konzept „moralisches Bewußtsein" erlaubt eine *genauere Analyse historischer Handlungszusammenhänge*, so daß die differenzierte Stufenbildung auch als *Interpretationsraster* für historische Quellen geeignet ist. Die klassischen Interpretationsraster verharren im Modell der Erfolgsorientierung, das das Handeln daraufhin untersucht, ob es Erfolg hatte oder nicht; sie werden durch eine Analyse der Argumentationsformen für richtiges und falsches Handeln erweitert. In der Geschichte werden praktische, moralische Fragen durch Rückgang auf Moralsysteme entschieden: Kolonien machen sich unabhängig: „Unabhängigkeitserklärungen"; Klassen revoltieren: „Was ist der dritte Stand?", „Kommunistisches Manifest"; Tyrannen werden ermordet und Attentate verübt, Genozide praktiziert etc. Diese Handlungen werden auf unterschiedlichen moralischen Ebenen („Lernniveaus") begründet, bei Hammurabi anders als in der Aufklärung, die Tyrannenmorde anders als die Attentäter des 20. Juli. Die Rechtfertigungsformen moralisch relevanter Handlungsweisen nehmen Bezug auf *kollektiv geteilte Weltbilder*. Damit wird nicht unbedingt eine neue Gruppe von Inhalten in den Geschichtsunterricht eingeführt, sondern es werden genauer die Weltbildstrukturen analysiert und thematisiert. Bisher werden Weltbilder lediglich als Kontext, als situatives Umfeld, als Kulisse betrachtet, vor der sich die eigentlichen Handlungen vollziehen. Im Gegensatz zur Entwicklung von Herrschaftsstrukturen, ökonomischen Erwerbsorganisationen, Techniken der Daseinsvorsorge werden im Geschichtsunterricht Weltbilder und Moralsysteme nicht einem logisch nachvollziehbarem Wandel unterworfen. Sie werden als statische, stets einander abwechselnde Bilder vorgeführt, die in historischer Relativität immer noch „unmittelbar zu Gott" sein wollen. Das Konzept des moralischen Bewußtseins bietet die Chance, mit der Logik und Dynamik von Weltbildstrukturen ernst zu machen und ihr Lernpotential für die Entwicklung von Geschichtsbewußtsein zu entbinden.

2. Die zweite mögliche Konsequenz bezieht sich auf die *Entwicklung des Geschichtsbewußtseins der Schüler*. Das deklarative Beschwören von Geschichtsbewußtsein als Feld geschichtsdidaktischer Arbeit bleibt solange bloße Absichtserklärung, wie es nicht umgesetzt werden kann. Die Geschichtsdidaktik muß prüfen, welchen Einfluß die Auseinandersetzung mit historischen moralischen Urteilsstrukturen auf den moralischen Aspekt des Geschichtsbewußtseins von Schülern hat. Im Geschichtsunterricht konfrontieren wir die Schüler mit Begründungen von Normensetzungen und Normenverletzungen. Dabei müssen wir aber bedenken, daß das zum größten Teil in einer lebensgeschichtlichen Phase der Schüler erfolgt, in der eine Distanzierung von lebensweltlich eingelebten Normen vorgenommen wird (in der

Adoleszenzkrise, Kohlbergs Zwischenstufe 4 1/2). Generell gesehen, konfrontieren wir die Schüler im größten Teil des Geschichtsunterrichts mit moralischen Argumentationsformen, die den individualgeschichtlich entwickelten Argumentationsformen der Schüler nicht kongruent sind. Das ist ein zentrales, aber noch völlig unerforschtes Problem. Wir wissen noch viel zu wenig darüber, ob wir die Schüler nicht in ihrer moralischen Entwicklung zurückhalten, wenn wir sie mit Niveaus archaischer Moral konfrontieren (Hammurabi, Drakon etc.), oder ob wir sie nicht hoffnungslos überfordern, wenn wir ihnen Moralsysteme vorstellen, die weit über ihrer Fassungskraft liegen (Naturrechtstheorien, kategorischer Imperativ, universelle Sprachethik etc.). Mögliche Folgen lassen sich absehen. Wir halten die Schüler auf Denkebenen fest, die sie schon überschritten haben, oder wir konfrontieren sie mit Denkmustern, die sie nicht verstehen. Abgesehen von diesen Fragen der Verständnisfähigkeit und der Lerneffektivität, stellt sich für die Auseinandersetzung mit historischen Moralsystemen das Problem noch auf eine andere Weise. Die Folgen für das Geschichtsbewußtsein sind unabsehbar, wenn wir die historistische Konsequenz ziehen, alles historisch relativ darzustellen, d. h. es sei eben alles erlaubt und richtig gewesen, weil es eben in der Vergangenheit geschah. Die jeweilige historische Situation entschuldigt dann die Sklavenhaltung ebenso wie den Völkermord an Juden („So war das eben früher"). Dieser historische Relativismus würde das Ziel von Geschichtsunterricht in Frage stellen, dem es um die Bildung (Aufklärung, Emanzipation etc.) von heute lebenden Schülern geht.

Literatur

Aufenanger, St., u. a.: Erziehung zur Gerechtigkeit, München 1981
Colby, A. / *Kohlberg, L.*: Das moralische Urteil: Der kognitionszentrierte entwicklungspsychologische Ansatz, in: *Steiner, G.* (Hrsg.): Entwicklungspsychologie, Bd. 1, Weinheim / Basel 1984, 348 − 366
Dux, G.: Geschichte als Lernprozeß, in: *Saeculum* 33 (1982), 148 − 160
Eder, K.: Kollektive Lernprozesse und Geschichte, in: *Saeculum* 33 (1982), 116 − 132
Habermas, J.: Moralentwicklung und Ich-Identität, in: *ders.*: Zur Rekonstruktion des Historischen Materialismus, Frankfurt/M. 1976, 63 − 91
− Moralbewußtsein und kommunikatives Handeln, Frankfurt/M. 1983
Hallam, R.: Piaget und Moral Judgement in History, in: *Educational Research* 11 (1968/69), 200 − 205
Kohlberg, L.: Zur kognitiven Entwicklung des Kindes, Frankfurt/M. 1974
− Essays on Moral Development. Volume I: The Philosophy of Moral Development, San Francisco 1981
Kohlberg, L. / *Turiel, E.*: Moralische Entwicklung und Moralerziehung, in: *Portele, G.* (Hrsg.): Sozialisation und Moral, Weinheim / Basel 1978, 13 − 80
Kohlberg, L., u. a.: Moral Stages: A Current Formulation and a Response to Critics, Basel 1983
Piaget, J.: Das moralische Bewußtsein beim Kinde, Frankfurt M. 1973
Rothe, V.: Der russische Anarchismus und die Rätebewegung 1905, Frankfurt/M. 1978
Santini, B.: Gerechtigkeitsvorstellungen im Geschichtsunterricht. Eine Pilotstudie zur Vermittlung von Wertvorstellungen (= Arbeitspapiere und Kurzberichte 24), Freiburg (Schweiz) 1978

Vorurteile und Feindbilder

Hans-Dieter Schmid

Definitionen: Vorurteile, Stereotype, Feindbilder

Der Gebrauch des Begriffs „Vorurteil" ist nicht nur im alltagssprachlichen, sondern auch im sozialwissenschaftlichen Bereich keineswegs einheitlich. Wohl am häufigsten wird im deutschen Sprachraum die Definition des amerikanischen Psychologen Davis herangezogen (Davis 1964, 53):

> „Vorurteile sind negative oder ablehnende Einstellungen einem Menschen oder einer Menschengruppe gegenüber, wobei dieser Gruppe infolge stereotyper Vorstellungen bestimmte Eigenschaften von vornherein zugeschrieben werden, die sich aufgrund von Starrheit und gefühlsmäßiger Ladung, selbst bei widersprechender Erfahrung, schwer korrigieren lassen."

Demnach ist das *Vorurteil* eine Einstellung, die in erster Linie gekennzeichnet ist durch ihre Resistenz gegenüber Erfahrungen, die ihrerseits durch Rigidität und Emotionalität verursacht ist. Vorurteile haben nach dieser Definition also eine kognitive und eine affektive Komponente, die nicht zu trennen sind. Dabei wird der kognitive Aspekt durch sogenannte *Stereotype* repräsentiert, das sind Einstellungsäußerungen in der logischen Struktur von Urteilen, als deren wesentlichstes Merkmal das der inkorrekten Generalisierung gilt (zum Beispiel „Neger sind schmutzig"). Solche Stereotypen werden aber nach dieser Auffassung erst dann zu Vorurteilen, wenn sie sich durch ihre affektive Besetzung auch gegenüber widersprechenden Informationen als widerstandsfähig erweisen, wenn sie also in der Psyche des Vorurteilsvollen verankert sind. Andere Forscher, vor allem empirische Sozialwissenschaftler, neigen dagegen dazu, entsprechend dem alltagssprachlichen Verständnis jede negativ wertende, stereotypisierte Einstellungsäußerung über eine soziale Gruppe als Vorurteil zu bezeichnen.

Ähnlich unscharf ist der Begriff des *Feindbildes*. Er wird in der Regel, aber nicht ausschließlich, auf nationale Fremdgruppen angewandt, während der Vorurteilsbegriff meist, allerdings ebenfalls nicht ausnahmslos, auf innergesellschaftliche Minderheiten zielt. Feindbilder setzen sich aus negativen nationalen Stereotypen zusammen: in ihnen ist „eine Reihe negativer Vorurteile gebündelt, die gleichsam einem Zwang zur Vereinheitlichung gehorchen und eine differenzierte Beurteilung dessen, der mit dem Etikett ‚Feind' versehen wird, unmöglich machen" (Lißmann u. a. 1975, 40).

Vorurteile und Erziehung

Die Vorurteilsforschung ist sich heute einig, daß *Vorurteile erworben*, also „gelernt" werden, und zwar zu einem ganz wesentlichen Teil bereits in der frühkindlichen Sozialisation, in deren Verlauf insbesondere die für die Vorurteilsbildung grundlegenden Prozesse des Kategorisierens und des Evaluierens

(Identifikations- bzw. Ablehnungsmuster) gelernt werden. Solche Lernprozesse setzen sich in der sekundären Sozialisation fort, also auch in der schulischen Erziehung, und zwar in der Regel nicht auf der Ebene intentionaler Lehre, sondern in der Form unbewußter Lernprozesse, also als Teil dessen, was man seit einigen Jahren „heimlicher Lehrplan" nennt.

Die Beziehung zwischen Vorurteilen und Erziehung sind also durchaus zweigleisig: Erziehung spielt — wie geschildert — einerseits beim Erwerb von Vorurteilen eine Rolle, andererseits wird der Erziehung und der Schule bei der Bekämpfung von Vorurteilen oft zentrale Bedeutung beigemessen. Ob allerdings Vorurteilsbekämpfung durch schulische Erziehung überhaupt möglich ist, hängt davon ab, welchen Begriff von Vorurteil man vertritt. Wenn man, wie Davis, Vorurteile gerade dadurch definiert, daß sie für Belehrung unzugänglich sind, und wenn man darüber hinaus, wie die psychoanalytische Vorurteilstheorie, die Ursache für Vorurteile vor allem in ihrer psychischen Funktion für den vorurteilsvollen Menschen sieht (Kompensation von Ich-Schwäche, agressive Triebabfuhr) und die Verwandtschaft mit neurotischen Symptomen hervorhebt, dann ist leicht einsichtig, daß bei einer solchen, quasi pathologischen Sicht von Vorurteilshaftigkeit Abhilfe nur durch individuelle Psychotherapie, allenfalls durch gruppentherapeutische Maßnahmen zu erwarten ist.

Ähnliches gilt für die Theorie der autoritären Persönlichkeit (Adorno u. a. 1950), nach der vorurteilsvolles Verhalten in der Persönlichkeitsstruktur begründet ist, die ihrerseits entscheidend durch die frühkindliche Sozialisation geprägt wird. Vorurteilshaftigkeit ist danach grundlegend nur durch eine Veränderung eben dieser Sozialisationsbedingungen, etwa im Sinne einer nichtautoritären Erziehung, zu bekämpfen. Werden aber diese Sozialisationsbedingungen ihrerseits — etwa die Erziehung in der autoritär strukturierten Kleinfamilie — als Folge allgemeiner gesellschaftlicher Verhältnisse gesehen, so ist eine Strategie zur Veränderung vorurteilsvollen Verhaltens sogar auf die Veränderung gesellschaftlicher Bedingungen verwiesen. In die gleiche Richtung weist ja auch die sozialpsychologische Theorie, die unter der Bezeichnung Frustrations-Aggressions-Hypothese bekannt geworden ist, und die, als Sündenbock-Theorie leicht variiert, auch zur Erklärung vorurteilshaften Verhaltens herangezogen wird, wenn sie die Ursachen für individuelle Frustrationen als Grundlage für die „Verschiebung" von Aggressionen auf einen „Sündenbock" nicht zuletzt in sozialen Bedingungen sieht. Schon Allport (1971, 350 f.) hat nachdrücklich darauf hingewiesen, daß in Zeiten wirtschaftlicher Depression, wie in Kriegszeiten, Vorurteile und Feindbilder Hochkonjunktur haben.

Gegen diese pessimistische Sicht der Rolle des Erziehungswesens bei der Bekämpfung von Vorurteilen spricht jedoch, daß nach einer ganzen Reihe von Untersuchungen ein enger Zusammenhang zwischen geringer Vorurteilsbereitschaft und Länge der schulischen Ausbildung besteht (Schäfer / Six 1978, 158 ff.). Es scheint also nicht aussichtslos, Vorurteile, sofern sie nicht das Ausmaß und die Intensität einer „Vorurteilskrankheit" (Mitscherlich 1962) erreicht haben, auch *durch schulische Erziehung verändern* zu wollen. In der pädagogischen Literatur finden sich im allgemeinen vier unterscheidbare didaktische Ansätze zur Behandlung von Vorurteilen in der Schule (vgl. Bönsch / Silkenbeumer 1975, 56 ff.), die durch die Stichworte Information, Appell, Kontakt und Selbsterfahrung gekennzeichnet werden können:

- *Information:* Damit ist in erster Linie kognitive Aufklärung gemeint, die sich sowohl auf die Opfer der Vorurteile als auch auf den Entstehungs- und Wirkungszusammenhang von Vorurteilen selbst bis hin zum regelrechten Psychologieunterricht (Kraak 1968) beziehen kann. In der Literatur besteht jedoch weitgehend Einigkeit darüber, daß die kognitive Widerlegung einzelner Stereotype — soweit das überhaupt möglich ist — wenig wirksam ist, wenn sie nicht von anderen Maßnahmen begleitet ist.
- *Appell* bzw. „persuasive Kommunikation" (Schäfer / Six 1978, 260 ff.): Diese bezieht sich im Gegensatz zur Informationsmethode auf die affektive Dimension, indem durch eine Art ethischen Appells die emotionale Einstellung der Schüler verändert werden soll. In einer vergleichenden Untersuchung zu rassischen und nationalen Vorurteilen hat Müller (1967) festgestellt, daß diese Methode bei jüngeren Schülern (13jährigen) zumindest kurzfristig wirksamer zu sein scheint als die Informationsmethode.
- *Kontakt:* Daß direkter Kontakt mit Angehörigen einer von Vorurteilen betroffenen Minderheit geeignet ist, vorhandene Vorurteile abzubauen, scheint auf der Hand zu liegen. Jedoch hat schon Allport (1971, 267 ff.) darauf hingewiesen, daß diese keineswegs zwangsläufig eintritt, sondern durchaus von der Art des Kontaktes und den beteiligten Personen abhängt.
- *Selbsterfahrung* (Bönsch / Silkenbeumer 1975, 73 ff.): Bei dieser Form des Umgangs mit Vorurteilen geht es vor allem darum, den Schülern die Erfahrung zu ermöglichen, daß sie einerseits nicht frei von vorurteilsvollem Verhalten sind, andererseits aber auch selbst Vorurteilen unterliegen können. Nachspielen psychologischer Experimente und Rollenspiel sind hierfür geeignete Methoden.

In der Schulpraxis wird sicherlich eine Kombination aller oder mehrerer dieser hier analytisch getrennten Ansätze die besten Ergebnisse bringen. Dabei sollte man allerdings nicht aus dem Auge verlieren, daß für eine dauerhafte Veränderung vorurteilsvollen Verhaltens Anstrengungen auf den verschiedenen gesellschaftlichen Ebenen erforderlich sind.

Geschichtsunterricht und Vorurteile

Das Verhältnis von Geschichtsunterricht und Vorurteilsproblematik hat ebenfalls zwei Seiten. Einmal spielte und spielt historischer Unterricht beim Erwerb von Vorurteilen, insbesondere bei der Tradierung von Feindbildern, eine nicht zu unterschätzende Rolle. Allerdings werden heute im Geschichtsunterricht wohl kaum noch manifeste Feindbilder oder Vorurteile vermittelt werden, zumal die Bemühungen um die Schulbuchrevision in den letzten Jahrzehnten mit Erfolg darauf abzielten, zumindest die Lehrbücher von nationalen Stereotypen zu reinigen. Anders sieht es dagegen mit der Vermittlung von *Identifikations- und Ablehnungsmustern* aus, also mit dem für die Vorurteilsbildung grundlegenden Evaluierungsprozeß. Beobachtungen über die Sprache im Geschichtsunterricht (Lucas 1975; Rumpf 1972 und 1979) und inhaltsanalytische Schulbuchuntersuchungen zeigen, daß selbst in neueren Schulbüchern — wenn auch zum Teil unbewußt und unterschwellig — die „wertgebundene Information" dominiert (Marienfeld 1979, 142) bzw. daß sie ein „hohes Maß an stereotyper Vereinfachung" aufweisen (Lißmann u. a. 1975, 57). In der Praxis des Geschichtsunterrichts wird das gewiß nicht anders sein.

Auf der anderen Seite ist der Geschichtsunterricht auch geeignet, einen Beitrag zum *Abbau sozialer Vorurteile* zu leisten. Sein besonderer Vorteil ist dabei die historische Distanz, durch die die Beschäftigung mit historischen Vorurteilen oder Feindbildern geprägt ist (Matthäus 1981, 124). Allerdings spielte die Vorurteilsproblematik in der geschichtsdidaktischen Curriculumdiskussion der vergangenen Jahre eine untergeordnete Rolle (vgl. Schmid 1981, 134 ff.) Erst in letzter Zeit wird das Thema auch von der Geschichtsdidaktik stärker beachtet, etwa durch zwei Themenhefte der Zeitschrift „Geschichtsdidaktik" (Heft 2/1981: Vorurteile und Feindbilder im Geschichtsunterricht; Heft 1/1985: Minderheiten). Dabei sind — zum Teil in Anlehnung an die oben skizzierten didaktischen Ansätze — einige Prinzipien für die Beschäftigung mit Vorurteilen im Geschichtsunterricht entwickelt worden (Matthäus 1981; Schmid 1981):

— Der Geschichtsunterricht sollte sich nicht mit der punktuellen Widerlegung einzelner Stereotypen (etwa des Antisemitismus) begnügen, sondern die Beschäftigung mit Vorurteilen (etwa an einem historischen Beispiel wie Antisemitismus) zum selbständigen Gegenstand eines längerfristigen Lernprozesses machen.
— Unterricht über Vorurteile muß die affektive Dimension und die lebensweltlichen Vorprägungen der Schüler stärker als bei anderen Gegenständen in die Unterrichtsplanung einbeziehen.
— Ein solcher Unterricht muß auf Empathie zielen, zum Beispiel durch die Mittel des Perspektivwechsels und der Konfrontation mit der Fremderfahrung (Schörken 1980).
— Schließlich muß bei der Behandlung von Vorurteilen im Geschichtsunterricht die sozio-historische Aufklärung verbunden werden mit psychologischer Aufklärung über die Entstehung und Wirkungsweise von Vorurteilen, vor allem mit dem Ziel, den Schülern Selbsterfahrung zu ermöglichen.

Unterricht, der sich diesen Prinzipien verpflichtet fühlt, dient dem Abbau inner- und intragesellschaftlicher Gewalt. Er ist damit letztlich Teil einer Friedenserziehung, die Gewalt und Friedlosigkeit im internationalen und innergesellschaftlichen Bereich zu verringern sucht (Wulf 1973, 11).

Literatur

Adorno, T. W. / Frenkel-Brunswik, E. / Levinson, D. J. / Sanford, R. N.: The Authoritarian Personalitiy, New York 1950
Allport, G. W.: Die Natur des Vorurteils, Köln 1971
Barres, E.: Vorurteile. Theorie — Forschungsergebnisse — Praxisrelevanz, Opladen 1978
Bönsch, M. / Silkenbeumer, R.: Soziales Lernen und Vorurteile, Hannover 1975
Davis, E.: Zum gegenwärtigen Stand der Vorurteilsforschung, in: *Vorurteile*. Ihre Erforschung und ihre Bekämpfung (Politische Psychologie, Bd. 3), Frankfurt 1964, 51 bis 71
Kraak, B.: Auswirkungen von Psychologieunterricht auf soziale und pädagogische Vorurteile, Weinheim 1968
Lißmann, H.-J. / Nicklas, H. / Ostermann, Ä.: Feindbilder in Schulbüchern, in: *Friedensanalysen*. Theorien für die Praxis I, Frankfurt 1975, 37 — 62

Lucas, F. J.: Zur Funktion der Sprache im Geschichtsunterricht. In: *Jäckel, E. / Weymar, E.* (Hrsg.): Die Funktion der Geschichte in unserer Zeit, Stuttgart 1975, 326 bis 342

Marienfeld, W.: Schulbuch-Analyseverfahren am Beispiel von Schulbuchdarstellungen zum Thema Islam und Kreuzzüge, in: *Gd* 4 (1979), 130 — 153

Matthäus, W.: Vorurteile und Feindbilder im Geschichtsunterricht, in: *Gd* 6 (1981), 117 — 129

Mischerlich, A.: Die Vorurteilskrankheit, in: *Psyche* 16 (1962), 241 — 245

Müller, H.: Rassen und Völker im Denken der Jugend, Stuttgart 1967

Ostermann, Ä. / Nicklas, H.: Vorurteile und Feindbilder, München 1976

Rumpf, H.: Stereotype Vereinfachungen im Geschichtsunterricht, in: *Süssmuth, H.* (Hrsg.): Geschichtsunterricht ohne Zukunft? (AuA, Bd. 1, 1), Stuttgart 1972, 277 bis 295

— Sprache und Affekt im Lehrbuch. Über Geschichtsphantasien und Geschichtsbücher, in: *Gd* 4 (1979), 118 — 130

Schäfer, B. / Six, B.: Sozialpsychologie des Vorurteils, Stuttgart 1978

Schmid, H.-D.: Vorurteile und Feindbilder als Problem der Geschichtsdidaktik, in: *Gd* 6 (1981), 131 — 142

Schörken, R.: Geschichtsunterricht in einer kleiner werdenden Welt, in: *Süssmuth, H.* (Hrsg.): Geschichtsdidaktische Positionen, Paderborn 1980, 315 — 335

Wulf, Chr. (Hrsg.): Friedenserziehung in der Diskussion, München 1973

Schulbuchanalyse

Dietrich Scholle

Eine ausformulierte Theorie und Methodik der Schulbuchanalyse und Schulbuchkritik fehlt bisher ebenso wie eine Theorie des Schulbuches.

Als allgemeine Form der Schulbuchanalyse kann die *Rezension* gelten, wie sie als Sammel- oder Einzelrezension vor allem in den einschlägigen Fachzeitschriften zu finden ist und die in der Regel in methodisch weniger expliziter Form eine allgemeine Charakteristik und Einschätzung des untersuchten Werkes vermitteln will.

Im Zusammenhang mit der Rezension oder Einzelkritik eines Schulbuches ist die *Selbstdarstellung* des Autors bzw. Herausgebers eines Unterrichtswerkes in Repliken, Aufsätzen oder Lehrerbegleitheften zu nennen (vgl. Hug / Schmid u. a., in: Süssmuth 1980).

Die *historische Geschichtsbuchanalyse* behandelt die Schulbücher als historische Quellen zur Erforschung des Zeitgeistes und Geschichtsbildes früherer Epochen. Als exemplarisch für diese Richtung der Schulbuchanalyse können immer noch Schallenbergers „Untersuchungen zum Geschichtsbild der Wilhelmischen Ära und der Weimarer Zeit. Eine vergleichende Schulbuchanalyse deutscher Schulgeschichtsbücher aus der Zeit von 1888 bis 1933" von 1964 gelten.

Ideologiekritische Schulbuchanalysen sehen das Geschichtsbuch im Zusammenhang mit politischen Erziehungsabsichten und -funktionen im Sinne des jeweiligen Systems und zielen darauf ab, die in der Darstellung wirksamen Interpretations- und Bewertungsmuster aufzudecken (zum Beispiel Fohrbeck u. a. 1971; Kühnl u. a. 1973).

Quantitativ am stärksten ins Gewicht fallen die unter primär *fachwissenschaftlichen Fragestellungen* durchgeführten und in der Regel auf einzelne historische Aspekte und Probleme bezogenen Untersuchungen. Hier gibt es sowohl *Längsschnittuntersuchungen* (zum Beispiel de Buhr 1976) als auch *Querschnittsuntersuchungen* (zum Beispiel Bruckmann 1981; Schüddekopf 1977).

Diesen Formen der vergleichenden Schulbuchanalyse methodisch nahe steht die *internationale Schulbuchrevision*. Mit ihrem Ziel, „auf dem Wege über die Verbesserung der Schulbücher die angemessene Kenntnis und das Verständnis der anderen Nationen zu fördern, zu Vorurteilsfreiheit und zur Bereitschaft für friedliche Zusammenarbeit zu erziehen, das Konfliktpotential zwischen den Nationen — falsche oder schiefe Vorstellungen und verkrampfte Mentalität — zu vermindern" (Jeismann 1979, 11), geht sie über die rein fachwissenschaftliche Betrachtungsweise erheblich hinaus und nähert sich der *didaktischen Analyse*.

Die Zahl der Schulbuchanalysen, die ihren Gegenstand als Unterrichtsmedium primär unter didaktischen und methodischen Gesichtspunkten untersuchen, ist insgesamt noch schmal (zum Beispiel Marienfeld 1972; v. Borries 1980; Fröhlich 1985). In den Bereich der didaktischen Analyse gehören auch Spezialuntersuchungen, die sich mit der Sprache des Autorentextes (Lucas 1975; Rumpf 1979), den Textquellen (vgl. die Diskussion in GWU 34 (1983), Heft 5), den Bildmaterialien (Hinkel 1978), den Arbeitsaufträgen (Lipski 1979) usw. befassen. Mit der zunehmenden Komplexität der Darstellungsmittel in den neueren Geschichtsbüchern wächst die Notwendigkeit, sich intensiv mit den Eigenschaften und Möglichkeiten der einzelnen Darstellungselemente (Autorentext, Textquelle, Bild, Karte, Statistik, Diagramm, Grafik etc.) und ihren Leistungen im Darstellungszusammenhang sowie ihren unterrichtsmethodischen Aspekten auseinandersetzen (s. hierzu insgesamt Pandel / Schneider 1985).

Eine bisher kaum in den offenen wissenschaftlichen Diskus eingebundene Form der Schulbuchanalyse und Schulbuchkritik sind die bereits vielfältig kritisierten *Zulassungsverfahren der Bundesländer für Geschichtsbücher* (zum Beispiel Rohlfes 1982).

Ein für die Schulbuchanalyse und die Schulbuchkonstruktion gleichermaßen wichtiger Aspekt, nämlich die *Rezeption* durch die Adressaten, wartet noch auf fundierte Spezialuntersuchungen.

Den verschiedenen Formen der Schulbuchanalyse lassen sich entsprechende Verfahrensweise zumindest grob zuordnen:

- Historische Geschichtsbuchanalyse, fachwissenschaftlich orientierte Längs- und Querschnittsuntersuchungen sowie die internationale Schulbuchkritik bedienen sich in der Regel *deskriptiv-analytischer Verfahren*. Kategorien der Untersuchung und Be-

wertung werden dabei längst nicht immer explizit gemacht (vgl. die Kritik von Meyers 1973, 735 f.).
- Diese inhaltsbezogene Form der Analyse wird zuweilen gestützt durch *quantifizierende Verfahren,* etwa das Auszählen der Darstellungsanteile eines Themas oder Gegenstandes (Raumanalyse) in einem oder verschiedenen Geschichtsbüchern. Durch *Raumanalyse* exakt erfassen lassen sich auch die quantitativen Anteile einzelner Darstellungselemente (zum Beispiel Autorentext im Verhältnis zu Textquellen). Eine verfeinerte Form der Raumanalyse ist die *Frequenzanalyse* einzelner Darstellungselemente (zum Beispiel verschiedener Kategorien von Arbeitsaufträgen oder bestimmter Vorstellungs- und Begriffsinhalte, zum Beispiel Stereotype, Wertungen). Weitergehende quantifizierende Verfahren etwa in Anlehnung an die in den Sozialwissenschaften entwickelte Methode der empirischen Inhaltsanalyse sind in bezug auf Geschichtsbücher ebenfalls angewendet worden (Uhe 1972; Füllberg-Stolberg 1981; zum Teil auch Siebert 1970), ohne daß die Ergebnisse nach Meinung einiger Kritiker die aufwendige Methode zu rechtfertigen vermochten (vgl. Meyers 1973, 737 f.; Kleßmann 1976, 63 f.).
- Als dritte wesentliche Verfahrensweise wird in der Literatur die *didaktische Analyse* genannt. „Der didaktische Blickwinkel unterscheidet sich vom fachlich-inhaltsbezogenen durch die Hervorhebung der Lernprozesse und Lernwirkungen, vom textanalytischen durch die Betonung des Funktionszusammenhanges von Lehrabsicht, Methode, Unterrichtsmedium und Schülerverhalten" (Rohlfes 1983, 540).

Aus der Systematisierung der vorliegenden Schulbuchanalysen geht hervor, daß der didaktische Zugriff lediglich *neben* anderen Zugriffsweisen eine Rolle spielt. Dies verrät ein verkürztes Verändnis von Didaktik. Der *didaktische Zugriff* — soll er nicht auf methodische Aspekte verkürzt werden — muß *im Zentrum* jeder Schulbuchanalyse stehen, will sie dem von ihr untersuchten Medium gerecht werden. Fachwissenschaftliche Aspekte des Schulbuches lassen sich eben nicht wie in einer von Vermittlungs- oder gar Lernzielfragen freien Fachdiskussion analysieren und bewerten, sondern nur im Zusammenhang mit diesen. Das hängt eng mit der Funktion und dem Adressatenbezug des Geschichtsbuches zusammen: „Das geschichtliche Unterrichtswerk unterscheidet sich in zweifacher Hinsicht grundlegend von einer ‚normalen' Geschichtsdarstellung: 1. Es ist für Jugendliche ganz bestimmter Altersstufen geschrieben. 2. Es ist nicht für die ‚private' Lektüre gemacht, sondern für den Unterricht, d. h. auf die gemeinsame Arbeit in einer Klasse bezogen" (Staudinger 1960, 273). Es genügt deshalb nicht die Sicherstellung der objektiv zutreffenden Erhebung der Geschichte, sondern daneben tritt die Frage ihrer subjektiv wirksamsten Darstellung hervor (Lucas 1965, 292).
Didaktische Reflexion muß alle aufgeführten Aspekte begleiten, soll ein dem Gegenstand Schulbuch angemessenes Ergebnis und Urteil zustandekommen. *Didaktische Reflexion stellt das integrative Element zwischen allen — notwendigen — auf Einzelaspekte gerichteten Schulbuchuntersuchungen dar.*
Ansätze zu einer derart komplexen, didaktisch fundierten Konzeption von Schulbuchanalyse lassen sich aus einigen bereits vorliegenden Arbeiten gewinnen (Marienfeld 1972; Dörr 1975; Lipski 1976). Insbesondere *Bodo von Borries* hat 1980 in einer detaillierten Vergleichsuntersuchung von Geschichtsbüchern zur Darstellung der römischen Republik unter dem Stichwort der *Problemorientierung* Kategorien und Fragestellungen entwickelt, die fachwissenschaftliche und fachdidaktische Gesichtspunkte eng verklammern. Sie

reflektieren den Stellenwert des Erkenntnisgegenstandes, die Organisation des Lernprozesses sowie die Gestaltung des Unterrichtsmaterials.

Für die Schulbuchanalyse relevante und größtenteils auf sie übertragbare Kategorien haben Ulrich Mayer / Hans-Jürgen Pandel mit ihren *Kategorien der Geschichtsdidaktik* zur Analyse und Beurteilung von Geschichtsunterricht entwickelt. Im Mittelpunkt ihres Kriterienkataloges stehen die Bezogenheit der Geschichte auf die Situation des Rezipienten, die Methoden historischer Erkenntnis, die Dimensionen der Zeit sowie die Menschen als handelnde Subjekte im Beziehungsgeflecht von Arbeit, Macht und Herrschaft.

Bei der Formulierung von Kategorien für die Schulbuchanalyse geht es, soll die Analyse nicht auf Wertung und Kritik verzichten, auch immer um die Vorstellung von dem „richtigen" Schulbuch bzw. dem „richtigen" Unterricht und seinen Zielen (Dörr 1975, 294). Dies wird bereits in der Auswahl der Kategorien und erst recht in ihrer inhaltlichen Ausfüllung deutlich, durch die sie schließlich zu Kriterien werden.

Der folgende *Versuch der Formulierung von Kriterien für die Analyse und Beurteilung von Schulgeschichtsbüchern* (vgl. hierzu das Kriterienpapier für die Beurteilung von Schulbüchern im Fach Geschichte der Landesschulbuchkommission Politische Bildung im Auftrag des Kultusministers des Landes Nordrhein-Westfalen, Sektion Geschichte, mit dessen Veröffentlichung in Kürze zu rechnen ist) erfaßt zum einen die inhaltliche Ebene der Interpretation und Darstellung aus einer Perspektive, in der fachwissenschaftliche und fachdidaktische Aspekte integriert sind, und zum anderen die Ebene der Vermittlung, wobei als Bezugspunkt die Vermittlungssituation (Unterricht) im Vordergrund steht. Im Schnittpunkt beider Ebenen und Perspektiven steht als Adressat der Schüler. Eine abschließende Beurteilung und Bewertung eines Schulgeschichtsbuches muß immer dieses Dreiecksverhältnis von Inhalt, Adressat und Vermittlungssituation als wechselseitiges Beziehungs- und Bedingungsgefüge im Auge haben, will sie dem Medium Schulbuch gerecht werden.

Bezogen auf die inhaltliche *Ebene der historischen Interpretation und Darstellung im Geschichtsbuch* wären folgende Fragen zu stellen:

— Wird *Geschichte als Prozeß* dargestellt, oder herrschen statische Geschichtsbilder vor?
— Berücksichtigt die Darstellung *übergreifende Perspektiven* der Weltgeschichte, oder ist sie zu sehr europazentrischen oder gar germanozentrischen Sichtweisen verhaftet?
— Beachtet die Darstellung den Aspekt der *Mehrdimensionalität* in synchroner und in diachroner Hinsicht? Werden die *synchronen Dimensionen* der Geschichte (Wirtschaft, Gesellschaft, Politik, Kultur) in ihrem Zusammenhang und die *diachronen Dimensionen* wie langfristige Veränderungen auf der Ebene der Handlungsstrukturen und kurzfristige Veränderungen auf der Ereignisebene in ihrem Wechselverhältnis deutlich?
— Ist die Darstellung an dem Grundsatz der *Multiperspektivität* orientiert? Werden wesentliche *Positionen beteiligter bzw. betroffener Parteien* bei der Darstellung eines historischen Konfliktes berücksichtigt? Wird die *Standpunktabhängigkeit der historischen Perspektive,* der Perspektive des Betrachters und Interpreten von Geschichte deutlich?
— Bleibt die Darstellung bei bloßer Tatsachenschilderung stehen, oder ist sie auf *Erklärung historischer Veränderungen* angelegt? Werden Erklärungen implizit oder

explizit gegeben? Sind die Erklärungsversuche monokausal oder tragen sie der prinzipiellen Offenheit der Geschichte Rechnung? Werden sie vorgegeben oder regen sie die Schüler zu eigenen Erklärungsversuchen an?
— Wie verfährt die Darstellung in der *Beurteilung geschichtlicher Veränderungen*? Werden Werturteile deutlich oder werden sie in Form von Tatsachenbehauptungen versteckt? Sind die Maßstäbe expliziter Wertungen erkennbar, so daß die Schüler sich mit ihnen auseinandersetzen müssen? Wird bei der historischen Beurteilung auch dem Selbstverständnis der am historischen Prozeß Beteiligten Rechnung getragen?
— Werden *Gegenwartsbezüge* als Mittel der historischen Perspektivität verwendet, um bedeutsame Phänomene der Gegenwart im Lichte historischer Erfahrung zu erhellen und zugleich die geschichtliche Eigenart vergangener Sachverhalte sichtbar zu machen, oder führen sie zu ahistorischen Aktualisierungen?
— Trägt die Darstellung dem *Adressatenbezug* Rechnung? Berücksichtigt sie in ihrer Gesamtkonzeption Lernvoraussetzungen und Interessen der Schüler sowie deren Lebenssituation und Zukunftsperspektive?
— Enthält das Unterrichtswerk eine erkennbare *didaktische Strukturierung,* so daß Intentionen, Aufbau, inhaltliche Schwerpunktbildung und unterrichtsmethodische Konzeption prinzipiell auch für Schüler einsichtig sind?
— Führt die Darstellung in *historische Methoden* als Verfahren des historischen Denkens ein? Demonstriert das Buch das Entwickeln von Fragestellungen, die Bildung und Überprüfung von Hypothesen, die Auswahl und Analyse historischen Materials, die kritische Anwendung von übergreifenden Kategorien und Deutungsmuster bzw. regt es zu derartigen Verfahren des historischen Denkens an ebenso wie zu einer argumentativen Darlegung gewonnenen historischen Wissens?
— Läßt die Darstellung die *Reflexion methodologischer und wissenschaftstheoretischer* Probleme erkennen, indem etwa Möglichkeiten und Grenzen historischer Erkenntnisse grundsätzlich deutlich und als Problem vermittelt werden?
— Genügt die Darstellung den notwendigen *fachlichen Standards,* indem sachliche Fehler vermieden werden und dem Forschungsstand Rechnung getragen wird sowie Zitierweise, Anmerkungen, Quellennachweise und Literaturangaben den Gepflogenheiten der Fachwissenschaft entsprechen?

Aus diesen Kriterien der historischen Interpretation und Darstellung in Schulgeschichtsbüchern leiten sich die *Kriterien der Unterrichtsmethodik des Schulgeschichtsbuches* ab. Der Begriff der Unterrichtsmethodik in diesem Zusammenhang verweist auf den Adressatenbezug und vor allem die Vermittlungssituation des Schulbuches. Entsprechend sollten alle Elemente der Darstellung einen an den vorgenannten Kriterien orientierten Lernprozeß ermöglichen und die Arbeit im Unterricht erkennbar vorstrukturieren. Das Unterrichtswerk muß dazu verschiedenartige Materialien enthalten, die mehr als bloße Illustration sind und ein selbständiges Arbeiten der Schüler ermöglichen.
Im einzelnen sind zu der unterrichtsmethodischen Konzeption eines Schulbuches folgende Fragen zu stellen:

— Zeigt das Buch ein übersichtliches und klar strukturiertes *Layout* in Arrangement und Kennzeichnung der einzelnen Darstellungsbestandteile?
— Erleichtern *Orientierungshilfen* (Inhaltsverzeichnis, Überschriften, Stichwortverzeichnis, Querverweise etc.) das Zurechtfinden zwischen den einzelnen Teilen der Darstellung und damit selbständiges Arbeiten der Schüler?
— Leistet der *Autorentext* die Integration fachwissenschaftlicher, fachmethodischer und unterrichtsmethodischer Ansprüche? Erfüllt der Autorentext insbesondere folgende Anforderungen: adressatengerechte Sprache; präzise Gliederung; sprachliche Korrekt-

heit; ausgewogenes Verhältnis zwischen begrifflicher Schärfe und Anschaulichkeit; Vermeidung von Emotionalisierung durch Leerformeln und suggestive Bildsprache; Transparenz der Argumentation; Vermeidung apodiktischer Sachurteile; Erkennbarkeit von Hypothesen und Werturteilen; Trennung zwischen Erklärungen und ihren Prämissen; keine direkten Antworten auf Fragen, die sich auf Materialien beziehen; klar erkennbare und eigenständige Funktion neben den Materialien?

— Welche Rolle spielt das *Textmaterial* im Darstellungszusammenhang? Erfüllt das angegebene Textmaterial insbesondere folgende Anforderungen: typographische oder vergleichbare Kennzeichnungen, die das Arbeitsmaterial vom Autorentext und Quellentexte von Texten aus der Sekundärliteratur abheben; Berücksichtigung unterschiedlicher Quellengattungen; adressatengerechtes Angebot von Textquellen für die jeweiligen Altersstufen; übersichtliche Anordnung der Texte und Kennzeichnung von Kürzungen und Auslassungen; Kennzeichnung bearbeiteter Quellen; Vermeidung einer Häufung von Quellensplittern; Auswahl von Quellen unter dem Gesichtspunkt gewählter Lernziele bzw. offengelegter Intentionen der Autoren; Berücksichtigung von Multiperspektivität in der Quellenauswahl; Angebot problembezogener interpretierbarer Textquellen anstelle rein illustrativer Textquellen; Verbindung der Quellen mit einem Angebot an Arbeitsaufträgen?

— Welche Rolle spielt das *Bildmaterial* im Darstellungszusammenhang? Sind die Bilder zur Interpretation geeignet, regen sie zu Vergleichen an oder sind sie eher illustrativ? Stehen die Bilder in einem erkennbaren Zusammenhang mit den anderen Bestandteilen der Darstellung? Erfüllen Format und technische Qualität der Bilder die für eine sinnvolle Bearbeitung notwendigen Anforderungen?

— Was tragen *Karten* und Kartenskizzen zur Darstellung bei? Zeigen sie das Wesentliche? Differenziert das Kartenangebot zwischen verschiedenen Darstellungsformen (statisch — dynamisch)? Ist die Farbgebung flächig, sind die Symbole und die Legende eindeutig?

— Enthält das Unterrichtswerk *Statistiken* und *graphische Darstellungen,* die adressatengerecht präsentiert werden, deren statistisches Material möglichst auf dem neuesten Stand ist, die zu Vergleichen anregen und sowohl diachrone als auch synchrone Strukturen veranschaulichen?

— Welche Rolle spielen *Arbeitsaufträge* in der Darstellungs- und unterrichtsmethodischen Konzeption? Erfüllen sie insbesondere die folgenden Anforderungen: Klarheit und Präzision in der Formulierung; Aufgabenkataloge, die in sich stimmig sind; Aufgaben, die die Möglichkeiten des gebotenen Materials ausschöpfen; erkennbare didaktische und methodische Funktion; Berücksichtigung unterschiedlicher Anforderungen und Lernzielebenen; Aufgaben zur Einübung von methodischen und pragmatischen Fähigkeiten und Fertigkeiten; Aufgaben, die Einsicht in Zusammenhänge und historische Ordnungskategorien anregen; Vermeidung von Suggestivfragen und bloßen Entscheidungsfragen?

— Enthält das Buch einen funktionalen *Apparat,* zum Beispiel ein Stichwortverzeichnis, ein Glossar mit Erklärungen wichtiger Begriffe und Namen — sofern dies nicht an anderer Stelle erfolgt —, ein Literaturverzeichnis (mit Anregungen zu weiterführender Lektüre)?

Die vorgenannten Kriterien führen zu einer didaktischen Analyse des Unterrichtsmediums Schulgeschichtsbuch, die den im Schulbuch wirksamen fachlichen und didaktischen Entscheidungen und den von ihm ausgehenden Wirkungen gerecht zu werden versucht. Diese Analyse muß sich sowohl deskriptiv-analytischer als auch quantifizierender Verfahren bedienen und diese in einen hermeneutischen Prozeß einbinden, um zu einem abgesicherten und überprüfbaren Urteil zu kommen.

Literatur

Borries, B. v.: Problemorientierter Geschichtsunterricht. Schulbuchkritik und Schulbuchrevision, dargestellt am Beispiel der römischen Republik, Stuttgart 1980

Buhr, H. de: Die mittelalterliche Stadt und die Hanse in den Schulgeschichtsbüchern der letzten hundert Jahre 1870 — 1970, Kastellaun 1976

Bruckmann, K.: Erster Weltkrieg — Ursachen, Kriegsziele, Kriegsschuld. Fritz Fischers Thesen in deutschen Schulgeschichtsbüchern, in: *GWU* 32 (1981), 600 — 617; siehe dazu Kritik und Antikritik in: *GWU* 33 (1982), 227 — 246

Dörr, M.: Das Schulbuch im Geschichtsunterricht — Kriterien für seine Beurteilung, in: *Jäckel, E. / Weymar, E.* (Hrsg.): Die Funktion der Geschichte in unserer Zeit, Stuttgart 1975, 294 — 309

Fohrbeck, K. / Wiesand, A. J. / Zahar, R.: Heile Welt und Dritte Welt. Medien und politischer Unterricht I. Schulbuchanalyse, Opladen 1971

Fröchling, J.: Deutschsprachige Schulbuchanalysen seit 1958 — eine vorläufige Bibliographie, in: *Internationales Jahrbuch für Geschichts- und Geographieunterricht* XVI (1975), 412 — 422

Fröhlich, K.: Das Schulbuch, in: *Pandel, H.-J. / Schneider, G.* (Hrsg.): Medien im Geschichtsunterricht, Düsseldorf 1985

Füllberg-Stolberg, C.: Die Darstellung der UdSSR nach 1945 in den Geschichtsbüchern der BRD. Eine empirische Inhaltsanalyse, Göttingen 1981

Hinkel, H.: Bilder vermitteln Geschichte? Illustrationen und Bilder in Geschichtsbüchern, in: *Gd* 3 (1978), 116 — 129

Jeismann, K.-E.: Internationale Schulbuchforschung. Aufgaben und Probleme, in: *Internationale Schulbuchforschung* 1 (1979), 7 — 22

Kleßmann, Ch.: Zur Methodik vergleichender Schulbuchanalyse, in: *Internationales Jahrbuch für Geschichts- und Geographieunterricht* XVII (1976), 59 — 68

Kriterien für die Beurteilung von Schulbüchern im Fach Geschichte. Landesschulbuchkommission Politische Bildung im Auftrag des Kultusministers des Landes Nordrhein-Westfalen, Sektion Geschichte, Düsseldorf 1983 (unveröffentlichtes Manuskript)

Kröll, U.: Bibliographie zur neuen Geschichtsdidaktik (Forum Geschichtsdidaktik, Bd. 1), Münster 1983

Kühnl. R. (Hrsg.): Geschichte und Ideologie. Kritische Analyse bundesdeutscher Geschichtsbücher, Reinbek 1973

Lipski, S.: Zu Kriterien für die Lehrbuchkritik im Fach Geschichte, in: *WPB* 28 (1976), 503 — 509

— Über Arbeitsfragen und Arbeitsanweisungen in Schulgeschichtsbüchern der Sekundarstufe I, in: *GWU* 30 (1979), 611 — 621

Lucas, F.: Zur Geschichts-Darstellung im Unterricht, in: *GWU* 16 (1965), 285 — 298

— Zur Funktion der Sprache im Geschichtsunterricht, in: *Jäckel, E. / Weymar, E.* (Hrsg.): Die Funktion der Geschichte in unserer Zeit, Stuttgart 1975, 326 — 342

Marienfeld, W.: Geschichte im Lehrbuch der Hauptschule (AuA, Bd. 3), Stuttgart 1972

— Schulbuch-Analyseverfahren am Beispiel von Schulbuchdarstellungen zum Thema Islam und Kreuzzüge, in: *Gd* 4 (1979), 130 — 156

Mayer, U. / Pandel, H.-J.: Kategorien der Geschichtsdidaktik und Praxis der Unterrichtsanalyse. Zur empirischen Untersuchung fachspezifischer Kommunikation im historisch-politischen Unterricht (AuA, Bd, 13), Stuttgart 1976

Meyers, P.: Zur Problematik der Analyse von Geschichtsbüchern, in: *GWU* 24 (1973), 722 — 739

Pandel, H.-J. / Schneider, G. (Hrsg.): Medien im Geschichtsunterricht, Düsseldorf 1985

Rohlfes, J.: Die staatliche Prüfung und Zulassung von Schulbüchern: ein notwendiges Ärgernis?, in: *GWU* 33 (1982), 599 — 608

— Schulgeschichtsbuch und Schulgeschichtsbuchkritik, in: *GWU* 34 (1983), 537 — 551

Rumpf, H.: Sprache und Affekt im Lehrbuch. Über Geschichtsphantasien und Geschichtsbücher, in: *Gd* 4 (1979), 118 — 130

Schallenberger, H.: Untersuchungen zum Geschichtsbild der Wilhelmischen Ära und der Weimarer Zeit. Eine vergleichende Schulbuchanalyse deutscher Schulgeschichtsbücher aus der Zeit von 1886 bis 1933, Ratingen 1964

Schüddekopf, O.-E.: Der deutsche Widerstand gegen den Nationalsozialismus. Seine Darstellung in Lehrplänen und Schulbüchern der Fächer Geschichte und Politik in der BRD, Frankfurt a. M. 1977

Siebert, H.: Der andere Teil Deutschlands in Schulbüchern der DDR und der BRD. Ein Beitrag zur politischen Bildung in Deutschland unter Mitarbeit von Christia Siebert, Hamburg 1970

Staudinger, H.: Das geschichtliche Unterrichtswerk als didaktisch-methodisches Problem, in: *GWU* 11 (1960), 273 – 284

Stein, G. (Hrsg.): Schulbuch-Schelte als Politikum und Herausforderung wissenschaftlicher Schulbucharbeit. Analysen und Ansichten zur Auseinandersetzung mit Schulbüchern in Wissenschaft, pädagogischer Praxis und politischem Alltag, Stuttgart 1979 (siehe vor allem die Beiträge von *E. Uhe* und *H.-H. Knütter*)

Süssmuth, H. (Hrsg.): Geschichtsdidaktische Positionen, Bestandsaufnahme und Neuorientierung, Paderborn 1980

Uhe, E.: Der Nationalsozialismus in den deutschen Schulbüchern, Bern / Frankfurt a. M. 1972

Politische Bildung

Siegfried George

Die Verbindung von politischer Bildung und Geschichtsunterricht gewinnt ihre Bedeutung aus der Frage, inwieweit der Geschichtsunterricht und die Sozialwissenschaften im gesellschaftlichen Bereich einen gemeinsamen Bezugspunkt haben. Wenn Geschichte auch als politische Wissenschaft verstanden wird, werden die Aktivitäten politischer Handlungsträger nicht nur aus historisch-traditionalen, sondern ebenso aus kulturellen und sozioökonomischen Strukturbedingungen zu erklären sein (Bergmann / Megerle / Steinbach 1979).

Im traditionellen Geschichtsunterricht wurde häufig *chronologisch* verfahren. Zudem gab es eine unbefragte inhaltliche Beschränkung, zum Beispiel auf die Abfolge von Herrscherhäusern, auf Kriege und andere politische Machtkämpfe. Im wesentlichen wurden die Leistungen der führenden gesellschaftlichen Schichten und einzelner herausragender Persönlichkeiten dargestellt. Beim Schüler mußte dadurch der Eindruck entstehen, Geschichte werde von wenigen Gruppen innerhalb der Gesellschaft gemacht, während der Großteil der Bevölkerung dienende Funktion habe. Demgegenüber ist heute ein gemeinsamer Bezugspunkt von politischer Bildung und Geschichtsunterricht die Hinwendung zu den wirklichen Akteuren der Geschichte, nämlich von Menschen, die gearbeitet, gekämpft haben, gestorben sind. An ihnen orientiert sich eine politische Sozialgeschichte ‚von unten' her'.

Eine Konsequenz aus der thematischen Begrenzung des Geschichtsunterrichts war es, daß geschichtliche Ereignisse nicht im Zusammenhang mit gesellschaftlichen Problemen gesehen werden konnten. Ein solcher Geschichtsunterricht hat geschichtliche Tatsachen nur scheinbar „objektiv" dargestellt. In der Auswahl der Themen und dem methodischen Vorgehen vermittelte er — häufig unausgesprochen — ein hierarchisches Gesellschaftsbild und leistete damit mittelbare politische, in diesem Fall ideologogische Bildung für die Gegenwart.

Geschichtsunterricht ist immer auch politische Bildung, selbst wenn der Lehrer lediglich über Fakten der Vergangenheit informiert. Will der Geschichtsunterricht seinen politischen Bildungsauftrag ernst nehmen, müssen mindestens folgende sozialwissenschaftliche Fragestellungen einbezogen werden (vgl. George 1977):

Die Auswahl der Inhalte muß auch nach *sozialwissenschaftlichen Kriterien* erfolgen. Anstelle des chronologischen Geschichtsunterrichts, der nur an der politischen Ereignisgeschichte sich interessiert zeigt, sind jene Bereiche kritisch zu untersuchen, die das Leben der Menschen ausmachen, also gesellschaftliche Prozesse (Fischer u. a. 1972) wie Arbeit, Erziehung, Sozialisation, Schaffung von Eigentum, Eigentum und Macht, Ideologiebildung etc. Diese Prozesse sind in ihrer gegenseitigen Verflechtung zu sehen, wobei sich *chronologische* und *diachronisch-strukturierende* Verfahren ergänzen (vgl. Süssmuth 1977). So ist „Hitlers Überfall auf Rußland" unter der Frage zu interpretieren, welche gesellschaftlichen Prozesse den Überfall möglich gemacht haben — und nicht als privater Entschluß eines Mächtigen.

Politische Bildung im Geschichtsunterricht hat auch Auswirkungen auf die *Lernziele*. Der Unterricht soll für das Leben der Schüler relevant sein. Dieses Prinzip der *Betroffenheit* (vgl. Bergmann / Pandel 1975) verlangt eine Verbindung zwischen Fragestellung der Gegenwart und der Vergangenheit. Historische Erkenntnisse sind dabei sowohl als Erklärung der gegenwärtigen gesellschaftlich-politischen Realität wie als Entscheidungshilfe für anstehende Probleme zu verwenden. Politische Bildung ist *nicht interesselos*, sondern verlangt vom Geschichtsunterricht, daß die Geschichte und die Gesellschaft vom Schüler als Ergebnis menschlichen Handelns begriffen werden. Daraus ergibt sich dann auch, daß gesellschaftliche Strukturen *veränderbar* sind.

Der Geschichtsunterricht kann durch zahllose Beispiele belegen, wie die Menschen als Individuen und Gruppen in ihrem Denken und in ihren Wertvorstellungen durch die Umwelt geprägt wurden. Häufig waren diese Vorstellungen solcher Art, daß sie sich über die Verhältnisse täuschten und sie damit rechtfertigten. *Kritik* solcher Ideologien und *Aufklärung* über gesellschaftliche Prozesse sind grundlegende Anliegen der politischen Bildung. Damit ist auch der Anspruch verknüpft, daß die Menschen fähig sind, Gesellschaft und Geschichte sachgerecht zu erkennen (Wahrheitsanspruch). Der *Praxisbezug* solcher Erkenntnis zielt auf Menschenrechtserziehung: ob der Mensch fähig zur Freiheit ist, ob die Menschen gleich sind etc. (Orientierung an der Emanzipation der Menschen), er zielt aber auch auf die „Erziehung zum Überleben" (Koch / Pöschko 1983), die nicht nur das eigene Volk im Auge hat, sondern global verstanden wird.

Politische Bildung leistet auch Hilfe für den *Schüler als Individuum*. Einerseits wird der Schüler sein Leben als Ergebnis von Prozessen begreifen, die er selbst gar nicht beeinflußt hat: er spricht die Sprache seiner Umwelt, gehört einer bestimmten Schicht an etc. Andererseits kann Erziehung bei der Erklärung der Situation nicht stehen bleiben, sondern muß *Entwicklungsmöglichkeiten* aufzeigen. Die Erfahrung der eigenen Begrenzung, des Scheiterns kann didaktisch genutzt werden. Subjektive Betroffenheit läßt sich leichter an der Erfahrung von Unrecht, mangelnder Zuwendung, Diskriminierung etc. (vgl Kuhn 1974) bewußt machen als an Lebensbereichen, die als gut und selbstverständlich erfahren werden. Dies gilt auch für geschichtliche Erfahrungen. Die Spannung zwischen Normen (zum Beispiel Verfassungsnormen, christliche Normen etc.) und den beobachteten Lebensverhältnissen (Verfassungswirklichkeit, gesellschaftliche Ungleichheit etc.) schafft Problembewußtsein und führt zur Suche nach Alternativen, die in der jeweiligen Situation bestanden haben. Der Geschichtsunterricht trägt damit zur Werturteilbildung, zur Formung eines moralischen Bewußtseins bei. Das ist notwendige Grundlage für die Bejahung der eigenen Individualität.

Ein notwendiger Schritt zur stärkeren Verbindung von Geschichtsunterricht und politischer Bildung ist die Einübung von *sozialwissenschaftlichen Arbeitsmethoden*. Auch im Vorfeld wissenschaftstheoretischer Diskussion kann dem Schüler durch Strategien der Problemlösung, der Datensammlung und Interpretation die Ähnlichkeit (und Unterschiedlichkeit) der Fähigkeiten und Fertigkeiten im politischen und historischen Unterricht verdeutlicht werden (Süssmuth 1972).

Literatur

Bergmann, K. / Megerle, K. / Steinbach, P.: Geschichte als politische Wissenschaft, Stuttgart 1979
Bergmann, K. / Pandel, H. J.: Geschichte und Zukunft. Didaktische Reflexionen über öffentliches Geschichtsbewußtsein, Frankfurt 1975
Fischer, K. G. / Rohlfes, J. / Roloff, E.-A. / Süssmuth, H.: Welchen Beitrag kann der Geschichtsunterricht zur politischen Bildung leisten?, in: *apz* B 30 (1972)
George, S.: Der Beitrag der Sozialwissenschaften zur Geschichtsdidaktik, in: *Heumann, H.* (Hrsg.): Problemorientierter Geschichtsunterricht, Frankfurt 1977
Koch, P. / Pöschko, H.: Lernfeld Geschichte, Weinheim 1983
Kuhn, A.: Einführung in die Didaktik der Geschichte (1974). 2. Aufl. München 1977
Lucas, F. J.: Der Beitrag des Geschichtsunterrichts zur politischen Bildung (1966), in: *Schneider, H.* (Hrsg.): Politische Bildung in der Schule, Bd. 2, Darmstadt 1975
Schörken, R. (Hrsg.): Zur Zusammenarbeit von Geschichts- und Politikunterricht, Stuttgart 1978
Süssmuth, H.: Die geschichtsdidaktische Diskussion in der Bundesrepublik Deutschland, in: *Heumann, H.* (Hrsg.): Problemorientierter Geschichtsunterricht, Frankfurt 1977

Didaktik der Universalgeschichte

Valentine Rothe

1. Das universalgeschichtliche Verständnis der Neuzeit orientierte sich zunächst am *Naturrechtsdenken der Aufklärung*. Es stellte der Verlauf der Geschichte als Ergebnis natürlicher Gesetze, nicht mehr als Entwurf eines göttlichen Heilswillens dar. Die Veränderungen in der Geschichte wurden zurückgeführt auf den Fortschritt der Entwicklung der menschlichen Natur, besonders seiner Verstandeskräfte: Mittels seiner *Vernunft* überwinde der Mensch seine egoistischen Leidenschaften und entwickle sich fort in Richtung auf *Freiheit, Toleranz* und *Frieden*. Ausgehend von dieser Prämisse, verfaßte Kant seine Schrift „Ideen zu einer allgemeinen Geschichte in weltbürgerlicher Absicht".
Durch die von der Aufklärung vorbereitete und durch die Französische Revolution vollzogene gesellschaftliche Veränderung im Sinne der Parolen von Gleichheit, Freiheit und Brüderlichkeit entstanden politische Gemeinwesen, deren universaler Anspruch vor allem von Marx und Engels als ideologisch entlarvt wurde: „Wir wissen jetzt, daß dieses Reich der Vernunft nichts weiter war als das idealisierte Reich der Bourgeoisie" (Engels 1880, 16 f.). Der bürgerlichen Gesellschaft kann demnach nur ein Partialinteresse zugesprochen werden, das nicht verallgemeinerungsfähig und universal im Sinne der von ihr proklamierten Ziele ist. Erst eine Gesellschaft, die die Klasseninteressen und nationalen Schranken hinter sich gelassen hat, kann nach Marx den Anspruch auf Verallgemeinerungsfähigkeit und Universalität erheben; sie ist, historisch fortschreitend, durch die menschliche Gattung herauszuarbeiten. Den universalistisch-gesamtgeschichtlichen Zusammenhang begriff Marx normativ abhängig von der Qualität der gesellschaftlichen Entwicklung.
Dagegen betonte der Historismus die Einmaligkeit und Unwiederholbarkeit historischer Epochen. Insofern der Historismus auf gesamtgesellschaftliche Erklärungsmodelle verzichtet, war er, mit Ausnahme seines eigenen Geltungsanspruchs, antiuniversalistisch (Stern 1967, 220). Mit der Darstellung europäischer Nationalgeschichten bekundete er zwar weltgeschichtliches Interesse: das Verständnis der nationalen Geschichtsschreibung und die Betonung einmaliger historischer Individualitäten bedeutete jedoch einen Verzicht auf Verallgemeinerungsfähigkeit und Universalität.
2. Der Historismus bestimmt auch heute weitgehend die *geschichtsdidaktischen Auffassungen*. Die Vorrangigkeit der deutschen Nationalgeschichte für den Geschichtsunterricht wird nach wie vor betont, allerdings soll sie ergänzt werden durch die Behandlung europäischer Nationalgeschichten (Rohlfes 1971, 90 f.). Die universalgeschichtliche Perspektive wird bei einigen Didaktikern ganz abgewiesen bzw. sie schrumpft zur Forderung des didaktischen Prinzips der „Weltoffenheit" zusammen (Glöckel 1979, 129 f.).
Dem Eindruck, daß seit dem Zweiten Weltkrieg die Welt zusammenwächst und als *universale Einheit* erfahren wird, konnte sich die Geschichtsdidaktik

nicht ganz verschließen. Bei vielen Didaktikern setzte sich die Forderung nach Behandlung der Welt- und Universalgeschichte im Unterricht durch (Rohlfes 1971, 92; 1978, 29; Stellungnahme des Historikerverbandes, in: GWU 1972, 12). Einige Unterrichtswerke kamen dieser Forderung nach („Geschichtliche Weltkunde"; „Weltgeschichte im Aufriß"). Hier geht es aber weniger um einen universalgeschichtlichen Ansatz als um die *Ergänzung* der nationalgeschichtlichen Darstellungsweise durch die Behandlung einzelner europäischer und außer-europäischer Nationalgeschichten. Nach einem Curriculumentwurf für die Sekundarstufe I des Verbandes der Geschichtslehrer sollen folgende Themen unter universalhistorischem Aspekt behandelt werden:

a) Vor- und Frühgeschichte: Altsteinzeit und Neolithische Revolution,
b) eine alte Hochkultur,
c) Feudalismus,
d) Industrialisierung und Kapitalismus,
e) Imperialismus unter dem universalgeschichtlichen Aspekt, nicht allein aus der Perspektive der imperialistischen Mächte, sondern auch aus der der Betroffenen, der Kolonialvölker,
f) Weltzivilisation,
g) unter universalhistorischem Aspekt mindestens drei fremde Kulturkreise, etwa der griechisch-römische, der ostasiatische, der lateinamerikanische Kulturkreis (Dörr 1974, 36).

Die didaktische Forderung nach Universalgeschichte wird auch in dem Bewußtsein erhoben, gesamtgeschichtliche Erklärungsmodelle und Geschichtsdeutungen „nicht der marxistischen Geschichtsinterpretation allein" (Dörr 1974, 36) überlassen zu sollen. Im Anschluß an eine Geschichtswissenschaft, die als kritische Sozialwissenschaft Fragen nach übergreifenden historischen Zusammenhängen und Strukturen formuliert, sei die Reichweite solcher Erklärungsmodelle im Unterricht zu überprüfen (Rohlfes 1978, 29 f.; Dörr 1974, 37). Trotz dieser Einsicht überwiegt eine distanzierte Handlung gegenüber universalgeschichtlichen Einordnungs- und Deutungskategorien, obwohl die Notwendigkeit der Orientierung an universellen Bezugspunkten im Hinblick auf fachdidaktische Belange nicht geleugnet wird.

3. Mit der politischen Neuorientierung nach 1945 war auch ein Wandel des geschichtswissenschaftlichen Verständnisses verbunden. Die Geschichtswissenschaft als historisch-kritische Sozialwissenschaft bemüht sich um die Erfassung von *kollektiv-demokratischen* Handlungsmustern und fragt nach einer „Vorstellung vom Ganzen", nach einer Strukturierung „geschichtlicher Wirklichkeit von der Gesellschaft" (Kocka). Die Chance besteht, daß der teiluniverselle, normative, demokratische Bezugspunkt eine Verallgemeinerung und Erweiterung erfährt. In Abwandlung von K. Marx stellt insbesondere J. Habermas die Begründbarkeit einer gesellschaftlichen Theorie zur Diskussion, wobei er von der Annahme immer universalerer Bewußtseinsstrukturen (moralischer Kompetenzzuwachs) und „entwicklungslogischer Lernniveaus" (zunehmende Fähigkeit zu praktischer Inovationsbereitschaft) einzelner Gesellschaften und ihrer evolutionären Gerichtetheit ausgeht

(Habermas 1976, 310 ff.) In der Forderung nach einer Geschichte ganzer Gesellschaften kann ein normativ-praktischer, verbindlich lebensweltlicher Zusammenhang gewahrt werden, der der Erfahrung der universalgeschichtlichen Bedeutung der „einen Welt" heute entspricht.
Von fachdidaktischer Seite sind die Vorschläge von Habermas positiv aufgegriffen worden. R. Schörken plädiert für die Entwicklung der Fähigkeit zur „*Rollenkompetenz*" im Unterricht, die es ermöglichen soll, nicht an starren Identifikationsmustern im Sinne eines überwundenen nationalstaatlichen Normensystems festzuhalten. Die „universale Einheit der Geschichte" macht das Einüben in diese Fähigkeit notwendig (Schörken 1975). Auch U. Becher verspricht sich vom Rückgriff auf die jeweiligen Moral- und Deutungssysteme von Gesellschaften bzw. ihre diskursiv zu ermittelnden Normen eine Möglichkeit, um zur Bestimmung der historischen Identität unter einer universalen Norm zu gelangen. „Die Auswahl der geschichtlichen Lerninhalte könnte von hier aus begründet werden. Das heute gegenläufige Kriterium des Gegenwartsbezuges würde eine stärkere materiale Präzision erhalten, wenn mit ‚Gegenwart' der jeweilige Entwicklungsstand einer angenommenen Evolution gemeint ist" (Becher 1978, 62). Ein vergleichbarer Vorschlag, wie ein Geschichtscurriculum unter universalgeschichtlichem Aspekt angelegt sein könnte, findet sich bei V. Rothe (1978). Bestimmend für diese didaktische Neuorientierung ist die Einsicht, daß Universalgeschichte in der Schule *nicht additiv* betrieben werden darf, sondern als *Methode* Deutungsmuster anbieten und Handlungsräume erschließen muß, die dem globalen Orientierungsbedürfnis von Schülern und ihrer künftigen Weltmitverantwortung genügen müssen.

Literatur

Becher, U. A. J.: Personale und historische Identität, in: *Bergmann, K. / Rüsen, J.*: Geschichtsdidaktik: Theorie für die Praxis, Düsseldorf 1978, 57 ff.
Deißler, H. H.: Universalität als didaktisches Prinzip im Geschichtsunterricht, in: *GWU* (1961) 81 ff.
Dörr, M.: Zur Begründung, Auswahl und Ordnung von Unterrichtsinhalten, in: *Rohlfes, J. / Jeismann, K. E.* (Hrsg.): Geschichtsunterricht, Inhalte und Ziele (*GWU* 1974, Beiheft), Stuttgart 1974, 28 ff.
Engels, F.: Die Entwicklung des Sozialismus von der Utopie zur Wissenschaft (1880), 7. Aufl. Berlin 1920
Geschichte und Politische Weltkunde. Empfehlungen des Verbandes der Geschichtslehrer Deutschlands, in: *GWU* (1964), 589 ff.
Glöckel, H.: Geschichtsunterricht. 2. Aufl. Bad Heilbrunn 1979
Habermas, J.: Evolution und Geschichte, in: *GuG* 2 (1976), 310 ff.
Moltmann, G.: Das Problem der Universalgeschichte, in: *Jäckel, E. / Weymar, E.* (Hrsg.): Die Funktion der Geschichte in unserer Zeit, Stuttgart 1975, 135 ff.
Rohlfes, J.: Umrisse einer Didaktik der Geschichte, Göttingen 1971
— Prinzipien der didaktischen Strukturierung von Unterrichtsthemen, in: *Rohlfes, J.*: Geschichtsunterricht. Entwurf eines Curriculums für die Sekundarstufe I (*GWU* 1978, Beiheft), Stuttgart 1978, 23 ff.
Rothe, V.: Der russische Anarchismus und die Rätebewegung 1905. Eine geschichtswissenschaftliche und geschichtsdidaktische Untersuchung, Frankfurt 1978

Schörken, R.: Kriterien für einen lernzielorientierten Geschichtsunterricht, in: *Jäckel, E. Weymar, E.* (Hrsg.): Die Funktion der Geschichte in unserer Zeit, Stuttgart 1975, 280 ff.

Geschichtswissenschaft und Geschichtsunterricht. Lageanalyse – Folgerungen – Empfehlungen, in: *GWU* (1972), 1 ff.

Didaktik der Friedenserziehung
Annette Kuhn

Seit Mitte des 19. Jahrhunderts hat eine politische engagierte Öffentlichkeit (u. a. Lehrerverbände, Historiker, Pädagogen) immer wieder eine Überprüfung von Geschichtsschulbüchern und Geschichtslehrplänen unter dem Anspruch einer *Erziehung zur internationalen Verständigung und zum Frieden* gefordert (Schüddekopf 1966). Diesen vielfältigen Initiativen lag die inzwischen durch empirische Untersuchungen erhärtete Einsicht zugrunde, daß der staatlich institutionalisierte Geschichtsunterricht einseitig positive Einstellungen zum Krieg und zum staatlichen Gewaltmonopol verbreitete, nationalistische und rassistische Feindbilder, Stereotypen und Vorurteile befestigte und somit dem Erziehungsziel des historisch-politischen Unterrichts im Sinne der Friedenserziehung entgegenwirkte. Unter dem Eindruck der nationalsozialistischen Terrorherrschaft wurde die Dringlichkeit einer Friedenserziehung gerade im Geschichtsunterricht hervorgehoben (Robinsohn) und fand in Richtlinien und Lehrplänen ebenso wie in den Arbeiten des Internationalen Schulbuchinstituts in Braunschweig ihren Niederschlag.

Als wissenschaftliche Disziplin hat sich die Friedenserziehung erst seit Ende der sechziger Jahre etabliert. Hervorgegangen aus der *Friedens- und Konfliktforschung* einerseits (Krippendorff 1968), aus der *Curriculumsforschung* andererseits, hat sie die Bedeutung einer Theorie des Friedens und der Gewalt für eine Didaktik der Friedenserziehung erkannt. *Friede* wird als ein gesellschaftlicher Prozeß definiert, in dem sich die jeweils historisch mögliche Minimierung von Gewalt und die, wiederum jeweils historisch mögliche, Maximierung von personalen und gesellschaftlichen Entfaltungsmöglichkeiten realisiert. Entsprechend diesem positiven Friedensbegriff, wird *Gewalt* als die Ursache für die Differenz zwischen dem Aktuellen und dem Potentiellen verstanden: „Gewalt liegt dann vor, wenn Menschen so beeinflußt werden, daß ihre aktuelle somatische und geistige Verwirklichung geringer ist als ihre potentielle Verwirklichung (Galtung 1971, 57). Auf der Basis dieses der kritischen Friedensforschung entlehnten Friedens- und Gewaltbegriffs hat die Friedenserziehung ihre curriculare und fachdidaktische Programmatik entwickelt (Wulf 1973). Demnach fragt die Friedenserziehung „nach den ökonomischen, soziokulturellen und ideologischen Voraussetzungen von Friedlosigkeit und Gewalt und versucht, ihre Erscheinungen unter Einbeziehung der Erfahrungswelt ihrer Adressaten zu analysieren. Dabei ist die Erkenntnis zu vermitteln, daß die internationalen und gesamtgesellschaftlichen Antagonismen die Widersprüche im Mikrobereich der eigenen Lebenswelt bedingen, auf deren Überwindung Friedenserziehung in der Hoffnung hinwirken muß, dadurch langfristig einen gewissen Einfluß auf die Konfliktformationen im Makrobereich zu bekommen" (Wulf 1973).

Dieses weitgesteckte Programm, das mit der Entwicklung *sozialwissenschaftlich orientierter Curricula* verbunden ist, hat sich nur ansatzweise in der geschichtsdidaktischen Theorie und Unterrichtspraxis durchgesetzt (Schierholz 1977). Zum einen standen Geschichtsdidaktiker der Rezeption der kritischen Friedenserziehung vielfach skeptisch gegenüber (Rohlfes 1978). Auf der anderen Seite sind die von der Politikwissenschaft bestimmten Ansätze der kritischen Friedensforschung nur zögernd von der Geschichtswissenschaft aufgegriffen und weitergeführt worden (Huber 1976; Wette 1975).

Da die Rezeption der Friedenserziehung in der Geschichtsdidaktik von Anfang an mit der Curriculumsrevision und der Orientierung der Fachdidaktik an den kritisch-kommunikativen Sozial- und Erziehungswissenschaften verbunden war, hat sie die Fachdidaktik in ihrer curricular-kommunikativen Ausrichtung nachhaltig beeinflußt. Indem sich der positive Friedensbegriff mit der fachdidaktischen Konzeption der *Geschichte als eines „Arbeits- und Gewaltzusammenhangs"* (Bergmann / Pandel 1975, 126) deckte, konnten die u. a. auch von der Friedenserziehung angeregten Methoden insbesondere für die Lernzielermittlung, für die Strukturierung von Lernprozessen und für die Erstellung von Bedingungsanalysen von der kritisch-kommunikativ ausgerichteten Fachdidaktik übernommen werden. In Übereinstimmung mit der am Lernziel Emanzipation orientierten Geschichtsdidaktik, geht die Friedenserziehung davon aus, daß eine unkritische Aneignung von Vergangenheiten, bei der Krieg, Gewalt und Unterdrückungsstrukturen ohne ein ideologiekritisches Verfahren als rechtmäßige historische Tatsachen akzeptiert werden, zur Widerstandslosigkeit gegenüber den Bedingungen des Unfriedens und zur Anpassung an die Mechanismen organisierter Friedlosigkeit führt. Dieser Ansatz zur Friedenserziehung findet seine notwendige Ergänzung in den fachwissenschaftlichen Arbeiten, die, von einem gleichen Erkenntnisinteresse an der Aufhebung von Gewalt bestimmt, Geschichte als eine historische Sozialwissenschaft verstehen und unter diesen Prämissen innergesellschaftliche und intergesellschaftliche Gewaltstrukturen erforschen (Tenfelde 1977). Dieser kritische Ansatz zur Friedenserziehung im Geschichtsunterricht unterscheidet sich qualitativ von den früheren, trotz guter Intentionen weitgehend erfolglosen Bemühungen um eine Erziehung zum Frieden im Rahmen des herkömmlichen Geschichtsunterrichts.

Die seit Mitte der sechziger Jahre bestimmende Verknüpfung von Friedenserziehung im Geschichtsunterricht mit der weiteren Entwicklung einer curricularen und einer kritisch-kommunikativen Fachdidaktik hat dazu geführt, daß die Ende der siebziger Jahre eintretende anticurriculare Wende in der Bildungspolitik im Verein mit der Propagierung einer Politik der militärischen Stärke trotz ihrer breiten öffentlichen Ablehnung die Friedenserziehung erneut in den Mittelpunkt bildungspolitischer Kontroversen geriet. Ausgangspunkt dieser Diskussion bildete der 1979 eingeleitete Versuch, durch die Konferenz der Kultusminister zu *verbindlichen Empfehlungen zur Friedenserziehung* zu gelangen. Das *Scheitern* dieser Initiative prägt die Lage der Friedenserziehung der achtziger Jahre. Da ein demokratischer Basiskonsens über die Grundprinzipien der Friedenserziehung in der Bundesrepublik Deutschland nicht erreichbar ist, wird auch die Konzeption der Friedenserziehung im Geschichtsunterricht von den Rahmenbedingungen innerhalb der einzelnen Länder und dem herrschenden Bildungsverständnis innerhalb der einzelnen Schulen weitgehend bestimmt. Hieraus folgen *Unsicherheit, Vereinseitigungen* und eine *Polarisierung* in der Friedenserziehung. Denn der CDU-Entwurf: „Friedenserziehung und Bundeswehr" fördert eine im Dienste des Antikommunismus stehende Wehrerziehung, während der von der SPD vorgelegte Entwurf mit seiner besonderen Berücksichtigung der „Hypotheken der deutschen Geschichte", des Pazifismus und der Friedensforschung Möglichkeiten für die Weiterentwicklung der Friedenserziehung im Geschichtsunterricht eröffnet. *Vier Momente* sind für die fachdidaktischen und fachwissenschaftlichen Bemühungen in der Friedenserziehung heute charakteristisch: der handlungstheoretische Aspekt („Lernen in und an der Friedensbewegung"), die Berücksichtigung der neuen Qualität der Menschheitsbedrohung im friedenspädagogischen Curriculum für den Geschichtsunterricht („Weltgesellschaft oder planetarischer Selbstmord", Jung / von Staehr), die Vertiefung des fachdidaktischen Ansatzes der historisch-analytischen Erschließung der Gewalt als eines "Aufhebungspotentials" (H. Jung) im Kontext einer „Realutopie einer Gesellschaft, die sich der Würde und den Rechten jedes einzelnen Menschen verpflichtet weiß" (Calließ) und die Beachtung des Zusammenhangs von Feminismus und Pazifismus.

Literatur

Bergmann, K. / Pandel, H.-J.: Geschichte und Zukunft, Frankfurt 1975
Bergmann, K. / Schneider, G.: Gegen den Krieg. Dokumente und Materialien, Düsseldorf 1982
Boldt, W.: Friedenserziehung und Friedensbewegung, in: *Demokratische Erziehung* 1984
Calließ, J. (Hrsg.): Gewalt in der Geschichte, Düsseldorf 1983
Czempiel, E. O. / Delbrück, J.: Forschung für den Frieden. Fünf Jahre Deutsche Gesellschaft für Friedens- und Konfliktforschung, 1975
Erziehung für den Frieden, hrsg. von der Landeszentrale für politische Bildung des Landes Nordrhein-Westfalen, Köln 1977
Friedenserziehung im Unterricht, H. 1: „Frieden lernen", Materialien zur Friedenserziehung, hrsg. von GEW, Landesverband NRW, Essen 1982
Galtung, J.: Gewalt, Frieden und Friedensforschung, in: *Senghaas, D.*: Kritische Friedenserziehung, Frankfurt 1971, 55 – 105
Geschichtsunterricht und Friedenserziehung, in: *Gd* 5 (1980, H. 1; 7 (1982), H. 2

Gronemeyer, R.: Frieden. Grundwerte. Texte zur politischen Bildung, Baden-Baden 1978
Huber, W. / Schwerdtfeger, J. (Hrsg.): Kirche zwischen Krieg und Frieden. Studien zur Geschichte des deutschen Protestantismus (Forschungen und Berichte der Evangelischen Studiengemeinschaft, Bd. 31), Stuttgart 1976
Jung, H.: Der lange Marsch der Friedenserziehung durch die Unterrichtsfächer, in: *Demokratische Erziehung* (1982), H. 2
Jung, H. / Staehr, G. v.: Historisches Lernen. Didaktik der Geschichte, Köln 1983
Krippendorff, E. (Hrsg.): Friedensforschung, Köln 1968
Kuhn, A.: Theorie und Praxis historischer Friedensforschung, Stuttgart 1971
Kuhn, A. / Haffmanns, G. / Genger, A.: Historisch-politische Friedenserziehung, München 1971
Lernen in der Friedensbewegung, in: *Demokratische Erziehung* (1982), H. 2
Nicklas, H. / Ostermann, Ä.: Zur Friedensfähigkeit erziehen. Soziales und politisches Lernen als Unterrichtsthema, München 1976
Rohlfes, J.: Friedensforschung, Friedenspädagogik und Geschichtsunterricht, in: *GWU* 12 (1978), 745 — 777
Schierholz, H.: Friedensforschung und politische Didaktik. Studien zur Kritik der Friedenspädagogik, Opladen 1977
Schüddekopf, O.-E.: 20 Jahre Schulbuchrevision in Westeuropa, Braunschweig 1966
Senghaas, D.: Gewalt, Konflikt, Frieden, Hamburg 1974
Tenfelde, K.: Gewalt und Konfliktregelung in den Arbeitskämpfen der Ruhrbergleute bis 1918, in: *Engel-Janosi, J.,* u. a. (Hrsg.): Gewalt und Gewaltlosigkeit (Wiener Beiträge zur Geschichte der Neuzeit, Bd. 4), München 1977, 185 — 236
Weber, N. (Hrsg.): Erziehung im Dienst des Friedens, Düsseldorf 1984
Wette, W.: Friedensforschung, Militärgeschichtsforschung, Geschichtswissenschaft, in: *Funke, M.* (Hrsg.): Friedensforschung, Entscheidungshilfe gegen Gewalt, Bonn 1975, 133 — 166
Wildt, B.: Wir sagen: Nein. Unterrichtserfahrungen zum Thema: „Frauen in der Bundeswehr?", in: *Freier, A. / Kuhn, A.* (Hrsg.): Frauen in der Geschichte V, Düsseldorf 1984
Wulf, Ch. (Hrsg.): Kritische Friedenserziehung, Frankfurt 1975

Didaktik der Zeitgeschichte

Ursula A. J. Becher

Die Bedeutung des zeitgeschichtlichen Unterrichts zur historisch-politischen Bildung von Schülern ist in der öffentlichen Meinung unbestritten. Politisches Fehlverhalten Jugendlicher wird in der Regel auf mangelnde Kenntnisse in der jüngsten deutschen Geschichte zurückgeführt. Diese Kritik spiegelt freilich nur das Dilemma einer Gesellschaft wider, die ihre eigenen Erfahrungen nicht aufgearbeitet hat und vom Geschichtsunterricht verlangt, was sie selbst zu leisten nicht imstande war. Freilich ist nicht zu leugnen, daß der Unterricht in Zeitgeschichte lange Jahre unzureichend war und weiterer didaktischer Überlegungen bedarf. Die lange Vernachlässigung der Zeitgeschichte, die zumeist mit der Weimarer Republik und dem Nationalsozialismus gleichgesetzt wurde, entsprach der Verunsicherung einer Generation von Lehrern, die jene Zeit bewußt erlebt hatte und sich vor historischen Urteilen scheute. Die eigene Betroffenheit schien eine Distanz zum Unterrichtsgegenstand und damit einen objektiven Geschichtsunterricht zu verhindern.

In der Tat ist *Betroffenheit* ein zentrales Problem des zeitgeschichtlichen Unterrichts. Betroffenheit kann auf seiten des Lehrers eine emotionale Affizierung bedeuten, die zunächst eine rationale Analyse zu erschweren scheint. Sie verhindert aber einen objektiven Geschichtsunterricht (Burston 1967) nicht, wenn sie in einer Weise eingebracht wird, die Kommunikation erlaubt und eine intersubjektive Verständigung über die vorgebrachten Wertungen ermöglicht. Distanz bedeutet dann nicht, die eigene Person mit ihren Erfahrungen und Wertvorstellungen zugunsten einer fragwürdigen Wertneutralität auszuschalten, sondern eine Reflexivität, die die eigenen Erfahrungen und Wertungen so weit aus sich herausstellt, daß sie diskutiert werden können. Eine Form emotionaler Betroffenheit gibt es auch bei Schülern, die sich mit Bezug auf ihre eigenen, von der gesellschaftlichen Erarbeitung der Zeit differierenden Wertvorstellungen der Auseinandersetzung der Lerngruppe entziehen (Becher 1978). Es hängt von der gelingenden Kommunikation von Schülern und Lehrern ab, daß solche unterschwellig wirkenden Wertungen nicht verborgen bleiben, sondern intensiv verarbeitet werden.

Betroffenheit als didaktische Kategorie meint die Erkenntnis, daß bestimmte historische Zusammenhänge für uns nicht „vergangen" sind, sondern einen existentiellen Bezug zu unserer eigenen Situation haben (Lucas 1972). Von dieser Erkenntnis hängt das Gelingen des Dialogs der Generationen ab, sind doch zunächst für den Schüler die Erfahrungen der älteren Generationen ebenso vergangen wie zurückliegende Epochen.

Die „reflektierten Primärerfahrungen" einer jüngeren Generation so zu vermitteln, daß sie ihr zu „Sekundärerfahrungen" werden (Messerschmid 1971), bedeutet, daß sie Schülern zu ihrer eigenen Geschichte werden.

Die Erkenntnis von der Undatierbarkeit der Zeitgeschichte hat im Unterricht nur begrenzt Eingang gefunden. Zeitgeschichte wird als Geschichte des 20. Jahrhunderts unter weltgeschichtlichem Aspekt interpretiert (Gies 1976; Kampmann 1968). Daß *unsere* Fragen es sind, die das zeitgeschichtliche Curriculum strukturieren, ist an den systematischen Gesichtspunkten abzulesen, die Leitprinzipien der Gliederung sind (Kampmann 1968).

Besonders auf dem Gebiet der Zeitgeschichte ist die Notwendigkeit einer Kooperation von Geschichts- und Politikunterricht evident (Schörken 1978). In einem *kooperativen Unterricht* ist es Schülern möglich, einen Problemzusammenhang mit verschiedenen methodischen Zugriffen zu untersuchen. Zeitgeschichtlichen Fragen bis in die „current history" hinein mit historischen Methoden zu begegnen, bedeutet, über eine genetische Betrachtung Kontinuitäten zu entdecken und über den Vergleich mit Vergangenem die Struktur der Gegenwart zu erarbeiten. Modelle und Fallstudien steigern den Erklärungsgewinn der synchronen Analyse. Aus der *Oral History* schließlich ergeben sich interessante Perspektiven für eine Weiterentwicklung der Methoden auch des zeitgeschichtlichen Unterrichts.

Erste Erprobungen dieser Methode hat der *Schülerwettbewerb Deutsche Geschichte* in den vergangenen Jahren erbracht. Hier hatten Schüler Gelegenheit, Themen der Zeitgeschichte selbst zu erarbeiten, die Geschichte der Generation ihrer Eltern und Großeltern durch persönliche Erkundung zu erforschen und neue Perspektiven für sich selbst zu gewinnen. Neben der Suche und Sammlung in Stadtarchiven und Bibliotheken, wurde die Befragung von Zeitzeugen zu einem immer wichtigeren methodischen Verfahren der Quellenerhebung. Diese Arbeit in einem neuen Bereich der historischen Forschung, dessen theoretische und methodische Probleme von der Geschichtswissenschaft selbst noch nicht gelöst sind, ist von großem pädagogischen Wert, stellt freilich auch an die Geschichtsdidaktik neue Fragen und Herausforderungen.

Das gilt auch für ein anderes Phänomen, das eine Didaktik der Zeitgeschichte beschäftigen muß: Das wachsende Interesse an der Entdeckung der *Geschichte der unmittelbaren Umwelt*, der Region, des Stadtteils oder des Dorfes, das sich in der Gründung von Geschichtswerkstätten äußert, muß von einer Didaktik der Geschichte produktiv aufgenommen werden. Die Vermittlung zeitgeschichtlicher Inhalte in den Medien und die damit verbundenen Rezeptionsprobleme müssen sehr viel intensiver als bisher von einer Didaktik der Zeitgeschichte erforscht werden.

Literatur

Becher, U. A. J.: Personale und historische Identität, in: *Bergmann, K. / Rüsen, J.* (Hrsg.): Geschichtsdidaktik: Theorie für die Praxis, Düsseldorf 1978, 57 ff.

Burston, W. H.: The Nature and Teaching of Contemporary History, in: *Burston, W. H. / Thompson, D.*: Studies in the Nature and Teaching of History, London 1967, 107 ff.

Gies, H.: Zeitgeschichte im Unterricht. Ein didaktischer Grundriß zur Geschichte im 20. Jahrhundert, Berlin 1976

Kampmann, W.: Zur Didaktik der Zeitgeschichte, Stuttgart 1968

Lucas, F. J.: Der Bildungssinn von Geschichte und Zeitgeschichte in Schule und Erwachsenenbildung, in: *Süssmuth, H.* (Hrsg.): Geschichtsunterricht ohne Zukunft? (AuA, Bd. 1, 2), Stuttgart 1972, 212 ff.

Messerschmid, F.: Vorwort, in: *Kampmann, W.*: Zur Didaktik der Zeitgeschichte, 2. Aufl. Stuttgart 1971

Schörken, R. (Hrsg.): Zur Zusammenarbeit von Geschichts- und Politikunterricht (AuA, Bd. 20), Stuttgart 1978

Didaktik der Heimatgeschichte

Detlev Peukert

Der Begriff Heimatgeschichte ist wie kaum ein anderer durch *konservativ-volkstümelnde* Pädagogik vorbelastet. Heimatgeschichte versprach, die Bindung des Kindes vornehmlich in der Volksschule an „Boden", ursprüngliche Werte und ständische Geborgenheit gegenüber industrieller „Wurzellosigkeit", Klassenkampf und demokratischer Emanzipation zu stärken. Schon die Wendung der Romantik zur Volkskunde der Bürger und Bauern und damit auch zur Heimatgeschichte stand in der Spannung zwischen der rückwärtsgewandten Abkehr von den Ideen der Aufklärung und des wirtschaftlichen und politischen Fortschritts einerseits, der historischen Erschließung des Territoriums durch und für das Bürgertum andererseits. Seit der Niederlage der Revolution von 1848 avancierte Heimatgeschichte zum Kernstück einer restaurativen Immunisierungsstrategie, getragen durch die häufige Personalunion von Volksschullehrern und heimatgeschichtlichen Vereinen. Letztere haben bis heute ein ausgedehntes Netz örtlicher und regionaler Forschung und Kommunikation geschaffen, das sich nur zögernd den Ansprüchen industrie- und sozialgeschichtlicher Forschung stellt. Auch differenziertere, aber im Grunde der konservativen Tradition der Heimatgeschichte verpflichtete Darlegungen zum „Bildungswert der Heimatkunde" (Spranger 1923; Weniger 1949) haben nicht verhindern können, daß die *neuere Didaktik,* gerade wenn sie die Bedeutung regionalgeschichtlicher Ansätze betont, die Heimatgeschichte ablehnt (Beeck 1973; Regenhardt 1975; aber Kirchhoff 1971). Ihre Warnungen vor der „sentimentale(n) Überhöhung des Lokalen" (Beeck 1973, 2) und vor der Illusion, ortsbezogenes Material wäre schlechthin anschaulicher, weniger komplex und daher kindgemäßer, sind berechtigt. Dennoch durchzieht diese Argumentationen ein Bildungsbegriff, dem das Anknüpfen an Alltagserfahrungen und -interessen der Schüler und der historisch interessierten Öffentlichkeit schwerfällt.
Aber gerade eine Geschichtswissenschaft, die sich in emanzipatorischer Absicht als historische Sozialwissenschaft versteht, kann nicht vor der Alltagswelt der Lernenden und der in ihr konstituierten Identität und Interessengebundenheit absehen, vielmehr sollte sie ihre Lernziele auch in Reflexion dieser Ausgangslage festlegen und ihre Methoden auf die Ausbildung von Selbsttätigkeit und Selbst-Bewußtsein in projektorientiertem forschendem Lernen ausrichten. Beiden Zielen kann ein Unterricht näherkommen, der die auch in einer industriellen Gesellschaft abgrenzbaren unmittelbaren Erfahrungsräume im Sinne einer demokratischen Heimatgeschichte (Peukert 1978a) erschließt.
Demokratische Heimatgeschichte kann der allgemeinen Historie Alltags- und Interessensphären der Lernenden beigesellen und damit Universalgeschichte konkretisieren, andererseits auch Alltag und Umwelt als historisch geworden und damit veränderbar erkennen lassen. Schrittweise läßt sich die Zeit-

dimension im Bewußtsein des Lernenden ausweiten, von der Reflexion der selbsterfahrenen Veränderungen in der Individual- und Familiengeschichte über die im Gespräch mit Älteren noch rekonstruierbaren Generationswechsel bis zur Analyse solcher vergangener Strukturen, die sich nur noch in materiellen oder schriftlichen Überresten bzw. traditionalen Handlungsmustern verkörpern. Aber auch die Vermittlung allgemeinerer Erkenntnisse der Geschichts- und Sozialwissenschaften kann sich der Heimatgeschichte bedienen, sei es um am örtlichen Beispiel Paradigmen sozialen Wandels zu erarbeiten oder um im Rückgriff auf ältere Zustände am Ort für die gegenwärtigen Probleme von Entwicklungsländern oder ausländischen Arbeitern zu sensibilisieren. Ein projektorientierter Unterricht an Beispielen der näheren Heimat kann zentrale Fragen der *Sozialgeschichte* exemplarisch angehen (Peukert 1978b; Regenhardt 1975):

— Wandlungen der Arbeitsformen und Produktionsweise einschließlich der Umschichtungen in Berufs- und Klassenlage, nicht nur im Übergang von der agrarischen zur industriellen Produktion, sondern auch durch Rationalisierungen, Veränderungen in Arbeitszeit und -bedingungen (Brüggemeier 1983). Ein didaktisches Handbuch zur Arbeitsplatzanalyse und Fabrikgeschichtsschreibung aus der Sicht der Beschäftigten ist zum Beispiel in Schweden erschienen (Lindquist 1979).
— Veränderungen der Wohn- und Lebensweise, der Siedlungsformen, der Einrichtung und Ernährung, Herausbildung von spezifischer Industriearchitektur (Boström / Günter 1973; Sturm 1977; Andritzky 1979; Niethammer 1979b; Slotta 1975).
— Verschiedene Formen kultureller Aktivität und Kommunikation, etwa im Vergleich der Epochen vor und nach Einführung des Films und des Fernsehens; Verkehrssysteme und Nachrichtenübermittlung, Freizeitverhalten und Sport (Lindner / Breuer 1978; Schalke 1974).
— Entwicklungen im Sozialisationsbereich, der Struktur der Familie, der Rolle des Kindes, der Schule können durch Befragungen oder Lektüre örtlicher (Auto-)Biographien (Baroth 1978) erhellt werden.
— Die reale Bedeutung der gesellschaftlichen und politischen Ordnung im alltäglichen Leben. Strukturwandel der Gemeindeverfassung und kommunaler Institutionen (Zang 1978); politische Bewegung und Wahlen (Ruhe 1979).
— Volksbewegungen vom Bauernkrieg über die Arbeiterbewegung bis zum antifaschistischen Widerstand lassen sich in hinlänglicher Konkretion ohnehin nur im örtlichen Beispiel fassen (Haumann 1977; Schmidt 1979; Lucas 1976, Köhler 1979).
— Veränderungen der Bevölkerungsstruktur, Wanderungsbewegungen, Herausbildung urbaner Agglomerate, Änderungen des ökologischen Gleichgewichts und Rekultivierung von Industriebrache (Niethammer 1979a).

Zwar lassen sich solche Fragestellungen auch ohne Heimatgeschichte, kaum aber ohne jedweden örtlichen Bezug entwickeln. Eine Heimatgeschichte kann jedoch das Bewußtsein beim Lernenden fördern, daß hier *die eigene Geschichte* verhandelt wird. Eine Historisierung von Alltagserfahrungen kann Ansatz zu einer weiterführenden kulturellen Aneignung der eigenen Lebensbedingungen sein und selbsttätiges, demokratisches Handeln fördern. Über den Schulunterricht hinaus erweist sie sich bei lokaler Kulturarbeit und *Erwachsenenbildung* als hilfreich, weil sie die Schwelle zwischen Alltagsleben und Hochkultur abbaut. Ein Beispiel für diesen Ansatz wäre das englische Centerprise, eine freiwillige Bildungseinrichtung mit Buchhandlung, Café, Versammlungsräumen im Londoner Arbeiterviertel Hackney, dessen Verlag

die Lebensgeschichten von Einwohnern sammelt und herausgibt (Working Lives 1977; The Island 1979). Ein heimatgeschichtliches Projekt unter Bürgerbeteiligung hat die Volkshochschule Recklinghausen in der Zechensiedlung Hochlarmark durchgeführt (Hochlarmarker Lesebuch 1981).
Heimatgeschichte im Unterricht wurde vor allem durch die Ausschreibungen zum *Schülerwettbewerb Deutsche Geschichte* mit Themenstellungen zu den Volksbewegungen in den Umbruchjahren 1848, 1918, 1945 und zu Alltagsleben, Wohnen, Freizeit angeregt. Örtliche *Museen* sind relativ selten auf sozialgeschichtliche Interessen hin ausgerichtet, wenn auch das Frankfurter Stadtmuseum (Hoffmann 1974), das Bochumer Bergbaumuseum (Conrad 1978) und das Hagener Freilichtmuseum (Technische Kulturdenkmale 1976 ff.) Beispiele in dieser Hinsicht geben. Auch örtliche und regionale *Filmdokumentationen,* Video- oder Dia-Schauen (Günther 1978; Voss 1983) entstehen zumeist neben und in kritischer Absetzung von den Werbespots der Stadtverwaltungen und den antiquarischen Bemühungen der Geschichtsvereine.
Seit 1979 haben sich vor allem in zwei Bereichen neue heimatgeschichtliche Tendenzen gezeigt. Erstens wurde die lokale und regionale *Erforschung der nationalsozialistischen Zeit,* besonders der Verfolgung, des Widerstands und des Alltagslebens, vielerorts vorangetrieben. Dabei überschnitten sich Initiativen einzelner und politisch engagierter Gruppen mit Projekten der Gemeinden und bestimmter Bundesländer (siehe aus der Fülle der zur Zeit noch nicht bibliographisch zentral erfaßten Veröffentlichungen u. a. Nationalsozialismus in Hessen 1983; Widerstand und Verfolgung in Essen 1981 – 1983). Inzwischen, 1984, gehört diese lange ausgeblendete Epoche zu den im ganzen lokalgeschichtlich am besten dokumentierten. Didaktisch anregend war in diesem Zusammenhang vor allem der Schülerwettbewerb Deutsche Geschichte um den Preis des Bundespräsidenten (früher: Gustav-Heinemann-Preis) zum Thema: Alltag im Nationalsozialismus in den Jahren 1981 und 1983 (Galinski 1982).
Die zweite Initiative läßt sich in ihren zukünftigen Wirkungen noch nicht abschätzen, ist aber im Ansatz vielversprechend: 1982/83 schlossen sich Universitäts- und Laienhistoriker, die sozial- und/oder heimatgeschichtlich arbeiten und dabei die engen Zunftgrenzen überwinden wollen, zur *Geschichtswerkstatt* zusammen, die sich auf Bundestreffen in Göttingen und Bochum vorstellte (Geschichtswerkstatt 1983). Unabhängig von der Zukunft dieser Vereinigung haben sich die in ihr repräsentierten heimatgeschichtlichen Ansätze inzwischen doch in vielfältigen regionalen Projekten ausgewiesen.
Ein besonders ergiebiger Zugang zur Heimatgeschichte bietet sich in der Herstellung von *Interviews* mit Zeitzeugen, der *oral history,* an (Niethammer 1978 und 1980; Oral History 1982; Thompsen 1978). Wenn Schüler oder interessierte Erwachsene, wie etwa in einer Landschule in Georgia, die die Zeitschrift „Foxfire" mit Lebenserinnerungen herausgab (Wigginton 1972 ff.), selbst mit dem Tonband historisches Material produzieren, schafft dies nicht nur eine sehr unmittelbare und anschauliche Lernsituation, sondern erlaubt, Erfahrungen dreier Generationen zeitlich zu dimensionieren. Oral history im

Unterricht weckt das Verständnis für Quellenkritik und das Problem historischen Wissens überhaupt, weil die Rezipienten in die Wissensproduktion handelnd eingeschaltet sind. Nicht zuletzt erlaubt sie, Bereiche der Sozialgeschichte des Alltags zu dokumentieren, die in schriftlichen und überörtlichen Quellen in der Regel zu kurz kommen.

In der Präsentation der Arbeitsergebnisse solcher Heimatgeschichte durch kleine Fotoausstellungen, Dia-Schauen oder Video-Filme bzw. durch eine hektographierte Publikation von Erinnerungen und Dokumenten kann geschichtliche Bemühung praktisch werden, zum Selbst-Bewußtsein von Schülern und erwachsenen Einwohnern beitragen. Heimatgeschichte kann Historie zweifach demokratisieren, indem sie die Alltagserfahrung zum Thema macht und indem sie dezentralisierter, örtlicher Forschung eine nichtprofessionelle, breitere Basis schafft.

Literatur

Andritzky, M. / Selle G. (Hrsg.): Lernbereich Wohnen. Didaktisches Sachbuch zur Wohnumwelt vom Kinderzimmer bis zur Stadt, 2 Bde., Reinbek 1979
Baroth, H. D.: Aber es waren schöne Zeiten (Roman), Köln 1978
Beeck, K.-H. (Hrsg.): Landesgeschichte im Unterricht (Schriftenreihe zur Geschichte und politischen Bildung, Bd. 11), Ratingen 1973
Boström, J. / Günter, R. (Projektgruppe Eisenheim): Eisenheim 1844 — 1972. Gegen die Zerstörung der ältesten Arbeitersiedlung des Ruhrgebietes, Bielefeld 1973, 4. Aufl. West-Berlin 1977
Brüggemeier, F.: Leben vor Ort, München 1983
Centreprise (Hrsg.): The Island. The Life and Death of an East London Community 1870 — 1970, London 1979
Conrad, H. G., u. a.: museum. Deutsches Bergbaumuseum Bochum, Braunschweig 1978
Dann, O.: Die Region als Gegenstand der Geschichtswissenschaft, in: *Archiv für Sozialgeschichte* XXIII (1983), 652 — 661
Galinski, D. / Herbert U. / Lachauer, U. (Hrsg.): Nazis und Nachbarn. Schüler erforschen den Alltag im Nationalsozialismus, Reinbek 1982
Geschichtswerkstatt, H. 1 und 2, Hannover (c/o H.-H. Nolte, Universität Hannover) 1983
Günter, R. / Hofmann, P. / Günter, J.: Das Ruhrgebiet im Film, 2 Bde., Oberhausen 1978
Hasch, R. (Hrsg.): Landesgeschichte und Exkursionen im Geschichtsunterricht, Donauwörth 1977
Haumann, H. (Hrsg.): Vom Hotzenwald bis Wyhl. Demokratische Traditionen in Baden, Köln 1977
Hochlarmarker Lesebuch. Kohle war nicht alles. 100 Jahre Ruhrgebietsgeschichte, Oberhausen 1981
Hoffmann, D. / Junker, A. / Schirmbeck (Hrsg.): Geschichte als öffentliches Ärgernis. Oder: ein Museum für die demokratische Gesellschaft. Das Historische Museum in Frankfurt a. M. und der Streit um seine Konzeption, Frankfurt 1974
Kirchhoff, H.-G.: Heimatgeschichte. Ein Plädoyer, in: *Kirchhoff, H.-G.*: Weiterführender Geschichtsunterricht, Wuppertal / Ratingen 1971
Köhler, J.: Klettern in der Großstadt. Volkstümliche Geschichten vom Überleben in Berlin 1933 — 1945, Berlin 1979
Lindner, R. / Breuer, H. Th.: „Sind doch nicht alles Beckenbauers." Zur Sozialgeschichte des Fußballs im Ruhrgebiet, Frankfurt 1978
Lindquist, S.: Dig where you stand (Vortrag). International Conference of Oral History, Essex 1979

Lucas, E.: Zwei Formen von Radikalismus in der deutschen Arbeiterbewegung, Frankfurt 1976
Nationalsozialismus in Hessen. Eine Bibliographie der Literatur nach 1945, in: *Materialien zum Unterricht*, hrsg. vom HIBS Wiesbaden, Sekundarstufe I, H. 44 (1983)
Niethammer, L.: Oral History in USA. Zur Entwicklung und Problematik diachroner Befragungen, in: *Archiv für Sozialgeschichte* 18 (1978), 457 – 501
— Umständliche Erläuterung der seelischen Störungen eines Communalbaumeisters in Preußens größtem Industriedorf, Oder: Die Unfähigkeit zur Stadtentwicklung, Frankfurt 1979a
— (Hrsg.): Wohnen im Wandel, Wuppertal 1979b
— (Hrsg.): Lebenserfahrung und kollektives Gedächtnis. Die Praxis der „Oral History", Frankfurt 1980
Oral History. Geschichte von unten, in: *Literatur und Erfahrung*, H. 10 (1982)
Peukert, D.: Die Ausstellung „Antifaschistischer Widerstand im Ruhrgebiet 1933 bis 1945" — ein Beitrag zur demokratischen Heimatgeschichte, in: *Gd* 3 (1978a), 24 bis 28
— Zur Regionalgeschichtsschreibung der Arbeiterbewegung, in: *Das Argument* 110 (1978b), 546 – 565
Radkau, J.: Erfahrungen aus Unterrichtsprojekten „Kriegsalltag am Heimatort 1939 bis 1945": Lokalhistorische Ansätze zu einer elementaren Friedenserziehung in Unterklassen (4. – 7. Schuljahr), in: *GWU* 29 (1978), 807 – 832
Regenhardt, H.-O.: Möglichkeiten regionaler Sozialgeschichte in der Sekundarstufe, in: *Sozialgeschichte und Strukturgeschichte in der Schule* (Schriftenreihe der Bundeszentrale für politische Bildung, H. 102), Bonn 1975, 27 – 32
Reulecke, J. / Weber, W. (Hrsg.): Fabrik, Familie, Feierabend. Beiträge zur Sozialgeschichte des Alltags im Industriezeitalter, Wuppertal 1978
Rohe, K. / Kühr, H. (Hrsg.): Politik und Gesellschaft im Ruhrgebiet, Meisenheim 1979
Schalke. Untersuchungen in einer Arbeiterstadt. Projekt der Fachhochschule Bielefeld, Fachbereich Design, West-Berlin 1974
Schmidt, E.: Lichter in der Finsternis. Widerstand und Verfolgung in Essen 1933 bis 1945. Erlebnisse – Berichte – Forschungen – Gespräche, Frankfurt 1979
Slotta, R.: Technische Denkmäler in der Bundesrepublik Deutschland, Bochum 1975
Spranger, E.: Der Bildungswert der Heimatkunde (1923), 6. Aufl. Stuttgart 1964
Sturm, H.: Fabrikarchitektur – Villa – Arbeitersiedlung, München 1977
Thompson, P.: The Voice of the Past. Oral History, Oxford / London / New York 1978
Voss, G.: Der zweite Blick. Prosper Ebel. Chronik einer Zeche und ihrer Siedlung, Berlin 1983
Weniger, E.: Neue Wege im Geschichtsunterricht, Frankfurt 1949
Widerstand und Verfolgung in Essen 1933 – 1945. Dokumentation zur Ausstellung. Alte Synagoge Essen, 3 Bde., Essen 1981 – 1983
Wigginton, E. (Hrsg.): The Foxfire Book, Garden City, N. J. 1972
— (Hrsg.): Foxfire 2, Garden City 1973
— (Hrsg.): Foxfire 3, Garden City 1975
Working Lives, Vol. 1: 1905 – 1945. Twelve Accounts of work, what it was and what it mean, by men and women living in Hackney, East London. Centerprise, London o. J.
— Vol. 2: 1945 – 1977, London 1977
Zang, G. (Hrsg.): Provinzialisierung einer Region. Regionale Unterentwicklung und liberale Politik in der Stadt und im Kreis Konstanz im 19. Jahrhundert, Frankfurt 1978

Didaktik der Alltagsgeschichte

Klaus Bergmann / Susanne Thurn

Begriff
„Das Interesse am Alltag ist nichts alltägliches; wo es entsteht oder sich massenhaft ausbreitet, ist verdeckt von den großen geschichtlichen Perspektiven die Rede" (Joas, in: Heller 1978, 7), die auf die Möglichkeiten der Aufhebung eines historisch unnötigen alltäglichen Lebens und Leidens, auf die Emanzipation von Natur, vorgegebenen Verhältnissen und überflüssiger Herrschaft und auf die Utopie einer menschlichen Welt gerichtet sind, die ihre Menschlichkeit am Grad der gelungenen Befreiung von äußeren Zwängen erweist.
Das in den letzten Jahren in den Sozialwissenschaften aufgekommene Interesse am Alltag bezieht sich auf eine Lebenswelt, die lange Zeit als nicht wissenschaftswürdig galt, obwohl sie „die vornehmliche und ausgezeichnete Wirklichkeit des Menschen" (Schütz / Luckmann 1975, 23) ist. Angesichts der Fülle unterschiedlichster Konzepte und Begriffe vom Alltag kann der Alltag in pragmatischer Absicht als die *Lebenswelt* bestimmt werden, in der sich Menschen tagtäglich oder regelmäßig in Aktionen, Interaktionen und Reaktionen mit der von ihnen vorgefundenen Wirklichkeit auseinandersetzen, um in ihr zu überleben, zu leben und sie ihren Bedürfnissen anzuverwandeln. Der Alltag umfaßt u. a. die Bereiche der Arbeit (als Notwendigkeit und als Bedürfnis), der Geselligkeit und Kommunikation, der politischen Gestaltungsversuche, der sportlichen und der kulturellen Betätigungen, d. h. alle Versuche und Tätigkeiten „der subjektiven Aneignung und Gestaltung der objektiven Werte durch die handelnden Subjekte" (Greverus 1978, 98).
In einem ausgewiesen kritischen Sinn bezieht sich das Interesse am Alltag auf eine Lebenswelt, die durch die Notwendigkeiten und herrschaftsgebundenen Regelungen der individuellen und gesellschaftlichen Produktion und Reproduktion bestimmt ist (Heller 1978). Kennzeichen dieses Alltags ist die ständige Wiederholung gleicher oder ähnlicher Tätigkeiten in zeitlich genau festgelegten Abläufen. Die Grunderfahrung dieses — vorwiegend an kapitalistischen Produktionsverhältnissen festgemachten — Alltags ist in objektiver Hinsicht die Erfahrung der Fremdbestimmung und der fremdbestimmten Zeit in der durch Herrschaft geregelten Produktion und Reproduktion. Sie betrifft nicht nur die Arbeitszeit, sondern ein Leben, das durch die Arbeitszeit bis in den Feierabend und den Feiertag hinein grundlegend bestimmt ist (Laermann 1975). Das Interesse am Alltag ist fast immer das Interesse an der Lebenswelt bestimmter Menschen und Menschengruppen — der „kleinen Leute", der Ohnmächtigen, der „Normalverbraucher", der großen Mehrheit der Bevölkerung.

Geschichtswissenschaft und Alltag: Tendenzen und Probleme

In der Absetzung von traditionellen Konzepten der *Geschichtswissenschaft*, insbesondere vom Historismus, zeigt sich auch die Historische Sozialwissenschaft seit einigen Jahren an der Erforschung des historischen Alltags interessiert. Die „Rekonstruktion vergangenen menschlichen Handelns und Leidens" (Rüsen) schließt auch und gerade den historischen Alltag ein: „Geschichte kann erst dann als Geschichte von Menschen geschrieben werden, wenn die Reproduktionsbasis der Menschen nicht nur marginal, sondern zentral berücksichtigt wird. Das aber heißt u. a., die Geschichte des Alltags zu erforschen" (Hausen 1975, 181 f.).

Andererseits weisen führende Vertreter der Historischen Sozialwissenschaft (Kocka 1982; Wehler 1983) auf Gefahren einer alltagsorientierten Geschichte hin: Eine Geschichte, die sich als „Gegen-Geschichte" verstehe und mit der allgemeinen Gesellschaftsgeschichte nicht mehr verklammert und vermittelt sei, führe zu Verzerrungen und Illusionen; eine Geschichte, die unter allen Umständen historisch gerichteten Identifikationsbedürfnissen genügen solle, führe zu verständnislosen Verklärungen oder Empörungen; eine Geschichte, die sich, den Herrschaftszusammenhang ausklammernd, in vergangene Alltage versenke, könne „eine Art situativen Historismus dergestalt fördern, daß jeder Alltag unmittelbar zu Gott sei" (Tenfelde 1984, 391) und eher zur Entpolitisierung als zur Erkenntnis politischer Handlungsmöglichkeiten führen (vgl. Lüdtke 1982).

Eine Alltagsgeschichte, die nicht einer isolierenden „Gegengeschichte", der Gefahr historisierender Krähwinkelei, einer Glück-im-Winkel-Historie oder der empörungswilligen Aufladung verfallen will, hat sich auch und gerade um ihrer politisch-pädagogischen Aufgabe willen in die Zucht der in einer langen Geschichte von Versuch und Irrtum erworbenen „Historischen Methode" — und dazu gehört auch die Anstrengung der Einordnung von Erkenntnisgegenständen, hier: historischen Alltagen in den Zusammenhang von Herrschaft und Gesellschaft — zu begeben. Gelingt ihr dies, so ist der Streit um Begriffe obsolet, und dann kann der „Alltag" von der Geschichtswissenschaft eher pragmatisch und von den handelnden Subjekten her als „Ereignisbereich des täglichen Lebens" definiert und als Forschungsgegenstand von all dem abgehoben werden, „was die traditionelle politische Geschichtsschreibung als das einzig Relevante ansieht und als ‚große' Ereignisse begreift, an der Geschichte also die Haupt- und Staatsaktionen" (Elias 1978, 26). Hält die Alltagsgeschichte den für ihre Wissenschaftlichkeit unabdingbaren Anschluß an die „Historische Vernunft" (Rüsen 1983), dann repräsentiert sie ein Geschichtsverständnis, das in einer Demokratie historisch fällig ist: Von ihm aus „wird nach der Subjektivität derer gefragt, die wir als Objekte der Geschichte zu sehen gelernt haben, nach ihren Erfahrungen, ihren Wünschen, ihrer Widerstandskraft, ihrem schöpferischen Vermögen, ihrem Leiden" (Niethammer 1980a, 9).

Geschichtsdidaktik und Alltag: Interessen und Möglichkeiten

Das Interesse der *Geschichtsdidaktik* an historischen Alltagen ist das Interesse an vergangenen Wertorientierungen und Verhaltensweisen, an Erfahrungen der Arbeitswelt, an tagtäglichen Auseinandersetzungen mit einer vorgegebenen unmittelbaren Lebenswelt von Verhältnissen und Menschen, an den Niederlagen und Erfolgen von Menschen, die am ehesten den Zwängen des Alltags unterworfen waren und den Alltag in unterschiedlicher Weise erfahren, empfunden und für sich und andere mit anderen im Rahmen des Möglichen gestaltet haben. Die Geschichtsdidaktik, die den Alltag als Inhalt und als Reflexionsgegenstand historischen Lernens begründet und fordert, ist daran interessiert, einen erkennbaren Zusammenhang zwischen historischem Alltagsleben, der Lebensgeschichte der Lernenden, gegenwärtigen gesellschaftlichen Erfahrungen und zukünftigen Handlungsmöglichkeiten herzustellen (Klönne 1979). Die Bearbeitung und Reflexion des historischen Alltags sollen die Zukunftsperspektiven der Lernenden um Bedenkenswertes aus einer der ihren am ehesten vergleichbaren historischen Lebenspraxis anreichern und die künftigen politischen Entscheidungen reflektierter und vernünftiger machen, als sie es ohne die erinnernde Vergegenwärtigung vergangenen historischen Alltags wären: Der von den Zeitgenossen erlebte und in schriftlichen, mündlichen oder anderen Zeugnissen referierte historische Alltag vermittelt bedenkenswerte Formen der Wahrnehmung, Bewältigung und Gestaltung der historisch konkreten Wirklichkeit in und durch Arbeit und Geselligkeit und kulturelle Tätigkeit; er macht politisches Handeln in der Zeit (Situationsdeutung, Absicht und Sachbedingungen, Ergebnis — Erfolg und Scheitern in ihren Ursachen) erfahrbar; er birgt Wertorientierungen, die nicht dadurch erledigt sind, daß sie in der Vergangenheit wirksam waren: Sie können vielmehr im veränderten Kontext *gegenwärtiger* Bedürfnisse und Möglichkeiten sinnvoll neu bedacht, individuell und kollektiv aufgegriffen und in *Zukunftsperspektiven* eingebracht werden.

Bei der schulischen oder außerschulischen Darstellung und Vermittlung können sehr unterschiedliche Alltage zu *Lerngegenständen* und Erfahrungspotentialen werden: Die Alltage von Proletariern und Bürgern, von Männern und Frauen, von Kindern und Jugendlichen, von Minderheiten und Randgruppen sind nicht identisch, sondern unterschiedlich erlebte, erfahrene, herausfordernde und gestaltete Lebenswelten, in denen die Betroffenen in unterschiedlicher Weise an den Erarbeitungen der Gattungsgeschichte teilhaben und eine unterschiedliche Stellung im Herrschaftszusammenhang haben. In aller Regel sind es die Lebenswelten der Ohnmächtigen, der Namenlosen, der „kleinen Leute", die das geschichtsdidaktische Interesse am Alltag konkretisieren.

An der Alltagsgeschichte können die Lernenden erfahren, daß „Geschichte" etwas mit ihrem Leben und *mit ihrer Zukunft* zu tun hat, daß „Geschichte" auch ganz anders sein kann und ist als die staatsorientierte politische Ereignisgeschichte oder die menschenleere Strukturgeschichte. Geschichte erweist sich in der Alltageschichte als die je und je verschiedene, konkrete, normale Lebenswelt ihrer sozialgeschichtlich eigentlichen Vorfahren, an der sie, wird ihnen diese Welt in ihren Zusammenhängen präsentiert und wird ihnen die Anstrengung historischen Denkens und Argumentierens nicht erspart, lernen können, sich kritisch zu identifizieren oder zu distanzieren. Die Schülerwettbewerbe, insbesondere der „Schülerwettbewerb Deutsche Geschichte um den Preis des Bundespräsidenten", bestätigen seit mehr als zehn Jahren, wie ergiebig ein alltagsorientierter geschichtsdidaktischer Ansatz in der Praxis historischen Lernens ist (Zehn Jahre 1983).

Das Erforschen, lernende Entdecken und das — Zusammenhänge herstellende und Alltag erklärende — Durchsprechen historischer Alltage können im Geschichtsunterricht und in der außerschulischen Bildungsarbeit an *unterschiedlichen Zeugnissen* unterschiedlicher Herkunft erfolgen; für die Zeitgeschichte bieten sich vor allem oral history-Projekte an. Es kann auch — aber sicherlich nicht ausschließlich — im Rahmen einer „Heimatgeschichte" geschehen, die sich durch die Berücksichtigung sozialökonomischer Gesichtspunkte und durch ihre — schwierig herstellbare, aber unabdingbare — Einordnung in einen übergreifenden gesellschaftlichen und Herrschaftszusammenhang von der traditionellen „Heimatgeschichte" abgrenzt.

Das Interesse der Geschichtsdidaktik ist nicht auf historische Alltage beschränkt; es richtet sich auch auf den *gegenwärtigen* Alltag; es zielt nicht nur auf den Alltag in der Geschichte, sondern auch auf die *Geschichte im Alltag* (Bergmann / Schörken 1982), d. h. daraufhin, wie uns Geschichte in der alltäglichen Lebenswelt begegnet und in unserem Bewußtsein beeinflußt (Schörken 1979 und 1981). Geschichtsbewußtsein entsteht und formt sich nicht erst durch absichtsvolle historische Bildung in der Schule, sondern im alltäglichen Umgang mit verschiedensten Zeugnissen und Relikten der Vergangenheit sowie mit Sichtweisen und Interpretationen vergangener Wirklichkeit, wie sie in Alltagsgesprächen, öffentlich artikulierten Denkfiguren oder in den Produktionen der Massenmedien zutage treten.

Der gegenwärtige Alltag ist für die Geschichtsdidaktik noch aus einem anderen Grund bedeutsam: Der Alltag vermittelt — sozial in graduell unterschiedlicher Weise — im wesentlichen die *Zeiterfahrung einer ständigen Wiederkehr des Gleichen*: Der Alltag verdrängt tendenziell die Geschichte (Laermann 1975, 100), weil die tagtäglich erfahrene Gleichförmigkeit die Vorstellung nahelegt, es sei „immer schon so gewesen" und es werde „immer so bleiben" — Bestandteile einer *geschichtslosen* und politischen Apathie ausdrückenden sozialen Topik (Negt 1971). Die Zukunftsperspektive schrumpft dadurch in gleichem Maße wie die Vergangenheitsperspektive; dem Tag zu leben und „die Zeit totzuschlagen" wird angesichts der erlebten und vermittelten Alltagserfahrung zum Bedürfnis, dessen Befriedigung häufig genug nur Leid verursacht. Intentionale historische Bildung kann an dieser Alltagserfahrung ansetzen. Sie kann die historische Erfahrung vermitteln, daß es andere Alltage, andere Alltagsorientierungen, anders gestaltete Alltage und gelungene Versuche der Veränderung (aber auch schlimme Rückschläge) gegeben hat. Gelingt ihr dies, dann kann sie vermeiden, daß das Interesse am Alltag zu einer unhistorischen Beschreibung vergangener Lebenspraxis führt, dann kann sie vielmehr die *Perspektive auf Mögliches und Zukünftiges* und auf die Chancen verändernder Gestaltung ausweiten und bereichern (Kuhn 1981). Intentionale historische Bildung kann damit ein Geschichtsbewußtsein ermöglichen, das sich über das in der alltäglichen Lebenswelt unreflektiert bildende und gebildete Geschichtsbewußtsein erhebt (Kuhn 1979). Die den Lernenden in der alltäglichen Lebenswelt zufallenden und symbolisch vermittelten sozialspezifischen Orientierungen prägen ihr Geschichtsbewußtsein in gleicher Weise wie der Geschichtsunterricht. Dieses vor- und außerschulisch erworbene *Geschichts*bewußtsein, das die Wahrnehmung und Einstellung zur politischen Praxis steuert, muß im Geschichtsunterricht zum Geschichts*bewußtsein* gebracht werden (Schörken 1972), wenn denn der Geschichtsunterricht seiner Aufgabe nachkommen will, ein vernünftiges Geschichtsbewußtsein zu ermöglichen, das zu sinnvollem politischem Handeln disponiert und Zukunftsperspektiven enthält, die nicht alltäglich sind.

Literatur

Bergmann, K. / Schörken, R. (Hrsg.): Geschichte im Alltag — Alltag in der Geschichte, Düsseldorf 1982
Elias, N.: Zum Begriff des Alltags, in: *Hammerich, K. / Klein, M.* (Hrsg.): Materialien zur Soziologie des Alltags (*KZSS* 1978, Sonderheft 20), Opladen 1978
Galinski, D. / Herbert, U. / Lachauer, U. (Hrsg.): Nazis und Nachbarn. Schüler erforschen den Alltag im Nationalsozialismus, Reinbek bei Hamburg 1982
Gd 9 (1984), H. 3: Oral History — Kommunikative Geschichte — „Geschichte von unten"
Greverus, I.-M.: Kultur und Alltagswelt, München 1978
Hausen, K.: Familie als Gegenstand Historischer Sozialwissenschaft, in: *GuG* 1 (1975)
Heller, A.: Das Alltagsleben. Versuch einer Erklärung der individuellen Reproduktion, Frankfurt 1978
Klönne, A.: Geschichtsbewußtsein und Arbeiterbildung, in: *Materialien zur politischen Bildung* 1 (1979)
Kocka, J.: Klassen oder Kultur? Durchbrüche und Sackgassen in der Arbeitergeschichte, in: *Merkur* 36 (1982), H. 10
Kuhn, A.: Ist aus dem Heute das Gestern erklärbar? Die historische Dimension des Alltags — didaktische Überlegungen zu einem Stück unbewältigter Vergangenheit, in: *Materialien zur Politischen Bildung* 1 (1979)
— Vom Umgang mit der Geschichte im Alltag, in: *Demokratische Erziehung* 7 (1981)
Laermann, K.: Alltags-Zeit. Über die unauffälligste Form sozialen Zwangs, in: *Kursbuch* 41: Alltag, Berlin 1975
Lüdtke, A.: Rekonstruktion von Alltagswirklichkeit — Entpolitisierung der Sozialgeschichte?, in: *Berdahl, R. M.*, u. a. (Hrsg.): Klassen und Kultur. Sozialanthropologische Perspektiven in der Geschichtsschreibung, Frankfurt 1982
Negt, O.: Soziologische Phantasie und exemplarisches Lernen. Zur Theorie und Praxis der Arbeiterbildung, 6. völlig überarbeitete Neuausg. Frankfurt 1971
Niethammer, L.: Anmerkungen zur Alltagsgeschichte, in: *Gd* 5 (1980), 231 — 242
— (Hrsg.) Lebenserfahrung und kollektives Gedächtnis. Die Praxis der „Oral History", Frankfurt/M. 1980
Rüsen, J.: Historische Vernunft. Grundzüge einer Historik I, Göttingen 1983
Schörken, R.: Geschichtsdidaktik und Geschichtsbewußtsein, in: *GWU* 23 (1972), 81 bis 90
— Geschichte im Alltag, in: *GWU* 30 (1979), 73 — 88
— Geschichte in der Alltagswelt, Stuttgart 1981

Schütz, A. / Luckmann, Th.: Strukturen der Lebenswelt, Neuwied / Darmstadt 1975
Tenfelde, K.: Schwierigkeiten mit dem Alltag, in: *GuG* 10 (1984), 376 – 394
Ullrich, V.: Geschichte von unten. Die neue Bewegung zur Erforschung des Alltags, in: *Journal für Geschichte* 2 (1984a)
— Alltagsgeschichte. Über einen neuen Geschichtstrend in der Bundesrepublik, in: *Neue politische Literatur* 29 (1984b)
Ulrich, G.: Die Entdeckung des Alltags in der Geschichte: Kultur- und Alltagsgeschichte als Quelle der Erkenntnis im Geschichtsunterricht der Sekundarstufe I, in: *GWU* 34 (1983), 623 – 642
Wehler, H.-U.: Neoromantik und Pseudorealismus in der neuen „Alltagsgeschichte", in: ders.: Preußen ist wieder chic, Frankfurt 1983
Zehn Jahre Schülerwettbewerb Deutsche Geschichte um den Preis des Bundespräsidenten. Entwicklungen, Erfahrungen, Bibliographie, Hamburg 1983

Didaktik der Arbeitergeschichte

Detlev Peukert

Arbeitergeschichte war lange in Forschung und Unterricht unterrepräsentiert. Seit der Niederlage der Revolution 1848/49 und der Reichseinigung von oben 1871 verengte sich der akademische Raum für demokratische Historiker und verschloß sich den Sozialisten und damit denjenigen, die an Arbeitergeschichte interessiert waren, ganz. Nur die sozialdemokratische *Gegenkultur* bot der Arbeitergeschichte Raum, die von marxistischen Intellektuellen (Mehring 1960), aber auch von Partei- und Gewerkschaftsfunktionären selbst (Hue 1910 – 1913) untersucht wurde. In der Weimarer Republik traten Massenpublikationen aus kommunistischen Verlagen hinzu und popularisierten vor allem deren Deutung revolutionärer Schlüsselereignisse (Pariser Kommune 1931; Illustrierte Geschichte 1929). Sie gaben aber auch neuen sozialgeschichtlichen Ansätzen (Rühle 1930) und didaktischen Experimenten wie politisch-historischen Filmen und Straßentheatern Raum (Wem gehört die Welt 1977). *Arbeitergeschichte und Arbeiterbewegung waren also bis 1933 eng verbunden.* Die Autoren der Arbeitergeschichte standen im Kontext der proletarischen Organisationen, gewannen im bewußten Bezug auf deren Interessen ihre Standpunkte und Werthaltungen und fanden in deren Medien ihr Kommunikationsfeld. Arbeitergeschichte war ein wichtiger Bestandteil der *sozialistischen Bildungsinstitutionen* (Olbrich 1977; Gerhard-Sonnenberg 1976). Zur Arbeitergeschichte als der „zweiten Kultur" bestand auch in der Weimarer Republik (Langewiesche 1982) kein Pendant in Universität und Schule, und mit dem Ungedrückungsfeldzug der Nationalsozialisten erlosch die autonome proletarische Kulturbewegung.

Nach 1945 gelang es nicht mehr, an diese Traditionen anzuknüpfen. Die *DDR* übernahm zwar Inhalte der älteren kommunistischen Geschichtsschreibung und institutionalisierte sie an Schulen und Hochschulen, aber sie verdrängte die Formenvielfalt und Spontaneität der proletarischen Kultur der zwanziger Jahre. Der Absolutheitsanspruch der kommunistischen Parteigeschichte verlieh der Arbeitergeschichte zunehmend *hagiographische Züge* und ließ sie zu abfragbaren Fakten- und Formelkatalogen erstarren (Stohr 1968).
Demgegenüber fehlte in den ersten zwanzig Jahren der *Bundesrepublik Deutschland* die Arbeitergeschichte in den Universitäten bis auf wenige Ausnahmen. Die Schulen begnügten sich mit einer Illustration der „sozialen Frage" im Zuge der Darstellung der industriellen Revolution. Mit der Renaissance des Marxismus seit der *Studentenbewegung* 1968 wuchs das Interesse an Klassikern der Theorie und Geschichte, das durch Nachdrucke und Überblicksbroschüren zunächst jenseits der Verlage, dann auch in deren Rahmen befriedigt wurde. Ihr Verdienst ist es gewesen, überhaupt Aspekte einer emanzipatorischen Tradition wieder publik gemacht zu haben. Ihre Schwäche lag im Mangel an eigener Forschung, der zu holzschnittartigen agitatorischen Verkürzungen führte, und in ihrer Konzentration auf die Geschichte politischer Ideen und Organisationen.
Etwa zur gleichen Zeit setzte sich auch unter der Fachhistorie ein Interesse an Sozial- und Strukturgeschichte durch, das der Beschäftigung mit Arbeitergeschichte zum erstenmal einen *akademisch-institutionellen* Rahmen gab. Ihre Fragestellungen fanden Eingang in neuformulierte *Curricula* Anfang der siebziger Jahre, wobei sich politische Kontroversen vornehmlich an der Betonung sozialer Konflikte und an der Geschichte von Unterschichten, an Bereichen also, zu denen auch die Arbeitergeschichte gehört, entzündeten (Köhler / Reuter 1973).
Von unterschiedlichen wissenschaftstheoretischen Optionen herkommend, teilten Marxismus und Strukturgeschichte die Vorliebe für die Analyse globaler *gesamtgesellschaftlicher* Vorgänge und *politischer* Kräfteverhältnisse. Im Mittelpunkt ihres Interesses standen daher die Entwicklung der sozialdemokratischen und kommunistischen Partei, der Gewerkschaftsorganisation, von politischen Ideen und Strategien und von zentralen Klassenkonflikten wie der November-Revolution und der Rätebewegung (Otto 1979; Louran 1976). Außerdem gewann die Erforschung demokratischer Bewegungen etwa im antifaschistischen Widerstand oder in der unmittelbaren Nachkriegszeit an Kontur. Damit wurden wichtige Grundzüge der *institutionellen* Arbeitergeschichte erhellt, wohingegen die Erfahrungen und Schicksale der Betroffenen selbst oft zu kurz kamen. Sie blieben nur in Kollektivdaten zum sozialökonomischen Hintergrund oder als „Basis" von Organisationen präsent, während im Vordergrund Kontroversen über „sozialdemokratische Hausgeschichtsschreibung" (Fülbert 1975) oder „parteikommunistische Geschichtsfälschung" (Scharrer 1979; vgl. Grebing 1979), ausgetragen wurden. Im Ringen um die „richtige" Linie blieb der *Alltag der Arbeiter* aus dem Forschungsinteresse ausgeblendet. Es wurden auch nur wenige Versuche gemacht, eigenständige historische Bemühungen in Arbeitervierteln oder Gewerkschafts-

gruppen anzuregen. Erst allmählich kristallisieren sich solche Bestrebungen heraus, in denen örtliche antifaschistische Widerstandsbewegungen, lokale Organisationstraditionen (Peukert 1978) oder die Lebensgeschichten von Gewerkschaftsveteranen (Borsdorf 1979) durch Beteiligte selbst erforscht werden.

Aber nicht nur innerhalb der organisierten Arbeiterschaft, vor allem der Arbeiterjugend, wächst das Interesse an Arbeitergeschichte, es erweitern sich auch *Untersuchungsgegenstand und Methode* der Arbeitergeschichte über die traditionellen Domänen der Partei- und Strukturgeschichte hinaus (Ritter 1980; Kocka 1983; Tenfelde 1978; Peukert 1982). Angeregt durch englische Forschungen zur kulturellen Konstituierung der Arbeiterklasse (Thomson 1963; Vester 1970) und durch Negts Reflexion des Verhältnisses von Arbeiterbildung und Interesse, Öffentlichkeit und Erfahrung (Negt 1971; Negt / Kluge 1972), wendet sich Arbeitergeschichte dem weiteren Bereich der *Kultur- und Alltagsgeschichte* der Arbeiter zu. Sie untersucht das Verhältnis von Herkunft, Arbeitsbedingungen und gewerkschaftlich-politischer Organisierbarkeit (Schröder 1978), die Ausformung spontaner und langfristig geplanter Organisations- und Artikulationsformen je nach unterschiedlicher „proletarischer Lebensweise" (Lucas 1976), kulturelle Hervorbringungen aus der Arbeiterschaft (GuG 1979, H. 1) sowie die Relation von Wohnbedingungen, Kommunikation und Formen von Bedürfnisartikulation (Niethammer / Brüggemeier 1978), nicht zuletzt die spezifische Ausformung historischer Erfahrung in lebensgeschichtlicher Reflexion (Emmerich 1974/75) und die Strukturierung politischer Subsysteme durch die Überlagerung verschiedener Generationen mit unterschiedlichen Erfahrungswelten (Rabe 1978). Ein solcher weiter Begriff von Arbeitergeschichte begnügt sich weder mit einer teleologischen Geschichtsdeutung von der historischen Mission des Proletariats, die das strategisch Wesentliche aus dem universalgeschichtlich belanglosen Milieu herausschält, noch mit industriegesellschaftlichen oder Modernisierungstheoremen, die singuläre Erfahrungen und widersprüchliche Entwicklungen durch die Konstruktion langer Reihen oder globaler Modelle planieren, sondern will gerade die Vielschichtigkeit und Einzigartigkeit auch in sozialgeschichtlichen Prozessen aufspüren (Lüdtke 1978). Sie trifft sich hier mit manchem anthropologischen und volkskundlichem Ansatz (vgl. historische Anthropologie, Kulturgeschichte), ohne deren Tendenz zur Isolierung und Romantisierung zu teilen. Arbeitergeschichte umfaßt also die drei Bereiche der *Sozialstrukturanalyse,* der Erforschung *konkreter Arbeits- und Lebensbedingungen,* Erfahrungen und Verhaltensweisen und der Darstellung *gewerkschaftlich-politischer Interessenvertretung.* Diese Räume einigermaßen tief auszuleuchten und die Vermittlung zwischen ihnen aufzuzeigen, steht für die deutsche Arbeitergeschichte noch an.

Beispiele einer *Didaktik der Arbeitergeschichte,* die Sozialstruktur, Erfahrungswelt und politische Aktion vermittelt, liegen daher bisher kaum vor, wenn auch einige Materialsammlungen diese Dimensionen zumindest andeuten (Enzensberger 1972; Versäumte Lektionen 1975; Reulecke / Weber 1978). Wenn sich eine Sozialgeschichte des Arbeiteralltags aber dem schnellen verallgemeinernden Zugriff entzieht, weil der Alltag nach Ort, Arbeitergruppe und Besonderheiten der Erfahrung vielfältig differenziert ist, so drängt die gleiche Eigenschaft auf einen orts- und regionalbezogenen Ansatz (vgl. Herzig u. a. 1983), in dem die eigenen Interessen und Erfahrungen der Lernenden verhandelt werden und in den sie selbst Initiativen zur Erfassung und Gestaltung ihrer Lebensbedingungen einbringen können. Wenn eine Bürgerinitiative zur Erhaltung einer Siedlung auf geschichtliche Begründungszusammenhänge zurückgreift, wenn die streikenden Metallarbeiter 1979 an den Ruhreisenkonflikt von 1928 erinnern, wenn die Lebensgeschichte eines alten Arbeiters zum Gegenstand eines Films wird, wenn gemeinsam mit Arbeitern Erinnerungen und Dokumente zur Geschichte eines Werks zusammengetragen werden (Kasper / Schuster 1978), dann wird Arbeitergeschichte zu einem Instrument kultureller und politischer Selbstreflexion, der sich die Fachleute unterstützend beiordnen. Hier weiterzuhelfen, ist eine dankbare Aufgabe der Didaktik.

Literatur

Arbeiterkultur in Deutschland, in: *GuG* 5 (1979), H. 1
Borsdorf, U.: Werkstatt der Erinnerung. „Veteranen"-Treffen der Gewerkschaften vom 9. bis 11. Februar 1979, in: *Gewerkschaftliche Monatshefte* 30 (1979), 250 — 253
Emmerich, W.: Proletarische Lebensläufe, 2 Bde., Reinbek 1974, 1975
Enzensberger, H. M., u. a. (Hrsg.): Klassenbuch 1 — 3. Ein Lesebuch zu den Klassenkämpfen in Deutschland 1756 — 1850, 1850 — 1919, 1920 — 1972, 3 Bde., Neuwied 1972
Fülbert, G. / Harrer, J.: Zur Kritik der sozialdemokratischen Hausgeschichtsschreibung, in: *Hefte zu politischen Gegenwartsfragen* 22, Köln 1975
Gerhard-Sonnenberg, G.: Marxistische Arbeiterbildung in der Weimarer Zeit (MASCH), Köln 1976
Grebing, H.: „Eine große sozialwissenschaftliche und pädagogische Leistung"? Bemerkungen zu dem Buch von Deppe, Fülbert, Harrer: Geschichte der deutschen Gewerkschaftsbewegung, in: *Gewerkschaftliche Monatshefte* 30 (1979), 204 — 227
Herzig, A. / Langewiesche, D. / Sywottek, A. (Hrsg.): Arbeiter in Hamburg, Hamburg 1983
Hue, O.: Die Bergarbeiter. Historische Darstellung der Bergarbeiter-Verhältnisse von der ältesten bis in die neueste Zeit, 2 Bde., Stuttgart 1910 — 1913
Illustrierte Geschichte der Deutschen Revolution, Berlin 1929 (Reprint o. O. o. J.)
Kasper, B. / Schuster, L.: Mit Video Geschichte der Arbeiterbewegung aus der Sicht der Betroffenen darstellen. Erinnerungen an Hanomag 1933 — 1945, in: *Ästhetik und Kommunikation.* Beiträge zur politischen Erziehung 9 (1978), 45 — 62
Kocka, J.: Lohnarbeit und Klassenbildung, Berlin / Bonn 1983
Köhler, E. / Reuter, E. (Hrsg.): Was sollen Schüler lernen? Die Kontroverse um die hessischen Rahmenrichtlinien für die Unterrichtsfächer Deutsch und Gesellschaftslehre, Frankfurt 1973
Langewiesche, D.: Politik — Gesellschaft — Kultur. Zur Problematik von Arbeiterkultur und kulturellen Arbeiterorganisationen in Deutschland nach dem 1. Weltkrieg, in: *Archiv für Sozialgeschichte* XXII (1982), 359 — 401
Lucas, E.: Zwei Formen von Radikalismus in der deutschen Arbeiterbewegung, Frankfurt 1976
Louran, D. / Schönle, S.: Unterrichtsmodell: Die Auseinandersetzung um die Staatliche Neuordnung in der Novemberrevolution 1918/19 (Hefte zum Geschichts- und Sozialkundeunterricht), Köln 1976

Lüdtke, A.: Alltagswirklichkeit, Lebensweise und Bedürfnisartikulation. Ein Arbeitsprogramm zu den Bedingungen „proletarischen Bewußtseins" in der Entfaltung der Fabrikindustrie, in: *Gesellschaft. Beiträge zur Marxschen Theorie*, Bd. 11, Frankfurt 1978, 311 — 350

Mehring, F.: Geschichte der deutschen Sozialdemokratie, in: *Mehring, F.*: Gesammelte Schriften, Bd. 1 — 2, Berlin 1960

Negt, O.: Soziologische Phantasie und exemplarisches Lernen. Zur Theorie und Praxis der Arbeiterbildung, Frankfurt 1971

Negt, O. / Kluge, A.: Öffentlichkeit und Erfahrung. Zur Organisationsanalyse von bürgerlicher und proletarischer Öffentlichkeit, Frankfurt 1972

Niethammer, L. / Brüggemeier, F. J.: Schlafgänger, Schnapskasinos und schwerindustrielle Kolonie. Aspekte der Arbeiterwohnungsfrage im Ruhrgebiet vor dem Ersten Weltkrieg, in: *Reulecke, J. / Weber, W.* (Hrsg.): Fabrik — Familie — Feierabend. Beiträge zur Sozialgeschichte des Alltags im Industriezeitalter, Wuppertal 1978

Olbrich, J.: Arbeiterbildung in der Weimarer Zeit. Konzeption und Praxis, Braunschweig 1977

Otto, K. A.: Die Revolution in Deutschland 1918/19. Geschichte im Unterricht (Entwürfe und Materialien), München 1979

Pariser Kommune 1871. Berichte und Dokumente von Zeitgenossen, Berlin 1931 (Reprint Frankfurt 1969)

Peukert, D.: Zur Regionalgeschichtsschreibung der Arbeiterbewegung, in: *Das Argument* 20 (1978), 546 — 565

— Arbeiteralltag — Mode oder Methode?, in: *Haumann, H.* (Hrsg.): Arbeiteralltag in Stadt und Land. Neue Wege der Geschichtsschreibung, Berlin 1982, 8 — 39

Rabe, D.: Der sozialdemokratische Charakter. Drei Generationen aktiver Parteimitglieder in einem Arbeiterviertel, Frankfurt / New York 1978

Reulecke, J. / Weber, W. (Hrsg.): Fabrik — Familie — Feierabend. Beiträge zur Sozialgeschichte des Alltags im Industriezeitalter, Wuppertal 1978

Ritter, G. A.: Staat, Arbeiterschaft und Arbeiterbewegung in Deutschland, Berlin / Bonn 1980

Rühle, O.: Illustrierte Kultur- und Sittengeschichte des Proletariats, Bd. 1, Berlin 1930; Bd. 2, Lahn / Gießen 1977

Scharrer, M.: Durch Halbwahrheiten aus der Geschichte lernen, in: *Frankfurter Rundschau* 2. 1. 1979

Schröder, W. H.: Arbeitergeschichte und Arbeiterbewegung. Industriearbeit und Organisationsverhalten im 19. und frühen 20. Jahrhundert, Frankfurt / New York 1978

Stohr, B.: Methodik des Geschichtsunterrichts, Berlin 1968

Tenfelde, K.: Wege zur Sozialgeschichte der Arbeiterschaft und Arbeiterbewegung, in: *Wehler, H.-U.* (Hrsg.): Die moderne deutsche Geschichte in der internationalen Forschung 1945 — 1975, Göttingen 1978, 197 — 255

Thompson, E. P.: The Making of the English Working Class, London 1963

Versäumte Lektionen. Deutschland 1890 — 1949 (Materialien zum historisch-politischen Unterricht, Bd. 1), Stuttgart 1971

Vetter, M.: Die Entstehung des Proletariats als Lernprozeß, Frankfurt 1970

Wem gehört die Welt. Kunst und Gesellschaft in der Weimarer Republik. Katalog der Neuen Gesellschaft für Bildende Kunst, Berlin 1977

Didaktik der Frauengeschichte

Bodo von Borries

Empirische Befunde

In *Geschichtsschulbüchern* ist die Geschichte der Frauen quantitativ unzureichend dargestellt; nur etwa 1 % bis 3 % des Textes und der Bilder handeln von Frauen. Natürlich bezieht sich nicht der ganze Rest ausdrücklich auf Männer: Über ein Drittel des Textes und der Bilder erlaubt kaum eine geschlechtsspezifische Zuordnung. Da aber das zurechenbare Material zu weit über 90 % männlich geprägt ist, dürfte auch beim „neutralen" Teil zuerst an Männer gedacht werden. So stellt sich automatisch die Assoziation von Geschichte und Männlichkeit ein.

Auch qualitativ ist die Darstellung von Frauengeschichte unbefriedigend. Frauenhandeln beschränkt sich auf ganz wenige „typisch weibliche" Rollen (Hausfrau und Mutter: Adelheid; Begleiterin und Helferin: Königin Luise; Pflegerin und Fürsorgerin: Elisabeth von Thüringen; Leidtragende und Verfolgte: Hexe) und zwei problematische Rollenüberschreitungen (Versagerin und Verderberin: Kleopatra, Maria Antoinette; Ersatzmann und Ersatzpolitiker: Jeanne d'Arc, Elisabeth I.). Gerade die Art der Behandlung beweist, daß das Schema für Auswahl und Wertung männlich geprägt ist.

Ebenso typisch ist das Fehlen anderer frauengeschichtlicher Themen. Wenn auch abgeschwächt, „machen" in den Schulbüchern noch immer „große" Männer die Geschichte. Das heißt „einfache Menschen" einschließlich Frauen („große" Frauen sind ja so viel seltener als „große" Männer!) kommen kaum vor. Spezifische Frauenprobleme und fundamentale Frauenleistungen, die selbst aus Männersicht kaum zu übersehen sind (zum Beispiel Matriarchatsproblem, Rolle in der Neolithischen Revolution, Frauenbenachteiligung in christlicher Tradition, Frauenwahlrecht, Frauenbildung, Frauenberufstätigkeit), fehlen fast ganz (v. Borries 1975 und 1978). Marginale Verbesserungen im letzten Jahrzehnt erfüllen allenfalls eine Alibifunktion (v. Borries 1982).

Auch die *Geschichtsdidaktik* ist auf das Thema Frauengeschichte und das Problem Mädchensozialisation kaum eingegangen (v. Borries 1979). Nach NS-Zeit und Krieg, die zu Recht als Scheitern einer „männlichen" Bewegung empfunden wurden, gab es eine kurze intensive Diskussion über spezifische Bildungswerte der Frauengeschichte und besondere gesellschaftliche Leistungen der Mädchensozialisation. Dabei wurden allerdings die herkömmliche Geschlechterpsychologie und ein konservatives Gesellschaftsbild vorausgesetzt. Seit dem Sieg der Koedukationsschule und dem Abklingen intensiver Faschismusbewältigung hat die Debatte aufgehört. So ergibt sich eine erstaunliche Verkehrung der Fronten: Konservative Geschichtsdidaktiken widmen den Bereichen Frauengeschichte und Mädchensozialisation meist ungefähr drei Seiten (allerdings im Sinne der biologistischen Geschlechterpsychologie), während die neueren Konzeptionen fast ausnahmslos das gesamte Problem vergessen oder ausklammern.

Schulbuchschreiber und Geschichtsdidaktiker können sich durchaus auf die *Geschichtswissenschaft* berufen. Historische Überblicksdarstellungen – auch allerneueste wie Diwalds „Geschichte Europas" oder Leuschners „Deutsche Geschichte" – widmen Frauenlage und Frauenleistungen in der Regel sicher nicht mehr als 1 % bis 3 % ihres Raumes (ein Beispiel bei Janssen-Jurreit 1978), Spezialstudien zur Frauengeschichte vor allem des 19. / 20. Jahrhunderts haben zwar zugenommen, sind im Gesamtfeld historischer Forschungen aber eine verschwindende Minderheit und als exotisches Spezialgebiet abgestempelt. Dieses harte Urteil gilt weiterhin, obwohl sich die einschlägigen Titel seit zehn Jahren verzwanzigfacht oder verdreißigfacht haben.

Frauenfeindliche Vorurteile von Hochschullehrern (und eine entsprechende Nachwuchspolitik) sind gegenüber 1960 gewiß abgeschwächt, aber noch vorhanden. Lehrveranstaltungen zur Frauengeschichte sind extrem selten, werden den „betroffenen" Wissenschaftlerinnen überlassen und (von offenen Behinderungen abgesehen) eher geduldet als gefördert. Bei solcher Vernachlässigung in der Lehrerausbildung ist das empirisch erwiesene Desinteresse der Lehrer am Thema Frauengeschichte (Hug) erklärlich.

Die Wissenschaftler können sich durchaus im Einklang mit der *öffentlichen Meinung* fühlen, die Geschichte als „männliche Lebensform" (Nohl) auffaßt. So ist beispielsweise erwiesen, daß bei historischen Sendungen im Fernsehen die Männer noch stärker dominieren als im Durchschnitt aller Themen (Küchenhoff). Extrem gering ist auch der Anteil weiblicher Autoren an historischen Romanen und Sachbüchern (Ausnahmen: Renault, Caldwell, Yourcenar, v. Reden). Ähnliches müßte sich eigentlich auf der Seite der Konsumenten (Zuschauerbefragung, Leseruntersuchungen) zeigen lassen.

Selbstverständlich spiegeln sich diese Befunde auch im *Schülerverhalten* (zusammenfassend v. Borries 1975/1978, 1982). Geschichte (ohnehin kein beliebtes Fach) ist bei Mädchen eher unbeliebt. Jungen haben fast doppelt so oft eine Vorliebe dafür und um ein Drittel seltener eine Abneigung dagegen als Mädchen. Ähnliche Ergebnisse finden sich für das Interesse am Fach Politik und sind für das außerschulische Interesse an Geschichte zu erschließen. Mädchen bevorzugen auch stärker Lehrererzählungen im Unterricht (Marienfeld) und sind abhängiger von der Lehrerpersönlichkeit. Mit dem geringeren Interesse (oder besser: der schwächeren Motivation) verbindet sich schwächere Beteiligung und ein geringeres Sachwissen. Meist wird ein Rückstand der Mädchen um 10 % bis 25 % festgestellt, so in Umfragen (Raasch) und Schulleistungstests (Ingenkamp), die sogar geschlechtsspezifisch normiert sind. Dieselbe Leistung wird in einer Mädchenklasse besser als in einer Koedukationsklasse und dort besser als in einer Jungenklasse bewertet. Qualitative Wissensunterschiede lassen sich theoretisch wahrscheinlich machen, angesichts der unzureichenden Untersuchungen aber bisher nicht empirisch sichern (v. Borries 1979).

Beim Geschichtsinteresse dagegen sind (neben den quantitativen) qualitative Differenzen eindeutig nachgewiesen: Mädchen bevorzugen mehr als doppelt so oft Kulturgeschichte, Jungen fast dreimal so häufig Kriegsgeschichte

(Marienfeld). Die anderen Abweichungen liegen auf derselben Linie, die (scheinbar) mit der herkömmlichen Geschlechterpsychologie übereinstimmt. Zugleich aber bedeutet die spezifische Mädchenmotivation eine große Chance für Geschichtsunterricht nach modernen didaktischen Konzeptionen, so zum Beispiel wenn Jungen mehr von „berühmten Männern" (!), Mädchen mehr von „einfachen Leuten" (!) hören wollen.

Die *Sozialisationsforschung* hat den Zusammenhang von historischer Sozialisation und Geschlechtsrollenübernahme bzw. -ausweitung nicht untersucht. Man kann sich dem Problem nur indirekt nähern: Die Sozialisation der Frauenrolle verläuft keineswegs konflikt- und störungsfrei. Vor allem für die Pubertät und Nachpubertät läßt sich das auch empirisch nachweisen, denn in diesen Altersgruppen zieht ein Drittel der Mädchen vor, Junge zu sein (Heinrich); viele haben einen Stimmungstiefpunkt (Clausen). Wahrscheinlich empfinden die Mädchen die höhere gesellschaftliche Wertschätzung der Männer und bekommen dadurch Identitätsprobleme (Zinnecker).

Unabhängig von verschiedenen Theorien über den Geschlechtsrollenerwerb (und gegen Teile der Literatur) läßt sich daraus folgern, daß die Rollenübernahme nicht vor der Schulzeit oder vor dem Geschichtsunterricht abgeschlossen ist. Eine positive oder negative Wirkung in diesem Bereich ist also möglich.

In diesem Sinne sind die schwachen empirischen Anhaltspunkte für die These wichtig, daß Mädchen sich mehr als Jungen für Frauengeschichte interessieren (v. Borries 1979). Angesichts der bewußten und unbewußten Gleichsetzung von Geschichte und Männerwelt in Öffentlichkeit und Schule zeigen Schülerbefragungen nur eine schwache „Nachfrage" nach Frauengeschichte, diese aber regelmäßig bei Mädchen. Daraus darf auf ein starkes latentes Interesse der Mädchen geschlossen werden, das bitter mit der Geringschätzung durch die Lehrer (Hug) konstatiert. Auch Unterrichtsexperimente belegen, daß die Bereitschaft der Mädchen für frauengeschichtliche Themen positiv, die der Jungen aber ambivalent ist (v. Borries 1978).

Theoretische Deutungen und praktische Möglichkeiten

Die ältere biologistisch begründete Geschlechterpsychologie darf als widerlegt gelten (zusammenfassend: Lehr; Janssen-Jurreit), obwohl sie das vorgetragene empirische Material (auf der Erscheinungsebene) fast lückenlos „erklären" kann und noch von älteren Geschichtsdidaktikern vertreten wird. Der vorgefundene Zustand wird als fast ausschließlich natürlich determiniert, nicht als gesellschaftlich erzeugt angesehen.

Demgegenüber spricht alles dafür, daß die Geschichtsferne und Politikferne der Mädchen ganz oder vorwiegend durch *soziales Lernen* erworben werden und zur gesellschaftlich zugemuteten Frauenrolle gehören. Der Geschichtsunterricht findet diese Benachteiligung der Mädchen schon vor. Er erzeugt sie nicht, aber er setzt sie fort und verstärkt sie: durch seine Themen wie durch die Erwartungen der Lehrer an Mädchen und Jungen. Die Identifika-

tionsangebote sind (verglichen mit Jungen) äußerst rar und äußerst eng (im Sinn konservativer Stereotypen).
Zu einer vernünftigen Frauenidentität (ohne Männerhaß und Kinderhaß, aber auch ohne Selbstaufgabe und -opfer) gehört auch eine *„historische Identität"*, wie die neue Frauenbewegung sie zu Recht einfordert. Mädchen werden durch ausschließliches Angebot von „Männergeschichte" ebenso benachteiligt und entfremdet wie andere unterprivilegierte Gruppen (zum Beispiel Unterschichten, Minderheiten, „kolonisierte" Völker) durch die „Geschichte der Herrschenden".
Wenn „beschädigte, negative" Identität vermieden und die bisherige Beraubung aufgehoben werden soll, müssen Mädchen „ihre eigene Geschichte" aufarbeiten, „ihre eigene Perspektive" einnehmen können. Obwohl dabei zunächst Dauer und Ausmaß der Unterdrückung bewußt werden, dürfte die historische Einordnung nicht zur Resignation, sondern zur Stärkung beitragen (vgl. v. Borries / Kuhn 1978; Kuhn 1980).
Historisch begründete Frauenidentität fordert keinen getrennten Geschichtsunterricht und keine verschiedenen Lernziele für Jungen und Mädchen. Identität wird immer durch Abgrenzung und (leider) oft durch aggressive, vorurteilhafte Abgrenzung gewonnen: Die Verachtung der Fremdgruppe hebt dann das Selbstbewußtsein der Eigengruppe. Mit diesem Mechanismus sind zum Beispiel im Geschichtsunterricht vielfach nationale Begeisterung und fremdenfeindliche Vorurteile erzeugt worden.
Solche Identitätsbildungen „auf Kosten anderer" werden durch Unkenntnis begünstigt und fördern tendenziell Kriege und damit schlimmstenfalls kollektiven Selbstmord. Eine vernünftige Identität muß verschiedene Zugehörigkeiten miteinander ausgleichen, Zugehörigkeits- und Nichtzugehörigkeitsgefühle verbinden und Zugehörigkeiten der anderen achten und einrechnen; d. h. nötig ist eine *balancierende und reflexive Ich-Identität* (Habermas).
Im Geschichtsunterricht muß über Identitäten verhandelt werden, sie dürfen nicht suggestiv untergeschoben werden (Bergmann). Für Jungen (ihre Rollenveränderung und Partnerbeziehung) ist Frauengeschichte ebenso wichtig wie für Mädchen: Die Lernziele sind gleich oder spiegelbildlich. Also ist (wie auch für verschiedene Schichten und ähnliches) gemeinsamer Unterricht wünschenswert, es sei denn, der Vorrang „männlicher" Themen, Perspektiven und Wertungen erwiese sich bei dieser Organisation als unüberwindbar.
Die bisherige Geschichtsschreibung behandelt (fast) nur die Geschichte einer Hälfte der Menschheit und beschränkt sich auf entsprechende Auswahlkriterien und Bezugsrahmen. Das gilt abgeschwächt auch für neuere sozial- und gesellschaftsgeschichtliche Konzepte; frauengeschichtliche Interpretationsmuster und Theorieansätze fehlen noch weithin. So genügt es nicht, „Frauengeschichte" als weitere Spezialdisziplin (wie Verkehrsgeschichte oder Religionsgeschichte) einzuführen. Stattdessen ist eine fundamentale Änderung und Erweiterung des *Geschichtsverständnisses* auch in der allgemeinen Geschichtswissenschaft zu fordern. Frauengeschichte wird genauso

zu grundlegendem Umdenken zwingen wie die beginnenden Einbeziehung der Unterschichten unseren Geschichtsbegriff schon stark verändert hat und die Aufnahme der Entwicklungsländerperspektive unser Bild der Weltgeschichte völlig umkrempeln wird. In diesem Prozeß wird zunehmend geklärt, was denn begrifflich unter „Frauengeschichte" zu verstehen sei. Vergessene „weibliche Beiträge zur allgemeinen (d. h. bisher ‚Männer-') Geschichte" und unterdrückte „Frauenbewegungen und Frauenwiderstandsformen in der Geschichte" sind nötig, aber nicht ausreichend. Im Sinne einer umfassenden emanzipatorischen Gesellschaftsgeschichte kommt es auf „Frauenlage und Frauenleben in der Geschichte" und „feministische Theoriemodelle und Gesamtdeutungen zur allgemeinen (d. h. künftig ‚Männer- und Frauen-') Geschichte" an (vgl. Bock, in: Hausen 1983; v. Borries, in: Kuhn u. a. VI, 1985).

Zur Zeit sind die politischen Ziele der Frauenemanzipation innerhalb und außerhalb der Frauenbewegung kraß kontrovers. Zugleich gibt es deutliche Anzeichen frauengeschichtlicher Legendenbildung (Davis) und feministischen Sexismus (Solanas). Es ist also höchste Zeit für die vorläufige und versuchsweise Herausbildung eines *„frauengeschichtlichen Curriculums"* (v. Borries / Kuhn 1978). Probeweise wird vorgeschlagen, „neolithische" (agrarische) und „industrielle Revolution" auch als Angelpunkte der Frauengeschichte anzusehen und sich thematisch mit dem Matriarchatsproblem und patriarchalischen Gesellschaften, mit bürgerlichen, proletarischen, antiimperialistischen und feministischen Frauenbewegungen zu beschäftigen (vgl. auch Kuhn 1980).

Solche Veränderungen des Geschichtsunterrichts müssen mit erheblichen *Hindernissen und Widerständen* rechnen. Nach bisherigen Erfahrungen ist vor allem von den Kultusministern und den Schulbuchverlagen mehr Verweigerung als Ermutigung zu erwarten. Dazu kommt die Macht der Gewohnheit. Noch schlimmer: Selbst im besten Fall (d. h. bei voller Reform) kann der Geschichtsunterricht nur einen bescheidenen Beitrag zu einer starken und vernünftigen weiblichen Identität leisten.

Die Kritik an Schulbüchern und Richtlinien im Fach Geschichte bleibt gegenüber anderen frauenfeindlichen Faktoren in der Gesellschaft einigermaßen zweitrangig. Die weibliche Identität richtet sich unbeschadet einer dünnen Decke von Gleichberechtigungs-Sonntagsreden nach der gesellschaftlichen Realität, zu der eindeutige Benachteiligungen in Bezahlung und Belastung, Prestige und Politik gehören. Solange sich die Privilegien- und Machtverteilung nicht ändern, ist es auch höchst problematisch, wieder einmal Probleme der Arbeitslosigkeit und des Bevölkerungsrückgangs auf Kosten der Frauen („neue Weiblichkeit", „Förderung der Mutterschaft") zu lösen.

Trotz dieser Einschränkungen bieten sich im Geschichtsunterricht einige *Handlungsmöglichkeiten:* Jüngere Lehrerinnen und Lehrer zeigen, wie Unterrichtsexperimente ergeben haben, durchaus Bereitschaft zu frauengeschichtlichem Unterricht mit dem Erkenntnisinteresse und Lernziel der Gleichberechtigung und Identitätserweiterung. Auch Schülerinnen und Schüler sind sehr ansprechbar. Solche Versuche müssen konsequent angeregt, unterstützt und dokumentiert werden. Das ist um so nötiger, als Lehrer vor allem über Mangel an Unterrichtsmaterial, -modellen und -berichten klagen. Sehr nützlich wäre also eine Reihe von Unterrichtsfilmen und -dokumentationen, die auch in der Lehreraus- und -fortbildung verwendet werden könnten.

Neben fachwissenschaftlichen Untersuchungen (zum Beispiel Kuhn u. a. 1977 ff.; Hausen 1983) werden auf dem Büchermarkt vor allem Quellensammlungen (zum Beispiel Ketsch 1983 f.; Kuhn / Rothe 1982; Frederiksen 1981; Möhrmann 1978) und Unterrichtsmodelle (zum Beispiel Schmitter 1979 und 1981; v. Borries, in: Kuhn u. a. I, 1979; II 1982 und viele andere) angeboten. Das gesamte Material könnte über die Institute für Lehrerfortbildung, die Zentralen für Politische Bildung und die Kultusministerien gefördert und verbreitet werden, wenn die öffentlichen Stellen die Forderung nach Gleichberechtigung auch im Geschichtsunterricht ernstnähmen.

Literatur
mit zahlreichen weiterführenden Angaben

Borries, B. v.: Frauen in Schulgeschichtsbüchern, in: *WPB* 27 (1975), 601 – 618; mit erweiterten Anmerkungen als Männergeschichte für Mädchengehirne, in: *Schallenberger, E. H. / Stein, G.* (Hrsg.): Das Schulbuch zwischen staatlichem Zugriff und gesellschaftlichen Forderungen (Zur Sache Schulbuch, Bd. 7), Kastellaun 1978, 187 bis 222
— Weibliche Geschichtslosigkeit: „Angeboren" oder „erlernt"?, in: *Brehmer, I.* (Hrsg.): Sexismus in der Schule, Weinheim 1982, 119 – 128
— Sexismus im Geschichts- und Politikunterricht? Eine Nachuntersuchung ..., in: *Brehmer, I.* (Hrsg.): Sexismus in der Schule, Weinheim 1982, 129 – 149
Borries, B. v. / Kuhn, A. / Rüsen, J. (Hrsg.): Sammelband Geschichtsdidaktik. Frau in der Geschichte I / II / III, Düsseldorf 1984
Frederiksen, E. (Hrsg.): Die Frauenfrage in Deutschland 1865 – 1915. Texte und Dokumente, Stuttgart 1981
Grimal, P. (Hrsg.): Histoire mondiale de la femme, 4 Bde., Paris 1965 – 1967
Hausen, K. (Hrsg.): Frauen suchen ihre Geschichte, München 1983
Janssen-Jurreit, M.: Sexismus. Über die Abtreibung der Frauenfrage, Frankfurt/M. 1978
Ketsch, P.: Frauen im Mittelalter. Quellen und Materialien, 2 Bde., Düsseldorf 1983/84
Kuhn, A.: Frauengeschichte und geschlechtsspezifische Identitätsbildung von Mädchen. Ansätze zu einem frauengeschichtlichen Curriculum, in: *Kuhn, A. / Tornieporth, G.*: Frauenbildung und Geschlechtsrolle, Gelnhausen 1980, 69 – 144
Kuhn, A. / Rothe, V.: Frauen im deutschen Faschismus. Eine Quellensammlung, 2 Bde., Düsseldorf 1982
Kuhn, A., u. a. (Hrsg.): Frauen in der Geschichte, bisher 6 Bde., Düsseldorf 1979, 1982 ff.
Möhrmann, R. (Hrsg.): Frauenemanzipation im deutschen Vormärz. Texte und Dokumente, Stuttgart 1978
Schmitter, R.: Entstehung und Entwicklung der deutschen Frauenbewegung, in: *Hoffacker, H.* (Hrsg.): Materialien zum historisch-politischen Unterricht, Bd. 3, Stuttgart 1979, Materialteil 111 – 223, Lehrerband 44 – 68
— Die Frauenbewegung im 19. Jahrhundert in den USA und in Europa, Stuttgart 1981

Didaktik der Kindheitsgeschichte

Karin Hausen

Geschichtsunterricht handelt selten von denjenigen, denen dieser Unterricht zugedacht ist: den Kindern und Jugendlichen. Diese bleiben, wie übrigens auch Frauen, in der bisherigen Geschichtsbetrachtung so gut wie unsichtbar. Nicht einmal indirekt im Zusammenhang der historischen Analyse von Erwachsenensituationen kommen Kinder in den Blick. Die Dimension der Kindheit wird am ehesten noch als kindliche Vorgeschichte berühmter Persönlichkeiten ahnbar. Die indidividuellen, sozialen und institutionellen Anstrengungen, die eine jeweilige Erwachsenengeneration unternimmt, um die zukünftige Generation zu produzieren, aufzuziehen, zu erziehen und damit sicher in die bestehende Gesellschaft zu integrieren, werden kaum mehr als punktuell eingeblendet unter Stichworten wie Bevölkerungsentwicklung – Geburtenrückgang, Kinderarbeit – Kinderschutz, Berufsausbildung – Schulpflicht, Jugendbewegung – Hitlerjugend. Völlig zu Unrecht gelten offenbar *Kinder in der Geschichte* und die *Geschichte von Kindheiten* nicht als ein relevanter Bereich der historischen Gegenwartsverständigung.

Nicht allein das didaktische Ziel, sich aufgrund eigener Betroffenheit mit Geschichte auseinanderzusetzen zu lernen, spricht dafür, den Bereich Kindheit in der Geschichte mit mehr Aufmerksamkeit als bisher auszuloten. Der Gegenstandsbereich selbst ist wichtig genug, um im Rahmen der Gesellschaftsgeschichte einen zentralen Platz zu beanspruchen. Denn die immer zugleich biologisch und sozial geprägte Generationenfolge ist ein unabdingbarer Bestandteil der geschichtlichen Dynamik von *Gesellschaft*. Allerdings ist heute das Angebot an gesicherten Informationen und Interpretationen zur Geschichte von Kindheit und Jugend bzw. zu Kindern und Jugendlichen in der Geschichte noch spärlich und die bisherige Ausbeute der Forschung nicht leicht abrufbar.

Fragen über Kindheit und Jugend an die Geschichte zu stellen, ist ein Weg, um Antworten auf Probleme der Gegenwart zu erarbeiten. Bislang hat man sich am intensivsten mit der Institution Schule und den Absichtserklärungen in Sachen Erziehung auseinandergesetzt. Das hat den Blick gelenkt auf die im 18. Jahrhundert begonnene Entwicklung zu einer Gesellschaft, die heute beansprucht, Kinder zunehmend planvoller pflegerisch und erzieherisch zu handhaben. Was heute als natürlich-kindgemäße Erziehung bzw. als wissenschaftlich ausgewiesene Erkenntnis über kindliche Bedürfnisstruktur, Entwicklungs- und Sozialisationsmuster gilt, ist das widersprüchliche Ergebnis eines langwierigen Prozesses gesellschaftlicher Verständigung. Wesentliches Element dieser Verständigung ist die normative Festlegung der Mutter-Kind-Situation. Die Verallgemeinerung neuer psychischer Dispositionen, Verhaltens- und Handlungsweisen verändert jedoch nicht allein die soziale Plazierung von Kindern. Wo Kapitalismus und Bürokratie eine Gesellschaft erobern, erzwingen sie von den Menschen Selbstkontrolle und Zweckrationalität als Tugenden des Erwachsen-Seins. Damit vergrößert sich die Distanz zwischen Erwachsenen und Kindern, deren Triebhaftigkeit, Spontaneität und Verspieltheit zum Privileg der Kindheit wird. Nicht ohne Einfluß auf die Position der Un-Erwachsenen in Familie, Haushalt und Gesellschaft dürfte es auch sein, daß sich mit der Alterspyramide einer Bevölkerung das Zahlenverhältnis verschiebt, in dem sich erwachsene und noch nicht erwachsene Menschen gegenüberstehen. In den Fragestellungen ähnlich ausgreifend, ließe sich geschichtlich rekonstruieren, wie eine jeweils veränderte materielle Umwelt den Ort von Kindheit mitbestimmt. Am weitesten bekannt und am dringlichsten historisch aufzuhellen ist schließlich die Frage, wie sich die im Laufe der Zeit veränderten *gesellschaftlichen Funktionen* von Kindheit und Jugendlichen auswirken. Kinder waren noch vor hundert Jahren in alle Bereiche gesellschaftlicher Arbeit als Produzenten einbezogen. In dem auf Gegenseitigkeit abgestellten Solidarsystem richtete sich ihr Platz nach der in Gegenwart und Zukunft von ihnen erbrachten und erwarteten Leistung. Kinder sind dagegen heute nützlich und benutzbar als leicht für den Markt mobilisierbare Konsumenten und als Reservoir für Erwachsenensehnsüchte. Vorrangig aber sind Kinder Kostenfaktoren im Familien- und Sozialbudget, denen sie als Schüler abstakt bleibende Lernleistungen entgegenzusetzen haben.

Literatur

Ariès, P.: Geschichte der Kindheit, München 1975
Bergmann, K. / Thurn, S.: Historische Kindheiten. Überlegungen und Vorschläge für ein Unterrichtsmodell, in: *Gd* 8 (1983), 317 – 334
Elschenbroich, D.: Kinder werden nicht geboren. Studien zur Entstehung der Kindheit, Frankfurt/M. 1977
Hardach-Pinke, I.: Kinderalltag. Aspekte von Kontinuität und Wandel in autobiographischen Zeugnissen 1700 – 1900, Frankfurt/M. 1981
Hardach-Pinke, I. / Hardach, G. (Hrsg.): Deutsche Kindheiten 1700 – 1900. Autobiographische Zeugnisse, Kronberg 1978
Hausen, K.: Zum Jahr des Kindes 1979. Kindheitsgeschichte, in: *Journal für Geschichte* 1 (1979), 3 – 6
Hermann, U. / Renftle, S. / Roth, L.: Bibliographie zur Geschichte der Kindheit, Jugend und Familie, München 1980
Johannsen, E. M.: Betrogene Kinder. Eine Sozialgeschichte der Kindheit, Frankfurt/M. 1978
Mause, L. de (Hrsg.): Hört ihr die Kinder weinen? Eine psychogenetische Geschichte der Kindheit, Frankfurt/M. 1977
Quandt, S. (Hrsg.): Kinderarbeit und Kinderschutz in Deutschland 1783 – 1976, Paderborn 1978
Rutschky, K. (Hrsg.): Deutsche Kinderchronik. Wunsch- und Schreckensbilder aus vier Jahrhunderten, Köln 1983
Schlumbohm, J. (Hrsg.): Kinderstuben. Wie Kinder zu Bauern, Bürgern, Aristokraten wurden 1700 – 1950, München 1983
— Geschichte der Kindheit — Fragen und Kontroversen, in: *Gd* 8 (1983), 305 – 315
Weber-Kellermann, L.: Die Kindheit. Kleidung und Wohnen, Arbeit und Spiel. Eine Kulturgeschichte, Frankfurt/M. 1979

Didaktik der Schul- und Unterrichtsgeschichte

Klaus Bergmann / Gerhard Schneider

Schule und Unterricht sind im Sozialkunde-Unterricht (zum Beispiel Grix / Knöll 1973, 64 ff.; Becker u. a. 1976, 33 ff.) und im historisch-politischen Lernbereich des Sachunterrichts auf der Primarstufe (Schmid 1976; Lampe 1976, 156 – 180; Günther-Arndt 1976; Thiel 1978; Bülow / Polanz 1978; Reichel 1978) unter dem Einfluß neuerer Rahmenrichtlinien (Hessische Rahmenrichtlinien 1973, 47 ff.) zu wichtigen *Unterrichtsinhalten* geworden. In der Geschichtsdidaktik ist die Bedeutung dieses Themenbereiches für die historisch-politische Sozialisation der Schüler noch kaum erkannt worden; Entwürfe für die Unterrichtspraxis haben Seltenheitswert (Kuhn 1976, 85 ff.).
Es gibt mehrere Gründe, die eine Behandlung von Schule und Unterricht in Schule und Unterricht nahelegen:

- Radikale Schulkritik und öffentliche Kontroversen über Schulformen, Schulfächer und Unterrichtsinhalte weisen Schule und Unterricht als wichtige *gesellschaftliche Problembereiche* aus — gegenwärtige Probleme konstituieren mögliche Unterrichtsinhalte.
- In Schule und Unterricht werden Schüler in der Regel erstmalig mit gesellschaftlichen Institutionen konfrontiert, in denen sie Zwänge, unterschiedliche Machtpositionen, Interessen, Forderungen und Ansprüche erfahren und erleiden — ihre Aufarbeitung im Unterricht fördert *Rollenkompetenz.*
- Schule und Unterricht sind Institutionen, in denen sich Staat und Gesellschaft abbilden. Im konkret-historischen Herrschaftszusammenhang stehen sie als Teil, an dem das Ganze zum Vorschein kommt — die Fähigkeit zur *Analyse gesellschaftlicher Erscheinungen* wird entwickelt.
- Schule und Unterricht bilden eine unmittelbare *Lebenswirklichkeit* der Schüler — die Möglichkeit der Betroffenheit und Motivation ist gegeben.

Schule und Unterricht als Themen des Unterrichts können aber nur begründet werden, wenn sichergestellt ist, daß die Behandlung dieser zeitweiligen Lebenswelt „Schule und Unterricht" auch der Bewältigung künftiger und ganz andersartiger Lebenswelten förderlich ist. Das setzt voraus, daß Schule und Unterricht in *sozialwissenschaftlicher* Perspektive behandelt werden: ihre Eingebundenheit in den konkreten historischen Herrschaftszusammenhang muß ebenso deutlich werden wie ihre Funktion in diesem Zusammenhang. In dieser Hinsicht ist Unterricht über Schule und Unterricht (Meta-Unterricht) vor allem ertragreich, wenn er *historisch* konzipiert ist und das Verhältnis von Schule / Unterricht und Staat / Gesellschaft an relativ abgeschlossenen, in der Entwicklung überschaubaren Prozessen verfolgt. Die Unterrichtsinhalte „Schule" und „Unterricht" gehören wesentlich in den Geschichtsunterricht.
In geschichtsdidaktischer Hinsicht ist vor allem Geschichtsunterricht über Geschichtsunterricht interessant. In diesem speziellen Falle kann der Geschichtsunterricht, der sich mit vergangenem Geschichtsunterricht auseinandersetzt, etwa zu folgenden *Erkenntnissen* verhelfen:

- Gesellschaftliche Bedingtheit geschichtsunterrichtlicher Inhalte und Ziele;
- Wandel der Qualifikationsanforderungen als Folge fortschreitender Institutionalisierung des Schulwesens, der Arbeitsteilung, Technisierung, Verwissenschaftlichung, Demokratisierung (vgl. Günther-Arndt 1976, 592);
- Abhängigkeit des Geschichtsunterrichts von den herrschenden Machtverhältnissen;
- Einfluß des Staates und mächtiger Gruppen auf Inhalte, Methoden und Ziele des Geschichtsunterrichts;
- öffentliches Prestige des Geschichtsunterrichts im Wandel;
- Einfluß der im Geschichtsunterricht vermittelten Normen und Werte auf die politische Sozialisation der Schüler;
- politische Wirkung des Geschichtsunterrichts.

Als Unterrichts*materialien* stehen für diese Zwecke zur Verfügung: Methodisch-didaktische Schriften wie Lehrpläne, Lehrbücher, Unterrichtsmodelle, insoweit sie Auskunft über Unterrichtsformen, -bedingungen, -voraussetzungen, -inhalte, -medien und -methoden geben; ferner Bilder, Karikaturen, Stundenpläne, Schülerhefte, (Lehrer-)Biographien, (für die jüngere Zeit auch) Tonbandmitschnitte bzw. -nachschriften sowie Materialien, die von den Schülern etwa durch Befragung der Eltern / Großeltern selbst beschafft werden.

Als *methodische* Möglichkeiten bieten sich für Meta-Geschichtsunterricht an: Text- und Bildanalyse (Quellenarbeit), Rollenspiel bzw. szenische Darstellung, Text- und Bildvergleich, Schulbuchanalyse, Besuch von Schulmuseen u. a.

Meta-Geschichtsunterricht, der Übereinstimmungen und Andersartigkeiten zwischen gegenwärtigem und vergangenem Geschichtsunterricht aufzuzeigen vermag, sollte zumindest gelegentlich den Geschichtsunterricht herkömmlicher Art ergänzen, um, von konkreten Unterrichtssituationen ausgehend, jene Herrschafts- und Handlungszusammenhänge aufzuschließen, in denen es um die Vermittlung gesellschaftlicher, ökonomischer und politischer Anforderungen und der Interessen, Bedürfnisse und Ansprüche von Schülern und Lehrern geht. Unterrichtliche Realität wird damit nicht als künstlich-isolierte begriffen, die auf gesellschaftliche Praxis („auf das Leben") vorbereiten soll, oder als zufällige von nur momentaner Aktualität, sondern sie wird selbst als eine gesellschaftliche Ernstsituation betrachtet (Heipcke / Messner 1975, 54).

Literatur

Becker, H., u. a.: Thema Politik. Lese- und Arbeitsbuch für die Sekundarstufe I, Stuttgart 1976

Bülow, H.-P. / Polanz, E.: Sozial- und Unterrichtsformen der Schule damals und heute — aufgezeigt in ihrem Zusammenhang zu ihren jeweiligen gesellschaftlich-politischen Systemen. Planung, Darstellung und Analyse einer Unterrichtsreihe im 4. Schuljahr, in: *Sachunterricht und Mathematik in der Primarstufe* 6 (1978), 217 — 222

Grix, R. / Knöll, W.: Lernfeld Gesellschaft. Lehr- und Arbeitsbuch für den politischen Unterricht (7. — 10. Schuljahr), Frankfurt / Berlin / München 1973

Günther-Arndt, H.: Die „Geschichte der Schule" als Unterrichtsgegenstand in der Grundschule, in: *Sachunterricht und Mathematik in der Primarstufe* 4 (1976), 589 — 599

Heipcke, K. / Meissner, R.: Curriculumentwicklung unter dem Anspruch praktischer Theorie, in: *Haft, H. / Hameyer, U.* (Hrsg.): Curriculumplanung — Theorie und Praxis, München 1975, 37 — 68

Hessische Rahmenrichtlinien Gesellschaftslehre Sekundarstufe I, o. O. o. J. (1973) (zit.: HRRL)
Hiller-Kerrer, I. / Hiller, G. G.: Unterricht über Unterricht und pädagogische Verständigung, in: *Bildung und Erziehung* 27 (1974), 268 — 277
Kuhn, A.: Die Französische Revolution, München 1975
Lampe, K.: Umrisse einer Unterrichtseinheit „Schule", in: *ders.*: Geschichte in der Grundschule, Kronberg 1976, 156 — 180
Reichel, P.: „Schule früher und heute". Ein Thema für das dritte Schuljahr, in: *Sachunterricht und Mathematik in der Primarstufe* 7 (1979), 148 — 154
Schmid, H.-D.: Andere Zeiten, andere Sitten: Schule früher und heute (3. / 4. Schuljahr), München 1976
Thiel, S.: Schule früher — Schule heute (3. Schuljahr), in: *Ehrenwirth Grundschul-Magazin* 5 (1978), H. 6, 17 — 18

IV. Geschichtsdidaktik und Curriculumentwicklung

Geschichtsdidaktik und Curriculumentwicklung

Annette Kuhn

Bestandsaufnahme und definitorische Bestimmung

Bis in die Mitte der sechziger Jahre hatte die didaktische Theorie, obwohl schon von Weniger 1952 als Lehrplantheorie begriffen, kaum Einfluß auf die Konzeption der Richtlinien und der Lehrpläne. Diese allgemeine Feststellung gilt auch für die Entwicklung von Richtlinien und Lehrplänen im Fach Geschichte. Erst durch die Curriculumrevision, die in der Bundesrepublik Deutschland mit der Veröffentlichung des Gutachtens von Saul B. Robinsohn: „Bildungsreform als Revision des Curriculums" im Jahre 1967 einsetzte, stellte sich auch für die Fachdidaktik die Frage nach einer *curricularen Begründung* der Geschichtsdidaktik und der Lehrplan- und Richtlinienentscheidungen. Damit war in erster Linie gemeint, daß in den neuen Richtlinien für den Geschichtsunterricht, im Gegensatz zu den unverbindlichen und vagen Beschreibungen allgemeiner Bildungsziele in den älteren Lehrplänen, „von klar definierten und damit überprüfbaren Lernzielen" auszugehen sei (Bildungsrat 1970, 130). Hinter dieser pragmatischen Forderung nach klaren und überprüfbaren *Lernzielen* verbargen sich aber weitreichende bildungspolitische Vorstellungen und wissenschaftstheoretische Implikationen. Die *fachspezifische* Rezeption der allgemeinen Curriculumforderungen muß daher im Kontext der Bildungsreform und der wissenschaftstheoretischen Diskussion dieser Jahre gesehen werden. Die sozio-ökonomische Krise in der Mitte der sechziger Jahre, die in der Theoriediskussion (Positivismusstreit, Rezeption des Marxismus, Kritische Theorie) und in den politischen Bewegungen (Studentenbewegung, Außerparlamentarische Opposition) ihren Ausdruck fand, bildete die unmittelbare Voraussetzung für die Rezeption der internationalen Curriculumtheorie in der Bundesrepublik Deutschland. Aus dieser allgemeinen Umbruchsituation sind auch weitreichende Erwartungen zu erklären, die an die Curriculumrevision in dieser Zeit gestellt wurden. Auch die unterschiedlichen, vielfach widerspruchsvollen Formen der Curriculumrezeption sind in diesem gesamtgesellschaftlichen, bildungspolitischen und wissenschaftsgeschichtlichen Zusammenhang zu sehen. Bei diesem *Paradigmawechsel,* in dem sich sowohl die Erziehungswissenschaften als auch die Geschichtswissenschaft neu als kritische, sozialwissenschaftliche oder gesellschaftswissenschaftliche Disziplinen zu definieren suchten, ist auch der Wendepunkt von der älteren, bildungstheoretisch fundierten Geschichtsdidaktik zu einer curricular orientierten Fachdidaktik zu suchen.

Wenn auch die unterschiedlichen fachdidaktischen Bemühungen der frühen siebziger Jahre, sehen wir von einer nur an der Fachwissenschaft orientierten Geschichtsdidaktik ab, alle um eine fachdidaktische Reflexion der sehr unterschiedlichen Curriculuminstanzen Gesellschaft, Schüler, Fachwissenschaft bemüht waren, hat sich seit Mitte der siebziger Jahre gezeigt, daß eine konsensfähige curriculare Begründung der Geschichtsdidaktik nicht gelingt. Spätestens seit der neokonservativen Tendenzwende im Sinne von „Mut zur Erziehung", die eine naive, von jeglicher gesellschaftskritischen Reflexion ungebrochene, an den Neohistorismus gebundene Rückkehr zu „der" Geschichte forderte, war der neueren Fachdidaktik, die auf der Notwendigkeit eines curricularen Begründungsanspruchs beharrte, der gesellschaftspolitische Boden entzogen. Seit Ende der siebziger Jahre muß von der Dominanz einer *nachcurricularen* und einer *anti-curricularen* Geschichtsdidaktik gesprochen werden. Nachcurricular bedeutet, daß die Geschichtsdidaktik sich allein aus ihrem fachspezifischen Begründungszusammenhang konstituiert, anticurricular heißt demgegenüber, daß außerfachwissenschaftliche Relevanzkriterien (Nipperdey 1976) explizit abgelehnt werden. Infolge dieses vorherrschenden fachdidaktischen Verzichts auf eine curriculare Begründungsbasis wird die theoretisch begründete Abwehr neokonservativer Entwicklungen innerhalb der Geschichtsdidaktik erschwert, während curriculumtheoretisch nicht eingebundene neuere fachdidatktische Orientierungen (zum Beispiel Geschichtswerkstätten, Frauengeschichte, Friedenserziehung u. a. m.) sich immer stärker von den organisierten historischen Lernprozessen im Sinne einer verbindlichen fachdidaktischen Reflexion entfernen. Eine neue Polarisierung des historischen Interesses ist eine weitere Folge dieser anti-curricularen Wende. Somit löst sich auch bei der weiteren Entfaltung einer kommunikativen und einer materialistischen Geschichtsdidaktik der curriculare Begründungszusammenhang immer mehr von der Dominanz einer nicht-curricularen, dem Historismus verpflichteten Fachdidaktik ab. Diese nach-curriculare Tendenz wirkt sich weiterhin auf die Problematik der Lernzielbegründung aus und leistet einer nur am Inhalt orientierten Lernzielbestimmung im Sinne der Bildungstheorie Vorschub.

Eine eindeutige definitorische Bestimmung von Curriculum, Curriculumrevision und Curriculumtheorie ist kaum möglich. Der Begriff Curriculum, schon seit dem 17. Jahrhundert (Comenius) als pädagogisch-didaktischer Terminus bekannt, wurde erst 1967 in Anlehnung an die anglo-amerikanische Terminologie in die Diskussion in der Bundesrepublik Deutschland eingeführt. Dabei unterschied sich die Bezeichnung Curriculum nicht eindeutig vom Begriff Didaktik; sie hob vielmehr nur besondere Aspekte der Didaktik hervor. Der erste Aspekt betraf die „konsequente, mit wissenschaftlichen Hilfsmitteln durchgeführte oder mindestens unterstützte *Planung* und *Kontrolle*" (Klafki 1974, 118) von Lernprozessen. Weiterhin wurde die Vorstellung eines „Gesamtzusammenhang(es) zwischen allen Einzelfaktoren, die auf den Unterricht Einfluß haben" ((Schörken 1975, 284), hervorgehoben und entsprechend eine konsistente Curriculumstrategie gefordert. Schließlich hat die Frage nach dem Beitrag der Curriculumrevision zur *demokratischen Innova-*

tion die curriculumtheoretische Diskussion bestimmt. Alle drei curricularen Aspekte haben ihren unmittelbaren Einfluß auf die Geschichtsdidaktik ausgeübt. Während die Rezeption der Lerntheorie (Schörken 1970; Rohlfes 1971; Schmid 1970) primär mit dem Aspekt der Planung, Kontrolle und der möglichen Operationalisierung von Lernzielen begründet wurde, rückten im weiteren Verlauf der Curriculumrezeption die Fragen nach der wissenschaftlichen Bestimmung des gesamten Zusammenhangs des historischen Lernprozesses und nach den gesellschaftspolitischen Prämissen der Lernzielorientierung, insbesondere der Orientierung am Richtwert Emanzipation, in den Mittelpunkt der fachdidaktischen Diskussion (Rohlfes 1974; Dörr 1978).
Die drei von Robinsohn genannten *Auswahlkriterien*

1. die Bedeutung eines Gegenstandes im Gefüge der *Wissenschaft,* damit auch als Voraussetzung für weiteres Studium und weitere Ausbildung;
2. die Leistung eines Gegenstandes für *Weltverstehen*, d. h. für die Orientierung innerhalb einer Kultur und für die Interpretation ihrer Phänomene;
3. die Funktion eines Gegenstandes in spezifischen *Verwendungssituationen* des privaten und öffentlichen Lebens (Robinsohn 1972)

und die ebenfalls von Robinsohn aufgestellte curriculare *Entscheidungskette* von ,,Situationen — Qualifikationen — Inhalte" bilden weithin den Ausgangspunkt für die Diskussion um die Möglichkeiten einer fachspezifischen Curriculumreform. Allerdings sind in der neueren Fachdidaktik sowohl die Bedeutung der drei Auswahlkriterien als auch die Abfolge in der curricularen Entscheidungskette umstritten.
Die curriculare Orientierung innerhalb der Geschichtsdidaktik versteht sich als einen Beitrag zur *Curriculumrevision auf mittlerer Ebene*; d. h. sie geht zunächst von der *Fachspezifik* aus, ohne dabei die Frage nach der Verträglichkeit der fachspezifischen Curriculumrevision mit dem umfassenderen Programm einer curricularen Gesamtrevision vollends aus dem Auge zu verlieren (Achtenhagen / Menck 1970, 414). Somit bleibt die Bestimmung des Stellenwertes des Geschichtsunterricht im Rahmen eines sozialwissenschaftlichen Curriculums von der jeweiligen Rezeptionsweise der curricularen Anforderung innerhalb der Fachdidaktik abhängig. Ausgehend von einer Priorität der fachwissenschaftlichen Entscheidungskompetenz wird auf der einen Seite hervorgehoben, daß für die Lehrplanentwürfe im Fach Geschichte ,,der Maßstab einer systematisch-theoretischen curricularen Stringenz" nicht gelten dürfe (Jeismann 1978, 46). Demgegenüber wird aus einem umfassenderen gesellschafts- und wissenschaftstheoretischen Verständnis der Geschichtswissenschaft, ähnlich wie in den Hessischen Rahmenrichtlinien Gesellschaftslehre, von der angestrebten Fächerintegration ausgegangen (Boldt / Holtmann 1978). Bei diesen unterschiedlichen Bemühungen um eine sozialwissenschaftlich fundierte curriculare Grundlegung spricht die Reorientierung der Fachdidaktik sowohl an der lebensweltlichen Basis der Geschichte und ihre Bindung an eine erneuerte Historik als auch an der Geschichte als einer historischen Sozialwissenschaft eine wichtige Rolle.
Die curricular orientierte Geschichtsdidaktik hat es mit der Legitimierung, Strukturierung, Gewichtung und Hierarchisierung der einzelnen Curriculum-

determinanten zu tun. Alle curriculumtheoretisch begründeten Ansätze in der Fachdidaktik beziehen sich daher auf die drei schon von Weniger angesprochenen, von Robinsohn wieder aufgegriffenen Curriculuminstanzen: *Gesellschaft, Fach-Wissenschaft* und *Schüler*. Entsprechend werden diese drei curricularen Determinanten in allen geschichtsdidaktischen Konzeptionen berücksichtigt; sie erfahren jedoch je nach den theoretischen Prämissen der einzelnen fachdidaktischen Ansätze sehr unterschiedliche Interpretationen und Gewichtungen. An der verschiedenartigen Berücksichtigung dieser drei Curriculumdeterminanten lassen sich auch unter einem curriculumtheoretischen Aspekt die wichtigsten Richtungen innerhalb der neueren Fachdidaktik charakterisieren.

Bei der fachdidaktischen Rezeption der Curriculumtheorie muß schließlich beachtet werden, daß nur mit Einschränkungen von einer stringenten *Theoriebasis* der Curriculumrevision gesprochen werden kann. Die Curriculumtheorie muß vielmehr im Zusammenhang mit den erziehungswissenschaftlichen Theorien und Didaktikmodellen gesehen werden (Born 1978). Nach Robinsohn kann die Curriculumtheorie nur versuchen, einen „*Konsensus* über wünschenswerte und Aufklärung über praktische Alternativen pädagogischen Handelns zu generieren" (Robinsohn 1972, IX). Auch zeichnet sich dieser Curriculumansatz durch gesellschaftstheoretische Unbestimmtheit aus (Gagel 1974, 24; Blankertz 1977, 173 ff.). Erst in der Weiterführung der Curriculumtheorie von Robinsohn, insbesondere durch einen Rückgriff auf die *Kritische Theorie* (Blankertz, Klafki, W. Schulz) wurde an die „durch gesamtgesellschaftliche Verhältnisse, Theorien und Vorstellungen" geprägten Prämissen der pädagogischen Reflexion erinnert (Klafki 1974, 120). Insofern muß bei der fachdidaktischen curricularen Rezeption unterschieden werden zwischen einer Weiterführung von Robinsohn im Sinne einer fachspezifischen Vertiefung (zum Beispiel bei Schörken 1975) und dem Versuch, die gesellschaftskritischen Komponenten in die curriculare Reflexion einzubeziehen (Kuhn 1974; Bergmann / Pandel 1975).

Curriculare Rezeptionsweisen

Wenn auch eine eindeutige Zuordnung der neueren fachdidaktischen Ansätze zur Curriculumreform nicht möglich ist, so lassen sich insgesamt drei Rezeptionsweisen voneinander unterscheiden. Die verbreitetste Form der Curriculumrezeption ist als eine *pragmatisch-eklektische* Rezeptionsweise zu bezeichnen. Sie geht in erster Linie auf die „Umrisse" von J. Rohlfes (1971) zurück und findet vor allem in den Curriculumentwürfen einer Arbeitsgruppe des Verbandes der Geschichtslehrer Deutschlands, der Lübecker-Gruppe (Rohlfes 1974; Rohlfes 1978), ihren Niederschlag. Als zweite Form ist die *fachwissenschaftsorientierte* Rezeptionsweise zu nennen, die aus der besonderen Fachspezifik heraus einen umfassenden didaktischen Begründungszusammenhang herstellt und sich somit von den neueren, interdisziplinären Ansätzen in der Curriculumforschung distanziert. Diese Richtung wird vor allem von K.-E. Jeismann vertreten. Sie schlägt sich u. a. in den Lehrplanvorstellungen einer Arbeitsgruppe des Verbandes der Historiker Deutschlands nieder (Jeismann 1974). Schließlich ist eine dritte Rezeptionsweise zu nennen, die die Fachdidaktik Geschichte über die Fachspezifik hinaus als eine Kommunikationswissenschaft begreift und somit auf außer-fachwissenschaftliche Begründungszusammenhänge angewiesen ist. Diese Richtung einer *kommunikativen* Fachdidaktik greift bewußt auf die Curriculumdiskussion seit Robinsohn zurück. Sie geht aber in ihren gesellschaftstheoretischen Begründungen und in ihrem situativen Bezug „über Robinsohn hinaus" (Schörken 1975, 287). Diese Richtung stützt sich auf die Curriculumtheorie als das bisher umfassendste wissenschaftliche Bemühen, „einen Gesamtzusammenhang herzustellen zwischen allen Einzelfaktoren, die auf Unterricht Einfluß haben" (Schörken 1975, 284), um auf diese Weise eine Zunahme an Wissenschaftlichkeit, Transparenz und Überprüfbarkeit zu erreichen. Daher wird hier von einem curricularen „Mehr", von einem „Umschlag von der Quantität in die Qualität" gesprochen (Schörken 1977, 256). Diese Richtung einer kommunikativen Didaktik hat bisher nur ansatzweise einen Curriculumentwurf vorlegen können (Schörken 1975; Kuhn 1978b).

1. Die Angemessenheit der *pragmatisch-eklektischen Rezeptionsweise* wird von Rohlfes ausdrücklich hervorgehoben. „Solange es keine Systeme gibt, die sachlogisch evident und inhaltlich erschöpfend sind, wird man ohne eine gehörige Dosis Pragmatismus und Eklektizismus kaum auskommen. Die Transparenz und Folgerichtigkeit einer curricularen Strategie in allen Ehren — sie ist kein Selbstzweck und garantiert für sich nicht die Qualität ihrer Ergebnisse. Man sollte die Offenheit bewahren, die Vorschläge und Einfälle da aufzugreifen, wo man sie findet, und auf die Geschlossenheit des eigenen Begründungszusammenhanges notfalls vorerst zu verzichten" (Rohlfes 1974). Diese curriculumtheoretische Abstinenz wirkt sich folgerichtig auf die konkreten Vorschläge zur Curriculumrevision aus. Denn die verschiedenen Curriculumelemente finden in den Entwürfen zwar Erwähnung; sie werden aber nur in einer kompilatorischen Weise der Gesamtkonzeption eingefügt. In diesem Sinne wird zum Beispiel sowohl auf die Erstellung einer Bedingungsanalyse als auch auf die Entwicklung eines Legitimationsverfahrens zur Lernzielbegründung verzichtet. Dennoch finden in dem Raster der Lübecker Arbeitsgruppe, in Anlehnung an eine Bedingungsanalyse, die „Lebensbedürfnisse und Erkenntnisinteressen der Lernenden" Erwähnung. Hier handelt es sich aber nicht um eine eigenständige Begründungskategorie im Sinne der Curriculumtheorie, sondern nur um eine „zusätzliche" Bestätigung von schon auf andere Weise festgestellten Inhalten (Dörr 1974, 35). In ähnlicher Weise ist nach Rohlfes mit der Aufstellung oberster Lernziele wie Emanzipation, Mündigkeit, demokratische Selbst- und Mitbestimmung wenig gewonnen. In der Sicht von Rohlfes werden Lernziele „erst auf der unteren Stufe" kontrovers. „Der Streit lohnt sich, wenn zu entscheiden ist, ob die deutsche Arbeiterbewegung in zehn Minuten oder in zehn Stunden behandelt werden soll" (Rohlfes 1974).

In der pragmatisch-eklektischen Rezeptionsweise werden somit neben der Fachwissenschaft zwar die weiteren Curriculumdeterminanten in die didakti-

sche Reflexionen einbezogen; sie haben aber gegenüber den an den Inhalten festgemachten didaktischen Entscheidungen kein eigenes Gewicht. Somit bleibt in dieser Richtung die ältere, bildungstheoretische Tradition ausschlaggebend. Ihr kommt weiterhin die Qualität einer normativen Didaktik zu.
Während bei dieser vielfach nur formalen Rezeptionsweise die drei Curriculumdeterminanten, Gesellschaft, Schüler, Sache, weder in ihrer wechselseitigen Bezogenheit noch in dem Prozeß der Konsensbildung offengelegt oder problematisiert werden, wird das Grundgesetz als eine statische, jenseits von gesellschaftlichen Konflikten oder wissenschaftlichen Kontroversen stehende, normative Grundorientierung verstanden, die einen Lernzielkonsens garantiert, der sich ,,nicht absolut rational legitimieren läßt" (Hug). ,,Die normative Grundorientierung fachspezifischer Zielaussagen muß sich in der Bundesrepublik Deutschland im Rahmen des Grundgesetzes halten und darf nicht zur Überwältigung der Lernenden führen; d. h. unter anderem, daß die inhaltliche Bestimmung der makro- und mikrocurricularen Zielvorgaben sowohl vor den gesellschafts- bzw. parteipolitischen als auch vor den geschichtswissenschaftlichen Kontroversen enden muß" (Hug / Quandt 1975, 421). Ein ähnliches, nur scheinbar curriculares Verfahren wird für die Lehrplangestaltung in Bayern eingesetzt. ,,Dabei werden allgemeine Lernziele, die durch Konsensverfahren auf der Basis des aktuellen und veröffentlichten Diskussionsstandes legitimiert sind, und fachgebundene Lernziele einander angenähert" (Beilner 1976, 51). Auch hier fehlen nähere Angaben sowohl zum Konsensverfahren als auch zur Methode der Annäherung von gesellschaftlich erwünschten und fachwissenschaftlich vorgegebenen Lernzielen. Vielmehr wird ein harmonisches Zusammenwirken der wissenschaftlich überlieferten Bildungstradition, der pädagogisch erwünschten Bildungsziele und der staatlichen Bildungspolitik impliziert. Dabei wird auch die Schiedsrichterrolle eines überparteilichen Staates akzeptiert, während die mangelnde fachwissenschaftliche Legitimation durch die ungeprüfte Annahme eines grundlegenden, alle drei Curriculumdeterminanten erfassenden Lernzielkonsensus verdeckt bleibt.
2. Die *fachwissenschaftsorientierten Ansätze* zur curricularen Revision sind gekennzeichnet durch eine Ablehnung der Curriculumrevision nach dem Muster der Hessischen Rahmenrichtlinien Gesellschaftslehre (Jeismann / Kosthorst 1973) und durch eine Zurückweisung der kommunikativen Didaktik als einer Möglichkeit der Erweiterung des fachspezifischen Didaktikbegriffs (Jeismann 1974, 108). Die auf Robinsohn zurückgehende Curriculumrevision wird als gescheitert betrachtet. Demgegenüber gelte es, ,,den Geschichtsunterricht von seinem Gegenstand her zu begründen und zu strukturieren" (Jeismann 1974, 106). Diesem Ansatz entsprechend fehlen zunächst bei den vorgelegten Unterrichtseinheiten dieser Arbeitsgruppe alle außerfachwissenschaftlichen, curricularen Begründungskriterien. Dagegen wird aus der Fachspezifik heraus das Didaktikverständnis so stark erweitert, daß es die von einer engen Sicht der Fachwissenschaft ausgeblendeten Elemente umfaßt und in einen wissenschaftlich stringenten Zusammenhang stellt. Denn die Didaktik des Geschichtsunterrichts hat es hiernach in einem allumfassen-

den Sinne „mit dem komplexen Prozeß der Rezeption von Geschichte in der Gesellschaft" zu tun (Jeismann 1978, 52). Daher kann von einer fachspezifischen Mediatisierung der curricularen Anforderungen gesprochen werden. Zurückgreifend auf erkenntnis- und gesellschaftstheoretische Annahmen zum „Grundzusammenhang allen historischen Verständnisses" (Jeismann) wird ein Gefüge von Lernzielkriterien erstellt, das als Instrument zur Auffindung und Begründung konkreter Lernziele und als Mittel zur Strukturierung der geschichtlichen Lernpotentiale dient. Damit ist dieses Curriculum Geschichte auf die Geschichtstheorie als ihren umfassenden Begründungszusammenhang verwiesen (Kosthorst 1977; Bergmann / Rüsen 1978). Während eine erneuerte Historik die eine theoretische Voraussetzung dieses Ansatzes bildet, stützt er sich andererseits auf ein sozialwissenschaftliches Verständnis der Fachwissenschaft.

Die curricularen Möglichkeiten des fachwissenschaftsorientierten Ansatzes sind noch nicht ausgeschöpft. Sowohl die Arbeit zur Neudimensionierung von Historie von A. Mannzmann (1973) als auch der von H. Süssmuth (1972) vorgelegte Versuch einer Verknüpfung curricularer Elemente mit einem strukturgeschichtlichen Wissenschaftsverständnis deuten darauf hin, daß die curriculare Ausgestaltung dieses Ansatzes noch offen ist. Andererseits bleibt zweifelhaft, ob von diesem fachspezifischen Ansatz her das Problem einer Revision des sozialwissenschaftlichen Curriculums insgesamt und die Bestimmung des Verhältnisses von Geschichte zu den weiteren sozialwissenschaftlichen Unterrichtsfächern möglich ist.

3. Im Gegensatz zu den beiden erstgenannten Richtungen versteht die *kommunikative Fachdidaktik* die Curriculumtheorie als Maßstab für die fachspezifische Reform. Da sie „die Erweiterung der kommunikativen Handlungsräume zum Ziel" (Bergmann / Pandel 1975, 60) hat, erschöpft sie sich nicht in der Vermittlung von historischem Wissen. Indem die Qualität des Bildungsprozesses in dem „kommunikativen Durchbrechen" (Bergmann / Pandel) gesehen wird, versteht sie sich auch als Teil der Kommunikationswissenschaft. Somit verliert die Fachwissenschaft ihren alleinigen Geltungsanspruch hinsichtlich der curricularen Begründung historischer Lernprozesse. Nicht der „Stoffbereich der Geschichte", sondern die „vielfältigen Beziehungen" zwischen diesem Sachfeld Geschichte und dem lernenden Subjekt sind Gegenstand der kommunikativen Fachdidaktik (Schörken 1972, 88). Auf diese Weise wird die Fachdidaktik genötigt, ihren Standpunkt innerhalb der allgemeinen Didaktik zu bestimmen und ihre curriculare Grundlegung im Kontext der erziehungswissenschaftlichen Weiterführung der Curriculumdiskussion anzustreben (Born 1978). Nur unter diesen Bedingungen kann die kommunikative Fachdidaktik der von der Fachwissenschaft befürchteten „Entrationalisierung der Kommunikation" (Jeismann 1974, 108) entgehen. Da aber die kommunikative Fachdidaktik es notwendigerweise mit einem Stück fachwissenschaftlich ungesicherter Praxis zu tun hat, sprengt sie auch in ihrem Verständnis des Lernprozesses und der Lernzielbegründung den Rahmen historisch begrenzter Lernziele. Die besondere Beachtung sowohl der Bedingungsanalyse und der Schülerinteressen als auch der gesellschaftstheoretischen

Prämissen des Lernens bestimmt das spezifisch curriculare Verständnis der kommunikativen Fachdidaktik.

Literatur

Achtenhagen, F. / Menck, P.: Langfristige Curriculumentwicklung und mittelfristige Curriculumforschung, in: *ZfPäd* 16 (1970)
Beilner, H.: Geschichte in der Sekundarstufe I, Donauwörth 1976
Bergmann, K. / Pandel, H. J.: Geschichte und Zukunft, Frankfurt 1975
Bergmann, K. / Rüsen, J.: Geschichtsdidaktik. Theorie für die Praxis, Düsseldorf 1978
Blankertz, H.: Theorien und Modelle der Didaktik, 10. Aufl. Frankfurt 1977
Boldt, W. / Holtmann, A.: Geschichte als Gesellschaftswissenschaft: Überlegungen zur Integration der Fächer, in: *Schörken, R.* (Hrsg.): Zur Zusammenarbeit von Geschichts- und Politikunterricht (AuA, Bd. 20), Stuttgart 1978
Born, W. / Otto, G. (Hrsg.): Didaktische Trends, München 1978
Dörr, M.: Zur Begründung, Auswahl und Ordnung von Unterrichtsinhalten, in: *Rohlfes, J. / Jeismann, K.-E.* (Hrsg.): Geschichtsunterricht, Inhalte und Ziele (GWU 1974, Beiheft) Stuttgart 1974
— Didaktische Voraussetzungen des Curriculumentwurfs, in: *Geschichtsunterricht. Entwurf eines Curriculums für die Sekundarstufe I*. Ergebnisse und Beiträge einer Arbeitsgruppe des Verbandes der Geschichtslehrer Deutschlands, Stuttgart 1978, 5 — 22
Entgegnungen zum Bonner Forum „Mut zur Erziehung", München 1978
Gagel, W.: Sicherung vor Anpassungsdidaktik. Curriculare Alternativen des Politischen Unterrichts: Robinsohn oder Blankertz, in: *Curriculum „Politik"*, Opladen 1974, 15 — 36
Hug, W. / Quandt, S.: Fachspezifische und fächerübergreifende Curricula und Curriculumprojekte: Geschichte, in: *Frey, K.* (Hrsg.): Curriculum-Handbuch, Bd. 3, München 1975, 420 — 430
Jeismann, K.-E.: Funktion der Didaktik der Geschichte. Begründung und Beispiel eines Lehrplans für den Geschichtsunterricht, in: *Rohlfes, J. / Jeismann, K.-E.* (Hrsg.): Geschichtsunterricht. Inhalte und Ziele (GWU Beiheft), Stuttgart 1974, 106 ff.
— Didaktik der Geschichte, in: *Behrmann, G. C. / Jeismann. K.-E. / Süssmuth, H.* (Hrsg.): Geschichte und Politik, Paderborn 1978
Jeismann, K.-E. / Kosthorst, E.: Geschichte und Gesellschaftslehre, in: *GWU* 20 (1973), 261 — 288
Jung, H. / Staehr, G. v.: Historisches Lernen. Didaktik der Geschichte, Köln 1983
— Historisches Lernen II. Methodik, Köln 1985
Klafki, W.: Artikel „Curriculum-Didaktik", in: *Wulf, Ch.* (Hrsg.): Wörterbuch der Erziehung, München 1974, 117 — 126
Kosthorst, E. (Hrsg.): Geschichtswissenschaft: Didaktik — Forschung — Theorie, Göttingen 1977
Kuhn, A.: Einführung in die Didaktik der Geschichte. 2. Aufl. München 1977
— Zum Entwicklungsstand in der Geschichtsdidaktik, in: *Born, W. / Otto, G.* (Hrsg.): Didaktische Trends, München 1978a, 333 ff.
— Zur Zusammenarbeit von Geschichtsunterricht und Politikunterricht — ein curriculumtheoretischer Vorschlag, in: *Schörken, R.* (Hrsg.): Zur Zusammenarbeit von Geschichts- und Politikunterricht (AuA, Bd. 20), Stuttgart 1978b, 102 ff.
— Geschichtsdidaktik seit 1968, in: *Bergmann, K. / Schneider, G.* (Hrsg.): Gesellschaft — Staat — Geschichtsunterricht, Düsseldorf 1982, 415 — 443
Mannzmann A.: Vorüberlegungen zu einer Didaktik der Soziohistorie — Dimensionierung des Faches Geschichte, in: *Blankertz, H.* (Hrsg.): Fachdidaktische Curriculumforschung, Essen 1973, 28 — 74
Mut zur Erziehung, Stuttgart 1978

Nipperdey, Th.: Über Relevanz, in: *ders.*: Gesellschaft, Kultur, Theorie, Göttingen 1976, 12 ff.
Robinsohn, S. B.: Bildungsreform als Revision des Curriculum und Ein Strukturkonzept für Curriculumentwicklung, 3. Aufl. Neuwied 1972
Rohlfes, J.: Umrisse einer Didaktik der Geschichte, Göttingen 1971 (3. Aufl. 1974)
— Curriculumentwicklung und Lernzielermittlung, in: *Rohlfes. J. / Jeismann, K.-E.*: Geschichtsunterricht, Inhalte und Ziele (*GWU* Beiheft), Stuttgart 1974
Schmid, H. D.: Entwurf einer Geschichtsdidaktik der Mittelstufe, in: *GWU* 21 (1970), 340 –363
Schörken, R.: Lerntheoretische Fragen an die Didaktik des Geschichtsunterrichts, in: *GWU* 21 (1970), 407 – 421
— Geschichtsdidaktik und Geschichtsbewußtsein, in: *Süssmuth, H.*: Geschichtsunterricht ohne Zukunft? (AuA, Bd. 1, 1), Stuttgart 1972
— Kriterien für einen lernzielorientierten Geschichtsunterricht, in: *Jäckel, E. / Weymar, E.* (Hrsg.): Die Funktion der Geschichte in unserer Zeit, Stuttgart 1975, 280 bis 294
— Der lange Weg zum Geschichtscurriculum. Curriculumverfahren unter der Lupe, in: *Gd* 2 (1977), 254 –270, 335 – 359
Süssmuth, H.: Geschichtsdidaktik im Spannungsfeld der Curriculumrevision. Strukturierender Ansatz, in: *Süssmuth, H.*: Geschichtsunterricht ohne Zukunft? (AuA, Bd. 1, 2), Stuttgart 1972, 277 – 318

Kommunikative Geschichtsdidaktik

Franzjörg Baumgart

Während sich im Bereich der Erziehungswissenschaft im letzten Jahrzehnt in Abgrenzung von anderen Didaktiktheorien eine kommunikative Didaktik etabliert hat, fällt es schwer, im Feld konkurrierender geschichtsdidaktischer Positionen mit wünschenswerter Klarheit eine kommunikative Geschichtsdidaktik zu lokalisieren. Zwar bezeichnet Annette Kuhn ihre Überlegungen zum Geschichtsunterricht ausdrücklich als Grundriß einer kommunikativen oder auch kritisch-kommunikativen Geschichtsdidaktik, doch greifen andere Autoren wie Bergmann, Becher, Huhn, Pandel, Rüsen, deren Arbeiten in eine ähnliche Richtung weisen, diese Bezeichnung nicht auf. Bereits dies deutet an, daß hinter dem Begriff einer kommunikativen Geschichtsdidaktik noch kein homogenes, voll entfaltetes geschichtsdidaktisches Konzept steht (Kuhn 1980, 49), sondern daß er eher als Sammelbegriff für eine Vielzahl ähnlich gelagerter, aber unterschiedlich akzentuierter geschichtsdidaktischer Überlegungen dienen kann. Die Entstehung einer kommunikativen Geschichtsdidaktik verweist wissenschaftsgeschichtlich auf tiefgreifende Neuorientierungen im Bereich der Erziehungs- wie der Geschichtswissenschaft, die sich in den sechziger Jahren vollzogen und zu einer punktuellen Annäherung und Zusammenarbeit beider Disziplinen im Feld didaktischer Reflexionen geführt haben (Kuhn 1980, 62).

Unter dem weiten und schillernden Begriff einer *„Kritischen Erziehungswissenschaft"* entwickelte sich eine *„kritische"* oder *„kommunikative Didaktik"*, die sich einerseits gegen die traditionelle, auf die Legitimation von Unterrichtsinhalten konzentrierte bildungstheoretische Didaktik richtete und andererseits Front machte gegen eine technologische, auf die Optimierung von Lehr- und Lernprozessen gerichtete lerntheoretische Didaktik. In Abgrenzung von diesen Konzepten rückte durch die Rezeption der Watzlawickschen Kommunikationstheorie (Watzlawick 1969) die Beziehungsdimension des Unterrichts, der Zusammenhang von verbaler und non-verbaler Kommunikation, Dominanzstrukturen und Störfaktoren des Unterrichts in den Mittelpunkt des didaktischen Interesses (Popp 1976; Schäfer / Schaller 1976). Ihren kritischen Anspruch entfaltete die kommunikative Didaktik aber erst dadurch, daß sie ihren kommunikationstheoretischen Einsichten und Annahmen in Anlehnung zumeist an die Sozialphilosophie der Frankfurter Schule eine schul- und gesellschaftskritische Wende gab: Das kontrafaktische Modell „symmetrischer Kommunikation", bei der die Kommunikationspartner gleichberechtigt ihre Angelegenheit verhandeln, wurde zum normativen Gegenbild zu den defizienten „komplementären", d. h. herrschaftsgeprägten Kommunikationsformen in der gegenwärtigen schulischen und außerschulischen Praxis. Dies machte die kommunikative Didaktik zur Gesprächspartnerin einer Geschichtsdidaktik, die ihrerseits mit den traditionellen, dem Historismus verpflichteten Didaktikkonzeptionen zu brechen suchte.

Die entscheidenden Anstöße zur Entstehung einer kommunikativen Geschichtsdidaktik resultieren allerdings nicht aus der Erziehungswissenschaft und allgemeinen Didaktik. Kommunikative Geschichtsdidaktik verdankt sich in erster Linie der Krise der traditionellen Geschichtswissenschaft Ende der sechziger Jahre und deren (partiellen) Wandlung von einer verstehenden Geisteswissenschaft zu einer *historischen Sozialwissenschaft in kritischer Absicht* — einer Wandlung, die theoriegeschichtlich, ähnlich wie in der Erziehungswissenschaft, in starkem Maße durch die Rezeption der Kritischen Theorie in der Version von Jürgen Habermas inspiriert wurde (Bergmann 1980, 17 ff.; Kuhn 1980, 52 f.). Unter dieser Perspektive erschienen die hermeneutische Methode, die Interpretationsmuster und bevorzugten Forschungsgegenstände der traditionellen Geschichtswissenschaft als unzureichend für die Erfassung historisch-gesellschaftlicher Wirklichkeit und damit als unkritisch und tendenziell konservativ. Aus der Einsicht in den unaufhebbaren *Zusammenhang von Erkenntnis und Interesse* resultierte die Forderung, daß Geschichtswissenschaft sich ihrer konstitutiven Parteilichkeit bewußt zu werden und sie zu einer Parteilichkeit für Vernunft und vernünftige gesellschaftliche Praxis zu transformieren habe. Eine von diesem Interesse geleitete *Rekonstruktion der Vergangenheit* soll über die Bedingungen des Gelingens, aber auch des Mißlingens und Scheiterns humaner Selbstverwirklichung aufklären und so einen Beitrag zur *vernünftigen Handlungsorientierung* in gegenwärtiger und zukünftiger gesellschaftlicher Praxis leisten. Den kritischen Maßstab für diese Aufklärung über Vergangenheit und wünschenswerte gesellschaftliche Zukunft bildet die regulative (kontrafaktische) Idee *herrschaftsfreier Kommunikation*, in der sich Handlungssubjekte zwanglos darüber verständigen können, wer sie sind und was sie wollen (Bergmann 1980, 23; Rüsen 1979, 138 f.). Dieser fundamentale „Sinnentwurf" stellt keine willkürliche intuitive Setzung dar, sondern läßt sich im Anschluß an Habermas (vor allem Habermas 1981) *kommunikations- bzw. handlungstheoretisch* begründen: Soziales Handeln ist demnach nicht hinreichend unter der Perspektive instrumentell und strategisch, also erfolgsorientiert interagierender, sich ihrer Umwelt bemächtigender Subjekte zu erfassen. Mit dem gattungsspezifischen Merkmal der Sprache und den in jedem kommunikativen Akt schon notwendig erhobenen Ansprüchen auf Verständlichkeit, Wahrheit, Wahrhaftigkeit und Richtigkeit ist soziales Handeln zumindest *auch* auf diskursive Handlungskoordinierung mit anderen Subjekten, auf zwanglose Verständigung über den Sinn menschlicher Praxis gerichtet. Die Gattungsgeschichte entwickelt sich deshalb nicht nur im Medium erfolgsorientierten, sondern zugleich im Medium verständigungsorientierten Handelns: Handelnde Subjekte finden in ihrer jeweiligen Lebenswelt immer schon ein Reservoir kulturell verfestigter, grundlegender Sinnentwürfe, Hintergrundüberzeugungen und Handlungsorientierungen vor, die ihnen in der Regel zwar nicht problematisch werden, aufgrund der inhärenten Geltungsansprüche aber tendenziell einer diskursiven Prüfung und Revision zugänglich sind (Gripp 1982, 122 ff.). Die kommunikative Struktur der Lebenswelt birgt deshalb — wie sehr ihre kontingenten Inhalte auch immer von Herrschaft und Ausbeutung geprägt sein

mögen — ein Rationalitätspotential in sich, dessen gattungsgeschichtlicher Ausdifferenzierung auch die Geschichtswissenschaft ihre Entstehung und kritische Aufgabe verdankt, nämlich befreit von unmittelbarem Handlungsdruck lebensweltliche Vorgaben im wissenschaftlichen Diskurs zu bearbeiten und seine Ergebnisse als Rationalitätsgewinn an die Lebenswelt zurückzuführen (Bergmann 1980, 23 f.; Rüsen 1979, 315 f.).
Die Aneignung der in wissenschaftlichen Diskursen gewonnenen historischen Einsichten seitens der in der Lebenswelt interagierenden Subjekte vollzieht sich keineswegs zwangsläufig; die Kluft zwischen der *Lebenswelt* und der ihr entwachsenen *Expertenkultur* stellt vielmehr ein zentrales Problem der Moderne dar (Gripp 1984, 137 f.). Auf einer sehr generellen Ebene läßt sich die problematische Beziehung zwischen Geschichtswissenschaft als Teil der Expertenkultur und der Lebenswelt als das *zentrale Thema einer kommunikativen Geschichtsdidaktik* bestimmen. Indem sie die Geschichtswissenschaft an ihre lebensweltliche Verwurzelung erinnert und das forschende Denken mit der Frage nach seiner lebensweltlichen Relevanz konfrontiert, wird sie erstens als Teil einer Historik zur „Instanz der Selbstreflexion der Geschichtswissenschaft" (Bergmann 1980, 38). Indem sie die Bedeutung von Geschichte für den Bildungs- und Selbstbildungsprozeß von Individuen und Kollektiven systematisch erforscht, wird sie zweitens zu einer Disziplin, die die Aneignung von Geschichte und die Konstituierung von Geschichtsbewußtsein untersucht (Bergmann 1980, 36). Indem sie den schulischen Geschichtsunterricht als zentrale institutionalisierte Form gesellschaftlicher Traditionsvermittlung zu ihrem Thema macht und dessen Legitimation und Funktionen, seine Ziele, Inhalte und Methoden unter Berücksichtigung der Lernbedürfnisse und -voraussetzungen seiner Adressaten einer kritischen Überprüfung unterwirft, wird sie drittens zur Didaktik des Geschichtsunterrichts (Bergmann 1980, 40 ff.).
Charakteristisches Merkmal einer kommunikativen Geschichtsdidaktik im zuletzt genannten, engeren Sinne ist die entschiedene Abgrenzung von allen didaktischen Konzepten, die das Unterrichtsgeschehen als eine lehrerzentrierte, lineare Vermittlung von Inhalten, Fertigkeiten und normative Verhaltensmustern auffassen. Demgegenüber wird *Unterricht* unter Rückgriff auf die Einsichten einer Kritischen Erziehungswissenschaft (Mollenhauer 1972; Schäfer / Schaller 1972) als *sinngenerierendes kommunikatives Handeln* von Lehrenden und Lernenden begriffen, an dem die Interaktionspartner mit höchst unterschiedlichen Erwartungen, lebensgeschichtlich erworbenen Erfahrungen und Kommunikationschancen teilnehmen. Dieses nicht-instrumentelle Unterrichtsverständnis schärft zum einen den Blick für die kommunikationstheoretischen Unzulänglichkeiten linear-teleologischer Unterrichtskonzepte und die daraus resultierenden Grenzen ihrer praktischen Wirksamkeit (Biermann 1974), zum anderen enthält das kommunikative Unterrichtsverständnis einen normativen Kern: Es intendiert den Abbau aller, die gleichberechtigte Kommunikation zwischen Schülern und Lehrern verzerrenden Dominanzstrukturen zugunsten eines alle Beteiligten umfassenden Lern- und Aufklärungsprozesses, in dem konkurrierende Deutungen der Wirk-

lichkeit erarbeitet, auf ihren Geltungsanspruch geprüft und zu einer handlungsorientierten Interpretation von Gegenwart und Zukunft verdichtet werden. Im Blick auf die an diesem gemeinsamen Deutungsprozeß Beteiligten läßt sich sein Ziel als Erweiterung ihrer immer schon vorhandenen partikularen persönlichen und sozialen Identitäten, als Bildung „*diskursiver Identität*" beschreiben (Mollenhauer 1972, 105). Gelingender Unterricht stellt damit die Vorwegnahme dessen dar, was als Möglichkeit diskursiver Verständigung in gegenwärtiger gesellschaftlicher Praxis nur ansatzweise realisiert ist und ihr eher als Idee einer besseren, humaneren Zukunft vorschwebt.

Das nicht-instrumentelle Verständnis von Unterricht setzt der Entfaltung einer kommunikativen Geschichtsdidaktik als zweckrationales Planungsinstrument eine enge, systematisch begründete Grenze (Rustemeyer 1985). Gleichwohl zeichnen sich in der Kritik an traditionellen Formen des Geschichtsunterrichts und seinen Legitimationen die *konstitutiven Merkmale und Bedingungen* eines kommunikativen Geschichtsunterrichts ab: In ihm darf es nicht mehr um die Aufnötigung eines wie auch immer gearteten, scheinbar objektiven Geschichtsbildes, um die „Imprägnierung" (Rüsen) des Schülerbewußtseins durch eine vom Lehrer präsentierte und autorisierte Geschichte gehen. Stattdessen müssen die lernenden Subjekte die Chance erhalten, ihre durch vor- und außerschulische Sozialisation immer schon erworbenen Deutungsmuster von Geschichte zu artikulieren, ihren Sinngehalt zu begreifen und in der Konkurrenz mit anderen Deutungen systematisch zu erweitern. Sie sollen lernen, Handlungen von Individuen und Kollektiven in der Geschichte und die Folgen dieser Handlungen mit guten Gründen auf ihre eigene Lebensgeschichte und Zukunft zu beziehen und zu vernünftigen Geschichten zu vernetzen. Diese allgemeine Zielsetzung, die den Geschichtsunterricht von anderem Unterricht unterscheidet, läßt sich mit dem Begriff der *narrativen Kompetenz* bezeichnen (Rüsen 1982). Narrative Kompetenz zielt einerseits auf Aneignung von Tradition und zugleich auf deren kritische Überprüfung, weil vernünftiges historisches Erzählen seine empirischen und normativen Geltungsansprüche nicht dogmatisch behauptet, sondern einer diskursiven Kontrolle zugänglich macht (Rüsen 1979).

Wenn narrative Kompetenz als spezifischer Beitrag des Geschichtsunterrichts zur Bildung personaler und sozialer Identität von Heranwachsenden, als historisch begründete Handlungsorientierung für Gegenwart und Zukunft begriffen wird, so muß sein *Gegenwartsbezug* zum Kriterium didaktischer Entscheidungen werden. Es sind die strittigen Fragen gegenwärtiger gesellschaftlicher Praxis, die Auseinandersetzungen um humane Formen der Arbeit, der sozialen Verkehrsformen und der politischen Partizipation, die der Beschäftigung mit der Geschichte ihren Sinn geben. Die Inhalte des Geschichtsunterrichts müssen sich deshalb auf diese aktuellen Probleme beziehen lassen und explizit bezogen werden (Bergmann 1975, 64 ff.). Dies bedeutet, daß das Spektrum möglicher Unterrichtsthemen gegenüber traditionellen Formen des Geschichtsunterrichts ausgeweitet und zugleich eine enge curriculare Festlegung von Unterrichtsinhalten aus der Perspektive der kommunikativen Geschichtsdidaktik abgelehnt werden muß.

Der konstitutive Gegenwartsbezug einer kommunikativen Geschichtsdidaktik muß ergänzt und präzisiert werden durch das Prinzip der *Schülerorientierung*, das gegenüber traditionellen Geschichtsdidaktiken einen neuen Sinn erhält. Narrative Kompetenz können Schüler nur dann gewinnen, wenn ihre vorgängigen, lebensgeschichtlich erworbenen Erfahrungen und Vorstellungen nicht als Störfaktoren oder bestenfalls als Motivationsstützen, sondern als legitime Vorgaben des Unterrichts betrachtet werden. Nur wenn es gelingt, zwischen der personalen und sozialen Identität der Lernenden und den Themen des Unterrichts eine tragfähige Brücke zu schlagen, kann es zur Aneignung der Geschichte im Sinne einer reflektierten Weiterentwicklung dieser Identität kommen. Schülerorientierung verlangt deshalb mehr als eine formale Beteiligung der Schüler bei der Auswahl von Unterrichtsinhalten. Auch bei der Strukturierung der historischen Themen, bei der Entwicklung von Fragestellungen und Hypothesen, bei der Bewertung der erarbeiteten Sachverhalte muß eine explizite Verbindung zur Erfahrungswelt und zu den normativen Orientierungen der jeweiligen Schülergruppe hergestellt werden (Kuhn 1980, 66 ff.; Rüsen 1982, 161 f.).

Während die Prinzipien Gegenwartsbezug und Schülerorientierung in gewisser Weise aus dem Orientierungsbedürfnis der Lebenswelt abzuleiten sind, erschließen die Prinzipien *Wissenschaftsorientierung* und *Multiperspektivität* das Vernunftpotential der Geschichtswissenschaft für diese Orientierung. Es hieße die sinnproduzierende Kraft eines kommunikativen Unterrichts überschätzen, würde man darauf verzichten, die Aneignung der Geschichte durch Schüler und Lehrer an den methodologischen Standards und Ergebnissen der Geschichtswissenschaft zu orientieren. Da vernünftige Geschichten empirisch gehaltvoll und überprüfbar sein müssen, kann narrative Kompetenz nur unter Rückgriff auf die Geschichtswissenschaft erreicht werden. Soll damit nicht erneut einem objektivistischen Mißverständnis der Geschichte und der Geschichtswissenschaft Vorschub geleistet werden, so darf die für jede Geschichtsdeutung konstitutive Parteilichkeit im Geschichtsunterricht nicht ausgeblendet werden. Nur ein multiperspektivisch angelegter Unterricht kann der Konkurrenz historischer Deutungsmuster auf seiten der Lernenden wie der Wissenschaft gerecht werden und zugleich die diese Deutungsmuster konstituierenden gegenwartsbezogenen Interessen für eine diskursive Bearbeitung erschließen. Die Forderung nach Multiperspektivität ist die didaktische Konsequenz aus der Einsicht in die unaufhebbare Parteilichkeit historischen Wissens und dem Verzicht, den Lernenden eine spezifische Perspektive aufzunötigen (Bergmann 1975, 163 ff.; Kuhn 1975, 356 ff.; Rüsen 1982, 161 ff.). Sie muß altersspezifisch konkretisiert, die Kompetenz zur diskursiven Verständigung über den normativen Gehalt historischer Deutungen schrittweise angebahnt werden. Eine kommunikative Geschichtsdidaktik geht davon aus, daß ein solcher Unterricht keineswegs zu einer Legitimation beliebiger Standpunkte, aber auch nicht notwendig zum Konsens aller über das, was war und sein soll, führen wird. Sie vertraut lediglich darauf, daß der „eigentümliche zwanglose Zwang des besseren Arguments" (Habermas) keinen der am Unterrichtsprozeß Beteiligten unverändert entläßt, daß die immer schon in den Unterricht eingebrachten Perspektiven argumentativ erweitert und korrigiert und damit rationaler werden. Sie unterstellt weiterhin, daß eine solche kommunikative Unterrichtserfahrung zugleich eine politische Erfahrung ist, die Widerstand gegen den Geltungsanspruch unbegründeter gesellschaftlicher Wertvorstellungen weckt und damit zum Abbau gesellschaftlicher Herrschaftsverhältnisse drängt.

Literatur

Bergmann, K.: Geschichtsunterricht und Identität, in: *apz* B 39 (1975), 14 — 25
— Geschichtsdidaktik als Sozialwissenschaft, in: *Süssmuth, H.* (Hrsg.): Geschichtsdidaktische Positionen. Bestandsaufnahme und Neuorientierung, Paderborn 1980, 17 — 47
Bergmann, K. / Pandel, H.-J.: Geschichte und Zukunft. Didaktische Reflexionen über veröffentlichtes Geschichtsbewußtsein, Frankfurt/M. 1975
Bergmann, K. / Rüsen, J. (Hrsg.): Geschichtsdidaktik: Theorie für die Praxis, Düsseldorf 1978
Biermann, R.: Lernziel, Lehrziel oder Unterrichtsziel. Zum didaktischen Problem der Zielbestimmtheit des Unterrichts, in: *Bildung und Erziehung* 27 (1974), 257 — 267
Gripp, H.: Jürgen Habermas, Paderborn 1984
Habermas, J.: Theorie des kommunikativen Handelns, 2 Bde., Frankfurt 1981
Huhn, J.: Politische Geschichtsdidaktik, Kronberg 1975
Kuhn, A.: Einführung in die Didaktik der Geschichte, München 1974
— Wozu Geschichtsunterricht? Oder ist Geschichtsunterricht im Interesse des Schülers möglich?, in: *Gd* 1 (1976), 39 — 46
— Geschichtsdidaktik in emanzipatorischer Absicht, in: *Süssmuth, H.* (Hrsg.): Geschichtsdidaktische Positionen. Bestandsaufnahme und Neuorientierung, Paderborn 1980, 49 — 81
Mollenhauer, K.: Theorien zum Erziehungsprozeß, München 1972
Popp, W. (Hrsg.): Kommunikative Didaktik, Weinheim 1976
Quandt, S. / Süssmuth, H. (Hrsg.): Historisches Erzählen. Formen und Funktionen, Göttingen 1982
Röttgers, K.: Geschichtserzählung als kommunikativer Text, in: *Quandt, S. / Süssmuth, H.* (Hrsg,): Historisches Erzählen. Formen und Funktionen, Göttingen 1982, 29 — 48
Rüsen, J.: Geschichte und Norm — Wahrheitskriterien der historischen Erkenntnis, in: *Oelmüller, W.* (Hrsg.): Normen und Geschichte (Materialien zur Normendiskussion, Bd. 3), Paderborn 1979, 110 — 139
— Wie kann man Geschichte vernünftig schreiben?, in: *Kocka, J. / Nipperdey, T.* (Hrsg.): Theorie und Erzählung in der Geschichte (Beiträge zur Historik, Bd. 3), München 1979, 300 — 333
— Geschichtsdidaktische Konsequenzen aus einer erzähltheoretischen Historik, in: *Quandt, S. / Süssmuth, H.* (Hrsg.): Historisches Erzählen. Formen und Funktionen, Göttingen 1982, 129 — 170
Rustemeyer, D.: Kommunikation oder Didaktik. Aporien kommunikativer Didaktik und Konstruktionsprobleme kommunikativer Bildungstheorie, in: *Pädagogische Rundschau* 39 (1985), 61 — 85
Schäfer, K. H. / Schaller, K.: Kritische Erziehungswissenschaft und kommunikative Didaktik, 3. Aufl. Heidelberg 1976
Schaller, K.: Einführung in die kommunikative Pädagogik, Freiburg 1978
Süssmuth, H. (Hrsg.): Geschichtsdidaktische Positionen. Bestandsaufnahme und Neuorientierung, Paderborn 1980
Watzlawick, P. / Beavin, J. H. / Jackson, D. D.: Menschliche Kommunikation. Formen, Störungen, Paradoxien, Bonn / Stuttgart 1969

Lerntheorie und Geschichtsdidaktik

Annette Kuhn

Im Zusammenhang mit der Rezeption der Curriculumforschung Anfang der sechziger Jahre entwickelte sich in der allgemeinen Didaktik das *lerntheoretische Modell* (Blankertz 1977), das sich zunächst negativ gegenüber dem bildungstheoretischen Modell absetzte und auch in dieser negativen Ausgrenzung von der Geschichtsdidaktik aufgegriffen wurde. Denn in der ersten Phase der fachdidaktischen Rezeption der Lerntheorie herrschte ein weitreichender Konsens, daß die bislang allgemein gültigen Prämissen der bildungstheoretisch fundierten Fachdidaktik angesichts der allgemeinen curricularen Anforderungen nicht mehr ausreichten (Schörken 1972, 74). Eine zeitgemäße Geschichtsdidaktik müsse die Ansätze der lerntheoretischen Didaktik enthalten (Rohlfes 1976, 24).

Da in dieser ersten Rezeptionsphase vor 1972 das lerntheoretische Modell weder mit einer bestimmten lernpsychologischen Schule noch mit einer explizit ausgewiesenen gesellschaftstheoretischen Option verbunden war, weist die fachdidaktische Übernahme der lerntheoretischen Didaktik weitreichende *Unterschiede* auf. Charakteristisch war zunächst der Versuch, „Ansätze der Bildungs-, Lern- und fachwissenschaftsbezogenen Didaktik" zu integrieren (Rohlfes, 1. Aufl. 1971, 24), zugleich aber in (partieller) Abwendung von der älteren Entwicklungspsychologie (Küppers, H. Roth) sich an neuere, lernpsychologische Ansätze unterschiedlicher Provenienz, allerdings mit einer vorwiegend behavioristischen und kognitivistischen Orientierung (Mager, Bloom, Bruner, Aebli) zu binden. Damit wurden im Sinn der lerntheoretischen Didaktik sowohl die Operationalisierung von Lernzielen als auch die überprüfbare Strukturierung von historischen Lernprozessen zu einer weitgehend anerkannten Forderung der neueren Fachdidaktik. Erst durch die allgemeine Kritik an der behavioristischen Basis und an der kognitivistischen Verengung der lernpsychologischen Basis der Lerntheorie (Hartwig 1972; Holtmann 1973; Roloff 1973; Streiffeler 1972; Schörken 1975) und der Weiterentwicklung der Lerntheorie der Berliner Schule (Schulz 1972; Schulz 1978) setzte auch in der Fachdidaktik eine sozialpsychologische und sozialisationstheoretische *Erweiterung der lernpsychologischen Basis* ein (Schörken 1975; Bergmann / Pandel 1975; Kuhn 1976).

In seinem Beitrag von 1972 hat Schörken in Anlehnung an das lerntheoretische Modell von Heimann / Schulz und unter Verwendung der Kategorien der kognitiven Denkoperationen von Aebli ein lerntheoretisches Modell für die Geschichtsdidaktik vorgestellt (Schörken 1972). Mit vergleichbarer Intention hatte Rohlfes in den „Umrissen" 1971 operationale, allein auf das Verhalten bezogene Lernziele aufgestellt, die er allerdings im realen Lernvollzug mit den inhaltsbezogenen Erkenntniszielen verbunden wissen wollte. Besonderen Einfluß auf die fachspezifische Grundlegung eines lerntheoretischen Modells gewann die kognitive Lerntheorie Bruners mit ihrer (inzwischen von Bruner selbst revidierten) starken Betonung der Lernstruktur in Analogie zur Struktur der Wissenschaft (Bruner 1970). Auf dieser lernpsychologischen Basis hat H. Süssmuth sein „strukturierendes Verfahren" aufgebaut (Süssmuth 1972). Hartwig, Streiffeler, Roloff, Holtmann u. a. konnten nachweisen, daß die der Lerntheorie zugrunde liegende behavioristische bzw. kognitivistische Lernpsychologie weder dem historischen Lernprozeß angemessen sei, noch, wie Schörken (1975) hervorhob, ihren eigenen Anspruch auf Überprüfbarkeit im Geschichtsunterricht einlösen könne. Somit gewann die *sozialpsychologische* (symbolischer Interaktionismus in der Nachfolge von G. H. Mead) und eine *gesellschaftsbezogene* (Kohlberg) Grundlegung des historischen Lernprozesses in der gegenwärtigen Fachdidaktik an Bedeutung. Bei dieser Phase der kritischeren Rezeption der psychologischen und gesellschaftstheoretischen Prämissen des lerntheoretischen Modells darf jedoch nicht übersehen werden, daß die zunächst von der lerntheoretischen Didaktik geforderte Abwendung von der angeblichen Vorgegebenheit und Vorrangigkeit der Inhalte einerseits und von den gesellschaftstheoretisch nicht ausgewiesenen Bildungszielen andererseits nichts an seiner ursprünglichen Bedeutung für die Fachdidaktik verloren hat.

Die durch die Lerntheorie implizierte *Wendung von der Inhaltlichkeit zur Bestimmung von inhaltsunabhängigeren Strukturen des Unterrichts* ist in der Fachdidaktik *umstritten*. In diesem Sinne ist in den letzten Jahren die stärkere Betonung des kommunikativen Moments des Unterrichtsprozesses gegenüber einer erneuten Beachtung der Struktur des Lerngegenstandes zurückgetreten. Vor allem ist der seit der Tendenzwende beobachtbare Versuch, die kognitivistische Lerntheorie als Basis einer Moralerziehung für den historisch-politischen Lernbereich in Anspruch zu nehmen, nicht nur von der Politischen Bildung, sondern auch von der Geschichtsdidaktik kritisch aufgenommen worden. Mit der weiteren Entwicklung einer nach-curricularen Fachdidaktik kann insgesamt von einem Zurücktreten der lerntheoretischen Diskussion gesprochen werden, da wichtige Phänomene des historischen Lernprozesses von der Lerntheorie nicht erfaßt werden. Eine Ausnahme bildet der Versuch, von der Sicht einer materialistischen Lernpsychologie her an einer lerntheoretischen Grundlegung des historischen Lernprozesses festzuhalten.

Literatur

Bergmann, K. / Pandel, H.-J.: Geschichte und Zukunft, Frankfurt 1975
Blankertz, H.: Theorien und Modelle der Didaktik, 10. Aufl. Frankfurt 1977
Bruner, J.: Der Prozeß der Erziehung, Düsseldorf 1970
Hagemann, W. / Heidbrink, H. / Schneider, M. (Hrsg.): Kognition und Moralität in politischen Lernprozessen, Opladen 1982
Hartwig, H.: Ältere Entwicklungspsychologie und neue Lerntheorie (-psychologie), in: *Probleme der Curriculum-Entwicklung,* Frankfurt 1972
Holtmann, A.: Sozialisation, Lernen und Theoriebildung. Überlegungen zu einer sozialisationstheoretischen politisch-historischen Didaktik, in: *Historischer Unterricht im Lernfeld Politik* (Schriftenreihe der Bundeszentrale für politische Bildung, H. 96), Bonn 1973

Kuhn, A.: Wozu Geschichtsunterricht?, in: *Gd* 1 (1976), 39 — 46
Rohlfes, J.: Umrisse einer Didaktik der Geschichte (1971), 4. Aufl. Göttingen 1976
Roloff, E.-A.: Geschichte und politische Sozialisation, in: *Historischer Unterricht im Lernfeld Politik* (Schriftenreihe der Bundeszentrale für politische Bildung, H. 96), Bonn 1973
Schörken, R.: Lerntheoretische Fragen an die Didaktik des Geschichtsunterrichts, in: *Süssmuth, H.* (Hrsg.): Geschichtsunterricht ohne Zukunft? (AuA, Bd. 1, 1), Stuttgart 1972
— Kriterien für einen lernzielorientierten Geschichtsunterricht, in: *Jäckel, E. / Weymar, E.* (Hrsg.): Die Funktion der Geschichte in unserer Zeit, Stuttgart 1975, 280 — 294
Schulz, W.: Unterricht zwischen Funktionalisierung und Emanzipationshilfe, in: *Ruprecht, H.,* u. a.: Modelle grundlegender didaktischer Theorien, Hannover 1972, 155 — 184
— Von der „Lerntheoretischen Didaktik" zu einer „kritisch-konstruktiven" Unterrichtswissenschaft, in: *Born, W. / Otto, G.* (Hrsg.): Didaktische Trends, München 1978
Streiffeler, F.: Zur lerntheoretischen Grundlegung der Geschichtsdidaktik, in: *Süssmuth, H.* (Hrsg.): Geschichtsunterricht ohne Zukunft? (AuA, Bd 1, 1), Stuttgart 1972
Süssmuth, H.: Lernziele und Curriculumelemente eines Geschichtsunterrichts nach strukturierendem Verfahren, in: *Lernziele und Stoffauswahl im politischen Unterricht* (Schriftenreihe der Bundeszentrale für politische Bildung, H. 93), Bonn 1972

Bildungstheorie und Geschichtsdidaktik

Bernd Mütter

Die bildungstheoretische Geschichtsdidaktik im Sinne der geisteswissenschaftlichen Pädagogik ist die erste Konzeption der Geschichtsdidaktik als einer eigenen wissenschaftlichen Disziplin. Sie wurde in den zwanziger Jahren begründet, vor allem durch den von der Historie her kommenden Pädagogen Erich Weniger (1894 — 1961), der sich dabei auf Vorarbeiten anderer Bildungstheoretiker (Litt, Spranger, Nohl) stützen konnte. Nach 1945 konnte sie sich in der Bundesrepublik Deutschland infolge einer ihr günstigen politischen Situation (dazu Herbst 1977, 89 ff.) weithin durchsetzen. Bis zum Eindringen der Curriculumtheorie um 1970 blieb sie in der fachdidaktischen Diskussion verbindlich und hat bis heute deutlichen Einfluß auch auf andere Konzepte der Geschichtsdidaktik.

Die bildungstheoretische Allgemeindidaktik

Wissenschaftsgeschichtlich gehört die bildungstheoretisch-geisteswissenschaftliche Geschichtsdidaktik in den Zusammenhang der *pädagogischen Reformbewegung* um 1900, die von der Lebensphilosophie und Wissenschaftstheorie Wilhelm Diltheys geprägt wurde und eine bildungstheoretische Allgemeindidaktik im engeren Sinne der geisteswissenschaftlichen Pädagogik entwickelte. Nur diese Form der Bildungstheorie ist für die heutige geschichtsdidaktische Diskussion noch relevant. Die Pädagogik emanzipierte sich als letzte Geisteswissenschaft von Philosophie, Theologie und Kirche zu einer autonomen Einzelwissenschaft. Erich Weniger setzte sich mit den daraus hervorgehenden Problemen erstmals umfassend in seiner Habilitationsschrift „Die Grundlagen des Geschichtsunterrichts" (1926) auseinander, der ersten exemplarischen Fachdidaktik im Sinn des geisteswissenschaftlichen Modells. Für den Historisten Weniger war der Geschichtsunterricht der *Konzentrationspunkt* aller geisteswissenschaftlichen Bildungsinhalte, aus ihm leitete er in seiner „Theorie des Bildungsinhalts" (1930) die Grundlagen der *Allgemeindidaktik* ab. Während die bildungstheoretische Allgemeindidaktik durch Wenigers Schüler Wolfgang Klafki weiterentwickelt wurde, hat seine Geschichtsdidaktik – nach 1945 erneut vorgetragen („Neue Wege im Geschichtsunterricht", 1949) – nach ihm keine systemimmanente Neufassung mehr erfahren. Die bildungstheoretische Allgemeindidaktik ist gekennzeichnet durch

- *Rekurs auf die Unterrichtswirklichkeit*, die im Verständnis des geisteswissenschaftlichen Historismus nur geistesgeschichtlich zu fassen war;
- *Ablehnung* der bis dahin dominierenden, inhaltlich *normativen Didaktiken*, die den Unterricht von obersten Postulaten her determinieren wollten, und zwar im Interesse der hinter ihnen stehenden „objektiven Mächte" wie Staat, Kirchen, Wissenschaften, Wirtschaft, Parteien, Interessengruppen;
- Vorrang eines nur im formalen Sinne normativen *Bildungsbegriffs*, der vom *Eigenrecht der Jugend* ausgeht und daran die Ansprüche der „objektiven Mächte" an den Lehrplan mißt;
- *Ambivalenz der Rolle des Staates*, der einerseits als interessierte „objektive Macht" mit den übrigen „objektiven Mächten" bei der Lehrplangestaltung konkurriert, andererseits aber unter gleichzeitiger Rezeption des Bildungsbegriffs den „regulierenden Faktor" des ganzen Lehrplans darstellt;
- *Distanz zu den Fachwissenschaften*, die über Ziel, Stoffauswahl und Methoden der ihnen entsprechenden Schulfächer nicht zu entscheiden haben.

Weniger verstand „Bildung" als Vermittlung zwischen dem an bestimmte Inhalte gebundenen und grundsätzlich auch von ihm als berechtigt anerkannten Durchsetzungswillen der *„objektiven Mächte"* einerseits und dem ebenso berechtigten *Anspruch des Lernenden auf Selbstverwirklichung* andererseits. „Staat" hieß für ihn Rechts-, Volks-, Kultur- und Erziehungsstaat, der sich infolge seines eigenen Interesses an mündigen Bürgern zum Sachwalter des Bildungsbegriffs machen müsse. Die Fachwissenschaft war für ihn lediglich Stofflieferant und Wahrheitskriterium: Die entscheidende Lehrplanfrage, welche Wissenschaften eine schulfachliche Entsprechung erhalten sollen, könne sie nicht beantworten. „Für die Auseinandersetzung mit der Geschichte hat die Geschichtswissenschaft im engeren Sinne durchaus nur die Bedeutung einer Hilfswissenschaft, jedenfalls für die Schule" (Weniger 1926, 96).

Die bildungstheoretisch-geisteswissenschaftliche Geschichtsdidaktik

Weniger kam zu der weitgehenden *Identifikation von Staat und Pädagogik* durch seine Beschäftigung mit der Geschichte des Geschichtsunterrichts.

In dieser glaubte er im Sinne des historischen Individualitätsprinzips die normativen Kategorien des Faches zu finden, im Gegensatz zu allen Versuchen, den Geschichtsunterricht durch ihm externe Bezugsgrößen zu definieren. Der Rekurs auf die Geschichte erbrachte für Weniger folgende Strukturmerkmale des Faches:

1. Verbindung von Geschichtsunterricht und politischer Bildung, indem sich der Geschichtsunterricht geschichtlich als didaktische Konsequenz des staatlichen Anspruchs an den Lehrplan erweist (Staat als konkurrierende „objektive Macht");
2. Abhängigkeit von der jeweiligen historisch-politischen Ausgangslage;
3. Relativierung der Unterrichtsinhalte durch den vom Staat durchgesetzten Begriff der historisch-politischen Bildung (Staat als „regulativer Faktor" und Bundesgenosse der Pädagogik);
4. Zweitrangigkeit der Methodik.

Zu 1.: „Der Staat setzt in dem Schulfach ‚Geschichte' sein geschichtliches Selbstbewußtsein und Selbstverständnis, seine geschichtlichen Aufgaben und seinen Willen gegen das geschichtliche Bewußtsein und den Bildungswillen der anderen Bildungsmächte, zum Beispiel der Kirche oder der industriellen Gesellschaft oder der Wissenschaft, ab" (Weniger 1949, 27). Daher lehnte Weniger eine fachwissenschaftliche oder eine menschenkundlich-kulturgeschichtliche Orientierung des Geschichtsunterrichts, wie sie nach beiden Weltkriegen in Deutschland gefordert wurde, ebenso ab wie die Einrichtung eines selbständigen Faches „Politik". Als „Grundkategorien" des Geschichtsunterrichts nannte er „Verantwortung des handelnden Menschen vor der Geschichte", so wie der Staat sie jeweils festlegte, und – seit Einführung der Demokratie 1919 – „Volk" im Sinne von „Erinnerung an gemeinsame Schicksale und als den Willen, künftig gemeinsame Schicksale und gemeinsame Lebensordnungen zu haben" (Weniger 1949, 28).

Zu 2.: Mit der historisch-politischen Ausgangslage des Geschichtsunterrichts hat Weniger sich unter den Bedingungen der Weimarer und der entstehenden Bundesrepublik Deutschland eingehend befaßt. Hingegen klammerte er soziokulturelle und anthropogene Unterrichtsvoraussetzungen weitgehend aus. Er hob lediglich *eine* psychologische Einsicht hervor, daß nämlich das Jugendalter gekennzeichnet sei durch den „Hunger ... nach festen Leitideen, denen man glauben darf, für die es sich einzusetzen lohnt", und daß deshalb der Geschichtsunterricht ein geschlossenes Geschichtsbild vermitteln müsse (Weniger 1949, 14 f.). Weniger hielt das für verantwortbar und möglich: Für ihn gab es einen vor- und außerwissenschaftlichen Zugang zur Geschichte, eine Art existentieller „Erinnerung" – und diese leitete besser zum Handeln an als die destruktive wissenschaftliche Kritik.

Zu 3.: Weniger hat keinen elaborierten Stoffplan für den Geschichtsunterricht vorgelegt, dies war für ihn kein Kernproblem der Didaktik. Gleichwohl ist die deutsche politische und Geistesgeschichte im Rahmen der europäischen und Weltgeschichte, „soweit sie noch als lebendige Macht in uns wirksam ist und uns zur Entscheidung und Tat zu drängen vermag" (Weniger 1949, 69), als

inhaltliches Zentrum seines Geschichtsunterrichts deutlich erkennbar. Gesellschafts- und Wirtschaftsgeschichte spielen keine Rolle.
Zu 4.: Methodenfragen überließ die Bildungstheorie weitgehend dem „Meisterlehrer". Aus der Bedeutung aber, die Weniger trotz aller grundsätzlichen Anerkennung des Eigenrechts der Jugend dem Geschichtslehrer zumaß, ergaben sich gravierende methodische Konsequenzen. Der Lehrer als personale Repräsentation des geschichtlichen Lebens vermag dessen innere Einheit den Schülern nur in der geschlossenen Form der Erzählung zu vermitteln. Lehrererzählung bzw. -vortrag galten Weniger daher bis in die Oberstufe hinein als dominante Darbietungsform; nur in dem durch sie abgesteckten Rahmen konnten und sollten sich selbständige Arbeit und Kritik der Schüler entfalten. Quellen dienten lediglich der Illustration.

Kritik

Die Kritik an der bildungstheoretisch-geisteswissenschaftlichen Didaktik ist heute nicht einheitlich, sondern abhängig von der Position des jeweiligen Kritikers. Bei Verteidigern und Gegnern findet sich immerhin weitreichendes Einverständnis in zwei Feststellungen: 1. Die geisteswissenschaftliche Pädagogik steht heute „am Ausgang ihrer Epoche" (Dahmer / Klafki 1968). 2. Sie stellt immer noch einen der wesentlichen Ausgangspunkte der gegenwärtigen Diskussion dar.
Die Kritik sollte zwei Zeitebenen auseinanderhalten, die der *zwanziger* und die der *achtziger* Jahre. Die Kritik auf der ersten Ebene muß Weniger in wesentlichen Punkten recht geben: In den zwanziger Jahren hatte die positivistische und wertrelativistische Hauptströmung der deutschen Geschichtswissenschaft für eine sinnvolle Gestaltung des Geschichtsunterrichts wenig zu bieten, während der Weimarer Staat dem Ideal des Rechts-, Volks-, Kultur- und Erziehungsstaates sehr nahe kam und das Vertrauen auf die Bundesgenossenschaft von Staat und Pädagogik zu rechtfertigen schien. Wenigers harmonisierend-affirmative Tendenz erklärt sich offensichtlich aus der Erfahrung prinzipiellen Dissenses in den fundamentalsten Fragen des öffentlichen Lebens während der zwanziger Jahre.
In der *heutigen* geschichtsdidaktischen Diskussion sind folgende Einsichten und Postulate Wenigers *akzeptiert*:

— Die Notwendigkeit einer *wissenschaftstheoretischen Grundlegung* für die Geschichtsdidaktik, in der sowohl die Allgemeindidaktik wie die Geschichtswissenschaft berücksichtigt werden müssen;
— Der Ausgang von den jeweiligen politischen und sozialen *Unterrichtsvoraussetzungen* einerseits, dem Bildungsbegriff als Ausdruck des Eigenrechts der Jugend andererseits;
— Die Orientierung des Bildungsbegriffs an *Gegenwarts-* und *Zukunftsaufgaben* statt an bloßer Stoffvermittlung;
— Die Kombination von *historischer* und *politischer* Bildung;
— Die Notwendigkeit der *Allgemeindidaktik* für den Lehrplan;
— Der Charakter von *Lehrplänen* als *Konfliktergebnisse*.

Die *Defizite* der bildungstheoretischen Didaktik und Geschichtsdidaktik stechen heute schärfer ins Auge. Hier sind vor allem zu nennen:
1. die Art der wissenschaftstheoretischen Grundlegung;
2. die unzureichende Berücksichtigung der Voraussetzungsebenen des Geschichtsunterrichts;
3. die begrifflichen Mängel der Bildungsziele;
4. die Vernachlässigung der Inhaltsproblematik;
5. die Vernachlässigung der Methodenproblematik.

Zu 1.: Auch die Schüler Wenigers heben heute hervor, daß die Erfahrung des Nationalsozialismus in seine didaktische Funktionsbestimmung des Staates nur unzureichend eingegangen ist. Andererseits wird allgemein betont, daß die Rolle der Fach- und Sozialwissenschaften in der Lehrplanentwicklung verstärkt werden müsse, wenn auch über Art und Ausmaß dieser Neugewichtung die Meinungen weit auseinandergehen (vgl. Blankertz 1969, 129 ff.; Rohlfes 1971, 21 ff.; Mütter 1976, 750 ff.). Wenigers Begründungen für die Entkopplung von Geschichtsunterricht und Geschichtswissenschaften sind heute überholt: Die schulfachgeschichtliche hat mit der Infragestellung des Historismus, die jugendpsychologische durch die Ergebnisse der Lernpsychologie ihre normsetzende Kraft verloren, die existentiell-vorwissenschaftliche sieht sich dem Vorwurf unkontrollierbarer Mythen- und Ideologiebildung ausgesetzt. Das neue, allerdings nicht unumstrittene Verständnis der Geschichte als historischer Sozialwissenschaft schließlich, die Relevanzkriterien selbst entwickelt und ihre politischen und sozialen Implikationen und Funktionen selbst reflektiert, behebt prinzipiell zahlreiche Mängel, die Weniger der Geschichtswissenschaft seiner Zeit vom Standpunkt des Geschichtsdidaktikers aus zu Recht anlastete.

Zu 2.: Die Anforderungen an eine empirische Erfassung der soziokulturellen und anthropogenen Ausgangslage der Adressaten von Geschichtunterricht sind seit Wenigers jugendpsychologischen Spekulationen sehr gestiegen, so wenig die empirische Geschichtsdidaktik sie bis heute auch hat einlösen können.

Zu 3.: Der Bildungsbegriff ist wegen seiner fehlenden Operationalisierbarkeit für den Unterricht umstritten; seiner Präzisierung galt vor allem die Arbeit Wolfgang Klafkis. „Staat", „Volk", „Verantwortung vor der Geschichte" — alle diese Begriffe halten in ihrer Verwendung durch Weniger der neueren ideologiekritischen, sozialwissenschaftlichen und geschichtstheoretischen Betrachtungsweise nicht stand. Als Kategorien des Geschichtsunterrichts wirken sie — soweit sie in dieser allgemeinen Form überhaupt wirken können — für das heutige Verständnis von Demokratie und Industriegesellschaft zu affirmativ.

Zu 4.: Die Inhaltsproblematik, gerade in ihrer Verschränkung mit der Lernzielproblematik, wird in der heutigen curriculumtheoretisch orientierten Geschichtsdidaktik ernster genommen als in der bildungstheoretisch-geisteswissenschaftlichen, wenn auch ein konsensfähiges Geschichtscurriculum noch nicht in Sicht ist. Daß — anders als bei Weniger — in ihm Gesellschaftsgeschichte im internationalen und intertemporalen Vergleich eine entscheidende Rolle spielen müsse, ist aber weithin anerkannt.

Zu 5.: Die offensichtliche unterrichtspraktische Ineffizienz einer bloß spekulativen Bildungsdidaktik hat heute dazu geführt, daß die Methodik als integrierter Bestandteil von Didaktik und Fachdidaktik angesehen wird. Alle heutigen Konzeptionen von Geschichtsdidaktik gehen davon aus, daß die schon von der Bildungstheorie geforderte Selbstbestimmung des Schülers sich nur durch reflektierte Organisation konkreter Lernprozesse mit Hilfe der Lernzieloperationalisierung, eines multimedialen Angebots und von Arbeitstechniken erreichen läßt, die als wissenschaftspropädeutische Methoden dem Schüler einen relativ selbständigen Zugang zu den historischen Phänomenen eröffnen — einen selbständigeren jedenfalls, als die von Weniger favorisierte Lehrererzählung.

Literatur

Bergmann, K. / Schneider, G. (Hrsg.): Gesellschaft — Staat — Geschichtsunterricht. Beiträge zu einer Geschichte der Geschichtsdidaktik und des Geschichtsunterrichts von 1500 — 1980, Düsseldorf 1982

Blankertz, H.: Theorien und Modelle der Didaktik, München 1969, 8. Aufl. 1974

Dahmer, I. / Klafki, W. (Hrsg.): Geisteswissenschaftliche Pädagogik am Ausgang ihrer Epoche — Erich Weniger, Weinheim / Berlin 1968

Gaßen, H.: Geisteswissenschaftliche Pädagogik auf dem Wege zu kritischer Theorie. Studien zur Pädagogik Erich Wenigers, Weinheim / Basel 1978

Herbst, K.: Didaktik des Geschichtsunterrichts zwischen Traditionalismus und Reformismus, Hannover 1977

Hoffmann, D.: Politische Bildung 1890 — 1933, Hannover 1970

Huhn, J.: Politische Geschichtsdidaktik. Untersuchungen über politische Implikationen der Geschichtsdidaktik in der Weimarer Republik und in der Bundesrepublik, Kronberg 1975

Klafki, W.: Das pädagogische Problem des Elementaren und die Theorie der kategorialen Bildung, Weinheim 1959

Kuhn, A.: Einführung in die Didaktik der Geschichte, München 1974, 2. Aufl. 1977

Litt, Th.: Geschichte und Leben, 2. Aufl. Berlin 1925

Mütter, B.: Die These von der „Eigenständigkeit des Geschichtsunterrichts" — Überlegungen zum Verhältnis von Geschichtswissenschaft, Geschichtsdidaktik und Geschichtsunterricht, in: *GWU* 27 (1976), 750 — 767

— Zur Vorgeschichte der geisteswissenschaftlich-bildungstheoretischen Geschichtsdidaktik: Karl Brandi (1868 — 1946), in: *Dollinger, H. / Gründer, H. / Hanschmidt, A.* (Hrsg.): Weltpolitik — Europagedanke — Regionalismus. Festschrift für Heinz Gollwitzer, Münster 1982, 461 — 481

— Die Entstehung der Geschichtsdidaktik als eigenständige Wissenschaftsdisziplin nach dem I. Weltkrieg (Brandi, Nohl, Weniger), in: *Geschichte / Politik und ihre Didaktik* 12 (1984), 17 — 29

Nohl, H.: Die Geschichte in der Schule, in: *Pädagogisches Zentralblatt* 4 (1924), 97 bis 108. Wiederabdruck in: *Nohl, H.*: Pädagogik aus dreißig Jahren, Frankfurt/M. 1949, 62 — 74

— Das historische Bewußtsein, hrsg. von E. Hoffmann und R. Joerden, Göttingen 1979

Quandt, S.: Erich Weniger (1894 — 1961), in: *Quandt, S.* (Hrsg.): Deutsche Geschichtsdidaktiker des 19. und 20. Jahrhunderts, Paderborn 1978, 327 — 364

Rohlfes, J.: Umrisse einer Didaktik der Geschichte, Göttingen 1971, 4. Aufl. 1976

Weniger, E.: Die Grundlagen des Geschichtsunterrichts. Untersuchungen zur geisteswissenschaftlichen Didaktik, Leipzig / Berlin 1926
— Die Theorie des Bildungsinhalts, in: Nohl, H. / Pallat, L. (Hrsg.): Handbuch der Pädagogik. Allgemeine Didaktik und Erziehungslehre, Langensalza 1930, 3 — 55. Neuausgabe: Didaktik als Bildungslehre, Teil 1: Theorie der Bildungsinhalte und des Lehrplans, Weinheim 1952, 9. Aufl. 1971
— Neue Wege im Geschichtsunterricht, Frankfurt 1949, 4. Aufl. 1969

Ideologiekritik und Geschichtsdidaktik

Gerda von Staehr

Die Forderung, daß Ideologiekritik in den Geschichtsunterricht gehöre, bzw. die weiterführende Forderung, der Geschichtsunterricht habe die Lernenden zu Ideologiekritik zu befähigen, sind Teil der Diskussion über den *emazipatorischen Geschichtsunterricht*, die seit den Auseinandersetzungen um die Kritische Theorie in der Geschichtsdidaktik geführt werden. In dieser Diskussion ist bisher weder ein klares noch konsensuelles Verständnis von Ideologiekritik als Teil einer stringenten geschichtsdidaktischen Konzeption formuliert worden. Vielmehr wird der Begriff in verschiedenen Varianten verwendet, ohne daß sein Verständnis jeweils hinreichend geklärt, begründet oder einer geschichtstheoretischen Position zugeordnet würde (Weymar 1975). Abhängig von der geschichtsdidaktischen Position, wird ideologiekritischer Geschichtsunterricht als *Aufheben von Vorurteilen* — „falsches" Bewußtsein soll durch rationale Aufklärung verändert werden —, als *parteilicher Geschichtsunterricht* — Ideologie der Herrschenden versus Ideologie der Arbeiterbewegung, deren Geschichte den wirklichen historischen Fortschritt darstellt (Kühnl 1973) — oder als das Herausarbeiten eines *Systems pluraler Ideologien* der verschiedenen Interessengruppen in einer pluralistischen Industriegesellschaft verstanden — als differenziertes Identifikationsangebot für den Lernenden (Bergmann 1977). Fähigkeit zur Ideologiekritik als *teiloperationalisiertes Lernziel* von Emanzipation wird mit der geschichtsdidaktischen Konzeption von A. Kuhn angestrebt. Durch Aufklärung der Interessen der an historischen Entscheidungssituationen und Konflikten beteiligten Persönlichkeiten, Gruppen und Klassen sollen verfestigte Deutungsmuster aufgelöst und Entscheidungskriterien für das politische Handeln gewonnen werden, die am Ziel der Demokratisierung der Gesellschaft und sozialer Gerechtigkeit orientiert sind (Kuhn 1974) und größere Sicherheit für die politische Handlungsorientierung erbringen sollen.
Wird Ideologie als *ideales Selbstverständnis einer Gesellschaft* begriffen, so entsteht dadurch auch die Möglichkeit, den realhistorischen Prozeß mit

seinem idealen Selbstverständnis zu vergleichen und die Fragen nach den verpaßten Chancen und nicht eingelösten Zielen zu stellen. Eine ideologiekritische Intention im historischen Lernprozeß besteht auch da, wo der Geschichtsunterricht die Frage nach der *Verteilung von Kosten und Nutzen von historisch-politischem Fortschritt* zu beantworten sucht und wo die Frage nach der Betroffenheit der Menschen in ihren verschiedenen Lebensbereichen didaktische Leitfragen werden (Bergmann / Pandel 1975). Auch wenn der historische Lernprozeß von den *Alltagserfahrungen* der Schüler ausgeht, um letztere auf die Ebene wissenschaftlich begründeten Wissens zu heben, kann von einer ideologiekritischen Intention gesprochen werden (Kuhn 1976; Schörken 1979).

Ein gruppenpluralistisch orientierter Geschichtsunterricht, der dem Konzept der Geschichte der Industriegesellschaft folgt, kann gegenüber dem traditionellen Geschichtsunterricht mit Recht seine ideologiekritische Intention behaupten. Die damit weder gestellte noch beantwortete Frage nach den didaktischen Konsequenzen des wissenschaftlichen Pluralismus (Jung 1978), der ohne die Berücksichtigung des Konzepts der ökonomischen Gesellschaftsformationen begrenzt bleibt, bezeichnet ein Defizit didaktischer Selbstreflexionen. Denn der gruppenpluralistische Ansatz, der — sozialisationstheoretisch geleitet — Vergesellschaftung als Integrationsprozeß versteht, müßte die Widersprüchlichkeit dieses Prozesses ideologiekritisch herausarbeiten (Jung / v. Staehr 1983a).

Ideologiekritische Intentionen sowie die entsprechenden Lernziele in den curricularen Ansätzen sind sehr unterschiedlichen Geschichts- und Ideologietheorien verpflichtet (Schörken 1977). Eine entsprechende Zuordnung und Hierarchisierung ist noch nicht erfolgt. Häufig werden von den gleichen Autoren verschiedene Begriffe von Ideologie und entsprechenden Formen der Ideologiekritik miteinander kombiniert. Eine grobe Unterscheidung kann getroffen werden zwischen Versuchen, durch eine Neuformulierung der *Methodik* der historischen Erkenntnis zu einer vernunftorientierten wissenschaftlich-kritischen Objektivität der Erkenntnis zu gelangen (Pandel 1978), und eher *gegenstandsorientierten Ansätzen*, die den Gewaltbegriff als kritische Kategorie (Kuhn 1974; Thurn 1983) oder die Kategorie „ökonomischer Gesellschaftsformationen" (Kuhn 1980 im Sinne der Kritischen Theorie; Jung / v. Staehr 1983b und 1985 im Sinne des Historischen Materialismus) zugrunde legen.

Ideologiekritik im Geschichtsunterricht, verstanden als Aufklärung über Vorurteile bzw. Feindbilder (Ostermann / Nicklas 1981), bezieht sich auf die Ebene der Sozialpsychologie, während Ideologiekritik im eigentlichen Sinne auf der Ebene von Geschichts- und Gesellschaftstheorie erfolgt (Jung / v. Staehr 1983a). Die Funktion von Vorurteilen für die Stabilisierung macht bei ideologiekritischem Unterricht daher unerwartet starke Lernwiderstände wahrscheinlich. Diesen ist vor allem durch eine differenzierte Bedingungsanalyse zu begegnen.

Literatur

Bergmann, K.: Identitätsfindung im Geschichtsunterricht?, in: *Bosch, M.* (Hrsg.): Persönlichkeit und Struktur in der Geschichte (Geschichtsdidaktik. Studien und Materialien, Bd. 1), Düsseldorf 1977, 87 – 95
Bergmann, K. / Pandel, H.-J.: Geschichte und Zukunft. Didaktische Reflexionen über veröffentlichtes Geschichtsbewußtsein, Frankfurt 1975
Jung, H. W.: Studienbuch Geschichtsdidaktik, Stuttgart 1978
Jung, H. W. / Staehr, G. von: Antikommunismus – Ein ideologisches Gewaltverhältnis, in: *Calließ, J.* (Hrsg.): Gewalt in der Geschichte, Düsseldorf 1983a, 313 – 334
– Historisches Lernen. Didaktik der Geschichte, Köln 1983b
– Historisches Lernen II. Methodik, Köln 1985
Kühnl, R. (Hrsg.): Geschichte und Ideologie. Kritische Analyse bundesdeutscher Geschichtsbücher, Reinbek 1973
Kuhn, A.: Einführung in die Didaktik der Geschichte, München 1974
– Wozu Geschichtsunterricht? Oder: Ist ein Geschichtsunterricht im Interesse des Schülers möglich?, in: *Gd* 1 (1976), 39 – 47
– Frauengeschichte und die geschlechtsspezifische Identitätsbildung von Mädchen. Ansätze zu einem frauengeschichtlichen Curriculum, in: *Kuhn, A. / Tornieporth, G.*: Frauenbildung und Geschlechtsrolle. Historische und erziehungswissenschaftliche Studien zum Wandel der Frauenrolle in Familie und Gesellschaft, Gelnhausen / Berlin / Stein (Mfr.) 1980, 69 – 144
Ostermann, A. / Nicklas, H.: Vorurteile und Feindbilder, München / Berlin / Wien 1976
Pandel, H.-J.: Vorüberlegungen zu einer geschichtsdidaktischen Theorie der Interpretation, in: *Bergmann, K. / Rüsen, J.* (Hrsg.): Geschichtsdidaktik. Theorie für die Praxis, Düsseldorf 1978, 85 –113
Schörken, R.: Der lange Weg zum Geschichtscurriculum. Curriculumverfahren unter der Lupe. Teil 1 und 2, in: *Gd* 2 (1977), 254 – 270, 335 – 353
– Geschichte im Alltag. Über einige Funktionen des trivialen Geschichtsbewußtseins, in: *GWU* 30 (1979), 73 – 88
Thurn, S.: „Gegen Demokraten helfen nur Soldaten". Überlegungen und Zeugnisse für Unterricht über die Revolution von 1848/49, in: *Calließ, J.*: Gewalt in der Geschichte, Düsseldorf 1983, 179 – 218
Weymar, E.: Funktionen historischen Unterrichts in der Schule, in: *Jäckel, E. / Weymar, E.* (Hrsg.): Die Funktion der Geschichte in unserer Zeit, Stuttgart 1975, 265 – 279

Psychologie und Geschichtsunterricht

Rainer Krieger

1. Im Vergleich zu anderen Unterrichtsfächern ist das Fach Geschichte bisher selten explizit Gegenstand psychologischer Forschung gewesen. Im deutschsprachigen Raum sind als folgenreiche, wenn auch nicht unproblematische Ausnahmen nur die Untersuchungen von Roth (1968) und Küppers (1961) zu nennen, auf die nach einer allgemeinen Analyse des Problemfeldes noch einzugehen ist. Beim gegenwärtigen Forschungsstand kann von einem

Fundament verläßlicher psychologischer Prinzipien für die Gestaltung des Geschichtsunterrichts nicht die Rede sein. Eventuell relevante Ansätze der verschiedenen Teildisziplinen der Psychologie sind zunächst noch unter dem Aspekt geschichtsdidaktischer Fragestellungen auszuwählen und zu beurteilen. Als heuristisches Instrument zu dieser Auswahl soll hier das Konzept des *Geschichtsbewußtseins* vorgeschlagen werden, in dem sich Psychologie und Geschichtsunterricht berühren. Geschichtsbewußtsein als Resultat und Voraussetzung von Lernprozessen ist zumindest annäherungsweise durch psychologisches Vokabular zu umschreiben. Die hier zu nennenden Termini können als Wegweiser zu relevanten Befunden und Theorien der Psychologie nützlich sein.

Zuvor ist jedoch Geschichtsbewußtsein als Begriff aus psychologischer Sicht abzugrenzen: In Analogie zum „gesellschaftlichen Bewußtsein" kann „geschichtliches Bewußtsein" in der marxistischen Ideologielehre einen Soll-Wert bezeichnen, der das höchstmögliche Reflexionsniveau der Analyse historischer Prozesse repräsentiert. Aber auch in einer konservativen Alltagsterminologie hat „geschichtliches Bewußtsein" die Bedeutung eines Soll-Zustands, dessen Abwesenheit in der jeweiligen Gegenwart allerdings zumeist beklagt wird. Bei allen Widersprüchen im Inhaltlichen ist beiden Verwendungsweisen doch immerhin gemeinsam, daß sie das Konzept a) als Soll-Wert und b) in Verbindung mit Kollektiven (Klasse / Volk) benutzen und es dadurch dem Instrumentarium der Psychologie entziehen, die individualdiagnostisch an Ist-Zuständen, d. h. an vorfindlichen Merkmalen von Subjekten orientiert ist.

Um Mißverständnisse zu vermeiden, soll hier stattdessen „Geschichtsbewußtsein" als *Kategorie* verwandt werden, die einen individuell erreichten Stand des Erkennens und Urteilens bezeichnet. Erst unter dieser Voraussetzung legitimiert sich eine psychologische Betrachtung.

Individuelles Geschichtsbewußtsein ist keiner direkten Beobachtung zugänglich, sondern zu erschließen aus Aussagen über Ergebnisse, Personen, Zusammenhänge und Entwicklungen, die Gegenstand historischer Forschung sein können.

2. Geschichtsbewußtsein impliziert Geschichtsverständnis als notwendige, aber nicht hinreichende Voraussetzung. In denkpsychologischer Sicht kann Geschichtsverständnis als kognitive Leistung bestimmt werden, die durch die Verknüpfung von *Problemlösungsfähigkeiten* mit einer Datenbasis (Wissensbestand) zustande kommt. Der Datenbasis entsprechen im Fall des Gegenstands „Geschichte" die psychologischen Variablen „*Zeitwahrnehmung*" und „*Gesellschaftsverständnis*" („Wahrnehmung sozialer Systeme"). Anders formuliert: Die individuelle Wahrnehmung sozialer Systeme in zeitlicher Entwicklung bildet die Datenbasis für Problemlösungsoperationen (zum Beispiel Transfer, Analyse), aus denen ein bestimmtes Niveau des Geschichtsverständnisses erschlossen werden kann. Typen und Niveaus derartiger Denkprozesse werden bei Dörner (1976) und Bloom (1972) beschrieben, bei Messner (1970) auf Geschichtsunterricht bezogen.

Aussagen, in denen Geschichtsverständnis zum Ausdruck kommt, haben in ihrer differenziertesten Form den Charakter von Sachurteilen (Blooms „Evaluation" im kognitiven Bereich). Demgegenüber schließt Geschichtsbewußtsein darüberhinaus Urteile ein, denen eine Wertnorm zugrunde liegt. Geschichtsbewußtsein geht dort über Geschichtsverständnis hinaus, wo — etwa am Beispiel des Bauernkriegs — nicht nur beurteilt wird, ob der Aufstand der Bauern gesellschaftliche Veränderungen bewirkte (Sachurteil), sondern die Ziele dieser Bewegung einem Werturteil unterzogen werden. Zu den psychologischen Variablen, die das Geschichtsverständnis als kognitive Leistung bestimmen, müssen daher für das Geschichtsbewußtsein Wertorientierungen als weitere Variablen (des affektiven Bereichs) einbezogen werden.

Schließlich ist im affektiven Bereich nicht zuletzt auch der motivationale Aspekt zu berücksichtigen: das *Interesse* in seiner psychologischen Bedeutung als Persönlichkeitsmerkmal. Es dürfte weithin Übereinstimmung darüber bestehen, daß die Sensibilität für geschichtliche Probleme und die Bereitschaft, sich mit entsprechenden Fragen auseinanderzusetzen, als Bestandteil des Geschichtsbewußtseins angesehen werden müssen.

Somit bieten sich zunächst zu *deskriptiven* Zwecken fünf psychologische Konzepte als Beschreibungskategorien des Geschichtsbewußtseins an:

— Geschichtsbezogenes Interesse
— Wertorientierungen
— Gesellschaftsverständnis / Wahrnehmung sozialer Systeme
— Zeitwahrnehmung
— Problemlösungsfähigkeiten

{ Geschichtsverständnis } Geschichtsbewußtsein

Die Anwendung dieser Beschreibungskategorien ermöglicht die Skizze eines individuellen Geschichtsbewußtseins im Sinne einer gegebenen Erkenntnis-, Wert- und Interessenstruktur. Diese Struktur ist als jeweils erreichtes Niveau zugleich Ergebnis von Lernprozessen und Grundlage der Verarbeitung neuer Informationen.

3. Über ihre deskriptive Funktion hinaus haben diese psychologischen Kategorien als Forschungsgegenstände der Entwicklungspsychologie den Charakter von *Entwicklungsdimensionen*. Wachsende Differenzierung — aber auch Integration von Erfahrungen auf höherer Ebene — kennzeichnen den Entwicklungsverlauf in den einzelnen Dimensionen. Rudimentäre Konzepte aus der kindlichen Vorstellungskraft bilden die ersten begrifflichen Raster — für die Dimensionen der Zeitwahrnehmung zum Beispiel „alt — jung", „gesten — heute", „früher — jetzt"; für das Gesellschaftsverständnis „stark — schwach", „reich — arm"; für die Wertorientierungen „gut — böse" usw. Unterrichtsplanung muß den jeweiligen *Differenzierungsgrad* der Konzepte als *Lernausgangslage* berücksichtigen, da die sinnverstehende Verarbeitung von Informationen nur möglich ist als Erweiterung oder Modifikation bestehender Strukturen. Ohne diese Verbindung zum erreichten Erkenntnis- und Urteilsniveau werden neue Informationen allenfalls mechanisch gelernt und als unzusammenhängende Wissenselemente gespeichert.

Die Psychologie untersucht, unter welchen Bedingungen, in welcher Richtung und in welchem Ausmaß Entwicklung in den einzelnen Dimensionen möglich ist. Unterschiedliche theoretische Auffassungen lassen sich praktisch für jede Dimension auf die zentrale Kontroverse zwischen *Reifungstheorie* und *Instruktionstheorie* reduzieren; die Beiträge Piagets werden als Interaktionsansatz im allgemeinen dazwischen eingeordnet. Nach dem instruktionstheoretischen Postulat ist Lernerfolg möglich, wenn die Lernfähigkeit (readiness) gegeben ist; diese wiederum ist nicht alters-, sondern erfahrungsabhängig (Ausubel 1974; Gagné 1969; Bruner 1960). Demgegenüber steht die reifungstheoretische Überzeugung, wichtige kognitive und affektive Lernvoraussetzungen seien — reifungsbedingt — erst auf bestimmten Altersstufen zu erwarten (vgl. Bergius 1959), woraus die Forderung nach „stufengemäßen" bzw. „phasengerechten" Stoffen abgeleitet wird.

Auch Piaget verzichtet nicht auf eine grobe Einteilung in Entwicklungsstadien. Für den Geschichtsunterricht wäre dabei vor allem die Herausbildung der formalen Denkoperationen relevant, durch die die Bindung der geistigen Tätigkeit ans Konkrete überwunden wird. Als Zeitpunkt für diesen Übergang wird das 12. Lebensjahr angenommen (Piaget 1972); gleichzeitig sollen nach Piaget auch die kindlichen Werturteile von heteronomen (d. h. durch Eltern und Alterskameraden beeinflußte) in autonom gesetzte übergehen. Die Entwicklung wird als Ergebnis permanenter Wechselwirkung zwischen Reifung und Erfahrung gesehen. Da Piaget jedoch die Spontaneität in der Zuwendung des Kindes zur ihm gemäßen Lernwelt und die beiläufige, ungeplante Erfahrung mehr betont als die Möglichkeiten des geplanten Unterrichts, ist sein Ansatz vor allem von seinen Schülern Aebli (1968) und Montada (1970) schließlich doch als Reifungstheorie kritisiert worden, die dem Lehrer nur wenig Einflußmöglichkeiten einräumt.

Sieht man die Entwicklungsdimensionen des Geschichtsbewußtseins im Licht dieser theoretischen Kontroversen, stellt sich die Frage nach der *empirischen* Fundierung der verschiedenen Positionen. Ergebnisse aus Querschnittsuntersuchungen, die Merkmale (zum Beispiel Fähigkeiten) verschiedener Altersgruppen zu *einem* Zeitpunkt erfassen, lassen leicht den Eindruck von Reifestadien entstehen, wenn bei jüngeren Kindern Merkmale fehlen, die bei älteren nachgewiesen werden können. Vorschläge zur qualitativen Unterscheidung derartiger Entwicklungsstufen und ihrer Zuordnung zu bestimmten Altersgruppen liegen für die verschiedenen Dimensionen des Geschichtsbewußtseins vor:

— Geschichtsbezogenes Interesse: Küppers (1961)
— Wertorientierungen: Piaget (1954), Kohlberg / Turiel (1978)
— Geschichtsbezogene Problemlösungsfähigkeiten: Peel (1967), Hallam (1967)
— Zeitwahrnehmung: Küppers (1961), Jahoda (1963)
— Gesellschaftsverständnis / Wahrnehmung sozialer Systeme:
  Stufenkonzepte im engeren Sinne sind hier nicht zu nennen, wohl aber Zuordnungen von Wahrnehmungsweisen zu bestimmten Altersgruppen, etwa Böge (1976), Simmons / Rosenberg (1976); auch Forschungsergebnisse zur politischen Sozialisation sind in diesem Zusammenhang anzuführen (vgl. Nyssen 1973).

Geschichtsunterricht, der sich an diesen Positionen orientiert, muß von qualitativen Unterschieden der einzelnen Stufen und deren unveränderlichen Sequenz ausgehen. Die Stufenkonzepte — inclusive Piagets Ansatz — dominieren die psychologischen Beiträge zur Geschichtsdidaktik, da die Vertreter von Gegenpositionen sich mit ihren empirischen Untersuchungen bisher nicht explizit auf Lernprozesse im Geschichtsunterricht bezogen haben und ihre Befunde zunächst noch auf dieses Fach übertragen werden müssen. Hier in knapper Zusammenfassung die Gegenargumente der Instruktionspsychologen (vgl. Ausubel 1974; Nickel 1975):

— Die Entwicklung vom konkreten zum abstrakten (formalen) Denken verläuft kontinuierlicher als es die Stufenkonzepte annehmen.
— Stufenkonzepte sind für die Unterrichtsplanung zu undifferenziert; Schüler, die etwa Piagets Stufe des formalen Denkens erreicht haben, unterscheiden sich in ihren fachspezifischen Lernvoraussetzungen noch beträchtlich.
— Ein und derselbe Schüler kann bei verschiedenen Problemen — entgegen der stufentheoretischen Betrachtung — auf unterschiedlichem Niveau stehen (Bereichsspezifität von Leistungen / Urteilen).
— Die Art einer Aufgabenstellung und ihr Anregungsgehalt beeinflussen das Niveau, auf dem die Reflexion darüber einsetzt.
— Entwicklungsstufen des Interesses an bestimmten Lektürestoffen haben sich als kulturspezifisch, d. h. erfahrungsabhängig erwiesen.
— Querschnittsuntersuchungen liefern nur Daten über Lernvoraussetzungen, die bei verschiedenen Altersgruppen unter ihren jeweiligen Lern- und Sozialisationsbedingungen vorfindlich sind. Diese Voraussetzungen sind keine naturwüchsigen Reifungsprodukte, sondern Ergebnisse kumulativer Lernprozesse, die von Lerngruppe zu Lerngruppe erheblich vom Altersdurchschnitt abweichen können.

Demzufolge ist jedes Lernziel im Hinblick auf seine Anforderungen an die Schüler zu analysieren und zu untersuchen, welche Zwischenschritte unter Berücksichtigung der gegebenen Schülervoraussetzung zur Erreichung des Ziels erforderlich sind. Der pädagogische Optimismus der Instruktionspsychologie, wonach „jeder Stoff für jedes Alter in redlicher Form gelehrt werden kann" (Bruner 1960), dürfte allerdings angesichts der Zahl der zuweilen notwendigen Zwischenschritte an seine zeitökonomischen Grenzen stoßen.

4. Die Gefahr, vorgefundene *Lernresultate* als *naturwüchsige Entwicklungsstadien* mißzuverstehen, wird in den Beiträgen von Roth (1955, 1968) und Küppers (1961) zur Psychologie des Geschichtsunterrichts besonders deutlich. Als Fazit seiner empirischen Untersuchungen zum geschichtlichen Interesse von Schülern fordert Roth die „Elementarisierung der Geschichte" im Sinne einer Reduktion auf die — möglichst in Erzählform vermittelte — Handlung einzelner Personen, die er der vermeindlichen Übertonung von strukturellen Gegebenheiten und Systemzwängen entgegenhält (Roth 1968, 12, 110). Diese Art der Vereinfachung, die nach seiner Meinung den eigentlichen Kern geschichtlicher Vorgänge trifft, ermögliche dem Schüler erst den Zugang zur Geschichte. *Personalisierung* wird hier zu einem Prinzip, das durch den Erkenntnisgegenstand und die noch unterentwickelten Denkfähigkeiten begründet wird. Wenn auch das personalisierende Geschichtsbild einer kritischen Geschichtsbetrachtung nicht standzuhalten vermag (von Friedeburg / Hübner 1964; Bergmann 1972), bleibt doch die Bedeutung von person-

bezogenen Identifikationsprozessen als Problem der Motivation und der Bildung von Wertmaßstäben diskussionswürdig. Ob allerdings die Rothschen „Tatmenschen, Heerführer und Könige" in dieser Funktion ohne weiteres durch unterdrückte Klassen ersetzt werden können, wie Streiffeler (1972) es vorschlägt, scheint fraglich; exemplarische Repräsentanten wären hier vermutlich angemessener.

Entschiedener als Roth, der in neueren Veröffentlichungen der Bedeutung von Lern- und Sozialisationsprozessen erheblich größeres Gewicht beimißt (Roth 1969, 1971), betont Küppers die Notwendigkeit *altersbezogener Lernangebote* im Geschichtsunterricht. Beträchtliche Verbreitung gefunden hat ihre Unterscheidung zwischen „affinen" (alterstypisch anziehenden) und „diffugen" (alterstypisch uninteressanten) Stoffen. Aus ihrer Beobachtung, daß Schüler Fragen über konkrete Personen und Ereignisse relativ gut beantworten können, bei abstrakten Problemen (zum Beispiel Lebewesen, Industrialisierung, Imperialismus) aber schlecht abschneiden, leitet die Autorin — ähnlich wie Roth — die Empfehlung ab, die Persönlichkeit und das besondere Ereignis in dichterischer Form in den Mittelpunkt des Geschichtsunterrichts zu stellen (Küppers 1961, 124 ff.).

Die Persönlichkeit als „anziehende Gestalt" und „Vorbild" vor allem aus dem „räumlich und zeitlich Fernen" (Altertum, Mittelalter) wird besonders für die Volksschüler als angemessener Unterrichtsgegenstand angesehen (Küppers 1961, 50 ff.). Unterricht, der diese „entwicklungspsychologischen Grundtatsachen" unberücksichtigt läßt und beispielsweise schon vor dem Pubertätsalter zur Analyse gesellschaftlicher Ordnungen anregt (Küppers 1976, 91), überfordere die Schüler. Wie Küppers in diesem letztgenannten Beitrag in eindrucksvoller Offenheit belegt, ist diese Behütung vor Überforderung im Klartext als *Verhütung von Kritik* zu verstehen. In der Erziehung zur Kritik sieht die Autorin ein Lehrziel, durch das dem Schüler Gefahren erwachsen (1976, 95), denn selbst die „sogenannte konstruktive Kritik" mache „den jungen Menschen innerlich heimatlos" (1976, 96). Aber auch wenn die geistigen Voraussetzungen gegeben sind, „müssen... Stoffe, die eine Bejahung der Sozietät ermöglichen, breiter angelegt sein als diejenigen, die zur Kritik und Verneinung hinführen" (1976, 91). Für Küppers ist jene Kritik pädagogisch unvertretbar, die nicht Fakten, „sondern die bürgerliche Lebenshaltung" kritisiert (1976, 96).

Fast überzeugender als es der Positivismuskritik je gelungen ist, bietet die Autorin in ihren Beiträgen selbst den Beleg für die affirmative Funktion dieser Art von Dateninterpretation (vgl. Jung 1976). Gegen ihre Methode der Schülerbefragung ist wenig einzuwenden, wohl aber sollten so gewonnene Daten nicht als „entwicklungspsychologische Grundtatsachen" mißverstanden werden.

Literatur

Aebli, H.: Die geistige Entwicklung des Kindes, 2. Aufl. Stuttgart 1968
Ausubel, D. P.: Psychologie des Unterrichts, Weinheim 1974

Bergius, R.: Entwicklung als Stufenfolge, in: *Thomae, H.* (Hrsg.): Handbuch der Psychologie, Bd. 3, Göttingen 1959
Bloom, B. S., u. a.: Taxonomie von Lernzielen im kognitiven Bereich, Weinheim 1972
Bergmann, K.: Personalisierung im Geschichtsunterricht — Erziehung zu Demokratie?, Stuttgart 1972
Böge, K.: Arm und reich vom kindlichen Standpunkt gesehen (1932), in: *Wacker A.* (Hrsg.): Entwicklung des Gesellschaftsverständnisses bei Kindern, Frankfurt 1976
Bruner, J. S.: The process of education, Cambridge, Mass. 1960
Dörner, D.: Problemlösen als Informationsverarbeitung, Stuttgart 1976
Friedeburg, L. v. / Hübner, P.: Das Geschichtsbild der Jugend, München 1964
Gagné, R. M.: Die Bedingungen des menschlichen Lernens, Hannover 1969
Hallam, R. N.: Logical Thinking in History, in: *Educational Review* 19 (1967)
Jahoda, G.: Childrens Concept of Time and History, in: *Educational Review* 15 (1963)
Jung, H. W.: „Entwicklungspsychologie" — Entwicklungsideologie oder Politische Bildung, in: *WPB* 5 (1976), 281 — 288
Kohlberg, L. / Turiel, E.: Moralische Entwicklung und Moralerziehung, in: *Portele, G.* (Hrsg.): Sozialisation und Moral, Weinheim 1978
Küppers, W.: Zur Psychologie der Geschichtsunterrichts, Bern 1961
— Zur Psychologie des politischen Unterrichts, in: *WPB* 2 (1976), 87 — 97
Messner, R.: Funktionen der Taxonomien für die Planung von Unterricht, in: *ZfPäd* (1970), 755 — 779
Montada, L.: Die Lernpsychologie Jean Piagets, Stuttgart 1970
Nickel, H.: Entwicklungspsychologie des Kindes- und Jugendalters, Bern 1975
Nyssen, F.: Kinder und Politik, in: *Politische Bildung — Politische Sozialisation*, Weinheim 1973
Peel, E. A.: Some Problems in the Psychology of History Teaching, in: *Burston, W. / Thompson, D.* (Eds.): Studies in the Nature and Teaching of History, London 1967
Piaget, J.: Das moralische Urteil beim Kinde, Zürich 1954
— Theorien und Methoden der modernen Erziehung, Wien 1972
Simmons, R. S. / Rosenberg, M.: Das soziale Sicherungssystem in der Wahrnehmung von Kindern, in: *Wacker, A.* (Hrsg.): Die Entwicklung des Gesellschaftsverständnisses bei Kindern, Frankfurt 1976
Roth, H.: Kind und Geschichte, München 1955, 5. erg. Aufl. 1968
— (Hrsg): Begabung und Lernen, 4. Aufl. Stuttgart 1969
— Pädagogische Anthropologie, Hannover 1971
Streiffeler, F.: Zur lerntheoretischen Grundlegung der Geschichtsdidaktik, in: *Süssmuth, H.* (Hrsg.): Geschichtsunterricht ohne Zukunft? (AuA, Bd. 1, 1), Stuttgart 1972

Bedingungsanalyse

Annette Kuhn

Als erziehungswissenschaftliches *Analyseinstrument* erhebt die Bedingungsanalyse den Anspruch, durch ein systematisches Vorgehen die *Bedingungsfaktoren* des Unterrichts zu erfassen. Diese Bedingungsfaktoren sind zunächst negativ beschreibbar. Sie sind nicht durch den Unterrichtsinhalt und der ihm zugrunde liegenden Fachwissenschaft unmittelbar erschließbar. Auch stehen sie zunächst in keinem erkennbaren sachlogischen Zusammenhang mit den Lehrerentscheidungen, die die Themen-, Medien- und Methodenwahl betreffen. Insofern scheint die Bedingungsanalyse vielfach den didaktischen Entscheidungen des Lehrers nur vorgelagert zu sein. Somit verselbständigt sich vielfach entgegen den erklärten didaktischen Intentionen die Bedingungsanalyse gegenüber der Unterrichtsplanung und dem Unterrichtsprozeß.

Mit der Abwendung von der bildungstheoretischen, an Inhalten orientierten Didaktik ist die Bedingungsanalyse zu einem didaktischen Erfordernis geworden, die, vermittelt durch das lerntheoretische Modell, Eingang in einzelne Fachdidaktiken gefunden hat. Die Bedingungsanalyse ist aber nicht an das lerntheoretische Modell gebunden. Gerade die Kritik an dem unvermittelten Nebeneinander von Bedingungsanalyse und Inhaltsanalyse hat in den Ansätzen zu einer kommunikativen Geschichtsdidaktik zu einer umfassenderen Begründung der Bedingungsanalyse geführt (Mannzmann 1973, 86).

Ein weites Verständnis der Bedingungsanalyse ist von einem engeren Wortgebrauch zu unterscheiden. In dem *weiten Sinn* beinhaltet die Bedingungsanalyse den gesamten Komplex der „Bedingungs- und Begründungszusammenhänge für ein Curriculum" und ist von dem „allgemeinen Vorfeld grundsätzlicher Prämissendiskussion" nicht zu unterscheiden (Schörken 1977, 256). Dieser weiten Definition zufolge ist auch dann von einer Bedingungsanalyse zu sprechen, wenn dieser Begriff selbst nicht von dem Didaktiker in Anspruch genommen wird, wenn aber das Bedingungsfeld im Sinne einer fachdidaktischen Erfassung von „Zustand, Funktion und Veränderung geschichtlicher Vorstellungen im Selbstverständnis der Gegenwart" (Jeismann 1974, 110) oder als einer Analyse des Alltagsbewußtseins und der lebensweltlichen Voraussetzungen des historischen Bewußtseins zur Diskussion steht. In diesem Sinne kann zum Beispiel von einer Bedingungsanalyse in der von Jeismann redigierten Lehrplan-Skizze des Historiker-Verbandes gesprochen werden (Schörken 1977, 336).

Entgegen diesem umfassenden Wortgebrauch wird im Anschluß an das lerntheoretische Modell die Bedingungsanalyse enger gefaßt. Dieser *engeren Definition* liegt eine Unterscheidung zwischen Bedingungsfeldern des Unterrichts und Entscheidungsfeldern des Unterrichts zugrunde (Blankertz 1970, 101), wobei die Bedingungsfelder des Unterrichts nach Schulz durch zwei Momente geprägt sind: erstens durch die anthropogenen Voraussetzungen (Individuallage, Schulsituation, Klassensituation usw.) und zweitens durch die soziokulturellen Voraussetzungen der Lerngruppe (Schulz 1977, 23). Obgleich mit dieser scharfen Trennung zwischen Bedingungsfeldern und Entscheidungsfeldern die Problematik der Vermittlung zwischen curricularer Theorie und Praxis, d. h. auch zwischen der Bedingungsanalyse und der inhaltlich orientierten Unterrichtsplanung, nicht befriedigend zu lösen ist, so hat sich dennoch diese Unterscheidung als unverzichtbar erwiesen. Erst in Anlehnung und in Weiterführung dieses Ansatzes konnte die Bedingungsanalyse sowohl der Lehrplanerstellung als auch der Unterrichtsplanung instrumentalisiert werden. In diesem Sinn ist die Bedingungsanalyse, wie das

Beispiel der Richtlinien Politik in NRW zeigt, zum festen Bestandteil einzelner Curricula geworden (Schörken 1974, 11).
Obgleich infolge der allgemeinen curricularen Forderung, sowohl der Situation der Schüler (Robinsohn) als auch den gesellschaftlichen Voraussetzungen des Unterrichts Rechnung zu tragen, die Unverzichtbarkeit einer Bedingungsanalyse anerkannt wird, bringt die Mehrzahl der Geschichtsdidaktiker dem gesamten Komplex der Bedingungsanalyse besonderes Mißtrauen entgegen. Vielfach wird vermutet, daß die Reflexion des „Prämissen-Vorfeldes" (Schörken), d. h. der Bedingungsanalyse im weiten Sinn, einer Gesellschaftsanalyse gleichzusetzen ist, die ihrerseits ein geschlossenes Gesellschaftsbild voraussetze und eine Indoktrination zur Folge habe (Rohlfes). Demgegenüber wird aber geltend gemacht, daß eine ausführliche Darlegung des Begründungs- und Bedingungszusammenhangs sowohl für die Lehrplanerstellung als auch für die Unterrichtsplanung unverzichtbar ist. In der gegenwärtigen Fachdidaktik sind demnach drei unterschiedliche Vorgehensweisen zu unterscheiden: es wird auf eine Bedingungsanalyse *verzichtet*, wobei das didaktische Problem sich in einem verkürzten Sinn auf die Lernziel-Lerninhaltsproblematik reduziert (Rohlfes 1974); die Bedingungsanalyse wird unter einem weiten, an der Geschichtstheorie orientierten Begriff der Geschichtsdidaktik *subsumiert* (Jeismann 1978), die Bedingungsanalyse wird als notwendiges Curriculumelement eigens *berücksichtigt* (Mannzmann 1973; Schörken 1978).

Konsens herrscht darüber, daß es in der gegenwärtigen Geschichtsdidaktik *kein befriedigendes Instrumentarium* zur Erstellung einer fachspezifischen Bedingungsanalyse gibt, die in einem sachlogischen Zusammenhang mit den weiteren *didaktischen* Entscheidungen steht. Auch mangelt es an Übereinstimmung in den geschichts- und gesellschaftsorientierten und den erziehungswissenschaftlichen Prämissen der Geschichtsdidaktik. Daher muß zwischen einer an der Fachwissenschaft orientierten Bedingungsanalyse und einer fachspezifischen Bedingungsanalyse, die die Fachdidaktik auch als eine kommunikative, curriculare Disziplin versteht, unterschieden werden.

Die *fachwissenschaftsorientierte* Fachdidaktik geht davon aus, daß die empirische Analyse der Funktionsweise des Geschichtsbewußtseins in der Öffentlichkeit, die als Bedingungsanalyse im weiten Sinn anzusprechen ist, eine Voraussetzung für Lehrplanentscheidung bildet (Jeismann 1974), wobei sich die Geschichtsdidaktik als Vermittlungsinstanz zwischen Geschichtstheorie und Geschichtswissenschaft versteht. Offen bleibt bei diesem Ansatz, wie er sich mit den Erziehungswissenschaften und einer Didaktik des Unterrichts vermitteln soll (Jeismann 1978, 74). Der *kommunikative curriculare* Ansatz dagegen begründet die Bedingungsanalyse auf den erweiterten Situationsbegriff von Robinsohn (Schörken 1975). Die Bedingungsanalyse versteht sich dabei als Instrument, das dominante Sozialisationsbereiche und Situationsfelder der Schüler erfaßt, um somit zur Bestimmung von Lehrinhalten und zur Organisation kommunikativer Lernprozesse zu gelangen.

Literatur

Blankertz, H.: Theorien und Modelle der Didaktik, München 1970
Jeismann, K.-E.: Didaktik der Geschichte. Das spezifische Bedingungsfeld des Geschichtsunterrichts, in: *Behrmann, G.* / *Jeismann, K.-E.* / *Süssmuth, H.* (Hrsg.): Geschichte und Politik. Didaktische Grundlegung eines kooperativen Unterrichts, Paderborn 1978, 50 – 108
— u. a.: Funktion und Didaktik der Geschichte. Begründung und Beispiele eines Lehrplans für den Geschichtsunterricht, in: *Jeismann, K.-E.* / *Rohlfes, J.* (Hrsg.): Geschichtsunterricht. Inhalte und Ziele (*GWU* 1974, Beiheft), Stuttgart 1974, 106 bis 192
Kuhn, A.: Zur Zusammenarbeit von Geschichtsunterricht und Politikunterricht, in: *Schörken, R.* (Hrsg.): Zur Zusammenarbeit von Geschichts- und Politikunterricht (AuA, Bd. 20), Stuttgart 1978, 102 – 147
Mannzmann, A.: Vorüberlegungen zu einer Didaktik der Soziohistorie. Dimensionierung des Faches Geschichte, in: *Blankertz, H.* (Hrsg.): Fachdidaktische Curriculumforschung, Essen 1973, 28 – 99
Rohlfes, J.: Curriculumentwicklung und Lernzielermittlung, in: *Jeismann, K.-E.* / *Rohlfes, J.* (Hrsg.): Geschichtsunterricht. Inhalte und Ziele (*GWU* 1974, Beiheft), Stuttgart 1974, 8 – 27
Schörken, R. (Hrsg.): Curriculum „Politik". Von der Curriculumtheorie zur Unterrichtspraxis, Opladen 1974
— Kriterien für einen lernzielorientierten Geschichtsunterricht, in: *Jäckel, E.* / *Weymar E.* (Hrsg.): Die Funktion der Geschichte in unserer Zeit, Stuttgart 1975, 280 – 293
— Der lange Weg zum Geschichtscurriculum, in: Gd 2 (1977), 245 – 269, 335 – 354
Schulz, W.: Unterricht – Analyse und Planung, in: *Heimann, H.* / *Otto, G.* / *Schulz, W.*: Unterricht, Hannover 1977

Schülerinteresse

Annette Kuhn

Begriffsbestimmungen und fachdidaktische Implikationen

Schülerinteressen bilden ein zentrales, zugleich aber vielschichtiges und kontroverses Thema der gegenwärtigen Geschichtsdidaktik. Die verwirrend vielfältige und widerspruchsvolle Verwendung des Begriffs im Alltagsverständnis spiegelt sich in der fachdidaktischen Diskussion wider. Hier reicht die Bestimmung von Schülerinteresse von der Vorstellung eines oberflächlichen Interessiertseins an Geschichte (zum Beispiel an großen Persönlichkeiten, spannenden Ereignissen usw.) über die Annahme eines natürlichen bzw. durch Lernen erworbenen Verlangens des Schülers nach Identifikation bis hin zur Gleichsetzung von Schülerinteresse mit einem angeborenen bzw. anerzogenen Bedürfnis nach Selbstverwirklichung, nach individueller und gesellschaftlicher Emanzipation. Trotz dieser unterschiedlichen Begriffsbestimmung von Schülerinteresse, die weitreichende Folgen für die jeweiligen

wissenschaftlichen Begründungen und fachdidaktischen Einschätzungen von Schülerinteresse haben, stimmen alle Fachdidaktiker darin überein, daß ein Interesse des Schülers an Geschichte für alle Formen der Aneignung von Geschichte und der Entwicklung eines historischen Bewußtseins eine unverzichtbare Voraussetzung bildet. Insofern gelten Schülerinteressen in allen Geschichtsdidaktiken als eine konstitutive Kategorie.
Gehen wir zunächst ohne nähere wissenschaftliche und fachdidaktische Differenzierungen vom herrschenden fachdidaktischen Verständnis von Schülerinteresse aus, so definieren sie sich zunächst in einer schon bei Kant angelegten Doppeldeutung des Begriffs: Sie werden einmal vorwiegend emotional als „das Wohlgefallen, was wir mit der Vorstellung der Existenz eines Gegenstandes verbinden", zum anderen kognitiv gedeutet: „Interesse ist das, wodurch Vernunft praktisch, das ist eine den Willen bestimmende Ursache, wird" (Kant 1968, X, 280, VII, 97). Schülerinteressen umfassen somit die *emotionalen, kognitiven* und *praktischen* Dimensionen des historisch-politischen Lernens und sind ursächlich mit dem Gelingen oder Mißlingen des Lernprozesses verbunden. Unabhängig von der jeweiligen näheren Eingrenzung hat die Kategorie Interesse bzw. Schülerinteresse in allen fachdidaktischen Konzeptionen einen äußerst hohen Stellenwert: „Interessen sind die Artikulationen der eigene Lebensbedürfnisse, die durchaus auch unerkannt bleiben können. Die Wahrnehmung und Vertretung der eigenen Interessen ist der Inbegriff politischen Verhaltens, aber darüber hinaus die Bedingung für Selbstverwirklichung überhaupt" (Rohlfes 1974, 207). Konsens herrscht darüber, daß eine bestimmte Vorstellung von Schülerinteresse allen didaktischen Diskussionen zu den Lernzielen und -inhalten und der Planung von Unterricht zugrunde liegt (Historikertag in Hamburg 1978, Sektion 22: Geschichte im Interesse der Schüler?). Die unterschiedlichen Reichweiten des Begriffs Schülerinteresse entsprechen auch den verschiedenen fachdidaktischen Verwendungsmöglichkeiten. Schülerinteressen werden zum Beispiel vielfach unter dem begrenzten Gesichtspunkt der *Motivation* als Prämisse zur Leistungsmaximierung behandelt. Motivationstheorien können aber nur dann einen angemessenen Stellenwert in der Geschichtsdidaktik einnehmen, wenn die formalistischen Theorieelemente inhaltlich gefüllt und an normative Zielbestimmungen gebunden werden. Insofern verweisen auch die partiellen Funktionsbestimmungen von Schülerinteresse in der Geschichtsdidaktik auf den weiteren curricularen Kontext. In der curricular orientierten Fachdidaktik sind die Schülerinteressen *subjektiv* an die Erfahrungen des einzelnen Schülers und *objektiv* an den Lerngegenstand Geschichte im Kontext der gegenwärtigen Gesellschaft gebunden. Insofern kann von Schülerinteresse nur innerhalb dieses Bezugsfeldes gesprochen werden, in dem die *Schüler*, der *Lerngegenstand* und die *Gesellschaft* gleichermaßen in die didaktische Reflexion einbezogen sind. In diesem curricularen Kontext sind nach neueren fachdidaktischen Konzeptionen Schülerinteressen für die Lernzielorientierung, die Inhaltauswahl und für die Unterrichtsmethode maßgeblich. Dieses Bestreben der neueren Fachdidaktik, zu einer *curricularen Theorie der Schülerinteressen* zu gelangen, stimmt mit Bemühungen in den Erziehungs-

wissenschaften um eine pädagogische Theorie des Interesses überein, die ebenfalls von „Grundannahmen zum Subjekt, zum Interessengegenstand und zur sozialen Realität" ausgehen (Schneider 1979, 49).
Die Verwendungsvielfalt und die unterschiedliche Bedeutungsreichweite lassen beim jetzigen Stand der fachdidaktischen Diskussion eine verbindliche Definition von Schülerinteresse nicht zu. Sie müssen vielmehr auf den Ebenen ihrer wissenschaftlichen Grundlegung und ihrer jeweiligen fachdidaktischen und unterrichtspraktischen Konzeptionalisierung näher bestimmt werden. Schließlich ist zu beachten, daß Schülerinteressen einen der wichtigsten Gegenstände der empirischen Unterrichtsforschung innerhalb der Geschichtsdidaktik bilden (Anwander 1976; Marienfeld 1974).

Wissenschaftliche Grundlegung der Kategorie Schülerinteresse

Bei ihrer wissenschaftlichen Grundlegung stützt sich die Geschichtsdidaktik vor allem auf die Philosophie (Erkenntnistheorie), auf die Geschichtswissenschaft und auf die Psychologie.
In der *erkenntnistheoretischen* Diskussion ist die Frage nach dem Zusammenhang von Erkenntnis und Interesse (Habermas 1968) in den Vordergrund gerückt. Dabei ist die Annahme einer Verwurzelung des historischen Verstehens im Lebenszusammenhang des Lernenden unumstritten. Kontrovers ist dagegen die nähere Bestimmung des Verhältnisses zwischen den außerwissenschaftlichen Erfahrungen des Schülers, die für die Konstitution seiner Interessen bestimmend sind, und den wissenschaftlichen Aussagen des Historikers. Kontrovers ist weiterhin die Bestimmung der emanzipatorischen Dimensionen der historischen Erkenntnis. Während vielfach auf die von Habermas hervorgehobene Kategorie des emanzipatorischen Erkenntnisinteresses verzichtet wird, so begründet demgegenüber die kritische Fachdidaktik Schülerinteresse auf die Kategorie des erkenntnisleitenden Interesses an Emanzipation (Kuhn 1974). Diese erkenntnistheoretischen Kontroversen beeinflussen unmittelbar das Verständnis von Schülerinteresse im historischen Lernprozeß. Es herrscht weitreichender Konsens dahingehend, daß eine Reflexion der subjektiven, lebensgeschichtlichen Voraussetzungen der Schüler im Lernprozeß erforderlich ist (Rüsen, Schörken, Jeismann, Bergmann). Allerdings wird bei Jeismann vor einer näheren Bestimmung des Verhältnisses der Lebensgeschichte des Schülers und den objektiven, im Lernprozeß zu verfolgenden Zielen gewarnt. Demgegenüber betonen Didaktiker (Schörken 1972; Bergmann / Pandel 1975) die Notwendigkeit einer Konkretisierung des Verhältnisses von Schülerinteresse und Lernzielorientierung. Demnach können Schülerinteressen nur in einem kommunikativen Geschichtsunterricht Berücksichtigung finden.
Die *Fachwissenschaft* hat sich bisher nur sehr ungenau zu den Interessen ihrer Adressaten geäußert. Dennoch bilden diese auf den Adressaten bezogenen Äußerungen des Historikers zu seinen Erkenntnisinteressen und -prämissen die Vermittlung zwischen der fachwissenschaftlichen und der fachdidaktischen

Bestimmung von Schülerinteresse. Indem beispielsweise Wehler von der „emanzipatorischen Aufgabe" der Geschichtswissenschaft spricht, die darin bestehe, „ideologiekritisch den Nebel mitgeschleppter Legenden zu durchstoßen und stereotype Mißverständnisse aufzulösen, die Folgen von getroffenen oder die sozialen Kosten von unterlassenen Entscheidungen scharf herauszuarbeiten und somit für unsere Lebenspraxis die Chancen rationaler Orientierung zu vermehren, sie in einen Horizont sorgfältig überprüfter historischer Erfahrungen einzubetten" (Wehler 1973, 12), äußert er sich auch zur Inhaltsdimension von Schülerinteresse. Aus einer solchen Bestimmung der Forschungsinteressen von Historikern können Rückschlüsse auf die dem Adressaten vom Lehrenden unterstellten Erkenntnisinteressen gezogen werden. Diese Verbindung von wissenschaftlichem Erkenntnisinteresse und Schülerinteresse ist jedoch niemals systematisch untersucht worden. Insofern kann die Frage nach der möglichen Übereinstimmung bzw. Inkongruenz zwischen wissenschaftlichen Interessen und Schülerinteressen zur Zeit nicht weiter verfolgt werden. Dennoch läßt sich verallgemeinernd feststellen, daß mit der sozialgeschichtlichen Orientierung der Geschichtswissenschaft und der Berücksichtigung der Geschichte des Alltags, der Kindheit, der Jugend usw. auch Schülerinteressen von der Fachwissenschaft stärker tangiert werden.

Die unterschiedlichen Ansätze zur *psychologischen* Grundlegung der Schülerinteressen kennzeichnen die gegenwärtige Geschichtsdidaktik. Obgleich die ältere Entwicklungspsychologie unzweifelhaft als überholt gelten muß, finden die entwicklungspsychologischen Arbeiten von W. Küppers (1961) und H. Roth (1968) wieder in den neueren fachdidaktischen Diskussionen zu Schülerinteresse Beachtung (Rohlfes 1978, 37). Dieser Rückgriff auf die überholte Psychologie, die von einer natürlichen Interessenrichtung der Schüler, die sich aus sich selbst heraus entfaltet, ausgeht, erklärt sich daraus, daß die neueren, mit der Lerntheorie rezipierten behavioristischen und kognitivistischen Lernpsychologien wenig geeignet sind, Schülerinteressen in ihrer lebensgeschichtlichen Verwurzelung zu erfassen. In der behavioristischen Lernpsychologie degenerieren Schülerinteressen zu einem gegenstandsunabhängigen Ausfluß momentaner Reize. Demgegenüber hat die kognitivistische Lernpsychologie (Aebli, Bruner), die zu Recht Schülerinteressen nicht als vorgefundene natürliche Größen, sondern als das Ergebnis von Lernen verstehen, einseitig die kognitive Struktur der Schülerinteressen betont. Die psychologische Grundlegung von Schülerinteresse wird daher in der neueren Geschichtsdidaktik (Schörken, Bergmann, Kuhn) über die Entwicklungs- und Lernpsychologie hinausgehend in der Sozialpsychologie gesucht.

Schülerinteresse innerhalb der neueren fachdidaktischen und unterrichtspraktischen Konzeptionen

Obgleich die entwicklungspsychologischen Prämissen der Bildungstheorie überholt sind, ist die von Weniger erhobene Forderung nach einer didaktischen Berücksichtigung der Schülerinteressen als eines legitimen Ausdrucks des

Eigenrechts der Jugend weithin gültig und findet entsprechend in allen neueren Geschichtsdidaktiken ihren Niederschlag. In diesem Sinne werden zum Beispiel in der *pragmatischen Orientierung* der Geschichtsdidaktik bei M. Dörr sechzehn verschiedene Interessen unter der Kategorie „Lebensbedürfnisse und Erkenntnisinteressen der Lernenden" als didaktische Kategorie aufgelistet. Nach M. Dörr stehen subjektive und objektive Interessen in einem „unauflöslichen Mischungsverhältnis", zum Teil kommen sie miteinander zur Deckung, zum Teil widersprechen sie sich (Dörr 1974, 35 — 36). Diese sechzehn verschiedenen Interessen reichen von einer oberflächlichen Neugierde über emotionale Anteilnahme bis hin zum Bedürfnis nach Selbstverwirklichung. Um den gesellschaftlichen Bezugsrahmen der Schülerinteressen nach Dörr zu erkennen, müssen ergänzend die Ausführungen von Rohlfes hinzugezogen werden, die ebenfalls den Interessenbegriff als eine Kategorie u. a. für die Curriculumentwicklung und Lernzielermittlung benennen, Interessen aber gesellschaftstheoretisch an die Möglichkeit der Machtausübung und an ein „funktionierendes Recht" binden (Rohlfes 1974, 20). Diese ergänzenden Hinweise zu den gesellschaftlichen Prämissen der Schülerinteressen in dieser pragmatischen Didaktikkonzeption sind notwendig, da eine Definition von Schülerinteressen immer auf eine Klärung des Bezugsrahmens angewiesen ist. In diesem Sinne ist gerade die Ausblendung der gesellschaftlichen Implikationen und der inhaltlichen Konsequenzen der Schülerinteressen für diese fachdidaktische Richtung charakteristisch. Schülerinteressen sind hier keine didaktischen Kategorien im eigentlichen Wortsinn und spielen bei der Unterrichtsplanung dieser Didaktikerschule keine Rolle (Schmid 1978).

Demgegenüber finden in der *fachwissenschaftsorientierten* Didaktik die Erkenntnisbedingungen und -interessen der Schüler in Analogie zu den Erkenntnisprämissen des Wissenschaftlers Berücksichtigung. Der historische Zusammenhang ist „auf der persönlichen, biographischen Ebene am vergangenen und geplanten Lebensweg dem einzelnen Schüler einsichtig zu machen" (Jeismann 1978, 79). Somit eröffnet diese fachdidaktische Konzeption die Möglichkeit, Schülerinteresse als didaktische Kategorie zu erfassen und als „unterrichtspraktische Chance" zu verstehen. In der *kommunikativen* Fachdidaktik, die die reflexive und diskursive Komponente des Unterrichts betont, verstehen sich Schülerinteressen als Prämisse und als Resultat historischer Lernprozesse. Der Geschichtsunterricht versteht sich als Transformationsprozeß, in dem Schüler lernen, ihre eigenen, vielfach unbegriffenen, subjektiven Interessen in einem historisch vermittelten Zusammenhang mit objektiven gesellschaftlichen zu sehen. Schülerinteressen können im Verständnis einer kommunikativen Fachdidaktik nicht zugunsten einer vermeintlichen Sachlogik oder vorgegebener institutioneller Normen aus dem unterrichtlichen Diskurs ausgeschlossen werden. In einer kritisch-kommunikativen Fachdidaktik wird weiterhin zwischen den scheinbaren, uneigentlichen Schülerinteressen und den eigentlichen Schülerinteressen unterschieden (Kuhn 1976).

Literatur

Anwander, G. / *Timmermann, J.*: Geschichtliches Interesse und politische Bildung Jugendlicher, 2. Aufl. München 1976
Bergmann, K. / *Pandel, H. J.*: Geschichte und Zukunft, Frankfurt 1975
Dörr, M.: Zur Begründung. Auswahl und Ordnung von Unterrichtsinhalten, in: *Jeismann, K.-E.* / *Rohlfes, J.* (Hrsg.): Geschichtsunterricht. Inhalte und Ziele (*GWU* 1974, Beiheft), Stuttgart 1974, 28 — 52
Habermas, J.: Erkenntnis und Interesse, Frankfurt 1968
Jeismann, K.-E.: Didaktik der Geschichte, in: *Behrmann, G. C.* / *Jeismann, K.-E.* / *Süssmuth, H.*: Geschichte und Politik, Paderborn 1978
Kant, I.: Werke, Frankfurt 1968
Küppers, W.: Zur Psychologie des Geschichtsunterrichts. Eine Untersuchung über Geschichtswissen und Geschichtsverständnis bei Schülern, Stuttgart 1961
Kuhn, A.: Einführung in die Didaktik der Geschichte, München 1974
— Wozu Geschichtsunterricht? Oder: Ist ein Geschichtsunterricht im Interesse des Schülers möglich?, in: *Gd* 1 (1976), 39 — 46
Marienfeld, W.: Geschichtliches Interesse bei Kindern und Jugendlichen, in: *Filser, K.* (Hrsg.): Theorie und Praxis des Geschichtsunterrichts, Bad Heilbrunn 1974, 126 ff.
Rohlfes, J.: Curriculumentwicklung und Lernzielermittlung, in: *Jeismann, K.-E.* / *Rohlfes, J.* (Hrsg.): Geschichtsunterricht. Inhalte und Ziele (*GWU* 1974, Beiheft), Stuttgart 1974, 8 — 27
— Prinzipien der didaktischen Strukturierung von Unterrichtsthemen, in: *Rohlfes, J.* (Hrsg.): Geschichtsunterricht: Entwurf eines Curriculums für die Sekundarstufe I, Stuttgart 1978, 23 — 43
Roth, H.: Kind und Geschichte, 5. Aufl. München 1968
Schmid, H. D.: Die Ordnung von Unterrichtsthemen, in: *Rohlfes, J.* (Hrsg.): Geschichtsunterricht. Entwurf eines Curriculums für die Sekundarstufe I, Stuttgart 1978, 43 bis 55
Schneider, G, / *Hauser, K.* / *Schiefele, H.*: Bestimmungsstücke und Probleme einer pädagogischen Theorie des Interesses, in: *ZfPäd* 1 (1979), 43 — 60
Schörken, R.: Geschichtsdidaktik und Geschichtsbewußtsein, in: *Süssmuth, H.* (Hrsg.): Geschichtsunterricht ohne Zukunft? (AuA, Bd. 1, 1), Stuttgart 1972
Uffelmann, U.: Problemorientierter Geschichtunterricht, oder: Die Frage nach dem Zugang des Schülers zu historischem Denken, in: *apz* B 4 (1978)
Wehler, H.-U.: Das deutsche Kaiserreich 1871 — 1918, Göttingen 1973

Lernziele, Qualifikationen

Joachim Rohlfes

1. *Qualifikationen* lassen sich definieren als Dispositionen und Fähigkeiten für die Bewältigung von Lebenssituationen, beruflichen Anforderungen, fachlichen Aufgaben. Sie sind „Verhaltensdispositionen, die ein Schüler erwerben sollte, wenn er sich in den gesellschaftlichen Situationen adäquat, d. h. möglichst kompetent und autonom verhalten will" (Zimmer). Schörken spricht

abkürzend von der „Rollenkompetenz" als dem zentralen Ziel des Lernens. Qualifikationen haben einen verhältnismäßig hohen Allgemeinheitsgrad, da sie für eine Vielzahl von Anforderungen tauglich machen sollen; andererseits sind sie auch fachspezifisch geprägt, weil es keine Fähigkeiten gibt, die nicht auf bestimmte Anwendungsbereiche bezogen sind.

Lernziele beschreiben einzelne Elemente der Qualifikationen und sind stärker als diese fachlich bestimmt. Sie definieren das Wissen, Problembewußtsein, methodische Können und praxisbezogene Verhalten, das am Ende jeweiliger Lernprozesse erreicht sein soll. Lernziele finden sich auf einem breiten Fächer von allgemeinsten bis zu detailliertesten Zielsetzungen. Sie sollten so prägnant gefaßt sein, daß ihre Realisierung oder Nichtrealisierung zuverlässig überprüft werden kann.

2. Die Heraushebung der Qualifikationen und Lernziele liegt in der Konsequenz der modernen *Curriculumtheorie*. Diese sucht die Verschwommenheit der meisten bisherigen Lehrpläne mit ihrem unverbundenen Nebeneinander von hochgestochenen „Bildungszielen" und handfesten Stoffkatalogen zu vermeiden. Sie kehrt die Richtung der Lehrplanüberlegungen um, indem sie nicht von den vorhandenen Fächern, sondern von den gesellschaftlichen und individuellen *Bedürfnissen*, nicht von den Unterrichtsstoffen, sondern von den *Lernzwecken* ausgeht und bemüht ist, das eine mit dem andern zu verknüpfen. Für dieses Curriculum-Verständnis sind in der Bundesrepublik Deutschland die Überlegungen Robinsohns bedeutsam geworden, die er in der Schrift „Bildungsreform als Revision des Curriculum" (1967) anstellte. Er skizziert hier das Konzept eines festen Begründungszusammenhanges zwischen der Bewältigung von *Lebenssituationen*, der Ausstattung der Lernenden mit dafür tauglichen *Qualifikationen* und der Vermittlung dieser Qualifikationen durch ausgewählte *Lerninhalte*. Der Unterricht soll seine Ziele vom lebensweltlichen Verwendungszweck des zu Lernenden und den darauf bezogenen Schülerbedürfnissen empfangen, und die überkommenen Fachgegenstände und Kulturtraditionen fungieren dabei lediglich als Mittel zum Zweck. Obwohl dieses Konzept in der Curriculumdiskussion mehrfach kritisiert und modifiziert worden ist, kann es in seinen Grundzügen auch heute noch als das gültige Paradigma der Lernzielfindung und Curriculumentwicklung angesehen werden.

3. Qualifikationen und Lernziele im Sinne der heutigen Curriculumtheorie unterscheiden sich von den „Bildungszielen" früherer Zeiten vor allem dadurch, daß sie nicht einfach als gegeben vorausgesetzt werden, sondern in einem ausführlichen *Begründungsverfahren* legitimiert werden. In der derzeitigen Forschungspraxis begegnet uns eine stattliche Reihe solcher Herleitungsverfahren. Autoren wie Robinsohn oder von Hentig gehen von der Analyse gegenwärtiger und zukünftig zu erwartender Lebensanforderungen aus und wollen daraus jene Fähigkeiten ableiten, die zu ihrer Bewältigung dienlich sind. Das ist ein theoretisch bestechendes, aber schwer zu praktizierendes Programm. Weder lassen sich die relevanten Lebenssituationen gültig benennen, noch weiß man mit hinlänglicher Sicherheit, welche Qualifikationen ihnen angemessen sind. Festzuhalten bleibt jedoch als Kriterium der

Lernzielbestimmung, daß der *lebenspraktische Bezug* stets und ständig berücksichtigt wird.

A. Kuhn hat den Ansatz Robinsohns modifiziert und versucht, die Lernziele aus den *politisch-sozialen Bedürfnissen* der Heranwachsenden abzuleiten. Als solche Bedürfnisse sieht sie das „kritische Interesse an Veränderung" oder „die konkrete Leidenserfahrung und den Willen ihrer Überwindung" an. Fragwürdig an solchen Festlegungen ist ihre Herkunft. Hält man sich an die subjektiven Wünsche der Schüler, trifft man viel Zufälliges, Augenblicksbedingtes, durch einseitige Sozialisation Geprägtes; unterstellt man − wie Kuhn − „objektive" Bedürfnisse, sind der ideologischen Konstruktion Tür und Tor geöffnet.

Insoweit ist es folgerichtig, die Lernziele aus obersten, konsensfähigen *Normen* abzuleiten. Dies geschieht heute weithin. Die Hessischen Rahmenrichtlinien nennen die „Befähigung zur Selbst- und Mitbestimmung", Kuhn die „Theorie der potentiellen Demokratie". Das Verfahren hat den entscheidenden Nachteil, daß alle obersten Normen außerordentlich allgemein sind und unterschiedlichen Auslegungen Raum geben. Eine schlechthin zwingende Ableitung und Entfaltung ist darum nicht möglich.

Der Ansatz bei der „Struktur der Disziplinen", wie ihn etwa Bruner vornimmt, bewegt sich auf dem vergleichsweise stabilen Grund der *Wissenschaftstheorie*. Die Paradigmen, Prinzipien und Kategorien einer Fachwissenschaft geben in der Regel ein plausibles System von Zielsetzungen ab. Erkauft wird dieser Vorteil jedoch mit der Vernachlässigung der lebensweltlichvorwissenschaftlichen Komponenten, im Fach Geschichte etwa des Identifikationslernens.

Viele Historiker neigen zu der Ansicht, die *Sachanalyse* der Unterrichtsgegenstände müsse der Festlegung der Lernintentionen vorausgehen. Das Lernpotential, so behauptet Gies, ergebe sich erst aus der fachwissenschaftlichen Erschließung des Themas. Nach Engels und Koselleck lassen sich Lernziele „sinnvollerweise weder von der inhaltlich-didaktischen Aufarbeitung des Gegenstandes festsetzen noch nachher anfügen, sie entwickeln sich zugleich mit ihr". Eine solche Interdependenz dürfte in der Tat bestehen. Unbefriedigend an dieser Sichtweise ist jedoch, daß sie die Frage nach der Auswahl der Gegenstände und Themen vernachlässigt.

Das Konzept der *„fachdidaktischen Curriculumforschung"*, wie sie vor allem Blankertz vertritt, hat den Vorzug besonderer Ausgewogenheit. Hier sollen im sogenannten „gegenläufigen Verfahren" die „grundlegenden Sachverhalte eines Gegenstandsfeldes" auf die „edukative Intentionalität" bezogen und fachwissenschaftliche Gegenstände mit didaktischen Zielsetzungen ins Gleichgewicht gebracht werden. Dem dienen sogenannte „*Strukturgitter*", auf Leitbegriffe bezogene Koordinatensysteme, die die politisch-gesellschaftlichen Rahmenbedingungen, die privaten und sozialen Lebenssituationen sowie die Optionen für bestimmte Lebensformen auf den gemeinsamen Nenner daraus hervorgehender Zielsetzungen bringen sollen. Der Vorteil diese Verfahrens ist, daß in diese Zielsetzungen (Qualifikationen) unterschiedliche Bedürfnisse und Interessen einfließen, so daß jede Einseitigkeit ausgeschlossen wird.

Dieses Verfahren wurde bei der Entwicklung der nordrhein-westfälischen Richtlinien für den Politikunterricht (sogenannte Schörken-Kommission) praktiziert.
Noch einen Schritt weiter in der pragmatischen Orientierung an der *common-sense-Plausibilität* und *Praktikabilität* eines durchaus heterogenen Fächers von Zielsetzungen geht eine Arbeitsgruppe des Geschichtslehrerverbandes (sogenannte Lübecker Gruppe): „Man sollte sich die Offenheit bewahren, die Vorschläge und Einfälle da aufzugreifen, wo man sie findet, und auf die Geschlossenheit des eigenen Begründungszusammenhanges vorerst verzichten." (Rohlfes / Jeismann 1974). Der Preis für solchen Eklektizismus liegt darin, daß er den Zufall nicht auszuschalten vermag und die Neigung bestärken dürfte, sich im Zweifelsfall an die bisher bewährte Praxis zu halten.
Die hier vorgestellten Legitimierungsverfahren ermöglichen folgende Zwischenbilanz:

— Qualifikationen und Lernziele müssen sowohl den Ansprüchen der „Sache" als auch den Bedürfnissen der Adressaten Genüge tun.
— Die Ziel- und Inhaltsdimensionen gehören untrennbar zusammen. Ziel ohne Inhalte sind leer, Inhalte ohne Ziel konturlos.
— Lernziele lassen sich nicht aus einem einzigen Begründungsstrang ableiten. Sie sind Resultanten einer Mehrzahl von Komponenten.
— Den Zielsetzungen liegen Optionen und Wertentscheidungen zugrunde. Es gibt keine wertfreie „Sachgemäßheit", die den Fachwissenschaften als solchen immanent wäre.
— Lernziele und Qualifikationen gelten für eine Vielzahl von Inhalten. Sie sind per definitionem auf Transfer angelegt.
— Zielangaben müssen plausibel, eindeutig, praktikabel sein: sie müssen sich auf den Konsens einer Mehrheit stützen; sie müssen operationalisierbar sein; sie dürfen den durchschnittlichen Schüler nicht überfordern.

4. Qualifikationen und Lernziele begegnen sich auf unterschiedlichen Ebenen. Diese lassen sich nach dem *Abstraktionsgrad*, den *Lerndimensionen*, den *Leistungsklassen* unterscheiden. Lernziele reichen von globalen Normen bis zu detailliertesten Angaben (die territorialen Bestimmungen des Versailler Vertrages aufzählen können). Je inhaltsbezogener ein Lernziel ist, desto weniger eignet es sich zum Transfer; je allgemeiner es formuliert ist, desto geringer ist sein Bedeutungsgehalt. Die größte Ausstrahlungkraft dürften darum Lernziele haben, die auf einer *mittleren Verallgemeinerungsebene* liegen („Einsicht, daß Gruppen ohne politische Bewußtsein ihre Interessen nicht durchsetzen können" (Kuhn). Solche Lernziele verallgemeinern historische Befunde und projizieren sie auf das Ganze der Geschichte und Politik. Sie fordern zur Verifikation oder Falsifikation auf und organisieren historisches Wissen in einer Form, die auf den Einzelfall bezogen bleibt und gleichzeitig über ihn hinausweist.
In der Einteilung der Lernziele nach Lerndimensionen zeichnet sich ein allgemeiner Konsens ab. Robinsohn unterscheidet Kenntnisse, Einsichten, Fertigkeiten, Haltungen, Schmid Wissensziele, Erkenntnisziele, Arbeitsziele, Verhaltensziele, Hug Wissen, Reflexion, methodisches Können, Wollen. Diese an sich evidenten Einteilungen, die sich nur in Formulierungen von-

einander abheben, werfen allenfalls in ihrer Trennung von *Kenntnissen* und *Einsichten* Fragen auf. Begrifflich lassen sich beide Bereiche mühelos auseinanderhalten, aber im konkreten Fall dürften die Grenzen sehr oft verschwimmen. Die Einteilung nach Leistungsklassen ist stark von der Absicht der *Leistungskontrolle* und *Evaluation* bestimmt. Bloom differenziert in seiner für die deutsche Lernzieldiskussion einflußreichen „Taxonomie von Lernzielen im kognitiven Bereich" nach sechs Hauptklassen: Wissen, Verstehen, Anwendung, Analyse, Synthese, Evalution. Diese Einteilung ist auf systematisch-psychologische Stringenz bedacht, trägt aber den realen Lernvorgängen nicht immer genügend Rechnung. Die Klassifizierung, die die „Einheitlichen Prüfungsanforderungen in der Abiturprüfung" (1976) vornehmen, ist wesentlich unterrichtsnäher. Sie trennt zwischen *inhalts-* und *methoden*bezogenen Kenntnissen und Fähigkeiten und gliedert die erstgenannten nach Wiedergabe des Gelernten, selbständigem Erklären und Anwenden des Gelernten und Verstandenen, Urteilen, Hypothesen entwickeln, Alternativen entwerfen, die letztgenannten nach Kennen von Darstellungsformen, Arbeitstechniken, methodischen Schritten, nach Handhaben und Anwenden von Methoden und Arbeitstechniken und nach Methodenreflexion. Darüber hinaus nennt sie als die drei „Kriterien der Intensitätsgrade" Qualität, Quantität und Form der Darstellung. Wichtig ist dabei das Bestreben, Niveaustufen zu fixieren; allerdings werden die Grenzen der Meßbarkeit hierbei recht deutlich.

5. Die Hinwendung zum lernzielorientierten Unterricht hat zahlreiche Versuche inspiriert, *Lernziel-Kataloge* zusammenzustellen. Am häufigsten begegnen solche Kataloge im Zusammenhang einzelner Unterrichtseinheiten. Ihr Vorzug ist in der Regel ihre Sachnähe, ein häufiger Nachteil dagegen die fehlende Herleitung aus einem umfassenderen Begründungszusammenhang.

Verhältnismäßig wenig ist auch mit jenen Versuchen gewonnen, in denen an Stelle der Lernziele selbst lediglich Kriterienraster für ihre Auffindung entwickelt werden. Dazu gehört etwa das Schema, das eine Arbeitsgruppe des Historiker-Verbandes unter dem Leitziel der ‚kritischen Urteilsfähigkeit' entworfen hat; es umfaßt die Skalen Kenntnisse, Fertigkeiten, Einsichten sowie Analyse, Sachurteil, Wertung. Die Liste der daraus zu gewinnenden Lernziele dürfte ziemlich beliebig sein. Wo Entwürfe den Anspruch erheben, das gesamte Aufgabenfeld des Faches zu umreißen, geschieht dies regelmäßig auf einer außerordentlich hohen Abstraktionsstufe. Das gilt etwa von den Qualifikationen A. Kuhns — Fähigkeiten zur Kommunikation, zum ideologiekritischen Denken, zur gesellschaftlichen Analyse, zur Parteinahme, zur Identitätserweiterung — oder den Zielbestimmungen Jeismanns: Identifikation, Legitimation, Orientierung. Es handelt sich hier mehr um regulative Ideen als um fachspezifische Bestimmungsmerkmale, so daß die eigentliche Entfaltung der Lernziele erst auf einer Stufe darunter beginnen kann.

6. Die Lernzielorientierung des Geschichtunterrichts kann, richtig verstanden, einen bemerkenswerten Schritt in Richtung auf einen besser reflektierten und wirksameren Unterricht darstellen. Sie löst jedoch nicht alle *Probleme* und ist mit einigen nicht unerheblichen *Gefahren* verbunden.

Sie kann dazu verführen, das Eigengewicht der Fach*inhalte* zu unterschätzen, und das Mißverständnis nähren, es gebe hier eine beliebige Austauschbarkeit. In Wirklichkeit bedingen sich Ziele und Inhalte wechselseitig, und von einem Primat dieser oder jener kann nicht die Rede sein.

Die Festlegung von Zielen kann zu einer unguten *Vorprogrammierung* des Unterrichts führen. Im vorhinein festgelegte Ergebnisse sind ein eklatanter Widerspruch zum Prinzip des forschenden, selbstbestimmten Lernens. Verbindlich vorgegebene Ziele engen die Denk- und Lernmöglichkeiten ein und machen spontane Einfälle und divergente Problemlösungen zu Störfaktoren.

Keine Planung vermag das Lernpotential jedes Unterrichtsthemas im vorhinein und erschöpfend zu erfassen. Die meisten Lerngegenstände und insbesondere das Verhalten der am Lernprozeß Beteiligten sind so vielschichtig und unverfügbar, daß die Vorgabe von Lernzielen weithin *lückenhaft* oder *willkürlich* bleiben muß.

Schließlich gibt es Komponenten des Lernens, die in bündigen Lernzielformulierungen nicht zu erfassen sind, weil sie nicht unmittelbar beobachtet und nachgeprüft werden können. Dazu gehören etwa Problemlösungsansätze, die nur halbrichtig sind und unvollendet bleiben, aber dennoch erheblichen Lernwert haben können; die emotionale und persönliche Betroffenheit; die Spät- und Fernwirkungen von Lernvorgängen. Solche Imponderabilien, Nebenwirkungen, un- und halbbewußten Prozesse finden sich im Sieb der Lernzielraster nicht wieder, sind aber von kaum zu überschätzender pädagogischer Wirksamkeit. Solchen unerwünschten Folgen der Lernzielorientierung läßt sich am besten begegnen, wenn man die Zielangaben nicht zu eng faßt und Platz für unvorhersehbare Lernprozesse und kontroverse Lernergebnisse läßt. *Offene* Lernziele und *offene* Curricula dürften der günstigere Weg sein, um die Vorzüge der Lernzielorientierung bestmöglich zu nutzen und die unvermeidbaren Nachteile so klein wie möglich zu halten.

Literatur

Behrmann, G. C. / *Jeismann, K.-E.* / *Süssmuth, H.* (Hrsg.): Geschichte und Politik, Paderborn 1978
Robinsohn, S. B.: Bildungsreform als Revision des Curriculum, 3. Aufl. Neuwied 1971
Rohlfes, J. / *Jeismann, K.-E.* (Hrsg.): Geschichtsunterricht. Inhalte und Ziele (*GWU* 1974, Beiheft), Stuttgart 1974
Schörken, R.: Kriterien für einen lernzielorientierten Geschichtsunterricht, in: *Jäckel, E.* / *Weymar, E.* (Hrsg.): Die Funktion der Geschichte in unserer Zeit, Stuttgart 1975, 280 – 293

Operationalisierung

Joachim Rohlfes

Unter Operationalisierung versteht man die *Umsetzung von Qualifikationen und allgemeinen Lernzielen in Angaben über praktizierbare Teilleistungen.* Mager will den Begriff nur insoweit verwendet sehen, als die Beschreibung eines konkreten Verhaltens (einer Operation) angestrebt wird, das einer exakten Überprüfung zugänglich ist. Daneben gebraucht man den Begriff auch in der weiter gefaßten Bedeutung der Konkretisierung und Präzisierung, mittels derer allgemeinere Zielbestimmungen handhabbar gemacht werden sollen. Gemeinsam ist beiden Definitionen der mit der Operationalisierung verfolgte Zweck der *"erfahrungswissenschaftlichen Meßbarmachung"* (H. L. Meyer).
Operationalisierung ist seit jeher das Geschäft des Lehrers, insofern er täglich vor der Aufgabe steht, die Zielangaben und Stoffkataloge der Lehrpläne, Richtlinien und Jahrespensen in einzelne Lernschritte umzumünzen und den Erfolg dieser Lernschritte zu kontrollieren. Da Ziel- und Inhaltshinweise in der Regel einen ziemlich hohen Allgemeinheitsgrad aufweisen, bedürfen sie der Festlegung auf eindeutige *Denk-, Arbeits-* und *Lerntätigkeiten,* die in ihrem Vollzug oder zumindest in ihren Resultaten *beobachtet, überprüft* und *korrigiert* werden können. Die Operationalisierung soll zu *Aufgabenbeschreibungen* führen, aus denen zweifelsfrei hervorgeht, welche Verhaltensweisen jeweils vom Lernenden erwartet und nach welchen Maßstäben seine Leistungen beurteilt werden.
Die Operationalisierung besteht in einer Folge von Schritten, die von der relativen Offenheit einer Lernzielformulierung zur verbindlichen Beschreibung eines Endverhaltens führt. Über den Charakter dieser Ableitung ist man sich in der Literatur nicht ganz einig. Als erwiesen gilt lediglich, daß es sich nicht um eine logisch zwingende und konsistente Deduktion handelt, weil ein Allgemeinbegriff niemals alle ihm innewohnenden Implikationen zu umfassen und auszuschöpfen vermag. Die Entfaltung eines Allgemeinbegriffs geschieht eher auf dem Wege der Interpretation. Wer es etwa unternimmt, den Lernzielzusammenhang „Demokratie" historisch aufzuschlüsseln, wird sich auf eine überschaubare Zahl von Stationen ihres geschichtlichen Werdens beschränken und viele relevante Sachverhalte beiseite lassen müssen; in dieser Beschränkung durch Konkretisierung wird er dem Komplex „Demokratie" aber auch ein Plus an Bedeutungsgehalten hinzufügen, indem er bestimmte Demokratieformen bis ins Detail verfolgt und dabei Vorstellungen und Kategorien vermittelt, die über das singuläre Faktum hinaus tragfähig sind. Operationalisierung bedeutet darum zugleich Einengung und Erweiterung. Sie zwingt zur Ausmerzung aller Vagheiten und zur höchstmöglichen *Präzisierung* der Unterrichtsziele.
Die Operationalisierung wird im Hinblick auf *unterschiedliche Niveaustufen* vorgenommen. Gerlach unterscheidet die Leistungsarten des Identifizierens,

Nennens, Beschreibens, Ordnens und Konstruierens; der Strukturplan des Bildungsrates nennt als eine qualitative Stufenfolge die gedächtnismäßige Reproduktion des Gelernten, die selbständige Reorganisation des Wissens, die Übertragung von Grundprinzipien des Gelernten auf neue Aufgaben und das problemlösende Denken; von Borries stellt als grundlegende Operation die Fähigkeiten zum Identifizieren und Übersetzen, zum Interpretieren und Extrapolieren, zur Analyse und Beurteilung, zur Anwendung und Synthese heraus. Wie immer man die Klassifizierung anlegt — die als Operationalisierung bezeichnete Umsetzung allgemeiner Leistungserwartungen in konkret vollziehbare und exakt meßbare geistige Tätigkeiten ist an die vorgängige Wahl einer Niveaustufe gebunden. Sie ist ein Akt der *Maßstabsetzung* und keineswegs die Ausdifferenzierung einer „in der Sache selbst" liegenden Struktur.

Begriff und Vorgang der Operationalisierung sind im Zusammenhang der Bemühungen um eine objektive *Leistungsbeurteilung* entdeckt worden. Diese Herkunft markiert die Grenzen ihrer Anwendbarkeit. Als operationalisierbar gelten nur solche Leistungsformen, die der *Beobachtung* von dritter Seite zugänglich sind. Wo die direkte oder indirekte Überprüfung nicht mehr möglich ist, ist die Grenze der Operationalisierung erreicht, nicht aber die Grenze von Lernzielsetzungen. Dies gilt es sorgfältig auseinanderzuhalten. Wo allein die Operationalisierbarkeit von Lernzielen zum Kriterium ihrer Gültigkeit und Legitimation erhoben wird, droht eine verhängnisvolle Verarmung der Lernmöglichkeiten. Es gibt Lernhaltungen und Denkformen, die schwer oder gar nicht zu operationalisieren, für produktives Lernen aber schlechterdings unabdingbar sind (Interessenvielfalt, divergentes Denken u. a.). Operationalisierung ist ein Mittel zum Zweck, nicht der Zweck selbst.

Literatur

Mager, R. F.: Lernziele und Unterricht, Weinheim 1977
Borries, B. v.: Lernziele und Testaufgaben für den Geschichtsunterricht, 2. Aufl. Stuttgart 1976

Transfer

Rainer Krieger

In der psychologischen Lernforschung wird von Transfer gesprochen, wenn das Lernen einer Lernaufgabe A das Lernen einer Lernaufgabe B beeinflußt. Ältere deutsche Begriffe für dieses Phänomen sind „Lernübertragung" oder

„Mitübung". Die einfachste experimentelle Anordnung zum Nachweis des Transfers läßt sich folgendermaßen darstellen:

Experimentalgruppe (Transfergruppe)	lernt A	lernt B	Test (B)
Kontrollgruppe	pausiert	lernt B	Test (B)

Transfer vollzieht sich als *Prozeß* (beim Lernen von B) und zeigt sich als *Effekt* beim Test. Das Ausmaß des Transfers kommt in der Differenz der Testergebnisse beider Gruppen zum Ausdruck.

Begriffliche Differenzierungen

1. Positiver / Negativer Transfer
   Positiver Transfer: Eine Lernerfahrung wirkt sich für eine andere Lernaufgabe fördernd aus.
   Negativer Transfer: Eine Lernerfahrung wirkt sich für eine andere Lernaufgabe hemmend aus.
   Proaktive Hemmung: Lernstoff A beeinflußt Lernstoff B störend.
   Retroaktive Hemmung: Lernstoff B beeinflußt Lernstoff A störend.
2. Lateraler / Vertikaler Transfer
   Lateraler Transfer: Transfer erfolgt auf gleichem Niveau, zum Beispiel: Ein Interpretationsschema für Text A wird für Text B angewandt.
   Vertikaler Transfer: Beherrschung untergeordneter Fähigkeiten erleichtern die Bewältigung einer Lernsituation höheren Niveaus, zum Beispiel: Ein Text kann nur verstanden werden, wenn die in ihm enthaltenen Begriffe (untergeordnete Fähigkeiten) verstanden sind.
3. Spezifischer / Unspezifischer Transfer
   Diese Unterscheidung bezieht sich auf die Breite der Übertragung der erworbenen Fähigkeiten.

So können zum Beispiel verschiedene Methoden historischer Forschung in unterschiedlich großen Gegenstandsbereichen angewandt werden. Die Kenntnis der Methoden ermöglicht dementsprechend spezifische oder unspezifische Transfereffekte in der jeweiligen Problemsituation.

Bedingungen des Transfers

Die Untersuchung der Bedingungen des Transfers knüpft an das pädagogische *Konzept der formalen Bildung* an. Die Formalbildungstheorie, bis zur Jahrhundertwende fester Bestandteil der Schulpädagogik, postulierte die Möglichkeit einer globalen (unspezifischen) Förderung des Intellekts durch die Beschäftigung mit bestimmten Unterrichtsinhalten. Den vermittelten Kenntnissen kam nach dieser Theorie nur eine Vehikelfunktion zu; an den Inhalten — vor allem den alten Sprachen — sollten sich die geistigen Fähigkeiten üben und ausbilden.

Transfer durch „identische Elemente" (Ähnlichkeit): Thorndike und Woodworth hatten schon 1901 die Auffassung vertreten, daß sich Transfer nur vollziehen könne, wenn in zwei Lernaufgaben *identische Elemente* enthalten seien. So könnten Kenntnisse des Lateinischen sich fördernd auf das Erlernen der französischen Sprache auswirken — nicht aber auf die Entwicklung des logischen Denkens allgemein. Diese Voraussetzung der Identität von Elementen erwies sich jedoch in Untersuchungen als ambivalent, da bei übereinstimmenden inhaltlichen Elementen auch negative Transfereffekte (Verwechslungen) auftreten. Bei Lernprozessen im Geschichtsunterricht, die Jahreszahlen und Namen nur assoziativ und unstrukturiert aneinanderreihen, ist die Gefahr eines negativen Transfers dieses Typs sehr groß, da die einzelnen Daten nicht in sinnhaften Komplexen eingebunden und gespeichert sind.

Transfer durch Anwendung der Einsicht in einen regelhaften Zusammenhang: Dieser Transfertyp bezieht sich auf Fälle, in denen aus einer Lernsituation nicht nur Elemente, sondern *Strukturen* auf ein neues Problem übertragen werden können. Die Strukturen (Prinzipien, Regeln, Gesetze) müssen zuvor aus verschiedenen *Einzelfällen abstrahiert* werden, um für eine künftige Problemanalyse verfügbar zu sein. Beispielsweise werden Strukturmerkmale, die eine Revolution charakterisieren, erst transferierbar, wenn sie nicht isoliert an einem Fall demonstriert wurden. Es wäre unter diesem Aspekt also sinnvoll, etwa an eine Unterrichtseinheit über den deutschen Bauernkrieg eine Unterrichtseinheit über die Französische Revolution anzuschließen, um allgemeine Strukturmerkmale wie Herrschaft, Klasse, Revolution, Reform, Restauration usw. herauszuarbeiten. Diese Konzepte können dann in die Analyse anderer revolutionärer Situationen eingebracht werden. Ein fachtypisches Transferproblem des Geschichtsunterricht ist dabei allerdings die Frage nach der Vergleichbarkeit und Spezifität historischer Ereignisse. Anders als in den Naturwissenschaften, deren Gesetze für einen definierten Bereich übertragbar sind, stellt sich hier die Aufgabe, die Möglichkeit der Generalisierung von Fall zu Fall zu beurteilen. Ebenso wie die Generalisierung mißlingen kann, wenn der Lernende gedanklich zu sehr an ein Einzelbeispiel fixiert ist, kann die Übertragung aber auch unangemessen und voreilig sein, wenn die Spezifität historischer Situationen verkannt wird. Sicher ist nicht zu bestreiten, daß es etwa in revolutionären Situationen vergleichbare Strukturen gibt, der naturwissenschaftliche Anspruch, aus der Einsicht in einen regelhaften Zusammenhang exakte Voraussagen und Erklärungen für eine Vielzahl entsprechender Fälle abzuleiten, kann aber für den Bereich historischer Ereignisse nicht eingelöst werden. Es ist bezeichnend, daß dieser Transfer in der Literatur vorwiegend an physikalischen Problemen demonstriert wird. Spezielle Fragen, die in Verbindung mit diesen Transfer-Experimenten diskutiert werden — die Bedeutung der Medien, die Notwendigkeit der Verbalisierung von Prinzipien — erschienen für den Geschichtsunterricht vor dem Hintergrund des zentralen Spezifitätsproblems eher als zweitrangig.

Das Lernen des Lernens / Denkens als Grundlage des Transfer: Beim Lernen werden nicht nur Kenntnisse und Einsichten sondern auch bestimmte *Lern-*

haltungen (learning sets) erworben, die in anderen Problemsituationen wieder in nützlicher Weise eingesetzt werden können. Harlow, der diese Phänomene um 1950 experimentell untersuchte, sprach in diesem Zusammenhang vom „learning to learn" bzw. „learning to think". Schon Thorndike hatte sein Konzept der identischen Elemente nicht nur auf Inhalte, sondern auch auf die Identität von *Verfahrensweisen* bezogen. Dabei dachte er beispielsweise an die Anwendung einmal gelernter wissenschaftlicher Methoden in neuen Problemsituationen. Geschichtsunterricht kann derartige formale Fähigkeiten vermitteln, wenn er etwa bei der Untersuchung eines Dokuments relevante Fragen herausarbeitet, die an geschichtliche Quellen zu stellen sind (Anlaß? Absicht? Auftraggeber? usw.). Diese Fragestrategien können von Schülern auf eine Vielzahl von Texten übertragen werden. Prinzipiell lassen sich derartige *transferierbare Fragenkataloge* als analytische Instrumente für die verschiedensten Arten historischer Vorgänge entwickeln, wobei die Fragen, die etwa im Zusammenhang mit einem Krieg gestellt werden können, natürlich andere sein müssen als die, die sich auf die Erfindungen und technischen Fortschritt beziehen. Für das Konzept des *Entdeckenden Lernens* (Discovery Learning), das in den letzten 15 Jahren vor allem von Bruner propagiert wurde, ist dieser Ansatz typisch. Bruner argumentiert, daß die Schule bei der Fülle an Wissen, das der Menschheit zur Verfügung steht, am Anspruch einer systematischen Kenntnisvermittlung scheitern müsse, zumal auch nicht zu klären sei, welche Kenntnisse für das künftige Leben der Schüler von Belang sein könnten. Stattdessen sei es in der Schule vordringlich geboten, *übertragbare Problemlösungsfähigkeiten* zu vermitteln. Nach Bruner kann dies durch Entdeckendes Lernen erreicht werden, da hierbei die Schüler selbständig Lösungsstrategien vorschlagen und überprüfen müssen. Eine spezifische Form der Vermittlung derartiger formaler Fähigkeiten ist das *Fragetraining* (Inquiry Training) nach Suchman (1973), das sich das systematische Fragen und Erkunden als Lernziel setzt. Ausgangspunkt ist jeweils eine Vorlage (im Fach Geschichte bieten sich Bilder, Texte, Gegenstände, Tabellen und dergl. an), die durch ihre Widersprüchlichkeit, Mehrdeutigkeit oder Unglaubwürdigkeit Überraschung und Zweifel auslöst. Durch Fragen, auf die der Lehrer in der Regel nur mit Ja oder Nein antwortet, grenzen die Schüler das Problem ein und lernen auf diese Weise, begründete Hypothesen zu bilden und zunehmend systematischer und gezielter zu fragen — Fähigkeiten, die auf andere Probleme übertragbar sind. Durch die bewußte Zurückhaltung des Lehrers werden die Schüler in ihren intellektuellen Anstrengungen stärker gefordert. Erfahrungen mit dieser Methode stehen für den Geschichtsunterricht allerdings derzeit noch aus. Zu prüfen wäre auch, in welche geschichtsdidaktischen Konzeptionen sich derartige Ansätze, die formale Fähigkeiten akzentuieren, überhaupt einfügen lassen.

Literatur

Grose, R. F. / Birney, R. C. (Eds.): Transfer of Learning, New Jersey 1963
Suchman, J. R.: Fragetraining: Aufbau von Fertigkeiten zur selbständigen Entdeckung, in: *Neber, H.* (Hrsg.): Entdeckendes Lernen, Weinheim 1973, 247 – 272
Weinert, F. E.: Lernübertragung, in: *Weinert, F. E.*, u. a. (Hrsg.): Funkkolleg Pädagogische Psychologie, Frankfurt 1974, 685 – 709

Chronologischer Geschichtsunterricht

Ursula A. J. Becher

Problemlage

Vor nicht langer Zeit wäre der Begriff „Chronologischer Geschichtsunterricht" als Tautologie empfunden worden, so selbstverständlich wurde angenommen, daß Geschichtsunterricht immer chronologisch verfahre und verfahren müsse, weil man sich der Geschichte als eines bestimmten unveränderlichen zeitlichen Zusammenhangs gewiß war. Der Begriff „Chronologischer Geschichtsunterricht" entsteht erst in dem Augenblick, als diese Gewißheit in Frage gestellt wird.

Die in den fünfziger Jahren verbreitete Diskussion über die Möglichkeiten eines exemplarischen Geschichtsunterrichts ließ zwar den chronologischen Charakter des historischen Unterrichts weitgehend unberührt, da man an der zeitlichen Reihenfolge festhielt, verunsicherte aber den vorherrschenden Geschichtsbegriff durch die neu und radikaler gestellte Frage nach der Auswahl geschichtlicher Unterrichtsthemen, die der Forderung entsprechen mußten, exemplarisch für kategoriale Einsichten zu sein.

Die entscheidende Wende trat auch hier mit der Curriculumrevision ein. Sie verlangte die Legitimation der tradierten Schulfächer, die nur dann ihre Berechtigung im schulischen Curriculum fänden, wenn sie Schüler unmittelbar qualifizierten zur Bewältigung künftiger Lebenssituationen. Die Notwendigkeit präziser Lernzielbestimmung war eine Herausforderung für den traditionellen chronologischen Geschichtsunterricht, denn nicht *die* Geschichte als Ganzes ließ sich in ein strukturiertes Curriculum einbringen, die Inhalte sollten allererst über die Bestimmung von Lernzielen gewonnen werden. Die mit der Curriculumrevision erarbeiteten Rahmenrichtlinien haben denn auch folgerichtig den chronologischen Geschichtsunterricht aufgegeben und in der Öffentlichkeit heftige Kritik ausgelöst.

Grundsätzliche Erörterung

Die Notwendigkeit des chronologischen Geschichtsunterricht wurde mit dem Verweis auf die Prinzipien des historischen Denkens begründet. In der Tat ist für die Geschichte die Dimension der Zeit konstitutiv: Der gegenwärtige Zustand einer Gesellschaft ist das Ergebnis historischer Entwicklungen, die mehr oder minder weit in die Vergangenheit zurückreichen; in unserer Gegenwart werden die Voraussetzungen zukünftiger Gegenwarten gelegt. Bei dieser Bestimmung des Verhältnisses der drei Zeitdimensionen zueinander wird deutlich, daß die Gegenwart der eigentliche Bezugspunkt ist, der die zeitlichen Modi Vergangenheit und Zukunft miteinander verknüpft. Daß die aus der Gegenwart gestellte Frage an vergangene Handlungszusammenhänge gerichtet wird, ist unbestreitbar. Doch ist die Strukturierung dieser zeitlichen Dauer nicht mit dem Begriff Chronologie gleichzusetzen, der einer Differenzierung bedarf: Eine *absolute* Chronologie müßte alle nur denkbaren Ereignisse umfassen und wäre deshalb doch nicht Geschichte. Erst das urteilende und wertende Subjekt bringt die Ereignisse der Vergangenheit, die nicht auf einer Zeitebene liegen, sondern Phänomene unterschiedlicher Dauer (Braudel 1972) sind, in einen Zusammenhang und dadurch erst in eine chronologische Ordnung, die uns als historische Kontinuität erscheint. So folgt der traditionelle Stoffkanon des chronologischen Geschichtsunterricht, dem deutschen Idealismus verpflichtet, der Nation als oberster auswahlleitender und bestimmender Norm und stellt die Entstehung und Ausbildung des Nationalstaates als *die* Geschichte dar. Ein anderer wertender Auswahlgesichtspunkt würde auch eine andere Chronologie erfordern. Der Geschichtsunterricht hat es immer mit *relativer* Chronologie zu tun, und ein einmal festgelegter Kanon chronologisch geordneter Inhalte spiegelt lediglich eine bestimmte Bildungstradition, ist aber nicht allgemeingültig.

Der Bezug der aus gegenwärtigen Fragebedürfnissen konstituierten historischen Erkenntnisgegenstände und ihre Rekonstruktion als Geschichte zu einer allgemeinen menschlichen Gattungsgeschichte stellt sich über universale Bestimmungen her. Die alte Vorstellung eines sinnerfüllten Evolutionsprozesses ging von europäischen Erfahrungsgehalten aus und abstrahierte sie fälschlich zu universalen Kategorien. Neuere Ansätze zu Theorien sozialer Evolution (Habermas 1976), welche Entwicklung von Gesellschaften als kumulative Lernprozesse deuten, vermitteln Erklärungsmuster, die es erlauben, präzisere Fragen zu stellen und daher Geschichten mit umfassenderem Erklärungsgewinn rekonstruierend zu erzählen.

Gegenwärtige Positionen

Die Verteidigung des überkommenen chronologischen Geschichtsunterricht mit dem Anspruch, *die* historische Kontinuität darzustellen, findet sich in dieser Rigidität nur noch in politischen Debatten, nicht in der geschichtsdidaktischen Literatur.

Die Lübecker Arbeitsgruppe sieht „keine Notwendigkeit, von der universalhistorischen Großchronologie abzuweichen, aber auch nicht um jeden Preis an der Chronologie als Leitprinzip festzuhalten" (Schmid, 103). Diese Position ist weit verbreitet, weil sie praktischen Bedürfnissen entgegenkommt. Sie spiegelt aber die Tatsache wider, daß das Problem des chronologischen Geschichtsunterrichts auf der theoretischen Ebene noch nicht zureichend gelöst ist. Die geschichtsdidaktische Theorie steht in dem Dilemma, die *eine* Geschichte im Bewußtsein ihrer theoretischen Unhaltbarkeit nicht mehr erzählen zu können, und auf die pragmatischen Anforderungen der Unterrichtswirklichkeit antworten zu müssen. Zwei Positionen werden deutlich: In den didaktischen Konzeptionen, die an die Selbstreflexion der Geschichtswissenschaft anknüpfen, wird die Auswahlfrage präzisiert und begründet, die traditionellen geschichtlichen Unterrichtsinhalte werden als Ergebnis historischer Entwicklungen kritisch überprüft und ihre chronologischen Ordnungsprinzipien in der Regel eingehalten. Die der Curriculumtheorie verpflichteten geschichtsdidaktischen Konzeptionen verzichten auf chronologische Gesichtspunkte, explizieren aber nicht näher, wie Prozesse langfristigen Wandels vermittelt werden sollen und können.

Aufgabe der geschichtsdidaktischen Theorie wird es sein, die Erkenntnis von der relativen Chronologie aller Geschichten einzubinden in universale Kategorien, ohne in idealistische Konstruktionen zurückzufallen. Eine mögliche Lösung könnte durch die Präzisierung der Auswahlfrage versucht werden und ihre Überprüfung an den Regeln des rationalen Diskurses. Das würde den Geschichtsunterricht möglicherweise instandsetzen, jene Geschichte in ihrer zeitlichen Dimensionierung zu erzählen, die der jeweiligen Gesellschaft Aufschluß über sich selbst gibt.

Literatur

Braudel, F.: Geschichte und Sozialwissenschaften — Die Longue durée, in: *Wehler, H. U.* (Hrsg.): Geschichte und Soziologie, Köln 1972, 189 — 213
Habermas, J.: Zur Rekonstruktion des historischen Materialismus, Frankfurt 1976
History and the Concept of Time (*History and Theory*. Studies in the Philosophy of History, Beiheft 6), 1966
Mannzmann, A.: Vorüberlegungen zu einer Didaktik der Soziohistorie, in: *Blankertz, H.* (Hrsg.): Fachdidaktische Curriculumforschung, Essen 1973, 28 — 99
— Perspektiven einer Didaktik der Soziohistorie in weiterführender Absicht, in: *Süssmuth, H.* (Hrsg.): Geschichtsdidaktische Positionen. Bestandsaufnahme und Neuorientierung, Paderborn 1980, 83 — 120
Schmid, H. D.: Anordnung geschichtlicher Inhalte in einem Curriculum, in: *Bericht über die 31. Versammlung deutscher Historiker in Mannheim,* Stuttgart 1977, 103 ff.
Süssmuth, H. (Hrsg.): Geschichtsunterricht ohne Zukunft? Zum Diskussionsstand der Geschichtsdidaktik in der Bundesrepublik Deutschland (AuA, Bd. 1,1 und 2), Stuttgart 1972

Richtlinien, Lehrpläne

Klaus Fröhlich

Definitionen und Probleme

Die von den Kultusverwaltungen erlassenen Richtlinien und Lehrpläne sind historisch bedingte Kodifikationsformen amtlicher Bildungspläne für den öffentlichen Unterricht. Sie sind dazu bestimmt, das Bildungsangebot der Schulen in den einzelnen Fächern schulform- und stufenspezifischen Normen zu unterwerfen. Unter curriculumtheoretischem Aspekt sind sie definiert worden als fachbezogene „Beschreibung der Aufgaben der Schule in Form einer Sequenz von Lernerfahrungen, die auf bestimmte Verhaltensdispositionen zielen" (Knab 1969, 792). Diese Definition bezieht sich auf die *pädagogische* Intention von Unterrichtsrichtlinien wie sie von der Lehrplantheorie seit der Reformpädagogik der zwanziger Jahre entfaltet und von der Curriculumtheorie weiterentwickelt worden ist. Daneben stehen die politisch zu verantwortenden *admistrativen* Intentionen. Juristisch gesehen, sind Richtlinien und Lehrpläne „als ein Ensemble von Verwaltungsvorschriften zu klassifizieren, die sich an das Unterrichtspersonal wenden" (Dietze 1976, 86). Mit ihrer Hilfe nimmt der Staat seine ihm vom Grundgesetz und den Länderverfassungen eingeräumte Anordnungskompetenz im Bereich des öffentlichen Erziehungswesens wahr, die sich auf die staatliche Aufgabe bezieht, für ein gesichertes Maß an Bildung Sorge zu tragen. Der Übergang von den älteren Lehrplänen, die den Unterrichtsbeamten genaueren Vorschriften unterwarfen, zu offener gestalteten Richtlinien, deren Realisation in die pädagogische Verantwortung des Lehrers gestellt wurde – historisch vollzogen mit der Richertschen Richtlinienreform 1924 –, bedeutete die Anerkennung des Lehrers als einer pädagogischen Instanz durch den Staat und stärkte mithin die gesellschaftliche Komponente im öffentlichen Erziehungswesen. Die Erziehungs- und Bildungsarbeit der Schule mußte aber dennoch einer regulären Rechtmäßigkeitsprüfung zugänglich bleiben, die sich am Schutzbedürfnis ihrer Klienten vor bürokratischer und pädagogischer Willkür und am Gedanken der Garantie eines Mindeststandards an Bildung orientiert. Hierfür geben die amtlichen Richtlinien und Lehrpläne den juristischen Rahmen ab.

Ein erweiterter und qualitativ veränderter Bezugsrahmen ist der Definition von Richtlinien und Lehrplänen seit der Mitte der sechziger Jahre mit der Rezeption der *Curriculumtheorie* gesetzt worden (Robinsohn 1967; vgl. Blankertz 1974a, 162 – 176). In ihr drückte sich die in allen Bereichen wachsenden Demokratisierungshoffnungen als Erwartung einer umfassenden demokratischen Bildungsreform aus (Kuhn 1982, 417). Im Kontext einer solchen Bildungsreform, die „als Reform des Curriculums" vorgestellt wurde, können Richtlinien und Lehrpläne der Schule nicht länger autoritativ *Lehr-*Aufträge auf der Basis eines vorausgesetzten Konsenses über tradierte Bildungsinhalte erteilen, sie müssen vielmehr in umfassender Weise *Lern-*

Erfahrungen vorsehen, die die Schüler für die Bewältigung zukünftiger Lebenssituationen qualifizieren. Der Curriculum-Revision ist die Aufgabe gestellt, Lernziele, Lerninhalte und Lernmethoden des Unterrichts in wissenschaftlichen Verfahren unter gesellschaftlicher Kontrolle zu ermitteln, in ihrem Zusammenhang zu begründen und zum *Curriculum* zu verknüpfen. Indem die Reform des Curriculums den Schüler und seine Lernbedürfnisse in den Mittelpunkt stellt, zielt sie auf die Individualisierung des Bildungsprozesses; zu dessen Sicherung muß sie zugleich den Prozeß der Richtlinienerstellung, des Umgangs mit ihnen und ihrer Revision verwissenschaftlichen. Sie setzt die anthropologischen und die Sozialwissenschaften einschließlich der Pädagogik und der Fachdidaktik (s. Blankertz 1974b) in ihre Rechte als bestimmende Faktoren der curricularen Entscheidungen ein, aber nicht im Sinne der Inanspruchnahme bestimmter Wissenschaftsergebnisse für die Richtlinienentscheidungen, sondern im Sinne der Organisierung der Entscheidungsfindung entsprechend den Diskursregeln der in Bezug genommenen Wissenschaften. Diese Verwissenschaftlichung ist notwendig, um den Bildungsprozeß zu entmythologisieren, ihn rational nachvollziehbar und gesellschaftlich kontrollierbar zu halten. Allerdings vermag die Curriculumrevision aus sich heraus die Dichotomie von pädagogischen und politisch-administrativen Intentionen der Richtlinienentscheidungen nicht aufzuheben. Denn wenn es richtig ist, daß verbindliche Entscheidungen über Bildungsinhalte, die stets Wertentscheidungen enthalten, „nur dogmatisch kraft politischer Gewalt" getroffen und durchgesetzt werden können (R. Dahrendorf nach Blankertz 1974a, 165), hängt der Erfolg curricularer Richtlinienarbeit von der Fähigkeit und Bereitschaft der legitimen politischen Gewalten ab, sich in allen Phasen der Curriculum-Entwicklung den wissenschaftlichen Diskursregeln zu fügen. Die Chancen einer „Bildungsreform als Reform des Curriculums" sind allemal begrenzt durch die Wertpräferenzen und die Diskurspraxis des politischen und gesellschaftlichen Umfeldes.
Der Doppelcharakter von Richtlinien und Lehrplänen — pädagogische Leitlinie einerseits, rechtswirksame Verwaltungsvorschrift andererseits — macht ihre Problematik aus. Wie alle Erziehung entzieht sich auch im öffentlichen Schulwesen die edukative Tätigkeit bürokratischer Reglementierung. Das Problem stellt sich um so schärfer, je nachdrücklicher man die Zuständigkeit des Staates für das öffentliche Schulwesen aus grundsätzlichen, historisch leicht zu begründenden Erwägungen anerkennt und deshalb auf amtliche Richtlinien für den Unterricht nicht verzichten will. Der inhärente Konflikt ist im Falle des Geschichtsunterrichts — ähnlich auch im politischen Unterricht — besonders spürbar, weil hier auf der einen Seite die historische und politische Identität des Schülers in Frage steht, auf der anderen Seite aber auch der Staat in dem sensiblen Interessenbereich seines Legitimationsbedarfs angesprochen ist. Ein Blick auf die Geschichte des Geschichtsunterrichts zeigt (vgl. Bergmann / Schneider 1982), was auch die meisten heute gültigen Richtlinien und Unterrichtsempfehlungen belegen können: Kaum je hat es sich eine Kultusverwaltung versagt, ihre formale Anordnungsgewalt im Bereich des öffentlichen Geschichtsunterrichts als inhaltlich bestimmte *Definitionsmacht* auszulegen, und oft genug ist es auch gesellschaftlichen Gruppen gelungen,

ihre partikularen Interessen in amtlichen Richtlinien und Lehrplänen zur Geltung zu bringen.

Auch wenn man der herrschenden juristischen Auffassung folgt, daß der Rechtscharakter amtlicher Richtlinien keinen Maßstab für ihre pädagogische Angemessenheit abgibt (Dietze 1976, 86), bleibt die Gefahr, daß bestimmte, in den Richtlinien mitformulierte inhaltliche Positionen durch die Verkündung im Amtsblatt eine Verbindlichkeit erlangen, die sie weder wissenschaftstheoretisch noch didaktisch beanspruchen dürfen. Dabei interessieren nicht in erster Linie die möglichen Auswirkungen auf den konkreten Unterricht, denn es spricht viel für Doris Knabs Vermutung, daß in diesem Felde nichtkodifizierte Lehrplantraditionen und das Lehrmittelangebot ungleich stärker wirken als Richtlinien und Lehrpläne (Knab 1969, 791). Häufig erfüllen Richtlinien eine *legitimatorische* Funktion, wenn es zum Streit kommt zwischen Schulaufsicht und Schule, zwischen Schulleitung und Lehrer, zwischen Lehrer und Lehrer wie auch zwischen Lehrer und Eltern; dogmatisch gehandhabt, können sie dazu beitragen, daß Veränderungen des Geschichtsunterrichts, die als didaktisch notwendig und möglich erkannt worden sind, nicht stattfinden. Es fragt sich deshalb, ob unter den gegenwärtigen, curricularen Standards nicht genügenden Bedingungen Richtlinien und Lehrpläne überhaupt ein angemessenes Instrumentarium bieten, um Geschichtsunterricht zu verbessern.

Zum Stand der Richtlinienarbeit für den Geschichtsunterricht

Der Stand der Richtlinienarbeit in den einzelnen Bundesländern ist sehr uneinheitlich. Allein schon die unterschiedlichen schulorganisatorischen Eckdaten (Stundentafelanteile, Fächerbezeichnungen und -zuordnungen), die von Land zu Land und von Schulform zu Schulform differieren, vermögen den Eindruck des Chaotischen zu erwecken (s. Dümmler / Graßmann 1978 – Angaben teilweise überholt). Zwar ist in den meisten Bundesländern die Zeit der Lehrplanexperimente mit ihren Erprobungsphasen halb verbindlicher „Unterrichtsempfehlungen" und Richtlinien-Entwürfen zu Ende gegangen, mehr Übersichtlichkeit und – was vor allem nötig wäre – mehr curriculare Klarheit und Stringenz haben die in den letzten Jahren in Kraft gesetzten Richtlinien und Lehrpläne aber nicht gebracht. Dennoch zeigt die Richtlinienentwicklung in der Bundesrepublik Deutschland bei allen föderalistischen Unterschieden eine Reihe von Gemeinsamkeiten: Festzuhalten ist zunächst, daß kein Bundesland über ein abgestimmtes, von der Primarstufe bis zur Lehrerbildung reichendes Geschichtscurriculum verfügt; es wird auch nirgends daran gearbeitet. Erarbeitet wurden und werden jeweils Richtlinienwerke für die einzelnen Schulstufen bzw. -formen, die curricular kaum verknüpft sind. Auch wenn – wie in Bayern mit dem Modell des „Curricularen Lehrplans" (CuLP) – ein schulform- und stufenübergreifender curricularer Rahmen entwickelt worden ist, hat dessen Ausfüllung durch selbständig und entsprechend unterschiedlich arbeitende Richtlinien-Kommissionen der einzelnen Schulformen mit der Tradition der schulformspezifischen, partikularen Lehrkonzepte nicht gebrochen (vgl. Filser 1984). Hatte es bis in die Mitte der siebziger Jahre so geschienen, als ob die stufendidaktischen Konzeptionen gegenüber den schulformbezogenen an Boden gewännen (Quandt / Hug 1975, 420), so reproduziert die Richtlinien-Landschaft um die Mitte der achziger Jahre im wesentlichen wieder das Bild eines schulformdifferenzierten Geschichtsunterrichts im Rahmen des traditionellen gegliederten Systems; Stufenbezüge erscheinen meist nur noch als Sammeletiketten (Sekundarstufe I, Sekundarstufe II) auf den Titelblättern der Richtlinienwerke.

- In den *Grundschulen* (Primarstufe) findet historisches Lernen im Rahmen des Sachunterrichts statt, wobei sich die neueren Richtlinien und Lehrpläne wieder stärker an fachlichen Gesichtspunkten als an explizierten Sozialisationsbedingungen und Lebenssituationen der Schüler orientieren.
- In den verschiedenen Schulformen der *Sekundarstufe I* dominiert der chronologische Durchgang durch die Geschichte, der hier immer schon die Einbeziehung des historischen Lernens in eine Lernbereichsdidaktik behindert hat. Das gilt mehr und mehr auch wieder für Gesamtschulen (Berlin: Rahmenplan Gesellschaftskunde 1984; Hessen: Rahmenrichtlinien Gesellschaftslehre, 8. Aufl. 1984; Nordrhein-Westfalen: gefächerter Unterricht als Regelfall, keine eigenen Richtlinien).
- Im *berufsbildenden Schulwesen* (Sekundarstufe II — die eine Hälfte) wird Geschichtsunterricht von alters her nur in einzelnen Zweigen gegeben; eine curriculare Einbindung der historischen Bezüge in den im übrigen verbindlichen Politik-Unterricht ist bisher nirgends erkennbar.
- In der reformierten *Oberstufe des Gymnasiums* (Sekundarstufe II — die andere Hälfte) ist Geschichtsunterricht im Rahmen des Kurssystems vorgesehen, wobei der früher übliche sogenannte „zweite Durchgang" in der Regel von einer Folge thematisch zentrierter Unterrichtssequenzen abgelöst worden ist. Zwar sehen manche Richtlinien Verfahren zur pragmatischen Konstruktion sinnvoller Kurseinheiten vor (zum Beispiel Nordrhein-Westfalen 1982), die an den Kursunterricht gestellten Forderungen nach „aufsteigender Sequentialität" und wissenschaftspropädeutische Ausrichtung sind aber in diesem Rahmen nirgendwo überzeugend eingelöst. Im Zusammenhang mit verstärkten Pflichtbindungen für das Fach Geschichte feiert in einigen Ländern unterdessen sogar der zweite Durchgang wieder fröhliche Urständ (vgl. Kößler 1984 für Hessen; Wetzel 1984 für Baden-Württemberg).

Jede Richtlinien-Konstruktion erfordert begründete didaktische Entscheidungen a) über die *Lernziele* des Geschichtsunterrichts, b) über die *Auswahl der Inhalte* und ihre angemessene unterrichtliche Vermittlung, c) über die *Stellung des Faches Geschichte* im Kanon der Unterrichtsfächer. Die Entwicklungen und Tendenzen in diesen drei Entscheidungsfeldern sollen vornehmlich im Hinblick auf die Probleme in der Sekundarstufe I skizziert werden.

Zu a): Die älteren Richtlinien und Lehrpläne aus den fünfziger und sechziger Jahren, die in einigen Bundesländern noch bis zum Ende des vergangenen Jahrzehnts in Kraft waren (s. Synopsis 1977), zeichneten sich durch sehr unbestimmte *Zieldefinitionen* aus, die aber zu ihrer Zeit in hohem Maß konsensfähig waren (zum Beispiel Nordrhein-Westfalen 1963: Bereitschaft, „den Anruf der Vergangenheit zu hören und Verantwortung vor der Geschichte zu übernehmen"). Der häufige Rückgriff auf anthropologische Konstanten (Aufweis „elementarer Verhaltensweisen des Menschen" als eines „eigenständigen personalen Wesens" und als „abhängigen sozialen

Wesens") zeigt dabei eine signifikante Gesellschafts- und Politkferne des zugrunde liegenden Geschichtsverständnisses an (vgl. Hildebrandt 1973, 15 ff.). Der *Konsens* über die grundsätzlichen Ziele und Aufgaben des Geschichtsunterrichts, der lange Zeit zwischen Gesellschaft, Geschichtswissenschaft und Geschichtsdidaktik zu herrschen schien, erwies sich in der Krisensituation am Ende der sechziger Jahre als brüchig. Seit der in diese Jahre fallenden curricularen Wende steht die Geschichtsdidaktik und mit ihr die Richtlinienarbeit vor der Frage: lassen sich *oberste Lernziele* für den Geschichtsunterricht formulieren, die *konsensfähig* sind, und lassen sich *Deduktionskriterien* angeben, die diese obersten Lernziele auf der mittleren und unteren Lernzielebene präzisieren helfen? (vgl. Quandt / Hug 1975, 420 f.).
Die Geschichtsdidaktik, die das Thema zunächst mit einiger Vehemenz und nicht ohne fruchtbare Kontroversen aufgegriffen hatte (vgl. Schörken 1977; zusammenfassend auch Rohlfes, Artikel ,,Lernziele, Qualifikationen" in diesem Band), hat das Problem letztendlich nicht zu lösen vermocht und behandelt es heute unter dem Eindruck des neokonservativen Klimawechsels nur noch lustlos, obwohl in dem Konzept des ,,Geschichtsbewußtseins" als dem Thema der Geschichtsdidaktik schlechthin genügend Impulse für eine Erneuerung der fachlichen Lernzieldiskussion verborgen liegen (vgl. Schörken 1975; Jeismann 1978; Rüsen 1982). In der außerfachlichen öffentlichen Diskussion über Ziele und Aufgaben des Geschichtsunterrichts konnten zwar hier und da einige Pflöcke zugunsten einer curricularen Lernzielorientierung der Richtlinienentwicklung eingeschlagen werden (zum Beispiel Landtag von NRW: Beschlußempfehlung des Ausschusses für Schule und Kultur, 5. 3. 1980, in: Gd 1980, 221 ff.), das Thema war aber längst in den Strudel der politischen Auseinandersetzung um die *,,Werteerziehung"* geraten, deren Tendenzen eher auf die Dogmatisierung vorgegebener Wertentscheidungen in der Lernzielsetzung als auf die diskursive Verflüssigung der Lernzielfindung hinauslaufen. Unterdessen verzichtet kaum noch ein Richtliniengeber darauf, vorab auf den demokratischen Wertebestand des Grundgesetzes und der Länderverfassungen wie auf einen zeitenthobenen obersten Lernzielfundus zu verweisen; unterhalb dieser Ebene werden dann entweder *hochabstrakte Lernzielformulierungen*, die dank ihrer Inhaltsarmut konsensfähig scheinen, notiert oder *willkürlich gesetzte*, deren Begründung zur Vermeidung politischen Ärgers nicht öffentlich gemacht wird. Die Richtlinien verstehen den öffentlichen Geschichtsunterricht nicht als eine der Kommunikationsweisen, in denen sich die Gesellschaft täglich über ihre Gegenwart, Vergangenheitsdeutung und Zukunftserwartung verständigt (s. Fröhlich / Jahnke 1980, 229 f.), und deshalb wird auch nirgends ein Verfahren angeboten, das den am Unterrichtsprozeß Beteiligten, d. h. Lehrern, Schülern und Eltern, erlaubt, die Lernziele für den konkreten Geschichtsunterricht im Rahmen der Bildungsaufgaben der Schule selbst zu formulieren. Ein solches Verfahren müßte an sich konsensfähig sein und auf Konsensbildung unter Wahrung des Pluralitätsgebotes des Grundgesetzes abstellen. Stattdessen weichen die Richtliniengeber in jüngster Zeit mehr und mehr auf das Feld der Inhaltsfestlegung aus in der Hoffnung, bei ihren Adressaten hier auf ein höheres Maß an Konsensbereitschaft zu stoßen.

Zu b): Ein Blick auf die *Stoffverteilungspläne,* das Kernstück der alten wie der neuen Richtlinien und Lehrpläne, zeigt, daß auf dem Wege der inhaltlichen Pflichtbindung die didaktischen und curricularen Probleme des Geschichtsunterrichts nicht zu lösen sind. Der Verzicht auf ein Weitertreiben der Lernzielorientierung bringt notwendig den Verzicht auf eine Vorstrukturierung der Inhalte mit sich; die Inhaltsangaben der neuen Richtlinien und Lehrpläne weisen denn auch einen ähnlich hohen Abstraktionsgrad auf wie die Lernzielformulierungen. Allerdings kommt damit auch ein Moment der Freiheit in die Richtlinienverwendung; die unterrichtliche Ausfüllung der Stoffpläne wird von der individuellen Befähigung des einzelnen Lehrers abhängig. Da aber keine Kriterien und Verfahren zur Identifizierung, Auswahl und Strukturierung relevanter Inhalte expliziert werden, stellt sich bereits in den Stoffplänen selbst ein wenig variierter *traditioneller Stoffkanon* wieder her, der sich als erstaunlich resistent gegen alle curricularen Infektionen erweist (Beispiele in Synopsis 1977; s. auch Filser 1984, 431, 433). In dem nordrheinwestfälischen Richtlinienwerk für die Sekundarstufe I des Gymnasiums (1978) bleibt zum Beispiel von den sieben in der Präambel in Anlehnung an H. D. Schmids Mittelstufendidaktik aufgeführten Ansätzen zur Auswahl und Strukturierung von Inhalten nur das Prinzip der reduzierten Chronologie übrig; mit virtuoser Beliebigkeit gehandhabt, führt es im Stoffverteilungsplan zu einem jahrgangsgestuften, an klassischen Periodisierungsschemata orientierten chronologischen Geschichtsunterricht, in dem der Fortschritt im Aufbau der Zeitvorstellung beim Schüler gleichsam an die Bestimmungen der Versetzungsordnung gebunden erscheint. Mit einem solchen bewußtlosen Rückgriff auf scheinbar Altbewährtes gibt der Richtliniengeber seine didaktische Kompetenz an unbefragte Traditionen ab. Dieses Verfahren ist deshalb zu kritisieren, weil es geeignet erscheint, die Schüler an längst überständige Inhalte zu binden, d. h. den Aufbau eines anachronistischen Geschichtsbewußtsein zu fördern. Das Prinzip der relativen Chronologie, so nützlich es ist, wenn ihm weitere Kriterien beigegeben sind, kann für sich allein die Provinzialisierung des Bewußtseins, wie sie durch die raum-zeitliche Blickverengung etwa auf die neuere deutsche Geschichte — neuerdings noch verstärkt durch die modische Betonung der Heimatgeschichte — hervorgerufen wird, nicht verhindern. Eine solche Provinzialisierung ist im Blick auf die Zukunftsaufgaben der Schüler im 21. Jahrhundert nicht zu verantworten, weil sie das historisch erreichte gesellschaftliche Erfahrungs- und Lernniveau verfehlt.

Die Abstraktheit der Lernzielangaben und die unstrukturierten Inhaltsvorstellungen der Richtlinien sowie die mangelnde Verknüpfung beider Ebenen begrenzen die Reichweite der Richtlinien in bezug auf konkreten Geschichtsunterricht. Es wäre zu erwarten, daß die Richtlinien wenigstens auf der Ebene der *Unterrichtsverfahren* und der *Lernorganisation* den am Unterrichtsprozeß Beteiligten konkretere Hilfen anböten. Im Bereich der methodischen Richtlinienentscheidungen herrscht jedoch ein praktischer und theoretischer Eklektizismus vor, der den Lehrer unberaten seiner Praxis überläßt und mithin auch hier zur Reproduktion altbewährter, aber unaufgeklärter Unterrichtstraditionen unmittelbar beiträgt. Gleiches gilt für das Problem der *Leistungsmessung und -beurteilung.* Da die Bestimmung zur Lernerfolgskontrolle häufig mehr auf bürokratische und administrative Zwecke hin (Vergleichbarkeit, juristische Überprüfbarkeit) als unter curricularen Gesichtspunkten formuliert werden, sind sie mit den explizierten Lernzielen und den vorgesehenen Lernstrukturen oft kaum mehr kompatibel (zum Beispiel Nordrhein-Westfalen: Richtlinien Gymnasiale Oberstufe 1982, Kap. 4). Es kann dann dahin kommen, daß auch die Stoffpläne unterrichtlich vordringlich vom Kapitel 4 her gelesen und strukturiert werden, so daß sich die Bestimmungen zur Lernerfolgsüberprüfung als die eigentlich wirksamen Lernzielkataloge erweisen.

Zu c): Die Entscheidungen über Lernziele und Inhalte des Geschichtsunterrichts hängen nicht zuletzt davon ab, wie die Richtlinien das Verhältnis des Fachs zu den anderen Fächern des gesellschaftswissenschaftlichen Lernbereichs, und hier vor allem zum Politikunterricht, bestimmen. Die Frage nach *Integration, Kooperation* oder *Koordination* der Schulfächer dieses Lernbereichs stand im Grunde schon seit der Saarbrückener Rahmenvereinbarung der KMK im Jahre 1960 zur Debatte. Sie wurde aber erst Ende der sechziger Jahre aktualisiert durch den Aufschwung der Sozialwissenschaften und der Politik-Didaktik, die als erste auf die Verschärfung des politischen und gesellschaftlichen Klimas in der Bundesrepublik Deutschland reagierten und die Nachkriegskonzeption einer affirmativen *politischen Bildung*, wie sie von den einschlägigen Beschlüssen der Kultusminister-Konferenz seit 1950 (s. Hildebrandt 1973, 31 ff.) sanktioniert und von den darauf basierenden Richtlinien und Lehrplänen institutionalisiert worden war, einer fundamentalen Kritik unter Einbeziehung curriculumtheoretischer Erwägungen unterzogen. Das erste greifbare und zugleich das spektakulärste Ergebnis der curricularen Entwicklung im Bereich des politischen Lernens waren die Hessischen Rahmenrichtlinien Gesellschaftslehre 1972, die für die Sekundarstufe I ein an den Lernbedürfnissen der Schüler orientiertes *Integrationsfach* konzipierten, dessen Lernzielvorgaben fachspezifische Arbeitsschwerpunkte aus den Bereichen der Sozialkunde, der Geschichte und der Geographie zugeordnet sind. Einen anderen Weg ging das Land Nordrhein-Westfalen mit der Einführung eines selbständigen Faches Politik im Jahre 1973. Zusammen mit den schulformübergreifenden „Richtlinien Politik" (2. Aufl. 1974), die sich unter Verzicht auf inhaltlich definierte Stoffpläne darauf beschränkten, curricular ausgewiesene Verfahrensvorgaben für die angemessene Konstruktion von Unterricht zu machen und in einer Reihe begleitender Materialienbände zu exemplifizieren, wurde vom Kultusminister allen Fächern im gesellschaftswissenschaftlichen Aufgabenfeld, d. h. auch dem Fach Geschichte, der Auftrag erteilt, die systematische *Kooperation der Fächer* unter einem fächerübergreifenden „Lernzielgefüge" langfristig anzubahnen. Dieser Auftrag wurde in der Beschlußempfehlung des Ausschusses für Schule und Kultur an den Landtag von Nordrhein-Westfalen erneuert und durch die Aufforderung zur Entwicklung einer *Lernbereichsdidaktik* noch erweitert (Gd 1980, 222 f.).

Die curricularen Ansprüche der politisch-sozialwissenschaftlichen Disziplinen berührten das Fach Geschichte in seinem materiellen Bestand wie in seinem Selbstverständnis. Die beiden Richlinienwerke in Hessen und Nordrhein-Westfalen lösten seinerzeit eine anhaltende, heftige Debatte zwischen Geschichtswissenschaft und Sozialwissenschaft und ihren Fachdidaktiken aus, die vor allem die Geschichtsdidaktik wesentlich vorangebracht hat (s. Behrmann / Jeismann / Süssmuth 1978; Schörken 1978 u. a.). Heute kann man die notwendigen wissenschaftstheoretischen und didaktischen Voraussetzungen für eine engere Kooperation der Fächer des Lernbereichs als gegeben ansehen, wenn auch von einer explizierten Lernbereichsdidaktik noch nicht die Rede ist. Die Richtlinienentwicklung und vielerorts auch die Entwicklung der Fächer an den Schulen selbst zeigen allerdings seit Jahren eine gegenläufige Tendenz. Schon in dem öffentlichen Streit um die Hessischen Rahmenrichtlinien und das nordrhein-westfälischen Curriculum Politik ist deutlich geworden, daß die Frage der Fächerzuordnung im Lernbereich vornehmlich auf dem *politischen und administrativen* Feld entschieden wird. Die öffentliche Kritik hat sich im allgemeinen nicht an den wissenschaftstheoretischen und didaktischen Unzulänglichkeiten der beiden Modelle entzündet; sie sucht ihren Ansatzpunkt vielmehr immer wieder bei der vermeintlichen oder tatsächlichen Zurückdrängung des Schulfaches Geschichte und verband damit oft den Vorwurf der Systemveränderung und der Indoktrination. Die Kultusverwaltungen reagierten auf den politischen Druck mit bürokratischen Mitteln (Tendenz zur Festschreibung von fachspezifischen Inhalten und Rückkehr zu einer strikteren Richtlinienpraxis, die die Initiierung eines Theorie und Praxis verbindenden Revisionsprozesses behindert) und höhlten so das Innovationspotential der ursprünglichen curricularen Ansätze aus. Das gilt im übrigen auch für das Fach Politik / Sozialkunde, dessen Vertreter sich unterdessen auch auf die Suche nach dem Kanon facheigentümlicher, „unverzichtbarer" Inhalte gemacht haben, der ihren Anteil an der Stundentafel legitimiert (Deutsche Vereinigung 1983, 100 ff.; Henning / Müller / Schlausch 1982).
Wie ein Menetekel liest sich unterdessen die Geschichte der *Desintegration* der Hessischen Rahmenrichtlinien, deren sechste, siebte und achte Fassung von 1981/82 den schülerorientierten, emanzipatorischen Anspruch des Integrationsfaches Gesellschaftslehre zur „subjektiven Komponente des Lernvorgangs" in einem im übrigen sauber gefächerten staatsbürgerlichen Erziehungsplan umdeuten (Bergmann / Kuhn 1982; Haller 1982). Seit der Hessische Staatsgerichtshof den Artikel 56 der Landesverfassung in grotesker Verkennung seiner antifaschistischen und demokratischen Intention gegen die Idee des integralen politisch-historischen Lernens gewendet hat, geht auch außerhalb Hessens in Sachen Integration oder Kooperation der Fächer nichts mehr. Im Zeichen der „geistig-moralischen Wende" ist vielmehr bei der Richtlinienentwicklung eine deutliche Tendenz zur *Restauration* eines Geschichtsunterrichts zu beobachten, der „die" Geschichte für die „Erziehung zur sittlichen Persönlichkeit" (Hessischer Rahmenlehrplan Geschichte, Sek II, 1983), zu „Ehrfurcht vor Gott, Liebe zu Volk und Heimat, politischer und sittlichen Verantwortlichkeit, demokratischer und freiheitlicher Gesinnung"

(Wetzel 1984, 295) umstandslos in Anspruch nimmt und damit eben jener „Verzweckung im Politischen" (Th. Nipperdey) Vorschub leistet, die die Kritiker des hessischen Integrationskonzepts ein Jahrzehnt lang lautstark anzuprangern nicht müde geworden sind. Hätten zwanzig Jahre curricular orientierter Richtliniendiskussion uns nicht jene Unschuld gekostet, mit der frühere Zeiten der „Geschichte als Bildungsmacht" das Wort zu reden vermochten, könnte man angesichts mancher neuester Produkte der Richtlinienarbeit versucht sein, die Rückkehr zu den „fach- und schulformbezogenen Bildungsplänen von 1957 mit ihren vorcurricularen weiten Unterrichtsmöglichkeiten" für „sinnvoll und gar wünschbar" zu halten (Bergmann / Kuhn 1982, 273).

Aussichten einer curricularen Richtlinienreform

Daß die Hoffnungen auf curriculare Innovationen für den Geschichtsunterricht so enttäuscht erscheinen, liegt zum einen an der Eigendynamik des gängigen bürokratischen Systems der Richtlinienkonstruktion, zum anderen am Zuschnitt des öffentlichen curricularen Diskurses, in dem man sich noch immer lieber auf die bewährten Autoritäten als auf den Gebrauch des eigenen Verstandes verläßt, und zum dritten an der Unfähigkeit der Geschichtswissenschaft und der Geschichtsdidaktik, sich mit ihrem Rationalitätspotential in den Richtliniendiskussionen angemessen und dauerhaft zur Geltung zu bringen. Es ist gar nicht zu leugnen: die Aussichten einer curricularen Reform des Geschichtsunterrichts sind schlecht; sie paßt nicht in die Landschaft. Die Curriculumtheorie selbst verlangt für die Initiierung solcher Reformen einen gesellschaftlich verankerten Revisionskontext. Was curricular erarbeitet worden ist, muß einem permanenten Anwendungs- und Diskussionsprozeß unterliegen, der die *Revision des Curriculums* generiert. Ein solches Verfahren widerspricht jedoch aller zentralistischen Praxis und obrigkeitsstaatlichen Tradition, wie sie sich in dem Institut einer vom Minister berufenen Richtlinien-Kommission und ebenso auch in der traditionellen Einstellung von Lehrern und Eltern zu den autorisierten Arbeitsergebnissen solcher Kommissionen darstellt. Der Curriculum-Revision fehlt in der Bundesrepublik Deutschland die gesellschaftliche Basis.

Ist es deshalb auch schon an der Zeit, das postcurriculare Zeitalter einzuläuten? Will man in der Kritik des Geschichtsunterrichts und seiner Rahmenvorgaben nicht hinter die erarbeiteten didaktischen und curricularen Standards zurückfallen, wird man zunächst die Erfahrungen aufnehmen müssen, die in anderthalb Jahrzehnten Arbeit an und mit den Richtlinien und Lehrplänen der neuen Generation gemacht worden sind. Und hier ist doch unverkennbar, daß gerade der bürokratische Zugriff auf die Richtlinienkonstruktion, der sich in den Entscheidungen über Lernziele, Inhalte, Verfahren und Fachverständnis des Geschichtsunterrichts niederschlägt, die Ergebnisse der Richtlinienarbeit für diejenigen angreifbar macht, die konkrete Verbesserungen des Geschichtsunterrichts wollen. Handlungsbedarf und Handlungschancen liegen hier auf zwei Ebenen:

Zum einen sind im *öffentlichen Diskurs* durch beharrliches Argumentieren die Plätze zu besetzen, die derzeit von bürokratischer Regelungskompetenz und engem Schulpraktizismus gehalten werden. Der *Geschichtsdidaktik* als der Theorie und Praxis des historischen Lernens vermittelnden Disziplin kommt dabei eine besondere Aufgabe zu. Sie wird sich allerdings nur dann als die kritische Instanz beweisen können, deren Zoll jede künftige Richtlinienentscheidung passieren muß, wenn es ihr gelingt, ihre theoretischen Argumente durch empirische Belege zu untermauern, ihre Konzepte stärker als bisher als Antworten auf die von der Praxis des Geschichtsunterrichts an sie herangetragenen Fragen zu formulieren und die Wirkung curricularer Innovationen auf Unterricht abschätzen zu lernen.

Zum anderen hat die Erfahrung mit curricular angelegten Richtlinienversuchen gezeigt, daß es zur Verbesserung des Geschichtsunterrichts nicht genügt, am grünen Tisch Rahmenbedingungen auszuhandeln und den mehr oder weniger vorbereiteten Schulen zur praktischen „Umsetzung" aufzudrücken. Für den *Unterricht* relevante Innovationen sind noch immer und vor allem auf die *Lehrer* angewiesen, die diese Innovationen wollen und auch einzubringen vermögen. Es ist deshalb zu fragen, ob nicht eine ganze Reihe von Funktionen, die Richtlinien und Lehrpläne immer zugeschrieben, von diesen aber nie erfüllt worden sind, besser und effektiver durch gezielte Maßnahmen im Bereich der Geschichtslehrerausbildung und -fortbildung wahrgenommen werden sollte. Richtlinien sollten sich künftig darauf beschränken, das Mindestmaß an rechtserheblichen Regelungen auszuweisen, das die grundrechtlichen Ansprüche der Schüler auf eine angemessene Bildung und Ausbildung sichert, um in einem zweiten Teil Handreichungen und Hinweise für Lehrer, Schüler und Eltern zu geben.

Literatur

Behrmann, G. C. / *Jeismann, K.-E.* / *Süssmuth, H.*: Geschichte und Politik. Didaktische Grundlegung eines kooperativen Unterrichts (Studien zur Didaktik, Bd. 1), Paderborn 1978

Bergmann, K. / *Kuhn, A.*: Abschied vom Aufbruch. Hessen 1972 – 1982: Rahmenrichtlinien Gesellschaftslehre. Zum Erscheinen der 6., 7., 8. ... Fassung, in: *Gd* 7 (1982), 273 – 282

Bergmann, K. / *Pandel, H.*: Geschichte und Zukunft. Didaktische Reflexionen über veröffentlichtes Geschichtsbewußtsein, Frankfurt 1975

Bergmann, K. / *Schneider, G.* (Hrsg.): Gesellschaft – Staat – Geschichtsunterricht. Beiträge zu einer Geschichte der Geschichtsdidaktik und des Geschichtsunterrichts von 1500 – 1980, Düsseldorf 1982

Blankertz, H.: Theorien und Modelle der Didaktik, 8. Aufl., München 1974a
– Fachdidaktische Curriculumforschung. Strukturansätze für Geschichte, Deutsch, Biologie (neue pädagogische bemühungen, Bd. 57), Essen 1974b

Deutsche Vereinigung für Politische Bildung (Hrsg.): Politische Bildung in den Achtziger Jahren. Erster Bundeskongreß für politische bildung, Gießen 1982, Stuttgart 1983

Dietze, L.: Artikel „Curriculumrecht, Lehrplanrecht", in: *Roth, L.* (Hrsg.): Handlexikon zur Erziehungswissenschaft, München 1976, 85 – 89

Dümmler, K. / *Graßmann, S.*: Geschichtsunterricht in der Bundesrepublik Deutschland, in: *GWU* 29 (1978), 629 – 649

Filser, K.: Der bayerische curriculare Lehrplan Geschichte (Hauptschule), in: *Gd* 9 (1984), 431 − 436
Fröhlich, K. / Jahnke, J.: Dornröschen, oder wird der Geschichtsunterricht wachgeküßt? Geschichtsunterricht in demokratischer Absicht, in: *Gd* 5 (1980), 225 − 230
Haller, I. (Hrsg.): Erziehung zur Unmündigkeit oder: Politische Bildung als Denkverbot. Das Beispiel Hessische Rahmenrichtlinien Gesellschaftslehre, Dortmund 1982
Henning, B. / Müller, P. / Schlausch, H.: Inhaltliche Schwerpunkte politischer Bildung in den Lehrplänen der Bundesländer, in: *Zur Situation der politischen Bildung in der Schule* (Schriftenreihe der Bundeszentrale für politische Bildung, Bd. 185), Bonn 1982, 113 − 317
Hildebrandt, K.: Das Fach Geschichte in den Lehrplänen der Bundesrepublik, in: *Hoffacker, H. / Hildebrandt, K.* (Hrsg.): Bestandsaufnahme Geschichtsunterricht. Programmatik, Materialien, Perspektiven, Stuttgart 1973, 13 − 37
Jeismann, K.-E.: Didaktik der Geschichte: Das spezifische Bedingungsfeld des Geschichtsunterrichts, in: *Behrmann, G. C. / Jeismann, K.-E. / Süssmuth, H.*: Geschichte und Politik. Didaktische Grundlegung eines kooperativen Unterrichts (Studien zur Didaktik, Bd. 1), Paderborn 1978, 50 − 108
Keiner, Ch.: Zum Stand der Lehrpläne in der Bundesrepublik . . . Oder der Versuch, Ordnung in ein Chaos zu bringen, in: *Gd* 2 (1977), 365 − 373
Knab, D.: Lehrer und Lehrplan, in: *GWU* 20 (1969), 791 − 801
Kößler, G.: Roll-back. Der Hessische Rahmenlehrplan Geschichte für die Sekundarstufe II, in: *Gd* 9 (1984), 181 − 184
Kuhn, A.: Geschichtsdidaktik seit 1968, in: *Bergmann, K. / Schneider, G.* (Hrsg.): Gesellschaft − Staat − Geschichtsunterricht. Beiträge zu einer Geschichte der Geschichtsdidaktik und des Geschichtsunterrichts von 1500 − 1980, Düsseldorf 1982, 415 − 443
Quandt, S. / Hug, W.: Fachspezifische und fächerübergreifende Curricula und Curriculumprojekte: Geschichte, in: *Frey, K.* (Hrsg.): Curriculum-Handbuch, Bd. III, München / Zürich 1975, 420 − 430
Robinsohn, S.: Bildungsreform als Reform des Curriculums (1967), 2. Aufl., Neuwied 1969
Rüsen, J.: Geschichtsdidaktische Konsequenzen aus einer erzähltheoretischen Historik, in: *Quandt, S. / Süssmuth, H.* (Hrsg.): Historisches Erzählen. Formen und Funktionen, Göttingen 1982, 129 − 170
Schörken, R.: Kriterien für einen lernzielorientierten Geschichtsunterricht, in: *Jäckel, E. / Weymar, E.* (Hrsg.): Die Funktion der Geschichte in unserer Zeit, Stuttgart 1975, 280 − 293
− Der lange Weg zum Geschichtscurriculum. Curriculumverfahren unter der Lupe, in: *Gd* 2 (1977), 254 − 270, 335 − 353
− (Hrsg.): Zur Zusammenarbeit von Geschichts- und Politikunterricht (AuA, Bd. 20), Stuttgart 1978
Synopsis der Lehrpläne „Geschichte" für die Sekundarstufe I, in: *WPB* 29 (1977), 386 bis 390
Wetzel, H. W.: Widersprüche, Einseitigkeiten und Klischees. Kritische Anmerkungen zu den neuen Lehrplänen in Geschichte und Politik des Landes Baden-Württemberg, in: *GWU* 35 (1984), 294 − 298

V. Geschichte im Unterricht

Geschichte im Unterricht

Hans-Jürgen Pandel

Schule als Lernort und als Arbeitsplatz

Schule ist aus Sicht des Lehrers wie aus der des Schülers sowohl Lernort als auch Arbeitsplatz. In diese allgemeine Bestimmung ist eingeschlossen, daß der Lehrer in der Schule nicht nur arbeitet, sondern auch lernt, und der Schüler in ihr nicht nur lernt, sondern auch Lernarbeit leistet. Diese Doppelkennzeichnung durch Lernen und Arbeiten (in den Begriffen der politischen Ökonomie handelt es sich hier um Revenue verzehrende, keinen Mehrwert produzierende Arbeit) stellt Schule in den gesellschaftlichen Reproduktionsprozeß, in dem sie eine von den in ihr Arbeitenden / Lernenden nicht hintergehbare Funktion erfüllt: Verteilung und Erwerb von Berufs- und Lebenschancen durch Qualifikation, Selektion und Integration. Weit entfernt, eine der widersprüchlichen Realität entzogene Veranstaltung zu sein, laufen in der Schule Lern- und Arbeitsprozesse ab, die sich tendenziell von den Bedürfnissen und Interessen der Beteiligten ablösen. Es darf deshalb auch vom Fachdidaktiker nicht übersehen werden, daß innerhalb einer von den gesellschaftlichen Antagonismen geprägten Schule entfremdete Arbeit sowie auch entfremdetes Lernen stattfindet.

Definition von Unterricht

Unterricht tritt historisch gesehen dort in Erscheinung, wo der alltägliche Praxiszusammenhang die in ihm notwendigen Orientierungen und Fertigkeiten durch den bloßen Handlungs(nach)vollzug (durch Anschauen, Miterleben, Nachmachen) nicht mehr vermitteln kann. Unterricht wird zu einem zeitlich und dann auch räumlich aus dem täglichen Handlungsvollzug herausgelösten Lernort, um, vom unmittelbaren Praxisdruck entlastet, die zur Praxis notwendigen Orientierungen und Fertigkeiten in systematischer (zielgerichteter), reflektierter und geplanter Weise zu vermitteln. Die in diesem Schritt angelegte Trennung von Arbeit und Lernen erfordert deshalb auch, daß Unterricht berufsmäßig betrieben wird. Damit sind auch die wesentlichen Kennzeichen von Unterricht gegeben. Unterricht ist eine aus dem unmittelbaren Praxisvollzug ausgegliederte Veranstaltung (Institution), die zur Lösung ihrer Aufgabe berufsmäßig ausgebildetes Personal (Professionalität) benötigt, damit die Lernprozesse zielgerichtet (Intentionalität) und geplant (Planbarkeit) ablaufen. Zusammenfassend kann gesagt werden: Unterricht wird gekennzeichnet durch Intentionalität, Planung, Institutionalisierung und Professionalisierung bei gleichzeitiger Dispensierung vom unmittelbaren Praxisdruck des Arbeits- und Verwertungsprozesses.

Daß auch das Lernen von Geschichte zu einer Unterrichtsangelegenheit gemacht wird, ist eine relativ späte historische Erscheinung. Unterrichtliche Vermittlung von Geschichte ist ein Ergebnis der Neuzeit. Seither wird versucht, den alten Topos „historia magistra vitae" institutionell abgesichert und methodisch angeleitet zu realisieren. Mit „Leben" ist aber zu keiner Zeit die Lebenssituation des Schülers, seine individuellen Interessen und Bedürfnisse gemeint gewesen, sondern das staatlich geprägte öffentliche Leben. Die Klage über die Uneffektivität der unterrichtlichen historischen Unterweisung ist dabei so alt wie ihre schulische Institutionalisierung. Daß der Geschichtsunterricht zu keiner Zeit die in ihn gesetzten Erwartungen erfüllt hat, liegt in dem Charakter des Vermittlungsprozesses begründet: Er ist nicht nur Tradierungs-, sondern zugleich Interpretationsprozeß.

Wie im Unterricht allgemein, so laufen auch im Geschichtsunterricht *Qualifikationsprozesse* ab. Es sind allerdings keine berufsqualifizierenden Prozesse. Diese Qualifikationen beziehen sich wesentlich auf die Techniken des Erwerbs, der Verarbeitung und der argumentativen Vertretung historischen Wissens. Obwohl von Verbandsvertretern immer wieder gefordert (da angenommen wird, daß das Prestige eines Faches durch die Erhöhung des Leistungsdrucks zunimmt), nimmt Geschichtsunterricht weitgehend kaum Selektionsfunktion wahr durch die Vergabe versetzungs- und abiturrelevanter Noten. Schulischem Unterricht in Geschichte geht es wesentlich um die *Integration* durch die Vermittlung von gewerteten Traditionsvorstellungen. Durch Vorschreiben bestimmter Erinnerungsbestände soll Integration der Gesellschaftsmitglieder erzeugt und Legitimation für bestimmte politische Entscheidungen beschafft werden (Schicksal der Weimarer Republik — Radikalen-Erlaß). Aufgrund der widersprüchlichen Realität ist diese Zielsetzung zu allen Zeiten nicht vollständig erreichbar gewesen. Die Integration bzw. Desintegration von sozialen Gruppen mit abweichenden Wertvorstellungen unterhalb des Gesamtsystems ist nicht restlos steuerbar.

Dem staatlich institutionalisierten historischen Unterricht liegen die anthropologischen Grundfunktionen des Erinnerns und Vergessens von Ausschnitten der Gattungsgeschichte zugrunde. Symbolvermitteltes *Erinnern* und *Vergessen* sind gattungsspezifische Eigenschaften des Menschen, da sie sich im Medium der Sprache vollziehen und sich damit auf fremde Erfahrungen beziehen können. Der Erinnerungsraum wird so von der eigenen Erfahrung auf die Fremderfahrung ausgedehnt. Im Unterricht werden diese Eigenschaften institutionalisiert und intentional gesteuert. Zum Erinnern scheint mehr Aktivität zu gehören als zum Vergessen. So gesehen, besteht historisches Lernen aus *intentional gesteuerten kollektiven Erinnerungsakten*, die mit dem Erinnern bestimmter Erinnerungsbestände gleichzeitig das Vergessen von anderen Inhalten bewirken. Demgegenüber ist das Vergessen als das Abhandenkommen einer bereits erworbenen Erkenntnis bestimmt. Nur scheinbar ist das Vergessen ein Vorgang, der sich ohne unsere Absicht und ohne unseren Willen vollzieht. Es ist eine wesentlich aktive Leistung, die sowohl individuell als auch kollektiv erbracht werden kann. Vergessen findet als *Verdrängung* statt. Wir können verschiedene Verdrängungsformen unterscheiden: Ableugnung („das ist gar nicht wahr"), Aufrechnung („die anderen haben aber auch..."), Relativierung („so viele Juden waren es aber gar nicht") und Verschweigen (= der kommunikativen Erfahrung entziehen). Setzen wir Unterricht in Geschichte bei den evolutionsgeschichtlich erworbenen psychischen Akten des symbolisch vermittelten Erinnerns und Vergessens an, so können wir historischen Unterricht nicht (wie es noch häufig geschieht) in den statischen Besitzkategorien „haben" und „nicht-haben" beschreiben („Geschichtslosigkeit" und „fehlendes Geschichtsbewußtsein"). Es geht beim Unterricht nicht um das „Haben" von überindividuell identischen Beständen (Stoffen, Wissen, „die" Geschichte), sondern um die an den Bedürfnissen der Lernenden orientierte Genese von Denk- und Handlungskategorien.

Lernorte und Lernsituationen

Schule ist weder der erste und auch nicht der letzte Ort, an dem Geschichte gelernt wird. Das Lernen von Geschichte erfolgt auch in den nicht-formalisierten Alltagssituationen. Es ist deshalb genauer, von Lernorten und Lernsituationen zu sprechen, da diese Begriffe nicht unbedingt auf ein räumlich und zeitlich abgrenzbares oder institutionalisiertes Lernen von Geschichte abzielen. In einer vorläufigen Definition kann man „Lernort" deshalb auch als didaktische Situation bestimmen, in der an Subjekte Lernanforderungen, Lernzumutungen und Lernangebote gerichtet werden — Lernorte sind aber auch solche didaktischen Situationen, in denen Subjekte von sich aus Lernwünsche und Lernerwartungen artikulieren. Um den Schritt von dem entfremdeten zum schülerorientierten Lernen zu vollziehen, ist es notwendig, daß beide Aspekte der didaktischen Situation zusammenfallen: *Lernwünsche und Lernangebote müssen tendenziell identisch werden.*
Die Geschichtsdidakitk ist gegenwärtig dabei, die einseitige Fixierung auf den Lernort Schule aufzugeben und andere didaktische Situationen historischen Lernens in ihren Reflexionshorizont einzubeziehen. Es sind zum Beispiel (in unvollständiger und unsystematischer Aufzählung) neben Schule: Museum, Theater, Deutschunterricht, vor dem Fernseher, im Touristikbus, beim Betrachten alter Familienfotos, beim Lesen der Regenbogenpresse, bei der Bereitschaft von Stadtparlamenten, Kennedy-Plätze einzurichten, und ihrer Weigerung, Straßen nach Salvadore Allende zu benennen etc. Durch die Blickrichtung auf die Pluralität der Lernorte und Lernsituationen werden Alltagswelt und Lebensgeschichte der Schüler zunehmend Kernpunkte didaktischer Aufmerksamkeit.

Unterricht in der Schule

Aus dem Verweis auf die unterschiedlichen Lernorte von Geschichte darf nicht geschlossen werden, daß an all diesen Orten und in all den genannten Situationen auch Unterricht stattfindet. Jeder Unterricht ist zwar ein Lernort, aber es findet nicht überall Unterricht statt, wo historische Lernprozesse ablaufen. Konstitutiv für Unterricht ist Intentionalität (W. Schulz) unter nicht-zufälligen Bedingungen (W. Ziefreund). Intentional gesteuerte Lernprozesse unter künstlich hergestellten Bedingungen machen erst Unterricht aus. Vom Unterricht selbst zu unterscheiden ist Ort und Träger seiner Institutionalisierung (Staat, Gewerkschaften, freie Vereine — Schule, Wochenendseminare, Vortragsabende). Unter den verschiedenen Institutionalisierungsformen von Unterricht ist Schule dann allerdings nur eine unter anderen. Wenn Unterricht in der Schule auch nur ein Lernort neben und unter anderen ist, so darf darüber nicht seine spezifische Rolle und Leistung übersehen werden:

— Die Schule ist der am weitesten institutionalisierte und professionalisierte Lernort von Geschichte. *Institutionalisierung* und *Professionalisierung*, verbunden mit institutionell verbürgter *Intentionalität*, sind ihre Eigenschaften. Darüber hinaus ist Unterricht in der Neuzeit zu einer staatlich eingerichteten und überwachten Angelegenheit geworden. Allerdings liegt die Professionalisierung und die organisatorische Absicherung historischen Lernens eher am Ende als am Anfang der staatlichen Prioritätsskala. In Haupt- und Realschulen wird Geschichtsunterricht in sehr geringem Maße von Fachlehrern erteilt, Fortbildungsveranstaltungen für Geschichtslehrer fehlen weitgehend, die Ausstattung mit Lehrmitteln steht weit hinter der anderer Fächer zurück usw. Nur bei genügend groß inszenierter öffentlicher Aufmerksamkeit ist der Staat bereit, kurzfristig in diesen Bereich zu intervenieren. Die staatliche Intervention in den Unterricht in Geschichte erfolgt nicht nur durch die Festlegung von Richtlinien und Lehrplänen und deren Überwachung, sondern sie erfolgt auch in bestimmten Situationen. Es werden bestimmte zu behandelnde Unterrichtsinhalte als verbindlich dekretiert: Totalitarismus-Erlaß, Ostkunde-Erlaß oder Erlaß zur Deutschen Frage. Allerdings fällt auf, daß diese Interventionen zumeist erst dann erfolgen, wenn sich die praktische Politik der politischen Parteien von diesen Problemen (Anerkennung der Oder-Neiße-Grenze, Kalter Krieg, Wiedervereinigung) bereits zurückgezogen hat. Die schulischen Auflagen bekommen so den Charakter von Politik-Ersatz zur Pazifizierung bestimmter Wählerpotentiale.

— Wenn Schule auch nicht der einzige Lernort ist, so ist sie aber jener Lernort, an den die *Erwartung* herangetragen wird, den Lernprozeß von Geschichte so zu organisieren, daß sein Ergebnis dem entspricht, was die Öffentlichkeit als Geschichte zu definieren bereit ist. *Öffentlichkeit* wird hier verstanden als ein über Massenmedien artikuliertes Selbstverständnis der jeweils dominanten gesellschaftlichen Gruppen. Ihre normativ gemeinten und faktisch auch so wirkenden Ansprüche an die Institution Schule bilden einen Zusammenhang, an dem inhaltliche und methodische Innovationsbereitschaft ihre Grenze findet.

— Auch wenn die Schule (genauer: der in Schulräumen stattfindende Unterricht) nicht das Monopol historischen Lernens beanspruchen kann, so ist doch der an andere Lernorte verlagerte (zum Beispiel Geschichtsunterricht im Museum) kein schulfreies Lernen. Die Lerngruppe nimmt die Institution Schule überall hin mit. Schule kann so über das Lernen in der eigenen Institution auch das Lernen an *anderen Lernorten organisieren*, beeinflussen und in die eigenen intendierten Bildungsprozesse miteinbeziehen. Der Vorteil außerschulisch organisierten Lernens dispensiert zwar nicht von den Regeln und Normen der Institution, er hilft aber, Motivationsprobleme durch die Erhöhung visueller und taktiler Reize zu lösen.

Unterricht als Kommunikation

Unterricht als Bedingungsgefüge unterschiedlicher Strukturmomente hat eine Reihe von theoretischen Ansätzen zu seiner Erklärung herausgefordert. Er wird beschrieben als geplante Information, als Verhaltensänderung, als Lernen, als Sozialisation, als Kommunikation usw. Unterricht ist so zu einem Forschungsgebiet unterschiedlicher Theorien geworden: Informationstheorie, Kybernetik, Lerntheorie, Kommunikationstheorie usw. Diese wissenschaftlichen Unterrichtstheorien müssen von der Fachdidaktik auf ihre Kompatibilität mit den Intentionen des Faches Geschichte und auf ihre Erklärungskraft für den Geschichtsunterricht untersucht werden. Am weitesten scheint für geschichtsdidaktische Zwecke die Kennzeichnung von Unterricht als *Kommunikation* zu reichen. Unterrichtliche Kommunikation ist nicht ausschließlich auf Informationsweitergabe und Wissensvermittlung (Inhaltsaspekt), sondern auch auf die Definition der sozialen Beziehungen der Kommunikationsteilnehmer zueinander gerichtet (Beziehungsaspekt). Der Kommunikationsbegriff liefert den wichtigen Zusammenhang von allgemeiner Didaktik und Fachdidaktik.

Im Unterricht findet Kommunikation statt. Pädagogische Kommunikation läßt sich danach unterscheiden, *was* auf *welche Weise* kommuniziert wird (Mollenhauer). Kommunikations*inhalte* (hier keineswegs nur als Thematik gemeint, sondern auch als Ziele und Erkenntnisweisen) sind Gegenstand der *Fachdidaktik*, die Kommunikations*weisen* vorwiegend der der *Erziehungswissenschaft*. Inhalte und Erkenntnisweisen der Fachdidaktik müssen in der Unterrichtsplanung in die Kommunikationsweise situationsadäquat eingepaßt werden. Unterricht in Geschichte läßt sich danach als ein Kommunikationszusammenhang definieren, der im diskursiven Durchsprechen des Wissens über die Vergangenheit Orientierung für Gegenwart und Zukunft der Kommunikationsteilnehmer sucht. Die Definition des Geschichtsunterricht als Kommunikation enthält eine wichtige Implikation. Sie geht von der kontrafaktischen Unterstellung aus, daß in einem Kommunikationszusammenhang grundsätzlich beide Kommunikationspartner gleichberechtigt sind. Im Unterricht dominiert aber der Lehrer durch Wissensvorsprung, Autorität, Führungswissen und Macht, d. h. Fähigkeit, Zwangsmittel in Form von Disziplinierungsmitteln und Noten einzusetzen. Dadurch wird eine *asymmetrische* Kommunikationsstruktur geschaffen. Das so in der Unterrichtssituation enthaltene Autoritätsgefälle beeinträchtigt beim Schüler die Wahl der Verständigungsmittel, die Verständigungsbereitschaft und die Intensität der Verständigung.

Die faktische Dominanz des Lehrers findet ihre Legitimation nur in den Handlungen, die auf ihren Abbau abzielen. Alle kommunikativen Akte müssen daraufhin unterschieden werden, ob sie die faktische Überlegenheit der einen Seite durch die Entwicklung von Kompetenzen der anderen Seite abbauen helfen. Das bedeutet im einzelnen, bestimmte Verwendungsformen von Medien, bestimmte Lernverfahren und bestimmte Erkenntnis- und Arbeitsweisen müssen Vorrang vor anderen bekommen.

Strukturmomente von Unterricht

Die Binnenstruktur von Unterricht kann durch eine Reihe von Momenten bestimmt werden, die sein *Bedingungs- und Entscheidungsfeld* ausmachen. Von der allgemeinen Unterrichtstheorie sind bisher (zum Beispiel) als Strukturelemente von Unterricht genannt worden: Ziel, Thematik, Medien, Methoden, anthropogene und sozio-kulturelle Voraussetzungen (Berliner Schule um Wolfgang Schulz u. a.) oder von anderer Seite: Gegenständlichkeit, Aktualität und Modalität (Gießener didaktisches Modell von Wilhelm Himmerich u. a.). Beide Unterrichtstheorien betrachten ihre Strukturelemente als formal konstant und inhaltlich variabel. Auf diese Weise kann in den allgemeinen didaktischen Modellen auch spezifischer Fachunterricht realisiert werden. Fachunterricht erscheint so als inhaltliche Auffüllung allgemeiner Strukturen. Eine in die Disziplin der Didaktik der Geschichte eingelassene *fachdidaktische Unterrichtstheorie* als Theorie von Bedingungen für die Realisierung von geschichtsdidaktischen Zwecken ist zur Zeit noch Desiderat. Bezogen auf das Fach Geschichte, müßte eine fachdidaktische Unterrichtstheorie strukturanalytisch nach dem Bedingungs- und Möglichkeitsfeld historischen Unterrichts fragen. Ausgehend von einem Geschichtsunterricht als *Kommunikationsprozeß* muß Art und Eigenschaft der Strukturmomente analysiert werden, die die Binnenstruktur des Unterrichts bilden. Die Strukturelemente und die Art ihrer Konstellation zueinander aktualisieren sich dann im Unterrichtsprozeß als Kommunikation über Geschichte. Obwohl von der empirischen Unterrichtsforschung noch keine Ergebnisse dazu vorliegen, hat sich die Annahme von folgenden *sechs Strukturmerkmalen des Geschichtsunterrichts* als zweckmäßig erwiesen: Inhalte, Thematik, Erkenntnisweisen, Medien, Methoden und Sozialisationsvorgaben. *Inhalte* sind die geplanten didaktischen Intentionalitäten, die sich mit der Thematik zu Lehr- und Lernzielen verbinden lassen. *Thematik* wird hier verstanden als Summe der durch die Geschichtswissenschaft ermittelten Sachverhalte, die in einem System narrativer Aussagen dargestellt vorliegen. Unter *Erkenntnisweisen* werden die Methoden der geistigen Auseinandersetzung mit referierter und dargestellter Geschichte verstanden, derer sich der Schüler bedienen muß, um die in den unterschiedlichen Medien verschieden symbolisierte (verbal, schriftlich, optisch, akustisch, ikonisch etc.) Kognition zu entschlüsseln. Danach sind *Medien* als Träger von (oft emotional überlagerter) Kognition definiert. Die Beziehung der Kommunizierenden untereinander wird durch die unterschiedlichen eingesetzten Methoden beeinflußt. *Methoden* sind hier Arbeits- und

Übersicht: Strukturmomente des Geschichtsunterrichts

	Strukturmomente	Definition	Beispiel
Lehr- und Lernziele	Inhalte	geplante didaktische Intentionalitäten	zum Beispiel „... erkennen, daß historische Wertvorstellungen nicht dadurch erledigt sind, daß ihre Realisierung in ihrer (Entstehungs-)Zeit scheiterte" (K. Bergmann)
	Thematik	durch die Geschichtswissenschaft ermittelte Sachverhalte, dargestellt in einem System narrativer Aussagen, sowie mitgeteilte Lebensgeschichte der Kommunikationsteilnehmer	fachwissenschaftliche Ergebnisse, zum Beispiel „Die Französische Revolution" (P. Gaxotte), „Die Massen in der Französischen Revolution" (R. Rudé)
	Erkenntnisweisen	Methoden der geistigen Auseinandersetzung mit referierter und dargestellter Geschichte	zur Zeit für den Geschichtsunterricht vier unterscheidbare Erkenntnisweisen, zum Beispiel: empirisch-analytische Erkenntnisweise, Interpretation, Dialektik, Quantifizierung
Variablen	Medien	mit bestimmten Erkenntnisweisen zu entschlüsselnde Träger von Kognition	zur Zeit für den Geschichtsunterricht 23 unterscheidbare Medien, zum Beispiel: Bild, Lehrbuch, Comic, Dia, Film, Quelle, Tonband/Schallplatte, Plakat, Zeitleiste usw.
	Methoden	Arbeits- und Sozialformen von Lehrern und Schülern, die die Kommunikationsweise des Unterrichts bestimmen	zur Zeit für den Geschichtsunterricht 13 unterscheidbare Aktionsformen, zum Beispiel: Frage, entdeckendes Lernen, Simulation usw., und sechs unterscheidbare Sozialformen, zum Beispiel Frontalunterricht, Einzelarbeit, Exkursion, Team-Teaching usw.
Bedingungen	Sozialisationsvorgaben	kognitive und evaluative Verarbeitungsmodi von referierter, dargestellter und erlebter Geschichte als gesellschaftlicher Bedingung und Voraussetzung, um Lernen zu ermöglichen, zu behindern oder zu verhindern	Sprache: Wort-, Begriffs- und Klassifikationslernen; Zeitperspektive, moralisches Bewußtsein, Identifikation, Wahrnehmung sozialer Unterschiede, Toleranz für abweichendes Verhalten usw.

Sozialformen von Lehrern und Schülern, die die Kommunikationsweise des Unterrichts bestimmen. Lehrer wie Schüler werden sowohl auf der inhaltlichen wie auf der Beziehungsebene durch ihre vorangegangene Lebens- und Lerngeschichte bedingt. Diese *Sozialisationsvorgaben* sind deshalb ein maßgebender Bedingungsfaktor der Unterrichtsstruktur. Unter den Sozialisationsvorgaben sind die kognitiven und evaluativen Verarbeitungsmodi von referierter, dargestellter und erlebter Geschichte zu verstehen.

Planung

Die Verwissenschaftlichung der Lehrerausbildung und die damit verbundene Zurückdrängung von ,,Gabe" und ,,Berufung" als Merkmale der Lehrerrolle haben das Definitionsmerkmal ,,Planbarkeit" von Unterricht stärker in den Vordergrund treten lassen. Unterstützt wird dieser Prozeß durch die geschichtsdidaktische und geschichtstheoretische Diskussion der Gegenwart, nach der der Geschichtsunterricht selbst der Logik der historischen Erkenntnis folgt. Geschichtsunterricht kann seitdem nicht mehr als Übermittlung eines zeitenthobenen Kanons unveränderlicher Wißbarkeiten begriffen werden. Da nicht mehr auf heriditäre (,,geborene Erzieher"), traditionelle (zeitenthobener Kanon) und biologische (reifungsbedingte Entwicklungsstufen) Konstanten zurückgegriffen werden kann, wird der Planbarkeit von Unterricht und der Planungskompetenz des Lehrers größere Aufmerksamkeit entgegenzubringen sein.

Unter einem *Plan* ist eine gedanklich vorweggenommene Verknüpfung von zu realisierenden Ereignissen und Vorhaben mit deren zeitlicher Dauer zu verstehen. Die konzeptionelle Antizipation von kausaler Verknüpfung, zeitlicher Dauer und Reihenfolge der Unterrichtsereignisse im Plan gründet auf *Erfahrung*, die in die Zukunft übertragen wird. Diese Erfahrung kann persönlicher Natur sein (in der eigenen Praxis erlebt); aber auch tradierte fremde (über Generationen hinweg) oder systematisch gewonnene Erfahrung (durch empirische Methoden hervorgebracht und publiziert) erfüllt diese Funktion.

Die Planungsaktivität des Lehrers besteht in einzelnen *Entscheidungsakten* unterschiedlicher Reichweite. Es müssen Ziel- und Inhaltsentscheidungen, Entscheidungen zur Medienwahl und Entscheidungen unter methodischen Alternativen getroffen werden. Die in der Unterrichtsplanung zu treffenden Entscheidungen betreffen grundsätzlich die aufgezählten Strukturmomente des Unterrichts. Sie müssen unter Beachtung der Bedingungen so in Beziehung zueinander gesetzt werden, daß sie an der Zielsetzung des historischen Unterrichts (Emanzipation, Aufklärung, Identitätsfindung) ausgerichtet werden (vgl. Übersicht).

Der tägliche Praxisdruck macht es notwendig, Lehrern ein Instrument an die Hand zu geben, das sie befähigt, die Komplexität der planungsfähigen und planungsnotwendigen Aktivitäten zu reduzieren und überschaubar zu machen. Prinzipiell gibt es dazu zwei Instrumente: die *didaktische Analyse* und fertige *Unterrichtsmodelle*. Didaktische Analyse meint die ,,Ermittlung der thematisch gebundene Lernstruktur" (Klafki). Unterrichtsmodelle sind dagegen

Endprodukte einer didaktischen Analyse, frei zur Adaption auf die eigene Unterrichtssituation. Sie sind Ergebnis bereits vollzogener didaktischer Analysen, die im Idealfall die Planungsfragen schon vorentschieden haben.

Literatur

Biermann, R.: Interaktion im Unterricht. Didaktische Ansätze, Beiträge, Perspektiven (Erträge der Forschung, Bd. 93), Darmstadt 1978
Himmerich, W.: Didaktik als Erziehungswissenschaft, Frankfurt 1970
— u. a.: Unterrichtsplanung und Unterrichtsanalyse. Ein didaktisches Modell, 2 Bde., Stuttgart 1976
Schmitz, K.: Wissenschaftstheoretischer Unterricht. Didaktische Konzepte, Projekte, Konsequenzen, München 1977
Schulz, W.: Unterricht, in: *Wulf, Ch.* (Hrsg.): Wörterbuch der Erziehung, 4. Aufl. München 1978, 591 –598
Weymar, E.: Funktionen des historischen Unterrichts in der Schule, in: *Jäckel, E. / Weymar, E.* (Hrsg.): Die Funktion der Geschichte in unserer Zeit, Stuttgart 1975, 265 – 279
Ziefreund, W.: Unterricht, Unterrichtsforschung, in: *Handbuch pädagogischer Grundbegriffe*, Bd. 2, München 1970, 624 – 639

Methodik

Hans-Jürgen Pandel

Methodik ist jener Reflexionszusammenhang, der sich mit der Gestaltung von Lern- und Kommunikationsbedingungen befaßt, die einen Kompetenzzuwachs (an Wissen, Fertigkeiten oder auch an Qualifikationen) bewirken sollen. Methodik umfaßt die *Regeln historischen Lernens*. Die Regeln des historischen Lernens müssen mit den didaktischen Grundsätzen und mit den empirischen Gegebenheiten übereinstimmen. Eine einzelne Methode ist demnach ein Handlungsakt (bzw. eine Folge von aufeinander bezogenen Handlungsakten), der einer Regel folgt und darauf gerichtet ist, solche Bedingungen zu schaffen, die einen Lernprozeß ermöglichen, und es dem Lernenden erleichtern, das Ziel des Lernprozesses zu erreichen. Hinzu kommt, daß vorhersehbare Schwierigkeiten, die im Kommunikationsgegenstand liegen (d. h. dargestellt bzw. der darzustellenden Geschichte), so aufgelöst werden müssen, daß ein kontinuierlicher Lern- und Kommunikationsprozeß ohne Motivationsverlust möglich ist. Das erfordert eine stete Rückbindung an Motivationen und Interessen der Lernenden. Die methodischen Handlungsakte können sowohl durch die Tätigkeit des Lehrers aktuell ausgeführt werden (Lehrer als Organisator von Lernprozessen), sie können aber auch bereits in den Medien verobjektiviert sein (s. programmierter Unterricht). Das Medium ist dann so strukturiert, daß es nur eine ganz bestimmte Methode (Verwendungsweise) zuläßt und andere ausschließt. Die Tatsache, daß ein Schulbuch nur aus Quellen besteht, nur Verfassertexte enthält, oder eine Mischung aus beiden ist, hat dann bereits solche Lernbedingungen geschaffen, die dem Lernenden nur einen bestimmten „Weg" („Methode") offenlassen.

Die methodischen Handlungsakte gestalten die Lernbedingungen unter Berücksichtigung ihrer Voraussetzungen auf eine solche Weise, daß die Lernprozesse sowohl ziel-, themen- als auch subjektadäquat ablaufen und dadurch in den Individuen einen Erkenntnis- und Denkvorgang auslösen. Methoden sind deshalb im hohen Maße *bedingungsabhängig* (Ziel- und Themenadäquatheit; Adäquatheit im Hinblick auf die Voraussetzungen). Diese Bedingungsabhängigkeit richtet immer wieder erneut den Blick auf das *Verhältnis von Didaktik und Methodik*. Wie allerdings diese Abhängigkeit zu denken ist, ist bisher noch immer nicht genügend geklärt. Sie läßt sich vermutlich nicht „restlos" (Adl-Amini 1981, 23) auf der theoretischen Ebene klären. Daß es sich nicht um völlig gleichwertige Abhängigkeiten handelt, darauf hat Klafki hingewiesen: „Methodik hängt in anderer Weise von der Didaktik ab, als Didaktik von der Methodik" (Klafki 1963, 85). Die von der Berliner Didaktik aufgestellte These von der „Interdependenz aller am Unterricht beteiligten Faktoren", wenn sie denn mehr besagen will, als daß alles mit allem zusammenhängt (vgl. Mayer / Pandel 1978), hat bis heute in den publizierten Unterrichtsentwürfen und Modellen eher das Gegenteil von dem bewirkt, was seine Autoren wollten: „Statt die Interdependenz als ein je konkret und spezifisch zu realisierendes Regulativ der Unterrichtsplanung aufzufassen . . . beruft sich der Lehrer lediglich auf sie" (Adl-Amini 1981, 19). In den gedruckt vorliegenden Unterrichtsmodellen für den Geschichtsunterricht spielt Interdependenz keine Rolle.

Methodik historischer Kommunikation

Dieses allgemeine Verständnis von Methodik bleibt nicht nur inhaltlich, sondern auch für die konkreten Aussagen über methodische Handlungen leer, wenn es nicht auf die *spezifischen Bedingungen des Lernens von Geschichte* bezogen wird. Das hier entwickelte geschichtsdidaktische Verständnis von Methodik geht von der Voraussetzung aus, daß das Lernen von Geschichte eine bestimmte Art *alltäglicher Kommunikation* ist. Kommunikation über Geschichte ist eine solche Kommunikation, die sich *narrativer Aussagen* bedient. Eine solche Kommunikation ist in verschiedenen Lernsituationen möglich. Geschichte in der Schule ist nur eine von mehreren Lernsituationen. Es ist deshalb sinnvoller, anstelle von „Methodik des Geschichtsunterricht" von *„Methodik geschichtlicher Kommunikation"* zu sprechen, damit die Sozialisation durch narrative Aussagen nicht allein auf das System Schule eingeschränkt bleibt, sondern auch Lernen mit dem Buch, den Massenmedien etc. mit umgreift. Da das Buch (Lehr- und Sachbuch) und die übrigen auf Geschichte bezogenen Massenmedien als eine vertextete Kommunikationssituation begriffen werden können, unterliegen sie den gleichen methodischen Gestaltungsgrundsätzen wie die mündliche Kommunikation.

Bereiche

In den älteren Darstellungen ist der Umfang der Methodik meist nach fünf Bereichen aufgefächert: Methodenkonzeptionen (bisweilen auch Verfahrensweisen genannt), Artikulationsschemata, Aktionsformen des Lehrers und Urteilsformen. Diese Einteilung ist nach dem gegenwärtigen Stand der didaktischen Diskussion auf diese Weise nicht mehr haltbar; sie berücksichtigt nicht den kommunikativen Aspekt und ist strategisch, d. h. einseitig aus der Sicht des Lehrers, entworfen. Den „Aktionsformen des Lehrers" stehen dann keine Aktionsformen des Schülers gegenüber und die „Urteilsformen" bleiben nur Beurteilungen des Lehrers. Wenn „Urteilsformen" aber den Stil meinen sollte, den der Lehrer dem Unterricht gibt, so ist es kein Methodenbereich, sondern ein Grundsatz (s. unten) des Lernens.

Unter der Voraussetzung, daß Geschichtsunterricht eine bestimmte Form der Kommunikation ist, liegt die folgende Einteilung nahe:

- Artikulationsschemata
- (Methoden-)Konzeptionen
- Arbeitsformen
- Sozialformen

Artikulationsschemata sind Schrittfolgen, in denen Schüler sich eine historische Thematik erarbeiten. „Als Prozeß der geistigen Aneignung verstanden, gehört die Artikulation an die Spitze der methodischen Erwägungen" (Blankertz 1970, 267). Diese Schemata sind bisher fast ausschließlich von der Psychologie erarbeitet worden. Da bei diesem Vorgehen notwendigerweise vom Inhalt abgesehen werden muß, wird übersehen, daß historische Denkprozesse sich nicht jedem psychologischen Schema fügen. Über die zur Zeit in der Geschichtsdidaktik gebräuchlichen Artikulationsschemata hinaus (zum Beispiel Motivation – Problemstellung – Problemlösung – Integration), müßte nach solchen Schemata gesucht werden, die *der Logik des historischen Erkenntnisprozesses eher angemessen* sind. Einen ersten Schritt in diese Richtung hat A. Kuhn getan. Sie schlägt folgendes Schema vor: Hypothesenbildung – historische Aufklärung – Konfrontation der Hypothesen mit der Aufklärung. Noch stärker auf die Schritte des historischen Denkens bezogen wäre allerdings die folgende Artikulation: *Historische Frage – Heuristik – Rekonstruktion – narrative Erklärung.*

(Methoden-)Konzeptionen sind Vorstellungen, um eine Unterrichtsstunde oder eine ganze Einheit zu strukturieren (die dann ihrerseits der Artikulation unterworfen werden muß). Das kann ganzheitlich-analytisch sein (eine bildliche, sprachliche etc. Darstellung von Geschichte nach den zugrunde liegenden Quellen, ihren Gewichtungen und Konstruktionen zu befragen) oder elementhaft-synthetisch (aus schriftlichen, bildlichen, seriellen Quellen eine Darstellung zu konstruieren) oder auch projektierend (durch historisches Interview die Quellen für eine Darstellung erst zu „erzeugen"). Als Methodenkonzeptionen kann auch die Organisation nach Längs- und Querschnitten angesehen werden. Häufig genug finden wir die trivialste Konzeption: in einem Fortschreiten von Stunde zu Stunde gemäß Buch und/oder Chronologien werden „die" Ereignisse memoriert. Dieser Bereich zeigt besonders die Mängel der bisherigen Methodenkonzeptionen an. Ob analytische, synthetische, projektierende Konzeptionen überhaupt einen eigenen Bereich der Methodik geschichtlicher Kommunikation ausmachen, oder ob es sich nur um allgemeindidaktische Bezeichnungen für das handelt, was fachspezifische Arbeitsformen sind, müßte noch geklärt werden.

Die *Arbeitsformen* zeigen, auf welche Weise die denkende und erkennende Aneignung von Geschichte sich vollzieht, die *Sozialformen* geben die soziale Gruppierung an, in der der arbeitende Aneignungsprozeß geschieht.

Methodische Handlungsakte werden in einer konkreten Lern- und Kommunikationssituation darin bestehen, die einzelnen Methodenbereiche (Artikulation, Konzeption, Arbeits- und Sozialformen) ziel-, themen- und subjektadäquat zu verknüpfen. Diese vier Bereiche der Methodik sind bei jeder Kommunikationssituation von Geschichte vorhanden, ob es sich um die Gestaltung von Lernbedingungen in der Unterrichtsplanung, der Organisation von Ausstellungen, bei der Produktion von Medien oder bei der Aufarbeitung historischer Themen in den elektronischen Massenmedien handelt.

Grundsätze

Die konkrete Verknüpfung methodischer Handlungsregeln richtet sich an Grundsätzen aus, wollen sie nicht gegen die mit dem historischen Denken verknüpften Zielsetzungen des Faches Geschichte verstoßen. Nach dem Stand der gegenwärtigen didaktischen Diskussion lassen sich drei *Grundsätze methodischen Handelns* zusammenstellen:

- Rekonstruktion
- Multiperspektivität
- Reziprozität

Unser historisches Wissen entsteht durch *Rekonstruktion* aus den Quellen. In jeder Quelle ist uns aber nur eine Sichtweise, die Perspektive eines Akteurs überliefert. *Multiperspektivität* verlangt, einen historischen Ereigniszusammenhang aus mehreren sozialen Sichtweisen zu rekonstruieren. Ob das multiperspektivisch rekonstruierte Wissen, das als Tradition Geltungsansprüche für unsere Handlungsorientierungen stellt, als etwas Fremdes dem Schüler aufgenötigt wird, oder ob er es sich selbständig interpretierend aneignet, hängt von *Reziprozität* ab, d. h. von der Art und Weise, wie Tradition ausgelegt, gedeutet, verstanden und beurteilt wird. Beim Vorliegen von Reziprozität wird Tradition nicht einseitig vorgegeben, sondern interpretativ ver-handelt. Unter der Zielsetzung von Emanzipation (Bildung, Aufklärung etc.) ist multiperspektivische Rekonstruktion nur unter den Bedingungen von zunehmender Reziprozität durchführbar. Mit Rekonstruktion, Multiperspektivität und Reziprozität (und den ihnen folgenden Regeln) sind jene Grundsätze genannt, die bei der *Planung* von historischen Lernprozessen zugrunde gelegt werden müssen. Jede planerische Entscheidung muß daraufhin geprüft werden, ob sie Rekonstruktion ermöglicht, ob sie Multiperspektivität gewährleistet und ob sie einen Schritt zunehmender Reziprozität zwischen Lehrer und Schülern (wie auch der Schüler untereinander) darstellt.

Literatur

Adl-Amini, B. (Hrsg.): Didaktik und Methodik, Weinheim 1981
Bergmann, K.: Von der Geschichtsdidaktik zur Geschichtsmethodik, in: *Gd* 3 (1978), 111 – 116
Blankertz, H.: Didaktik, in: *Speck, J. / Wehle, G.* (Hrsg.): Handbuch der pädagogischen Grundbegriffe, Bd. 1, München 1970, 240 – 296
Fina, K.: Methodik des Geschichtsunterricht, München 1973
Klafki, W.: Das Problem der Didaktik, Weinheim 1963
Marienfeld, W. / Osterwald, W.: Die Geschichte im Unterricht. Grundlegung und Methode, Düsseldorf 1966
Mayer, U. / Pandel, H.-J.: Was ist das eigentlich – „Implikationszusammenhang"?, in: *Gd* 3 (1978), 152 – 166
Menck, P. / Thoma, G. (Hrsg.): Unterrichtsmethode, München 1972
Methodik Geschichtsunterricht, herausgegeben von der Akademie der Pädagogischen Wissenschaften der DDR, Berlin (DDR) 1975
Mickel, W.: Methodik des politischen Unterrichts, 3. Aufl. Frankfurt/M. 1974
Pöppel, K. G.: Zum Verhältnis von Methode und Unterrichtsmethode, in: *Vierteljahresschrift für Wissenschaftliche Pädagogik* 52 (1976), 168 – 193
Schulz-Hageleit, P.: Wie lehrt man Geschichte heute?, 2. Aufl. Heidelberg 1977

Arbeitsformen

Bernhard Unckel

Unterricht wird hier verstanden als ein *„Interaktionsgeschehen*, ein Beziehungsgeflecht wechselseitiger Wahrnehmungen, Erwartungen, Kommunikationen, Beeinflussungen, Handlungen zwischen den am Unterricht beteiligten Personen" (Klafki 1977, 33). Daraus ergibt sich für den Lehrer die Notwendigkeit, bei seinen unterrichtsmethodischen Entscheinungen, also auch bei den Entscheidungen über die Arbeitsformen, folgendes zu bedenken: 1. „Unterrichtsmethode muß immer auch als Strukturierung sozialer Beziehungen verstanden werden"; 2. „Einzelne methodische Maßnahmen – zum Beispiel Aktionsformen des Unterrichtens und Lernens – müssen auf ihren Stellenwert innerhalb übergreifender Beziehungs- oder Interaktionsstrukturen reflektiert und erforscht werden" (Klafki 1977, 35 f.). Es ist offenkundig, daß das Verständnis des Unterrichts als eines komplexen, wenngleich zielgerichteten Geschehens die unterrichtsmethodischen Entscheidungen nicht gerade erleichtert. Eine Vielzahl von Faktoren ist zu berücksichtigen, und der Inhalt ist nur ein Faktor neben anderen. Der Geschichtslehrer hat sich, wie jeder Lehrer, der Frage zu stellen, ob er sich den aus Klafkis Thesen folgenden Satz vom *„Primat der didaktischen Intentionalität* im Verhältnis zu allen anderen didaktischen Entscheidungsdimensionen" (Klafki 1977, 36) zu eigen machen will. Eine Alternative läge in einem technizistisch verengten Verständnis von Didaktik und Methodik, das hier nicht vertreten wird.

U. Mayer und H. J. Pandel haben Klafkis allgemeindidaktische Überlegungen für die Geschichtsdidaktik zugespitzt und vorgeschlagen, den Begriff der „didaktischen Intentionalität" durch den der „didaktischen Fragestellung" zu ersetzen, „um jenen Transformationsprozeß anzuzeigen, der fachwissenschaftliche oder vorwissenschaftliche Inhalte in Unterrichtsthemen überführt" (Mayer / Pandel 1978, 162). Die beiden Autoren vertreten die Ansicht, daß Geschichts*unterricht* erst dann zu *Geschichts*unterricht werde, wenn sich in ihm *„Kommunikation über Geschichte"* ereigne, die Eigenart historischer Erkenntnis zur Darstellung gelange und von den Schülern geübt werde (Mayer / Pandel 1978, 163). Um unterrichtliche Kommunikation über Geschichte beschreiben zu können, haben Mayer / Pandel den Versuch unternommen, Kategorien der Geschichtsdidaktik zu erarbeiten, die Funktion eines entsprechenden Kategoriensystems zu bestimmen und schließlich die didaktischen Kategorien in Beobachtungsmerkmale umzusetzen (Mayer / Pandel 1976).

Die unterrichtsmethodische Entscheidung für diese oder jene Arbeitsform im Geschichtsunterricht muß, von den Einsichten der allgemeinen Didaktik ausgehend, den Unterricht in einer fachspezifischen Perspektive sehen. Ein System fachspezifischer Kategorien kann dazu dienen, die weitgehend formalen Kriterien der allgemeinen Didaktik fachdidaktisch zu unterfangen. Erst auf solchem Wege wird die unterrichtsmethodische Entscheidung ziel- und sachadäquate Prozesse historisch-politischen Lernens im Geschichtsunterricht auslösen können.

Die folgende Gliederung folgt einem Schema, das versucht, die Aktionsformen des Lehrers und der Schüler im Geschichtsunterricht unter dem Begriff der *Arbeitsformen* zusammenzufassen. Arbeitsformen des Geschichtsunterrichts können als *Weisen der Bearbeitung historischer Sachverhalte im Medium der Sprache* definiert werden: Rezeptive Übernahme historischen Wissens im Lehrervortrag, aktive Rekonstruktion eines historischen Ereignisses aus Quellen der Vergangenheit, Bewertung und Beurteilung historischer Vorgänge in der Diskussion, spielerische Darstellung historischer Szenen im Rollenspiel, Simulation historischer Entscheidungsprozesse, Entdecken von historischen Zusammenhängen usw.

Die einzelnen Arbeitsformen können danach unterschieden werden, ob sie mehr vom *Lehrer* ausgehen (Aktionsformen des Lehrers) oder stärker die Aktionen der *Schüler* betonen.

Aktionsformen des Lehrers

In der Sozialform *Klassenunterricht* können unterschiedliche Arbeitsformen des Geschichtsunterricht realisiert werden: Frontalunterricht, Vorlesung, Unterrichtsgespräch u. a.

Frontalunterricht: Im Frontalunterricht sind „alle Schüler . . . — jedenfalls der pädagogischen Intention nach — ausschließlich *auf den Lehrer konzentriert,* sie dürfen im Lernprozeß keine Beziehungen zu ihren Mitschülern aufnehmen; Lernen wird ausschließlich als *Einzelleistung* der isolierten Schülerindividuen verstanden, und zwar als Prozeß der Aufnahme der vom Lehrer vermittelten Informationen oder des Nachvollziehens vorgezeichneter Erkenntnisschritte im dauernden Wechsel von Lehrerfrage und Schülerantwort . . ." (Klafki 1970, 144).

Der Frontalunterricht wird in der erziehungswissenschaftlichen Diskussion weithin in Frage gestellt. Der Widerspruch zwischen einem solchermaßen *lehrerzentrierten* Unterricht und den Zielen einer Erziehung, die zu Selbst- und Mitbestimmung befähigen will, ist zu offenkundig (Ulich 1978, 22 ff., 90 f.; vgl. Mollenhauer 1970; zu den allgemeinen Problemen des Frontalunterrichts die Übersicht bei Vogel 1975, 8 ff., speziell für den Geschichtsunterricht Fina 1973, 35 ff.). In der Praxis des Unterrichts, zumal des Geschichtsunterrichts, ist der Frontalunterricht ungeachtet aller Kritik noch immer die vorherrschende Arbeitsform (Zenner 1976; Hug 1977).

Der *Lehrervortrag* ist eine Form des Frontalunterrichts. Er hat trotz prinzipiell berechtigter Kritik gerade im Geschichtsunterricht eine eigene Funktion. Er kann der *Vermittlung von Informationen* dienen, die die Schüler auf anderen Wegen überhaupt nicht oder nur mit unangemessenem Arbeits- und Zeitaufwand bekommen können (Becker / Clemens-Lodde / Köhl 1976a, 108 ff.; Aebli 1978, 22 ff.; speziell für den Geschichtsunterricht Fina 1973, 63 ff., der freilich die dramaturgischen Möglichkeiten, die der Lehrervortrag dem Unterrichtenden bietet, zu stark betont und mit seiner These vom

Lehrervortrag als „Freilegung des Elementaren" wenig zur Klärung der methodischen und didaktischen Probleme beiträgt, da der Begriff des Elementaren alles andere als klar ist; vgl. Niemetz 1984, 66 f.). Zu anderen Zwecken als der Vermittlung von Informationen sollte der Lehrervortrag tunlichst nicht eingesetzt werden, schon gar nicht zur Vermittlung des so oft geforderten „Überblicks" über „die" Geschichte; dergleichen wäre dem Lernerfolg ganz und gar abträglich (Müller 1972, 70 ff.).
Der so verstandene Lehrervortrag ist *eine* narrative Darstellungsform von Geschichte im Geschichtsunterricht, die *Lehrererzählung* oder *Geschichtserzählung* eine andere. Deren besondere Probleme werden in jüngster Zeit vielfältig erörtert. Einerseits werden Schwierigkeiten und Gefahren betont: eine enge Verknüpfung mit dem Frontalunterricht, eine Personalisierung der Geschichte, die der Entwicklung eines demokratischen Geschichtsbewußtsein nicht eben dienlich sei (Riesenberger 1973; Schneider 1977; vgl. Bergmann 1972). Andererseits scheint die neu entbrannte Debatte um die narrative Struktur der Geschichte ein neues Interesse an der Geschichtserzählung zu fördern (Tocha 1979; Mohrhart 1982; Quandt / Süssmuth 1982). Indessen ist diese Diskussion keineswegs abgeschlossen (Mommsen 1984; Hayden White 1984), und die Konsequenzen für eine Arbeitsform Geschichtserzählung im Geschichtsunterricht sind noch nicht in allen Hinsichten absehbar. Eine unbeschwerte Rückkehr zum spannend-dramatischen Erzählen der älteren Methodik ist in keinem Fall möglich (vgl. Bergmann 1972). Das verbietet schon die Einsicht in die „innere Einheit von beidem, von Erzählen und diskursiver Vernunfttätigkeit, von Imagination und Verstand, von narrativer Sinnbildung und diskursiver Argumentation, in den Grundlagen der Geschichtswissenschaft und der Geschichtsdidaktik" (Rüsen 1982, 131 f.).
Die *Vorlesung* wird in aller Regel nur an den Universitäten und Hochschulen geübt. Es gibt jedoch Versuche, diese Arbeitsform in den Geschichtsunterricht der Schule zu übernehmen (Hellmann 1969). Allerdings ist diese Form, wenn überhaupt, nur für den Unterricht der *Sekundarstufe II* geeignet. Die Länge der Ausführungen des Lehrers, die daraus resultierende größere sachliche Komplexität und anderes mehr machen sie für die Sekundarstufe I ungeeignet (vgl. den Katalog von Forderungen bei Becker / Clemens-Lodde / Köhl 1976a, 108 ff.). Lehrer und Didaktiker der Geschichte sollten ein derart lehrerzentriertes Verfahren *nicht propagieren*. Ein Geschichtsunterricht, der nicht allein kognitive Ziele verfolgen, sondern auch die Fähigkeiten und Fertigkeiten der Schüler im Sinne fachlicher Kompetenz und historischer Erkenntnis entwickeln und üben will, läßt nach dem Satz vom Primat der didaktischen Intentionalität eine solche Arbeitsform nicht zu.
Von der Vorlesung im angedeuteten Sinne ist das *Vorlesen* im Unterricht deutlich zu trennen. In der überkommenen Methodik wird das Vorlesen als eine Art des Lehrervortrages beschrieben. Der Lehrer liest vor, was er selber oder andere aufgeschrieben haben (Aebli 1978. 23 ff., 32 ff.). Die Nachteile sind oft erörtert (Aschersleben 1974, 43 f., 48). Trotz aller Kritik kommt der Geschichtslehrer angesichts des noch immer großen Mangels an Quellen- und Arbeitsbüchern, die für die Schüler geeignet sind, häufig nicht darum herum,

Texte, vor allem Quellen, vorzulesen. Dieses Verfahren kann nur dann berechtigt sein, wenn es den Unterricht nicht ausschließlich bestimmt, wenn es als *ein* Verfahren neben anderen steht, zum Beispiel im Verlauf eines Lehrervortrages, eines Lehrgespräches (s. unten) oder auch eines Unterrichtsgespräches (s. unten; vgl. Fina 1978). Ziel muß es sein zu verhindern, daß das Vorlesen eines Textes durch den Lehrer die Lehrerzentrierung des Unterrichts steigert. Dies kann einmal dadurch erreicht werden, daß der verlesene Text nicht zu lang ist, zum anderen dadurch, daß der verlesene Text so angelegt ist, daß er neue *Fragen der Schüler* weckt, neue Gespräche (Interaktionen) auslöst, nicht aber Denkprozesse verhindert oder abschneidet, wie es vor allem durch solche Texte geschieht, die lediglich Ergebnisse präsentieren und nicht Fragen stellen oder Probleme aufwerfen (Schörken 1970; Ritz-Fröhlich 1973).

Das *fragend-entwickelnde Unterrichtsgespräch (Lehrgespräch)* ist diejenige Form des Gesprächs zwischen Lehrer und Schülern, in der die Lerngruppe als Klasse bestehen bleibt, die Ziele des Gesprächs vorgegeben sind (in aller Regel vom Lehrer) und der Lehrer die Gesprächsleitung in der Hand behält (Aschersleben 1974, 141 ff.; Fina 1978, 251 ff., gibt ein Unterrichtsprotokoll wieder). Für den Geschichtsunterricht ist die Arbeitsform „fragend-entwickelndes Unterrichtsgespräch" vor allem dann hilfreich, wenn ein *neues Problem* zur Sprache gebracht werden soll, dessen Lösung die Schüler zum einen Teil mit ihren *bisherigen* Kenntnissen, Fähigkeiten und Fertigkeiten finden können, zu dessen Lösung sie aber gleichzeitig *neue* Kenntnisse, Fähigkeiten und Fertigkeiten benötigen; d. h. die Schüler sollen für die Problemlösung neue Erkenntnisakte, Auffassungstätigkeiten und Gesichtspunkte vollziehen bzw. erarbeiten. Das ist zum Beispiel bei der *Quellenarbeit* sehr oft der Fall. Das fragend-entwickelnde Unterrichtsgespräch bietet sich vor allem dann an, wenn die Klasse in der Quellenarbeit noch wenig oder gar nicht geübt ist; so gesehen hat es die Funktion einer „Durchgangsphase" auf dem Weg zu größerer Selbständigkeit, wie sie etwa in der Gruppen- oder Einzelarbeit gefordert ist (vgl. Hug 1977, 147 ff.). Der Lehrer hat in einer solchen Unterrichtssituation die Aufgabe, durch *Denkanstöße* und *Impulse* auf den Gang des Gesprächs einzuwirken mit dem Ziel, den Schülern zu helfen, sie anzuleiten, in methodisch geordneten Verfahren zu sachlich richtigen Ergebnissen zu finden (Ritz-Fröhlich 1973). Daß die Ergebnisse der Arbeit keinesfalls diejenigen sein müssen, die der Lehrer geplant hat, sei hier nachdrücklich betont (vgl. Loser 1975; Becker / Bilek / Clemens-Lodde 1976, 57 ff., 66 ff.).

Unterrichtsgespräch: Das Unterrichtsgespräch wird hier ausdrücklich vom fragend-entwickelnden Unterrichtsgespräch (Lehrgespräch) getrennt. Diese Arbeitsform des Lehrens und Lernens soll die Lernenden befähigen, anders als im Lehrgespräch, so weit wie möglich *unabhängig* vom Lehrer oder doch zumindest *auf gleicher Ebene* mit ihm in der Lerngruppe (Klasse) zu arbeiten, zu diskutieren. Klafki spricht von einen „*sachgebundenen* Unterrichtsgespräch", in dessen Verlauf die „Schüler möglichst vielseitig mit wechselseitigen Anregungen und Fragen sowie wechselseitiger Kritik aufeinander

Bezug nehmen, um so die Lösung der gesetzten Aufgabe bzw. der Teilaufgaben mit einem möglichst hohen Maß eigener, gemeinsamer Lernaktivität zu lösen" (Klafki 1970, 144; Strotzka 1984, 59 — 75). Wie jede Arbeitsform muß auch das Unterrichtsgespräch gelernt und geübt werden, und es ist nicht selten ein Ausdruck pädagogischer Phantasielosigkeit, wenn Lehrer darüber Klage führen, die Schüler zeigten keinerlei Bereitschaft und Fähigkeit zum — disziplinierten — Gespräch. Die Aufgabe muß es sein, das von Klafki beschriebene Verfahren zunächst an kleinen, relativ überschaubaren Aufgaben zu erproben, an allmählich schwieriger werdenden Aufgaben zu üben, zu üben und immer wieder zu üben, bis dann eines Tages (im Idealfall) alle Schüler in der Lage sind, selbständig miteinander zu arbeiten (Aebli 1978, 225 ff., zeichnet das Bild eines „fragelosen Unterrichts").

Becker / Bilek / Clemens-Lodde haben *verschiedene Formen* des Unterrichtsgesprächs beschrieben und die differierenden Voraussetzungen für die Anwendung der einzelnen Formen herausgearbeitet; die von ihnen genannten Unterrichtssituationen lassen sich leicht als Situationen des Geschichtsunterrichts begreifen, und die von ihnen bezeichneten Verhaltensweisen des Lehrers lassen sich leicht auf das Verhalten des Geschichtslehrers anwenden (Becker / Bilek / Clemens-Lodde 1976, passim, bes. 20 ff.; dort 83 ff. auch Hinweise auf die „*Diskussion*" und das „*schülerzentrierte Einzelgespräch*" als dem Unterrichtsgespräch verwandte Formen; Fina 1978 bietet Unterrichtsprotokolle für die verschiedenen Möglichkeiten der Anwendung dieser Arbeitsformen im Geschichtsunterricht).

Es kann kein Zweifel bestehen, daß das Unterrichtsgespräch eine *zeitaufwendige* Arbeitsform ist. Macht sich der Geschichtsunterricht freilich Ziele zu eigen wie Selbsttätigkeit und Selbständigkeit, wie Fähigkeit zur Kritik, Fähigkeit zum Gespräch oder auch ein Ziel wie Einüben von Toleranz, wird er dieser Form keinesfalls entraten dürfen. Das traditionell rezeptive historisch-politische Lernen verweist eher auf den Frontalunterricht im Klassenverband und die diesem entsprechenden Arbeitsformen. Ein „offenes" oder „entdeckendes Lernen" (J. S. Bruner), wie es für den Geschichtsunterricht immer häufiger gefordert wird, verweist indessen auf das Unterrichtsgespräch, auf die Diskussion im Klassenverband (Schmid / Vorbach 1978; Schmid 1978 arbeitet den Zusammenhang zwischen dem problemorientierten, entdeckenden Verfahren und den schülerzentrierten Arbeitsformen scharf heraus).

Aktionsformen der Schüler

Aktionsformen der Schüler sind „zielorientierte Akte der Schüler im Unterricht", „Problemfragen oder Entscheidungsfragen ebensogut wie Bemerkungen des Zweifelns, des Nichtverstehens oder des Erstaunens, die auf Äußerungen des Lehrers oder der Mitschüler bezogen sind: Erzählen, Vorlesen und Erklären ebensogut wie die Bildung von Beispielen oder das Zeigen, das Vormachen oder Experimentieren usf." (Klafki 1970, 149, 151).
Aktionsformen der Schüler korrespondieren Aktionsformen des Lehrers, mögen diese als Impuls, Denkanstoß oder Frage wirksam geworden sein

(Ritz-Fröhlich 1973). Die Psychologie des Lehrens und Lernens hat in einer Vielzahl von Untersuchungen den Unterricht analysiert, doch ist „das Beziehungsgefüge, das zwischen Lehrakten und Lernakten besteht, bis heute keineswegs hinreichend erforscht" (Klafki 1970, 151). Küppers' Versuch, eine Psychologie des Geschichtsunterricht zu erstellen, ist auf — berechtigte — Kritik gestoßen (Küppers 1961; Bergmann 1972), er hat zur Analyse des bezeichneten Beziehungsgefüges nichts beigetragen. Die pädagogische Diskussion hat immer wieder das Prinzip der *Selbsttätigkeit* als methodisches Grundprinzip herausgestellt (Rathmayr, in: Wulf 1974, 516 ff.).
Die Didaktik der Geschichte nimmt diese Forderung auf, wenn sie es als das Ziel des Geschichtsunterrichts bezeichnet, den Schüler zum Vollzug denkender „Ordnung von ‚Geschichte' über den einzelnen Sachverhalt hinaus" zu befähigen (Mayer / Pandel 1976, 33; vgl. Reese 1970; Schulz-Hageleit 1973; Huhn 1977). Sie weist dem Geschichtslehrer damit die Aufgabe zu, *Lernaufgaben* zu finden, die den Schüler zu Selbsttätigkeit und ordnendem historischen Denken stimulieren. „Lernaufgaben sollen Schülern die Möglichkeit geben, daß sie selbständig Lernaktivitäten ausführen können"; sie „sollen die Schüler dazu anregen, diejenigen Verhaltensweisen auszuführen und zu üben, die durch das Lernziel angestrebt werden, und zwar an denjenigen Themen, Inhalten, Gegenständen, die das Lernziel vorschreibt" (Grell 1979, 236 und 233). Selbsttätigkeit als Ziel — das kann nur erreicht werden, wenn auch der Weg dorthin durch die *Möglichkeit zu selbsttätigem Handeln* (in einem Prozeß zunehmender Selbständigkeit durch *Übung* und *Erfahrung*) bestimmt wird. Damit sind Funktion und Zielsetzung der im folgenden näher zu beschreibenden Aktionsformen der Schüler im Geschichtsunterricht bezeichnet. Wir unterscheiden: 1. Referat, 2. spielerische Formen, 3. Hausaufgabe, 4. Übung und Wiederholung.
Referat: Ein Referat ist „eine zusammenhängende Äußerung des Schülers, durch die mittels wörtlicher Rede ein bestimmtes Lernziel erreicht werden soll" (Aschersleben 1974, 81). Das Referat ist vom Diskussionsbeitrag, vom Bericht nach einer Partner- oder Gruppenarbeit oder auch von der Verlesung eines Aufsatzes oder Protokolls im Unterricht deutlich zu unterscheiden (ebd., 81 ff.; Genter / Kruppa 1975, 120 f., 161 ff.). Wiewohl Beiträge von Schülern, bestätigen Referate im Rahmen des Frontalunterrichts doch die Struktur eines Unterrichts, der auf *einen Vortragenden* hin konzentriert ist und *einseitige Interaktionen* konstituiert. Dies ist vor allem bei dem in der Praxis des Geschichtsunterrichts häufig geübten sogenannten Übersichtsreferat der Fall. Das Übersichtsreferat ist oft zu lang, zu materialreich, die Schüler ermüden, der „Lehrerfolg" ist gering. Werden Schülerreferate jedoch *dem Gespräch* in der Lerngruppe *zugeordnet*, als Teilschritte auf einem Wege, können negative Effekte wie die angedeuteten weitgehend vermieden werden, vor allem dann, wenn das Referat tatsächlich zum Ausgangspunkt gemeinsamer Arbeit in der Lerngruppe wird und nicht, wie so oft zu beobachten, lediglich dazu dient, dem Schüler die Möglichkeit zu verschaffen, eine (zusätzliche) Leistung zu erbringen und eine (gute) Note zu erwerben. Das Referat muß als *lernzielorientierter Lernakt* des Schülers in den Gang des Unterrichts

eingefügt sein, in den Gang einer einzelnen Stunde wie in den Gang einer Unterrichtsreihe, sowohl nach dem Thema als auch nach den Fähigkeiten und Fertigkeiten, die der Schüler in der Arbeit am Thema erwerben bzw. üben soll (Grell 1979, 232 ff.). Die *Aufgaben* sollten präzise eingegrenzt sein. Das *Material* (Quellen, Literatur u. ä.), das dem Schüler vom Lehrer genannt oder vorgelegt werden kann, sollte es ermöglichen, mit zumutbarem Arbeits- und Zeitaufwand und mit der Aussicht auf Erfolg die gestellte Aufgabe zu bearbeiten. Schließlich sollte das Material so ausgewählt sein, daß der Schüler nicht einfach Fakten, Namen und Daten zusammenträgt, sondern in der Arbeit am Material auf *Probleme* stoßen kann, mit denen er sich auseinanderzusetzen hat. Es ist klar, daß ein solches Vorgehen erlernt und geübt werden muß; von der Bearbeitung einfacher, überschaubarer Aufgaben ist zur Bearbeitung komplexer Aufgaben fortzuschreiten (H. Steinbach 1974; Schmidt 1974; Niemetz 1984, 176 f.).

Spielerische Formen im Geschichtsunterricht: Daß im Geschichtsunterricht gespielt werden könne, ist vielen Geschichtslehrern (und demzufolge auch den meisten Schülern) unvorstellbar. Für sie schließen Lernen und Spielen einander aus. Für sie geht es im Geschichtsunterricht vornehmlich darum, Kenntnisse von vergangener Geschichte zu vermitteln bzw. zu erwerben; die Schüler sollen etwas lernen – und nicht spielen. Wir sehen demgegenüber die Aufgabe des Geschichtsunterrichts zuerst darin, Schüler durch „Kommunikation über Geschichte" (Mayer / Pandel 1976) zu befähigen, historische Erfahrung kritisch zu reflektieren, den eigenen Standort in der Gegenwart zu bestimmen und ihr Handeln sinnhaft auf Zukunft hin zu orientieren. In dieser Perspektive müssen spielerische Formen eine eigene Bedeutung gewinnen. Im Spiel kann der Schüler vergangene und gegenwärtige Geschichte ausschnitthaft in den Horizont seines Lebens hineinholen, sich selber, seine Motivation, sein Denken und Handeln zu dieser Geschichte in Beziehung bringen und so die Vielzahl der ihm gegebenen kognitiven und kreativen Möglichkeiten entdecken und entfalten. Das Spiel ist, so betrachtet, für den Geschichtsunterricht eine wichtige Aktionsform. In der einschlägigen Literatur wird eine Reihe, zum Teil stark divergierender Typologien des Spiels im Unterricht der Schule angeboten (beste Übersicht: Kreuzer 1983). Für den Geschichtsunterricht hat die Differenzierung zwischen Memorierspielen, Geschichts-Imitationsspielen und Historischen Simulationsspielen viel Zustimmung gefunden (Hug 1977, 162 ff.; vgl. Bauer-Gantner 1984; Strotzka 1984, 177 ff., verwendet „Rollenspiel" und „Simulationsspiel" weitgehend synonym). Für den sozialwissenschaftlichen Unterricht, dem wir auch den Geschichtsunterricht zurechnen, ist vorgeschlagen worden, zu unterscheiden zwischen Kinderspiel und darstellendem Spiel, Sozialem Rollenspiel, Lernspiel, Simulationsspiel und Planspiel (Kube, in: Kreuzer 1983, Bd. 2, 319 ff.). Alle Versuche, die möglichen Formen des Spiels zu klassifizieren, werden nur dann die – wünschenswerte – Relevanz für die Praxis des Unterrichts gewinnen, wenn es gelingt, für die Unterrichtsplanung ungeachtet des unauflöslichen didaktischen Zusammenhangs inhaltlicher und methodischer Entscheidungen die Frage nach den inhaltlichen Problemen des Spiels zu trennen von der Frage nach den Organisationsformen. Wir fragen demgemäß: Was soll gespielt werden? Entscheidungssituationen, soziale Konstellationen, vielleicht sogar längerfristige Prozesse? Sollen die Schüler ausschließlich bereits Entschiedenes bzw. Abgeschlossenes im Spiel nachvollziehen oder sollen sie in ihrem Spiel vergangene und gegenwärtige Geschichte als offenes Feld alternativen Denkens und Handelns erfahren und darstellen? Sollen sich die Schüler mit bestimmten historischen Personen oder Gruppen identifizieren (Becher 1978)? Sollen Schüler durch das Spiel in ihrer sozialen Kompetenz besonders gefördert werden? Soll in dem Spiel stärker die reproduktive Komponente oder stärker die produktive Komponente von Unterricht bestimmend werden? Die Reihe der Fragen ließe sich beliebig verlängern. Die Antworten schließen offenkundig die Bestimmung der kognitiven und der affektiven Lernziele ein, die den Geschichtsunterricht im allgemeinen und das Spiel im Geschichtsunterricht im besonderen leiten sollen. Sie schließen ebenso offenkundig die Bestimmung der Organisationsform ein, in der das Spiel in der jeweiligen Unterrichtsstunde praktiziert werden soll: zum Beispiel im Stegreifspiel, zum Beispiel im Nachspiel vorgegebener Texte, vorgegeben vielleicht durch die Schüler selber, vielleicht durch den Lehrer, vielleicht durch einen Autor, vielleicht auch durch Zeitgenossen (etwa in einem Spiel des Wormser Reichstages von 1521 mit Texten Luthers und Karls V.). In der Literatur werden Beispiele vorgelegt, Probleme erörtert und, nicht selten aus der Praxis, Lösungsvorschläge berichtet (Mayer 1978; Uppendahl 1977; Kreuzer 1983; Strotzka 1984; grundlegend Schulz-Hageleit 1983; Bauer-Gantner 1984; für den Primarbereich Günther-Arndt 1978).

Hausaufgaben: Der Streit um die Hausaufgaben der Schüler gehört zum täglichen Brot von Schülern, Lehrern und Eltern. Die Didaktik hat differenzierende Kriterien zu erarbeiten versucht, um die zahllosen Fragen, die sich in diesem Zusammenhang stellen, ordnen und lösen zu können (Winkler 1977 mit Literatur). Die Fachdidaktik hat sich dem Thema nur gelegentlich zugewandt und ist über Allgemeines kaum hinausgekommen (Pellens 1975, 138 ff.; Fina 1973, 135 ff.). Für einen Geschichtsunterricht, der die Selbsttätigkeit der Schüler fördern, diese zu historischem Denken befähigen will, bieten die Hausaufgaben einige Möglichkeiten, freilich unter der Voraussetzung, daß der Lehrer die Hausaufgaben *nicht*, wie meist üblich, zuerst und vor allem zur *Lernerfolgskontrolle* benutzt, sondern als festen, an das Lernziel Selbsttätigkeit gebundenen Bestandteil seines gesamten Unterrichts versteht und einsetzt (Aebli / Steiner 1975, 87 ff.). Enscheidend für die Effektivität der Hausaufgaben ist es, daß der Lehrer mit der Hausaufgabe *im Unterricht arbeitet*, d. h. er muß darauf achten, daß die Schüler Gelegenheit bekommen, das, was sie zu Hause erarbeitet haben, in den Unterricht einzubringen. Dies kann *Wiederholung* bisherigen Stoffes, sollte aber immer wieder auch *Erarbeitung* neuen Stoffes sein, damit der Schüler lernen kann, in eigener Arbeit (allein und zu Hause) Probleme zu entdecken, Lösungen zu versuchen, sei es an Quellen, sei es an Sekundärliteratur, zum Beispiel am Geschichtsbuch. Die Wiederholung bisherigen und die Erarbeitung neuen Stoffes gehen Hand in Hand mit dem Erwerben bzw. *Üben von Fähigkeiten und Fertigkeiten*, etwa

dem Interpretieren von Quellen. Der Lehrer hat bei der Planung des Unterrichts die Verschränkung von Methoden, Inhalten und (von dem Schüler gefordertem) Verhalten in deren Orientierung auf die Lehr- bzw. Lernziele zu bedenken (Grell 1979, bes. 20 ff.). Allgemeine Aufgaben wie „Lest Euch 'mal durch . . ." oder „Wiederholt, was wir heute gemacht haben . . ." sind für den Schüler unstrukturiert und (lern-)ziellos und darum ineffektiv (Grell 1979, 232 ff.; Aschersleben 1974, 92 ff.).
Übung und Wiederholung: „Üben und Wiederholen dienen der Konsolidierung des Gelernten" (Aebli 1978, 238). Aebli differenziert zwischen Üben und Wiederholen: „Das *Üben* dient der Automatisierung von gedanklichen und praktischen Abläufen . . . Von *Wiederholung* sprechen wir überall dort, wo Sachzusammenhänge eingeprägt werden müssen . . ." (Aebli 1978, 238 f.). Die allgemeine Didaktik hat gleiche oder ähnliche Abgrenzungen vorgeschlagen, diese gelegentlich auch mit fachspezifischen Vorschlägen verbunden (vgl. zum Beispiel Odenbach 1974, zum Geschichtsunterricht 109 ff.). Übung und Wiederholung können auf sehr verschiedenartige Weise vollzogen werden (Kösel / Schneider 1978), zum Beispiel durch Tests, durch Memorierspiele (Hug 1977, 162 ff.) oder auch durch Hausaufgaben (Becker / Clemens-Lodde / Köhl 1976b, 62 ff.). In formaler Betrachtung mag man zwischen schriftlichen und mündlichen Formen der Übung und der Wiederholung unterscheiden.
Neben den bereits erwähnten Formen des Referats, des Spiels und der Hausaufgabe, die alle in je verschiedener Weise der Übung und Wiederholung dienen können, hat die Wiederholung *im Verlauf einer Unterrichtsstunde* für den Geschichtsunterricht besonderes Gewicht. Traditionell ist die Frage zum Beginn: „Was haben wir in der letzten Stunde besprochen?" (mit der Aufforderung an die Schüler, Bericht zu erstatten). In einer Methodik des Geschichtsunterrichts aus der DDR wird dieser Art der Wiederholung eine andere zur Seite gestellt, die *immanente Wiederholung:* „In der Arbeit am neuen Unterrichtsstoff, bei der Erarbeitung neuer Erkenntnisse wird reaktiviert, was die Schüler vorher in anderen Zusammenhängen erworben haben, was aber vom Wesen her mit dem neuen Unterrichtsstoff verbunden ist. Die Reaktivierung ist für die geistige Auseinandersetzung mit dem neuen Lernstoff und für dessen Einordnung sowie damit im Zusammenhang für die Realisierung der vom Lehrplan vorgegebenen Bildungs- und Erziehungsziele notwendig. Die bereits angeeigneten Kenntnisse werden auf das Neue bezogen, also angewendet. Somit sind die Reaktivierung früher angeeigneten Wissens und seine Anwendung die notwendigen Elemente der immanenten Wiederholung" (Gentner / Kruppa 1975, 205). Löst man diese Beschreibung aus dem politisch-pädagogischen Zusammenhang, in dem sie notwendig steht, kann man in der solchermaßen definierten immanenten Wiederholung ein formales Prinzip sehen, das auch für einen am Ziel der Selbsttätigkeit der Schüler orientierten Geschichtsunterricht gilt. Immanente Wiederholung unter dem Ziel der Selbsttätigkeit hätte über die Reproduktion bereits erarbeiteten Stoffes hinauszugehen und dem Schüler Gelegenheit zu geben, an historischen Problemen seine Fähigkeit zu historischem Denken zu bewähren. In lehr-

bzw. lernpsychologischer Perspektive hieße das, den Geschichtsunterricht als einen *transferfördernden* Unterricht zu organisieren, ausgehend von der „Einsicht, daß Lernübertragung sich nicht automatisch einstellt, sondern gezielt vorbereitet werden muß, indem man die übertragungsfähigen Momente der einzelnen Lerninhalte und ihre Beziehungen untereinander hervorhebt und in Unterrichtserfahrungen repräsentiert" (Skowronek, in: Wulf 1974, 590).

Der in einem System fachspezifischer Kommunikation zentrale Begriff des *Gegenwartsbezuges* enthält die Möglichkeiten, auf dem Wege vergleichender Betrachtungen immanent zu wiederholen (Mayer / Pandel 1976, 49 ff.). Die fachwissenschaftliche Diskussion über *Strukturen*, über Prozesse langer Dauer, über historische Zeit überhaupt, über *Begriffe* und deren Geschichte aufschließende Funktion hat ein Instrumentarium bereitgestellt, dessen sich die immanente Wiederholung im Geschichtsunterricht bedienen kann. Es ist offenkundig, daß die Jahreszahlen nicht (mehr) Gegenstand einer so begriffenen Übung bzw. Wiederholung sein können (dürfen). Der problemorientierte Geschichtsunterricht, der hier vorgeschlagen wird, muß die historischen Probleme, die im Unterricht erörtert werden, auch in Übung bzw. Wiederholung zur Sprache bringen, und zwar nicht nur gelegentlich, sondern so häufig wie möglich (Aebli 1978, 240 ff.), sei es unter der bisherigen Fragestellung, sei es unter einer neuen oder doch zumindest modifizierten Fragestellung.

Literatur

Aebli, H. / Steiner, G.: Probleme der Schulpraxis und die Erziehungswissenschaften. Leistung, Kreativität, Hausaufgaben, Disziplin, soziales Lernen, Gastarbeiterkinder, Stuttgart 1975
— Grundformen des Lehrens. Eine allgemeine Didaktik auf kognitionspsychologischer Grundlage, 11. Aufl. Stuttgart 1978
Aschersleben, K.: Einführung in die Unterrichtsmethodik, Stuttgart / Berlin 1974
Bauer-Gantner, M.: Spiel im Geschichtsunterricht. Ziele — Möglichkeiten — Erfahrungen, München 1984
Becher, U. A. J.: Personale und historische Identität, in: *Bergmann K. / Rüsen, J.* (Hrsg.): Geschichtsdidaktik: Theorie für die Praxis, Düsseldorf 1978, 57 — 67
Becker, G. E. / Bilek, R, / Clemens-Lodde, B.: Unterrichtssituationen I: Gespräch und Diskussion, München / Berlin usw. 1976
Becker, G. E. / Clemens-Lodde, B. / Köhl, K.: Unterrichtssituationen II: Motivieren und Präsentieren, München / Berlin usw. 1976a
— Unterrichtssituationen III: Üben und Experimentieren, München / Berlin usw. 1976b
Bergmann, K.: Personalisierung im Geschichtsunterricht — Erziehung zu Demokratie?, Stuttgart 1972
Birt, D. / Nichol, J.: Games and Simulations in History, Thetford 1975
Fina, K.: Geschichtsmethodik, München 1973
— Das Gespräch im historisch-politischen Unterricht. Ein Kurs für Studenten und Lehrer, München 1978
Gentner, B. / Kruppa, R., u. a.: Methodik Geschichtsunterricht, Berlin (DDR) 1975
Grell, J. / Grell, M.: Unterrichtsrezepte, München / Wien usw. 1979
Günther-Arndt, H.: Lernen im Spiel. Methodische Anregungen zum Geschichtsunterricht der Primarstufe, in: *Politisches und soziales Lernen im Grundschulalter*, Bonn 1978, 169 — 179

Hellmann, M.: Die Vorlesung als neue Unterrichtsform im Geschichtsunterricht der gymnasialen Oberstufe, in: *Mielitz, R.* (Hrsg.): Das Lehren der Geschichte. Methoden des Geschichtsunterrichts in Schule und Universität, Göttingen 1969, 67 — 76
Hug, W.: Geschichtsunterricht in der Praxis der Sekundarstufe I. Befragungen, Analysen und Perspektiven, Frankfurt / Berlin 1977
Huhn, J.: Elementare Formen historischen Lernens, in: *Gd* 2 (1977), 149 — 165
Klafki, W.: Die Methoden des Unterrichts und der Erziehung, in: *Klafki, W. / Rückriem, G. M.*, u. a.: Funk-Kolleg Erziehungswissenschaft, Bd. 2, Frankfurt 1970, 127 — 166
— Zum Verhältnis von Didaktik und Methodik, in: *Klafki, W. / Otto, G. / Schulz, W.*: Didaktik und Praxis, Weinheim 1977, 13 — 39
Kösel, E. / Schneider, J.: Übung — Grundlage des Lernens, Ravensburg 1978
Kreuzer, K. J. (Hrsg.): Handbuch der Spielpädagogik, 4 Bde., Düsseldorf 1983/84
Küppers, W.: Zur Psychologie des Geschichtsunterrichts, Bern / Stuttgart 1961
Loser, F.: Aspekte einer offenen Unterrichtsplanung, in: *Bildung und Erziehung* 28 (1975), 241 — 257
Mayer, U.: Ursachen und Beginn des Ersten Weltkrieges — Ist ein Krieg unabwendbar? Unterrichtsentwurf zur Verwendung von Elementen des Planspiels im historisch-politischen Unterricht, in: *Gd* 3 (1978), 208 — 216
Mayer, U. / Pandel, H.-J.: Kategorien der Geschichtsdidaktik und Praxis der Unterrichtsanalyse. Zur empirischen Untersuchung fachspezifischer Kommunikation im historisch-politischen Unterricht, Stuttgart 1976
— Was ist das eigentlich — „Implikationszusammenhang?", in: *Gd* 3 (1978), 152 — 166
Mohrhart, D.: Plädoyer für die Geschichtserzählung, in: *GWU* 33 (1982), 93 — 116
Mollenhauer, K.: Erziehung und Emanzipation. Polemische Skizzen, 4. Aufl. München 1970
Mommsen, W. J.: Die Sprache des Historikers, in: *HZ* 238 (1984), 57 — 81
Müller, H.: Zur Effektivität des Geschichtsunterrichts. Schülerverhalten und allgemeiner Lernerfolg durch Gruppenunterricht, Stuttgart 1972
Niemetz, G.: Praxis des Geschichtsunterrichts, Stuttgart 1983
— (Hrsg.): Lexikon für den Geschichtsunterricht, Freiburg / Würzburg 1984
Odenbach, K.: Die Übung im Unterricht, 6. Aufl. Braunschweig 1974
Pellens, K.: Schülernaher Geschichtsunterricht, Freiburg 1975
Quandt, S. / Süssmuth, H. (Hrsg.): Historisches Erzählen. Formen und Funktionen, Göttingen 1982
Reese, A.: Zur Selbsttätigkeit im Geschichtsunterricht der Mittelstufe, in: *Zur Didaktik des Geschichtsunterrichts* (Beiheft zu *GWU*), Stuttgart 1970, 29 — 44
Riesenberger, D.: Die Lehrererzählung im Geschichtsunterricht, in: *Süssmuth, H.* (Hrsg.): Historisch-politischer Unterricht: Medien, Stuttgart 1973, 41 — 69
Ritz-Fröhlich, G.: Verbale Interaktionsstrategien im Unterricht. Impuls — Denkanstoß — Frage, Ravensburg 1973
Rüsen, J.: Geschichtsdidaktische Konsequenzen aus einer erzähltheoretischen Historik, in: *Quandt, S. / Süssmuth, H.* (Hrsg.): Historisches Erzählen. Formen und Funktionen, Göttingen 1982, 129 — 170
Schell, Chr.: Partnerarbeit im Unterricht, München 1972
Schmid, H. D. (Hrsg.): Fragen an die Geschichte. Geschichtliches Arbeitsbuch für die Sekundarstufe I, Bd. 2: Die europäische Christenheit, Lehrerbegleitband, Frankfurt/M. 1978
Schmid, H. D. / Vorbach, K.: Entdeckendes Lernen im Geschichtsunterricht der Sekundarstufe I, in: *Gd* 3 (1978), 129 — 135
Schmidt, S., u. a.: Schülerreferate im Geschichtsunterricht der Sekundarstufe I, in: *GWU* 25 (1974), 718 — 751
Schneider, G.: Zur Rolle der großen Persönlichkeit im Geschichtsunterricht des 19. und 20. Jahrhunderts. in: *Bosch, M.* (Hrsg.): Persönlichkeit und Struktur in der Geschichte, Düsseldorf 1977, 96 — 124
Schörken, R.: Lerntheoretische Fragen an die Didaktik des Geschichtsunterrichts, in: *GWU* 21 (1970), 406 — 420

Schulz-Hageleit, P.: Wie lehrt man Geschichte heute?, 2. Aufl. Heidelberg 1977
— Geschichte: erfahren, gespielt, begriffen, Braunschweig 1982
Steinbach, H.: Das Einüben von Arbeitsweisen im Geschichtsunterricht der Sekundarstufe I, in: *WPB* 26 (1974), 216 — 222
Strotzka, H.: Zur Praxis des Geschichtsunterrichts, Wien 1983
Ulrich, K.: Lehrerberuf und Schulsystem. Sozialpsychologische Beiträge für die Lehrerbildung, München 1978
Uppendahl, H.: Julikrise und Kriegsausbruch 1914 im Planspiel, in: *Gegenwartskunde* 26 (1977), 423 — 440
Vogel, A.: Unterrichtsformen I: Arbeits- und Aktionsformen im Unterricht, Ravensburg 1974
— Unterrichtsformen II: Didaktische Grundformen in Relation zu Sozialformen, Methoden, Artikulation und Dramaturgie des Unterrichts, Ravensburg 1975
White, H.: The Question of Narrative in Contemporary Historical Theory, in: *History and Theory* 23 (1984), 1 — 33
Winkeler, R.: Hausaufgaben in der Schulpraxis, Ravensburg 1977
Wood, T.: Playback: History Roleplays, London 1982
Wulf, Chr.: Wörterbuch der Erziehung, München 1974
Zenner, M.: Auszüge aus einer Untersuchung über Lehrereinstellungen zum Frontal- und Gruppenunterricht im Geschichtsunterricht, in: *Fürnrohr, W. / Kirchhoff, H. G.* (Hrsg.): Ansätze empirischer Forschung im Bereich der Geschichtsdidaktik, Stuttgart 1976, 103 — 110

Entdeckendes Lernen

Karl Filser

Mit „entdeckendem Lernen" wird eine spezifische Lernform, zugleich auch ein Unterrichts- und Erziehungsprinzip bezeichnet, die sich an der *Autonomie des Schülers* orientieren. Entdeckendes Lernen — in seiner Hochform — besteht darin, daß der Schüler in möglichst großer geistiger Selbständigkeit, Eigenaktivität und Spontaneität Denkakte vollbringt, die ihn zu subjektiven — in seltenen Fällen vielleicht auch zu objektiven — Neuleistungen in einem Kulturbereich befähigen.

Der Begriff des entdeckenden Lernens wird auch für einen Lernprozeß verwendet, der nicht in völliger Entscheidungsfreiheit des Schülers abläuft, sondern durch *Entdeckungshilfen* in begrenztem Ausmaß gesteuert wird (Weckung des problemaufspürenden Interesses durch anreizendes Material, Arbeitsimpulse, Hilfe bei der Hypothesenformulierung, Angebot eines strukturierten Lösungsmaterials . . .). Empirische Untersuchungen haben ergeben, daß die besten Entdeckungserfolge im Rahmen dieses „guided discovery learning" erzielt werden, weil dabei zeitraubende und motivationshemmende Irrwege und Fehlschläge reduziert werden können. Ziel des Lehrers muß es jedoch bleiben, seine Führungsfunktion einzuschränken und dem Schüler eine zunehmend größere Selbständigkeit und Mitbestimmung im Lernprozeß einzuräumen.

Die *stoffliche Grundlage* für entdeckendes Lernen muß so beschaffen sein, daß das Endprodukt des Entdeckens in ihr nicht als Ganzes auffindbar ist (Ausubel), sondern im schöpferischen Denkvollzug mit Hilfe der im Material vorhandenen Lösungselemente, der einsetzbaren Denkoperationen und reproduzierbaren Wissensbestände, mit begrenzter Unterstützung durch den Lehrer, als originale Leistung entstehen kann. „Entdecken (ist) seinem Wesen nach ein Fall des Neuordnens und Transformierens des Gegebenen" (Bruner).

Wird entdeckendes Lernen nicht nur gelegentlich als Methode praktiziert, sondern zum Unterrichts- und Erziehungsprinzips erhoben, dann müssen im stofflichen sowie im unterrichts- und schulorganisatorischen Bereich die nötigen Freiräume dafür geschaffen werden. Vor allem muß sich der lehrerzentrierte Unterricht in einen *schülerzentrierten* wandeln.

Für entdeckendes Lernen werden auch Begriffe verwendet wie „forschendes", „fragend-forschendes", „problemlösendes", „induktives", „genetisches" oder „wiederentdeckendes" Lernen. Auf Unterschiede zum beschriebenen entdeckenden Lernen kann hier nicht eingegangen werden.

Die leidenschaftliche Diskussion über das entdeckende Lernen in der nordamerikanischen pädagogischen Psychologie – insbesondere zwischen J. S. Bruner und D. B. Ausubel – in den fünfziger und sechziger Jahren hat den Eindruck erzeugt, diese Lernform sei eine völlig neue Forderung an die Erziehung. Die Wurzeln des entdeckenden Lernens reichen jedoch weit in die Geschichte der Pädagogik zurück: Bei Rousseau zum Beispiel spielt die Aktivität des Kindes die Hauptrolle beim Aufbau einer lebensnotwendigen Erfahrungswelt. Fröbel fördert die eigenaktive Entfaltung kindlicher Kräfte durch eine mehr „nachgehende" als „eingreifende" Erziehungsmethode. In der Theorie und Praxis der Reformpädagogik, zum Beispiel in Gaudigs „freiem Tun aus eigenem Antrieb, mit eigener Kraft und in eigener Arbeitsweise", oder in John Deweys Projektmethode sind nahezu alle Elemente des entdeckenden Lernens enthalten. Neu sind heute vor allem die theoretischen Erklärungsmodelle des Lernprozesses durch die pädagogische Psychologie, die zum Überdenken der Methoden des Lernens überhaupt zwingen.

Trotz der langen Tradition in der Pädagogik und auch in den naturwissenschaftlichen Fächern wurde entdeckendes Lernen lange Zeit als etwas dem Fach Geschichte Wesensfremdes empfunden. Geschichte wurde entweder als reines Lernfach betrieben, in dem eine von der Chronologie bestimmte Verlaufs-, Ereignis- und Personengeschichte vorherrschte, oder als Fach, das aus angenommenen entwicklungspsychologischen Gründen die Vergangenheit, vornehmlich über eine packende Geschichtserzählung, in erlebnishafte Situationen umformte.

Die Kritik an den lange als gesichert geltenden entwicklungspsychologischen Grundlagen des Geschichtsunterrichts, die Rezeption denk- und lernpsychologischer Befunde, die eine stärkere Berücksichtigung geschichtswissenschaftlicher Methoden im Unterricht begünstigte, die von der Curriculumreform und der Bildungspolitik herausgeforderte Diskussion über die Bedeutung des Geschichtelernens heute, sie haben den Wandel des *Wissensfaches* Geschichte zu einem *Denkfach* eingeleitet. Wenn Geschichte einen wesentlichen Beitrag zur Selbst- und Mitbestimmung des Jugendlichen leisten soll und Denken nach der Psychologie dann gelernt wird, wenn der Lernende durch aktives „Suchen und Forschen" (Piaget; Aebli) neue Operationen und Begriffe bildet, müßte entdeckendes Lernen eine zentrale Rolle im Geschichtsunterricht spielen. Die Möglichkeiten, entdeckendes Lernen im Geschichtsunterricht zu praktizieren, sind vielfältig:

Die *selbständige Form* des eigenen Forschens von der freien Entscheidung über das Ziel, die Mittel und Wege bis hin zum originalen Ergebnis läßt sich am ehesten im lokal- und regionalgeschichtlichen Bereich durchführen, weil hier das Forschungsmaterial in der Regel unmittelbar zugänglich, konkret und anschaulich vorhanden ist. Örtliche historische Jubiläen, denkmalpflegerische Probleme, Preisausschreiben (zum Beispiel „Schülerwettbewerb Deutsche Geschichte um den Preis des Bundespräsidenten") oder andere in der Klasse vereinbarte Projekte bieten sich dazu an. Entdeckendes Lernen bleibt jedoch nicht auf umweltgeschichtliche Phänomene beschränkt. Grundsätzlich eignen sich alle Probleme der Geschichte, vorausgesetzt sie wecken die Entdeckungsfreude und sind überhaupt entdeckenswert.

Die im Schulalltag *gebräuchlichere Form* entdeckenden Lernens spielt sich entweder auf der Ebene des guided discovery learning ab oder bleibt auf Teilphasen und -bereiche des Geschichtsunterrichts beschränkt. Fruchtbare Momente liegen nicht nur in der Eingangsphase des Unterrichts, in der aus bereitgestellten Materialien – gewöhnlich sind es Bild-, Text- oder gegenständliche Quellen – Fragen und Probleme aufgespürt und zu Forschungshypothesen verdichtet werden können, sondern auch in der Lösungsphase, in der eine Antwort auf selbstentdeckte oder vorgegebene Fragestellungen versucht werden kann.

Entdecken als Lernprozeß, unabhängig vom Ausmaß der Entdeckungshilfe durch den Lehrer, könnte nach Fenton folgende *Phasen* haben: Problemwahrnehmung, Hypothesenformulierung, Erkennen der logischen Folgerungen aus den Hypothesen, Datensammlung, Analyse und Bewertung der Daten, Überprüfung der Hypothesen (generalisierende Erkenntnisse, Einsichten) (nach Schmid / Vorbach 1978).

In der Geschichtsdidaktik wird die Frage, wie der *Entdeckungsprozeß* im Schüler *gefördert* werden kann, oft mit dem Hinweis auf das Rätselhafte der Geschichte beantwortet. Rätselhaft wird Geschichte, wenn sie in didaktischer Absicht zu Situationen umgeformt wird, die Neugierverhalten und Erkenntniskonflikte provozieren. Dies läßt sich erreichen durch die Schaffung von Lücken im zeitlichen oder wirkungsgeschichtlichen Ablauf (zum Beispiel durch den zeitlichen „Vorsprung", die „Antithese von Ursache und Wirkung", H. Rumpf), durch den Vergleich unterschiedlicher politischer, nationaler, sozialer und anderer Positionen, durch die Konfrontation vergleichbarer gegenwärtiger und geschichtlicher Erscheinungen. J. Radkau schlägt den Begriff des „Änigmatischen" für historische Sachverhalte vor, die durch ihre tatsächlich vorhandene Komplexivität, Fremdheit, ihren „Sensations-Reiz" und einen Rest von Unaufklärbarkeit an sich schon als „echte" Rätsel Staunen erwecken und Denkreize geben (zum Beispiel Handlungsmotive, Aggressionen, irrationales Verhalten). Entdeckendes Lernen ist kein reines Methodenproblem. *Was* an der Geschichte als entdeckenswert angesehen wird, hängt in erster Linie von dem Zielprofil ab, das dem Geschichtsunterricht zugrunde gelegt wird.

In der Geschichtsdidaktik sind bezüglich des entdeckenden Lernens noch viele Probleme offen. Entdeckendes Lernen wurde bisher hauptsächlich in *naturwissenschaftlichen* Fächern angewendet und experimentell erprobt. Es wird dort identifiziert mit dem selbsttätigen Finden von Begriffen, Formeln, Regeln, Gesetzmäßigkeiten und der Fähigkeit, sie auf neue Aufgaben übertragen zu können. Zahlreiche empirische Befunde lassen den Schluß zu, daß im naturwissenschaftlichen Bereich entdeckendes Lernen dem vermittelnden Lehren überlegen ist, weil es die Hypothesenbildung begünstigt, das Transferverhalten, das Problemlösen und die Behaltensleistung steigert, intellektuelle Operationen entwickelt und fördert und die größere Chance zur intrinsischen Motivation bietet. Diese Ergebnisse sind *nicht einfach* auf Geschichte *übertragbar*. Daher besitzen die meisten theoretischen Aussagen über entdeckendes Lernen in der Geschichtsdidaktik *programmatischen* Charakter.

Die Hauptschwierigkeit der empirischen Untersuchung des entdeckenden Lernens stellt die komplexe Kombination und die mangelnde Eindeutigkeit der Definitionen der zu berücksichtigenden Variablen dar. Ob die von A. Nußbaum vorgeschlagene differenzierende Forschungsstrategie („Facetten-Designe") zu besser abgesicherten Ergebnissen führen wird, bleibt abzuwarten.

Literatur

Aebli, H.: Psychologische Didaktik. Didaktische Auswertung der Psychologie von J. Piaget, Stuttgart 1966

Bruner, J. S.: Der Prozeß der Erziehung, 2. Aufl. Berlin / Düsseldorf 1972
— Einige Elemente des Entdeckens, in: *Halbfas / Maurer / Popp* (Hrsg.): Neuorientierung des Primarbereichs, Bd. 1: Entwicklung der Lernfähigkeit, Stuttgart 1972, 84 ff.

Dietrich, G.: Effektivitätsanalyse und Lehrstrategie des entdeckenden Lernens, in: *Pädagogische Welt* (1973), H. 10

Einsiedler, W.: Entdeckungslernen und Konzeptlernen, in: *Die Grundschule* (1975), H. 12

Filser, K.: Entdeckendes Lernen im Geschichtsunterricht, in: *Pädagogische Welt* (1973), H. 11

Foster, J.: Discovery Learning in the Primary School, London 1972 (deutsch: Aktives Lernen. Konzeptionen des entdeckenden Lernens im Primarbereich, Ravensburg 1974)

Klewitz, E. / Mitzkat, H., u. a.: Entdeckendes Lernen und offener Unterricht, Braunschweig 1977

Knoch, P.: Entdeckendes Lernen im geschichtlichen Unterricht, in: *Neff, G.* (Hrsg.): Praxis des entdeckenden Lernens in der Grundschule, Kronberg 1977, 82 ff.

Messialas, B. G. / Zevin, J.: Kreativität im Unterricht, Stuttgart 1969

Neber, H. (Hrsg.): Entdeckendes Lernen, Weinheim 1973

Nußbaum, A.: Entdeckendes Lernen: Probleme der Forschung und mögliche Lösungen, in: *Zeitschrift für Entwicklungspsychologie und Pädagogische Psychologie* 16 (1984), 57 ff.
Radkau, J.: Das „Rätsel" der Geschichte als Denkmotivation, in: *GWU* 23 (1972), 385 ff.
Rumpf, H.: Kreatives Denken im Geschichtsunterricht, in: *Neff, G.* (Hrsg.): Kreativität in Schule und Gesellschaft, Ravensburg 1975, 152 ff.
Schmid, H. D.: Entdeckendes Lernen im Geschichtsunterricht, in: *Süssmuth, H.* (Hrsg.): Geschichtsdidaktische Positionen, Paderborn / München / Wien / Zürich 1980, 283 bis 314
Schmid, H. D. / Vorbach, K.: Entdeckendes Lernen im Geschichtsunterricht der Sekundarstufe I, in: *Gd* 2 (1978), 129 ff.
Schulz-Hageleit, P.: Wie lehrt man Geschichte heute?, 2. Aufl. Heidelberg 1977
Skowronek, H.: Psychologische Grundlage einer Didaktik der Denkerziehung, Hannover 1968
Stadler, B.: Entdeckendes Lernen im Unterricht, in: *WPB* 27 (1975), 92 ff.

Projektarbeit

Werner Boldt

Unter Projektarbeit an Schulen versteht man Vorhaben, bei denen Schüler *außerhalb* der Schule und des Kanons der Unterrichtsfächer lernen durch Bearbeitung einer selbstgestellten praktischen Aufgabe *(learning by doing)*. Die Schule dient mit ihren Einrichtungen als „Operationsbasis".
Projektarbeit entstand als Reaktion auf die hochgradige Arbeitsteilung industrieller Produktionsprozesse. *Selbstbestimmte kollektive Arbeit* soll der zunehmenden Dequalifizierung der Arbeitskraft, der damit verbundenen Entmündigung der Arbeitenden und der Verödung der Arbeitsvorgänge entgegenwirken. Neben der an humanen und demokratischen Leitbildern orientierten Zielsetzung steht die technokratische, Gesichtspunkten der Effizienz gehorchende Vorstellung, die eine den wechselnden Arbeitserfordernissen entsprechende vielseitige Verwendbarkeit der Arbeitskraft der Auszubildenden anstrebt. Die technokratische Begründung spielt in der pädagogischen Diskussion kaum eine Rolle, eher schon für die Durchsetzung der Projektarbeit an öffentlichen Bildungseinrichtungen.
Die philosophisch-wissenschaftliche Grundlegung der Projektarbeit schufen Anfang des 20. Jahrhunderts John Dewey, der Begründer der Schule des Chicago-Pragmatismus, und William H. Kilpatrick. Vermittelt durch die Krupskaja, die vor allem auf kollektive Arbeitsprozesse und gesellschaftliche Zielsetzungen abhob, wurde 1930/31 in einem bald abgebrochenen Versuch der Schulunterricht der Sowjetunion auf die Projektmethode umgestellt. In Deutschland dominierten mehr sozialromantisch einzustufende Konzepte wie

die an handwerklicher Tätigkeit ausgerichteten Arbeitsschulen Kerschensteiners, bis sich infolge der Studenten-Bewegung der sechziger Jahre die Idee der Projektarbeit mit demokratisch-gesellschaftskritischen Intentionen durchsetzte.
Projektarbeit ist durch folgende *Merkmale* gekennzeichnet:
In kollektiven selbstorganisierten Lern- und Arbeitsprozessen werden *Theorie und Praxis vereinigt*. Kenntnisse, Fähigkeiten und Fertigkeiten werden mit ihrer Anwendung erworben. Individuelle Unterschiede der Schüler ergänzen sich in der gemeinsamen Arbeit. Solidarität tritt an die Stelle der Konkurrenz um gute Noten. Nicht deren Tauschwert, sondern der Gebrauchswert des zu schaffenden Produkts ist Ziel der Lern- und Arbeitsprozesse. An der Qualität des Produkts wird die gemeinsam geleistete Arbeit gemessen. Die Trennung von Lehrenden und Lernenden wird tendenziell aufgehoben. Der Lehrer fungiert vor allem als Berater. Inhalte und Zielsetzungen der Projektarbeit resultieren aus Erfahrungen und *Interessen der Schüler*. Dabei sind die subjektiven, d. h. die empfundenen und ausgesprochenen Interessen Ausgangspunkt selbstbestimmter Lern- und Arbeitsprozesse. Weil sie aber nicht naturgegeben, sondern Ergebnis verschiedener Sozialisationseinflüsse sind, werden sie gemessen an den objektiven Interessen auf Selbstbestimmung und Veränderung der gesellschaftlichen Verhältnisse, die der Selbstbestimmung entgegenstehen. Aus verschiedenen Unterrichtsfächern werden Kenntnisse zur Lösung der gestellten Aufgabe abberufen. Projektarbeit ist *fächerübergreifend*, Lernprozesse folgen nicht der Systematik einer Wissenschaft.
Projektarbeit durchläuft gewöhnlich folgende Phasen: 1. Problemfindung und Zielsetzung, 2. Planung, 3. Durchführung, 4. Reflexion und Beurteilung.
In der Projektarbeit lernen die Schüler, Wissenschaft in ihrem Interesse anzuwenden, die Folgen der Anwendung zu beurteilen, den individuellen und gesellschaftlichen Nutzen von Wissenschaft zu erkennen, ferner die Zusammenhänge der Arbeitsprozesse untereinander und mit der von der Gesellschaft vorgegebenen Organisation einzusehen und schließlich sich selbst zu bestimmen und gesellschaftliche Veränderungen in Richtung auf individuelle und allgemeine Emanzipation zu bewirken. An der *Schule* können diese Ziele nur anvisiert, nicht erreicht werden. Gesamtgesellschaftliche Bedingungen von Lern- und Arbeitsprozessen können allenfalls erfahren und problematisiert, gewiß nicht verändert werden. Schon die Bedingungen, die aus der Organisation des Lernens an der Schule erwachsen, die zeitliche Einteilung nach Stunden und die inhaltliche nach Fächern können nicht generell beseitigt werden. Sie folgen der Notwendigkeit systematischen Lernens, die durch Projektarbeit nicht überwunden wird. Die in den Wissenschaften ausgewerteten, geordneten und gespeicherten Erfahrungen der Menschheit können nicht erneut auf dem Wege individueller Erfahrungen angeeignet, sie müssen in ihrer abstrakten Form gelernt werden. Projektarbeit kann nicht die ausschließliche Form des Lernens sein.
Für den *Geschichtsunterricht* ergeben sich besondere Schwierigkeiten. Die Bereiche, in denen Schüler ihre Erfahrungen sammeln, wie Familie, Schule, Stadt, Freizeit, sind geschichtlich bedingt. Aber diese Bedingtheit wird nicht

erfahren, sondern erst in einem von Erfahrungen ausgehenden Abstraktionsprozeß erkannt. Zur Klärung eines Problems aus dem Erfahrungsfeld der Schüler werden unter Umständen historische Kenntnisse notwendig herangezogen werden müssen. Anders steht es aber bei der Erstellung eines Produkts und den dort auftretenden Problemen. Am Beispiel: Das Problem Jugendarbeitslosigkeit kann nur gesellschaftskritisch, d. h. zugleich historisch, erklärt werden. Zu seiner Beseitigung als gesellschaftlicher Erscheinung sind historische Kenntnisse sicher notwendig. Das Projekt „Beschaffung von Lehrstellen" kann jedoch ohne historische Kenntnisse der Mitarbeitenden erfolgreich sein. Ein Projekt wird aufgrund historischer Erfahrungen angefertigt, die als solche aber nicht reflektiert werden müssen. Fertigkeiten, Kenntnisse, Methoden und Hilfsmittel, die nötig sind, um zum Beispiel einen Stadtplan zu zeichnen, sind in einem langen historischen Prozeß erworben, den der Schüler als Produzent aber nicht zu kennen braucht. Ebensowenig ist eine Kenntnis der Geschichte des Projektprodukts – hier also von Stadtplänen im allgemeinen und von der Anlage der im Plan festgehaltenen Stadt im besonderen – notwendig zu dessen Herstellung und Gebrauch. Gewöhnlich werden historische Kenntnisse zur Herstellung eines Produkts nur notwendig sein, wenn *das Sammeln* und die *Darstellung* historischer Überreste selbst das Produkt oder Teile eines Produkts werden sollen.

So begrenzt für Schüler Geschichte sinnvoll und überzeugend in Projektarbeit betrieben werden kann, so vielfältig und wichtig sind doch umgekehrt Anregungen, die von Projektarbeit auf den Geschichtsunterricht ausgehen, wie Einbeziehung von Schülererfahrungen und -interessen in den Unterricht, problemorientierte Themenstellungen, Beschaffung von Materialien durch Befragungen älterer Generationen, fächerübergreifendes Arbeiten.

Literatur

Dewey, J. / Kilpatrick, W. H.: Der Projektplan. Grundlegung und Praxis, Weimar 1935
Kaiser, F.-J. (Hrsg.): Projektstudium und Projektarbeit in der Schule. Bad Heilbrunn 1973
Projektorientierter Unterricht. Lernen gegen die Schule?, in: *b: e* 1975, H. 1 und 2
Schmiederer, R.: Politische Bildung im Interesse der Schüler, Hannover 1977

Historisches Interview (Oral History)

Ulrich Herbert

Die Oral History — die Produktion und Bearbeitung mündlicher Quellen — als *wissenschaftliche Methode der Zeitgeschichtsforschung* erhielt ihre Impulse in den letzten Jahren vor allem aus zwei Richtungen:
Zum einen aus der verstärkten Öffnung der Sozialgeschichte für sozialanthropologische Fragestellungen und der damit verbundenen intensivierten Kooperation mit Nachbardisziplinen wie Ethnologie, Volkskunde und Anthropologie (Brednich 1982; Fuchs 1984; Süssmuth 1984; Niethammer 1980). Maßgebend dafür war die Erkenntnis, daß für eine Analyse gesellschaftlicher Zustände die Beschäftigung mit Bedingungen, säkularen Trends und politischen Entscheidungen nicht ausreicht, sondern daß Erfahrungs- und Rezeptionsweisen das Bewußtsein des einzelnen in einer Gesellschaft konstituieren, daß Verarbeitung und Sinngebung erlebter Wirklichkeit selbst geschichtsmächtige Faktoren und als solche Gegenstand historischer Analyse sind.
Zum zweiten wurde vor allem in den angelsächsischen Ländern sowohl bei der historischen Elitenforschung wie bei der Beschäftigung mit der Geschichte jener gesellschaftlichen Gruppen, die in der Regel keine schriftlichen Zeugnisse hinterlassen, schon seit längerem in größerem Maßstab mit Interviews gearbeitet (Niethammer 1978). Die dabei gemachten Erfahrungen haben sich früh zur wissenschaftlichen Methode der Oral History geordnet, deren weitläufige Verwendung über den akademischen Raum hinaus möglich wurde, seit durch die Produktion der Cassettenrecorder als Massenkonsumgut die technische Seite der Interview-Forschung gelöst und finanzierbar wurde.
In Deutschland ist die Oral History in den letzten Jahren auf eine breite Reaktion gestoßen, auch wenn es bislang nur wenige Untersuchungen gibt, die die selbstgesetzten wissenschaftlichen Standards auch empirisch einlösen.
Das liegt vor allem daran, daß unter dem Begriff Oral History verschiedene *Formen des Umgangs mit historischen Interviews* firmieren, die je für sich nicht unerhebliche methodische Probleme aufwerfen.
Die einfachste und unkomplizierteste Form ist dabei die Verwendung von Interviews neben der auf schriftlichen Quellen basierenden historischen Analyse — als Türöffner zu neuen Fragen, Themen und Problemstellungen sowie als Kontrollinstanz für die Gewichtung der Einzelaspekte. Die in der Praxis besonders häufige Verwendung von Interviews bei *historischen Recherchen* zu einzelnen Vorgängen und Ereignissen („Befragung von Zeitzeugen") birgt hingegen die Gefahr, daß je nach Standort der Interviewpartner und ihrer individuellen Verstrickung ins Geschehen ganz unterschiedliche Versionen ein und desselben Vorgangs entstehen; die Verwendung von Interviews als einzige Quellensorte führt hier zu Fehlschlüssen. Nur durch eine entsprechend hohe Zahl von Interviews, durch die Einbeziehung des biographischen Kontextes der Interviewten und die Heranziehung schriftlicher

Quellen können hier akzeptable Ergebnisse erzielt werden. Interviews sind bei solchen zielgerichteten und begrenzten Nachforschungen *eine Form der Informationsbeschaffung* neben anderen; entscheidend ist der objektivierbare Wahrheitsgehalt der Erinnerung an den einzelnen Vorgang; Wertungen, Erfahrungen, Reflexionen werden dabei so weit wie möglich eliminiert und mündliche Quellen nur da eingesetzt, wo schriftliche Überlieferungen nicht vorhanden oder nicht aussagekräftig sind.

Ertragreicher ist die Arbeit mit mündlichen Quellen bei der *Rekonstruktion vergangener Lebens- und Arbeitswelten;* die Anwendung quellenkritischer Verfahren vorausgesetzt, sind Interviews in diesem Feld sehr ergiebig, zumal es sich häufig um Themen handelt, von denen kaum schriftliche Überlieferungen existieren und es sich beim Vergleich mit schriftlichen Überlieferungen erweist, daß für die Bereiche der routinisierten Vorgänge und Handlungen die Präzision der Erinnerung sehr hoch ist. Andererseits entsteht hier aber die Gefahr, daß die Fülle alltagsgeschichtlicher Details nur schwer in historisch-systematische Fragestellungen eingeordnet werden können und daher die Neigung erwächst, es bei der dichten Beschreibung zu belassen, ohne durch ordnende Analyse und Interpretation den Stellenwert der durch die Interviews entstandenen historischen Szenarios in übergreifenden Zusammenhängen bestimmen zu können.

Besonders aufschlußreich, aber auch besonders schwierig ist der Umgang mit lebensgeschichtlichen Interviews, vor allem die *Analyse lebensgeschichtlicher Erfahrungsmuster.* Während historische Wissenschaft darauf angelegt ist, historische Totalität arbeitsteilig in kleine Einheiten zu separieren und je für sich zum Gegenstand der Analyse zu machen, geht historische Lebenslaufforschung gewissermaßen andersherum vor; hier stehen die erzählten Biographien einzelner oder einer Gruppe von Menschen im Vordergrund, die in ihrem Verlauf die unterschiedlichsten Bereiche und Aspekte berühren und selbst Ausdruck historischer Totalität sind. Gegenstand der Analyse ist bei solchen Interviews die Dialektik zwischen privater und öffentlicher Geschichte, sind die lebensgeschichtlichen Wende- und Höhepunkte, Weichenstellungen und die individuelle Periodisierung der Lebensgeschichte – vor allem aber die aus dem Erlebnis gewonnene Erfahrung, die das Erlebte ordnet, interpretiert und bewertet. Dabei ist davon auszugehen, daß der Bericht über Einzelheiten der eigenen Lebensgeschichte, die oft schon viele Jahrzehnte zurückliegen, in so vielfältiger Weise von Einstellungswandel, öffentlicher Diskussion und der schon aus der Selbstachtung herrührenden Notwendigkeit, die eigene Lebensgeschichte einen Sinn machen zu lassen, überlagert und gebrochen ist, daß gerade die Erinnerungspassagen über privat und politisch besonders intensiv erlebte Phasen oft mehr die Auseinandersetzung mit dem gesellschaftlichen Angebot an sinnstiftenden Erfahrungsmustern darstellen als die genuine, persönliche Erfahrungsbilanz eines autonomen einzelnen. Solche Erfahrungsmuster sind durch aufwendige und einfühlsame Interpretationsverfahren dechiffrierbar und als Ausdrucksformen öffentlichen historisch-politischen Bewußtseins zu lesen.

Da alle Formen des Umgangs mit Interviews relativ hohen Aufwand an Zeit und Arbeit verlangen, werden sich *im unterrichtlichen Zusammenhang* für Oral History nur begrenzte Einsatzmöglichkeiten finden. Auf der anderen Seite zeigt die intensive Nutzung historischer Interviews in den Beiträgen des Schülerwettbewerbs Deutsche Geschichte, daß sich hier für das *forschend-entdeckende Lernen* gute Möglichkeiten bieten, die Schüler zu selbständigen Nachforschungen, aber auch zu kritischer Auseinandersetzung mit der unmittelbaren Vergangenheit anzuregen und zu motivieren (Galinski u. a. 1982). Im Geschichtsunterricht (Herbert 1984), aber auch in der historischen Erwachsenenbildung (Kröll 1984) entstehen im Umgang mit historischen Interviews, insbesondere in der Analyse erzählter Lebensgeschichten einige Chancen und Möglichkeiten, weil sie gerade Jüngeren, denen Geschichte als Abfolge von Epochen oder Ensemble von Strukturen entgegentritt, Einblicke in die Totalität und Kontinuität historischer Zeitgenossenschaft vermitteln und es ihnen ermöglichen kann, politische Geschichte in den katastrophischen Auswirkungen für die einzelnen und die private Lebensgeschichte in ihrem politischen Kontext zu verstehen. So kann Gegenwart auf unmittelbare Weise in historischer Dimension erfahren werden: eine Art Historierung der Umwelt, die es ermöglicht, historische Identität nicht als lästiges Erbe, sondern als Gegenstand politischer Reflexion zu begreifen.

Literatur

Brednich, R. W., u. a. (Hrsg.): Lebenslauf und Lebenszusammenhang. Autobiographische Materialien in der volkskundlichen Forschung, Freiburg (Brsg.) 1982
Brüggemeier, F. J.: Traue keinem über sechzig? Entwicklungen und Möglichkeiten der Oral History in Deutschland, in: *Gd* 9 (1984), 199 — 210
Ehalt, H. Ch. (Hrsg.): Geschichte von unten, Wien / Köln / Graz 1984
Fuchs, W.: Biographische Forschung. Eine Einführung in Praxis und Methoden, Opladen 1984
Galinski, D., u. a. (Hrsg.): Nazis und Nachbarn. Schüler erforschen den Alltag im Nationalsozialismus, Reinbek 1982
Herbert, U.: Oral History im Unterricht, in: *Gd* 9 (1984), 211 — 219
Kröll, U. (Hrsg.): Historisches Lernen in der Erwachsenenbildung (Forum Geschichtsdidaktik, Bd. 3), Münster 1984
Niethammer, L.: Oral History in USA. Zur Entwicklung und Problematik diachroner Befragungen, in: *Archiv für Sozialgeschichte* 18 (1978), 475 — 501
— (Hrsg.): Lebenserfahrung und kollektives Gedächtnis. Die Praxis der Oral History, Frankfurt/M. 1980
— (Hrsg.) Die Jahre, die weiß man nicht, wo man die heute hinsetzen soll. Faschismuserfahrungen im Ruhrgebiet (Lebensgeschichte und Sozialkultur im Ruhrgebiet 1930 bis 1960, Bd. 1), Bonn 1983
— (Hrsg.): Hinterher merkt man, daß es richtig war, daß es schiefgegangen ist. Nachkriegserfahrungen im Ruhrgebiet (Lebensgeschichte und Sozialkultur im Ruhrgebiet 1930 bis 1960, Bd. 2), Bonn 1983
Süssmuth, H. (Hrsg.): Historische Anthropologie, Göttingen 1984

Programmierter Geschichtsunterricht

Bodo von Borries

Programmiertes Lernen verläuft, wie an jedem kurzen Programmbeispiel (vgl. Literatur) leicht zu überprüfen ist, in rasch und regelmäßig wiederkehrenden Teilschritten: 1. Information zum Einprägen, 2. Aufgabe zur Reproduktion, 3. Beurteilung des Reproduzierens, 4. Verstärkung, Korrektur und neuer Auftrag (Weitergehen zur nächsten Information, Rückkehr zur letzten Information oder hilfsweise Zusatzinformation). *Stärken und Schwächen* des Programmierten Geschichtsunterrichts werden daraus unmittelbar deutlich:

— Die Lernziele sind strikt operationalisiert und objektiviert, aber der Lernende kann sich keine eigenen Ziele setzen oder mitbestimmen.
— Die Lernschritte sind klein, optimal organisiert und leicht nachvollziehbar; aber der Lernende kann keinerlei Selbständigkeit, Produktivität oder Kreativität entwickeln.
— Der Lernende wird regelmäßig aktiviert und dadurch zu Aufmerksamkeit gezwungen; aber seine Aktivität ist sehr einseitig reproduktiv.
— Fehler werden regelmäßig korrigiert, Erfolge bestätigt und zur Motivation genutzt; aber die Eintönigkeit und Gängelung kann auch ermüden und langweilen.
— Ständig wird wiederholt, eingeprägt und getestet (Überlernen); aber das bedeutet oft geistlosen Drill und transferloses Vokabellernen.
— Programme sind lehrerunabhängig und „lehrersicher"; aber das Fehlen des Gesprächs erhöht noch die Isolation und Auslieferung an den Programmhersteller.
— Das Lerntempo und (bei verzweigten Programmen) ganz begrenzt auch der Lernweg sind individuell; aber die fehlende Individualisierung des Prozesses und des Ergebnisses wird dadurch nicht ersetzt.
— Der Lernerfolg läßt sich ziemlich objektiv und zuverlässig messen; aber es ist höchst zweifelhaft, ob gerade im Fach Geschichte ein solcher Lernerfolg wünschenswert ist.

Programmiertes Lernen wurde zunächst im Bereich der militärischen und beruflichen Ausbildung entwickelt. Das ist kein Zufall. Überall, wo *unzweifelhaft Richtiges und fraglos Wichtiges* bis zur Habitualisierung gedrillt werden soll, kommen Programme gut in Frage, zum Beispiel für Fremdworte, Termini und Jahreszahlen. Wer in einem festen Tatsachengerüst und soliden Grundwissen den Kern oder auch nur einen wichtigen Teil des Geschichtsunterrichts sieht, kann Lernprogramme einsetzen. Er sollte aber wissen, wie schnell grobe Einseitigkeiten einfließen (zum Beispiel der Koloniebegriff bei Dietrich 1973, 133 f., oder der Radikalismusbegriff bei Christmann 1967, 111). Wer in einem unbezweifelbaren Geschichtskanon schon eine Verfälschung des dialogischen Charakters sieht, wer „Multiperspektivität", „reflektiertes Geschichtsbewußtsein", „balancierende historische Identität", „begründete Parteinahme" und ähnliches als Ziele des Geschichtsunterrichts setzt, der muß Programmiertes Lernen ablehnen, außer in ganz begrenzten Sonderfällen. Programme sind meist ganz stoffverhaftet, könnten aber auch Arbeitstechniken (Quelleninterpretation, Ideologiekritik) in kleine Schritte zerlegen und einschleifen. In drei Punkten, die heute unverzichtbar zum Geschichtsunterricht gehören, muß ein Lernprogramm wohl notwendig versagen: 1. Differenzierter persönlicher Bezug zur Lebenssituation des Lernenden

(„eigene Geschichte"), 2. Beitrag zur Selbständigkeit und Kreativität, 3. Förderung der kommunikativen Kompetenz (Sprachverhalten, Diskussionsfähigkeit, Argumentationsstrategien).
Zur Zeit gibt es in der Bundesrepublik Deutschland keine umfassenden Lernprogramme für Geschichte (weder stofforientierte noch methodenorientierte). Das ist wahrscheinlich kein Zufall, sondern fachtypisch. Aber das „Grundwissen Geschichte" (Klett) oder der „Atlas zur Weltgeschichte" (dtv) ließen sich durchaus in Programmform umschreiben. Statt reiner Programme gibt es allerdings zunehmend gemäßigte Programme, nämlich *halb-programmierte Unterrichtsmodelle und Schulbücher.* Die in mehreren Bundesländern ausdrücklich zugelassene „Geschichte in Unterrichtsmodellen" (Loch 1976 ff.) etwa ist als recht enges Gruppenprogramm anzusprechen. Als besonders klares Beispiel ist auch das Lehrwerk „Curriculum Geschichte" (Diesterweg) zu nennen, das sich in vier Punkten von klassischen Programmen unterscheidet:

— Es ist für Klassen, nicht für einzelne Schüler bestimmt, also kommunikativ, nicht isolierend.
— Die Grundinformationen werden nicht zum Einprägen vorgegeben, sondern in einfachen Prozessen erarbeitet und verarbeitet, bevor sie dann geübt, wiederholt und abgetestet werden.
— Dadurch werden auch instrumentelle Lernziele (Fähigkeiten) erreicht und die Lernschritte etwas vergrößert.
— Neben den programmierten Grundinformationen gibt es anregendes nichtprogrammiertes Zusatzmaterial für die schnelleren und interessierteren Schüler.

Dennoch handelt es sich um ein extrem *geschlossenes Curriculum,* in dem die Autoren genau festgelegt haben, was richtig und wichtig ist. Streitfragen, Kontroversen, Offenhalten, Reflexion auf Interessen und Ideologien gibt es kaum. Die perfekte methodische Aufbereitung macht das „Curriculum Geschichte" zum „Selbstläufer", also „lehrersicher" und „schülersicher". Vor allem für Anfänger ist das verlockend, weil es von einem Teil der allzu vielen Lehreraufgaben entlastet und dadurch andere besser wahrnehmen läßt. Gemäßigte Programme sind wahrscheinlich auch motivierender und lehrreicher als manch selbstgebastelter und unstrukturierter Unterricht. Die große Gefahr liegt aber darin, daß die fachliche und ideologische Einseitigkeit einliniger Programme und die Abrichtung und Gängelung der Schüler unterschätzt werden.

Literatur

Bennack, J.: Programmiertes Gruppenlernen, Köln 1977
Christmann, H.: Geschichtsunterricht in der Hauptschule, Bonn 1967, 33 — 37 und 110 bis 118
Curriculum Geschichte von *Süß, G. A.,* u. a., Bd. I, Altertum: Lehrerband, Schülermaterial 1 und 2, Informelle Tests, Schallplatte, Frankfurt/M. 1975; Bd. II 1979, Bd. III 1981/82/83
Dietrich, Th. (Hrsg.): Unterrichtsbeispiele von Herbart bis zur Gegenwart, 4. Aufl. Bad Heilbrunn 1973, 133 — 135 und 161
Fürnrohr, W.: Ansätze einer problemorientierten Geschichtsdidaktik, Bamberg 1978, 122 — 124

Gabele, P.: Arbeitsmittel und Lehrprogramme. Ein Handbuch, Stuttgart 1968
Hug, W.: Geschichtsunterricht in der Praxis der Sekundarstufe I, Frankfurt/M. 1977, 123 – 125
Koebberling, A.: Effektives Lernen durch Programmierten Unterricht? Analyse und Synthese vergleichenden Unterrichts, Weinheim 1971
Lansky, M. / Scharmann, Th.: Programmierter Gruppenunterricht, Hannover 1976
Loch, W., u. a.: Geschichte in Unterrichtsmodellen, 9 Bde. (jeweils mit Schülerarbeitsbuch), Limburg 1980 ff.
Reese, A.: Programmierter Geschichtsunterricht, in: *Filser, K.* (Hrsg.): Theorie und Praxis des Geschichtsunterrichts, Bad Heilbrunn 1974, 82 – 96
Sutor, B.: Programmierter Unterricht im Fach Geschichte, in: *Zur Didaktik des Geschichtsunterrichts* (*GWU*, Beiheft 12), Stuttgart 1970, 76 – 95

Sozialformen

Hans-Jürgen Pandel

Das notwendige Korrelat zum *kommunikativen* Geschichtsunterricht ist ein *kooperativer* Unterricht, Kooperation – auch Koaktion genannt – bezeichnet hier (im Unterschied zu „Kooperation" als Zusammenarbeit verschiedener Unterrichtsfächer) die unterschiedlich institutionalisierten Interaktions- und Kommunikationsprozesse, in denen sich eine symmetrische Kommunikation aller erreichen läßt (Erhöhung der Beteiligungs- und Redechancen der Kommunikationsteilnehmer, Abbau von Sprech- und Artikulationshemmungen usw.). Während kommunikativer Unterricht das *Durchsprechen und Verhandeln* (im Gegensatz zum Übermitteln und Ein-Bilden) von Themen der Inhalts- und Beziehungsebene meint, bezieht sich kooperativer Unterricht auf die *Interaktions-* und *Kommunikationsprozesse* sowie die sie beeinflussenden Sozialformen.
Sozialformen sind die verschiedenen Institutionalisierungen der Interaktions- und Kommunikationsprozesse, die sich nach Gruppengröße, Dauer der Institutionalisierung, Merkmale der Gruppenmitglieder usw. unterscheiden. Die Institutionalisierung der unterschiedlichen Kommunikations- und Interaktionsprozesse vollzieht sich in den verschiedenen Gruppierungsformen der Lernenden. Die didaktische Intention, wünschbare Interaktions- und Kommunikationsprozesse zu realisieren, findet an den *Institutionalisierungsformen* ihre strukturelle Möglichkeit und ihre strukturelle Grenze. Die jeweilige Institutionalisierung bestimmt auch die Art der Kommunikationsakte innerhalb der Veranstaltung Unterricht. Kooperativer Unterricht meint aber nicht nur die Sozialbeziehungen der Schüler untereinander oder die Beziehungen von Lehrer zu Schüler, sondern auch die Kooperationsformen der Lehrer untereinander (bezogen auf den Unterricht). Die möglichen Sozialformen reichen vom Selbstunterricht über den Einzelunterricht der alten Hofmeister-

erziehung des 17. und 18. Jahrhunderts (Geschichtsunterricht als Prinzenerziehung) bis zu den modernen Großformen des Team Teaching als einem Verfahren, das jene kommunikativen und kooperativen Prozesse meint, die sowohl Schüler als auch Lehrer umgreifen (Winkel 1974).
Wie für den Unterricht allgemein, so können auch für den Geschichtsunterricht *sechs Sozialformen* unterschieden werden: Klassenunterricht mit den Arbeitsformen Frontalunterricht und Unterrichtsgespräch sowie Einzelarbeit, Partnerarbeit, Gruppenunterricht, Exkursion und Team Teaching. Eine fachdidaktische Methodenforschung, die Arbeits- und Sozialformen untersucht, existiert in einem kaum nennenswerten Umfang. Dringend erforderlich sind solche Untersuchungen, die die sozialisierenden Wirkungen der Sozialformen analysieren, also der Frage nachgehen, welche verhaltensrelevanten Strukturen und Dynamiken im Schüler durch die einzelnen Sozialformen erzeugt oder begünstigt werden. Gegenwärtig macht sich ein erhebliches Auseinanderklaffen zwischen Didaktik im engeren Sinne und der Unterrichtsmethodik bemerkbar. Es liegen nur wenige Beiträge vor (Müller 1972; Zenner 1976; Hug 1977; Hey 1978), die den Sozialformen des Geschichtsunterrichts nachgehen. So gründliche Untersuchungen, wie sie die allgemeine Didaktik zum Klassenunterricht (Ingenkamp 1972) oder zum Team Teaching (Winkel 1974) vorzulegen hat, sind in der Geschichtsdidaktik nicht in Sicht.

Konstitutions- und Definitionsprobleme

Unterricht vollzieht sich in unterschiedlichen Gruppierungsformen, die ihren Platz sowohl innerhalb der Veranstaltung Unterricht (Gruppenunterricht) und innerhalb der Institution Schule (Team Teaching) als auch außerhalb der Schule (Exkursion) haben. „Unter Sozialformen sind die Organisationsformen des Unterrichts verstanden, in denen die am Unterricht beteiligten Personen aufeinander bezogen sind" (Beckmann / Biller 1978, 66). Die Struktur der Lerngruppe bestimmt weitgehend die Art und Weise, wie die Interaktions- und Kommunikationsprozesse ablaufen.
Soll Emanzipation und Selbstbestimmung als Ziel des Geschichtsunterrichts realisiert werden, so sind an die *Struktur der Lerngruppe* bestimmte Anforderungen gerichtet. Die Umsetzung dieser Ziele für die Arbeits- und Sozialformen liegt in einer qualitativen und quantitativen *Symmetrie* von Kommunikations- und Interaktionsprozessen. Symmetrie orientiert sich an fünf Merkmalen: 1. Gemeinsamkeit des Handelns aller an der unterrichtlichen Situation Beteiligten, 2. Gleichheit der Redechancen, 3. Gleichheit der Redeanteile, 4. Abbau von Sprachbarrieren als Redehemmungen und 5. wechselseitig akzeptierte Gleichwertigkeit der Redebeiträge aller. Symmetrische Kommunikation heißt dann, daß jeder Teilnehmer Initiator und Adressat von Interaktions- und Kommunikationsprozessen werden kann.
Die Leitlinie einer formalen Unterscheidung der verschiedenen Sozialformen bildet (sowohl in historischer als auch in systematischer Sicht) die Abwandlung der klassischen Maxime „ein Lehrer — eine Klasse — ein Raum" zu einer Pluralität von Lehrenden, Lerngruppen und Lernorten. Die Diskussion

der Sozialformen kann unter formalem Gesichtspunkt von den drei Kriterien *Gruppe, Lehrer, Raum* ausgehen. In der Diskussion der Vergangenheit ist die Anzahl der Lernorte und die Lehrerzahl nicht variiert worden. Alle Sozialformen wurden unter dem Aspekt „ein Lehrer — ein Klassenraum" bei wechselnder Frequenz und Gruppenzahl (Klassenunterricht, Gruppenunterricht, Partnerarbeit) beschrieben. Die gegenwärtige Diskussion bezieht die Pluralität von Lernorten (zum Beispiel Exkursion) und von Lehrern (zum Beispiel Team Teaching) ein. Die Sozialformen können in einem dreidimensionalen Modell dargestellt werden, das die Merkmale Anzahl der Gruppen, Anzahl der Lehrer und Anzahl der Lernorte auf den drei Achsen abträgt. Dabei darf allerdings nicht übersehen werden, daß die einzelnen Kriterien der Dimensionen selbst schon komplexer Art sind. In die Anzahl der Gruppen geht die Frequenz der Teilnehmer ein; die Merkmale der drei Dimensionen variieren mit dem Faktor Zeit. Die Dauer der Gruppenbildung ist äußerst unterschiedlich; sie reicht bei der Sozialform Klassenunterricht eventuell über Jahre hinaus, während schlecht verstandener Gruppenunterricht (als Phase im Klassenunterricht) die Gruppierungsdauer von 15 Minuten nicht übersteigt. Ebenso ist die Anzahl der Lehrer pro Lerngruppe in der Sozialform Team Teaching in der Zeit variabel. Die Leitlinie einer inhaltlichen Unterscheidung der verschiedenen Sozialformen bildet die Polarität von komplementären und symmetrischen Interaktionsformen. Eine *komplementäre* Interaktionsform ist dort gegeben, wo „ein Mitglied einer Subgruppe der Klassengruppe durch autoritäre Forderungen den Freiheitsspielraum der übrigen Mitglieder der Klassengruppe auf eine solche Weise begrenzt, daß ihr Freiheitsspielraum ungleich größer ist als der übrigen Mitglieder der Klassengruppe" (Schäfer / Schaller 1973, 194). *Symmetrische* Interaktionsformen sind dort zu finden, wo allen Mitgliedern der Klassengruppe die gleichen Freiheitsspielräume eingeräumt werden. Einzelne Sozialformen können auf den *Polaritätsprofil* von „komplementäre Interaktion und Kommunikation" und „symmetrische Interaktion und Kommunikation" eingetragen werden, je nach der Möglichkeit, die sie einräumen. Da keine Sozialform eine gleichsam eingeborene Interaktions- und Kommunikationsform besitzt, sondern lediglich eine Affinität zu symmetrischer oder komplementärer Interaktion, sind die Merkmale „*progressiv*" und „*regressiv*" (Schäfer / Schaller 1973) zur Unterscheidung wichtig. Die Merkmale „progressiv" und „regressiv" geben die Richtung einer Sozialform auf den anderen Pol hin an. Eine regressive komplementäre Interaktion liegt dann vor, wenn die Freiheitschancen der Teilnehmer sich erweitern; progressiv wäre sie zu nennen, wenn zum Beispiel der Lehrer dazu übergeht, die Freiheitsspielräume der Schüler ständig zu verkleinern. Gruppenunterricht wäre bei dieser Einteilung eine Sozialform, in der die Tendenz zu progressiv symmetrischer Interaktion und Kommunikation angelegt ist.

Sozialformen und Unterrichtsplanung

Versteht man methodisches Handeln als Gestaltung von Lernbedingungen, so ist die Entscheidung für eine Sozialform ein Moment der Unterrichtsplanung, das über die Strukturen der unterrichtlichen Kommunikations- und Interaktionsprozesse mitentscheidet. Die Wahl der Sozialform ist eine Maßnahme zur *Beeinflussung des Unterrichtsverlaufes,* bezogen auf Ziel und Thematik. Die Sozialformen schaffen die Umstände des intentionalen didaktischen Handelns und strukturieren die Lernsituation des pädagogischen Alltags vor. Unter diesem Anspruch von Emanzipation und emanziparorischer Symmetrie kann aber die Entscheidungskompetenz über die Wahl der Sozialform nicht ausschließlich beim Lehrer liegen.

Die Wahl der Sozialform eröffnet und beschränkt zwar die pädagogischen Handlungsspielräume, sie schließt aber praktisch keine methodische Entscheidung über Medien oder Verfahrensweisen aus. In der Sozialform lassen sich verschiedene Arbeits- und Aktionsformen des Unterrichts (zum Beispiel Rollenspiel, Simulationsspiel, Quellenarbeit) realisieren, ohne daß dadurch die zugrunde liegende Sozialform aufgegeben würde.

Ziele der Sozialformen

Jede Sozialform ist auf eine ihr eigentümliche Weise auf das *Unterrichtsziel* bezogen. Sie kann es unterstützen, und sie kann es hemmen. Insofern ist es wichtig, die den Sozialformen immanenten Zielsetzungen, ihre *Eigenwirkungen,* zu kennen (Förderung von Konkurrenz und Wettbewerb, Lernziel, Solidarität, Teamfähigkeit usw.). Die Sozialformen können deshalb nicht als inhalts- und zielneutrale Instrumente technischen Zuschnitts verstanden werden. Die den Sozialformen immanenten Zielsetzungen können mit dem Globalziel des Geschichtsunterrichts in Widerspruch treten. Die Entwicklung von Ich-Identität als sprachlich artikulierter Selbstverortung im Geflecht sozialer Beziehungen bliebe dem Geschichtsunterricht äußerlich, wenn Unterricht ständig als Instruktionssituation verstanden würde. Eine Einübung von Selbstdarstellung und Antizipation der Erwartungshaltung des sozialen Gegenübers würde nicht stattfinden. Die Ziele, die die Sozialformen selbst einbringen, liegen in der Regel auf einer relativ hohen Abstraktionshöhe der Zielformulierung. Es ist deshalb verständlich, daß die immanenten Zielsetzungen von den Fachdidaktikern lange übersehen wurden. Auf der Ebene der täglichen Unterrichtsrealisation, bei der die niederstufigen Tagesziele, meist fachspezifischer Art, im Vordergrund stehen, blieben sie lange unbeachtet.

Sozialformen und Geschichtsunterricht

Keine der möglichen Sozialformen ist als Sozialform durch ihre jeweilige Struktur in besonderer Weise für den Geschichtsunterricht disqualifiziert. Der Geschichtsunterricht bevorzugte zwar in seiner Geschichte unterschiedliche Sozialformen, das sagt aber nur etwas über seine Verflochtenheit mit den pädagogischen Bewegungen seiner Zeit aus. Da die Sozialform nur analytisch von den den Unterricht bedingenden übrigen Faktoren getrennt werden kann, kommt ihr als separierter Variable nur bedingte Aussagekraft für den Geschichtsunterricht zu. Empirische Untersuchungen über den Zusammenhang von Sozialform und den übrigen Strukturmomenten des Geschichtsunterrichts könnten weitergehende Aussagen machen (vgl. Müller 1972).

Die folgende Aufzählung der Sozialformen orientiert sich an der Größe der Lerngruppe und bewegt sich zwischen den Extremen Selbstunterricht und Team Teaching. Es soll dabei nicht die einzelne Sozialform vorgestellt und in ihren sämtlichen pädagogischen Dimensionen aufgefaltet werden, sondern es werden nur solche Aspekte betont, die eine inhaltliche oder formale Beziehung zu Zielen, Methoden und Inhalten des Geschichtsunterrichts anzeigen.

Einzelunterricht: Einzelunterricht ist von Einzelarbeit zu unterscheiden. Einzelunterricht meint die reine „pädagogische Paargruppe" (Bernfeld) von *einem* Lernenden und *einem* Lehrenden. Unterricht vollzieht sich hier als Dialog. Der Einzelunterricht (Nachhilfe, Fahrschule usw.) spielt in der gegenwärtigen Schulorganisation keine Rolle. Er hat aber in der Geschichte des Geschichtsunterrichts eine erhebliche Bedeutung gehabt. Einzelunterricht war jene *elitäre und exklusive Sozialform,* in der der Lehrer vom „Schüler" angestellt und besoldet wurde. Einzelunterricht ist eine der ersten Sozialformen geschichtlichen Lernens. Namhafte Historiker haben im 18. und 19. Jahrhundert in dieser Sozialform Privatunterricht erteilt: Schlözer war als Hofmeister in Stockholm, Lübeck und Petersburg tätig, Loebell galt als der meistbeschäftigte Prinzenerzieher seiner Zeit, und Ranke hielt dem bayerischen König Privatvorlesungen.

Einzelarbeit: Einzelarbeit ist Selbstunterricht, der nicht notwendigerweise auf die Schule bezogen sein muß. Die Protoformen der Geschichtsdidaktik im 18. und frühen 19. Jahrhundert sahen in ihm eine wesentliche Form des historischen Lernens und bezogen die „historische Autodidaktie" und den „Autodidacticus" (Gatterer) ausdrücklich in ihre theoretischen Reflexionen ein. Einzelarbeit ist in ihrer nicht-verschulten Form die *individuelle Form* des Lernens, in der der Lernende zugleich der Lehrende ist. Er stellt sich selbst Aufgaben, überprüft sie und legt selbst die Gütekriterien fest, denen er genügen will. Einzelarbeit als Selbstunterricht kommt „Selbsttätigkeit" und „selbstbestimmtem Lernen" am nächsten. Historisches Lernen im Rahmen eines Hobbys (zum Beispiel Zinnfiguren, Modellbau) verläuft nach dieser Form. Ob allerdings dieser Extremfall einer Sozialform auch frei von fremdbestimmtem Lernen ist, ist zumindest in einer Gesellschaft fraglich geworden, die die Freizeit als Ware entdeckt hat.

Die *verschulte* Form dieser Sozialform wird in häusliche und schulische Einzelarbeit unterteilt (Hausaufgabe und Stillarbeit). Bei der *häuslichen* Einzelarbeit, zum Beispiel dem Wiederholen oder Vorbereiten eines Geschichtsbuchtextes, handelt es sich nicht um selbstbestimmtes Lernen. Die Gütekriterien des Lernprozesses sind abhängig vom antizipierten Lehrerurteil, der kalkulierten Wahrscheinlichkeit, „nicht dranzukommen" und der Schwere der zu erwartenden Sanktionen oder der Höhe der Gratifikationen. Diese Variante des Einzelunterrichts unterscheidet sich nur durch den Lernort vom Frontalunterricht. Die Summe der Schüler, die zu Hause ihren Geschichtsbuchtext durchgehen, stellt einen Frontalunterricht dar, der sich nur durch die veränderte Distanz der Lernenden voneinander vom schulischen Frontalunterricht unterscheidet. Der Frontalunterricht ist die notwendige Ergänzung *schulischer* Einzelarbeit. Hier muß jeder Schüler sich ohne soziale Kontakte allein mit der Bewertungskompetenz des Lehrers auseinandersetzen. Eine von der Lehreraufsicht weitgehend freie Einzelarbeit muß die didaktischen Intentionen und die pädagogischen Funktionen des Lernens in die Medien hineinverlagern. Es werden selbstinstruierende Medien benötigt, die durch Struktur und Aufforderungscharakter den Lehrer ersetzen.

Partnerarbeit: Von Partnerarbeit wird in der Regel dann gesprochen, wenn zwei Schüler eine begrenzte Zeit miteinander handeln und reden. Partnerarbeit stellt „einen freien, nicht öffentlichen und von beiden Redepartnern allein geregelten Meinungsaustausch zu verschiedenen Sachverhalten" dar (Ritz-Fröhlich 1977, 25). Die Definitionskriterien der Partnerarbeit sind deshalb: 1. prinzipielle *statusmäßige Gleichstellung* beider Teilnehmer, 2. hoher, *gleichmäßig verteilter Redeanteil*, 3. *keine Beeinträchtigung* der Kommunikation *von außen* durch einen Publikumseffekt (Bloßstellung). Als selbständige Sozialform, die den größten Teil der unterrichtlichen Situation ausmacht, tritt Partnerarbeit in der Schule nicht in Erscheinung. Partnerarbeit wird meist *als Phase* in den Klassenunterricht eingebaut. In komplexen und differenzierteren Schulsystemen mit mobileren und variableren Sozialformen kann Partnerarbeit über die Gleichaltrigkeit hinausgehen und zur altersheterogenen Partnerarbeit werden (cross-age-helping). Ein älterer Schüler betreut dann als Tutor einen jüngeren (cross-age-tutoring).

Partnerarbeit braucht allerdings nicht unbedingt als Phase in den Klassenunterricht eingebaut zu werden, sondern kann sich auch *an anderen Orten* als der Schule abspielen. Die Befragung von Zeugen der Zeitgeschichte ist eine der möglichen Arbeitsformen der Sozialform Partnerarbeit.

Die Sozialform Partnerarbeit wie auch der Einzelunterricht haben, sofern diese Sozialformen auf Dauer gestellt werden, den *Nachteil*, daß in ihnen die Interaktionen zur Routine erstarren, in der jeder die Argumente und Handlungen des anderen schon im voraus kennt. Die ständig wechselnden Perspektiven, die immer neu anzuwendende Fähigkeit der Empathie, wird dann vernachlässigt.

Klassenunterricht: Das Klassensystem, wie es sich im 19. Jahrhundert herausgebildet hat, war und ist gekennzeichnet durch jahrgangsweise Einschulung, jährliche Versetzung, Versetzung nach Gesamtleistung in allen Fächern, Zuordnung eines Klassenlehrers zu je einer Klasse. Die Einführung der Klassenordinarien erfolgte 1824 aus Disziplingründen, da der „Geist der zügellosen Freiheit und Frechheit" im Fachlehrersystem einen Verantwortlichen erforderlich machte, der „Ordnung und Disziplin" innerhalb und (!) außerhalb der Schule aufrechterhalten sollte (Ingenkamp 1972). Diesem Verständnis der Sozialform Klassenunterricht liegt eine *hierarchische* Interaktions- und Kommunikationsstruktur zugrunde. Alle Informationen, Handlungen und Deutungen gehen vom Lehrer aus, der „unmittelbar als ‚sittliche Persönlichkeit' auf Kinder ... wirken" sollte (W. Benjamin).

Klassenunterricht ist die gängige Gruppierungsform, in der eine altershomogene und leistungsheterogene Lerngruppe von zur Zeit durchschnittlich 25 bis 40 Schülern an einem für alle verbindlichen Thema ohne weitere Differenzierung arbeitet. In dieser Sozialform lassen sich die Arbeitsformen in *frontalunterrichtliche* (Vortrag, fragend-entwickelnd) und in *Gesprächsformen* (Gespräch, Diskussion, Debatte) unterteilen. Die Kritik, die am Klassenunterricht als Sozialform geübt wird, richtet sich gegen eine bestimmte Art des Frontalunterrichts, der bewußt auf die hierarchische und komplementäre Kommunikation und Interaktion abzielt. Dieser Unterricht wird schon im 17. Jahrhundert beschrieben: „Die Kunst wird bloß sein, alle insgesamt oder jeden einzeln so aufmerksam zu machen, daß sie glauben... der Mund des Lehrers sei die Quelle, von der die Bächlein der Wissenschaften zu ihnen herabfließen" (Comenius 1632).

Die vorliegenden empirischen Untersuchungen zu den Sozialformen belegen, daß rund 80 % des Geschichtsunterrichts in der Bundesrepublik Deutschland als *Frontalunterricht* erteilt wird. Zenners Ergebnisse zeigen, daß ca. 50 % der Lehrer ausschließlich im Frontalunterricht unterrichten. Weitere 34 % der Lehrer organisieren ihren Geschichtsunterricht zu 80 % frontal (Zenner 1976). Wenn diese zweite Lehrergruppe angibt, sie habe neben den 80 % Frontalunterricht 20 % der Unterrichtszeit in der Sozialform Gruppenunterricht unterrichtet, so darf man wohl annehmen, daß sie eine „begrenzte Teilphase innerhalb eines übergreifenden" Frontalunterrichts (Klafki 1972) gruppenunterrichtlich gearbeitet hat. Von einem Gruppenunterricht als selbständiger Sozialform kann hier wohl nicht die Rede sein. Das bedeutet, daß 84 % des Geschichtsunterrichts frontal unterrichtet wird. Diese Zahlen werden durch Hug (1977, 103) gestützt. Nach seinen Ergebnissen arbeiten 76 % der Lehrer im Frontalunterricht.

Die Auffassung, daß Unterricht um so „effektiver" sei, je kleiner die Gruppengröße ist, ist empirisch nicht belegbar. Die unterschiedlich hohe Zahl der Schüler pro Klasse ist nicht von so gravierendem Einfluß auf die didaktische Qualität des Unterrichts, wie gemeinhin behauptet wird. Nach den vorliegenden Untersuchungen zeigt die *Klassenfrequenz* — zumindest in dem Bereich von 25 bis 40 Schüler — keinen eindeutigen Zusammenhang mit dem allgemeinen mittleren Leistungsniveau oder der sozialen Integration (Ingenkamp 1972). Ausschlaggebender als die Klassenfrequenz sind *Alter* der Schüler, *Inhalt* des Unterrichts und das didaktisch-methodische *Vorgehen* des Lehrers.

Die Organisierung des Unterrichts in altershomogene Lerngruppen, gestützt durch eine reifungspsychologische Sicht, die Alter mit psychischer Entwicklung gleichgesetzt, hat für den Geschichtsunterricht massive didaktische Folgen gehabt. Die Inhalte des Unterrichts mußten in Jahrespensen abgepackt werden. Keinem Fach sind wohl so schwerwiegende didaktische Konsequenzen durch diese organisatorische Maßnahme aufgebürdet worden wie dem Geschichtsunterricht. In ihm wurde kein didaktischer oder methodischer Grundsatz zum vorherrschenden Lehrplanprinzip, sondern die pure Chronologie der Jahreszahlen. Der Geschichtslehrer mußte eben am Ende des 7. Schuljahres der Hauptschule „bis 1815" gekommen sein.

Gruppenunterricht: Gruppenunterricht ist jene Sozialform, die dadurch entsteht, daß sich eine Jahrgangsklasse für eine begrenzte Anzahl von Unterrichtsstunden in Gruppen von je drei bis sechs Schülern aufteilt, um arbeitsteilig oder auch arbeitsgleich (d. h. am gleichen Thema oder an verschiedenen Teilbereichen des gleichen Themas) einen historischen Sachverhalt aus Primär- oder Sekundärquellen rekonstruiert, darstellt oder bewertet. Die Sozialform Gruppenunterricht wird zwar in der Geschichtsdidaktik hochgeschätzt, im Geschichtsunterricht aber nur selten praktiziert. Knapp 19 % der Geschichtslehrer arbeiten 30 oder mehr Prozent der Unterrichtszeit im Gruppenunterricht (Zenner 1976).

Die Sozialpsychologie versteht unter einer Kleingruppe eine Gruppe mit gemeinsamem Ziel, die an einem konkreten Thema gemeinsam arbeitet. Die aus dieser Definition resultierenden Anforderungen an den Gruppenunterricht sind pädagogisch gesehen sehr *komplexe Zielsetzungen*, die sich nur in einem *längeren Lernprozeß* realisieren lassen: Kollektive Zielformulierung, Übereinstimmung der Normen bezüglich gruppenrelevanter Sachverhalte, Ansätze einer Rollenspezialisierung bei gleichzeitiger Verteilung der Führungsfunktionen, Aufgabenverteilung und Möglichkeit der Interaktion und Kommunikation jedes Gruppenmitgliedes mit jedem anderen. Die Kleingruppe übernimmt Entlastungsfunktion gegenüber der beurteilenden, wertenden, exekutiven und informatorischen Kompetenz des Lehrers und kann damit zur Angstreduzierung beitragen.

Ob allerdings die dem Gruppenunterricht zugeschriebenen hohen *sozialerzieherischen* Wirkungen in Richtung auf soziales Lernen (Teamfähigkeit, emanzipatorische Symmetrie) realisiert und die Erwartungen an ihn eingelöst werden können, muß bei den vorliegenden Konzepten *bezweifelt* werden. In ihnen werden meist die über die Schulorganisation und die Sozialisation vermittelten gesellschaftlichen Hintergründe und die curricularen didaktischen Entscheidungen ausgeblendet. Es ist deshalb wohl richtiger, von einer „Ambivalenz des sozialen Lernens in Kleingruppen" zu sprechen (Bürger 1978, 17). Dagegen wird in der Geschichtsdidaktik das gruppenunterrichtliche Verfahren meist als Teil eines Demokratisierungsprogramms verstanden. Die pädagogisch-didaktische Literatur versteht die Sozialform Gruppenunterricht häufig als Prototyp einer demokratischen Gesellschaft schlechthin. Gruppenunterricht wird zur Sozialform einer auf Demokratie zustrebenden Gesellschaft stilisiert. Der hier dem Gruppenunterricht zugrunde gelegte Demokratiebegriff beruht auf einem harmonistischen Gesellschaftsbild, dem es mehr um den mitmenschlichen Umgang als um Gesellschaftsstrukturen geht. Strukturelle Barrieren, wie eine aus Privatbesitz an Produktionsmitteln resultierende ungleiche Machtverteilung, bleiben unberücksichtigt.

Nicht nur aufgrund pädagogischer Zielprojektionen sind die Erwartungen an den Gruppenunterricht unrealistisch. Auch die sozialpsychologische Analyse gruppendynamischer Prozesse reduziert die intendierten Perspektiven. Die *Gruppe allein* verbürgt noch *keine sozialintegrative* Funktion, denn es werden in ihr eher die dominanten als die sozialintegrativen Schüler nachgeahmt. Innerhalb der Gruppe wird nicht automatisch kooperatives Verhalten bestärkt, es kann sich auch rivalisierendes Verhalten durchsetzen. Auch die in der didaktischen Literatur angenommene prinzipielle Gleichheit der Gruppenmitglieder im Gruppenunterricht ist Fiktion. Sozialpsychologisch gesehen, läuft in den Gruppen ein Prozeß der *Rollendifferenzierung* ab, der vom gesellschaftlichen Kontext nicht unabhängig ist; es entstehen die Rollen des Führers, Mitläufers und Außenseiters. Sozialintegrativ ist Gruppenunterricht als Sozialform für sich allein genommen auch insofern nicht, als Schüler, die in der Klasse eine Außenseiterrolle besitzen, diese Rolle auch in die Gruppe mit hineinnehmen. Dieser Prozeß wird in besonderem Maße in jenen Klassen ablaufen, in denen Gruppenunterricht eine Veranstaltung ist, die nur ausnahmsweise durchgeführt wird. „Offenbar muß man von der Vorstellung abrücken, daß sozialpädagogisch erwünschtes Lernen im Gruppenunterricht schon durch die Organisation von Schulklassen in Kleingruppen allein, gleichsam automatisch, ohne wesentliches Zutun erreicht werden würde" (Bürger 1978, 17).

Neben *Einwänden* gegen einen Geschichtsunterricht als Gruppenunterricht, die in erster Linie aus der Schulpraxis heraus formuliert werden (Gruppenunterricht sei für den Lehrer „außerordentlich aufwendig" und arbeitsintensiv, er verzögere „das Tempo des Unterrichts"), sind es vor allem geschichtstheoretische und kulturpessimistische Prämissen, die zu seiner Kritik motivieren. „Gruppenunterricht kann nicht die Normalform des Geschichtsunterrichts sein" heißt es zusammenfassend (Haeberli 1978, 420), da die Schüler „wieder das Zuhören lernen" sollten. Aber auch inhaltlich-curriculare Argumente werden gegen den Geschichtsunterricht als Gruppenunterricht angeführt. Da der „Stoff" des Geschichtsunterrichts „bis zu einem gewissen Grade ein Continuum" (Haeberli 1978, 420) darstellt, lasse er sich nicht einem gruppenunterrichtlichen Verfahren unterwerfen.

Gegen diese ergebnisfixierte Konzeption von Geschichtsunterricht läßt sich ein *prozeß- und erkenntnisorientierter* Geschichtsunterricht durchaus mit dem Gruppenunterricht verbinden. Geschichtsunterricht als Gruppenunterricht bietet die Chance zu zeigen, daß Geschichte als historisches Wissen eine von den Erkenntnisinteressen abhängige narrative Konstruktion ist: Wenn verschiedene Gruppen an den gleichen kontroversen Quellen, in denen aus unterschiedlichen sozialen Perspektiven Geschichte referiert wird, arbeiten, erzielen die Schüler im arbeitsgleichen Gruppenunterricht bei der Darstellung des historischen Sachverhalts keinen wortidentischen Text. Hier bietet sich die Möglichkeit, Konstruktionsgesichtspunkte der *Darstellung* und das Problem von *Objektivität* und *Parteilichkeit* zu reflektieren. Historische Rekonstruktion und die Reflexion auf die Bedingungen der Geschichts-Darstellung könnten der Sozialform Gruppenunterricht eine *genuin geschichtsdidaktische* Zielsetzung geben.

Exkursion: Obwohl Vorschläge für die Praxis und Berichte über durchgeführte Exkursionen schon seit längerer Zeit vorliegen (zum Beispiel Keller 1969), steht die geschichtsdidaktische Diskussion über die Exkursion als *fachspezifischer* Sozialform erst am Anfang (Hasch 1977; Hey 1978). Die Betonung der Pluralität der Lernorte für Geschichte in der gegenwärtigen Geschichtsdidaktik hat auch zur Wiederentdeckung der Exkursion geführt. Da auch der Unterricht außerhalb der Schule nicht von schulischen Norm- und Autoritätsstrukturen dispensiert, bleibt die Exkursion eine schulische Sozialform fachspezifischen Inhalts. Unter formalem Gesichtspunkt ist die Exkursion eine Sozialform, die durch den *wechselnden Lernort* ständig *neue Gruppierungen* in der Lerngruppe ermöglicht. Die stets wechselnden Gruppierungsmöglichkeiten und die fließenden Gruppengrenzen erleichtern wechselnde Interaktions- und Kommunikationsprozesse mit beliebigen Partnern. Der Intervention des Lehrers in die Kommunikation und Interaktion der Schüler sind durch den dynamischen Charakter dieser Sozialform Grenzen gesetzt.

Der formale Definitionsgesichtspunkt wird in der vorliegenden Literatur noch in fachspezifischer Weise ergänzt. Der Sinn von Exkursion und Unterrichtsgang wird „in der Bereitstellung von Anschauungsmaterial" gesehen, „das den Unterricht illustrieren, den Zugang zu Phänomenen früherer Zeit erleichtern und die Schüler zu weiteren Überlegungen anregen soll" (Ziegler 1977, 110). Bisweilen wird zwischen Exkursion und Unterrichtsgang eine Differenz gesehen. Persönliche Konfrontation mit einem historischem Objekt, das „unmittelbar" gegeben ist (nicht durch ein Medium vermittelt), sich in „Originalgröße" am „ursprünglichen Ort" (im Gegensatz zu Exponaten im Museum) darbietet, macht die Exkursion aus. Diese Definition hebt die Exkursion von sonstigen Unterrichtsgängen durch das Merkmal „am ursprünglichen Ort" ab (Ziegler 1977, 111). In diesem Verständnis werden Burgen, Siedlungen, Fabriken usw. zum Ziel von Exkursionen. Bei anderen Autoren wird der Begriff Exkursion weiter gefaßt, so daß auch der Unterrichtsgang in das Museum und das Archiv unter den Begriff der Exkursion fällt. „Die historische Exkursion ist eine Organisationsform des historisch-politischen Unterrichts, die ein bestimmtes Thema durch die Arbeit an und mit (möglichst) originalen historischen Zeugnissen außerhalb der Schule erschließt" (Hey 1978, 17).

Die gegenwärtige geschichtsdidaktische Diskussion ist aber nicht frei von solchen Tendenzen, die geeignet sind, Exkursion als Sozialform eines emanzipatorischen Unterrichts zu diskreditieren. Ein betulicher Kulturpessimismus versucht, die Exkursion als ein gegen Theorie und Rationalität gerichtetes Instrument auszubauen. Exkursion wird zu einer Sozialform *der falschen Unmittelbarkeit*, die in der Lage sein soll, der „Verarmung und geistigen Verelendung" entgegenzuwirken, ein „Gegengewicht zur Entwurzelung des modernen Menschen und seiner Vereinsamung" zu sein. Exkursion wird hier zu einer neuen Art kompensatorischen Unterrichts, der die „Auflösung gewachsener Bindungen" und „die gleichförmige Zivilisationssteppe" durch die unmittelbare Anschauung „kompensieren" soll. Die Diskussion der letzten Jahre zum Thema Sprache und Kognition hat gezeigt, daß es eine „unmittelbare Anschauung" (Hasch 1977, 127) und eine sprachfreie Beobachtung, die „in einer Zeit des Verbalisierens" gegen Sprache und Theorie eingesetzt werden soll, nicht gibt. *Sprache* und in Sprache gefaßte *Theorie* sind die sozialisatorisch vermittelten Bedingungen der Anschauung.

Team Teaching: Die allgemeine lineare Verkleinerung der Klassengröße, erzwungen durch die unzureichenden Arbeitsplatzbedingungen von Lehrern und Schülern, darf nicht verdecken, daß es auch sinnvolle Sozialformen des Unterrichts gibt, die oberhalb der üblichen Klassengröße liegen. Hier spielt vor allem (neben der Exkursion) das Team Teaching eine Rolle. Bisher wurden von den Schülern *kooperative Lernformen* erwartet, die die *Lehrer* selbst nur in den seltensten Fällen praktizieren konnten. Die Sozialform Team Teaching ermöglicht dagegen auch eine *Kooperation der Lehrer* untereinander. Die strukturellen Bedingungen der gegenwärtigen Schulorganisation stehen einer so flexiblen Sozialform mit in der Größe variablen Schülergruppen hemmend im Wege. Aufgrund hochgerechneter Daten kann man annehmen, daß (im Jahr 1971/72) an 0,08 % der Schulen in der Bundesrepublik Deutschland im Team Teaching unterrichtet worden ist (Winkel 1974). Die Merkmale „Kooperation von Lehrern" und „variable Gruppengrößen" definieren diese Sozialform. „Team Teaching meint die Planung, Durchführung und Auswertung kommunikativer Lehr- und Lernprozesse durch kooperierende Lehrer in Zusammenarbeit mit flexiblen Schülergruppierungen" (Winkel 1974, 25). Team Teaching ist die erste Sozialform, die systematisch die Isolierung der Lehrer untereinander abbauen und ein neues Rollenverständnis von Lehrern und Schülern anstreben will. Diese Sozialform arrangiert systematisch interkollegiale Kooperation und Kommunikation in einem nicht-hierarchischen Team von durchschnittlich zwei bis vier Lehrern. Dem Schüler gegenüber kann die Arbeit im Lehrerteam dazu führen, die *fiktive Unfehlbarkeit* des Lehrers abzubauen, wenn der Lehrer im Unterricht vom Teamkollegen ergänzt, korrigiert oder kritisiert werden kann. Team Teaching als Kooperation von Lehrern könnte zudem der historischen Wissenschaft als einer kommunikativen Wissenschaft adäquater sein, wenn sich in den unterschiedlichen Positionen der Lehrer im Unterricht die wissenschaftlichen Kontroversen und Alternativen der Geschichtswissenschaft widerspiegeln. Hier käme auch Geschichte als kritische Wissenschaft zu ihrem Recht und könnte den naiven Glauben an die naturwissenschaftliche Exaktheit und die lebenspraktische Enthobenheit historischen Wissens abbauen. Durch die Arbeit der Lehrer im Team ändert sich auch deren *Beziehung zu den Schülern.* Es ist nun in dieser Unterrichtsphase von zwei bis vier Wochen, in der die Sozialform Team Teaching praktiziert wird, nicht ein Lehrer für den einzelnen Schüler wie beim Klassen- und Fachlehrersystem zuständig und verantwortlich, sondern ein Lehrerteam, aus dem der Schüler sich seine Bezugsperson und seinen Gesprächspartner für konkrete Fragen und Probleme (sowohl auf der Inhalts- als auch der Beziehungsebene) wählen kann.

Team Teaching versucht nicht, eine der traditionellen Sozialformen zu dogmatisieren, sondern beruht auf der flexiblen Gestaltung der Lernorganisation. Es handelt sich um eine *komplexe Sozialform,* die die weniger komplexen in sich inkorporieren kann (Großgruppe, Gruppenarbeit, Klassenunterricht, Einzelarbeit). Da Team Teaching nicht auf formalen Gruppierungskriterien beharren muß (Gruppengröße, zeitliche Stabilität der Gruppen), sind Gruppenbildungen *nach Interessen* und nicht allein nach vorgegebenen

Thematiken möglich. Nach dem bisherigen Stand der Diskussion scheint Team Teaching durch die Möglichkeit von interessenorientierter Gruppenbildung einen schülerorientierten Unterricht zu gewährleisten. Eine Untersuchung über den Zusammenhang von schülerorientiertem Geschichtsunterricht und Team Teaching steht noch aus.

Selbstbestimmung und Manipulation

Der bewußte Einsatz von bestimmten Sozialformen verbürgt weder symmetrische Kommunikation noch Solidarität oder Emanzipation. Die methodische Entscheidung für bestimmte Sozialformen kann vielmehr von Motiven gesteuert werden, die diesen Zielen zuwiderlaufen. Wahl und Wechsel von Sozialformen können auch als *Manipulationsinstrumente* eingesetzt werden. Ein solches psychotechnisches und sozialtechnologisches Verständnis enthüllt sich bereits in der Sprache mancher geschichtsdidaktischer Beiträge. Die Schüler sollen durch Gruppenunterricht „gezwungen" werden, „aufeinander zu hören"; der Gruppenunterricht „erzwinge" Toleranz und Mitbestimmung; durch Manipulation der Diskussionsleitung könne „ein hoher Prozentsatz zur aktiven Mitarbeit gezwungen werden". In der Sozialform Team-Teaching sollten die Lehrer die Schüler „zwingen", alternative Positionen einzunehmen.

Die sozialen Beziehungen werden als ein technisch zu bewältigendes Problem angesehen. Der Lehrer manipuliert die Sitzordnung, um durch diese Umgruppierungsmaßnahmen Konflikte zu managen, statt kommunikativ auszutragen. Einzelarbeit wird aus dieser Sicht bevorzugt, weil sie die Klasse „beruhigt", und Gruppenunterricht wird eingesetzt, weil in dieser Sozialform arbeitsteilig die „Stoffülle" bewältigt werden kann. 26 % der Argumente, die Lehrer anführten, um die Vorteile der Sozialform Team Teaching aufzuzeigen, waren rein *technokratischer* Natur: Einsparung von Lehrern, Zusammenlegung von Klassen bei Lehrerausfall, bessere Voraussetzungen für Leistungsmessung usw. (Winkel 1974). Ein solches methodisches Handeln ist an der Beseitigung von Dysfunktionalitäten orientiert, um ein reibungsloses Funktionieren des Status quo zu gewährleisten. So motivierte methodische Wahl- und Entscheidungsprozesse tragen den Widerspruch in sich. Das methodische Handeln ist hier *herrschaftsorientiert*, obwohl auf der zieltheoretischen Ebene Emanzipation und Mitbestimmung proklamiert wird.

Literatur

Beckmann, H.-K. / Biller, K. (Hrsg.): Unterrichtsvorbereitung. Probleme und Materialien, Braunschweig 1978
Bürger, W.: Teamfähigkeit im Gruppenunterricht. Zur Konkretisierung, Realisierung und Begründung eines Erziehungszieles, Weinheim / Basel 1978
Brinkmann, G. (Hrsg.): Team Teaching. Erfahrung, Modelle, praktische Beispiele, Ratingen 1973
Christian, W. / Schneider, E.: Team Teaching und politische Bildung, Frankfurt/M. 1970
Dietrich, G.: Bildungswirkungen des Gruppenunterrichts, München 1969
Elle, R.: Eine neue Form des Gruppenunterrichts, in: *GWU* 22 (1971), 99 – 108

Glaser, H. (Hrsg.): Team Teaching — konkret. Schulversuche auf dem Weg zum beweglichen Unterricht, Freiburg (Brsg.) 1968

Haeberli, W.: Gruppenarbeit im Geschichtsunterricht der Sekundarstufen I und II, in: *Gymnasium helveticum* 32 (1978), 419 — 424

Hasch, R. (Hrsg.): Landesgeschichte und Exkursion im Geschichtsunterricht, Donauwörth 1977

Hey, B.: Die historische Exkursion, Stuttgart 1978

Hug, W.: Geschichtsunterricht in der Praxis der Sekundarstufe I, Frankfurt / Berlin / München 1977

Ingenkamp, K.: Zur Problematik der Jahrgangsklasse, 2. Aufl. Weinheim 1972

Keller, W.: Schülerexkursionen und ihre Auswertung im Unterricht, in: *GWU* 20 (1969), 554 — 565

Klafki, W.: Allgemeine Probleme der Unterrichtsmethodik, in: *Klafki, W.*, u. a.: Funk-Kolleg Erziehungswissenschaft, Bd. 2, Frankfurt/M. 1970, 131 — 166

Meyer, E. (Hrsg.): Team Teaching. Versuch und Kontrolle, Heidelberg 1971

Müller, H.: Zur Effektivität des Geschichtsunterrichts. Schülerverhalten und allgemeiner Lernerfolg durch den Gruppenunterricht, Stuttgart 1972

Rahmeyer, R.: Gruppenarbeit im Geschichtsunterricht der Oberstufe, in: *Die Realschule* 74 (1966), 416 — 419

Ritz-Fröhlich, G.: Das Gespräch im Unterricht, Bad Heilbrunn 1977

Sandner, H.: Partnerarbeit im Unterricht, in: *Neue Unterrichtspraxis* 11 (1978), 409 bis 412

Schäfer, K. H. / Schaller, K.: Kritische Erziehungswissenschaft und kommunikative Didaktik, 2. Aufl. Heidelberg 1973

Schell, Ch.: Partnerarbeit im Unterricht, München 1972

Schröder, G.: Gruppenunterricht, Berlin 1975

Warner, K.-F. / Januschke, B.: Team Teaching / Kooperation im Geschichtsunterricht der Sekundarstufe I, in: *Süssmuth, H.* (Hrsg.): Historisch-politischer Unterricht. Planung und Organisation, Stuttgart 1973, 168 — 193

Wellendorf, F.: Teamarbeit in der Schule, in: *Die Deutsche Schule* 59 (1967), 518 — 528

Winkel, R.: Theorie und Praxis des Team Teaching, Braunschweig 1974

Zenner, M.: Auszüge aus einer Untersuchung über Lehrereinstellungen zum Frontal- und Gruppenunterricht im Fach Geschichte, in: *Fürnrohr, W. / Kirchhoff, H. G.* (Hrsg.): Ansätze empirischer Forschung im Bereich der Geschichtsdidaktik, Stuttgart 1976, 103 — 110

Ziegler, W.: Die historische Exkursion, in: *Hasch, R.* (Hrsg.): Landesgeschichte und Exkursion im Geschichtsunterricht, Donauwörth 1977, 109 — 126.

Medien

Harald Witthöft

Die *Vielfalt der Begriffe* steht für die nach wie vor divergierenden Auffassungen von diesem Entscheidungsfeld des Unterrichts: Hilfsmittel, Arbeitsmittel, Lehr- und Lernmittel, Mittler, Medien, audiovisuelle Verfahren, Film-Bild-Ton-Arbeit oder audiovisuelle Kommunikation.

- Im *Hilfsmittel* klingt ein Vorbehalt gegenüber den technischen Medien an. Sie dienen dem Konzept der Veranschaulichung, auch dem enrichment in einem sach- und pädagogenzentrierten Unterricht, für den Sprache und Schriftlichkeit die zentralen Medien sind.
- Das *Arbeitsmittel* läßt die Selbsttätigkeit in einem stärker schülerzentrierten Unterricht (Sozialformen, Arbeitsformen) zu, kann aber zugleich mit Vorbehalten gegen vorbereitete oder vorproduzierte Materialien (programmierter Geschichtsunterricht) verbunden sein.
- *Lehr- und Lernmittel* ist die am wenigsten belastete Sammelbezeichnung für alle Unterrichtsmittel oder Medien, mit deren Hilfe sich Lehrende und Lernende über Ziele (Intentionen), Inhalte (Themen) und Verfahren (Methoden) des Unterrichts verständigen (W. Schulz).
- Der Begriff der *Medien* rückt das Problem der Kommunikation als Grundlage jeden Unterrichts in seiner politisch-gesellschaftlichen und pädagogischen Dimension in Sichtweite. Sie werden für alle Planungen und Analysen verfügbar. Die in ihnen liegenden Möglichkeiten reichen von simplen Hilfsfunktionen bis zur Objektivierung von Lehrerfunktionen in einem medienzentrierten Unterricht (direct teaching, Lernprogramme).

Im Rahmen der bildungstheoretischen Didaktik wurden die Medien nur im engeren Verständnis reflektiert. Fortschreitende Einsichten in die Voraussetzungen und Abläufe von Lehren und Lernen sowie Reflexionen über die politisch-gesellschaftlichen Bedingungen von Unterricht / Schule haben zu einer komplexeren Betrachtungsweise der Medien geführt. Überlegungen der lerntheoretischen Didaktik, aber auch Konzepte einer kommunikativen oder einer offenen Didaktik weisen ihnen einen konstitutiven Part bei der Gestaltung von Unterricht zu. Die in der Lernzieldiskussion in den Vordergrund gerückten Kategorien wie Emanzipation, Kritikvermögen oder Konfliktbereitschaft verlangen nach Handhabung und Kontrolle der apersonalen Medien durch den Schüler, nach symmetrischer Kommunikation, nach einer Integration der Medien in den Unterrichtsprozeß. Konsequenterweise haben die Geschichtsdidaktiker begonnen, die Bedeutung der öffentlichen Medien für Geschichtsbewußtsein und Unterricht zu erörtern.

Überlegungen zu den *Medien des Geschichtsunterrichts* erstrecken sich auf einen weiteren Horizont von Voraussetzungen (u. a. Kommunikationstheorie, Geschichtswissenschaft, öffentliche Medien) und einen engeren Umkreis von tagtäglichen Entscheidungsfeldern. Bei letzteren stehen fachübergreifende neben fachspezifischen Problemen, die sich auf den Gegenstand — Quellen und Darstellungen der Geschichte — sowie auf Lernziele und Lehrverfahren konzentrieren.

Die *Kommunikationstheorie* versorgt uns mit dem Schema von Kommunikator und Rezipient, wobei jede zwischen ihnen übermittelte Information (Mitteilung) eines Mediums in Form einer Person oder eines Gegenstands bedarf, die die Signale oder Zeichen übertragen. Der Umgang mit den Medien und ihre Handhabung hat dadurch eine grundsätzliche pädagogische wie auch politische Dimension, daß „ohne die Fähigkeit, personale (Sprache, Stimme, Mimik, Gestik) und/oder apersonale Medien (technische Hilfsmittel) bedienen und zielgerecht anwenden zu können, ein Informationsaustausch unmöglich ist", und daß „ohne die Verfügungsgewalt über das Produktionsmittel Medium eine lineare Kommunikationsstruktur kaum aufhebbar ist" (Claußen 1977).

Für den Unterricht ist zu bedenken, daß jedes Medium spezifische Eigenarten besitzt, „welche es für unterschiedliche Mitteilungen besonders geeignet oder ungeeignet machen" (Claußen 1977). „Die besonderen Merkmale eines Mediums beeinflussen nicht nur die Arbeit des Kommunikators, sondern auch das Erleben und Verhalten des Rezipienten" (Maletzke 1964), d. h. die Medien verfügen über eine *spezifische Botschaft* (message), die den Mitteilungen eine besondere Qualität geben.

Derlei Überlegungen sind auch dem herkömmlichen Unterricht nicht fremd — nur sind sie zumeist in Unkenntnis oder Ablehnung ihrer grundsätzlichen, viel weiter reichenden Geltung auf den Bereich von Sprache und Schriftlichkeit beschränkt geblieben. Sprache jedoch ist nur *ein* Element von Kommunikation, wenn auch das für uns wichtigste. Daß man der Sprache eine besondere kommunikative Bedeutung zumißt, hat seine Erklärung darin, „daß menschliches Handeln eben zumeist mit Sprache verbunden ist und daß unter Menschen immer nur solcherart verkehrt wird, wie es wiederum kommunikativ ablaufende sprachgebundene Interpretation bereits vollzogener Verkehrsweisen auferlegt" (Schaller 1964).

Die *Geschichtswissenschaft* hat es mit Überlieferungen zu tun, die sie als *Quellen* nutzt und nach den Regeln der historischen Methode aus der Beliebigkeit der Mitteilungen in den Rang von *historischen Fakten* erhebt. Eine wertende Zusammenschau bringt die *Darstellungen* hervor. Nicht die „Geschichte an sich", sondern die Überlieferung ist Gegenstand einer nichtsdestoweniger um Objektivität bemühten Geschichtsschreibung. Die dominierende Vorstellung, die Nichtschriftlichkeit einer Quelle stelle ihren Wert in Frage, ist an die Geschichte der Geschichtswissenschaft seit Niebuhr gebunden und mit der Erschließung der nahezu nicht mehr überschaubaren Menge an *schriftlichen* Quellen gewachsen. Das 19. Jahrhundert brachte jedoch mit dem technischen Fortschritt auch die Entwicklung *neuer Medien* von der Fotografie bis zum Film und dem Phonographen. Die zunehmende Dichte und informative Bedeutung der modernen Überlieferungen insbesondere für die Zeitgeschichtsschreibung und schließlich der unbestreitbar gelungene Nachweis verläßlicher Editionsmöglichkeiten und originärer Forschungsansätze auf diesem Gebiet haben die Vorbehalte gegen die komplexen technisch-elektronischen Medien überwinden geholfen. Seit den fünfziger Jahren ist in der deutschen Geschichtswissenschaft nicht mehr bestritten, daß die modernen Medien

— historischer Quellenkritik zugänglich und dementsprechend edierbar und benutzbar sind,
— originäre Einsichten in die von ihnen dokumentierten Ereignisse zu vermitteln vermögen,
— insbesondere als Zeugen ihrer eigenen Wirkungsgeschichte unersetzbar sind und
— durch ihre Komplexität, durch das Erfassen von Ereignisfeldern und randscharfen, vielfältigen sinnlichen Eindrücken den Historikern in die Lage

versetzen, seine Fragehaltung zu überprüfen und sein Urteilsvermögen zu schärfen.

Ihre gegenüber der Schriftlichkeit und der Sprache stärkere *Sinnenhaftigkeit*, die Mehrdimensionalität, das Festhalten von Mimik, Gestik, Tonalität der Sprache, von Abläufen und Nuancen menschlicher Beziehungen und Begegnungen stellt den Historiker ebenso wie den Geschichtslehrer vor die Schwierigkeit, diese ohne jede Frage historischen, d. h. geschichtlich relevanten Überlieferungen *in Sprache und Schrift zu übersetzen,* um sie in der herkömmlichen Verkehrsweise zugänglich zu machen. Hier liegt die Ursache dafür, daß einerseits die Bedeutung moderner Quellen für das Erfassen zeitgebundener Atmosphäre oder für die Veranschaulichung historischer Probleme immer wieder hervorgehoben worden ist, während andererseits die Mediencharakteristika ihrer Einfügung in herkömmliche Argumentationsschemata im Wege zu stehen scheinen. Dank ihrer spezifischen Eigenarten bietet die nichtschriftliche moderne Überlieferung jedoch erschöpfende Möglichkeiten zur Darstellung von Geschichte in ihrer jeweils eigenen „Sprache" — im Film nach den Gesetzen der *Semiotik*. Was, gemessen an den Aussagen vergleichbarer schriftlicher Quellen, im Film als oberflächliche Information erscheint, kann durchaus Bedeutung und historischen Wert gewinnen, wenn es im Bezugsfeld medienangemessener Kategorien analysiert wird — wie zum Beispiel das psychische Erscheinungsbild Hindenburgs in den Filmaufnahmen aus seinen letzten Lebensjahren.

Das Verhältnis des Geschichtsunterrichts zu den *öffentlichen Medien* ist nicht nur deshalb von Bedeutung, weil diese unter den heutigen Bedingungen der *Massenkommunikation* einen wesentlichen Anteil an der Formung des kindlichen Geschichtsbildes und des Geschichts- und Weltverständnisses des Schülers haben, sondern weil dieser Einfluß von besonderer Art ist:

— Von Medium zu Medium verschieden, aber im Vergleich mit den Medien des Unterrichts im allgemeinen auf eine *affektivere* Weise, vermitteln die öffentlichen Medien die Illusion der Aktualität, des Beteiligtseins, der Verständlichkeit auch komplizierter Zusammenhänge und allgemein des Informiertseins.

— Historische Themen werden in höherem Maße als in den pädagogischen, didaktisch reflektierten Medien zu einem Objekt historisierender *Unterhaltung* im Rahmen einer sich um den Bildschirm oder den Lautsprecher aufbauenden Tertiärkultur; problematisch ist die beliebige Wiederholbarkeit derartiger Sendungen unter anderen als historischen Kriterien.

— Der fehlende curriculare Bezug sowie der Mangel an medienimmanenter Kritik und an Information über Grenzen ihrer Inhalte und Botschaften begründen die Gefahr einer — unbeabsichtigten — Förderung von *Vorurteilen* und *Manipulation* des allgemeinen Geschichtsbewußtseins.

— Dem Geschichtsunterricht erwächst aus diesem Zusammenhang eine neue Aufgabe als *kritische Instanz;* die Vermittlung von Grundkenntnissen über Kommunikation und Medien am Beispiel der Geschichte ist dazu eine Voraussetzung (Metakommunikation).

Eine in der Tradition der inhaltsorientierten bildungstheoretischen Didaktik in das Zentrum des Geschichtsunterrichts gerückte Quellenfixiertheit kann mit Hilfe der Medien und einem ausgewogenen Verhältnis von Quellen und Darstellungen korrigiert werden. Die Behandlung von geschichtlichen Darstellungen ist nicht weniger quellensicher und lernzielrelevant als die Quellenarbeit. Die affektiven Eigenschaften moderner Medien können darüber hinaus dazu beitragen, eine der verbalen Methode nicht so zugängliche Schülerschaft für historische Fragen und Wertungen zu interessieren — in der alltäglichen Umwelt der Schüler und im Umgang mit den öffentlichen Medien ist die Fähigkeit zum Umgang mit Geschichtsdarstellungen mindestens so oft gefordert wie die Beurteilung von Quellen, und für sie ist die Beschaffung von zuverlässiger Sekundärinformation nicht weniger wichtig als die Erschließung primärer Quellen.

Der *Rationalität* und *Intensivität* der Arbeit mit *schriftlichen* Überlieferungen läßt sich die größere *Emotionalität* und *Extensivität* der Arbeit mit modernen *technischen* Medien gegenüberstellen. Damit ist aber noch keine Wertung verbunden — diese leitet sich allein aus der gesamten, an die Lernziele gebundenen Unterrichtsplanung her. Und diese wiederum hat auch die individuellen oder schichten- und gruppenspezifischen Möglichkeiten der Realisierung zu berücksichtigen. So ist ein emanzipatorischer Geschichtsunterricht ohne Berücksichtigung moderner Medien und der Massenmedien im besonderen nicht begründbar. Für die Praxis wird damit zwar ein *Akzent* gesetzt, aber keiner neuen Unausgewogenheit das Wort geredet. Vielmehr führen die Medienreflexionen zur Analyse und Nutzbarmachung von Wirkungszusammenhängen mit dem Ziel eines effektiven, lernzielangemessenen Geschichtsunterrichts.

Das Problem derartiger Postulate ist offenbar. Jedes lückenlose System der Unterrichtsplanung von grundsätzlichen Lehrplanüberlegungen bis zum gewünschten Lernerfolg ist Fiktion. So kann auch *nicht generell* gesagt werden, „welches Medium zur Erreichung welchen Lernziels, zur Vermittlung welcher Inhalte, zur Verwirklichung welcher Methode, zur Förderung welcher Adressaten jeweils wie effizient ist, aber es scheint doch möglich zu sein, bestimmte technische Möglichkeiten der verschiedenen nichtpersonalen Medien (. . .), einige typische Wirkungen verschiedener Medien auf die Kommunikations- bzw. Interaktionsstruktur (. . .), einige mögliche Wirkungen bestimmter medialer Kodierung auf die zu vermittelnden Informationen (. . .) (und) eine aus bisherigen Erfahrungen und Erprobungen abgeleitete Affinität verschiedener Medien zu bestimmten didaktischen Funktionen zu erforschen und die Ergebnisse in eine für den Praktiker brauchbare Entscheidungshilfe (. . .) einzubringen" (Dohmen 1976).

In groben Umrissen läßt sich die *Funktion der Medien im Unterricht* nach ihrem Verhältnis zu den übrigen Elementen beschreiben:

— Bezogen auf die *Intention,* können Medien sowohl polyvalent als auch monovalent sein und entweder in kognitiver, emotionaler oder pragmatischer Absicht eingesetzt werden.

— Für die *Themen* bieten sich Medien als Muster, Abbildung, Symbol, Modell oder auch als Gestaltungsmittel zur Hervorbringung des Unterrichtsgegenstandes an (W. Schulz).
— Unter dem Aspekt der *Methoden* oder *Verfahren* treten sie als Lehr-, Lern- oder Arbeitsmittel auf. Dabei sind sie nicht nur Werkzeug, sondern auch Gegenstand der Reflexion. Sie tragen die Varianten der Unterrichtsformen ebenso wie eine Stufengliederung (Motivation, Problemsetzung und -lösung, Erarbeitung, Ergebnissicherung, Anwendung) und übernehmen Lehrfunktionen.

Je nach dem didaktischen Ansatz haben die Medien Erwartungen zu erfüllen, die von der Vermittlung des Unterrichtsgegenstandes respektive seines Bildungsgehaltes bis zur Optimierung des Lernerfolges reichen. In jedem Falle lassen sie sich weder aus den Inhalten noch aus den Zielen zwingend vorschreiben — es bleibt ein Planungsspielraum des Lehrers. Das erfordert eine Abstimmung, zu der die Lernzielüberlegungen den *Begriff,* die Medien aber die *Anschauung* einbringen. „Anschauung und Begriff verschmelzen zur Erkenntnis, um deretwillen Medien zum Einsatz kommen. Anschauung ist allerdings nicht mit einer Illustration bildhafter Art gleichzusetzen" (Claußen 1977). Anschauung ist vielmehr als Setzung bzw. als Aktualisierung von Erfahrung zu verstehen.

Im Mittelpunkt steht die Forderung, daß die Medien den *Gegenstand des Geschichtsunterrichts vermitteln* sollen: abbilden, repräsentieren, symbolisieren, modellhaft oder musterhaft wiedergeben — daß sie ihn *vergegenständlichen* oder *veranschaulichen.* Damit verbindet sich das Problem der Isomorphie, d. h. die Frage „nach der strukturellen Ähnlichkeit von Abbild und Abgebildetem" (Claußen 1977). Diese wiederum ist an den wissenschafts- oder fachimmanenten Begriff der Objektivität, nicht weniger aber an die Wahrnehmungs- und Erkenntnisfähigkeiten der Schüler gebunden und in den Zusammenhang ideologiekritischer Fragen zu rücken.

Für den Einsatz von Medien im Geschichtsunterricht sind die *individuellen Lern- und Lehrvoraussetzungen* von besonderem Gewicht. Wenn auch wiederum von gestaffelter Praxisnähe, so finden sich in ihnen doch die Kriterien zur *Beurteilung der Eignung und Bedeutung* unterschiedlicher Medien. Es sind von Wichtigkeit:

— die visuellen oder auditiven Anlagen und Fähigkeiten der Schüler;
— ihre Vertrautheit mit den Medien, ihr Medienverständnis;
— ihre Abstraktionsfähigkeit, ihre Fähigkeit zu Kritik und rationalem Erfassen, aber auch ihre emotionale Ansprechbarkeit;
— schichten- und gruppenspezifische Medieneignungen und -erfahrungen;
— Angemessenheit von Themen, Medien und Umsetzung;
— medienspezifische Besonderheiten wie höhere oder geringere Affektivität, Komplexität, Abstraktheit, Rationalität, Emotionalität, Realität / Fiktion, künstlerische / dramaturgische Gestaltung, pädagogische oder wissenschaftliche Aufbereitung, Symbolgehalt.

Der Einsatz von Medien im Unterricht der Geschichte läßt sich verantwortlich bedenken, wenn man zum Beispiel darauf achtet, ob Medien dominant sprachlich oder visuell, rational oder emotional, dokumentarisch oder pragmatisch wirken. Man hat zu beachten, daß Schüler erst mit zunehmendem Alter bzw. zunehmender Erfahrung in der Lage sind, beispielsweise im Film Realität und Fiktion zu unterscheiden, differenzierte Abläufe zu erfassen, die Symbolsprache zu übersetzen oder längeren Produktionen ohne Ermüdung zu folgen.

Diesen intellektuell-psychologischen Problemen ist die *auf Wirksamkeit bedachte Medientechnik und -gestaltung* gegenüberzustellen:

— der vorbedachte Einsatz von Sprache, Bild und Ton in Medien verschiedener Komplexität;
— die mehr oder weniger ausgeprägte Gestaltung durch die Dramaturgie mit Hilfe der unterschiedlichen Kameraeinstellungen, Tonaufnahmen, Schnittfolgen oder Blenden;
— schließlich auch die Verstärkung oder Variation der Wirkung durch die Wiedergabe- bzw. Aufnahmesituation für den Rezipienten bei Tageslicht, in einem quirligen Raum oder unter ruhiger Abgeschlossenheit im Dunkeln.

Demgegenüber gilt die Regel, daß komplexeren Medien mit mehr Aufmerksamkeit begegnet werden muß, um sie dem Unterricht zu erschließen. Das ist um so schwieriger, je weniger das Medium pädagogisch bedacht und je stärker es mit kommerzieller Absicht produziert worden ist. Die gängigen Bezeichnungen der Medien lassen zwar die *Produktionsabsichten* erkennen, nicht aber ihre pädagogische Eignung — wie zum Beispiel Unterrichtsfilm, Filmdokument, Spielfilm oder Trickfilm. Auszunehmen ist in gewisser Hinsicht das *Filmdokument,* aber selbst unter dieser Bezeichnung wird nicht mehr erkennbar als sein dokumentarischer Wert. Ein Filmdokument kann sowohl ein Spielfilm der dreißiger Jahre als auch eine Wochenschau der Weimarer Republik oder ein Filmfragment einer Hitler-Rede sein — erst die klar definierte unterrichtliche Absicht und die Analyse / Betrachtung des Mediums lassen ein Filmdokument zum Beispiel als Motivationsfilm oder als Problemfilm erkennen.

Prinzipiell sind alle Medien für ein breites Spektrum von *unterrichtlichen Absichten* geeignet, aber in der Praxis wird man das nach seinen Eigenarten geeignetste Medium für bestimmte Zwecke einsetzen:

— *Schrift und Ton,* wenn es um *rationale Erfassung* und *argumentative Prozesse* geht,
— *Bild,* wo *situative Zusammenhänge* bestimmter Momente im Vordergrund stehen,
— *Film,* wo *komplexe Verläufe* und Menschen in zeitgebundenen sozialen Bindungen und Äußerungen eine Rolle spielen.

Diese Medien reichen von einer schriftlichen Vorlage über Karten, Bilder, Realien aller Art bis zu Diapositiven, Ton-Bild-Reihen, Filmen und den verschiedenen technischen Möglichkeiten der Übertragung und Multiplikation: Kopie, Episkop, Overheadprojektor, Video-Band und Fernsehen.

Jedoch: die aus den Eigenschaften der Medien abzuleitenden Eignungen erfahren bei jeder Unterrichtsplanung eine Modifikation, wenn die fachimmanenten, die individuellen, schichten- und gruppenspezifischen oder die allgemeinen didaktisch-methodischen Kriterien mit in die Überlegung einbezogen werden.

Literatur

Baumann, H. / Meese, H. (Hrsg.): Audiovisuelle Medien im Geschichtsunterricht, Stuttgart 1978
Claußen, B.: Medien und Kommunikation im Unterrichtsfach Politik, Frankfurt 1977
Döring, K. W.: Unterricht mit Lehr- und Lernmitteln, Weinheim 1971
Dohmen, G.: Medien(-Didaktik), in: *Wulf, Ch.* (Hrsg.): Wörterbuch der Erziehung, 2. Aufl. München 1976
Grenville, J. A. S.: Film as History, The Nature of Film Evidence, Birmingham 1971
Hüther, J.: Sozialisation durch Massenmedien, Opladen 1975
Institut für Film und Bild in Wissenschaft und Unterricht (FWU) (Hrsg.): AV-Pädagogik, Reihe A: Grundfragen, Konzepte, Reihe B: Technik (jeweils mehrere Bände), München 1974 ff.
Keilhacker, M. / Wasem, E.: Jugend im Kraftfeld der Massenmedien (Überblick zur wissenschaftlichen Jugendkunde, Bd. 4), 2. Aufl. München 1966
Maletzke, G.: Grundbegriffe der Massenkommunikation unter besonderer Berücksichtigung des Fernsehens, München 1964
Moltmann, G. / Reimers, K. F. (Hrsg.): Zeitgeschichte im Film- und Tondokument, Göttingen 1970
Pandel, H.-J. / Schneider, G. (Hrsg.): Medien im Geschichtsunterricht, Düsseldorf 1985
Ruprecht, H.: Lehren und Lernen mit Filmen, Bad Heilbrunn 1970
Ruprecht, H. / Schneider, W. / Mörking, R.: Lehren und Lernen mit Tonband, München 1965
Schaller, K.: Einführung in die kritische Erziehungswissenschaft, Darmstadt 1964
Schulz, W.: Artikel „Lehr- und Lernmittel", in: *Rombach, H.* (Hrsg.): Wörterbuch der Pädagogik, Freiburg 1977
Smith, P. (Hrsg.): The Historian and Film, Cambridge 1976
Steiner, A. A. (Hrsg.): Massenmedien in Unterricht und Erziehung, Grundlagen und Unterrichtsbeispiele zu Presse, Film, Funk, Fernsehen, Frankfurt 1969
Süssmuth, H. (Hrsg.): Historisch-politischer Unterricht, Medien (AuA, Bd. 7,2), 3. Aufl. Stuttgart 1978

Die verfügbaren Medien finden sich in den Katalogen des *Institut für Film und Bild in Wissenschaft und Unterricht* (FWU), München, *Institut für den Wissenschaftlichen Film* (IWF), Göttingen, sowie *Institut für Weltkunde in Bildung und Forschung* (WBF), Hamburg, außerdem in den Katalogen der *Landesbildstellen, Kreis- und Stadtbildstellen*, der *Landesfilmdienste*, der *Zentralen für politische Bildung*, der gewerblichen *Filmverleiher* und in den Angebotslisten der *Lehrmittelindustrie*. Anschriften und weiterführende Hinweise gibt u. a. *Claußen, B.*: Medien und Kommunikation im Unterrichtsfach Politik, Frankfurt 1977, 179 bis 183; ebenda eine Zusammenstellung der wichtigsten Zeitschriften.

Veranschaulichen und Vergegenwärtigen

Hans-Jürgen Pandel / Gerhard Schneider

Immer wieder wird vom Geschichtsunterricht gefordert, er solle „anschaulich" und „lebendig" sein, den Schüler „betroffen" machen und die Ereignisse „unmittelbar" sprechen lassen. In erster Linie sind es dann die geschichtsdidaktischen Medien, die diese Forderungen einlösen sollen.
„Veranschaulichen" und „Vergegenwärtigen" sind primär *schulpädagogische* Begriffe, die einer zusätzlichen theoretischen Begründung und praktischen Spezifizierung bedürfen, wenn sie auf den Geschichtsunterricht angewandt werden sollen. Der Ausgangspunkt für eine solche theoretische Überlegung liegt bei der *historischen Darstellung*. Die Forderung nach Anschaulichkeit, Lebendigkeit, Betroffenheit etc. muß aus dem Charakter der Geschichtsschreibung näher bestimmt werden. Das historische Wissen, das die Geschichtsschreibung präsentiert, und das, wenn auch aufbereitet, in den Unterricht eingeht, ist ein äußerst abstraktes Wissen. Das liegt in der Geschichtsschreibung selbst begründet. Geschichte als Darstellung ist primär und ausschließlich *sprachlich* vorhanden und muß, um einen erzählenden Zusammenhang liefern zu können, sich auf einer bestimmten Abstraktionshöhe bewegen. Das wird schon an der Sprache deutlich. Die Sprache, der wir uns bedienen, um Geschichte darzustellen, ist dort, wo wir vermeintlich konkret sind, hochabstrakt. Adel, Leibeigner, Reichtum etc. sind Begriffe angestrengter wissenschaftlicher Rationalität. Den Adel, den Leibeignen, Reichtum als Abstraktum gibt es gar nicht. Die Geschichtsschreibung muß aber, um historische Prozesse darstellen zu können, von den vielen konkreten Details und Umständen absehen. Hieraus ergeben sich dann die zentralen Probleme der Geschichtsdidaktik. Die Ergebnisse der wissenschaftlichen Bemühungen der Geschichtswissenschaft müssen durch die Geschichtsdidaktik konkretisiert werden. Die Abstraktion (der Geschichtswissenschaft) und die Konkretisie-

Historische Disziplin	Methoden	Zeitdimension	Darstellungsweise	Form der Darstellung
Geschichtswissenschaft	Verstehen / Erklären	Vergangenheit (Quellen)	Abstraktion	Geschichts-Darstellung (Fachbuch, Fachaufsatz)
Geschichtsdidaktik	Verstehen / Erklären	Gegenwart (Schüler)	Rekonkretisierung	Geschichts-Darstellung (Geschichtsbuch für Schüler, Lehrervortrag, Quellen)

rung (der Geschichtsdidaktik) sind einerseits entgegengesetzt ablaufende Prozesse, andererseits bedingen und ergänzen sie sich. Das kann im vorstehenden Diagramm veranschaulicht werden (Pandel 1978, 90):
„Konkretisieren" als geschichtsdidaktische Aufgabe steht für zwei Bemühungen:
- Wie läßt sich ein historischer Sachverhalt so konkret darstellen, daß der Schüler sich unter ihm etwas vorstellen kann, und
- wie läßt er sich so konkret fassen, daß der Schüler die Einsicht gewinnt, dieser Sachverhalt ginge ihn etwas an?

Dieses Bemühen ist in der Geschichtsdidaktik unter zwei Begriffe gefaßt: Veranschaulichen und Vergegenwärtigen.

Veranschaulichen

Die Begriffe „Anschauung", „Anschaulichkeit" und „Veranschaulichen" bezeichnen in der Geschichtsdidaktik immer schon zentrale, wenn auch umstrittene Probleme. Zuerst fällt auf, daß diese Begriffe in der Geschichtsdidaktik meist synonym gebraucht werden. Diese ungenaue Begriffsverwendung verdeckt aber, daß damit völlig Unterschiedliches bezeichnet wird. Am problematischsten ist dabei der Begriff *„Anschauung"*. Dieser Begriff wird in pädagogischen und didaktischen Zusammenhängen oft so gebraucht, als wenn er ein besonderes Verhältnis zur Wahrheit habe. Scheinbar kritisch wird verlangt, die Dinge so zu zeigen, wie sie seien, Geschichte „unverfälscht" darzustellen und nicht durch eine ihnen fremde Theorie zu „verzerren". Bei genauerem Hinsehen entpuppt sich dieser Begriff von Anschauung aber als *antikritisches Postulat*. Diese Forderung nach Anschauung, die so tut, als wisse sie allein, „wie es eigentlich gewesen", verlangt eine Darstellungsweise, die verklärt und illusioniert. Sie setzt sich über die geschichtstheoretische Einsicht hinweg, daß die geschichtswissenschaftliche und geschichtsdidaktische Darstellung eine Konstruktion in praktischer Absicht ist. Scheinbar kritisch gewendet, versucht dieser antikritische Begriff von Anschauung sich auf „ursprüngliche" Zustände zu beziehen: auf gute alte Zeiten, gütige Herrscher und idealisierte gesellschaftliche Verhältnisse.
Dieser Begriff von Anschauung im Sinne von „unverfälscht" verschleiert zudem, daß Anschauung sich nicht unabhängig von den psychischen Verarbeitssystemen der Individuen vollzieht. Es ist immer *begriffliche* Anschauung, und demnach gibt es nicht so etwas wie eine unmittelbare, ursprüngliche Anschauung. Anschauung ist somit immer erkenntnistheoretisch unterlegt, und es gibt keinen vortheoretischen Begriff der Anschauung. In diesem Sinne ist Anschauung ein *erkenntnistheoretischer Begriff*. „Anschauung" ist neben „Begriff" ein analytisches Moment im Erkenntnisprozeß. Anschauung und Begriff vollbringen nur in gegenseitiger Kooperation Erkenntnis. Der Begriff Anschauung kann also nicht gemeint sein, wenn er im Zusammenhang mit visuellen und textlichen Quellen erwähnt wird.

Etwas genauer trifft der Begriff der *Anschaulichkeit* das hier gemeinte didaktische Problem. Was der Methodiker und Schulbuchautor meint, wenn er von „anschaulich" spricht, ist der Wertbegriff der „Anschaulichkeit". Er ist insofern ein Wertbegriff, weil er schriftlichen und akustischen, visuellen und audiovisuellen Darstellungen von historischen Ereignissen und Zusammenhängen die Prädikate „anschaulich", „wenig anschaulich" und „unanschaulich" zuerkennen kann. Anschaulichkeit meint eine *besondere Qualität* eines Bildes, Textes, Filmes etc., die es ermöglicht, daß das, was man nicht sieht, „sondern nur erzählt wird, sozusagen ‚vor sich' sieht" (Gadamer 1980, 2). Anschaulichkeit als geschichtsdidaktischer Wertbegriff hilft bei der Bewertung von fertig produzierten Medien. Demgegenüber ist *Veranschaulichen* ein *geschichtsmethodischer Handlungsbegriff,* der die Tätigkeit beschreibt, durch die historische Ereignisse und Ereigniszusammenhänge anschaulich gemacht werden können. Veranschaulichen als geschichtsdidaktische Handlung bedeutet dann, einen historischen Ereigniszusammenhang zu detaillieren, konkrete Einzelheiten und Umstände zu benennen, Zeitkolorit und Zeitatmosphäre hineinzubringen, psychische Verfassungen und Charakterzüge der Handelnden und Leidenden durch Darstellung von Gesten und Minenspiel transparent zu machen, Dinge des täglichen Lebens wie Kleidung und Gebrauchsgegenstände zu schildern. Veranschaulichen ohne diese Rückbindung läßt Geschichte antiquarisch, nostalgisch werden.

Wenn Geschichte im Bewußtsein nur in sprachlicher Form präsent ist, müssen wir von einer generellen „Unanschaulichkeit" von Geschichte ausgehen. „Die Unanschaulichkeit historischer Bildungsinhalte" (Fina 1981, 112) zwingt dazu, im Geschichtsunterricht Mittel und Wege zu finden, damit dem Schüler eine Vorstellung von der Sache möglich wird: Wie kann man den Inhalt der Erklärung der Menschenrechte (1789) oder wie kann man einen Gesetzes- oder Verfassungstext anschaulich machen? *Veranschaulichen kann man offensichtlich nur Anschauliches;* sei es, daß man es selbst gesehen oder den Bericht von Augenzeugen übernommen hat. „Es kommt folglich darauf an, den individuellen Vorstellungsschatz des Schülers und das kollektive Erfahrungspotential der Klasse in der Weise ‚anzusprechen', zu mobilisieren und vom einzelnen akthaft umgruppieren (Umstrukturierung) zu lassen, daß eine ‚neue' Vorstellung gelingt" (Fina 1981, 112).

Da also nur ein Bruchteil der Geschichte unmittelbar zu veranschaulichen ist, kommt es darauf an, *Medien* für den Unterricht bereitzustellen, mit deren Hilfe eine *„sekundäre Veranschaulichung"* (Fina) möglich wird. Schüler wie Lehrer sollen sich „ein Bild" von den historischen Sachverhalten machen können. „Anschauliches" für den Unterrichtsgebrauch zu finden, ist inzwischen nicht mehr schwer. Und dennoch: es muß den Schülern deutlich werden, daß die originalen Objekte aus ihrem ursprünglichen realgeschichtlichen Zusammenhang herausgenommen werden und somit die Gefahr ihrer Ästhetisierung besteht. Mit den Replikaten ist zwar den Schülern die Möglichkeit eröffnet, Arbeitsvorgänge der Vergangenheit nachzuahmen, um dabei annähernd jene Erfahrungen zu machen, die die Zeitgenossen ursprünglich machten, Nicht veranschaulicht werden kann aber etwa die gesellschaftliche

Wertschätzung des hergestellten Objekts und die Reputation des Produzenten in der Vergangenheit. Den Schülern muß klar werden, daß es einerseits eine Wirklichkeit gibt, der die Objekte tatsächlich entstammen, daß es andererseits eine „zweite" Wirklichkeit gibt, in der sie als historische präsentiert und angeeignet werden. Der Grad der Authentizität wächst in dem Maße, wie die Aneignungsebene mit der „historischen Ebene" übereinstimmt.

Vergegenwärtigung

Die zweite zentrale Kategorie der geschichtsdidaktischen Mediendiskussion ist „Vergegenwärtigung". Heinrich Roth hat dafür den Begriff der „originalen Begegnung" geprägt. Roth versuchte, *„Vergegenwärtigung durch Veranschaulichung"* zu erreichen. Zwar sind fast alle der von ihm genannten „Hilfsmittel" und Vorschläge zur Vergegenwärtigung auch heute noch im Geschichtsunterricht sinnvoll zu verwenden. Doch hat sich ihre Funktion gewandelt. Heinrich Roth hat die Forderung erhoben: „Geschichte zu personifizieren, zu lokalisieren, zu kostümieren, in Szene zu setzen und mindestens erzählend . . . ‚aufzuführen' " (Roth 1965, 112 f.). Und all die genannten „Hilfsmittel" sollten den Lehrer in die Lage versetzen, „dem Kind und Jugendlichen das verstehende Teilhaben am geschichtlichen Geschehen zu ermöglichen" (Roth 165, 112). Heute sind schriftliche und bildliche Quellen, Objekte, bauliche Überreste usw. Arbeitsmittel oder – wie etwa Burgen, auch Museen und Ausstellungen – Lernorte, mit denen oder an denen der Schüler unter Assistenz des Lehrers Fragen an die Geschichte richtet. Unter besonders günstigen Bedingungen sind Schüler sogar in der Lage, die „Hinterlassenschaften" der Geschichte selbst aufzuspüren (vgl. etwa die Schülerarbeiten, die im Rahmen des Schülerwettbewerbs Deutsche Geschichte entstanden sind). Dies ist um so bedeutungsvoller, als sich dem die Geschichte erst in all ihrer Vielfalt und Farbigkeit, in ihrer „Originalität" erschließt, der sich selbst um sie bemüht, ohne Mittler- und Übersetzerdienste eines Lehrers.

Zwar ist Veranschaulichung Voraussetzung für Vergegenwärtigung, aber Veranschaulichung zieht nicht zwingend Vergegenwärtigung nach sich. Wir können deshalb mehrere Erscheinungsweisen unterscheiden, die den Sinn von Vergegenwärtigung verfehlen:

a) Vergegenwärtigung ist von *Aktualisierung* verschieden. Aktualisierung bedeutet, einen historischen Sachverhalt aus seinem historischen Kontext herauszulösen und ihn in der Gegenwart anzusiedeln. Das geschieht in der Regel durch „Übersetzen". Ein Sachverhalt der Vergangenheit wird mit einem gegenwärtigen verglichen und gesagt, dies Vergangene ist genau das, was wir heute haben. Der historische Sachverhalt wird hier gerade seiner historischen Qualität entkleidet und dem Schüler die Arbeit abgenommen, sich mit dem Spannungsgefüge von Vergangenheit und Gegenwart auseinanderzusetzen.

b) Vergegenwärtigung kann auch nicht *kontemplatives Einfühlen* sein. Wenn die Schüler aufgefordert werden, sich in eine vergangene Situation oder eine historische Person hineinzuversetzen und so zu argumentieren, wie es die historische Person getan hat, würde das lediglich „Vergangenheitlichung" gegenwärtigen Denkens bedeuten. Der Schüler ist dann so in die Vergangenheit eingesperrt, daß er seine Gegenwart vergessen muß.

Es kann also nicht darum gehen, die Vergangenheit zur Gegenwart zu machen oder seine eigene Gegenwart in die Vergangenheit zu transportieren, sondern Vergegenwärtigung muß das Spannungsgefüge von Vergangenheit und Gegenwart aufrechterhalten.

Aus diesem Grund müssen wir eine häufig gemachte Prämisse kritisieren: Die Voraussetzung, daß man nur etwas, was nicht anwesend, nicht gegenwärtig ist, vergegenwärtigen kann, ist schon als Prämisse falsch. Es ist nicht etwas Fremdes, Unbekanntes, völlig Vergangenes, das durch die didaktisch-methodische Tätigkeit des Vergegenwärtigens zu einem Gegenwärtigen gemacht wird. Wenn es um ein Ereignis der Vergangenheit geht, das wirklich vergangen, durch die nachfolgende Entwicklung überholt, eine überflüssige Zufälligkeit der historischen Entwicklung ist, dann kann Vergegenwärtigung nur zur manipulierenden Werbung werden, die sinnlose Produkte zu verkaufen trachtet, und zwar an Schüler, die sie gar nicht haben wollen. Hier zeigt sich, daß die methodische Tätigkeit des Vergegenwärtigens nicht losgelöst von der *Gegenwartsbezogenheit des historischen Denkens* erfolgen kann. Bereits auf didaktischer Ebene muß der zu vergegenwärtigende Sachverhalt einen Sinn haben, objektiv etwas für die Gegenwart bedeuten. Zwar kann man an jeder beliebigen und belanglosen Begebenheit den Umgang mit Vergangenem lernen, aber trotz der Wichtigkeit, die dieser formalen Tätigkeit zukommt, gehört zur Entwicklung des historischen Denkens immer ein Inhalt, der zur „Aufklärung unserer Gegenwart" (Droysen) dient.

Den Ausgangspunkt für den Vorgang des Vergegenwärtigens finden wir in der alltäglichen Situation des *Erzählens von Geschichten*. Geschichte vergegenwärtigen wir uns erzählend. Ein vergangenes Ereignis oder eine abwesende Person machen wir uns im Erzählen einer Geschichte gegenwärtig. Wenn wir dann genauer auf das Motiv sehen, warum diese Geschichte eines bestimmten Ereignisses oder einer Person erzählt wird, so können wir näher angeben, was mit Vergegenwärtigung gemeint ist: Trauerarbeit leisten, die Freude an einem Ereignis wiederholen, indem wir es immer wieder erzählen, sich von einem schrecklichen Ereignis erzählend befreien, im Erzählen von prägenden Ereignissen sich der eigenen Identität versichern etc. Es ist dann offensichtlich nicht nur die formale Leistung des Erzählens, Vergangenes in die Gegenwart zu holen, wenn wir von Vergegenwärtigung sprechen. Damit wir überhaupt uns eine Geschichte erzählend vergegenwärtigen, muß schon ein Bezug auf unsere gegenwärtige Situation vorliegen. Vergegenwärtigung als didaktisches Handeln kann deshalb nur heißen, *den Bezug zu unserer Gegenwart herzustellen* und den damit herausgearbeiteten Sachverhalt so darstellen, daß die in dem Sachverhalt dargestellten Probleme den Schülern als ihre eigene erkennbar werden. Da die Umstände dieser Probleme aber in Vergangenheit und Gegenwart nicht identisch sind, ist ein gewisser *Abstraktionsprozeß* gerade in den konkreten, individuellen Einzelheiten notwendig, um zu vergegenwärtigen. So gesehen, beruht Vergegenwärtigen auf einem Abstraktionsvorgang.

Wenn wir Ereignisse, Epochen und Prozesse vergegenwärtigen wollen, müssen wir von den vielen konkreten zeitgebundenen und zeittypischen Einzelheiten,

Umständen und Bedingungen gerade absehen, damit der Schüler erkennt, daß es um solche Probleme geht, die sich ihm in seiner Gegenwart stellen und die in der Vergangenheit auf unterschiedliche Weise beantwortet wurden. *Veranschaulichen* zielt somit auf *Detaillierung, Vergegenwärtigen* aber auf *Generalisierung.* Wir müssen zwar detaillieren, wenn wir Schülern die Ergebnisse der Geschichtswissenschaft nachvollziehbar machen wollen, aber damit wird nicht schon Geschichte als „Werden der Gegenwart und ihres Gedankeninhalts" (Droysen 1857, 221) begriffen. Historische Erkenntnis, historische Wahrheit steckt eben nicht im Detail, das hat Johann Gustav Droysen immer wieder betont:
„Die Dinge werden stets um so unsicherer, je detaillierter sie sind; oder besser gesagt, nicht in dem Detail und in der Anschaulichkeit des Details liegt die Wahrheit der Dinge" (Droysen 1857, 95).

Literatur

Droysen, J. G.: Historik (1857). Historisch-kritische Ausgabe von Peter Leyh, Bd. 1, Stuttgart 1977
Fina, K.: Geschichtsmethodik. Die Praxis des Lehrens und Lernens, 2. Aufl. München 1981
Gadamer, H.-G.: Anschauung und Anschaulichkeit, in: *neue hefte für philosophie* 18/19 (1980)
Pandel, H.-J.: Vorüberlegungen zu einer geschichtsdidaktischen Theorie der Interpretation, in: *Bergmann, K. / Rüsen, J.* (Hrsg.): Geschichtsdidaktik: Theorie für die Praxis, Düsseldorf 1978, 85 – 133
Roth, H.: Kind und Geschichte, 4. Aufl. München 1965
Skowronek, H.: Psychologische Grundlagen einer Didaktik der Denkerziehung, 2. Aufl. Hannover 1970, 49 ff.
Steen, J.: Didaktische Aspekte einer Theorie des Historischen Museums, in: *Kuhn, A. / Schneider, G.* (Hrsg.): Geschichte lernen im Museum, Düsseldorf 1978

Schulbuch

Wolfgang Hug

Das Schulgeschichtsbuch stellt – formal definiert – ein *Unterrichtsmittel* dar, das für schulische Lehr- und Lernprozesse im historischen oder historisch-politischen Unterricht konzipiert und in Buchform gestaltet ist. Die Grenzen zu anderen fachspezifischen Medien wie Quellenheften, Arbeitsbogen und Unterrichtsprogrammen sind fließend. In der Regel dominiert im Schulgeschichtsbuch der Text, der jedoch in steigendem Ausmaß durch Quellen,

Bilder, Karten, Tabellen, Schaubilder, Arbeitsvorschläge u. ä. ergänzt oder ersetzt wird. Insofern stellen viele Schulgeschichtsbücher ein Kompendium verschiedener *Medien* dar. Andere werden durch Ergänzungsmaterialien (Arbeitsbogen, Folien, Testblätter, Lehrerhandbuch usw.) in einen *Medienverbund* integriert.

Gerade das Schulgeschichtsbuch ist nicht nur Lehrbuch und Unterrichtsmittel, sondern *Curriculum-Element,* steht in engem Zusammenhang mit der (inneren) Schulreform, ist letztlich „Produkt und Faktor gesellschaftlicher Prozesse" (Schallenberger), ein Politicum, das nicht selten Gegenstand öffentlicher Diskussion wurde. Fortschritte in der Geschichtsforschung und Geschichtsdidaktik wirken mehr oder minder (meist in Schüben) auf Konzeption und Gestaltung der verschiedenen Schulgeschichtsbücher ein.

Für die *Praxis* des Geschichtsunterrichts bildet das Schulbuch noch immer das dominante Medium; es entscheidet häufig de facto darüber, wie verwirklicht wird, was Lehrpläne de iure bestimmen. Kultusministerien prüfen daher in Zulassungs- und Genehmigungsverfahren, die im einzelnen sehr unterschiedlich geregelt sind, in erster Linie, ob das Schulbuch lehrplankonform gestaltet ist (über Kriterien und Verfahren der Gutachter informieren im Überblick St. Lipski in *WPB* 28 (1976), 503 ff., *„Politische Didaktik",* H. 4 (1977), und „Zur Sache Schulbuch", Bd. 7, 1978, sowie J. Rohlfes, in: *GWU* 10 (1982), 500 ff.).

Die *Geschichte* des Schulgeschichtsbuches in Deutschland steht in enger Wechselbeziehung zur Entwicklung einer Didaktik des Geschichtsunterrichts und wurde häufig auch in die *theoretische Reflexion* einbezogen. Eine Reihe deutscher Geschichtsdidaktiker des 19. und 20. Jahrhunderts hat ihre theoretischen Ansätze in Schulbüchern, die sie verfaßten oder herausgaben, in die Praxis umgesetzt: Kohlrausch hat 1816/17 eine „Teutsche Geschichte" veröffentlicht, die bis 1875 in 16 Auflagen (der dritte Band bis 1890) zum wichtigsten Lehrbuch an Gymnasien, zur „deutschen Geschichte katexochén" (Weymar) wurde. Friedrich Neubauer, der die 15. Auflage der Kurzfassung von Kohlrauschs Geschichtsbuch bearbeitet hatte, verfaßte selbst Lehrbücher, die in der Zeit nach dem Ersten Weltkrieg als „meistgekaufte Unterrichtswerke" galten (Huhn). Neubauer war übrigens seit Gründung des Verbandes Deutscher Geschichtslehrer 1913 dessen Vorsitzender bis 1923, später Ehrenvorsitzender des Verbandes. Der Geschichtsdidaktiker Wilhelm Herbst erreichte mit seinem „Historischen Hülfsbuch für die oberen Klassen von Gymnasien und Realschulen" zwischen 1864 und 1929 über zwanzig Auflagen. Otto Willmann, Ernst Wilmanns und vor allem Hans Ebeling sind in gleicher Weise durch ihre Unterrichtswerke wie durch ihre geschichtsdidaktischen Positionen bekannt geworden. In neuerer Zeit entstanden Schulgeschichtsbücher wie diejenigen von Friedrich J. Lucas („Menschen in ihrer Zeit"), Heinz Dieter Schmid („Fragen an die Geschichte"), Wolfgang Hug („Geschichtliche Weltkunde") in engem Zusammenhang mit der Entfaltung geschichtsdidaktischer Ansätze der Herausgeber (hierzu die Beiträge der Autoren in Süssmuth 1980).

Eine geschlossene geschichtsdidaktische *Theorie des Schulgeschichtsbuches* liegt nicht vor. In Gesamtdarstellungen zur Geschichtsdidaktik nimmt das Schulgeschichtsbuch eine untergeordnete Stellung ein. Es gibt zwar zahlreiche methodologische Einzelbeiträge zur Verwendung des Schulbuches im Geschichtsunterricht, insbesondere auch aus der DDR; sie lassen sich aber nicht zu einem systematischen Ganzen zusammenfassen. Dasselbe gilt für die ungezählten Rezensionen, in denen jeweils neuere Schulgeschichtsbücher empfohlen oder kritisiert wurden. Unter Verwendung präziser Kriterien hat seinerzeit Georg Siegfried Kawerau die Schulbücher der Weimarer Republik in einer Bilanz erfaßt und in einer „Denkschrift über die deutschen Geschichts- und Lesebücher" 1927 kritisch beurteilt. In gleichfalls recht umfassender Weise hat Joachim Rohlfes 1972, 1977 und 1984 die Schulgeschichtsbücher der Bundesrepublik Deutschland in drei Sammelbesprechungen einer kritischen Prüfung unterzogen. Ob die Rezensionen allerdings *Verbesserungen* in den Schulbüchern bewirken konnten, muß man bezweifeln. Die Mahnung von Erich Kästner „Mißtraut gelegentlich euren Schulbüchern! Sie sind nicht auf dem Berge Sinai entstanden, meistens nicht einmal auf verständige Art und Weise, sondern aus alten Schulbüchern, die aus alten Schulbüchern entstanden sind . . .", gilt noch immer: Verlage scheuen die Neubearbeitung von etablierten Büchern, zumal jede Neuauflage das langwierige Genehmigungsverfahren durchlaufen muß und sich viele Schulträger, Lehrer und Eltern gegen einen raschen Wechsel von Schulbüchern sträuben. Eine stärkere innovatorische Wirkung geht ohne Zweifel von der Konkurrenz zwischen Unterrichtswerken mit unterschiedlicher Konzeption aus.
Die Tatsache, daß jeweils verschiedenartige Bücher zur gleichen Zeit in den Schulen verbreitet sind, macht es nahezu unmöglich, generalisierende Aussagen über bestimmte Tendenzen in Schulbüchern einer Epoche zu machen. Den differenzierenden Untersuchungen von E. Horst Schallenberger (1964) zur Wilhelminischen Ära und zur Weimarer Zeit bzw. von Jochen Huhn über die Weimarer Republik oder die von Karin Herbst und Rainer Riemenschneider über die Entwicklung in der Bundesrepublik Deutschland ist immerhin folgendes zu entnehmen: Schulbücher (und dominante geschichtsdidaktische Theorien) des Kaiserreiches zielten auf *vaterländische Erziehung* im Respekt vor Kaiser und Kirche; diejenigen der Weimarer Republik orientierten sich vornehmlich an *Staat* und *Persönlichkeit* unter weitgehend idealistischen Erziehungsvorstellungen; unmittelbar nach 1933 wurden Schulbücher konsequent dem geschlossenen Geschichtsbild des *Nationalsozialismus* angepaßt und „gleichgeschaltet"; die Bücher aus der Zeit nach 1945 lassen die Zielvorstellungen der *Re-education* erkennen, während sich die Bücher in der Folgezeit an *Grundwerten* wie Demokratie, europäische Integration und internationale Verständigung orientieren, wobei sich eine eher affirmative als konfliktbezogene Haltung gegenüber dem politischen System der Bundesrepublik Deutschland zeigt.
In der Gegenwart lassen sich vor allem folgende *Problemfelder* hervorheben:

Praxisorientierung der Bücher: Moderne Schulgeschichtsbücher sind als *Arbeitsbücher* konzipiert. Seit dem Wegfall des geschichtlichen „Vorkurses" im 5. / 6. Schuljahr geraten die entsprechenden „Geschichtserzählungen" oder „Geschichtsbilder" in Vergessenheit. Das bis in die Mitte des 20. Jahrhunderts an Volksschulen beliebte Realienbuch, in dem Geschichte meist in summarisch verkürzter Form abgehandelt wurde, ist durch das Fachbuch abgelöst worden. Bücher, die Geschichte als reinen Lernstoff im chronologischen Abriß behandeln oder in Form von Bericht und Erzählung zum Lesestoff machen, treten mehr und mehr zurück, obwohl sie noch vereinzelt benutzt werden. Für die Sekundarstufe I werden zum Teil schulformübergreifende, stufenspezifische Unterrichtswerke angeboten. Das hat im Zusammenhang mit der konsequenten Anwendung des arbeitsunterrichtlichen Prinzips bei der Gestaltung der Bücher dazu geführt, daß das Anspruchsniveau der Bücher und ihr Inhaltshorizont erheblich erhöht wurden, was in der Praxis eine starke Belastung der Schüler bedeutet. Unter den neueren Büchern sind zwei Gruppen zu unterscheiden: Bücher der einen Gruppe kombinieren *darstellende* Teile mit *Arbeitsmaterialien* (Quellen, Bildern, Karten usw.); diejenigen der anderen Gruppe präsentieren die Inhalte (fast) ausschließlich in der Form von *Materialien,* die von den Schülern auszuwerten sind. Das zweite Prinzip dominiert bei den Arbeits- und Quellenbüchern für die Sekundarstufe II. In Lehrerbegleitheften oder Lehrerhandbüchern geben moderne Schulgeschichtsbücher Anregungen zu einer variablen und produktiven Unterrichtsgestaltung. Vorrangig wird das Buch im Unterricht benutzt zur Informationsvermittlung und Klärung von historischen Zusammenhängen, zur Erarbeitung von Problemen anhand von Quellenauszügen und Zitaten aus Darstellungen, zur Interpretation von Bildern und Auswertung von Karten, Schaubildern und Tabellen; seltener zur Motivation, Entfaltung von Fragestellungen und Problemen; besonders oft dagegen zur Festigung und Wiederholung.

Wissenschaftsorientierung der Bücher: Autoren moderner Schulgeschichtsbücher versuchen, jeweils neue Ergebnisse der Geschichts*forschung* in den Unterricht umzusetzen. Die in fachwissenschaftlichen Schulbuchanalysen konstatierten sachlichen Fehler und Mängel werden in der Regel in Neuauflagen beseitigt. In Lehrerbegleitbänden wird der Forschungsstand reflektiert, auf neue fachwissenschaftliche Literatur wird hingewiesen. Bestimmte Tendenzen der neueren Geschichtsforschung haben sich unverkennbar auf die Gestaltung moderner Schulgeschichtsbücher ausgewirkt: Geschichte wird in strukturgeschichtlichem Zugriff unter Verwendung sozialwissenschaftlicher Methoden erschlossen, auf Verlaufsbeschreibungen wird weitgehend verzichtet, die großen Persönlichkeiten treten hinter der Darstellung von politischen Systemen und sozialen Gebilden zurück. Sozialgeschichtliche Themen haben an Umfang und Bedeutung kontinuierlich zugenommen. In Ansätzen werden Bereiche der Alltagsgeschichte und Historischen Anthropologie aufgegriffen, während zum Beispiel Frauengeschichte noch kaum im Schulbuch vermittelt wird. Vielen Darstellungen im Schulbuch fehlt die unmittelbare Nähe zur geschichtlichen Realität, die bei den Schülern Betroffenheit auslösen könnte. Ein Mangel älterer Bücher scheint dagegen überwunden: ihre Beschränkung auf einen nationalen Horizont. In der Regel wird der deutschen, der europäischen und der universalen Geschichte nahezu das gleiche Gewicht zugemessen. Dies ändert allerdings nichts an einer weitgehenden Europazentrik der Betrachtungsweise, insbesondere in bezug auf die Geschichte der Dritten Welt.

Problemorientierung der Bücher: Moderne Schulgeschichtsbücher zielen nicht mehr auf kontinuierliche Information über den Verlauf der Geschichte, sondern bieten eine Grundlage zur aktiven Auseinandersetzung mit ihr durch Analyse, Vergleich, Meinungs- und Urteilsbildung. Dazu werden in den Büchern in unterschiedlichem Ausmaß Arbeitsimpulse, Fragestellungen, Denkanstöße formuliert oder Probleme bereits durch die Präsentation von (zum Teil kontroversen) Quellentexten, Bildern, Schlagworten u. ä. zu Bewußtsein gebracht. Zum Teil geht man dabei von Gegenwartsproblemen aus, in der Mehrzahl der Bücher stehen Probleme der historischen Aufklärung und Einschätzung im Vordergrund.

Gegenwartsorientierung der Bücher: In modernen Schulgeschichtsbüchern wird die Auswahl und Strukturierung der Inhalte mit ihrer *Relevanz für Gegenwart und Zukunft* begründet. Der Anteil der neueren und neuesten Geschichte hat kontinuierlich auf Kosten der alten und mittelalterlichen Geschichte zugenommen. Einige Schulgeschichtsbücher verbinden historische Themen mit gegenwartskundlichen und fügen an die Geschichtskapitel jeweils sozialkundliche Arbeitseinheiten an. Andere stellen ausgewählte historische Themen in der Form von Längsschnitten dar, die bis in die Gegenwart reichen. Wieder andere beschränken die Gegenwartsbezüge auf entsprechende Arbeitsvorschläge und Hinweise.

Zur wissenschaftlichen *Analyse von Schulgeschichtsbüchern* ist eine ganze Reihe von Kriterienkatalogen und Verfahrensmodellen entwickelt worden, wobei deskriptive wie inhaltsanalytische Methoden (auch unter Verwendung quantifizierender oder ideologiekritischer Verfahren) überwiegen. In der Mehrzahl der Untersuchungen ist im systematischen Vergleich die Darstellung einzelner Epochen oder Sachbereiche der Geschichte (zum Beispiel Vorgeschichte, Altertum, Stadt im Mittelalter, Reformation, Französische Revolution, Nationalsozialismus, Judentum, Dritte Welt, Friedenserziehung, Bild der Frau, Unternehmer-Bild, Deutschland-Bild) kritisch analysiert worden. Die zum Teil erschreckend negativen Befunde lassen sich nicht zu einem Resumé zusammenfassen. Eine vergleichende Synopse der Untersuchungsergebnisse fehlt. In den vorliegenden Analysen wird nur selten die *Rezeption und Wirkung* der Bücher untersucht. Über das Schulbuch aus der Sicht der *Schüler* liegen kaum Arbeiten vor. Ebenso fehlen Studien, die das Schulbuch nicht nur als Instrument, sondern als *Gegenstand des Unterrichts* analysieren, fast völlig. Für eine mehrdimensionale Schulbuchanalyse und Schulbuchtheorie sind kaum Ansätze zu erkennen.

Bedeutende Fortschritte sind auf dem Gebiet der *internationalen Schulbucharbeit* gemacht worden. Neben begrenzten (bilateralen) Einzelinitiativen ist vor allem die Arbeit des Internationalen Schulbuchinstituts in Braunschweig (1950 gegründet und von Georg Eckert geleitet, seit 1975 Georg-Eckert-

Institut für internationale Schulbuchforschung, 1978 bis 1984 unter Leitung von Karl-Ernst Jeismann) zu nennen. In bilateralen Tagungen und Konferenzen wurden die Schulbücher der jeweiligen Partnerländer systematisch untersucht, Defizite herausgearbeitet, Empfehlungen zur Revision der Bücher formuliert und Vorschläge zur angemessenen Behandlung des jeweiligen Landes im Geschichtsunterricht gemacht. Damit hat das Internationale Schulbuchinstitut entscheidend zur Überwindung von Vorurteilen und Kontroversen beigetragen und die internationale Verständigung und Friedenssicherung gefördert, nicht zuletzt auch gegenüber den Staaten in Osteuropa (s. Deutsch-polnische Schulbuchempfehlungen 1977), obgleich die Empfehlungen der deutsch-polnischen Schulbuchkonferenzen in der Bundesrepublik Deutschland nicht unbestritten geblieben sind.

Literatur

Borries, B. v.: Problemorientierter Geschichtsunterricht. Schulbuchkritik und Schulbuchrevision, dargestellt am Beispiel der römischen Republik, Stuttgart 1980
— Schulbuch (Geschichtsschulbuch, GS), in: *Niemitz, G.* (Hrsg.): Lexikon für den Geschichtsunterricht, Freiburg 1984, 170 — 174
Buhr, H. de: Die mittelalterliche Stadt und die Hanse in den Schulgeschichtsbüchern der letzten hundert Jahre 1870 — 1970, Kastellaun 1976
Die deutsch-polnischen Schulbuchempfehlungen, in: *apz* B 47 (1977)
Dörr, M.: Das Schulbuch im Geschichtsunterricht. Kriterien für seine Beurteilung, in: *Jäckel, E. / Weymar, E.* (Hrsg.): Die Funktion der Geschichte in unserer Zeit, Stuttgart 1975, 294 — 309
Erziehungswissenschaftliche Dokumentation. Bibliographische Berichte der Duisburger Lehrerbücherei, Reihe C: *Pädagogischer Jahresbericht,* bearbeitet von H. Schmidt, Weinheim / Berlin / Basel 1971 ff. (Stichworte: Geschichtsbuch, Geschichtslehrbuch)
Forbeck, K. / Wiesand, A. J. / Zahar, R.: Heile Welt und Dritte Welt, Opladen 1971
Freiwald, H., u. a.: Das Deutschlandbild in Schulbüchern der BRD, Düsseldorf 1973
Fröchling, J.: Deutschsprachige Schulbuchanalysen seit 1958 — eine vorläufige Bibliographie, in: *Internationales Jahrbuch für Geschichts- und Geographie-Unterricht* XVI (1975), 412 ff.
Fröhlich, K.: Das Schulbuch, in: *Pandel, H.-J. / Schneider, G.* (Hrsg.): Medien im Geschichtsunterricht, Düsseldorf 1985, 91 — 114
Hilligen, W.: Kriterien für die Beurteilung von Lehr- und Lernmitteln für den politischen Unterricht, in: *Süssmuth, H.* (Hrsg.): Historisch-politischer Unterricht: Medien (AuA, Bd. 7,2), Stuttgart 1973, 211 ff.
Hug, W.: Das Schulgeschichtsbuch in der Unterrichtspraxis, in: *Gd* 2 (1977), 64 ff.
Kühnl, R. (Hrsg.): Geschichte und Ideologie. Kritische Analyse bundesdeutscher Geschichtsbücher, Reinbek 1973
Kühlmann, C.: Frieden — kein Thema europäischer Schulgeschichtsbücher?, Frankfurt / Bern 1982
Marienfeld, W.: Geschichte im Lehrbuch der Hauptschule, Stuttgart 1972
Meueler, E. / Schade, K. E. (Hrsg.): Dritte Welt in den Medien der Schule, Stuttgart 1977
Meyers, P.: Friedrich II. von Preußen im Geschichtsbild der SBZ / DDR. Mit einer Methodik zur Analyse von Schulgeschichtsbüchern, Braunschweig 1983
Quandt, S. (Hrsg.): Deutsche Geschichtsdidaktiker des 19. und 20. Jahrhunderts, Paderborn 1978
Riemenschneider, R.: Das Geschichtslehrbuch in der Bundesrepublik, in: *Bergmann, K. / Schneider, G.* (Hrsg.): Gesellschaft, Staat, Geschichtsunterricht, Düsseldorf 1982, 295 bis 312 (mit Bibliographie)

Rohlfes, J.: Erziehungswissenschaft — Geschichtsunterricht — Politische Bildung (*GWU* 1972, Beiheft), Stuttgart 1972
— Geschichtsunterricht (Fachwissenschaft — Didaktik — Unterrichtsmedien), in: *GWU* 28 (1977), bes. 626 ff.
— Vermittlung und Rezeption von Geschichte. Ein Forschungs- und Literaturbericht (Beiheft zu *GWU*), Stuttgart 1984
Schallenberger, E. H. (Hrsg.): Zur Sache Schulbuch. Pädagogische Informationen — Provokative Impulse, 10 Bde., Kastellaun 1973 ff.
— Untersuchungen zum Geschichtsbild der Wilhelminischen Ära und der Weimarer Zeit. Eine vergleichende Schulbuchanalyse deutscher Schulgeschichtsbücher aus der Zeit von 1888 bis 1933, Ratingen 1964
Schatzker, Ch.: Die Juden in den deutschen Geschichtsbüchern (Schriftenreihe der Bundeszentrale für politische Bildung, Bd. 173), Bonn 1981
Stein, G.: Auswahlbibliographie „Zur Sache Schulbuch", in: *Stein, G.*: Schulbuchkritik als Schulkritik, Saarbrücken 1976, 123 ff.
Süssmuth, H. (Hrsg.): Geschichtdidaktische Positionen, Paderborn 1980
Tewes, B. (Hrsg.): Schulbuch und Politik, Paderborn 1979

Themenhefte

Das Schulbuch im Geschichtsunterricht, in: *Gd* 4 (1979), H. 2
Das Geschichtsbuch für die Sekundarstufe I. Analyse und Kritik, in: *GWU* 34 (1983), H. 9

Zeitschriften und Schriftenreihen

Internationales Jahrbuch für Geschichtsunterricht (seit 1965 *Internationales Jahrbuch für Geschichts- und Geographie-Unterricht*), Braunschweig 1951 ff.
Zeitschrift für internationale Schulbuchforschung, Braunschweig 1979 ff.
Lehrmittel aktuell, Informationen für die Unterrichtspraxis, Braunschweig 1972 ff.
Blickpunkt Schulbuch, Zeitschrift für moderne Unterrichtsmedien, Frankfurt
Studien zur internationalen Schulbuchforschung, Schriftenreihe des Georg-Eckert-Instituts

Quellenarbeit, Quelleninterpretation

Hans-Jürgen Pandel

Quellen sind Objektivationen und Materialisierungen vergangenen menschlichen Handelns und Leidens. Sie sind in der Vergangenheit entstanden und liegen einer ihr nachfolgenden Gegenwart vor. Aufgrund dieser Objektivationen und Materialisierungen lassen sich narrative Aussagen über die Vergangenheit machen. Im Gegensatz zum weiteren Sprachgebrauch in der Geschichtswissenschaft gehen Geschichtsdidaktik und Geschichtsunterricht von einem engen Begriff aus, der *verbale* (Texte), *ikonische* (Bilder) und *haptische* (historische Gegenstände) Quellen umfaßt. Analog zur Geschichtswissenschaft, die die „eigentliche" Geschichte mit den ersten schriftlichen Nachrichten beginnen läßt, liegt der Schwerpunkt des Geschichtsunterrichts auf schriftlichen Quellen.

Quellen und historisches Wissen

Die Geschichte, die wir in Form von narrativen Sätzen erzählen können, liegt nicht so in den Quellen beschlossen, daß sie nur einfach aus addierten Quellenstellen herausgelesen werden kann. Ein historisches Ereignis (zum Beispiel die „Französische Revolution") ist nicht aus der Quelle ablesbar, sondern wird erst aus zahlreichen Quellen(-stellen), in denen sich unterschiedliche Ereignisse niedergeschlagen haben, am Ende dieser Ereigniskette durch die abstrahierende Erkenntnistätigkeit des Historikers rekonstruiert. Die Anzahl chronologisch nacheinander auftretender Ereignisse wird durch die Fragestellung und das Erkenntnisinteresse des Historikers erst zu einer Geschichte verbunden. Historisches Wissen ist deshalb das Ergebnis der aktiven Erkenntnistätigkeit, die in der *interpretierenden Rekonstruktion,* der *systematischen Analyse* sowie der *quantifizierenden Zusammenfassung* des Historikers bestehen kann. Geschichten, d. h. Systeme von narrativen Aussagen, sind Konstruktionen in gegenwärtig-praktischer Absicht. Die Abhängigkeit der historischen Erkenntnis von den Erkenntnisinteressen des erkennenden Subjekts wirft das Problem der Subjekt-Objekt-Vermittlung auf. Ein Geschichtsunterricht, der sich einer historischen Sozialwissenschaft verpflichtet fühlt, will dabei dem lernenden Subjekt die Selbstvermittlung mit seiner individuellen und sozialen Vergangenheit ermöglichen.

Standortgebundenheit

Verbale (und auch ikonische) Quellen besitzen im Gegensatz zu den gegenständlichen Überresten der Vergangenheit eine spezifische Schwierigkeit für den Erkenntnisprozeß: Man kann ihnen nicht „aufs Wort" glauben. Es handelt sich nicht schlicht darum, daß der Schreiber der Quelle (der Referent vergangenen Geschehens) nicht die „Wahrheit" sagen wollte — natürlich gibt es das auch —, sondern daß er nur berichten konnte, was er von seinem Standort für die Wahrheit hielt. Quellen sind somit stets *parteiisch.* Die Referenten der geschichtlichen Ereignisses referieren die Ereignisse aus der Perspektive ihrer subjektiven Bedürfnisse, der objektiven Interessenlage ihrer Zugehörigkeit zu einer partiellen sozialen Gruppe sowie in den Begriffen des Weltbildes ihrer Gesellschaftsformation. Wir haben es deshalb in den Quellen nicht mit „den Tatsachen" zu tun, sondern mit den subjektiven und gesellschaftlich objektiv notwendigen *Auffassungen* dieser Menschen von den historischen Ereignissen. Hierauf beruht auch der Ansatz eines *ideologiekritischen* Geschichtsunterrichts. Die Forderung, daß Ideologiekritik in den Geschichtsunterricht gehöre, bzw. die weiterführende Forderung, der Geschichtsunterricht habe die Lernenden zur Ideologiekritik zu befähigen, sind Teil der Diskussion um einen emanzipatorischen Geschichtsunterricht, die seit der Auseinandersetzung um die Kritische Theorie in der Geschichtsdidaktik geführt wird. In dieser Diskussion ist bisher kein klares Verständnis von Ideologiekritik innerhalb einer geschichtsdidaktischen Konzeption formuliert worden. Es fehlt auch ein Verfahren, mit dem Schüler selbst Ideologiekritik betreiben können. Ein ideologiekritisches Verfahren, das nur der Lehrer handhaben kann, widerspricht der ideologiekritisch-emanzipatorischen Zielsetzung. Die Schüler müßten dann dem Lehrer „aufs Wort" glauben und ideologiekritische Ergebnisse wie unbefragte Traditionen sich aneignen.

Funktion der Quelle im Geschichtsunterricht

Die didaktische Begründung für Quellenarbeit und Quelleninterpretation im Geschichtsunterricht beruht auf der fundamentalen erkenntnistheoretischen Differenzierung von *„Quelle"* und *„Darstellung"*. Quellen sind die Quellen unseres Wissens von der Vergangenheit und nicht schon dieses Wissen selbst. Historisches Wissen ist immer gegenwärtiges Wissen (Aussagen über historische Abläufe, historische Argumente im Alltag und in Politik, Schulbuchdarstellungen, Dokumentarfilmen usw.). Es kann durch Rückgang auf die Quellen auf seine Stichhaltigkeit untersucht werden. Die Existenz von Quellen und der Unterricht auf Quellenbasis ermöglicht es, nach *Belegen* für Darstellung und Bewertung zu fragen und damit Tradition *kritisch-reflexiv* anzueignen. Gegenwärtige Geschichts-Darstellungen können so vom Schüler kritisiert werden, da er prinzipiell in der Lage ist (bzw. durch Unterricht in die Lage versetzt werden soll), zu fragen, woher der Verfasser (Autor / Redner) weiß, daß die Ereignisse so und nicht anders abgelaufen und zu beurteilen sind. Er kann weiter durch den Rückgang auf Quellen erkennen, welche soziale, theoretische und politische *Perspektive* diese Darstellung motivierte, die Ereignisse so und nicht anders darzustellen. Dieser Aspekt, durch Rückgriff auf Quellen die Perspektive gegenwärtiger Darstellungen zu erkennen, schließt eine ausschließlich *illustrative* Verwendung von Quellen aus, da der illustrative Einsatz die Quelle für eine bestimmte vorgegebene Erkenntnis funktionalisiert, die in der Quelle inhaltlich nicht enthalten ist. In einem Geschichtsunterricht auf Quellenbasis *erzeugen die Schüler* mit dem historischen Wissen *den Gegenstand* ihres Lernens selbst. Wenn so im schulischen Kommunikationsprozeß der Gegenstand der Kommunikation durch die Kommunikationsteilnehmer erzeugt wird, verbietet sich auch eine strategisch instrumentelle Verwendung von Quellen auf ein einseitig gesetztes Erkenntnisziel hin. Ein kommunikativer Geschichtsunterricht kann die Freiheitsgrade, die Lehrern wie Schülern beim Umgang mit den Quellen unseres heutigen Wissens verbleiben, nur um den Preis einer Dogmatisierung aufgeben.

Methodik der Quellenarbeit

Die Vorherrschaft der *philologischen Methode* der Quelleninterpretation, ausschließlich textimmanent, Wort für Wort, ohne Abweichung vom Text zu verfahren, hat in den letzten Jahren erheblich abgenommen. Da die Voraussetzung dieser Quellenarbeit auf der ausgeprägten philologischen Kenntnis des

Lehrers beruhte, wurde die faktische Überlegenheit des Lehrers im Unterricht durch sein Interpretationsmonopol noch verstärkt. Diese philologische Interpretationsmethode ließ fast ausschließlich nur den wandtafelunterstützen Frontalunterricht zu. Diese zum Ritual erstarrte Methode der Quellenarbeit wird häufig zum Paradigma für den Geschichtsunterricht insgesamt genommen. Allerdings zu unrecht. Die traditionelle Methodik des Geschichtsunterrichts hat eine Fülle von methodischen Möglichkeiten für die Arbeit mit und die Interpretation von Quellen erarbeitet. Es lassen sich in der klassischen Literatur zur Methodik des Geschichtsunterrichts 34 Methoden des Quelleneinsatzes unterscheiden (Stöver 1978). Dieses Reservoir an sinnvollen methodischen Einsatzmöglichkeiten ist noch zu wenig genutzt.

Zu den traditionellen Möglichkeiten kommen gegenwärtig einige *neuere Methoden* der Quellenarbeit und der Quelleninterpretation hinzu: theoriegeleitete Interpretation durch sozialwissenschaftliche Interpretationsmuster, die sozialwissenschaftliche Methode der Inhaltsanalyse und der Ideologiekritik. Hiermit sind keine absolut und steril voneinander zu trennende Verfahren bezeichnet, sondern sie müssen sich notwendigerweise überschneiden. Analyse ohne Kritik wird affirmativ und Kritik ohne Analyse bleibt dogmatische Behauptung. Ein in letzter Zeit stärker berücksichtigter Ansatz richtet sich nicht in erster Linie auf die Interpretation, sondern auf die Produktion von Quellen durch die Befragung von zeitgeschichtlichen Zeugen.

Interpretationsverfahren

Ziele, Grundsätze und Verfahren der Quelleninterpretation werden in der Geschichtsdidaktik auf den unterschiedlichen Ebenen diskutiert: auf der zieltheoretischen, der curricularen, auf der verfahrenstheoretischen und auf der unterrichtspraktischen. Diese Intentionen sind darauf gerichtet, im Rückgriff auf die systematisierenden Sozialwissenschaften, insbesondere auf Soziologie und Psychoanalyse, die klassische hermeneutische Operation der Interpretation, durch neue Zielsetzungen und objektivierende Verfahren zu *erweitern*. Auf diese Weise geraten Formen der Selbstreflexion, der Inhaltsanalyse und der Ideologiekritik in den Blick. Alle Verfahren sind ungeachtet ihrer unterschiedlichen Vorgehensweise Interpretationsverfahren.

Allgemein kann Interpretation als ein Verstehen unter Schwierigkeiten beschrieben werden. Diese Definition legt zwei grundsätzliche Schritte im Interpretationsprozeß fest: Verstehen wird angebahnt durch 1. die Ausräumung von Verstehenshemmungen und 2. durch Neu-Kategorisierung des in der Quelle beschlossenen Sinnes. So gesehen ist Interpretation nie voraussetzungslos. *Verstehenshemmungen* liegen auf den unterschiedlichen Ebenen (auf der philologischen, der ideologischen, der sozialisationsmäßigen usw.). Um diese Verstehensbarrieren zu durchbrechen, bedarf es unterschiedlicher Verfahren, die von offenen, nicht formalisierten Prozessen (Selbstreflexion) bis zur objektivierenden Forschungsmethode (Inhaltsanalyse) reichen. Der Begriff der *Neukategorisierung* meint, daß der Sinn der Textaussagen aus den sprachlichen Formen des Urtextes herausgelöst und in neue, dem Schüler eigene

Kategorien umgesetzt werden muß. Hierfür bieten *Theorien* eine gute Hilfe. Sozialwissenschaftliches Wissen der Gegenwart wird als Interpretationsmuster herangezogen. Hier setzt auch die *Inhaltsanalyse* als ein sozialwissenschaftliches Verfahren ein, das auf der Systematisierung des einfachen, impressionistischen Interpretationsprozesses beruht. Die Inhaltsanalyse ist eine Methode, in der man systematisch nach objektiv nachprüfbaren Zuordnungsregeln Merkmale von Texten erfaßt und einer quantitativen und qualitativen Analyse unterwirft. Auf diese Weise lassen sich Aussagen über Texte, d. h. über Teile von vergangener sozialer Kommunikation machen. Die Inhaltsanalyse vollzieht sich in drei Schritten: 1. Erstellung eines Begriffsrahmens, 2. Zuordnung von Textmerkmalen zu den Kategorien des Begriffsrahmens und 3. Gewichtung der Merkmale (Ardelt 1974). Logisch gesehen geht die einfache Quelleninterpretation auch nicht anders vor. In der Inhaltsanalyse werden die Textmerkmale in einem ausgewiesenen Theoriegerüst quantitativ ausgewertet und qualitativ überarbeitet. Wenn der Schüler seine Aufmerksamkeit auf die Kategorien und Interpretationsmuster selbst legt und unrealistische Interpretationsmuster kritisiert, stößt er zur Ideologiekritik vor. Die qualitative Inhaltsanalyse ist deshalb auch ein Verfahren zur „empirischen Ideologiekritik", das im Geschichtsunterricht zu einem „methodologisch abgesicherten inhaltsanalytischen Beweisverfahren für vermutete ideologische Syndrome des öffentlichen und privaten Bereichs" (Projektgruppe 1974, 22) werden kann. Gemeinsam ist diesen aufgezählten Interpretationsverfahren, daß sie die philologische interpretative Unterrichtspraxis, die nicht gegen den ideologischen Transfer von Quelle zu Schüler absichert, in Richtung auf kritische Selbsttätigkeit aufheben wollen.

Literatur

Ardelt, R. G.: Inhaltsanalyse von Texten und Dokumenten im Unterricht, in: *Zeitgeschichte* 2 (1974), 41 — 49
Fina, K.: Die Quelle im Geschichtsunterricht, in: *GWU* 21 (1970), 615 — 634
— Quellentexte im Geschichtsunterricht der Volksschule. Ein Dreistufenprogramm, in: *Welt der Schule* 30 (1977), 98 — 108
Lucas, F. J.: Zur Geschichts-Darstellung im Unterricht, in: *GWU* 16 (1965), 285 — 299
Pandel, H.-J.: Vorüberlegungen zu einer geschichtsdidaktischen Theorie der Interpretation, in: *Bergmann, K. / Rüsen, J.* (Hrsg.): Geschichtsdidaktik: Theorie für die Praxis, Düsseldorf 1978, 85 — 133
Pohl, K. H.: Quelleninterpretation in der Oberstufe des Gymnasiums, in: *Gd* 3 (1978), 239 — 254 und 360 — 368
Projektgruppe „Textinterpretation und Unterrichtspraxis": Projektarbeit als Lernprozeß, Frankfurt/M. 1974
Renz, R.: Prinzipien der wissenschaftlichen Quellenanalyse und ihre Verwertbarkeit im Unterricht, in: *GWU* 22 (1971), 536 — 551
Schneider, G. (Hrsg.): Die Quelle im Geschichtsunterricht, Donauwörth 1975
— Die Arbeit mit Quellen, in: *Pandel, H.-J. / Schneider, G.* (Hrsg.): Medien im Geschichtsunterricht, Düsseldorf 1985, 31 — 60
Schmidt, A.: Ideologiekritik in der Unterrichtspraxis, in: *GSE* 13 (1968), 88 — 104
Silbermann, H.: Interpretation von Quellentexten, in: *Forster, H.* (Hrsg.): Allgemeine Lernziele zur Geschichte und Sozialkunde, Würzburg 1975, 4 — 18

Stöver, I.: Möglichkeiten des Einsatzes von schriftlichen Quellen und von Bildern im Geschichtsunterricht, in: *Gd* 3 (1978), 203 – 208
Wagner, G.: Quellen und Quelleninterpretation im Unterricht der Geschichte und Gemeinschaftskunde, in: *GWU* 20 (1969), 160 – 172

Film
Wilhelm van Kampen

Es gehört zur „geschichtsdidaktischen Erfahrung, daß audiovisuelle Medien Schülern geschichtliche Denkvorgänge zu erleichtern und die historische Realität ‚konkreter' zu vergegenwärtigen vermögen als der bloße Text" (Hug 1978, 21). Der Film ist das „lebendigste" dieser Medien; seine Anziehungskraft auf Jugendliche und Erwachsene ist ungebrochen. Entsprechend gestaltet und eingeführt, vermag er die Gefühle der Adressaten zu bewegen und sie zur denkenden Auseinandersetzung mit der Geschichte zu motivieren. Für den kognitiven Bereich ist erwiesen, daß die Verwendung von Filmdokumenten zu einem erheblichen Leistungszuwachs führen kann (Ruprecht 1970, 56 ff.). Der Geschichtsunterricht in der Bundesrepublik Deutschland hat von diesen Möglichkeiten bisher nur einen sehr begrenzten Gebrauch gemacht und auch wenig dazu getan, die künftigen Erwachsenen auf die kritische „Lektüre" von Filmen mit historischem Inhalt vorzubereiten. Eine empirische Untersuchung unter süddeutschen Geschichtslehrern hat ergeben, daß die Arbeit mit audiovisuellen Medien, von denen der Film nur eines ist, einen Anteil von weniger als einem Viertel der Unterrichtsarbeit einnimmt, mit sinkender Tendenz von den Hauptschulen zu den Gymnasien (Hug 1977, 143). Und eine Göttinger Untersuchung bestätigt, daß trotz oft guter apparativer Ausstattung der Filmeinsatz im gesamten Bereich der mit politischer Bildung befaßten Fächer eher die Ausnahme darstellt (Steinmetz 1977, 16).
Als *hemmende Faktoren,* die der stärkeren Berücksichtigung und Verwendung des Films im Geschichtsunterricht entgegenstehen, sind anzunehmen:
1. Die immer noch *unbefriedigende Berücksichtigung* mediendidaktischer und medienpädagogischer Fragen in der Lehrerausbildung und die Vernachlässigung dieses Bereichs in der geschichtsdidaktischen Literatur. Die Folge ist das Fehlen entsprechender Qualifikationen bei den meisten Geschichtslehrern. Wo Filme eingesetzt werden, geschieht das meist ohne angemessene Vorbereitung. Die Filme werden selten vorher auf ihre Struktur und ihren didaktischen Nutzen hin analysiert; ihr Einsatz erfolgt spontan, und die Nachbereitung beschränkt sich in der Regel auf eine der Spontaneität der Lehrer und Schüler überlassene, mehr oder minder ausführliche Anschluß-

diskussion. Das heißt, der Filmeinsatz bleibt überwiegend „Gelegenheitsunterricht" und „Lehrerersatz". Er hat nach wie vor nur Entlastungs- und Entspannungsfunktionen. Dem entspricht es, daß die meisten Lehrer ihm im Unterricht weniger fachdidaktische Funktion als den Stellenwert einer Unterrichtserleichterung zubilligen (Steinmetz 1977, 133).
2. Die *technischen*, vor allem aber die *organisatorischen Schwierigkeiten*, die in den meisten Schulen den Einsatz von Filmen immer noch zu einem allzu aufwendigen und daher abschreckenden Unternehmen machen. Dabei scheint das Hauptgewicht weniger bei der apparativen Ausstattung als bei den Problemen der Handhabung und insbesondere bei den Einschränkungen durch einen allzu starren Stundenplan zu liegen. Die besten Voraussetzungen für den Einsatz von Filmen bietet noch der Blockunterricht in Hauptschulen und Orientierungsstufen. Die Lehrer selbst geben als Hemmnis außerdem Ausleihschwierigkeiten an (Steinmetz 1977). Beim Schulfernsehen, in dem Geschichte ohnehin nur dürftig repräsentiert ist, kommen noch hinzu: mangelnde Information über Sendungen und ihren Inhalt; die Divergenz zwischen Sendetermin und Unterrichtsvorhaben; der Zeitaufwand für Aufzeichnungen und die urheberrechtlichen und finanziellen Probleme, die dem kontinuierlichen Aufbau einer Mediothek entgegenstehen (Schult 1979, 325 f.). Das gleiche gilt für die Übernahme von Sendungen aus dem allgemeinen Programm der deutschen Fernsehanstalten, wenn auch in diesem Fall die Informationsmöglichkeiten etwas besser sind.
3. Das begrenzte und oft auch von der Qualität her als wenig brauchbar angesehene *Angebot von Filmen* für den Geschichtsunterricht, das sich mit dem öffentlichen Film- und Fernsehangebot in der Regel kaum messen kann. Da Lehrer Filme meist als „Selbstläufer" einsetzen, schrecken sie insbesondere vor veralteten Kompilationsfilmen über die Weimarer Republik und den Nationalsozialismus zurück, die in den fünfziger und sechziger Jahren hergestellt worden sind. Sie wären „nicht mehr als aktuelle Beiträge zum politischen Unterricht, sondern allenfalls als Dokumente für die Beurteilung einer bestimmten historischen Periode zu verwenden" (Steinmetz 1977, 127), was aber nur selten geschehen dürfte. Der Verdacht der Lehrer, daß sie mit diesen Überblicksfilmen ihren Schülern ein falsches Bild vermitteln, wird noch dadurch verstärkt, daß sie solche Unterrichtsfilme für „zu glatt", „zu rund" oder „zu stark durchgearbeitet" ansehen. Auch gelten sie als zu lang und zu inhaltsreich, seien deshalb für Schüler schwer nachvollziehbar und „rauschten" an ihnen „vorbei" (Steinmetz 1977, 127 und 130). Schwierigkeiten dieser Art wären nur durch eine eindringlichere Reflexion der Lehrer über den didaktischen Nutzen von Filmen und die Erhöhung des Zeitbudgets für die Filmarbeit im Unterricht zu überwinden.
Zu den geschichtswissenschaftlichen und geschichtsdidaktischen Defiziten in der Arbeit mit Filmen ist auch die Tatsache zu rechnen, daß die Rolle, die das wieder wachsende öffentliche Angebot an Geschichte in Film und Fernsehen bei der historisch-politischen Sozialisation von Kindern, Jugendlichen und Erwachsenen spielt, bisher weitgehend ungeklärt ist. Einer intensiveren *geschichtsdidaktischen Forschung* auf diesem Gebiet standen bisher sowohl

die Beschränkung der wenigen auf diesem Felde tätigen Historiker auf das „reine Filmdokument" als auch der im Vergleich zu herkömmlichen Arbeitsgebieten und Methoden ungleich größere technische, methodische und finanzielle Aufwand entgegen, zum anderen aber auch die Tatsache, daß die *Filmwirkungsforschung* selber noch keine leicht handhabbaren Ergebnisse vorzuweisen hat. Es hat aber neuerdings den Anschein, als ob das geschichtsdidaktische Interesse an diesen Fragen zugenommen hätte, so daß vielleicht langfristig mit einem wenigstens teilweisen Abbau der geschilderten Defizite in Forschung, Lehre und Unterricht gerechnet werden kann.

Unabhängig davon muß den Studenten und den Geschichtslehrern aber auch jetzt schon Mut zur intensiveren Beschäftigung mit dem historischen Film in all seinen Spielarten gemacht werden, weil der didaktisch und methodisch angeleitete kritische Umgang mit jenen Filmen historischen Inhalts, mit denen Schüler und Erwachsene als Rezipienten der öffentlichen Medien ohnehin konfrontiert sind, auf jeden Fall eine Steigerung der historisch-politischen Kompetenz der Schüler zur Folge haben dürfte. Das geschichtsdidaktische Interesse sollte sich deshalb nicht nur auf die *methodischen Fragen* der Verwendung von Filmdokumenten im Unterricht richten (mit dem Ziel einer Leistungssteigerung im kognitiven Bereich), sondern auch die verschiedenen *filmischen Darstellungsformen* von Geschichte zum Gegenstand des Unterrichts machen. Übungen dazu lassen sich auch mit veralteten Kompilationsfilmen durchführen, wenn man sie mit den Schülern kritisch, d. h. im Hinblick auf Struktur und Tendenz, auf Quellenverarbeitung und Interpretation, nach filmischen und historiographischen Kategorien also, durcharbeitet. Bei historischen Spielfilmen, spielfilmähnlichen Fernsehserien und Dokumentarspielen, die in der Regel noch stärkeres Interesse hervorrufen, kann vor allem die Frage der Authentizität und damit auch das generelle Problem des Verhältnisses von Film und Geschichte im Vordergrund stehen. Voraussetzung für den Erfolg dieser Arbeit ist allerdings die Einsicht, daß es dazu einer intensiven didaktischen Reflexion bedarf, eine Bedingung, die aber letztlich für jede Art von erfolgreichem Geschichtsunterricht gilt.

Literatur

Borowsky, P. / Vogel, B. / Wunder, H. (Hrsg.): Gesellschaft und Geschichte in Presse, Funk und Fernsehen. Berichte aus der Praxis, Opladen 1976

Feil, G.: Zeitgeschichte im deutschen Fernsehen. Analyse von Fernsehsendungen mit historischen Themen (1957 – 1967), Osnabrück 1974

Fledelius, K.: Der Platz des Spielfilms im Gesamtsystem der audiovisuellen Geschichtsquellen und die Frage seiner Verwendbarkeit in historischer Forschung und im Unterricht, in: Kampen, W. van / Kirchhoff, H. G. (Hrsg.): Geschichte in der Öffentlichkeit (AuA, Bd. 23), Stuttgart 1979

Holocaust. Materialien zu einer amerikanischen Fernsehserie über die Judenverfolgung im „Dritten Reich", erarbeitet und zusammengestellt von W. van Kampen, Düsseldorf 1978, 3. überarb. Aufl. 1982

Hug, W.: Geschichtsunterricht in der Praxis der Sekundarstufe I. Befragungen, Analysen, Perspektiven, Frankfurt u. a. 1977

- Geschichtsdidaktik in unserer Zeit, in: *Baumann, H. / Meese, H.* (Hrsg.): Audiovisuelle Medien im Geschichtsunterricht, Stuttgart 1978, 10 – 22
Kampen, W. van: Film und Geschichte. Versuch einer Bestandsaufnahme, in: *Kampen, W. van / Kirchhoff, H. G.* (Hrsg.): Geschichte in der Öffentlichkeit (AuA, Bd. 23), Stuttgart 1979
Kampen, W. van / Kirchhoff, H. G. (Hrsg.): Geschichte in der Öffentlichkeit (AuA, Bd. 23), Stuttgart 1979
Krause, A.: Der Film im Geschichtsunterricht, Berlin (DDR) 1962
Mößner, A.: Der Einsatz des Films im Geschichtsunterricht, dargestellt am Beispiel von Filmen zur Weimarer Republik in einer Arbeitsgemeinschaft der Oberprima, in: *GWU* 20 (1969), 95 – 111
Moltmann, G. / Reimers, K. F. (Hrsg.): Zeitgeschichte im Film- und Tondokument, Göttingen 1970
Pandel, H.-J. / Schneider, G. (Hrsg.): Medien im Geschichtsunterricht, Düsseldorf 1985
Ruprecht, H.: Lehren und Lernen mit Filmen, Bad Heilbrunn 1970
Schult, G.: Die Forderungen des Geschichtslehrers an das Fernsehen und die Antwort des Mediums, in: *Kampen, W. van / Kirchhoff, H. G.* (Hrsg.): Geschichte in der Öffentlichkeit (AuA, Bd. 23), Stuttgart 1979, 324 – 335
Smith, P. (Hrsg.): The historian and film, Cambridge 1976
Steinmetz, R.: Verfügbarkeit, Einsatz und Nutzen von Unterrichtsfilmen im Fach Gesellschaftslehre an Göttinger allgemeinbildenden Schulen (Sekundarstufe). Schriftliche Hausarbeit im Rahmen der wissenschaftlichen Prüfung für das Lehramt an Gymnasien, Ms., Göttingen 1977
Witthöft, H.: Filmarbeit im Geschichtsunterricht, in: *Süssmuth, H.* (Hrsg.): Historisch-politischer Unterricht. Medien (AuA, Bd. 7,2), Stuttgart 1973, 215 – 235
- Historische Quelle und historische Darstellung im Film, in: *Baumann, H. / Meese, H.* (Hrsg.): Audiovisuelle Medien im Geschichtsunterricht, Stuttgart 1978, 61 – 67

Schulfunk

Peter Ketsch

Begriff

Der Schulfunk entzieht sich weitgehend einer exakten Begriffsbestimmung. Als *Zielgruppenmedium* wendet sich der Schulfunk an eine mehr oder minder umgrenzte Gruppe, an Schüler und Lehrer. In diesem Sinne stellt der Schulfunk ein Medienangebot der Rundfunkanstalten dar, das primär für die Schule produziert wird. Er bereitet unterrichtsrelevante Stoffe unter didaktischen Gesichtspunkten mit den dramaturgischen Mitteln des Hörfunks auf. Aufgrund der grundsätzlichen Öffentlichkeit der Sendungen finden die Schulfunkprogramme auch zahlreiche außerschulische Hörer. In dem Maße wie der Schulfunk versucht, möglichst viele dieser „Zaungäste" zu erreichen, nimmt er zunehmend den Charakter eines *Massenmediums* an. Aus dieser Doppelfunktion des Schulfunks, nämlich Sendungen für die Schule und zugleich solche zur Information einer interessierten Öffentlichkeit auszustrahlen, erwächst ein gewisses Spannungsverhältnis zwischen den journalistischen Interessen der Schulfunkredakteure und den didaktischen Anforderungen der Schule. Machen etwa schülerorientierte, entdeckende Lehr- und Lernverfahren die Bereitstellung „akustischer Bausteine" wünschenswert, so müssen Hörfunksendungen grundsätzlich in sich verständlich sein und in sich geschlossene dramaturgische Einheiten bilden.

Programmangebot und Mediennutzung

Regelmäßige Schulfunksendungen werden in Deutschland seit 1926 ausgestrahlt. Sendungen mit historischen Themen bildeten und bilden dabei neben solchen zum Deutsch-, Fremdsprachen- und Musikunterricht einen deutlichen Programmschwerpunkt. Über ihr laufendes Programm informieren fast alle Rundfunkanstalten in ihren *Schulfunkbegleitheften,* die nicht nur über Aufbau, Inhalt und Zielsetzung der Sendungen Auskunft geben, sondern auch ausführliche Hintergrundinformationen, Schülerarbeitsblätter und Quellentexte enthalten können.

Die Schulfunksendungen werden meistens für bestimmte Alters- oder Jahrgangsgruppen konzipiert. Schulformspezifische Sendungen werden für den Geschichtsunterricht nicht produziert. Im allgemeinen strahlen die Rundfunkanstalten innerhalb einer Sendeperiode mehrere Einzelsendungen zu einem geschichtlichen Rahmenthema aus. Solche *Sendereihen* können als thematisch-chronologische Einheiten, als thematischer Längsschnitt oder auch als Querschnitt, bei dem eine Epoche oder ein begrenzter Zeitabschnitt aus verschiedenen Perspektiven betrachtet wird, konzipiert sein. Die Themenbereiche des Schulfunks sind außerordentlich vielfältig. Neben Sendungen zur politischen Geschichte werden vor allem solche zur Sozial-, Kultur- und Alltagsgeschichte ausgestrahlt. Vielfach hat der Schulfunk hierbei eine wichtige *innovatorische Funktion* übernommen, indem er aktuelle oder bisher in Schulbüchern und didaktischen Materialien weitgehend vernachlässigte Themenbereiche aufgreift.

Trotz seines breiten Programmangebots wird der Schulfunk im Geschichtsunterricht, insbesondere an den Gymnasien, *nur sporadisch genutzt.* Technische Schwierigkeiten dürften hierfür kaum verantwortlich zu machen sein, denn aufgrund des Kassettenmitschnitts ist der Einsatz von Schulfunksendungen im Unterricht völlig problemlos. Eher ergeben sich schon organisatorische Schwierigkeiten. Mit einer Dauer von zwanzig bis dreißig Minuten sind die Sendungen meist zu lang, um sie in einer Unterrichtsstunde noch angemessen auswerten zu können. Hinzu treten mangelnde Informationen über die laufenden und die archivierten Sendungen, der Zeitaufwand für die Beschaffung der Sendungen sowie die unzureichende Berücksichtigung des Mediums in der Lehrerausbildung. Hauptsächlich dürfte die unzureichende Nutzung des Mediums allerdings auf – nicht immer begründeten – *didaktischen Vorbehalten* beruhen. Der Schulfunk gilt vielfach als ein „Medienfossil" eines überholten technischen Zeitalters, als betulich, wenig motivierend, als

Medium darbietender Lehr- und Lernverfahren, in denen Lehrer und Schüler in eine weitgehend passive „Konsumentenrolle" gedrängt werden. Der Informationswert des Schulfunks sei zudem sehr gering, da er weitgehend nur erfundene, illustrative Geschichten in Hörspielform biete.

Dramaturgische Formen des Schulfunks und ihre Einsatzmöglichkeiten im Geschichtsunterricht

Hörspiele und hörspielartige Formen des Hörbildes bestimmen zwar noch immer zu großen Teilen das Programmangebot für den Geschichtsunterricht, doch hat sich in den letzten Jahren ein deutlicher Wandel hin zu einer stärkeren Nutzung anderer funkischer Formen ergeben.

Monologische Kurzformen wie Nachricht, Kommentar und Statement werden meist nur im Rahmen komplexerer funkischer Formen verwandt. Diese Kurzformen lassen sich jedoch leicht aus solchen Sendungen auskoppeln und als akustische „Planungselemente" im Unterricht verwenden, als problematisierender Impuls, als Mittel der Erkenntnisgewinnung sowie zur Lernkontrolle und Ergebnissicherung. Derartige „akustische Bausteine" sind besonders dann von großem Wert, wenn es sich um Tondokumente handelt, so daß sich der Aufbau eines entsprechenden Archivs mit akustischen Unterrichtsmaterialien empfiehlt.

Eine wichtige historische Quelle stellen *Berichte von Zeitzeugen* im Rahmen von Dokumentations- und Featuresendungen dar. Da die akustische Wiedergabe erheblich authentischer als die gedruckte ist, bieten sich hier Schulfunksendungen geradezu an, sofern man derartige Augenzeugen nicht (mehr) selbst in den Unterricht holen kann. Ihre Berichte bilden vor allem dann eine außerordentliche Bereicherung des Geschichtsunterrichts, wenn nicht nur Persönlichkeiten des öffentlichen Lebens, sondern „Durchschnittsbürger" zu Wort kommen. Sie vermitteln einen Einblick in die alltäglichen Lebensumstände, zeigen die gegenseitige Bedingtheit von öffentlicher und privater Sphäre in einem politisch-historischen Kontext auf und machen geschichtliche Ereignisse und Entwicklungen am Beispiel einzelner Personen erfahrbar und nacherlebbar. Schulfunksendungen mit dem Bericht eines Zeitgenossen scheinen vor allem für solche Phasen des Unterrichts geeignet, die der Erarbeitung eines Sachverhaltes oder der Vertiefung dienen.

Dokumentarsendungen bilden eine relativ häufige Sendeform des Schulfunks. Sie bestehen aus historischen Tondokumenten zu einer Thematik, die durch einen oder mehrere Sprecher in einen Kontext gebracht werden. Diese Verbindungstexte sollten sich auf die nötigen Hintergrundinformationen beschränken und sich mit Kommentierungen und Interpretationen weitgehend zurückhalten. Beides sollte dem Unterrichtsgespräch überlassen bleiben. Nur so läßt sich der Vorteil der besonderen Authentizität der Tondokumente, die den Schülern den Eindruck des unmittelbaren Erlebens vermitteln und sie emotional ansprechen, für die kritische Reflexion des Gehörten ausnutzen. Dokumentarsendungen dienen der Informationsgewinnung und bleiben damit auf den Einsatz in einer Erarbeitungsphase beschränkt.

Das *Feature* bildet, sofern man auch Hörbild und Hörfolge miteinschließt, die vorherrschende Schulfunkform. Es mischt die verschiedenen funkischen Formen und bettet sie in eine dramaturgisch aufbereitete Handlung ein, die durch einen Sprecher vorangetrieben wird. Die Grenzen zu anderen Schulfunkformen sind fließend. Aufgrund seiner komplexen Form mit ständig wechselnden Situationen, Schauplätzen, Zeiten und funkischen Darstellungsmitteln und -formen stellt das Feature relativ hohe Anforderungen an die intellektuellen Fähigkeiten der Schüler. Oft sind derartige Sendungen zudem noch stofflich überfrachtet und schneiden zu viele Einzelheiten an, so daß die Gefahr besteht, daß sie an den Schülern „vorbeirauschen". Dem muß der Unterricht durch mehrmaliges und phasenweises Abspielen der Sendung Rechnung tragen. Wegen der guten Möglichkeit, einen Sachverhalt multiperspektivisch darzustellen, eignet sich das Feature besonders gut für eine Erarbeitungsphase, aber auch zur Vertiefung und Illustration eines bereits behandelten Sachverhaltes.

Das *Hörspiel* und hörspielartige Formen des Hörbildes oder der Hörfolge bestimmen noch immer zu großen Teilen das Programmangebot des Schulfunks für den Geschichtsunterricht. Das Hörspiel stellt eine hörfunkspezifische Kunstform dar, deren dramaturgischen Möglichkeiten sich der Schulfunk bedient, um Geschichte möglichst motivierend und anschaulich darzubieten. Meist handelt es sich um einzelne Hörszenen, die durch einen Erzähler miteinander verbunden, häufig auch kommentiert und in einen größeren Zusammenhang gestellt werden. Da für Hörspiele in der Form dramatisierter Geschichtserzählungen die gleichen didaktischen Bedenken wie für die Geschichtserzählung gelten, eignen sie sich nur bedingt für den Einsatz im Unterricht. Hörspiele sollten grundsätzlich nicht in einer Erarbeitungsphase, sondern allenfalls zur Vertiefung und Ergebnissicherung herangezogen werden. Einzelne Hörspielszenen können jedoch auch in einer Motivationsphase oder zur Problematisierung verwendet werden.

Die grundsätzliche Bedeutung des Schulfunks liegt in seiner Fähigkeit begründet, geschichtliche Vorgänge und Strukturen zu *veranschaulichen*, sie „erlebbar" zu machen, die Schüler emotional anzusprechen und *betroffen* zu machen. Sie werden so zu persönlichen Stellungnahmen herausgefordert und zur kritischen Durchdringung der jeweiligen Thematik motiviert. Der Einsatz des Schulfernsehens empfiehlt sich vor allem dann, wenn Sprache und/oder Musik die entscheidenden Bedeutungsträger sind und die Informationen vom Lehrer nicht in der gleichen Weise präsentiert werden können. Als monosensorisches, auditives Medium spricht der Schulfunk einseitig die akustische Wahrnehmung an, wodurch die Konzentration auf das Hörbare verstärkt und die Einbildungskraft des Hörenden stimuliert wird, da die entsprechenden Bilder nicht mitgeliefert werden. Bei sparsamem Gebrauch seiner funkischen Gestaltungsmittel (Sprache, Musik, Einzelton, Geräusche, Pause) sowie seiner produktionstechnischen Gestaltungsmittel (zum Beispiel Modulation, akustische Blende, Kreuzblende, Schnitt, Montage, Außenaufnahme etc.)

gehen vom Schulfunk in gleicher Weise intellektuelle wie emotionale Wirkungen aus.

Unterrichtspraxis

Die Analyse und Beurteilung einer Sendung hinsichtlich ihrer Eignung für den Unterricht beinhaltet vor allem die Prüfung der verfolgten Lernziele und Inhalte, der verwendeten Vermittlungsformen und Gestaltungsmittel, der notwendigen Lernvoraussetzungen und Vorkenntnisse der Schüler sowie des Anspruchsniveaus der Sendung.

Beim Unterrichtseinsatz einer Sendung sollten sich einführende Bemerkungen des Lehrers auf das unbedingt Notwendige beschränken, um die Erwartungshaltung der Schüler, ihre Neugier und Spannung hinsichtlich der Sendung nicht zu enttäuschen und diese damit ihres motivierenden Charakters zu berauben.

Je nach Schwierigkeitsgrad der Sendung und den eigenen didaktischen Intentionen sollten die Schüler vor dem Anhören einer Sendung *Arbeitsaufträge* erhalten. Diese Strukturierungshilfen können in allgemeinen, offeneren Arbeitsaufträgen (Macht euch Stichpunkte; versucht, die Sendung durch Überschriften zu gliedern) sowie in stärker lenkenden Arbeitsaufträgen bestehen (Achtet beim Hören besonders auf folgende Punkte; Aus welchen Gründen, auf welche Weise etc.). Inwieweit das Mitschreiben der Schüler während des Anhörens einer Sendung sinnvoll ist, bleibt in der didaktischen Literatur umstritten. Argumentiert die eine Seite, daß die Schüler während des Aufschreibens die Sendung nicht mehr in vollem Ausmaß mitverfolgen können, so gilt für die anderen, daß die Schüler sich dadurch bereits während des Hörens vom Medium distanzieren und somit zu einer stärker reflektierenden Rezeption angehalten werden. Eine gute Möglichkeit zur Einübung des Mitschreibens bieten vorbereitete Arbeitsblätter, die die Schüler beim Anhören durch kleinere Eintragungen (Ankreuzen, Unterstreichen, Wortergänzungen, Beschriften von Skizzen und Schaubildern) vervollständigen. Eine weitere Verständnishilfe besteht in der schrittweisen Darbietung einer Sendung.

Die *Auswertung einer Sendung* sollte zunächst in ungelenkter Form erfolgen, so daß die Schüler ihre spontanen, unmittelbaren Eindrücke in den Unterricht einbringen können. Erst in einer zweiten Phase sollten dann die wichtigsten Inhalte zusammengefaßt werden. Ergeben sich hierbei Schwierigkeiten, weil die Schüler einzelne Abschnitte nur unzureichend verstanden haben, so sollten diese noch einmal vorgespielt werden. Die weitere Unterrichtsarbeit dient der Bearbeitung und Erörterung einzelner in der Sendung angesprochener Strukturen und Problemkreise. Hierzu können den Schülern weitere Materialien an die Hand gegeben werden. Für eine intensivere quellenkritische Bearbeitung einzelner in der Sendung zu Gehör gebrachter Quellen sollte man diese den Schülern in schriftlicher Form geben. Abschließend lassen sich die in der Sendung aufgeworfenen Fragen und Probleme erörtern. Die *Ergebnissicherung* kann in der Anfertigung eines zusammenfassenden Berichts, der

Interpretation einer die Sendungsthematik betreffenden Quelle, der Stellungnahme zu einzelnen Thesen, der Vervollständigung eines Arbeitsblattes, der Interpretation eines Bildes oder einer Bildreihe, der Lösung eines Rätsels, der spielerischen Umsetzung, der Produktion einer Sendung oder einer Zeitung bestehen. Grundsätzlich sollten im Rahmen der Auswertung einer Sendung *medienkritische Fragestellungen* aufgegriffen werden. Hierbei ist zu erörtern, wie die Sendung auf den einzelnen wirkt, wodurch die Wirkung erzielt wird und inwieweit die eigene Einstellung und die Wertung der in der Sendung handelnden Personen und Gruppen dadurch beeinflußt wird. Die Auswertung und Arbeit an der Sendung kann sowohl im gemeinsamen Unterrichtsgespräch wie auch in Gruppenarbeit erfolgen. Einzel- und Partnerarbeit scheinen hingegen weniger sinnvoll zu sein.

Literatur

Armbruster, B. / Hertkorn, O. (Hrsg.): Schulfunk im Unterricht (Materialien zur Mediendidaktik, Bd. 9), Köln 1979

Bönsch, M.: Didaktische Funktionen des Schulfunks heute, in: *Ehrenwirth Hauptschulmagazin* 8 (1983), 3 f.

Glaser, H.: Geschichte im Schulfunk — Produktionen und Probleme, in: *Baumann, H. / Meese, H.* (Hrsg.): Audiovisuelle Medien im Geschichtsunterricht, Stuttgart 1978, 92 bis 105

Jaitner, W. R.: Geschichte, in: *Dahlhoff, Th.* (Hrsg.): Schulfunk, Bochum 1971, 88 bis 111

Ketsch, P.: Schulfunk, in: *Pandel, H.-J. / Schneider, G.* (Hrsg.): Medien im Geschichtsunterricht, Düsseldorf 1985, 347 — 369

Krone, G.: Vom Kiever Reich zum Kalten Krieg. Vorstellungen von Russen und Rußland im Schulfunk nach 1945, Köln 1977

Riedler, R.: Schulfunk und Schulpraxis, München 1976

Schorb, A. O.: Interessengelenkter Geschichtsunterricht oder mediengelenkter Unterrichtsbetrieb?, in: *Materialien zur Politischen Bildung* (1979), 7 — 12

Schwantag, D.: Schulfunkeinsatz im Geschichtsunterricht, in: *Armbruster, B. / Hertkorn, O.* (Hrsg.): Schulfunk im Unterricht (Materialien zur Mediendidaktik, Bd. 9), Köln 1979, 183 — 211

Trunsky, A.: Didaktik des Schulfunks, München 1973

Unterricht in Dokumenten, Hauptschule 9. Schuljahr, Geschichte: Das Ende der Weimarer Republik, Film des FWU, München 1976 (Bestell-Nr. 33 2770)

Geschichtsunterricht und Museen

Detlef Hoffmann

Seit der Französischen Revolution kann man Museen als Sammlungen bezeichnen, die Bestandteil eines öffentlichen Bildungswesens sind. Im Gegensatz zu Archiven, die vorwiegend Textmaterial sammeln, liegt der Schwerpunkt musealer Sammeltätigkeit im bildlichen und gegenständlichen Bereich. Wichtigster Bereich des Museums ist deswegen die sogenannte Schausammlung oder ständige Ausstellung der Gegenstände, die jedermann — oft gegen ein Eintrittsgeld — betreten kann. Da es die wichtigste Funktion der Museen ist, ihr Material öffentlich zu Bildungszwecken möglichst uneingeschränkt zugänglich zu machen, besteht ein enger historischer Zusammenhang zwischen Museen und Schule. Während die fürstlichen Sammlungen, die „Kunst- und Wunderkammern", seit dem 16. Jahrhundert zum Beispiel noch Naturprodukte und Artefakte gemeinsam zur Schau stellten, wurden seit dem 18. Jahrhundert die Gegenstände zunehmend nach Gattungen getrennt. Seit dieser Zeit kann man *naturgeschichtliche* und *kulturgeschichtliche* Museen unterscheiden.

Prinzipiell besteht zwischen Geschichtsunterricht und kulturhistorischen Museen ein enger Zusammenhang. Seit dem 17. Jahrhundert (G. B. Vico) wurde Geschichte immer als Entwicklung *aller* menschlichen Tätigkeiten verstanden. Diese Auffassung der Geschichte, die konsequenterweise keine Spezialgeschichten (Politik, Kunst, Kultur usw.) kennt, ist bis weit ins 19. Jahrhundert hinein (Hegel und Marx waren ihre letzten Vertreter) konstituierend für das *kulturgeschichtliche Museum,* in dem Kunstgegenstände genauso wie Realien gesammelt werden. Die älteste Museumsgründung des Bürgertums, das Britische Museum in London (1753), folgt diesem Konzept. In der Folge der Revolution von 1848, die auch die nationale Einheit forderte, wurden zwei deutsche Geschichtsmuseen gegründet, das Germanische Nationalmuseum in Nürnberg und das Römisch-Germanische Zentralmuseum in Mainz. Die Zerlegung der kulturschaffenden menschlichen Arbeit in einzelne spezialisierte Tätigkeiten hat die Geschichtswissenschaft, den Geschichtsunterricht und das Geschichtsmuseum in gleicher Weise betroffen, oft noch getrennt nach Malerei und Skulptur, Kunstgewerbe, Technik, aber auch der gesamte Gegenstandsbereich der Vor- und Frühgeschichte oder der außerdeutschen bzw. der außereuropäischen Kulturgeschichte wurde nun sowohl von getrennten Wissenschaftsdisziplinen wie auch von *getrennten* Museen betreut. An manchen Orten führen solche Spezialisierungen seit dem Ende des 19. Jahrhunderts zu einer Ausplünderung des örtlichen kulturhistorischen Museums. Die Rückgewinnung eines Geschichtsbegriffs, der die Entwicklung aller menschlichen Tätigkeiten zum Gegenstand hat, führte zu einer neuen Wertschätzung des kulturhistorischen Museums (zum Beispiel der Heimatmuseen). Die *Spezialisierung* im kulturhistorischen Museumswesen ist durch inhaltliche und organisatorische *Integration* zu überwinden (vom

Museumsverband zum Verbundmuseum). Hier besteht eine Parallele zur Integration der Fächer Heimatkunde bzw. Geografie, Biologie und Geschichte zum Fach Gesellschaftskunde.

Aus diesem systematischen und historischen Überblick geht die Praxis einer *Zusammenarbeit des Geschichtslehrers mit den Museen* eindeutig hervor. Von ihrem Gründungskonzept her sind kulturhistorische (Historische oder Heimat-)Museen auf eine alle menschlichen Tätigkeitsbereiche integrierende Geschichtsauffassung verpflichtet. Ein an einem ganzheitlichen Geschichtskonzept orientierter Lehrer sollte sich jedoch bei der Planung von Zusammenarbeit nicht nur auf ein Museum beschränken. Heimat-, Stadt- bzw. Landesmuseen sind zwar Verbundmuseen, meist jedoch nur vom Sammlungsbestand her. Innerhalb eines Gebäudes werden die Gegenstände meist nach Gattungen ausgestellt, die historischen Zusammenhänge sind in der Ausstellung zerstört, der Lehrer muß sie durch seinen Unterricht erst wieder herstellen (s. Lernen im Museum 1976).

Die intensivere bildungspolitische Diskussion seit dem Ende der sechziger Jahre hat auch die kulturhistorischen Museen in der Bundesrepublik Deutschland gezwungen, Konzepte für selbstargumentierende, *didaktische Ausstellungen* zu entwickeln. Solche Ausstellungen zeigen nicht lediglich die Objekte vor, sie kombinieren sie mit Reproduktionen, Fotos, Modellen und audiovisuellen Medien. Ziel ist es, dem nicht speziell vorgebildeten Besucher über die Objekte ein Verständnis historischer Zusammenhänge zu ermöglichen. Das Historische Museum Frankfurt war das erste kulturhistorische Museum in der Bundesrepublik Deutschland, das bei der Planung seiner ständigen Präsentation didaktische Fragestellungen in den Vordergrund rückte. Die intensive Diskussion nach der Eröffnung 1972 hat einen großen Kreis von Politikern von der Notwendigkeit didaktischer Präsentationsweisen überzeugt. Während das Historische Museum Frankfurt seine Vermittlung relativ stark auf das geschriebene Wort aufbaute, geht die Entwicklung der letzten Jahre stärker zu Versuchen, durch Inszenierungen den Zugang zu dem durch die Objekte vermittelten historischen Zusammenhang zu erleichtern.

Versucht man, den gegenwärtigen Diskussionsstand über Geschichtsunterricht und Museen zusammenzufassen, dann erscheinen folgende Punkte wichtig:

Gegenstandsbereich

Nicht nur in historischen Museen befinden sich Bilder oder Gegenstände, an denen Lehrer und Schüler Problemstellungen des Geschichtsunterrichts erarbeiten können; Kunst-, Kunstgewerbe-, Völker- und Volkskundemuseen bieten hier genauso Material an wie Spezialmuseen.

In seiner Ausbildung wird der Geschichtslehrer sehr viel intensiver auf den Umgang mit Textquellen als auf den Umgang mit Bildquellen und alten Gegenständen vorbereitet. Die ästhetische Codierung der Objekte stellt eine besondere Schwierigkeit dar (vgl. zum Beispiel den Katalog „Ein Krieg wird ausgestellt", Historisches Museum Frankfurt 1977).

In den Magazinen finden sich oft Gegenstände, die für ein bestimmtes Thema des Geschichtsunterrichts nützlicher sind als die öffentlich zugänglichen. Ein Besuch von Magazinen kann Lehrern und Schülern die Relativität der allgemein zugänglichen Schausammlung vermitteln.

Die formale Unterrichtsplanung

Ein einmaliger Museumsbesuch wird immer „Wandertagscharakter" haben. Er wird selten vorgeplant. Die Schüler lernen hier die Institution Museum kennen.
Ein intensiver, themenbezogener Unterricht sollte mit einer Kontaktperson (Fachwissenschaftler, Museumspädagoge, Restaurator usf.) im Museum besprochen werden. Museumsleute sind meist mit dem Schulalltag nicht vertraut, der Lehrer sollte das Erkenntnis-Interesse der Schüler mit Geduld zu vermitteln suchen. In einem mit Überlegung geplanten Projekt kann auch die Führung durch einen trockenen, positivistischen Fachwissenschaftler einen nützlichen Stellenwert haben.
Wird das (örtliche) Museum in den Unterricht einbezogen, so vergrößert sich für den Lehrer die Arbeit. Mit den Katalogen (im Museum, in der Museumsbibliothek, in der örtlichen öffentlichen Bibliothek) und durch Gespräche muß der Lehrer ergründen, welches Material einsetzbar ist. Das ist oft Kleinarbeit.
In wenigen glücklichen Fällen findet der Lehrer im Museum einen rundum kooperationsbereiten Gesprächspartner. Solche Glücksfälle sollten genutzt werden: In einem oder mehreren Arbeitsgesprächen sollte der mehrmalige Museumsbesuch mit den Schülern geplant werden.

Die inhaltliche Unterrichtsplanung

In ersten Vorgesprächen sollten sich Lehrer und Schüler Rechenschaft geben über die Erwartungen an den geplanten Museumsbesuch.
Sicher stellt sich das Interesse der Schüler von Klasse zu Klasse unterschiedlich dar. Die Berichte häufen sich jedoch, daß die Alltäglichkeit der vergangenen Zeit den Schüler (wie auch den Erwachsenen) in besonderer Weise interessieren. Hier kann am ehesten der Vergleich zur eigenen gegenwärtigen (und zukünftigen, erwünschten) Realität gezogen werden. Aus diesem Grunde werden Ausstellungen mit biographisch-exemplarischen Konzepten von vielen Menschen besucht (vgl. die Ausstellung „Photographierte Erinnerung", Kunstverein Hannover 1975).
Es ist sehr nützlich, wenn die Schüler vor dem Museumsbesuch die historischen Rahmenfakten erarbeitet haben, die zu besichtigenden Gegenstände sollten schon vor dem Besuch in den Unterricht eingeführt werden.

Der Museumsbesuch

Man lernt nur gern an einem Ort, der einem sympathisch ist. Wesentliche Grundlage für die Sympathie ist die Vertrautheit. Der erste Museumsbesuch einer Klasse sollte in entspannter Atmosphäre, ohne besonderes Programm, stattfinden. Etwa eine Stunde sollten die Schüler die Möglichkeit haben, allein im Museum herumzulaufen. Nach einer Pause und Zwischengesprächen kann ein gemeinsamer Rundgang stattfinden, auf dem man über das redet, was einen anmutet; gegebenenfalls ist auch eine Magazinbesichtigung an einem solchen Tag unterzubringen.

Bei späteren Besuchen findet dann der Unterricht vor oder mit wenigen (ausgewählten) Gegenständen statt. Ist Zeit genug für das Projekt geplant, dann kann schon die Suche nach für das anstehende Thema informativen Objekten einen weiteren Besuchstag füllen.

Viele Lehrer bereiten Fragebögen vor, mit deren Hilfe Schüler zu Beobachtungen im Museum angeleitet werden. Einige Museen (noch viel zu wenige) halten solche Fragebögen bereit.

Nacharbeit

Selbst bei knapp bemessener Zeit sollten Lehrer und Schüler sich vor die Frage stellen, ob der Museumsbesuch nützlich war, wie der Unterricht ohne Museumsbesuch verlaufen wäre, was man besonders im Museum erfahren hat.

Literatur

Geschichte im Museum, in: Gd 9 (1984), H. 1
Geschichtsunterricht und Museumsdidaktik, in: Gd 2 (1977), H. 3
Hey, B.: Die historische Exkursion, Stuttgart 1978
Hug, W. (Hrsg.): Das historische Museum im Geschichtsunterricht, Freiburg / Würzburg 1978
Kuhn, A. / Schneider, G. (Hrsg.): Geschichte lernen im Museum, Düsseldorf 1978
Lernen im Museum, verfaßt vom Arbeitskreis Schule und Museum, Frankfurt 1976 ff.
Schriften des Historischen Museums Frankfurt (XVI) = Die Zukunft beginnt in der Vergangenheit, Museumsgeschichte und Geschichtsmuseum, Frankfurt/M. 1982
Walbe, B. / Spiekernagel, E.: Das Museum: Lernort contra Musentempel, Gießen 1976

Zeitschriften

Kritische Berichte, Gießen 1971 ff.
Kunst und Unterricht
Schule und Museum, Frankfurt 1976 ff.

Geschichtserzählung

Gerhard Schneider

Wortbedeutung und Funktion

Da es eine direkte Vergegenwärtigung von Geschichte „an sich" nicht gibt und vergangene Wirklichkeit nicht unmittelbar präsentiert werden kann, sondern nur Sichtweisen davon existieren, stellt sich der Geschichtswissenschaft und dem Geschichtsunterricht das Problem, wie bestimmte Vorstellungen von der Vergangenheit erzeugt und vermittelt werden können. Als Formen der Geschichtsdarstellung konkurrieren im Geschichtsunterricht Lehrererzählung, Schulbuch, Quellen, Karten, Dias, Tonband, Schulfunk u. a. miteinander.

Unter Geschichtserzählung versteht man eine seit dem frühen 19. Jahrhundert vor allem im Geschichtsunterricht der Elementarschulen (später: Volks- bzw. Hauptschulen), ferner im propädeutischen Geschichtsunterricht sowie in den mittleren Klassen der Gymnasien verbreitete, in unterschiedlichen Schattierungen (Lehrervortrag, Lebensbild, Leitfadenerzählung, Geschichtsbild, Bericht, Schilderung usw.) auftretende *Form novellistischer oder anekdotischer Geschichtsdarstellung.* Mit den meist von den Lehrern selbst auf der Basis von Quellen- und Literaturstudium nach ganz bestimmten Gestaltungskriterien und im Einklang mit dem jeweiligen Stand der Entwicklungspsychologie konzipierten Geschichtserzählungen sollen die Schüler unter den leitenden Gesichtspunkten *Vergegenwärtigung, Begegnung* und *Veranschaulichung* erstmals mit der Geschichte konfrontiert werden (Stoffdarbietung), um sie für das nachfolgende analysierende bzw. verarbeitende Unterrichtsgespräch zu motivieren. Die vom Lehrer unter Verwendung diverser rhetorischer Mittel frei vorzutragende Geschichtserzählung beansprucht, geschichtliche Ereignisse, Zustände, Persönlichkeiten und Taten zu konkretisieren, indem Zuständliches in Handlungen und Abläufe aufgelöst wird, in deren Mittelpunkt (auch fiktive) Einzelpersonen bzw. überschaubare Personengruppen stehen.

Entwicklung der Geschichtserzählung und Gestaltungskriterien

Die Erzählung als ursprüngliche Form mündlicher Überlieferungen ist seit frühesten Zeiten *zentraler Bestandteil* des Geschichtsunterrichts. Im Rahmen der Methodendiskussion nimmt sie jedoch erst in Herbarts Theorie des „darstellenden Unterrichts" konkretere Formen an. In Kohlrauschs „entwicklungspsychologisch" begründetem dreistufigen Aufbau des Geschichtslehrgangs an Gymnasien erhält die Geschichtserzählung ihren Platz in den beiden unteren Klassen. Sie soll die historische Begegnung anbahnen, das Interesse der Schüler für Geschichte wecken, zur Gemütsbildung beitragen und die Phantasie der Kinder anregen (Jeismann 1978, 54 ff.). Unter Ausnutzung des durch die Allgemeinen Bestimmungen von 1872 geschaffenen methodischen Spielraums und aufbauend auf den praktischen Erfahrungen der Herbart-Zillerschen Schule, die die öde Leitfadenerzählung überwand, ferner wesentlich beeinflußt durch die Reformpädagogik („Vom Kinde aus"), die Erlebnis- und Heimatpädagogik (Scharrelmann, Gansberg), Lebensphilosophie (Dilthey), Experimentalpsychologie (Wundt), Kunsterziehungsbewegung (Lichtwark), aber auch in Kenntnis der einschlägigen kulturpessimistischen Schriften (Largarde, Langbehn) hat A. Scheiblhuber ab 1900 in zahlreichen Schriften die bis in die sechziger Jahre hinein maßgeblich gebliebene wissenschaftliche Begründung der Geschichtserzählung entwickelt und praktische Beispiele für den Unterrichtsgebrauch geliefert, deren Vorbildcharakter für seine Anhänger (vor allem Fikenscher, Walburg und Ebeling) unstreitig ist. Scheiblhubers „Theorie" der Geschichtserzählung baute auf der *Dramentheorie* auf (Einheit der Handlung, des Ortes, der Zeit, Peripetie, Verzicht auf den Theatercoup) und machte die Einhaltung bestimmter *Gestaltungskriterien* zur Voraussetzung für eine gute Geschichtserzählung. Deren Reduzierung auf wenige, ursprünglich auf Scharrelmann (1904) zurückgehende, später immer wieder benutzte und ergänzte Begriffe war der Verbreitung der Geschichtserzählung durchaus förderlich: „*Detailliere*" (bildhafte Herausstellung signifikanter Einzelheiten), „*motiviere*" (Verdeutlichung der Beweggründe handelnder Personen), „*verkindliche*" (Berücksichtigung der kindlichen Erlebniswelt in den Geschichtserzählungen). Zu diesen „drei Grundgesetzen pädagogischer Kunst" (Scharrelmann 1920, 35) traten später hinzu: „*Dramatisiere* (Umsetzen von Zuständen in Handlung, bewußte Inszenierung von Geschichte u. a. durch Dialoge), *personifiziere* (handelnde Personen stehen im Mittelpunkt der Geschichtserzählung), *lokalisiere* (Schilderung konkreter Schauplätze), *kostümiere* (detaillierte Angaben über die äußere Erscheinung der Personen), *vereinfache* und *konkretisiere* (komplizierte Sachverhalte sollen durch Stilisierung und Vergegenständlichung den Schülern verständlich gemacht werden). Auf diese Weise sollte die Geschichtserzählung den Schülern ein lebendiges Bild der Vergangenheit vermitteln, ihre Phantasie anregen, Begeisterung hervorrufen und sie zur Nacheiferung der geschichtlichen Vorbilder anhalten (vgl. zur Entwicklung der Geschichtserzählung Filser 1979; Jung 1982).

Kritik und Zukunftsperspektiven

Nachdem bereits in den fünfziger Jahren die Auflösung der Geschichte in Geschichtchen, die Dominanz der Rhetorik, die „Kindertümelei" und die Überladung der Geschichtserzählung durch Äußerlichkeiten gelegentlich kritisiert wurden, verschärfte sich die Kritik bis zur vollständigen *Ablehnung* der Geschichtserzählung (Riesenberger 1973) im Zuge der in den späten sechziger Jahren aufkommenden Curriculumtheorie und in Folge der durch empirische Arbeiten aufgezeigten negativen Auswirkungen des in den Geschichtserzählungen vorherrschenden personalisierenden Geschichtsbildes; ferner waren an die Stelle des Phasenmodells der älteren Entwicklungspsychologie lerntheoretische Überlegungen getreten, denen zufolge nicht mehr das Lebens-

alter des Kindes, sondern das Lernalter maßgeblich für Stoffauswahl und Methode sein sollte.
Man kann es wohl als eine Folge der in den späten siebziger Jahren vor allem von seiten des Geschichtslehrerverbandes proklamierten Beendigung der Reformdiskussion und der aus Kreisen seiner Mitgliedschaft geforderten Rückbesinnung auf das von alters her Bewährte ansehen, daß die Geschichtserzählung seitdem eine *Wiederbelebung* erfuhr. Zwar wurde auch weiterhin vor den überwiegend negativen Wirkungen eines ausschließlich oder hauptsächlich auf Geschichtserzählungen basierenden Geschichtsunterrichts gewarnt (Filser 1979; Schmid 1982, 58 f.; Jung 1980; Jung 1982; Dörr 1983, 310 f.); in Lehrplänen jedoch, vor allem für den Geschichtsunterricht in den unteren Klassen bzw. für den historisch-politischen Lernbereich im Sachunterricht der Primarstufe, wird der Geschichtserzählung insbesondere bei der Vermittlung heimatgeschichtlicher Inhalte neuerdings wieder starke Bedeutung beigemessen (Ackermann 1982). Dabei zeigt sich, daß die künstlerisch gestaltete, fiktive Geschichtserzählung an den Schulen über die „Jahre der Ächtung" (Beilner 1982, 586) hinweg offensichtlich weitgehend unberührt von der geschichtsdidaktischen Reformdiskussion weitergelebt hat, der vorwiegend lehrerzentrierte Geschichtsunterricht vor allem in den unteren und mittleren Klassen die vorherrschende Unterrichtsform geblieben ist. Es dürfte kein Zufall sein, daß in einer Zeit, in der Gegenwarts- und Zukunftsangst viele Menschen umtreibt, manche Kultusbürokratien und Geschichtsdidaktiker ihre Zuflucht zu solchen Unterrichtsverfahren und -inhalten nehmen, die in der Vergangenheit bei der „Bewältigung" vergleichbarer Symptome gute Dienst zu leisten versprachen. Das „Plädoyer für die Geschichtserzählung" unter ausdrücklichem Bezug auf A. Scheiblhuber und unter bewußter Inkaufnahme fiktiven Materials überall dort, wo „die Überlieferung Lücken läßt" (Morhart 1982, 102), und die Wiederentdeckung bestimmter Spielarten der Heimatgeschichte und des Alltags als einem sicheren Rückzugsraum sind in diesem Kontext zu verstehen.
Auch die in der geschichtstheoretischen Literatur der letzten zehn Jahre geführte, oft *mißverstandene Narrativitätsdiskussion* (vgl. etwa Kocka / Nipperdey 1979) hat der Geschichtserzählung, die etwas vollmundig als „die narrative Form der Geschichtsdarstellung" (Beilner 1982, 580) bezeichnet wurde, scheinbar eine neue Berechtigung verschafft. Dabei unterlagen manche Autoren dem Kurzschluß, die narrative Struktur der Geschichte hätte zwangsläufig die Lehrererzählung als zentrale Unterrichtsform des Geschichtsunterrichts zur Folge. Ursache dieses Kurzschlusses ist die *Vieldeutigkeit des Begriffs Erzählung* (Tocha 1980, 394 f.), der im Alltagssprachgebrauch auf eine literarische Gattung nach der Sprachfigur des „dann . . . und dann . . . und dann . . .", in der Geschichtsdidaktik auf die bis in die späten sechziger Jahre hinein im Geschichtsunterricht der unteren und mittleren Klassen dominierende Unterrichtsform gemünzt ist, während er sich in der wissenschaftstheoretischen Diskussion auf die sachlogische Struktur von Geschichte bezieht. „Er bezieht sich darum nicht auf eine bestimmte Präsentationsform eines historischen Sachverhaltes, sondern auf den historischen Sachverhalt

selbst, mag dieser wie immer sprachlich und literarisch dargeboten werden" (Baumgartner 1982, 73). Die fiktive, anekdotische und künstlerisch gestaltete Geschichtserzählung der überkommenen Art verdeckt eher die *narrative Struktur der Geschichte,* als daß sie diese erhellen würde. In der Regel werden durch die Geschichtserzählung die „Momente reflektierender Distanznahme" (Baumgartner 1982, 74) — also etwa die Offenlegung der Voraussetzungen jeder Geschichtserzählung und die Auseinandersetzung des Autors mit seinen Quellen bzw. deren Wertung — von ihr nicht zum Ausdruck gebracht, und es wird dem Schüler in keiner Phase des Geschichtsunterrichts eröffnet, er müsse hinfort damit rechnen, daß das, was vom Lehrer erzählt wird, auch fiktiv, erfunden sein kann (vgl. Pandel 1985. 22 f.). Würde der epische Geschichtsunterricht dieser Forderung aber nachkommen, beraubte er sich gewissermaßen selbst jenes Einflusses auf die Schüler, den er ja gerade mit Hilfe der Geschichtserzählung zu gewinnen trachtet. Geschichtsunterricht, der die geistige Rekonstruktion vergangener Realität sich zur Aufgabe stellt, kann nicht dem Schüler einerseits Historiographie und historische Quellen, andererseits Fiktion in Gestalt von Geschichtserzählungen bunt gemischt darbieten und dabei vom Schüler einmal verlangen, er solle in möglichst selbständiger Form aus historischen Quellen Wahrheitsgehalte herausarbeiten, im anderen Fall aber atemlos lauschend eine Geschichtserzählung annehmen, deren Dekodierung wegen des dadurch drohenden Verlusts der Emotionalität und der sich zwangsläufig einstellenden Desillusionierung unerwünscht ist. „In der Verwendung der fiktiven Geschichtserzählung ist vermutlich ein retardierendes Moment zu sehen, das der Ausbildung der Kompetenz, geschichtlich zu denken, im Wege steht" (Pandel 1985, 23).

Man wird jenen Versuchen, „die Geschichtserzählung auf die Füße zu stellen" (Tocha 1976; vgl. auch Tocha 1979), indem im Geschichtsunterricht in ständigem Wechsel zwischen entdeckendem und rezeptivem Verfahren und unter Berücksichtigung multiperspektivischer und multimedialer Vorgehensweisen Geschichte vermittelt wird, eine Belebung der Diskussion um das Erzählen im Geschichtsunterricht nicht absprechen können. Andere Autoren hingegen (Mohrhart 1982; Beilner 1982; Ackermann 1982), so sehr sie auch die Auswüchse der alten Geschichtserzählung kritisieren, bewegen sich mit ihren Vorschlägen zur Reaktivierung der Geschichtserzählung ganz in der Tradition jener Erzähldidaktik, von der sie vorgeben, sich absetzen zu wollen.

Literatur

Ackermann, W.: Die Lehrererzählung im heimatgeschichtlichen Unterricht der Grundschule, in: *Blätter für Lehrerfortbildung* 34 (1982), 434 — 437

Baumgartner, H. M.: Die Erzählstruktur des historischen Wissens und ihr Verhältnis zu den Formen seiner Vermittlung. Ein Diskussionsbeitrag, in: *Quandt, S. / Süssmuth, H.* (Hrsg.): Historisches Erzählen, Göttingen 1982, 73 — 76

Beilner, H.: Der Stellenwert erzählter Geschichte im Unterricht der Grund- und Hauptschule, in: *Pädagogische Welt* 36 (1982), 586 — 593

Dörr, M.: Quellen, Quellen, Quellen — und die Alternative?, in: *GWU* 34 (1983), 318 bis 329

Filser, K.: Geschichte erzählen oder aus Quellen entdecken?, in: *Blätter für Lehrerfortbildung* 31 (1979), 386 — 393
Jeismann, K. E.: Friedrich Kohlrausch (1780 — 1867), in: *Quandt, S.* (Hrsg.): Deutsche Geschichtsdidaktiker des 19. und 20. Jahrhunderts, Paderborn 1978, 40 — 83
Jung, M.: Geschichtserzählung heute: Die Wiedergeburt einer untauglichen Methode, in: Gd 5 (1980), 383 — 391
— Die Geschichtserzählung in Geschichtsdidaktik und Geschichtsunterricht seit 1900 unter besonderer Berücksichtigung der Volksschule, in: *Quandt, S. / Süssmuth, H.* (Hrsg.): Historisches Erzählen, Göttingen 1982, 104 — 128
Kocka, J. / Nipperdey, Th. (Hrsg.): Theorie und Erzählung in der Geschichte (Beiträge zur Historik, Bd. 3), München 1979
Morhart, D.: Plädoyer für die Geschichtserzählung, in: GWU 33 (1982), 94 — 116
Pandel, H.-J.: Das geschichtsdidaktische Medium zwischen Quelle und Geschichtsdarstellung, in: *Pandel, H.-J. / Schneider, G.* (Hrsg.): Medien im Geschichtsunterricht, Düsseldorf 1985, 11 — 27
Riesenberger, D.: Die Lehrererzählung im Geschichtsunterricht, in: *Süssmuth, H.* (Hrsg.): Historisch-politischer Unterricht. Medien (AuA, Bd. 7,2), Stuttgart 1973, 41 — 69
Roth, H.: Kind und Geschichte (1955), 5. Aufl. München 1968
Scharrelmann, H.: Wege zur Kraft (1904), 3. Aufl. Braunschweig / Hamburg 1920
Scheiblhuber, A.: Beiträge zur Reform des Geschichtsunterrichts, Straubing 1901
Schlegel, W.: Geschichtserzählung oder Quelle?, in: *Schneider, H.* (Hrsg.): Die Quelle im Geschichtsunterricht, Donauwörth 1975, 113 — 137
Schmid, H. D.: Zur Geschichtserzählung im Geschichtsunterricht der Sekundarstufe I, in: *Quandt, S. / Süssmuth, H.*: Historisches Erzählen. Formen und Funktionen, Göttingen 1982
Tocha, M.: Die Tränen des Prinzen oder Versuch, die Geschichtserzählung auf die Füße zu stellen, in: GWU 27 (1976), 619 — 624
— Zur Theorie und Praxis narrativer Darstellungsformen mit besonderer Berücksichtigung der Geschichtserzählung, in: Gd 4 (1979), 209 — 222
— Auf die Inhalte kommt es an, in: Gd 5 (1980), 393 — 397

Geschichte im Jugendbuch

Harald Witthöft

Das Zeitalter der Aufklärung brachte im späteren 18. Jahrhundert eine spezifische Jugendliteratur mit *erzieherischer* Funktion hervor. Historisierende und belehrend-moralische Schriften sollten der Bildung der Persönlichkeit dienen. Unter dem Einfluß der Romantik wurde diese Gattung um Volksdichtung, Sage und Märchen bereichert. Das Eingehen auf das jugendliche Bedürfnis nach Spannungsmomenten gab ihr weitere Eigenarten. Für das 19. Jahrhundert wurden das abenteuerliche und das geschichtlich-biographische Jugendbuch sowie schließlich eine zunehmend nationale Wendung der bearbeiteten Themen charakteristisch. Bertlein (1974) urteilt, „daß die patriotische Jugendschrift (mit mehr oder weniger ‚Tendenz') auf eine Art progressiven geschichtlichen Pragmatismus zielt, der in den dargestellten geschichtlichen Ereignissen die Möglichkeiten für ein späteres politisches Handeln gegeben sieht oder eine Bestätigung bereits erfahrener geschichtlicher Tatsachen sucht".

Gegen Ende des 19. Jahrhunderts artikulierten sich in der Kunsterziehungsbewegung im allgemeinen und in Heinrich Wolgasts Schrift über „Das Elend unserer Jugendliteratur" (1896) im besonderen eine zunehmende Opposition gegen Kinder- und Jugendbücher als Vehikel für Wissen und Moral, und ein neues Interesse an ihrer literarischen Qualität kam auf. Seither lebt die Diskussion um das Jugendbuch von der *Spannung zwischen Erziehung, Politik und Literatur / Dichtung* — mit wechselndem Schwergewicht. Auf der einen Seite spiegeln sich in den Ausgaben des 20. Jahrhunderts die neuen politischen und gesellschaftlichen Entwicklungen wider — vaterländische und nationalistische Themen neben einer Hinwendung zur gesellschaftlichen Realität und ersten Erzählungen mit sozialistischen Zielsetzungen in der Weimarer Republik sowie politische Literatur als Mittel nationalsozialistischer Erziehung im Dritten Reich — auf der anderen Seite konzentrieren sich um das Jugendbuch im Unterricht Ziele ausgesprochener literarischer Bildung oder einfacher Lesefertigkeit.

Das erste Jahrzehnt nach 1945 war durch einen Mangel an engagierten Jugendbüchern gekennzeichnet. Abenteuerbücher mit Spannung und Bewährungsmotivation standen neben neu aufgelegten klassischen Titeln. 1955 gab es den ersten Versuch, die jüngste Vergangenheit zu behandeln; zahlreicher wurden die Publikationen zum Nationalsozialismus und verwandten Themen in den sechziger Jahren. Zugleich mehrten sich die Problembücher zur Dritten Welt, zu Fragen von Freiheit und Gewalt, zu emanzipatorischen oder antiautoritären Themen. *Jugendbuch und politische Sozialisation* wurde zum fachwissenschaftlichen Problem. Die Umsetzung aktueller gesellschaftspolitischer Fragen in Jugendschriften geschah mit immer kürzeren Verzögerungen. Der Markt der siebziger Jahre ist bunt wie nie zuvor. Dabei kann es vorkommen, daß jüngere Titel bereits nach der ersten Auflage aus dem Sortiment verschwinden, während der Erfolg älterer Klassiker andauert — bei den Bearbeitungen des „Robinson" nun schon zweihundert Jahre. Unter literatursoziologischer Fragestellung unterscheidet Zimmermann (1972) auf dem Buchmarkt seit 1945: Anpassungs- und Einordnungsbücher — gesellschaftskritische Bücher — antiautoritäre Bücher — gesellschaftsverändernde, revolutionäre Bücher — vergangenheitsbewältigende Bücher.

Was sich derart als Literaturgattung abhandeln läßt, überdeckt ein ganz und gar nicht klar abgrenzbares Feld didaktisch-methodischer Entscheidungen für den *Geschichtsunterricht*.

Es läßt sich konstatieren: das geschichtliche Jugendbuch ist

a) für Jugendliche geschrieben,
b) von Jugendlichen gelesen, obwohl gegebenenfalls nicht eigentlich für sie geschrieben,
c) als Buch vergangener Zeiten Gegenstand geschichtlichen Interesses.

Dabei verdient es seine Bezeichnung als „geschichtlich" im Sinne von a) und b), wenn es ausschließlich oder doch vorwiegend in historischer Absicht konzipiert worden ist. Jedoch gibt es gute Gründe, auch jene Titel einzubeziehen, in denen diese Absicht nur eine untergeordnete, ja gar eine mehr zufällige Rolle spielt, denn auch diese Titel bewirken geschichtliche Bildung — auf ihre Weise. Identische Themen können sehr *unterschiedlich realisiert* werden — Geschichte kann als Faktum oder als Problem, als Sache der Großen oder der Kleinen, des Staates / der Gesellschaft oder des einzelnen, als weitgehend vorbestimmter Ablauf oder als Entscheidungsfeld dargestellt und dabei stärker rational, emotional oder pragmatisch angegangen werden. Auch die *literarische Form* ist von Einfluß: Roman, Erzählung, Sachbuch, Lexikon. Je nach dem Grad der gestalterischen Freiheit, der Interpretation, die sich ein Autor herausnimmt, stellt sich das Problem der Objektivität bzw. zulässiger Subjektivität.

Unter der Vorherrschaft einer ästhetisch-literarischen Betrachtungsweise des Jugendbuches auf der einen und den Anforderungen wissenschaftlicher Objektivität in einem quellenbestimmten Unterricht auf der anderen Seite, ist die Bedeutung des geschichtlichen Jugendbuches für die Entwicklung nicht recht beachtet worden. Unter dem Aspekt lerntheoretischer Überlegungen in einem auf Emanzipation und kritisches Vermögen gerichteten Unterricht gewinnt dieses Medium jedoch Gewicht. *Buch und Schrifttum* besitzen für Kinder und Jugendliche in der frühen Phase ihrer Ich- und Welterfahrung noch einen *hohen Stellenwert,* eine starke Motivation — wenngleich durch schichtenspezifische Privilegien unterschiedlich ausgeprägt. Die dominant schriftliche Verkehrsweise der Geschichtswissenschaft und -publizistik verlangt eine möglichst *kritische Beherrschung* dieses Mediums, um Vorurteile überwinden oder vermeiden zu können und insbesondere gegenüber den Einflüssen der öffentlichen Medien auf diesem Gebiete gewappnet zu sein — auch gegenüber dem geschichtlichen Jugendbuch. Emanzipation führt keinesfalls über eine Selektion von Medien angeblich geringeren intellektuellen Anspruchs. Eine *Förderung der Lesebereitschaft* kann helfen, den Vorsprung von Kindern aus stärker alphabetisierten Schichten aufzuholen. Das geschichtliche Jugendbuch hat unter den schriftlichen Medien einen hohen Grad an *Anschaulichkeit,* an Verständlichkeit für sich. Eine Elementarisierung des Stoffes ist dabei grundsätzlich ebenso zulässig wie eine erzählend interpretierende Darstellung. Die anzustrebende historische Wahrheit findet im unterrichtlichen Zusammenhang ihr Maß in der sachlichen Richtigkeit, die ihrerseits wiederum die alters- und verstehensbedingten didaktisch-methodischen Forderungen zu berücksichtigen hat.

Dem *unterrichtlichen Einsatz* des geschichtlichen Jugendbuches stehen durchaus auch Hindernisse im Wege. Neben dem Problem des Interpretationsspielraums des Autors und der Lesefähigkeit des Schülers ist es vor allem die Tatsache, daß das Jugendbuch in *Reaktion auf den Markt* bzw. in Antizipation des Marktes geschrieben worden ist und sich den didaktischen und curricularen Vorgaben weitgehend entzieht. Ganzschriften korrespondieren auch nicht ohne weiteres mit den *Rahmenbedingungen* einer 45-Minuten-

Stunde, und sie können in ihrer Gestaltung dem *Konzept des Lehrers* zuwiderlaufen. Trotz eines zahlenmäßig großen Angebotes gibt es Schwierigkeiten, für alle *Themen* des Unterrichts und für alle Zielgruppen und Absichten einen angemessenen Titel zu finden. Für die Geschichte im engeren Sinne konzentrieren sie sich beispielsweise nicht in der Zeitgeschichte und der deutschen Geschichte, sondern in der Neuzeit bis 1789, im Mittelalter und in der Antike, und sie bevorzugen Nordamerika, Deutschland in seinen weitesten Grenzen, Westeuropa, Südeuropa und dann erst Osteuropa. Vorderasien, Nordafrika, Ostasien, Mittel- und Südamerika fallen noch weiter ab. Allerdings verschiebt sich dieses Bild zugunsten der jüngsten Geschichte und der Dritten Welt, wenn man die Produktionen mit bedenkt, die dem Grenzbereich zur Sozialkunde / Politischen Bildung zuzuordnen sind oder einen gesellschaftskritischen, emanzipatorischen Ansatz haben.

Dieser schwer überschaubare Markt erschließt sich am besten über die Buchzusammenstellungen und Rezensionen des Arbeitskreises für Jugendliteratur (München), des Deutschen Jugendschriftwerks (Frankfurt), des Pädagogischen Zentrums (Hannover), in der „Bücherkiste" (Dortmund) und „Der Rote Elefant" (Hannover, Prolit Buchvertrieb Gießen) sowie über die Zeitschriften „Das gute Jugendbuch" (Essen 1951 ff.) und „Information Jugendliteratur und Medien" (Hamburg 1953 ff.)

Literatur

Arbeitskreis für Jugendliteratur (Hrsg.): Geschichte im Jugendbuch, München 1977
Bertlein, H.: Das geschichtliche Buch für die Jugend, Herkunft – Strukturen – Wirkung, Frankfurt 1974
Dahrendorf, M. / Schack, W. v. (Hrsg.): Das Buch in der Schule, 2. Aufl. Hannover 1975
Doderer, K. (Hrsg.): Lexikon der Kinder- und Jugendliteratur, Weinheim / Basel 1975 ff.
Dyhrenfurth, I.: Geschichte des deutschen Jugendbuches. Mit einem Beitrag über die Entwicklung nach 1945 von Margarete Dierks, Zürich / Freiburg 1967
Geißler, R.: Kritische Bemerkungen zu einer verbreiteten Ansicht über die „Kind- und Jugendgemäßheit" von Lesestoffen, in: *Döring, K.* (Hrsg.): Unterricht mit Lehr- und Lernmitteln, 3. Aufl. Weinheim / Basel 1975
Haas, G. (Hrsg.): Kinder- und Jugendliteratur. Zur Typologie und Funktion einer literarischen Gattung, 2. Aufl. Stuttgart 1976
Richter, D. (Hrsg.): Das politische Kinderbuch, Darmstadt / Neuwied 1973
Richter, D. / Vogt, J. (Hrsg.): Die heimlichen Erzieher. Kinderbücher und politisches Lernen, Reinbek 1974
Riesenberger, D.: Das geschichtliche Jugendbuch, in: *Süssmuth, H.* (Hrsg.): Historisch-politischer Unterricht. Planung und Organisation (AuA, Bd. 7,1), 2. Aufl. Stuttgart 1976
Schaller, H. (Hrsg.): Umstrittene Jugendliteratur. Fragen zu Funktion und Wirkung, Bad Heilbrunn 1976
Schlegel, W.: Forderungen und Wünsche des Historikers an das geschichtliche Jugendbuch, in: *Jugendliteratur* (1962), H. 8
Witthöft, H.: Geschichte im Jugendbuch, in: *Kampen, W. van / Kirchhoff, H. G.* (Hrsg.): Geschichte in der Öffentlichkeit (AuA, Bd. 23), Stuttgart 1979
Zimmermann, K.: Kinder- und Jugendbücher im Unterricht unter literatursoziologischem Aspekt, in: *Der Deutschunterricht* (1972), H. 6

Unterrichtsplanung

Annette Kuhn

Unterrichtsplanung heißt, die theoretisch erhobenen Forderungen der allgemeinen Didaktik und der Fachdidaktik in kontrollierbarer Weise in die Unterrichtspraxis zu überführen. Sie setzt eine Erfassung aller im Unterricht wirksamen Faktoren voraus, wobei Unterricht als ein „Prozeß und als ein Vorgang von größter Faktorenkomplexion" (Heimann 1977, 9) zu verstehen ist. Bei der Unterrichtplanung werden mindestens sechs Momente berücksichtigt, die Unterricht konstituieren. W. Schulz (1977) unterscheidet dabei zwischen zwei Momenten, den anthropogenen Voraussetzungen und den sozial-kulturellen Voraussetzungen des Unterrichts, die er als *Bedingungsfelder* bezeichnet, und vier weiteren Momenten, den Intentionen, der Thematik, den Medien und der Methodik, die er den *Entscheidungsfeldern* des Unterrichts zurechnet (Schulz 1977, 23). Diese sechs Momente, die die Grundlage des lerntheoretischen Modells bilden, gewinnen allerdings erst bei der Unterrichtsplanung im fachspezifischen Sinn ihre Qualität als grundlegende Planungskategorien des Geschichtsunterrichts.

Für die Unterrichtsplanung im Geschichtsunterricht lag allerdings zunächst die fachspezifische Übernahme der didaktischen Analyse von W. Klafki in ihrer älteren Fassung nahe. Solange entsprechend der bildungstheoretischen Tradition eine curriculare, d. h. insbesondere eine gesellschaftstheoretisch ausgewiesene Begründung der Inhalt des Geschichtsunterrichts nicht erforderlich erschien, diente die didaktische Analyse von W. Klafki als Kern der Unterrichtsplanung im Geschichtsunterricht (Klafki 1964). Unterrichtsplanung richtete sich demnach an vier vom Bildungsinhalt ausgehenden Fragestellungen aus:

- Welchen größeren bzw. welchen allgemeinen Sinn- oder Sachzusammenhang vertritt und erschließt dieser Inhalt?
- Welche Bedeutung hat der Inhalt bzw. die an diesem Thema zu gewinnende Erfahrung, Erkenntnis, Fähigkeit oder Fertigkeit bereits im geistigen Leben der Kinder meiner Klasse?
- Worin liegt die Bedeutung des Themas für die Zukunft der Kinder?
- Welches ist die Struktur des Inhalts?

Diese vier Anfragen zur Unterrichtsplanung, die inzwischen von Klafki um weitere gesellschaftskritische Momente erweitert worden sind (Klafki 1978), bieten, wie auch der ebenfalls revidierte Ansatz von W. Schulz, allgemeindidaktische Vorgaben zur Unterrichtsplanung, die aber einer *fachspezifischen* Interpretation und Konkretion bedürfen. Dabei entspricht die didaktische Analyse von Klafki in ihrer älteren Fassung der Unterrichtsplanung eines bildungstheoretisch fundierten Geschichtsunterrichts. Die neueren Ansätze zu einer kritisch-konstruktiven Didaktik bei W. Schulz und W. Klafki eignen sich dagegen als allgemeine Kriterien zur Unterrichtsplanung im Sinne eines kommunikativen bzw. kritischen Geschichtsunterrichts.

Aufgrund der unterschiedlichen fachdidaktischen Neuorientierungen haben sich jedoch verschiedene Ansätze zur Unterrichtsplanung entwickelt, die mit der allgemeinen Didaktik nur mittelbar verbunden sind, die sich aber den jeweiligen fachdidaktischen Konzeptionen näher zuordnen lassen. Als wichtigste Ansätze zur fachspezifischen Unterrichtsplanung sind zu nennen: erstens die von der pragmatisch orientierten Fachdidaktik bestimmten Planungskonzeptionen von Schmid (Schmid 1974, 97 ff.), zweitens der von Jeismann vorgelegte Entwurf einer Unterrichtsplanung für einen historisch-politischen Unterricht, der zwar gegenstandsorientiert ist, das Thema bzw. Problem aber im weiteren Kontext des historischen Bewußtseins der Gegenwart stellt (Jeismann 1978, 87) und drittens die einer kritisch-kommunikativen Fachdidaktik verpflichteten Ansätze einer Unterrichtsplanung, die in einem stärkeren Maße von den Bedingungsfeldern und von einer ausgewiesenen Lernzielorientierung her zur Unterrichtskonstruktion gelangen (Kuhn / Rothe 1974 ff.). Allerdings liefert keine der neueren fachdidaktischen Richtungen ein allgemeingültiges Konzept für die Unterrichtsplanung. Vielmehr wird in allen fachdidaktischen Richtungen vom Lehrenden eine eigene Planungskompetenz gefordert.

Bei der Unterrichtsplanung ist zu unterscheiden zwischen der Unterrichtsplanung im engeren Sinne der Vorbereitung einer oder mehrerer Unterrichtsstunden, die sich thematisch und in der Zeitplanung am Lehrplan orientieren, und der Unterrichtsplanung im weiteren Sinne der von den bestehenden Richtlinien weitgehend unabhängigen Erstellung größerer Unterrichtseinheiten, die nur unter bestimmten schulischen Bedingungen durchführbar sind (zum Beispiel Kursunterricht) und die zum größten Teil auf einer Neukonzeptionalisierung eines Gesamtcurriculums Geschichte beruhen (Rohlfes 1978). Im Gegensatz zur Unterrichtsplanung im engeren Sinne weisen diese umfassenden Vorschläge zur Unterrichtsplanung zur Zeit tiefgreifende konzeptionelle Unterschiede auf. Jeismann schlägt beispielsweise eine Aufteilung des gesamten Curriculums nach den vier Typen der Sequenzen, der historischen Analyse eines aktuellen Problems, der thematischen Längsschnitte und der epochenspezifischen Querschnitte vor (Jeismann 1974, 128). Demgegenüber stützt sich Schmid zur Anordnung von Unterrichtsthemen auf die drei Kriterien der universalgeschichtlichen Perspektive, der historisch-politischen Kategorien und des Gegenwartsbezugs (Schmid 1978, 43) Allerdings wird angesichts eines mangelnden geschichts- und gesellschaftstheoretischen *Konsens* über die Tragweite der Kategorien Universalgeschichte, Epoche, Gegenwartsbezug, Gesellschaftsformation u. a. m. *verbindliche* wissenschaftlich konsistente Vorschläge zur Unterrichtsplanung von größeren Unterrichtseinheiten nicht möglich.

Realisierbare Ansätze zur Unterrichtsplanung, die die neuere curriculare und fachdidaktische Diskussion berücksichtigen, bewegen sich auf einer *mittleren Ebene*. Sie verzichten auf eine das Gesamtcurriculum Geschichte erfassende Neukonzeptionalisierung und beschränken sich vielmehr auf ein Minimum von unverzichtbaren Curriculumelementen. Zu diesem für die Unterrichtsplanung im engeren Sinne notwendigen Minimum gehört:

1. die Analyse des Bedingungsfeldes und die Bestimmung des Verhältnisses zwischen dem Bedingungsfeld und dem Entscheidungsfeld des Unterrichts;
2. die Planung und Begründung hierarchisch geordneter *Lernziele* auf den verschiedenen Lernstufen;
3. die Bestimmung der *Unterrichtsorganisation* und
4. die Begründung der didaktischen Entscheidung auf der Basis eines fundierten geschichts- und gesellschaftstheoretischen und (sozial-)psychologischen *Reflexion*. Auf dieser mittleren Ebene ist eine Unterrichtsplanung möglich, die zum Teil neueren curricularen und allgemeindidaktischen Anforderungen entspricht und die auch mit Vorgaben der Richtlinien in Einklang steht.

Zu 1.: Für die Unterrichtsplanung sind die *Unterrichtsanalyse* als die Erfassung der Bedingungen des Unterrichts und die *Unterrichtskonstruktion* als die Planung der didaktischen Entscheidungen im Rahmen des Unterrichtsverlaufs zwei zu unterscheidende, zugleich aber gleichgewichtige und interdependente Vorgänge. Dennoch tritt in den meisten Vorschlägen zur Unterrichtsplanung in der gegenwärtigen Fachdidaktik die fachspezifische Unterrichtsanalyse zurück gegenüber der vorwiegend am Unterrichtsgegenstand orientierten Unterrichtskonstruktion. Aus dieser, noch durch die Dominanz der bildungstheoretischen Tradition bestimmten Vorrangigkeit der Inhaltsorientierung und einer am Inhalt allein gebundenen Unterrichtskonstruktion degeneriert Unterrichtsplanung zu einer theorielosen Planung des Unterrichtsverlaufs im Sinne einer bloßen Stoffaufbereitung. Demgegenüber hat das lerntheoretische Modell die Bedeutung der Analye hervorgehoben, die mehr ist als ein Teil der Unterrichtsvorbereitung. Die Analyse bestimmt die Ausgangslage des Unterrichts, indem sie Einstellungen, Haltungen und Vorwissen der Schüler zum jeweiligen Unterrichtsthema feststellt und reflektiert, um so die didaktischen Entscheidungen zu begründen und kontrollierbar zu machen (Schörken 1972, 82). Die Analyse ist auch im Rahmen eines kommunikativen Unterrichts konstitutiver Teil des Lernprozesses (erste Phase des Lernprozesses).

Im Sinne der Unterrichtsanalyse und -konstruktion werden *drei Lernstufen* unterschieden. Die Verlaufsplanung lautet daher bei *Schmid* (1974, 98 ff.):

— Einstieg — Motivation — Fragestellung — Planung;
— Verlauf der Untersuchung (erste Sequenz: Strukturanalyse; zweite Sequenz: Strukturvergleich; dritte Sequenz: Ereignisanalyse; vierte Sequenz: Strukturwandel);
— Gegenwartsbezug.

Demgegenüber unterscheidet *Jeismann* (1974, 133);

— Die durch Untersuchung oder Kenntnisnahme von Untersuchungen gewonnene Vorstellung von einem geschichtlichen Ereignis oder Zustand;
— das Sachurteil als Deutung und Kritik des Phänomens in seinem historischen Kontext;
— die Herstellung einer Beziehung zur eigenen Position in der Gegenwart durch Wertung oder Stellungnahme.

Die Unterrichtsplanung bei *A. Kuhn* ist bestimmt durch

— Hypothesenbildung (Leitfrage, Problematisierung der Leitfragen, Hypothesenbildung);

— historische Aufklärung (Sammlung von Informationen, Textuntersuchung, Textinterpretation, Bewertung);
— Überprüfung der Hypothesen (an den gewonnenen Ergebnissen, Erschließung der Handlungsrelevanz durch Überführung in die Erfahrungswelt der Schüler).

Diese drei Lernphasen signalisieren, daß es in den herrschenden Konzeptionen zur Unterrichtsplanung darum geht, das vorwissenschaftliche Verhältnis zur Geschichte durch Formen des wissenschaftlich disziplinierten Umganges mit Geschichte in reflektiertes Geschichtsbewußtsein zu transformieren. Für alle Ansätze stellt sich die Frage, wie sich die Übergänge einer Lernphase zur nächsten, von den Bedingungsfeldern des Unterrichts zu den Entscheidungsfeldern des Unterrichts bzw. vom „Einstieg" zur „Verlaufsplanung" (Schmid), von der Analyse des Gegenstands im gegenwärtigen, gesellschaftlichen Bewußtsein zur Sachanalyse (Jeismann) oder von der ersten Lernphase der „Hypothesenbildung" zur zweiten Lernphase der „historischen Aufklärung" (Kuhn) ohne Brüche und Inkonsistenzen planen lassen. Die drei Planungsansätze unterscheiden sich hierin graduell (vgl. Schörken 1977). Allerdings ist dieses Problem der Verknüpfung von Analyse und Konstruktion bisher weder von der Fachdidaktik noch von der allgemeinen Didaktik befriedigend gelöst werden.

Zu 2.: Nur die pragmatisch orientierte Fachdidaktik verzichtet auf eine eindeutige Strukturierung hierarchisch geordneter *Lernziele* Rohlfes 1974, 15). Demgegenüber erfolgt die Unterrichtsplanung bei Jeismann nach einer gestuften Lernzielordnung. Entsprechend den drei Lernstufen werden die Lernleistungen nach den drei Kriterien der Analysefähigkeit, der Erkenntnisfähigkeit im Bereich des Sachurteils und der Beurteilungsfähigkeit im Gegenwartskontext geordnet (Jeismann 1974, 138). Die Unterrichtsplanung wird jeweils diese dreifachen Lernzielebenen berücksichtigen müssen. Auf der untersten Ebene sind nur Feinziele im Sinne von Kenntnissen erreichbar, auf der zweiten Ebene sind Erkenntnis (Grobziele) möglich, während die dritte Lernebene den Rahmen der historischen Erkenntnis übersteigt und als eine handlungsorientierende Qualifikation zu bezeichnen ist. Der Unterrichtsplanung im Rahmen einer kritisch-kommunikativen Didaktik liegen bei der Erschließung der historisch-politischen Wirklichkeit und der Organisation des historisch-politischen Lernprozesses im Gegensatz zu anderen fachdidaktischen Richtungen das Erkenntnisinteresse an Emanzipation und in Erweiterung der hermeneutischen Methode ein ideologiekritisches Verfahren zu grunde.

Zu 3.: Die Bestimmung der Unterrichtsorganisation ist eng mit der gesamten Unterrichtsplanung verbunden. Da jeder Lernvorgang sowohl von einem *Beziehungs-* als auch von einem *Inhaltsaspekt* bestimmt wird, ist bei der Unterrichtsorganisation die Unterscheidung zwischen der Vermittlung von Sachkompetenz und der Vermittlung von kommunikativer Kompetenz weiterführend. Bei der ersten Lernphase der Unterrichtsanalyse steht der Beziehungsaspekt im Vordergrund. Demgegenüber liegt bei der zweiten Phase der Akzent auf dem Inhaltsaspekt. In der dritten Lernphase ist wieder der Beziehungsaspekt für die Erreichung der angestrebten Lernziele bestimmend.

Verlaufsschema: Unterrichtsplanung

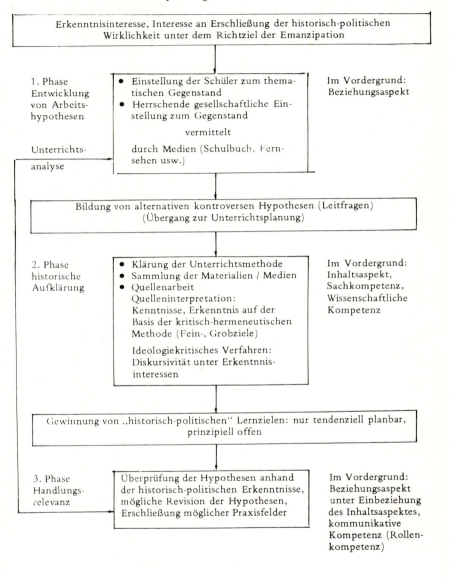

Fassen wir die ersten drei Gesichtspunkte zusammen, so läßt sich die Unterrichtsplanung durch ein Verlaufsschema veranschaulichen (vgl. S. 505).
Zu 4.: Die notwendige Begründung der didaktischen Entscheidung erfolgt aus der Kenntnis der unterschiedlichen *fachdidaktischen* und *allgemeindidaktischen Modelle* und der ihnen zugrunde liegenden *gesellschafts- und wissenschaftstheoretischen Prämissen*. Im Gegensatz zur Annahme, daß sich unterschiedliche Theorieansätze zwanglos miteinander verbinden lassen, muß betont werden, daß die Qualität der Unterrichtspraxis von der theoretischen Konsistenz der Unterrichtsplanung abhängig ist.

Trotz der Bedenken gegen eine vor allem von der Lerntheorie inspirierten starren Organiation historischer Lernprozesse, hat sich auch in der jüngsten fachdidaktischen Diskussion die Einsicht von der Notwendigkeit des „organisierten" Lernens von Geschichte durchgesetzt. Dabei ist in der Präsentation von Unterrichtsmaterialien sowohl eine weitere Ausdifferenzierung der hier skizzierten Unterrichtsplanung als auch der Versuch, Theorieansätze noch enger mit den einzelnen Unterrichtsschritten zu verknüpfen, erkennbar. In diesem Sinne wurde zum Beispiel der Begriff „Prozeßplanung" von Wolfgang Schulz bei der Unterrichtsplanung im Geschichtsunterricht aufgenommen.

Literatur

Born, W. / Otto, G. (Hrsg.): Didaktische Trends, München 1978
Giel, K. / Hiller, G.: Verfahren zur Konstruktion von Unterrichtsmodellen als Teilaspekt einer konkreten Curriculumreform, in: *ZfP* 16 (1970), 739 – 754
Haller, H.-D.: Planung und Durchführung von Unterricht im Rahmen von Curricula, in: *Curriculum-Handbuch*, hrsg. von K. Frey, Bd. 2, München 1975, 439 – 520
Heimann, P.: Didaktik (1965), in: *Heimann, P. / Otto, G. / Schulz, W.*: Unterricht, Hannover 1977
Heimann, P. / Otto, G. / Schulz, W.: Unterricht, Hannover 1977
Hiller, G. G.: Konstruktive Didaktik. Beiträge zur Definition von Unterrichtszielen durch Lehrformen und Unterrichtsmodelle. Umrisse einer empirischen Unterrichtsforschung. Düsseldorf 1973
Ingenkamp, K. E. / Parey, E. (Hrsg.): Handbuch der Unterrichtsforschung, 3 Bde., Weinheim 1970
Jeismann, K. E.: Funktion der Didaktik der Geschichte. Begründung und Beispiel eines Lehrplans für den Geschichtsunterricht, in: *Rohlfes, , J. / Jeismann, K. E.* (Hrsg.): Geschichtsunterricht. Inhalte und Ziele, (GWU Beiheft), Stuttgart 1974
— Funktion der Didaktik der Geschichte. Begründung und Beispiel eines Lehrplans für den Geschichtsunterricht, in: *Behrmann, G. C. / Jeismann, K. E. / Süssmuth, H.*: Geschichte und Politik, Paderborn 1978
Jung, H. W. / Staehr, G. von: Historisches Lernen II. Methodik des Geschichtsunterrichts, Köln 1985
Klafki, W.: Didaktische Analyse als Kern der Unterrichtsvorbereitung, in: *Roth, H. / Blumenthal, A.* (Hrsg.): Auswahl grundlegender Aufsätze, Reihe A 1, Hannover 1964
— Von der bildungstheoretischen Didaktik zu einem kritisch-konstruktiven Bildungsbegriff, in: *Born, W. / Otto, G.* (Hrsg.): Didaktische Trends, München 1978
Kramp, W.: Hinweise zur Unterrichtsvorbereitung, in: *Auswahl, Reihe A*, Grundlegende Aufsätze aus der Zeitschrift „Die Deutsche Schule", H. 1, Stuttgart 1969
Kuhn, A. / Rothe, V. (Hrsg.): Geschichte im Unterricht. Entwürfe und Materialien (mehrere Bände), München 1974 ff.
Kuhn, A. / Schneider, G.: Geschichtsunterricht 5 – 10, München 1981

Kunert, K.: Einführung in die curriculare Unterrichtsplanung, München 1976
— Lernorganisation. Planung, Integration, Öffnung des Unterrichts, München 1977
Mayer, U. / Pandel, H.-J. (Hrsg.): Tempora. Lesehefte Geschichte für die Sekundarstufe I, Stuttgart 1984 ff.
Menck, P. / Thomas, G. (Hrsg.): Unterrichtsmethode. Intuition, Reflexion, Organisation, München 1972
Mollenhauer, K.: Theorien zum Erziehungsprozeß. Zur Einführung in erziehungswissenschaftliche Fragestellungen, München 1972
Reich, K.: Unterricht. Bedingungsanalyse und Entscheidungsfindung, Stuttgart 1979
Rohlfes, J.: Curriculumentwicklung und Lernzielermittlung, in: *Rohlfes, J. / Jeismann, K. E.* (Hrsg.): Geschichtsunterricht. Inhalte und Ziele (*GWU* Beiheft), Stuttgart 1974
— (Hrsg.): Geschichtsunterricht. Entwurf eines Curriculums für die Sekundarstufe I, (*GWU* Beiheft), Stuttgart 1978
Rohlfes, J. / Jeismann, K. E. (Hrsg.): Geschichtsunterricht. Inhalte und Ziele (*GWU* Beiheft), Stuttgart 1974
Schmid, H. D.: Der Bauernstand. Planungsbeispiel für den Geschichtsunterricht in der Sekundarstufe I, in: *Rohlfes, J. / Jeismann, K. E.* (Hrsg.): Geschichtsunterricht. Inhalte und Ziele (*GWU* Beiheft), Stuttgart 1974
— Die Anordnung der Unterrichtsthemen, in: *Rohlfes, J.* (Hrsg.): Geschichtsunterricht. Entwurf eines Curriculums für die Sekundarstufe I (*GWU* Beiheft), Stuttgart 1978, 43 – 56
Schörken, R.: Geschichtsdidaktik und Geschichtsbewußtsein, in: *Süssmuth, H.:* Geschichtsunterricht ohne Zukunft? (AuA, Bd. 1,1), Stuttgart 1972
— Der lange Weg zum Geschichtscurriculum. Curriculumverfahren unter der Lupe, in: Gd 2 (1977), 254 – 270 und 335 – 359
— Organisiertes und nicht organisiertes Lernen von Geschichte, in: Gd 9 (1984), 337 bis 342
Schulz, W.: Unterrichtsplanung heute, in: *Kledzik, U.-J.* (Hrsg.): Unterrichtsplanung. Beispiel Hauptschule, 2. Aufl. Hannover 1971
— Unterrichtsanalyse und Planung, in: *Heimann, P. / Otto, G. / Schulz, W.:* Unterricht, Hannover 1977
— Von der lerntheoretischen Didaktik zu einer kritisch-konstruktiven Unterrichtswissenschaft, in: *Born, W. / Otto G.* (Hrsg.): Didaktische Trends, München 1978, 85 bis 117
— Unterrichtsplanung, München 1981

Längsschnitte, Querschnitte

Irmgard Wilharm

Historische Längsschnitte und Querschnitte sind mögliche Formen zur Systematisierung und Strukturierung historischer Inhalte. Thematische Längsschnitte verfolgen periodenübergreifend Themenkomplexe in ihrem historischen *Wandel*. Querschnitte stellen den *Zustand* einer Gesellschaft bzw. des jeweiligen Untersuchungsgegenstandes dar (Jeismann 1978, 100 ff.), idealtypisch gedacht als Momentaufnahme ohne zeitliche Ausdehnung.

Querschnitte sind dann sinnvoll, wenn sie sich auf Strukturen beziehen, die nur geringen Veränderungen unterliegen. Längs- und Querschnitte sind keine Abbildungen von Realität, sondern bei beiden wird von der Ebene der historischen Fakten *abstrahiert* zugunsten eines theoretisch begründeten Prinzips der Auswahl der Inhalte.
Thematische Längsschnitte in verschiedenen Varianten und in der Kombination mit Querschnitten haben an Bedeutung gewonnen, seitdem der chronologische Geschichtsunterricht wachsender Kritik ausgesetzt war. Im Zusammenhang mit der Diskussion um Integration von Geschichte und anderen Fächern Ende der sechziger und zu Beginn der siebziger Jahre änderte sich die Einschätzung der Funktionen systematischer Ansätze im Unterricht. So hieß es noch 1959 im Zusammenhang der Diskussion über exemplarischen Geschichtsunterricht, für den Längsschnitte als Möglichkeit vertreten wurden: „Längsschnitte haben ihren guten methodischen Sinn als Heranführung an vielschichtige Sachverhalte, als Material historischer Begriffsbildung, als Wiederholungsaufgabe — aber gerade deswegen kann ihnen nur dienender Rang zugewiesen werden ... Das gleiche gilt für den Querschnitt. Mit seiner Hilfe lassen sich Beziehungsgeflechte einer Zeitlage darstellen. Wenn man zeigen will, wie diese sich zur Problematik einer Situation verdichten, die mit ihren Bedingungen, mit Anspruch und Forderung Ansatzpunkt für das Handeln werden, wenn man auf erregende Gleichzeitigkeiten aufmerksam machen will, leistet der Querschnitt nützliche Dienste — zum ‚Thema' fehlt ihm das eigentlich Historische, das genetische Moment" (Wagner 1959). Eine ähnliche, nur leicht positivere Einschätzung findet sich bei Krieger (1969, 184) noch ein Jahrzehnt später.
Die zeitweise Einschränkung des selbständigen Unterrichtsfaches Geschichte war u. a. institutioneller Ausdruck einer Krise in der Geschichtswissenschaft selbst und verstärkte dort die Diskussion der theoretischen Grundlagen. Die Theoriediskussion in der Geschichtswissenschaft und die Schulsituation des Faches Geschichte förderten theoretische Neuansätze in der Geschichtsdiaktik, in denen Varianten von Längs- und Querschnitten als Elemente auftauchen (Süssmuth 1978; Heumann 1977; Rohlfes 1971, 86 ff.). Während die ohnehin weniger umstrittenen Querschnitte seit der Rezeption des Strukturbegriffes in der Fachdidaktik etabliert sind, wurden Längsschnitte seit der theoretischen Umorientierung der siebziger Jahre differenziert. Die Kritik an ihnen aus den fünfziger Jahren ging von der Annahme aus, daß Einzelphänomene losgelöst von ihrem jeweiligen historischen Zusammenhang in ihrer fortschreitenden Veränderung verfolgt werden sollten, zum Beispiel: Grundzüge der Demokratie von der attischen Polis bis ...; die Entwicklung der Technik „Vom Kienspan zur Neonröhre" usw.
Längsschnitte dieser Art werden zu recht als *ahistorisch* kritisiert und dürften auch als Ergänzung zu chronologischem Geschichtsunterricht wenig leisten, da die isolierte Einzelentwicklung nicht aus sich selbst heraus begründbar ist, sondern der jeweiligen historischen Bezüge bedarf. Eine vorher oder gleichzeitig ablaufende chronologische Gesamtdarstellung leistet eben diese notwendigen Bezüge nicht. Von daher erscheint auch die Kombination von

chronologisch-genetischem Verfahren im Geschichtsunterricht und thematisch-strukturellem in der Politischen Bildung bei Hoffacker / Hildebrandt (1973, 214 f.) fragwürdig, wenn nämlich die für die Klassen 5 bis 10 vorgeschlagenen Längsschnitte nicht selbst in ihren jeweiligen historischen Bezügen bearbeitet werden. In diesem Sinne lehnen auch die Hessischen Rahmenrichtlinien für Gesellschaftslehre in den Ausführungen zum Arbeitsschwerpunkt Geschichte thematische Längsschnitte zugunsten eines Verfahrens ab, das auf der Grundlage des Strukturbegriffs Veränderung und Kontinuität erfahrbar machen soll. Tatsächlich nähern sie sich mit diesem Verfahren den *differenzierten Längsschnitten* an, wie sie seit Beginn der siebziger Jahre diskutiert und für beide Sekundarstufen vorgeschlagen werden: „Intendiert ist hier im allgemeinen die Frage, wie haben Menschen verschiedener Zeiten unter jeweils bestimmten Bedingungen bestimmte Probleme gelöst oder gerechtfertigt, zum Beispiel Wirtschaftsprobleme, Produktion und Verteilung, Friedenswahrung, soziale Gerechtigkeit, Wohnen, Sozialisation, Staatlichkeit. Man hat dabei geschichtliche Problemkonstanten und ihren Wandel im Auge und greift zum Teil bis in die Vor- und Frühgeschichte zurück" (Schmid 1974, 55; Modelle für thematischen Längsschnitt und epochenspezifischen Querschnitt bei Jeismann u. a. 1974, 163 – 185; Radkau 1976, 22 – 30). Der wesentliche Unterschied gegenüber ahistorisch isolierenden Längsschnitten liegt im Aufgreifen der *„Problemkonstanten"*. Eigentlich handelt es sich dabei um den *typisierenden Vergleich* von Fällen aus verschiedenen historischen Perioden. Der jeweilige Einzelfall muß dabei notwendig Elemente eines Querschnitts enthalten, da historische Problemlösungen nur aus bestimmten Bedingungen ihrer Zeit erklärt werden können. Auf diese Weise sind die Nachteile des isolierenden Längsschnitts weitgehend vermeidbar: die Problemkontinuitäten werden sichtbar, ohne daß die Einzelfälle ganz aus ihrem historischen Zusammenhang gelöst werden. Zugleich wird die Veränderung von Problemlösungen unter verschiedenen historischen Bedingungen deutlich.

Seit der intensivierten Beschäftigung mit dem Alltag in der Geschichte ist die theoretische Diskussion um Längs- und Querschnitte zurückgegangen. Neue Aktualität könnte sie gewinnen über die methodischen Überlegungen zu den Möglichkeiten lebensgeschichtlicher Interviews als Zugang zur Erfahrungsdimension von Geschichte. „Längsschnittartige Untersuchungen" können in der diachronen Analyse von Interviews (Herbert 1983) die Gewichtung von Erinnerungen, Kriterien der Periodisierung und der Sinngebung erhellen und damit Aufschlüsse über Alltagsbewußtsein und Geschichtsbewußtsein liefern.

Als Beispiel für *vergleichende Querschnitte, die im Rahmen eines Längsschnitts angeordnet* sind, sei auf das von Hasler u. a. vorgelegte Modell „Unterschichten" für den Hochschulbereich verwiesen (Hasler u. a. 1973). Hier wird versucht, mit der Frage nach den jeweiligen Unterschichten ein soziologisches Schichtenmodell auf Gesellschaften der Antike, des Mittelalters und der Neuzeit anzuwenden. Der von der Hypothese struktureller Ähnlichkeiten verschiedener Gesellschaften ausgehende Vergleich hat zum wichtigsten

Ergebnis den Nachweis der Unterschiede der Gesellschaften hinsichtlich ihrer sozialen Gliederung. Die Andersartigkeit des sozialen Aufbaus mittelalterlicher und antiker Gesellschaften wird von den Kriterien des angewandten neuzeitlichen Schichtenmodells nicht erfaßt. Das Beispiel macht die wichtigsten Funktionen von Querschnitten deutlich. Sie können durch die Darstellung des Zusammenhanges wirtschaftlicher, sozialer, politischer und kultureller Komponenten Vorstellungen von räumlich und/oder zeitlich entfernten Gesellschaften in ihrer Epoche vermitteln. Im Vergleich (Schieder 1968) mit Strukturen gegenwärtiger Gesellschaften können prinzipielle *Andersartigkeit* (Beispiel ‚Unterschichten') oder auch partielle Analogien im Sinne der *Gleichzeitigkeit des Ungleichzeitigen* erfahrbar werden. Da niemals ganze komplexe historische Gegebenheiten vergleichbar sind, setzt der Vergleich die Akzentuierung des Vergleichbaren voraus, d. h. die auf Vergleich angelegten Querschnitte müssen stärker strukturiert sein als diejenigen, die im Sinne epochenspezifischer Querschnitte Vorstellungen von einer Gesellschaft in ihrer Epoche vermitteln wollen (Schmid 1974, 56 ff.). In der komparativ arbeitenden Geschichtswissenschaft nimmt daher die Bedeutung quantifizierender Verfahren zu (Furet 1977). Im Geschichtsunterricht wird durch die Vergleiche implizierenden Längs- und Querschnitte die Fähigkeit zum Transfer und zur Modifizierung von Erkenntnissen gesteigert und die Beurteilung von Lösungen für Gegenwartsprobleme erleichtert.

Literatur

Furet, F.: Die quantitative Geschichte und die Konstruktion der historischen Tatsache, in: *Bloch, M.*, u. a.: Schrift und Materie der Geschichte, Frankfurt 1977, 86 – 107
Hasler, K. / Kraus, A. / Lukis, H. / Schoppmeyer, H.: Unterschichten. Aspekte der Gesellschaft in Altertum, Mittelalter und Neuzeit, Düsseldorf 1973
Herbert, U.: „Die guten und die schlechten Zeiten." Überlegungen zur diachronen Analyse lebensgeschichtlicher Interviews, in: *Niethammer, L.* (Hrsg.): „Die Jahre weiß man nicht, wo man die heute hinsetzen soll", Berlin / Bonn 1983
Heumann, J. (Hrsg.): Problemorientierter Geschichtsunterricht, Bd. 1, Frankfurt 1977
Hoffacker, H. / Hildebrandt, K. (Hrsg.): Bestandsaufnahme Geschichtsunterricht, Stuttgart 1973
Jeismann, K. E.: Didaktik der Geschichte. Das spezifische Bedingungsfeld des Geschichtsunterrichts, in: *Behrmann, G. C. / Jeismann, K. E. / Süssmuth, H.*: Geschichte und Politik. Didaktische Grundlegung eines kooperativen Unterrichts, Paderborn 1978
– u. a.: Funktion und Didaktik der Geschichte, in: *Rohlfes, J. / Jeismann, K. E.* (Hrsg.): Geschichtsunterricht. Inhalte und Ziele (*GWU* 1974, Beiheft), Stuttgart 1974, 106 ff.
Krieger, H. (Hrsg.): Handbuch des Geschichtsunterrichts, begründet von W. Kleinknecht und W. Lohan, Bd. 1, 5. Aufl. Frankfurt / Berlin / München 1969
Radkau, J.: Geschichtsdidaktische Wunschträume, in: *Gd* 1 (1976), 22 – 30
Rohlfes, J.: Umrisse einer Didaktik der Geschichte, Göttingen 1971
Schieder, Th.: Geschichte als Wissenschaft, 2. Aufl. München / Wien 1968
Schmid, H. D.: Verfahrensweisen im Geschichtsunterricht, in: *Rohlfes, J. / Jeismann, K. E.* (Hrsg.): Geschichtsunterricht. Inhalte und Ziele (*GWU* 1974, Beiheft), Stuttgart 1974

Süssmuth, H.: Geschichtsdidaktische Alternativen, in: *Behrmann, G. C. / Jeismann, K. E. / Süssmuth, H.*: Geschichte und Politik, Paderborn 1978, 23 – 49
Wagner, G.: „Exemplarisch" oder „Thematisch": Versuch einer Begriffserklärung, in: GWU 10 (1959)

Begriffsbildung

Joachim Rohlfes

1. In den Darstellungen zur *Lernpsychologie* nimmt das Begriffslernen in der Hierarchie der Lernstufen durchweg einen hohen Rang ein. Gagné setzt es auf die sechste von acht Stufen und definiert es als einen Lerntyp, „der es dem Menschen ermöglicht, auf Dinge oder Ereignisse als Klassen zu reagieren". Solche Operationen sind an die Fähigkeit zu formalem Denken gebunden und daher erst vom 12. / 13. Lebensjahr an vollziehbar. Begriffe sind gedankliche Bündelungen und Substrate von Merkmalen, sie sind Prädikate, die auf eine Mehrzahl von Subjekten zutreffen. Sie stellen stets eine *Verallgemeinerung* dar; streng individuelle Begriffe sind ein Widerspruch in sich. Begriffe sind Resultate von Wahrnehmung, Denken, Erfahrung, aber zugleich auch deren Voraussetzung. Sie haben für das Lernen eine doppelte *Funktion*: zum einen sind sie komprimierte Einsichten, die durchlaufende Lernvorgänge ökonomisch verdichten, konservieren und speichern, zum anderen Instrumente eines weiterschreitenden Lernens, die es ermöglichen, Unbekanntes durch den Rückgriff auf Bekanntes verstehbar zu machen.
Der Umgang mit historischen Begriffen stellt freilich seine beonderen Anforderungen. *Historische Begriffe* sind vielfach nicht sonderlich exakt. Sie entstammen oft der Umgangssprache und teilen deren Reichtum an Nebenbedeutungen. Viele historische Begriffe lassen sich nicht bündig definieren, sondern erfordern einen erheblichen Interpretationsaufwand; sie beziehen sich vorwiegend auf konkrete historische Sachverhalte, die präsent sein müssen, wenn man die Bedeutung und Reichweite des Begriffes richtig erfassen will. Manche historische Begriffe unterliegen einem schnellen zeitlichen Wandel. dabei entstehen Bedeutungsüberlagerungen, die es nötig machen, nicht nur die unterschiedlichen Bedeutungsgeschichten, sondern auch deren jeweilige zeitliche Voraussetzungen zu reflektieren.
2. Die Probleme des *Begriffslernens* waren für die *Geschichtsdiaktik* so lange von untergeordneter Bedeutung, als die Lehrererzählung und ihre Repetition durch den Schüler im Vordergrund standen. Dabei wurden natürlich auch Fachbegriffe vermittelt, aber diese fungierten mehr als Vokabeln, die zu rezipieren und einzuprägen, aber nicht eigentlich produktiv zu erarbeiten

waren. Heute ist der Anteil des Begriffslernens erheblich größer. Das hängt zum einen mit dem allgemeinen Trend zur „Verwissenschaftlichung" des Unterrichts zusammen, zum anderen mit dem Formwandel der Geschichtswissenschaft selbst. Ihre Hinwendung zu *sozialwissenschaftlichen* Betrachtungsweisen und *strukturanalytischen* Fragestellungen hat die Entwicklung einer Nomenklatur zur Folge gehabt, die ungleich prägnanter und reflektierter, aber auch abstrakter und theoriegeleiteter als früher ist. Für die Schule kommt hinzu, daß sich das Fach Geschichte in einen engen Arbeitsverbund mit den systematischen Sozialwissenschaften versetzt sieht und auch insoweit zur Entwicklung einer strengeren Begrifflichkeit herausgefordert wird. So wird über die Wichtigkeit einer anspruchsvollen Begriffsbildung im historischen Unterricht heute nicht mehr gestritten. Dennoch sind die damit aufgegebenen didaktischen Probleme in der Literatur bislang arg vernachlässigt worden.

3. Die zentrale *Schwierigkeit* des Begriffslernens im Fach Geschichte dürfte darin liegen, daß historische Begriffe sozusagen doppelsinnig und gegenläufig gelernt werden müssen: auf der einen Seite sind möglichst harte und präzise Begriffsbestimmungen erwünscht, auf der anderen sollen Begriffe flexibel und für Modifikationen offen gehalten werden. Paradox ausgedrückt: historische Begriffe sollen *zugleich fest und flüssig* sein. Der Begriff „Sozialismus" zum Beispiel muß durch eine Kerndefinition verankert werden (etwa: Vorrang des Gemeinwohls vor dem Privatnutzen), ohne daß dadurch die Vielfalt oder sogar die Widersprüchlichkeit seiner historischen Erscheinungsformen ausgeblendet wird. Historische Begriffe, die eine allzu große Reichweite anstreben, werden leicht sinnleer; je mehr sie das Salz des Konkreten schmecken lassen, desto deutlicher ist ihre Aussage; aber dieser Gewinn wird stets mit einem Verlust an Übertragbarkeit erkauft. Je enger ein Sachverhalt ist, desto eindeutiger ist der darauf gemünzte Begriff (zum Beispiel Söldner, Präliminarfriede); je weiter aber ein Begriff greift (zum Beispiel Bürokratie, Imperialismus), desto mehr kann er das Verständnis vertiefen, aber auch zur Quelle endlosen Streites werden. In der Sprache der Semantik: *Gattungs*begriffe sind gut definiert, aber von bescheidener Aussagekraft; *Wesens*begriffe sind ungleich fruchtbarer, aber ausgiebiger Interpretation bedürftig. Das hängt damit zusammen, daß solche Begriffe nicht einfach Abbildungen, sondern weithin auch Deutungen der geschehenen Geschichte sind.

Aus diesen Aporien resultieren einige typische *unterrichtliche Schwierigkeiten* des Begriffslernens. Begriffe sollen zwar von der Mannigfaltigkeit der auf sie bezogenen Vorstellungsinhalte entlasten, aber sie dürfen sich nicht völlig von den konkreten Vorstellungen loslösen. Darum muß der Unterricht alle Abstraktionen stets erneut mit *konkreten Inhalten* auffüllen, was mühsam und zeitraubend ist. Da das Verständnis von Begriffen nur allmählich entstehen kann und alle wesentlichen historischen Begriffe mehrschichtig sind, müssen die Begriffe in möglichst vielen unterschiedlichen Anwendungssituationen begegnen; ihr *Transfer* ist von Anfang an mitzuüben. Dabei sollte der Schüler erfahren, daß es zuweilen nötig ist, allzu fest gewordene Begriffe aufzubrechen und mit neuen Phänomenen zu konfrontieren (ursprünglich Revolutionäres kann reaktionär werden). Ob die Fixierung eines Begriffes am Anfang oder Ende des Lernvorganges stehen soll, ist umstritten; es gibt zweierlei heilsame „Anstrengungen des Begriffes": die Prüfung, ob konkrete Tatsachen auf ihn zutreffen oder nicht; aber auch die Nötigung, das „irgendwie" Gewußte prägnant festzuhalten. Wichtig ist, daß der Begriff gründlich vermittelt wird, weil halbverstandene Begriffe erheblichen Schaden anrichten können.

4. Dem Begriffslernen drohen bestimmte *Gefahren.* Ein allzu festgefügter Vorrat an Begriffen vermag neue Erfahrungen abzublocken oder zu verformen. Begriffe können wie Linsen wirken, die die Realität verzerren und nurmehr selektive Wahrnehmung zulassen. Ideologische Begriffssysteme haben oft diese Wirkung. Begriffe können auch zu Worthülsen werden, die alle konkreten Vorstellungen erdrücken, zum Ersatz für eine Wirklichkeit, deren Abwesenheit schließlich kaum noch bemerkt wird. Es gibt Begriffe, die sich in solchen Verallgemeinerungen verlieren (Radikalismus, strukturelle Gewalt), daß sie das Weiterdenken lähmen, weil sie scheinbar schon alles antizipiert haben; sie können buchstäblich jede Diskussion totschlagen. Das didaktische Fazit: Begriffe bedürfen des Gegengewichts der konkreten und begrifflich nicht voll ausschöpfbaren Wirklichkeit; aus dieser Spannung rührt ihre Fruchtbarkeit.

Literatur

Gagné, R. M.: Die Bedingungen des menschlichen Lernens, 3. Aufl. Hannover 1973, 125 bis 169

Rohlfes, J.: Beobachtungen zur Begriffsbildung in der Geschichtswissenschaft, in: *Jäckel, E. / Weymar W.* (Hrsg.): Die Funktion der Geschichte in unserer Zeit, Stuttgart 1975, 59 – 73

Leistungsmessung und Leistungsbeurteilung

Bodo von Borries

Lernzielkontrolle

Jede Leistungsbeurteilung setzt eine Leistungsmessung voraus. Als *Gütekriterien* der Messung gelten:

1. Gültigkeit (Validität), d. h. die Übereinstimmung zwischen dem tatsächlich Gemessenen und dem zu messen Beanspruchten;

2. Verläßlichkeit (Reliabilität), d. h. Genauigkeit der Messung des tatsächlichen Gemessenen;
3. Objektivität, d. h. Unabhängigkeit des Meßergebnisses vom Messenden;
4. Ökonomie, d. h. geringer Aufwand (dieser Punkt ist im Hinblick auf die knappe Unterrichtszeit und die Arbeitsüberlastung der Lehrer nicht zu unterschätzen).

Alle anderen Kriterien sind der Gültigkeit untergeordnet, übrigens auch nicht unabhängig von ihr. Über Gültigkeit aber läßt sich überhaupt erst reden, wenn geklärt ist, was denn überhaupt gemessen werden soll: der Begriff „Schulleistung im Fach Geschichte" ist keineswegs eindeutig (vgl. Ziegenspeck 1976, 13 ff.). Sinnvollerweise wird Schulleistung mit dem Erreichen schulischer Lernziele gleichgesetzt: Leistungsmessung bedeutet also Lernzielkontrolle. Damit wird klargestellt, daß die Leistungsdefinition und -messung genauso von *politischen und sozialen Voraussetzungen und Wertungen* abhängt wie die Lernziele.

Die *Lernziele* des Geschichtsunterrichts sind umstritten; für die Zielkontrolle kommt noch hinzu, daß auch über Dimensionierung, Stufung und Klassifikation keine Einigkeit erzielt ist (vgl. v. Borries 1977). Nicht einnal über die möglichen Gesichtspunkte zu einer *Ordnung* der Lernziele ist ausreichend diskutiert worden, geschweige denn über eine *Gewichtung*. Nur solche Lernziele lassen sich begriffsgemäß überprüfen, die *operationalisiert,* d. h. anhand eindeutiger Verhaltensmerkmale beobachtet werden können. Besonders komplexe Lernleistungen lassen sich jedoch nicht oder kaum äußerlich nachweisen (zum Beispiel affektive Bereiche). Jede kurzfristige Messung muß überdies die (erwünschten) langfristigen, ja lebenslangen Wirkungen des Unterrichts verpassen; eine *Prognose* ist erwiesenermaßen kaum möglich.

Angesichts des Standes der Lernzielanalyse im Fach Geschichte kann der Leistungsmessung nur ein sehr vages und subjektiv auslegbares Konstrukt von Schulleistung zugrunde liegen, das Gültigkeit, Verläßlichkeit und Objektivität von vornherein skeptisch einschätzen läßt. Dazu treten mehrere globale Meßschwierigkeiten: 1. Durch den *Halo-Effekt* (Hof-Effekt) gehen in die Messung der Geschichtsleistung auch andere Gesichtspunkte ein (zum Beispiel Schrift, sprachliche Mängel, Leistungen in anderen Fächern, Sympathien, Betragen, Sozialschicht); manche Lehrer geben sogar ausdrücklich an, das Betragen mit zu bewerten (Schröter 1977, 115 f.). 2. Lehrer halten lange an einmal getroffenen (Vor-)Urteilen fest („Perseveration") und beeinflussen durch ihre subjektive Erwartung wohl auch die langfristige tatsächliche Leistung des Schülers („*Pygmalion-Effekt",* unbeschadet der Falsifikation spektakulärer Experimente). 3. Trotz dieser Einschränkungen kann die Messung innerhalb der Klasse einigermaßen zutreffende Rangreihen bilden; ein aussagekräftiger Leistungsvergleich *gegenüber anderen Klassen* oder Schulen ist damit aber in keiner Weise gesichert (Ingenkamp 1977, 211 f.). 4. Mehrere Lehrer *gewichten* nicht nur unterschiedliche Lernzielbereiche, sondern auch die Ergebnisse verschiedener Meßverfahren ganz uneinheitlich (Schröter 1977, 115). Selbst über den Anteil der mündlichen und der schriftlichen Leistung gibt es keinen Konsens.

Üblich scheinen vor allem *sechs Meßverfahren*:

- Gleiche *Tests* werden von verschiedenen Geschichtslehrern mit zwei bis drei Notenstufen (Schröter 1977, 113 f.), vom gleichen Lehrer bei zweiter Durchsicht durchschnittlich eine Notenstufe abweichend (Ingenkamp 1977, 171 f.) bewertet. Bei angemessener Konstruktion können sie dennoch alle anderen Verfahren in allen Gütekriterien übertreffen.
- Gleiche *Geschichtsaufsätze* werden von verschiedenen Lehrern mit drei bis fünf verschiedenen Noten eingestuft (Schröter 1977, 113 f.); sie können zudem kaum eine repräsentative Auswahl der Unterrichtsziele überprüfen (jeweils nur ein Thema!). Ihre Stärke liegt darin, auch komplexeste Zielebenen zu erreichen; die Objektivität läßt sich durch Auswertungsschema und mehrmaligen Durchgang wesentlich erhöhen.
- *Haushefte* oder Arbeitsmappen werden gern als zusätzliche schriftliche Leistung herangezogen (Ebeling). Dabei wird der Fleiß in die Leistung eingerechnet (Hof-Effekt) und unter Umständen der Anteil von Eltern oder Nachhilfelehrern mitgemessen. Positiv ist aber die gute Diagnosemöglichkeit und die Einsparung von Unterrichtszeit.
- Auch bei *Schülerreferaten* läßt sich der Anteil häuslicher Hilfen nicht ausgrenzen. Die Einschätzung ist ebenso schwierig wie bei Aufsätzen. Vor allem zur Kompensation bei stillen Schülern läßt sich das Verfahren rechtfertigen, denn Referate zu halten ist selbst ein Lernziel und fördert den Unterricht.
- *Unterrichtsbeobachtung* kostet kaum Zeit. Selbst bei Notizen unmittelbar nach dem Unterricht ist die Objektivität gering (selektive Wahrnehmung, Überbewertung der Beteiligungsquantität, Überlastung während des Unterrichts). Dafür werden instrumentelle und auch affektive Lernziele mit erfaßt. Die Objektivität läßt sich durch Tonbandaufzeichnungen (Feiks u. a. 1975, 84 ff.) und durch Einbeziehung der Schüler erhöhen.
- Auch *mündliche Prüfungen* („Abhören", „Gespräche") sind sehr unobjektiv (Ingenkamp 1977, 177 ff.), wenn sich dieser Mangel auch durch Beisitzer, Klassenkameraden und Prüfling mildern läßt. Hoher Aufwand an Unterrichtszeit, Verbreitung von Angst und Unlust für den folgenden Unterricht machen diese Meßverfahren besonders ungünstig.

Zensurengebung

An Zensuren als wichtigste Form der *Leistungsbeurteilung* werden merkwürdig widersprüchliche Ansprüche gestellt:

- Die *Kultusminister* ordnen durchweg eine Zensierung des Geschichtsunterrichts mit einer sechsstufigen Skala an (das Punktsystem der reformierten Oberstufe ist davon nur eine Abwandlung, zum Beispiel 2 − = 10 Punkte). Auch der *Bildungsrat* fordert „Beurteilen" als eine der Grundtätigkeiten des Lehrers.
- Die *Schüler* und *Eltern* erwarten mehrheitlich eine objektive Auskunft über den Leistungsstand und eine gerechte Zuteilung von Erfolg und Mißerfolg (typische Schülerfrage: „War ich heute 2 oder 3?"). Andererseits durchschauen viele, daß nach Abschaffung von Strafarbeiten, Arrest und Prügeln die Zensuren den Kern der Macht von Lehrern über Schüler ausmachen.
- Die *Forscher* weisen empirisch eine hochgradige Willkürlichkeit der Zensuren nach und stellen theoretisch ihren pädagogischen Wert in Frage. Die *Geschichtsdidaktik* speziell kümmert sich nicht um Zensurenfragen und läßt die Lehrer völlig im Stich (Schröter 1977, 8, 98, 190 ff.). Erst in den letzten Jahren haben einige praxisbezogene Publikationen den Lehrern Hilfestellung gegeben (zum Beispiel Gies 1981; Niemetz 1983; Henseler 1984).
- Die *praktizierenden Lehrer* müssen diese Widersprüche (als typischen Teil der konfliktträchtigen Lehrerrolle) ausgleichen. Manche disziplinieren mit den Noten, viele haben ein Gefühl der Unsicherheit oder ein schlechtes Gewissen; einige unterlaufen ihre lästige Pflicht durch Einheitsnoten.

Empirisch erweist sich die Notengebung in Geschichte als mittelstreng („Nebenfach") zwischen den hart zensierten „Leistungsfächern" (Mathematik, Fremdsprachen, Deutsch) und den sehr milde beurteilten „musischen Fächern" (Religion, Kunst, Turnen, Musik) (Ingenkamp 1977, 247 f., 252 f.). Mädchen erhalten auch in Geschichte durchschnittlich bessere Noten (Ingenkamp 1977, 247 f., 252 f.; Ziegenspeck 1976, 82 ff.), obwohl sie nachweislich durchschnittlich weniger Interesse, Beteiligung und Wissen aufbringen (Müller 1972, v. Borries 1975; 1978). Die bei der Leistungsmessung aufgeführten empirisch nachgewiesenen Mängel gelten für die Leistungsbeurteilung verstärkt.

Ähnlich dem Gegensatz zwischen differenzierungs- und lernzielorientierten Tests gibt es grundsätzlich zwei Verfahren, Leistungsmeßwerte in Leistungsurteile umzusetzen. Zum einen werden *mathematisch-statistische Modelle* benutzt, zum Beispiel Sextile der Prozentrangwerte (1 für 16 %, 2 für 17 % usw.) oder Gleichverteilung und Standardabweichung (1 für 2 %, 2 für 14 %, 3 für 34 % usw.), die aber für Klassen als zu kleine Gruppen nicht anwendbar sind (vgl. Ziegenspeck 1976, 66 ff.). Zum anderen wird die Verteilung der Noten auf die Leistungen an *inhaltlichen Beschreibungen* ausgerichtet (Ingenkamp 1977, 16; Feiks u. a. 1975, 23 f.; KMK 1976, bes. 12), die aber für eine sichere Anwendung viel zu wenig präzisiert und operationalisiert sind.

Jede Leistungsmessung (und verschärft die im Fach Geschichte) steht in einem fundamentalen Dilemma: Die Forderung nach *Einheitlichkeit* (Gerechtigkeit, Objektivität) widerspricht der nach *Individualisierung* (Problemorientierung, Personbezug). Das Verlangen nach *Kontrolle* (Transparenz) des Verfahrens verträgt sich nicht mit *psychischer Entlastung* (zeitlicher Entzerrung). Einheitlichkeit und Kontrolle zielen auf *Perfektionierung,* Individualisierung und Entlastung auf *Minimierung* von Prüfungen und Zensuren ab. Für beide Konzepte lassen sich gute rechtliche, bildungspolitische und erziehungswissenschaftliche Gründe anführen, denn beide wenden sich gegen nachweisliche Mißstände. Aber beide Konzepte sind unvereinbar, weil sie von verschiedenen politischen und anthropologischen Voraussetzungen ausgehen. Das gilt es bei den gegenwärtigen Reformvorschlägen zu beachten:

- Die *Abschaffung der Zensuren* dürfte politisch keinerlei Chance haben, zumal zutreffend ausgeführt wird, daß unsere Gesellschaft Selektions- und Zuweisungsmechanismen braucht und gegebenenfalls an anderen Stellen einrichtet (vgl. teilweise Abschaffung der Benotung an Hochschulen). Auch durch Einheitsnoten des einzelnen Lehrers lassen sich „Leistungsgesellschaft" und „heimlicher Lehrplan" (was immer sie seien) nicht unterlaufen. Sie führen nur zu Konflikten mit Eltern und Schulaufsicht.
- Der *Ersatz von Zensuren durch differenzierte Gutachten* (eine Form der Minimierung) wird an einzelnen Versuchsschulen seit langem gehandhabt. Aus empirischen Forschungen ist aber bekannt, daß schriftliche Gutachten nicht objektiver als Ziffern sind (Ziegenspek 1976, 97 f.) und von den Schülern auf Zahlen reduziert werden (Schröter 1977, 187).
- Der *Einsatz von Schülerbeobachtungsbogen* (eine Form der Perfektionierung) hält an zahlenmäßiger Messung fest, gibt aber Auskunft über mehrere

Teilbereiche und die genaue Entwicklung im Zeitablauf (Ziegenspek 1976, 159 ff.). Das Verfahren hat zur Zeit kaum Aussicht auf Allgemeinverbindlichkeit; auch ist offen, ob der Gewinn an differenzierter Diagnose oder der Nachteil des Zeitaufwands und der Genauigkeitsillusion schwerer wiegen.
— Die *Objektivierung und Validierung des Benotungsverfahrens* liegt im gegenwärtigen Trend (vgl. Zentralabitur, Tests usw.). Die „einheitlichen Prüfungsanforderungen in der Abiturprüfung... Geschichte" (KMK 1976; vgl. v. Borries 1977) legen zum Beispiel Gewicht und Verfahren bestimmter Prüfungsteile (schriftlich, mündlich) sowie Art, Stufung und Gewichtung der Lernzielkontrollebenen und Intensitätsgrade näher fest. Hier ist bestenfalls Objektivierung ohne Erhöhung der Gültigkeit, schlimmstenfalls eine Curriculumrevision durch Prüfungsrevision im Gange.

Literatur (vgl. auch Literatur zu „Tests")

Bormann, M.: Schriftliche Prüfungen und Klassenarbeiten, c) Geschichte und Politik, in: *Klauer, K. J.* (Hrsg.): Handbuch der Pädagogischen Diagnostik, Bd. 3, Düsseldorf 1978, 671 – 682
— Geschichte und Politik, in: *Klauer, K. J.* (Hrsg.): Handbuch der Pädagogischen Diagnostik, Bd. 3, Düsseldorf 1978, 781 – 787
Borries, B. v.: Die „einheitlichen Prüfungsanforderungen in der Abiturprüfung Geschichte" und die Lern- und Testtheorie, in: *Neue Unterrichtspraxis* 10 (1977), 216 bis 227
Feiks, D., u. a.: Objektivierte Leistungsmessung. Leistungsbeurteilung und Lerndiagnose. Testmodelle am Beispiel des Geschichtsunterrichts, Stuttgart 1975
Gies, H.: Repetitorium Fachdidaktik Geschichte, Bad Heilbrunn 1981, 186 – 207
Henseler, J.: Leistungsmessung, -beurteilung, in: *Niemetz, G.* (Hrsg.): Lexikon für den Geschichtsunterricht, Freiburg / Würzburg 1984, 109 – 118
Ingenkamp, K. (Hrsg.): Die Fragwürdigkeit der Zensurengebung, 7. Aufl. Weinheim 1977
KMK: Beschlüsse der Kultusministerkonferenz. Einheitliche Prüfungsanforderungen in der Abiturprüfung Gemeinschaftskunde, Neuwied 1976
Marz, F. / Arnold, R. / Reischmann, J.: Lernkontrollen im politischen Unterricht, Stuttgart 1978
Niemetz, G.: Praxis Geschichtsunterricht. Methoden – Inhalte – Beispiele, Stuttgart 1983, 111 – 123
Schröter, G.: Zensurengebung. Allgemeine und fachspezifische Probleme, Kastellaun 1977
Seel, N. M.: Lernzielorientierte Lernzielkontrolle. Schwerpunktsetzung: Affektiver Bereich (Geschichte lehren und lernen), Frankfurt/M. 1980
Ziegenspeck, J.: Zensur und Zeugnis in der Schule, 2. Aufl. Hannover 1976

Tests

Bodo von Borries

Einteilung und Zweck

Tests sind auch im Fach Geschichte ein wichtiges Mittel der pädagogischen Diagnostik; sie dürfen nicht auf *Leistungsmessung und Leistungsbeurteilung* verkürzt werden. Mindestens ebenso wichtig ist die Nutzung als Rückmeldung über *spezielle Stärken und Schwächen des Unterrichts* (Lehrerverhalten, Motivation, Lernfähigkeiten, Lernschwierigkeiten usw.). Dabei sind auch *nicht-leistungsbezogene Testverfahren* (zum Beispiel Soziogramme, Prozeßanalysen, Motivationserhebung) nützlich. *Leistungstests* (vorwiegend Papier-Bleistift-Formen) werden oft nach den *Adressaten eingeteilt*:

— *Schulleistungstests* für die gesamte Klasenstufe bzw. Altersgruppe (zum Beispiel „Geschichtstest ‚Neuzeit' 8 — 10" von Ingenkamp),
— *Kurs- oder Programmtests* für die Absolventen eines bestimmten Lehrgangs (zum Beispiel Test zum Lehrbuch „Curriculum Geschichte"),
— *Informelle Tests* für einzelne Klassen (zum Beispiel Feiks u. a. 1975, 60 ff., 71 ff.; Schröter, Zensurengebung 1977, 101 ff.).

Die praktische Bedeutung dieses Unterschiedes (Zeitaufwand bei Konstruktion, testmethodische Perfektion) ist sehr groß, verschwindet aber fast völlig bei einer *Itembank* mit erprobten Testaufgaben, die jeder benutzen darf und um seine Neueinfälle bereichert.

Viel grundlegender ist die Unterscheidung nach dem *Zweck*:

— *Normorientierte Tests* vergleichen die Kenntnisse und Fähigkeiten mit dem Durchschnitt und der Streuung in der gleichaltrigen Bevölkerung (oder auch der Klasse bzw. Schule oder Schulart).
— *Kriteriumsorientierte Tests* vergleichen die Kenntnisse und Fähigkeiten mit den festgesetzten Ansprüchen und Zielen.

Der Unterschied erscheint zunächst gering, denn in beiden Fällen geht die *Testkonstruktion* von Lernzielen aus, zum Beispiel Analyse der Lehrpläne und Schulbücher auf die vermutlich in den Schulen angestrebten Intentionen, Aufstellung einer Planungstafel mit ausgewogener Verteilung der Aufgaben auf thematische Bereiche und verschiedene Lernzielebenen (Hierarchie, Taxonomie) und Befragung von Experten über die Eignung der entworfenen Aufgaben zur Kontrolle der Ziele.

Erst bei der *Testanalyse* (also nach dem Probelauf bzw. der Anwendung) gehen die Methoden kraß auseinander. Bei normorientierten Tests werden alle Aufgaben nicht bewertet bzw. nicht weiterverwendet, die von zu vielen oder zu wenigen gelöst sind („mittlerer Schwierigkeitsgrad"), eine zu häufige oder zu seltene Wahl einzelner Fehlantworten aufweisen („Attraktivität der Distraktoren") oder (gemessen an Schulnote, Intelligenz, Schulart oder Gesamttest) nicht deutlich zwischen „guten" und „schlechten" Schülern unterscheiden („Trennschärfe"). Die Aufgaben werden also — ohne Rücksicht auf die ehemals aufgestellten Lernziele — nach dem Verhalten der repräsentativen Testpopulation gesiebt und homogenisiert.

Auch kriteriumsorientierte Tests werden gleich oder ähnlich statistisch ausgewertet, aber mit anderen Konsequenzen. Zu schwere, zu leichte, unregelmäßig distrahierende und nicht trennscharfe Aufgaben werden inhaltlich darauf analysiert, ob Fehler der Aufgabenstellung dafür verantwortlich sind und korrigiert werden können. Wenn das aber nicht der Fall ist, dienen die Ergebnisse als Aussagen über den Unterricht und die Schüler. Nicht der Test wird geändert, sondern die Einschätzung der Lerngruppe und das Lehrverhalten. Unhomogene Aufgaben sind eher vorteilhaft, wenn zum Beispiel Hauptschüler bestimmte Bereiche besser beantworten als Gymnasiasten und sprachschwache Schüler als Ausgleich spezielle Geschichtsprobleme zuverlässiger lösen als sprachlich gewandte. Beide Testarten lassen sich noch einmal neu benennen:

— *Vergleichs- und differenzierungsorientierte Tests* vergrößern die Leistungsunterschiede mit der Lupe, verkleinern die Leistungsgemeinsamkeiten mit umgedrehtem Fernglas und blenden die umgekehrten Leistungsunterschiede durch Abdunkeln aus. Inhaltlich werden die gesellschaftlichen verbreiteten Vorurteile über die Lernziele gestellt. Die Homogenisierung geht in Richtung der von Anfang an häufigsten Fragen: zugunsten reiner Wissensaufgaben und bildungsbürgerlicher Wertsetzungen.

— *Diagnose- und lernzielorientierte Tests* geben bei inhaltlich ausgewiesenen Lernzielen verschiedene Chancen. Sie sind relativ inhomogen, erlauben aber eine differenzierte Auswertung. Die legitimierten Lernziele werden über die gesellschaftlich verbreiteten Vorurteile gestellt, deren Diagnose auch nach erfolglosem Unterricht möglich bleibt. Wenn — wie gewünscht — fast alle Testpersonen die Ziele erreichen, geht der Schwierigkeitsgrad (besser: Leichtigkeitsgrad) gegen 100 % und die Trennschärfe gegen 0 %.

In der Literatur werden fast ausschließlich differenzierungsorientierte Tests empfohlen und vorgestellt. Ihre Methode wird von den Schulleistungstests auf Programmtests und informelle Tests (dem Anspruch nach oft lernzielorientiert!) übertragen (zum Beispiel Feiks u. a. 1975; Wendeler 1969; Gaude-Teschner 1970). Dieses Verfahren (sogenannte „Standardarbeiten") ist um so bedenklicher, als bereits erbrachte Leistung nachträglich gestrichen werden und die Einzelklassen als statistische Normalgruppen viel zu klein sind.

Lernzielorientierte Tests sind im Fach Geschichte weithin allein sinnvoll. Es ist ein wichtiges Lernziel, daß *alle* Schüler den Nationalsozialismus strikt ablehnen und nicht allein auf die Persönlichkeit Hitlers zurückführen. Ein differenzierungsorientierter Test kann und darf dieses Lernziel nicht erfassen: Wenn fast alle es erreicht haben, fehlt die Trennschärfe; wenn zum Beispiel einige Unbelehrbare alles auf Hitler schieben, wird die entsprechende Fehlantwort zu oft gewählt. *Differenzierungsorientierte Tests* herrschen vor, obwohl sie nur in begrenzten Bereichen pädagogisch vertretbar sind. Wenn eine Schule nur zwei Plätze für eine Ausgrabung oder eine Studienreise verteilen kann, mag unter Umständen ein Test die Besten herausfinden. Auch dafür wären aber wahrscheinlich „kreative" Leistungen in Aufsatzform geeigneter (vgl. Wettbewerb „Deutsche Geschichte" um den Preis des Bundespräsidenten).

Praktische Hinweise

Schulleistungstest für Geschichte liegen nicht mehr vor, Programmtests sind noch relativ selten. *Informelle Tests* bleiben zunächst das wichtigste Instrument. An zwei Beispielen sollen Verfahren der Testkonstruktion und der Kritik an Testaufgaben gezeigt werden:

Beispiel I

„Welchem Gesetz fiel der SA-Führer Röhm zum Opfer?
a) Ermächtigungsgesetz
b) Nürnberger Gesetze
c) Heimtückegesetz (gilt als richtig)
d) Notstandsgesetze"
(Feiks u. a. 1975, 64, 66 ff., 73 ff.)

Kritik

— *Tatsachenirrtum*: Das „Heimtückegesetz" stammt erst vom Dezember 1934, bei Röhm kann es allenfalls um die „Heimtückeverordnung" vom März 1933 gehen.
— *Schwerer Denkfehler*: Röhm wurde nicht nach einem Gesetz verurteilt, sondern im Verlauf eines Massenmords liquidiert, der nachträglich als „Staatsnotwehr" legalisiert (nicht legitimiert) wurde.
— *Dürftiges Lernziel*: Der Name des einschlägigen Gesetzes wäre nur Vokabelwissen. Verpaßt wird die mögliche wichtige Einsicht, daß selbst innerhalb der Führung der „Bewegung" nackte Gewalt Rechtsverfahren ersetzte („Maßnahmestaat" statt Resten des „Normenstaats").
— *Sprachliche Schwäche*: Der Wechsel zwischen Einzahl und Mehrzahl in den Antworten gibt einen Lösungshinweis; das sprachliche Bild im Stamm („zum Opfer fallen") ist höchst unglücklich.
— *Geringer Wert statistischer Testanalyse*: Keiner der genannten Mängel wird bei der Anwendung in zwei Parallelklassen entdeckt.
— *Unanwendbarkeit der statistischen Testanalyse*: Die Aufgabe wird in der ersten Klasse gewertet, in der zweiten wegen einseitiger Distraktorenwahl gestrichen. Es wird übersehen, daß nicht die Aufgaben (Maßstab), sondern Unterricht und Klasse (Meßobjekt) verschieden „gut" sind.

Beispiel II

„Welche Partei stimmte nicht für das Ermächtigungsgesetz?
a) Sozialdemokratische Partei Deutschlands (gilt als richtig)
b) Kommunistische Partei Deutschlands
c) Zentrumspartei
d) Deutsche Volkspartei"
(Feiks u. a. 1975, 73 ff., 63, 66 ff.)

Kritik

— *Tatsachenirrtum:* Auch die KPD stimmte nicht für das Gesetz.
— *Begünstigung eines Fehlschlusses und Vorurteils*: Uninformierten wird suggeriert, die KPD habe für das Ermächtigungsgesetz gestimmt („Rot = Braun").

- *Wichtiges, aber wenig komplexes Lernziel:* Wünschenswert wäre die Kontrolle anspruchsvollerer Leistungen, zum Beispiel Kenntnis gesellschaftlicher Gründe für die schichtspezifische Zusammensetzung von NS-Anhängern, -Mitläufern, -Gleichgültigen und -Gegnern.
- *Begrenztheit sprachlicher Verbesserungen:* „Welche Partei stimmte gegen das Ermächtigungsgesetz?" beseitigt den Tatsachenirrtum, begünstigt aber weiterhin den genannten Fehlschluß.
- *Verbesserung durch Wechsel der Aufgabenform:* Günstig ist die Mehrfachauswahlaufgabe „Welche Parteien stimmten nicht für das Ermächtigungsgesetz?" mit weiteren Fehlantworten „NSDAP", „DNVP". Eine zusätzliche „Kurzessayaufgabe" „Warum? ..." kann die Unterschiede zwischen SPD und KPD klären.
- *Nutzlosigkeit der Testanalyse:* In zwei Probeläufen wird keiner der inhaltlichen Mängel erkannt.
- *Negative Trennschärfe:* Sie ergibt sich im ersten Durchgang, bleibt aber ein zufälliges Einzelergebnis, wie der Vergleich mit der Parallelklasse zeigt.
- *Streichung wegen Leichtigkeit:* Die Aufgabe wird in beiden Durchgängen nicht gewertet, obwohl das Lernziel wichtig ist; die Schüler werden nachträglich um ihre Leistung gebracht, bevor anhand des Prozentsatzes „gelöster" Aufgaben benotet wird.

Wer *eigene Tests* entwickeln will (was großen Spaß machen kann), muß für Konstruktionsregeln, Aufgabenformen, Testanwendung, Testauswertung und Gütekriterien (Gültigkeit, Zuverlässigkeit, Objektivität) auf die Standardliteratur zurückgreifen. Hier sind nur noch einige *Faustregeln* zur Verhinderung grober Mißgriffe möglich:

- Jede Testkonstruktion bedeutet bewußt oder unbewußt die *Operationalisierung von Lernzielen* und wirkt entsprechend auf den Unterricht zurück. Tests sollen eine repräsentative Auswahl der Lernziele erfassen, entwickeln aber fast immer eine Tendenz zu Vokabelwissen und Stoffhuberei. Deshalb ist eine *Planungstafel* (thematische Teilbereiche, Stufung der Erkenntnismethoden, Grade der Gegenstandskomplexität) unerläßlich. Neben inhaltlichen Kenntnissen sollten stets auch methodische Fähigkeiten getestet werden, zum Beispiel durch Quellenauswertung. Die Messung auch *emotionaler* Ziele ist ansatzweise möglich, ihre Bewertung wird überwiegend abgelehnt.
- Dem Fach Geschichte (Multiperspektivität, keine Monokausalitäten, keine einlinigen Wirkungen) entspricht die übliche Auswahlaufgabe schlecht. Zwei *Aufgabenformen* haben sich als besonders günstig erwiesen: „*Mehrfachauswahlaufgaben*" (mit mehreren richtigen Lösungen) sind gleichsam Ketten von fast unabhängigen Alternativaufgaben. Wenn zwei bis vier Lösungen aus sechs Antworten herauszusuchen sind, *müssen* neben richtigen Ankreuzungen auch richtige Nicht-Ankreuzungen gezählt werden. „*Kurzessayaufgaben*" ähneln stärker Aufsätzen. Um sie einigermaßen objektiv zu halten, ist bei der Auswertung ein vorher festgelegtes Erwartungs- und Punktschema nötig.
- Redlichkeit und Gerechtigkeit verlangen, die *gesamte abgelieferte Testleistung* zu berücksichtigen und nicht testmethodisch „schlechte" Aufgaben zu streichen. Besonders positiv ist zu bewerten, wenn Schüler dem Lehrer bzw. der Aufgabe Irrtümer und *Einseitigkeiten nachweisen,* was gar

nicht so selten ist. Die Testergebnisse lassen sich benutzen, um die Aufgaben für künftige Verwendung zu verbessern. Man sollte sie sammeln und mit anderen Lehrern austauschen (Anfänge einer *Itembank*); dabei müssen Testaufgabe und Lernzielformulierung immer ein Paar bilden.
— Gültigkeit, Zuverlässigkeit, Objektivität, Prognosemöglichkeit dürfen auch bei Schulleistung nicht überschätzt werden, vor allem bei einmaliger Messung. Angesichts des *Meßfehlers* ist der diagnostische Wert (für die ganze Klasse) höher als der für die Leistungsbeurteilung (jedes einzelnen). Gerade mit Tests entdeckt man Interessen und Vorurteile. Aussagekräftiger als eine einmalige Leistungsmessung ist der *Vergleich zweier Messungen* vor und nach einer Unterrichtseinheit (Paralleltest oder Wiedertest mit Übungseffekt). Bei rein diagnostischer Verwendung sind auch *Gruppentests* im motivierenden Gruppen-Wettbewerb möglich. Solche Tests mit Denkaufgaben und Quellenauswertung nähern sich Arbeitsbogen und lockerem (halb-)programmiertem Geschichtsunterricht.

Literatur (vgl. auch Literatur zu „Leistungsmessung")

Borries, B. v.: Lernziele und Testaufgaben für den Geschichtsunterricht (AuA, Bd. 8), 2. Aufl. Stuttgart 1974
— Leistungsmessung am Beispiel des Geschichtsunterrichts, in: *Neue Unterrichtspraxis* 9 (1976), 222 — 233
— Wie man Geschichtstests nicht machen darf, in: *Gd* 1 (1976), 22 — 38
Feiks, D., u. a.: Objektivierte Leistungsmessung, Leistungsbeurteilung und Lerndiagnose. Testmodelle am Beispiel des Geschichtsunterrichts, Stuttgart 1975
Geschichtstest „Neuzeit" (GTN 8 — 10) von K. Ingenkamp, Weinheim o. J. (inzwischen eingestellt)
Klauer, K. J. (Hrsg.): Handbuch der Pädagogischen Diagnostik, 4 Bde., Düsseldorf 1978
Ingenkamp, K.: Erfahrungen bei der Aufgabenanalyse eines Geschichtstests, in: *GWU* 17 (1966), 220 — 229
Streiffeler, F.: Leistungsmessung im Geschichtsunterricht, in: *Süssmuth, H.* (Hrsg.): Historisch-politischer Unterricht. Planung und Organisation, Stuttgart 1973, 143 bis 166

Empirische Unterrichtsforschung
Walter Fürnrohr

Neben empirischer Unterrichtsforschung zum Zwecke der Schulpädagogik, die *allgemeine* Phänomene des Lehrer- und Schülerverhaltens, der Unterrichtsorganisation und -methode erfassen will, betreiben die Fachdidakten ihre *spezielle empirische Unterrichtsforschung*. In der Geschichtsdidaktik steht empirische Unterrichtsforschung im Rahmen umfassender empirischer Forschungen (Fürnrohr 1978), die sich auf Geschichte in der Öffentlichkeit (im außerschulischen Bereich) beziehen. Diese weitgreifenden Forschungen erstrecken sich auf Phänomene von politisch-kultureller Bedeutung für die gesamte Gesellschaft und/oder einzelne ihrer Gruppen, weil Geschichtsbewußtsein politisches und kulturelles Bewußtsein und damit Haltungen, Handlungen und Zukunftsprojektionen der Menschen weitgehend bestimmt; sie erfassen all das aber auch als Rahmenbedingungen von Geschichtsunterricht, der über Lehrpläne und Unterrichtsmedien aller Art, über die Lehrer und die Schüler in steter Wechselwirkung zum gesellschaftlichen Leben steht.

Die *älteren empirischen Forschungen* im Bereich der Geschichtsdidaktik ordneten sich in entwicklungspsychologische Grundvorstellungen (nach Piaget) ein, die Waltraut *Küppers* (1961) und Heinrich *Roth* (1955) differenzierten und zu Empfehlungen für den Geschichtsunterricht ausbauten. Demgemäß glaubte man, einen typischen Gang der (endogenen) Entfaltung von Zeiterleben, Zeitbewußtsein, geschichtlichen Interessen und Geschichtsverständnis empirisch nachweisen zu können. In bestimmten Altersstufen oder -phasen machen sich demnach Kinder das ihnen Gemäße aus dem Angebot an Geschichte zu eigen. Es gebe „affine Stoffe", an denen sich das Interesse des Kindes entzünde und sein Verständnis wachse, zum Beispiel geschichtliche Persönlichkeiten, Handlungen und Ereignisse sowie konkretes gegenständliches Detail; dem stünden „diffuse Stoffe" gegenüber, die für Kinder schwer zugänglich und oft kaum verständlich seien, zum Beispiel Gesellschafts- und Regierungsformen, staatliche Institutionen und politische Zusammenhänge.

Friedeburg / Hübner (1964) stellten die Ansatzpunkte, die Forschungsmethoden und -ergebnisse von acht ausgewählten Arbeiten zusammen und konfrontierten dabei die empirisch nur schwach abgesicherten Lehren von Heinrich Roth sowie die Empfehlungen für den Geschichtsunterricht von Waltraut Küppers mit anderen empirischen Untersuchungen (darunter vier soziologischen), aus denen sie entgegengesetzte Schlüsse zogen: das personalisierende Geschichtsbild der Jugend sei nicht von einer bestimmten Entwicklungsphase der Schüler herzuleiten, es sei Produkt des Geschichtsunterrichts, wie er auch bei älteren Schülern gehalten werde. Es lähme das politische Verantwortungsbewußtsein der Menschen. Auch herrschten im Geschichtsunterricht bislang Simplifizierungen vor wie die „personalisierten Kollektiva", zum Beispiel „die Russen", „die Franzosen", „die Deutschen", die einem differenzierenden intensiven Bemühen um historische Zusammenhänge im Wege stehen.

Die von Soziologen vorgetragene, mehr politisch zu verstehende *Kritik* hat die ältere entwicklungspsychologische Empirie in der Geschichtsdidaktik zwar nicht schlechthin widerlegt, war aber für die historische Fachdidaktik wie für den Fachunterricht äußerst *folgenreich*: die „großen Persönlichkeiten" dominieren nicht mehr im Geschichtsunterricht, „personalisierte Kollektiva" sind verpönt, die früher kanonisierte Methode der Lehrererzählung im Frontalunterricht ist stark zurückgedrängt worden.

1972/73 führte G. Anwander (1974) eine psychologisch-soziologische Untersuchung an zehn Münchner Schulen durch, bei der aufgrund eines umfangreichen Fragebogens geschichtliches Interesse und politische Bildung Jugendlicher erstmals unter Zuhilfenahme von EDV-Anlagen mit Methoden der modernen empirischen Sozialwissenschaften erhoben wurden. Die Feststellung von Korrelationen zwischen den Schülerstatements und die an diesem Beispiel erprobte Faktorenanalyse haben der geschichtsdidaktischen Forschung Neuland erschlossen. Leider haben diese Forschungen keine Nachfolge gefunden.

Die Tagung *„Empirische Forschung im Bereich der Geschichtsdidaktik"* zog 1975 in Nürnberg eine Zwischenbilanz und setzte neue Akzente. Über die Tagungsergebnisse gibt ein Sammelband Aufschluß (Fürnrohr / Kirchhoff 1976): Untersucht werden vor allem das *Rollenverständnis der Geschichtslehrer,* ihre Einstellung zur Geschichte und ihre Haltung gegenüber bestimmten Unterrichtsmethoden und -medien (Zenner, Hug) sowie die *Motivation von Schülern und Studierenden* (Radkau, Hesse). Versuche mit *Mädchenklassen* verschiedenen Alters (Fina) ließen antizipative (vorwegnehmende) Sinnerfassung erkennen.

Die empirische Erforschung von *Geschichtswissen* hat eine ernüchternde Bilanz ergeben (Filser 1973). Von besonderer Bedeutung für solche empirische Feststellungen ist die *Test*konstruktion (v. Borries 1974).

Ein Problem stellt dabei die *empirische Begleitung von Unterrichtsversuchen* dar, die überall nötig sind, wo größere Curriculumelemente entwickelt werden; soll die Empirie nicht Selbstzweck sein und der Schüler zum Versuchskaninchen werden, kann empirische Kontrolle nur in reduzierter Form durchgeführt werden: die Randbedingungen können nicht gleichgehalten werden, und wahrnehmbare Kontrolle von Lernprozessen verfälscht die Unterrichtssituation, ja sie steht in Spannung zu freiheitlicher Atmosphäre. Zwar hilft heute die Technik mit Tonband und Unterrichtsmitschau bei der Unterrichtsbeobachtung; da das aber nicht unbemerkt geschieht, erhalten wir stets ein Dokument von einer Ausnahmesituation, in der sich Lehrer und/oder Schüler anders verhalten als im Regelfall.

Ganz allgemein ist in der Geschichtsdidaktik auch bei der neueren Empirie jener Verdacht, den man gegen die älteren Arbeiten von Roth und Küppers erhoben hat, die Forschungsergebnisse würden bereits in den Forschungsansatz eingespeist, nicht einfach von der Hand zu weisen. Deshalb sollte man sich um *Medienvielfalt* bemühen und nicht allein den Quantitäten vertrauen, sondern auch die *Qualität* individueller Äußerungen ernstnehmen (vgl. Hug und Radkau). Zu recht wird ein *theoretisches Bezugssystem* für gezielte geschichtsdidaktische Forschungen gefordert (Mayer / Pandel 1976; Günther-Arndt 1975).

Weitere Aufgabengebiete geschichtsdidaktischer Empirie

Zur empirischen Unterrichtsforschung im weiteren Sinne gehören auch die Erforschung der geschichtlichen *Unterrichts-Medien*: Kritischer Vergleich nach fachwissenschaftlicher Dignität und gegebenenfalls Tendenz, nach Sprach- und d. h. Abstraktionsniveau mit Bezug auf die angesprochene Alters- bzw. Klassenstufe (eines bestimmten Schultyps), nach dem didaktischen Konzept und der technischen Ausführung in Wort und Bild, akustisch und/oder optisch (schwarzweiß oder in Farbe) — das sind Aufgaben einer *geschichtlichen Mediendidaktik,* die sich weithin der Empirie bedienen muß, wenn sie nicht in pure Spekulation abgleiten will. Selbstverständlich hat die einschlägige Forschung nicht nur Lehrbücher zu bearbeiten, sondern auch Schülerarbeitshefte und Quellensammlungen, Wandbilder und Geschichtsfriese, geschichtliche Atlanten und (Tageslicht-)Projektorfolien, Dias, Tonbilder und Filme bzw. Fernsehsendungen.

Immer wieder werden Geschichtsdidaktiker, die *Lehrpläne, Richtlinien, Curricula* vor allem der verschiedenen deutschen Länder zusammenstellen, ihre Veränderungen in der Zeit und ihre Charakteristika von Land zu Land kritisch herausarbeiten. Eine zuverlässige Zusammenstellung, die alle Unterrichtszeiten und das Verhältnis zu den Nachbarfächern (welchen? Fächerkooperation oder -integration?) von der Grundschule bis zum Abitur, Ausführungsbestimmungen, Änderungen, amtliche Verlautbarungen und Fachkommentare berücksichtigt, eine solche ständig fortgeschriebene Zusammenstellung existiert kaum irgendwo, so nötig sie wäre, um von einer ebenfalls wünschenswerten Ausdehnung solch einer Zusammenstellung auf Länder außerhalb der Bundesrepublik Deutschland hier gar nicht zu sprechen. Erst dann wäre eine umfassende vergleichende Analyse möglich.

Literatur

Anwander, G.: Geschichtliches Interesse und politische Bildung Jugendlicher. Geschichtsdidaktik und Curriculumentwicklung, Bd. 3, München 1974
Borries, B. v.: Lernziele und Testaufgaben für den Geschichtsunterricht (AuA, Bd. 8), 2. Aufl. Stuttgart 1974
Filser, K.: Geschichte mangelhaft. Die Krise eines Unterrichtfaches in der Volksschule, München 1973
Friedeburg, L. v. / Hübner, P.: Das Geschichtsbild der Jugend, München 1964
Fürnrohr, W.: Möglichkeiten und Grenzen empirischer Forschung im Bereich der Geschichtsdidaktik, in: *Pellens, K.* (Hrsg.): Didaktik der Geschichte, Darmstadt 1978
Fürnrohr, W. / Kirchhoff, H. (Hrsg.): Ansätze empirischer Forschung im Bereich der Geschichtsdidaktik (AuA, Bd. 15), Stuttgart 1976
Günther-Arndt, H.: Empirische Forschung und Geschichtsdidaktik, in *apz* B 33 (1975)
Küppers, W.: Zur Psychologie des Geschichtsunterrichts, Stuttgart 1961
Marienfeld, W.: Geschichtliches Interesse bei Kindern und Jugendlichen, in: *Filser, K.* (Hrsg.): Theorie und Praxis des Geschichtsunterrichts, Bad Heilbrunn 1974
Mayer, U. / Pandel H.-J.: Kategorien der Geschichtsdidaktik und Praxis der Unterrichtsanalyse (AuA, Bd. 13), Stuttgart 1976
Roth, H.: Kind und Geschichte, München 1955

VI. Geschichtsunterricht als Institution

Geschichtsunterricht als Institution
Gerhard Schneider

Der Ort geschichtlichen Lernens

Der Geschichtsunterricht, wie er an den unterschiedlichen Schulformen und auf den verschiedenen Schulstufen erteilt wird, ist eine öffentliche, durch das Grundgesetz unter die Verantwortung der Länder gestellte staatliche Veranstaltung. Von den Kultusbürokratien der Länder berufene Kommissionen erarbeiten Richtlinien und Lehrpläne, in denen Inhalte, Methoden und Ziele des Geschichtsunterrichts fixiert werden, die den an Hochschulen ausgebildeten Fachlehrern mit dem Ziel vorgeschrieben sind, den Schülern wissenschaftlich begründete Kenntnisse und Einsichten aus der Geschichte und Fertigkeiten im Umgang mit der Geschichte zu vermitteln. Als gesellschaftliche Einrichtung im Rahmen der Institution Schule erfüllt der Geschichtsunterricht (neben anderen Fächern) immer auch Legitimationsfunktion, die der Erhaltung, Stärkung oder Mobilisierung der bestehenden Gesellschaft dient. Darüber hinaus will der Geschichtsunterricht den Individuen, die in dieser Gesellschaft ihre Existenz und Entfaltungschancen finden sollen, den Erwerb jener Qualifikationen ermöglichen, die zur Erkenntnis, zur Bewältigung und zu der unter dem Anspruch des Grundgesetzes notwendigen Veränderung der gegenwärtigen Verhältnisse notwendig sind. Der Geschichtsunterricht soll die Schüler ferner in die Lage versetzen, sich eine selbstzuverantwortete Sicht der Geschichte zu verschaffen sowie gegenwärtiges und zukünftiges Handeln und Entscheiden auf dem Hintergrund von Überlieferung und historischer Erfahrung zu begründen bzw. zu beeinflussen. Die schulischen Bildungsinhalte und die Zielsetzungen des Geschichtsunterrichts sind immer auf *erwünschte Sozialisationsleistungen* und berufliche *Qualifikationen* der Schüler in der Zukunft hin projektiert und geben insoweit Auskunft über die in einer Gesellschaft vorherrschenden Interessen. Geschichtsunterricht an Schulen sieht sich heute konfrontiert mit außer-, neben- und vorschulischem Lernen von Geschichte, dessen Bedeutung für die Ausbildung von Geschichtsbewußtsein in der Vergangenheit vielfach unterschätzt wurde. Der Schüler erfährt überdies — in der Vergangenheit mehr als heute — mannigfache Beeinflussungen und Prägungen seines Geschichtsverständnisses durch die manchen anderen Fächern (Religion, Deutsch, Sozialkunde, Kunst) eigene geschichtliche Dimension.

Die Institutionalisierung der Erziehung im 18. / 19. Jahrhundert und die Einführung des Geschichtsunterrichts in das staatliche Schulwesen

Sieht man einmal von anthropologischen Begründungen für die Einführung von Institutionen im weitesten Sinne ab, denen zufolge sie Funktionen bei der Verhaltenssicherung von Individuen wahrnehmen und insoweit sowohl zur Selbstentfaltung des Menschen beitragen können als auch den Konformitätsdruck innerhalb eines gegebenen Sozialsystems auslösen oder verstärken (Berg 1976, 19 f.), so kommt der allmählichen Entfaltung der *bürgerlichen Gesellschaft* seit dem 18. Jahrhundert für die Institutionalisierung der Erziehung unter staatlicher Aufsicht und mit ihr der Differenzierung des Unterrichtswesens in zahlreiche Einzelfächer grundlegende Bedeutung zu. In der Übergangszeit von der feudalen zur bürgerlichen Welt entwickelt sich die *öffentlich-institutionelle Erziehung* zu einer Einrichtung, die gesellschaftliche Verhaltenserwartungen am besten zu sichern schien (Preußisches Allgemeines Landrecht von 1794, 12. Titel: Von niedern zu hoehern Schulen, § 1: „Schulen und Universitaeten sind Veranstaltungen des Staats, welche den Unterricht der Jugend in nuetzlichen Kenntnissen und Wissenschaften zur Absicht haben"). Sie ergänzte bzw. ersetzte die familistische Erziehung der überkommenen ständischen Gesellschaft, die weniger Wissen und Einsichten vermittelte als auf „Internalisierung der geltenden Normensysteme" abzielte (Berg 1976, 25), und so dazu beitrug, daß jeder seine Rolle und Position in einer scheinbar gottgewollten Ordnung „erkannte" und ausfüllte.

Maßgeblich für diesen Wandlungsprozeß waren mehrere, miteinander aufs engste verknüpfte Faktoren:

— das *Aufklärungsdenken* mit seiner Annahme, daß jeder Mensch über eine autonome Vernunft verfüge,
— die *Veränderung der Produktionsweise* in Handel, Gewerbe und Landwirtschaft,
— das aus der Erkenntnis vom Zusammenhang von Bildung und Wirtschaftswachstum resultierende gemeinsame *Interesse von Staat und Bürgertum* an hinlänglich ausgebildeten Menschen,
— die Theorie des *Utilitarismus*, derzufolge individuelle Glückseligkeit und allgemeine Wohlfahrt sich nicht wechselseitig ausschließen, sondern zu vereinbarende Ziele gleicher Richtung sind (vgl. Berg 1976, 29 ff.).

Doch so sehr diese Faktoren zur *Befreiung der Menschen* aus überkommenen Bindungen beitrugen, so sehr sie, speziell im Erziehungswesen, die *Mündigkeit des Individuums* tendenziell beförderten, so nachhaltig trugen institutionelle und konzeptionelle Schranken des Schulwesens dazu bei, daß die alte Gesellschaftsordnung und die alten Machtverhältnisse im wesentlichen erhalten blieben. Befreiung aus der ärgsten materiellen Not, Teilhabe (wenngleich durch überkommene Konventionen vielfach beschränkt) der individuell freien Bürger am staatlichen Leben und freie ökonomische Entfaltungsmöglichkeiten bei rechtlicher Garantie des Privateigentums stellten den überwiegenden Teil des Bürgertums zufrieden. Ein Verlangen des Bürgertums nach gesellschaftlicher Veränderung blieb aus, solange seine ökonomischen

Interessen unbeeinträchtigt blieben. Die wachsende materielle Besserstellung bürgerlicher Kreise und ihr Aufstieg auch in die höheren Ränge der Gesellschaft beförderte ihre *politische Abstinenz*. Die Schule als Ausbildungsstätte erfolgreich wirtschaftender und staatspolitisch zuverlässiger Bürger wurde als eine notwendige Voraussetzung solider Herrschaft erkannt. Das bis heute nicht überwundene dreigliedrige Schulwesen (Volksschule, Realschule, Gymnasium) perpetuierte die überkommene ständische Sozialstruktur und damit die gesellschaftlichen Machtverhältnisse.

In dem Maße, wie die politische Verantwortung von immer größeren Volksteilen wahrgenommen werden konnte, indem die Beteiligung am Staat und die Kontrolle der Verfassungseinrichtungen immer weiteren Teilen des Volkes offenstanden, erschien der Geschichtsunterricht — seit Beginn des 19. Jahrhunderts zunächst am Gymnasium, ab der zweiten Hälfte des 19. Jahrhunderts auch an den Volksschulen (Bergmann / Schneider 1982) — als eine jener Einrichtungen, durch die *der Staat in den Schulen repräsentiert* wurde und seine Normen und Ansprüche (Gottesfurcht, Fleiß, Gehorsam, Treue, Pünktlichkeit, Opferbereitschaft usw.) in erster Linie durch Lehr- und Stoffpläne tradieren konnte. Im Geschichtsunterricht (vor allem in Preußen) dominierten — wie Stoffauswahl und Wertungen historischer Sachverhalte zeigen — *staatspädagogische* Überlegungen, während demokratische Tendenzen kaum ins Gewicht fielen. Der Geschichtsunterricht im Staatsinteresse legitimierte sowohl die herrschenden politisch-sozialen Zustände als auch die staatlicherseits verordnete Zukunftsperspektive. Hinsichtlich seiner Wirkung war er ein probates „antirevolutionäres Psychopharmakum zur patriotischen Gesinnungsbildung" (Wehler 1975, 125).

Sieht man einmal von der auf eine kulturgeschichtliche Betrachtungsweise hinauslaufenden unterrichtsorientierten Gegenbewegung des liberalen Bürgertums ab, so beabsichtigte der *Geschichtsunterricht als Gesinnungsunterricht*, „den Untertanen, später den loyalen Staatsbürger hervorzubringen, der mit dem Lernen eines hochselektiven Systems historischen Wissens zugleich die Geschichtsideologie oder das ‚Geschichtsbild' des Staates in sich aufnahm" (Bergmann 1976, 3). Ansätze zu dieser Entwicklung sind in Preußen seit dem Ministerium Altenstein erkennbar; unter der Ägide des Geheimrats Stiehl treten sie deutlich hervor, während der beherrschende Einfluß der Herbartschen Schule seit der zweiten Hälfte des 19. Jahrhunderts den Geschichtsunterricht (neben Religions- und Deutschunterricht) auch in den übrigen deutschen Staaten zum Gesinnungsfach par excellence ausprägte, indem an die Stelle möglichst umfassender Kenntnisvermittlung vor allem auf dem Sektor des Elementarschulwesens die sogenannte „gesinnungsbildenden Stoffe" traten. In seiner Rede zur Eröffnung der ersten preußischen Schulkonferenz von 1890 hat Kaiser Wilhelm II. die Funktion der Institution Schule klar umrissen: „Jetzt muß die Schule, von der neu gewonnenen Basis ausgehend, die Jugend anfeuern und ihr klar machen, daß das neue Staatswesen dazu da wäre, um erhalten zu werden" (Deutsche Schulkonferenzen I, 1972, 71). In dem Maße, in dem seit dem 19. Jahrhundert das Volk selbst „an der Regierung des Staates Anteil nahm" und — wie Kerschensteiner

(1901, 3) behauptete — "aus rein egoistischen materiellen Erwerbsinteressen" die Bildungsbestrebungen der Regierungen in utilitaristischer Hinsicht zu beeinflussen suchte, in dem Maße sollte der Geschichtsunterricht im Verbund mit anderen Fächern dazu beitragen, die vorgeblich edleren Seiten des menschlichen Charakters zu entwickeln und die gesellschaftliche Ordnung zu stabilisieren, den im Zuge der Industrialisierung einsetzenden Gärungsprozeß in der Gesellschaft zu neutralisieren und vor allem den unteren Volksklassen klarzumachen, daß eine fürsorgliche Regierung sich ihrer Forderungen und Interessen annehmen würde. Wilhelm II. hat diese Funktion des Geschichtsunterrichts im Rahmen der Diskussionen um die preußische Schulreform (ab 1889) immer wieder hervorgehoben: „Die vaterländische Geschichte wird insonderheit auch die Geschichte unserer sozialen und wirtschaftlichen Gesetzgebung und Entwickelung seit dem Beginne dieses Jahrhunderts bis zu der gegenwärtigen sozialpolitischen Gesetzgebung zu behandeln haben, um zu zeigen, wie die Monarchen Preußens es von jeher als ihre besondere Aufgabe betrachtet haben, der auf die Arbeit ihrer Hände angewiesenen Bevölkerung den landesväterlichen Schutz angedeihen zu lassen und ihr leibliches und geistliches Wohl zu heben, und wie auch in Zukunft die Arbeiter Gerechtigkeit und Sicherheit ihres Erwerbes nur unter dem Schutze und der Fürsorge des Königs an der Spitze eines geordneten Staates zu erwarten haben" (Deutsche Schulkonferenzen I, 1972, 4). Die dem Geschichtsunterricht vom Staate verordnete Parteilichkeit drückte sich darin aus, daß sich die Stoffauswahl an der politischen Opportunität orientierte, die Anordnung der Fakten einer erwünschten staatlichen oder dynastischen Kontinuität und Tradition entsprach und die Lehrinhalte ohne Rücksicht auf soziale Herkunft, Gegenwart und Zukunftsperspektive der Mehrheit der Schüler festgelegt wurden.

Die Lehrplantheorie Erich Wenigers und der Geschichtsunterricht

In seiner seit den zwanziger Jahren entwickelten Lehrplantheorie hat Erich Weniger (1894 — 1961) in zahlreichen, bis heute weiterwirkenden Schriften differenzierte Begründungen für die Berechtigung und Notwendigkeit des Unterrichtsfaches Geschichte an den Schulen geliefert. Der Staat habe — gleichsam als „ehrlicher Makler" — zwischen den konkurrierenden Ansprüchen der Bildungsmächte zu vermitteln und letztinstanzlich politisch-pädagogische Entscheidungen zu treffen. Im Schulfach Geschichte setzt der moderne Staat „sein geschichtliches Selbstbewußtsein und Selbstverständnis, seine geschichtlichen Aufgaben und seinen Willen gegen das geschichtliche Bewußtsein der anderen Bildungsmächte ... ab; er vermittelt ... seine besonderen Anliegen durch den Geschichtsunterricht dem Nachwuchs und ordnet so jede neue Generation in die Geschichtlichkeit ein" (Weniger 1949, 27; vgl. Quandt 1978, 340). Der Geschichtsunterricht habe „der Übermittlung geistiger Erfahrungen, die in der Umwelt der Jugend nicht schon an sich zu haben (seien)", zu dienen und „zum Verständnis ... der Grundstruktur des politischen Daseins und zur Aufhellung des geschichtlichen Horizonts unserer politischen Verantwortung" beizutragen (vgl. Quandt 1978, 324). Und nur dort gebe es einen selbständigen Geschichtsunterricht, „wo auf eine Jugend politische Verantwortung wartet, und nur so weit wirkliche Verantwortung zu übernehmen ist, hat der Geschichtsunterricht eine ernsthafte Bedeutung" (Weniger 1949, 27 f.). Der Geschichtsunterricht sei mithin das „Organon, durch das Staat und Volk sich ihres Daseins und ihrer Aufgaben versichern, ihre Verantwortung vor der Geschichte klären und jede neue Generation in ihre geschichtliche Verantwortung einführen" (Weniger 1949, 13). In der unter dem Eindruck der Nachkriegssituation von Weniger entwickelten Konzeption des politischen Geschichtsunterrichts dominierten die Grundkategorien *Staat* und *Volk*. Zwar seien sie „keine absoluten und letzten Werte" (Weniger 1949, 28), doch sollten sie als Bezugsgrößen des selbständigen Geschichtsunterrichts auch für die Zukunft grundlegend bleiben und seinen Gegenstand und seinen Umfang bestimmen (vgl. Herbst 1977, 78 ff.). Die Praxis des Geschichtsunterrichts nach 1945 zielte daher auch in erster Linie auf individuelle Bildung, deren Maßstäbe in der unterrichtlichen Begegnung mit großen historischen Persönlichkeiten gewonnen wurden. Gegenüber älteren, etwa durch die Arbeitsschulbewegung entwickelten Unterrichtsverfahren dominierte vor allem in den Volks- und Realschulen sowie in den mittleren Klassen der Gymnasien die erlebnishafte Aufbereitung der Geschichte. Diese Form des Geschichtsunterrichts blieb bis zum Ende der sechziger Jahre hinein bestimmend (Kuhn 1982).

Neben dieser staatlich-politischen Begründung des Geschichtsunterrichts fallen alternative Faktoren, die Geschichtsunterricht als Institution legitimieren könnten, bei Weniger kaum ins Gewicht. Da es an den Schulen nicht darum gehe, Wissenschaften zu repräsentieren, könne die Geschichtswissenschaft weder die Existenz des Faches Geschichte an sich begründen, noch sei sie für die Auswahl der Unterrichtsinhalte maßgeblich. Diese scharfe *Trennung zwischen Fachdidaktik und Fachwissenschaft* kann heute als *überwunden* gelten (vgl. Vierhaus 1977, 34 ff.). An die Stelle traditioneller Beziehungslosigkeit zwischen Geschichtsunterricht und Geschichtswissenschaft (Quandt 1978, 360) ist eine weitgehende Übereinstimmung in Zielsetzung und Interessen getreten. „Die emanzipatorische Aufgabe einer derart (als kritische Gesellschaftswissenschaft, G. S.) verstandenen Geschichtswissenschaft besteht darin, ideologiekritisch den Nebel mitgeschleppter Legenden zu durchstoßen und stereotype Mißverständnisse aufzulösen, die Folgen von getroffenen oder die sozialen Kosten von unterlassenen Entscheidungen scharf herauszuarbeiten und somit für unsere Lebenspraxis die Chancen rationaler Orientierung zu vermehren, sie in einen Horizont sorgfältig überprüfter historischer Erfahrungen einzubetten" (Wehler 1975, 12). Nachdem die Geschichtswissenschaft lange Zeit vorwiegend antiquarischen Interessen nachging, während der Geschichtsunterricht gegenüber der Politischen Bildung zusehends an Boden verlor, sind die *Gemeinsamkeiten von Fachwissenschaft und Fachdidaktik* ein wichtiger Ausweis ihres lebenspraktischen Nutzens und ihrer gesellschaftlichen Relevanz. Daß überdies der Geschichtswissenschaft hinsichtlich der sachlichen Bestimmung der Unterrichtsinhalte zentrale Bedeutung zukommt, ist in der gegenwärtigen ge—schichtsdidaktischen Diskussion unbestritten. Indem ferner im Geschichtsunterricht das für die Geschichtswissenschaft kennzeichnende „disziplinierte Fragen und Denken" am historischen Gegenstand geübt wird, trägt diese zur Begründung des schulischen Zwangs bei, Geschichte zu lernen (vgl. Bergmann 1976, 9 f.).

Mit Hilfe der sogenannten Interessenforschung auf experimentellem Wege Unterrichtsgegenstände und -fächer nach Bedeutung, Art, Behandlungsintensität und Umfang „vom Kinde aus" festlegen zu wollen, indem man den einzelnen Interessensphären im Kinde verschiedene Unterrichtsfächer zuordnet (vgl. Weniger 1926, 11), wird man zwar mit Weniger ablehnen. Sein Ansatzpunkt aber, „in der Berührung des werdenden Menschen in seiner Ganzheit mit der geschichtlichen Welt in ihrer Ganzheit Stufen wechselnden Verhaltens aufzuzeigen und daraus dann die Folgerungen für den Aufbau des Geschichtsunterrichts zu ziehen" (Weniger 1926, 12), hat jenseits der diesen Überlegungen zugrunde liegenden überholten jugendpsychologischen Prämissen weitreichende Konsequenzen, indem hier in dem implizit angesprochenen und vielfach zu konstatierenden *ursprünglichen Verhältnis der Schüler zur Vergangenheit* bzw. in dem vor- und außerschulisch aufgebauten Schülerinteresse *eine* Begründung für die Notwendigkeit eines institutionalisierten Geschichtsunterrichts angelegt ist.

Wenigers Einfluß auf den Geschichtsunterricht kann schwerlich überschätzt werden. Er ist bis auf unsere Tage vor allem dort wirksam geworden, wo es um die Legitimation von Geschichtsunterricht und um die Ziele des historischen Unterrichts geht (vgl. Quandt 1978, 257 ff.).

Curriculumtheorie und Geschichtsunterricht

Mit dem Ausgreifen der Curriculumtheorie auch auf die Geschichtsdidaktik seit den frühen siebziger Jahren werden jene Legitimationsversuche abgelöst, die den Geschichtsunterricht auf das Erlernen eines bestimmten Stoffkanons zu gründen suchten. Die *Begründung von Unterricht* im Kontext curriculumtheoretischer Überlegungen basiert auf den drei von Saul B. Robinsohn aufgestellten „Kriterien für die Auswahl von Bildungsinhalten":

— „Bedeutung eines Gegenstandes im Gefüge der Wissenschaft;
— Leistung eines Gegenstandes für Weltverstehen, d. h. für die Orientierung innerhalb einer Kultur und für die Interpretation ihrer Phänomene;
— Funktion eines Gegenstandes in spezifischen Verwendungssituationen des privaten und öffentlichen Lebens" (Robinsohn 1971, 47).

Auf den Geschichsunterricht bezogen ergeben sich folgende, an den Lernzieldeterminanten *Sache, Gesellschaft, Schüler* orientierte Fragen:

„1. Wie wird Geschichtsunterricht wissenschaftstheoretisch aus dem Gefüge der Wissenschaft begründet?
2. Was leistet der Geschichtsunterricht (oder allgemein: die Beschäftigung mit Geschichte) für Weltverstehen?

3. Welches ist die Bedeutung des Geschichtsunterrichts (oder geschichtlichen Lernens) in spezifischen Verwendungssituationen?" (Schörken 1975, 286).

In der Beantwortung dieser Fragen wurden traditionelle Legitmiationskriterien — „innerfachlich-wissenschaftliche Gesichtspunkte und Orientierungsleistungen in unserer Kultur" — dahingehend ergänzt, daß nun das *Sozialisationssubjekt Schüler*, seine *Identitätsausbildung*, seine *Handlungs- und Rollenkompetenz* verstärkt ins Blickfeld traten. „Unter den historischen Bedingungen der Gegenwart (und den Forderungen der Zukunft) heißt das, in der Lage zu sein, alte Identitäten ‚aufzuheben', d. h. gleichzeitig zu bewahren und neue aufzubauen." Der Erwerb dieser Fähigkeiten sieht „organisierte Lernprozesse (in der Schule)" voraus (Schörken 1975, 292).
Fachdidaktische, fachwissenschaftliche, gesellschafts- und sozialisationstheoretische Überlegungen haben in den letzten Jahren verstärkt dazu beigetragen, dem institutionellen Geschichtsunterricht eine *breitere*, nicht mehr nur staatspädagogische *Legitimationsbasis* zu verschaffen. Die lange Zeit vorherrschende Vorstellung vom Staat als „Krisenmanager", der als oberste Ordnungsmacht in erster Linie dafür zuständig sei, widersprüchliche gesellschaftliche Interessen zu regeln, scheint überwunden. Ein Geschichtsunterricht, dessen ausschließliche Aufgabe darin besteht, die „Lebensgeschichte" des Staates mit dem Ziel darzustellen, seinen erreichten Stand der nachkommenden Generation zu überantworten, ist heute kaum mehr denkbar.
Die Rezeption der Curriculumtheorie wirkt in steigendem Maße auf die *Richtlinienarbeit*: Zielformulierungen, die genau fixieren, welche Qualifikationen Schüler beim Abschluß eines Lernprozesses erreicht haben sollen, treten an die Stelle überkommener Bildungsziele und machen das Lerngeschehen im Geschichtsunterricht durchschaubarer und kontrollierbarer (Demokratisierungsanspruch). Andere Problemfelder (Schülerinteresse, Identifikation, Zeitperspektive, Wertvorstellungen und Einstellungen der Schüler zur politischen Praxis) sind im Zuge der Curriculumrevision neu- bzw. wiederentdeckt worden. Als Folge dieser Entwicklung hat sich die jüngere Geschichtsdidaktik daran gemacht, nicht nur den Zwang zum Lernen von Geschichte neu zu begründen; sie versucht auch Kriterien dafür anzugeben, „was denn formal und inhaltlich im Geschichtsunterricht gelernt werden soll" (Bergmann 1976, 8 ff.).
Im Versuch, den Ort der Geschichtsdidaktik im Umkreis des historischen Denkens zu bestimmen, ist die Berechtigung und Notwendigkeit eines historischen Unterrichts implizit angelegt (Rüsen 1977, 50 f.). Und mit der Feststellung, daß die Didaktik der Geschichte sich mit dem Geschichtsbewußtsein in der Gesellschaft (Jeismann 1977), seinem Zustandekommen, seiner Bedeutung und seinen Wirkungen befaßt, steht die Forderung nach Ausbildung von historischem Bewußtsein im Geschichtsunterricht als einem notwendigen Elixier des demokratischen Staates in unmittelbarem Zusammenhang.

Geschichtsunterricht in den achtziger Jahren

Nach den heftigen Diskussionen der frühen siebziger Jahre um den Geschichtsunterricht, in denen vom zeitlichen Umfang über die Inhalte, Methoden und Ziele bis zur Abschaffung des Faches alles zur Disposition zu stehen schien, wurde bereits auf dem Mannheimer Historikertag 1976 seitens des damaligen Vorsitzenden des Geschichtslehrerverbandes die Krise des Geschichtsunterrichts an den Schulen für beendet erklärt. Der Geschichtsunterricht gewann seitdem wieder an Boden — sowohl gegenüber dem einst als Konkurrenz empfundenen Fach Gemeinschaftskunde als auch im öffentlichen Bewußtsein. Ein bisher nicht gekanntes *öffentliches Bedürfnis nach Geschichte* setzte in den späten siebziger Jahren ein und hatte u. a. zur Konsequenz, daß dem Geschichtsunterricht allenthalben wieder größere Bedeutung beigemessen wurde. Dabei sollte im Geschichtsunterricht nicht mehr nur der überkommene Themenkanon vermittelt werden; der Geschichtsunterricht wurde vielmehr überall dort in die Pflicht genommen (oder für öffentliche Fehlentwicklungen verantwortlich gemacht), wo sich in bestimmten Verhaltensweisen und Meinungsäußerungen Bewußtseins- und Kenntnisdefizite zu offenbaren schienen: Der Geschichtsunterricht habe, was die Vermittlung von Geschichtskenntnissen über den Nationalsozialismus und die Person Hitlers angeht, weitgehend versagt, wie Boßmanns Auszüge aus Schüleraufsätzen („Was ich über Adolf Hitler gehört habe . . .", 1977) weiszumachen versuchten; wenn öffentliche Vereidigungen von Rekruten gestört wurden, dann lag dies nach Ansicht vieler auch daran, daß im Geschichtsunterricht nicht angemessen über „Werte" und „Tradition" unterrichtet wurde; der Ausbreitung des Neonazismus müsse im Geschichtsunterricht entgegengearbeitet werden usw. Der Geschichtsunterricht wurde — oft auch kurzfristig, wie die kultusbürokratischen Reaktionen auf den Holocaust-Film zeigten — in den Dienst genommen und sollte dort Lücken schließen oder Pannen ausbügeln, wo die Sozialisation in Familie und Schule versagt zu haben schien.

Die Schuldzuweisung, der Geschichtsunterricht habe versagt, und die Hoffnung, der Geschichtsunterricht könne den vermeintlichen oder tatsächlichen Defiziten Remedur verschaffen, lassen etwas von dem ahnen, was eine naive Erwartungshaltung dem Geschichtsunterricht an Wirkung zuspricht. In Wirklichkeit ist der Geschichtsunterricht — wie die neuere Geschichtsdidaktik gezeigt hat — nur *eine* Instanz zur Vermittlung von Geschichtskenntnissen (möglicherweise nicht einmal die entscheidende) und konkurriert bei der Ausbildung eines Geschichtsbildes mit vielen anderen Einrichtungen und Einflüssen. Die Geschichtsdidaktik hat in der Definition ihres Forschungsgegenstandes dieser Erkenntnis bereits Rechnung getragen (s. oben, Geschichte in der didaktischen Reflexion; vgl. auch Dörr 1981; Pandel 1981), indem sie sich als eine Wissenschaft versteht, die sich mit „der Verarbeitung (Rezeption) von Geschichte" und der „Konstituierung von Geschichtsbewußtsein" (Bergmann) befaßt. Im Geschichtsunterricht hat man diesen Weg noch nicht oder doch nur zaghaft beschritten. Noch immer (oder schon wieder) dominiert bei wenigen Akzentverschiebungen der vertraute Katalog „klassischer" Unterrichtsthemen; der Vorsitzende des Geschichtslehrerverbandes „entdeckte" jüngst den Bildungswert des überwunden geglaubten Zahlenkanons wieder; in einigen Bundesländern schreibt man „die Erziehung zum sachgerechten Umgang mit den Zeugnissen der Geschichte in der näheren Heimat" vor, wodurch „die Verbundenheit mit Volk und Heimat" gefestigt werden soll (Lehrplan Baden-Württemberg: Kultus und Unterricht 1983, N 262) und stilisiert die Region zur Idylle, fernab den Unbilden unserer Tage.

So wie die Restabilisierung des Geschichtsunterrichts an den Schulen in vielen Fällen mit dem Rückzug auf den alten Stoffkanon und den abgestandenen Methoden des Geschichtsunterrichts vor der Reform einherging (die neuesten Geschichtslehrbücher dokumentieren diesen Trend), so muß auch befürchtet werden, daß der behauptete „Basiskonsens über Gegenstandsbereich, Aufgaben und Möglichkeiten" der Geschichtsdidaktik (Jakobi 1984, 248) in Wirklichkeit gar nicht existiert und diese Behauptung nur dazu angetan ist, geschichtsdidaktische Innovationen zu lähmen. Es muß befürchtet werden, daß sich Geschichtsunterricht und Geschichtsdidaktik bereits wieder auf dem Weg in die fünfziger Jahre befinden.

Literatur

Berg, C.: Institutionalisierung von Erziehung — Schule als Institution der Gesellschaft und als Staatsanstalt, in: *Berg, C.,* u. a.: Einführung in die Erziehungswissenschaft, Köln 1976, 16 — 40

Bergmann, K.: Warum sollen Schüler Geschichte lernen?, in: *Gd* 1 (1976), 3 — 14

Bergmann, K. / Schneider, G. (Hrsg.): Gesellschaft — Staat — Geschichtsunterricht. Beiträge zu einer Geschichte der Geschichtsdidaktik und des Geschichtsunterrichts von 1500 bis 1980, Düsseldorf 1982

Deutsche Schulkonferenzen, Bd. I, Glashütten 1972 (Nachdruck der Ausgabe 1891)

Dörr, M.: Geschichtsdidaktik in der Bundesrepublik Deutschland — Neuere Entwicklungen, gegenwärtige Positionen, in: *Twellmann, W.* (Hrsg.): Handbuch Schule und Unterricht, Bd. 5.1, Düsseldorf 1981, 429 — 446

Herbst, K.: Didaktik des Geschichtsunterrichts zwischen Traditionalismus und Reformismus, Hannover u. a. 1977

Hoffmann, E.: Öffentliche Geschichtskultur und Entwicklung der Geschichtsdidaktik in der Bundesrepublik Deutschland, in: *Pellens, K.,* u. a. (Hrsg.): Geschichtskultur — Geschichtsdidaktik. Internationale Bibliographie, Paderborn u. a. 1984, 91 — 121

Jacobi, F.-J.: Didaktik der Geschichte. Zu Aufgaben und Möglichkeiten einer neuen Disziplin im Kanon der historischen Wissenschaften, in: *Kröll, U.* (Hrsg.): Historisches Lernen in der Erwachsenenbildung, Münster 1984, 248 — 263

Jeismann, K. E.: Didaktik der Geschicht, in: *Kosthorst, E.* (Hrsg.): Geschichtswissenschaft. Didaktik — Forschung — Theorie, Göttingen 1977, 9 — 33

Kerschensteiner, G.: Staatsbürgerliche Erziehung der deutschen Jugend, 2. Aufl. Erfurt 1901

Kosthorst, E. (Hrsg.): Geschichtswissenschaft. Didaktik — Forschung — Theorie. Göttingen 1977

Kuhn, A.: Geschichtsdidaktik seit 1968, in: *Bergmann, K. / Schneider, G.* (Hrsg.): Gesellschaft — Staat — Geschichtsunterricht. Beiträge zu einer Geschichte der Geschichtsdidaktik und des Geschichtsunterrichts von 1500 bis 1980, Düsseldorf 1982, 415 — 443

Pandel, H.-J.: Didaktik der Geschichte als Reflexionsinstanz historischen Denkens, in: *Twellmann, W.* (Hrsg.): Handbuch Schule und Unterricht, Bd. 5.1, Düsseldorf 1981, 447 — 457

Quandt, S.: Erich Weniger (1894 — 1961), in: *Quandt, S.* (Hrsg.): Deutsche Geschichtsdidaktiker des 19. und 20. Jahrhunderts, Paderborn 1978, 327 — 364
Robinsohn, S. B.: Bildungsreform als Revision des Curriculums, 2. Aufl. Neuwied 1971
Rüsen, J.: Historik und Didaktik. Ort und Funktion der Geschichtstheorie im Zusammenhang von Geschichtsforschung und historischer Bildung, in: *Kosthorst, E.* (Hrsg.): Geschichtswissenschaft. Didaktik — Forschung — Theorie, Göttingen 1977, 48 — 64
Schörken, R.: Kriterien für einen lernzielorientierten Geschichtsunterricht, in: *Jäckel, E. / Weymar, E.* (Hrsg.): Die Funktion der Geschichte in unserer Zeit, Stuttgart 1975, 34 — 47
Wehler, H.-U.: Das deutsche Kaiserreich 1871 — 1918 (Deutsche Geschichte, Bd. 9), 2. Aufl. Göttingen 1975
Weniger, E.: Die Grundlagen des Geschichtsunterrichts. Untersuchungen zur geisteswissenschaftlichen Didaktik, Leipzig / Berlin 1926
— Neue Wege im Geschichtsunterricht, Frankfurt 1949
— Didaktik als Bildungslehre, Teil 1, 2. Aufl. Weinheim 1956; Teil 2, Weinheim 1960

Historisches Lernen in der Grundschule

Hans-Dieter Schmid

Begriff

Der Begriff „historisches Lernen", gebildet in Analogie zu den Begriffen „politisches Lernen" bzw. „soziales Lernen", wird in den letzten Jahren zunehmend häufiger zur Bezeichnung des Gesamtkomplexes *historischer Ziele, Inhalte* und *Verfahren* im Rahmen des *Sachunterrichts der Grundschule* gebraucht (vgl. etwa Huhn 1977). Gegenüber älteren Bezeichnungen „Geschichte" oder gar „Geschichtsunterricht auf der Primarstufe" (so noch das Themenheft Gd 2, 1977, H. 2) hat er den Vorzug, sich schon begrifflich vom systematischen Geschichtsunterricht der Sekundarstufen abzuheben und stärker die didaktische Konzeption des Sachunterrichts und die Lernbedürfnisse und Lernfähigkeiten von Schülern der Grundschule zu berücksichtigen, verstanden als einer eigenständigen Schulform, deren Funktion sich nicht in der Vorbereitung des fachlichen Sekundarstufenunterrichts erschöpft. Damit wird zugleich eine einseitige Festlegung auf ein ausschließlich fachpropädeutisches Konzept historischen Lernens im Primarbereich, die die älteren Begriffe nahelegten, vermieden.

Entwicklung

Bis in die zweite Hälfte der sechziger Jahre galt die Grundschule als „Schulbereich der ruhig reifenden Kinder" (Deutscher Ausschuß 1962, zitiert nach Neuhaus 1974, 40). Grundlage für diese Konzeption der Grundschule als Schonraum war die traditionelle Entwicklungspsychologie, die die kindliche Entwicklung als endogen gesteuerten *Reifungsprozeß* sah, der sich in qualitativ unterscheidbaren *Phasen* vollziehe. Der Grundschule kam nach dieser Auffassung die Aufgabe zu, möglichst behutsam und ohne Leistungsdruck und Verfrühungen dafür zu sorgen, daß die kindlichen Anlagen sich entfalten konnten.

Dem Reifungs- und Phasenmodell der Psychologie entsprach auf der pädagogischen Seite die Idee der *volkstümlichen Bildung* als einer eigenständigen, kindgemäß-ganzheitlich und anschaulich-konkret-praktisch ausgerichteten Bildungsform, die sich fundamental von der abstrakt-lebensfernen, wissenschaftlichen Bildung unterscheiden sollte. Zentrum und Kristallisationskern der volkstümlichen Bildung in der Grundschule war die *Heimatkunde*, meist konzipiert als Zentralbereich eines heimatkundlichen Gesamtunterrichts. Die Ideologisierung des Heimatbegriffs als „erlebte und erlebbare Totalverbundenheit mit dem Boden" und „geistiges Wurzelgefühl" (Spranger 1923, zitiert nach Beck / Claussen 1976, 40) führte dabei jedoch zu Verzerrungen der Realität, die der postulierten Aufgabe der Heimatkunde, „der geistigen Durchdringung, Klärung und Ordnung der kindlichen Lebenswirklichkeit" zu dienen (Bildungsplan Baden-Württemberg 1958, zitiert nach Neuhaus 1974,

216), entgegenstanden: In einer dezidiert kulturpessimistischen Haltung wurde Heimat vorwiegend verstanden als eine ländlich-agrarische, allenfalls noch handwerklich geprägte, insgesamt als eine „heile" vorindustrielle Welt. Vermittlung einer harmonistischen Gemeinschaftsideologie und Weckung emotionaler Bindungen an eine so verstandene, geographisch eng begrenzte Heimat waren daher weithin hervorstechende Merkmale der Heimatkunde.

Inhaltlich wurden in der Heimatkunde vorwiegend erdkundliche, aber vor allem auch biologische und geschichtliche Themen aus dem heimatlichen Lebensbereich der Kinder behandelt. Gegenstand der *geschichtlichen Heimatkunde* waren vor allem Heimatsagen und heimatgeschichtliche Einzelbilder, die meist an geschichtliche Überreste oder Denkmäler anknüpften und häufig als „Bericht von erzählenswerten Taten heimatlicher Menschen" (Fiege 1967, 97) konzipiert waren. Im Mittelpunkt des Unterrichts stand dementsprechend die kindertümliche Geschichtserzählung (Beispiele bei Lampe 1976, 28 ff.).

Zusätzlich gerechtfertigt wurde dieser „Ausgang des Geschichtsunterrichts von der Heimatgeschichte" durch eine an der *Entwicklungspsychologie* orientierte Psychologie des Geschichtsunterrichts: „Die Begegnung mit dem in die Gegenwart hereinragenden vergangenen Ereignis der Heimatgeschichte schafft eine Art historisches Urerlebnis der Zurücksetztwerdens" (Roth 1955, 71 f.). Sie lieferte damit zugleich der geschichtlichen Heimatkunde eine spezifisch geschichtsdidaktische Zielsetzung, die neben das Ziel der Identifikation mit der Heimat trat. Eigentlich historisch-politische Ziele blieben dabei ausgespart, da – wie noch 1967 unter Berufung auf die Ergebnisse der Entwicklungspsychologie postuliert wurde – „die Kinder der Grundschule geschichtliche Zusammenhänge auf keinen Fall zu erfassen vermögen" (Fiege 1967, 93).

Ab Mitte der sechziger Jahre wurde die Heimatkunde und die Schonraum-Konzeption der Grundschule von mehreren Seiten her zunehmend in Frage gestellt. Unter dem Stichwort „Bildungskatastrophe" (Picht) wurde der Zusammenhang zwischen Bildung und Wirtschaftswachstum diskutiert. Dies konnte nicht ohne Auswirkungen auf die Grundschule bleiben, zumal in den USA unter dem Eindruck des Sputnik-Schocks (1957) bereits mehrere naturwissenschaftliche Grundschulcurricula entwickelt worden waren. Zugleich wurde durch die Kritik der Lern- und der Sozialisationstheorie an der älteren Entwicklungspsychologie der bestehenden Grundschule gewissermaßen die Basis entzogen. Verstärkend kam hinzu, daß zentrale Konzepte der Grundschule wie „Heimat" und „volkstümliche Bildung" ebenso wie das Prinzip „Vom Nahen zum Fernen" wegen ihrer politischen und ideologischen Implikationen nun verstärkt ins Kreuzfeuer der Kritik gerieten. Der Erziehung in der Grundschule, und besonders der Heimatkunde, wurden *Entpolitisierung, Affirmation* und *Anpassung* an den status quo vorgeworfen: „Die als wertvoll und erstrebenswert herausgestellten Eigenschaften des volkstümlichen Menschen sind die typischen Kennzeichen des Untertanen, der bescheiden und gottergeben in seinem Stande lebt und unreflektiert gegebenen Ordnungen gehorcht" (Neuhaus 1974, 105).

Diese Faktoren führten ab Ende der sechziger Jahre zur Ablösung der Heimatkunde durch den *Sachunterricht*. Wesentliche Impulse zur Konzeption des neuen Sachunterrichts, besonders des naturwissenschaftlichen Bereichs, kamen aus den USA. Eine zentrale Rolle spielte dabei der amerikanische Psychologe Jerome S. Bruner (vgl. Beck / Claussen 1976, 98 ff.), der nicht nur als erster die Orientierung auch der Grundschule an der Struktur der entsprechenden Wissenschaftsdisziplinen und damit die prinzipielle *Wissenschaftsorientierung* der Grundschularbeit propagierte, sondern zugleich auch die *psychologische Rechtfertigung* dazu lieferte mit seiner berühmt gewordenen, optimistischen Hypothese, daß jedem Kind „auf jeder Entwicklungsstufe jeder Lehrgegenstand in einer intellektuell ehrlichen Form erfolgreich gelehrt werden" könne (Bruner 1960, zitiert nach Schmid 1978, 109). Der wissenschaftsorientierte Curriculumansatz Bruners wurde in der Folge in zwei unterschiedlichen Ausprägungen für den Sachunterricht relevant, einem *begriffsorientierten* („Basiskonzepte") und einem *verfahrensorientierten* („Prozesse als Inhalt"). Andere Konzepte, die im Anschluß an die Robinsohnsche Curriculumtheorie stärker den Schüler und seine gegenwärtigen und künftigen Lebenssituationen in den Mittelpunkt stellen, wurden dagegen erst später wirksam.

Lehrpläne

Wichtigster Orientierungspunkt für die Gestaltung der neuen Lehrpläne für den Sachunterricht in der Bundesrepublik Deutschland war der *Strukturplan des Deutschen Bildungsrates* von 1970, der den damaligen Diskussionsstand zusammenfaßte und daraus Zieldaten für eine Reform des Primarbereichs entwickelte. An erster Stelle stand dabei die neue Forderung nach *Wissenschaftsorientierung*, verstanden als „prinzipielle wissenschaftliche Orientierung der Lerninhalte und Lernprozesse". Die Orientierung an der Umwelt der Schüler wurde zwar beibehalten, das damit verbundene Ziel aber charakteristisch umformuliert als „Vorbereitung eines modernen Umweltverständnisses auf wissenschaftlicher Grundlage" (Strukturplan 1970, zitiert nach Neuhaus 1974, 289). In der Tendenz ergab sich daraus eine Verstärkung des schon teilweise für die Heimatkunde vertretenen Prinzips der *Fächerpropädeutik* (zum Beispiel Fiege 1967). Außerdem forderte der Strukturplan, neue Inhalte in den Sachunterricht aufzunehmen, insbesondere aus den Naturwissenschaften und den Sozialwissenschaften.

Die seit 1969 erschienenen Lehrpläne für den Sachunterricht orientierten sich durchweg an diesen Zieldaten, wenn auch mit unterschiedlicher Gewichtung. In den ersten Lehrplänen stand der propädeutische Charakter des Sachunterrichts im Vordergrund; entsprechend waren sie in der Regel nach den Fächern der Sekundarstufe gegliedert (Nordrhein-Westfalen 1969 bzw. 1973; Berlin 1970; Bayern 1971; Rheinland-Pfalz / Saarland 1971). Die späteren Lehrpläne gingen stärker von der Lebenswirklichkeit der Schüler, von Sozialisationsbereichen oder Situationen aus, so daß insbesondere der gesellschaftswissenschaftliche Bereich nicht weiter fachlich untergliedert war.

Dies gilt für die seit 1978 erscheinende *zweite Generation* der Lehrpläne uneingeschränkt nur noch für den hessischen (1979), nur mit Einschränkungen dagegen für den schleswig-holsteinischen (1978), den Hamburger (1979), den niedersächsischen (1982) und den rheinland-pfälzischen Lehrplan (1984), während andererseits im Saarland auch der neue Lehrplan (1983) wieder explizit fachlich gegliedert ist. Die übrigen Pläne der zweite Generation sind zwar nach Erfahrungs-, Arbeits- oder Lernbereichen strukturiert, diese lehnen sich aber ebenfalls stark an die Fächer der Sekundarstufe an (Bayern 1981; Baden-Württemberg und Bremen 1984). Als weitere Tendenz ist bei diesen neuen Lehrplänen wieder eine Hinwendung zur Heimat festzustellen, die in einigen Ländern sogar zur Umbenennung des Faches in Heimat- und Sachunterricht bzw. -kunde geführt hat (Schleswig-Holstein, Baden-Württemberg; Bayern), in anderen immerhin zur inhaltlichen Hervorhebung des Heimatgedankens (Niedersachsen, Rheinland-Pfalz).

Der *Stellenwert historischen Lernens* ist in den einzelnen Lehrplänen recht unterschiedlich; allerdings hat durch die neuen Lehrpläne insofern eine gewisse Angleichung stattgefunden, als es in den heute gültigen Lehrplänen historisches Lernen nicht mehr nur als Einzelaspekt innerhalb mehrperspektivisch angelegter Themen gibt, wie dies noch in einigen Lehrplänen aus der ersten Hälfte der siebziger Jahre der Fall war. Eigene historische Themen enthalten inzwischen alle Lehrpläne, allerdings zum Teil auf verschiedene Lernbereiche verteilt (Schleswig-Holstein, Hamburg, Hessen). Andererseits enthalten nur die noch fachlich gegliederten Lehrpläne von Berlin (1970) und dem Saarland (1983) sowie der ähnlich strukturierte bayerische Lehrplan einen eigenen historischen Lernbereich. In den meisten Lehrplänen erscheint Geschichte inzwischen schwerpunktmäßig als Teillernbereich, etwa zusammen mit Geographie, unter dem Titel „Orientieren in Raum und Zeit", wobei häufig daneben noch einzelne historische Themen oder Themenaspekte in anderen Lernbereichen vorkommen.

Inhaltlich hat sich in den letzten Jahren fast so etwas wie ein Kanon geschichtlicher *Themen* herausgebildet. Dieser sieht für das 1. und 2. bzw. 3. Schuljahr unter dem allgemeinen Lernziel der Zeitbegriffsbildung fast durchgängig Themen wir Uhr, Kalender, Lebenszeitleiste und Generationsfolge vor. Im 3. und 4. Schuljahr wird dann eine Reihe eigentlich historischer Themen vorgeschrieben, die zeitlich und sachlich weiter ausgreifen. Dabei dominieren Stoffe aus der Lokal- und Regionalgeschichte, die nun vereinzelt auch wieder Heimatgeschichte genannt wird. Spezifisch heimatkundliche Zielsetzungen und Methoden sind jedoch nur im bayerischen Lehrplan wieder aufgenommen worden, während der niedersächsische und der rheinland-pfälzische allenfalls Ansätze erkennen lassen. Neben den lokal- und regionalgeschichtlichen Themen gibt es noch eine Vielzahl unterschiedlichster Themen, die sich in der Regel auf die geschichtliche Dimension der Erfahrungswelt der Schüler beziehen, etwa auf die Sozialisationsbereiche Familie und Schule oder — noch häufiger — auf die Bereiche Wohnen und Arbeit.

Unter den allgemeinen *Zielen* historischen Lernens — soweit solche überhaupt formuliert werden — erscheint neben der bereits genannten Zielsetzung der Zeitbegriffsbildung am häufigsten, daß die Schüler einfache historische Vergleiche („früher und heute") anstellen, Veränderungen oder Entwicklungen erkennen, auch Gründe dafür angeben können sollen. Vereinzelt wird neben Wandel und Entwicklung auch auf Kontinuität und auf das Gewordensein gegenwärtiger Verhältnisse abgehoben: Durch die Beschäftigung mit der Vergangenheit soll zur Aufklärung gegenwärtiger Verhältnisse beigetragen oder doch zumindest der Blick für diese geschärft werden. Noch allgemeiner wird gelegentlich formuliert, daß durch historisches Lernen in der Grundschule geschichtliches Denken angebahnt und Geschichtsverständnis oder Geschichtsinteresse geweckt werden sollen.

Insgesamt nimmt jedoch Geschichte in den Lehrplänen keine herausragende Stellung ein, wie der vorsichtige Versuch einer *quantitativen Analyse* zeigt, die allerdings in einigen Fällen nur relativ grobe Annäherungswerte ergibt. Immerhin lassen sich etwa drei Gruppen erkennen, bei denen der Anteil der historischen Themen am gesamten Sachunterricht auf jeweils ca. 15 % (Bayern, Bremen), ca. 10 % (Baden-Württemberg, Berlin, Rheinland-Pfalz und, mit etwas geringerem Anteil, Hamburg) und ca. 5 % (Hessen, Niedersachsen, Saarland, Schleswig-Holstein und, mit dem geringsten Anteil von ca. 3 %, Nordrhein-Westfalen) anzusetzen ist. Auch hier ist im ganzen eine gewisse Angleichung festzustellen, insbesondere ist in den neuen oder überarbeiteten Lehrplänen jener Länder, in denen bisher historisches Lernen fast ausgeschlossen war, der Stellenwert von Geschichte zum Teil erheblich erhöht worden.

Fachdidaktische Konzepte historischen Lernens

Die Lehrpläne und die auf ihnen basierenden und daher ein ebenso vielfältiges Bild bietenden Lehrbücher für den Sachunterricht sind weitgehend ohne Beteiligung von Geschichtsdidaktikern entstanden. Da die Geschichtsdidaktik in diesen Jahren durch die vielzitierte „Krise des Geschichtsunterrichts" sehr stark darauf konzentriert war, allgemeine Legitimationsfragen zu diskutieren und den Abbau des Geschichtsunterrichts der Sekundarstufe zu verhindern, blieben die Veränderungen im Grundschulbereich weitgehend unbemerkt. So kann man erst ab etwa 1973/74 von ersten Ansätzen einer fachdidaktischen Diskussion über historisches Lernen in der Grundschule sprechen. Die seitdem entwickelten Konzepte orientieren sich ebenfalls an den Zieldaten des Strukturplans und lassen sich in der Regel zumindest schwerpunktmäßig einer der genannten Curriculumkonzeptionen zuordnen

Auch bei den fachdidaktischen Konzepten spielte zunächst das Postulat der *Wissenschaftsorientierung* eine entscheidende Rolle. Im Extrem wurde dabei unter einer „wissenschaftsorientierte(n) Strukturierung" historischen Lernens die propädeutische Behandlung *historischer Grundwissenschaften* wie Chronologie, Genealogie, Quellenkunde etc. verstanden (Kirchhoff 1974, 109). Ein anderer, eher (schul-)fachpropädeutischer Ansatz setzt offenbar die Struktur der Wissenschaft mit der Strukturierung der Geschichte in *Epochen* gleich und kommt von daher zu einem ersten Durchgang durch die Geschichte mit Hilfe kindgemäßer Einzelbilder von der Urzeit bis zum Zweiten Weltkrieg. Dies gilt vor allem für Konzepte, die sich am bayerischen Lehrplan orientieren (zum Beispiel Kosteletzky 1978).

Wissenschaftsorientierung wurde jedoch auch als Problem empfunden, vor allem dann, wenn aus den Ergebnissen der Entwicklungspsychologie abgeleitet wurde, daß in der Grundschule „ein Unterricht, der dem komplexen Gegenstand Geschichte gerecht werden soll", noch nicht möglich sei (Glöckel 1975, 52). Als Ausweg bot sich die Orientierung an den *Verfahren der Wissenschaft* an. Das Ziel historischen Lernens wurde demnach darin gesehen, daß der Schüler „die Methode geschichtlichen Erkennens lernt" (Glöckel 1975, 62) bzw. „sich im Nachvollzug wissenschaftlicher Arbeitsmethoden" mit geschichtlichen Gegenständen auseinandersetzt (Neukum 1973, 147). Ebenfalls stark verfahrensorientiert, wenn auch ohne entwicklungspsychologische Prämisse, ist das Konzept historischen Lernens als „grundlegendes Training des geschichtlichen Denkens" (Hug 1974). Gemeinsam ist allen diesen Konzepten, daß sie die Wissenschaftsorientierung historischen Lernens darin sehen, daß die Schüler „die gleichen geistigen Operationen vollziehen können, wie sie der Historiker vollzieht, wenn auch in elementarisierter Form" (Huhn 1977, 159). Dies bedeutet methodisch die Ablösung der Geschichtserzählung durch einen *Arbeitsunterricht* auf der Basis von historischen Quellen im weitesten Sinn.

Noch wenig entwickelt sind Versuche, wissenschaftsorientiertes historisches Lernen von *Grundbegriffen* und *Basiskonzepten der Wissenschaft* aus — wie Zeit, Veränderung, sozialer Wandel etc. — zu konstituieren (Schmid 1978). Immerhin besteht zwischen den neueren Ansätzen, auch denen verfahrensorientierter Art, insofern Übereinstimmung, als sie sich fast durchgängig auf jene Richtung der Geschichtswissenschaft stützen, die sich als historisch-kritische Sozialwissenschaft versteht, u. a. mit dem Argument, daß *Sozialgeschichte* den Erfordernissen der Grundschule besonders entgegenkommt und die meisten Ansatzpunkte für einen integrierten sozialwissenschaftlichen Unterricht bietet.

Der Versuch, entsprechend der Entwicklung der allgemeinen Diskussion über den Sachunterricht nicht mehr die Wissenschaftsorientierung oder die Fachpropädeutik, sondern wieder den *Schüler und seine Umwelt* in das Zentrum didaktischer Überlegungen zu stellen mit dem Ziel, „die Umwelt der Kinder für die Kinder durchschaubarer zu machen" (Lampe 1976, 14), hat im historischen Bereich bisher noch keine befriedigende Lösung gefunden. Ein solcher Ansatz setzt *empirische Forschung* zur historisch-politischen Sozialisation von Grundschulkindern voraus, deren Fehlen zwar allenthalben beklagt, die aber noch nirgends auf breiterer Basis in Angriff genommen wurde. Dieses Defizit auszugleichen, dürfte eine der wichtigsten Zukunftsaufgaben geschichtsdidaktischer Forschung sein. Daneben wird es auch darum gehen, neue Ansätze und Methoden der Geschichtswissenschaft wie Alltagsgeschichte und oral history für die Grundschule didaktisch fruchtbar zu machen.

Literatur

Ackermann, P.: Einführung in den sozialwissenschaftlichen Sachunterricht, München 1976
Beck, G. / Claussen, C.: Einführung in Probleme des Sachunterrichts, Kronberg 1976
Buhr, H. de (Hrsg.): Unterrichtsbeispiele für die Grundschule. Geschichte – Politik, Köln 1978
Fiege, H.: Der Heimatkundeunterricht, Bad Heilbrunn 1967
Glöckel, H.: Fachgemäßheit und Kindgemäßheit im grundlegenden Geschichtsunterricht, in: *Bauer, H. F.*, u. a.: Fachgmäße Arbeitsweisen im Sachunterricht der Grundschule, 3. Aufl. Bad Heilbrunn 1975, 52 – 97
Hänsel, D. / Klemm, K.: Lernen in der Grundschule. Ziele und Konsequenzen der Grundschulreform, Weinheim / Basel 1977
Hantsche, I. / Schmid, H.-D. (Hrsg.): Historisches Lernen in der Grundschule, Stuttgart 1981
Hug, W.: Wozu Geschichte in der Primarstufe?, in: *Sachunterricht und Mathematik in der Grundschule* 2 (1974), 280 – 286
Huhn, J.: Elementare Formen historischen Lernens, in: *Gd* 2 (1977), 149 – 165
Kirchhoff, H. G.: Chronologie in der Grundschule, in: *Filser, K.* (Hrsg): Theorie und Praxis des Geschichtsunterrichts, Bad Heilbrunn 1974, 99 – 110
Kosteletzky, H.: Geschichte in der Grundschule, 2. Aufl. Donauwörth 1978
Lampe, K.: Geschichte in der Grundschule, Kronberg 1976
Neuhaus, E.: Reform des Primarbereichs, Düsseldorf 1974
Neukum, J.: Geschichte in der Grundschule, in: *Katzenberger, L. F.* (Hrsg.): Der Sachunterricht der Grundschule in Theorie und Praxis, Bd. 1, Ansbach 1972, 145 – 160
Roth, H.: Kind und Geschichte. Psychologische Voraussetzungen des Geschichtsunterrichts in der Volksschule (1955), 5. Aufl. München 1968
Schmid, H.-D.: Sozialgeschichte in der Grundschule. Überlegungen zu Zielen und Inhalten eines historischen Themenbereichs im Sachunterricht der Primarstufe, in: *Sachunterricht und Mathematik in der Primarstufe* 6 (1978), 106 – 112
Voit, H.: Geschichtsunterricht in der Grundschule, Bad Heilbrunn 1980

Geschichtsunterricht in der Haupt- und Realschule

Hans-Jürgen Pandel

Die Geschichte des Geschichtsunterrichts an den Volksschulen (heute: Hauptschulen) ist gekennzeichnet durch Eingriffe des Staates in Reaktion auf die oppositionellen Bestrebungen des liberalen Bürgertums und des anwachsenden und sich in der Sozialdemokratie organisierenden Proletariats. Ob Geschichtsunterricht als ein Unterrichtsfach mit eigenen Stundenanteilen verstanden werden sollte oder nicht, war dabei kein prinzipielles Problem, sondern eine Frage der politischen Zweckmäßigkeit. Als Unterrichtsprinzip wie als Unterrichtsfach war Geschichtsunterricht im 19. Jahrhundert eine obligatorische

Veranstaltung geworden, die als pflichtmäßige Sozialisationsinstanz die Identität des sozialen Systems durch Gesinnungsbildung sichern sollte. Der Geschichtsunterricht verfügte Loyalität und sicherte verbindliche Identifikationen. Vaterlandsliebe, Gottesfurcht sowie Achtung und Liebe zur Herrscherfamilie waren die dominanten Zielsetzungen.

Geschichtsunterricht als Fach

Die Geschichte des Geschichtsunterrichts an Volksschulen ist nicht identisch mit der Geschichte des Unterrichtsfaches Geschichte. Bis 1872 gab es in Preußen an den Voklsschulen historischen Unterricht nur im Zusammenhang mit anderen Unterrichtsfächern (Religion und Lesen). Geschichte war mehr Unterrichtsprinzip als Unterrichtsfach. Im Gegensatz zur Volksschule stellten die unterschiedlichen Konzeptionen von Realschule bei aller Betonung der naturwissenschaftlichen Realien die Existenz eines historischen Unterrichtsfaches nicht in Zweifel. Die *Institutionalisierung* des Unterrichtsfaches Geschichte an den Volksschulen erfolgte erst durch die „Allgemeinen Bestimmungen betreffend das Volksschul-, Präparanden- und Seminarwesen" vom 15. Oktober 1872.
Die Institutionalisierung des Geschichtsunterrichts als Fach scheint in den achtziger Jahren des 19. Jahrhunderts, wenn vielleicht auch nicht ursächlich bewirkt, so doch zumindest durch den beginnenden Kulturkampf und durch die Auseinandersetzung mit der Sozialdemokratie begünstigt und gefördert worden zu sein. In der Auseinandersetzung mit dem politischen Katholizismus erschien der Religionsunterricht nicht mehr selbstverständlich als ein ausschließlich auf den Staat bezogenes Gesinnungsfach. In der Institutionalisierung des Geschichtsunterrichts als eines eigenen Unterrichtsfachs dokumentiert sich ein staatliches Interesse an einem eigenen *Gesinnungsfach*. Ende des 19. Jahrhunderts wird Geschichtsunterricht zum Instrument gegen die Sozialdemokratie. Hier zeigt sich das Interesse des Staates und der in ihm und über ihn herrschenden Machtgruppen an einer bestimmten Sicht von Geschichte und damit an der *Funktionalisierung von Geschichte*.

Schulformbezogene Didaktik und Stufendidaktik

Bis in die sechziger Jahre dieses Jahrhunderts gab es fast keine didaktischen Gemeinsamkeiten zwischen dem Geschichtsunterricht der „niederen" und dem der „höheren" Schulen. Die Wurzeln dafür reichen bis an den Anfang des 19. Jahrhunderts zurück. Als sich der Neuhumanismus gegen die Tradition der Aufklärung durchsetzt, werden dem „niederen" und „höheren" Schulwesen *unterschiedliche Zielsetzungen* gegeben. Johann Friedrich Herbart beschreibt 1818 die unterschiedlichen Zielsetzungen für Gymnasien und Realschulen: „Wollen wir dem Gymnasiasten und den Hauptschüler kurz vergleichen? Jener lebt in der Vergangenheit und dieser in der Gegenwart. Jener will sich bilden, dieser will nach außen hin handeln." Ziele, Inhalte und Methoden werden für die drei Schulrichtungen scharf voneinander getrennt.

Die unterschiedlichen Lehrpläne, Schulbücher und didaktischen Konzeptionen des Geschichtsunterrichts unterstützten bis in die sechziger Jahre die soziale Selektion und gesellschaftspolitische Affirmation des *dreigliedrigen Schulsystems*. Die Basis dafür lag in der unterschiedlichen *Geschichtslehrerausbildung*. Die Vertreter der einzelnen Schulrichtungen wandten sich dann seit dem 19. Jahrhundert unterschiedlichen Bezugswissenschaften zu. Das höhere Schulwesen, einschließlich weiter Teile des Realschulwesens, versuchte sich im Selbstverständnis stark an die Geschichtswissenschaft anzulehnen; die seminaristisch gebildeten Lehrer verstanden sich dagegen vorwiegend als Pädagogen. Bis in die jüngste Gegenwart divergieren die *Lehrpläne* noch nach einzelnen Schulformen. Den Hessischen Rahmenrichtlinien für Gesellschaftslehre von 1972 kommt das Verdienst zu, erstmals in der deutschen Schulgeschichte ein Richtlinienkonzept vorgelegt zu haben, das nicht an Schulformen (Haupt-, Realschulen, Gymnasien), sondern an *Schulstufen* (Primarstufe, Sekundarstufe I, Sekundarstufe II) orientiert ist. Die Rahmenrichtlinien gehen von einer gemeinsamen Zielsetzung und einem gemeinsamen Katalog von Themenstichworten für alle Schulformen aus — unabhängig davon, ob ein einheitliches Schulwesen (Gesamtschule) oder ein dreigliedriges Schulsystem zugrunde liegt.

Die Hessischen Rahmenrichtlinien hatten damit die Konsequenz aus der Umorientierung des pädagogisch-didaktischen Denkens der Geschichtsdidaktik von den Schulformen zu den Schulstufen gezogen. Die *schulstufenbezogene Geschichtsdidaktik* faßt dabei die Jahrgänge 5 bis 10 der Haupt- und Realschule sowie der Gymnasien zusammen. Wenn auch unter den politisch-ökonomischen Bedingungen von Lehrstellenverknappung und Jugendarbeitslosigkeit die objektive Situation von Haupt- und Realschülern immer ähnlicher wird, handelt es sich doch bei Haupt- und Realschülern auf der einen und Gymnasiasten auf der anderen Seite um Schüler mit *extrem unterschiedlicher* sozialer Herkunft, Sozialerfahrung, Sozialisationsvorgaben und Zukunftserwartungen. Aber gerade *diesen Problemen* hat sich die stufenbezogene Didaktik eines „Geschichtsunterrichts in der Sekundarstufe I" noch *nicht gestellt*. Dieser Tatbestand ist um so erstaunlicher, als die Geschichtsdidaktik eine Reihe von didaktischen Prinzipien diskutiert und akzeptiert hat, die eine Lösung anzeigen sollen: Schüler- und Interessenorientierung, Ansetzen an den Sozialerfahrungen, sozialisationstheoretische Fundierung und lebensweltliche Fundamentierung. Eine Konkretisierung dieser Prinzipien auf die Bedingungen und Erfahrungen von Hauptschülern ist trotz beachtlicher Einzelleistungen weder in methodischer noch in mediendidaktischer Perspektive in Sicht. Der historische Unterricht in der Hauptschule ist der Prüfstein dafür, wie ernst es der Geschichtsdidaktik mit ihrem Neuansatz des *schülerorientierten* Unterrichts ist und wie es um die Realisierungschancen eines *erfahrungsorientierten* Unterrichts in der Alltagspraxis bestellt ist. Auch die bildungspolitische Forderung nach einer Abschaffung der Hauptschule zugunsten eines *differenzierten Gesamtschulsystems* entbindet die Geschichtsdidaktik nicht davon, ihre didaktischen Prinzipien auf diese Schüler hin, ihre spezifischen Sozialerfahrungen und entmutigenden Zukunftserwartungen, zu konkretisieren und zu zeigen, wie Schülerorientierung bei apathischer Aggressivität und wie Identitätsgewinnung bei ausgeprägter Identifikationsunlust möglich ist.

Rahmenbedingungen des Geschichtsunterrichts

Die wichtigsten Rahmenbedingungen, die den Geschichtsunterricht in Haupt- und Realschule beeinflussen, sind soziale Zusammensetzung und staatliche Lehrpläne. Trotz der Gesamtschulentwicklung in einigen Bundesländern ist das Bildungswesen der Bundesrepublik Deutschland nach wie vor nach dem traditionellen dreigliedrigen System organisiert. Allerdings hat die Kritik am dreigliedrigen Schulsystem dazu geführt, daß die *Verteilung der einzelnen Schülerjahrgänge auf die einzelnen Schulformen* sich geändert hat. Waren es in den sechziger Jahren noch über 80 % der Schüler eines Jahrgangs, die die Hauptschule besuchten, so sind es gegenwärtig 35 bis 56 % (je nach schulischer Organisation in den einzelnen Bundesländern), die mit der Hauptschule den untersten Zweig des dreigliedrigen Selektionssystems besuchen. Von dieser Schülergruppe verlassen wieder ca. 30 % die Hauptschule ohne Schulabschluß. Dabei steigt der Anteil der ausländischen Schüler in der Hauptschule stark an. In manchen Ballungszentren übersteigt er bereits 50 %. Während einerseits diese Entwicklung als „Ausbluten" beklagt wird, halten andere eine „Sterbehilfe" für angebrachter (vgl. Klink 1983). Dieser Entwicklung tragen die staatlichen *Richtlinien und Lehrpläne* in keiner Weise Rechnung. Die staatlichen Vorgaben für den Geschichtsunterricht in Haupt- und Realschulen zeugen immer noch von jener Plan- und Ratlosigkeit der Kultusverwaltungen, die nach dem Fortfall scheinbar gesicherter fachdidaktischer Selbstverständlichkeiten entstanden ist (entwicklungspsychologisch begründete Altersstufen und ihre Affinität zu bestimmten Inhalten; Trennung in Vor- und Hauptkurs; chronologischer Durchgang).
Die lehrplanmäßigen Regelungen für den Geschichtsunterricht in den Richtlinien der einzelnen Bundesländer zeigen ein *uneinheitliches*, von *Konzeptionslosigkeit* gezeichnetes Bild (Dümmler / Graßmann 1978). Nicht einmal zwei Bundesländer stimmen in den Grundzügen und Rahmenbedingungen überein (Beginn des Geschichtsunterrichts, Stundenzahl, Kooperation mit anderen Fächern usw.). Die größten Divergenzen sind in den Angaben zu den Jahrgangsstufen 5 und 6 zu verzeichnen. Nach Fortfall des sogenannten Vorkurses, einer Art Geschichtsunterricht in Form von Geschichtserzählungen, füllten die einzelnen Bundesländer die Leerstelle, wenn überhaupt, unterschiedlich auf.
Eine Reihe von Bundesländern erteilt auf dieser Jahrgangsstufe der Haupt- und Realschule überhaupt keinen Geschichtsunterricht. Andere Bundesländer erteilen Geschichtsunterricht im Rahmen eines Sammelfaches (Weltkunde, Gesellschaftslehre). Obwohl die didaktische Diskussion der Grundschule die Möglichkeit eines propädeutischen Geschichtsunterrichts im Rahmen des Sachunterrichts ausgewiesen hat, soll der sogenannte „eigentliche Geschichtsunterricht" nach dem Selbstverständnis der Kultusminister erst mit dem

7. *Schuljahr* beginnen. Erst für diese Altersstufe ist in *allen* Bundesländern Geschichtsunterricht lehrplanmäßig ausgewiesen.

Auch die Neuentwicklungen der Lehrpläne sind weit von einer Vereinheitlichung auch nur in den didaktischen Grundprinzipien entfernt. Diese Lehrpläne belegen weniger eine mögliche didaktische Vielfalt als vielmehr ein „Chaos". Sie dokumentieren noch immer eindrucksvoll, daß sie zur literarischen Gattung der „pädagogischen Trivialliteratur" (v. Hentig) gerechnet werden müssen.

Trends

Das wichtigste Merkmal der gegenwärtigen Entwicklung kann in dem Versuch der Kultusministerien gesehen werden, Praxis und Wissenschaft, Schule und Hochschule bei der Entwicklung der Vorgaben für den Geschichtsunterricht in diesen Schulformen voneinander zu trennen. Dabei werden mit den Forderungen *„Praxisnähe"* und *„Entideologisierung"* zwei Kampfbegriffe eingebracht, die die Funktion haben, die professionalisierte und institutionalisierte geschichtsdidaktische Diskussion der Hochschulen aus den Überlegungen über die Gestaltung des historischen Unterrichts herauszuhalten. Das ist insofern ein bemerkenswertes Merkmal gegenwärtiger Unterrichtsentwicklung, als diese Forderungen nach Praxisnähe und Entideologisierung auch von denjenigen Kultusministern vertreten werden, deren parteipolitische Ausrichtung sich in den letzten Jahren nicht geändert hat. Diese Postulate haben aber weder mehr Praxisnähe noch weniger Ideologie zum Ergebnis, sondern es werden die *Zugriffsmöglichkeiten der Schuladministration* erhöht, wenn die kritische Instanz Wissenschaft ausgeschaltet wird. Deshalb kann *„Entprofessionalisierung"* als Kennzeichen dieses Trends gelten. Die Entwicklung von Richtlinien und das Verfassen von Schulgeschichtsbüchern erfolgt immer weniger unter Beteiligung von Hochschuldidaktikern. Vertreter der universitären Geschichtsdidaktik werden aus den Richtlinienkommissionen bewußt herausgehalten und die Schulbuchtexte werden nicht mehr von Geschichtsdidaktikern verfaßt. Elemente der neueren geschichtsdidaktischen Diskussion tauchen deshalb auch in den neueren Richtlinien nicht auf (zum Beispiel „Geschichtsbewußtsein", „Geschichte der Frauen"). Die Entwicklungsrichtung, die sich in den letzten 15 Jahren bei der Schulbuchproduktion herausgebildet hat, kehrt sich geradezu um: Es werden von der Geschichtsdidaktik keine didaktischen Konzepte mehr angeboten (die dann selbstverständlich das Genehmigungsverfahren passieren müssen), sondern Schulbücher sind mehr oder minder Auftragsarbeiten der Schuladministration – die Verlängerung der bürokratischen Auflagen in das Schulbuch hinein.

Als Grundsätze des gegenwärtigen Trends lassen sich folgende Komplexe beobachten:

— Lernen wird als Vermittlung reproduktionsfähigen abfragbaren Wissens verstanden;
— Geschichtsunterricht wird als Vermittlung eines Überblickswissens über „die" Geschichte verstanden und in einem festgefügten Kanon fixiert;

- regionale Aspekte werden stark betont:
- emotionale Qualitäten von Geschichte werden hervorgehoben;
- der Nationalsozialismus wird zu einem Phänomen unter anderen der deutschen Geschichte relativiert;
- ein Mythos vom Rückgang auf die „Ursprünge" wird gepflegt.

Diese Grundsätze gehen aus einer neokonservativen „Geschichtsschreibung" der Schulgeschichte hervor, die eine schulische Entwicklung unterstellt, der dort, wo sie nicht pure Geschichtsklitterung ist, jede historische Perspektive fehlt.

Diese *Schulgeschichtsschreibung* unterstellt, daß die Grundsätze, die sie für besonders wichtig erachtet, in den letzten 13 bzw. 15 Jahren der bundesrepublikanischen Schulentwicklung abhanden gekommen seien, obwohl es sich um unverzichtbare Elemente handele. Dabei wird aber übersehen, daß es sich hier um eine Entwicklung (bereits eine Tradition) handelt, die bereits zweihundert Jahre andauert. Das Lernen als Vermittlung von mechanisch reproduzierbaren Zahlen und Daten ist bereits seit dem 18. Jahrhundert kritisiert worden, und es waren nicht zuletzt namhafte Fachhistoriker, die den Zahlenunfug an den Schulen und das mechanische Lernen kritisiert haben. Seit Mitte des 19. Jahrhunderts wird gefordert, daß das Lernen von fertigen Darstellungen (Schulbuchtexte und Geschichts„erzählungen") durch ein forschendes Lernen abgelöst werden müsse. Daß Geschichte als Gegenstand des Unterrichts ein stets revisionsbedürftiger Zusammenhang von Sachverhalten ist, der gerade deshalb lebendig bleibt, weil er für neue Fragen stets offen ist, ist seit den sechziger Jahren geschichtsdidaktische Erkenntnis. Jeder Versuch, Geschichte als festen endgültigen Kanon zu fixieren, ist bereits zum Zeitpunkt seiner Fixierung historisch überholt und läßt Geschichte im Bewußtsein der Schüler zum toten Wissen werden.

Besondere Aufmerksamkeit verdient eine Tendenz, die es unternimmt, den *Stellenwert der Geschichte des Nationalsozialismus* im Unterricht zu relativieren. So richtig es ist, daß die deutsche Geschichte nicht die Geschichte des Nationalsozialismus ist, so falsch ist es, das „Dritte Reich" als bloß eine unter anderen Epochen zu betrachten. In der Tat stellt die Epoche des Nationalsozialismus für diejenigen Versuche ein Hindernis dar, die Geschichtsbewußtsein vornehmlich auf Staats- und Nationalbewußtsein verkürzen. Nach Auschwitz können Tradition und Stolz auf die eigene Geschichte nicht mehr das sein, was sie vordem waren.

Bei der Beschreibung der gegenwärtigen Entwicklungen darf aber keineswegs angenommen werden, daß sie nur von bestimmten politischen Richtungen vorangetrieben würden. Ein Beispiel, wie sich unterhalb und über die parteipolitischen Richtungen hinweg, Strömungen berühren, ist das Konzept der *Regionalität*. In scheinbarer Progressivität wird an den neuen Regionalismus angeknüpft, so daß die Antiquiertheit des Heimatkundekonzepts, sei es als alte völkische oder neue „linke" Heimatkunde, quer durch die politischen Lager geht. Ob rechte genügsame Geordnetheit oder linke Widerständigkeit, beide Varianten des gleichen Trends bleiben im Regionalen und Alltäglichen stecken und übersehen — oder wollen es übersehen wissen —, daß Geschichte ein Arbeits- und Gewaltzusammenhang ist, der in der alltäglichen personalen Beziehung zu fassen ist. Beide Varianten sind in dem Punkt ideologisch, daß sie historisch-gesellschaftliche Veränderungen als personell-individuelle Veränderung des einzelnen beginnen lassen wollen und dadurch den Systemcharakter politisch-ökonomischer Herrschaft unkenntlich machen. Ein moderner Geschichtsunterricht dürfte bei aller Berechtigung von Regionalität und Alltag nicht auf die zentralen Themen des Systemcharakters von Herrschaft und des universalgeschichtlichen Weltmarkt- und Bedrohungszusammenhangs verzichten.

Literatur

Berg, Ch.: Die Okkupation der Schule. Eine Studie zur Aufhellung gegenwärtiger Schulprobleme an der Volksschule in Preußen (1872 – 1900), Heidelberg 1973
Bergmann, K. / Schneider, G. (Hrsg.): Gesellschaft – Staat – Geschichtsunterricht, Düsseldorf 1982
Dietrich, Th. / Klink, J.-G. (Hrsg.): Zur Geschichte der Volksschule, Bd. I: Volksschulordnungen 16. bis 18. Jahrhundert, Bad Heilbrunn 1964
Dümmler, K. / Graßmann, S.: Geschichtsunterricht in der Bundesrepublik Deutschland, in: *GWU* 29 (1978), 629 – 649
Fend, H.: Die Pädagogik des Neokonservativismus, Frankfurt/M. 1984
Giese, G.: Quellen zur deutschen Schulgeschichte seit 1800, Göttingen 1961
Der Hessische Kultusminister (Hrsg.): Rahmenrichtlinien Sekundarstufe I, Gesellschaftslehre, Wiesbaden 1972, 2. Aufl., 1973, letzte Ausgabe: August 1982
Klink, J.-G.: Hauptschule und Realschule, in: *Enzyklopädie Erziehungswissenschaft*, Bd. 8: Erziehung im Jugendalter – Sekundarstufe I, Stuttgart 1983, 198 – 210
Mannzmann, A.: Geschichtsunterricht und politische Bildung unter gesellschaftlicher Perspektive, in: *Mannzmann, A.* (Hrsg.): Geschichte der Unterrichtsfächer II, München 1983, 19 – 73
Maskus, R. (Hrsg.): Zur Geschichte der Mittel- und Realschule, Bad Heilbrunn 1966
Rintelen, K.: Historisch-politische Bildung nach der konservativen Wende, in: *Die Deutsche Schule* 75 (1983), 438 – 448
Scheibe, W. (Hrsg.): Zur Geschichte der Volksschule, Bd. II: 19. und 20. Jahrhundert bis zur Gegenwart, 2. Aufl. Bad Heilbrunn 1974

Geschichtsunterricht in der Sekundarstufe II

Peter Böhning

Nach der totalen Politisierung des Geschichtsunterrichts im Dritten Reich wurde in den Westzonen, später in der Bundesrepublik Deutschland analog zur allgemeinen gesellschaftlichen und politischen Entwicklung auch der

Geschichtsunterricht in die Kontinuität der Weimarer Republik gestellt. Die allgemeinen Ziele lassen deutlich die Verbindung zu den preußischen Richtlinien von 1925 erkennen, wobei in den fünfziger Jahren Partnerschafts- und Harmonievorstellungen auf der einen, Antikommunismus und verstärkte Abgrenzung gegen sozialistische Traditionen auf der anderen Seite wesentlich die inhaltliche Ausrichtung des Geschichtsunterrichts bestimmten. Lerntheoretische Grundlage blieb die Dreistufentheorie (Empfehlung der Kultusministerkonferenz 1953), womit auch der doppelte Kursus durch die Geschichte grundsätzlich erhalten blieb.

Stoffülle, Fächervielfalt und zunehmende Differenzierung wurden in den fünfziger Jahren Probleme des Gymnasiums schlechthin und verschärften die Frage nach der allgemeinen Studierfähigkeit von Abiturienten. Mit der *Saarbrückener ,,Rahmenvereinbarung zur Ordnung des Unterrichts auf der Oberstufe der Gymnasien"* vom 30. 9. 1960 versuchten die Kultusminister, die Schwierigkeiten durch *Beschränkung der Pflichtfächer* in den Primen zu beheben. Geschichte war als eigenständiges Fach in den Klassen 12 und 13 nicht mehr vertreten, sondern sollte zusammen mit Geographie und Sozialkunde integrierender Bestandteil des neuen Faches *Gemeinschaftskunde* werden. Wenn diese Vereinbarungen in der Folgezeit auch recht unterschiedlich gehandhabt wurden, so bedeuteten sie doch eine ernste Herausforderung für das Fach und waren ein Signal in einer sich herausbildenden Legitimationskrise. Geschichte als eigenständiges Fach wurde von verschiedenen Seiten her in Frage gestellt. Während sich die Auseinandersetzung um gesellschaftliche Relevanz und Bedeutung historischer Bildung schwerpunktmäßig im Rahmen der Sekundarstufe I abspielte, wurde Geschichte in der Oberstufe stärker von der Diskussion erfaßt, die innerhalb der Geschichtswissenschaft und in Auseinandersetzung mit anderen sozialwissenschaftlichen Disziplinen um die Überwindung des Historismus und das Theoriedefizit geführt wurden. Voten für die *Eigenständigkeit* des Geschichtsunterrichts können dabei aus unterschiedlichen gesellschaftlichen Funktionsbestimmungen abgeleitet werden. Neben den etablierten, eher konservativen Fachverbänden bemühen sich auch Vertreter eines sogenannten emanzipatorischen Geschichtsunterricht um die Erhaltung des Faches (zum Beispiel Hoffacker / Hildebrandt 1973, 211).

Entscheidend für die derzeitige Entwicklung des Faches in der Sekundarstufe II ist die *,,Vereinbarung der Kultusministerkonferenz zur Neugestaltung der gymnasialen Oberstufe in der Sek II"* vom 7. Juli 1972 geworden, insbesondere da sich mit der Konkretisierung dieser Vereinbarung inzwischen herausgestellt hat, daß sie mit Ausnahme der Fachoberschulen für alle Formen der Sekundarstufe II (Gymnasien, Gesamtschulen, Kollegs, Kollegschule NRW) maßgeblich ist. Das Abitur der neugestalteten gymnasialen Oberstufe soll weiterhin die allgemeine Hochschulreife vermitteln, obwohl im Rahmen des Kurssystems zumindest tendenziell *Gleichwertigkeit aller Fächer*, Schwerpunktbildung und unterschiedliche Spezialisierung angestrebt werden. Als Fächer wurden in der Vereinbarung vom 7. Juli 1972 zunächst Deutsch, Mathematik, Religion und Sport verbindlich gemacht. Alle anderen waren innerhalb eines Systems von Pflicht- und Wahlbereichen, Leistungs- und

Grundkursen wählbar bzw. abwählbar. Damit war Geschichte als *obligatorisch-allgemeinbildendes* Fach der Sekundarstufe II endgültig eliminiert. Erschwerend kam hinzu, daß es außerhalb der Gemeinschaftskunde als Leistungsfach nur mit besonderer Genehmigung der Unterrichtsverwaltung gewählt werden konnte. Inwieweit die allgemeine Forderung, im gesellschaftswissenschaftlichen Aufgabenfeld „werden gesellschaftliche Sachverhalte in struktureller und historischer Sicht erkennbar gemacht", eingelöst wird, hängt jeweils vom Unterricht in den verschiedenen Kursen ab; dadurch besteht ständig die Gefahr, daß die hier vermittelte *historische* Bildung divergent, unkoordiniert und eher zufällig bleibt.

Da die Umsetzung der KMK-Vereinbarung in den einzelnen Bundesländern unterschiedlich verlief, versuchten die Kultusminister, mit zusätzlichen *Regelungen über die Abiturprüfung* (letzte Fassung vom 7. 11. 1974) und den *Beschluß über die einheitliche Durchführung ihrer Vereinbarung* (Lübecker Vereinbarung vom 2. 6. 1977) stärker zu steuern. Das Fach Geschichte hat dabei wieder eine gewisse *Aufwertung* erfahren. Es ist als Leistungsfach uneingeschränkt wählbar und muß, sofern es nicht als eigenständiges Fach unterrichtet wird, „im Rahmen der Gemeinschaftskunde unterrichtet werden". Geschichte steht in Konkurrenz mit anderen Fächern des gesellschaftswissenschaftlichen Aufgabenfeldes, mit denen es sich daher theoretisch und unterrichtspraktisch auseinandersetzen muß. Vorläufige Erhebungen zum Wahlverhalten der Schüler lassen als Tendenz erkennen, daß ca. 15 bis 20 % Geschichte als Leistungskurs wählen; d. h. dem überwiegenden Teil wird historische Bildung über die Grundkurse und gegebenenfalls im Zusammenhang anderer gesellschaftswissenschaftlicher Kurse vermittelt.

Auch nach der Lübecker Vereinbarung ist die Entwicklung des Geschichtsunterrichts der Sekundarstufe II in den einzelnen Bundesländern uneinheitlich. Diese Tendenz dürfte zumindest in naher Zukunft anhalten, denn „zu unterschiedlichen Zeitpunkten werden unterschiedliche Dispositionen über die Struktur der landeseigentümlichen Pläne getroffen" (Huberti 1980, 760). Nach dem Oberstufenurteil des Hessischen Staatsgerichtshofs vom 30. 12. 1981 wird zwar wieder in allen Bundesländern Geschichte als selbständiges Fach unterrichtet, nach wie vor bestehen jedoch zum Teil wesentliche Unterschiede in Umfang und Organisation des Geschichtsunterricht, ebenso in den Zielsetzungen, Methoden, Inhalten und den entsprechenden Stoffplänen.

Die in den letzten Jahren — zum Teil vorläufig — in Kraft gesetzten *Richtlinien* lassen einen Prozeß der Konkretisierung, der Um- und Neugestaltung des Geschichtsunterrichts erkennen. Hier werden Aufgaben- und Problemkomplexe sichtbar, die eine besondere Herausforderung an die Geschichtsdidaktik sind. Die *Strukturierung* des Geschichtsunterrichts in der Sekundarstufe II im Sinne eines Gesamtcurriculums, das Geschichte als Kontinuum erfahrbar macht, wird überwiegend durch Problembereiche, „Rahmenthemen" (Niedersachsen), „Gegenstandsbereiche" (NRW) u. ä. angestrebt, denen Lernziele und „Lernbereiche" (NRW) zugeordnet sind. In der Regel sind in diesem Rahmen synchrone und diachrone Vorgehensweisen möglich. Allerdings sind seit kurzem auch Rückgriffe auf das alte Ordnungsschema eines zweiten chronologischen Durchgangs zu beobachten (Hessen 1983, Baden-Württemberg 1984). Die Kultusminister haben in der Lübecker Vereinbarung die Notwendigkeit von *Sequentialität* zur Sicherung einer gemeinsamen Grundbildung hervorgehoben. Eine Möglichkeit liegt sicher in inhaltlich-thematisch und/oder methodisch aufeinander abgestimmten Folgen (Wolf / Kuropka 1977, 37). Die Richtlinien machen auch hier unterschiedlich detaillierte Vorgaben je nach Systematik und Umfang der verpflichtenden Themenbereiche und Zielkataloge.

Das besondere Problem einer didaktischen *Verzahnung mit dem Geschichtsunterricht der Sekundarstufe I* rückt erst allmählich ins Blickfeld.

Bei der Verteilung verpflichtender Themenbereiche auf die *verschiedenen historischen Epochen* liegt ein deutliches Schwergewicht auf der deutschen und europäischen Geschichte der letzten zweihundert Jahre. Immerhin wird aber durchweg auch die Berücksichtigung der griechisch-römischen Antike, des Mittelalters und der frühen Neuzeit gefordert.

Die wachsende Komplexität der Lerninhalte und die Studienorientierung der Sekundarstufe II verlangen zunehmende *Selbständigkeit der Schüler* und deren Förderung. Arbeitsunterricht und Möglichkeiten des selbstgesteuerten Lernens bleiben nur gewährleistet, wenn eine totale Verplanung des Unterrichts durch verpflichtende Themen- und Stoffkataloge vermieden wird. Die Richtlinien sehen dafür in der einen oder anderen Form ‚Freiräume' vor, die aber vielfach sehr knapp, in einigen Fällen zu knapp bemessen sind.

Literatur

Böhning, P. (Hrsg.): Geschichte und Sozialwissenschaften. Ihr Verhältnis im Lehrangebot der Universität und der Schule (*Neue Sammlung*, Sonderheft 6). Göttingen 1972
— u. a.: Projektunterricht. 5 Jahre Erfahrung am Oberstufen-Kolleg. Auswertung und Beispiele (Arbeitsmaterialien aus dem Bielefelder Oberstufen-Kolleg, Bd. 7), Bielefeld 1980
Geschichte in der Sek. II (diverse Beiträge zum Thema), in: *Geschichte / Politik und ihre Didaktik* 11 (1983), 40 − 101, 150 − 158
Hoffacker, H. / Hildebrandt, K.: Bestandsaufnahme Geschichtsunterricht. Programmatik, Materialien, Perspektiven, Stuttgart 1973
Huberti, F. H.: Zur Lage des Geschichtsunterrichts in der Oberstufe der Gymnasien, in: *GWU* 31 (1980), 754 − 767
Huhn, J.: Politische Geschichtsdidaktik. Untersuchungen über politische Implikationen der Geschichtsdidaktik in der Weimarer Republik und in der Bundesrepublik, Kronberg 1975
Kosthorst, E.: Von der „Umerziehung" über den Geschichtsverzicht zur „Tendenzwende". Selbstverständnis und öffentliche Einschätzung des Geschichtsunterrichts in der Nachkriegszeit, in: *GWU* 29 (1978), 566 − 584
Wolf, H.-G. / Kuropka, J.: Geschichtsdidaktik und Geschichtsbewußtsein, in: *Geschichte / Politik und ihre Didaktik* 5 (1977), 23 − 42

Geschichte in berufsbildenden Schulen

Gerd Rohlfing

Historische und berufliche Bildung

Vor dem historischen Hintergrund des vom Neuhumanismus geprägten Dualismus zwischen Allgemeinbildung und Berufsbildung war historische Bildung über ein Jahrhundert das Privileg gymnasialer bzw. allgemeiner Bildung. Die im Verlauf fortschreitender Industrialisierung im 19. Jahrhundert entstandenen *Fortbildungs- und Gewerbeschulen* beschränkten sich fast ausschließlich auf die *berufsbezogene Fachausbildung* im Interesse einer erwerbswirtschaftlichen Qualifikation für Arbeit und Beruf. Zwar führte das Interesse des Obrigkeitsstaates an einer affirmativen Einbindung des Bürgers in Staat und Gesellschaft Anfang des 20. Jahrhunderts auch zu einer „staatsbürgerlichen Erziehung der Jugend" (Kerschensteiner), die damit verbundene Sozialisationsfunktion wurde aber im Rahmen einer Weiterentwicklung und Institutionalisierung der Berufsbildung durch die *Berufsschule* dem ahistorisch-gegenwartsbezogenen Fach *Bürgerkunde* zugewiesen, das schließlich durch die Weimarer Reichsverfassung (Art. 148) zum verbindlichen Lernbereich für alle Schüler erhoben wurde. Erst mit der Erweiterung der Berufsschule um die *Berufsfachschulen*, die *Fachoberschule* und die *gymnasialen Bildungsgänge* wurden zunehmend Fächer bzw. Lerninhalte übernommen, die bisher eher ein Monopol der allgemeinbildenden Schulen gewesen waren. Das galt in besonderem Maße für die kaufmännischen Schulen, die einerseits wegen des (im Vergleich zu den gewerblich-technischen Schulen) höheren Theorieanteils und Abstraktionsniveaus eine stärkere Affinität zu den allgemeinbildenden Schulen aufweisen, die andererseits aber auch im Hinblick auf die vermittelten Berechtigungen (von der Fachoberschul- über die Fachhochschul- bis zur allgemeinen Hochschulreife) hierzu durch rechtliche Vorgaben gezwungen waren. Im Zuge dieser Entwicklung von der beruflichen Fortbildungsschule zum *berufsbildenden Schulsystem* hat auch historische Bildung Eingang in den Fächerkanon der berufsbildenden Schulen gefunden, ohne allerdings einen den Fächern Deutsch, Fremdsprachen, Religion und Sport vergleichbaren Anteil erlangen zu können.

Historische und politische Bildung in den Schulformen des beruflichen Schulwesens

Gegenwärtig kann für den Stellenwert historischer Bildung in berufsbildenden Schulen folgende Situation skizziert werden, wobei im Hinblick auf die Gliederung des beruflichen Schulwesens eine Differenzierung nach Schulformen notwendig und zweckmäßig erscheint (vgl. dazu KMK-Beschluß vom 8. 12. 1975: Bezeichnungen zur Gliederung des beruflichen Schulwesens).

Vernachlässigt werden in der folgenden Darstellung die nicht in allen Bundesländern vertretene Berufsaufbauschule und die überaus heterogenen Fachschulen).

- Die *Berufsschule* vermittelt als Teil des dualen Systems der Berufsausbildung Auszubildenden, die eine betriebliche Ausbildung absolvieren, in Teilzeitunterricht (an bis zu zwei Wochentagen) oder Blockunterricht (Vollzeitunterricht bis zu 12 Wochen im Jahr) allgemeine und fachliche Lerninhalte unter besonderer Berücksichtigung der Anforderungen der Berufsausbildung.
  Im Fächerkanon dieser Schulform wird *Geschichte nicht explizit ausgewiesen* — weder als eigenständiges Fach noch als Teilfach im Rahmen eines gesellschaftsbezogenen Lernbereichs. Stattdessen dominiert die *politische Bildung* in den Fächern Politik, Gemeinschaftskunde oder Sozialkunde, die im Gegensatz zu der Differenzierung der Berufsschule nach berufsbezogenen Schwerpunktbereichen *nach curricular einheitlichen Vorgaben für alle Schüler* obligatorisch ist. Zwar ermöglichen einige der in den Richtlinien ausgewiesenen Themenkreise einen partiellen Geschichtsunterricht (zum Beispiel ‚Gesellschaft im Wandel' in Nordrhein-Westfalen, ‚Deutschland in der internationalen [Nachkriegs-]Politik' in Rheinland-Pfalz); die vorgegebenen Lernziele enthalten aber keine geschichtsdidaktischen Intentionen, vielmehr sind auch die historischen Fragestellungen Teil der historischen Dimension des Politikunterrichts. Insgesamt wird damit allenfalls eine *präsentistisch-genetische Geschichtsauffassung* erkennbar, die Geschichte zum „Steinbruch" für Ziele des Politikunterrichts reduziert und eine übergreifende historisch-politische Bildung weder anstrebt noch ermöglicht.
- Diese Feststellung gilt im wesentlichen auch für die *Fachoberschule*, die auf der Grundlage der Fachoberschulreife und einer abgeschlossenen Berufsausbildung durch allgemeine, fachtheoretische und fachpraktische Kenntnisse zur Fachhochschulreife führt. Bezeichnend und repräsentativ ist der Bildungsplan für das *Fach Politik* in der Fachoberschule Nordrhein-Westfalen: „Bei der Behandlung d(ies)er politischen Probleme spielen (daher) historische Bezüge nur insofern eine Rolle, als sie zum Verständnis der gegenwärtigen Situation erforderlich sind. Die Geschichte bietet vielmehr wie die Soziologie und die Wirtschaftswissenschaften die Aspekte, unter denen die politischen Probleme zu betrachten sind".
  Lediglich in Bayern werden in der Jahrgangsstufe 12 der Fachoberschule zwei Wochenstunden Geschichte unterrichtet.
- Die *Berufsfachschulen* bereiten in Vollzeitunterricht von mindestens einjähriger Dauer auf die spätere Berufsausbildung und -tätigkeit vor und vermitteln je nach Vorbildung der Schüler die Fachoberschul- oder die Fachhochschulreife. Neben den Berufsfachschulen für Wirtschaft, Technik, Sozialpädagogik, Ernährung und Hauswirtschaft, dem Berufsvorbereitungs- und dem Berufsgrundschuljahr konnte insbesondere die (zweijährige) Höhere Berufsfachschule für Wirtschaft (Berufsoberschule in Bayern, Kaufmännisches Berufskolleg in Baden-Württemberg, Höhere Handelsschule in den anderen Bundesländern) einen zunehmenden Anteil der Schüler mit Fachoberschulreife aufnehmen.
  Während in den meisten Bundesländern der *Politikunterricht vorherrscht*, wird in Bayern eigenständiger Geschichtsunterricht erteilt, in Baden-Württemberg Geschichte mit Gemeinschaftskunde verbunden und in Nordrhein-Westfalen das Integrationsfach Geschichte / Politik ausgewiesen, wobei das Stundenmaß jeweils zwei Wochenstunden beträgt.
- In den zur allgemeinen Hochschulreife führenden *gymnasialen Bildungsgängen* des beruflichen Schulwesens (Fach- bzw. berufliches Gymnasium, gymnasialer Zweig der Höheren Berufsfachschulen, Kollegschule) wird entsprechend der KMK-Vereinbarung zur gymnasialen Oberstufe Geschichte eigenständig oder als Teil eines *gesellschaftlichen Lernbereichs* angeboten.

Integration von historischer und politischer Bildung als didaktischer Lösungsansatz für berufsbildende Schulen

Der insgesamt *geringe Stellenwert der Geschichte* in berufsbildenden Schulen ist nicht nur das Ergebnis einer traditionell auf den Politikunterricht fixierten Berufsbildungspolitik und der mit dem Aufstieg der Sozialwissenschaften verbundenen Entwicklung einer eigenständigen Politikdidaktik, er ist auch zurückzuführen auf das mangelnde Interesse der Geschichtsdidaktik an diesem Schulsystem, das von dieser Disziplin bislang kaum schulformbezogene Impulse, Anregungen oder Hilfen erhalten hat (die Bibliographie von U. Kröll zur Geschichtsdidaktik [Münster 1983] ist hierfür ein beredtes Zeugnis: Sie verzeichnet nicht einen auf das berufsbildende Schulsystem bezogenen Beitrag!).

Nachdem die Diskussion um Ziele und Inhalte des Geschichtsunterrichts in der gymnasialen Oberstufe inzwischen einen vorläufigen Abschluß erreicht hat, erscheint es notwendig und vorrangig, das *Interesse der Geschichtsdidaktik* nunmehr auf das andere Schulsystem innerhalb der Sekundarstufe II zu lenken. Diese Tendenzverlagerung bzw. -erweiterung ist auch deswegen angebracht, weil sowohl nach den bildungspolitischen Zielvorstellungen als auch durch die strukturellen Veränderungen auf dem Arbeitsmarkt das berufsbildende Schulwesen seine bisherige Randstellung im Bildungssystem aufgeben soll und wird.

Die aus bildungspolitischer und geschichtsdidaktischer Sicht notwendige Stärkung der historischen Bildung im berufsbildenden Schulwesen bedeutet dabei nicht gleichzeitig die Forderung nach einem eigenständigen Geschichtsunterricht neben dem Politikunterricht. Er ließe sich im Hinblick auf die bildungspolitische Tradition des berufsbildenden Schulwesens wohl kaum realisieren und wäre auch nach dem derzeitigen Stand der Geschichts- wie der Politikdidaktik ohnehin nicht die angemessene Organisationsform im Rahmen der Berufsbildung. Vielmehr liegt es nahe, die seit längerem diskutierte Forderung nach *Zusammenarbeit, Verbindung* oder gar *Integration* von Geschichts- und Politikunterricht hier wieder aufzunehmen. Während sich im allgemeinbildenden Schulwesen die Eigenständigkeit und Abgrenzung der beiden gesellschaftsbezogenen Fächer wieder gefestigt hat, bietet das berufsbildende Schulwesen nach Struktur und Bildungszielen noch am ehesten die Möglichkeit, diesen fachdidaktischen Neuansatz institutionell und curricular umzusetzen. Dadurch könnte die gegenwärtige Dominanz des Politikunterrichts aufgebrochen und durch eine der Berufsbildung adäquate *übergreifende historisch-politische Bildung* ersetzt werden.

Literatur

Dietrich, C.: Das Defizit der Geschichte an den Berufsbildenden Schulen, in: *Geschichte / Politik und ihre Didaktik* 5 (1977), H. 3/4, 104 – 106

Krause, H.: Probleme der Didaktik des Geschichtsunterrichts an beruflichen Schulen, in: *Mitteilungen des Instituts für Bildungsinhalte und Lehrmittelforschung an der Berufspädagogischen Hochschule Stuttgart* 6 (1977), 63 – 81

Rohlfing, G.: Geschichte und Politik — Zur Integration von historischer und politischer Bildung, in: *Wirtschaft und Erziehung* 9 (1979), 255 — 258
— Historische Bildung an beruflichen Schulen — Stiefkind der Geschichtsdidaktik, in: *Geschichte / Politik und ihre Didaktik* 11 (1983), H. 3/4, 151 — 155
— Renaissance oder Reduktion des Geschichtsunterrichts?, in: *Wirtschaft und Erziehung* 15 (1985), 6 — 13
Schöngart. L.: Geschichtsunterricht — Fehlanzeige, in: *Geschichte / Politik und ihre Didaktik* 7 (1979), H. 1/2, 69 — 71

Geschichtsunterricht in Gesamtschulen

Klaus Gebauer

Bildungspolitische und didaktische Konzeption

Die Diskussion über den Geschichtsunterricht an Gesamtschulen ist eng verbunden mit der Diskussion um Begriff und Tatbestand der *Integration* als konstitutives bildungspolitisches, pädagogisches und didaktisches Prinzip dieser Schulform. Integration bedeutet:

- gemeinsames Lernen von Kindern und Jugendlichen aus allen Schichten der Gesellschaft durch Überführung der traditionellen, starr institutionalisierten Schullaufbahnen in ein flexibles System schülerorientierter individualisierter Lern- und Ausbildungswege (*soziale Koedukation, Chancengleichheit*),
- die Überwindung der meist widersprüchlichen und unreflektierten Wechselwirkung von Unterricht und Sozialisation (hidden curriculum) in einem Konzept reflektierenden gemeinsamen sozialen Lernens von Schülern und Lehrern (*soziales Lernen*),
- Aufgabe isolierten fachlichen Lernens durch fächerübergreifenden und projektorientierten Unterricht, der sich die vorhandene komplexe Realität zum Lerngegenstand macht (*erfahrungs-, problem-, situations- und schülerorientiertes Lernen*).

Dieses Verständnis von Integration war historisch eine strukturbildende Grundidee der Gesamtschule und wesentlicher Inhalt der Kennzeichnung „gesamt" für diese Schulform. Da der Begriff Gesamtschule heute auch auf Schulen angewendet wird, in welchen die drei traditionellen Schulformen zwar verwaltungs- und gebäudemäßig zusammengefaßt und auch auf eine gewisse, nicht näher bestimmte Kooperation verpflichtet sind, jedoch nach Zielen und Inhalten als selbständige Schulformen fortbestehen (Additive oder Kooperative Gesamtschulen), wird für die Gesamtschule im ursprünglichen Sinn der Begriff der *Integrierten Gesamtschule* verwendet. Allein im Zusammenhang mit der integrierten Form der Gesamtschule kann von einer gesamtschulspezifischen Entwicklung des Geschichtsunterrichts gesprochen werden.

Die Einlösung des *Postulats der Integration* hängt wesentlich davon ab, ob es der Schule gelingt, die integrierenden Prozesse, die auf den drei genannten Ebenen initiiert und in Gang gehalten werden sollen, miteinander zu vermitteln, also ihrerseits zu integrieren. Soziale Koeduktion, soziales und erfahrungsorientiertes Lernen sind nicht voneinander zu trennen, sie bedingen einander, sind notwendige Elemente von Gesamtschulpädagogik, die nur gemeinsam die Ziele dieser Schulform erreichbar machen (Haller / Wolf 1974, 86 f.). Deshalb wird der *fächerübergreifende* und der *projektorientierte* Unterricht auch als essentiell für die Integrierte Gesamtschule angesehen.

Für den Geschichtsunterricht hat dies zur Konsequenz, daß er schul- und unterrichtsorganisatorisch und didaktisch Element des *Lernbereichs Gesellschaftslehre* ist, in welchem in der Regel die Fächer Geschichte, Erdkunde und Sozialkunde bzw. Poltikunterricht, in manchen Bundesländern auch Arbeitslehre, zusammengefaßt sind.

Diese Organisationsform ist zunächst noch kein Spezifikum von Gesamtschule, sie hat sich vielmehr seit 1960 („Saarbrücker Rahmenvereinbarung"; Empfehlungen und Gutachten 1966, 1032 ff.) als formelles Ordnungsprinzip in allen Bundesländern für alle Schulformen durchgesetzt. Dabei behalten in den traditionellen Schulformen die Einzelfächer ihren eigenen Stundenanteil. Sie werden in der Regel weder didaktisch noch organisatorisch aufeinander bezogen oder gar zur inhaltlichen Kooperation verpflichtet. Dagegen ist für Gesamtschulen spezifisch, daß sie einen lernbereichsdidaktisch begründeten Fachunterricht planen und erteilen. In fast allen Bundesländern, die Integrierte Gesamtschulen eingerichtet haben, werden deshalb keine Stundenanteile für die Einzelfächer ausgewiesen (vgl. Übersicht).

Das *Postulat der Erfahrungsorientierung* als didaktische Vorgabe für das fachliche Lernen bedeutet, daß die individuellen und gesellschaftlichen *Interessen der Lernenden* bei der Bestimmung von Zielen und Inhalten des Unterrichts als didaktisches Regulativ ernst genommen werden und ihnen mindestens ebenso viel Gewicht beigemessen wird wie den Bezugswissenschaften der Unterrichtsfächer. Dies hat für den traditionellen Geschichtsunterricht tief in das Selbstverständnis des Faches hineinwirkende Folgen.

In den hessischen *Rahmenrichtlinien Gesellschaftlehre* (RRL GL) für die Sekundarstufe I, in welchen diese didaktische Gewichtung erstmalig konsequent in ein Lehrplanwerk eingegangen ist, heißt es in der 2. Auflage (1973):

„Damit scheidet eine Konzeption des Geschichtsunterrichts aus, der die Geschichte als in sich abgeschlossene Vergangenheit gilt, als eine Ansammlung von objektiv gesicherten Daten und Tatsachen, die unabhängig von unserem Bewußtsein, von unserer jeweiligen gesellschaftlichen Interessenlage existieren" (RRL GL 1973, 28). „Die Bedeutung des Geschichtsunterrichts im Lernbereich Gesellschaftslehre", heißt es ebendort, „ergibt sich aus seinem Beitrag zu einer reflektierten Einschätzung gegenwärtiger gesellschaftlicher Verhältnisse und Probleme. Dieser Gegenwartsbezug ist in einem doppelten Sinn zu verstehen. Insofern er sich auf die Unterrichtssituation bezieht, meint Gegenwartsbezug zunächst die Beantwortung der immer wieder neu zu stellenden Frage nach dem Sinn der Beschäftigung mit der Geschichte in der Schule. Darüber hinaus bezeichnet Gegenwartsbezug die Abhängigkeit des Interesses an der Geschichte von den jeweiligen Problemen und Aufgaben der eigenen Zeit . . ."

„Dementsprechend fällt die Forderung nach dem Gegenwartsbezug des Geschichtsunterrichts nicht mit vordergründiger Aktualisierung zusammen. Vielmehr geht es darum zu prüfen, warum zu bestimmten Zeiten Aspekte der Vergangenheit für bestimmte

Übersicht: Gesamtumfang der Wochenstunden des Lernbereichs Gesellschaftslehre an Gesamtschulen in den Bundesländern (nach offiziellen Angaben der Schulbehörden)

Land	Jahrgangsstufen						Wochenstunden Klassen 5 bis 10 insgesamt
	5	6	7	8	9	10	
Baden-Württemberg	Versuchsschulen, Einzellehrpläne						
Bayern	Versuchsschulen						
Berlin[1]	2[2]	2[2]	4[3]	4[3]	4[3]	4[3]	20
Bremen[4]	3	3	4	4	4	4	22
Hamburg[5]	3	2	3	3	3	3	17
Hessen	3	3	4[6]	4[6]	4[6]	4[6]	22
Niedersachsen[7]	4	4	3	3	3	3	20
Nordrhein-Westfalen[8]	4	2	4	2	4	2	18
Rheinland-Pfalz	Versuchsschulen						
Saarland	Versuchsschulen, Einzellehrpläne						
Schleswig-Holstein	Keine Gesamtschulen						

1 In Berlin sind die Klassen 5 und 6 Bestandteil der Grundschule.
2 Die Angaben beziehen sich auf das Fach Geschichte / Sozialkunde. Daneben gibt es in Klasse 5 eine, in Klasse 6 zwei Stunden Erdkunde.
3 Der Lernbereich heißt Gesellschaftskunde. Der Anteil der Geschichte macht je Klasse zwei Wochenstunden aus.
4 Der Lernbereich heißt Gesellschaft / Politik.
5 Der Lernbereich heißt Politik.
6 In der Regel sind zwei Wochenstunden je Klasse für Geschichte anzusetzen.
7 Die Zahlen in der Übersicht beziehen sich auf die Integrierte Gesamtschule. An der Kooperativen Gesamtschule (Klasse 7 bis 10) wird je Klasse zwei Wochenstunden Geschichte unterrichtet; in der Orientierungsstufe (Klasse 5 und 6) erfolgt historischer Unterricht im Fach Welt- und Umweltkunde (Klasse 5: drei Wochenstunden, Klasse 6: vier Wochenstunden).
8 Der Anteil des historischen Unterrichts beträgt ein Drittel des Gesamtumfanges in der Sekundarstufe I.

Gruppen / Schichten einer Gesellschaft aktuell, daß heißt von Interesse gewesen sind. Dieses Vorhaben verlangt das Eingehen auf die Auswirkungen und Folgen, die bestimmte Formen der Geschichtsbetrachtung, bestimmte Inhalte von Geschichtsbildern für die Beurteilung und vor allem die Legitimation politischen Handelns in der jeweils gegenwärtigen Situation gehabt haben bzw. haben. Dazu gehört auch die Überprüfung der Folgen einer Haltung, die die historischen Voraussetzungen politischer Entscheidungen außer acht läßt" (RRL GL 30).

Die deutliche Akzentuierung des *Gesellschaftsbezuges* von Geschichte ist bei aller Unterschiedlichkeit ein allgemeines Merkmal von Geschichtsunterricht an Integrierten Gesamtschulen in allen Bundesländern, in denen es Gesamtschulen gibt. Jedoch nicht allein die Verfolgung des Erfahrungsansatzes ist dafür verantwortlich. Die didaktische Einbettung des Geschichtsunterrichts in die Gesellschaftslehre verfolgt weitere Ziele: Zum einen soll durch die Zusammenführung historischer, geographischer und sozialwissenschaftlicher Inhalte eine *quantitative Optimierung* der knappen *Unterrichtszeit* erreicht werden. Zum zweiten soll die *Komplexität der Einsichten* der Lernenden durch entsprechende wissenschaftliche Fragen und Antworten an ihre Gesellschaft der Komplexität dieser Gesellschaft angenähert werden. „Isoliert nebeneinander herlaufende, allenfalls formal aufeinander bezogene Schulfächer vermögen nicht, die Gesellschaft in ihren Gesamtzusammenhang und ihrer Vielfalt für Schüler transparent zu machen" (Schröder 1979, 10). Drittens geht es darum, die *Wissenschaftlichkeit der Einzelfächer* zu erhöhen. Die fachspezifischen Methoden und Fragestellungen können sich gegenseitig ideologiekritisch kontrollieren und somit die Reichweite und die Gültigkeit der wissenschaftlich gewonnenen Ergebnisse und Aussagen genauer bestimmen (Wissenschaftsorientierung).

Unterrichtliche und curriculare Konkretisierungen

Trotz der theoretischen und der formalen Einbindung der Geschichte im Lernbereich Gesellschaftslehre ist die curriculare und daher auch die *unterrichtspraktische Konkretisierung* eines in der Gesellschaftslehre integrierten historischen Unterrichts sehr unterschiedlich und häufig sehr unbefriedigend versucht bzw. gelöst worden.

Auf der Ebene abstrakter Ziele gelingt es in der Regel, ein Konzept zu entwickeln, das im Hinblick auf historisches Lernen befriedigt. Auf der Ebene der Inhalte stehen der Integration die traditionellen historischen Paradigmen entgegen, die sowohl die meisten Schulbücher als auch das fachliche Wissen sehr vieler Lehrer bestimmen, insbesondere ist es aber die Chronologie, die ein Hindernis darstellt – nicht als geschichtsdidaktisches Prinzip, sondern als Anordnungsprinzip für die Inhalte im Durchgang durch die Jahrgänge. Auf der Ebene der Unterrichtsthemen gelingt es in Einzelfällen, fachlich integrierte Unterrichtseinheiten zu entwickeln und auch zu unterrichten, in der Regel wird jedoch mit fachlichen Schwerpunkten gearbeitet.

Eine Reihe von typischen Themen für Unterrichtseinheiten in integrierter Gesellschaftslehre, in welchen die Integration innerhalb der Durchführung des Themas geleistet wird, hat sich pragmatisch herausgebildet, Beispiel: „Urgesellschaft", „Ägypten" (Kl. 5/6),

„Mittelalterliche Stadt", „Indianer" (Kl. 7/8), „Industrialisierung", „Faschismus" (Kl. 9/10).

Die Entwicklung von *Richtlinien und Lehrplänen* hat hinsichtlich der Integrationsfrage zum Teil ähnliche, zum Teil aber auch sehr unterschiedliche Ergebnisse hervorgebracht. Zwei Beispiele: Der konsequenteste Versuch wurde 1972/73 mit den für alle Schulformen der Sekundarstufe I bestimmten Rahmenrichtlinien Gesellschaftslehre in *Hessen* unternommen (vgl. Haller 1982, 21 ff.). Das Fach Geschichte geht neben Sozialkunde und Geographie als *„historischer Arbeitsschwerpunkt"* in dieses inzwischen zurückgezogene Curriculum ein. Die fachlichen Arbeitsschwerpunkte bilden eines von drei *didaktischen Regulativen*, die zur Bildung der Unterrichtsthemen führen. Ein weiteres Regulativ sind die Lernfelder „Sozialisation", „Wirtschaft", „Öffentliche Aufgaben" und „Innergesellschaftliche Konflikte". Als drittes Regulativ wirken die Lernzielschwerpunkte, die auf das allgemeine und oberste Lernziel, die Befähigung zur Selbst- und Mitbestimmung, bezogen sind, an der Themenbildung mit. Die Chronologie als Anordnungsprinzip für historische Unterrichtsinhalte, nicht jedoch als historisch-wissenschaftliches Ordnungsprinzip, ist aufgegeben. Dagegen schreibt der bis 1984 gültige „Vorläufige Lehrplan" für Gesellschaftskunde an Gesamtschulen in *Berlin* (1975) eine *chronologische Folge* von historischen Themen vor, denen sachlich ergänzende Themen aus der Erdkunde und der Sozialkunde bzw. Projekte zugeordnet werden. Beispiel: „Mittelalterliche Stadt" (Geschichte), „Industrieller und ländlicher Großraum" (Erdkunde), „Stadt in der Gegenwart" (Projekt).

Ebenso wichtig für eine erfolgreiche unterrichtliche Verwirklichung integrierter Gesellschaftslehre wie curriculare Lösungen ist die *fachliche Qualifikation der Lehrer*. Nur wenige Lehrer, die im Lernbereich Gesellschaftslehre unterrichten, haben auch die fachliche Ausbildung für alle drei Teilfächer erhalten. In der Regel liegt Gesellschaftslehreunterricht jedoch in einer Hand. Dies bedeutet, daß einer oder zwei der Fachaspekte fachfremd unterrichtet werden müssen. Ein bundesweiter Überblick, inwieweit historischer Unterricht an Gesamtschulen fachfremd erteilt wird, ist nicht zu gewinnen. Es ist aber zu vermuten, daß der historische Unterricht besser als der geographische oder der sozialwissenschaftliche mit ausgebildeten Fachlehrern ausgestattet ist. Als einziges Bundesland hat Hessen an der Gesamthochschule Kassel eine Lehrerausbildung für integrierte Gesellschaftslehre eingeführt.

Kritik und Perspektiven

Der Integrationsansatz ist in den Bezugswissenschaften des Lernbereiches und auch bei Didaktikern der drei Unterrichtsfächer auf Widerspruch gestoßen. Dies resultiert weniger aus den Problemen bei der Umsetzung im Unterricht. Die Einwände sind grundsätzlicher Art.

Der heftigste Widerstand gegen integrierte Gesellschaftslehre kommt von seiten der *Historiker*. Es wird befürchtet, daß eine Integration Geschichte zur Hilfswissenschaft machen könnte. Unter Bezugnahme auf den Gesellschaftsbezug der hessischen Rahmenrichtlinien wird von *„Verzweckung im Politischen"* (Nipperdey, in: Rheinischer Merkur vom 27. 6. 1975) gesprochen. Bedenklich erscheint Kritikern, daß sich in der mit der Schaffung einer integrierten Gesellschaftslehre verbundenen Konzentration auf Gesellschaft in ihrer Totalität wissenschaftsgeschichtlich eine reaktionäre Tendenz manifestiere, die im Versuch bestehe, den „Emanzipationsprozeß der Wissenschaften", welcher „ein Weg weg von der Integration", weg von der „lebendskundlichen Einheit" von Theologie und Philosophie gewesen sei, durch *Unterwerfung der emanzipierten Fächer unter eine politische Konzeption* wieder rückgängig zu machen (Jeismann 1975, 22). Kritisiert wird, daß durch die Orientierung des Unterrichts an der konkreten Lebenswirklichkeit der Lernenden „das Grundmuster der primären Sozialisation" entgegen den Intentionen und Aufgaben der Schule auf den Unterricht übertragen werde. Schule habe „immer Distanzierung von unmittelbarer Lebenssituation bedeutet . . . Die Distanz zwischen Denken und Sein, Erkennen und Handeln ist konstitutiv für den schulischen Unterricht", heißt es bei Jeismann (1975, 20). Indem die sozialisationstheoretisch bestimmten didaktischen Bemühungen im Bereich der Gesellschaftslehre an den Lebenssituationen der Lernenden anknüpften, verstießen sie nicht ohne Folgen gegen dieses Postulat: So „treten in allen Integrationskonzepten des Unterrichts die affektiven und die aktionistischen Lernziele stärker hervor und stellen die kognitiven in ihren Dienst" (Jeismann 1975, 21). Heftig wird auch kritisiert, daß die Integration den *„chronologischen Durchgang"* durch die Geschichte gefährde: „Denn wie kann ein Kind überhaupt verstehen, daß es Zukunft gibt, wenn es nicht den Zeitsinn für die Vergangenheit und für langatmige Entwicklungen in der Vergangenheit bekommt" (Golo Mann, in: Kogon 1974, 70).

Diese Kritik aus der Wissenschaft korrespondiert mit heftiger Kritik von **konservativpolitischer Seite**. Konfliktdidaktik und marxistische Indoktrination seien der wahre Kern der integrativen Lernbereichsdidaktik: Die Frankfurter Allgemeine Zeitung (FAZ) spricht vom „Ungeist der umstürzlerischen Konfliktgeilheit" (6. 12. 1973; vgl. Schulz, 1973, 266). Die CDU in Nordrhein-Westfalen wirft dem sozialdemokratischen Kultusminister Girgensohn im Zusammenhang mit der 1973 für Gesamtschulen eingeführten Möglichkeit der Integration eine „Umfunktionierung des gesamten Geschichtsunterrichts". vor „mit dem Ziel . . ., daß Geschichte künftig nur mehr nach dem Tode von Kant und mit der Geburt von Marx stattfinde" (FAZ, 22. 11. 1974). Der Vorsitzende der CDU-Fraktion im hessischen Landtag, Dregger, spricht im Zusammenhang mit der Integration vom „Gesinnungsfach Gesellschaftslehre" und von „kulturrevolutionären Bestrebungen" (Frankfurter Rundschau, 14. 9. 1978).

Zum historischen Paradigma ist die *politische Auseinandersetzung um die hessischen Rahmenrichtlinien* geworden (vgl. Haller 1982). Diese Rahmenrichtlinien liegen seit 1982 in achter Fassung vor (veröffentlichte Fassungen: 1972, 1973, 1982). Während die Fassungen von 1972 und 1973 ein konsistentes Konzept für eine fächerintegrierte Gesellschaftslehre entfalten, wurde 1982 über fachliche Lernziele, verbindliche fachliche Themenbereiche und Unterrichtsschwerpunkte *wieder gefächerter Unterricht* eingeführt. Zu diesem Konzeptionswandel kam es durch die Entscheidung des Hessischen Staatsgerichtshofes, der mit Urteil vom 30. 12. 1981 unter Berufung auf den Artikel 56 Abs. 5 der hessischen Landesverfassung feststellte, daß Geschichtsunterricht in den Schulen Hessens ein eigenständiges Fach zu sein habe. Das Urteil bezog sich zwar auf die gymnasiale Oberstufe, führte aber politisch zu einem Einlenken der sozialdemokratisch geführten Landesregierung gegenüber dem konservativen hessischen Elternverein (vgl. Below 1974) und der parlamentarischen Opposition, der CDU, die sich mit großem propagandistischen Aufwand zu Rettern des Geschichtsunterrichts erklärten. Der konservative Sieg vor Gericht (es handelte sich um eine von Elternverein und CDU unterstützte Einzelklage eines Elternpaares) entbehrt nicht einer historischen Tragik. War doch der Artikel 56 in antifaschistischer Absicht in die hessische Verfassung aufgenommen worden. Er sollte sicherstellen, daß sich nationalsozialistische und konservativ-reaktionäre Indoktrination in der Schule nicht wiederholen. Nunmehr hält gerade dieser Artikel dafür her, fortschrittlichen, an Demokratie, Selbst- und Mitbestimmung orientierten historischen Unterricht zu verhindern.

Auch inhaltlich orientieren sich die Rahmenrichtlinien 1982 wieder stärker an einem *konventionellen Geschichtsverständnis*. Die kritische Funktion von Geschichte wird zurückgenommen. Dies ist das Ergebnis einer zehnjährigen politischen Auseinandersetzung, die von konservativer Seite mit großem finanziellen und personellen Aufwand geführt worden ist. „Der dominante Eindruck, den die Richtlinien hinterlassen haben, ist der, daß hier soziale, historische und institutionelle Identifikationen methodisch verhindert werden, die ja den Kindern ohnehin schon schwer genug fallen", so Lübbe über den Entwurf von 1973 (in: Kogon 1974, 48). Die hessische Landesregierung versuchte, die Emotionen in einem sogenannten Hessen-Forum (vgl. Kogon 1974), einer öffentlichen Veranstaltungsreihe zum Thema „Konflikt und Konsens in der Gesellschaft der Gegensätze", zu kanalisieren. Eine maßgebliche Rolle spielte in der Diskussion ein Gutachten der beiden Professoren Lübbe und Nipperdey – führende Mitglieder im Bund Freiheit der Wissenschaft –, in welchem insbesondere aus der Perspektive traditioneller Geschichtsauffassung Stellung bezogen wurde (Lübbe / Nipperdey 1973). Wesentlich für die politische Kraft der konservativen Kritik war auch die kompromißlose Parteinahme der FAZ gegen die Rahmenrichtlinien (s. Bergmann / Pandel 1975).

Die Auseinandersetzungen in Hessen haben wesentlich dazu beigetragen, daß es in *Nordrhein-Westfalen*, dem größten Bundesland, für Gesamtschulen bislang *keine allgemeine Regelung für den Lernbereich Gesellschaftslehre* und damit auch keine Regelung für den historischen Unterricht gibt. Nachdem 1973 ein an den hessischen Rahmenrichtlinien orientierter Entwurf für einen Rahmenlehrplan vorlag, entbrannte auch dort die Auseinandersetzung zwischen Regierung und Opposition um die Geschichte im Lernbereich Gesellschaftslehre (vgl. Kelber 1974). Bereits im August 1974 gab der Kultusminister dem Ansturm der Opposition nach und zog seinen Entwurf zurück. Galt bis 1977 noch die Integration der Fächer des Lernbereichs auch ohne Rahmenlehrplan oder Richtlinien als Regel und der gefächerte Unterricht als Ausnahme, gilt in der Folge bis heute, daß der gefächerte Unterricht die Regel ist und der integrierte die Ausnahme, die der Genehmigung durch die Schulaufsicht bedarf (Erlaß vom 30. 6. 1977). Ein Lernbereichscurriculum und damit auch ein historisches Curriculum für die Gesamtschule in Nordrhein-Westfalen fehlen bis heute.

In *Berlin* wurde der seit 1975 geltende „Vorläufige Rahmenplan" für Gesellschaftskunde an Gesamtschulen 1984 vergleichsweise lautlos durch drei eigenständige Lehrpläne für Geschichte, Erdkunde und Sozialkunde abgelöst.

Der Kritik aus Wissenschaft und Didaktik sowie aus dem politischen Raum ist wissenschaftlich und politisch widersprochen worden. Von der Geschichtsdidaktik her wurde das Konzept der hessischen Rahmenrichtlinien von 1972/73 lernbereichstheoretisch und fachdidaktisch fundiert (Jung / v. Staehr 1983). Die durch den konservativen Druck entstandenen Konsensfassungen von 1976 bis 1982 sind analysiert und als pädagogischer und bildungspoliti-

scher Rückschritt eingestuft worden (Haller 1982). Die konservative politische und juristische Argumentation gegen die Integration von Geschichte in die Gesellschaftslehre wurde vielfältig zurückgewiesen (zum Beispiel Abendroth 1974; Dietze 1976; Haller 1982).
Parlamentarische Versuche, den Lernbereich Gesellschaftslehre abzuschaffen, sind gescheitert. In Hessen hatte die CDU 1979 einen Gesetzentwurf zu einem hessischen „Geschichtsgesetz" im Landtag eingebracht (Drucksache 9/1979 – 03-12 / Nr. 365, 5), in welchem ein zwei Wochenstunden umfasssender „systematischer" Geschichtsunterricht für alle Schulformen sowie die Aufhebung des Lernbereichs Gesellschaftslehre vorgesehen war.
Ebenso wie dieser Gesetzentwurf scheiterte 1980 im Landtag von Nordrhein-Westfalen ein Antrag der CDU (Drucksache 8/3246), in welchem die Abschaffung des Lernbereichs und für die Gesamtschule „ein eigenständiger kontinuierlicher Geschichtsunterricht" geforden wurden. Im Gegenzug faßte der Landtag mit den Stimmen von SPD und F. D. P. einen umfangreichen Beschluß zum „Geschichtsunterricht im demokratischen Staat" (Drucksache 8/5730 vom 26. 3. 1980). Darin wird zwar ein fester Stundenanteil für den historischen Unterricht gefordert, die Möglichkeit der Integration bleibt jedoch offen; Geschichte wird eindeutig unter den Primat der politischen Bildung gestellt und dem Lernbereich Gesellschaftslehre zugeordnet. Der Beschluß fordert, daß der Geschichtsunterricht aller Schulformen qualifikations-, lernziel-, situations-, problem- und schülerorientiert zu sein habe. Er fordert die Entwicklung einer Lernbereichsdidaktik und die Einrichtung von Lernbereichsfachkonferenzen in den Schulen.
In den Ländern Hessen und Nordrhein-Westfalen, in denen die Auseinandersetzung um den Geschichtsunterricht am heftigsten war und ist, hat sich an den Gesamtschulen trotz aller politischen und administrativen Verunsicherung aus den Notwendigkeiten des pädagogischen Systems der Gesamtschule heraus eine integrative Praxis des Gesellschaftslehre-Unterrichts entwickelt, die in vielen Fällen der politischen und wissenschaftlichen Diskussion voraus ist und die auch durch administrative Eingriffe nicht zu beseitigen sein wird. Eine sinnvolle curriculare Weiterentwicklung historischen Lernens in der Schule scheint ohne die Einbeziehung des täglich entworfenen und praktizierten historischen Unterrichts an den Gesamtschulen nicht mehr möglich.

Literatur

Abendroth, W.: Der Kampf um die hessischen Rahmenrichtlinien zur Gesellschaftslehre als verfassungsrechtliches Problem, in: *Köhler, G.* (Hrsg.): Wem soll die Schule nützen? Rahmenrichtlinien und neue Lehrpläne: Soziales Lernen im Konflikt, Frankfurt 1974, 229 – 243

Below. P.: Gegenreform des konservativen Bürgertums – der hessische Elternverein, in: *Köhler, G.* (Hrsg.): Wem soll die Schule nützen? Rahmenrichtlinien und neue Lehrpläne: Soziales Lernen im Konflikt, Frankfurt 1974, 244 – 261

Bergmann, K. / Pandel, H.-J.: Geschichte und Zukunft. Didaktische Reflexionen über veröffentlichtes Geschichtsbewußtsein, Frankfurt 1975

Cobet, J.: Zur Geschichte und Struktur der Rahmenrichtlinien für Gesellschaftslehre, in: *Maek-Gerard, E. / Cobet, J. / Muhlack, U. / Zitzlaff, D.* (Hrsg.): Zur Rolle der Geschichte in der Gesellschaftslehre: Das Beispiel der hessischen Rahmenrichtlinien, Stuttgart 1974, 9 — 14

Dietze, L.: Die Reform der Lerninhalte als Verfassungsproblem. Rechtsgutachten über die Verfassungsmäßigkeit der Hessischen Rahmenrichtlinien Gesellschaftslehre Sekundarstufe I 1973 — erstattet im Auftrag des Hessischen Kultusministers, Frankfurt 1976

Empfehlungen und Gutachten des Deutschen Ausschusses für das Erziehungs- und Bildungswesen — Gesamtausgabe, Stuttgart 1966

Haller, I. (Hrsg.): Erziehung zur Unmündigkeit oder: Politische Bildung als Denkverbot. Das Beispiel Hessische Rahmenrichtlinien Gesellschaftslehre, Dortmund 1982

— Von gesellschaftlicher Aufklärung zum Denkverbot. Inhaltliche Schulreform am Beispiel Rahmenrichtlinien Gesellschaftslehre (1969 — 1982), in: *Haller, I.* (Hrsg.): Erziehung zur Unmündigkeit oder: Politische Bildung als Denkverbot. Das Beispiel Hessische Rahmenrichtlinien Gesellschaftslehre, Dortmund 1982, 21 — 48

Haller, I. / Wolf, H.: Reform ohne Ende oder Ende einer Reform?, in: *Köhler, G.* (Hrsg.): Wem soll die Schule nützen? Rahmenrichtlinien und neue Lehrpläne: Soziales Lernen im Konflikt, Frankfurt 1974, 37 — 107

Jeismann, K.-E.: Politischer Unterricht und Geschichte. Zum Problem der Integration und Kooperation am Beispiel der Richtlinien für den Politischen Unterricht in NRW, in: *Geschichte / Politik und ihre Didaktik* 3 (1975), H. 7/8, 19 — 27

Jung, H. / Staehr, G. v.: Historisches Lernen, Köln 1983

Kelber, R.: „Konsensbereitschaft" statt Schulreform, in: *Köhler, G.* (Hrsg.): Wem soll die Schule nützen? Rahmenrichtlinien und neue Lehrpläne: Soziales Lernen im Konflikt, Frankfurt 1974, 203 — 215

Kilz, H. W. (Hrsg.): Gesamtschule — Modell oder Reformruine, Hamburg 1980

Köhler, G. (Hrsg.): Wem soll die Schule nützen? Rahmenrichtlinien und neue Lehrpläne: Soziales Lernen im Konflikt, Frankfurt 1974

Kogon, E. (Hrsg.): Rahmenrichtlinien Gesellschaftslehre. Konflikt und Konsens in der Gesellschaft der Gegensätze. Protokolle der Veranstaltungen in der Reihe Hessen-Forum, Frankfurt 1974

Lissek, M.: Geschichtsunterricht in Hessen neunzehnhundertdreiundachtzig. Situationsphase und Aspekte der Weiterentwicklung, in: *Geschichte / Politik und ihre Didaktik* 10 (1982), 179 — 185

Nipperdey, Th. / Lübbe, H.: Gutachten zu den Hessischen Rahmenrichtlinien für die Gesellschaftslehre (Schriftenreihe des Hessischen Elternvereins e. V., H. 1), Bad Homburg 1973

Rahmenrichtlinien Gesellschaftslehre — Sekundarstufe I, hrsg. vom Hessischen Kultusminister, 2. Aufl. 1973; 8. Fassung 1982 (RRL GL)

Schröder, J.: Zusammenfassung der Fächer Geschichte, Sozialkunde, Erdkunde im Lernbereich Gesellschaftslehre (Hessisches Institut für Bildungsplanung und Schulentwicklung — HIBS), Wiesbaden 1979

Schulz, K.: „Jeder nach seinem Schnabel." Die Berichterstattung der „Frankfurter Allgemeine Zeitung" über die Rahmenrichtlinien, in: *Köhler, G.* (Hrsg.): Wem soll die Schule nützen? Rahmenrichtlinien und neue Lehrpläne: Soziales Lernen im Konflikt, Frankfurt 1974, 262 — 278

Wiemers, W.: Gesellschaft, Politik an einer Gesamtschule. Organisation des Fachbereichs an der bischöflichen Friedensschule Münster unter besonderer Berücksichtigung der Geschichte im 5. und 6. Schuljahr, in: *Geschichte / Politik und ihre Didaktik* 9 (1981), 173 — 178

Geschichtsunterricht in der Sonderschule

Wienke Zitzlaff

Im folgenden wird nur auf den Geschichtsunterricht in der Schule für Lernbehinderte (früher: Hilfsschule) eingegangen. Der Geschichtsunterricht an allen anderen Sonderschulen (für Blinde, Sehbehinderte, Gehörlose, Schwerhörige, Sprachbehinderte, Körperbehinderte, Kranke, Verhaltensgestörte sowie an den Schulen im Strafvollzug) entspricht inhaltlich den Lehrplänen der Regelschulen, da diese Sonderschulen die gleichen Schulabschlüsse wie die Regelschulen (Haupt-, Real-, Gymnasialabschluß) ermöglichen sollen. Behindertenspezifische Probleme – zum Beispiel Probleme der Anschaulichkeit bei Blinden – beeinflussen Unterrichtsmethode und Auswahl der technischen Mittler, nicht aber die Stoffauswahl. In Bildungsplänen der Schulen für Praktisch-Bildbare (in einigen Bundesländern: „Schule für Geistigbehinderte") wird Geschichte nicht als eigenes Fach ausgewiesen.

Geschichtsunterricht in der Hilfsschule seit ihrer Gründung bis 1918

Bei Gründung der ersten Hilfsklassen zu Beginn des 19. Jahrhunderts und Errichtung der ersten Hilfsschulen wurde der Geschichtsunterricht, wie an den Volksschulen auch, dem *Realienunterricht* zugeordnet. Von Anfang an stellten sich die Hilfsschullehrer die Frage, ob ein so schwieriges Stoffgebiet nach den Grundprinzipien aller Hilfsklassen und späteren Hilfsschulen überhaupt unterrichtet werden kann, d. h. ob es möglich ist, hier Kenntnisse über Erfahrung, Anschauung, Handeln, unter sorgfältiger Beachtung der Schülerpersönlichkeit, zu vermitteln. Da es verbindliche Richtlinien für den Unterricht an Hilfsklassen bzw. -schulen nicht gab, entschied der einzelne Lehrer oder die Schule, ob Geschichtsunterricht überhaupt erteilt wurde, ob Geschichte als eigenes Fach gelehrt oder dem Anschauungs- bzw. Heimatkundeunterricht zugeordnet wurde.
Die Gegenstände des Geschichtsunterrichts wurden der *vaterländischen Geschichte* entnommen (Stötzner (1864), in: Klink 1966, 67). Stötzner empfiehlt, „Geschichten aus der Geschichte" zu erzählen (in: Klink 1966, 65). Er ordnet den Geschichtsunterricht den „gemeinnützigen Kenntnissen" zu (in: Klink 1966, 66). Kielhorn dagegen führt 1887 in seinem Plan für Hilfsschulen Geschichtsunterricht nicht auf: „Die ganze Veranlagerung der schwachbefähigten Kinder läßt nicht zu, diese mit vielen Kenntnissen auszurüsten" (Kielhorn 1887, in: Klink 1966, 69). Um das *Prinzip der Lebensnähe* zu wahren, schlug Hanke 1901 „diejenigen Stoffe, welche dem Kinde ... auf Schritt und Tritt begegnen", vor: „Den Inhalt polizeilicher Warnungstafeln ... zu verstehen, ... auf die sozialen Pflichten jedes einzelnen hinzuweisen, liegt unseren Kindern näher als Fürsten- und Kriegsgeschichte" (zit. nach Myschker 1969, 192).

Am Ende des 19. Jahrhunderts enthielten die Lehrpläne der Braunschweiger und Leipziger Hilfsschulen Anschauungs- und Heimatkundeunterricht, während für die Frankfurter Hilfsschule die Realienfächer in Geschichte, Geographie und Naturbeschreibung differenziert wurden (Myschker 1969, 189), ähnlich in Bremen 1901 (Klink 1966, 84). Als Aufgabe des Geschichtsunterrichts werden herausgestellt: „. . . . die Schüler mit einigen der denkwürdigen Begebenheiten und der hervorragendsten Persönlichkeiten des deutschen Volkes bekannt zu machen . . . Sinn und Empfänglichkeit für die höheren Güter des Lebens zu wecken und die Jugend zu den Tugenden der Vaterlandsliebe und des Gemeinsinns zu erziehen" (Klink 1966, 93). Murtfeld forderte 1914: „Das Verständnis der Gegenwart ist realer Endzweck des Geschichtsunterrichts . . ." (Murtfeld 1914, 41). Fuchs trennte zwischen religiöser und profangeschichtlicher Gesinnungsbildung. „Der profangeschichtliche Unterricht verfolgt in der Hilfsschule denselben Zweck wie in der Normalschule, nur in bescheideneren Grenzen" (Fuchs 1912, 360; 1922, 352). Es gelte „das sittliche Gefühl sowohl als auch die im praktischen Leben notwendige sittliche Klugheit auszubilden und ein elementares Verständnis für die Gegenwart und ihre Kulturverhältnisse zu erschließen" (1912, 359; 1922, 352).

1918 bis 1932

Nach 1918 bleibt der Geschichtsunterricht — soweit er überhaupt erscheint — *gesinnungsbildendes* Fach (Berlin 1926, 26). An die Stelle der vaterländischen Geschichte tritt die *nationale*. Die Geschichten vom Kaiserhaus, „Einzelepisoden von unseren bedeutendsten Herrschern" (Fuchs 1912, 361), werden durch „konkrete Einzelepisoden von unseren bedeutendsten geschichtlichen Persönlichkeiten . . ., die auf die Entwicklung unseres Vaterlandes von entscheidendem Einfluß waren," ersetzt (Fuchs 1922, 354). Themen wie „Vom Weltkriege: Was wir in ihm litten. Welche Lasten er brachte" (Hannover 1929, 31) gehörten zum Geschichtsunterricht der letzten Klassen der Hilfsschulen. Tornow legte Wert auf *„staatsbürgerliche Belehrung"* (Tornow 1932, 199). Schulze gab als Ziel des Geschichtsunterrichts aus, daß „die Kinder einsehen, daß die Welt nicht von gestern ist, und daß sie sich auch über ihren heutigen Zustand hinaus weiterentwickeln wird" (Schulze 1924, 13). Der Verband der Hilfsschulen Deutschlands (VdHD) bemühte sich, einen *Rahmenplan* mit den für Hilfsschulen lebenswichtigen Stoffbereichen zu erstellen. Das Angebot des Geschichtsunterrichts wurde, wie das anderer Sachfächer auch, zugunsten behinderungsspezifischen Förderunterrichts gekürzt (Myschker 1969, 194). Der Satz von Böcker: „Ein völliger Neubau aber mußte nach der Revolution aufgeführt werden, weil die Voraussetzungen des Geschichtsunterrichts erschüttert und seine erziehlichen Ziele zweifelhaft geworden waren!" (Böcker 1934, Sp. 351), blieb letztlich eine Leerformel.

1933 bis 1945

1936 legt die Reichsfachschaft Sonderschulen im Nationalsozialistischen Lehrerbund (NSLB) einen *einheitlichen Lehrplan* für die „Hilfsschule im neuen Staat" vor (Krampf 1936, 110). Wieder wird Geschichte den Gesinnungsfächern zugeordnet. „Der Nationalsozialismus (erhebt) die allgemeine Erziehungsforderung: Besinnung auf Blut und Boden!" (Krampf 1936, 93). Thematisiert in Erzählungen wird zum Beispiel: „. . . Deutschland im Kampf gegen die Welt . . . Adolf Hitler rettet unser Volk" (Krampf 1936, 112). Zusätzlich wird für alle Schuljahre ein Lehrplan „Nationalsozialistisches Gedankengut" aufgestellt. Er endet mit dem „Tag von Potsdam" (Krampf 1936, 153).

1945 bis zur Gegenwart

1953 erschien erstmalig in der Zeitschrift für Heilpädagogik ein Artikel, der sich mit der grundsätzlichen Problematik des Geschichtsunterrichts an der Hilfsschule auseinandersetzt. Schrank stellte drei Probleme besonders heraus: 1. Kann der Geschichtsunterricht „den besonderen Bedürfnissen der Hilfsschule dienstbar gemacht" werden? 2. „Geschichte (ist) — nach dem Bezirk des Religiösen — die wohl bildungsträchtigste, aber auch die bildungsschwierigste Erziehungsmaterie". 3. Dem Hilfsschulkind fehlt „die persönliche Beziehung zur Geschichte", doch liegt dies nicht an der „beschränkten Auffassungskraft des Hilfsschulkindes", sondern ist für ihn ein inhaltliches Problem. Deshalb schlägt er als Inhalte vor: „den Heimatlosen der Völkerwanderung meinetwegen, den rauhen Landsknecht, den Bundschuhbauern, . . . den Freiheitskämpfern, den Maschinensklaven. *Ihr Schicksal steht uns näher*" (Schrank 1953, 358 und 362; Hervorhebung im Original).
Die Diskussion der folgenden Jahre unter den Hilfsschullehrern — Fachhistoriker, die sich mit der besonderen Problematik des Geschichtsunterrichts an Hilfsschulen auseinandergesetzt haben, sind nicht bekannt — bewegt sich wieder, wie von Anfang an, zwischen *zwei Schwerpunkten*: Entweder kein systematischer Geschichtsunterricht (Bernart 1962, 39), da die Aufgaben des Geschichtsunterrichts „für den Hilfsschüler ein zu hohes Ziel" sind (Stranz 1968, 619), oder: Geschichtliche Themen im Rahmen des Heimat- und Kulturkundeunterrichts (Dingler 1955, 313) bzw. Gesamt- oder Ganzheitsunterrichts, die „geschichtlich durchleuchtet" werden (Kubale 1956, 178). Im Handbuch der Sonderpädagogik stellt Gehrecke fest: „Ziel des Geschichtsunterrichts in der Hilfsschule kann heute nicht mehr die Vermittlung einer — verschiedentlich fragwürdig gewordenen — Werteskala sein, sondern nur der Aufbau eines Orientierungsschemas, das für den Schüler eine Art Wegweiser darstellt durch das Massenangebot an ‚Historischem' in Presse, Funk, Film und Fernsehen" (Gehrecke 1965, Sp. 1150/1151).
Vereinzelt werden von Sonderschullehrern *inhaltliche Konzepte* für den Geschichtsunterricht erarbeitet. Kubale nennt 1968 Geschichte „eine wichtige Grundlage, um die Gegenwart und Zukunft zu verstehen" und fordert so früh wie möglich *Zeitgeschichte* im epochalen Unterricht. W. Zitzlaff be-

schreibt an der Unterrichtseinheit „Der Arbeiter am Bau", wie drei geschichtliche menschliche Arbeitsformen anschaulich vermittelt und aus ihrem Vergleich historische und politische Fragestellungen von den Schülern erarbeitet werden können (Zitzlaff 1974). Sie macht den *Arbeitsplatz des Menschen* zum Ausgangspunkt der Unterrichtsvorhaben in Geschichte und politischem Unterricht (Hoffmann / Zitzlaff / Bill 1976; Zitzlaff 1978). Schmetz beschränkt sich in seiner Dissertation — der ersten zu dieser Problematik! — auf *inhaltliche* Vorschläge zur *Zeigeschichte* (Schmetz 1977). Nestle fordert *„konkrete historische Problemstellungen"*, an denen Arbeitstechniken als „unabläßige Voraussetzung ... für eigene Auseinandersetzung mit Geschichte und Politik" (Nestle 1975, 48) erlernt werden können. Möckel / Nestle binden historische Verfahren in einen *fächerübergreifenden Unterricht* ein, der in soziale Subsysteme gegliedert ist und von Fachkursen, auch in Geschichte, begleitet wird. Als Beispiel eines Fachkurses beschreiben sie einen geschichtlichen Längsschnitt zur Landwirtschaft (Möckel / Nestle 1977). Merkes (1981) hinterfragt erstmalig den Geschichtsunterricht an Sonderschulen aus *fachdidaktischer* Sicht. Er stellt die Prinzipien der neueren Geschichtsdidaktik dar — reflektiertes Geschichtsbewußtsein, Ich-Identität, Emanzipation, Gegenwarts- und Zukunfsbezogenheit, Schülerinteresse, Sinnlichkeit und Abstraktion, Ideologiekritik als notwendige Grundlage historisch-politischer Bildung (1981, 93) — und überprüft, wieweit veröffentlichte Unterrichtsbeispiele für Sonderschulen diese Prinzipien der sich neuorientierenden Geschichtsdidaktik berücksichtigen. Diese Veröffentlichung ist die erste Grundlage für *fachdidaktisch orientierten Geschichtsunterricht* unter Berücksichtigung *sonderschulspezifischer Problematik*.

Alle Autoren bemühen sich — analog der Diskussion in den Hauptschulen —, Geschichtsunterricht nicht nur über Erzählungen und Bilder, sondern zum Beispiel auch über Quellen, Statistiken usw. zu organisieren, um die Selbständigkeit der Schüler zu fördern.

In den ersten *Bildungsplänen* von Bayern, Rheinland-Pfalz, Saarland und Schleswig-Holstein erscheint Geschichte nicht als eigenes Fach. Hessens Bildungsplan von 1962 enthält Geschichte und Sozialkunde ab Klasse 5. Baden-Württemberg sieht seit 1968 Geschichtsunterricht ab Klasse 8 vor. Im Geschichtsunterricht soll der Schüler „dadurch sein geschichtliches Dasein besser verstehen lernen . . ., daß er zu begründetem politischen Handeln, insbesondere in seiner sozialen Umwelt befähigt wird" (Niedersachsen 1974, 61).

In den *bundeseinheitlichen Rahmenlehrplänen* wird Geschichte zusammen mit Politik als eigenes Lehrfach angeboten. Die Schüler „sollten erkennen, daß die Gegenwart, in der sie leben, später Vergangenheit ist, daß ihre Teilnahme an den Entscheidungsprozessen der Gegenwart die Zukunft bestimmt" (Kultusministerkonferenz 1977, 18). Die bundeseinheitlichen Rahmenlehrpläne wurden in den einzelnen Bundesländern inzwischen überarbeitet und abgeändert. Hessens Plan zum Beispiel heißt nicht mehr Geschichte / Politik, sondern Geschichte / Sozialkunde. Fachdidaktisch orientierte Änderungsvorschläge wurden mit Rücksicht auf den Landeselternbeirat, der der Erprobung zustimmen mußte, zurückgenommen. Eine Arbeitsgruppe hessischer Sonderschullehrer arbeitete im Auftrag des Hessischen Kultusministers mehrere Unterrichtsbeispiele aus, basierend auf der neueren Fachdidaktik. Die Unterrichtseinheit „Entwicklung des Nationalsozialismus in Deutschland" wurde inzwischen veröffentlicht, die Veröffentlichung der Unterrichtseinheit „Widerstand" wurde nicht genehmigt.

Der Satz: „Der Wert des Geschichtsunterrichts für die Schülergruppe [ist] umstritten und seine Erfolgschancen sind empirisch noch weitgehend unerforscht" (H. Langenohl, in: Schmetz 1977, 7) dient in der Schulwirklichkeit häufig als Legitimation dafür, daß Geschichtsunterricht an Sonderschulen real nur wenig unterrichtet wird, häufig ausfällt. Die wahren Gründe sind fehlende Unterrichtsstunden. Es ist zu befürchten, daß, wie in den Anfängen der Hilfschule, zwangsläufig der einzelne Lehrer oder die Schule entscheidet, ob Geschichtsunterricht überhaupt erteilt wird.

Literatur

Bernart, E.: Bildungsplan für Hilfsschulen, Berlin 1962
Böcker: Geschichtsunterricht in der Hilfsschule, in: *Dannemann, A.,* u. a. (Hrsg.): Enzyklopädisches Handbuch der Heilpädagogik, Halle (Saale) 1934
Dingler, K.: Gedanken zum Erziehungs- und Bildungsplan der Hilfsschule, in: *Zeitschrift für Heilpädagogik* 6 (1955), 301 – 316
Fuchs, A.: Schwachsinnige Kinder, Gütersloh 1912, 3. Aufl. 1922
Gehrecke, S.: Geschichtsunterricht in der Hilfsschule (Sonderschule für Lernbehinderte), in: *Heese, G. / Wegener, H.* (Hrsg.): Enzyklopädisches Handbuch der Sonderpädagogik, Berlin-Charlottenburg 1965
Hoffmann, Ch. / Zitzlaff, W. / Bill, A.: Polytechnischer Sachunterricht in der Schule für Lernbehinderte, Gießen 1976
Klink, J.-G.: Zur Geschichte der Sonderschule, Bad Heilbrunn 1966
Krampf, A.: Hilfsschule im neuen Staat, Leipzig 1936
Kubale, S.: Aufstellung eines Stoffverteilungsplanes für die Oberstufe einer wenig gegliederten Hilfsschule, in: *Zeitschrift für Heilpädagogik* 7 (1956), 177 – 181
– Der Sachkundliche Unterricht unter sozialpädagogischem Aspekt, in: *Zeitschrift für Heilpädagogik* (1968), 605 – 614
Merkes, K.: Der Geschichtsunterricht an der Schule für Lernbehinderte (Sonderschule) (Institut für Heil- und Sonderpädagogik der Justus-Liebig-Universität Gießen), 1981
Möckel, A. / Nestle, W.: Geschichte, Sozialkunde, Geographie, in: *Kanter, G. / Speck, O.* (Hrsg.): Pädagogik der Lernbehinderten, Berlin 1977
Murtfeld, W. (Hrsg.): Grundlagen und Stoffe für Hilfsschullehrpläne, Frankfurt 1914
Myschker, N.: Der Verband der Hilfsschulen Deutschlands und seine Bedeutung für das deutsche Sonderschulwesen, Nienburg (Weser) 1969
Nestle, W.: Fächerübergreifender Sachunterricht in der Haupt- und Sonderschule, Stuttgart 1975
Schmetz, D.: Geschichte in der Lernbehindertenschule, Bonn-Bad Godesberg o. J. (1977)
Schrank, K.: Geschichtsunterricht in der Hilfsschule, in: *Zeitschrift für Heilpädagogik* 4 (1953), 356 – 362
Schulze, E.: Richtlinien zum Hilfsschullehrplan, Halle (Saale) 1924
Stranz, G.: Über die gegenwärtige Situation des Sachkundeunterrichts in der Oberstufe der Sonderschule für Lernbehinderte, in: *Zeitschrift für Heilpädagogik* (1968), 615 bis 622
Tornow, K.: Der Lehr- und Bildungsplan der Hilfsschule, Leipzig 1932

Zitzlaff, W.: Überlegungen zur Veränderung der Sonderschule für Lernbehinderte, in: **Sonderpädagogik** 4 (1974), 113 – 119
— Arbeitslehre an der Schule für Lernbehinderte unter historischem und politischem Aspekt, in: *Baier, H.* (Hrsg.): Unterricht in der Schule für Lernbehinderte, Donauwörth 1978

Zitierte Richtlinien und Lehrpläne

Amtsblatt des Hessischen Kultusministers: Vorläufige Richtlinien für die Arbeit in der Schule für Praktisch-Bildbare (Sonderschule), Wiesbaden 1971
Bayrisches Staatsministerium für Unterricht und Kultus: Lehrpläne für die Schulen für Lernbehinderte, geistig Behinderte, Körperbehinderte, Erziehungsschwierige in Bayern, Bd. I, München 1971
Berlin 1926: Deputation für Schulwesen, Lehrplan für die Berliner Hilfsschulen, Berlin 1926
Bildungsplan für Sonderschulen für Lernbehinderte der Länder Rheinland-Pfalz und Saarland, Grünstadt 1972
Hannover 1929: Stadt Hannover: Lehrplan für die Hilfsschulen, Hannover 1929
Hessischer Minister für Erziehung und Volksbildung: Bildungsplan der Sonderschule für Lernbehinderte (Amtsblatt, Sondernummer), Wiesbaden 1962
Hessisches Institut für Lehrerfortbildung: Handreichungen Sonderschule Nr. 26: Geschichte / Sozialkunde, Entwicklung des Nationalsozialismus in Deutschland, 1984
Der Kultusminister des Landes Schleswig-Holstein: Richtlinien für die Lehrpläne der Hilfsschulen des Landes Schleswig-Holstein, Lübeck 1964
Kultusministerium Baden-Württemberg: Bildungsplan der Sonderschule für lernbehinderte Kinder und Jugendliche in Baden-Württemberg, Villingen 1968
Niedersachsen 1974: Richtlinien für die Schulen in Niedersachsen, Schulen für Lernbehinderte, Hannover 1974

Geschichtsunterricht an Waldorfschulen

Christoph Lindenberg

Die Aufgabe des Geschichtsunterrichts

Im Gesamtkonzept der Waldorfschulen ist der Geschichtsunterricht besonders stark auf die Leistungen anderer „Fächer" angewiesen. Die Landwirtschafts-, Industrie- und Sozialpraktika vermitteln gesellschaftliche Orientierung durch Arbeit. Handarbeit, Handwerk, Gartenbau, Schmieden etc. bilden praktische Fähigkeiten aus und fordern den handelnden Menschen; zugleich schaffen sie Erfahrungen, die der Geschichtsunterricht benötigt. Musik- und Kunstunterricht sowie Kunstbetrachtung bringen Inhalte vergangener Kulturen zum Erlebnis. Auf diesen Erfahrungsgrundlagen baut der Geschichtsunterricht auf, ebenso ist er auf Inhalte des Geographie-, Technologie- und Deutschunterrichts angewiesen. Dem Geschichtsunterricht fällt also nicht die Aufgabe zu, gesellschaftliche Erfahrungen zu vermitteln, er hat vielmehr die bescheidenere Aufgabe, die *geschichtlichen Dimensionen der menschlichen Existenz* zur Erkenntnis zu bringen und von daher eine *Orientierung in der Gegenwart* zu ermöglichen, indem die in der Gegenwart wirkenden Tendenzen sichtbar gemacht und die Kontingenz der Gegenwart durchschaut werden kann. Darüber hinaus liefert der Geschichtsunterricht eine *historische Anthropologie,* die die Verschiedenheit und das Werden der menschlichen Existenzweisen bewußt macht.

Didaktik

Die Unterrichtsinhalte der Waldorfschulen orientieren sich in besonderem Maße an den Erkenntnissen der *Entwicklungspsychologie,* so wie sie in praktischer Hinsicht von Rudolf Steiner (1861 — 1925) 1919 bis 1924 beim Aufbau der ersten Waldorfschule und so wie sie in anderer Form theoretisch vorzüglich von Jean Piaget dargestellt worden sind. Piaget hat besonders die Entwicklung des kognitiven Verhaltens erforscht und damit die Entfaltung des Auffassungsvermögens, die Grundlage jeder Didaktik sein müßte, untersucht. Die Berücksichtigung des kindlichen und jugendlichen Auffassungsvermögens kann verhindern, daß am Kinde „vorbei" unterrichtet wird und bewirkt, daß an Stelle einer verbalen Dressur im Frage-Antwort-Spiel auf das *kindliche Verstehen* gebaut wird. Rudolf Steiner hat im Lehrplan der Waldorfschule die Inhalte des Geschichtsunterrichts nicht allein an dem Auffassungsvermögen, sondern darüber hinaus an den oft latenten Fragen und an den Problemen der Entwicklungsstufen orientiert.

Nachdem in der *4. Klasse* der historisch orientierte *Heimatkundeunterricht* vorangegangen ist, beginnt der Geschichtsunterricht in der 5. Klasse. In der *5 und 6. Klasse* wird die Geschichte bis zum Ende des Mittelalters *in Form von Geschichten* dargestellt. Dabei dominieren biographische Darstellungen, die aber keineswegs allein aus der Perspektive der „großen Männer" Lebensweisen und *Handlungsformen* vergegenwärtigen. Gegen Ende der *6. Klasse* kann das erwachende *Verständnis für Kausalität* angesprochen werden, indem zum Beispiel die Auswirkungen der Kreuzzüge behandelt werden. In der *7. und 8. Klasse* zielt das Interesse der Schüler auf ein *realistisch-technisches Erkennen.* Diesem Interesse entsprechend wird unter Herausarbeitung von Bedingung, Anlaß, Ursache, Wirkungen und weiteren Folgen jener Aspekt der Geschichte von ca. 1400 bis zur Gegenwart behandelt, der in diesem Sinne gut faßbar ist: Entdeckungen, Erfindungen, die Industrielle Revolution und ihre gesellschaftlichen Folgen. In der *9. Klasse* wird die neuere Geschichte nochmals behandelt, diesmal aber unter dem Gesichtspunkt derjenigen *inneren Motive* der Geschichte, die u. a. im Kampf um die Menschenrechte, in den politischen Revolutionen etc. zum Ausdruck kommen. Dadurch kann dem Schüler in der Pubertätszeit eine *ideelle Orientierung* vermittelt werden.

Ganz anders ist der Ansatz in der *10. Klasse.* Hier geht es darum, die inneren Entwicklungen der Menschheit in den Zusammenhang mit der Objektivität zu bringen. So wird Entstehung und Gestalt der frühen Hochkulturen und der griechischen Kultur und Politik in ihrem Verhältnis zu den geographischen Gegebenheiten thematisiert. Damit wird der Versuch gemacht, die *erwachte Innerlichkeit* des jungen Menschen durch *rationale Betrachtung* auf die konkreten Bedingungen menschlichen Handelns zu führen.

Beim 18jährigen Schüler zeigt sich ein deutlich bemerkbares Bedürfnis, die eigene Stellung in der Geschichte und Gegenwart zu erfassen. Der Unterricht antwortet darauf mit einem Gesamtüberblick über die Weltgeschichte und versucht die Kategorien bereitzustellen, die einen solchen Überblick ermöglichen.

Methodik

Der Geschichtsunterricht wird *in Epochen* erteilt; d. h. durch drei Wochen findet täglich im „Hauptunterricht" von 8.00 bis 9.50 Uhr Geschichtsunterricht statt, in einem Schuljahr stehen der Geschichte zwei Epochen zu. Der Epochenunterricht erfordert eine sorgfältige Planung der Epochen und der einzelnen Stunden. Er ermöglicht, jeden Tag das am Vortag Behandelte durch Gespräch und Diskussion zu vertiefen und so im Laufe einer Epoche einen zusammenhängenden Überblick zu gewinnen. Für Lehrer und Schüler besteht die Chance, sich auf ein Thema zu konzentrieren. Die Schüler führen während der Epoche ein „Epochenheft", das sie möglichst selbständig als eigenes Geschichtsbuch gestalten: die Inhalte des Unterrichts werden in Aufsätzen zusammengefaßt, durch Bilder, Graphiken, Karten etc. illustriert.

Im Gegensatz zu dem heute weit verbreiteten Verfahren des Arbeitsunterrichts, der anhand von Text-, Quellen- und Bildinterpretationen Geschichte vermittelt, ist die *Geschichtserzählung* und *Darstellung durch den Lehrer* wesentliche Methode des Unterrichts. Das, was als das Natürliche erscheint, bedarf heute der Begründung, die hier nur sehr kurz angedeutet werden kann. Das Interesse der Schüler richtet sich zunächst auf die erzählte Geschichte, auf die Darstellung des Zusammenhangs und der Ereignisse. Erst aus der Kenntnis des Zusammenhangs können Dokumente verstanden und befragt werden. Das kann im Geschichtsunterricht exemplarisch vorgeführt werden. Aber der Geschichtsunterricht hat nicht die Aufgabe, künftige Historiker in ihr Handwerk einzuführen. Vielmehr sollen künftige Nicht-Historiker durch die Darstellung symptomatischer Strukturen, Entwicklungen, Tendenzen und Ereignisse ein Bild der geschichtlichen Entwicklungen erhalten. Das setzt beim Lehrer eine Erzählkunst voraus, die möglichst bildhaft und konkret Ereignisse in Raum und Zeit darstellt. Eine präzise Schilderung, die im Detail Charakteristisches sichtbar macht, liefert für ein Unterrichtsgespräch am folgenden Tage die Grundlage, auf der Schüler eigene Urteile bilden und zu Einsichten und Begriffen finden können.

Das *Unterrichtsgespräch* hat im Geschichtsunterricht eine besondere Bedeutung und geht über das Abfragen der Schüler und die Kontrolle von Verständnis und Wissen weit hinaus. Angesichts vieler geschichtlicher Ereignisse — besonders der jüngsten Geschichte — entstehen in den Schülern elementare

Fragen, die mehr als gewissenhafte Erklärung der Tatsachen verlangen. Die Fragen der Schüler zielen auf Zukunftsprobleme, die Schüler benötigen persönliche Orientierung für ihr Handeln und ihren Lebensplan, sie fragen nach dem Sinn des Ganzen, sie fordern persönliche Stellungnahme des Lehrers und existentielle Klärung der Zukunftsperspektiven. Die Schule darf sich diesen erzieherischen Aufgaben nicht entziehen, sie muß ihnen Raum geben, denn die Schule dient nicht nur der wissenschaftlichen Propädeutik, sondern in erster Linie dem Leben. Die Pflege der persönlichen *Interessen der Schüler,* das Eingehen auf ihre spontanen, oft unvorhersehbaren und schwierig zu erörternden Fragen dienen aber nicht nur der Erziehung und Persönlichkeitsbildung, sondern führen auf die Dauer auch zu neuen Fragen an die Geschichte: auf die Dauer eröffnet sich so die Möglichkeit eines *lebenslangen Dialogs mit der Geschichte,* der auf einem persönlichen Interesse beruht.

Literatur

Leber, S. (Hrsg.): Die Pädagogik der Waldorfschule und ihre Grundlage, Darmstadt 1983
Lindenberg, C.: Geschichte lehren — Thematische Anregungen zum Lehrplan, Stuttgart 1981
— Die Lebensbedingungen des Erziehens, Reinbek 1981 (darin 111 — 137: Geschichte, Schule und Gesellschaft)

Historisch-politische Bildung in der Bundeswehr

Martin Kutz

Die Rolle der Geschichte im Rahmen der politischen Bildung

Die Bundeswehr ist von Gesetzes wegen (§ 33 Soldatengesetz) verpflichtet, im Rahmen der Inneren Führung *politische Bildung* zu betreiben. Nur in diesem Zusammenhang findet über historische Bezüge bei der politischen Bildung in engen Grenzen historische Bildung statt. In der Truppe sind die historischen Bezüge nur als *historisches Beispiel* zur Erläuterung politischer Zusammenhänge geläufig. So werden hin und wieder das Ende der Weimarer Republik, die NS-Zeit, der 20. Juli 1944 oder der 17. Juni 1953 zum Gegenstand des Unterrichtes; dies in all den zu erwartenden Verkürzungen.
Einzige Ausnahme ist die *Offizierausbildung,* in der das Fach Wehrgeschichte eine — in den letzten Jahren deutlich verminderte — Rolle spielt, sowie die

wissenschaftliche, allgemeinhistorische Ausbildung von Offizieren als Teil des akademischen Studiums an Bundeswehrhochschulen und als Teil der Stabs- und Generalstabs- / Admiralstabs-Offizierausbildung an der Führungsakademie der Bundeswehr. Nur dort bekommt das *Fach Geschichte* eigenständiges Gewicht. Allerdings wird immer noch auch institutionell nach *Wehrgeschichte* und *Allgemeiner Geschichte* unterschieden. Ursache dafür ist, daß das Fach Wehrgeschichte sich erst allmählich aus der Militär- und Kriegsgeschichte entwickelt hat, die im deutschen Militär als Teil- und Hilfswissenschaft der Taktik (kriegsgeschichtliches Beispiel) verstanden wurde. Deshalb wird Wehrgeschichte bis heute der militärfachlichen Offizierausbildung zugerechnet, während die Allgemeine Geschichte in den ersten Jahrzehnten der Bundeswehr den „Bildungsteilen" dieser Ausbildung zugeschlagen war.

Die enge Koppelung der Wehrgeschichte an die militärfachliche Ausbildung hatte einen völlig obsoleten Streit zwischen den Traditionalisten als Verfechter der alten Kriegsgeschichtslehre (*applikatorische Methode*, kriegsgeschichtliches Beispiel im Taktikunterricht) und einer moderneren Auffassung, die Wehrgeschichte auch als Bildungsfach verstand und auf ihren *„inneren Nutzen"* abhob, zur Folge. Wehrgeschichte sollte nach den moderneren Auffassungen durch die Auseinandersetzung mit der Vergangenheit Sinnfragen des Offizierberufs in der Gegenwart klären helfen. Dieser Streit hat sich teilweise bis in die siebziger Jahre fortgeschleppt, ist aber letztlich zugunsten der moderneren Auffassung entschieden. Dies gelang zum Teil auch deshalb, weil die Allgemeine Geschichte in den Bildungsteilen der Offizierausbildung vor deren Reform (ab 1970) als Konkurrenz und Vorbild einen wachsenden Legitimationsdruck auf eine isolierte und technokratisch reduzierte Betrachtungsweise der Militär- und Kriegsgeschichte ausübte. Denn die Allgemeine Geschichte hatte offiziell und erklärtermaßen die Aufgabe, die *Sinnfragen* des Militärs und des Offizierberufs historisch zu beleuchten. Sie war demnach sehr stark von den Impulsen der politischen Bildung durchsetzt.

Entwicklung der politischen Bildungsarbeit in der Bundeswehr

Von ausschlaggebender Bedeutung in der Konzeptionsphase war das „Gutachten des Deutschen Ausschusses für das Erziehungs- und Bildungswesen" zur Politischen Bildung in der Bundesrepublik Deutschland von 1955. Sowohl die Formulierung des Gesetzestextes, der amtlichen Kommentare wie auch der Zentralen Dienstvorschrift (ZDv) 12/1 „Geistige Rüstung" von 1966 übernehmen den Grundgedanken einer an freiheitlichen Idealen orientierten politischen Bildung, die den mündigen Staatsbürger zum Ziel, die „objektive Information" zur Methode erklärt und sich gegen „ideologische Indoktrination" wendet.

Die Realität der Bildungsarbeit sah offenbar anders aus. Schon aus der Schriftenreihe Innere Führung des Ministeriums ist über weite Passagen bis in die siebziger Jahre eine Orientierung an *autoritären Leitbildern* herauslesbar. Außerdem hat der Antikommunismus der fünfziger und sechziger

Jahre zu einer so sehr *feindbildorientierten ideologisierenden Praxis* der Politischen Bildung in der Truppe geführt, daß in der 1966 erlassenen ZDv 12/1 in scharfem Befehlston Abhilfe gefordert wird. Dies, obwohl die ganze Vorschrift selbst wieder eine Auseinandersetzung mit „totalitären" Systemen ist.
Die Praxis der politischen Bildung war und blieb (notwendigerweise) uneinheitlich. Im Rückblick kristallisieren sich insgesamt drei mehr oder weniger konkurrierende Modelle heraus. Offizielle Norm und Ausgangspunkt der politischen Bildung war das Leitbild des *Staatsbürgers in Uniform,* das in der Öffentlichkeit aufs engste mit dem Namen Wolf Graf von Baudissin verbunden ist. Seine Bedeutung nahm deutlich ab, konterkariert von einem zweiten konservativen Leitbild, das an *Gehorsamserziehung, Pflichtdeklaration und Gemeinschaftsgebundenheit* orientiert war und die Legitimation von Demokratie aus dem Gegensatz zum „Totalitarismus" ableitete (alte ZDv 12/1). Drittens wurde diese Auffassung zeitweilig überwuchert vom plattesten *Antikommunismus* und „abendländisch" orientierter Indoktrination.
Seit dem Regierungswechsel 1969 wurden auch neue Impulse für die politische Bildung in der Armee gegeben. Diese Belebung der politischen Bildungsarbeit und die Überwindung der platten Indoktrination der vorausgegangenen Zeit wurde durch eine als *„Entideologisierung"* betriebene *Entpolitisierung* erkauft, die wiederum eine *strukturell konservative* Gemeinsamkeit durch alle Bundestagsparteien ermöglichte. Die konservative Geringschätzung der ersten Ansätze und Konzepte der Inneren Führung als an demokratischen Grundrechten orientierte Forderung der Reformer um Baudissin wurde auch von sozialdemokratischen Verteidigungsministern geteilt. Die Folge war eine inhaltliche Verkümmerung des Konzeptes der „Inneren Führung", wiewohl in der zweiten Hälfte der siebziger Jahre ein zweiter Innovationsschub vor allem durch den zuständigen Parlamentarischen Staatssekretär initiiert wurde. Die Entwicklung von Ausbildungshilfen für die Truppe und die Beschaffung modernster Unterrichtstechnologie wurden vor allem gefördert.
Die Diskussion in- und außerhalb der Bundeswehr um die politische Bildung in ihr ist vor allem deswegen so diffus, weil die ZDv 12/1 von 1973, in der die Prinzipien und Ziele der politischen Bildung in der zur Zeit gültigen Fassung festgelegt sind und die die alte Vorschrift abgelöst hatte, in sich uneinheitlich ist und hinter der Diskussion in anderen Bildungsbereichen weit zurückblieb. Diese Vorschrift sucht den Anschluß an die öffentliche Diskussion nur im Bereich der *Methodik,* in dem modernste Ansätze aufgenommen sind. Sie tut das, ohne den inneren Zusammenhang Methodik / Didaktik / Ziele zu reflektieren. Die Ziele der politischen Bildung gehen nach Maßgabe dieser Vorschrift zum Teil weit hinter die ursprünglichen Prinzipien der Inneren Führung zurück.
Das Konzept läßt sich in drei Teildidaktiken auflösen, die man kennzeichnen kann als eine

1. *Verpflichtungsdidaktik,* die politische Bildung exklusiv mit der soldatengesetzlich festgelegten Verpflichtung auf das Grundgesetz legitimierte,

2. *Partnerschaftsdidaktik,* die in Anlehnung an F. Oetinger das Leitbild pluralistischer Demokratie der fünfziger Jahre umsetzt, und
3. *Einsichtendidaktik,* die gewünschte Ergebnisse der politischen Bildung als Axiome für den Unterricht vorformuliert.

Diese Festlegungen sind für den politischen Unterricht bindende Befehle; ebenso verbindliche Befehle sind die methodischen Hinweise. Die moderne „Methodik" gerät deshalb jedesmal dann in einen nur durch Befehl aufhebbaren Konflikt mit den Zielen, wenn durch sie andere Ziele und Inhalte transportiert werden, als der offizielle Zielkatalog zuläßt.

So ist es fast selbstverständlich, daß die Ergebnisse der politischen Bildung in der Bundeswehr, wie sie sich in empirischen Studien darstellen, die Öffentlichkeit alarmierten.

Historische Fachausbildung in der Offizierausbildung nach der Bildungsreform

Für die Offizierausbildung sind in den Bundeswehrhochschulen Lehrstühle für Geschichte eingerichtet. Das Fach ist eingebunden in das *Pädagogikstudium* als Nebenfach und Grundlage für eine Fachdidaktik und in das *EGA-Studium* (EGA = erziehungs- und gesellschaftswissenschaftliche Anteile). Die ursprüngliche Form des EGA-Studiums, nämlich über ein erziehungs- und gesellschaftswissenschaftlich angeleitetes Fachstudium aus der Reflexion der eigenen Lernsituation Ansätze einer Didaktik der politischen Bildung und eine Klärung der Sinnfragen des Berufs in die wissenschaftliche Fachausbildung zu integrieren, ist aus vielen Gründen gescheitert. Die vorläufige Schlußfolgerung ist ein Nebenfachstudium in Politikwissenschaft, Pädagogik, Soziologie, Philosophie und Geschichte. Im EGA-Studium knüpfte die historische Lehre in der Zielsetzung in gewisser Weise wieder an das Bildungsfach Geschichte in der Offizierausbildung vor der Reform an und ist vergleichbar der historischen und wehrhistorischen Ausbildung im Rahmen der Stabs- und Generalstabsoffizierausbildung an der Führungsakademie der Bundeswehr.

Das Besondere dieser Ausbildung im Fach Geschichte ist ihr erklärter pädagogischer Zweck, der die Themenwahl (Inhalte) prägt: Sie dient der historischen *„Standortbestimmung",* ist also für die Beantwortung von (politischen und militärischen) *Sinnfragen* zuständig und somit im weiteren Sinne doch wieder politische Bildung.

Sowohl an den Hochschulen der Bundeswehr wie an der Führungsakademie entspricht die methodische Orientierung und der wissenschaftliche Standard der universitären Fachausbildung; thematisch stehen militärische Bezüge im Vordergrund. Die alte Differenz zwischen Wehrgeschichte und Allgemeiner Geschichte ist zunehmend eingeebnet.

Aktuelle Probleme historisch-politischer Bildung

Seit dem neuerlichen Regierungswechsel (1982) scheint wieder Bewegung in den Bereich „sinnstiftender" wissenschaftlicher Ausbildung zu kommen. Dabei bekommen alte Denkmuster wieder stärkeres Gewicht. Man scheut sich nicht, zur Wiederbelebung überholter militärischer Traditionen „die Geschichte" unter bewußter Verdrängung moderner Forschungsergebnisse heranzuziehen und selbst erwiesene Kriegsverbrecher zu „soldatischen" Vorbildern der Bundeswehr zu stilisieren. Die Diskussion konzentriert sich bei den Bundeswehrhochschulen auf das EGA-Studium. Die Ansichten reichen von: „völlig abschaffen" bis im Sinne traditionalistischer Militärideologie „umfunktionieren". Würde die erste Absicht wahr, fiele damit die bisher einzige wissenschaftliche Ausbildung des Ausbildungspersonals der Bundeswehr aus, die inhaltlich für die politische Bildung nutzbar wäre. Setzt sich die zweite Linie durch, ist eine Umstrukturierung in Richtung „Militärwissenschaft" — was immer das im einzelnen heißen mag — verbunden mit einer ideologischen Einbindung des Offiziernachwuchses in die traditonalistischen Leitbilder vom Militär wahrscheinlich. Der Erhalt des status quo ist längerfristig unwahrscheinlich und damit eine Rückentwicklung historisch-politischer Bildung in der Bundeswehr zu erwarten.

Literatur

Balke, P.: Politische Erziehung in der Bundeswehr, Boppard 1970
Bastian, H.-D.: Bildungsbürger in Uniform. Menschenführung und politische Bildung, München 1979
Baudissin, W. Graf von: Soldat für den Frieden, München 1969
— Nie wieder Sieg!, München 1982
Forstmeier, F.: Sinn und Wert des kriegsgeschichtlichen Unterrichts, in: *Wehrkunde* 10 (1961)
Fröhling, H., u. a.: Studienreform und Praxisbezug an den Hochschulen der Bundeswehr, in: *apz* B 6 (1978)
Gerhard, W.: Politische Bildung als militärische Vorschrift — eine Analyse der ZDv 12/1, in: *Materialien zur politischen Bildung* (1979)
Heidegger, H.: Kann Kriegsgeschichtsunterricht heute noch einen praktischen Nutzen haben, in: *Wehrkunde* 10 (1961)
Kaiser, A. / Schatz-Bergfeld, M.: Politische Bildung in der Bundeswehr II, in: *Wehrpsychologische Untersuchungen* 12 (1977)
Kutz, M.: Reform und Restauration der Offizierausbildung der Bundeswehr, Baden-Baden 1982
Loquai, H.: Qualifikations- und Selektionssysteme für Eliten in bürokratischen Organisationen. Eine soziologische Analyse der Ausbildung und Auswahl deutscher Generalstabs- und Admiralstabsoffiziere, Freiburg 1980
Schulz, K.-E.: Die Neuordnung von Bildung und Ausbildung in der Bundeswehr. Eine Zwischenbilanz nach 10 Jahren, Baden-Baden 1982
Vierteljahresschrift für Sicherheit und Frieden (1985), H. 1: Themenschwerpunkt Bundeswehr nach der Wende
Wassmann, H.: Politische Bildung in der Bundeswehr: Bedingungsanalyse eines Erziehungsprozesses in der Erwachsenenbildung, Diss. Aachen 1976

Amtliche Schriften

Handbuch Innere Führung, 4. Aufl. Bonn 1966
Zentrale Dienstvorschrift (ZDv) 12/1 „Geistige Rüstung", 1966
Zentrale Dienstvorschrift (ZDv) 12/1 „Politische Bildung", 1973

Geschichtsunterricht in der DDR

Hans-Dieter Schmid

Stellung des Geschichtsunterrichts in den allgemeinbildenden Schulen

Der Geschichtsunterricht in der DDR wird neben dem Staatsbürgerkunde- und dem Geographieunterricht als Teil des *gesellschaftswissenschaftlichen* Unterrichts angesehen. Er ist jedoch ein *selbständiges* Fach; eine *Integration* des Geschichtsunterrichts in einen gesellschaftswissenschaftlichen Lernbereich ist in der DDR *nie diskutiert* worden, da dies der marxistischen Auffassung vom Prozeßcharakter der Geschichte widersprechen würde.

Mit *insgesamt elf Wochenstunden* nimmt der Geschichtsunterricht im Fächerkanon der zehnklassigen Pflichtschule – der allgemeinbildenden polytechnischen Oberschule – eine relativ starke Stellung ein; sein Stundenanteil entspricht dem der Geographie und ist mehr als doppelt so hoch wie der der Staatsbürgerkunde. Er beginnt in Klasse 5 mit einer Wochenstunde und umfaßt in den Klassen 6 bis 10 jeweils zwei Stunden. Hinzu kommen drei Wochenstunden in Klasse 11 der zweiklassigen Erweiterten Oberschule.

Außerdem werden für die Klassen 5 bis 8 freiwillige *Arbeitsgemeinschaften* „Junge Historiker" angeboten, für die Klassen 9 und 10 eine ebenfalls freiwillige, aber stärker inhaltlich vorprogrammierte „Arbeitsgemeinschaft nach Rahmenprogramm", die auf Themen aus der Geschichte der deutschen und internationalen Arbeiterbewegung festgelegt ist. Vorbereitet wird der Geschichtsunterricht bereits auf der Unterstufe durch einzelne historische Themen im Rahmen des heimatkundlichen Deutschunterrichts, vorwiegend in Form von Episoden aus dem Leben großer Persönlichkeiten der Arbeiterbewegung von Marx bis Thälmann. Insgesamt ist der Umfang des obligatorischen Geschichtsunterrichts in der Oberschule *seit 1957 unverändert* und im wesentlichen unangefochten geblieben. Er scheint auch für die Zukunft nicht gefährdet zu sein.

Entwicklung

Der Geschichtsunterricht wurde in der SBZ erst mit dem Schuljahr 1946/47 wieder aufgenommen – ein Jahr nach dem offiziellen Schulbeginn. Der Grund dafür lag darin, daß man glaubte, im Geschichtsunterricht nicht, wie in anderen Fächern, auf Lehrpläne aus der Weimarer Zeit zurückgreifen zu können. Stattdessen wurde auf der Grundlage von eigens ausgearbeiteten „Richtlinien für den Unterricht in deutscher Geschichte" im *Juli 1946* ein *neuer Lehrplan* erlassen, der zwei chronologische Durchgänge vorsah, einen für die Klassen 5 bis 8 der Grundschule, einen zweiten für die vierklassige Oberschule. In Ziel und Inhalt entsprach der Lehrplan ganz der antifaschistisch-demokratischen Politik der KPD / SED in dieser Zeit. Methodisch griff er auf *Reformpädagogik* und *Arbeitsschulbewegung* zurück, die in

den ersten Jahren die noch relativ lebhaft geführte didaktische Diskussion beherrschten.
Dies änderte sich bereits Ende der vierziger Jahre, als auf dem IV. Pädagogischen Kongreß *1949* Reformpädagogik und Arbeitsschulbewegung verurteilt und stattdessen die *Sowjetpädagogik* propagiert wurde. Im Zuge der folgenden Sowjetisierung der Schule wurden auch für den Geschichtsunterricht sowjetmarxistische Positionen inhaltlicher und didaktisch-methodischer Natur zunehmend verbindlich. So basierte der neue *Lehrplan von 1951* in seiner Zielsetzung und in seinem Inhalt eindeutig auf dem *historischen Materialismus*. In der Methodik stand nun das Problem der *effizientesten Stoffvermittlung* im Vordergrund, wozu feste Stundenschemata vorgeschlagen wurden, in denen der *Lehrervortrag* dominierte. Entsprechend war im Lehrplan die Stoffverteilung bis zu den Einzelstunden verbindlich festgelegt. Parallel zum Lehrplan von 1951 wurden auch die ersten Geschichtslehrbücher der DDR entwickelt, die sich in ihrem Aufbau streng an den Lehrplan hielten.
Schon nach wenigen Jahren, in der politischen und ökonomischen Krise der fünfziger Jahre, wurde dieser Kurs jedoch wieder korrigiert. Mit dem Ziel der „*Verstärkung der patriotischen Erziehung*" wurden die Lehrpläne überarbeitet und schließlich durch *Direktiven* ersetzt. Dabei gab man die strikte Stundenverteilung wieder auf und nahm erhebliche Stoffkürzungen, besonders bei der außerdeutschen Geschichte, vor. Kurzfristig kam es so zu einer Renaissance des *erziehenden* Geschichtsunterrichts unter stark *reformpädagogischem* Aspekt.
Erst *ab 1958* trieb die SED die Entwicklung der Schulpolitik wieder energisch voran, wobei es vor allem um die schnelle Verwirklichung zweier Reformprojekte ging: die Einführung der zehnklassigen Pflichtschule und der polytechnischen Erziehung. *Polytechnische Bildung* wurde jetzt auch als allgemeines Unterrichtsprinzip verstanden, aus dem für den Geschichtsunterricht etwa gefolgert wurde, daß „vor allem die Bedeutung der Produktivkräfte, der Volksmassen und des Klassenkampfes für die gesellschaftliche Entwicklung" begreiflich gemacht werden müsse (Lehrplan der zehnklassigen allgemeinbildenden polytechnischen Oberschule 1959, Vorwort). Anstelle des einseitig emotionalen Verständnisses von politischer Erziehung als „patriotischer Erziehung" trat nun wieder der Versuch, politische Erziehung und „*wissenschaftlichen*" Unterricht im Sinne des *Marxismus-Leninismus* miteinander zu verbinden.
Der Geschichtslehrplan von 1959, nach dem Bau der Mauer 1961 schon einmal für kurze Zeit zur Erörterung dieser Maßnahme außer Kraft gesetzt, wurde endgültig erst in der großen *Lehrplanrevision* auf der Grundlage des „Gesetzes über das einheitliche sozialistische Bildungssystem" von 1965 abgelöst. Nach der ursprünglichen Planung sollten in den Jahren 1966 bis 1971 zunächst *jahrgangsweise* „*präzisierte Lehrpläne*" eingeführt werden, die dann jeweils nach sechsjähriger Erprobung durch endgültige neue Lehrpläne ersetzt werden sollten. Durchgeführt wurde jedoch im wesentlichen nur die erste Etappe. Dabei wurden zusammen mit jedem neuen Jahrgangsplan zugleich

auch die wichtigsten „Nachfolgematerialien" herausgegeben, also die *Lehrbücher* und die *„Unterrichtshilfen"* mit ihren Stundenentwürfen.
Diese Lehrpläne sind — zum Teil redaktionell überarbeitet und an neue Sprachregelungen angepaßt — bis heute die verbindliche Grundlage des Geschichtsunterrichts in der DDR. Lediglich der Lehrplan für Klasse 10 wurde 1977 neu herausgegeben, vor allem weil die Neuorientierung der Politik der SED seit dem VIII. Parteitag 1971 und dem Ende der Ära Ulbricht eine inhaltliche Neukonzeption der Nachkriegsgeschichte mit sich brachte, insbesondere eine stärkere Betonung der Rolle der Sowjetunion, aber auch, weil der Stoffplan durch die Einbeziehung eben dieser Entwicklung seit 1971 aktualisiert werden sollte. Wirklich neu konzipiert wurde allein der Lehrplan für Klasse 11 der Abiturstufe, der 1979 neu herauskam und die Geschichte der SED zum Hauptgegenstand des Geschichtsunterrichts in dieser Klasse machte.

Gesellschaftlich-politische Funktion

Der Geschichtsunterricht in der DDR dient in erster Linie der politischen Sozialisation; er ist ein Kernfach der *ideologischen Erziehung.* Seine Bedeutung ergibt sich einmal aus der besonderen Stellung des historischen Materialismus im System des Marxismus-Leninismus, zum anderen aus der wachsenden Rolle des *Bewußtseins* in der sozialistischen Gesellschaft. Das Geschichtsbewußtsein als Teil des *sozialistischen Bewußtseins* hat Ende der sechziger Jahre eine besondere Aufwertung erfahren, als man feststellte, daß bald die Mehrheit der Werktätigen der DDR nicht mehr über die unmittelbare Erfahrung des Klassenkampfes als mobilisierenden Faktor verfügen werde.
Theoretisch wird die bewußtseinsbildende Funktion von Geschichte und Geschichtsunterricht darin gesehen, daß sie bestimmte Grundüberzeugungen, die in ihrer Gesamtheit das sozialistische Bewußtsein konstituieren, historisch fundieren — etwa die Überzeugung von der historischen Mission der Arbeiterklasse, vom gesetzmäßigen Sieg des Sozialismus im Weltmaßstab oder von der Notwendigkeit der führenden Rolle der Arbeiterklasse und ihrer marxistisch-leninistischen Partei bei der weiteren Entwicklung des Sozialismus in der DDR. Dies geschieht im wesentlichen durch die Vermittlung eines *geschlossenen marxistisch-leninistischen Geschichtsbildes,* das als „wissenschaftliche Basis" des sozialistischen Geschichtsbewußtseins angesehen wird. Da jedoch die Grundüberzeugungen insgesamt sehr stark auf den „realen Sozialismus" der DDR ausgerichtet sind, erscheint in der Praxis die bewußtseinsbildende Funktion häufig reduziert auf den Aspekt der *historischen Legitimation* und *Affirmation* der DDR als „Höhepunkt der deutschen Geschichte".

Ziele, Inhalte, Methoden

Ein hervorstechendes Merkmal des Geschichtsunterrichts in der DDR ist seine *Lernzielorientiertheit.* Oberstes Bildungsziel der sozialistischen Erziehung ist die allseitige Entwicklung der *sozialistischen Persönlichkeit*. Der Geschichtsunterricht trägt dazu die Entwicklung eines sozialistischen Geschichtsbewußtseins durch die Vermittlung eines marxistisch-leninistischen Geschichtsbildes bei. Die entscheidende Konkretisierung und Aufgliederung dieses allgemeinen Ziels geschieht in den Lehrplänen, insbesondere in den den einzelnen Stoffeinheiten vorangestellten detaillierten *Erkenntniszielen*. Diese Erkenntnisziele determinieren den Unterricht weitgehend, da sie nicht nur auf Fakten, Begriffe und Zusammenhänge, sondern auch auf Urteile und Wertungen im Sinne des marxistisch-leninistischen Geschichtsbildes gerichtet sind. Neben den Erkenntnis- oder Wissenszielen werden in den Lehrplänen noch *Könnensziele* (Denk- und Arbeitsweisen) und *Erziehungsziele* gesondert ausgebracht. Den letzteren wird dabei, auch gegenüber den Erkenntniszielen, eine Schlüsselfunktion eingeräumt, da sie die durch den Erkenntnisprozeß anzustrebenden allgemeinen ideologischen Einsichten, Überzeugungen und Charakterqualitäten direkt benennen. Besonders auffällig bei den Erziehungszielen ist, daß sie teilweise auf starke *Emotionen* abzielen (Liebe und Verehrung, Haß und Abscheu). Dieser emotionalen Seite des Geschichtsunterrichts wird für die Überzeugungsbildung große Bedeutung beigemessen, jedoch wird immer zugleich betont, daß dabei die „Einheit des Emotionalen und Rationalen" gewahrt werden müssen.

Die *Stoffverteilung* der Lehrpläne sieht für die Klassen 5 bis 10 einen einmaligen chronologischen Durchgang vor, der in der *Stoffauswahl* an der Systematik der *Gesellschaftsformationen* des historischen Materialismus orientiert ist. Danach werden in Klasse 5 Urgesellschaft und Sklavenhaltergesellschaft, in Klasse 6 Feudalismus und frühbürgerliche Revolution, in Klasse 7 die Entstehung des Kapitalismus (von den Entdeckungen bis zur Französischen Revolution), in Klasse 8 Kapitalismus und Imperialismus einschließlich des Ersten Weltkriegs und in den Klassen 9 und 10 die Epoche des Übergangs vom Kapitalismus zum Sozialismus behandelt (Klasse 9: von der Oktober-Revolution bis zum Zweiten Weltkrieg; Klasse 10: von 1945 bis zur Gegenwart). Obwohl der Anteil der *weltgeschichtlichen* Stoffe seit Mitte der fünfziger Jahre wieder mehrfach erhöht wurde, bildet die *deutsche* Geschichte nach wie vor den Schwerpunkt des Lehrgangs, innerhalb dieser ab der 8. Klasse vor allem die Geschichte der *Arbeiterbewegung*. Besonders hervorgehoben werden „bedeutende Klassenkämpfe" und „Höhepunkte in der Entwicklung der einzelnen Gesellschaftsformationen" (Gentner / Kruppa 1978, 49), zu deren zusammenfassender Charakterisierung, Einordnung und Wertung im Sinne des Marxismus-Leninismus besondere „Systematisierungsstunden" vorgesehen sind.

In Klasse 11 der *Erweiterten Oberschule* wird seit der Einführung des neuen Lehrplans im Schuljahr 1980/81 nur noch die Geschichte der deutschen Arbeiterbewegung behandelt; Stoffe der internationalen Arbeiterbewegung sind ganz weggefallen. Darüber hinaus sind nun mehr als zwei Drittel der verplanten Unterrichtszeit für die *Geschichte der SED* vorgesehen. Autoritative Arbeitsgrundlage des Unterrichts ist denn auch die 1978 erschienene offiziöse „Geschichte der SED, Abriß". Daneben ist noch 1980 ein Taschenbuch mit allen vom Lehrplan vorgeschriebenen Auszügen aus Klassikerschriften und Parteidokumenten erschienen, jedoch ist die Behandlung von Werken der Klassiker des Marxismus-Leninismus gegenüber früher deutlich zugunsten der Behandlung der Parteigeschichte reduziert worden, wie übrigens auch die Auseinandersetzung mit „imperialistischer Geschichtsverfälschung", die nun — laut den ebenfalls 1980 erschienenen „Unterrichtshilfen" — nur noch als gelegentliche „Auseinandersetzung mit feindlichen Positionen in der jeweiligen historischen Epoche des Klassenkampfes" erscheint.

Hinsichtlich der *Methodik* unterscheidet sich die Abiturstufe nicht mehr wesentlich von der Oberschule. Etwas mehr Schüleraktivität, vor allem in Form von Schülervorträgen und langfristigen Schüleraufträgen (zum Beispiel zur Einbeziehung regionalgeschichtlichen Materials), und etwas umfangreichere Quellenarbeit sind für die heutige Abiturstufe charakteristisch. Dagegen sind in der Oberschule — wenigstens nach Ausweis der Stundenentwürfe in den Unterrichtshilfen — die Stoffvermittlung im *Lehrervortrag* und die Erkenntnisarbeit im *Unterrichtsgespräch* die vorherrschenden Methoden des Geschichtsunterrichts. In der Praxis scheint heute das kurzschrittige Unterrichtsgespräch zu dominieren, auch wenn neuerdings der Lehrervortrag als rationellste Methode der Wissensvermittlung und wegen seiner emotionalen Gestaltungsmöglichkeiten wieder stärker propagiert wird. Prinzipielle *stufenspezifische* Unterschiede in der Unterrichtsmethode werden heute nicht mehr gemacht, nachdem bereits der Lehrplan von 1966 auch für die 5. Klasse den Geschichtsunterricht in historischen Einzelbildern als überholt bezeichnet hatte. Allerdings soll in den Oberklassen der zunehmenden Selbständigkeit der Schüler Rechnung getragen werden.

In der *Methodik* verbleibt dem Geschichtslehrer jedoch noch vergleichsweise der größte *Spielraum*. Ziele und Inhalte des Geschichtsunterrichts sind durch die Lehrpläne, das einzige Lehrbuch und andere zentral entwickelte Unterrichtsmittel sowie durch die — allerdings nicht verbindlichen — Unterrichtshilfen fast vollständig festgelegt. Sie prägen einen *geschlossenen, lernzielorientierten Geschichtsunterricht,* dessen Ziel der Internalisation des verbindlichen marxistisch-leninistischen Geschichtsbildes ist. Inwieweit dieses Ziel allerdings nicht nur intentional angestrebt, sondern auch tatsächlich verwirklicht wird, ist eine schwer zu beantwortende Frage.

Entwicklungstendenzen

Nach Äußerungen von offizieller Seite ist für die absehbare Zukunft in der DDR von der Stabilität der Stundentafeln und Lehrpläne auszugehen. Die Aufgabe der Schulpolitik wird vielmehr darin gesehen, das bestehende Lehrplanwerk in der Unterrichtspraxis „allseitig" zu *verwirklichen*, insbesondere durch die *Weiterentwicklung der Unterrichtsmittel* einschließlich der Lehrbücher.

Daneben wird dem *methodischen* Bereich verstärkte Aufmerksamkeit gewidmet. So wird auch für den Geschichtsunterricht seit einigen Jahren nach sowjetischem Vorbild der „Problemunterricht" propagiert, um die Selbsttätigkeit und die Motivation der Schüler im Unterricht zu erhöhen. Damit verbunden ist die Forderung nach verstärkten Bemühungen um einen *lebendigen, emotional* wirksamen Geschichtsunterricht. Schließlich wird neuerdings wieder mehr Wert auf exaktes *Faktenwissen* gelegt, um das bloß verbale Operieren mit theoretischen Verallgemeinerungen zu verhindern. All dies geschieht mit dem Ziel, die offenbar als unbefriedigend empfundene Effektivität des Geschichtsunterrichts zu erhöhen.

Literatur

Drefenstedt, E.: Sozialistische Unterrichtstheorie. Entwicklung in der DDR von 1945 bis 1965. Berlin (DDR) 1977
Gentner, B. / Kruppa, R. (Hrsg.): Methodik Geschichtsunterricht, Berlin (DDR) 1975, 2. Aufl. 1978
Neuner, G. (Hrsg.): Allgemeinbildung, Lehrplanwerk, Unterricht. 2. Aufl. Berlin (DDR) 1973
Riesenberger, D.: Geschichte und Geschichtsunterricht in der DDR, Göttingen 1973
— Die soziale Funktion des Geschichtsunterrichts in der DDR, in: *Jäckel, E. / Weymar, E.* (Hrsg.): Die Funktion der Geschichte in unserer Zeit, Stuttgart 1975, 343 – 356
Schmid, H.-D.: Geschichtsunterricht in der DDR. Eine Einführung (AuA, Bd. 25), Stuttgart 1979
— Die Entwicklung des Geschichtsunterrichts in der SBZ / DDR, in: *Bergmann, K. / Schneider, G.* (Hrsg.): Gesellschaft – Staat – Geschichtsunterricht, Düsseldorf 1982, 313 – 348
Stohr, B.: Methodik des Geschichtsunterrichts, 3. Aufl. Berlin (DDR) 1968
Waterkamp, D.: Lehrplanreform in der DDR. Die zehnklassige allgemeinbildende Oberschule 1963 – 1972, Hannover 1975
Wolf, H.-G.: Zur Entwicklung des Geschichtsunterrichts in der DDR 1968 – 1978 (*Geschichte / Politik und ihre Didaktik*, Sonderheft 1), Paderborn 1978

Zeitschriften

Geschichte in der Schule 1 (1948) bis 12 (1959)
Geschichtsunterricht und Staatsbürgerkunde 1 (1959) ff.

Geschichtsunterricht in der Dritten Welt
Ulrich Kratz

Vor allem drei Probleme bestimmen den Geschichtsunterricht: 1. ein chronischer Mangel an ausgebildeten Historikern; 2. die Natur der Quellen (Dokumentation); und 3. die Frage der Darstellung (Präsentation). Mit dem Quellenproblem verbunden ist die Frage nach dem *historischen Bewußtsein* der betroffenen Völker und die nach ihrem traditionellen *Geschichtsbild.* Antikolonialismus und ausgeprägter Nationalismus als Instrument zur *Zusammenhaltung heterogener Volksgruppen* und *zentrifugaler Kräfte* religiöser, politischer, kultureller und ethnischer Art belasten die Frage von Darstellung und Unterricht. Der Einfluß anderer Ideologien, wie der des Marxismus, sei lediglich konstatiert. Das Problem des Expertenmangels ist vorwiegend ökonomisch, und es sei betont, daß die Länder der Dritten Welt auf hervorragend ausgebildete Historiker verweisen können.

Im folgenden sei die Frage des Geschichtsunterrichts am Beispiel *Indonesiens* exemplarisch betrachtet. Der Staat Indonesien, in dem ethnische, linguistische und politische Grenzen differieren, bietet sich als Beispiel an, da sich die diesem Land eigenen Probleme mit unterschiedlichem Schwerpunkt auch in den meisten anderen Staaten der Dritten Welt antreffen lassen. Die Tatsache, daß Indonesien ein Inselstaat ist, ist hierbei irrelevant.

Das heutige Indonesien setzt sich aus einer *Vielzahl ethnischer Gruppen* zusammen, die sich in Sprache, Kultur, Religion, Wirtschaft, Gesellschaftsform und Geschichte beträchtlich unterscheiden. Neben hochkulturlichen *Schriftvölkern,* die von Hinduismus, Buddhismus und Islam durchdrungen wurden und die beeindruckende Staatswesen von internationaler Bedeutung hervorgebracht haben, finden sich halbnomadische *schriftlose Stammesgruppen,* von Hochreligionen unberührt und weiterhin traditionellen Religionen folgend. Eine Dichotomie läßt sich trotz nomineller Zugehörigkeit von 95 % der Bevölkerung zum Islam auf kulturellem wie auf anderen Sektoren und in dem traditionellen Gegensatz zwischen Java und den „Außeninseln" beobachten. Auch wenn einzelne Staaten in der Geschichte des Archipels eine gewisse Hegemonierolle besaßen, folgten die verschiedenen Völker in ihrer Gesamtheit wohl nie dem Konzept eines wie auch immer gearteten indonesischen Staates. Soweit bekannt, standen die Feudalstaaten Indonesiens im Verlauf ihrer Geschichte in einem Verhältnis ständig wechselnder Bündnisse, das auch koloniale Mächte und ihre Vorreiter, die privaten Handelsgesellschaften, als Partner mit einbezog. Vom Jahr 1511, als Malakka erobert wurde, bis zum Ende des 18. Jahrhunderts war der *Einfluß von Europäern* lediglich lokal innerhalb des autochtonen Staatengefüges, nicht aber im Leben der großen Mehrheit der Bevölkerung zu fühlen. Hier machte sich der Einfluß europäischer Mächte erst mit Beginn des 19. Jahrhunderts bemerkbar. 1824 wurden der Archipel und die Malaiische Halbinsel in eine niederländische und britische Sphäre aufgeteilt, und erst danach begannen die soweit nur Java und Banda kontrollierenden Holländer die übrigen Inseln des Archipels zu erobern. Dieser Prozeß war erst 1910 abgeschlossen. Als Indonesien 1945 seine *Unabhängigkeit* erklärte, hatte es noch vier Jahre zu kämpfen, bis die Niederlande die Republik anerkannten, deren Territorium sich mit dem der ehemaligen Kolonie, aber zunächst unter Ausschluß West-Neuguineas, deckte. Den nicht beanspruchten und seit Ankunft der Europäer portugiesischen Teil der Insel Timor annektierte Indonesien nach langem Zögern unter Berufung auf ethnische und linguistische Bande erst 1976, als das Ende dieser Provinz als portugiesische Kolonie abzusehen war.

Dokumentation: Zwei grundverschiedene Quellenarten stehen dem Historiker zur Verfügung: *autochtone* und *europäische* Zeugnisse. Während die westlichen Quellen überwiegend Textcharakter haben und von der Urkunde bis zur Geschichtsschreibung reichen, sind die autochtonen Quellen verhältnismäßig beschränkt (weil aufgrund des Klimas schlecht erhalten), und ihre willkürlich anmutende Zusammensetzung aus Tatsachen wie noch lebenden sozialen Institutionen, Gegenständen wie archäologischen Überresten, mündlichen Überlieferungen und Texten, die uns meist nur in rezenten (von Europäern gesammelten) Kopien vorliegen und die oft Dichtungscharakter besitzen, erschweren eine Interpretation. Urkunden im Sinne von Inschriften und Briefen sind regional ungleichmäßig verteilt. Akten können außerhalb Javas als nicht existent angesehen werden. Die noch wenig bearbeiteten Texte konzentrieren sich meist auf die Geschichte einer Dynastie und nehmen von darüber hinausgehenden Ereignissen selten Kenntnis. *Geschichtsschreibung* im abendländischen Sinn lag offensichtlich nie im Bestreben der meist panegyrischen Hofschreiber. Berg (1956/57) hat zum Beispiel die javanische Geschichtsschreibung als *mythologisch* bezeichnet. Viele Quellen sind anonym, und im Fall der malaiischen Texte erhebt sich die Frage, ob sie je als abgeschlossene Werke konzipiert waren. Ihr selektiver Charakter zeigt sich zum Beispiel an vielen Texten des 18. und 19. Jahrhunderts, in denen — im Gegensatz zu javanischen — mit keinem Wort der anwesenden Europäer gedacht wird. Einer kausalen Geschichtsschreibung begegnet man vereinzelt erst im 19. Jahrhundert. Für die Zeit vor Ankunft der Europäer sind die Quellen unausgeglichen, und nur gelegentlich lassen sich chinesische Quellen heranziehen. Seit dem 16. Jahrhundert stehen in zunehmendem Maße *westliche Quellen* zur Verfügung. Die Aufzeichnung der Kultur und Geschichte fremder Völker war jedoch nicht ihr Interesse. In den Worten van Leurs (1955, 261): „Ostindien wird vom Schiffsdeck beobachtet, von den Wällen eines Kastells, von der Ballustrade eines Handelshauses." Kurz, Geschichtsschreibung wird kolonial, und ihr Gegenstand ist vom jeweiligen kolonialen Interesse bestimmt.

Präsentation: Die Probleme des im allgemeinen wissenschaftlich-westlich arbeitenden indonesischen Historikers kristallisieren sich an der Frage der *Wertung der Quellen* und des von ihm zu beziehenden *Standpunkts*. Autochtone wie westliche Quellen allein genommen sind unbefriedigend, traditionell-autochtone und koloniale Geschichtsschreibung sind weder akzeptierbar noch miteinander vereinbar. Die Frage, ob europa(xeno)- oder indonesienzentrisch, ist rhetorisch, auch wenn die indonesischen *Geschichtslehrer* in Ermangelung anderen Materials auf ihre *kolonialen Textbücher* zurückgegriffen haben. Neben der Definition des jungen (aus Europa importierten) Begriffes Indonesien steht das Problem der *historischen Existenz der indonesischen Nation,* der relativen Bedeutung der Geschichte einzelner Staaten, von Alt(Rest)-Nationen und Stammesgruppen innerhalb und außerhalb des heutigen Staatsgebietes. Die Periodisierung berührt die Rolle fremden Einflusses und fremder Elemente in der Gestaltung der Geschichte des Archipels. Läßt sich zum Beispiel angesichts der historischen Evidenz von einer dreihundertjährigen

Periode kolonialer Unterdrückung sprechen? Es wird verständlich, weshalb die seit langem vom Erziehungsministerium in Auftrag gegebene nationale Geschichte erst nach über dreißigjähriger Unabhängigkeit und mehreren Anläufen erschien und weshalb das Gemeinschaftswerk weder die Zustimmung der Fachkollegen noch der Politiker gefunden hat.

Literatur

Ansprenger, F.: Afrikanische Geschichtsbücher, in: *Internationales Jahrbuch für Geschichts- und Geographie-Unterricht* 9 (1963/64), 120 — 129
Berg, C. C.: Javanische Geschichtsschreibung, in: *Saeculum* 7/8 (1956/57)
Hall, D. G. E. (Hrsg.): Historians of Southeast Asia, London 1961
Leur, J. V. van: Indonesian Trade and Society, Den Haag 1955
Ramirez, R.: Das Erziehungswesen in Mexiko und der Geschichtsunterricht an den mexikanischen Schulen, in: *Internationales Jahrbuch für Geschichts- und Geographie-Unterricht* 2 (1953), 32 — 44
Resink, G. J.: Indonesian's History Between the Myths, Den Haag 1969
Smail, J. R. W.: On the Possibility of an Autonomous History of South-East Asia, in: *Journal of South-East History* II, 2 (1961)
Soedjatmoko u. a. (Hrsg.): An Introduction to Indonesian Historiography, Ithaca, N. Y. 1965
Taufik, A.: History, in: *Keontjaraningrat* (Hrsg.): The Social Sciences in Indonesia (Bd. 1), Jakarta 1975
Tworuschka, M.: Das Bild Europas in libyschen Geschichtsschulbüchern, in: *Internationales Jahrbuch für Geschichts- und Geographie-Unterricht* 18 (1977/78), 170 — 189

Georg-Eckert-Institut für internationale Schulbuchforschung

Rainer Riemenschneider

Durch Niedersächsisches Landesgesetz vom 26. Juni 1975 ist das frühere Internationale Schulbuchinstitut der Kant-Hochschule Braunschweig zum Georg-Eckert-Institut für internationale Schulbuchforschung als Anstalt des öffentlichen Rechts mit Sitz in Braunschweig umgewandelt worden. Organe des Instituts sind das Kuratorium und der Direktor. Das Kuratorium besteht aus Vertretern der Bundesregierung, der Deutschen UNESCO-Kommission, der damaligen Pädagogischen Hochschule Niedersachsen und der zuständigen Ministerien der Länder. Folgende Länder haben (bis Sommer 1984) durch Beitritt zum Gesetz die Mitverantwortung für das Institut übernommen: Berlin, Bremen, Hamburg, Hessen, Niedersachsen, Nordrhein-Westfalen, Rheinland-Pfalz. An der Spitze des Instituts steht der vom Kuratorium gewählte Direktor, der das Arbeits- und Forschungsprogramm des Instituts aufstellt und für die Durchführung seiner Aufgaben verantwortlich ist. Das Gründungsgesetz von 1975 weist dem Institut folgende Aufgaben zu:

- durch internationale Schulbuchforschung historisch, politisch und geographisch bedeutsame Darstellungen in den Schulbüchern der Bundesrepublik Deutschland und anderer Staaten miteinander zu vergleichen und Empfehlungen zu ihrer Versachlichung zu unterbreiten;
- Tagungen mit Sachverständigen des In- und Auslands zur Überprüfung und Revision von Schulbüchern zu veranstalten;
- Autoren, Herausgeber und Verleger bei der Veröffentlichung von Schulbüchern zu beraten;
- Gutachten zu erstellen und Forschungsarbeiten zu unterstützen;
- seine wissenschaftlichen Erkenntnisse und praktischen Erfahrungen der Öffentlichkeit durch Veröffentlichungen und Vorträge zu vermitteln.

Diese Aufgabenstellung entwickelt das Erbe des Internationalen Schulbuchinstituts, das Georg Eckert (1912 — 1974) im Jahr 1950 ins Leben gerufen hatte.

Zur Geschichte des Instituts und seines Wirkungsbereichs

Der Ursprung des weit über die Grenzen der Bundesrepublik Deutschland hinaus wirkenden Instituts geht auf die unmittelbare Nachkriegszeit zurück. Tragender Impuls seiner Aktivitäten ist die aus dem Zusammenbruch der nationalsozialistischen Gewaltherrschaft und der durch sie herbeigeführten politischen und kulturellen Isolierung Deutschlands erwachsene moralische Verpflichtung gewesen, für eine *Erziehung zum Frieden* und einen Unterricht im Geiste der *Verständigung und Annäherung zwischen den Völkern* zu wirken. Anknüpfend an Bestrebungen vergleichender internationaler Schulbucharbeit und -verbesserung aus der Zeit nach dem Ersten Weltkrieg durch Lehrer- und Historikerverbände, vielfach unter der Ägide des „Internationalen Komitees für geistige Zusammenarbeit" des Völkerbundes, schuf Eckert ein Zentrum des wissenschaftlichen Austauschs zwischen in- und ausländischen Forschern und Lehrern der Geschichte, später auch der Geographie. Zweck dieses Austauschs war es, durch *gegenseitige Begutachtung der Lehrbücher* unrichtige und klischeehafte, zur Verstärkung von Vorurteilen und zum Aufbau von Feindbildern beitragende Darstellungen des jeweils anderen Landes aufzuspüren und Empfehlungen zu ihrer Revision auf der Grundlage des fachwissenschaftlichen Forschungsstandes auszuarbeiten (Schüddekopf 1966). Meilensteine auf dem Weg dieser internationalen Schulbucharbeit sind die allgemein anerkannte „Deutsch-französische Vereinbarung über strittige Fragen europäischer Geschichte" (1951), zahlreiche Veröffentlichungen zur Geschichte und Geographie Europas, die Ergebnisse der Konferenzen mit den USA und die hierzulande umstrittenen „Empfehlungen für Schulbücher der Geschichte und Geographie in der Bundesrepublik Deutschland und in der Volksrepublik Polen" (1972/76).

Seit Bestehen des Instituts sind über zweihundert *internationale Schulbuchkonferenzen* mit europäischen und außereuropäischen Staaten im bilateralen und multilateralen Rahmen durchgeführt worden. Dies dokumentiert die Intensität der Zusammenarbeit über die Grenzen hinweg und stellt einen nicht zu unterschätzenden Beitrag zur Völkerverständigung dar. Die Bemühungen um *Schulbuchrevision* haben vielfältige, nachweisbare Erfolge gezeigt. Die im Zusammenhang mit diesen Konferenzen erarbeiteten Materialien, wie Schulbuchanalysen, Gutachten, fachwissenschaftliche Referate über den Forschungsstand, der in die Schulbuchdarstellungen einzubringen war, und schließlich die gemeinsam vertretenen Empfehlungen zur Schulbuchverbesserung legen Zeugnis von den vielschichtigen Problemen ab, die der wissenschaftlich-pädagogischen Aufarbeitung in einem neuen, der gegenseitigen Achtung und Toleranz der Völker verpflichteten Geist bedurften und auch weiterhin bedürfen. Diese Materialien sind großenteils in den Publikationsreihen des Instituts niedergelegt: im „Internationalen Jahrbuch für Geschichts- und Geographieunterricht" (18 Bde., 1951 – 1978), in der „Schriftenreihe" und in der „Zeitschrift für internationale Schulbuchforschung" (ab 1979).

Zukünftige Aufgaben

Die Weiterführung des „Internationalen Schulbuchinstituts" als „Georg-Eckert-Institut" ist nicht nur mit einer personellen und institutionellen Zäsur verbunden; sie erfordert auch eine Neuorientierung in der Aufgabenstellung, die sich in der Verlagerung der Arbeit von der pragmatisch ausgerichteten Schulbuchrevision hin zu umfassender *Schulbuchforschung* zu vollziehen hat. Diese Neuorientierung ist in der Weiterentwicklung der relevanten Wissenschaftszweige, nicht zuletzt der Didaktik, vor allem aber in der Wandlung des Forschungsgegenstandes selbst, des Schulbuchs, begründet. Zukünftige internationale Schulbuchforschung wird der vielerorts zu beobachtenden Tendenz Rechnung tragen müssen, daß im Zuge der „didaktischen Wende" das Schulbuch einerseits seine traditionell dominierende Stellung im Unterrichtsgeschehen nicht nur der Bundesrepublik Deutschland, sondern in unterschiedlichem Maße auch anderer Länder auf Kosten konkurrierender Unterrichtsmedien eingebüßt hat, andererseits bei der Vielfalt neuer Informationsmöglichkeiten in und außerhalb der Schule eine veränderte didaktische Funktion gewinnt. Dadurch erscheint das Lehrbuch in einem Kontext, der mehr denn je zur *Überprüfung der Prämisse* bisheriger internationaler Schulbucharbeit auffordert, derzufolge ein unmittelbarer Zusammenhang zwischen Schulwissen und politischem Urteilsvermögen und Verhalten bestehe. Internationale Schulbuchrevision wird sich, wenn sie ihrem weiterhin verpflichtenden Anspruch gerecht werden will, in Richtung auf *Unterrichtsrevision* ausweiten müssen.

Literatur

Publikationen des Instituts

Internationales Jahrbuch für Geschichtsunterricht 1 (1951/52) — 9 (1963/64), dann als:
Internationales Jahrbuch für Geschichts- und Geographieunterricht 10 (1965/66 — 18 (1977/78); wird ab 1979 weitergeführt als:
Internationale Schulbuchforschung, Zeitschrift des Georg-Eckert-Instituts
Schriftenreihe des Internationalen Schulbuchinstituts / Georg-Eckert-Instituts, 24 Bde., Braunschweig 1956 — 1979; wird fortgesetzt als:
Studien zur Internationalen Schulbuchforschung, Schriftenreihe des Georg-Eckert-Instituts

Bibliographie

Georg-Eckert-Institut, Verzeichnis der Publikationen (Ausgabe 1984)

Publikationen über das Institut und die internationale Schulbucharbeit

Jeismann, K.-E.: Friedensstiftung und Völkerverständigung, oder Internationale Schulbuchforschung zwischen Politik und Pädagogik. Gedanken und Erfahrungen, in: *Rebe, B. / Lompe, K. / Thadden, R. v.* (Hrsg.): Idee und Pragmatik in der politischen Entscheidung. Festschrift für Alfred Kubel, Bonn 1984, 191 — 207
Schröder, C. A.: Die Schulbuchverbesserung durch internationale geistige Zusammenarbeit. Geschichte — Arbeitsformen — Rechtsprobleme, Braunschweig 1961
Schüddekopf, O. E.: Zwanzig Jahre westeuropäischer Schulgeschichtsbuchrevision 1945 bis 1965, Braunschweig 1966
Riemenschneider, R.: Intentionen und Perspektiven internationaler Schulbuchforschung. Versuch einer Bestandsaufnahme, in: *Internationale Schulbuchforschung* 3 (1981), H. 1, 5 — 15

„Schülerwettbewerb Deutsche Geschichte um den Preis des Bundespräsidenten"

Gerhard Schneider

Der Schülerwettbewerb Deutsche Geschichte um den Preis des Bundespräsidenten ist mehr als zehn Jahre nach seiner Gründung der gesellschaftspolitisch wichtigste und unter geschichtsdidaktischen Gesichtspunkten interessanteste deutsche Schülerwettbewerb. Im Jahre 1973 unter dem Namen „Gustav-Heinemann-Preis für die Schuljugend zum Verständnis deutscher Freiheitsbewegungen" ins Leben gerufen, ist er in den zwölf Jahren seiner Existenz zu einer kulturpolitischen Institution geworden.

Gründung

Zur Gründung kam es, wie der Initiator und Finanzier des Wettbewerbs, der Hambruger Industrielle Kurt A. Körber, in der Festschrift zum zehnjährigen Jubiläum schreibt, durch einen „Zufall": „Über den Ankauf einer Bibliothek wertvoller Schriften aus der Revolution von 1848 kam ich 1973 mit dem damaligen Bundespräsidenten Gustav Heinemann über Fragen des Geschichtsbewußtseins ins Gespräch. Heinemanns Anliegen, die freiheitlichen Traditionen im deutschen Geschichtsbild zu stärken, beeindruckte mich, und ich schlug vor, Schüler im Rahmen eines Wettbewerbs solche Traditionen in ihrem jeweiligen Ort erforschen zu lassen. Dies war die Geburtsstunde des Schülerwettbewerbs" (Festschrift 1983, 5). Gustav Heinemann hatte 1970 in einer Rede bei der Bremer Schaffermahlzeit davor gewarnt, auch heute noch in den aufständischen Bauern der frühen Neuzeit nichts anderes zu sehen als meuternde Rotten. „So haben die Sieger die Geschichte geschrieben. Es ist Zeit, daß ein freiheitlich-demokratisches Deutschland unsere Geschichte bis in die Schulbücher hinein anders schreibt." Und weiter: „Nichts kann uns hindern, in der Geschichte unseres Volkes nach jenen Kräften zu spüren und ihnen Gerechtigkeit widerfahren zu lassen, die dafür gelebt und gekämpft haben, damit das deutsche Volk politisch mündig und moralisch verantwortlich sein Leben und seine Ordnung selbst gestalten kann" (Heinemann 1975, 131 f.). Diese Sicht der Geschichte und der darin enthaltene Auftrag an die Geschichtsschreibung – von Heinemann in mehreren Reden immer wieder variiert (zum Beispiel Heinemann 1971) – waren Ausdruck jener gesamtgesellschaftlichen Veränderungen, die ihre Impulse von der Studentenbewegung, der außerparlamentarischen Opposition, dem Regierungswechsel von 1969 und der breiten Reform- und Demokratisierungsbereitschaft der Bevölkerung bezogen. In diesem neuen geistigen Klima ist der Schülerwettbewerb Deutsche Geschichte um den Preis des Bundespräsidenten entstanden. Daß er dann tatsächlich erfolgreich war, von Schülern, Lehrern und Öffentlichkeit auch angenommen wurde, lag an den veränderten gesellschafts- und bildungspolitischen Verhältnissen seit 1968/69. Auch das seit den späten sechziger Jahren entwickelte neue Selbstverständnis von Geschichtswissenschaft und Geschichtsdidaktik (hierzu grundlegend Kuhn 1982) – beide verstanden sich jetzt als „historisch-kritische Sozialwissenschaft" – ermöglichte, ja begünstigte Fragestellungen und Verfahrensweisen, wie sie der Schülerwettbewerb Deutsche Geschichte um den Preis des Bundespräsidenten vorsah. Der Schülerwettbewerb Deutsche Geschichte um den Preis des Bundespräsidenten war als Resultat dieser Neuorientierung zugleich ihr bedeutendster Propagandist und ein Beweis für den potentiellen Ertrag der neuen geschichtsdidaktischen Konzeptionen.

Wettbewerbsreihen und Beteiligung

Entsprechend den zitierten Anregungen Heinemanns war die erste Wettbewerbsreihe dem „Verständnis deutscher Freiheitsbewegungen" gewidmet.

1974: „Deutsche Revolution 1848/49" (4525 Teilnehmer mit 760 Beiträgen)
1975: „Vom Kaiserreich zur Republik 1918/19" (2721 Teilnehmer mit 464 Beiträgen)
1976: „Demokratischer Neubeginn 1945/46" (3226 Teilnehmer mit 505 Beiträgen)

Aus verschiedenen Gründen ließ sich die Wettbewerbsreihe „Freiheitsbewegungen" nicht weiter fortsetzen. Zum einen ist die deutsche Geschichte nicht sehr reich an derartigen Bewegungen. Weitere denkbare Themen — Stellinga-Aufstand; Aufstand der Stedinger Bauern; Bauernkriege des Spätmittelalters und der frühen Neuzeit — schieden schon allein aufgrund der teilweise schwierigen Quellenlage aus. Auch wären derartige Themen nicht von allen Schülern im Alter von 13 bis 21 Jahren chancengleich zu bearbeiten gewesen. Zum anderen sollten die Wettbewerbsthemen *überall im Bundesgebiet regional- oder lokalgeschichtlich* erforscht werden können, weshalb etwa überwiegend lokale Ereignisse — wie etwa das Wartburg-Fest 1817, das Hambacher Fest 1832 oder andere vormärzliche Erhebungen — für den Wettbewerb ausschieden.

Mit der Wettbewerbsreihe „Sozialgeschichte des Alltags" und den nachstehend aufgeführten Einzelthemen wurde schließlich eine Aufgabenstellung gefunden, die in allen Bundesländern gleichermaßen zu bewältigen war.

1977: „Arbeitswelt und Technik im Wandel" (5023 Teilnehmer mit 1271 Beiträgen)
1978: „Wohnen im Wandel" (4112 Teilnehmer mit 991 Beiträgen)
1979: „Feierabend und Freizeit im Wandel" (3995 Teilnehmer mit 756 Beiträgen)

Ging es in der Wettbewerbsreihe „Sozialgeschichte des Alltags" um die Lebens-, Arbeits- und Wohnverhältnisse, die individuellen Handlungs- und Lebensgestaltungsmöglichkeiten der „kleinen Leute" seit etwa der Mitte des 19. Jahrhunderts, so forderte die neue Wettbewerbsreihe „Alltag im Nationalsozialismus" eine Anwendung des *alltagsgeschichtlichen Ansatzes* auf ein zeitlich enger begrenztes Thema der Zeitgeschichte. Obwohl die Wettbewerbsreihe „Sozialgeschichte des Alltags" noch nicht erschöpft war — in den entscheidenden Gremien des Schülerwettbewerbs Deutsche Geschichte um den Preis des Bundespräsidenten wurden Themen wie „Erziehung und Ausbildung im Wandel" oder (etwas enger) „Schule und Unterricht im Wandel" diskutiert —, schien es angesichts der heutigen und in diesem Ausmaß unerwarteten Resonanz des Holocaust-Filmes notwendig und sinnvoll, die durch diesen Film eingeleitete Enttabuisierung des Themas „Nationalsozialismus" und die jetzt feststellbare Redebereitschaft der noch lebenden Zeitzeugen jener Jahre in einer entsprechenden Wettbewerbsreihe zu nutzen. Auch wenn es im Vorfeld dieser Wettbewerbsreihe zu manchen Quertreibereien und Vorwürfen gegenüber dem Schülerwettbewerb Deutsche Geschichte um den Preis des Bundespräsidenten kam (vgl. Remmers 1981; Schneider 1981) — der Vorwurf der „Nestbeschmutzung" stand im Raum —, zeigten die Resonanz auf diese Reihe und vor allem die Qualität der eingereichten Arbeiten, daß seitens des Wissenschaftlichen Beirats und des Kuratoriums eine richtige Entscheidung getroffen worden war.

1980/81: „Alltag im Nationalsozialismus — Vom Ende der Weimarer Republik bis zum Zweiten Weltkrieg" (12843 Teilnehmer mit 2172 Beiträgen)
1982/83: „Alltag im Nationalsozialismus — Die Kriegsjahre in Deutschland" (5894 Teilnehmer mit 1168 Beiträgen)

In zeitlicher Fortsetzung der NS-Wettbewerbe wurde nach heftiger Diskussion 1983 als neue Wettbewerbsreihe „Alltag im Nachkriegsdeutschland" beschlossen (der erste Wettbewerb in dieser Reihe — „Vom Zusammenbruch zum Wiederaufbau" — war zum Zeitpunkt der Drucklegung dieses Artikels noch nicht abgeschlossen).

Organisation

Schirmherr des Schülerwettbewerbs ist der amtierende Bundespräsident. Ihm zur Seite steht ein Kuratorium aus Persönlichkeiten des öffentlichen Lebens, dem der jeweilige Chef des Bundespräsidialamtes und der Stifter (Kurt A. Körber) vorstehen. Das Kuratorium entscheidet über die Wettbewerbskonzeption, die Aufgabenstellung, die Arbeitshilfen und Bewertungsrichtlinien. Ein Arbeitsstab aus drei wissenschaftlichen Mitarbeitern und einer Sekretärin leistet hierzu die Vorarbeit. Diesem Arbeitsstab steht ein Wissenschaftlicher Beirat zur Seite, dem je vier Geschichtswissenschaftler, Geschichtsdidaktiker und Lehrer angehören. In diesem Gremium werden die konzeptionellen und thematischen Vorentscheidungen getroffen, wobei besonderes Augenmerk auf die fachwissenschaftliche und fachdidaktische Dignität der Ausschreibung und ihrer Altersgemäßheit für Schüler und Schülerinnen zwischen 13 und 21 Jahren (noch dazu unterschiedlicher Schulstufen und Schularten) gelegt wird. Rund 120 Juroren in mehreren Städten der Bundesrepublik Deutschland (Lehrer, Archivare, Bibliothekare, Geschichtsdidaktiker und -wissenschaftler) bewerten die eingegangenen Arbeiten nach zuvor festgelegten Bewertungskriterien. In einer Klausurtagung wird dann von einer zentralen Jury, bestehend aus Mitgliedern der regionalen Jurys und dem Wissenschaftlichen Beirat, endgültig über die Zuerkennung der Preise entschieden.

Die Körber-Stiftung wirft für jeden Wettbewerb 250.000,— DM Preisgelder aus, finanziert die zahlreichen Buchpreise und die für besondere Leistungen vorgesehenen Reisepreise (nach Israel, Stockholm, Paris, Amsterdam, Warschau, Leningrad, Prag, Rom usw.). Die Reiseziele stehen in engem Zusammenhang mit dem jeweiligen Wettbewerbsthema.

Neben seiner wissenschaftlichen Tätigkeit ist der Arbeitsstab ferner zuständig für alle organisatorischen Angelegenheiten: Er erarbeitet die Findbücher, leiht Wettbewerbsarbeiten aus, hält Kontakt zu regionalen und lokalen Archiven, hilft bei der Veröffentlichung von Schülerarbeiten, legt zu jedem Wettbewerb (seit 1978) ein Jahrbuch vor, das eine umfassende Analyse des gerade abgeschlossenen Wettbewerbs enthält und in dem Auszüge aus besonders gelungenen Schülerarbeiten vorgestellt werden, und ist bemüht, dem Schülerwettbewerb in den Medien eine möglichst große Resonanz zu verschaffen.

Ziele und Ertrag des Schülerwettbewerbs

„Mit den Schülerwettbewerben Deutsche Geschichte um den Preis des Bundespräsidenten soll nach der Methode des *‚forschenden Lernens'* zur Förderung eines *demokratischen Geschichtsbewußtseins* der Jugend beigetragen werden. Durch die Beschäftigung mit den Spuren der Vergangenheit soll das Verständnis für die Aufgaben der Gegenwart und die Einsicht in die Rechte und Pflichten des Staatsbürgers im freiheitlichen, sozialen Rechtsstaat vertieft werden." Neben diesem allgemeinen Lernziel, das in allen Ausschreibungen der letzten Jahre der jeweiligen Wettbewerbsaufgabe vorangestellt wurde, verfolgt der Schülerwettbewerb Deutsche Geschichte um den Preis des Bundespräsidenten weitere Ziele, die heute in der geschichtsdidaktischen Diskussion eine zentrale Bedeutung einnehmen.

Die Wendung zur *Lokal- und Regionalgeschichte* hat der Schülerwettbewerb Deutsche Geschichte um den Preis des Bundespräsidenten schon vollzogen, als die Geschichtsdidaktik diesem Feld der Geschichte noch mit großer Reserviertheit begegnete. Dabei sind die Schüler im allgemeinen nicht jener harmonisierenden Heimattümelei erlegen, die das Charakteristikum vieler Ortschroniken und Heimatvereine ist. Indem sie „den Nebel mitgeschleppter Legenden" (H.-U. Wehler) durchstießen, die örtliche Überlieferung sicherten und wissenschaftlich auswerteten, mit Vorurteilen aufräumten und die Lokalgeschichte gegebenenfalls auch „gegen den Strich bürsteten" (W. Benjamin), leisteten sie nicht nur wissenschaftliche Basisarbeit, sondern entdeckten für sich und ihre Mitbürger im Kleinen, vor Ort, in der Familie, im Stadtteil, in der Region mannigfache Möglichkeiten der *Identifikation* und der *Distanzierung*, die ihnen die allgemeine Geschichte, wie sie im traditionellen Schulunterricht vermittelt wird, kaum hätte bieten können. Auf diese Weise sachkundig geworden, mischten sie sich in die Kommunalpolitik ein, veranlaßten die Anbringung von Gedenktafeln etwa am ehemaligen Standort der Synagoge oder eines Gefangenenlagers, organisierten Ausstellungen, machten Vorschläge in Sanierungsangelegenheiten, gründeten Initiativen zur Erhaltung alter Wohnquartiere und Nachbarschaften usw. All das, was die moderne Geschichtsdidaktik immer wieder fordert und was von ihren Gegnern oft als „unrealistisch" und als „nicht praktikabel" abgetan wird — forschendes Lernen, Selbständigkeit der Schüler, Befähigung zur Ideologiekritik in emanzipatorischer Absicht, Perspektivenwechsel, begründete Parteinahme, eigenständige Deutung auch komplexer Sachverhalte, kurz: *Geschichte in emanzipatorischer Absicht* zu erforschen —, all das wurde in zahllosen Wettbewerbsarbeiten erfolgreich praktiziert. Die im Klassenverband entstandenen Arbeiten bewiesen überdies die Erfolgsträchtigkeit von Gruppenarbeit, der Projektmethode, der außerschulischen Ergänzung unterrichtlicher Vorhaben.

Im Verfolg ihrer Ziele „entdeckten" die Schüler den *Alltag*, noch bevor die Alltagsgeschichte zum modischen Trend wurde. Sie interviewten Zeitzeugen bereits zu einer Zeit, als „Oral History" für viele Fachkollegen noch ein Fremdwort war. Und sie wagten sich an historische Gegenstände, die zu bearbeiten die Fachwissenschaft „vergessen" hatte (so entdeckten Schüler in der Region vergessene KZ-Neben- und Außenlager und erhoben umfangreiches Material zur Frage der „Fremdarbeiter" im Krieg).

Zu recht betonte Klaus Bergmann, daß der Schülerwettbewerb „die qualitativ wichtigste und quantitativ bedeutsamste empirische Verifizierung fortschrittlicher, geschichtsdidaktischer Theorieansätze" darstellt, „die es im Bereich der Geschichtsdidaktik gibt" (Festschrift 1983, 33). Was die Geschichtsdidaktik oft bedauernd feststellt, die Ergebnisse des Unterrichts und das Ausmaß der Veränderung in den Köpfen der Schüler nicht präzise feststellen zu können, wäre in diesem Falle möglich, weil die Wettbewerbsarbeiten selbst, besonders aber die seit einigen Jahren von der ausrichtenden Körber-Stiftung mit der Ausschreibung des Wettbewerbs geforderten Reflexionen der Wettbewerbsteilnehmer über ihren Arbeitsprozeß und den fortschreitenden Erkenntnisprozeß bei der Forschungsarbeit in zahlreichen Exemplaren vorliegen.

Literatur

Galinski, D.: Auf den Spuren des Alltags. Der Schülerwettbewerb Deutsche Geschichte, in: *Journal für Geschichte* 2 (1980), H. 6, 66 – 68
– Schülerwettbewerb: Zur Sozialgeschichte des Alltags, in: *Beck, J. / Boehnke, H.* (Hrsg.): Jahrbuch für Lehrer 5, Reinbek 1980, 137 – 146
Galinski, D. / Herbert, U. / Lachauer, U. (Hrsg.): Nazis und Nachbarn. Schüler erforschen den Alltag im Nationalsozialismus, Reinbek 1982
Galinski, D. / Lachauer, U. (Hrsg.): Feierabend und Freizeit im Wandel. Schüler erforschen die Sozialgeschichte des Alltags. Beiträge zum Schülerwettbewerb Deutsche Geschichte um den Preis des Bundespräsidenten, hrsg. im Auftrag der Kurt A. Körber-Stiftung, Braunschweig 1981
– Alltag im Nationalsozialismus 1933 – 1939. Jahrbuch zum Schülerwettbewerb Deutsche Geschichte um den Preis des Bundespräsidenten, hrsg. im Auftrag der Körber-Stiftung, Braunschweig 1982
Heinemann, G. W.: Zur Reichsgründung 1871. Zum 100. Geburtstag von Friedrich Ebert, Stuttgart / Köln / Mainz 1971
– Präsidiale Reden, Frankfurt 1975
Kurt A. Körber-Stiftung (Hrsg.): „Wohnen im Wandel". Jahrbuch zum Schülerwettbewerb Deutsche Geschichte um den Preis des Bundespräsidenten 1978, Wuppertal 1979
– 10 Jahre Schülerwettbewerb Deutsche Geschichte um den Preis des Bundespräsidenten. Entwicklungen, Erfahrungen, Bibliographie, Redaktion Wolf Schmidt, Hamburg 1983 (zit. Festschrift)
Kuhn, A.: Geschichtsdidaktik seit 1968, in: *Bergmann, K. / Schneider, G.* (Hrsg.): Gesellschaft – Staat – Geschichtsunterricht, Düsseldorf 1982, 415 – 443
Remmers, W.: Schülerwettbewerb Deutsche Geschichte. Notwendige Anmerkungen zu einem Aufsatz in der Zeitschrift „Die Realschule" 11 (1980), in: *Die Deutsche Schule* 73 (1981), 720 – 724
Scherf, F. / Schütz, F. (hrsg. im Auftrag der Stadt Mainz): Schüler erforschen die Mainzer Geschichte. Beiträge zum Schülerwettbewerb Deutsche Geschichte um den Preis des Bundespräsidenten und Facharbeiten zur Mainzer Geschichte, verfaßt von Schülerinnen und Schülern des Rabanus-Maurus-Gymnasiums Mainz, Mainz 1980
Schneider, G.: Attacken auf den Schülerwettbewerb Deutsche Geschichte, in: Gd 6 (1981), 105 – 115

Geschichtsunterricht und Archiv

Ferdinand Scherf

Möglichkeiten einer Zusammenarbeit von Archiv und Schule wurden vereinzelt bereits Ende der fünfziger Jahre von Archivaren aufgezeigt. Als Anfang der siebziger Jahre Bemühungen um eine Einbeziehung *neuer Lernorte* (zum Beispiel Betrieb, Museum) in den Unterricht einsetzten, griffen jetzt auch Geschichtslehrer die Möglichkeit einer Kooperation mit dem Archiv auf. Die Diskussion um die Bedeutung der Museumspädagogik und die neuen didaktischen Konzepte verschiedener Museen (zum Beispiel Nürnberg, Frankfurt, Mainz, Worms, München, Köln, Bonn), die eine unmittelbare Begegnung der Schüler mit den Objekten propagierten, lenkten den Blick auch auf die Archive, die „Datenspeicher der Vergangenheit" (Eckhart G. Franz). Die bundesweite Einführung der reformierten Oberstufe (Sekundarstufe II) Mitte der siebziger Jahre, die Abkehr von der traditionellen Entwicklungspsychologie und die Lernzieldiskussion entfachten lebhafte Auseinandersetzungen um den Stellenwert des Faches Geschichte und um seine didaktische Grundlegung. Der Arbeit mit den *Quellen* — sie stand zuvor im Schatten der Geschichtserzählung — wurde dabei neue Bedeutung beigemessen. Es lag daher nahe, auch die in den Archiven aufbewahrten, noch nicht didaktisch aufbereiteten Originalquellen in den Geschichtsunterricht mit einzubeziehen. Das um dieselbe Zeit wiederbelebte Interesse an der *Lokal- und Regionalgeschichte* kam dem Bemühen nach einer Zusammenarbeit von Schule und Archiv besonders entgegen, lagert in den örtlichen und überregionalen Archiven (zum Beispiel Stadtarchive, staatliche Archive, kirchliche Archive, Vereins-, Parteien-, Werks-, Zeitungs- und Schularchive) doch eine Vielzahl unterschiedlicher Quellen, die auf dem Weg des *forschenden und entdeckenden Lernens* von den Schülern erschlossen werden können und zu genaueren Vorstellungen von der Geschichtlichkeit der eigenen Umgebung beizutragen vermögen.

Schüler und Lehrer beggnen in den Archiven Beispielen fast aller Quellenarten: Briefen, Akten, Amtsbüchern, Urkunden, Adreßbüchern, Memoiren und Nachlaßschriftgut, Rechnungen, Steuerlisten, Geburts- und Sterberegistern, Fotos, Skizzen, Bau- und Stadtplänen, Flurkarten, Feuerordnungen, Zunftordnungen, Zunftbüchern, Ratsprotokollen, Sitzungsprotokollen von Vereinen, Verbänden und Parteien, Verleihungsurkunden, Einbürgerungs- und Eingemeindungsakten, Plakatsammlungen usw. Der mit einem Archiv kooperierende Lehrer muß sich zunächst um die Möglichkeit des *Erkenntnisgewinns bei der Arbeit mit Originalen* im klaren sein. Er wird solche Quellen auswählen, die ein Mehr an historischer Erkenntnis im Vergleich zu den in Schulbüchern und Quellensammlungen vorliegenden Quellen bieten. Dabei sind zunächst Schrift, Beschreibstoff, Siegel, Einbände und gegebenenfalls auch Illustrationen der Quellen von Bedeutung. Wenn zu einem behandelten Thema verschiedene Quellengruppen und Quellen unterschiedlicher Provenienz und Aussage herangezogen werden, können den Schülern Probleme der Quellenkritik, des methodischen Umgangs mit Quellen, der multiperspektivischen und multikausalen Arbeitsweise vermittelt werden. Bei der Auswertung der Archivalien können überdies Einblicke in historische Abläufe und Zusammenhänge gewonnen werden, besonders dann, wenn Bestände zu einem Thema aus einem längeren Zeitraum zur Verfügung stehen.

Die gut vorbereitete Begegnung mit den Originalquellen bedeutet für die Schüler ein Erlebnis, das durch die im Geschichtsunterricht üblicherweise eingesetzten Texte meist nicht erreicht werden kann. Erst der „Blick in die Werkstatt" (Würfel 1983) verhindert eine Gleichgültigkeit gegenüber der Quelle und vermittelt die Einsicht, daß nur eine Vielzahl von Einzelerkenntnissen zum Erkenntniszusammenhang führt, der zum Kern der historischen Fragestellung vordringen läßt. Lehrbücher und in Sammlungen aufbereitete Quellen sind zwar die unverzichtbare Grundlage des täglichen Geschichtsunterrichts. Bei der Kooperation mit dem Archiv erschließen sich jedoch für den Lehrer neue unterrichtliche Möglichkeiten, die zugleich neue persönliche Erfahrungen mit sich bringen. Die nachstehenden Formen der Zusammenarbeit mit den Archiven können hier nur modellhaft skizziert werden; selbstverständlich ergeben sich auch Mischformen — je nach den Zielsetzungen eines Unterrichtsvorhabens.

Die vorangehenden Überlegungen beziehen sich vorwiegend auf den *Archivunterricht* mit Leistungskursen der Sekundarstufe II. Auf dieser Stufe sind sowohl einzelne Unterrichtsstunden auf der Basis von Archivalien möglich als auch Unterrichtsreihen. In beiden Fällen steht dabei die Gruppenarbeit mit Originalquellen im Vordergrund, die in der Regel von Archivar und Lehrer ausgewählt und aufbereitet werden müssen. Unterrichtsreihen im Archiv werden als gute Möglichkeit zum Erwerb von Kenntnissen und zur Einübung methodischer Fertigkeiten verstanden und sollten deshalb möglichst zu Beginn der Unterrichtsarbeit in der Oberstufe durchgeführt werden. Im Umgang mit Archivalien geübte Schüler können zu einem späteren Zeitpunkt ihre im staatlichen, kommunalen oder einem anderen Archiv gewonnenen Kenntnisse und Fertigkeiten auch bei der selbständigen Auswertung der im eigenen Schularchiv vorfindbaren Quellen anwenden.

Archivbesuche, die Bestandteil einer Unterrichtsreihe sein können, oder ein einmaliger Unterrichtsgang zum Archiv vermitteln auch Einblicke in die Arbeit des Archivars und in die Bedingungen der Überlieferung. Auch Archivbesuche sind meist erst für Schüler der Sekundarstufe II vorzusehen. Das Kennenlernen der verschiedenen Archivalientypen und die Begegnung mit den verschiedenen Findmitteln sind für die spätere unterrichtliche Arbeit ebenso wichtig wie die Einsicht in die Probleme der Erfassung und Wertung von Archivgut. Archivbesuche sind im allgemeinen die Voraussetzung für eine selbständige Nutzung des Archivs durch die Schüler.

Da *Archivausstellungen* gelegentlich durch museale Objekte ergänzt und illustriert werden, sind sie aufgrund ihrer Anschaulichkeit gut geeignet, schon auf der Mittelstufe die unterrichtliche Nutzung von Archivalien anzubahnen und entdeckendes, forschendes Lernen zu fördern. Zunehmend bieten auch historische Fotoausstellungen Anreize, die Fotos unter Hinzuziehung archiva-

lischer Quellen zum Sprechen zu bringen. Bei den drei genannten Kooperationsformen überwiegt das gruppenbezogene Lernen. Es bereitet vor auf Einzelarbeit mit Archivalien in Form von *Fach- und Wettbewerbsarbeiten,* bei denen Schüler selbständig mit den vorfindbaren Quellen umgehen müssen.
Bei allen Kontakten zwischen Schule und Archiv ist die vorbereitende Arbeit von Lehrer und Archivar und ihr ständiger Kontakt während der Arbeitsphasen von Wichtigkeit. In höherem Maße als beim Unterricht im Museum sind Lehrer und Schüler im Archiv auf Hilfen angewiesen.
Aus naheliegenden Gründen bietet die Zusammenarbeit von Geschichtsunterricht und Archiv in erster Linie die Möglichkeit *lokal- und regionalgeschichtlichen Forschens.* Bislang unbearbeitet gebliebene Themen der Lokal- und Regionalgeschichte können — wie vorliegende Arbeiten aus dem Schülerwettbewerb Deutsche Geschichte zeigen — bereits auch von Schülern der Sekundarstufe I auf beachtlichem Niveau angegangen werden. Im Kontrast zum traditionellen Geschichtsunterricht in der Schule fördert dies beim Schüler das Bewußtsein, sich seiner eigenen Geschichte zu versichern, die lokalen und regionalen Gegebenheiten in ihrer Eigenart zu erkennen und mit der überregionalen Entwicklung in Beziehung zu setzen. Berichte über derartige Unterrichtsvorhaben zeigen, daß Schüler sich nicht nur methodische Fertigkeiten beim Umgang mit Archivalien angeeignet haben, sondern darüber hinaus auch sachliche Kompetenz erlangten, die sie befähigte, bei kommunalpolitischen Entscheidungen mitzusprechen. Schüler, die über die Archivarbeit an die Geschichte herangeführt werden, gelangen zu einem *vertieften Geschichtsbewußtsein,* weil sie die Geschichtlichkeit ihrer Familie, ihrer Schule, ihres Stadtteils, ihres Wohnorts, ihres sozialen Umfelds begreifen können. Sie fragen nach den Zusammenhängen der „kleinen" mit der „großen" Welt.
Der für Lehrer und Archivar entstehende erhöhte Zeitaufwand bei einer Kooperation der Institutionen Schule und Archiv, die Schwellenangst vor den Archiven und die geringe Berücksichtigung stadt- und regionalgeschichtlicher Themen in den Lehrplänen sind wesentliche Gründe dafür, daß die Zusammenarbeit von Schule und Archiv noch weitgehend am Anfang steht. Freilich haben Lehrer und Archivare an einigen Orten der Bundesrepublik Deutschland gelungene Kooperationsformen entwickelt. Da diese meist auf regionale Themenaspekte bezogen und nur in wenigen Fällen übertragbar sind, werden sie selten von einem breiteren Interessentenkreis zur Kenntnis genommen. Erfahrungsberichte zeugen jedoch von erstaunlichen Lernerfolgen und von der erhöhten Bereitschaft der Schüler, sich auch schwierigen Aufgaben zu stellen. Diese Motivation der Schüler wirkt sich überaus positiv auch auf den üblichen Geschichtsunterricht im Klassenverband aus. Wenn der Lehrer beobachtet, daß durch das Erlebnis einer Begegnung mit den Originalquellen die Freude am Umgang mit der Geschichte bei seinen Schülern wächst, dürfte er für den vermehrten Zeitaufwand entschädigt sein.

Literatur

Behr, H.-J.: Möglichkeiten der Archivbenutzung für den Schulunterricht. Erfahrungen in norddeutschen Archiven, in: *Der Archivar* 27 (1974), 333 – 346

Franz, E. G.: Einführung in die Archivkunde, 2. Aufl. Darmstadt 1977

Hey, B.: Museen, Archive und historische Stätten als außerschulische Lernorte. Zum Begriff der historischen Exkursion, in: *GWU* 31 (1980), 30 – 40

Langer, H.-G. / Meves, U.: Minderheitenprobleme in der Geschichte: Das Beispiel der Trierer Judenschaft in Mittelalter und früher Neuzeit, in: *Gd* 6 (1981), 159 – 173

Lautzas, P.: Möglichkeiten der Zusammenarbeit von Schule und Archiv aus der Sicht der Schule, in: Außerschulisches Lernen im Geschichtsunterricht der gymnasialen Oberstufe, hrsg. vom Staatl. Institut für Lehrerfort- und -weiterbildung des Landes Rheinland-Pfalz, Speyer 1979, 26 – 32

Richter, G.: Zur Verwendung von archivalischen Quellen im Geschichtsunterricht, in: *GWU* 24 (1973), 659 – 668

Scheper, B.: Stadtarchiv und Schule. Hinweise und Erfahrungen aus dem Stadtarchiv Bremerhaven, in: Jahrbuch 57 des Heimatbundes Männer vom Morgenstern, Bremerhaven 1978, 213 ff.

Scherf, F.: Möglichkeiten einer Einbeziehung der in Archiven vorhandenen Quellen in lokal- oder regionalgeschichtlich ausgerichtete Unterrichtseinheiten, in: *Schule und Museum* 2 (1976), 21 – 35

Scherf, F. / Schütz, F.: Geschichtsunterricht und Archiv. Erfahrungen und Möglichkeiten, in: Veröffentlichungen aus rheinland-pfälzischen und saarländischen Archiven, Kleine Reihe, H. 14, 1978

Schuler, T.: Städtische Personenlisten. Anregungen zu einem quellennahen Arbeitsunterricht, in: *Gd* 7 (1982), 381 – 400

Würfel, M.: Choc par les documents – Archivalische Menschenrechte. Ein Beitrag zur Zusammenarbeit von Schule und Archiv auf der gymnasialen Oberstufe, in: *GWU* 34 (1983), 271 ff.

Fachverbände für Geschichtslehrer

Dietrich Scholle

Zur Entstehungsgeschichte

Neben den Berufsverbänden der Lehrer, die deren allgemeine berufspolitischen Belange vertreten und sich an der bildungspolitischen Gesamtdiskussion beteiligen, gibt es *Fachverbände*, die die spezifischen Interessen eines Unterrichtsfaches und der dieses Fach unterrichtenden Lehrer vertreten.

Die Gründung der Fachverbände erfolgte erst gegen Ende des Kaiserreiches und damit später als die der Berufsverbände. Aufgrund der Gegebenheiten der Gymnasiallehrerausbildung (Universitätsstudium) und der Schulform (Fachlehrerprinzip) handelte es sich bei den Fachverbänden zunächst durchweg um Gründungen von Gymnasiallehrern.

In der Bundesrepublik Deutschland sind es gegenwärtig zwei Verbände, die Geschichtslehrer ansprechen und organisieren, zum einen der *Verband der Geschichtslehrer Deutschlands,* zum anderen die *Deutsche Vereinigung für Politische Bildung.*

Der heutige *Verband der Geschichtslehrer Deutschlands* wurde am 29. 9. 1913 als *Verband Deutscher Geschichtslehrer* gegründet. Der seinerzeitige Verbandsname dokumentierte den Anspruch, die Geschichtslehrer des gesamten deutschsprachigen Raumes zu organisieren. Unmittelbar vorausgegangen waren 1912 die Gründungen des Deutschen Germanistenverbandes und des Verbandes deutscher Schulgeographen. 1934 wurde der Verband Deutscher Geschichtslehrer ähnlich wie der Deutsche Philologenverband in den Nationalsozialistischen Lehrerbund (NSLB) überführt, an seine Stelle trat als Untergliederung des NSLB ein „Sachgebiet Geschichte". Eine eigenständige Vertretung der Geschichtslehrer existierte damit nicht mehr. Vier Jahre nach Kriegsende wurde der Verband im Anschluß an den 20. Historikerkongreß in München am 15. 9. 1949 wiedergegründet.

Die *Deutsche Vereinigung für Politische Bildung* ist ein Resultat der in den sechziger Jahren in Verbindung mit einer Kritik des traditionellen Geschichtsunterrichts aufgelebten Diskussion um die politische Bildung insbesondere in den Schulen sowie der fortschreitenden Entwicklung der universitären Disziplinen der Politik- und Sozialwissenschaften, die die Etablierung entsprechender Unterrichtsfächer forcierte. Gründungsjahr der Deutschen Vereinigung ist 1965.

Selbstverständnis, Aufgaben und Organisation

Der *Verband der Geschichtslehrer Deutschlands* betrachtet es als seine *Aufgabe,*

„die Fragen der geschichtlichen und politischen Bildung für alle Schulgattungen zu bearbeiten und ihre Belange bei Behörden, Universitäten und Verlagen sowie gegenüber in- und ausländischen Organisationen zu vertreten. Insbesondere läßt er sich angelegen sein, die wissenschaftliche und pädagogische Aus- und Fortbildung der Geschichtslehrer zu fördern und bei der Gestaltung von Lehrplänen sowie der Herstellung von Lehr- und Lernmittel beratend mitzuwirken" (§ 1 der Satzungen des Verbandes der Geschichtslehrer Deutschlands in der Fassung vom 7. 10. 1982).

Zweck der *Deutschen Vereinigung für Politische Bildung* ist es,

„die politische Erziehung und Bildung in der Bundesrepublik Deutschland zu fördern. Ihr besonderer Zweck ist die Förderung und Koordinierung der politischen Bildung als allgemeines Erziehungsziel in Jugend- und Erwachsenenbildung, des Faches Sozialkunde und der entsprechenden Fächer und Fächergruppen" (§ 1 der Satzung in der Fassung vom 26. 2. 1976).

In einer Informationsbroschüre der Landesgruppe Nordrhein-Westfalen der DVPB von 1984 heißt es weiterhin:

„Die DVPB ist ein Fachverband, der Vertreter aller Institutionen und aller Fachrichtungen, die einen politischen Bildungsauftrag erfüllen, organisiert, um das Interesse der politischen Bildung in der Öffentlichkeit sowie gegenüber Parlament, Regierung und Verwaltung zu vertreten. Die Landesgruppe Nordrhein-Westfalen der DVPB hat den Schwerpunkt ihrer Arbeit bisher im Schul- und Hochschulbereich gesucht. Sie ist in NRW der einzige Fachverband für Lehrer der Fächer Politik / Sozialwissenschaften und spricht zugleich mit ihrem übergeordneten Ziel der Förderung der politischen Bildungsarbeit auch Lehrer der Fächer Geschichte und Erdkunde an" (aus: Was ist die Deutsche Vereinigung für Politische Bildung?, Druck der DVPB — NRW 1984).

Damit wird deutlich, daß sich beide Verbände von ihrem Selbstverständnis her komplementär verhalten. Die Prioritäten sind eindeutig zu unterscheiden. Während der Geschichtslehrerverband das Unterrichtsfach *Geschichte* als einen *Beitrag zur politischen Bildung* ansieht, leitet die Deutsche Vereinigung aus dem Auftrag der politischen Bildung in einer modernen und demokratisch geführten Industriegesellschaft die *Forderung nach einem eigenen Unterrichtsfach* ab, neben dem Geschichte als Beiträger zu politischer Bildung eher untergeordnete Bedeutung hat. Dieses Verhältnis schließt den Konflikt um die inhaltlichen und vor allem auch quantitativen Anteil an der historisch-politischen Bildung ein.

Beide Verbände arbeiten im wesentlichen auf drei Ebenen:

— auf der Ebene der fachlichen, didaktischen und bildungspolitischen Diskussion;
— auf der Ebene der Mitgliederinformation und -fortbildung durch eigene Publikationen und Veranstaltungen;
— auf der Ebene der öffentlichen Interessenvertretung gegenüber Kultusministerien, Parlamenten und Massenmedien.

Die innere *Organisationsstruktur* der beiden Verbände orientiert sich an dem föderalistischen Aufbau des Bildungswesens in der Bundesrepublik Deutschland. Hauptträger der Verbandsarbeit sind demnach die Landesverbände (Geschichtslehrerverband) bzw. Landesgruppen (Deutsche Vereinigung). Eine Kuriosität aus der Geschichte der historisch-politischen Bildung ist dabei, daß in Hamburg und in Baden-Württemberg die Landesgliederungen beider Verbände identisch sind. An der Spitze der beiden Verbände steht jeweils ein Geschäftsführender Vorstand mit einem Vorsitzenden, der um die elf Landesvorsitzenden erweitert werden kann.

Dem Verband der Geschichtslehrer Deutschlands gehören zur Zeit ca. 6 000 *Mitglieder* an, überwiegend Gymnasiallehrer. Mitgliederstärkster Landesverband ist im Verlaufe der bildungspolitischen Auseinandersetzungen der siebziger Jahre der Landesverband Nordrhein-Westfalen mit heute über 2 000 Mitgliedern geworden.

Die Deutsche Vereinigung für Politische Bildung mit bundesweit ca. 2 000 Mitgliedern hat ihren Schwerpunkt in der Schule und Hochschule; sie ist aber auch in Bereichen der Jugend- und Erwachsenenbildung vertreten.

Zentrale Veranstaltungen der beiden Verbände sind einmal der traditionelle *Historikertag* (1984 zum 35. Mal), den der Historikerverband gemeinsam mit dem Geschichtslehrerverband ausrichtet (vgl. Schumann 1974), sowie der ebenfalls im zweijährlichen Abstand durchgeführte *Bundeskongreß* (seit 1982) der Deutschen Vereinigung. Entsprechende Versammlungen, Jahrestagungen o. ä. finden in den Landesverbänden bzw. -gruppen statt. Sie dienen sowohl der *fachlichen Fortbildung* — und sind in der Regel auch offen für

Nichtmitglieder — als auch der Abwicklung der Verbandsgeschäfte. Darüber hinaus werden Fortbildungsveranstaltungen in Zusammenarbeit mit den Landeszentralen bzw. der Bundeszentrale für Politische Bildung oder anderen Trägern (zum Beispiel Gesamtdeutsches Institut) organisiert und angeboten. Bereits Tradition hat die Zusammenarbeit des Geschichtslehrerverbandes mit dem *Georg-Eckert-Institut für Internationale Schulbuchforschung* in Braunschweig.

Inoffizielles *Verbandsorgan* des Verbandes Deutscher Geschichtslehrer war die bereits seit 1911 bestehende Zeitschrift „*Vergangenheit und Gegenwart*, Monatsschrift für Geschichtsunterricht und politische Erziehung", die auch nach der Auflösung des Verbandes 1934 mit neuer Schriftleitung bis 1944 weiterbestand (Riekenberg 1984). Als offizielles Organ des neugegründeten Verbandes der Geschichtslehrer Deutschlands wird seit 1950 die Zeitschrift „*Geschichte in Wissenschaft und Unterricht" (GWU)* von Karl Dietrich Erdmann und Felix Messerschmid, später Joachim Rohlfes herausgegeben. In Ergänzung zu der Zeitschrift selbst ist sind mehrere Beihefte erschienen, die die Ergebnisse der Historikertage dokumentieren, sowie Untersuchungen zur Lage des Geschichtsstudiums und des Geschichtsunterrichts (zum Beispiel Leuschner / Nolte / Schwarz 1973) bzw. Beiträge zur fachdidaktischen Diskussion (zum Beispiel Rohlfes / Jeismann 1974) enthalten.

Neben der Zeitschrift des Bundesverbandes gibt es eigene *Zeitschriften der Landesverbände*, zunehmend in Kooperation mehrerer Landesverbände herausgegeben. „Geschichte und Politik in der Schule" erscheint im Landesverband Hamburg, „Informationen für den Geschichts- und Gemeinschaftskundelehrer" erhalten die Mitglieder der Landesverbände Berlin, Baden-Württemberg, Rheinland-Pfalz und Saarland. Der Landesverband Nordrhein-Westfalen gibt seit seiner Wiederbegründung im Jahre 1972 die Zeitschrift „Geschichte / Politik und ihre Didaktik, Beiträge und Nachrichten für die Unterrichtspraxis" (1. Jahrgang 1973) heraus. Dieser Zeitschrift haben sich inzwischen die Landesverbände Niedersachsen, Hessen und zuletzt (1984) Schleswig-Holstein angeschlossen.

Das *Archiv* des Geschichtslehrerverbandes für die Jahre 1955 bis 1976 befindet sich im Bundesarchiv Koblenz und ist dort unter den allgemein gültigen Archivbedingungen zugänglich. Schriftstücke der folgenden Jahre werden sukzessive an das Bundesarchiv abgegeben. Die Unterlagen der Landesverbände dürfen sich, soweit erhalten, in den Händen der Landesvorsitzenden befinden.

Ein *Verbandsorgan der Deutschen Vereinigung für Politische Bildung* auf Bundesebene besteht zur Zeit nicht. Mitteilungen der DVPB erscheinen in den Zeitschriften „Gegenwartskunde" und „Politische Didaktik". Die Landesverbände geben zum Teil eigene Publikationen wie Rundbriefe oder Zeitschriften heraus, so zum Beispiel die Zeitschrift „Politisches Lernen" durch die Landesgruppe NW.

Inhaltliche Positionen und bildungspolitische Auseinandersetzungen der Nachkriegszeit

Eine inhaltliche Einschätzung und Bewertung der Positionen der beschriebenen Fachverbände für Geschichtslehrer hat verschiedene Faktoren und Probleme vorzureflektieren.

Ein Problem liegt in der *föderalistischen Struktur des Bildungswesens* in der Bundesrepublik Deutschland, durch die Landesverbände bzw. Landesgruppen mit zum Teil recht unterschiedlichen Verhältnissen im Bereich der historisch-politischen Bildung konfrontiert werden.

Ein weiteres Problem besteht in der *Frage der Repräsentativität und Legitimation* der Aktivitäten und Verlautbarungen der Verbände. Eine regelmäßige Willensbildung von der Basis her ist organisatorisch offensichtlich nicht zu leisten, so daß die Tatsache der Mitgliedschaft selbst als die wichtigste Legitimation für die Verbandspolitik erscheint, die zumeist von Einzelpersonen bzw. Gruppen von Einzelpersonen formuliert wird, die häufig durch eher informelle, zum Teil auch außerhalb des jeweiligen Verbandes verlaufende Beziehungen (sogenannte „Schulen") miteinander verbunden sind.

Ein drittes Problem liegt darin begründet, daß Geschichtsunterricht im Rahmen der staatlichen Institution Schule seit jeher eine *Legitimationsfunktion* hat. Je größer der gesellschaftliche Konsens oder Zwang, desto weniger wird Geschichtsunterricht in seiner jeweiligen Ausformung zur Debatte stehen. Insofern ist es kein Wunder, daß Geschichte zu den Unterrichtsfächern gehört, die im Falle bildungs- oder gar gesellschaftspolitischer Auseinandersetzungen unter auftragsgemäßer Beteiligung der Fachverbände in eine Diskussion geraten, in der sich zumeist die Verquickung von fachwissenschaftlicher und fachdidaktischer Diskussion einerseits und politischer Auseinandersetzung um Wesen, Zweck und Ziel staatlicher und gesellschaftlicher Ordnung andererseits deutlich zeigt.

Im Falle der Deutschen Vereinigung für Politische Bildung führen alle drei Faktoren zu einem recht heterogenen Bild der einzelnen Landesgruppen, insbesondere zu einem Neben- und zum Teil auch Gegeneinander von traditionellen, eher staatsbürgerkundlich angelegten Konzepten der politischen Bildung und mehr handlungs- und zukunftsorientierten Konzepten.

Im Falle des Geschichtslehrerverbandes haben vor allem die beiden letztgenannten Faktoren seit Mitte der siebziger Jahre nach kurzem Zwischenspiel erneut eine Verengung der im Verbandsorgan geführten fachwissenschaftlichen und fachdidaktischen Diskussion bewirkt, was u. a. auslösendes Moment für die Begründung der „Geschichtsdidaktik" als konkurrierender Fachzeitschrift war.

Insbesondere der als drittes angesprochene Zusammenhang zwischen den Konzepten von Geschichtsunterricht und den gesellschaftlichen Verhältnissen bzw. dem allgemeinpolitischen Bewußtsein läßt sich in der Nachkriegsgeschichte des Geschichtslehrerverbandes aufweisen. Der erste Nachkriegsvorsitzende des Geschichtslehrerverbandes konnte sich nicht nur mit zahlreichen Geschichtslehrern, sondern mit der allgemeinen Stimmungslage in weitgehendem Einklang fühlen, wenn er den Anteil deutscher Geschichtslehrer und Geschichtswissenschaftler an der Vorbereitung und Durchsetzung des Nationalsozialismus herunterspielte, die eigene wissenschaftliche und didaktische Tradition nicht problematisierte, sondern die Zuflucht bei der vorgeblich reinen Fachwissenschaft suchte (Bonwetsch 1950, 3).

Diese Form der *Vergangenheitsbewältigung* hat den Geschichtsunterricht lange Zeit belastet und mit zu dem in den sechziger Jahren in den Augen der Öffentlichkeit entstandenen Kompetenzverlust geführt.

Im Editorial des ersten Heftes der Verbandszeitschrift nach dem Kriege wurde jedoch immerhin der Auftrag „der politischen und staatsbürgerlichen Erziehung, soweit sie sich im Rahmen des Unterrichts" stellt, eingeschlossen (GWU 1950, 2). Von Anfang an pendelte die Diskussion im Verbandsorgan zwischen einer weitgehend kulturgeschichtlich und von einem statisch-anthropologischen Ansatz geprägten Position, wie sie im Gründungsvortrag von *Wilmanns* zum Ausdruck kam (GWU 1950, H. 2), und der Position *Wenigers*, der den Auftrag der politischen Bildung in den Vordergrund seiner geschichtsdidaktischen Überlegungen stellte und der Fachdidaktik einen Vorrang vor der Fachwissenschaft einräumte. Beide Positionen – vor allem jedoch die erstgenannte – spielten für die Formulierung der ersten Richtlinien in den Bundesländern sowie der mit dem Ziel der Vereinheitlichung des Geschichtsunterrichts abgefaßten Erklärung der Kultusministerkonferenz von 1953 eine wesentliche Rolle; an beiden waren Vertreter des Geschichtslehrerverbandes maßgeblich beteiligt. Mit *Messerschmid* war lange Zeit einer der beiden Herausgeber der GWU Mitglied des Deutschen Ausschusses für das Erziehungs- und Bildungswesen.

Eine Wende im Einfluß des Geschichtslehrerverbandes auf die lehrplanmäßige Gestaltung des Geschichtsunterrichts kündigte sich mit den *Saarbrückener Rahmenvereinbarungen* der Kultusministerkonferenz von 1960 an, die die Einführung des die Fächer Geschichte, Erdkunde und Sozialkunde übergreifenden Lernbereichs „Gemeinschaftskunde" brachten. Die hier erstmals gesehene Bedrohung der Eigenständigkeit des Faches Geschichte stand in Resolutionen und Verbandsverlautbarungen neben der Bereitschaft zu einer konstruktiven Mitarbeit bei der Ausgestaltung des neuen Rahmens. Im weiteren Verlauf geriet der Geschichtslehrerverband jedoch mehr und mehr in die Defensive, und unter dem Einfluß der Politisierung der gesamten Bildungsdiskussion sowie durch eine gewisse Fixierung auf die Entwicklung in den Sozialwissenschaften nahmen Politiker und Kultusverwaltungen mehr und mehr das Heft in die Hand.

Erst unter dem Eindruck dieser Entwicklung machte sich der Geschichtslehrerverband zum vorsichtigen Fürsprecher von Innovationen in der Geschichtswissenschaft und der Fachdidaktik, die vorher kaum offizielle Beachtung gefunden hatten. Waren die allerdings wenig tatsächliche Veränderungen bewirkenden Saarbrückener Rahmenvereinbarungen bereits ohne Mitwirkung des Geschichtslehrerverbandes zustandegekommen, so wurde er zehn Jahre später mit Entwicklungen konfrontiert, in denen er eine Kampfansage an den Geschichtsunterricht und damit letztlich einen Angriff auf die eigene Existenzgrundlage sah. So beruhten die *Hessischen Rahmenrichtlinien Gesell-*

schaftslehre von 1972 auf einem Integrationsmodell, das die Eigenständigkeit des Geschichtsunterrichts aufhob, indem es ihn zu einem „Arbeitsschwerpunkt" innerhalb eines fächerübergreifenden Konzepts machte. Die *Vereinbarung der Kultusministerkonferenz zur Neugestaltung der gymnasialen Oberstufe* vom gleichen Jahr wandelte den Status des Geschichtsunterrichts in der Oberstufe des Gymnasiums vom Pflichtfach zum Wahlpflichtfach innerhalb eines Lernbereiches.

In diesen Veränderungen sah der Geschichtslehrerverband eine grundsätzliche *institutionelle Bedrohung des Geschichtsunterrichts,* gegen die er sich gemeinsam mit dem Verband der Historiker Deutschlands vehement zur Wehr setzte. De facto vollzog sich die Entwicklung in den einzelnen Bundesländern jedoch sehr unterschiedlich, einmal was die Umsetzung der KMK-Vereinbarungen betraf, zum anderen was die Entwicklung des politisch-historischen Lernbereichs betraf. Durch eine Reihe von vergleichenden Erhebungen und Analysen versuchte der Verband, auf diese divergierende Entwicklung aufmerksam zu machen. Zielsetzung dabei war, ein Auseinanderstreben des Faches in den einzelnen Bundesländern zu verhindern sowie eine institutionelle Absicherung des Faches zu erreichen, die weitgehend dem status quo ante (vor 1972) entsprach.

Essentials im einzelnen waren dabei

- die Eigenständigkeit des Geschichtsunterrichts,
- die Kontinuität des Faches,
- die Verbindlichkeit des Geschichtsunterrichts für alle Schüler.

Dies waren Maximalforderungen, die die in den offiziellen Stellungnahmen gezeigte Bereitschaft, ein ebenfalls eigenständiges politik- bzw. sozialwissenschaftlich ausgelegtes Fach als Kooperationspartner unter dem Dach der politischen Bildung zu akzeptieren, stark relativierten. Der schwarze Peter wurde den Kultusbürokratien zugeschoben, die ja ohnehin alles eingebrockt hatten und die nun im Verteilungskampf um die Stundentafel sich den Ärger bis Widerstand aller betroffenen Fachverbände zuzogen.

Betrachtet man die *gegenwärtige Situation,* so kann man feststellen, daß die Revisionsvorstellungen des Geschichtslehrerverbandes sich weitgehend durchgesetzt haben. Mangelnde Standhaftigkeit und fehlende konzeptionelle Kraft etwa bei der Entwicklung einer Lernbereichsdidaktik, permanenter politischer Druck sowie schließlich sogar Gerichtsurteile haben neben anderem dazu geführt. So konnte der seinerzeitige Verbandsvorsitzende auf dem Historikertag in Mannheim 1976, vielleicht etwas verfrüht, jedoch aus seiner Sicht das Ergebnis vorwegnehmend, feststellen: „Die Krise des Geschichtsunterrichts ist vorbei" (GWU 1977, 132).

Am weitesten schlug das Pendel in Hessen zurück, wo die letzte (die achte) Fassung der Rahmenrichtlinien Gesellschaftslehre kaum noch etwas mit der ersten gemein hat (Bergmann / Kuhn 1982) und das Urteil des hessischen Staatsgerichtshofes vom Dezember 1981 einen kontinuierlichen und eigenständigen Geschichtsunterricht bis hin zum Abitur erzwang.

Neben dem Kampf um die institutionelle Absicherung gab es auch eine damit zum Teil eng verknüpfte *inhaltliche und konzeptionelle Auseinandersetzung um den Geschichtsunterricht* und seine fachwissenschaftlichen und fachdidaktischen Grundlagen. Die wesentlichen Stich- bzw. Reizwörter der Auseinandersetzung waren dabei u. a. Lerntheorie versus Bildungstheorie, fachwissenschaftlicher versus fachdidaktischer Primat, Emanzipation versus Legitimation, Konflikttheorie versus Identifikation und Anpassung, Handlungsorientierung versus Bildung und Wissensvermittlung, Geschichte als historische Sozialwissenschaft versus Sozialgeschichte als Sektorwissenschaft.

Um seinen institutionellen Kampf für den Geschichtsunterricht abzusichern, ließ sich der Geschichtslehrerverband auf eine Diskussion der neueren Positionen in Fachwissenschaft und Fachdidaktik ein. Foren dafür waren sowohl die Verbandszeitschriften und die Historikertage als auch Fortbildungsveranstaltungen auf Landesebene. In den im Auftrage des Verbandes vorgenommenen Untersuchungen und Arbeiten, die vor allem mit den Namen Rohlfes und Jeismann verbunden sind, erfolgte eine Annäherung an die Lerntheorie (Rohlfes) unter Beibehaltung eines Primates der – fortentwickelten – Fachwissenschaft (Jeismann). Abgelehnt wurden Ansätze einer sich primär aus der Curriculumtheorie (Schörken) bzw. der Rezeption der kritischen Theorie herleitenden emanzipatorischen Geschichtsdidaktik (Kuhn).

In *fachwissenschaftlicher Hinsicht* hielt das Verbandsorgan einen Kurs, für den die Namen Erdmann, Hillgruber, Hildebrandt, Repgen, Zechlin etc. stehen. Hier zeigt sich, angefangen von den Stellungnahmen in der Fischer-Kontroverse bis hin zur Diskussion um die Ursachen des Nationalsozialismus und die Rolle Hitlers sowie der Frage des Paradigmawechsels in der Geschichtswissenschaft, konservative Kontinuität.

Literatur

Bergmann, K. / Kuhn, A.: Abschied vom Aufbruch. Hessen 1972 – 1982: Rahmenrichtlinien Gesellschaftslehre, in: *Gd* 7 (1982), 273 – 282

Bergmann, K. / Schneider, G. (Hrsg.): Gesellschaft, Staat, Geschichtsunterricht. Beiträge zu einer Geschichte der Geschichtsdidaktik und des Geschichtsunterrichts von 1500 bis 1980, Düsseldorf 1982

Böge, W.: Verbände, in: *Niemetz, G.* (Hrsg.): Lexikon für den Geschichtsunterricht, Freiburg / Würzburg 1984, 210 – 212

Bölling, R.: Zur Entwicklung und Typologie der Lehrerorganisationen in Deutschland, in: *Heinemann, M.* (Hrsg.): Der Lehrer und seine Organisation (Veröffentlichungen der Historischen Kommission der Deutschen Gesellschaft für Erziehungswissenschaften, Bd. 2), Stuttgart 1977, 23 – 27

Bonwetsch, G.: Der Verband der Geschichtslehrer Deutschlands, in: *GWU* 1 (1950), 3 bis 5

Dümmler, K. / Graßmann, S.: Geschichtsunterricht in der Bundesrepublik Deutschland, I.: Bestandsaufnahme des Geschichtsunterrichts. Ergebnisse einer Umfrage 1977/78; II.: Empfehlungen und Forderungen für den Geschichtsunterricht. Folgerungen aus einer Bestandsaufnahme, in: *GWU* 29 (1978), 629 – 649

Feiten, W.: Der Nationalsozialistische Lehrerbund, Entwicklung und Organisation (Studien und Dokumentationen zur deutschen Bildungsgeschichte, Bd. 19), Weinheim 1981
Geschichtswissenschaft und Geschichtsunterricht: Lageanalyse — Folgerungen — Empfehlungen. Stellungnahme des Verbandes der Historiker Deutschlands im Zusammenwirken mit dem Verband der Geschichtslehrer Deutschlands, in: *GWU* 23 (1972), 1 — 3
Heinemann, M. (Hrsg.): Der Lehrer und seine Organisation (Veröffentlichungen der Historischen Kommission der Deutschen Gesellschaft für Erziehungswissenschaften, Bd. 2), Stuttgart 1977
Herbst, K.: Didaktik des Geschichtsunterrichts zwischen Traditionalismus und Reformismus, Hannover 1977
Hoffacker, H.: Zwischen Konservatismus und Technokratie. Didaktische Positionen der Zeitschrift „Geschichte in Wissenschaft und Unterricht" 1969 — 1972, in: *Hoffacker, H. / Hildebrandt, K.* (Hrsg.): Bestandsaufnahme Geschichtsunterricht. Programmatik, Materialien, Perspektiven, Stuttgart 1973, 50 — 71
Jeismann, K. E. / Kosthorst, E.: Geschichte und Gesellschaftslehre. Die Stellung der Geschichte in den Rahmenrichtlinien für die Sekundarstufe I in Hessen und den Rahmenplänen für die Gesamtschulen in Nordrhein-Westfalen — Eine Kritik, in: *GWU* 24 (1973), 261 — 280
Koschnitzke, R.: Fachverbandsinteresse und Unterrichtsfächer: Beispiel „Geschichte" in Nordrhein-Westfalen (1974), in: *Heinemann, M.* (Hrsg.): Der Lehrer und seine Organisation (Veröffentlichungen der Historischen Kommission der Deutschen Gesellschaft für Erziehungswissenschaften, Bd, 2), Stuttgart 1977, 423 — 436
Kosthorst, E.: Von der „Umerziehung" über den Geschichtsverzicht zur „Tendenzwende", in: *GWU* 29 (1978), 566 — 584
Kuhn, A.: Geschichtsdidaktik seit 1968, in: *Bergmann, K. / Schneider, G.* (Hrsg.): Gesellschaft, Staat, Geschichtsunterricht. Beiträge zu einer Geschichte der Geschichtsdidaktik und des Geschichtsunterrichts von 1500 bis 1980, Düsseldorf 1982, 415 bis 443
Leidinger, F.: Geschichtsunterricht und Verbandspolitik zwischen 1945 und 1980. Zum 30jährigen Bestehen des Landesverbandes, in: *Geschichte / Politik und ihre Didaktik* 8 (1980), 113 — 118
Leuschner, J. / Nolte, H.-H. / Schwarz, B.: Geschichte an Universitäten und Schulen. Materialien — Kommentar — Empfehlungen (*GWU* Beihefte), Stuttgart 1973
Mayer, U.: Geschichtsdidaktik und Geschichtsunterricht in der Nachkriegszeit (1945 bis 1953), in: *Bergmann, K. / Schneider, G.* (Hrsg.): Gesellschaft, Staat, Geschichtsunterricht. Beiträge zu einer Geschichte der Geschichtsdidaktik und des Geschichtsunterrichts von 1500 bis 1980, Düsseldorf 1982, 349 — 380
Messerschmid, F.: Geschichte herausgefordert, in: *GWU* 26 (1975), 203 — 214
Müller, S. F.: Die Verbandsinteressen der Lehrer an höheren Schulen am Ende des 19. Jahrhunderts, in: *Heinemann, M.* (Hrsg.): Der Lehrer und seine Organisation (Veröffentlichungen der Historischen Kommission der Deutschen Gesellschaft für Erziehungswissenschaften, Bd. 2), Stuttgart 1977, 235 — 247
Riekenberg, M.: Die Zeitschrift „Vergangenheit und Gegenwart" in den Jahren 1911 bis 1944. Das Verbandsorgan der Deutschen Geschichtslehrer im Spannungsgefüge von Gesellschaft, Erziehung und Geschichte, phil. Diss. Hannover 1984 (masch.)
Rohlfes, J.: Geschichtsunterricht und Geschichtsdidaktik 1953 bis 1969, in: *Bergmann, K. / Schneider, G.* (Hrsg.): Gesellschaft, Staat, Geschichtsunterricht. Beiträge zu einer Geschichte der Geschichtsdidaktik und des Geschichtsunterrichts von 1500 bis 1980, Düsseldorf 1982, 381 — 414
— (Hrsg.): Geschichtsunterricht. Entwurf eines Curriculums für die Sekundarstufe I. Ergebnisse und Beiträge einer Arbeitsgruppe des Verbandes der Geschichtslehrer Deutschlands (*GWU* Beiheft), Stuttgart 1978
Rohlfes, J. / Jeismann, K. E. (Hrsg.): Geschichtsunterricht. Inhalte und Ziele. Arbeitsergebnisse zweier Kommissionen (*GWU* Beiheft), Stuttgart 1974
Schumann, P.: Die deutschen Historikertage von 1893 bis 1937. Die Geschichte einer fachhistorischen Institution im Spiegel der Presse, phil. Diss. Göttingen 1974 (masch.)

VII. Geschichte im Kanon der Unterrichtsfächer

Geschichte im Kanon der Unterrichtsfächer

Werner Boldt

Der Kanon der Unterrichtsfächer ist nicht aus einer in sich schlüssigen Gesamtsystematik abgeleitet. Vielmehr ist er ein *Produkt historischer Prozesse*, die verschiedenen Kulturepochen und Bildungsauffassungen entspringen und die miteinander konkurrieren. Selbst auf dem Höhepunkt der Französischen Revolution, als das Bewußtsein, unbelastet von partiellen Interessen und historischen Traditionen, die Welt allein nach den Prinzipien der Vernunft neu aufbauen zu können, so stark war wie nie zuvor und danach, verzichtete Condorcet in seiner „Allgemeinen Organisation des Unterrichtswesens" 1792 bewußt darauf, die Fächerauswahl mit einer „philosophischen Klassifikation" zu legitimieren. Er berief sich auf die „Einheit der Kenntnisse, wie man sie am ehesten bei gut unterrichteten Menschen antrifft", also auf den historisch gewachsenen Bildungsstand des aufgeklärten Bürgertums (Condorcet 1966, 33). Auswahl und Verhältnis der Unterrichtsfächer zueinander unterliegen also *keiner Regel* oder, in der musikalischen Bedeutung des Wortes Kanon, die Klänge ergeben keine Melodie. Der vorliegende Gegenstand der Untersuchung, zunächst der *Kanon der Unterrichtsfächer*, dann die *Stellung der Geschichte in ihm*, ist nur historisch zu verstehen und muß so entwickelt werden. Abschließend soll in einer theoretischen Betrachtung der Systematik der Wissenschaften versucht werden, einen in der Logik der Sache liegenden *Standort der Geschichte* anzugeben.

Die seit altersher dominierende Stellung des Latein als Sprache der Kirche und Gelehrten wurde in der Aufklärung zunehmend in Frage gestellt zugunsten von Fächern, die den steigenden ökonomischen und politischen Bedürfnissen der bürgerlichen Gesellschaft entgegenkamen, also zugunsten mathematisch-naturwissenschaftlicher Fächer (Physik) und solcher, die zur politischen Bildung beitrugen. Diese Entwicklung wurde zwar in der Restauration gebremst, aber nicht mehr rückgängig gemacht. Wie in Deutschland der bayerische Schulplan von Thiersch 1829 und der Lehrplan des preußischen Ministeriums Altenstein 1837 ausweisen, kristallisierten sich am Gymnasium im wesentlichen *drei Fächergruppierungen* heraus:

1. Latein und Griechisch mit fast 50 % Stundenanteil,
2. Mathematik und Naturwissenschaften mit höchstens 20 %,
3. die heterogene Gruppe der gesinnungsbildenden Fächer, zu denen neben Deutsch, Religion und die in einem Fach zusammengefaßten Disziplinen Geschichte und Erdkunde gehören, mit gut 20 %.

Den Rest machen musische und andere kleine Fächer aus, die für die Diskussion über den Fächerkanon ohne Bedeutung blieben, von Ausnahmen wie den in der Weimarer Republik entstehenden Waldorfschulen abgesehen.
Naturwissenschaftlich-technischer Fortschritt und Ausbau des Welthandels sorgten für einen langsamen, aber steten Rückgang der altsprachlichen Fächer, was sowohl zu Umverteilungen der Stundenanteile innerhalb des Gymnasiums führte als auch zur Gründung neuer Typen der Höheren Schule wie des Realgymnasiums und der Oberrealschule. Aufgenommen wurden *neue Fächer* wie Chemie und moderne Fremdsprachen, wobei in Preußen Französisch, seinerzeit Ausweis weltläufiger Bildung und Sprache der Diplomaten, von vornherein ein Unterrichtsfach war. Auffällig ist aber, daß trotz Vermehrung der Zahl der Unterrichtsfächer die ursprüngliche Dreiergruppierung im wesentlichen erhalten blieb. Zwar würde die Gruppe der alten Sprachen zu Fremdsprachen überhaupt erweitert, aber Wissenschaften wie Medizin, Recht, Wirtschaft, die sich nicht oder nur schlecht einfügen ließen, blieben bis heute unberücksichtigt.

Bei der Frage nach der *Einordnung des Geschichtsunterrichts* in den gegebenen Fächerkanon ist zunächst festzustellen, daß Standort wie auch Inhalte und Ziele des Faches primär von den herrschenden Bildungskonzeptionen bestimmt werden. Bei Condorcet erscheint Geschichte nicht als eigenes Fach. Sie geht offenbar in die nicht näher spezifizierten moralisch-politischen Wissenschaften ein, die das Ziel haben, den Menschen zu helfen, „zu einer vollkommeneren Verfassung [zu] gelangen, sich bessere Gesetze [zu] geben und eine umfassendere Freiheit [zu] gewinnen" (Condorcet 1966, 42 f.). Es zeugt von historischem Denken, wenn Demokratie nicht als abgeschlossener und fixierter Zustand, sondern als Prozeß begriffen wird. Weniger politisch als allgemein kulturell faßt Herder Geschichte — zusammen mit Erdkunde — in seinem für das Weimarer Gymnasium entworfenen Lehrplan: „Den Bau der Erde, ihre Reichtümer der Natur und Kunst, wer zu diesen etwas Großes und Gutes durch Erfindungen, durch nützliche Bestrebungen und Einrichtungen beigetragen, wer die Erde und das auf ihr waltende Menschengeschlecht verschönert oder entstellt habe: die Engel oder Dämonen der Menschen sollen wir in der Geschichte mit reifem Urteil kennenlernen" (Rethwisch 1893, 19).

Statt über den (nicht ungebrochenen) politischen und kulturellen Fortschritt der Menschheit aufzuklären, sich seiner Möglichkeiten, Unzulänglichkeiten und Gefahren zu vergewissern, sollte Geschichtsunterricht in der Restaurationszeit traditionelle Herrschaft gegen die von Aufklärung und industriekapitalistischen Produktionsverhältnissen eingeleiteten politischen, sozialen und ökonomischen Prozesse verteidigen. *Geschichtsunterricht wurde zum Ersatz für Politikunterricht* auch in dem Sinne, daß er gerade nicht zu moderner politischer Einsicht und Urteilsfähigkeit führen sollte. In einem Rundschreiben von 1819 warnte Altenstein davor, im Geschichtsunterricht durch Ausblick auf die politischen Verhältnisse der Zeit die Schüler zu „unreifen Urteilen" anzuregen (Weymar 1961, 108). Vornehmlich an den Elementarschulen wurde Geschichtsunterricht in *geschichtstheologische* Konstruktionen gepreßt, deren einflußreichster Vertreter Kohlrausch war. Der Mißbrauch des *Altars* als Stütze des *Throns*, wie er in Preußen seinen besonders krassen Niederschlag in den Erziehungsedikten Wöllners Ende des 18. Jahrhunderts und in den Stiehlschen Regulativen von 1854 fand, sollte dem aufkeimendem deutschen und partikularen Nationalbewußtsein die liberalen und demokratischen Inhalte rauben und es zu einem Identifikationsmittel mit den herrschenden Dynastien umfunktionieren. Aus der Treue zum himmlischen König wurde die zum irdischen gefolgert. ,,Liebe zum Vaterlande und Herrscherhause" (Preußischer Lehrplan für Lehrerseminare 1901) blieb das stereotype oberste Erziehungsziel des Geschichtsunterrichts bis zum Ende der Monarchie.

In Bayern wurde die Verbindung von Religion und Geschichte noch dadurch gefestigt, daß der Geschichtsunterricht an Gymnasien von Geistlichen gegeben wurde. Der daraus folgende Dualismus von katholischer und protestantischer Geschichte mißfiel zwar Königshaus und Bürokratie, die auf einen patriotischen Grundkonsens aller ihrer Untertanen bedacht waren, aber erst 1872, im Zuge allgemeiner Entklerikalisierung (nicht Liberalisierung) des staatlichen Unterrichtswesens, wurde diese skurrile Konstruktion aufgehoben, und noch 1892 sprach Oskar Jäger allgemein von einer ,,usurpierten geistlichen Kontrolle" des Geschichtsunterrichts (Weymar 1961, 103).

Einen abweichenden Standort nahm Geschichtsunterricht am Gymnasium ein, wo er in Verbindung mit den Alten Sprachen dazu beitrug, die verblassenden neuhumanistischen Bildungsideale zu tradieren. Der in der Restaurationszeit mit der Bewahrung der Alten Sprachen gekoppelten Erwartung, daß die Antike nicht im Verständnis des Neuhumanismus, sondern als historische Vorstufe des Christentums dargestellt würde, dürfte kaum entsprochen worden sein.

Das Gymnasium wurde bevorzugter Angriffspunkt der Kabinettsordre Wilhelms II. von 1889. Spranger nannte sie ,,den ersten wirksamen Weckruf zur Einführung *staatsbürgerlichen* Unterrichts in den Schulen" (Hoffmann 1970, 54), und er hat insofern Recht, als mit ihr konservative Erziehung den Schein politischer Abstinenz und überparteilicher Neutralität verlor, den sie aus der Inanspruchnahme der Religion bisher gewonnen hatte. Zum Gottesgnadentum traten ,,die Verdienste der Hohenzollern, insbesondere um die Hebung des Bauern-, Bürger und Arbeiterstandes" (Hoffmann 1970, 73) als irdische *Legitimation von Herrschaft*.

Der zunehmende kapitalistische Konzentrationsprozeß, das Anwachsen städtischer ,,entwurzelter" Arbeitermassen auf Kosten eines Kleinbürgertums, das, selbst wenn es demokratisch gesonnen war, noch in traditionellen sozialen Bindungen und Arbeitsverhältnissen lebte, und die Anpassung des Obrigkeitsstaates an die Anforderungen der modernen Großindustrie erzwangen eine neue ideologische Ausrichtung des Unterrichts. Der militärisch-preußische Weg der Reichsgründung verstärkte die Möglichkeiten, das deutsche Nationalbewußtsein im konservativen Sinne auszubeuten. So trat — scheinbar in Erfüllung der Forderungen demokratischer Lehrer in der 1848er Revolution, tatsächlich aber in inhaltlicher Umkehrung — als gesinnungsbildendes *Leit-*

fach Deutsch in den Vordergrund. Es löste in dieser Funktion Religion ab. Die *Fächerverbindung Geschichte / Erdkunde* erhielt so anstelle der alten religiös-dynastisch geprägten eine neue ,,nationale" Ausrichtung und ein neues ideologisches Bezugssystem.

Auch die Verwissenschaftlichung des Geschichtsunterrichts durch den Einfluß Rankes und seiner Schule konnte bei dessen positivistischer Wende gegen Geschichtstheorien, seiner Bevorzugung politischer Geschichte und seiner konservativen Grundeinstellung ebensowenig einen wirksamen Schutz vor der Verfügung über Geschichte zum Zwecke der Indoktrination bieten wie die wegweisenden pädagogischen Konzepte Kerschensteiners, in dessen Arbeitsschule staatsbürgerliche Erziehung die Schüler u. a. zu selbständigem Urteilsvermögen befähigen sollte, die Inhalte des Geschichtsunterrichts aber doch auf ,,vaterländische" Positionen fixiert blieben.

Die November-Revolution ermöglichte die Einrichtung eines eigenen Faches ,,*Staatsbürgerkunde*" für die politische Bildung, eine alte Forderung von 1848, die nur im liberalen Baden 1875 als ,,Bürgerkunde" in gewissem Sinne realisiert worden war. Obwohl vielfach von demokratischen und sozialistischen Lehrern gefordert wurde, die demokratische Verfassung zum Leitziel und wichtigsten Gegenstand des neuen Faches zu machen, setzte die Nationalversammlung in Artikel 148 der Verfassung eine staatsbürgerliche Erziehung ,,im Geiste des deutschen Volkstums und der Völkerversöhnung" fest. Diese Verfassungsbestimmung ließ sich nicht mit dem materiellen Verfassungsrecht vereinbaren, das — mochte es im einzelnen liberaler, demokratischer oder sozialistischer Herkunft sein — international und damit eben nicht im Geiste irgendeines Volkstums zu begründen war. Weder gingen von der ,,Staatsbürgerkunde" Innovationen auf das benachbarte Fach Geschichte über, noch wurden gar beide Fächer auf der Basis eines gemeinsamen demokratischen Bildungsauftrags zusammengeführt.

Daran sollte sich bis zur Bildungsreform der sechziger Jahre nichts ändern. Denn als in der *Bundesrepublik Deutschland* erneut *politischer Unterricht* eingeführt wurde, blieb er als *Institutionenkunde* seiner gesellschaftskritischen Potentiale beraubt und der gesellschaftlichen Restauration angepaßt. Auch die Forderungen Theodor Wilhelms, in der Erziehung zur ,,Partnerschaft" reale politische Praxis statt abstrakte Staatsideen zu behandeln, konnten kaum zu einer politischen Bildung in emanzipatorischer Absicht führen, wenn sie ihre Schwerpunkte in den Lebensbereichen Familie, Gemeinde, Kirche, Verkehr usw. finden sollte statt in politisch ungleich bedeutsameren und umstritteneren wie Betrieb, Interessenverbände, Arbeits- und Besitzverhältnisse.

Als mit den ersten Anzeichen wirtschaftlicher Rezession und dem ,,Sputnik-Schock" die Tore für eine umfassende, schon länger diskutierte *Reform des Bildungswesens* geöffnet wurden, kamen nicht zuletzt unter dem Eindruck der Studentenbewegung *demokratische Ansprüche* verstärkt ins Spiel. Allgemein setzte auf sozial- und erziehungswissenschaftlichem Gebiet eine Orientierung an den Positionen der *Aufklärung* ein, historisch dadurch begründet, daß aufklärerische Programme insbesondere in Deutschland trotz

wiederholter Anläufe in der Reformzeit, der 1848er und der November-Revolution nicht eingelöst worden waren. Größte Bedeutung für die Reform der Sozialwissenschaften erlangte die Frankfurter Schule und ihre Auseinandersetzung mit dem Neopositivismus. Zwar wurde sie von den Historikern kaum rezipiert, doch arbeiteten auch neuere sozialgeschichtliche Konzeptionen einer im demokratischen Interesse betriebenen *politischen Bildung* entgegen.
Politische Bildung bezog sich nunmehr *auf Gesellschaft überhaupt*, fragte nach gesellschaftlichen Interessen, welche Funktionen staatliche Institutionen für sie haben und welche Möglichkeiten sich Veränderungsprozessen mit demokratischer Zielsetzung eröffneten. In Konsequenz dieser gesellschaftskritischen Positionen lag die *Kooperation* und letztlich *Integration* der Fächer Politik und Geschichte, wozu auch die Sozialgeographie hinzugezogen werden konnte. Die mit den Saarbrückener Rahmenvereinbarungen der Kultusminister eingeleitete Entwicklung gipfelte in den Hessischen Rahmenrichtlinien für Gesellschaftlehre 1972.
Der gesellschaftskritische Bezug emanzipatorisch-politischer Bildung griff auch auf andere Fächer wie Deutsch, Kunst und Religion über. Das mag zu einer Zurückdrängung historischer Aspekte und Inhalte zugunsten der neuen kommunikativen und soziologischen führen, was aber nicht notwendig, wie öfters befürchtet, zu einer Beeinträchtigung historischen Bewußtseins führen muß. Denn dies hängt weniger von der Anzahl der Geschichtsstunden an den Schulen ab als von dem Platz, den Geschichte in sozialwissenschaftlichen Theorien und Erklärungsmodellen einnimmt.
Seltsamerweise haben die durchgreifenden Reformen der einzelnen Fächer nicht zugleich den *Kanon der Fächer insgesamt* einer ähnlich weitgehenden Revision unterworfen und das *Verhältnis der Fächer zueinander* neu bestimmt. So war auch die bis zur Integration gehende Verbindung von Geschichtsunterricht mit Politik und Sozialgeographie mehr von Konzeptionen einer politisch-emanzipatorischen Bildung oder auch nur von Rationalisierungserwägungen abhängig, als daß sie *wissenschaftstheoretisch* begründet war. Hier dürfte auch eine Ursache dafür zu suchen sein, daß die bisherigen Integrationsversuche noch nicht hinreichend überzeugen konnten.
Geschichte ist zunächst *nicht notwendig* Gegenstand eines *eigenständigen* Faches. Geschichte *liegt quer* zu allen aus einer Systematik gewonnenen Fächern. Historische Gegenstandsbereiche und Methoden sind in allen sozialwissenschaftlichen Fächern enthalten, wie umgekehrt Gegenstandsbereiche und Inhalte aus allen sozialwissenschaftlichen Fächern in Geschichte enthalten sind. Das macht die Besonderheit der Standortbestimmung von Geschichte aus. Schon bei einer Grobeinteilung von naturwissenschaftlichen Disziplinen einerseits und sozialwissenschaftlichen (inklusive sprachwissenschaftlichen) andererseits ist der Geschichtswissenschaft kein eindeutiger Platz zuzuweisen. Wenn auch die Geschichte der Natur wegen des Fehlens bewußten Handelns qualitativ von der Geschichte der Menschen unterschieden ist, so ist doch in Natur und Gesellschaft als dem Ergebnis der Auseinandersetzung der Menschen mit der Natur alles geschichtlich, d. h. Resultat

und wieder Anfang von Entwicklungen, und somit letztlich nur in historischer Betrachtung adäquat zu begreifen.

Im Kanon der Unterrichtsfächer könnte man demnach dem *Geschichtsunterricht* die Aufgabe zuweisen, die *historischen* Inhalte und Methoden aller sozialwissenschaftlichen Disziplinen im *fächerübergreifenden* Zusammenhang darzustellen, so daß die im wissenschaftlichen Erkenntnisprozeß systematisch zergliederte *gesellschaftliche Totalität* in einem Unterrichtsfach Geschichte historisch begriffen werden könnte. Was bei den einzelnen Fächern mit Grund übersehen werden mag, stellt sich als unausweichliche Forderung bei einem derartigen *historischen Integrationsfach*: eine historische *Theorie der Gesellschaft* ist nötig, um den über bloße Addition hinausgehenden interessebedingten lebendigen Zusammenhang der gesellschaftlichen Teilbereiche aufzuweisen. Die gegenwärtige theoriebewußtere Geschichtswissenschaft hat zwar eine Reihe älterer und neuerer gesellschaftstheoretischer Ansätze aufgenommen, doch ist ein allgemeiner *Konsens*, der grundlegend für den Geschichtsunterricht werden könnte, nicht abzusehen, wenn er überhaupt erstrebenswert ist.

So findet bis heute Geschichtsunterricht seinen Schwerpunkt in *politischen* Ereignissen, Ideen und Strukturen. Für die Geschichte der Menschheit so wesentliche Bereiche wie die Technik bleiben demgegenüber weitgehend unberücksichtigt, was sicher nicht mit ihrer Geringschätzung zu erklären ist. Aber noch immer ist ein Mangel an Theorien festzustellen, die den sozialgeschichtlichen Zusammenhang der einzelnen gesellschaftlichen Bereiche von Technik über Politik bis zu Ausprägungen öffentlichen Bewußtseins aufzuweisen vermögen. Stattdessen stößt die Verwissenschaftlichung gesinnungsbildender Fächer auf der Basis sozialwissenschaftlicher Theorien neuerdings auf konservative Gegenbewegungen, die sozialgeschichtliche Erkenntnisse zugunsten des ins Zentrum gerückten Bezugspunktes „Nation" bzw. „Volk" relativieren und damit das Wiederaufleben alter Ideologien ermöglichen.

Literatur

Bernal, J. D.: Wissenschaft, Reinbek 1970
Condorcet: Bericht und Entwurf einer Verordnung über die allgemeine Organisation des öffentlichen Unterrichtswesens, Weinheim 1966
Diere, H.: Rechtssozialdemokratische Schulpolitik im Dienste des deutschen Imperialismus. Der Geschichtsunterricht an den höheren Schulen Preußens zwischen 1918 und 1923 im Zeichen des Klassenverrats der rechten SPD-Führung, Berlin 1964
Dohmen, G.: Bildung und Schule. Die Entstehung des deutschen Bildungsbegriffs und die Entwicklung seines Verhältnisses zur Schule, Bd. 1 – 2, Weinheim 1964 – 1965
Filser, K.: Theorie und Praxis des Geschichtsunterrichts, Bad Heilbrunn 1974
Flitner, A.: Die politische Erziehung in Deutschland. Geschichte und Probleme 1750 bis 1880, Tübingen 1957
Führ, C.: Zur Schulpolitik der Weimarer Republik. Die Zusammenarbeit von Reich und Ländern im Reichsschulausschuß (1919 – 1923) und im Ausschuß für das Unterrichtswesen (1924 – 1933). Darstellungen und Quellen, Weinheim 1970

Gamm, H.-J.: Politisches Fehlverhalten in der Weimarer Republik als Problem des Geschichtsunterrichts. Die Führererwartung in der Weimarer Republik, in: *Frankfurter Hefte* 23 (1968), 390 ff.
Giesecke, H.: Politische Bildung in Geschichte und Schule, in: *Lexikon für Pädagogik*, Bd. 3, Freiburg 1970, 320 ff.
Günther, K. H., u. a.: Geschichte der Erziehung, 11. Aufl. Berlin (Ost) 1973
Günther-Arndt, H.: Geschichtsunterricht in Oldenburg 1900 — 1930, phil. Diss. Oldenburg 1979
Hoffmann, D.: Politische Bildung 1890 — 1933, Hannover 1970
Jeismann, K. E.: Geschichtsunterricht, in: *Lexikon für Pädagogik*, Bd. 2, Frankfurt 1970, 109 ff.
Kerschensteiner, G.: Der Begriff der staatsbürgerlichen Erziehung, 3. Aufl. Leipzig 1914
Krueger, B.: Staatsbürgerliche Erziehung im 19. Jahrhundert. Stiehls Schrift über den vaterländischen Geschichtsunterricht, Trier 1971
Michael, B. /Schepp, H. H. (Hrsg.): Politik und Schule von der Französischen Revolution bis zur Gegenwart, Bd. 1 — 2, Frankfurt 1973 — 1974
Müller, S.: Die höhere Schule Preußens in der Weimarer Republik. Zum Einfluß von Parteien, Verbänden und Verwaltung auf die Schul- und Lehrplanreform 1919 bis 1925, Weinheim / Basel 1977
Oetinger, F. (= Theodor Wilhelm): Partnerschaft. Die Aufgabe der politischen Erziehung, Stuttgart 1953
Rethwisch, C.: Deutschlands höheres Schulwesen im Neunzehnten Jahrhundert, Berlin 1893
Rosenberg, A.: Zur Reform des Geschichtsunterrichts, in: *Die neue Erziehung* 2 (1921), 105 ff.
Schörken, R. (Hrsg.): Zur Zusammenarbeit von Geschichts- und Politikunterricht (AuA, Bd. 20), Stuttgart 1978
Weingart, P. (Hrsg.): Wissenschaftssoziologie I. Wissenschaftliche Entwicklung als sozialer Prozeß, Frankfurt/M. 1972
Weniger, E.: Die Grundlagen des Geschichtsunterrichts. Untersuchungen zur geisteswissenschaftlichen Didaktik, Berlin 1926
— Zur Frage der staatsbürgerlichen Erziehung, in: *Die Erziehung* 4 (1929)
Weymar, E.: Das Selbstverständnis der Deutschen. Ein Bericht über den Geist des Geschichtsunterrichts der Höheren Schulen im 19. Jahrhundert, Stuttgart 1961

Integration, Kooperation, Koordination

Hans Süssmuth

Das Schulfach „Sozialkunde" (Bayern, Berlin, Rheinland-Pfalz), „Politischer Unterricht" (Nordrhein-Westfalen), „Gesellschaftslehre" (Hessen) hat mehrere Wissenschaften als Bezugsdisziplinen. Neben Politikwissenschaft, Soziologie, Ökonomie sind Geschichtswissenschaft, (Wirtschafts- und Sozial-)Geographie, Rechtswissenschaft, Sozialpsychologie, Anthropologie zu berücksichtigen. Das zu lösende Problem liegt in der *wissenschaftstheoretischen Legitimierung* und der *methodischen Absicherung* einer *Kooperation, Koordination* oder *Integration* dieser Fächer in einem *Schulcurriculum*. Eine befriedigende wissenschaftstheoretische Fundierung muß bei einem Studiengang Sozialwissenschaften ansetzen. Erste Versuche und Vorschläge sind entwickelt worden (Forndran / Hummel / Süssmuth 1978).

Geschichtsdidaktiker haben die Frage aufzugreifen und zu beantworten, welche *geschichtsdidaktischen Argumente* für die Selbständigkeit, Kooperation, Koordination oder Integration von Geschichtsunterricht und Politikunterricht sprechen. Dabei stellt sich das Problem der Kooperation oder Integration prinzipiell gleich für Curricula der Primar-, der Sekundarstufen und der Wissenschaftlichen Hochschulen.

Ein Rückblick auf die Diskussion dieser Frage während der vergangenen zwanzig Jahre zeigt, daß die Möglichkeiten der *Saarbrückener Rahmenvereinbarung* (1960), nach der die Schulfächer Geschichte, Geographie und Sozialkunde für die Oberstufe des Gymnasiums zum Fach *Gemeinschaftskunde* zusammengefaßt werden sollten, von Historikern und Geschichtsdidaktikern nicht konstruktiv genutzt worden sind. Die Mehrzahl der Geschichtslehrer und Historiker sowie der Verband der Geschichtslehrer Deutschlands traten für die Beibehaltung eines eigenständigen Geschichtsunterrichts ein. Die Verwirklichung des Auftrages der Saarbrückener Rahmenvereinbarung kam über eine *Addition der Fächer* nicht hinaus, und trotz der Einführung des Faches Gesellschaftslehre blieb es in den meisten Bundesländern bei der *Dominanz* des *Geschichts-* oder *Geographie*unterrichts. Da an dem Anspruch festgehalten wurde, daß Geschichtsunterricht auch die politische Bildung mit abdecke, wurde die Entwicklung neuer fächerübergreifender didaktischer Ansätze anderen Fächern überlassen. Die Geschichtsdidaktiker sahen sich in die *Defensive* gedrängt und verunsichert, als infolge des Anspruchs der systematischen Sozialwissenschaften eine neue Diskussion um die Ziele politischer Bildung als Vermittlung jener Qualifikationen, die zu Reflexion, kritischer politischer Urteilsbildung und verantwortungsbewußtem Handeln befähigen, im wesentlichen von Vertretern einer politischen Bildung beherrscht wurde, die keine Geschichtsdidaktiker waren und die die Orientierung der politischen Bildung am Modell der Partnerschaft und am Harmoniekonzept aufgegeben und den konflikttheoretischen Ansatz eingebracht hatten.

Die Krise des Geschichtsunterrichts kulminierte in der Auseinandersetzung zwischen Didaktikern der Geschichte und Didaktikern der politischen Bildung im Konflikt um die *Hessischen Rahmenrichtlinien Gesellschaftslehre* (HRRG). Mit der Einführung der HRRG wurde die bisherige Praxis schulischer Lehrplanrevision durchbrochen. Diese Reform stellte die Priorität der fachwissenschaftlichen Bezugsdisziplin für curriculare Entscheidungen des Schulfaches in Frage und verlagerte den Akzent schulischen Lernens zugunsten einer stärker gesellschaftsorientierten Ausrichtung. Während von Geschichtsdidaktikern bisher in weitem Konsens die Eigenständigkeit des Geschichtsunterrichts vertreten wurde, wollten die Konstrukteure der HRRG eine *volle Integration des Geschichtsunterrichts* in ein sozialwissenschaftliches Curriculum.

Die folgende Diskussion um Eigenständigkeit oder Integration wurde auf zwei Ebenen geführt. Es ging um *gesellschaftspolitische* Zielsetzungen und um *wissenschaftstheoretische, fachwissenschaftliche* und *didaktische* Positionen. Politische und wissenschaftliche Argumente standen nebeneinander und gegeneinander. Sie vermischten sich bisweilen, so daß bei jedem Einzelproblem zu fragen war, ob es sich mehr um einen politischen Streit oder eine wissenschaftliche Kontroverse handelte. Die fundiertesten Beiträge der Kritiker der HRRG setzten auf der *wissenschaftstheoretischen* Ebene an und überprüften drei Anspruchsebenen:

- die Berücksichtigung der den *fachwissenschaftlichen* Bezugsdisziplinen zugrunde liegenden *Strukturen* mit ihren spezifischen Fragestellungen, Begriffen und Methoden,
- die Beachtung bereits entwickelter *interdisziplinärer* Fragestellungen, Begriffe und Methoden,
- die Einbeziehung des für die Erschließungs- bzw. Vermittlungsprozesse notwendigen Aufweises *unterschiedlicher Auffassungen* von Politik, Gesellschaft, Wirtschaft, Recht, Geschichte.

Inzwischen wurden die HRRG im Zusammenhang mit der gesellschaftspolitischen Tendenzwende einer Revision unterzogen.

Die gegenwärtige Erörterung der Frage nach Selbständigkeit, Kooperation, Koordination oder Intergration der Unterrichtsfächer Geschichte und Politik ist gekennzeichnet durch das Bemühen von Geschichtsdidaktikern und Didaktikern der politischen Bildung, den „*unerläßlichen Diskurs in Gang zu setzen*" (K.-G. Fischer, in: Schörken 1978). Es wird systematisch versucht, eine *wissenschaftliche Fundierung* zu begründen (R. Schörken 1978; Forndran / Hummel / Süssmuth 1978). Der geschichtstheoretische Diskussionsstand deutet darauf hin, daß Geschichtswissenschaft, verstanden als *Historische Sozialwissenschaft* (Kocka, Wehler, Rürup) oder als Histoire humaine der französischen Annales Historiker (Bloch, Braudel) nach ihrer Wissenschaftsstruktur, d. h. in den Fragestellungen, Methoden, Inhaltsbereichen und Zielsetzungen, zu einem Teil geeignet ist, mit den systematischen Sozialwissenschaften in Beziehung gesetzt zu werden. Die *wissenschaftstheoretischen Voraussetzungen* sind demnach sowohl für Kooperation und Koordination als auch für die Integration *gegeben*. Wenn gleichwohl in der gegenwärtigen Diskussion von den Geschichtsdidaktikern *eher* die Position der *Koordination* oder *Kooperation* und „gestufter Verbindung zwischen geschichtlichen und politischen Unterrichtseinheiten" (Kuhn, in: Schörken 1978, 139: Hug, in: Lüdtke / Uhl 1977, 82) vertreten wird, kann das Ausdruck einer behutsamen, allmählichen Annäherung, aber auch ein Zeichen konzeptioneller Verlegenheit sein. Zieht man für die Beurteilung der Situation und der geschichtsdidaktischen Positionen *Unterrichtsmaterialien* heran, so zeigt sich, daß bisher nur für den *kooperativen* Geschichts- und Politikunterricht eine stringente didaktische Grundlegung und Unterrichtsmodelle vorliegen (Behrmann / Jeismann / Süssmuth 1978; Behrmann / Jeismann / Kosthorst / Quandt / Rohe / Süssmuth 1978). Erst die weitere geschichtsdidaktische Diskussion wird eine Entscheidung darüber erbringen können, ob die Verwirklichung eines *voll integrierten* historisch-sozialwissenschaftlichen Curriculum argumentierbar ist.

Die Ausgangsfrage, welche Argumente für Selbständigkeit, Kooperation, Koordination oder Integration sprachen, läßt sich *fachwissenschaftlich* und *fachdidaktisch* beantworten. Die Komplexität der politischen, sozialen, ökonomischen, kulturellen Wirklichkeit macht den Einsatz der *verschiedenen sozialwissenschaftlichen Disziplinen* notwendig, da keine von diesen allein die ganze Realität zu erklären und Lehr-Lern-Prozesse zu steuern vermag. Problemorientierte interdisziplinäre Forschung ist die Anwort auf komplexe Problemlagen, um mit Hilfe der Fragestellungen und Methoden verschiedener, aber doch konvergierender Wissenschaftsdisziplinen möglichst viele Aspekte zu erfassen. Je nach dem Integrationsgrad der sozialwissenschaftlichen Disziplin wird von *multidisziplinärem* oder *interdisziplinärem* Ansatz gesprochen.

Analog zu diesem Prozeß auf der Ebene der wissenschaftlichen Auseinandersetzung ist die *Intention* eines integrierten historisch sozialwissenschaftlichen Curriculum, dem Lernenden den *Zusammenhang* von Mensch und Gesellschaft, Politik, Wirtschaft, Kultur zu vermitteln. Während der Gegenstand und das Ziel, die Erklärung und Bewertung menschlichen Verhaltens, identisch sind, differieren Fragestellungen und Methoden der verschiedenen Disziplinen. Für ein integriertes Curriculum muß abgesichert sein, daß es *nicht den Schülern überlassen* wird, die ausdifferenzierten Einzelergebnisse der verschiedenen Disziplinen *zusammenzufügen*. Die Frage nach Konvergenzen und Divergenzen der Sozialwissenschaften muß der Curriculum-Konstrukteur beantworten und für die Praxis umsetzen. Aus diesem Grunde hat die theoretische Fundierung sozialwissenschaftlicher Curricula sowohl die *gesellschaftspolitische* als auch die *wissenschaftstheoretische Entscheidungsebene gleichrangig* einzubeziehen und, da kein die Disziplin übergreifendes Erklärungssystem existiert, das Selbstverständnis der einzelnen Disziplin zu berücksichtigen. Auszugehen ist von der Definition der jeweiligen Fachdisziplin, von deren Beschreibung sozialer Wirklichkeit und der dazu benutzten Terminologie.

Bei der Suche nach dem Aufweis von gemeinsamen, sich ergänzenden oder unterstützenden Konzeptionen der verschiedenen Disziplinen ist die Tatsache zu berücksichtigen, daß identische Termini unterschiedliche Inhalte in den

Einzeldisziplinen bezeichnen können. Daher ist jeweils nach deren inhaltlicher Ausfüllung und dem jeweiligen theoretischen Hintergrund zu fragen. Wer als Curriculum-Konstrukteur diese Ebene der wissenschaftlichen Bezugsdisziplinen übergeht, setzt sich der Gefahr aus, allgemein anerkannte und praktizierte wissenschaftliche Standards zu unterlaufen.

Literatur

Ackermann, P. (Hrsg.): Curriculumrevision im sozialwissenschaftlichen Bereich der Schule (AuA, Bd. 6), Stuttgart 1973
Behrmann, G. C. / Jeismann, K.-E. / Süssmuth, H.: Geschichte und Politik. Didaktische Grundlegung eines kooperativen Unterrichts, Paderborn 1978
Behrmann, G. C. / Jeismann, K.-E. / Kosthorst, E. / Quandt, S. / Rohe, K. / Süssmuth, H. (Hrsg.): Geschichte. Politik. Unterrichtseinheiten für ein Curriculum, Paderborn 1976 ff.
Arbeitskreis Curriculum (Hrsg.): Sozialkundliche Curricula. Thema Curriculum 3, Bebenhausen 1973
Dieckmann, J. / Bolscho, D.: Gesellschaftlicher Unterricht. Didaktische Grundrisse, Bad Heilbrunn 1975
Forndran, E. / Hummel, H. J. / Süssmuth, H. (Hrsg.): Studiengang Sozialwissenschaften: Zur Definition eines Faches, Düsseldorf 1978
Holtmann, A. (Hrsg.): Das sozialwissenschaftliche Curriculum in der Schule. Neue Formen und Inhalte, Opladen 1972
Lüdtke, A. / Uhl, H. (Hrsg.): Kooperation der Sozialwissenschaften, Teil 1 und 2 (AuA, Bde. 18,1 und 18,2), Stuttgart 1977
Maek-Gérards / Cobet, J. / Muhlack, U. / Zitzlaff, D. (Hrsg.): Zur Rolle der Geschichte in der Gesellschaftslehre: Das Beispiel der hessischen Rahmenrichtlinien, Stuttgart 1974
Schörken, R. (Hrsg.): Zur Zusammenarbeit von Geschichts- und Politikunterricht (AuA, Bd. 20), Stuttgart 1978
Wulf, Ch.: Das politisch-sozialwissenschaftliche Curriculum. Eine Analyse der Curriculumentwicklung in den USA, München 1973

Geschichtsunterricht und politische Bildung
Siegfried George

Geschichte, Erdkunde, Sozialkunde nach dem Zweiten Weltkrieg

Die Einführung eines der politischen Bildung gewidmeten Schulfaches mit der Bezeichnung „Sozialkunde" erfolgte nach dem Zweiten Weltkrieg durch einen Beschluß der Kultusministerkonferenz vom 15. 6. 1959. Während die Fächer Erdkunde und Geschichte aufgrund ihrer unangefochtenen traditionellen Stellung im Kanon der Unterrichtsfächer wie selbstverständlich in allen Bundes-

ländern unterrichtet wurden, hat sich die politische Bildung erst allmählich und in den einzelnen Bundesländern sehr uneinheitlich durchgesetzt.
Die *Eigenständigkeit des Faches „politische Bildung"* steht außer Zweifel. Allein schon die Vielfalt der Bezugswissenschaften (Politologie, Soziologie, Wirtschaftswissenschaften, Sozialpsychologie, Jura, Kulturanthropologie) macht es unmöglich, die Inhalte, Zielsetzungen und Methoden des sozialwissenschaftlich ausgerichteten Unterrichts in Geschichte und/oder Erdkunde mitzubewältigen. Eher ist manchmal ein Übergewicht sozialkundlicher Fragestellungen gegenüber geschichtlichen und geographischen feststellbar (zum Beispiel die Hessischen Rahmenrichtlinien für Gesellschaftslehre 1972). Gegen eine solche Präferenz politologischer und sozialwissenschaftlicher Fragestellungen richten sich dann häufig Angriffe von Politikern und Interessenverbänden, denen die kritische Dimension des Politikunterrichts nicht paßt. Politische Didaktik, die zunehmend ihre wissenschaftliche Fundierung erweitert, versteht sich als unabdingbarer Bestandteil jeder politisch-historischen Bildung.
Ein Schritt zur *Vereinheitlichung der Fächer* war die Saarbrückener Rahmenvereinbarung, in der die Kultusministerkonferenz das Fach „*Gemeinschaftskunde*" für die Oberstufe der Gymnasien in die Wege leitete (29. 9. 1960). Diese organisatorische Maßnahme hatte zunächst keine hinreichende Fundierung in der Lehrerausbildung (es gab kaum ausgebildete Lehrer mit diesen drei Schwerpunkten), die Legitimation für die Zusammenfassung der Fächer wurde aber weithin in der fächerübergreifenden Vorgehensweise der Gemeinschaftskunde gesehen. Man ging davon aus, daß politische, historische und geographische Fragestellungen in ihrer gegenseitigen Ergänzung für ein umfassendes Verständnis gemeinschaftskundlicher Problembereiche notwendig seien.
Die Integration ist in Ansätzen steckengeblieben, und gelegentlich sind *Rückentwicklungen* feststellbar: So hat am 29. 4. 1977 die Westdeutsche Rektorenkonferenz einige Thesen verabschiedet, die für die gymnasiale Oberstufe dem Fach Geschichte in erster Linie die Funktion politischer Bildung zuschrieben und Gegenwartsprobleme dem Wahlbereich zuordneten. Hätte sich die Kultusministerkonferenz diese Thesen zu eigen gemacht, wäre der Politikunterricht der gymnasialen Oberstufe zweitrangig geworden. Für die Sekundarstufe I gab es — außer in Hessen und Nordrhein-Westfalen — ohnedies keine vergleichbare Tendenz zur Integration der Fächer.

Die fachdidaktische Diskussion des Politikunterrichts im Hinblick auf Geschichte

„Die Gestaltung des Verhältnisses der Schulfächer Geographie, Geschichte und Sozialkunde (Politik) stellt nicht nur ein bisher noch *ungelöstes didaktisches* Problem dar, sondern löst als *bildungspolitische* Aufgabe immer wieder interessebedingte Kontroversen bei Fachverbänden, Parteien und in der Öffentlichkeit aus" (Thienel-Saage 1978). Dieser Feststellung ist zuzustimmen. Die didaktischen Probleme der Integration der drei Fächer werden weithin diskutiert, und *Einigkeit* besteht bislang lediglich darüber, daß die geschichtliche (und geographische) Dimension gegenwärtiger Probleme im Unterricht berücksichtigt werden muß.

K. G. *Fischer* zum Beispiel sieht einen entscheidenden Schwerpunkt seiner Didaktikkonzeption in der Verbindung von politischer und historischer Bildung. Für die Gegenwart konstatiert er eine Verhärtung der Fronten bezüglich der Klärung und Verständigung über das Verhältnis von historischem und politischem Lernen. Für seine Position gilt zweierlei: „Alles historische Lernen ist ex definitione zugleich und in eins Politische Bildung, und alles politische Lernen ist ebenso ex definitione *wesentlich unvollständig*, wenn es die historische Perspektive außer acht läßt. Jedoch: historisches Lernen kann so wenig Befassung mit gesellschaftlichen, wirtschaftlichen und politischen Vorfindlichkeiten der Gegenwart ersetzen wie Chemie-Unterricht die Physik miterledigen kann, was übrigens auch umgekehrt gilt" (Fischer 1979).

W. *Hilligen* sieht auch das bislang ungelöste Integrationsproblem. Seine Position umschreibt er mit folgenden Worten: „Von jedem und in jedem der beiden Fächer [Sozialkunde und Geschichte] muß auch die Sicht- und Frageweise des anderen vermittelt und gepflegt werden. Ohne historische Methoden und Fragestellungen können Lernende nicht die Einzigartigkeit von Personen und Ereignissen erfahren und nicht verstehen, warum Menschen je verschieden sind; ohne systematische synchronische (die Zeiten zusammenschauende) Methoden und Betrachtungsweisen können sie nicht erkennen, was an den Menschen menschlich ist und welchen vergleichbaren Aufgaben sie sich trotz aller Andersartigkeit der Bedingungen je gegenübergestellt sehen" (Hilligen 1979, 18).

Die ungelöste Problematik der Integration hat u. a. ihre Ursache in der *Vielfalt didaktischer Konzepte* in beiden Fächern. Wer im politischen Unterricht primär die Funktion der Einführung in die bestehende Gesellschaft sieht, wird weniger historisches Wissen vermitteln als ein Didaktiker, der aus historisch-politischer Analyse die Veränderbarkeit gesellschaftlicher Strukturen aufzeigen möchte. Von daher ist absehbar, daß es ein *einheitliches Integrationsmodell* in der Bundesrepublik Deutschland *nicht geben kann.*

Die historische Dimension des Politikunterrichts in neueren Richtlinien der Bundesländer

Der offene Diskussionsstand der Fachdidaktiken findet seine Entsprechung in der unterschiedlichen Berücksichtigung historischer Fragestellungen in den Richtlinien für politischen Unterricht in der Bundesrepublik Deutschland. W. Mickel kommt in einer Analyse ausgewählter Lehrpläne zu dem Ergebnis: „Im Vorhandensein / Nichtvorhandensein der historischen Dimension in den Lehrplänen für den Politikunterricht läßt sich qualitativ kein didaktisches Konzept erkennen. Am ehesten kann man noch die allgemeinpolitische Feststellung treffen, wonach in konservativen Bundesländern die Berücksichtigung der Geschichte offensichtlich eine größere Rolle spielt als in sozialliberalen. Durch den aufgezeigten Ist-Zustand wird deutlich, daß wesentliche

Forderungen der hochdifferenzierten Politikdidaktik wie der modernen Geschichtsdidaktik *noch zu geringe curriculare Resonanz* gefunden haben. Dies gilt konzeptionell für alle Schulstufen, inhaltlich besonders für Haupt- und Berufsschulen" (Mickel 1979).
Man kann drei Formen der Verbindung von politischen und historischen Fragestellungen unterscheiden:

Loses Nebeneinander der Fächer

Eine Reihe von Lehrplänen berücksichtigen nur geringfügig die historische Dimension. Beispiel: Lehrplan für Sozialkunde der Klassen 9 bis 11 (Entwurf 1971) in Rheinland-Pfalz. In ihm finden sich geringfügige historische Hinweise nur bei den Themen Familie, Verbände und Parteien, Struktur und Wandel der Industriegesellschaft u. a.; es fehlt die historische Dimension bei so entscheidenden Problemen wie Gemeinde, Recht, Wirtschafts- und Sozialordnung (vgl. Mickel 1979). In diesem Lehrplan und ähnlichen Lehrplänen ist ein didaktisches Konzept für die Integration *oder* Trennung der Fächer nicht erkennbar.

Ein Kooperationsmodell

In Nordrhein-Westfalen wurde in den Richtlinien für den Politikunterricht (2. Aufl. 1974) ein Kooperationsmodell eingeführt, in dem die Fächer einander zugeordnet, aber doch selbständig bleiben: „Politik hat immer auch eine historische Dimension. Deshalb wäre ein Politikunterricht ohne historisches Verständnis der politisch-gesellschaftlichen Probleme nicht denkbar. Jedoch ist er nicht mit dem Geschichtsunterricht gleichzusetzen; er kann ihn auch nicht ersetzen. Innerhalb des Lernbereichs Gesellschaftslehre ist der Politikunterricht wie Geschichte und Erdkunde nur ein Teilgebiet."
Die Richtlinien sehen folgende Aufgabenverknüpfung und Aufgabenteilung der beiden Fächer:

— Der Politikunterricht soll mitwirken, „die Teilnahme der Heranwachsenden an der Realität der Gesellschaft und ihren Problemen und Aufgaben (,Dimension der Aufgabe') zu ermöglichen", während der Geschichtsunterricht „die Folgen und die Tragweite von Entscheidungen und Ereignissen der Vergangenheit" untersucht.
  Im Politikunterricht entstehen Fragen, die nur historisch beantwortet werden können, „umgekehrt erhält der Politikunterricht wichtige Impulse aus dem Geschichtsunterricht vor allem durch Erhellen der historischen Dimension aktueller Zustände und Vorgänge".
— Die Verbindung der beiden Fächer wird zusätzlich dadurch unterstützt, „daß die Historie in Schule und Hochschule immer mehr sozialwissenschaftliche Elemente aufgenommen hat".

Dieses auf Kooperation angelegte Modell läßt den Fachdidaktikern breiten Ermessensspielraum, wieweit die Integration angestrebt werden soll. W. Mickel sieht in diesem „Koordinationsfach aus drei getrennten Fächern" die „derzeit optimale Lösung" (Mickel 1979).

Der Integrationsversuch der Hessischen Rahmenrichtlinien für Gesellschaftslehre (HRRL-GL) Sekundarstufe I

Die HRRL-GL Sekundarstufe I sind der bislang einzige Versuch in der Bundesrepublik Deutschland, die Fächer Sozialkunde (Politik), Geschichte, Erdkunde in einem Fach Gesellschaftslehre zusammenzufassen. Der Ansatzpunkt für die Integration ist die didaktische Begründung oberster Lernziele (sowie deren Differenzierung in Lernzielzusammenhänge und Lernfelder), denen die beteiligten Fachwissenschaften *nachgeordnet* werden: „Aus den Lernzielzusammenhängen lassen sich Lernziele ermitteln, indem man die Sozialwissenschaften danach befragt, was sie zur Vermittlung von erschließenden Kategorien und grundlegenden Erkenntnissen beizutragen haben. Diese Beiträge unterliegen einer didaktischen Überprüfung, die sich an den vorerst noch unstrukturierten Erfahrungen der Schüler orientiert" (HRRL-GL 1972, 13). Dieser Primat der Didaktik bedeutet, daß die Gesellschaftslehre nicht der traditionellen Auffaltung universitärer Disziplinen folgt, sondern komplexe gesellschaftliche Erfahrungsbereiche zur Grundlage hat, die mit Hilfe fachwissenschaftlicher Methoden und Erkenntnisse für den Schüler aufgeschlossen werden sollen.

Für die Rolle der Geschichte innerhalb der Gesellschaftslehre bedeutet diese didaktische Vorentscheidung: „Entsprechend den allgemeinen Lernzielen wird der Stellenwert der Geschichte im Lernbereich Gesellschaftslehre bestimmt durch die Klärung der Frage, inwiefern die Auseinandersetzung mit ‚Vergangenem' beiträgt zu einer reflektierten Einschätzung gegenwärtiger gesellschaftlicher Verhältnisse. Der Gegenwartsbezug geschichtlicher Fragestellungen und Inhalte wird damit zur Grundlage für die Lernzielbestimmung. Die hierdurch bezeichnete Aufgabe findet ihre Parallele in dem heutigen Bemühen um ein neues Selbstverständnis der Geschichtswissenschaft und beruht auf der Erkenntnis, daß die Beschäftigung mit Geschichte sich durch einen Nachweis ihrer Beziehung zu den jeweils relevanten politisch-gesellschaftlichen Problemen legitimieren muß" (HRRL GL 1972, 18). In dieser Position gewinnt der *Gegenwartsbezug* geschichtlicher Fragestellungen und Inhalte Priorität. Damit ist eine (möglicherweise unvertretbare) Eingrenzung der Funktion von Geschichte vorgenommen, und historisches Wissen muß sich stets mit seiner Verwertbarkeit für die Gegenwart legitimieren.

Die HRRL GL räumen demgegenüber den sozialwissenschaftlichen Fragestellungen einen weitaus größeren Raum ein. Diese Unausgewogenheit muß auch unter dem Gesichtspunkt gesehen werden, daß der Integrationsversuch eine Pionierleistung und für Korrekturen offen war.

Eine partielle Integration ist unumgänglich

In Zeiten politisch-gesellschaftlichen Umbruchs wird die Abhängigkeit schulischer Curricula von staatlichen Entscheidungen besonders deutlich. Konservative Tendenzwenden, wie sie in England, in den USA und der Bundesrepublik Deutschland erfolgt sind, bleiben nicht ohne Auswirkungen auf politische Bildung und Geschichte. Unterstützt werden solche Tendenzen noch durch Gerichtsbeschlüsse, die — wie in Hessen — die Eigenständigkeit des Faches Geschichte aus der Landesverfassung herleiten. Die didaktische Diskussion bleibt dabei auf der Strecke.

Trotzdem sollte weiterhin zumindest eine *partielle Integration* von Sozialkunde (Politik) und Geschichte angestrebt werden. Ein Ansatzpunkt für eine fortschreitende Annäherung zwischen Geschichts- und Sozialkundeunterricht mag ‚das weitere Vordringen sozialgeschichtlicher Betrachtungsweisen' (Boldt 1980) sein. Im Schulunterricht ist ohnehin bei einer Vielzahl von Themen ein mehrperspektivischer Ansatz geboten. Wie anders soll zum Beispiel die Sozialstruktur eines Landes behandelt werden? Eine Trennung der Fächer Politik, Geschichte und Erdkunde wäre rein willkürlich.

Ein weiterer Weg zur Integration ist die *Ähnlichkeit der Arbeitsverfahren*: „Beide Wissenschaftstypen bedienen sich sowohl verstehend-hermeneutischer als auch analytischer und synthetisch-konstruktiver Erkenntnisverfahren" (Rohlfes 1972). Wer Methodiken der politischen Bildung und des Geschichtsunterrichts zur Hand nimmt, wird eher Verbindendes als Trennendes zwischen den Fächern entdecken.

Literatur

Behrmann, G. C. / Jeismann, K. E. / Süssmuth, H.: Geschichte und Politik. Didaktische Grundlegung eines kooperativen Unterrichts (Studien zur Didaktik, Bd. 1), Paderborn 1978
Boldt, W.: Geschichtsdidaktik 1970 – 1980, in: *Politische Didaktik* 3 (1980), 83 – 95
Fischer, K. G.: Wo steht die politische Bildung heute?, in: *Materialien zur Politischen Bildung* (1970), 67 – 73
Hilligen, W.: Sehen – Beurteilen – Handeln, Lehrerhandbuch, Frankfurt 1979
Mickel, W.: Vielfalt ohne didaktisches Konzept, in: *Materialien zur Politischen Bildung* (1970), 23 – 32
Rahmenrichtlinien für die Sekundarstufe I. Gesellschaftslehre, Der Hessische Kultusminister (Hrsg.), Frankfurt 1972
Richtlinien für den Politikunterricht, Der Kultusminister des Landes Nordrhein-Westfalen, 2. Fassung Düsseldorf 1974
Rohlfes, J.: Welchen Beitrag kann der Geschichtsunterricht zur politischen Bildung leisten?, in: *apz* B 30 (1972), 5 – 10
Schörken, R. (Hrsg.): Zur Zusammenarbeit von Geschichts- und Politikunterricht (AuA, Bd. 20), Stuttgart 1978
Thienel-Saage, I.: Ansätze zu einer Didaktik des fächerübergreifenden politischen Unterrichts, in: *apz* B 51 – 52 (1978), 34 – 45

Geschichtsunterricht und Social Studies
Hans Süssmuth

In der amerikanischen Diskussion zur Situation der Social Studies sind in den letzten Jahren kritische Stimmen zu vernehmen, die von einer „Identitätskrise", von „Konfusion" und „Curriculum-Anarchie" sprechen (Mehlinger, in: Barr / Barth / Shermis 1977, III; Barr / Barth / Shermis 1977, 2 und 4). Diese Analyse wird jedoch nicht einhellig geteilt, sondern in anderen Veröffentlichungen als überzogen selbstkritisch zurückgewiesen (Morrissett 1979). Aus dieser Kontroverse ergibt sich die Frage nach dem *Selbstverständnis der Disziplin* und dem *Hintergrund der jüngsten Auseinandersetzung.*
Die Tradition der Social Studies reicht in den USA in das 19. Jahrhundert. Herausgehobene *Ziele* dieses Unterrichtsfaches sind der Erwerb *politischer Kompetenz* und die Prägung *staatsbürgerlicher Einstellungen.* Das Konzept wurde 1916 um die Dimension *world community*, Verantwortung für die als Weltgemeinschaft gedachte Menschheit, erweitert. *Alle Sozialwissenschaften* einschließlich der Geschichte sollten *Bezugsdisziplinen* sein. Faktisch bestand jedoch eine starke Ausrichtung auf Geschichte und mit Abstand auf Staats-

bürgerkunde sowie Geographie. Seit den vierziger Jahren zeigte sich eine Korrektur zugunsten der systematischen Sozialwissenschaften Politologie, Soziologie, Anthropologie, Ökonomie, Psychologie (Oswald 1972). Bedingt durch den Sputnik-Schock (1957) und die sich anschließende Förderung auch sozialwissenschaftlicher Forschung kam es zu einer *Neukonzipierung* sozialer und politischer Erziehung. Die weltweit bestehenden Probleme wurden als Herausforderung aufgegriffen, gemeinsam über die nationalen Grenzen hinweg nach Lösungen zu suchen. Die Idee, in einer Weltgemeinschaft zu leben, wurde erneut diskutiert. Das Ergebnis der sechziger Jahre ist das Konzept der *New Social Studies*.

Damit wurde eine längst notwendige Reform eingeleitet, nachdem in den Social Studies jahrzehntelang weder den Veränderungen der amerikanischen Gesellschaft noch den Forschungsergebnissen der sozialwissenschaftlichen und erziehungswissenschaftlichen Disziplinen ausreichend Rechnung getragen worden war. Der neue Ansatz unterscheidet sich sowohl in den leitenden Prinzipien als auch in den inhaltlichen Schwerpunkten und Lernverfahren. Die New Social Studies wollen *disziplin- und forschungsorientiertes* Lernen mit dem Erwerb *grundlegender Kenntnisse* (zum Beispiel über das politische System und dessen Institutionen) und *gesellschaftspolitischer Einstellungen* verknüpfen und setzen sich dadurch von einem rezeptiven, ergebnisorientierten Lernen ab, bei dem es primär auf die Übernahme vorgegebener Fakten, Werte und Normen ankommt. Es geht vielmehr um die Entwicklung von *Problembewußtsein*, um Fähigkeiten wie *Erkennen* und *Identifizieren* von Problemen, *Begriffsanalyse* und *Begriffsbildung, Zuordnung* von Einzelproblemen in einen Kontext, *Entdecken* von Beziehungen zwischen verschiedenen sozialen und politischen Phänomenen, *Aufweisen* von Zusammenhängen zwischen Ursachen und Wirkungen, *Differenzieren* zwischen situativen und systemspezifischen Faktoren in den vielfältigen Verflechtungen zwischen Individuen, Gruppen und Institutionen. Fakten aus den verschiedenen Wissensgebieten haben keinen Selbstwert, sondern nur instrumentelle Funktion. Sinn erhalten sie erst in einem bestimmten Kontext. Die Komplexität gesellschaftlichen Lebens kann nicht durch die Orientierung an nur einer sozialwissenschaftlichen Disziplin erschlossen werden, sondern dieser Wirklichkeit entspricht der Rückgriff auf Fragestellungen und Methoden mehrerer Wissenschaftsdisziplinen.

Die auf Initiative des *Social Science Education Consortium* (SSEC) Boulder, Col. in den Jahren zwischen 1960 und 1970 geführte Diskussion über zentrale Themen wie: die Struktur der Sozialwissenschaften einschließlich der Geschichtswissenschaft; das Beziehungsgefüge zwischen den Sozialwissenschaften im Social Studies-Curriculum und die Rolle der Geschichtswissenschaft; das Verhältnis des Sozialwissenschaftlers zum Pädagogen, der Curriculum-Material konstruiert, und die Konsequenzen für die Lehrerbildung erreichte ein hohes Niveau, aber die gewonnenen Erkenntnisse wurden nicht zu einer Synthese zusammengeführt (Morrisset / Stevens jr. 1971; Morrissett 1967). Das Ergebnis liegt in den großen *Curriculum-Projekten* für die Sekundarstufe vor, die in der Regel auf *eine* Bezugsdisziplin ausgerichtet sind:

High School Geography Project; Carnegie Mellon History Project; Sociological Resources for Secondary Schools; American Political Behavior; Anthropology Curriculum Project; Legal Programs (ERIC DATA Book).
Edwin Fenton hat in späteren Projekten für die Sekundarstufe den erfolgreichen Versuch unternommen, die beteiligten Fachdisziplinen stärker aufeinanderzuzuführen (Fenton 1967 und 1975). Mitte der siebziger Jahre wurde die Stellung der Social Studies im Fächerkanon der Schule wiederholt zum Gegenstand *empirischer Feldforschung* gemacht (Lewenstein / Tretbon 1975; Gross 1977; Jarolimek 1977).
Die Analyse der erhobenen Daten macht deutlich, daß entsprechend dem dezentralisierten amerikanischen Bildungssystem *große Unterschiede* im Social Studies-Curriculum bestehen. Das gilt nicht nur zwischen verschiedenen Staaten, sondern auch für Schulen desselben Distrikts. Die Ergebnisse zeigen, daß im Angebot der Themen ein rascher Wechsel festzustellen ist. Das schafft in der Praxis Unsicherheit, zumal klar definierte Kriterien fehlen, mit deren Hilfe die Inhaltsauswahl vorgenommen wird. Die Theoriediskussion der New Social Studies hat für die Schulebene durchaus Konsequenzen gehabt. Aber ein durchgreifender Wandel des Social Studies-Unterrichts ist nicht zustandegekommen, da beispielsweise das Beharrungsvermögen konventioneller Unterrichtstechniken eine rasche Veränderung verhinderte. Andererseits sind Lernverfahren der New Social Studies geradezu selbstverständlich übernommen worden. Es wird problemorientiert, interdisziplinär, multimedial gearbeitet, forschendes Lernen, Erkennen und Identifizieren von Einzelproblemen im Kontext geübt. Die neu entwickelten Materialien der großen Social Studies-Curriculum-Projekte werden in der Schulwirklichkeit nur relativ wenig eingesetzt. Das kann an Unkenntnis der Lehrer liegen, oder in den hohen Anschaffungskosten bedingt sein. Das Schülerinteresse am Social Studies-Angebot sinkt. Es ist eher ein Trend zu separaten Disziplinen, insbesondere zu Psychologie, Wirtschaftswissenschaft, Soziologie zu erkennen, wo Wahlfreiheit besteht. Auch das Interesse an Geschichte im allgemeinen sinkt, während Staaten- und Lokalgeschichte stärker betrieben wird. Eine deutliche Hinwendung ist zu den Grundkenntnissen im Schreiben, Rechnen, Lesen festzustellen. Werterziehung, Rechtserziehung, Carrier Erziehung und Erziehung zum verantwortungsbewußten Staatsbürger werden nach den empirischen Erhebungen ebenso wie in der Literatur als zentrale Aufgaben der Social Studies diskutiert.
Die vom *National Council for the Social Studies* (NCSS) 1971 und 1973 herausgegebenen *Richtlinien für die Social Studies* haben nur empfehlenden Charakter und werden lediglich von einem begrenzten Lehrerkreis zur Kenntnis genommen. Auf der Ebene der theoretischen Auseinandersetzung gibt es keinen Zweifel darüber, daß Politikwissenschaft, Soziologie, Ökonomie, Geschichte, Anthropologie, Sozialpsychologie, Recht, Geographie Bezugsdisziplinen des Social Studies-Curriculums sind. Aber die Frage nach dem *Verfahren der Integration* wurde bisher nicht befriedigend beantwortet. Es bleibt eher bei einem System der *Koordination*.

Zur Grundsatzdiskussion über Möglichkeiten der Kooperation oder Integration von Geschichtsunterricht und Social Studies haben insbesondere Edgar B. Wesley, Stanley Wronski, Mark M. Krug, Byron Massiallas, C. Benjamin Cox, Edwin Fenton durch Arbeiten beigetragen. Dabei geht es um die *Vergleichbarkeit der Matrix der Geschichtswissenschaft mit der der systematischen Sozialwissenschaften*. Die Frage nach der Struktur der Geschichtswissenschaft wird in den USA in Anlehnung an Arbeiten insbesondere von Louis Gottschalk, David Potter und E. H. Carr diskutiert. Aufgegriffen werden Probleme der Definition der Disziplin, der Methode, der Quellenauswahl, -kritik, -interpretation, der Periodisierung, Generalisierung, Komparatistik.

Die *Einbeziehung der Geschichte in die Social Studies*, wenngleich prinzipiell unbestritten, erweist sich in der theoretischen Grundlegung wie in der konkreten Curriculumentwicklung als ein *besonderes Problem*. Im Mittelpunkt auch der jüngsten Auseinandersetzung steht die Frage nach der Struktur bzw. den Strukturen dieser Wissenschaftsdisziplin und ihren Funktionen innerhalb der Social Studies. Einerseits wird der Geschichtswissenschaft in den USA angelastet, sich mit den Charakteristika der eigenen Disziplin bisher zu wenig befaßt zu haben, andererseits wird versucht, den speziellen Problemen, den andersgearteten Erkenntnisbedingungen und Untersuchungsmethoden Rechnung zu tragen. Es herrscht die Auffassung vor, daß Struktur ein wissenschaftliches Konstrukt, eine ‚Erfindung' der Wissenschaften sei, Wissen zu ermitteln und zu verarbeiten. Für die Geschichte ist in diesem Sinne eher nach den Strukturen als nach der Struktur zu fragen, d. h. nach Ordnungskategorien, Klassifikationskriterien und Interpretationsansätzen. Für die Primarstufe ist die Integration in zwei Projekten gelungen (Anderson 1976; Senesh 1966 und 1973).

In diesen Diskussionsstand hinein fiel die jüngste Kritik, daß die Auseinandersetzung um die Social Studies in den USA konzeptionslos sei und bei Theoretikern wie Praktikern Verwirrung vorherrsche (Barr / Barth / Shermis 1977). Die Kritiker unterscheiden zwischen *drei Social Studies-Traditionen*, die sie nach Zielsetzung, Methode und Inhalt differenzieren und denen sie bestimmte Gruppen oder Personen zuordnen: Social Studies werden *sozialisationsbezogen* unterrichtet als staatsbürgerliche Erziehung; *disziplinorientiert* als Vermittlung der Sozialwissenschaften; *methodenorientiert* als forschendes Lernen. Diese Typisierung schafft Voraussetzungen für die Zuordnungen zu Gruppen, verzerrt aber auch. Die Auseinandersetzung wird dann weiterführen, wenn sie einen *Dialog* zwischen den Gruppen unterschiedlicher Positionen initiiert und die *Theoriediskussion* auf breiter Ebene und dem Niveau der späten siebziger Jahre wieder aufnimmt. Das zentrale Thema der achtziger Jahre wird neben basic-skills-education citizenship education sein. Daneben stehen value-, law-, carrier-, global-education. Einen festen Bestandteil jedes Social Studies-Curriculums bildet auch history education.

Die Analyse der Social Studies-Programme der 50 amerikanischen Staaten und der Richtlinien zur Erstellung von Social Studies-Curricula, die 1971 und 1973 vom NCSS veröffentlicht wurden, vermitteln den Eindruck, daß es um den Geschichtsunterricht in den USA gut bestellt ist. In diesen offiziellen Verlautbarungen bildet die Auseinandersetzung mit der Geschichte einen festen Bestandteil der Social Studies. Unterrichtsgegenstand sind sowohl amerikanische Geschichte als auch Weltgeschichte. Ein modifiziertes Bild zeigen die Forschungsberichte im Bereich der Social Studies. Sie verdeutlichen einen seit den fünfziger Jahren feststellbaren Rückgang des Anteils der Geschichte in den Social Studies-Curricula. Schließlich legen die in den letzten Jahren verstärkt veröffentlichten Aufsätze zur Situation des Geschichtsunterrichts die Vermutung nahe, daß die Geschichtsvermittlung in den USA in einer Krise steckt. Es besteht eine Diskrepanz zwischen den programmatischen Erklärungen zur historischen Vermittlung und der Praxis historischen Lernens.

Die dezentral konzipierte Bildungspolitik der USA erschwert es, verallgemeinernde, für die USA insgesamt gültige Aussagen über die Wirklichkeit des Geschichtsunterrichts zu machen. Seit 1975 liegen jedoch empirisch erhobene Daten über die *Situation des Geschichtsunterrichts* vor, die sich auf alle amerikanischen Staaten erstrecken. Danach wird der bisherige Geschichtsunterricht in Schulen und Hochschulen problematisiert. In fast 50 % der amerikanischen Staaten vollzieht sich mit diesem Fach ein Wandel, indem entweder der Anteil der Geschichte zurückgedrängt oder ein deutlicher Trend zur Interdisziplinarität bzw. Multidisziplinarität, d. h. zu enger Zusammenarbeit mit den systematischen Sozialwissenschaften deutlich wird. Verstärkt wird die Forderung vertreten, Geschichtsunterricht habe den Schüler besser *für das Leben* zu qualifizieren. In sachlicher Einschätzung der Situation wird gefolgert, daß Geschichtswissenschaft und Geschichtsunterricht sich in den USA in der Krise befinden, weil das Interesse bei Schülern, Kultusbürokratie und Politikern zurückgegangen sei und Zweifel am Nutzen der Disziplin für das Individuum und die Gesellschaft insgesamt bestünden (Kirkendall 1975; Stearns 1978). Diesem Trend soll die selbstkritische Arbeit der Geschichtslehrer, der Geschichtsforscher, der Historikerverbände entgegentreten, indem sie den Wert historischer Perspektiven und historischen Vergleichs für die Bewältigung von Gegenwartsproblemen verdeutlichen. Die Situation fordert *Innovationen* von seiten der Historiker und die Bereitschaft, sich den anderen sozialwissenschaftlichen Disziplinen zu öffnen. In dieser Analyse stimmen auch 1978 viele Historiker überein. Zur Problemlösung wird vorgeschlagen, neue bisher vernachlässigte Inhalte, wie Geschichte der Frau, Geschichte der schwarzen Bevölkerung, neue Methoden der Vermittlung, Arbeitstechniken des Historikers, Vergleich und Analogie in die Schul- und Hochschulcurricula stärker einzubeziehen. Die Organization of American Historians (OAH) hat als praktische Konsequenz ein History Education Center gegründet, dessen Ziel es ist, Geschichtsvermittlung auf allen Stufen, vom Elementar- bis zum Universitätsbereich, zu verbessern.

World History ist ein fester Bestandteil der Social Studies (West 1949; Engle 1964; Mehlinger / Thompson 1975). Die American Historical Association (AHA) hatte 1916 ein betont historisch ausgerichtetes Programm für die Social Studies durchsetzen können. Bei dem Versuch, für die Sekundarstufe einen Ausgleich zwischen historischen und sozialwissenschaftlichen Anteilen im Social Studies-Curriculum der 9. bis 12. Jahrgangsstufe zu erreichen, entschied die Schulverwaltung pragmatisch, die zwei je einjährigen Kurse

„Europäische Geschichte" zu einem einjährigen Kurs „Weltgeschichte" zusammenzufassen. Dieser Beschluß bestimmt den Rahmen der Schulwirklichkeit. Die Entstehungsgeschichte der Weltgeschichts-Curricula hat eine Reihe von Problemen aufgeworfen, die bis heute nicht zufriedenstellend gelöst sind. Geschichtslehrer kritisieren, daß eine präzise Bestimmung der Begriffe world history, world culture fehlt. Sie vermissen klare Vorgaben über Zielsetzung und Stellenwert des world-history-Unterrichts. Häufig ist ihnen auch die Verortung innerhalb des Social Studies-Curriculum nicht deutlich. Die europazentrierte bzw. amerikanische Ausrichtung wird ebenso bemängelt wie die für den Unterricht zu wenig strukturierten Materialien (Pulliam 1972; Mehlinger / Thompson 1975).

Das Problem, eine konzeptionelle Fundierung für das world history curriculum zu erarbeiten, das weder europazentrisch noch amerikaorientiert ist, sondern von einem universalhistorischen Blickwinkel aus gleichermaßen auch die Geschichte Asiens, Afrikas, Lateinamerikas einbezieht, ist in der geschichtsdidaktischen Diskussion erkannt und aufgegriffen worden (Krug 1964).

Die generelle Zieldiskussion wird auf der Grundlage der seit dem Ende des Zweiten Weltkrieges für jedermann deutlich gewordenen internationalen Verflechtung geführt. Hier korrespondiert die Argumentation mit den Ergebnissen der global education Diskussion (Becker 1979). Die weltweite gegenseitige Abhängigkeit fordert eine world history Konzeption auch für die Schule. Die Schüler müssen eine neue Orientierung erhalten, die den Forderungen der Gegenwart, in der sie leben, und der Zukunft, die sie gestalten sollen, entspricht. Sie sollen durch world history Unterricht

— einen Überblick über die gegenwärtige Weltsituation gewinnen;
— eine Einführung in die gegenwärtigen Weltprobleme erhalten;
— die Fähigkeit trainieren, aus den aufgearbeiteten Problemfeldern generalisierbare Aussagen zu formulieren, um diese erneut anwenden zu können;
— die Voraussetzungen erwerben, die Welt von morgen besser zu verstehen und zu gestalten (Wesley 1949; West 1949; Fenton 1975).

Die Frage der Inhaltsauswahl für den einjährigen world history Kursus ist wiederholt diskutiert worden, aber noch nicht befriedigend gelöst worden (Stavrianos 1975; Weitzmann 1975). Ein erwähnenswerter Ansatz geht von dem *Konzept Kultur* als Kern und Basis einer world history aus (Engle 1964). Diese Konzeption bietet die Chance, von Einzelfällen auszugehen und durch Vergleich bzw. Kontrastvergleich Unterschiedliches und Gleiches herauszuarbeiten, um so zu differenzierten verallgemeinernden Aussagen zu kommen. Bei der Organisation der global history curricula wird der chronologische, der gegenstands- oder der bereichsorientierte Zugriff mit jeweiligen Kombinationsmöglichkeiten diskutiert. Es besteht Übereinstimmung darin, daß die global history curricula gute Möglichkeiten für die verschiedenen sozialwissenschaftlichen Disziplinen bieten, gemeinsam zu arbeiten, sei es interdisziplinär, integrativ oder kooperativ. Jüngere Veröffentlichungen zeigen hier deutliche Fortschritte (Fenton 1975; Thompson / Hedberg 1977).

Amerikanische Geschichte ist gesicherter Unterrichtsgegenstand des Social Studies-Curriculum seit der Staatsgründung (Thursfield 1946; Cartwright / Watson 1961; Kownslar 1974). Die Schüler werden während ihrer Schullaufbahn dreimal in amerikanischer Geschichte unterrichtet. Die Frage des quantitativen Anteils wurde wiederholt diskutiert. Aufgrund empirischer Erhebungen ist über Jahre zu verfolgen, daß eine große Zahl von Schülern für das Fach wenig motiviert ist. Amerikanische Geschichte wird als Teil der world history verstanden. Ein zentrales Ziel ist die Erziehung zum verantwortungsbewußten Bürger der einen Welt. Nationale Geschichte soll in diesem Kontext eingebunden werden. Die Organisation des Curriculum ist chronologisch oder topologisch ausgerichtet. Materialien für Curricula der amerikanischen Geschichte sind in großer Fülle vorhanden (Brown 1970 und 1972).

In den letzten Jahren hat sich eine Entwicklung angebahnt, die darauf verzichtet, mit den großen Social Studies-Curriculum-Materialien zu arbeiten und es vorzieht, in *kleineren Gruppen* innerhalb eines Schuldistrikts in Kooperation zwischen Geschichtslehrern und Historikern *Geschichtscurricula für die Schule* zu entwickeln. Damit deutet sich ein Trend an, der von den Großprojekten der Curriculuminstitute zu kleineren Einheiten führt, die stärker von der *Schulpraxis* mitgetragen werden. Von hier aus scheint sich eine neue, die Diskussion in den USA befruchtende, praxisnahe geschichtsdidaktische Auseinandersetzung zu entwickeln (Boten / Leon / Novak / Rosenzweig / Warden 1977; Metcalf / Downey 1977).

Literatur

Anderson, L.: Windows on our World, Boston, Mass. 1976
Barr, R. D. / Barth, J. L. / Shermis, S. S.: Defining the Social Studies (NCSS Bulletin 51), Arlington 1977
Becker, J. M. (ed.): Schooling für a Global Age, New York / Toronto 1979
Boten, St., u. a.: Experiments in History Teaching, Cambridge, Mass. 1977
Brown, R. H.: Amherst Project: The Committee on the Study of History Units in American History, Chicago 1970 und 1972
Cartwright, W. H. / Watson jr., R. L. (ed.): Interpreting and Teaching American History (31th. Yearbook of the NCSS), Washington 1961
Engle, S. (ed.): New Perspectives in World History (34th. Yearbook of the NCSS), Washington 1964
Fenton, E.: The New Social Studies, New York 1967
— Carnegie-Mellon Social Studies Curriculum, New York / London 1969 und 1975
Gross, R. E.: The Status of the Social Studies in the Public Schools of the USA: Facts and Impressions of a National Survey, in: *Social Education* 41 (1977), 194 — 205
Jarolinek, J.: The Status of Social Education. Six Case Studies, in: *Social Education* 41 (1977), 574 — 601
Kirkendall, R.: The Status of History in the Schools, in: *The Journal of American History* LXII (1975), 567 — 581
Kownslar, A. O. (ed.): The Teaching American History. The Quest for Relevancy (44th Yearbook of the NCSS), Washington 1974
Krug, M.: The Teaching of Universal History, in: *Engle, S.* (ed.) 1964, 544 — 552
— History and the Social Sciences, Waetham 1967
— u. a.: The New Social Studies. Analysis of Theory and Materials, Ithaca 1970

Massialas, B. G. / Cox, C. B.: Inquiry in Social Studies, New York 1966
Mehlinger, H. D. / Thompson, J. M. (ed.): The Teaching of World History, in: *Social Education* 39 (1975)
Metcalf, F. D. / Downey, M. T.: Teaching Local History: Trends, Tips and Resources, SSEC, Boulder, Col. 1977
Morrissett, I. (ed.): Concepts and Structure in the Social Science Curricula, New York / London 1967
— Citizenship, Social Studies and the Academician, in: *Social Education* 43 (1979), 12 − 17
Morrissett, I. / Stevens jr., W. W. (eds.): Social Science in the Schools. A Search for Rationale, New York / London 1971
Oswald. J. M.: Research in Social Studies and Social Science Education, SSEC, Boulder, Col. 1972
Pulliam, W. E.: The Status of World History Instruction in American Secondary Schools, SSEC, Boulder, Col. 1972
Senesh, L.: Organizing a Curriculum around Social Science Concepts, SSEC, Boulder, Col. 1966
— Our Working World, Chicago 1973
Stavrianos, L. S.: From „Why World History?" to „What World History?", in: *Social Education* 39 (1975), 360 − 363
Stearns, P. N.: Cleo contra Cassandra, in: *The History Teacher* XI (1978), 7 − 28
Thompson, J. M. / Hedberg, K.: People and Civilizations. A World History, Lexington 1977
Thursfield, R. E. (ed.): The Study and Teaching of American History (17th Yearbook of the NCSS), Washington 1946
Weitzmann, D.: World History as Human Experiment, in: *Social Education* 39 (1975), 371 − 372
— Human Experience: World Culture Series, Boston, Mass. 1974
Wesley, E. B.: The Potentialities of World History in a World Society, in: *West, E.* (ed.): Improving the Teaching of World History (20th Yearbook of the NCSS), Washington 1949, 1 − 5
Wesley, E. B. / Wronski, St. P.: Teaching Social Studies in High Schools, Boston 1958
West, E. (ed.): Improving the Teaching of World History (20th Yearbook of the NCSS), Washington 1949

Geschichtsunterricht und Geographieunterricht

Dieter Böhn

Das Selbstverständnis des Geographieunterrichts im historischen Bereich

Im Bezug zur Geschichte ist der Erdkundeunterricht in sich gegensätzlich. Sein Ziel ist die möglichst aktuelle Erfassung eines Raumes. Da er aber nicht nur ein Zustandsbild aufzeigen, sondern Prozesse verdeutlichen will, ist die historische Komponente untrennbare Betrachtungsweise. Im Unterschied zum

Geschichtsunterricht hat jedoch die historische Dimension im Geographieunterricht einen geringen Eigenwert, sie dient vorwiegend zur Erklärung des heutigen Zustandes.

Menschliches Handeln vollzieht sich in Zeit und Raum, die Fachwissenschaft Geschichte untersucht dabei die zeitliche, die Fachwissenschaft Geographie die räumliche Komponente. Besonders die moderne *Sozialgeographie* sieht den Raum als „Prozeßfeld", dessen Strukturen sich ständig verändern, und sie bekennt damit den historischen Aspekt (zum Beispiel Maier u. a. 1977; Chapmann 1979). Die *Historische Geographie* ist ein bedeutender Zweig der Fachwissenschaft (Jäger 1973), eine Hilfswissenschaft der Geschichte (Sperling 1981).

Schulfächer sind jedoch keine bloßen Abbilder der Fachwissenschaften. Sie müssen neben der inhaltlichen Thematik auch die methodische Aufgabe lösen, wie man dem Schüler zu einem Weltbild verhilft, ihm Qualifikationen vermittelt, mit denen er sein Leben aktiv gestalten kann. Hier wird die *Zusammenarbeit zwischen Geographie- und Geschichtsunterricht* wesentlich schwieriger. In einigen Bundesländern entwickelte man Lehrpläne, welche Geschichte, Sozialkunde und Erdkunde zu einem neuen Fach vereinen. Es heißt in Hessen Gesellschaftslehre, in Baden-Württemberg Weltkunde, in Niedersachen Welt- und Umweltkunde und in der Sekundarstufe II mehrerer Bundesländer Gemeinschaftskunde. Trotz der Integration überwiegt eines der eingebrachten Fächer. Das liegt, wie schon ausgeführt, etwa für die Fächer Erdkunde und Geschichte am unterschiedlichen zeitlichen Ausgangspunkt: im Geographieunterricht ist es die Gegenwart, im Geschichtsunterricht die Vergangenheit.

Ist Erdkunde grundlegendes Fach, wird also von *räumlichen* Fragestellungen ausgegangen, kann die Geschichte nicht im *chronologischen* Durchgang gelehrt werden. Hinzu kommt, daß bei einer bloßen thematischen Behandlung weder ein räumliches noch ein zeitliches Kontinuum vermittelt wird. Gerade dieses auch für den Laien einsichtige Gliederungsprinzip wird von vielen Eltern beim Geographieunterricht heute vermißt. Der Schüler erkenne nicht die Komplexität, er werde verwirrt, weil er — anders als Lehrplangestalter, Lehrer und andere Erwachsene — die jeweiligen zeitlichen und räumlichen Grundstrukturen nicht kennt. Deswegen fordern viele Didaktiker des Geographie- wie des Geschichtsunterrichts die *Eigenständigkeit der Fächer*, über zwanzigjährigen Kooperations- und Integrationsbemühungen zum Trotz, zum Beispiel der Saarbrückener Rahmenvereinbarungen von 1960 (Friese 1980).

Wo die Fächer selbständig bleiben, ist die Möglichkeit der *Kooperation* zumindest in den unteren Jahrgangsstufen gering, weil erst ein geographisches beziehungsweise historisches Grundwissen gelegt werden muß. In der Sekundarstufe II bieten sich dagegen diese Formen der Zusammenarbeit an. Wie schwierig in der Praxis eine Kooperation ist, mag ein Beispiel verdeutlichen. Im bayerischen Lehrplan für die 5. Jahrgangsstufe der Hauptschule ist die ägyptische Hochkultur unter dem Lernziel „Die Herausforderung technischer und wirtschaftlicher Entwicklungen durch Umweltbedingungen" zu behandeln. Die Umweltbedingungen sind geographischer Natur, aber die

Antworten auf ihre Herausforderungen sind heute anders als zur Zeit der Pharaonen.

Wandlungen des Stellenwerts des historischen Bezugs

Bis zum Beginn der siebziger Jahre war der Geographieunterricht beinahe identisch mit *Länderkunde*. Man versuchte, ein Bild der Erde zu vermitteln, dessen einzelne Komponenten wissenschaftstheoretisch nicht durchreflektiert waren. Meist wurden Fakten aufgereiht (Stadt, Fluß, Berg) oder einfache Kausalbeziehungen hergestellt, etwa zwischen Klima, Boden und landwirtschaftlicher Nutzung. Die historische Komponente war nicht völlig ausgeklammert, man begnügte sich aber auch hier meist mit Hinweisen auf Fakten, etwa auf die römische Wurzel vieler deutscher Städte. Lediglich in der Sekundarstufe II war in den meisten Lehrplänen bei einer erneuten, vertieften Behandlung Deutschlands die Entwicklung der Kulturlandschaft differenziert unter Einbeziehung eines gesellschaftlich-technischen Entwicklungsprozesses seit der germanischen Landnahme zu leisten. Die einzelnen Geschichtsdaten wurden in ihrer zeitlichen Anordnung und Bedeutung als bekannt vorausgesetzt, bauten auf dem Geschichtsunterricht der Mittelstufe auf.

Der Erdkundeunterricht seit Beginn der siebziger Jahre ist durch die *Allgemeine Geographie* gekennzeichnet, vor allem durch die Sozialgeographie. Nicht individuelle Länder sind Themen, sondern vom Einzelfall des Unterrichtsbeispiels her transferierbare Einsichten in räumliche Strukturen. Damit ist nicht der Raum an sich Mittelpunkt geographischer Betrachtung, sondern eine geographische Problemstellung. Dabei wird der Prozeßcharakter räumlicher Entwicklungen betont, dadurch gewinnt die historische Dimension in jeder Schulstufe an Bedeutung. Gegenwärtige Raumstrukturen werden als Ergebnisse früherer Wertvorstellungen, technischer Fähigkeiten und ökonomischer Möglichkeiten erkannt. Der *Erlebnisraum des Schülers*, der spätere *Handlungsraum des Erwachsenen* ist ein Schwerpunkt der Raumbeispiele. Das vertieft die Verbindung zur deutschen Geschichte. Der Erdkundeunterricht verzichtet jedoch nie völlig auf weltweite Themen und Beispiele, auch hierbei ergeben sich viele Berührungspunkte zu einem Geschichtsunterricht, der die Vaterlands- oder zumindest Europazentriertheit ablegte.

Die Verbindung zur Geschichte in einem historisch-politischen Aufgabenfeld wurde besonders von Fachdidaktikern vertreten, für welche die *kritische Sicht überkommener Raumstrukturen* Erziehungsziel ist (vgl. dazu Filipp 1975; Jonas 1973; Jüngst 1982), wobei besonders die Fächerintegration im Fach Gesellschaftslehre in Hessen umstritten war. Bei einer Reihe von Fachdidaktikern war die Bereitschaft sehr groß, Geographie in ein sozialwissenschaftlich orientiertes neues Feld einzubringen; dabei wurde weniger der Geschichte als der Sozialkunde / Politik eine bestimmende Rolle zugewiesen (vgl. Schrand 1978; Sperling 1981). Ein weiterer Ansatzpunkt sind *Wertvorstellungen als Motive menschlichen Handelns*. Gerade mit ihnen gelingt eine vertiefte Kooperation der Bereiche Politik, Soziologie, Geschichte und

Geographie. Im Unterricht fällt dabei der Geschichte die Aufgabe zu, die Entwicklung der einzelnen Wertvorstellungen herauszuarbeiten, der Sozialkunde, ihre gegenwärtige Bedeutung darzustellen und der Geographie, ihre Raumwirksamkeit aufzuzeigen. Dieser Ansatzpunkt ist jedoch erst im Ansatz für die Unterrichtspraxis realisiert (vgl. Böhn 1983a, b).

Die jüngste Entwicklung führte zu einer weiteren Verstärkung des Geschichtsunterrichts zu Lasten des Geographieunterrichts in der Grundschule und der Sekundarstufe II. Von Eltern wie Politikern wird für den Geographieunterricht eine *Abkehr von der problemorientierten Allgemeinen Geographie* hin zu einem *faktenorientierten Basiswissen* gefordert, vorwiegend im Bereich der Topographie. Die Diskussion um die Regionale Geographie (früher Länderkunde genannt) flammt wieder heftig aus (vgl. Newig u. a. 1983). Zudem verstärkt sich im Geographieunterricht der naturwissenschaftliche Bereich gegenüber dem sozialwissenschaftlichen, da ökologischen Fragestellungen wachsende Bedeutung zukommt. All das scheint einer weiteren engen Kooperation mit Geschichte entgegenzustehen. Daß sie dennoch leistbar ist, zeigen die nachfolgenden Beispiele.

Beispiele historischer Fragestellungen im Geographieunterricht

Besonders in der Primar- und der Sekundarstufe II ist die enge Zusammenarbeit durch integrative Lehrpläne vorgegeben. Dadurch wird auch das *Museum als geographischer Lernort* entdeckt (zum Beispiel Gaffga / Sperling 1981; Lohmann 1981); ähnliche räumliche und zeitliche Aspekte lassen sich beim Thema *Denkmalschutz* erarbeiten (Bauer 1983). *Die ländliche Siedlung* wird im eigenständigen Geographieunterricht ebenso in ihrer baulichen und sozialen Entwicklung erfaßt (Dennhardt 1984) wie die Stadt (Kross 1975; Werle 1980). Auch *naturgeographische Themen* sind in ihrem historischen Ablauf zu behandeln, etwa die im 19. Jahrhundert begonnene Regulierung des Oberrheins (Koch 1982). Bei der Behandlung von Staaten ist die Einbeziehung zumindest der jüngeren Geschichte fast unerläßlich, soll die gegenwärtige Situation verstanden werden. Beispiele liefern Ehlers (1984) für Ägypten und Böhn (1983) für China.

Gerade die Tendenz, den *Nahraum*, die Heimat sowohl von der historischen wie von der geographischen Seite wieder stärker in den Unterricht einzubeziehen, gibt dem integrativen Ansatz neue Motivation. Der Lehrer sollte konkret am Schulort mit eigenständiger Mitarbeit der Schüler historisch wie geographisch mit wechselnden Fragestellungen und damit wechselnder fachlicher Akzentuierung die Wirklichkeit erschließen.

Literatur

Albrecht, V.: Historische Geographie in der Sekundarstufe II. Vorschläge zur Strukturierung des Themas „Historische Aspekte der räumlichen Bevölkerungsverteilung in Europa", in: *Schulgeographie heute*, Frankfurt 1978, 68 – 78

Bauer, H.: „Hilfe, mein Haus ist ein Denkmal." Zur Verwirklichung des Denkmalschutzgedankens im Unterricht von Grund- und Hauptschule, in: *Blätter für Lehrerfortbildung* 35 (1983), 166 – 170

Böhn, D.: Der historische Ansatz im Geographieunterricht. Dargestellt am Beispiel der Volksrepublik China, in: *Pinkwart, W.* (Hrsg.): Genetische Ansätze in der Kulturlandschaftsforschung (Würzburger Geographische Arbeiten. H. 60), 1983a, 379 – 388

— Raumwirksamkeit von Wertvorstellungen. Beispiel Japan. Möglichkeiten zur Kategorisierung raumstrukturierender Erscheinungen und Prozesse, in: *Fick, K. E.* (Hrsg.): Japan in fachgeographischer, didaktischer und unterrichtspraktischer Sicht (Frankfurter Beiträge zur Didaktik der Geographie, Bd. 6), 1983b, 45 – 52

Chapmann, K.: People, Pattern and Process. An Introduction to Human Geography, London 1979

Dennhardt, H.: Entwicklung und Erneuerung ländlicher Gemeinden, in: *Geographie und Schule* 6 (1984), H. 28, 1 – 7

Ehlers, E.: Ägypten. Zur Urbanisierung einer agraren Gesellschaft, in: *Geographische Rundschau* 36 (1984), 220 – 228

Filipp, K.: Geographie im historisch-politischen Zusammenhang, Neuwied / Berlin 1975

Friese, H. W.: Die Berücksichtigung der historischen Dimension im Geographieunterricht, in: *Geographie und Schule* 1 (1980), H. 8, 21 – 25

Gaffga, P. / Sperling, W.: Geographie und Museum. Betrachtungen zu einer geographischen Museumsdidaktik, in: *Geographie und Schule* 2 (1981), H. 10, 1 – 7

Haubrich, H., u. a.: Konkrete Didaktik der Geographie, 2. Aufl. Braunschweig 1982

Jäger, H.: Historische Geographie, 2. Aufl. Braunschweig 1973

Jonas, F.: Die Geographie in der Gesellschaftslehre, in: *Geographische Rundschau* 25 (1973), 156 – 159

Jüngst, P.: Aspekte der Fächerintegration und Lehreraus- und -fortbildung. Gesellschaftslehre, in: *Jander / Schramke / Wenzel* (Hrsg.): Stichworte und Essays zur Didaktik der Geographie (Osnabrücker Studien zur Geographie, Bd. 5) 1982, 73 – 96

Kross, E.: Städtebauepochen im Geographieunterricht, in: *Altmann / Jansen / Kross / Taubmann / Wagenhoff:* Unterrichtsmodelle zur Stadtgeographie, H. 2, Stuttgart 1975, 14 – 21 und 40 – 62

Lohmann, H.: Geographie im Museum, in: *Praxis Geographie* 11 (1981), 342 – 355

Maier, J. / Paesler, R. / Ruppert, K. / Schaffer, F.: Sozialgeographie, Braunschweig 1977

Newig, J. / Reinhardt, K. H. / Fischer, P.: Allgemeine Geographie am regionalen Faden, in: *Geographische Rundschau* 35 (1983), 38 – 39

Schrand, H.: Geographie in Gemeinschaftskunde und Gesellschaftslehre, Braunschweig 1978

Sperling, W.: Geographieunterricht und Landschaftslehre, Beiheft 20 zum BIP-Report, Duisburg 1981 (Stichworte: Gesellschaftslehre, Gemeinschaftskunde, Politische Weltkunde, 630 – 634; Historische Geographie, geschichtliche Landeskunde, 658 – 662; Historische Geographie im Geographieunterricht, 680 – 681)

Werle, O.: Wandlungen einer Stadt. Historische Aspekte im Geographieunterricht der Sekundarstufe I, in: *Geographie und Schule* 2 (1980), H. 3, 26 – 42

Geschichtsunterricht und Arbeitslehre

Kurt Gerhard Fischer

Arbeitslehre / Polytechnik ist in der Bundesrepublik Deutschland noch immer etwas Neues und weithin zudem mit dem Verdacht verknüpft, es handle sich um ein Vehikel zur Infiltration von unerwünschter Ideologie und ihr entsprechendem Wissen, Können und Verhalten.
Aber auch dort, wo diese Verdächtigungen ausgeräumt sind, gilt: „Der Arbeitslehre fällt es im Fächerkanon des allgemeinbildenden Schulwesens immer noch schwer, ihre didaktische Identität und Unersetzlichkeit, ihre Funktion als Bindeglied zwischen allgemeiner und beruflicher Bildung durch unverwechselbare Leistungen auszuweisen. Man wird dies nicht vorschnell als Ausdruck innerer Schwäche interpretieren, wenn man bedenkt, daß die ‚Arbeitslehre' 1964 zum ersten Mal bildungspolitisch artikuliert wurde..." (Steffens 1978, 273).
Dem Förderalismus in Sachen der Bildungs- und Schulpolitik ist zudem zu verdanken, daß von einem zum anderen Bundesland höchst unterschiedliche Lösungen für die schulorganisationspraktische Einführung der 1964 empfohlenen *„Hinführung zur Arbeitswelt"* etabliert wurden bzw. gerade jetzt werden (vgl. hierzu zum Beispiel Schule und Arbeitswelt 1976; sowie Kaiser 1974; Hendricks 1975; Görs / Wemer 1976).
Schließlich ist anzumerken, daß Arbeitslehre / Polytechnik als junger Lernbereich ähnlich dem Politischen Unterricht ungleich leichter als schulgeschichtlich traditionsreichere Fächer in wechselnde Dienste genommen werden kann, daß zum Beispiel inhaltliche Akzentsetzungen von ökonomischen, sozialen und/oder politischen Situationen und Konstellationen her bestimmt werden. Wird derzeit im Zeichen der Verknappung von Ausbildungs- und Arbeitsplätzen für Jugendliche die Funktion der Berufswahlhilfe besonders betont, so sind auch andere Schwerpunktbildungen im Kontext von Realität und Ideologie denkbar. Dieser Zusammenhang gilt übrigens auch ähnlich etwas für die Polytechnik in der DDR (vgl. Klein 1962; Klein 1974).
Geschichte ist kein „obiectum", vielmehr wird sie im menschlichen Bewußtsein konstituiert. Insofern wäre es grundsätzlich vorzuziehen, vom *„geschichtlichen Lernen"* statt von „Geschichtsunterricht" zu sprechen. Dies empfiehlt sich nicht nur, weil mit dem Begriff Geschichtsunterricht nicht minder als mit manchem anderen in seinem Zusammenhang jahrzehntelang gebrauchten Sprachzeichen – zum Beispiel „Gesinnungsbildung", „nationales Geschichtsbewußtsein" usw. – Assoziationen verknüpft werden, die nach heutigem geschichtsdidaktischen Verständnis obsolet geworden sind; es empfiehlt sich auch, weil durch eine solche sprachliche Neuorientierung ins allgemeinpädagogische Bewußtsein Erkenntnis und Aufgabe treten könnten, daß alle „Humaniora" geschichtlich vermittelt und mithin in principio nicht ahistorisch als Lerninhalte, Lernfelder, Lernbereiche didaktisch verarbeitet werden können.

Wird *Arbeitslehre / Polytechnik* nicht nur als vager, inhaltsarmer, semantisch irrelevanter Oberbegriff — etwa im Sinn einer formalen Zusammenfassung von parzellierten Unterrichtsfächern wie Werken, Wirtschaftslehre, Hauswirtschaftslehre o. ä. — beansprucht, sondern in dem Sinne und mit dem Sinn, der aus der Begriffsgeschichte im Rahmen der Bildungsgeschichte folgt, so versteht sich von selbst, daß bei der Konstitution ihrer Lernziele und Lerninhalte *geschichtliche Zusammenhänge*, „Werden und Gewordensein", so wenig ausgeklammert werden können wie jene ökonomischen und sozialen Strukturen und Politik als Entscheidungshandeln. So verstandener Unterricht in Arbeitslehre / Polytechnik gehört ebenso wie Sozialkunde, Geschichtsunterricht und Erdkunde zum weiten Lernbereich der *Politischen Bildung* (vgl. zur Begriffsgeschichte von Polytechnik: Tollkötter 1965, in: Fischer 1970). Diese Auffassung ist allerdings in der aktuellen Theoriediskussion um Arbeitslehre / Polytechnik keineswegs selbstverständlich; ja sie wird sogar von manchem Mitunterredner mit einem Fragezeichen versehen (vgl. Arlt, in: Schule und Arbeitswelt 1976; konträr Reuter und Fischer, in: Schule und Arbeitswelt 1976)

Zudem würde sich bei solcher Hinsichtnahme auf das Problem die Frage nach der *Kooperation*, der *Koordinierung* oder gar *Integration* der Unterrichtsfächer der Politischen Bildung neu stellen. Es darf vermutet werden, daß in Erinnerung um die Auseinandersetzungen um eine integrierte „Gesellschaftslehre" im Land Hessen diese Problematik bis auf weiteres außerhalb der schulpolitischen Erörterung bleiben dürfte; aber auch im Theorieraum gibt es bisher nach Kenntnis des Verfassers keine entsprechenden Veröffentlichungen. Daß die Frage aktuell ist, kann bündig am Beispiel expliziert werden: eine Unterrichtseinheit des „historischen Lernens" wie die von Siegfried Quandt für den Geschichtsunterricht öffentlich vorgestellte über „Kinderarbeit in Deutschland" beweist geradezu Bedarf und Notwendigkeit von Fächer-Koordinierung; ihr Thema könnte wie im Geschichts- so auch, gewiß mit etwas anderer Akzentuierung aus der Sicht sozialwissenschaftlicher Kompetenz, auch im Sozialkunde- oder im Arbeitslehre-Unterricht erarbeitet werden. Intensive Befassung mit einem solchen komplexen Thema ist indes überhaupt erst in unseren Schulen vorstellbar, wenn von der Vielzahl isolierter Fächer abgegangen wird zugunsten breiter Lernbereiche.

Literatur

Fischer, K. G. (Hrsg.): Polytechnische Erziehung, Göttingen 1970
Görs, D. / Wemer, P. (Hrsg.): Arbeitslehre und Schulpolitik. Was Lehrer nicht lernen sollten, Frankfurt 1976
Hendricks, W.: Arbeitslehre in der Bundesrepublik Deutschland. Theorien, Modelle, Tendenzen, Ravensburg 1975
Kaiser, F. J.: Arbeitslehre. Materialien zu einer didaktischen Theorie der vorberuflichen Bildung, 3. Aufl. Bad Heilbrunn 1974
Klein, H.: Polytechnische Bildung und Erziehung in der DDR, Reinbek 1962
— Bildung in der DDR. Grundlagen, Entwicklungen, Probleme, Reinbek 1974
Schule und Arbeitswelt, hrsg. von der Bundeszentrale für Politische Bildung, Bonn 1976

Steffens, H.: Arbeitslehre zwischen Integration und Desintegration, in: *Northemann, W.* (Hrsg.): Politisch-gesellschaftlicher Unterricht in der Bundesrepublik. Curricularer Stand und Entwicklungstendenzen, Opladen 1978, 273 — 286
Tollkötter, B.: Begriffshistorisches über „Polytechnischen Unterricht", in: *Fischer, K. G.* (Hrsg.): Polytechnische Erziehung, Göttingen 1970

Geschichtsunterricht und Deutschunterricht

Harro Müller-Michaels

1. Zwischen den beiden Unterrichtsfächern hat von Anfang ihrer Geschichte an eine enge Beziehung bestanden. Der Geschichtsunterricht einerseits hat mit Behandlung von Chroniken in deutscher Sprache im Laufe des 17. Jahrhunderts die Einführung des Deutschen als Schulfach an Gymnasien gefördert. Der Deutschunterricht andererseits hat mit der Betonung des Studiums der antiken Klassiker seit Humboldts Aufsatz „Über das Studium des Altertums" und der deutschen Dichtung in Herders „Briefe zur Beförderung der Humanität" (beide 1793) die Geschichtsbetrachtung aus der religiösen Unterweisung lösen helfen und die Entwicklung zu einem selbständigen Fach unterstützt (Frank 1973). Um die Literatur der Griechen oder des deutschen Mittelalters verstehen zu können, brauchte man eine Instanz zur Vermittlung historischen Wissens aus nichtfiktionalen Quellen. Immer dann, wenn im Laufe des 19. und 20. Jahrhunderts die fruchtbare Spannung zwischen den Zielen des Deutschunterrichts und des Geschichtsunterrichts aufgehoben und beide Fächer entweder einem einheitlichen Zwecke nutzbar gemacht oder Verbindungen ganz geleugnet wurden, war dies ein Indikator für rückschrittliche Tendenzen in der gesamtpolitischen Entwicklung. Dichtung und Geschichte im Dienste der Deutschkundebewegung zur Zeit der Weimarer Republik sind ein Beispiel für den ersten und die Dichtung als Gut feierlicher Überlieferung und emotionaler Bildung nach 1848 ein Beispiel für den zweiten Fall.
2. Heute lassen sich die Unterschiede in den Zielsetzungen von Geschichts- und Deutschunterricht einmal von den *Gegenständen*, zum anderen von den zu vermittelnden dominanten *Qualifikationen* und schließlich von den *methodischen Schwerpunkten* der unterrichtlichen Arbeit her bestimmen. Daß darüber hinaus Sprache und Literatur Teil der Geschichte sind, macht die Berührungspunkte aus, die zwischen den beiden Bereichen bestehen (s. Abschnitt 3).
a) Zwar stehen im Mittelpunkt der Arbeit in beiden Unterrichtsfächern *Texte*, aber das Erkenntnisinteresse bei der Analyse ist unterschiedlich. Im Fall des Geschichtsunterrichts wird es mehr auf den durch eine Theorie er-

mittelten und in einer Geschichtsdarstellung explizierten historischen Zusammenhang der Ereignisse gerichtet sein, während es im Deutschunterricht darüber hinaus auf die ermittelten Gesetzmäßigkeiten bei der sprachlichen Darstellung und literarischen Verdichtung zielt. Neben den expositorischen Texten, die auf einen Sachverhalt verweisen, der außerhalb der sprachlichen Darstellung existiert oder existiert hat, stehen im Literaturunterricht Texte im Mittelpunkt, die keine unmittelbare Entsprechung in der geschichtlichen Wirklichkeit haben, sondern ihre Wirklichkeit selbst schaffen. Neben die expositorische tritt im Deutschunterricht die poetische Literatur als Unterrichtsgegenstand (Iser 1970). Daß auch diese künstlerische Literatur Reflexion auf historische Prozesse ermöglicht und damit wahr sein kann, ohne die Wirklichkeit selbst nachzubilden, erklärt, daß Annahmen über historische Zusammenhänge auch aus der künstlerischen Literatur gewonnen werden können (zum Beispiel aus Revolutionsdramen). Dieser Ausnahmefall ist aber nur dann möglich, wenn die speziellen Formen literarischer Darstellung (Metaphorik, Stilebenen, Genre, Gattung etc.) mitgelesen und die Annahmen an historischen Dokumenten verifiziert worden sind. Dadurch werden die verschiedenen Interessenrichtungen auf den Text in einem *hermeneutischen Verstehensprozeß* zusammengebunden.

b) Die im Geschichtsunterricht zu erwerbenden *Qualifikationen* zielen primär auf methodisch kontrollierte Rezeption historischer Fakten, Annahmen und Modelle wie deren Übersetzung in den Verstehenshorizont der Schüler; im Deutschunterricht demgegenüber auf adäquate Produktion von Sprache und Literatur sowie Applikation poetischer Texte auf die Verstehenssituation. Ist im Fall des Geschichtsunterrichts das dominante Ziel, Verstehensprozesse in Gang zu setzen, die selbständiges, kritisches historisches Denken und Argumentieren ermöglichen, so tritt im Falle des Deutschunterrichts zu den Verstehens- und Erklärungsversuchen in den Bereichen Sprache und Literatur das Ziel selbständiger sprachlicher und literarischer *Produktivität*. Im Lese-, Aufsatz- und Rhetorikunterricht geht es um die Vermittlung von Fähigkeiten und Kenntnissen, die den zukünftigen Erwachsenen zur aktiven und selbstbestimmten Teilhabe an der *Kommunikation* innerhalb der Gesellschaft befähigen. Daß dieses Ziel auch mit Hilfe historischer Quellen, Thesen und Projekte angestrebt werden kann, deutet wiederum auf Verbindungen zwischen den Zielen der Fächer hin, zu denen auch gehört, daß Formen der mündlichen (zum Beispiel Debatte) und schriftlichen Kommunikation (zum Beispiel Zusammenfassungen oder Interpretationen von Dokumenten) auch die Möglichkeiten des Geschichtsunterrichts erweitern. Die besondere Qualifikation zur produktiven Rezeption poetischer Werke erfordert, ihre Fiktionalität zu akzeptieren, sie als über die Wirklichkeit hinausreichende Handlungsmodelle zu begreifen und als Alternativen gesellschaftlichen Lebens zu erfahren. Wer solche Alternativen über literarische Modelle zu denken gelernt hat, wird auch bereit sein, alternative lebensweltliche Erfahrungen zu machen und sich mit der Vergangenheit auseinanderzusetzen.

c) Mit den dominanten Gegenständen und Qualifikationen sind auch die *methodischen Schwerpunkte* bestimmt: Probleme der Präsentation und Aneignung historischen Wissens und Wertens im Geschichtsunterricht einerseits sowie Probleme der Auswahl von Verfahren für sprachliche und literarische Handlungen im Deutschunterricht andererseits. Übungen der Rhetorik, Sprechhandlungen und Formen des Umgangs mit Literatur bieten das Gerüst für Methodenentscheidungen eines primär auf Produktivität zielenden Deutschunterrichts; Darstellung fremder Ereignisse das eines primär auf Rezeptivität zielenden Geschichtsunterrichts. *Geschichte erzählen* bedeutet im Geschichtsunterricht den Ablauf von historischen Ereignissen und ihrer Zusammenhänge überlieferungsgetreu sprachlich wiederzugeben, im Deutschunterricht das Erzählen fremder oder eigener Geschichten auch als Teil der sprachlichen Interaktion zwischen den Gesprächsteilnehmern zu sehen und die Bedeutung zu reflektieren, die eine Erzählung (ob nun über ein historisches Thema oder nicht) über die Vermittlung von Fakten hinaus gewinnt. Der verschiedene Gebrauch des Wortes Geschichte in den beiden Fächern ist anschaulicher Ausdruck dieses Unterschieds (Koselleck / Stempel 1973).

3. Neben den unterschiedlichen Zielsetzungen der beiden Fächer gibt es zahlreiche Berührungspunkte, die bis zu Verbindungen in *fächerübergreifenden Problemstellungen* führen (zum Beispiel Revolution in Geschichte, Sprachgebrauch und Literatur; Bürgerliche Emanzipation durch Kunst; Proletarischer Alltag und Politisches Lied). Die Verbindungslinien lassen sich vor allem in vier Aufgabenstellungen des Deutschunterrichts ziehen, die im wesentlichen die historischen Dimensionen von Sprache und Literatur betreffen.

a) Die *Geschichte der deutschen Sprache* ist eng mit der allgemeinen geschichtlichen Entwicklung verknüpft und teilweise nur aus dieser erklärbar; zum Beispiel wirken Reformation, Zerfall der Hanse, Verbreitung der Kanzleisprachen an der Durchsetzung der neuhochdeutschen Schriftsprache im 16. Jahrhundert mit; oder: jede nationale Strömung hinterläßt seit den Sprachgesellschaften im 17. Jahrhundert Spuren der Eindeutschung von Fremdwörtern (zur Sprachgeschichte vgl. Eggers 1963 — 1969).

b) Auch die *Geschichte der Literatur* ist nur vor dem Hintergrund der geschichtlichen Prozesse ganz zu verstehen; sie bieten den Kontext für die Texte, auf den diese eine Antwort sind und auf den zurückzuwirken einen Teil ihrer Absichten ausmacht. Die Werke der deutschen Klassik zum Beispiel werden mißverstanden, wenn man sie werkimmanent als Aussagen und Formen zeitloser Gültigkeit interpretiert. Sie sind auch ästhetisch verdichtete Reaktionen auf die Ereignisse zur Zeit des Aufstiegs des Bürgertums und der Französischen Revolution und zum anderen utopische Vorentwürfe für eine von Vernunft, Humanität, Freiheit geleitete neue bürgerliche Gesellschaft am Ausgang des 18. Jahrhunderts. Nur eine *Literaturgeschichte im Kontext der allgemeinen Geschichte* gibt Aufschluß über die Bedeutung des Werkes zur Zeit seiner Entstehung, nur sie hilft auch weiter bei der Bestimmung des Maßes, nach dem das literarische Werk Gedächtnis für das Leiden der Menschen an und in der Gesellschaft (zum Beispiel Geschichte der Tragödie) oder für utopische Hoffnungen (zum Beispiel Geschichte der kleinen epischen

Formen wie Märchen, Kalendergeschichte, Fabel, Parabel) ist. Weber hat auf die Geschichte als Maßstab der Literaturgeschichte hingewiesen: „Geschichte bedeutet Vergänglichkeit und Vergessen des anderen. Geschichte als ausgewählte Tradition ist ein Bezugssystem für Vergleiche (Wertungen), Verstehensbasis und Erwartungshorizont (Hermeneutik), sie ist Kontext. Sie setzt Maßstäbe, kann Kritik werden, zu Veränderungen auffordern, das komplementär Notwendige anbieten: sie fordert Anwort" (Weber 1975, 330).

c) Eine Geschichte eigener Art ist die *Geschichte der Rezeption* von Literatur. Wie die Entstehung, so ist auch die Aufnahme von Literatur mitbestimmt von dem Stand der gesellschaftlichen Entwicklung. Die Wiederaufnahme eines literarischen Stoffes („Johanna" von Schiller, Shaw und Brecht) durch jüngere Autoren, die Inszenierung im Theater, Film, Fernsehen, die Behandlung von Literatur in Universität und Schule sind einige Beispiele für Rezeptionsakte, die selbst historischer Veränderung unterliegen (zur Rezeptionsgeschichte vgl. Grimm 1977; Warning 1975). Der Schulkanon jeder Epoche etwa ist Ausdruck politischer Willensbildung und sagt über die historischen Bestrebungen ebenso viel aus wie über das Verständnis von Literatur. Schillers „Wilhelm Tell", nach 1871 als Drama rückwärtsgewandter Utopie mit der Bestätigung alter Ständeordnung und nationalen Selbstbewußtseins gelesen, wurde nach 1940 plötzlich zum Befreiungsdrama und mußte 1941 durch ministeriellen Akt aus dem Lektüre-Kanon und den Theaterspielplänen gestrichen werden. Neben der Geschichte der literarischen Kritik, bietet die Geschichte des Literaturunterrichts an Schule und Hochschule das breiteste Quellenmaterial für eine Rezeptionsgeschichte.

d) Auch die Geschichte *literarischer und didaktischer Programmatik* bedarf der begleitenden historischen Forschung, weil nur aus der Kenntnis des Ist-Zustandes die Sollens-Aussagen in Poetik und Didaktik verstehbar werden: Schillers Briefe über die ästhetische Erziehung aus der Erfahrung des Widerspruchs von Anspruch und Wirklichkeit der Französischen Revolution (1794) oder Brechts Lehrstücktheorie aus den Krisensituationen in der zweiten Hälfte der Weimarer Republik und seinem Glauben an die Lösungsstrategie der kommunistischen Avantgarde (1927). Auch die didaktische Programmatik bleibt eingebunden in die gesamtgesellschaftlichen Veränderungsprozesse — stärker noch als die ästhetischen Theorien, weil Schule und Unterricht auch in der Verantwortlichkeit der Politiker liegen (zum Beispiel kritische Didaktik und ihre Wirkung nach 1969 in der Bundesrepublik Deutschland). Die Entwürfe für eine veränderte kulturelle Handlungsfähigkeit der zukünftigen Generation zeigen die Berührungspunkte zwischen Geschichte, Ästhetik und Didaktik: Das in der historischen Analyse immer wieder ermittelte Defizit an gesellschaftlichem Fortschritt provozierte literarische und didaktische Modelle zu deren Überwindung und zur Einlösung des seit der Zeit der Aufklärung bestehenden Versprechens auf Demokratie, Freiheit und Humanität (vgl. dazu Hebel 1976; Müller-Michaels 1977; Rüsen 1976).

Literatur

Eggers, H.: Deutsche Sprachgeschichte, 3 Bde., Reinbek 1963 — 69
Frank, H. J.: Geschichte des Deutschunterrichts von den Anfängen bis 1945, München 1973
Grimm, G.: Rezeptionsgeschichte, München 1977
Hebel, F.: Literatur im Unterricht, Kronberg 1976
Iser, W.: Die Appellstruktur der Texte, Konstanz 1971
Koselleck, R. / Stempel, W.-D. (Hrsg.): Geschichte — Ereignis und Erzählung (Poetik und Hermeneutik, Bd. 5), München 1973
Müller-Michaels, H.: Literatur im Alltag und Unterricht, Kronberg 1977
Rüsen, J.: Ästhetik und Geschichte, Stuttgart 1976
Warning, R.: Rezeptionsästhetik, München 1975
Weber, A.: Literaturgeschichte und Deutschunterricht, in: *Sowinski, B.* (Hrsg.): Fachdidaktik Deutsch, Köln / Wien 1975, 328 — 335 (mit ausführlicher Bibliographie)

Geschichtsunterricht und Ästhetische Erziehung

Wolfgang Zacharias

Die regional unterschiedlichen Bezeichnungen für das Schulfach, daß sich mit Kunst, Ästhetik, Gestaltung befaßt (Kunsterziehung, Kunstunterricht, Visuelle Kommunikation u. ä.), verweisen auf jeweils unterschiedliche didaktische Konzepte, die sich zum Teil historisch ablösend und voneinander absetzend entwickelt haben und in der Schulrealität nebeneinander existieren, obwohl sie unterschiedliche Stationen in der didaktischen Entwicklung markieren. Die Fachdidaktiker haben sich mehrheitlich allerdings darauf geeinigt, den Gesamtbereich als „*Ästhetische Erziehung*" in Abgrenzung zu anderen schulischen Gegenstandsbereichen zu bezeichnen. Damit aber werden gleichzeitig über das Schulfach hinausweisende, auch auf andere Sozialisationsbereiche bezogene spezifische Aneignungs- und Lernformen, die sich mit *sinnlicher Wahrnehmung, Reflexion* über und *Produktion* von sinnlich wahrnehmbaren Objekten und Situationen und mit der Ausbildung von *Ausdrucks- und Artikulationsfähigkeit* beschäftigen, definiert (Otto 1974).

Das Problem der Beziehung zwischen Geschichtsunterricht und den verschiedenen Konzepten der Ästhetischen Erziehung in der schulischen Alltagspraxis besteht demnach zunächst darin, von welcher *didaktischen Position* aus der Bezug hergestellt wird. So wird zum Beispiel eine der musischen Bildung verhaftete Kunsterziehung heimatkundliche oder geschichtliche Ereignisse oder große historische Gestalten aus der Imagination der Kinder heraus und ihrer Gestaltungskraft entsprechend zeichnen oder malen lassen und so den emotional-märchenhaften Charakter historischer Sachverhalte verstärken und in form- und farbprächtiger kindgemäßer Darstellung bildhaft sichtbar machen wollen. Im Gegensatz dazu würden Unterrichtseinheiten der Visuellen Kommunikation die Darstellungsformen historischer Ereignisse und Gestalten in den Massenmedien, in Comics und Illustrierten, im Film und im Fernsehen entsprechend visuellem Erscheinungsbild, dahinterstehenden Vermittlungsabsichten, den dafür benutzten Gestaltungsmitteln analysieren, Bezüge zu heutigen, ähnlichen Sachverhalten herstellen und Unterrichtsthemen anbieten, bei denen Schüler eigentätig ähnliche Gestaltungserfahrungen machen können. Ein didaktischer Zugang beispielsweise im traditionellen Kunstunterricht ist, parallel zum Geschichtsunterricht, die Stilgeschichte historischer Epochen in Malerei, Plastik, Architektur o. ä. zu behandeln und sich dabei an den Grobrastern der Kunstwissenschaft und der Chronologie des Geschichtsunterrichts zu orientieren (die historische Entwicklung der Ästhetischen Erziehung und der entsprechenden Schulfächer ist dargestellt in Kerbs 1977).

Die Unterschiedlichkeit der Zugriffsweisen verschiedener Konzepte Ästhetischer Erziehung auf Geschichte und die *fehlende strukturelle Verbindung* zwischen Geschichtsunterricht und schulischer Ästhetischer Erziehung (mit Ausnahme des Sonderfalls Kunstgeschichte) ließ es in der traditionellen Kunsterziehung bis ca. 1970 nicht zu, allgemeingültige interdisziplinäre Struktur- und Methodenverbindungen anzugeben. Andererseits aber bieten beide Fächer *in Teilbereichen* eine Reihe vorhandener und möglicher *Bezüge*, wobei von seiten des Geschichtsunterrichts vor allem Inhalte und Lernziele, von seiten der Ästhetischen Erziehung vor allem altersspezifische Lern- und Aneignungsformen, gegenständliche Tätigkeiten und kreative Eigenaktivität auch im Rahmen historischen Lernens relevant sind.

Der *Überschneidungsbereich* könnte so umrissen werden: Zielgruppen pädagogischer Maßnahmen wie Schüler sollen sich, von ihrem normalen Lebenszusammenhang ausgehend, im Lernprozeß als *wahrnehmende, handelnde, kommunizierende* Menschen entfalten. Im *Aneignungsvorgang* verbinden sich Wahrnehmung, Denken und Handeln in konkreten, historisch bedingten Formen *produktiver Tätigkeit* und *sozialer Kooperation*, die definiert sind von der vorhandenen geschichtlich gewordenen Wirklichkeit bzw. ihren Abstraktionen und Symbolen. Auf Gegenwart und Zukunft bezogenes historisches Lernen braucht gleichzeitig die Ausbildung *differenzierter Wahrnehmung* der gegenwärtigen Objektwelt (auch gegenständlicher, wahrnehmbarer historischer Zeugnisse) und andererseits die Ausbildung von *produktiven, kreativen Kompetenzen* zur Gestaltung der eigenen zukünftigen Lebenswelt in Verlängerung, Weiterentwicklung historischer Prozesse. Eingebettet werden muß dieser Prozeß in die Strukturen, Ausdrucksformen, Symbole, Umwelt- und Milieuhintergründe, die die realen aktuellen Lebenssituationen der Schüler bestimmen, und zu deren Erkenntnis und Handhabung Ästhetische Erziehung befähigen soll. Hier ist „*Kunst*" Teilbereich, *Sonderfall der Alltagskultur*, und in dieser Funktion auch Gegenstand des

Unterrichts, wobei im konkreten Fall, vor allem bei historischer Kunst, zu klären ist, ob Kunstwerke, ob eine bestimmte Sicht von Kunstobjekten einen objektivierenden Zugang zu vergangenen oder gegenwärtigen Wirklichkeitsbereichen für die Schüler enstprechend ihren objektiven Interessen erleichtern oder verstellen.

Die *Potentiale Ästhetische Erziehung für historisches Lernen* beruhen vor allem auf der Differenziertheit des *methodischen* Repertoires, das sich gegenüber anderen Fächern auszeichnet durch *Anschaulichkeit, Eigentätigkeit, Gegenständlichkeit*. Ästhetische Aktivität, altersstufendifferenziert, hat erheblichen *Motivationswert* und vor allem wünschenswerte Qualitäten des forschenden, experimentellen, kreativen, spielerischen und in Teilen *selbstbestimmten Lernens*. Dies kann für den Geschichtsunterricht nützlich sein, da es Lernen in Richtung auf Schülerinteressen, auf spezifische kindliche Aneignungsformen und eigene Erfahrungshintergründe öffnet. Durch Zeichnen, Malen, Medienproduktionen, Werken, Spielformen, Erkundungen, Sammeln, Vergleichen, Präsentieren werden Abstraktionen zeitlich entfernter Wirklichkeit vergegenwärtigt und vergegenständlicht, *sinnlich präsent*, also auf den Verstehenshorizont der Schüler transformiert und – im produktiven Teil – *durch Eigentätigkeit angeeignet*. Ein weiteres Potential Ästhetischer Erziehung ist die Animation zur „*Phantasietätigkeit*", mittels derer – rückwärts und vorwärts gerichtet – Entwicklungen, Zustände gedacht, verdeutlicht und symbolisch verändert werden können, zum Beispiel die „Potentialität" historischer Verläufe und das Verhältnis historischer Prozesse zum Handeln, Leben und Leiden einzelner Menschen, Gruppen, Klassen in Abhängigkeit von natürlichen, ökonomischen und sozialen Bedingungen.

Theorieentwicklung und Praxiserfahrung in der *Fachdiskussion* der letzten Jahre basieren nur zum Teil auf dem Bedingungsrahmen Schule. Es wird eher versucht, dem Unterricht Teilfunktionen zuzuordnen im Rahmen *komplexer Konzepte*, die die verschiedenen Sozialisationsbereiche miteinbeziehen und *neue Lernorte* und *Lernformen* erschließen wollen.

Für den Schulbereich Ästhetischer Erziehung gibt es – nach zum Teil kontrovers geführten Diskussionen (etwa: Massenmedien kontra Hochkunst als didaktischer Gegenstand) – in etwa folgende *Übereinstimmung*: „Bildende Kunst ist seit langem, aber erst recht heute nicht mehr denn ein Teilbereich optischer Kultur..." (Möller 1970, 13). Das ist die Innovation, die das Konzept der „Visuellen Kommunikation" qualifiziert (Ehmer 1971). Für die Didaktik der Ästhetischen Erziehung in bezug auf (Kunst-)Objekte gilt, daß die *Historizität des ästhetischen Gegenstands* im Lehr- / Lernprozeß zu beachten und zu bearbeiten ist: „Kunst verweist auf die Gesellschaft, in der sie produziert wird" (Otto 1974, 114). Damit ist eine *interdisziplinäre Basis* für überfachlichen Unterricht benannt. Am Beispiel „Karikatur" nennt Gunther Otto Möglichkeiten eines fächerübergreifenden Bezugs: „Im Geschichts- oder Sozialkunde- oder Politikunterricht (wird) die der Karikatur zugrunde liegende politische Situation analysiert und interpretiert..." (Otto 1974, 203). Der Kunstaspekt vor allem historischer ästhetischer Objekte trat in der Diskussion der letzten Jahre zurück hinter den historischen Aspekt,

der Objekte der Vergangenheit (als authentische gegenständliche Zeugnisse) nach ihrer Qualität für die Ausbildung historischen Bewußtseins bewertet (Below 1975; Hoffmann 1974) und die curriculare Inhalts- und Objektauswahl an wünschenswerten Qualifikationen für die Bewältigung gegenwärtiger und zukünftiger Lebenssituationen der Schüler mißt (Ehmer 1975).
Mit der Hinwendung der Ästhetischen Erziehung zur Historizität von Objekten einerseits und einer neuen Betonung der sinnlichen, gegenständlichen Dimensionen und der ästhetischen Aktivität als spezifische Aneignungsform (vor allem von Kindern und Jugendlichen) naher und entfernter Wirklichkeit andererseits (Hartwig 1976; Mayrhofer / Zacharias 1976) ist eine strukturelle didaktische *Verbindung zwischen historischem und ästhetischem Lernen* gegeben. Das führte auch zum neuen Interesse an der Museumspädagogik. *Museum* als Ort historischer und ästhetischer Relevanz zugleich wird als wichtiger Lernort bewußt mit dem Versuch, ihn didaktisch zu erschließen, sowohl für Geschichtsunterricht als auch für Ästhetische Erziehung (Spickernagel / Walbe 1976; Kuhn / Schneider 1978). Konzeptionelle Erweiterungen für historisches Lernen an authentischen Situationen und Objekten gehen über das Museum hinaus in die noch erhaltene *Umwelt als alltäglicher Lebensraum* mit historischer Dimension, den es zu sichern gilt mit der Absicht, Alltagsleben und Ausbildung eigener historischer Identität zu verbinden (Günther 1976; Schul- und Kulturreferat der Stadt Nürnberg 1978). Weitere Konzepte historischen Lernens versuchen, Methoden und Lernformen der *Spiel- und Medienpädagogik* zu erschließen durch Inszenierung historischer Spielräume, durch Medienproduktion mit Kindern (Film, Foto, Tonband, Video) und durch Dokumentation, etwa nach dem Prinzip der „oral history" (erzählte und aufgezeichnete Geschichtserinnerungen) (Pädagogische Aktion 1977). Diese Tendenzen haben Merkmale einer möglichen zukünftigen Denkmalschutz- oder *Umweltpädagogik*, bei der sowohl schulisches wie außerschulisches Lernen als auch historisches wie ästhetisches Lernen im *Projektzusammenhang* zusammenspielen können mit dem Ziel der Ausbildung historischen Bewußtseins und aktueller Problemwahrnehmungen als Basis eigener Identität und interessenorientierter Umwelt- und Gegenwartsgestaltung. Die Ästhetische Erziehung kann hierbei ihre spezifischen Potentiale der Reflexion und Produktion beitragen wie Gegenständlichkeit und sinnliche Dimension als Vermittlungsinhalt, Ausbildung von Artikulations- und Ausdrucksformen, Kreativität und Phantasietätigkeit, gestalterische Eigenaktivität und Entschlüsselung, Analyse zum Beispiel visueller Informationen und Symbolisierungen, zum Beispiel auch der Kunst.

Literatur

Below, I.: Kunstwissenschaft und Kunstvermittlung, Gießen 1975
Ehmer, H. K.: Visuelle Kommunikation. Beiträge zur Kritik der Bewußtseinsindustrie, Köln 1971
— Kunst und Kunstgeschichte in künftigen Curricula der allgemeinbildenden Schulen und in der Lehrerbildung, in: *Zeitschrift für Kunstpädagogik* 2 (1975)

Günther, J. / Günther, R.: Architekturelemente und Verhaltensweisen der Bewohner. Denkmalschutz als Sozialschutz, in: *Greverus, I.-M.* (Hrsg.): Denkmalräume — Lebensräume (Hessische Blätter für Volks- und Kulturforschung, Bd. 2/3), Gießen 1976
Hartwig, H.: Sehen lernen. Kritik und Weiterarbeit am Konzept Visuelle Kommunikation, Köln 1976
Hoffmann, D. (Hrsg.): Geschichte als öffentliches Ärgernis, Gießen 1974
Kerbs, D.: Historische Kunstpädagogik. Quellenlage — Forschungsstand — Dokumentation, Köln 1976
Kuhn, A. / Schneider, G. (Hrsg.): Geschichte lernen im Museum, Düsseldorf 1978
Mayrhofer, H. / Zacharias, W.: Ästhetische Erziehung. Lernorte für aktive Wahrnehmung und soziale Phantasie, Reinbek 1976
Möller, H. R.: Kunstunterricht und visuelle Kommunikation. Zur Konzeption eines neuen Unterrichtsfachs. Sieben Thesen, in: *Ästethik und Kommunikation* 1 (1970)
Otto, G.: Didaktik der Ästhetischen Erziehung. Ansätze — Materialien — Verfahren, Braunschweig 1974
Pädagogische Aktion: Kinder spielen Geschichte. Historisches Lernen im Stadtteil und im Museum, Nürnberg 1977
Schul- und Kulturreferat der Stadt Nürnberg: Nürnbergs Industriekultur. Eine Denkschrift, Nürnberg 1978
Spickernagel, E. / Walbe, B. (Hrsg.): Das Museum: Lernort contra Musentempel, Gießen 1976

Geschichtsunterricht und Religionsunterricht

Gerhard Ringshausen

Die früher weltanschaulich ausgeprägte Trennung von Kirchen- und Profangeschichte kann heute nur noch als problematische Kennzeichnung von Arbeitsgebieten gelten, die mit den gleichen Methoden erschlossen werden. Nach katholischem und evangelischem Verständnis kann mit historischen / gesellschaftswissenschaftlichen Methoden Gottes Handeln in der Geschichte nicht aufgewiesen werden. (Kirchen-)Geschichte ist aber notwendig Gegenstand der Theologie, weil und insofern der Glaube in der Welt als historisch-sozialem Zusammenhang steht. In Verschränkung mit historischen Methoden ist deshalb die spezifisch theologische Fragestellung auszuarbeiten.

Ansätze für eine Didaktik des Kirchengeschichtsunterrichts

Im Spannungsfeld von allgemeiner Schul- und Unterrichtstheorie sowie fachspezifischen Begründungen und Zielsetzungen muß der mögliche Beitrag kirchengeschichtlicher Themen bzw. ihr sachgemäßer Ort innerhalb des Curriculums Religionsunterricht bestimmt werden. Dabei verschärfte die bekannte Krise des historischen Bewußtseins die vieldiskutierte Krise des Religionsunterrichts und erschwerte die Erarbeitung kirchengeschichtlicher

Materialien. Konfessionsspezifische Akzentsetzungen haben demgegenüber sowohl im Hinblick auf die fachspezifische Aufgabe wie bei der Wertung der Kirchengeschichte und ihres Beitrages zum Religionsunterricht stark an Gewicht verloren. Mit der Beruhigung der Situation des Religionsunterrichts läßt sich entsprechend dem wieder erwachten Interesse an Geschichte auch eine stärkere Zuwendung zu kirchengeschichtlichen Themen beobachten.

Überholte Reduktionen

Wenn Kirchengeschichte nicht als eindeutige Geschichte des Heils verstanden werden darf, ist es auch problematisch, sie als Geschichte der Glaubenszeugen auszulegen. Sowohl die katholische Tradition der Hagiographie wie die pietistische Hervorhebung des persönlichen Zeugnisses und die liberale Pädagogik der Lebensbilder drohen durch die Personalisierung die Geschichte zu sprengen und den Glauben zu glorifizieren.

Eine unzulässige Lockerung der geschichtlichen Einbindung ist die Gefahr einer Kirchengeschichte als „Dialog zwischen Bibel und Geschichte". Wenn auch Verkündigung und Hören der biblischen Botschaft konstitutive Elemente der Kirchengeschichte sind, können hier ideengeschichtliche Konstruktionen leicht zu kausalen Bedingungen umgedeutet und als „Beispiel für die vielfältigen Weisen, in denen sich Gottes Gegenwart in der Geschichte ereignet", ausgelegt werden (Otto 1964, 328) oder umgekehrt geschichtliche Ereignisse zu hermeneutischen Hilfsmitteln zur Bibelauslegung degradiert erscheinen. War diese Konzeption zunächst an der positiven Wirkungsgeschichte des Evangeliums orientiert, erfuhr sie um 1970 eine Umkehr in kirchenkritischer Absicht, die beispielsweise vom Mittelalter nur noch das Machtstreben der Kirche als Gegensatz zur Armutsforderung Jesu in den Blick kommen läßt.

Christentumsgeschichte als Emanzipationsgeschichte

Der auslegungsgeschichtliche Ansatz wurde von P. Biehl (1973) weitergeführt, indem er den Bezug zur Heiligen Schrift mit dem materialen Prinzip der Emanzipation indentifizierte. Die „Geschichte des durch Jesus von Nazareth autorisierten Evangeliums der Befreiungen und seiner Wirkungen in der Welt des Christentums" ist neu als „Befragung der historisch-materiellen, gelungenen bzw. gescheiterten Emanzipationsprozesse" in der Vielfalt der gesellschaftlichen Verflechtungen zu thematisieren (Biehl 1973, 12). Gegenüber der traditionellen Kirchengeschichte verweist der Ausdruck Christentumsgeschichte auf das Eingehen christlich-biblischer Überlieferungen und Elemente in die *Gesellschaft*, ohne notwendig mit der Institution *Kirche* verbunden zu bleiben. Wie läßt sich aber dann eine Arbeitsteilung ansetzen, welche eine Zusammenarbeit der Fächer im gesellschaftswissenschaftlichen Bereich ermöglicht und provoziert? Die Berufung auf emazipatorische Traditionen und Ziele läßt zwar eine große Nähe zu einem generell akzeptierten *Globalziel der Schule* erkennen, vernachlässigt aber die Frage nach dem *fachspezifischen* Beitrag. Einerseits kann sich eine Konkurrenz zu einem emanzipatorischen

Geschichtsunterricht bei vergleichbar selektivem Umgang mit der Überlieferung ergeben, andererseits bleibt die inhaltliche Bestimmung der beschworenen Emanzipation zwischen aufklärerischer Utopie und christlich-theologischem Erbe unklar. Biehls Hinweis auf Jesus von Nazareth dürfte historisch kaum zu verifizieren sein und verdeckt vor allem das entscheidende Problem, wie sich die wesensmäßig utopische Emanzipation zur realen Geschichte verhält. Angesichts der Relativität des Historischen kündigt sich unter dem Stichwort Emanzipationsgeschichte eine neue Form heilsgeschichtlicher Betrachtung an.

P. Biehl will im „experimentellen Umgang mit der Tradition" (Biehl 1973, 9) Freiheitstraditionen und utopische Entwürfe der Vergangenheit kritisch gegenüber heutiger Praxis zum Zuge bringen. Der *historisch-wirkungsgeschichtliche* Aspekt deutet auf den Zusammenhang gegenwärtiger und vergangener Situationen / Traditionen, *strukturell-funktional* können aber auch nicht historisch bedingte Verwandtschaften verschiedener Zeiten bearbeitet werden. Besonderes Gewicht hat aber die *hermeneutisch-ideologiekritische* Aufnahme des emanzipatorisch-kritischen Potentials der Geschichte, „um im Interesse der Unterdrückten, Ausgebeuteten und Rechtlosen an die noch ausstehende Befreiung aller zu erinnern" (Biehl 1973, 22). Auszuwählen sind Themen, „für die durch Aktualität und Interesse die Motivation der Schüler geweckt werden kann" (Biehl 1973, 23).

Unterrichtsorganisatorisch sind *fächerübergreifend konzipierte thematische Einheiten* und *fachspezifische Kurse* zu unterscheiden. Während für erstere die Zusammenarbeit mit Geschichtsunterricht und Politischer Bildung konstitutiv ist, hält Biehl diese auch bei den Kursen für wünschenswert, um die historisch-gesellschaftlichen Bedingungen religiöser Vorstellungen und die politische Funktion kirchlicher Institutionen analysieren zu können. Nimmt Biehl aber so nicht auf der Ebene der Unterrichtsorganisation sein weit gespanntes Verständnis von Christentumsgeschichte zurück?

Insofern Biehl den Kirchengeschichtsunterricht im Zusammenhang eines problemorientierten Religionsunterrichts auf ein Globalziel der Schule bezieht, ergibt sich eine Übereinstimmung mit einer häufig vertretenen schulischen Begründung des Religionsunterrichts. Durch seine Geschlossenheit zeigt aber Biehls Entwurf in exemplarischer Deutlichkeit Stärke und Schwäche eines schultheoretisch begründeten Umgangs mit Geschichte, nicht nur im Religionsunterricht.

Der Eigenwert des (Kirchen-)Geschichtlichen

Drohen bei Biehl u. a. historische Ereignisse zu Illustrationen für eine christlich-emanzipatorische Idee zu werden, bei deren Aufdeckung komplexe Zusammenhänge zu Versatzstücken zerbrochen werden, gewannen in den letzten Jahren Hinweise auf *spezifisch geschichtliche Strukturen* für die Didaktik des Kirchengeschichtsunterrichts an Gewicht. So soll nach M. Widmann der Schüler im Unterricht über Kirchengeschichte spüren, „daß auch der Glaube seine Geschichte hat, an der jeder seinen Teil wahrnehmen bzw. seinen Teil tragen muß" (Widmann 1970, 8). Wird damit auch stärker als bei Biehl Kirchlich-Christliches erarbeitet, soll der Schüler doch lernen, „daß ein gerechtes Urteil getragen sein muß vom Wissen um die komplexen Zusammenhänge theologischer und soziologischer Perspektiven, um das verschlungene Geflecht der Vorbedingungen und Nachwirkungen von geschichtlichen Ereignissen" (Kirchengeschichte im Religionsunterricht 1976, 8). Entsprechend betont der katholische Religionspädagoge E. Paul: „(Kirchen-) Geschichte muß als Prozeß verstanden werden, der — jeweils in seiner Vergangenheit eingebunden — Gegenwart als Gegenwart realisieren will und in der Zukunft sich auszeitigt" (Paul 1971, 34). Indem *vergangene* Entscheidungssituationen für *heutige* und *zukünftige* sensibilisieren können, hat die Beschäftigung mit Kirchengeschichte die Aufgabe, „die verschiedenen geschichtlichen Ausdrucksformen des Glaubens nicht in Gestalt eines zeitlosen Extrakts für die Heutigen zu wiederholen, sondern als Lösungen innerhalb eines spezifischen Fragehorizontes mit den heutigen Fragen zu konfrontieren" (Paul 1971, 30). Die Fragen des Heute sind im Blick, aber die sukzessive, *narrative* Struktur der Geschichte soll bei der Bestimmung des aus der Geschichte Lernbaren beachtet werden. Das Problem der sachgemäßen, von typischen Fehlformen gereinigten Geschichtserzählung wird deshalb erneut aufgeworfen.

In diesen Zusammenhang gehört das interkonfessionelle Arbeitsbuch „Brennpunkte der Kirchengeschichte" (1976). Der Titel verweist gleichzeitig auf Themen, „die auch heute noch interessieren und bleibende Probleme darstellen", und auf „Zeiten, wo sich kirchengeschichtliche Entwicklungslinien verdichten und zu einem Abschluß kommen und wo wichtige Entscheidungen fallen" (Brennpunkte 1976, 9). Die Verbindung beider Bezugsgrößen läßt sich allerdings nur in sehr komplexen Lernzielen herstellen. Aber A. Philipps gibt zu bedenken, daß das übliche curriculare Schema „von den Situationen über die Qualifikation zu den Elementen" zu „‚pointilistischen' historischen Einschüben" führt, ohne übergreifendes geschichtliches Verstehen zu vermitteln (Philipps 1972, 168 f.). Müßten dann jedoch neben den Brennpunkten nicht die *Alltäglichkeiten*, die typisch wiederkehrenden Situationen eine stärkere Beachtung finden? Wäre hier auch die Perspektive des „kleinen Mannes" einzubringen?

Um die Mehrdimensionalität des historischen Geschehens sichtbar zu machen, gewinnt die Umsetzung von Quellen in *Sprechszenen* zunehmend an Bedeutung. Als Korrektur einer einseitig an Text-Quellen orientierten Arbeit sind neue Angebote von didaktisch kommentierten *Bildmaterialien* zu beobachten. Über die Vorbereitung geschichtlichen Verstehens (Grundschule, Orientierungsstufe) hinaus kann eine (kirchen)geschichtliche Heimatkunde Einstellungen und Fragen wecken, welche die Einbindung des Schülers in die Geschichte bewußt machen und zu einer engagierten Auseinandersetzung mit der Geschichte, mit dem historischen Wandel des Kirchlich-Christlichen herausfordern.

Beispiel: Kirchliche Zeitgeschichte

Da das Dritte Reich selbstverständlich im Geschichtsunterricht und Religionsunterricht zu thematisieren ist, soll an diesem Beispiel die kirchengeschichtliche Aufgabenstellung präzisiert werden, zumal Urteile über das Verhalten der Kirche damals, bestimmt durch scheinbar eindeutige Fakten, weithin politisch geprägt sind. Gegen die auch in Unterrichtsprojekten nachweisbare Gefahr eines *pharisäischen Urteils* ist wohl in beiden Fächern die Zeitbedingtheit und Zeitverhaftung damaliger und heutiger Urteile herauszuarbeiten. „Gerade bei der Darstellung und Analyse solcher immer noch emotional hochbesetzter Brennpunkte der Kirchengeschichte sollte Rankes Forderung im Mittelpunkt der Bemühungen stehen: zeigen, ‚wie es eigentlich gewesen'" (Evangelische Kirche und Drittes Reich 1983, 13). Die *fachspezifische Aufgabenstellung* ergibt sich aus dem spannungsvollen Verhältnis politisch-historischer und theologisch-kirchengeschichtlicher Kategorien und Maßstäbe. So ist der „Kirchenkampf" nicht nur als Teil des Widerstandes oder als Teilwiderstand zu bearbeiten, sondern ausdrücklich als Ringen um das Kirchesein, das auch politische Voraussetzungen und Folgen hatte. Weil Kirchengeschichte nicht nur die Institution Kirche und Theologen umfaßt, ist der Weg der Laien, besonders ihre Teilnahme am politischen Widerstand, in Auseinandersetzung mit ihrer Glaubensüberzeugung und politischen Einstellung zu erarbeiten, aber auch das Versagen und Schuldigwerden von Christen und Kirche. *Ziel* dieses Unterrichts ist nicht die Festlegung einzelner Verhaltensweisen oder Glaubenssätze, sondern die Kenntnis der damaligen Vorgänge und Begründungen soll zum Verständnis der Kirche als Gemeinschaft der begnadigten Sünder im Blick auf heutige Aufgaben führen, weil jeder Zeit die Frage nach dem Glauben und seiner Konkretion im Leben aufgegeben ist. Diese Aufgabe ist in *kirchengeschichtlichen Kursen* (zum Beispiel Kirche im Dritten Reich) und *problemorientierten Einheiten* (zum Beispiel Juden-Frage) zu verfolgen, wobei diese didaktischen Typen nur in der Theorie streng voneinander zu trennen sind.

Zum Verhältnis von Kirchengeschichts- und Geschichtsunterricht

Es ist ein alter, in der Gegenwart verstärkt ausgesprochener Wunsch der Religionspädagogen, daß Kirchengeschichtsunterricht und Geschichtsunterricht in engem Bezug zueinander arbeiten. Drei Gründe erscheinen dabei vor allem maßgeblich: 1. Wenn Kirchengeschichte nur *im Horizont der jeweiligen Zeit* verstanden werden kann, muß der Kirchengeschichtsunterricht entsprechende *Kentnisse* voraussetzen. Entweder könnte er bei ihrer zusätzlichen Erarbeitung seine Hauptaufgabe nicht erreichen oder würde bei ihrer Ausklammerung zu einer unhistorischen Idealisierung kommen. 2. Die Schüler werden durch eine zeitlich auseinanderliegende Behandlung vergleichbarer Inhalte gelangweilt, während ihre *koordinierte Besprechung* als Einführung in verschiedene Betrachtungsweisen *methodisch wertvoll* sein kann. 3. Kirchengeschichtsunterricht und Geschichtsunterricht haben sich grundsätzlich mit den *gleichen Schwierigkeiten* auseinanderzusetzen, was sich in der Ausbildung verwandter didaktischer Konzeptionen und in der Anwendung gleicher Unterrichtsmethoden niederschlägt, die wiederum auf verwandte Aufgabenstellungen verweisen.

Da für den Historiker die Aufteilung der Geschichte in Kirchen- und Profangeschichte grundsätzlich nicht akzeptabel ist, müßte er seinerseits der Kirchengeschichte im Geschichtsunterricht einen angemessenen Platz einräumen und andererseits gleichfalls an einer *Kooperation* mit dem Kirchengeschichtsunterricht interessiert sein. Vielschichtige Gründe sind wohl dafür verantwortlich, daß beides meines Wissens *selten der Fall* ist. Neben der häufig unzureichenden Ausbildung in diesem Bereich stehen die Gefahren der *stofflichen Überlastung* und der ideologisierenden Betrachtung. Aus der wissenschaftsgeschichtlichen Entwicklung wie aus dem aktuellen gesellschaftspolitischen und wissenschaftstheoretischen Klima sind *Animositäten* gegenüber einer theologischen Betrachtung der Geschichte wie gegen den Religionsunterricht überhaupt in seiner konfessionellen Ausprägung erwachsen, welche auf Kirchengeschichtliches rückwirken und eine Kooperation behindern.

Es wäre zu wünschen, daß in Zukunft Möglichkeit und Notwendigkeit der Zusammenarbeit *intensiver praktiziert* und auch durch die offiziellen Richtlinien gefördert würden, zumal durch die *Neubestimmung des Religionsunterrichts im Blick auf die Ziele schulischen Lernens* auch für das Gespräch zwischen Geschichtsunterricht und Kirchengeschichtsunterricht eine gemeinsame Ebene anvisiert ist. Sie dokumentiert sich in den beiden Fächern gemeinsamen Entwicklungen: Interesse an *sozialwissenschaftlichen Methoden und Fragestellungen*, Klärung des Verhältnisses zur politischen Bildung, Ungenügen einer reinen Strukturgeschichte und in der gemeinsamen Aufgabe, den Beitrag der Geschichte für heutige Probleme und Problemlösungsverhalten neu zu bestimmen und in didaktische Konzeptionen umzusetzen. Diese Motive könnten allerdings auch im Sinne einer *neuen Rivalität* wirksam werden, indem sich beide Fächer jeweils getrennt als Sachwalter der im Umgang mit der Geschichte zu gewinnenden Emanzipation verstehen und deshalb nebeneinander Modelle entwickeln, die im Blick auf Ziele und Inhalte nur wenig differieren. Wie für fächerübergreifend konzipierte Unterrichtsvorhaben dürfte für die Koordination fachspezifischer Kurse eine *Profilierung der fachspezifischen Fragestellungen* und des Beitrages zu den Globalzielen von Schule notwendig sein. Es geht dabei nicht um eine Legitimierung und Zementierung überkommener Fächergrenzen, sondern um die *Kooperation von Lehrern*, die von ihrer Ausbildung her unterschiedliche Schwerpunkte haben und unterschiedliche Frageinteressen ins Spiel bringen können. Als ein Moment der Zusammenarbeit dürfte nicht zuletzt der schon lange zu beobachtende Austauschprozeß im Bereich der *Methodik* zu nennen sein. Die einschlägigen Veröffentlichungen zum Kirchengeschichtsunterricht belegen hinreichend, daß die Möglichkeiten einer frühzeitigen Einführung in die Geschichte durch Konfrontation mit gegenwärtigen Zeugnissen der Vergangenheit, Fragen der erzählenden Darbietung und der Quellenbenutzung, die Problematik personalisierender Geschichtsbetrachtung usw. unter ständiger Berücksichtigung der Geschichtsdidaktik diskutiert werden.

Literatur

Besier, G., u. a.: Martin Luther. Theologisch-Pädagogische Entwürfe, Göttingen 1984
Besier, G. / Ringshausen, G. (Hrsg.): Bekenntnis, Martyrium, Widerstand von Barmen bis Plötzensee 1945, Göttingen 1985
Biehl, P., u. a.: Kirchengeschichte im Religionsunterricht, Stuttgart / München 1973
Brennpunkte der Kirchengeschichte. Ein Arbeitsbuch von H. Gutschera und J. Thierfelder, Paderborn 1976; Lehrerkommentar, Paderborn 1978
Evangelische Kirche und Drittes Reich, hrsg. vom Dozentenkollegium des Religionspädagogischen Instituts Loccum, Göttingen 1983
Glatz, H., u. a.: Entscheidungssituationen der Kirchengeschichte. Modelle für den Religionsunterricht, Stuttgart 1979
Hantsche, I.: Kirchengeschichte im Geschichtsunterricht?, in: Der evangelische Erzieher 23 (1971), 297 – 308
Jendorff, B.: Kirchengeschichte – wieder gefragt! Didaktische und methodische Vorschläge für den Religionsunterricht, München 1982
Kirche / Kirchengeschichte im Religionsunterricht, in: Der evangelische Erzieher 26 (1974), H. 5
Kirchengeschichte im Religionsunterricht, in: entwurf (1976), H. 4
Otto, G.: Handbuch des Religionsunterrichts, Hamburg 1964
Paul, E. / Sonntag, F. P.: Kirchengeschichtsunterricht, Zürich / Einsiedeln / Köln 1971
Philipps, A.: Die Kirchengeschichte im katholischen und evangelischen Religionsunterricht, Wien 1971
– Fach Kirchengeschichte, Düsseldorf 1972
Widmann, M.: Geschichte der Alten Kirche im Unterricht, Gütersloh 1970

VIII. Geschichtslehrerausbildung

Geschichtslehrerausbildung

Klaus Fröhlich

Heutigentags über Geschichtslehrerausbildung zu schreiben, mag manchem so vorkommen, als räsonniere man über die Tropfen am übervollen Eimer. In Hochschulen und Studienseminaren hört man immer lauter klagen, wir bildeten Lehrer nur für die Arbeitslosigkeit aus. Der Satz ist hinsichtlich seines Informationsgehalts zweifelhaft, wenn nicht falsch, und wirkt wegen seines fatalistischen prognostischen Gehalts verheerend. Er entzieht jedem produktiven Nachdenken über Lehrerausbildung den Boden und spricht den Studierenden die Lebensperspektive ab. Er markiert zugleich die Kapitulation der Lehrerausbilder vor ihrer Aufgabe und läßt ihre gleichwohl gutgemeinten Anstrengungen auf diesem Felde ins Leere laufen.

Demgegenüber ist festzuhalten, was tatsächlich der Fall ist: Wir bilden Lehrer aus, die in den Schulen vertretbaren Unterricht machen können und die sich auch in außerschulischen Berufsfeldern zu bewähren vermögen. Mit diesem Satz soll die Position in der Debatte über Lehrerausbildung und Studienreform bezeichnet sein, die die Behauptung, die Lehrerausbildung unterliege einem radikalen Funktionsverlust und sei deshalb durch vermeintlich funktionsgerechtere, weil flexibler verwendbare und ergänzbare Studiengänge zu ersetzen, für tatsächlich nicht gerechtfertigt und gesellschaftspolitisch gefährlich hält. Gefragt sind nicht alle möglichen fragwürdigen Alternativen zur Lehrerausbildung, sondern ihre produktive Fortentwicklung. Die Skizzierung ihrer historischen Entwicklungsrichtungen und die Einschätzungen ihres gegenwärtigen Entwicklungsstandes können mithelfen, eine realistischere Perspektive für diese Fortentwicklung zu gewinnen.

Entwicklungstendenzen der Lehrerausbildung

Geschichtslehrerausbildung, wie sie heute betrieben wird, ist Ausbildung zu einem Beruf. Die Berufsmerkmale — Zugangsvoraussetzungen und Qualifikationsprofile, Spezifik der Handlungschancen und des Klientenbezugs, Dienstethos und Standesbewußtsein u. a. — beziehen sich allerdings durchweg auf die Lehrfunktion im allgemeinen. Deshalb sind die Fragen der Geschichtslehrerausbildung auch im Kontext der Lehrerausbildung überhaupt zu diskutieren.

Das Berufsbild des Lehrers hat sich seit der Wende vom 18. zum 19. Jahrhundert in dem Maße herausgebildet, in dem Erziehung als öffentliche Aufgabe — und das heißt in Deutschland als staatliche — begriffen und aufgenommen worden ist (vgl. Bölling 1983). Der institutionelle Rahmen, den die Entwicklung des staatlichen Schulwesens setzte, hat die Konstitutionsweise und die professionelle Entwicklung des Lehrerstandes entscheidend bestimmt und zugleich begrenzt. Aus dieser Bindung resultierte die Differenzierung und Hierarchisierung der Lehrberufe entlang den Linien des zweigliedrigen, später dreigliedrigen Schulsystems, wie wir sie im Grundsatz heute noch in den Unterschieden zwischen Grund-, Hauptschullehrern (früher Volksschullehrer), Realschullehrern und Gymnasiallehrern vorfinden. Diese Differenzierungen sind als Strukturelemente der Einheit des Lehrerstandes zu begreifen, einer Einheit, die in historischer Perspektive vor allem in der zunehmenden Angleichung der Merkmale der sozialen und beruflichen Existenz — wichtigster Indikator ist der Beamtenstatus —, aber auch in der Entwicklung des Organisationsverhaltens und der vorherrschenden Deutungsmuster des Berufshandelns aufweisbar ist (Keiner / Tenorth 1981). Die von der Entwicklung des staatlichen Bildungssystems abhängige Profilierung der differenzierten Einheit des Lehrerstandes bestimmte auch die Entwicklungsrichtung der Lehrerausbildung, die ihrerseits wieder auf Art und Umfang der Professionalisierung des Lehrers zurückwirkt.

Die Entwicklung des Lehrerausbildungssystems hat ihren Ausgang genommen von der strikten Trennung zwischen „höherer" und „niederer" Bildung im Klassenschulsystem des 19. Jahrhunderts, dessen Gestaltung den sozialen und politischen Imperativen des Wandels der bürgerlichen Gesellschaft und ihrer materiellen Reproduktionsbedingungen folgte. Entsprechend verliefen die Ausbildungswege „gleichsam in zwei geschlossenen Kreisen: Der erste über das Gymnasium mit Abitur ins philologische Studium an der Universität zurück ins Gymnasium; der zweite über die Volksschule, die Fortbildungsschule ins Lehrerseminar oder Präparandenanstalt . . . und wieder zurück in die Volksschule" (Steinbach 1979, 213). Die seminaristische Ausbildung der *Volksschullehrer* stellte vor allem auf allgemeinbildende Inhalte ab, die mit unterrichtspraktischer Einübung so verbunden waren, daß „die angehenden Lehrer zum einfachen und fruchtbringenden Unterricht in der Religion, im Lesen und in der Muttersprache, im Schreiben, Rechnen, Singen, in der Vaterlands- und der Naturkunde — sämtliche Gegenstände in ihrer Beschränkung auf die Grenzen der Elementarschule — theoretisch und praktisch befähigt werden" (Stiehlsche Regulative von 1854, zitiert in: Bölling 1983, 57). Mochte auch der Unterricht am Lehrerseminar seit dem letzten Drittel des 19. Jahrhunderts den reaktionären, vorindustriellen Normen folgenden Zuschnitt des Stiehlschen Volksbildungskonzepts rasch überwinden, indem nicht nur die Zahl der Lehrgegenstände erheblich vermehrt, sondern auch das Anspruchsniveau dem des Gymnasialunterrichts angenähert wurde, so blieb doch die pragmatische Orientierung an der künftigen Berufspraxis charakteristisch für die Ausbildung der Volksschullehrer.

Anders die Ausbildung an den Universitäten. Hier studierten die künftigen *Gymnasiallehrer* ihre Fächer, wie sie entsprechend dem Stand der jeweiligen Wissenschaften an der Hochschule gelehrt wurden. Getreu der neuhumanistischen Überzeugung, daß ein guter Wissenschaftler auch ein wohlpräparierter

Lehrer für die gebildeten Stände sei, kümmerten sich Ausbilder und Studierende um den Berufsbezug ihrer Studien und die theoretische Reflexion ihrer Praxis herzlich wenig. Daran änderte auch die Einführung von Probe- und Seminarjahren, die sich schon seit 1826 an das „examen pro facultate docendi" anschlossen und die Struktur der bis heute gültigen zweiphasigen Ausbildung vorbildeten, prinzipiell nichts (vgl. Bölling 1983, 26 f.). In der dichotomen Anordnung der beiden Lehrerausbildungsgänge war somit die Theorie-Praxis-Dichotomie institutionalisiert, die bis zum heutigen Tage das unbewältigte Thema der Lehrerausbildung geblieben ist.

Gleichsam zwischen den Stühlen von Theorie und Praxis saß der Berufsstand der *Mittelschullehrer,* der sich seit der Etablierung der entsprechenden Schulform nach 1872 herausbildete. Einen besonderen Ausbildungsgang gab es für Mittelschullehrer auf lange hinaus nicht. Sie rekrutierten sich zum geringen Teil aus Kandidaten der Theologie oder Philologie, zum größeren Teil aus berufserfahrenen Volksschullehrern. Die Prüfung, der sich die Aspiranten unterziehen mußten, erhob zwar einen quasi wissenschaftlichen Anspruch, bezog sich aber auf die gesamte Obligatorik des Seminarunterrichts, zunächst auch noch ohne besonderen Fachbezug (Bölling 1983, 92 f.).

Überblickt man die weitere Entwicklung des skizzierten Lehrerausbildungssystems bis hin zu den optimistischen Reformentwürfen des vorigen Jahrzehnts und den derzeit vorfindlichen Strukturen, so treten zwei eng miteinander verknüpfte, in den verschiedenen Ausbildungssegmenten allerdings nicht gleichmäßig und auch nicht immer synchron wirkende Prozesse als die die Richtung der Veränderung bestimmenden Tendenzen hervor:

— Die Tendenz zur *Verwissenschaftlichung* und „Verfachlichung" und
— die Tendenz zur Durchsetzung eines *theoriegeleiteten Berufsfeldbezuges* in der Lehrerausbildung.

Beide Prozesse — als Entwicklungsmomente gedacht — haben zugleich mitgeholfen, die tendenzielle Angleichung der verschiedenen Ausbildungsgänge aneinander und zugleich ihre Segregation von anderen Berufsausbildungen, mithin die Professionalisierung des Lehrerstandes voranzutreiben.

Verwissenschaftlichung bedeutet zunächst institutionell die Hebung des Niveaus der Volks- und Mittelschullehrerausbildung durch Statusanhebung der Ausbildungsstätten. Nachdem seit Beginn der Weimarer Republik bereits die Hochschulreife als Zugangsvoraussetzung zum Lehrerstudium anerkannt worden war, wurden die Ausbildungsinstitute, die in den einzelnen Ländern sehr unterschiedlichen Status hatten, erst in den fünfziger Jahren in Pädagogische Hochschulen umgewandelt, die später auch den Status wissenschaftlicher Hochschulen mit dem Auftrag der Lehre und der Forschung erhielten. Sie sind heute mit Ausnahme von Baden-Württemberg, Schleswig-Holstein und Rheinland-Pfalz in die Universitäten und Gesamthochschulen integriert, sei es als geschlossene Abteilungen, sei es in Fach-zu-Fach-Zuordnung. — Verwissenschaftlichung bedeutet weiter das Aufbrechen der allgemeinbildenden Obligatorik der alten Volksschullehrerstudien zugunsten der Ausrichtung der Studieninhalte auf Unterrichtsfächer, die als wissenschaftliche Fächer studiert werden. Die Realschullehrer (früher Mittelschullehrer) hatten den Durchbruch schon früher erreicht. Sie studierten schon seit den fünfziger Jahren in einem dreijährigen Studiengang zwei Fächer an der Universität und erhielten danach eine besondere pädagogisch-didaktische Ausbildung an der PH, bevor sie mit Unterrichtsverpflichtungen in den Vorbereitungsdienst an die Schulen kamen. — Verwissenschaftlichung bedeutete schließlich die zunehmende wissenschaftliche Erfassung und Reflexion der Handlungszusammenhänge des schulischen Lehrens und Lernens und ihrer soziokulturellen und anthropogenen Voraussetzungen, wie sie die Entwicklung der Erziehungswissenschaften, der Psychologie und der Sozialwissenschaften möglich machte.

Der formale Prozeß der Verwissenschaftlichung bringt für die Lehrerausbildung allerdings noch keinen Zugewinn an Berufsrelevanz. Er scheint sie vielmehr von ihren praktischen Zwecken zu entfernen, indem er sie insgesamt akademisiert, insbesondere die praktizistischen Orientierungen der alten Volksschullehrerausbildung auflöst und schließlich auch die Praxiseinübung der Gymnasiallehrer in ihrer zweiten Ausbildungsphase im Studienseminar theoretisiert und den Standards wissenschaftlicher Rationalität unterstellt. Gerade die Geschichte der Gymnasiallehrerausbildung zeigt aber, daß die Verpflichtung auf überkommene Wissenschaftsideale und -ideologien die Theorie-Praxis-Dichotomie vertieft und in den einzelnen Lehrerausbildungsgängen selbst institutionalisiert. Folgerichtig hat denn auch die Akademisierung des Lehramtsstudiums für die Grund- und Hauptschullehrer wie für die Realschullehrer in eine ähnlich strenge Zweiphasigkeit der Ausbildung geführt, wie sie für die Gymnasiallehrer seit jeher gegeben war.

Dennoch ist auch die Tendenz zur Durchsetzung eines *theoriegeleiteten Berufsfeldbezuges* mit dem Prozeß der Verwissenschaftlichung unmittelbar verknüpft, und zwar an dem Punkt, an dem in der wissenschaftlichen Reflexion selbst das Verhältnis zwischen Theorie und Praxis, d. h. Wissenschaft als Anleitung gesellschaftlicher Praxis thematisch wird. Hierfür steht in der neueren Geschichte der Erziehungswissenschaft die Entwicklung der allgemeinen Didaktik zu einer „Wissenschaft vom Unterricht", die ihren Gegenstand in der gesellschaftlich bedingten Praxis des Lehrens und Lernens findet, die sie kontrolliert und begründet verändern und verbessern will (s. Blankertz 1969). Hierfür steht auch die Rezeption der Curriculumtheorie, die bei dem Versuch, Lernprozesse zu entwerfen, die für die Bewältigung künftiger Lebenssituationen qualifizieren sollen, auf das planmäßige Zusammenwirken von Fach-, Erziehungs- und Sozialwissenschaften angewiesen ist. Dieser Denkansatz hat auch und gerade die Diskussion über die Reform der Lehrerausbildung in den sechziger und siebziger Jahren wesentlich mitbestimmt. Entsprechende, speziell für die Geschichtslehrerausbildung entscheidende Impulse gingen zur selben Zeit von der Fachwissenschaft aus. Der Paradigmawechsel in der Geschichtswissenschaft, ihre Selbstdefinition als Historische Sozialwissenschaft (Wehler 1973), die ihre Erkenntnisgrundlagen, -methoden und -absichten in einer „erneuerten Historik" (J. Rüsen) expliziert, führt unmittelbar in den für vernünftige historische Erkenntnis konstitutiven Zusammenhang von Wissenschaft und lebensweltlicher Praxis hinein. Die Impulse von beiden Seiten aufnehmend, überwand schließlich auch die Geschichtsdidaktik ihre Trennung in eine spekulativ-normative Theorie der

Bildungsinhalte und eine ergebnisorientierte Meisterlehre vom Transport unbefragter geschichtswissenschaftlicher Erkenntnisse in Kinderköpfe und entwickelte sich selbst zu einer wissenschaftlichen Disziplin. Mit der „Frage nach der Entstehung, Beschaffenheit und Auswirkung von Geschichtsbewußtsein in der sozialen Lebenswelt überhaupt" (Bergmann 1980, 36) thematisiert sie den Funktionszusammenhang zwischen historischer Erkenntnis und lebensweltlicher Praxis, indem sie die individuellen und kollektiven Rezeptionen von Geschichte, wo immer sie der Fall sind, analysiert, die Bedeutung der geschichtswissenschaftlichen Erkenntnis für die gesellschaftliche Praxis der Zeit reflektiert und die Normen und Möglichkeiten eines vernunftbestimmten historischen Lernens expliziert und begründet (Bergmann 1980).

Die Entwicklung der Wissenschaften selbst — die ihrerseits die Anstöße von dem gesellschaftlichen Wandel in den sechziger und siebziger Jahren erhielten — hat es möglich gemacht, die bisher unverbunden nebeneinander herlaufenden, oft genug auch gegeneinander ausgespielten Komponenten der Lehrerausbildung: Erziehungswissenschaft, Fachwissenschaft, Fachdidaktik und Schulpraxis als integrale Bestandteile der einen Lehrerausbildung zu denken und in Entwürfen zu Studiengangmodellen curricular aufeinander zu beziehen (s. Süssmuth 1975; Steinbach 1977). Auch im Historikerverband meldeten sich Stimmen zu Wort, die für das Geschichtsstudium insgesamt forderten: „Mehr Erklärung, mehr Vergleich, mehr strukturelle Betrachtung, mehr Aktualisierung (expliziter Bezug des behandelten Gegenstandes auf die Gegenwart als Voraussetzung dazu, daß die Gründe dafür angegeben und diskutiert werden können, warum er zum Gegenstand von Forschung und Lehre gemacht wurde), mehr Systematisierung und mehr Integration der Fragestellungen, mehr theoretische Reflexion" (Leuschner / Nolte / Schwarz 1973, 15); die Studienreformüberlegungen des Historikerverbandes gruppierten sich mehr und mehr um die konzeptionelle Neuordnung des Lehramtsstudiums und seiner berufsqualifizierenden Elemente (Geschichtswissenschaft und Geschichtsunterricht 1972).

Die aus der Erkenntnis der Defizite des überkommenen Systems der Lehrerausbildung gesteuerten und die gesellschafts- und wissenschaftstheoretischen Diskussionen der Zeit aufnehmenden Reformkonzeptionen der frühen siebziger Jahre (zum Beispiel Empfehlungen des Deutschen Bildungsrates 1971; Frankenthaler Beschlüsse der Kultusministerkonferenz 1970) standen unter der Zielperspektive eines Modells der *integrierten Lehrerausbildung,* das — hätte es die Chance der Realisierung erhalten — die Berufsausbildung der Lehrer ein gutes Stück auf dem Wege zu einer professionellen Vermittlung von Theorie und Praxis vorangebracht hätte.

— Im institutionellen Bereich zielte es auf die Überwindung der gegeneinander abgeschotteten schulformbezogenen Ausbildungsgänge zugunsten einer am Lernalter der Schüler orientierten Ausbildung zum *Stufenlehrer,* die dem Umstand Rechnung tragen sollte, „daß der Lehrerberuf auf allen Stufen des Bildungswesens eine gleich verantwortungsvolle Tätigkeit ist" (Bildungsbericht '70, 81).

— Angestrebt war weiter die Überwindung der Zweiphasigkeit der Ausbildung durch Integration der praktischen Berufseinübung in das Studium (*Einphasige Lehrerausbildung*). Dies hätte die Verklammerung der Ausbildungsorte Hochschule und Schule mit sich gebracht, was wiederum der Integration der Lehrerfortbildung im Sinne der Konzepte des „long-life-learning" zugutekommen würde.
— Im Bereich der inneren Studienreform zielten die Reformvorstellungen auf die Durchsetzung von *Projektstudien* und *Praktika* als integrale Bestandteile der Lehrerausbildung und -fortbildung.
— Integrierte Lehrerausbildung erfordert das *interdisziplinäre Zusammenwirken* von Erziehungswissenschaft und ihrer Nachbardisziplinen (Psychologie, Sozialwissenschaft) mit den Fachwissenschaften und den Fachdidaktiken in Lehre und Forschung. Nur in diesem Rahmen wäre auch das spezielle hochschuldidaktische Problem der Vermittlung von Theorie und Praxis im Studium durch „forschendes Lernen" der Studenten zu lösen (nach Steinbach 1979, 215).

Das Modell der integrierten Lehrerausbildung nahm die beiden in der Geschichte der Lehrerausbildung als Entwicklungsmomente wirksamen historischen Prozesse — Verwissenschaftlichung und theoriegeleiteter Berufsfeldbezug — auf und verknüpfte sie in der Idee einer Lehrerausbildung, die auf dem Wege der Einübung in einen praxisorientierten Theoriegebrauch die spezifischen Kompetenzen vermittelt, die den Lehrer zum „professional" machen können. Erst die Verbindung der beiden Entwicklungsmomente kann dem Lehrerberuf einen Gewinn an jener professionellen Autonomie bringen, die nicht von der ganz anders gearteten Autonomie der Wissenschaft erborgt werden muß, sondern die sich auf das genuine Feld des Berufshandelns des Lehrers bezieht.

Geschichtslehrerausbildung in der Sackgasse?

Die Weiterentwicklung der Lehrerausbildung in der aufgezeigten Richtung ist in den vergangenen fünfzehn Jahren vielfältigen Behinderungen und Gefährdungen ausgesetzt gewesen. Ein Konzept der Lehrerausbildung, das nicht mehr auf die laufbahngerechte Vorbereitung zum Unterrichtsbeamten, sondern auf die Befähigung zu autonomem Berufshandeln abstellte, mußte sich an den historisch tradierten Strukturen des staatlichen Bildungssystems und dessen Laufbahnstrukturen, an die das Ausbildungssystem gekoppelt ist, stoßen. Die mit dem Professionalisierungsprozeß notwendig verbundene qualitative Angleichung der verschiedenen Lehrerausbildungsgänge aneinander führt zu Statusnivellierungen und mobilisiert den Widerstand interessierter gesellschaftlicher Kräfte, die den eigenen Status gefährdet sehen. Die volle Durchsetzung des Konzepts der Stufenlehrerausbildung ist letztlich an solchem Widerstand gescheitert, der sich nur mühsam mit fiskalischen Argumenten tarnte. Statusängste durchzogen auch den nordrhein-westfälischen Streit um die Integration der Pädagogischen Hochschulen in die Universitäten Ende der siebziger Jahre; und der hinhaltende Widerstand der Universitätshistorie gegen die vermeintliche „Überfrachtung" des Geschichtslehrerstudiums mit pädagogischen, fachdidaktischen und schulpraktischen Elementen, wie er in den ermüdenden, kleinlichen Auseinandersetzungen um Studien- und Prüfungsordnungen in zahllosen Kommissionen und Unterkommissionen zum Ausdruck kommt, ist wohl nur aus der Furcht vor Statusminderung für die etablierte Wissenschaft zu erklären. In der Konsequenz allerdings schlagen alle diese Statuskämpfe letztlich auf den Berufsstand des Lehrers zurück, dessen Position im gesellschaftlichen Gefüge immer unklarer und immer unsicherer wird.

Auf der anderen Seite sind viele Befürworter und Protagonisten einer durchgreifenden Bildungs- und Ausbildungsreform mit dem Vorantreiben der Reform in Widerspruch zu den eigenen Demokratisierungshoffnungen geraten, mit denen sie einst angetreten waren. Professionalisierung als Steigerung der Autonomie des Berufshandelns bedeutet immer auch Schutz vor Laienkontrolle, impliziert „die Entmündigung des Bürgers durch den Experten" (Keiner / Tenorth 1981, 221). Mit dem Frust über die mißlingende gesellschaftliche Transformation durch pädagogische Strukturreformen verbindet sich die kulturkritische Klage über den Verlust des Bildungswertes eines durch Institutionalisierung, Verwissenschaftlichung und Verfachlichung entfremdeten Lernprozesses. Hier blüht eine pädagogische Romantik auf, die aus der eigenen „weitgehend selbstorganisierten Schreinerlehre" mehr Kompetenz für die Lehrerpraxis gezogen haben will als aus der wissenschaftlichen Lehrerausbildung (Beck 1984, 32) und die sich — wenn sie nicht nur passiv leidet — im Dickicht der Institutionen die Nische sucht, in der man sie an ihrer Selbstverwirklichung arbeiten läßt. Für die Reform der Lehrerausbildung sind diese Attitüden, so liebenswert sie erscheinen mögen, verloren.

Entgegen steht der Verknüpfung von Wissenschaft und Berufsfeldbezug schließlich auch das ausgesprochen schüttere professionelle Selbstbewußtsein der Lehrerschaft selbst (vgl. Brinkmann 1976; 1977). In der standesspezifischen Konkurrenz der verschiedenen Lehrergruppen hat geschichtlich stets der Gymnasiallehrer mit dem spezifischen Normensystem des „Philologen" die stabilste Selbstrollendefinition entwickelt. Die von ihm beanspruchte relativ hohe Autonomie, die sich vornehmlich auf die Behauptung der höheren fachwissenschaftlichen Kompetenz stützt, hat sich auch in den letzten Jahren bei der Abwehr drohender Statusnivellierung bewährt. Anders die Grund- und Hauptschullehrer. Sie sind nicht zuletzt durch die Verwissenschaftlichung ihrer Ausbildung aus der pädagogischen Provinz der Volksschule herausgeholt und zu kleinen Fachlehrern gemacht worden, ohne die Autonomie des Professionellen in hinreichendem Maße zu gewinnen. Nachdem ihnen das Selbstkonzept des universalistischen Volksbildners genommen ist, dementiert die Erfahrung der beruflichen Situation immer wieder die Zusicherung berufsqualifizierender Wissenschaftlichkeit, die ihnen in der Ausbildung gemacht worden sind. Ständig in einer gebrochenen, widersprüchlichen Situation handelnd, werden diese Lehrer anfällig für pragmatistische Überlebensstrategien und romantisierenden Eskapismus und befürchten von weiterer Professionalisierung durch die Ausbildung weitere professionelle Deformation.

Vor diesem Hintergrund braucht nicht zu überraschen, daß die Bilanz der jüngsten Geschichte der Lehrerausbildung von verschiedenen Seiten, insbesondere aber auch von solchen, die einst mit den hochgemuten Erwartungen der 1968er Generation angetreten waren, als enttäuschend empfunden wird (s. Steinbach 1979; Soziale Kompetenz 1984); vielfach besteht auch die Neigung, die ganze Entwicklungsrichtung grundsätzlich in Frage zu stellen. Demgegenüber ist zunächst zu notieren, welche Fortschritte in der aufgezeigten Entwicklungsrichtung die Lehrerausbildung tatsächlich zu verzeichnen hat, sie mögen partiell sein und in den einzelnen Bereichen und Regionen unterschiedlich weit tragen:

— Erreicht ist das *wissenschaftliche Studium für alle Lehrergruppen,* das Fachstudien oder zumindest fachwissenschaftliche Schwerpunkte, erziehungswissenschaftliche und fachdidaktische Anteile und in den meisten Bundesländern auch berufspraktische Elemente vorsieht. Nicht erreicht ist eine gleiche Studiendauer für alle Studiengänge. — Es gelten acht Semester für Gymnasiallehrer / Sekundarstufe II, jeweils sechs Semester für Haupt- und Realschullehrer / Sekundarstufe I sowie Primarstufe. — Auch die Gewichtung der fachwissenschaftlichen, fachdidaktischen, erziehungswissenschaftlichen und schulpraktischen Studienanteile unterscheidet die Studiengänge, in den einzelnen Ländern und Ausbildungsstätten auf unterschiedliche, nirgends aber auf sachlich oder curricular legitimierte Weise.

— Erreicht ist die Einrichtung eines *Vorbereitungsdienstes* (Referendariat) für alle Lehrämter. Als Erfolg ist dies deshalb zu werten, weil dieser Vorbereitungsdienst mit dem Anspruch auftritt, die Berufseinführung auf wissenschaftlich fundierte Weise vorzunehmen und damit die Berufssozialisation der Lehrer, die erfahrungsgemäß erst in der zweiten Ausbildungsphase, also gleichsam „vor Ort" erfolgt, von der Orientierung an den Marotten des Meisterlehrers befreit und kontrollierbaren und kritisierbaren Legitimationsstandards unterstellt.

— Erreicht ist die prinzipielle Anerkennung der *Fachdidaktik* als notwendiges Element der Lehramtsstudiengänge einschließlich des gymnasialen. Geschichtsdidaktik, die früher fast ausschließlich in den Pädagogischen Hochschulen beheimatet war, wird mittlerweile auch an vielen traditionellen Universitäten gelehrt.

— Erreicht ist an vielen Orten die *Integration schulpraktischer Studien* in das erziehungswissenschaftliche, oft auch in das fachwissenschaftliche bzw. fachdidaktische Studium. Die jüngst revidierte Prüfungsordnung für die Lehrämter der Sekundarstufe I und II in Nordrhein-Westfalen sieht allgemeinpädagogische und Fachpraktika für alle Lehrerstudiengänge vor. Zwar sind die Realisierungsmöglichkeiten noch nicht überall gegeben, aber dort, wo Fachpraktika in der Verantwortung der Hochschule durchgeführt werden, zeigen sich durchaus Rückwirkungen einer solchen Verzahnung von Theorie und Praxis in Lehre und Forschung — sei es in der personellen Kooperation zwischen Hochschule und Schule, die durch die Praktika eine

höhere Verbindlichkeit erreicht, sei es in dem reflektierten, theoriegeleiteten Berufsfeldinteresse der Studierenden.
— Nicht erreicht ist die konsequente Durchführung der *Stufenlehrerausbildung.* Immerhin gibt es Ansätze dazu in einer Reihe von Bundesländern, vor allem den nördlichen, durch eine stufenbezogene Angleichung der Studiengänge. In der zweiten Phase wird jedoch der Stufenbezug durch die Zuordnung zu einer Schwerpunktschulform wieder konterkariert, und nur in Nordrhein-Westfalen muß etwa ein Viertel des Vorbereitungsdienstes in einer anderen Schulform abgeleistet werden.
— Nicht erreicht ist schließlich die *Einphasige Lehrerausbildung,* die im Falle ihrer Realisierung zugleich die weitestgehenden Konsequenzen für die äußere und innere Studienreform gehabt hätte und mit der das Modell der integrierten Lehrerausbildung letztlich steht und fällt. Auch die *Studienreform* mit ihren interdisziplinären, Lehre und Forschung, Theorie und Praxis verbindenden Ansprüchen ist in zufälligen Ansätzen lokaler Natur steckengeblieben.

Die Entwicklung der Geschichtslehrerausbildung in den letzten fünfzehn Jahren folgt in ihren Grundzügen denselben Entwicklungstendenzen, die oben für die Lehrerausbildung allgemein aufgewiesen worden sind. Mittlerweile sind jedoch unter dem Druck der Lehrerarbeitslosigkeit früher wenig beachtete, eher randständig gebliebene Studiengänge in den Vordergrund gerückt worden. Alle Universitäten verzeichnen gegenwärtig eine rapide wachsende Zahl von Studierenden, die den Magisterabschluß anstreben, und bundesweit wird mit Hochdruck an der Neuordnung des *Magisterstudienganges* gearbeitet. Daneben wird auch noch Nutzen und Nachteil eines womöglich neu einzurichtenden Diplomstudiengangs (Kurzzeitstudiengang) erwogen (s. Empfehlungen 1984). Alle diese Bemühungen zur „Differenzierung des Studienangebots" (Empfehlungen des Wissenschaftsrates) folgen der erklärten Absicht, den Studierenden ein breiteres berufliches Eignungsfeld zu eröffnen als es die bisher präferierten Lehramtsstudiengänge zu bieten scheinen. Von diesen unterscheiden sich die in der Studienreformkommission Geschichte entworfenen Studiengänge im wesentlichen durch den Verzicht auf einen explizierten und konkretisierbaren Berufsfeldbezug, der weder durch die vorgesehene innerfachwissenschaftliche Differenzierung und Spezialisierung, die mit der verbalen, inhaltsleeren Zusicherung höherer Flexibilität und Mobilität der Absolventen verbunden wird, noch durch die Verfügung „tätigkeitsfeldbezogener" Studien und Praktika, deren bestimmte Inhalte auszumachen auch noch dem Spürsinn der Studierenden überlassen wird, kompensiert werden kann. Eine konkretisierte Berufsfeldperspektive kann es in diesem Zusammenhang wohl auch nicht geben, zumal just die Disziplin, die über das theoretische und methodische Instrumentarium verfügt, Bedarf an historischer Kompetenz in außerschulischen und außeruniversitären Feldern gesellschaftlicher Praxis aufzuspüren, zu analysieren und womöglich auch zu wecken, die Geschichtsdidaktik, in den Konzepten der Studienreformkommission noch nicht einmal dem Namen nach vorkommt (für den sachlichen Zusammenhang s. Huhn 1985 und unten, Kap. IX). Ein so konzipierter Studiengang kann nur einen minderen Ausbildungsanspruch erheben und wird letztlich dequalifizierende und entprofessionalisierende Wirkung haben.

Demgegenüber ist an den Qualifikationsstandards festzuhalten, die die Entwicklung der Lehrerausbildung gesetzt hat. Sie sind in der Ausbildung von Geschichtslehrern fortzuentwickeln, zu steigern und zu universalisieren, wenn das Geschichtsstudium eine realistische, d. h. eine lebensweltlich gebotene und gesellschaftlich legitimierte Perspektive haben soll. Die Chance, auf der Schiene der Lehrerausbildung Autonomie zu gewinnen, ein Kompetenzmonopol zu erwerben und zu behaupten, liegt allerdings weder in der pädagogischen Provinz noch im Felde der Fachwissenschaft. Erziehung — hier haben die Kritiker der Professionalisierung des Lehrerstandes recht — läßt sich nicht als professionelle Tätigkeit monopolisieren. Und im Hinblick auf das Feld der Wissenschaft enthüllt schon die Standesgeschichte der Gymnasiallehrer selbst die auf wissenschaftliche Kompetenz gegründete Autonomiebehauptung dieser Gruppe als Schein. Schließlich hatten sich bereits am Ende des 19. Jahrhunderts die Wissenschaftskarrieren und die Schulkarrieren getrennt, waren die die Erkenntnisse der Wissenschaft weitergebenden Schulmänner und -frauen vom Prozeß der Gewinnung dieser Erkenntnisse abgehängt (Keiner / Tenorth 1981, 205). Heutzutage kann der Lehrer weniger denn je „Produzent" von Wissenschaft sein. Er ist vielmehr ihr „Verwender". Und auf diesem Felde, dem Felde der „Universalisierung von Kenntnissen, Fertigkeiten und Einstellungen" (Keiner / Tenorth 1981, 219), die das erreichte Lernniveau einer Gesellschaft kennzeichnen, sichern und steigern, lag und liegt die Chance des Lehrerhandelns zur Autonomie.

Es ist keine Frage, daß in einer komplexen Gesellschaft wie der unseren für die Verwendung wissenschaftlicher Erkenntnisse, die bei der Gestaltung und Veränderung gesellschaftlicher Praxis täglich geschieht, professionelle Kompetenz erforderlich ist, um die Vernunftchancen wissenschaftlicher Rationalität in der gesellschaftlichen Wirklichkeit zur Geltung zu bringen. Diese spezifische Kompetenz, auf die die Lehrerausbildung letztlich zielen muß, kann als *fachdidaktische Kompetenz* charakterisiert werden. Sie bezieht sich im Bereich der Geschichtslehrerausbildung speziell auf die Fähigkeit zur theoretischen Reflexion des individuellen und kollektiven Umgangs mit Geschichte und seiner Funktionen in der gesellschaftlichen Praxis überhaupt (Reflexionskompetenz), auf die Kenntnis der Formen, Entwicklungen und Veränderungen des Geschichtsbewußtseins unter konkreten gesellschaftlichen Bedingungen (Analysekompetenz) und auf die Beherrschung vernünftig begründeter, kontrollierter Verfahren und Methoden der Verwendung von Geschichte in konkreten gesellschaftlichen Problemlagen (Entscheidungs- oder Verwendungskompetenz). Diese Kompetenz ist in der Ausbildung so zu entwickeln und zu steigern, daß die wissenschaftlich kontrollierte Verwendung von Geschichte in allen möglichen Feldern gesellschaftlicher Praxis Platz greifen kann — nicht nur in der Schule und nicht nur in den Reservaten historischer Kulturpflege, sondern überall dort, wo Gruppen von Menschen ihre Erwartungen an ihre Gegenwart und Zukunft formulieren, indem sie sich darüber verständigen, wer sie sind, was sie wollen und wie sie es wollen. Geschichtslehrerausbildung würde dann eine professionelle Kompetenz vermitteln, die auch in der Schule, aber eben nicht nur in der Schule nachgefragt wird und die zugleich von keinem anderen Berufsstand in Anspruch genommen werden kann.

Literatur

Beck, J.: Von der Notwendigkeit einer anderen Lehrerbildung, in: *Soziale Kompetenz des Lehrers* (GEW-Skript 7), Frankfurt 1984, 24 − 55
Bergmann, K.: Geschichtsdidaktik als Sozialwissenschaft, in: *Süssmuth, H.* (Hrsg.): Geschichtsdidaktische Positionen, Paderborn 1980, 17 − 47
Bildungsbericht '70. Bericht der Bundesregierung zur Bildungspolitik, Bonn 1970
Blankertz, H.: Theorien und Modelle der Didaktik (1969), 8. Aufl. München 1974
Bölling, R.: Sozialgeschichte der deutschen Lehrer. Ein Überblick von 1800 bis zur Gegenwart, Göttingen 1983
Brinkmann, W.: Der Beruf des Lehrers, Bad Heilbrunn 1976
− Die Berufsorganisation der Lehrer und die „pädagogische Selbstrolle". Zur Professionalisierungs- und Deutungsfunktion der Gewerkschaft Erziehung und Wissenschaft und des Deutschen Philologenverbandes 1949 − 1974, in: *Heinemann, M.* (Hrsg.): Der Lehrer und seine Organisation (Veröffentlichung der Historischen Kommission der Deutschen Gesellschaft für Erziehungswissenschaft, Bd. 2), Stuttgart 1977, 393 bis 408
Empfehlungen der Studienreformkommission Geschichte (Entwurf), verabschiedet in der 12. Sitzung der Studienreformkommission Geschichte am 10. / 11. September 1984 (Veröffentlichungen zur Studienreform, hrsg. vom Sekretariat der Ständigen Konferenz der Kultusminister der Länder in der Bundesrepublik Deutschland − Geschäftsstelle für die Studienreformkommissionen, Bd. 21), Bonn 1984
Geschichtswissenschaft und Geschichtsunterricht, Lageanalyse − Folgerungen − Empfehlungen. Stellungnahme des Verbandes der Historiker Deutschlands im Zusammenwirken mit dem Verband der Geschichtslehrer Deutschlands 1971, in: *GWU* 23 (1972), 1 − 13
Huhn, J.: Magisterabschluß ohne Chance? Überlegungen zum Verhältnis von Wissenschaft und Berufspraxis für das Fach Geschichte, in: *Gd* 10 (1985), 83 − 89
Keiner, E. / Tenorth, H.-E.: Schulmänner − Volkslehrer − Unterrichtsbeamte. Ergebnisse und Probleme neuerer Studien zur Sozialgeschichte des Lehrers in Deutschland, in: *Internationales Jahrbuch für Sozialgeschichte der deutschen Literatur* 6 (1981), 198 − 222
Leuschner, J. / Nolte, H. H. / Schwarz, B. (Hrsg.): Geschichte an Universitäten und Schulen. Materialien − Kommentar − Empfehlungen, hrsg. vom Arbeitskreis für Hochschuldidaktik im Verband der Historiker Deutschlands, Stuttgart 1973
Soziale Kompetenz des Lehrers. Anforderungen an eine qualifizierte und qualifizierende Lehrerausbildung (GEW-Skript 7), Frankfurt 1984
Steinbach, L.: Lehrerbildung, Didaktik und die Organisation eines sozialwissenschaftlichen Studienganges, in: *apz* B 9 (1977), 23 − 39
− Geschichtslehrerausbildung, in: *Bergmann, K.,* u. a. (Hrsg.): Handbuch der Geschichtsdidaktik, Bd. 2, 1. Aufl. Düsseldorf 1979, 209 − 220
Süssmuth, H.: Die Ausbildung des Geschichtslehrers, in: *Jäckel, E. / Weymar, E.* (Hrsg.): Die Funktion der Geschichte in unserer Zeit, Stuttgart 1975, 310 − 325
Tenorth, H.-E.: Professionen und Professionalisierung. Ein Bezugsrahmen zur historischen Analyse des „Lehrers und seiner Organisationen", in: *Heinemann, M.* (Hrsg.): Der Lehrer und seine Organisation, Stuttgart 1977, 457 − 476
Wehler, H. U.: Geschichte als Historische Sozialwissenschaft, Frankfurt 1973

Studium der Geschichte
Heide Wunder

Geschichte gehört zu den Studienfächern, die persönliches Interesse und Vorbereitung auf den späteren Beruf gut vereinbaren lassen. Der *selbstbestimmende* Zug des Studiums als *persönliche Bildung* — nicht nur als fremdbestimmter Ausbildungsweg — tritt klar zutage und verbietet eine Trennung von „Studium" und „Leben" — etwa nach dem Modell der 40-Stunden-Woche der Arbeitswelt. Geschichte ist in vieler Hinsicht Teil der Gegenwart, der Alltagserfahrung wie der „hohen Politik" und von daher bewußt oder unbewußt prägend für die eigene Identität und Weltsicht. Auch aufgrund dieser *direkten Betroffenheit* widersetzt sich der Umgang mit Geschichte der Isolierung und Abdrängung in „Wissenschaft", „Beruf" oder „Hobby".

Gleichwohl ist unverkennbar, daß in dem Maße, wie Bildung aufhört, ein Standesprivileg zu sein, und das Studium als funktionaler Ausbildungsweg angesehen wird — oder als „Arbeit" im Dienste der Gesellschaft —, die Standards und Ansprüche der Berufswelt in der Studienzeit vorweggenommen werden. Dem Wandel in der Einstellung der Studenten zum Studium entspricht ein Wandel der Studierformen und der Studieninhalte, der als *„Professionalisierung"* charakterisiert wird. Professionalisierung meint die stärkere Berücksichtigung der *Interessen der zukünftigen Geschichtslehrer* sowohl in der Gewichtung der Studienanteile von Fachwissenschaften, Erziehungswissenschaften und Fachdidaktik als auch in der Auswahl und Gewichtung der fachwissenschaftlichen Studieninhalte. Sie richtet sich gegen eine Form des Geschichtsstudiums, das weitgehend von den Forschungsinteressen der Hochschullehrer und der hohen Bewertung der historischen Grundwissenschaft geprägt ist, während der „Praxisbezug" für die große Mehrzahl der Studenten, das Schulfach Geschichte, kaum berücksichtigt wird. Ob und wieweit die allgemeine Tendenz zur Professionalisierung den Studienablauf verbindlich mitgestaltet, hängt entscheidend davon ab, daß ihre Anforderungen in den Katalog der staatlichen Prüfungsordnungen für die verschiedenen Lehrämter aufgenommen werden. Die Vertreter der Fachwissenschaft stehen der Professionalisierung vielfach zurückhaltend gegenüber, da sie die Wissenschaftlichkeit des Universitätsstudiums gefährdet glauben und ihre eigenen Lehraufgaben primär im engeren fachwissenschaftlichen Bereich erblicken.

Neuerdings gibt es Überlegungen, die als „einseitig" empfundene Professionalisierung zurückzunehmen und ein vielseitig verwendbares Studienprogramm für Geschichte zu entwickeln. Unabhängig davon, ob sich diese Tendenzen durchsetzen oder nicht, läßt sich feststellen, daß die Diskussion um die Professionalisierung die Einsicht in das *Verhältnis von Fachwissenschaft und Didaktik* auf eine neue Basis gestellt hat: die Beschäftigung mit Didaktik kann nicht mehr als eine der Wissenschaft untergeordnete „handwerkliche"

Fertigkeit für den Hausgebrauch der Lehrer klassifiziert werden. Seit der Verwissenschaftlichung der Beschäftigung mit Geschichte ist Didaktik notwendige Komplementärwissenschaft für den allgemeinen Umgang mit Geschichte. Die Aufnahme der Geschichtsdidaktik mit ihren verschiedenen Anwendungsbereichen (zum Beispiel Schule, Medien, Museen, Denkmalpflege und andere Anwendungsbereiche außerhalb von Schule und Universität) in *jedes* Geschichtsstudium gehört zu den standes- und bildungspolitischen Forderungen der Historiker.

Der Geschichtsstudent steht im Spannungsfeld von Fachwissenschaft — Berufspraxis und politisch-gesellschaftlichen Erwartungen, die ihn in einer begrenzten Studienzeit mit Aufgaben und Anforderungen überhäufen. Das Studium stellt ihn vor den Anspruch auf Wissenschaftlichkeit, der ihm im allgemeinen nicht plausibel gemacht wird, so daß er den Zusammenhang von wissenschaftlicher Ausbildung und praktischer Berufstätigkeit nicht einsehen kann. Zudem ist „Wissenschaftlichkeit" zu einem gesellschaftlich kontrovers diskutierten Begriff geworden, die emotionale Ablehnung von „Wissenschaft" gewinnt an Boden und bestimmt auch das Verhalten der Studenten im Studium. Es bedarf also der Aufklärung über den *Gegenstandsbereich von Geschichtswissenschaft* und das *Verhältnis von Wissenschaft und Praxisbezug* im fachwissenschaftlichen Studium, um einen orientierenden Begründungszusammenhang für das Studium der Geschichte zu gewinnen.

Die *Abgrenzung* der Geschichtswissenschaft gegenüber anderen Gesellschaftswissenschaften ist *fließend*, nicht sachlogisch bestimmt, sondern nur pragmatisch beschreibbar. In der Regel setzt der Historiker dort Grenzen, wo bestimmte Arbeitsgrundlagen, insbesondere schriftliche Zeugnisse, fehlen, also die Bodenfunde und die materiellen Überreste vorherrschen. Die Abgrenzung gegen die Vor- und Frühgeschichte sowie gegen die Volkskunde und die Völkerkunde beruhen zum Teil oder ganz auf diesem Kriterium. Es gibt neuere Tendenzen, zumindestens die Forschungsergebnisse dieser Disziplinen aufzunehmen — wie dies in der Alten Geschichte mit den Ergebnissen der Archäologie seit dem 19. Jahrhundert geschieht — und Geschichte als vergangenes bewußtes und zielgerichtetes Handeln auch auf materielle und mündliche Dokumentation zu gründen. In der Zeitgeschichte findet eine „Rollenverteilung" unter Geschichte, Politologie, Soziologie und Ökonomie statt, die durch fachspezifische Zugriffe, Methoden und Fragestellungen zum Ausdruck komm, die gegenseitige Angewiesenheit jedoch stets im Auge behält.

Die verschiedenartigen Dimensionen von Geschichte gehören auch zum Studienfach „Geschichtswissenschaft". Doch kann dieses Studium, gleich welcher Abschluß angestrebt wird, immer nur ein *exemplarisches* sein, sowohl im Hinblick auf „Geschichte" und die von der Geschichtsforschung behandelten Themen als auch im Hinblick auf die Inhalte des späteren Geschichtsunterrichts.

Angesichts der Komplexität von Geschichte erfordert die Ausbildung *aller* Geschichtslehrer ein *wissenschaftliches Studium*. Die Art der Lehrbefähigung kann weder aus dem Alter der später zu unterrichtenden Schüler noch aus den verschiedenen Lehrämtern im dreigliedrigen Schulsystem abgeleitet werden. Der Kern der Lehrbefähigung für alle Lehrer besteht darin zu entscheiden, *was* Schüler lernen sollen, *wie* sie lernen sollen und vor allem, *warum* sie Geschichte lernen sollen. Diese Fähigkeiten können im Studium durch exemplarisches, forschendes und selbstverantwortliches Lernen erworben werden.

Die *Wissenschaftlichkeit* des Studiums gründet sich weder auf einen enzyklopädischen Anspruch auf Vollständigkeit noch auf die aktive, selbständige Teilnahme am Forschungsprozeß. Wissenschaftlichkeit ist vielmehr ein durch *Rationalität* und *Kritik* (als methodischem Zweifel) bestimmtes Verhalten zum Untersuchungs- und späteren Unterrichtsgegenstand sowie zum subjektiven Interesse (Vorverständnis, erkenntnisleitendes Interesse) an Geschichte. *Das Studium ist die Einübung des wissenschaftlichen Arbeitsprozesses.* Exemplarisch studieren heißt mehr als die notwendige Beschränkung auf wenige, ausgewählte Themen, es bezeichnet eine Lernform, mit der zugleich Sach-, Vermittlungs- und Verfahrenswissen erworben werden, das in der späteren eigenverantwortlichen Arbeit weiterentwickelt werden kann.

Rationalität und Kritik beziehen sich im Studium auf *Inhalte, Arbeitsweisen* und den eigenen *Lernprozeß*:

— auf die gezielte *Auswahl* der Studieninhalte, die eine ständige Auseinandersetzung mit vorgegebenen historischen Fragestellungen, den Erkenntnismöglichkeiten der Geschichtswissenschaft und der Funktion von Geschichte erfordert (vgl. Historik);
— auf die Beherrschung der grundlegenden *Methoden* zur Texterschließung und Interpretation, und zwar ihrer Möglichkeiten und Grenzen
— auf das systematische *Aneignen von Basiswissen* (zum Beispiel durch Handbücher, Sachwörterbücher, Vorlesungen) und auf das gezielte *Sammeln und Speichern von Informationen* zu einem Thema (zum Beispiel Bibliographieren, Schlagwortkatalog der Bibliotheken, gezielte Literaturbenutzung über Inhaltsverzeichnis und Register; Titelkartei, Exzerpieren, Schlagwortkartei);
— auf die kritische *Rezeption* des deutschen wie des internationalen *Forschungsstandes* zu einem Thema (zum Beispiel durch „Handbuchvergleich", Forschungsberichte und Sammelbesprechungen von Neuerscheinungen in den Fachzeitschriften);
— auf die *Teilnahme am wissenschaftlichen Gespräch* in den Seminaren, und zwar als Überprüfung des eigenen Wissenstandes, aber auch als Möglichkeit, den gemeinsamen Diskussionsprozeß mitzugestalten und damit mitzubestimmen;
— schließlich auf die schriftliche Erarbeitung eines Themas (*Referat*), die auf der Grundlage der geschilderten Arbeitsschritte eine zusammenhängende, gegliederte und auf ihre Materialbasis und Plausibilität überprüfbare *Darstellung* erfordert. Die meisten Themen enthalten große Spielräume, die nach den eigenen Interessen begrenzt werden können. Die jeweilige Präzisierung und Schwerpunktbildung ist einleitend zu begründen. Die Einleitung gibt Auskunft über die methodischen Probleme, die Literatur-

und Quellenlage und begründet die weiteren Darstellungsschritte. Die Durchführung folgt „allen Regeln der Kunst", verlangt eine sachlogische Abhandlung und die argumentative Auseinandersetzung mit den wichtigsten Interpretationen. Die Herkunft der angeführten „Daten" wird in den Anmerkungen belegt, die insgesamt benutzte Literatur sowie die Quellen werden in getrennten Verzeichnissen nachgewiesen. Gleich, ob ein Thema „schmal" oder „umfassend" formuliert ist, immer wird die Kenntnis größerer historischer Zusammenhänge vorausgesetzt, um den Ausschnitt angemessen bearbeiten und darstellen zu können. Diese selbstverständliche, aber schwer einlösbare Aufgabe verleiht dem Referat eine entscheidende Funktion im Studium der Geschichte.

Das Einüben des wissenschaftlichen Arbeitsprozesses kann als *forschendes Lernen* bezeichnet werden, da es — unter Anleitung — den Arbeitsschritten des Forschers und Geschichtsschreibers folgt und das Nachgehen auf bereits gebahnten Wegen subjektiv durchaus als „Entdeckung" empfunden werden kann. Doch treten die methodisch-handwerklichen und die theoretisch-interpretativen Probleme der „Rekonstruktion" von Geschichte weitaus eindringlicher zutage, wenn die überall gebotene Gelegenheit, an einem Forschungsseminar teilzunehmen, wahrgenommen wird. Die damit verbundene *Spezialisierung* zahlt sich auch in einer begrenzten Studienzeit aus, da die gewonnenen Forschungserfahrungen auch Anregungen bieten, wie historisches Lernen bei Schülern initiiert werden kann.

Erfahrungsgemäß liegt die *Schwierigkeit* des Geschichtsstudiums darin, begründet thematische Schwerpunkte zu setzen und sie zu einem kontinuierlichen Lernprozeß zu verbinden. Die Breite des Arbeitsfeldes Geschichte, die Vielfalt des Lehrangebots, die starke Betonung des Methodischen und die Verweigerung endgültiger Antworten im akademischen Unterricht bieten eigene *Entscheidungs- und Spielräume*, auf deren Nutzung die Schule im allgemeinen nicht vorbereitet hat. Das fachwissenschaftliche Organisationsprinzip der Universität, das durch seine Spezialisierung *forschungsorientiert* ist, erschwert das Studium in zweierlei Hinsicht:

1. Es ist nicht einfach, eine *Übersicht* über alle einen Geschichtsstudenten *interessierenden Veranstaltungen* zu gewinnen. Historische Lehrveranstaltungen werden zwar hauptsächlich unter „Geschichtswissenschaft" angeboten, aber schon die Sozial- und Wirtschaftsgeschichte gehört an vielen Universitäten zu den Sozial- und Wirtschaftswissenschaften, deren Zusammenarbeit mit der Geschichtswissenschaft keineswegs reibungslos abläuft. Die Geschichte vieler Regionen, zum Beispiel Chinas oder Afrikas, wird von den Seminaren für Sprache und Kultur dieser Regionen behandelt oder gar in außeruniversitären Instituten organisiert. Auf die institutionelle Eigenständigkeit der Vor- und Frühgeschichte, der Volkskunde, der Völkerkunde und der Archäologie ist bereits hingewiesen worden. Wichtige historische Themen können auch in philosophischen, theologischen und juristischen Veranstaltungen bearbeitet werden. Um die im allgemeinen nicht wiederholbare Möglichkeit einer breiten Einführung in die Geschichte

der Gesellschaft zu nutzen, muß man sich mit der *universitären Organisationsstruktur* vertraut machen.
2. Entsprechend der fachwissenschaftlichen Aufteilung des Arbeitsfeldes Geschichte und der forschungsorientierten Vereinzelung der Untersuchungsgegenstände, findet die Rekonstruktion von „*Geschichte als Zusammenhang*" nur in diesen Grenzen statt, zum Beispiel als Epoche, als sektoraler Längsschnitt, als Lebensgeschichte. Die Vermittlung eines verbindlichen „Geschichtsbildes" wird der „Spekulation" der Geschichtsphilosophen oder den „großen Würfen" von Soziologen überlassen. Obwohl es — angefangen mit Droysen — immer Historiker gegeben hat, die große Wirkung durch ihr Interesse an Weltgeschichte und Theorie ausgeübt haben, so gehört es — seit Ranke — zum wissenschaftlichen Selbstverständnis der Historiker, sich auf „positive" Tatsachen zu beschränken. Selbst für den Geschichtsforscher ist diese Position als „objektivistisches Selbstmißverständnis" überholt, viel mehr jedoch für den Hochschullehrer, dessen Lehrauftrag eine *Stellungnahme gerade zur orientierenden Funktion der Geschichte* fordert und der dem Studenten die Möglichkeit eröffnen muß, sich mit Geschichte als anthropologischem Bedürfnis auseinanderzusetzen.

Aus der Erfahrung, bei der Integration der verschiedenen fachwissenschaftlichen Lernbereiche weitgehend sich selbst überlassen zu sein, sind die studentischen Initiativen nach neuen Lernformen entstanden.

Neben der Übersicht über die akademischen Arbeitsmöglichkeiten bedarf es der Entwicklung von *Auswahlkriterien*, die über die formalen Auflagen von Prüfungsordnungen und Studienplänen sowie die zufälligen individuellen Interessen hinausgehen. Daß es keinen „Kanon" von Studieninhalten gibt, liegt an den verschiedenen gesellschaftlichen Kräften, die auf die Auseinandersetzung mit Geschichte Einfluß nehmen. Insofern bereitet die verunsichernde Studiensituation auf die Berufssituation vor: sie ist im Arbeitsbereich Geschichte angelegt. Einen entscheidenden Beitrag zur Bewältigung dieser Probleme kann die ständige *didaktische Reflexion des eigenen Lernprozesses* leisten:

— Sie verweist auf die Auseinandersetzung mit Geschichts- und Gesellschaftstheorien für die Auswahl relevanter Themen.
— Sie fordert die ständige Auseinandersetzung mit der Funktion von Geschichte für die Gesellschaft in ihren sozialen Gruppierungen sowie ihren wirtschaftlichen und politischen Zusammenhängen.
— Sie macht aufgrund der eigenen Erfahrungen bewußt, welche Schwierigkeiten Schüler im Umgang mit Geschichte haben und fördert dadurch die Einsicht in die Bedingungen des Studiums, das seine Ausbildungsfunktion nur über die individuelle Bildung der Persönlichkeit des Lehrers erreichen kann.

Die didaktische Reflexion von Studieninhalten und Studienformen hat daher eine wichtige Aufgabe für die Entwicklung der *fachwissenschaftlichen* wie der *fachdidaktischen Befähigung des zukünftigen Lehrers*. Sie ist die moderne Form der „akademischen Freiheit" und stellt den Studenten vor die nicht immer leicht zu bewältigende Forderung, aus der Konsumentenrolle des Schülers herauszufinden und das Studium von Anfang an „praxisbezogen" im weitesten Sinn zu entwerfen und selbstbestimmt durchzuführen. Ungeachtet all dieser Ansprüche, beruht auch die wissenschaftliche Beschäftigung mit Geschichte, das „Interesse an Geschichte" (R. Wittram), auf der Neugier, Ursachen und Wirkungen menschlichen Handelns und Leidens kennenzulernen und damit den eigenen Erfahrungshorizont zu erweitern.

Literatur

Borowsky, P. / *Vogel, B.* / *Wunder, H.*: Einführung in die Geschichtswissenschaft, Bd. 1: Grundprobleme, Arbeitsorganisation, Hilfsmittel, 3. Aufl. Opladen 1978, Bd. 2: Materialien zu Theorie und Methode, Opladen 1975 (Studienbücher Moderne Geschichte, Bd. 1 und 2)
Eckermann, W. / *Mohr, H.*: Einführung in das Studium der Geschichts, 2. Aufl. Berlin (DDR) 1969
Nietzsche, F.: Vom Nutzen und Nachteil der Historie für das Leben, in: *Nietzsche, F.*: Zeitgemäßes und Unzeitgemäßes. Ausgewählt und eingeleitet von. K. Löwith, Frankfurt / Hamburg 1956, 38 − 58
Wittram, R.: Das Interesse an der Geschichte, 3. Aufl. Göttingen 1968

Studium der Sozialwissenschaften

Hans Süssmuth

Aus der Öffnung der Geschichtswissenschaft gegenüber den Sozialwissenschaften resultieren spezifische Anforderungen an geschichtswissenschaftliche Studiengänge. Dabei sind die Anforderungen im Rahmen der Lehramtsstudiengänge nicht nur vom Selbstverständnis der Geschichtswissenschaft, sondern ebenso von den Anforderungen der Schule, sei es von einem selbständigen Unterrichtsfach Geschichte oder einem stärker auf Multidisziplinarität hin angelegten Unterrichtsbereich Sozialwissenschaften bestimmt.
Überlegungen zu den Studieninhalten setzen die Klärung des Begriffs *Sozialwissenschaften*, die Bestimmung des *Beziehungsgefüges Geschichte und Sozialwissenschaften*, die Erörterung der *Bildungsziele und Inhalte des Geschichtsunterrichts* voraus. Begriffsklärung und Aufgabenbestimmung haben zur Voraussetzung, daß sozialwissenschaftliche Fragestellungen und Forschungsansätze in der Geschichtswissenschaft eine grundlegende Erweiterung traditioneller historischer Forschung, nicht aber die Ablösung der Geschichtswissenschaft durch die systematischen Sozialwissenschaften bedeuten.

Gemeinsames Merkmal der zu den *Sozialwissenschaften* gehörenden Einzeldisziplinen ist der Bezug zur sozialen Wirklichkeit, zu den Lebensbedingungen und Lebensverhältnissen der Menschen verschiedener sozialer Gruppierungen. Die gängige Ausdifferenzierung in die Felder Politik, Gesellschaft, Wirtschaft und Kultur umfaßt Teilbereiche wie sozialer und wirtschaftlicher Lebensraum (Sozial- und Wirtschaftsgeographie), Bevölkerung (Demographie), in einer Kultur entwickelte Lebensformen (Sozial- und Kulturanthropologie, Sozialpsychologie), gesellschaftliche Aspekte des Rechts, Umweltplanung und Gesundheit.

Die Sozialwissenschaften, ein Verbund mehrerer Einzeldisziplinen, integrieren Theorien und Forschungen, die sich sowohl auf soziale Systeme als auch auf Groß- und Kleingruppen beziehen. Es geht um die *quantitative und qualitative Analyse sozialer Strukturen und Prozesse*, um die systematische Erfassung und Klärung von gesellschaftlichen Lebensbedingungen und Lebensvollzügen. Das Interesse an der Erkenntnis sozialer Wirklichkeit, an Aufweis der Beziehungen zwischen den verschiedenen Teilbereichen und den ihnen zugeordneten Disziplinen, an Erklärung sozialer Probleme und Konflikte schlägt sich zum Beispiel in systemtheoretischen, statistischen, historischen und empirischen Studien nieder.

Eine Geschichtswissenschaft, die sich als *Historische Sozialwissenschaft* begreift, reduziert ihren Forschungsbereich nicht auf die Geschichte der politischen Ideen und Systeme oder die Erforschung historischer Persönlichkeiten (Rürup 1977). Zentraler Gegenstand einer Historischen Sozialwissenschaft ist die *Gesellschaftsgeschichte* mit ihren Ereignissen, Strukturen und Prozessen in Raum und Zeit unter besonderer Berücksichtigung von Dauer, Veränderung und Wandel. Gesellschaftsgeschichte beinhaltet ferner den Nachweis der Zusammenhänge und Wechselwirkungen zwischen sozialen, politischen, wirtschaftlichen und kulturellen Phänomenen. Geschichtswissenschaft kann nicht davon absehen, daß sie in einem sozialen Kontext steht, daß ihre Fragestellungen und ihr Erkenntnisinteresse sozial mitbedingt sind. Sie ist nicht nur durch ihren Gegenstand, sondern auch durch ihre Funktionen in einen gesellschaftlichen Zusammenhang gestellt und nimmt gegenüber der Gegenwart einer Gesellschaft Funktionen der historischen Orientierung, der Selbstvergewisserung, der Aufklärung und Kritik wahr.

Daher ergibt sich die Notwendigkeit einer engen *Kooperation* mit der Soziologie, der Politik, der Ökonomie, der Anthropologie. Daraus resultiert ferner die Verbindung *historisch-hermeneutischer* und *sozialwissenschaftlicher* Methoden je nach Fragestellung, Gegenstand und Quellenlage. Fragestellungen und Gegenstandsbereiche der Geschichtswissenschaft erfordern aufgrund ihrer systematischen, chronologischen und regionalen Vielfalt *interdisziplinäre Kooperation*. Dies gilt nicht einseitig für die Geschichtswissenschaft. So wie sie die Kooperation mit den Nachbardisziplinen anzustreben hat, sind auch von den übrigen sozialwissenschaftlichen Disziplinen historische Fragestellungen und Untersuchungsmethoden aufzunehmen.

Geschichtsstudium als Studium einer Historischen Sozialwissenschaft erfordert das Wissen um die individuellen und überindividuellen sozialen Voraussetzungen historischer Erkenntnis, aber auch die Kenntnis historischer Fragestellungen, der Auswahl historischer Forschungsobjekte und der gesellschaftlichen Funktionen des Historikers und der Geschichtswissenschaft. Zur Erfüllung dieser Anforderungen ist im Geschichtsstudium mit den für die Disziplin und ihre Erkenntnismöglichkeiten grundlegenden *Theorien* und *Methoden* an unterschiedlichen *thematischen Schwerpunkten* vertraut zu machen. Der Studierende muß qualifiziert werden, neben der Einübung in die hermeneutisch-philologische Methode und die *individualisierende* Betrachtungsweise, systematisch auf die Erfassung von *Strukturen* und *komplexen Systemen* hin angelegte Analysen nachvollziehen und an ausgewählten Beispielen selbst durchführen zu können. Selbstverständnis wie auch Aufgaben des *Schulfachs Geschichte* sind mitbestimmt von der Bezugsdisziplin. Aber der Bezug zur *gesellschaftlichen Wirklichkeit*, zur *Lebenssituation* der Schüler ist ebenso wichtig für die Ziel- und Aufgabenbestimmung des Geschichtsunterrichts und die *Zusammenarbeit* mit anderen Unterrichtsfächern. Kooperation des Geschichtslehrers mit Lehrern des Politik-, Wirtschafts- und des Geographieunterrichts kann nur in dem Maße in einer für den Unterricht produktiven Form erfolgen, wie der Geschichtslehrer über grundlegende Kenntnis sozialwissenschaftlicher Fragestellungen, Theorien, Arbeitsfelder, Untersuchungsmethoden und wichtigste Forschungsergebnisse verfügt. Trotz aller Unterschiede der Konzeption eines eigenständigen Unterrichtsfachs Geschichte, einer stärkeren Kooperation oder Integration in einen sozialwissenschaftlichen Unterrichtsbereich, setzen die in den Lehrplänen ausgewiesenen Ziele ein Studium der Geschichte voraus, das sich nicht auf eine philologisch-hermeneutische Ausrichtung beschränkt, sondern eine *sozialwissenschaftliche Grundausbildung* einbezieht:

„Geschichte ist ein Integrationsfach, dessen Studium in allen Studiengängen die Kenntnisse wenigstens der Grundbegriffe, der wesentlichen Methoden und Theorien einer ganzen Anzahl von Nachbarwissenschaften erfordert. Entsprechend dem im Hauptstudium zu wählenden Schwerpunkt, wird die Kombination der Nachbarwissenschaften unterschiedlich sein. Im allgemeinen ist dabei jedoch an folgende Disziplinen vorrangig zu denken: Anthropologie – Geographie – Kunstwissenschaften – Philosophie – Politikwissenschaft – Rechts- und Staatswissenschaften – Soziologie – Theologie – Wirtschaftswissenschaft" (Verband der Historiker Deutschlands 1975, 299).

Die Beziehung zu den Nachbarwissenschaften kann und sollte im Geschichtsstudium nur in *eingeschränkter* und in einer für die Geschichtsforschung und Geschichtsvermittlung *spezifischen* Weise aufgenommen werden. So führt zum Beispiel die sozialgeschichtliche Betrachtung menschlicher Arbeit unter den Aspekten der Produktion und Organisation der Arbeit einerseits und der daraus resultierenden Lebensverhältnisse andererseits weit über die Analyse politischer Rahmenbedingungen hinaus. Sie konfrontiert mit wissenschaftlichen, gesellschaftlichen und rechtlichen Aspekten. Die Einführung in die für Wirtschafts-, Sozial- und Rechtsgeschichte zentralen Ansätze und Untersuchungsverfahren kann im Rahmen von Vorlesungen und Seminaren nur an ausgewählten Fragestellungen mit entsprechender thematischer Zuordnung zu den Teilgebieten der Geschichte erfolgen.

Aufgabe einer sozialwissenschaftlichen Ausbildung im Rahmen des Geschichtsstudiums ist es, die Arbeitsfelder einer historischen Sozialwissenschaft mit ihren vergleichbaren und unterschiedlichen Fragestellungen und Forschungsmethoden zu vermitteln. Dieses Ziel ist aber nicht durch ein verkürztes Grundstudium in verschiedenen oder wenigstens einer weiteren sozialwissenschaftlichen Disziplin, sondern *im Rahmen des Geschichtsstudiums selbst* über die Fachvertreter oder durch Kooperation mit historisch ausgerichteten Fachvertretern anderer sozialwissenschaftlicher Disziplinen anzustreben. Bei den Fachvertretern in der Geschichtswissenschaft wird dabei davon ausgegangen, daß die Spezialisierung und damit die Ausdifferenzierung der Disziplin nicht nur von der traditionellen Periodisierung her gegeben ist.

Die *erkenntniskritischen* Funktionen der Geschichtswissenschaft und der historischen Vermittlung — wie Aufarbeitung der Fragestellungen und Erkenntnisbedingungen, Begriffs- und Kategorienbildung, Erarbeitung und Erprobung unterschiedlicher Erkenntnisverfahren, Entwicklung von Erschließungsmodellen, Theoriebildung, Aufbau interdisziplinärer Forschung und Vermittlung — sind mit den *erkenntnispraktischen* und zugleich gesellschaftlichen Funktionen wie Analyse und handlungsbezogene Auseinandersetzung mit Gegenwartsproblemen, Anleitung zu rationaler zeitlicher Distanzierung, zu kritischem Verhalten gegenüber kurzschlüssigen zukunftsgerichteten „Totalentwürfen" gesellschaftlicher Wirklichkeit, Einsicht in kurz- und langfristige Prozesse zu verbinden. Geschichtswissenschaft als eine zugleich hermeneutisch-interpretative und analytisch-deskriptive, eine auf das Individuell-Konkrete und Allgemein-Abstrakte gerichtete Disziplin vermag zur Ausbildung des konkreten wie des abstrakten Denkens, zu *mehrdimensionaler* Betrachtungsweise und einem *Vergangenheit und Zukunft verbindenden Gegenwartsbewußtsein* beizutragen. Geschichtswissenschaft und gesellschaftliche Funktionen stehen nicht in einem additiven, sondern komplementären Verhältnis zueinander. Die Geschichtswissenschaft hat die Frage n ch den für sie spezifischen gesellschaftlichen Funktionen ebenso in sich aufzunehmen, wie bei der Ermittlung und Erfüllung der gesellschaftlichen Funktionen die geschichtswissenschaftlichen Voraussetzungen zu berücksichtigen sind. In dem Maße, wie der Zusammenhang zwischen den Funktionsebenen anerkannt ist, wird eine stringentere Begründung historischen Lernens und historischen Forschens ermöglicht. Geschichtslehrerausbildung hat die Frage nach primärer und sekundärer geschichtlicher Erfahrung zu stellen und in das Studium einzubeziehen. Dabei ist der Tatsache Rechnung zu tragen, daß historische Einsichten eher einen mittelbaren als einen unmittelbaren Handlungsbezug haben. Sie vermitteln soziale Kompetenz bzw. Qualifikation zur Bewältigung von Lebenssituationen und ermöglichen Orientierung für Verständnis, Erklärung und Lösung sozialer und politischer Probleme. Die Geschichtswissenschaft hat ihre inhaltliche und methodische Bindung an die Philologien erweitert und sich stärker an den Sozialwissenschaften orientiert. Vergleicht man die Verwendung von Wissensbeständen und methodischem Instrumentarium der einzelnen Sozialwissenschaften, so ergibt sich die Notwendigkeit der Kooperation aus der Verflechtung der realen Lebenszusammenhänge, mit denen sich die Einzeldisziplinen beschäftigen, und aus der Tatsache, daß gleiche Lebenssituationen in verschiedenen Disziplinen thematisiert werden. Die Konstruktion eines *Historisch-sozialwissenschaftlichen Hochschulcurriculums*, das auf Qualifikationen ausgerichtet ist, die die Bewältigung spezifischer Lebenssituationen fördern, hat eine enge Kooperation der einzelnen sozialwissenschaftlichen Bezugsdisziplinen zur Voraussetzung. Für die Lehrpraxis an den Hochschulen gilt daher mit Recht die Forderung,

„mehr Erklärung, mehr Vergleich, mehr strukturelle Betrachtung, mehr Aktualisierung . . ., mehr Systematisierung und mehr Integration der Fragestellungen, mehr theoretische Reflexion" (Leuschner 1973, 14 f.).

Geschichtswissenschaft versteht sich zunehmend auch als Disziplin, die einen Beitrag zur Handlungsorientierung und Problemlösungsvorschläge zu leisten vermag. Geschichtswissenschaft kommt nicht mehr ohne die Kenntnisnahme, Prüfung der Einsatzmöglichkeiten, Anwendung bzw. Zurückweisung der Theorien, Begriffsmuster, Modelle, Methoden von Soziologie, Politikwissenschaft, Ökonomie, Anthropologie aus. Dabei geht es um Kooperation und Austausch. Beispiele sind Revolutionstheorien, Totalitarismustheorien, Imperialismustheorien, Theorien des Krieges, aber auch sozialwissenschaftliche Kategorien wie Rolle, Status, Stratifikation. Die Ausweitung geschichtswissenschaftlicher Forschung und die Anforderungen, die das Unterrichtsfach Geschichte stellt, machen es notwendig, daß innerhalb des Geschichtsstudiums für das Lehramt in Struktur und Methoden der systematischen Sozialwissenschaften eingeführt wird.

Literatur

Borowsky, P. / Vogel, B. / Wunder, H.: Einführung in die Geschichtswissenschaft I. Grundprobleme, Arbeitsorganisation, Hilfsmittel, Opladen 1975
Forndran, E. / Hummel, H. J. / Süssmuth, H. (Hrsg.): Studiengang Sozialwissenschaften: Zur Definition eines Faches, Düsseldorf 1978
Knobel, H. / Wulf, P.: Grundsätzliche Überlegungen zu einer wirtschaftswissenschaftlichen Ausbildung für Historiker, in: *Jäckel, E. / Weymar, E.* (Hrsg.): Die Funktion der Geschichte in unserer Zeit, Stuttgart 1975, 109 – 121
Krockow, Chr. Graf von: Sozialwissenschaften, Lehrerbildung und Schule, Opladen 1969
Leuschner, J. / Nolte, H.-H. / Schwarz, B.: Geschichte an Universitäten und Schulen. Materialien, Kommentare, Empfehlungen, Stuttgart 1973
Rürup, R. (Hrsg.): Historische Sozialwissenschaft, Göttingen 1977
Schmidt, J.: Studium der Geschichte, München 1975
Steinbach, L.: Lehrerbildung, Didaktik und die Organisation eines sozialwissenschaftlichen Studiengangs, in: *apz* B 9 (1977), 23 – 39
Süssmuth, H.: Die Ausbildung des Geschichtslehrers, in: *Jäckel, E. / Weymar, E.* (Hrsg.): Die Funktion der Geschichte in unserer Zeit, Stuttgart 1975, 310 – 325
Stellungnahme des Verbandes der Historiker Deutschlands im Zusammenwirken mit dem Verband der Geschichtslehrer Deutschlands (1971): Geschichtswissenschaft und Geschichtsunterricht. Lageanalyse – Folgerungen – Empfehlungen, in: *GWU* 23 (1972), 1 – 13
Erklärung des Verbandes der Historiker Deutschlands zum Studium des Fachs Geschichte an den Hochschulen (14. 10. 1975), in: *GWU* 26 (1975), 223 – 225, 297 – 304, 566 – 569

Studium der Geschichtsdidaktik

Klaus Fröhlich

Geschichtsdidaktik kann man sinnvollerweise nur im Zusammenhang des Studiums der Geschichte studieren. Geht man von der Leitvorstellung eines in seiner jeweiligen Berufspraxis kompetenten Historikers aus, so ist vom Geschichtsstudium zu fordern, daß es den Studierenden in ein theoriegeleitetes Praxisverhältnis setzt. Das heißt, im Studium soll der Studierende nicht nur die Fähigkeit zur wissenschaftlichen Rekonstruktion vergangenen menschlichen Handelns und Leidens erwerben, er muß zugleich auch die Fähigkeit entwickeln, die gesellschaftliche und politische Bedingtheit solcher Rekonstruktionen zu erkennen und die Bedeutung der historischen Erkenntnis als eines handlungsorientierenden Faktors für die individuelle und gesellschaftliche Praxis in Gegenwart und Zukunft abzuschätzen, um auf die wechselnden Praxisanforderungen reflektiert und sachgerecht reagieren zu können.

Zu einer solchen *Vermittlung von Theorie und Praxis* kann die Geschichtsdidaktik einen wesentlichen Beitrag leisten. Sie ist diejenige Disziplin unter den historischen Wissenschaften, die das in der Gesellschaft vorfindliche Geschichtsbewußtsein hinsichtlich seiner Formen, seiner Entstehung und seiner Funktion für das Selbstverständnis dieser Gesellschaft theoretisch und empirisch erforscht und zugleich seine Wert- und Handlungsrelevanz für eine vernunftgemäße lebensweltliche Praxis expliziert. Auf dieser Basis entwickelt sie eine Pragmatik der Vermittlung von angemessenen Vergangenheitsvorstellungen im Hinblick auf die historische Bewußtseinsbildung unterschiedlicher Adressatengruppen (Jeismann 1977, 13 ff.). Insoweit sie sich dabei auf das geschichtswissenschaftliche Paradigma bezieht, decken sich ihre Aufgaben mit denen der Historik als der theoretischen Grundlegung der Geschichtswissenschaft; insoweit sie über die Verwendung historischer Erkenntnisse in intentional gesteuerten historischen Bewußtseinsbildungsprozessen entscheidet, geht sie über die Historik hinaus (vgl. Rüsen 1979, 170 ff.). Dabei reflektiert sie ausdrücklich auch auf die vor- und außerwissenschaftlichen Formen historischen Denkens und unterscheidet zwischen legitimen, d. h. an den Gegenwarts- und Zukunftsinteressen des Rezipienten orientierten gesellschaftlichen Ansprüchen einerseits und illegitimen, d. h. ideologischen, den Rezipienten überwältigenden Zumutungen an die organisierten Lehr- und Lernprozesse andererseits. In Kenntnis der praktischen Wirkungen des historischen Denkens beansprucht die Geschichtsdidaktik zu ermitteln und zu begründen, welche wissenschaftlich gewonnenen historischen Erkenntnisse in welcher Weise praktische Verwendung finden sollen, oder anders formuliert: Die Geschichtsdidaktik leistet ihren Beitrag zur Vermittlung von Theorie und Praxis, indem sie darüber befindet, was mit dem, das der Geschichtsstudent in seinem Fachstudium erwirbt, in der Berufspraxis geschehen kann und geschehen soll.

Aus diesen Bestimmungen ergeben sich zwei grundsätzliche Schlußfolgerungen für das Studium der Geschichtsdidaktik:

— Wegen der engen theoretischen und praktischen Verbindung mit der Geschichtswissenschaft können die *geschichtsdidaktischen Studien* institutionell nicht bei den Erziehungswissenschaften angesiedelt werden, sondern müssen *beim Studium des Faches Geschichte* ressortieren (vgl. Süssmuth 1975, 319; Weymar, in: GWU 1985, H. 3, 169 f.). Die Pädagogik mit ihren Nachbardisziplinen wie Psychologie, Sozialisationstheorie, Lerntheorie, Kommunikationstheorie usw. ist zweifellos die wichtigste Bezugswissenschaft der Geschichtsdidaktik in den Bereichen, in denen es um das planmäßige Lehren und Lernen von Geschichte, insbesondere um den schulischen Geschichtsunterricht, geht. Sie ist als Bezugswissenschaft aber nicht in der Lage, Erkenntnisgegenstand und Erkenntnisweisen der Geschichtsdidaktik zu konstituieren und zu begründen.

— Das Studium der Geschichtsdidaktik muß als ein *notwendiger und integraler Teil jedes Geschichtsstudiums* verstanden werden. Die didaktische Frage nach den Absichten historischer Aufklärung, die nicht ohne die Reflexion auf die Bedingungen und Möglichkeiten historischer Erkenntnis überhaupt beantwortet werden kann, ist nicht auf den Horizont des Schulgeschichtsunterrichts beschränkt. Die Geschichtsdidaktik umgreift daher im Prinzip *alle* Praxisbereiche, in denen der Historiker kompetente Beiträge zu leisten vermag — sei es die außerschulische Jugend- und Erwachsenenbildung oder das Archiv- und Bibliothekswesen, sei es das Museum, die Denkmalpflege oder die Städtesanierung und Raumplanung, das Verlagswesen oder die Massenmedien. Die Forderung nach Einführung geschichtsdidaktischer Studien läuft keineswegs auf die Verwässerung des Geschichtsstudiums hinaus, sie ist vielmehr eine notwendige Konsequenz aus der Verwissenschaftlichung der Geschichte selbst. Geschichte als Wissenschaft bedarf der Geschichtsdidaktik, will sie sich nicht als elitärer Forschungsbetrieb darstellen, der sich, hilflos und ohnmächtig vor den Fragen der Gegenwart, um die Verwendung der von ihm produzierten Ergebnisse nicht bekümmert.

Als oberstes Ziel des Studiums der Geschichtsdidaktik kann der Erwerb und die Steigerung von *Reflexionskompetenz im Umgang mit Geschichte* angesehen werden. Dabei meint „Umgang mit Geschichte" sowohl die fachwissenschaftliche Betätigung des Studierenden in seinem gegenwärtigen Fachstudium als auch seine zukünftige Berufspraxis. Dieses Ziel ist in drei Hinsichten anzusteuern:

1. Hinsichtlich der Geschichtswissenschaft soll der Studierende zur *Reflexion auf die Leistung des Faches für Weltverstehen* befähigt und angehalten werden (theoretische Dimension).
2. In Hinsicht auf die Formen, die Entwicklung und die Veränderungen des Geschichtsbewußtseins unter je verschiedenen Sozialisations- und Lebensbedingungen der Bezugsgruppen soll der Studierende *Beobachtungskompetenz* und *Analysefähigkeit* erwerben (empirische Dimension).

3. Im Hinblick auf die künftige Berufspraxis soll der Studierende eine Theorie und Praxis vermittelnde *Entscheidungskompetenz* erwerben, die theoretisch reflektierten und begründeten Kriterien für legitime Vermittlungsverfahren in den jeweiligen Verwendungszusammenhängen folgt (pragmatische Dimension).

Bei der *Institutionalisierung geschichtsdidaktischer Studien* hat sich in der Vergangenheit und wird sich in der Zukunft immer wieder eine Dominanz der schulfachlichen Aspekte ergeben. Das ist darin begründet, daß der Geschichtsunterricht zwar nicht den einzigen, vielleicht nicht einmal den wirkungsvollsten, zweifellos aber den prominentesten, weil am stärksten institutionalisierten und gesellschaftlich beobachteten Lernort von Geschichte vorstellt. Die Einführung von geschichtsdidaktischen Studien wirkt sich deshalb am nachhaltigsten in den *Lehramtsstudiengängen* aus, deren Reform in jüngerer Zeit auch immer wieder Gegenstand der Gesetzgebung und ministerieller Verordnungen und Erlasse gewesen ist. Die Integration geschichtsdidaktischer Studienanteile in das Geschichtsstudium, wie sie hierbei in der Regel angestrebt wird, impliziert eine Neudefinition der durch das Studienangebot sicherzustellenden *Qualifikationsbeiträge* der Geschichtswissenschaft, der Bezugswissenschaften und der Berufspraxis. Bei der Realisation dieser Qualifikationsbeiträge in der Lehrerausbildung fallen der Geschichtsdidaktik Aufgaben zu, die in den Lehramtsstudiengängen — zumal an Universitäten — bisher kaum Berücksichtigung gefunden haben. Im einzelnen ergibt sich eine Reihe von Konsequenzen auf den Ebenen der *Studieninhalte* (Erweiterung der Studienanforderungen), der *Studienorganisation* (Entwicklung neuer, Theorie und Praxis verbindender Formen akademischen Lehrens und Lernens; interdisziplinäre Kooperation in der Lehre, insbesondere mit Pädagogik und Sozialwissenschaft) und der *Ausbildungsinstitutionen* (Kooperation mit der Schule als einer außeruniversitären Ausbildungsinstitution). Die Leitvorstellungen, unter denen diese Konsequenzen zu ziehen sind, dürfen nicht im Blick auf gegenwärtige Organisations- und Kapazitätsprobleme der Hochschulen formuliert werden. Sie müssen sich am Gesichtspunkt des Kompetenzerwerbs der Studierenden für die künftige Berufspraxis als Geschichtslehrer orientieren, ohne sich von der Frage nach den kurzfristigen Realisierungschancen einengen zu lassen.

Dasselbe muß sinngemäß für die nicht auf das Praxisfeld Schule abzielenden *Magisterstudiengänge* gelten. Allerdings ist hier die Rat- und Hilflosigkeit der Geschichtswissenschaft gegenüber der Frage nach der Praxisrelevanz der wissenschaftlichen historischen Erkenntnis noch immer ungleich größer als sie es im Blick auf das Lehramt je gewesen ist (vgl. Empfehlungen der Studienreformkommission Geschichte 1984, bes. 22 — 24); und vor allem wachsen in diesem Bereich — ungeachtet mancher Lippenbekenntnisse zur „Praxisorientierung" des Geschichtsstudiums — immer dann das Mißtrauen und der Widerstand der Fachhistorie gegen die Integration der Fachdidaktik, wenn es tatsächlich um konkrete Festlegungen in den Studienordnungen und damit um Stundendeputate, Pflichtbindungen und Prüfungsberechtigungen geht (vgl. neuerdings die Kontroverse in Niedersachsen, in: GWU 36 (1985), Heft 3).

Das Angebot *fachdidaktischer Lehrveranstaltungen* bezieht sich auf die drei genannten Zieldimensionen des Studiums der Geschichtsdidaktik (siehe auch Mütter 1977, 97 ff.), wobei für die Lernorganisation die verschiedenen, von der Hochschuldidaktik diskutierten und vielfach erprobten Studienverfahren (siehe zum Beispiel Sader u. a. 1971) zur Anwendung kommen können:

- Der *theoretischen* Dimension entsprechen Lehrveranstaltungen, die der Frage nach den Bedingungen und Möglichkeiten der historischen Erkenntnis nachgehen, die Bedeutung des geschichtswissenschaftlichen Paradigmas für das Lernen und Lehren von Geschichte untersuchen oder geschichtsdidaktische Gesamtkonzeptionen vorstellen und vergleichen in der Absicht, den Studierenden Kriterien und Alternativen für die von ihnen zu treffenden didaktischen Entscheidungen an die Hand zu geben. Thematisiert werden auch Teilaspekte wie zum Beispiel Probleme der Curriculumkonstruktion für den Geschichtsunterricht, Lernzielfindung und -begründung, Auswahl von Inhalten und ihre Legitimierung usw. Wichtig ist es, daß bei diesen Lehrveranstaltungen an konkreten Lernerfahrungen der Studierenden oder an anderem empirischen Material angeknüpft wird, um die praktische Relevanz der theoretischen Reflexionen einsichtig zu machen. Sinnvoll kann es auch sein, in konkretisierten didaktischen Entwürfen oder in Richtlinien und Lehrplänen die zugrunde liegenden „heimlichen" Geschichtstheorien aufzusuchen und deren regulative Funktion zu bestimmen.
- Der *empirischen* Dimension sind Lehrveranstaltungen verpflichtet, die spezifischen Verwendungssituationen und -zusammenhängen nachgehen in der Absicht, den empirischen Gehalt der theoretischen und didaktischen Reflexionen zu steigern. Hier können zum Beispiel vor- und außerwissenschaftliche Formen des Geschichtsbewußtseins und ihre Rolle bei der Aneignung von Geschichte in organisierten Lehr- und Lernprozessen untersucht werden, es können Schulbuch- und Medienanalysen vorgenommen oder der Zusammenhang von Lehrintentionen und speziellen Formen der Geschichtspräsentation (zum Beispiel im Museum, in Film und Fernsehen, im Sach- oder Jugendbuch usw.) thematisiert werden.
- Der *pragmatischen* Dimension sind vornehmlich Lehrveranstaltungen zuzuordnen, die der Vorbereitung, Durchführung und Begleitung schulpraktischer Studien dienen. Das Einüben didaktischer Entscheidungen an konkretem Geschichtsunterricht, seiner Planung, Durchführung und Evaluation, verlangt eine enge Zusammenarbeit mit den Erziehungswissenschaften und ihren Nachbardisziplinen, deren Verfahren und Erkenntnisse in spezifisch geschichtsdidaktische Fragestellungen gewendet werden müssen. Zugleich tritt die Geschichtsdidaktik mit dem Fachpraktikum aus dem Rahmen inneruniversitärer Lehre und Forschung hinaus und kann ihrer empirischen Forschung ein wichtiges Untersuchungsfeld erschließen.

Die Konstruktion des Studiums der Geschichtsdidaktik im Rahmen der Lehramtsstudiengänge muß gegenwärtig von der Zweiphasigkeit der Lehrerausbildung ausgehen, die in allen Bundesländern die Regel ist. Die Zuordnung möglicher fachdidaktischer Lehrveranstaltungen zu den drei Zieldimensionen beinhaltet noch keine Entscheidung über die *curriculare Konstruktion geschichtsdidaktischer Studien* und deren Integration in einen sinnvoll geregelten Fachstudiengang. Dieses Problem ist ungeachtet der hoffnungsvollen Ansätze in einigen neu konzipierten Studienordnungen (zum Beispiel Bielefeld, Bochum, einige Gesamthochschulen) weitgehend noch offen. Seine Lösung stößt auf drei *Hauptschwierigkeiten*:

1. Ungeklärt ist im Bereich der Lehrerausbildung die *Abgrenzung der Ausbildungsbeiträge der ersten Phase von denen der zweiten*. Die landläufige Auffassung, in der ersten Phase werde die Wissenschaft, in der zweiten

die Praxis gelehrt und beides habe auf eine nicht weiter aufgeklärte Weise irgendetwas miteinander zu tun, führt zur Fortschreibung der überkommenen *Theorie-Praxis-Dichotomie*, die von den Betroffenen, den auszubildenden künftigen Lehrern, in beiden Bereichen als informierte Willkür erlebt wird. Gewiß kann man generell sagen, daß es nicht der Sinn der ersten Ausbildungsphase ist, Aufgaben der zweiten vorwegzunehmen und die Studierenden in praktische Unterrichtstätigkeit einzuführen. Was diese negative Abgrenzung jedoch für die Gestaltung der beiden Ausbildungsabschnitte positiv bedeutet, darüber besteht nicht nur keine Einigkeit unter den Ausbildungsträgern, darüber findet nicht einmal eine offene Auseinandersetzung statt. Hochschulen und Studienseminare sind institutionell, dienst- und beamtenrechtlich, verwaltungs- und finanztechnisch sauber voneinander getrennt und arbeiten unverbunden nebeneinander her bzw. aneinander vorbei. Die jüngste Geschichte der Reform der Lehrerausbildung in verschiedenen Bundesländern zeigt mit hinreichender Deutlichkeit, daß der fehlende Kontakt zwischen den Ausbildungsträgern den Kultusverwaltungen jenen Freiraum läßt, den sie brauchen, um das Problem in bürokratisierten Verfahren verwaltungsgerecht zu lösen. Für die Zukunft des Studiums der Geschichtsdidaktik wiegt es deshalb um so schwerer, daß die Geschichtsdidaktik von den fachspezifischen Problemen, die sich aus dieser Situation ergeben, bisher keine Notiz genommen hat. Es gehört jedoch zu ihren genuinen Aufgaben, darüber Auskunft zu geben, wie einerseits der Erfahrungsgehalt der wissenschaftlichen Beschäftigung mit Geschichte gesteigert, andererseits die Praxis des Geschichtsunterrichts theoretisch begründet werden kann. Dies ist eine wesentliche Voraussetzung für eine *curriculare Verklammerung* der beiden Ausbildungsphasen, die geeignet ist, die Theorie-Praxis-Dichtotomie in der Geschichtslehrerausbildung zu überwinden.

2. Ungeklärt ist auch das *Problem der Integration des Studiums der Geschichtsdidaktik in das Studium der Geschichte* an den Hochschulen. Hierfür liegt eine Reihe programmatischer Vorschläge vor (siehe Fürnrohr, in: Fürnrohr / Timmermann 1972, 48 – 59; Süssmuth 1975; Mütter 1977; Weymar, in: GWU 1985, H. 3), deren Realistik jedoch schwer abzuschätzen ist, weil die hochschuldidaktischen Probleme eines curricular angelegten Studienganges noch ungelöst sind. Was an den einzelnen Hochschulen in den geschichtsdidaktischen Studien geschieht, läßt sich nur schwer erheben und kaum vergleichen, da es in hohem Maße von lokalen institutionellen, personellen und atmosphärischen Rahmenbedingungen abhängig sein dürfte. Immerhin läßt sich die Hypothese aufstellen, daß der Zwang zu interdisziplinärer Zusammenarbeit in der Lehre und zur Einführung kommunikativer Lehr- und Lernverfahren, der von der Etablierung fachdidaktischer Anteile im Studiengang Geschichte ausgehen kann, nicht ohne Wirkung auf das Fachstudium im engeren Sinne bleiben wird. Die Integration des Studiums der Geschichtsdidaktik könnte insofern dort, wo sie ernsthaft versucht wird, der *inhaltlichen Studienreform* wichtige Impulse geben. Andererseits ist aber auch die Gefahr nicht zu verkennen,

daß die Integration der Geschichtsdidaktik in die Lehramtsstudiengänge faktisch zur Abdrängung der Lehrerausbildung in eine Art pädagogischer Akademien, d. h. zur wissenschaftlichen Dequalifizierung führen kann (solche Vorstellungen scheinen — in spezifisch Göttinger Ausprägung — die Argumentation von H. Boockmann, in: GWU 1985, H. 3, 17 ff. zu leiten). Dieser Gefahr ist nur zu begegnen, wenn die Geschichtsdidaktik das, was sie in den letzten Jahren an theoretischem Vermögen hinzugewonnen hat, auch empirisch zu untermauern versteht durch den Ausweis ihrer Qualität als einer wissenschaftlichen Disziplin, die theoriegeleitet empirisch forscht.

3. Ungeklärt sind schließlich die *wissenschafts- und hochschulpolitischen Probleme*, die die Reform der Studiengänge aufgeworfen hat. Das Verhältnis zwischen der institutionalisierten Geschichtswissenschaft und der Geschichtsdidaktik ist weithin von Mißverständnissen und Mißtrauen geprägt (vgl. Rüsen 1979, 181). Die Universitätshistorie ist weit entfernt, die wissenschaftstheoretisch begründeten Ansprüche der Geschichtsdidaktik zu akzeptieren und zu den ihren zu machen (vgl. Erklärung des Verbandes der Historiker Deutschlands zum Studium des Fachs Geschichte, Teil II, in: GWU 27 (1976), 297 ff., dazu die Vorschläge der nordrheinwestfälischen Fachdidaktiker, in: Jeismann, 1978 504 ff.; Bodensieck 1978). An diesem prekären Verhältnis hat sich trotz der knappen Erklärung des Historikerverbandes vom Mai 1978 zugunsten geschichtsdidaktischer Studien für *jeden* Geschichtsstudenten (in: GWU 1978, 585) seit zehn Jahren kaum etwas geändert. Das belegt jetzt erneut die ländergemeinsame Studienreformkommission Geschichte mit ihrem Entwurf von Empfehlungen für die Neuordnung des Magister-Studienganges (Empfehlungen 1984). Ohne zureichende theoretische Reflexion der gesellschaftlichen Funktion der Geschichtswissenschaft und des Historikers mühen sich die Empfehlungen zwar ab, einige Praxisrelevanz im Geschichtsstudium zu verankern, sie nehmen aber selbst in diesem Zusammenhang die Existenz einer wissenschaftlichen Disziplin Geschichtsdidaktik nicht einmal dem Namen nach zur Kenntnis. Es ist nicht ohne Delikatesse, daß sich die stimmberechtigten Fachleute in der Kommission ausgerechnet von dem (übrigens nicht stimmberechtigten) gewerkschaftlichen „Vertreter der Berufspraxis" per Sondervotum vorhalten lassen müssen, ihre Überlegungen entsprächen „nicht dem Diskussionsstand der Theorie der Geschichte, zur Historik und Geschichtsdidaktik" (Empfehlungen 1984, 143). Man braucht sich daher auch nicht zu wundern, daß vielerorts noch immer das geschichtsdidaktische Studienangebot als ungeliebtes *Anhängsel des Fachstudiums für Lehramtsstudenten* minderprivilegierten Schulpraktikern überlassen wird, die auf dem Wege der Abordnung oder Lehrbeauftragung eingeworben werden, um die bürokratischen Auflagen der staatlichen Prüfungsordnungen möglichst unauffällig und folgenlos zu erfüllen.

Die am Verhältnis der ersten zur zweiten Ausbildungsphase beobachtete Theorie-Praxis-Dichotomie findet sich auf diese Weise bereits inneruniversitär wieder. Sie wiederholt sich im Verhältnis zwischen den geschichtswissenschaftlichen Fachbereichen der klassischen Universitäten, die die Wissenschaftlichkeit der Ausbildung durch den Einbruch eines vermeintlich ideologischen Praxisbezuges bedroht glauben, und den traditionell stärker auf die unterrichtliche Verwendung von Geschichte fixierten Pädagogischen Hochschulen, die die von der Geschichtstheorie ausgehenden Ansprüche an die Ausbildung des Geschichtslehrers oft als Bedrohung ihres Praxisbezuges verstehen. Die Verständigung zwischen Geschichtswissenschaft und Geschichtsdidaktik, zwischen Universitäten und Pädagogischen Hochschulen wird noch zusätzlich dadurch belastet, daß es in den laufenden Auseinandersetzungen häufig mehr um *Standesfragen*, um Personalstellen und Ausstattungen, um Statusprobleme und Haushaltstitel geht als um wissenschaftstheoretische Fragen (vgl. Jeismann 1978, 500 f.; neuerdings wieder bei Boockmann, in: GWU 1985, H. 3, 184 f.). Sicher ist es richtig, daß die Integration des Studiums der Geschichtsdidaktik in das Fachstudium und mit ihr die inhaltliche Studienreform nur vorankommen können, wenn es gelingt, die Normen des einen, Geschichtswissenschaft, Historik und Geschichtsdidaktik umgreifenden *historischen Diskurses* im Studium des Faches Geschichte zur Geltung zu bringen (Rüsen 1979, 183). Ebensosehr hängt die Lösung dieser Probleme aber auch davon ab, daß es die Geschichtsdidaktik versteht, sich als die Theorie und Praxis vermittelnde wissenschaftliche Disziplin *bildungspolitisch* nachhaltig zur Geltung zu bringen, indem sie in Forschung, Lehre und Weiterbildung Arbeitsfelder erschließt und besetzt, die von der Geschichtswissenschaft traditionellerweise vernachlässigt werden.

Literatur

Bodensieck, H.: Historikerverband und Geschichtsdidaktik, in: *GWU* 29 (1978), 428 bis 450

Empfehlungen der Studienreformkommission Geschichte (Entwurf), verabschiedet in der 12. Sitzung der Studienreformkommission Geschichte vom 10. / 11. September 1984 (Veröffentlichungen zur Studienreform, hrsg. vom Sekretariat der Ständigen Konferenz der Kultusminister der Länder in der Bundesrepublik Deutschland — Geschäftsstelle für die Studienreformkommissionen, Bd. 21), Bonn 1984

Fürnrohr, W. / Timmermann, J. (Hrsg.): Geschichtsdidaktisches Studium in der Universität (Fachdidaktische Studien, Bd. 1), München 1972

GWU 36 (1985), H. 3 (Themenheft zur Studienreform in Niedersachen mit Beiträgen von *E. Weymar, H. Boockmann, J. Rohlfes*)

Jeismann, K. E.: Didaktik der Geschichte, in: *Kosthorst, E.* (Hrsg.): Geschichtswissenschaft. Didaktik — Forschung — Theorie, Göttingen 1977, 9 — 33

— Die Stellung der Didaktik im Studium des Faches Geschichte an den Hochschulen, in: *GWU* 29 (1978), 500 — 507

Mütter, B.: Geschichtsdidaktik an der Universität, in: *Geschichte / Politik und ihre Didaktik* 5 (1977), H. 3 — 4, 91 — 101

Rüsen, J.: Geschichtstheorie und Geschichtsdidaktik in Forschung und Lehre an den Hochschulen, in: *Fürnrohr, W.* (Hrsg.): Geschichtsdidaktik im internationalen Vergleich (AuA, Bd. 22), Stuttgart 1979, 168 — 184

Sander, M. / Clemens-Lodde, C. / Keil-Specht, H. / Weingarten, A.: Kleine Fibel zum Hochschulunterricht. Überlegungen, Ratschläge, Modelle, 2. Aufl. München 1971

Süssmuth, H.: Die Ausbildung des Geschichtslehrers, in: *Jäckel, E. / Weymar, E.* (Hrsg.): Die Funktion der Geschichte in unserer Zeit, Stuttgart 1975, 310 — 325

Fachpraktikum

Ulrich Mayer / Hans-Jürgen Pandel

Fachpraktikum und Lehrerausbildung

Das wichtigste, oft sogar einzige Instrument der zweiphasigen Lehrerausbildung zur Verbindung von geschichtsdidaktischer Theorie und unterrichtlicher Praxis stellt das Praktikum dar. In der gegenwärtigen Situation der Hochschule können Studenten die Relevanz der gelernten Theorieelemente für komplexes didaktisches Handeln nicht allein durch theoretische Anstrengungen erkennen. In dieser Sicht ist das Fachpraktikum ein Integrationsinstrument für die unterschiedlichen Theorieelemente, die während des Studiums vermittelt werden. Gleichzeitig macht das Fachpraktikum durch Praxisvollzug und Praxisdruck die Praktikanten auf Probleme aufmerksam, die wiederum durch theoretische Bemühungen der Disziplinen aufzuarbeiten sind.

Definition

Das Fachpraktikum ist eine von den Einzeldisziplinen der Universität / Hochschule organisierte Veranstaltung. Im Gegensatz zum allgemeindidaktisch-erziehungswissenschaftlichen Praktikum berücksichtigt es gerade die spezifischen Ziele und Inhaltsdimensionen der einzelnen Schulfächer. Das Fachpraktikum im engeren Sinne ist deshalb eine von den einzelnen Fachdidaktiken vorbereitete, organisierte, begleitete und ausgewertete Veranstaltung in der Schule, während der Studenten vier bis fünf Wochen in der vorlesungsfreien Zeit selbständig, wenn auch nicht eigenverantwortlich, Unterricht erteilen. Das Fachpraktikum Geschichte ist im Sinne *schulpraktischer Studien* integrierter Bestandteil des universitären Ausbildungsganges „Didaktik der Geschichte" für die Studiengänge aller Lehrämter. Sofern jedoch das Praktikum von Hochschulbetreuern oder von Praktikanten als unangenehme Unterbrechung von Semesterferien betrachtet wird, kann der Anspruch der Gleichrangigkeit schulpraktischer Studien in der Lehrerausbildung nicht aufrecht erhalten werden.

Ziele

Sowohl die forschende Theoriefindung in der Geschichtsdidaktik wie ihre Vermittlung in der Lehre sind auf enge und dauernde Verbindung mit der Praxis des Geschichtsunterrichts als Gegenstand und Anwendungsfeld wie auch als Realitätskontrolle der Theorie angewiesen. Während des Fachpraktikums sollen theoretische Entwürfe im Unterricht umgesetzt, Elemente fachdidaktischen Wissens in der Praxis erprobt und Lösungsstrategien für fachdidaktische Probleme (Unterrichtsplanung, Medieneinsatz, Methodenkonzeptionen, Schülerorientierung, Alltagsbewußtsein u. a.) entwickelt werden.

Im Fachpraktikum können wegen des fehlenden Beurteilungsdruck (im Unterschied zum vermeintlichen bis tatsächlichen Effizienzzwang der als dauernde Prüfungssituation empfundenen zweiten Ausbildungsphase) Gestaltungsspielräume für innovatorische geschichtsdidaktische Konzeptionen ausprobiert werden. Auf der sozialen Ebene können die Voraussetzungen, die durch Öffentlichkeit sowie durch die Beziehungen zu Eltern, Mentoren, Kollegen und zur Institution Schule gegeben sind, antizipierend für die spätere Lehrerrolle erfahren werden. Das Fachpraktikum ermöglicht es, die in konkreten Lerngruppen erfahrbaren Bedingungen historischen Lernens längerfristig zu beobachten und in didaktische Überlegungen einzubeziehen. Schließlich kann die Praktikabilität unterschiedlicher didaktischer Konzeptionen erprobt und aus dem Erfahrungsaustausch zwischen Fachdidaktikern und Schulpraktikern die Auswirkung praktischer Arbeit auf die theoretische Diskussion in Gang gesetzt werden, woraus wieder eine Veränderung im Sinne der Verbesserung der Praxis entspringen kann.

Organisatorische Voraussetzungen

Das Fachpraktikum wird an Schulen in der Nähe des Hochschulortes durchgeführt. Diese Schulen arbeiten als Praktikumszentren langfristig mit dem entsprechenden Fachbereich / Seminar / Institut zusammen. An den Schulen tätige Fachlehrer stellen sich selbst gegen Vergütung als Mentoren und ihre Klassen als Praktikumsklassen zur Verfügung. Gruppen zu je vier Praktikanten übernehmen während des Fachpraktikums nach einer einführenden Hospitationszeit den vom Mentor erteilten Fachunterricht. Im günstigen Falle sind die Mentoren mit dem didaktischen Konzept in Grundzügen vertraut, das an dem praktikumsbetreuenden Fachbereich vorwiegend vertreten wird. Die Praktikantengruppe erprobt eine Unterrichtseinheit, deren Konzept in einem vorbereitenden Seminar während des Semesters vor dem eigentlichen Praktikum erarbeitet wurde. Die Planung stellt insofern einen Zugriff auf Realität dar, daß sie bereits in Absprache und Kooperation mit dem Mentor auf der Basis von dessen Jahresplanung erfolgt. Während des Fachpraktikums wird jeder Praktikant mindestens zweimal von einem Betreuer der betreffenden fachdidaktischen Organisationseinheit im Unterricht besucht. Besprechungen finden in der Gruppe statt.

Bedingungen

Die Kontinuität zwischen Praktikumsvorbereitung und Fachpraktikum muß gewährleistet sein, Planung und Unterricht müssen sich gegenseitig betreffen. Das vorbereitende Seminar darf nicht allgemeine Schultheorie betreiben, sondern muß für Probleme des fachspezifischen Unterrichts sensibilisieren und ein konkretes Unterrichtsprogramm vorbereiten. Dies darf nicht hypothetisch-unverbindlichen Charakter haben, sondern muß im Kontext der realen Bedingungen des Praktikumszentrums stehen. In der Schule wiederum muß die Erprobung des abgesprochenen Konzepts gewährleistet sein. Dazu ist die Kontinuität zwischen Arbeitsgruppen in der Vorbereitungsphase und

Praktikantengruppen in der Schule sowie die Identität von Leiter des Vorbereitungsseminars und Betreuer im Fachpraktikum als unabdingbar zu erachten.

Literatur

Dumke, D. / Perle, H.-J.: Der Mentor im Schulpraktikum (Ergebnisse aus der Sicht der niedersächsischen Lehrerfortbildung, 27), Hannover 1977
Feldmann, K.: Das Schulpraktikum, ein komplexes Problemfeld, in: *Die Deutsche Schule* 70 (1978), 275 – 288
Fitzner, K. D.: Das Schulpraktikum als soziales System. Eine Untersuchung des Problems der Übertragung von Systemleistungen in der 1. Phase der Lehrerausbildung, Weinheim 1978
– Der Praxisschock der Junglehrer. Probleme der Trennung von Theorie und Praxis im Schulpraktikum, in: *Neue Unterrichtspraxis* 12 (1979), 64 – 72
Fürnrohr, W.: Das Problem des Praktikums, in: *Fürnrohr, W. / Timmermann, J.* (Hrsg.): Geschichtsdidaktische Studien an der Universität, München 1972, 46 – 47
Haindl, M. / Schreiner, M. (Hrsg.): Handreichungen für das Schulpraktikum, München 1976
Heiland, H.: Schulpraktische Studien, Bad Heilbrunn 1973
Hummerich, A.: Praxiserfahrungen und Studieneffizienz. Das Schulpraktikum im Urteil von PH Studenten, in: *Neue Unterrichtspraxis* 10 (1977), 277 – 283
Keiner, Ch. / Mayer, U. / Pandel, H.-J.: Erinnerungen von universitären Praktikumsbetreuern an einen gelungenen Versuch – oder: Das Fachpraktikum Geschichte im Rahmen des Modellversuchs „Neukonzeption der schulpraktischen Studien an der Justus-Liebig-Universität Gießen" (1972 – 1977), in: *Zentrum für Lehrerausbildung der Justus Liebig Universität* (Hrsg.): Schulpraktische Studien als Innovationsstrategie? (ZfL-Diskussion Nr. 5 Dezember 1977), Gießen 1977, 91 – 103
Nicklis, W. S.: Die Schulpraktika im pädagogischen Grundstudium, Bad Heilbrunn 1972
Roth, W. / Hagel, H.-J.: Das Schulpraktikum an der Pädagogischen Hochschule Bielefeld, Bielefeld 1972

Historische Praktika in außerschulischen Berufsbereichen
Ulla Lachauer

Wie so oft und besonders in schlechten Zeiten entstand die Reform-Idee aus der Not. Pate stand die Lehrerarbeitslosigkeit, deren zumindest mittelfristig kaum absehbare Dauer den Gedanken nahelegte, Geschichtsstudenten schon in der Ausbildung stärker auf außerschulische Berufsfelder zu orientieren. In der Konsequenz werden nun die Magisterstudiengänge aufgewertet; die Studienreformkommission der Kultusministerkonferenz nimmt – zögernd – außerschulische Praxisbezüge in ihre Magisterempfehlungen auf; einzelne historische Fachbereiche bieten neuerdings ihren Studenten Praktika in außerschulischen Berufsbereichen an.

Organisatorischer Rahmen

Die Praktikumsprojekte an den historischen Fachbereichen sind gegenwärtig noch im Stadium des *Experiments*. Zu wenig Universitäten sind beteiligt (soweit bekannt: Bielefeld, Essen, Gießen, Hannover, Kassel, Münster, TU Berlin). Zu gering ist die offizielle Unterstützung über die Fachbereiche hinaus, d. h. die Initiative geht meist von engagierten Dozenten und Studenten aus und beruht auf deren ehrenamtlicher Arbeit. Zu wenig weiß man noch über die unmittelbare und besonders die langfristige Bedeutung für die ersten Praktikantengenerationen.

Der *formale Ablauf* solcher Projekte ist im einzelnen höchst unterschiedlich, vollzieht sich aber meist in zwei Blöcken. Während des Semesters werden zunächst einzelne außerschulische Berufsbereiche vorgestellt — über die Einladung kompetenter Gäste und Exkursionen und/oder über eine eher theoretische Erkundung in Form von Lektüren. In den nachfolgenden Semesterferien absolvieren dann die Studenten ein vier- bis achtwöchiges Praktikum, das ihnen vom Dozenten angeboten oder auf ihren eigenen Wunsch hin von diesem besorgt wurde. Bislang beschränken sich die Praktika mehr oder weniger auf klassische Bereiche historischen Arbeitens oder zumindest Felder, die historisches Arbeiten im weitesten Sinne ermöglichen (Museum, Verlag, Medien, Archiv, Institutionen historisch-politischer Bildung).

Gemeinsam ist den meisten *Praktikumsplätzen*, daß es sie eigentlich nicht gibt. Denn in die offiziellen Praktikantensysteme und Volontariate kommen die Studenten wegen der Langfristigkeit der Voranmeldungen und Auswahlverfahren und der oft erwarteten Vorleistungen nicht hinein. Die Plätze müssen also erst einmal geschaffen werden. Am häufigsten geschieht dies, indem der verantwortliche Dozent (im günstigen Falle die Dozenten des Fachbereichs) seine persönlichen und fachlichen Verbindungen zu Museen, Verlagen etc. „vergesellschaftet" und dort etablierte Kollegen bittet, etwas für den Nachwuchs zu tun. Eine andere und vielleicht langfristig bessere Möglichkeit ist, von Universitätsseite bestimmte Projekte von historischem Belang an Land zu ziehen, in denen die Praktikanten nicht als Bittsteller, sondern als Partner auftreten, also etwa bei der Vorbereitung einer Stadtgeschichte, bei der Auswertung einer historischen Fernsehreihe, bei Archivrecherchen für ein Ausstellungsprojekt o. ä. Daraus lassen sich unter Umständen stabile Kooperationsbeziehungen entwickeln und zum Nutzen vieler Studenten längerfristig an das Fach binden. Gegenwärtig ist das Entgegenkommen möglicher „Praktikumsgeber" erstaunlich groß. Zwar ist oft keine oder nur eine geringe Honorierung möglich, doch die Bereitschaft zur inhaltlichen Unterstützung und Anleitung der Praktika stimmt optimistisch. Wie sich allerdings die Situation auf dem „Praktikumsmarkt" entwickeln würde, wenn sämtliche Universitäten außerschulische Praktika einrichten sollten, ist schwer abzuschätzen.

Der *Verlauf der Praktika* ist höchst unterschiedlich und hängt in starkem Maße von den Studenten selbst ab. Die einen laufen nur im Alltag mit und erleben aus der Hospitantenperspektive den Betrieb „von unten", andere erhalten einen begrenzten selbständigen Arbeitsbereich oder können sich einen erobern, wieder andere machen sich so schnell unentbehrlich, daß sie nach Abschluß des Praktikums über mehrere Monate oder länger auf Honorarbasis weiterarbeiten (als freie Mitarbeiter eines Senders oder einer Zeitschrift, bei didaktischer Begleitung einer Ausstellung oder als Teamer in der Erwachsenenbildung).

Chancen und Grenzen

Praktika können gegenwärtig *keine* – wenn überhaupt, dann zu allerletzt – *gezielte Vorbereitung auf die Anforderungen des Arbeitsmarktes* sein. Die Zahlenprognosen über künftige Vakanzen und die geforderten Qualifikationsprofile etwa des Instituts für Arbeitsmarktforschung, der Fachvermittlungsdienste und der potentiellen Abnehmer sind zu unzuverlässig, zu technokratisch-formal und meist ohne jede gesellschaftliche Phantasie, als daß sie Studenten als Handlungsleitung dienen könnten. Ihre Schlüsselbegriffe von „Flexibilität", „Vielseitigkeit", „Kreativität" und „Innovationsvermögen" laufen fast alle auf eine multifunktionale Verwertbarkeit der Absolventen hinaus, die für Ausbildungszwecke kaum operationalisierbar ist. Wunschbild ist die berühmte „eierlegende Wollmilchsau", die alles kann (einschließlich Gehaltsverzicht) und letztlich nichts, weil sie keine eigene Persönlichkeit mehr hat. Sich daran zu orientieren, nützt nicht nur wenig; das allzu intensive Starren auf die angeblichen Erfordernisse des Arbeitsmarktes kann auch schaden. Die einen bringt es in hektisches Rotieren um die marktgerechte Fächerkombination, die in die vermutete Lücke paßt, die Mehrheit der Studenten führt die Aussichtslosigkeit der Hochrechnungen und der Zynismus solcher Erwartungen zu der bekannten Haltung: Kopf in den Sand. Gemeinsam ist den meisten, daß sie sich die Frage, was will *ich* eigentlich, was könnte *mir* entsprechen, *gesellschaftlich Sinn* machen, gar nicht mehr stellen.
Genau hier, an den deprimierenden *Auswirkungen der drohenden Arbeitslosigkeit* können Praktika ansetzen. Das beginnt oft damit, daß Lehrenden wie Lernenden bewußt wird, wie sehr die Frage der Berufsperspektive aus dem Leben des Fachbereichs wie des einzelnen verdrängt wird. Viele Studenten reagieren zunächst skeptisch auf das Angebot. Einerseits haben sie vollauf zu tun mit den Anstrengungen der Examensvorbereitung und befürchten, ein Praktikum könnte sie vor allem in eine Art masochistischer Konfrontation mit der eigenen Chancenlosigkeit führen. Anderseits haben sie oft nicht die mindeste Vorstellung von den in Frage kommenden Berufsbereichen und merken, daß ihnen über den düsteren Prognosen jeglicher Wunsch, die schlichte Neugier auf Neues, die Dimension von Lebensplanung überhaupt abhanden gekommen ist. Es bedarf also oft einer Anlauf- und Überzeugungsphase, bis das Projekt in Gang kommt. Ist dies einmal passiert, können Praktika offenbar eine sehr vielfältig orientierende und aktivierende Funktion haben:

- Zuallererst tragen Praktika zur *Entzauberung* der Berufsbereiche bei. Sind die Vorstellungen von ihnen vorher meist diffus, umgeben zudem vom Nimbus des Unerreichbaren, schafft die Erfahrung des Alltags ein realistisches Bild. Auf diese realen Verhältnisse kann man sich beziehen — positiv-identifizierend wie negativ-ablehnend — und das Feld der eigenen Wünsche sondieren.
- Ein Praktikum scheint weniger fachliche Feuerprobe zu sein als in einem weiteren Sinne *Probe der eigenen Identität*. Es ist Entdeckung ungeahnter Talente und Bedürfnisse etwa im Umgang mit Menschen oder im journalistischen Schreiben, Konfrontationen mit der eigenen Unterwerfungsbereitschaft oder dem Standvermögen. Daraus entsteht meist eine Mischung aus gewachsenem Selbstbewußtsein und gleichzeitiger Verunsicherung, wie sie für Berufsanfängererfahrungen typisch ist.
- Die Begegnung mit älteren Kollegen kann die *eigene Berufsfindungsproblematik* relativieren helfen. Von weitem erscheinen die beruflich Etablierten nicht selten wie kleine Könige oder werden zu mißtrauisch beäugten Statthaltern eines Systems, das den Nachrückenden den Zugang versperrt. Bei näherer Bekanntschaft mit ihnen zeigt sich das je spezifische Schicksal der Berufsgenerationen, zeigen sich spezifische Erfahrungen, Träume, Verkrüppelungen verschiedenster Art, die nicht nur beneidenswert sind. Aus dieser historischen Sicht erweitert sich die heute oft reduzierte Frage „Job oder Nicht-Job?" auf die sehr viel kompliziertere, was individuell lohnend und gesellschaftlich sinnvoll sein könnte, und schärft sich der Blick für den je konkreten Spielraum, die Situation, in die man nun einmal hineingeboren wird, in die eigenen Hände zu nehmen.
- Mit dem Sicheinlassen auf ein historisches Arbeitsfeld steigt häufig die *Identifikation mit dem Geschichtsstudium*, sei es, daß Studenten ihre Studienschwerpunkte entsprechend den neu gewonnenen Interessen verändern, sei es, daß sie aufmerksamer verfolgen, was in der Öffentlichkeit mit ihrem Fach geschieht, oder sei es nur, daß sie wieder berufliche Hoffnungen und Wünsche an ein Fach knüpfen, das für die meisten offenbar jeglichen gesellschaftlichen Sinn verloren hatte.
- Nicht zuletzt macht ein Praktikum den *Arbeitsmarkt als politisches Problem* erfahrbar. Während die abstrakte Diskrepanz zwischen Arbeitslosenziffern und Stellenprognosen etwas Unentrinnbares und damit Lähmendes hat, macht die konkrete Erfahrung einer sinnvollen Arbeit, von der man abgeschnitten ist, zornig. Sie läßt die Kluft zwischen dem sich ausweitenden Geschichtsinteresse und dem schrumpfenden Stellenmarkt für den einzelnen zum Skandal werden — und damit zum Problem politischen Handelns.

Diese ersten systematisierten Erfahrungen verweisen darauf, daß Praktika unter den gegenwärtigen Bedingungen vor allem die Funktion haben, *Selbstfindungsprozesse* zu ermöglichen, von denen Studenten heute in Ermangelung praktischer Erfahrungen weitgehend abgeschnitten sind. Für die Studenten ist dieser Prozeß ambivalent. Er weckt Wünsche, stärkt das Rückgrat gegen den Sog der Lethargie und das schnelle Sichdreinfinden in fachfernen Jobs und ist zugleich Quelle neuer Frustration, indem er die Fallhöhe vergrößert, von der herab der einzelne in die Arbeitslosigkeit fällt.

Konsequenzen

Die Dozenten führen solche Erfahrungen auf Dauer tief in *geschichtsdidaktische, hochschulcurriculare und arbeitsmarktpolitische Fragen* hinein. Längerfristig stellt sich hier die Aufgabe, an den historischen Fachbereichen einen stabilen und auch stellenmäßig abgesicherten Theorie-Praxis-Bezug für außerschulische Berufsbereiche herzustellen. Dabei sind nicht nur vorhandene Arbeitsfelder zu erkunden und auf ihre Ausbildungserfordernisse hin zu befragen, sondern auch Phantasien über mögliche neue Felder historischen Arbeitens zu entwickeln. Ausgangspunkt dafür sollte nicht ausschließlich die Suche nach den „Nischen" auf dem Arbeitsmarkt sein, sondern gesellschaftspolitische Überlegungen, wo und wie sich Historiker gesellschaftlich nützlich machen könnten. Und dies wiederum fordert zu politischem Engagement heraus, dem sich die Fach- und Standesverbände wie auch die betreffenden Gewerkschaften bis jetzt entziehen. Eine aktive Lobby für die Zukunft des Faches und einer ganzen Historikergeneration ist dringlich, eine Diskussion über die Umverteilung in den öffentlichen Haushalten, die den Markt für Historiker weitgehend bestimmen, unerläßlich. Geschieht dies nicht, werden Praktika nicht mehr sein als eine gutgemeinte Herausforderung zum Abenteuer mit der zynischen und elitären Konsequenz, daß sie allenfalls denen zu einer Arbeit verhelfen, die sich unter den Wolfgesetzen des Marktes ohnehin behaupten.

Projektstudium

Werner Boldt

Projektstudium ist ein Studium, das *vorwiegend* in einem oder in mehreren *Projekten* organisiert wird. In der Oldenburger Rahmenstudienordnung für Lehramtsstudiengänge werden Projekte definiert als „von Lehrenden und von Studierenden in Gruppen initiierte und durchgeführte wissenschaftliche Vorhaben, in denen, ausgehend von gesellschaftlichen relevanten Problemen der Berufspraxis, versucht wird, den wissenschaftlichen Arbeitsprozeß in Forschung, Lehre und Studium zu integrieren, indem Lösungsvorschläge für die Probleme erarbeitete werden."
Das Projektstudium ist ein Ergebnis der *Reformbewegung der sechziger Jahre*. Aus der Kritik an einer im „elfenbeinernen Turm" betriebenen selbst-

genügsamen und praxisfernen Wissenschaft, die sich keine Rechenschaft über ihre gesellschaftlichen Bedingungen und die Verwertungen ihre Ergebnisse gab und damit einen Typ von „fachborniertem" Wissenschaftler ausbildete, der auch für inhumane Zwecke und Interessen in der Gesellschaft verfügbar war, wurden von Studenten außerhalb der Universitäten Projekte gegründet. Eines der ersten und bekanntesten war der „Schülerladen Rote Freiheit", das von Studenten des psychologischen Instituts der Freien Universität Berlin unter der Parole: „Bereiten wir im Studium revolutionäre Berufspraxis vor! Lernen wir unseren Beruf im Klassenkampf!" (Hering 1978, 50) durchgeführt wurde.

Revolutionäre oder überhaupt systemtranszendierende Zielsetzung und berufspraktische Ausbildung widersprechen sich indessen. Unter den gegebenen allgemeinen sozialen und politischen Verhältnissen verlief die Entwicklung von der politischen Projekt*arbeit*, der Verbindung von universitärer Ausbildung und politischer Praxis, zum Projekt*studium* „als einer langfristigen Strategie der Qualifizierung von Studenten für eine politische Berufspraxis im Rahmen der vorfindlichen Ausbildungssituation" (Hering 1978, 31). Das *politische*, auf *gesellschaftliche Veränderung* ausgehende Interesse an Praxis wurde vom *individuellen Interesse an beruflicher Qualifikation* verdrängt. Der gesellschaftliche Zusammenhang war nur noch „kritisch mitzureflektieren" (Berndt 1972, 27).

Offenbar ist der einseitige, punktuelle Einstieg in die Gesellschaft durch die institutionell abgesicherte, den status quo verfestigende Berufspraxis ungeeignet als Ansatzpunkt für gesellschaftliche Transformationsprozesse. Die mit dem Postulat der Einheit von Theorie und Praxis verfolgte kritische Intention droht in ihr Gegenteil verkehrt zu werden: eine als unzulänglich und reformbedürftig erkannte gesellschaftliche Praxis unterwirft als institutionalisierte Berufspraxis das Studium und die an ihm beteiligten Wissenschaften ihren Anforderungen.

Projektstudiengänge existieren zur Zeit vor allem an den Reformuniversitäten Bremen, Kassel, Oldenburg und Osnabrück. Maßgebend für die Bestimmung der Kriterien, die ein Projektstudium ausmachen, wurden die *Bremer* Planungen. Danach müssen die Fragestellungen der Projekte auf die *künftige Berufspraxis* der Studenten bezogen sein. Sie müssen von einem *relevanten gesellschaftlichen Problem* ausgehen, und sie sind *interdisziplinär* und *methodenpluralistisch*, da mehrere Fachwissenschaften an der Lösung des Problems beteiligt sind. Didaktisches Prinzip ist das von der ehemaligen Bundesassistentenkonferenz für die von ihr konzipierten Gesamthochschulen generell geforderte „*forschende Lernen*".

Einen festen Aufbau von allgemeiner Gültigkeit gibt es für Projekte nicht. Folgende Bestandteile kehren immer wieder: ein für Planung und Organisation zuständiger *Projektrat*; *Arbeitsvorhaben*, in denen Teilaspekte des Gesamtproblems behandelt werden und die in *Arbeitsgruppen* unterteilt sind, weiter das koordinierende und integrierende *Plenum* sowie zuarbeitende, fachlich ausgerichtete *projektorientierte Kurse*. Für die weitere systematische Vermittlung fachspezifischer Kenntnisse (Inhalte und Methoden) werden zu-

zusätzlich *projektunabhängige Kurse* eingesetzt (s. Schaubild). Ein Studium läßt sich nicht ausschließlich in Projekten organisieren.

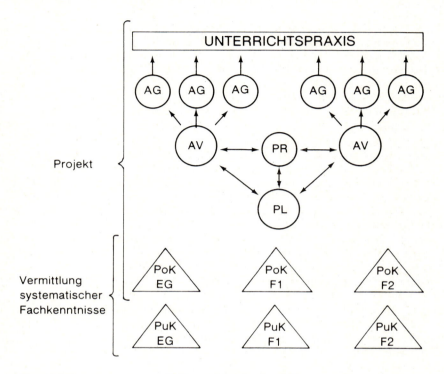

AG = Arbeitsgruppen
AV = Arbeitsvorhaben
PR = Projektrat
PL = Plenum

PoK = projektorientierter Kurs
PuK = projektunabhängiger Kurs
EG = Erziehungs- und Gesellschaftswissenschaften
F = Fach

Ein Projektstudium widerspricht in mehrfacher Hinsicht der Personalstruktur der traditionellen „Ordinarienuniversität". So erwachsen aus dem „forschenden Lernen" gegen die Hierarchie des Lehrkörpers gerichtete egalisierende Tendenzen. Die interdisziplinäre Arbeitsweise der Projekte widerspricht einem in Instituten organisierten Wissenschaftsbereich. Die *Gruppenuniversität* wurde zur Voraussetzung des Projektstudiums.

Literatur

Berndt, E. B., u. a.: erziehung der erzieher — das bremer reformmodell, Reinbek 1972
Hering, S. / Hermanns, H. (Hrsg.): Lernen und verändern. Zur Theorie und Praxis des Projektstudiums (Blickpunkt Hochschuldidaktik, Bd. 49), Hamburg 1978
Studienführer der Universität Oldenburg, Oldenburg 1974

Einphasige Lehrerausbildung
Werner Boldt

Die einphasige Lehrerausbildung faßt *fachwissenschaftliche* (Studium) und *unterrichtspraktische* Ausbildung (Referendariat) in *einem* Lehramtsstudiengang zusammen. Den Abschluß bildet eine Staatsprüfung, wobei sowohl an den wissenschaftlichen und didaktischen wie an den unterrichtspraktischen Teilprüfungen Lehrer und Hochschullehrer beteiligt sind. Die (wissenschaftliche) Theorie und (berufliche) Praxis vereinigende Veranstaltungsform ist das Projekt.
Die einphasige Lehrerausbildung wird an der Carl-von-Ossietzky-Universität Oldenburg seit dem Sommer 1974 als Modellversuch durchgeführt. Sie war bis 1981 befristet und läuft seitdem aus. Ein parallel eingerichteter Versuch an der Universität Osnabrück wurde vorzeitig eingestellt.
Ziel der einphasigen Lehrerausbildung ist eine allseitige wissenschaftliche Ausbildung von Lehrern. Der *Unterrichtswissenschaftler* tritt an die Stelle des Lehrers, der an der Hochschule bisher lediglich als Fachwissenschaftler ausgebildet wurde. Die Integration von Berufspraxis und Fachwissenschaft findet sich auch in Reformversuchen anderer Ausbildungsgänge wie der einphasigen Juristenausbildung. Durch die Verwissenschaftlichung der Unterrichtspraxis wie umgekehrt durch die von vornherein gegebene praktische Ausrichtung der (Fach-)Wissenschaften treten im Vergleich zur zweiphasigen Ausbildung *neue Studienelemente* in den Vordergrund: Erziehungs- und Gesellschaftswissenschaften und Fachdidaktiken. Somit enthält ein Studiengang in der einphasigen Lehrerausbildung folgende Ausbildungsteile: *Erziehungs- und gesellschaftswissenschaftlicher Bereich*, zwei *Fachwissenschaften mit ihrer Didaktik* und *Unterrichtspraxis*.
Entgegen der ursprünglichen Planung ist aufgrund allgemeiner bildungspolitischer Entscheidungen die *Studiendauer* nach Schulstufen differenziert: für Primarstufe und Sekundarstufe I fünf Jahre (neun Semester und Examen), für Sekundarstufe II und Sonderpädagogik sechs Jahre (elf Semester und Examen). Trotzdem ist der *Studiengang* weitgehend gemeinsam angelegt. Er besteht aus *drei Studienabschnitten*. Der erste führt in drei Semestern in das Studium ein. In ihm dominiert der erziehungs- und gesellschaftswissenschaftliche Bereich. Die Praxisanteile umfassen je vier Wochen schulische und außerschulische Erkundungen. Im zweiten viersemestrigen liegt der Schwerpunkt im fachwissenschaftlichen Studium. In beiden Fächern muß jeweils ein sechswöchiges Unterrichtspraktikum innerhalb eines Projektes absolviert werden. Für die Sekundarstufe II und die Sonderpädagogik schließt sich nun ein Erweiterungsstudium von zwei Semestern an. Der dritte Studienabschnitt besteht vor allem aus eigenverantwortlichem Unterricht während eines Schulhalbjahres mit begleitenden didaktischen Veranstaltungen an der Hochschule.

In der einphasigen Lehrerausbildung werden Lehrerberuf und Schule zum Gegenstand wissenschaftlicher Arbeit. Personell findet dies seinen Ausdruck in der *Zusammenarbeit von Hochschullehrern und Kontaktlehrern* in den Projekten und in der Unterrichtsbetreuung. Die Intention, in den Projekten wissenschaftliche, didaktische und pädagogische Innovation wie interdisziplinären Unterricht und Projektarbeit direkt und bei gleichzeitiger Überprüfung ihrer Praktikabilität an die Schulen zu bringen, stößt freilich auf die von der Schule gesetzten „*Sachzwänge*" wie Lehrplan, Stundeneinteilung usw. Die Projekte laufen Gefahr, unter Einschränkung ihrer fach- und erziehungswissenschaftlichen Bestandteile als Fachpraktika lediglich auf die *momentanen* Anforderungen der Schule ausgerichtet zu werden. Die Dominanz der Hochschule gegenüber der Schule droht umgekehrt zu werden.

So wirkt im Geschichtsunterricht ein der *Chronologie* folgender Lehrplan als *Hemmnis*. Der Kontaktlehrer wird in der Regel darauf bedacht sein, daß die Klasse das vorgeschriebene Jahrespensum schafft und die Inhalte behandelt, auf die sein nachfolgender Kollege „aufbauen" kann. So wird die Setzung *thematischer* Schwerpunkte behindert, obwohl es der Sache nach durchaus möglich wäre, sozialgeschichtliche Strukturthemen wie Familie, Stadt, Arbeitsverhältnisse, Erziehung usw. ohne vorangegangenen chronologischen Durchgang epochenübergreifend und damit auch gegenwartsbezogen zu behandeln. Auf der anderen Seite wird eine solche Themenwahl von der Schule wiederum begünstigt, nicht von der Institution und ihrem Reglement, sondern von dem Ort, an dem Kinder und Jugendliche mit bestimmten Lernerwartungen zusammenkommen. *Schülerorientierung* des Geschichtsunterrichts, also die Berücktsichtigung von Interessen und Erfahrungen der Schüler, richtet das Interesse des Studenten auf Inhalte, Fragestellungen und Ergebnisse moderner sozialgeschichtlicher Foschung, auf Sinn und Bedeutung von Geschichtsunterricht und von Beschäftigung mit Geschichte überhaupt, bewahrt ihn von vornherein vor einem antiquarischen Geschichtsstudium.

Die insbesondere vom Philologenverband vorgetragenen *Einwände* gegen die einphasige Lehrerausbildung setzen sich weniger mit Idee und inhaltlichen Problemen als mit *Planungsfehlern* und organisatorischen Schwierigkeiten auseinander. Von Standesfragen abgesehen, die sich zum Beispiel bei einer Ausbildung für Schulstufen statt Schularten ergeben, sind die Gegensätze schließlich auf die unterschiedlichen *Ausbildungsziele* zurückzuführen. Der gelegentlich erhobene Vorwurf einseitiger ideologischer Prägung der Ausbildung gründet in einem aus der Entstehungsgeschichte der einphasigen Lehrerausbildung zu erklärenden Verdacht, ist doch die Verzahnung von Theorie und Praxis bevorzugter Gegenstand *gesellschaftskritischer* Wissenschaftstheorien. Tatsächlich bietet gerade die einphasige Lehrerausbildung dem Studenten mehr Möglichkeiten als sie der Referendar hat, sich Lehrer und Prüfer nach eigenen Interessen auszusuchen, und sich somit Lehrmeinungen zu entziehen, die ihn nicht ansprechen.

Literatur

Berndt, E. B., u. a.: erziehung der erzieher — das bremer reformmodell, Reinbek 1972
Busch, F. W.: Between Tradition and Progress: Oldenburg University's Model Plan for Comprehensive Teacher Training, in: *revue ATEE journal,* Bd. 1, Ribe 1978 (dt. Übersetzung in: *materialien zur kooperation zwischen schule und universität,* hrsg. vom zentrum für pädagogische berufspraxis Oldenburg, Bd. 9, Oldenburg 1978)
Daxner, M., u. a.: Modell einphasige Lehrerausbildung. Erfahrungen mit der Durchführung eines Reformmodells in Oldenburg und Osnabrück, Oldenburg 1979
Gymnasium aktuell, hrsg. vom Philologenverband im Deutschen Lehrerverband Niedersachsen, Hannover 1979
Strukturelemente des Oldenburger Reformstudiums. Einphasige Lehrerausbildung, hrsg. von der Universität Oldenburg, Oldenburg 1979

Referendariat
Bernhard Unckel

Die Zahl der Konzeptionen und Vorschläge, die Studium und Praxis des Lehrers neue Wege weisen wollen, ist groß. Die Didaktik der Geschichte hat sich, ungleich anderen Fächern, hier wie auch sonst nur sehr zögernd neuen Entwicklungen geöffnet und erst seit wenigen Jahren den Anschluß an die Diskussion in den Erziehungswissenschaften wie auch in den fachdidaktischen Disziplinen gesucht. Die spätestens seit den Arbeiten Robinsohns geführte Debatte der Erziehungswissenschaften um eine Revision der Curricula (Robinsohn 1967) und die parallel verlaufende Debatte der Geschichtswissenschaften um eine Neuorientierung des Faches als Historische Sozialwissenschaft zeitigten für die Lehrerbildung des Faches Geschichte nur sehr langsam Früchte (Steinbach 1977; Süssmuth 1975 und 1978; Twellmann 1981/82; Niemetz 1984). Steinbach und Süssmuth legten Vorschläge vor, auch der Verband der Geschichtslehrer Deutschlands — die Debatte dauert noch an.
Der Referendar des Faches Geschichte sollte folgendes beachten:

— Die *Ausbildungsordnungen* sind in den einzelnen Bundesländern sehr unterschiedlich. Die Bestimmungen gerade für die Ausbildung in den sozialwissenschaftlichen Fächern, zu denen wir auch die Geschichte zählen, differieren erheblich. Der angehende Lehrer sollte sich rechtzeitig über die einschlägigen Bestimmungen informieren. Die Lehrerverbände (GEW, Deutscher Lehrerverband usw.) halten entsprechendes Informationsmaterial bereit, die Wissenschaftlichen Prüfungsämter und die Ausbildungsseminare sind zu Auskünften verpflichtet (vgl. Übersicht in: Bildung und Erziehung 31 (1978), 166 ff.; vgl. auch Amtsblätter der Kultusministerien).
— Die *Stundentafeln,* die die Zahl der Stunden festlegen, in denen die einzelnen Unterrichtsfächer in einer bestimmten Jahrgangsstufe bzw. Klasse unterrichtet werden sollen, differieren nicht allein zwischen den Schulformen und Jahrgangsstufen, sie diffe-

rieren darüber hinaus auch zwischen den Bundesländern. Auch hier ist rechtzeitige Information dringend geboten (vgl. die Übersicht über die Stundentafeln für die Geschichte in der Sekundarstufe I, in: WPB 29 (1977), 386 ff., und die Amtsblätter).

— Die *Lehrpläne,* Bildungspläne, Rahmenrichtlinien, Curricula Geschichte bieten ebenfalls kein einheitliches Bild. Auch hier wird dem Referendar rechtzeitige Information nahegelegt, und zwar auch dann, wenn er feststellt, daß in sehr vielen Schulen, vor allem in den Gesamtschulen und Gymnasien, eigene, von den Kollegen in sogenannten Fachkonferenzen vereinbarte Regelungen gelten; eine Übersicht für *alle* Schulformen bzw. Jahrgangsstufen findet sich in Gd 2 (1977), 376 ff.

Viele Referendare sind im Blick auf ihre Ausbildung und spätere berufliche Tätigkeit von *Sorgen und Ängsten* erfüllt. Der *„Praxis-Schock",* treffender wohl „Theorie-Schock" genannt, scheint die gleichsam natürliche und unabwendbare Erfahrung beim Beginn der zweiten Phase zu sein (Mitter 1978; Oelkers 1984). Angst vor den Schülern, die Sorge, pädagogisch und vor allem disziplinarisch wie fachwissenschaftlich den Erfordernissen einer vielfältigen unterrichtlichen Praxis nicht gewachsen zu sein; die Furcht, in der Schule einer Institution ausgeliefert zu werden, die als Teil eines — scheinbar — allmächtigen und dazu anonymen Verwaltungsapparates den einzelnen in seiner Freiheit und in seinen Entfaltungsmöglichkeiten eher behindert und einschnürt; die Angst schließlich vor Verformungen der eigenen Persönlichkeit und Individualität unter dem Druck des täglichen Dienstes in der Schule — dies alles wirkt zusammen, die Referendare zu verunsichern (Schaal 1978; Geissler 1983). Die Ängste und Befürchtungen sind keineswegs schul- oder fachspezifisch, ihre Ursachen sind sowohl in der Schule und der Art der Ausbildung in der zweiten Phase zu suchen als auch bei der Universität und der Art der Ausbildung bzw. des Studiums in der ersten Phase. Sie werden verstärkt durch die bedrängende Erfahrung, daß sich die Berufsperspektive für Historiker rapide verschlechtert. Viele examinierte Geschichtslehrer erhalten keine Anstellung. Die Frage nach Verwendungen in anderen Berufsfeldern wird immer häufiger diskutiert (Hofmann 1975; Henniges / Linder 1983; Kröll 1984).

Die *zweite Phase* der Ausbildung hat die folgenden *Schwerpunkte*:

1. Eigenverantwortlicher Unterricht,
2. Unterricht unter Anleitung eines Mentors,
3. Unterrichtsbeobachtung (Hospitation),
4. Lehrveranstaltungen in der Schule (Schulseminar),
5. Lehrveranstaltungen im Ausbildungsseminar,
6. Arbeitsgruppen der Referendare.

Eine *Didaktik der Ausbildung* in Seminar und Schule ist *kaum entwickelt,* weder aus einer allgemeinen, geschweige denn aus einer fachspezifischen Perspektive (Heinen / Heuschen / Kaiser 1979; Frommer 1981; Zifreund, in: Twellmann 1981/82, Bd. 4, 869 ff.). Auch das vorliegende Handbuch kann dergleichen nicht liefern. Die genannten sechs Schwerpunkte bilden ein *komplexes Beziehungsgefüge,* dessen Struktur nicht mit wenigen Sätzen beschrieben werden kann. Das „Dreieck" *Schüler — Gesellschaft — Wissenschaft* wäre zu analysieren, *Rolle und Funktion des Lehrers* herauszuarbeiten und

nicht zuletzt nach *Sinn und Ziel der Ausbildung* des Geschichtslehrers zu fragen. Der Lehrer, der Geschichtslehrer, er ist „ein Vermittler von Informationen oder Erkenntnissen und Fertigkeiten . . ., ein Organisator von Lernprozessen und Lernsituationen . . ., ein Modell eines lernenden, handelnden, genießenden, sich selbst bestimmenden Menschen . . ., (ein) Freund" (Hentig 1973, 37 f.). Der Referendar hat sich zu fragen, ob er sich dieses oder ein anderes Verständnis seiner Tätigkeit zu eigen machen will, er hat sich zu fragen, was aus diesem oder einem anderen Verständnis für seinen Unterricht folgt — und er hat sich schließlich auch die Eigenart der Institution Schule bewußt zu machen (Minsel / Wunberg 1978; Drobig 1978; Twellmann 1981/82), wenn er Spielraum und Grenze seines pädagogischen Handelns richtig einschätzen will. Die obengenannten Lehrveranstaltungen in Seminar und Schule dienen dem Zweck, den hier nur angedeuteten *Reflexionsprozeß* in Gang zu setzen und zu üben. *Psychologie* und *Soziologie* und nicht zuletzt die *Fachdidaktik Geschichte* geben hier Hilfen, vor allem die Fachdidaktik mit ihrer zunehmenden Tendenz, nicht nur nach der Vermittlung des Stoffes und den damit gegebenen Problemen zu fragen, sondern auch den Schüler, seine Lage und Bedürfnisse (Interessen) als zentralen Faktor didaktischer Entscheidungsbildung ernstzunehmen und auf diese Weise den Lehrer in die Lage zu versetzen, die eigene Rolle im Unterricht präziser zu fassen (Unckel 1977). Die verstärkte Hinwendung der Fachdidaktik Geschichte zum *Schüler* und seinen Interessen öffnet den Blick auf die *außerschulische Situation* und deren Konsequenzen für den Geschichtsunterricht (Kröll 1978; Schörken 1979). Sie bietet dem Lehrer die Möglichkeit, den Geschichtsunterricht und die in ihm intendierten Lernprozesse geschichtlicher Bildung in ihrem Zusammenhang zu anderen Lernprozessen, zur Sozialisation überhaupt zu erkennen und entsprechend zu planen.
Von besonderer fachdidaktischer Relevanz für die Vorbereitung und Durchführung des (eigenverantwortlichen wie des betreuten bzw. beaufsichtigten) Unterrichts wie der Hospitationen ist es, *Kategorien der Analyse bzw. Beobachtung von Unterricht* zur Hand zu haben. Die allgemeine Unterrichtsforschung hat auf diesem Felde einiges geleistet (Dohmen / Maurer / Popp 1970; Zinnecker 1976), die fachdidaktische Unterrichtsforschung weist hier indessen erhebliche Lücken auf. Für den Geschichtsunterricht haben Mayer / Pandel bahnbrechend gewirkt und den Versuch unternommen, Kategorien *fachspezifischer* Kommunikation zu erarbeiten, die Funktion eines entsprechenden Kategoriensystems zu bestimmen und schließlich die didaktischen Kategorien in Beobachtungsmerkmale umzusetzen (Mayer / Pandel 1976). Das von Mayer / Pandel vorgelegte System fachspezifischer Kommunikation ist freilich zu erweitern durch ein System zur Analyse der *Formalstruktur des Geschichtsunterrichts*. Erst wenn beide Systeme ineinandergreifen, wird die Unterrichtsanalyse die komplexe Wirklichkeit unterrichtlichen Geschehens voll erfassen und die neuerlich zu Recht betonte untrennbare *Einheit von Didaktik* im engeren Sinne und *Methodik* bewahren (Klafki / Otto / Schulz 1977).

Detaillierte fachspezifische Modelle für die Analyse der Formalstruktur des Geschichtsunterrichts liegen noch nicht vor. Es scheint, als werde die Frage nach der Eigenart historischen Lernens, die Frage nach der *Psychologie des Lehrens und Lernens in der Geschichte* für die Planung und Durchführung des Geschichtsunterrichts in der Zukunft besondere Bedeutung gewinnen (Schmid / Vorbach 1978). Jeder Referendar des Faches Geschichte sollte den in diesem Zusammenhang nach wie vor grundlegenden Aufsatz von Rolf Schörken über „Lerntheoretische Fragen an die Didaktik des Geschichtsunterrichts" gelesen haben (Schörken 1970).

Es liegt in der Natur der Sache, daß für den Referendar unter dem Druck des täglichen Dienstes die grundsätzlichen Überlegungen, die hier nur angedeutet werden konnten, häufig verdrängt werden von den Problemen der *Planung und Vorbereitung des täglichen Unterrichts*. Demgegenüber ist jedoch zu betonen, daß jeder Unterricht zu Flickschusterei degeneriert, wenn ihm nicht ein umfassender didaktisch gerichteter Reflexionsprozeß vorausgegangen ist. Für die Lösung der zahllosen Fragen des Alltags in Vorbereitung und Planung des Unterrichts gibt es vielfältige Hilfsmittel. Neben *allgemeinen Einführungen* in die Unterrichtsvorbereitung (Dichanz / Mohrmann 1978) gibt es eine wachsende Zahl von *Unterrichtsmodellen*, auch für die Geschichte, außerdem bieten die neuerdings publizierten *Geschichtsbücher* mit den ihnen zugeordneten *Lehrerbegleitbänden* wertvolle Hilfen (zum Beispiel Schmid 1975 und 1978; aus der Arbeit der Odenwaldschule ist erwachsen: Schäfer 1976 mit Quellenheften für die Schüler). Für die Planung und Durchführung von Unterricht besonders hilfreich ist die Reihe „Workshop Schulpädagogik" (Verlag Maier, Ravensburg); sie ist praxisnah, allerdings nicht fachdidaktisch orientiert; sie wird in den Ausbildungsseminaren als Hilfsmittel ausdrücklich empfohlen. Zur ersten Orientierung geeignet sind die Lexika und die praxisbezogenen Einführungen in den Geschichsunterricht (Niemetz 1983; Niemetz 1984; Strotzka 1983).

Literatur

Dichanz, H. / Mohrmann, K.: Unterrichtsvorbereitung. Probleme, Beispiele, Vorbereitungshilfen, 2. Aufl. Stuttgart 1978

Dohmen, G. / Maurer, F. / Popp, W.: Unterrichtsforschung und didaktische Theorie (Erziehung in Wissenschaft und Praxis, Bd. 11), München 1970

Drobig, B.: Situationsbezogene Begegnung mit der Schulwirklichkeit. Empfehlungen für die zweite Phase der Lehrerausbildung, in: *Bildung und Erziehung* 31 (1978), 115 bis 125

Frommer, H. (Hrsg.): Handbuch des Vorbereitungsdienstes, Bd. 1, Düsseldorf 1981

Geissler, S.: Die Angst des Referendars vor dem gestörten Unterricht, in: *Schulpraxis* (1983), 20 – 22

Heinen, K. / Heuschen, H. / Kaiser, B., u. a.: Lehrer ausbilden – aber wie?, Düsseldorf 1979

Henniges, W. / Linder, H.: Das Umsteigerbuch für arbeitslose Hochschulabgänger, Königstein (Taunus) 1983

Hentig, H. v.: Schule als Erfahrungsraum. Eine Übung im Konkretisieren einer pädagogischen Idee (Sonderpublikation der Schriftenreihe der Schulprojekte Laborschule / Oberstufen-Kolleg, Heft 3), Stuttgart 1973

Hofmann, W.: Erkenntnisprobleme moderner Verwaltungspraxis. Geschichtsschreibung mit pragmatischer Absicht, in: *Die Verwaltung* 8 (1975), 47 — 68
Klafki, W. / Otto, G. / Schulz, W.: Didaktik und Praxis, Weinheim / Basel 1977
Kröll, U.: Geschichtliche Bildung in Familie und Schule — geschichtliches Lernen im Alltag. Plädoyer für ein Forschungs- und Entwicklungsprogramm, in: *apz* B 51 — 52 (1978), 17 — 33
— Vom Geschichtslehrer zum außerschulischen Geschichtsvermittler. Ausweg aus der Sackgasse der Lehrerarbeitslosigkeit?, in: *GWU* 35 (1984), 222 — 234
Mayer, U. / Pandel, H.-J.: Kategorien der Geschichtsdidaktik und Praxis der Unterrichtsanalyse. Zur empirischen Untersuchung fachspezifischer Kommunikation im historisch-politischen Unterricht (AuA, Bd. 13), Stuttgart 1976
Minsel, W. R. / Wunberg, M. (Hrsg.): Schule als Institution (Studienprogramm Erziehungswissenschaft, Bd. 1), München / Wien usw. 1978
Mitter, W. (Hrsg.): Theorie- oder Praxisschock? — Zur Ausgestaltung der zweiten und dritten Phase der Lehrerbildung, in: *Bildung und Erziehung* 31 (1978), H. 2
Mutzeck, W. / Pallasch, W. (Hrsg.): Handbuch zum Lehrertraining. Konzepte und Erfahrungen, Weinheim / Basel 1983
Niemetz, G.: Praxis Geschichtsunterricht, Stuttgart 1983
— (Hrsg.): Lexikon für den Geschichtsunterricht, Freiburg / Würzburg 1984
Oelkers, J.: Theorie und Praxis?, in: *Neue Sammlung* 24 (1984), 19 — 39
Robinsohn, S. B.: Bildungsreform als Revision des Curriculum, Neuwied 1967
Schaal, H.: Zur Wiederentdeckung des Lehrers als Person, in: *Kümmel, F. / Maurer, F. / Popp, W. / Schaal, H.*: Vergißt die Schule unsere Kinder?, München 1978, 83 — 114
Schäfer, W. (Hrsg.): Geschichte in der Schule, Stuttgart 1976
Schmid, H.-D.: Fragen an die Geschichte. Geschichtliches Arbeitsbuch für Sekundarstufe I im gymnasialen Bereich, Bd. 1: Weltreiche am Mittelmeer (Lehrerbegleitband), Frankfurt 1975; Bd. 2: Die europäische Christenheit (Lehrerbegleitband), Frankfurt 1978
Schmid, H.-D. / Vorbach, K.: Entdeckendes Lernen im Geschichtsunterricht der Sekundarstufe I, in: *Gd* 3 (1978), 129 — 135
Schörken, R.: Lerntheoretische Fragen an die Didaktik des Geschichtsunterrichts, in: *GWU* 21 (1970), 406 — 420
— Geschichte im Alltag. Über einige Funktionen des trivialen Geschichtsbewußtseins, in: *GWU* 30 (1979), 73 — 88
Süssmuth, H.: Die Ausbildung des Geschichtslehrers, in: *Jäckel, E. / Weymar, E.* (Hrsg.): Die Funktion der Geschichte in unserer Zeit, Stuttgart 1975, 310 — 325
— Der Beitrag der Geschichtswissenschaft zum Studium des Unterrichtsfaches Sozialwissenschaften, in: *Forndran, E. / Hummell, H.-J. / Süssmuth, H.* (Hrsg.): Studiengang Sozialwissenschaften: Zur Definition des Faches, Düsseldorf 1978, 63 — 136
Steinbach, L.: Lehrerbildung, Didaktik und Organisation eines sozialwissenschaftlichen Studienganges, in: *apz* B 9 (1977), 23 — 39
Strotzka, H.: Zur Praxis des Geschichtsunterrichts, Wien 1983
Twellmann, W. (Hrsg.): Handbuch Schule und Unterricht, 6 Bde., Düsseldorf 1981/82
Unckel, B.: Persönlichkeit und Struktur als methodologische Herausforderung der Geschichtswissenschaft, in: *Bosch, M.* (Hrsg.): Persönlichkeit und Struktur in der Geschichte. Historische Bestandsaufnahme und didaktische Implikationen, Düsseldorf 1977, 170 — 175
Zinnecker, J.: Artikel „Unterrichtsforschung", in: *Wulf, Ch.* (Hrsg.): Wörterbuch der Erziehung (1974), 2. Aufl. München / Zürich 1976, 598 — 607

Beurteilung von Geschichtsunterricht

Ulrich Mayer

Unterrichtsbeurteilung ist eine Realität. Täglich werden Praktikanten, Referendare, Lehrer in Ausbildung, Fortbildung und Überprüfungsverfahren von Ausbildern, Mentoren, Schulleitern und Schulaufsichtsbeamten beobachtet und benotet. Klagen darüber wird mit Hinweisen auf die notwendige Rationalisierung und Professionalisierung des Lehrerberufs begegnet.
Unterrichtsbeurteilung war und ist umstritten und wird umstritten bleiben. Die Beurteilten sind durchweg unzufrieden, die Beurteiler häufig unsicher. Die Bewertung der Beurteilung reicht von prinzipieller Ablehnung bis zur Rechtfertigung als Instrument notwendig erachteter Selektion. Insbesondere die Funktion in der zweiten Staatsprüfung wird zunehmend kritisiert.
Unterrichtsbeurteilung benötigt Kriterien, an denen das Urteil ausgerichtet wird. Subjektive Kriterien reichen für einen Beurteiler nicht aus. Beurteiler neigen dazu, eigene Vorstellungen in Form fester Bilder vom guten Unterricht ihrem Urteil zugrunde zu legen. Nicht offengelegte Norm- und Wertvorstellungen, Etikettierungen aus Machtpositionen heraus, interaktionsbedingte Überreaktionen, persönlichkeitsbedingte oder situative Bedingungen, unterschiedliche fachliche Voraussetzungen gelten als subjektive Faktoren, die zu Wahrnehmungsverzerrungen, ungenauen Beobachtungen, stereotypen Kennzeichnungen und Beurteilungsfehlern führen.
Die Verbesserung weithin fragwürdiger Beurteilungsverfahren im Sinne der Reduktion urteilsverzerrender Faktoren, der Minimierung von Interpretationsspielräumen und damit der Erhöhung der Transparenz für Beurteilte wie Beurteiler ist notwendig. Allerdings muß man für einen möglichst fairen und konfliktfreien Diskurs bei Beratungs- und Beurteilungsgesprächen über *intersubjektive Kriterien für guten Unterricht* verfügen können. Solche Kriterien sind prinzipiell abzuleiten

— aus empirischen Untersuchungen über die Effektivität von Unterricht,
— aus bestimmten Unterrichtstheorien oder didaktischen Konzeptionen.

Unterrichtsbeurteilung läßt sich nicht nach den Maßstäben strenger empirischer Unterrichtsforschung betreiben. Hochgradig operationalisierte, ausdifferenzierte Kategoriensysteme wenden sich mit extrem elaborierter Methodologie unter spezifischen Foschungsdimensionen weithin isolierten und zudem inhaltsneutralen Einzelfragen zu. Kriterienkataloge dieser Art erweisen sich so nicht nur als unpraktikabel im Schulalltag, sondern vor allem in fachdidaktischer Hinsicht als bedeutungslos. Es besteht die Gefahr, daß die empirische Ermittlung vermeintlich objektivierter Daten effektiven Unterrichts zum Beleg von Banalitäten, zur Reproduktion herkömmlicher Alltagsnormen, zur Legitimation eines rein bürokratischen Konsensus und damit lediglich zur Bestätigung des Bestehenden führt. Zumindest gegenwärtig scheint es keine standardisierten Beurteilungsinstrumente zu geben, die in

quantitativer und qualitativer Hinsicht eine annähernd exakte Analyse des Unterrichts im testtheoretischen Sinne von Objektivität, Reliabilität (Verläßlichkeit) und Validität (Gültigkeit) zusichern.
Unterrichtsbeurteilung ist möglich. Insbesondere unter dem Einfluß der Handlungsforschungsdiskussion hat sich ein Konsens über *Merkmale eines vertretbaren Beurteilungsprozesses* ausgebildet. Ein „zielorientiert-kooperatives" Verfahren (Metz 1982), bei dem in einem engen „Planungs-Kontroll-Zusammenhang" (Bessoth / Metz 1976) innerhalb eines gemeinsamen Bezugsrahmens Beurteilungskriterien vereinbart werden, erscheint als tragfähige Basis für eine transparente und faire Unterrichtsbeurteilung. Kriterienkataloge dieser Art sind insoweit ambivalent, als sie nicht nur eine nachträgliche Analyse des Unterrichts ermöglichen, sondern von Anfang an Aspekte zur Weiterentwicklung der Planungskompetenz einbeziehen. Ergebnis der Fachdiskussion sind einige Beurteilungsinstrumente, die sich durch prägnanten Aufbau, akzeptables Kriterienangebot und praktikable Bewertungshilfen auszeichnen (hierzu zählen vor allem die Kataloge in Füglister / Messner 1976, auch in Metz 1982, 50 f.; Hollunder 1977; Chiout / Steffens 1978, 228 f.; Reich 1979, 214 f.; vgl. auch Metz 1983; Bessoth 1984).
Die erwähnten Beurteilungsschemata sind wertvolle Mittel zum Herausfinden wesentlicher Elemente und Merkmale von Unterricht, allerdings unter *allgemeindidaktischer,* nicht fachspezifischer Betrachtungsweise. Diese Kriterienkataloge können und sollen von ihrer Intention her auch gar nicht fachbezogenen Aspekten gerecht werden. Es gibt kaum Beurteilungsinstrumente, die fachspezifische Gesichtspunkte, wie etwa besondere fachliche Merkmale „guter" Lehrer berücksichtigen. Wenn fachspezifische Raster angeboten werden, machen sie eher lediglich den Eindruck der Anwendung allgemeindidaktischer Dimensionen auf das jeweilige Fach. Es gibt in der erziehungswissenschaftlichen Literatur kein Beurteilungsraster für Geschichte.
Unterrichtsbeurteilung muß *fachspezifisch* werden. Damit ist auf die Arbeit der Fachdidaktik verwiesen. Ein Kriterienkatalog zur Beurteilung des Geschichtsunterrichts läßt sich sinnvollerweise nur aus den Forderungen einer didaktischen Konzeption entwickeln. Allerdings hat bisher keine der gegenwärtigen geschichtsdidaktischen Haupttendenzen Kriterienkataloge zur Auffindung, Überprüfung und Bewertung ihres Konzepts im konkreten Unterrichtsgeschehen vorgelegt. Wenn sie nicht sogar die Formulierung von Beobachtungs- und Beurteilungskriterien als praxisbezogenes Korrektiv scheuten, so haben die Protagonisten der verschiedenen Positionen ihre Konstruktionsvorgaben offenbar stillschweigend bereits als Beurteilungsmaßstäbe vorausgesetzt. Dahinter steht die teilweise durchaus richtige Vorstellung eines Spiegelbildcharakters von Vorbereitung und Beurteilung, nämlich die Voraussetzung, daß Planung und Evaluation letztlich auf den gleichen didaktischen Leitvorstellungen beruhen. Merkmale guten Unterrichts lassen sich unter Bezugnahme auf den angenommenen Unterrichtserfolg bestimmen. Dessen Festlegung ist natürlich nicht unabhängig von den Prämissen und Zielvorstellungen eines Unterrichtskonzepts.

Unterrichtsbeurteilung ist jedoch mehr als die Überprüfung des mehr oder weniger umfangreichen Planungsaufwands. Nun geht es um Reflexion, Legitimation und Kritik realisierten Unterrichts in seiner Komplexität. Dabei sollte es aus der Analyse der Distanz von prospektiver Planung und retrospektiver Beurteilung durchaus zur Entwicklung qualitativer Alternativen kommen. Verlaufsplanungen in aufeinanderfolgenden Lernphasen können nur Vorschläge sein und dürfen nicht, als Grundmuster eines Kriterienkatalogs mißverstanden, zum Verlaufsschematismus führen. Deshalb ist es auch prinzipiell fraglich, ob die Analyse einer „Formalstruktur des Geschichtsunterrichts" zu einem adäquaten Beurteilungsinstrument führen kann. Es bleibt noch abzuwarten, wie weit der Vorschlag zur Untersuchung idealtypischer Unterrichtsprofile in geschichtsdidaktischer Hinsicht tragen kann (vgl. von Borries 1984). Gerade hinsichtlich der Beurteilungsproblematik gibt es also wie bei nur wenigen Stichworten der Geschichtsdidaktik eine Lücke, die sehr direkt im umgekehrten Verhältnis zur drängenden, oft bedrückenden realen Situation in allen Phasen der Ausbildung und Praxis von Geschichtslehrern steht. Dieses fachdidaktische Defizit darf nicht zum Rückfall in persönliche Einseitigkeiten und zur Verwendung beliebiger Urteilsmuster verleiten. Es geht vielmehr um die Suche nach einem tragfähigen Kriterienkatalog, der ein einigermaßen konsistentes System von Gesichtspunkten bietet, die die Eigenart historischer Bildung kennzeichnen und dadurch zwar keine objektivierende, aber doch transparente, rationale und verantwortbare Unterrichtsbeurteilung ermöglichen.

Als möglicher Ausgangspunkt zur Entwicklung eines solchen Katalogs *fachspezifischer Beobachtungs- und Beurteilungskriterien* wird ein geschichtsdidaktisches Kategoriensystem vorgeschlagen (Mayer / Pandel 1976). Es gibt Anzeichen dafür, daß das vorgeschlagene Instrument durch die Analyse empirischer Befunde der unterrichtlichen Kommunikation für zugrunde liegende fachdidaktische Entscheidungen und Bedingungen sensibilisieren und als Katalog fachspezifischer Ziele und Qualifikationen fachgerechte Perspektiven für bewußtere weitere Unterrichtsplanung öffnen kann.

Die 16 Kategorien, die in vier Gruppen dimensioniert und strukturiert sind, werden mit Kurzbeschreibungen vorgestellt (Mayer / Pandel 1976, 49 f.):

1. Bezogenheit der Geschichte auf die eigene Situation

1.1 Gegenwartsbezug
Wird mittels Analogie oder Vergleich Bezug auf die Gegenwart genommen?

1.2 Identifikation
Mit welchen Handelnden identifizieren sich Schüler / Lehrer? Welche Handelnden werden von Schülern / Lehrern abgelehnt? Werden Standpunkte deutlich? Wird Partei ergriffen?

2. Methoden historischer Erkenntnis

2.1 Verstehen
Verstehen der Motive der Beteiligten. Werden Motive des Handelns der Beteiligten angegeben? Werden andere als die eigenen Wertvorstellungen entdeckt? Wird im Unterricht vom Äußeren auf Inneres geschlossen?

2.2 Erklären

2.2.1 Punktuelles Erklären
Erklären der sachlichen Bedingungen menschlichen Handelns. Werden punktuell oder beispielhaft äußere Umstände, objektive Gegebenheiten genannt, die das Handeln der Menschen bedingen? Wodurch wird das Handeln eingeschränkt? Was läßt Menschen scheitern oder verhindert etwas? Bedingen u. a. auch geographische Faktoren das Handeln?

2.2.2 Systematisierendes Erklären
Zurückgreifen auf meß- und zählbare Regelmäßigkeiten zur Klärung funktionaler und kausaler Zusammenhänge. Werden Generalisierungen und Regelmäßigkeiten ermittelt, mit deren Hilfe Situationen, Entwicklungen und Zustände erklärt werden können?

2.2.3 Quantitative Verfahren
Werden aus zugänglichen Einzeldaten und Fakten Statistiken und deren Korrelationen aufgestellt?

3. Entwicklungszusammenhang sozialer Zustände und Veränderungen in der Zeit

3.1 Zeit

3.1.1 Zeitpunkt
Werden präzise bzw. diffuse Angaben über Zeitpunkte gemacht?

3.1.2 Dauer
Wird die Dauer von Zuständen oder Handlungen präzise bzw. diffus angegeben? Gibt es Angaben über Dauer unterschiedlicher Länge?

3.2 Gewordenheit
Wird erklärt, wie die Situation oder der Zustand, der im Unterricht gerade bearbeitet wird, entstanden ist? Werden Wachstumsprozesse deutlich? Situationen und Zustände können sich auch verschlechtern. Hat die bearbeitete Situation eine Vorgeschichte?

3.3 Veränderbarkeit
Werden Veränderungen von Situationen, Zuständen, Institutionen und Normen benannt? Werden Veränderungen in der bearbeiteten Situation und in dem ihr nachfolgenden Zeitraum deutlich?

3.4 Zukunftsperspektive
Erscheint die Auseinandersetzung mit einer geschichtlichen Frage, die in der heutigen Gegenwart noch virulent ist, als Aufgabe für die Zukunft?

4. Menschliches Handeln im fortschreitenden Prozeß gesellschaftlicher Praxis

4.1 Handelnde Subjekte

4.1.1 Menschen als Handelnde
Wer unter den Beteiligten wird als Handelnder dargestellt? Handelnde können sowohl Individuen als auch Gruppen sein: Herrscher, Unterdrückte, soziale Klassen, Vertreter sozialer Klassen.

4.1.2 Unangemessene Vermenschlichungen
Erscheinen Institutionen, historische Fachbegriffe und Ideen als handelnde Personen? Diese Personalisierungen und Hypostasierungen sind als Fehlformen der Kategorie „Menschen als Handelnde" zu verstehen.

4.2 Arbeit
Arbeit als Bearbeitung und Aneignung der gegenständlichen Welt. Wer arbeitet mit welchen Mitteln? Arbeitsteilung? Verteilung der Arbeitsprodukte?

4.3 Macht und Herrschaft
Wer übt Macht aus, wer wird davon ausgeschlossen? Welche Formen der Machtausübung werden angegeben?

4.4 Rechtfertigung
Wie werden soziale Zustände, wie werden Macht und Herrschaft legitimiert?

Die skizzierten Kategorien lassen sich in präzise, trennscharfe, voneinander unabhängige und direkt beobachtbare Merkmale eines Beobachtungs- und Beurteilungssystems umsetzen. In der fachspezifischen Unterrichtskommunikation werden die Kategorien durch eindeutige sprachliche Indikatoren definiert. Zu den Beobachtungsmerkmalen (Aussagen über . . .) werden beispielhafte Indices angeführt (Mayer / Pandel 1976, 117 f.). So manifestieren sich:

1.1 Gegenwartsbezug
in Aussagen über Gegenwartsbezüge: zum Beispiel heute aber; das ist heute ähnlich / anders; jetzt

1.2 Identifikation
in Aussagen über Parteinahme, Be- und Verurteilungen: zum Beispiel wir / ich hätte; ich würde; unsere Seite; unsere Leute; gute / schlechte; finde ich gerecht / ungerecht; schön wär's; „dieser" oder „jener"

2.1 Verstehen
in Aussagen oder Vermutungen über Motive und Wertvorstellungen: zum Beispiel hat sich gedacht; wünschte; wollte wohl; vielleicht wollte; stellte sich vor; machte es, um zu / damit; weil; fürchtete; hatte Angst

2.2.1 Punktuelles Erklären
in qualifizierenden Aussagen über Zusammenhänge, Verhältnisse, Einschränkungen menschlichen Handelns: zum Beispiel was ist; warum; das bedeutet; deshalb; zum Beispiel; dadurch; wegen; anläßlich

2.2.2 Systematisierendes Erklären
in quantifizierenden und systematisierenden Feststellungen über menschliches Handeln bedingende sachliche Faktoren: zum Beispiel je — desto

2.2.3 Quantitative Verfahren
in Feststellungen von Zahlen- und Datenreihen: zum Beispiel (Beschäftigungs-)Zahlen — (Produktions-)Ziffern

3.1.1 Zeitpunkt
in präzisen oder vagen Zeitpunktangaben: zum Beispiel am; später; früher; bevor; nachdem; jetzt; nun; als; daraufhin; zunächst

3.1.2 Dauer
in präzisen oder diffusen Aussagen über verschiedene Dauer: zum Beispiel mehrere Jahre; lange; seit; von — bis; immer noch; in wenigen Tagen

3.2 Gewordenheit
in Aussagen über die Entstehung von Ereignissen, Situationen und Zuständen: zum Beispiel und dann; reicher geworden; schlimm geworden; mehr geworden; es war dazu gekommen; Ergebnis war; (Komparative)

3.3 Veränderbarkeit
in Aussagen über Veränderungen von Situationen, Zuständen, Institutionen: zum Beispiel war geändert worden; hatte sich geändert; war schon nicht mehr so; verbesserte sich; verschlechterte sich; in den Hintergrund gerückt

3.4 Zukunftsperspektive
in Aussagen über zukünftige Möglichkeiten: zum Beispiel das muß bei uns auch noch getan werden; das ist heute noch nicht gelöst

4.1.1 Menschen als Handelnde
in Eigennamen und Personalpronomen: zum Beispiel Eigennamen; er; sie; auch unbestimmte Angaben: man; die Leute

4.1.2 Unangemessene Vermenschlichungen
in Aussagen über Institutionen, historische Fachbegriffe oder Ideen, die wie Menschen handeln: zum Beispiel der Betrieb arbeitete sich empor; die Idee der Freiheit setzte sich durch; die Arbeitslosigkeit stieg an

4.2 Arbeit
in Aussagen über Produktionsmittel, Stand der Technik, Arbeitsorganisationen und Verteilung der Produkte: zum Beispiel semantisches Feld „Arbeit"

4.3 Macht und Herrschaft
in Aussagen über wirtschaftliche, gesellschaftliche, politische Abhängigkeitsverhältnisse: zum Beispiel semantische Felder „Macht" und „Herrschaft"; dichotomische Begriffe: Herr — Knecht; Palast — Hütte; oben — unten; die Reichen — die Armen

4.4 Rechtfertigung
in Aussagen über Weltbilder, Ideologien, Bezugnahme auf Religionen: zum Beispiel darf / darf nicht; verantworten; vorspiegeln; berechtigt sein; bestreiten; Anspruch haben; befugt / unbefugt sein

Unterrichtsbeurteilung darf keine Fremdbeurteilung außerhalb einer gemeinsamen Vereinbarung über Beurteilungskriterien sein. Die beschriebene Leistung des Kategoriensystems ist nur dann zu erreichen, wenn es samt seiner theoretischen Ableitung selbst so vermittelt wird, daß sich Beurteiler und Beurteilter auf die gleiche Konzeption beziehen und die Beurteilung unter einer gemeinsamen Zielvereinbarung und Perspektive leisten können. Beurteiler müssen insbesondere den Umgang mit dem Beurteilungsinstrument üben, um durch Erfahrung die schwierige Aufgabe sicher bewältigen zu können. Der vorgestellte Kriterienkatalog kann kein ein für allemal festgelegtes System sein. Kriterien verlieren ihre interpretative und hermeneutische Kraft, wenn sie zu reglementierenden und schematisierenden Subsumptionskategorien verkommen. Indem immer wieder auf die notwendige Reflexivität zwischen fachspezifischer Unterrichtskommunikation und dem Analyseinstrument geachtet wird, können sich Veränderungen des Katalogs ergeben. Im Rahmen zielorientiert-kooperativer Beurteilungspraxis sind diese Veränderungen nie beliebig, sondern immer auf die jeweils zugrunde liegende didaktische Konzeption zu beziehen.

Literatur

Bachmair, G.: Handlungsorientierte Unterrichtsanalyse, Weinheim / Basel 1980
Bessoth, R. (Hrsg.): Lehrerbeurteilung, Neuwied 1984
Bessoth, R. / Metz, H.: Probleme und Neuansätze bei der Lehrerbeurteilung, in: *Unterrichtswissenschaft* 4 (1976), 219 — 233
Borries, B. v.: Zur Praxis „gelungenen" historisch-politischen Unterrichts, in: Gd 9 (1984), 317 — 335
Bühler, H. / Santini, B. (Projektleitung): Weltgeschichte im Bild 6, Lehrerband, 3. Aufl. Solothurn 1983, 12 — 24
Chiout, H. / Steffens, W.: Unterrichtsvorbereitung und Unterrichtsbeurteilung, 4. Aufl. Frankfurt 1978

Clevinghaus, B.: Problemfeld: Lehrerbeurteilung, in: *Schulmanagement* 11 (1980), H. 2, 20 – 35
Füglister, P. / Messner, H.: Mehrere Beiträge im Themenheft Analyse und Beurteilung von Unterricht, in: *Schweizer Schule* 63 (1976), Nr. 18, 661 – 679
Hollunder, R.: Beurteilungskriterien für Studienreferendare, in: *Die Höhere Schule* 30 (1977), 310 – 314
Mayer, U. / Pandel, H.-J.: Kategorien der Geschichtsdidaktik und Praxis der Unterrichtsanalyse (AuA, Bd. 13), Stuttgart 1976
Metz, H.: Unterrichtsbeurteilung auf dem Prüfstand, in: *Die Deutsche Schule* 74 (1982), 44 – 57
— Unterrichtsbeurteilung, Frankfurt 1983
Offergeld, P.: Der Schriftliche Unterrichtsentwurf im Fach Geschichte, in: *Geschichte / Politik und ihre Didaktik* 9 (1981), 187 – 197
Reich, K.: Unterricht – Bedingungsanalyse und Entscheidungsfindung, Stuttgart 1979, 210 – 221
Thiemann, F.: Kritische Unterrichtsbeurteilung, München / Wien / Baltimore 1979
Woysch, D.: Die Fragwürdigkeit der Beurteilung von Lehrproben, in: *Unterrichtswissenschaft* 4 (1976), 199 – 209

Lehrerfortbildung

Angela Genger

Zu den Aufgabenstellungen von Lehrerfortbildung

Lehrer sehen sich einer Fülle unterschiedlicher Anforderungen gegenüber, für die sie im Studium und in der zweiten Phase ihrer Ausbildung nicht hinreichend vorbereitet werden konnten. Solche Anforderungen werden dann häufig als Belastungen empfunden, die von zentralen Aufgaben abzuhalten scheinen (vgl. Kuntz 1973). Entsprechende Hilfen erwartet der praktizierende Lehrer im allgemeinen von der Lehrerfortbildung, insbesondere im Gefolge von organisatorischen und inhaltlichen Veränderungen des Bildungsbereichs (vgl. Aregger 1976 und 1977). Dabei hat sich gezeigt, daß die gängige Unterscheidung nach Fortbildung und nach Weiterbildung nur bedingt greift (vgl. auch Wolf / Klüsche 1975): Fortbildung wird im überwiegenden Sprachgebrauch als *Qualifikationserhalt* bezeichnet, während Weiterbildung zur *Erlangung* einer neuen Qualifikation (meist auch einer Berechtigung) dient. Lehrerfortbildung muß jedoch die berufliche Praxis der Lehrer zum Ausgangspunkt vom Lernprozessen machen, auch und gerade, wenn es um die Einführung von und die Beteiligung an Innovationen im Raum der Schule geht. Lehrerfortbildung wird deshalb hier im Sinn von *Weiterqualifikation für pädagogisches Handeln im Bereich der Schule* gefaßt. Unter Weiterqualifikation wird ein Prozeß verstanden, durch den die Elemente der Erfahrungs-

bildung im Beruf, die das Handeln des Lehrers qualitativ bestimmen, mit reflexivem Lernen in der Fortbildung zu verbinden sind.
Auch *historisch* wird Fortbildung und Weiterbildung eher synonym gebraucht. Fortbildung war wohl ursprünglich eine Art Selbsthilfeeinrichtung von Volksschullehrern und Lehrerorganisationen, um einerseits „Bildungsverkürzungen" der nicht-akademischen Ausbildung entgegenzuwirken und zum anderen zur Hebung des Standes beizutragen. Für die zweite Phase der Lehrerbildung übernahm später die staatliche Schulverwaltung die Betreuung — die Fortbildung. Für die Weiterbildung in der unterrichtsfreien Zeit boten Akademien, Institute und Berufsverbände weiter zum Berufswissen gehörende Themen aus der allgemeinen Pädagogik und ihren Bezugswissenschaften an (vgl. Messerschmid 1956; Seidmann 1965; Joppich 1970).

Institutionalisierungsformen, Kurstypen und Arbeitsformen

Die institutionalisierte Lehrerfortbildung wurde und wird von folgenden Einrichtungen getragen:

— Institute für Lehrerfortbildung in staatlicher oder freier Trägerschaft;
— Lehrerverbände, Lehrergewerkschaften und Lehrerarbeitsgemeinschaften;
— wissenschaftliche Vereinigungen;
— kirchliche Schulreferate und katechetische, religionspädagogische Institute;
— konfessionelle und nichtkonfessionelle Akademien, zum Beispiel der politischen Bildung und der allgemeinen Erwachsenenbildung;
— wissenschaftliche Hochschulen mit Kontaktstudienmöglichkeiten;
— Fernstudienangebote im Medienverbund;
— Zentralinstitute für Lehrplanentwicklung und Lehrerfortbildung;
— Gesamtseminare;
— Konferenzen und Einführungsveranstaltungen.

Diese unterschiedlichen Einrichtungen bestehen häufig nebeneinander. Sie unterscheiden sich nach Träger, Auftrag und der Organisationsstruktur (vgl. Kröll 1981). Daraus erklärt sich eine Vielzahl unterschiedlicher Konzepte von Weiterqualifikation für pädagogisches Handeln im Bereich der Schule.
Eine Erfahrung der in der Lehrerfortbildung hauptamtlich Tätigen besteht darin, daß die größte Wirkung von Fortbildung dann zu erwarten ist, wenn sie möglichst nahe an den Unterricht herankommt. Dem versuchen sie durch unterschiedliche *Kurstypen* und Arbeitsformen gerecht zu werden. Zu unterscheiden sind: Einzelveranstaltungen, Kompaktkurse, Projektarbeit / Werkstattseminare, Seminarreihen, Intervallseminare. Weiter lassen sich Elemente von Kursen angeben, die an bestimmte *Arbeitsformen* gebunden sind. Solche Elemente von Kursen sind zum Beispiel der strukturierte *Erfahrungsaustausch,* in dem solche Aufgaben angeboten werden, durch die Neues (etwa der Umgang mit einem Planungsraster) mit Bekanntem (zum Beispiel Lernzielbestimmung) verbunden wird. Im Zusammenhang mit konkreten *Aufgaben* während eines Kurses können weiter Problemlösungsstrategien des einzelnen Lehrers auch in Form von Beratung thematisiert werden. Solche *Beratung* hebt auf individuelle Schwierigkeiten fachlicher, pädagogischer und methodischer Art ab. *Informationen* fachwissenschaftlicher, fachdidaktischer und

unterrichtstheoretischer Art bieten das Material, an dem die subjektiv ausgeprägten „Modelle" eines Lehrers mit denen seiner Kollegen vergleichbar werden. Ein weiteres Element von Kursen ist die *Übung*. Darunter werden unterschiedliche Methoden subsumiert: Übung heißt zunächst zielgerichtete Anwendung, zum Beispiel in Form von Simulation, von Gruppenarbeit, von Rollenspiel oder auch Umsetzung von Unterrichtsentwürfen und ähnliches. Übung wird aber häufig auch mit *Training* gleichgesetzt.

Diese Kurselemente haben sich pragmatisch in den verschiedenen Fortbildungseinrichtungen entwickelt. Wichtig ist jedoch, daß das Verhältnis der Elemente zueinander auch wesentlich vom *Inhalt* der konkreten Fortbildungsveranstaltungen abhängt: Handelt es sich um Einführung in neue Lehrpläne? Handelt es sich um erzieherische Probleme? Handelt es sich um unterrichtstheoretische Fragen? . . . Die Entscheidung über Inhalte und Adressaten der Fortbildung fällt in einigen Bundesländern inzwischen mehr und mehr durch zentrale, dem Kultusministerium unterstellte Instanzen. Auf diese Weise wird zwar versucht, eine stärkere Kongruenz bildungspolitischer Maßnahmen zu erreichen; die Forderung nach Praxisnähe gerät aber dabei wohl eher wieder aus dem Blick.

Einige Probleme der Praxis von Fortbildung

Es ist insgesamt festzustellen, daß Fortbildung als zusätzliche Ausbildung konzipiert wird, d. h. daß die Praxis des Lehrers als berufliche Erfahrung nicht angemessen berücksichtigt wird. Eine Vielfalt didaktischer und theoretischer Zugriffsweisen scheint kennzeichnend für das Feld der Lehrerfortbildung zu sein. Einen *theoretischen Bezugsrahmen* für Lehrer gilt es noch zu entwickeln. Hierzu wäre Forschung auf zwei Ebenen notwendig: (1) auf der Ebene bestehender Praxis durch unterschiedliche Formen von Evaluation und Begleitung von Fortbildung und (2) auf der Ebene der praktischen Anforderungen der Schulpraxis durch die Beobachtung und Begleitung von Unterricht und schulischen Lehr- und Lernprozessen (vgl. Baumann / Genger 1978). *Methodologische Ansätze* wie der feldtheoretische Ansatz (Hinweise bei Heinemann 1977) oder der handlungstheoretische Ansatz (vgl. Baumert 1977) oder der Versuch, die Lehrertätigkeit in den Rahmen von Professionalisierungstheorien zu stellen (vgl. Holzapfel 1975), haben sich nicht durchgesetzt und stehen eher partikularen didaktischen Ansätzen gegenüber. Ohne eine Rahmentheorie kann Lehrerfortbildung jedoch keine verläßlichen Aussagen zu ihrer Praxisrelevanz gewinnen. Von dieser Forderung nach einem didaktischen Bezugsrahmen her erscheint die Angebotsstruktur der Institute eher als eine *pragmatische Notlösung*. Die Angebote der meisten Institute orientieren sich an Systematiken der Schulfächer und der Schulstufen und weniger an ausgewiesenen komplexen Problemen des Lehrers. Lehrer handeln jedoch nicht erziehungswissenschaftlich oder fachwissenschaftlich, sondern sie gehen mit Ergebnissen unterschiedlicher Wissenschaften situationsabhängig und mehr oder minder angemessen um (vgl. Bromme / Seeger 1978). Dabei sieht sich der Lehrer dem Problem gegenüber, gegenstandsbezogenes Wissen mit pädagogisch-psychologischem Wissen eigenständig zu integrieren. Je nach Kompetenz kommt es zu Verkürzungen, Vereinfachungen und Automatisierungen, die der Reflexion zunächst nicht zugänglich erscheinen. Die geforderte Rahmentheorie muß hier ansetzen; es geht um Klärung von Voraussetzungen und Notwendigkeiten des Lernens von Lehrern in der Praxis von Schule und deren Konsequenzen für das Lernen für diese Praxis in der Fortbildung.

Forderung zur Theorieentwicklung für fachdidaktische Fortbildung

Eine *Didaktik für Lehrerfortbildung* muß über eine Theorie vom Lehren (und Lernen) in der Schule verfügen, weiter über eine Theorie vom schulischen Curriculum und schließlich über eine Theorie der Spezifik von Vermittlungsprozessen bei praktizierenden Lehrern. Für Fortbildung im Fach Geschichte sollen nun noch einige Richtungen und Aspekte von Theorieentwicklung angedeutet werden, die ausdifferenziert und weiter präzisiert werden müssen.

In der Schule sollen Heranwachsende dazu befähigt werden, „Möglichkeiten menschlicher Gattung und einer Fähigkeiten zu erkennen und zu erwerben. Im Unterricht geht es um die Präsentation und Repräsentation bestimmter Ausschnitte von Wirklichkeit, die als Ergebnis gesellschaftlicher Praxis der menschlichen Gattung verstanden werden müssen" (Baumann 1978, 121 – 122). Für die Fachdidaktik Geschichte heißt es zum Beispiel: Die für sie konstitutiven Begriffe müssen den Zusammenhang von subjektivem Sinn und objektiver Bedeutung eines historischen Gegenstandes präsentieren und für den Unterricht strukturierbar und repräsentierbar machen. Es geht also um das Erfassen von Objekten als Ausschnitte und komplexe Probleme gesellschaftlicher Wirklichkeit. Didaktik kann sich nicht damit begnügen, nur nach der allgemeinen *Verfügbarkeit* von Wissen im schulischen Unterricht zu fragen, sie muß sich auch für das *Zustandekommen*, die Entstehung von Wissen interessieren (vgl. Walgenbach 1978). Die zentralen Begriffe der Geschichtsdidaktik sind dann immer zugleich *Prozeß* und *Produkt* und als solche zu vermitteln (vgl. von Staehr 1978). Fachdidaktische Fortbildung für Geschichte muß Lehrern helfen, eine Beziehung herzustellen zwischen den Ergebnissen der Geschichtswissenschaft, ihren theoretischen Implikationen und ihren zentralen Begriffen, die inhaltlich-logisch, historisch-genetisch und sozial-gesellschaftlich bestimmt sind. Dazu ist es notwendig, die individuellen Vorstellungen des Lehrers über den Lerngegenstand, die Ziele und Organisationsformen oder die Struktur des Aneignungsprozesses bei Schülern, die in Form von kognitiven Systemen das didaktische Handeln des Lehrers bestimmen, zu aktualisieren und in Richtung auf ein umfassendes Verständnis von Geschichtsdidaktik aufzugreifen und zum Ausgangspunkt reflexiver Lernprozesse in der Fortbildung zu machen.

Literatur

Aregger, K. (Hrsg.): Lehrerfortbildung. Projektorientierte Konzepte und neue Bereiche, Weinheim 1976

- Projektorientierte Lehrerfortbildung, in: *schweizer schule* 64 (1977) 21, 688 – 695
Baumann, R.: Der Lerngegenstand. Eine Diskussion zur Inhaltsproblematik schulischen Lernens, Diss. (vervielf. Manuskript) Konstanz 1978
Baumann, R. / Genger, A.: Lehrerfortbildung – Lernen für die Praxis? Zur Forschungslage in der Bundesrepublik Deutschland, in: *ZfPäd* 24 (1978), 373 – 382
Baumert, J.: Handlungsorientierte Begleitforschung. Begründete Angst vor der selbstgestellten Aufgabe, in: *Haller, H.-D. / Lenzen, H.* (Hrsg.): Wissenschaft im Reformprozeß, Aufklärung oder Alibi? (Jahrbuch für Erziehungswissenschaft, Bd. 2), Stuttgart 1977, 214 – 247
Heck, G. / Schurig, M. (Hrsg.): Lehrerfort- und -weiterbildung. Theoretische Grundlegung und praktische Verwirklichung in Deutschland seit 1945, Darmstadt 1982
Heinemann, M.: Feldtheoretische Modelle zur Erschließung von Lehrervereinen, in: *Heinemann, M.* (Hrsg.): Der Lehrer und seine Organisation, Stuttgart 1977, 437 bis 456
Holzapfel, G.: Professionalisierung und Weiterbildung bei Lehrern und Ausbildern. Eine explorative Studie über Lehrer- und Ausbilderweiterbildung in Baden-Württemberg, Weinheim 1975
Joppich, G.: Lehrerfortbildung, in: *Horney, W. / Ruppert, J. P. / Schultze, W.* (Hrsg.): Pädagogisches Lexikon, Bd. 2, Gütersloh 1970, 230 – 231
Jung, H. / Staehr, G. von: Historisches Lernen. Didaktik der Geschichte, Köln 1983
Klippert, H., u. a. (Hrsg.): Ganzheitliche Lehrerfortbildung. Begründung, Konzeption, Praxisberichte, Stuttgart / Bonn 1983
Kröll, U. (Hrsg.): Institutionalisierte Lehrerfortbildung. Konzepte und Modelle und ihre Praxis, Weinheim 1981
– (Hrsg.): Geschichtslehrerfortbildung. Perspektiven – Erfahrungen – Daten (Forum Geschichtsdidaktik, Bd. 3), Münster 1985
Kuntz, K.-M.: Zur Soziologie der Akademiker. Fortbildung in 16 akademischen Berufen, Stuttgart 1973
Messerschmid, F.: Die Weiterbildung des Lehrers, Würzburg 1956
Seidmann, P.: Moderne Formen der Lehrerweiterbildung. Bericht über eine Tagung vom 27. bis 29. November 1963 (Internationale Pädagogische Studien, hrsg. vom UNESCO-Institut für Pädagogik), Hamburg 1965
Staehr, G. von: Zur Konstituierung der historisch-politischen Didaktik. Der Zusammenhang von Geschichtstheorie, Curriculumtheorie und Lerntheorie, Frankfurt 1978
Walgenbach, W.: Ansätze zu einer Didaktik ästhetisch-wissenschaftlicher Praxis. Orientierungen für die Theoretisierung eigenen Denkens und Handelns, Diss. (vervielf. Manuskript) Kiel 1978
Wolf, H. / Klüsche, N.: Lehrerfort- und -weiterbildung, in: *Speichert, H.* (Hrsg.): Kritisches Lexikon der Erziehungswissenschaft und Bildungspolitik, Reinbek 1975, 223 bis 229

IX. Geschichte in der außerschulischen Öffentlichkeit

Geschichte in der außerschulischen Öffentlichkeit

Jochen Huhn

I

Die Geschichtsdidaktik hat sich seit ihrer Institutionalisierung vorwiegend dem Geschichtsunterricht zugewandt, dem Hauptgebiet geplanten historischen Lernens. Historiker haben aber von den Anfängen der modernen Geschichtswissenschaft an ihre Forschungsergebnisse auch außerhalb schulischer und universitärer Lehre verbreitet, indem sie Geschichte für ein breiteres Publikum schrieben oder in Stellungnahmen zu aktuellen Problemen ihre historischen Kenntnisse und Erkenntnisse einfließen ließen. Wenn in den letzten Jahren Historiker sich verstärkt diesen Bereichen der Geschichtsvermittlung zuwenden (May 1973; van Kampen / Kirchhoff 1979; ,,Journal für Geschichte", ,,Geschichte fernsehen"), so kann darin ein Reagieren der Geschichtswissenschaft auf die zunehmende gesamtgesellschaftliche Spezialisierung gesehen werden, der eine wissenschaftsinterne Spezialisierung entspricht. Die Folgeprobleme der Industrialisierung erfordern eine Verstärkung und *Differenzierung der Vermittlungsanstrengungen* zwischen Geschichtswissenschaft und Praxis, wenn die ,,Vernunftchancen" der Geschichtswissenschaft genutzt werden sollen. Die Vermittlung kann so — als Pendant zur gesellschaftlichen Arbeitsteilung — der Integration dienen (Neidhardt 1979, 330 ff.; Beck 1982, 13 ff.).
Die didaktische Dimension der Geschichtswissenschaft (Weymar 1982) umfaßt also nicht nur schulische und universitäre Lehre. Geschichtsdidaktik wird die anderen Bereiche in ihrer Theorie, empirischen Forschung und Planung der Vermittlungspraxis berücksichtigen müssen, wenn sie wirklich eine Didaktik der Geschichts*wissenschaft* sein soll. Diese systematische Arbeit ist noch mehr Desiderat als Realität. Die Beiträge zu diesem Kapitel können die Situation nur widerspiegeln. Die Erfahrungsbasis ist in den einzelnen Bereichen unterschiedlich groß. Während in einigen Fällen die reflektierte Vermittlung schon Tradition hat, kann in anderen nur über erste Erfahrungen berichtet werden. Auch diese Kapiteleinführung kann nur einen vorläufigen Klärungsversuch darstellen.

II

Der didaktischen Reflexion dieser Vermittlungsbereiche drängt sich zunächst eine Unterscheidung auf, die bei der Konzentration auf die schulische Geschichtsdidaktik leicht übersehen wurde. Die didaktischen Bemühungen können sich zum einen auf *historische Bildung der Individuen* und damit unserer Gesellschaft richten. Der Besucher, Leser, Hörer, Zuschauer kann Geschichte begegnen, indem sich durch Beschäftigung mit der Vergangenheit, durch den Erwerb neuer Kenntnisse und Einsichten sein Geschichtsbewußtsein bestätigt oder verändert. Zum anderen wird Geschichte bei *historischer Beratung* vermittelt: Bei der Vorbereitung von Entscheidungen in Wirtschaft, öffentlicher Verwaltung, auf allen Ebenen der Politik ist oft ein Rückgriff auf Geschichte zu beobachten, sei es daß die Genese des anstehenden Problems interessiert, sei es daß ähnliche Problemlagen der Vergangenheit herangezogen werden, um eventuell aus ihnen Schlüsse für die Gegenwart zu ziehen. Die didaktischen Bemühungen von Historikern können auch hier die Orientierungsfunktion der Geschichtswissenschaft wirksam werden lassen, zum Beispiel indem sie kurzschlüssige Analogien und Fehlinterpretationen verhindern. Ihre Aussagen können nicht zu Handlungsanweisungen, wohl aber zur Verbesserung der Informationsbasis der Handelnden führen.

Historische Beratung geschieht durch Zeitungen, Funk und Fernsehen, wenn in Artikeln oder Sendungen die historische Dimension aktueller Probleme aufgearbeitet und dadurch die Information sowohl der Entscheidungsträger als auch der Öffentlichkeit verbessert wird. In Einrichtungen wie den Akademien, der Denkmalpflege und zum Teil auch in Archiven ist historische Beratung ein Bestandteil des Aufgabenspektrums. Konstitutiv ist sie bei Geschichtswerkstätten und Stadtteilprojekten, soweit in ihnen das Interesse an Geschichte sich mit politischen Intentionen verbindet oder sogar aus ihnen hervorgegangen ist. Ausschließlicher befassen sich Historiker in den wissenschaftlichen Diensten der Parlamente und in Einrichtungen der Parteien mit historischer Beratung.

Historische Bildung, historisches Lernen von Individuen wirkt sich im allgemeinen nur langfristig und indirekt auf aktuelle Entscheidungen aus. Selbstverständlich ist auch historische Beratung mit historischem Lernen verbunden. Sie kann als Beitrag zu einem kollektiven Lernprozeß gesehen werden, weil sie dazu beiträgt, daß Entscheidungen von einer besseren Informationsbasis her erfolgen. Außerdem ist anzunehmen, daß beratende Historiker und die zu beratenden Entscheidungsträger bei der historischen Beratung auch als Individuen lernen. Historische Beratung bezeichnet aber insofern einen Sonderfall, als hier *historische Informationen gezielt für aktuelles Handeln* bereitgestellt bzw. erarbeitet werden (Neidhardt 1979, 325 f.).

Ein weiteres Unterscheidungsmerkmal der hier angesprochenen Vermittlungsbereiche enthält die Frage nach der *Rolle der Beteiligten*. Der Grad ihrer Aktivität hängt selbstverständlich in jedem Bereich von der methodischen Gestaltung der Vermittlung ab. Dennoch bestehen konstitutive Unterschiede. Auf der einen Seite des Spektrums befinden sich Presse, Funk, Fernsehen und Sachbuch, bei denen der Einfluß der Adressaten über Auflagenhöhe, Einschaltquoten und evtl. Leserbriefe u. ä. wirksam wird. Auf der anderen Seite wären Geschichtswerkstätten und Stadtteilprojekte anzusiedeln, bei denen alle Teilnehmer Ziele, Inhalt und Form der historischen Arbeit mit-

bestimmen, oder eine historische Beratung, bei der die Kooperation von Historikern und Entscheidungsträgern bereits bei der Problemdefinition einsetzt (Beck 1982, XI).
In allen außerschulischen Bereichen sind Erwachsene Adressaten geschichtsdidaktischer Bemühungen, in einigen auch Jugendliche, ohne daß sich dadurch die didaktischen Probleme prinzipiell anders stellten. Es empfiehlt sich deshalb, die Ausführungen zum Stichwort „Erwachsenenbildung" im Zusammenhang mit dieser Einführung zu lesen.
Wie in Schule und Universität, zielen geschichtsdidaktische Bemühungen in anderen Bereichen auf historisches Lernen in dem Sinne, daß der immer schon vorhandene *„alltägliche"* Umgang mit Geschichte in Beziehung zum *wissenschaftlichen* Umgang mit Geschichte gesetzt wird, um so die orientierende Funktion der Geschichtswissenschaft wirksam werden zu lassen. Geschichtsdidaktik wird zwischen beiden Formen des Umgangs mit der Vergangenheit nur vermitteln können, wenn sie sich sowohl auf inhaltliche, methodische und wissenschaftstheoretische Ergebnisse der Geschichtswissenschaft stützt, die Vermittlung also *„wissenschaftsanalog"* (Kaufmann 1977, 48) geschieht, als auch Bedürfnisse und Interessen der Adressaten ernstnimmt. Die Gefahr, letzteres zu übersehen, dürfte in den hier angesprochenen Vermittlungsbereichen geringer sein als in Schule und Universität, weil die Beteiligung freiwillig ist und in den meisten Fällen spontan abgebrochen werden kann. Wahrscheinlicher ist, daß beim notwendigen Eingehen auf die Adressaten (Leser, Zuschauer, Museumsbesucher, Mitarbeiter von Geschichtswerkstätten) geschichtswissenschaftliche Kriterien vernachlässigt werden, die Vermittlung eben nicht wissenschaftsanalog erfolgt. Vorschläge zur Lösung dieser Problematik können nur bereichsspezifisch erarbeitet werden, unter sorgfältiger Beachtung der jeweiligen Bedingungen der Vermittlung.

III

Bei der empirischen Untersuchung ist es zweckmäßig, zwischen Bedingungen, die die geschichtsdidaktische Praxis jeweils unmittelbar vorfindet, und einem weiteren Bedingungsrahmen zu unterscheiden.
Zu den unmittelbar gegebenen Bedingungen gehören die *Erwartungen der Teilnehmer* in bezug auf Geschichte (zum Beispiel der Museumsbesucher, der Fernsehzuschauer, der Entscheidungsträger bei einer historischen Beratung), der *organisatorische Rahmen,* die mit diesem gegebenen normativen Setzungen und Freiräume und die daraus resultierenden *Arbeitsbedingungen.* Wer bei einer Zeitung mit geschichtsdidaktischen Intentionen arbeitet, wird nicht ignorieren können, daß eine Zeitung in unserer Gesellschaft wirtschaftlich existenzfähig sein muß. Wer als Historiker beratend tätig ist, muß die Intentionen der Entscheidungsträger und deren Handlungsrahmen kennen, aus dem sich zum Beispiel ein extremer Zeitdruck ergeben kann. Eine verspätete Information ist dann wertlos, mag sie noch so gehaltvoll sein. Die durch *empirische Untersuchungen* gestützte, differenzierte Kenntnis der jeweiligen Bedingungen schafft erst die Voraussetzung für eine reflektierte *geschichts-*

didaktische Praxis, die die Orientierungsfunktion der Geschichtswissenschaft zum Zuge kommen läßt. Allerdings können empirische Untersuchungen auch ergeben, daß eine so verstandene Geschichtsdidaktik in bestimmten Bereichen oder Situationen keine Chancen hat.

Das kann jedoch nur geklärt werden, wenn die empirische Forschung von geschichtsdidaktischen Fragestellungen ausgeht und von geschichtsdidaktischer Praxis begleitet wird, da diese unter Umständen das Untersuchungsfeld verändern kann. Besonders in noch kaum erforschten Bereichen wie Touristik und historischer Beratung dürfte sich eine solche, auf der Parallelität von empirischer Erforschung und geschichtsdidaktischer Praxis beruhende ,,Erkundung" empfehlen.

Zum weiteren Bedingungsrahmen gehören die *lebensweltlichen Einflüsse auf das Geschichtsbewußtsein.* Gerade um eine vorschnelle Anpassung an die unmittelbaren Bedingungen zu vermeiden, sind jedoch für die außerschulische Geschichtsdidaktik noch weitere Gebiete von Interesse:

— Die Untersuchung der weiteren wirtschaftlichen, sozialen und politischen Bedingungen, die geschichtsdidaktische Arbeitsfelder beeinflussen;
— die Untersuchung geschichtsdidaktischer Praxis und ihrer Bedingungen in der Vergangenheit (zum Beispiel in der Denkmalpflege, in Geschichtsvereinen und Museen);
— die Untersuchung geschichtsdidaktischer Praxis im internationalen Vergleich.

In westlichen Industriegesellschaften sind geschichtsdidaktische Bestrebungen in außerschulischen Bereichen zu beobachten, die nicht immer auf unsere Verhältnisse zu übertragen sind, denen aber Anregungen entnommen werden können. In den USA existiert seit 1979 ein *National Council on Public History* mit einer Zeitschrift (The Public Historian), der sich die Förderung von Bestrebungen zur Verbreitung historischer Kompetenz außerhalb von Schule und Universität zum Ziel gesetzt hat. In Belgien wurde 1974 ein *Centre de Recherches sur la Communication en Histoire de l'Université Catholique de Louvain* (heute in Louvain-la-Neuve) gegründet, das ein Diplom im Zusatzstudium anbietet und dessen Mitarbeiter versuchen, den Umgang mit Geschichte in der Öffentlichkeit zu fördern und dabei besonders die modernen Medien nutzen. Ende der sechziger Jahre entstand in Großbritannien die *History Workshop-Bewegung,* die sich 1976 mit dem ,,History Workshop. A Journal of Socialist and Feminist Historians" eine eigene Zeitschrift schuf. Sie versucht, die Arbeit von professionellen Historikern und den Umgang mit Geschichte außerhalb der Wissenschaft, besonders in der Arbeiterschaft, zu verbinden.

Untersuchungen über geschichtsdidaktische Praxis im internationalen Vergleich sollten sich jedoch nicht auf die westlichen Industrieländer beschränken, sondern auch ,,ganz andere" Situationen einbeziehen, wie zum Beispiel den Zusammenhang von mündlicher und schriftlicher Überlieferung in afrikanischen Ländern.

IV

Die systmatische Ausweitung geschichtsdidaktischer Theorie, Empirie und Praxis auf Vermittlungsbereiche außerhalb von Schule und Universität zeigt,

daß die Geschichtswissenschaft die Verbreitung historischer Kompetenz, d. h. die Verbreitung von historischen Kenntnissen und Erkenntnissen sowie von Fähigkeiten zum Umgang mit Geschichte, in einem weiten Spektrum gesellschaftlicher Bereiche als ihre Aufgabe erkennt. Allerdings sind bislang nur Ansätze für eine solche systematische Anstrengung vorhanden.
Sie sollte auch Folgen für die *Ausbildung von Historikern* haben. Die didaktische Dimension als integrativer Bestandteil des Geschichtsstudiums umfaßt dann im Hinblick auf die hier angesprochenen Vermittlungsaufgaben folgende Gegenstände:

- *„Verwendungssituation"* von Geschichte („weiterer Bedingungsrahmen", s. Abschnitt III), zum Beispiel die Rolle von Geschichte in politischen Diskussionen (Faber 1977; Bach 1977), bei Entscheidungsfindungen (May 1973), im Film;
- *Reflexion über den lebensweltlichen Zusammenhang von Geschichtsforschung und Geschichtsstudium,* d. h. auch des eigenen Lernprozesses, als Grundlage für die Rückvermittlung der Ergebnisse historischer Forschung in außerwirtschaftliche Zusammenhänge, zum Beispiel Einfluß gegenwärtiger öffentlicher Diskussionen auf historische Forschung, die Rolle eigener Vorurteile und Interessen für das Geschichtsstudium;
- *Probleme der Vermittlung von Geschichte* in unterschiedlichen Vermittlungsbereichen, zum Beispiel Analyse der Bedingungen, mit denen Geschichtsdidaktik zu rechnen hat (institutioneller Rahmen, Zeitdruck, Kooperationsanforderungen etc.), Erwartungen von Lesern, Zuschauern, Entscheidungsträgern (s. auch „unmittelbar gegebene Bedingungen" in Abschnitt III), weiter: Standards wissenschaftlichen Arbeitens in praktischen Zusammenhängen, Inhalte und Methoden.

Diese drei didaktischen Schwerpunkte können im Geschichtsstudium nicht gleichgewichtig berücksichtigt werden, zudem ist und bleibt Fachkompetenz die Basis didaktischer Kompetenz. Im eigenen Interesse der Geschichtswissenschaft liegt es aber, daß die außerschulische Geschichtsvermittlung (wie die schulische) in Forschung und Lehre einbezogen wird.

Literatur

Bach, W.: Geschichte als politisches Argument. Untersuchung an ausgewählten Debatten des deutschen Bundestages, Stuttgart 1977
Beck, U. (Hrsg.): Soziologie und Praxis. Erfahrungen, Konflikte, Perspektiven (Soziale Welt, Sonderband 1), Göttingen 1982
Faber, K.-G.: Zur Instrumentalisierung historischen Wissens in der politischen Diskussion, in: *Koselleck, R. / Mommsen, W. J. / Rüsen, J.* (Hrsg.): Obejtkivität und Parteilichkeit (Beiträge zur Historik, Bd. 1), München 1977, 270 – 316
Haenens, A. d': Pour une éducation permante dans une université ouverte: Le Groupe Clio 70 et le Centre de Recherches sur la Communication en Histoire de l'Université de Louvain. Faculté de philosophie et lettres, Départment d'histoire, Université de Louvain 1975
— Pratique Historienne et Vie quotidienne demain, in: *L'Avenir culturell de la Communicauté française*, Institut Jules Destrée, Charleroi 1979, 37 – 42
Hesse, R.: Geschichtswissenschaft in praktischer Absicht. Vorschläge und Kritik, Wiesbaden 1979
Kampen, W. van / Kirchhoff, H. G. (Hrsg.): Geschichte in der Öffentlichkeit, Stuttgart 1979

Kaufmann, F.-X.: Sozialpolitisches Erkenntnisinteresse. Ein Beitrag zur Pragmatik der Sozialwissenschaften, in: *Ferber, Chr. v. / Kaufmann, F.-X.* (Hrsg.): Soziologie und Sozialpolitik (*KZSS*, Sonderheft 19), Opladen 1977, 35 — 75

Keßler, E.: Historia magistra vitae. Zur Rehabilitation eines überwundenen Topos, in: *Schärken, R.* (Hrsg.): Der Gegenwartsbezug der Geschichte, Stuttgart 1981, 11 — 33

Mann, H.-D.: Parlamentsdokumentation, Zeitgeschichte und Zeit, in: Mitteilungen der Fachgruppe 6: Archivare an Parlamentsarchiven und Archiven politischer Parteien und Verbände im Verein deutscher Archivare, Nr. 8, 9. Mai 1983

May, E. R.: ,,Lessons" of the Past. The Use and Misuse of History in American Foreign Policy, Oxford / Lonwon / New York 1973

Neidhardt, F.: Praxisverhältnisse und Anwendungsprobleme der Soziologie, in: *KZSS* (Sonderheft), 1979, 324 — 342

Weymar, E.: Dimensionen der Geschichtswissenschaft, in: *GWU* 33 (1982), 1 — 11, 65 bis 78, 129 — 153

Zeitschriften

Geschichte fernsehen 1 (1983) ff.
History Workshop. A Journal of Socialist and Feminist Historians 1 (1976) ff.
Journal für Geschichte 1 (1979) ff.
The Public Historian. A Journal of Publik History 1 (1978) ff.

Geschichte im Film

Peter Schöttler

Grundsätzlich ist zwischen Filmen als historischer Quelle und Filmen als Medium der historischen Darstellung zu unterscheiden, auch wenn beide Aspekte im konkreten Fall zusammentreffen können.

Film als historische Quelle

Filme bieten unersetzliches Material zur Ergänzung und manchmal sogar Korrektur der überlieferten schriftlichen und mündlichen Quellen. Dies gilt zuerst für den *Dokumentarfilm,* der — ob im archivierten Rohzustand oder als bereits bearbeiteter *Kompilationsfilm* (Leyda 1967) — einen leibhaftigen Eindruck von Ereignissen und Personen, von Gesten und Zeichen in einer bestimmten historischen Umgebung vermittelt. Allerdings gibt es keine ,,unschuldigen" Bilder. Auch Dokumentarfilme nehmen durch ihre expliziten Aussagen (Bildauswahl, Kommentar usw.) und ihre implizite filmische Struktur (Kamera-Einstellung, Montage usw.) eine besondere *Rasterung* der historischen Wirklichkeit vor, die sich den Zuschauern zum Teil unbewußt aufdrängt und einprägt. So ist zum Beispiel bei der Weiterverwendung von NS-Bildmaterial — etwa aus L. Riefenstahls Parteitagsfilm ,,*Triumph des Willens*" (1935) — zu berücksichtigen, daß die ,,Nazi-Aura" von Filmsequenzen nicht allein schon durch einen antifaschistischen Kontext aufgehoben werden kann, sondern eine bewußte Verfremdung und kritische Kontrastierung erfordert (zum Beispiel in M. Romms ,,*Der gewöhnliche Faschismus*", UdSSR 1965) (Roth 1982, 110 ff.; Beller 1984).

Seit den sechziger Jahren wird neben überlieferten Archivfilmen in zunehmendem Maße neues Quellenmaterial — u. a. auf *Videobändern* — vor allem auch mit *Interviews* von Zeitzeugen hergestellt und verwendet (Kasper / Schuster 1978). Speziell für die Erforschung der Alltagsgeschichte ist darüber hinaus die Auswertung von *Amateurfilmen* wichtig geworden (Kuball 1980).

Auch *Spielfilme* können als historische Quelle betrachtet werden (Fledelius 1979), weil sie einerseits auf Produktionsbedingungen der Kulturindustrie verweisen und andererseits durch ihren *Inhalt* wie ihre *Form* etwas über die *Gesellschaft* aussagen, in der sie entstanden sind (Kracauer 1979). Je tiefer dabei eine Analyse, die sowohl historische wie filmsoziologische und -semiologische Kenntnisse erfordert, in die Konstruktionsprinzipien der Film-Erzählung vordringt und sie mit ihren gesellschaftlichen Voraussetzungen konfrontiert, kann sie — ähnlich einer psychoanalytischen Traumdeutung — das Unausgesprochene und Verdrängte zum Vorschein bringen. Als ,,Symptom" gelesen, trägt der Spielfilm damit gleichsam zu einer ,,Gegenanalyse der Gesellschaft" (Ferro 1977) bei.

Film als Medium der Geschichtsdarstellung

Seit den Anfängen der Kinematographie haben Filme als Medien historischer Darstellung fungiert: als populäre Geschichten- und Geschichtserzähler des 20. Jahrhunderts. Genauer betrachtet, erweist sich freilich der *historische Gehalt* der meisten überlieferten „Historienfilme" als äußerst gering. Die „Kostümfilme" der Zwischenkriegszeit, die „Monumentalfilme" der fünfziger und sechziger Jahre, all die Kriegsfilme, Piratenfilme, Western usw. beschränken sich – bis auf Ausnahmen – auf einige äußerliche, eher pseudo-historische Wiedererkennungszeichen, während der eigentliche „Plot", die „Intrige" mehr oder weniger frei erfunden ist und vor allem darauf abzielt, „Konsumenten" ins Kino zu locken. Dort wird ihnen die Möglichkeit geboten, Abenteuer und Dramen „mitzuerleben" und *gleichzeitig* die Probleme und Konflikte ihrer Gegenwart zu verdrängen. Der historische Rahmen ist dabei relativ beliebig und oft auch nur ein Mittel zur Bestätigung oder gar propagandistischen Vertiefung von historisch-politischen *Vorurteilen*. Letzteres gilt zum Beispiel für die Preußen- und Fridericus-Filme oder auch die Filme über die Französische Revolution, die in der Zwischenkriegszeit gedreht wurden und die – aus heutiger Sicht – allenfalls etwas über die Weimarer oder nationalsozialistischen Ideologien aussagen, aber keine ernsthafte Auseinandersetzung mit dem historischen Gegenstand bieten.

Während das in sich sehr differenzierte Genre des *Dokumentarfilms* (Roth 1982) gegenüber früheren Jahrzehnten zwar an Bedeutung zugenommen hat, aber fast völlig ins Fernsehen abgedrängt wurde, spielt der *Kino-Spielfilm* als (potentieller) Vermittler von Geschichtsbewußtsein und -kenntnissen nach wie vor eine wichtige Rolle. Gewiß, noch immer werden historisch belanglose „Kostümfilme" im alten Sinne produziert. Auch kommt es gelegentlich zu eklatanten Widersprüchen zwischen dem historischen Anspruch eines Films und seiner inhaltlichen und formalen Realisation. Als Beispiel sei hier A. Wajdas „*Danton*" (Frankreich 1982) erwähnt, der unter Aufwendung modernster Film- und Dolbytechnik die Französische Revolution nach hergebrachtem Muster als düsteren Kampf zwischen dem „Ideologen" Robespierre und dem „Volkshelden" Danton inszeniert und gelegentlich bis in die Mimik hinein an die konservativen *Danton*-Filme der zwanziger und dreißiger Jahre anknüpft. Paradoxerweise bietet ausgerechnet ein Theaterfilm, *1789* von A. Mnouchkine (Frankreich 1972), ein gelungenes Gegenbeispiel dafür, wie die von der Forschung durchgesetzte *sozial-* und *mentalitätshistorische Interpretation* der Revolution mit neuen Darstellungsmitteln (hier: der Bühne im Film) umgesetzt werden kann.

Dies ist aber kein Einzelfall. Bei vielen Spielfilmen läßt sich heute die Tendenz feststellen, die historische Realität sehr viel sorgsamer als früher üblich ein- und aufzuarbeiten. Dem Paradigmenwechsel von der Kriegs-, Diplomatie- und Politikgeschichte hin zur Sozial- und Alltagsgeschichte entspricht auch eine Verschiebung in der Thematik vieler Geschichtsfilme. Anspruchsvolle Filmemacher versuchen, neueste historische Forschungsarbeiten in ihren Drehbüchern zu berücksichtigen oder gar zur Grundlage ihrer Inszenierungen zu machen. So geht zum Beispiel R. Allios „*Ich Pierre Riviere, der ich meine*

Mutter, meine Schwester und meinen Bruder umgebracht habe ..." (Frankreich 1975) unmittelbar auf ein Buch von M. Foucault zurück; D. Vignes *„Die Wiederkehr des Martin Guerre"* (Frankreich 1983) ist in Zusammenarbeit mit N. Z. Davis entstanden; die Fernsehreihe „Rote Erde" (Bundesrepublik Deutschland 1983) hat in erheblichem Maße von den Forschungen F. J. Brüggemeiers profitiert.

Dennoch stellt sich die Frage, *wie* Geschichte in diesen und anderen neueren Filmen vorkommt, auf welche Weise historisches *Wissen* und historische *Erfahrungen* durch die Gesamtkonzeption eines Films letztendlich vermittelt werden. Allein der Wechsel des Sujets von den Haupt- und Staatsaktionen der „Historienfilme" zu den nunmehr sozialgeschichtlich entdeckten Problemen und Kämpfen der „kleinen Leute" und eine möglichst realistische und aufwendige Produktion garantieren noch keine *geschichtsadäquate* Darstellung. Filmemacher und Historiker stoßen hier gleichermaßen auf theoretische und darstellerische Probleme: In welchem Maße ist historisches Wissen überhaupt visualisierbar und dramatisierbar? Worin liegen die bewußten und unbewußten Effekte verschiedener Darstellungs- bzw. Film-Formen auf den Betrachter, wie verhalten sich dabei *Form* und *Inhalt*, *Bild* und *Ton* usw. zueinander? Welche Möglichkeiten und Gefahren bringt die filmische *Narration* oder die *Identifikation* zwischen Zuschauern und „Helden" mit sich? Welche Rücksichten darf man auf die bei den Zuschauern vorhandenen *Sehgewohnheiten* nehmen, und ab wann führen solche Rücksichten dazu, daß neue historische Inhalte aufgrund einer konservativen Bildstruktur gar nicht mehr „ankommen", weil sie einfach nicht „gesehen" werden?

Hier liegt nicht zuletzt das Dilemma der überdimensionierten Geschichtsfilme wie etwa B. Bertoluccis *„1900"* (Italien 1976) oder W. Beattys *„Reds"* (USA 1982), die ihrerseits zahlreiche Nacheiferer — zumal im Fernsehbereich — finden. Diese Großproduktionen setzen auf totalen historischen Realismus in einer perfekten Studiolandschaft, während sie vor jeder Infragestellung der *Geschichtsillusionen des Zuschauers* zurückschrecken (im zweifachen Sinne: 1. in bezug auf die Unmöglichkeit, historische Totalität bildhaft wiederherzustellen, 2. in bezug auf dessen mehr oder weniger amorphes historisches Wissen). P. W. Jansen hat diesbezüglich treffend von „neuen barocken Staatsromanen" gesprochen, die zur Erbauung des „modernen" Publikums zwar die Fürsten- und Adelsgeschlechter durch bürgerliche und proletarische Familien und ebenso die Burgen und Schlösser durch Bürgerhäuser und Hütten ersetzt haben, aber dennoch „Geschichtsbebilderung in gestanzt bereitliegenden, jederzeit abrufbaren Parametern" betreiben. So wird Geschichte „eingemauert und zubetoniert gegen den Zugriff der freischwebenden Einbildungskraft"; „die Parameter eines nationalistisch-rassistischen Durchhaltefilms können ebensogut dazu dienen, einen Antikriegsfilm zu transportieren, die Parameter eines affirmativen Melodrams dazu, kritisches Bewußtsein zu infiltrieren. Aber das alles sind nur Pyrrhussiege . . . Sie bestätigen, ob sie wollen oder nicht, und konsolidieren die Herrschaft etablierter Wörter, Sätze, Interpunktionen; sie setzen nur, jederzeit

austauschbar, fort, was der Fall ist: Die Bilder selbst sind es, die uns den Bildern gegenüber blind und gefügig machen" (Jansen 1980, 21, 12, 16).
Statt ästhetischer und/oder weltanschaulicher Normativität müßte sich eine kritische Geschichtswissenschaft demgegenüber Filme wünschen, die mit *neuen Bildern neue Fragen* sowohl an die historische Realität, genauer: an das zur Zeit vorhandene *Wissen* darüber, als auch an die *Zuschauer* (ihr Denken und ihre Phantasie) richten. Geschichtsfilme auf der „Höhe der Zeit" müßten auf totalisierende „sinnstiftende" Geschichtsdarstellungen — zumindest tendenziell — ebenso zu verzichten suchen wie auf Bilddramaturgien, die überkommene Wahrnehmungsmuster lediglich bestätigen, statt sie zu durchkreuzen. Dabei wird allen Distanzierungs- und Verfremdungseffekten, die eine „Fesselung" des Zuschauers und seiner Phantasie durch das Bild oder eine Identifikationsfigur verhindern, eine entscheidende Bedeutung zukommen, da nur so *eigenständige* Wahrnehmungen und Reflexionen des Zuschauers eine Chance bekommen.
Daß solche *andere Formen* filmischer Geschichtsdarstellung möglich sind, die weder in trivialen „Histörchen" kramen, noch als bloße Transmissionsriemen einer mit allen optischen und akustischen Mitteln einzutrichternden „Wahrheit" fungieren, ließe sich an vielen Beispielen aus der neueren Filmgeschichte zeigen. Einige sollen hier als weiterführende Hinweise aufgegriffen werden:

— *„Die Machtergreifung Ludwigs XIV."* von R. Rossellini (Frankreich 1966) zeigt im Gegensatz zu allen sonstigen „Königsfilmen", daß es möglich ist, eine Herrscherbiographie, wenn schon nicht „von unten", so doch wenigstens „von der Seite", mit dem quasi-dokumentarischen Blick der Dienerschaft und der Höflinge darzustellen (Nau 1978, 11 — 32).
— *„Die Karabinieri"* von J.-L. Godard (Frankreich 1963) demonstriert gegenüber dem Genre des Kriegsfilms, daß es möglich ist, mit einigen Gesten, Postkarten, Zitaten die Absurdität des Krieges sehr viel eindringlicher zu vermitteln als mit westlicher oder östlicher Pyrotechnik (Jansen 1980, 12 f.).
— *„Aufstand in den Cevennen"* von R. Allio (Frankreich 1972) zeigt am Beispiel der südfranzösischen Hugenotten-Rebellion an der Wende zum 18. Jahrhundert, wie auch ein aktionsreicher „Revolutionsfilm" auf hergebrachte identifikationsstiftende und teleologische Konstruktionsprinzipien (à la *„1900"*) verzichten kann, wenn er seinen sozialhistorischen Realismus mit einer brechtianisch-verfremdenden Erzählweise verbindet (Schöttler 1983).
— *„Geschichtsunterricht"* von J.-M. Straub und D. Huillet (Bundesrepublik Deutschland 1972) unternimmt eine radikale filmische Weiterverarbeitung von Brechts ironischem Roman „Die Geschäfte des Herrn Julius Caesar". Es gibt keine Dramatisierung und Bebilderung altrömischer Geschäftsintrigen, vielmehr werden die „Lehren der Geschichte" *indirekt*, durch asketische Dialoge und langwierige Recherchen in Form ausdauernder Autofahrten durch die proletarischen Viertel Roms, vermittelt. Dieses besondere Interesse für Topographie, Alltagsgeräusche und menschliche Stimmen (alle Straub-Filme sind mit Originalton gedreht) wird auch deut-

lich in „*Zu früh / zu spät*" von Straub / Huillet (Bundesrepublik Deutschland 1981), der an französischen und ägyptischen Beispielen die Verzahnung von Landschaft und klassenkämpferischer Geschichte zum Thema hat — gleichsam eine filmische Parallele zum Braudelschen Konzept der „longue durée" ...
- „*Fluchtweg nach Marseille*" von I. Engström und G. Theuring (Bundesrepublik Deutschland 1977) ist ein Film der Spurensicherung und Ortsbesichtigung. Im Anschluß an A. Seghers Roman „Transit" kommt es zu einer halb dokumentarischen, halb fiktionalen Reise in die Zeit, wobei mit den Mitteln der Montage und Konfrontation von Archivmaterial, Interviews, spielfilmhaften Gesprächssequenzen und Erkundungen „vor Ort" die bedrückende und schmerzliche Atmosphäre des Intellektuellen-Exodus rekonstruiert wird.
- „*Lettow-Vorbeck*" von Ch. Dörmer (Bundesrepublik Deutschland 1984) ist der Versuch, deutsche Kolonialgeschichte 1914 bis 1918 am Beispiel der später mythisierten Titelfigur kritisch aufzuarbeiten. Obwohl es sich um einen Spiel-, ja um einen „Kriegsfilm" handelt, wird das Geschehen mit quasi-archivalischer Distanz „nachgespielt", so daß die Unsinnigkeit der Lettowschen „Heldentaten" unverkennbar wird. Dazwischengeschobene Reflexionen der (zum Teil in Afrika lebenden) Darsteller sowie Bilder aus Nairobi während des Falkland-Krieges unterstreichen die *Gleichzeitigkeit* von historisch-geographischer Ferne und Nähe einer imperialistischen Politik.

Literatur

Albrecht, G.: Nationalsozialistische Filmpolitik. Eine soziologische Untersuchung über die Spielfilme des Dritten Reichs, Stuttgart 1969
Beller, H.: Die verfilmte Vergangenheit. Notizen zur dokumentarischen Arbeit mit Archivfilmen, in: *Jahrbuch Film 84/85*, München 1984, 119 — 128
Cahiers de la Cinémathèque, 35/36 (1982): „Cinéma et Histoire / Histoire du Cinéma"
Cultures 2 (1974), Nr. 1: „Le Cinéma de l'Histoire"
Ferro, M.: Der Film als „Gegenanalyse" der Gesellschaft, in: Honegger, C. (Hrsg.): Schrift und Materie der Geschichte, Frankfurt 1977, 247 — 271
Fledelius, K.: Der Platz des Spielfilms im Gesamtsystem der audiovisuellen Geschichtsquellen — und die Frage seiner Verwendbarkeit in historischer Forschung und im Unterricht, in: Kampen, W. van / Kirchhoff, H. G. (Hrsg.): Geschichte in der Öffentlichkeit, Stuttgart 1979, 295 — 305
Historians and Movies: The State of the Art, in: *Journal of Contemporary History* 18 (1983), 357 — 531; 19 (1984), 1 — 187
Historical Journal of Film, Radio & Television 1981 ff.
Höfig, W.: Der deutsche Heimatfilm 1947 — 1960, Stuttgart 1973
Insdorf, A.: Indelibile Shadows. Film and the Holocaust, New York 1983
Jansen, P. W.: Das Kino in seinem zweiten Barock, in: *Jahrbuch Film 79/80*, München 1979, 9 — 23
Kasper, B. / Schuster, L.: Mit Video Geschichte der Arbeiterbewegung aus Sicht der Betroffenen darstellen, in: *Ästhetik und Kommunikation* 9 (1978), 47 — 59
Kracauer, S.: Von Caligari zu Hitler. Eine psychologische Geschichte des deutschen Films (1947), Frankfurt 1979

Kuball, M.: Familienkino. Geschichte des Amateurfilms in Deutschland, 2 Bde., Reinbek 1980

Leyda, J.: Film aus Filmen. Eine Studie über den Kompilationsfilm, Berlin (DDR) 1967

Marquardt, A. / Rathsack, H. (Hrsg.): Preußen im Film (Preußen. Versuch einer Bilanz. Katalog in 5 Bänden, Bd. 5), Reinbek 1981

Muth, H.: Der historische Film. Historische und filmische Grundprobleme, in: *GWU* 6 (1955), 670 − 682, 738 − 751

Nau, P.: Zur Kritik des politischen Films, Köln 1978

Osterland, M.: Gesellschaftsbilder in Filmen. Eine soziologische Untersuchung des Filmangebots der Jahre 1949 bis 1964, Stuttgart 1970

Reimers, K. F. / Friedrich, H. (Hrsg.): Zeitgeschichte in Film und Fernsehen. Analyse − Dokumentation − Didaktik, München 1982

Roth, W.: Der Dokumentarfilm seit 1960, München 1982

Schöttler, P.: Historische Anschaulichkeit im Film und Dezentrierung, in: *SOWI* 12 (1983), 60 − 62

Short, K. R. M. (Hrsg.): Feature Films as History, London 1981

Smith, P. (Hrsg): The Historian and Film, Cambridge 1976

Sorlin, P.: Sociologie du Cinéma. Ouverture pour l'histoire de demain, Paris 1977

Geschichte im Sachbuch

Rolf Schörken

Zum wichtigsten Geschichtsvermittler auf dem Buchmarkt ist nach dem Zweiten Weltkrieg das Sachbuch geworden. Es hat die historische Belletristik seit 1960 auf den zweiten Platz verdrängt. Zu den spektakulärsten Bucherfolgen der Nachkriegszeit gehören historische Sachbücher.

Definition und Definitionsprobleme

Das Sachbuch hebt sich deutlich einerseits von der Belletristik (fiction), andererseits von der wissenschaftlichen Fachliteratur, wie auch von Lexika, ab. Inhaltlich wird ein Wissensbereich oder ein *bestimmter Tatsachengehalt* aus Natur und Geschichte dargestellt. Adressat ist im Unterschied zu den Fachleuten der wissenschaftlichen Spezialliteratur ein *breiter Leserkreis* interessierter Laien. Wichtigstes Darstellungsmittel ist eine *sprachliche Formung*, die das Sachbuch in die Nähe literarischer Gestaltung rückt; Photos, Zeichnungen und Schaubilder sowie Reisehinweise und feuilletonistische Unterhaltungsteile können hinzutreten. Die Autoren sind meist Nichtfachleute, die sich ein bestimmtes Sachgebiet selbst angeeignet haben, die aber immer über schriftstellerische und journalistische Fähigkeiten verfügen müssen. Als Absicht des Sachbuches wird man die *Vermittlung zwischen den modernen wissenschaftlichen Erkenntnissen und der Welt der Nichtfachleute* ansehen dürfen. Diese Vermittlung ist angesichts der sprunghaften Vergrößerung und Spezialisierung der Wissenschaften und dem Zurückbleiben der Nichtspezialisten hinter den neuesten Erkenntnissen zu einem allgemeinen Kulturproblem geworden (Huxley 1964). Das vorhandene Wissen ist heute so stark angewachsen, daß sich eine Schicht neuer Spezialisten eigens mit der Weitervermittlung beschäftigt. Viele Sachbücher vermitteln darüber hinaus auch Impulse zur Orientierung in der Gegenwart und bieten kritische Aufklärung oder Anregung zu existentieller Sinngebung.

Bei allen Definitionen ist zu bedenken, daß der Sachbuchmarkt stark in Bewegung ist. Unablässig entstehen neue Varianten von Sachbüchern, und auch solche Buchtypen werden neuerdings unter der Rubrik „Sachbuch" subsumiert, die nichts anderes als verständlich geschriebene wissenschaftliche Fachbücher sind, oder aber — am anderen Ende der Skala — pseudowissenschaftliche Machwerke. Der Gattungsbegriff „Sachbuch" ist auch deshalb mit Vorsicht zu betrachten, weil er im Gegensatz zu den klassischen Gattungsbezeichnungen aus einem verlegerischen Absatzkalkül erwachsen ist.

Zur Vorgeschichte des Sachbuches

Obwohl es im 19. und beginnenden 20. Jahrhundert das Sachbuch heutiger Prägung noch nicht gab, waren doch damals die einzelnen Elemente, aus denen es entstand, schon vorhanden: die Absicht der Wissensvermittlung an Laien, das Bemühen um sachliche Richtigkeit, die verständliche Sprache sowie die Einheit von Belehrung und Unterhaltung. In der Vorgeschichte des Sachbuches kann man fünf Grundströmungen unterscheiden:

- Die *naturwissenschaftliche Populärliteratur*. Sie entwickelte sich vor allem in der Folge der darwinistischen Revolution. Weit über die bloße Sachinformation hinaus wurden hier auch schon metaphysische Fragen nach einer neuen Weltsicht und nach dem Ort des Menschen in der Natur gestellt und literarisch das für das moderne Sachbuch wichtige Motiv des Wunderbaren und Rätselhaften bemüht (Ernst Haeckel: Natürliche Schöpfungsgeschichte, 1868; Welträtsel, 1899; Edmund Brehm: Illustriertes Thierleben, 1864 — 1869; Wilhelm Bölsche: Das Liebesleben in der Natur, 1898 bis 1902. Im Zusammenhang damit entstand auch das erste Science-fiction-Buch in Deutschland: Kurd Lasswitz: Auf zwei Planeten, 1897).
- Die *Arbeiterliteratur*. Zu den von den Arbeiterbildungsvereinen geförderten Büchern gehörten im besonderen Maße populärwissenschaftliche Werke, so zum Beispiel die genannten naturwissenschaftlichenWerke, aber auch staats- und wirtschaftskundliche Bücher. Die Leseinteressen des proletarischen Lesers konzentrierten sich zu 58 % auf den Bereich „Wissen und Belehrung" und nur zu 42 % auf Belletristik. Erfolgreichster populärwissenschaftlicher Autor dieses Typus wurde vor dem Ersten Weltkrieg Bruno H. Bürgel: Vom Arbeiter zum Astronomen, 1919, und: Aus fernen Welten, 1910. — Die heutige DDR-Sachbuchproduktion sieht sich selbst in dieser Traditionslinie.
- Das *Jugendsachbuch*. Aus Bilderbüchern für Kinder und aus Weltkunden als Unterrichtsleitfaden entwickelten sich im späten 19. Jahrhundert Realienbücher für die Jugend, in denen Belehrendes sich mit spannungsreichem Erleben mischte. Das bekannteste ist das heute noch gängige „Neue Universum" (1880 ff.). Daneben setzten sich Forschungsabenteuer durch (Sven Hedin: Abenteuer in Tibet, 1904, und: Von Pol zu Pol, deutsch 1911), die rasch zu Lieblingsbüchern der Jugend wurden. In einer 1896 veröffentlichten Untersuchung wurde das Fehlen historischer Jugendliteratur beklagt.

- Die *Tatsachenromane*. In den zwanziger Jahren unseres Jahrhunderts fand ein förmlicher Nachholschub auf dem Gebiet historischer Stoffe statt. Ihre wichtigsten Autoren waren bekannte Schriftsteller wie Emil Ludwig, Walter Kiaulehn und H. E. Jakob. Der Verkaufserfolg ihrer Bücher war außerordentlich. Emil Ludwig bevorzugte das als Gattung keineswegs neue historische Portrait, das auf umfangreichen Materialrecherchen beruhte und prinzipiell nichtfiktiv war, obwohl es den gestalterischen Darstellungsmöglichkeiten des Autors viel freien Raum ließ. Kiaulehn und Jakob schrieben Tatsachenromane: Im Mittelpunkt standen nun keine Personen mehr, sondern eine Sache, zum Beispiel der Kaffee, oder eine Wissenschaft oder Technik. So nahe diese Werke in ihrer Thematik bereits am modernen Sachbuch liegen, so fern sind sie ihm durch die emphatische Sprache und die hochdramatische Darstellungsweise.
- Ein unmittelbarer *Vorläufer des modernen historischen Sachbuches* ist das 1926 in New York erschienene Buch „Mikrobenjäger" von Paul de Kruif, eine spannende Darstellung mikrobiologischer Forschungen. Das Neue an diesem Buch besteht darin, daß der Forschungsprozeß einzelner Forscher mit seinen Wegen und Umwegen, mit der Darstellung von Irrtümern und auch menschlicher Schwächen der Forscher im Mittelpunkt steht und die einzelnen Episoden nach Art eines Kriminalromans dargestellt werden. Wichtig ist, daß für ausgestaltende Phantasie kein Raum blieb, sondern der Eindruck sorgfältiger Authentizität erweckt wurde. Ceram knüpft daran an.

Das moderne geschichtliche Sachbuch

Ende 1949 erschien „Götter, Gräber und Gelehrte" von *Ceram* (Kurt W. Marek), ein epochemachendes Werk nicht nur wegen des Verkaufserfolges (bis 1957 564 000, in jedem folgenden Jahr etwa 10 000; Übersetzungen in 23 Sprachen), sondern wegen der Veränderung, die es und die Nachfolge-Werke auf dem deutschen Buchmarkt bewirkten. Es war dies das erste moderne historische Sachbuch, wenngleich es diesen Terminus selbst nicht verwendet, sondern den älteren des „Tatsachenromans". Ceram erläutert aber bereits im Vorwort, daß der Begriff Roman gerade nicht im üblichen fiktionalen Sinn gebraucht werde, sondern im Sinne striktester Tatsachenbindung. Auch die Zusammenfügung der Tatsachen unterliege nicht der Phantasie des Autors, und alle romanhaften Elemente, wie Spannung, Erregung, Abenteuer, seien nur „aus der Ordnung der Fakten" gewonnen. Cerams Buch hatte die großen archäologischen Entdeckungen (die mykenische Kultur, die ägyptische Kultur, die Kulturen des Zweistromlandes, aber auch die präkolumbianische) zum Gegenstand. Dargestellt werden jeweils die einzelnen Ausgrabungs-, Entdeckungs- und Entzifferungsprozesse, wobei der Archäologe als moderner Heros im Dienste der Wissenschaft und zugleich als Detektiv auf den Spuren von Geheimnissen und Rätseln der Vorzeit erscheint. Hinter den frühen Kulturen wird gewissermaßen ein neues Licht auf die Zeitlichkeit des Menschen geworfen. Der „Tatsachenroman" hat es nur auf seiner Oberflächenschicht mit historischen und archäologischen Einzelfakten zu tun; dahinter öffnen sich Fragen nach der Erhellung letzter Geheimnisse der irdischen Existenz. An dieser Stelle sind die Abhängigkeiten der Gattung von den alten Mustern wie Heckels Welträtseln noch zu spüren. Auch Elemente des Abenteuerromans werden von Ceram für das moderne Sachbuch umgeformt: das Abenteuer besteht nicht mehr in einer einfachen Entdeckungsreise, sondern im „Abenteuer Forschung", damit wird Wissenschaft heroisiert und verabenteuerlicht, um sie dem Leser nahezubringen.

1955 hatte ein weiteres historisches Sachbuch einen sensationellen Verkaufserfolg (2 Millionen Exemplare in deutscher Sprache bis heute): *Werner Kellers „Und die Bibel hat doch recht"* (Econ). Hier ist das Grundmuster anders als bei Ceram; es ist bereits in der Themenformulierung greifbar: Die Bibel wird als eine historische Chronik ernstgenommen; nachdem sie, historisch gesehen, unter dem Vorzeichen der Aufklärung und des wissenschaftlichen Positivismus als Geschichtsquelle desavouiert worden war, kann moderne historische und archäologische Forschung sichtbar machen, daß man die Bibel sehr wohl als Geschichtsquelle verwenden kann, wenn man sie nur richtig zu lesen versteht. Eben dies führt Werner Keller seinen Lesern vor.

Von diesem Zeitpunkt an erkannten die Verleger die Chancen des Sachbuches und stellten es als eine *eigene Literaturgattung* heraus. Sachbücher wurden fortan von spezialisierten Verlegern oder Verlagsgruppen mit allen Mitteln moderner Verkaufsstrategien langfristig geplant, vorfinanziert, vertragsrechtlich besonders abgesichert, marktstrategisch propagiert und abgesetzt — sie waren von vornherein auf Verkaufserfolg gedrillt.

Zu den weiteren großen Erfolgen des historischen Sachbuchs gehört *Rudolf Pörtners „Mit dem Fahrstuhl in die Römerzeit"* und die Folgebände, in denen Archäologie auf deutschem Boden dargestellt wird. Die Bände werden ausführlicher und breiter, die darstellerische Originalität nimmt ab, wenn man etwa Pörtner mit Ceram vergleicht. Die brisante Mischung aus Forschungsabenteuer, Kriminalroman, Heldengeschichte und Welträtsel wird entschärft zugunsten ausführlicher Nacherzählung von historischen Themen, denen aber immer noch irgendeine Art von geheimnisvoller Aura anhaftet. Das ist zum Beispiel auch der Fall bei der in der Folgezeit massenhaft auftretenden Vermarktung alter Völker (Gerhard Herm: Die Phönizier, 1973; Die Kelten, 1975; Hermann Schreiber: Die Hunnen, 1976, usw.). Diese Art der Produktion ist auch gegenwärtig noch häufig anzutreffen.

Einen ans Abwegige grenzenden Sonderfall bilden die Bücher von Dänikens, die in der Verlagsproduktion ebenfalls noch unter dem Terminus Sachbuch rubriziert werden, bei denen aber aus der Sachbuchtradition nur noch das archäologische Interesse und das Spiel mit dem Geheimnisvollen übriggeblieben ist, während die enge Bindung an die Wissenschaft einer hemmungslosen privaten Spekulation und Phantasie gewichen ist. Diese Bücher sind teilweise nur noch als Merkwürdigkeiten zu bezeichnen, bringen jedoch erstaunliche Auflageziffern. Ob sie das Ende einer erfolgreichen Gattung oder nur eine korrigierbare Geschmacksverirrung bedeuten, bleibt abzuwarten.

Literatur

Ceram, C. W.: Wie zwei Weltbestseller entstanden, Reinbek 1974
Diederichs, U.: Annäherungen an das Sachbuch, in: *Radler, R.* (Hrsg.): Kindlers Literaturgeschichte der Gegenwart, Bd. 9, Frankfurt 1980, 9 — 62

Enzensberger, H. M.: Muß Wissenschaft Abrakadabra sein?, in: *Die Zeit*, 5. 2. 1960
Huxley, A.: Literatur und Wissenschaft, München 1964
Leithäuser, J. G.: Zur Definition und Geschichte des Sachbuchs, in: *Börsenblatt für den Deutschen Buchhandel* 70 (1964)
Marek, K. W.: Provokatorische Notizen, Reinbek 1960
Pörtner, R.: Das moderne Sachbuch. Erfahrungen, Fakten, Forderungen, Düsseldorf, Bergisch Gladbach 1974
Schörken, R.: Geschichte in der Alltagswelt, Stuttgart 1981

Geschichte im Museum
Detlef Hoffmann

Das Interesse an dem *Arbeitsplatz Museum* hat durch die erheblich verminderten Arbeitsmöglichkeiten für Historiker in der Schule zugenommen. Dies ist nicht primär die Folge eines neuen Geschichtsbooms. Die kulturhistorischen Museen waren bisher in der Bundesrepublik Deutschland vor allem ein Berufsfeld für Fachwissenschaften, die nicht in dem Lehrplan der Schulen zu finden sind: Volkskunde, Kunstgeschichte, Vor- und Frühgeschichte, Archäologie. Während dingliche Realien (vom Gemälde bis zum Holzlöffel) im universitären Ausbildungsgang dieser Wissenschaften eine wichtige Rolle spielen (wenn auch nicht immer in ihrer Funktion als historische Quelle), ist das „Werkzeug des Historikers" vor allem der Text.
Historische Forschung am Museum macht die *bildliche oder gegenständliche Realie* zu einer *Quelle* für Erkenntnis. Forschungsresultate werden im Museum in *Ausstellungen* publiziert. Diese *Form der Veröffentlichung* rekonstruiert konzeptionell und materiell die engeren und weiteren historischen Zusammenhänge einer Realie oder einer Realiengruppe. Die traditionelle Verfahrensweise ist die Numerierung der gezeigten Objekte und deren Kommentierung in einem Katalog. Eine solche Vorgehensweise führte fast zwangsläufig zu einer zunehmend isolierten Bearbeitungsweise des einzelnen Objekts; Zusammenhänge werden bestenfalls in einem Vorwort bearbeitet, meist ausschließlich aus dem fachwissenschaftlichen Blickwinkel des jeweiligen Bearbeiters. Eine Überwindung dieses Zustandes, der latent genauso präsent ist wie vor zwanzig Jahren, kann nicht erreicht werden, wenn sich eine Wissenschaft zur Spezialdisziplin für Zusammenhänge erklärt (wie dies Andreas Kuntz: Technikgeschichte und Museologie. Beitrag zu einer Wissenschaftsgeschichte museumpädagogischer Probleme, Frankfurt / Bern 1981, für die Volkskunde tut). Vielmehr ist integriertes, kooperatives Arbeiten notwendig.

Vermittlungsarbeit über Ausstellungen

Seit den späten sechziger Jahren hat in der Bundesrepublik Deutschland die Beschäftigung mit der Ausstellungsdidaktik zugenommen. Gegenüber der sich zwar wertfrei verstehenden, jedoch ideologisch arbeitenden Ausstellung alten Stils wurde (im Rahmen der curricularen Diskussion) die „*Lernausstellung*" (Martin Scharfe) gefordert. Diese Forderung wurde – teilweise – eingelöst durch das Historische Museum Frankfurt, das 1972 wiedereröffnet wurde. Die dort gefundene designerisch recht sterile Präsentation wurde in nachfolgenden Ausstellungen verbessert: zum Beispiel Museum Rüsselsheim, Überseemuseum Bremen; in Auseinandersetzung mit dieser Konzeption entstanden auch die Historischen Museen der Städte Amsterdam, London und Basel. In der Diskussion der frühen siebziger Jahre wurde als Alternative zur Lernausstellung das Römisch-Germanische-Museum in Köln genannt, das weniger puritanisch sich an den Usancen der *Warenpräsentation* orientierte. Das Museé des Arts et des Traditions populaires in Paris verwendete erstmalig sehr bewußt das Mittel der „*Inszenierung*". Diese stärker als der Text emotionale Geborgenheit vermittelnde Präsentationsform wurde zunehmend zu einem Baustein der argumentierenden Ausstellung; Kritikern ist diese Präsentationsform, da sie den Text nicht berücksichtigt, schwer zugänglich. Die „Preußen-Ausstellung" (Berlin-West 1981) stellt in dieser Reihe einen besonderen Höhepunkt dar.

Die Diskussion der siebziger Jahre war wesentlich bestimmt durch die Frage, ob Texte und Inszenierungen in kulturhistorischen Ausstellungen tolerabel sind. Darüber vergessen wurde die inhaltliche Seite: was hat eine *argumentierende historische Ausstellung* an den Fakten, d. h. den Realien zu zeigen? Über die Frage um die technische Modernisierung ist die Diskussion selten hinausgekommen. Die *Demokratisierung des Ausstellungs-* (wenn auch nicht des Museums-)*wesens* kam von anderer Seite. In Frankfurt wandten sich Mitte der siebziger Jahre ehemalige Mitglieder der Arbeiterjugendbewegung an das Historische Museum mit dem Vorschlag, ihre Geschichte selber zu dokumentieren. Diese Arbeit mündete in eine 1978 eröffnete Ausstellung (Arbeiterjugendbewegung in Frankfurt 1904 bis 1945, Material zu einer verschütteten Kulturgeschichte, Gießen 1978). Ähnliche Aktivitäten fanden in Oberhausen statt, auch sie mündeten in eine – wenn auch von einem Museum unabhängig realisierte – Ausstellung (vgl. Hochlarmarker Lesebuch: Kohle war nicht alles, Oberhausen 1982). Mit der Konzentration der Abteilung „20. Jahrhundert" auf die Frauengeschichte ging man dann am Historischen Museum Frankfurt einen neuen Schritt voran: im Austausch mit Frauen der Stadt wurde die neue Präsentation entwickelt, einbezogen waren nicht nur Alltagsgegenstände, sondern auch die Kunst. Die lebensgeschichtlichen Aspekte wurden durch Multivisionen in den Ausstellungszusammenhang eingeführt (vgl. Frauenalltag und Frauenbewegung 1890 – 1980, Frankfurt / Basel 1981). Die *innovativen Experimente* im Museumswesen werden meist in *Wechselausstellungen* gemacht, sehr viel seltener finden sie Eingang in die eigentliche Präsentation eines Hauses, die ständige Ausstellung. Die großen Ausstellungen, meist von Landes- oder Stadtregierungen initiiert zum Nutzen des Fremdenverkehrs, geraten zunehmend in Konkurrenz zur Unterhaltungsindustrie. Der Weg nach Disneyland scheint nicht mehr weit. Hier gilt es an einer Ausstellungsform festzuhalten, die dem lernbereiten Besucher Anregungen gibt, Erlebnisse ermöglicht, die jedoch den Respekt vor dem historisch überlieferten Gegenstand behält, ob es ein Kochlöffel oder ein Gemälde Albrecht Dürers ist.

Die Aktivitäten eines Museums werden aus diesem Grunde *nicht innerhalb des Gebäudes* bleiben können, Arbeiten vor Ort, vermittelnder oder forschender Art, sind unerläßlich. Im Gegensatz zur Unterhaltungsindustrie, die möglichst vielen möglichst kostengünstig Spaß verkauft, kann und sollte das Museum nicht auf personalintensive Vermittlung und Forschung verzichten und so den Besuchern ein selbstbestimmtes Verhältnis zu ihrer Geschichte ermöglichen.

Literatur

Hudson, K.: Museum for the 1980s. A Survey of World Trends, Frome / London 1977
Museumsarbeit, in: *Hessische Blätter für Volks- und Kulturforschung* 10 (1980)
Rühlig, C. / Steen, J.: Walter 1926 — 1945. Ausstellungskatalog Historisches Museum Frankfurt, Frankfurt 1983
Scharfe, M. (Hrsg.): Museum in der Provinz, Tübingen 1982

Zeitschriften

Mitteilungen & Materialien der Arbeitsgruppe Pädagogisches Museum, Berlin 1978 ff.
Fotogeschichte, Frankfurt 1981 ff.

Geschichte und Touristik
Horst Callies

Die Begegnung mit Zeugnissen der Vergangenheit und über sie mit Geschichte ist möglich auf Reisen ganz unterschiedlicher Prägung: auf Einzel- und Gruppenreisen, auf geführten und nicht geführten Reisen, auf Studienreisen mit spezieller Thematik wie auf allgemeinen Bildungsreisen, ja sogar während eines Badeurlaubs in einer Landschaft mit historisch reichem Hinterland. Insofern gelten Aussagen zum Thema Geschichte auf Reisen für die genannten Teilbereiche mit unterschiedlicher Intensität. Des weiteren ist hier vor allem, aber nicht ausschließlich, die *in Gruppen durchgeführte Studienreise* in den Blick genommen. Der popularwissenschaftliche Trend der Gegenwart (Bücher und Ausstellungen) befördert die archäologisch-kunsthistorische Reise; in jüngerer Zeit kommen dazu vermehrt auch Angebote ausgeprägt landeskund-

lichen und geographischen Zuschnitts, wenn diese Aspekte auch bei dem zuerst genannten Reisetyp Berücksichtigung finden müssen.
Wir haben damit allgemein den Typ der *Bildungsreise* erfaßt, die trotz Vorformen zum Beispiel in der Antike aus dem Geist der Romantik entstanden ist. Die Hinwendung zur Natur und dem national Besonderen schuf ein gesteigertes Bedürfnis, fremde Länder zu sehen. Das damit verbundene historische Interesse, der Neuhumanismus und die Zugänglichkeit von antiken Sammlungen ergaben den Anstoß, die Stätten der Antike mit eigenen Augen zu sehen. Das war zu Anfang die Touristik begüterter einzelner. In der Mitte des 19. Jahrhunderts führte dann Thomas Cook die organisierte Gruppenreise ein. Nach einem Höhepunkt um die Jahrhundertwende, nahm sie erneuten Aufschwung nach dem Zweiten Weltkrieg. Eine solche Reisetätigkeit war und ist offenbar eng verbunden mit Phasen politischer Stabilität und relativen Wohlstands, und sie wird zusätzlich erleichtert durch die modernen Verkehrsmittel mit ihrer schnellen Überbrückung von Distanzen. Die zunehmende Verbreitung eines geregelten Jahresurlaubs dürfte hier ebenfalls förderlich gewirkt haben, und zwar auch so, daß breitere Bevölkerungskreise an derartigen Reisen partizipieren können. Letzteres heißt aber auch, daß die hierfür zur Verfügung stehende Zeit selten zwei Wochen überschreitet. Es leuchtet ein, daß sich daraus spezifische Auswirkungen auf das Programm derartiger Unternehmungen ergeben.
Insgesamt gesehen, erfassen wir mit dem hier Angesprochenen einen Bereich der *Erwachsenenpädagogik*. Bei Bildungsgruppenreisen wird übrigens häufig — und das hat Folgen für den pädagogischen Zuschnitt — eine längere Vorbereitung durch Unterweisung während der Reise ersetzt oder ein solcher Ersatz doch wenigstens erwartet. Ganz grob lassen sich darüber hinaus zwei Typen von Gruppenreisen mit Bildungsanspruch differenzieren: zum einen die *von kommerziellen Reiseunternehmen angebotenen Reisen* und die *von Bildungsinstitutionen,* zum Beispiel Volkshochschulen, durchgeführten Touren. Prinzipiell erfaßt man damit auch *zwei unterschiedliche Teilnehmertypen,* nämlich die Gruppe, die gewissermaßen selbst Veranstalter ist und insofern gleiche Interessen, vielleicht sogar im wesentlichen gleiche Voraussetzungen an Vorbereitung und Kenntnissen mitbringt, und auf der anderen Seite die, die aufgrund eines Reisebüroangebotes zusammenkommt und in der Regel ungleich weniger homogen sein dürfte. Übrigens liegt es wohl an den soeben skizzierten Gegebenheiten, daß sich vor allen Dingen Volkshochschulreisen, jedenfalls solche mit homogeneren Gruppen, eher einer *begrenzteren Thematik* (zum Beispiel spätmittelalterliche Wirtschaft am Beispiel Burgunds) zuwenden. Diesem Reisetyp mit einer begrenzteren, aber intensivere Begegnung versprechenden Thematik steht der gegenüber, bei dem das Programm primär durch den *geographischen Rahmen* (Türkei, Ägypten) gegeben ist. Hierbei erfolgt die Begegnung mit Monumenten durchaus unterschiedlicher historischer Epochen. Angesichts der Kosten solcher Reisen, wie zum Beispiel in den Vorderen Orient, möchte der Teilnehmer möglichst viel mitbekommen — und das noch in der kurzen zur Verfügung stehenden Zeit. Gerade mit letzterem sind Determinanten solcher Reisen angesprochen,

die nicht vom Thema „Vergangenheit" als solchem vorgegeben sind. Eine Fülle von *organisatorischen Bedingungen* ist hier wirksam, schließlich auch die Qualität des Reiseleiters oder des Führers an den historischen Stätten. Der Besuch eines besonders aussagekräftigen historischen Platzes muß zum Beispiel ausfallen, wenn die Straße aus aktuellen Gründen militärischer Sicherheit gesperrt ist. Unbestritten ist aber bei alledem, daß bei Rundreisen durch eine fremde Region die Geschichte einen besonders geeigneten Zugang zur Erfassung der Fülle des Gesehenen ermöglicht.

Zwar mag man das Wesen einer Bildungsreise allein in der durch sie gegebenen Möglichkeiten sehen, durch die persönliche Begegnung mit geschichtlicher Landschaft und historischen Monumenten das Wissen erweitern und schon Gewußtes in persönlicher Erfahrung deutlicher begreifen zu können. Aber tatsächlich dürften die *Motive,* die den einzelnen zu einer solchen Reise bewegen, vielfältig sein, mindestens muß man von durchaus individueller Gewichtung einer ganzen Reise von Motivationselementen ausgehen. Die Spannweite liegt zwischen folgenden Polen: Auf der einen Seite erfolgt der Anstoß eben vom speziellen *Interesse am bereits Gewußten,* vom Ziel, schon Bekanntes unmittelbar zu sehen und historische Kenntnis zu erweitern, auf der anderen Seite kommt die Sehnsucht nach der *anderen Welt* ins Spiel, die Anziehungskraft des *Außergewöhnlichen,* sowie elementares Erlebnisbedürfnis, vielleicht auch das Streben nach Distanz vom Alltag. Allen diesen Haltungen zu entsprechen, wird vom Veranstalter erwartet.

Prinzipiell unterscheidet sich eine historisch akzentuierte Reise nicht von der Begegnung mit der Vergangenheit „zu Hause", aber sie besitzt doch eine Reihe von besonders günstigen und speziellen Möglichkeiten dazu. Dabei darf keinesfalls vergessen werden, daß die Begegnung mit dem Monument (Palast oder Tempel, Wohnhaus oder Stadtgrundriß, Grenzwall oder Brücke) noch nicht die unmittelbare Berührung mit der Geschichte ist, sondern daß diese daraufhin erst durch den geistigen Prozeß der Einordnung und Synthese erstellt wird. Abhängig vom Bildungsstand, der Vorbereitung, bedingt durch Motivation und Interesse der Reisenden und die Qualität des Reiseleiters wird auf Reisen über das konkrete Objekt, über die persönliche Erfahrung der historischen Hinterlassenschaft ein besonderer Zugang zur Vergangenheit gewonnen, und das heißt unter anderem: Eine solche Reise ermöglicht das *Erleben historischer Landschaft* und damit den Zugang zur Interdependenz von Geographie und Geschichte. Sie vermittelt aber auch die *Anschauung konkreter Wirklichkeit* des Vergangenen, ja sogar die *Überprüfung des Gewußten* und Geläufigen, ganz abgesehen davon, daß die Begegnung mit dem Original die photographische oder deskriptive Wiedergabe durch intensivere und neue Erkenntnis ersetzt. Es bedarf dabei in der Regel der besonderen Vorbereitung oder der qualifizierten Hilfestellung, um in augenfälliger Weise das Monument gewissermaßen als Verdichtung geistiger, sozialer, wirtschaftlicher und politischer Gegebenheiten der Vergangenheit zu erfassen. Jedenfalls gewährt grundsätzlich die unmittelbare Begegnung mit den Monumenten (gedacht ist dabei vor allen Dingen an Stadtanlagen, Häuser, Tempel usw.) auch die Erfahrung gesellschaftlicher Funktion. Nur bedeutet dabei die *Ver-*

fremdung in der Gegenwart (moderne Beleuchtung, Besuchermassen) auch eine problematische Einschränkung des Eindrucks, abgesehen davon, daß es unsicher bleibt, wie weit der Mensch einer jeweiligen Gegenwart die Distanz zum Erleben des Menschen der Vergangenheit überwinden kann.

Die besondere Erlebnissituation auf einer Reise, ja auch die Diskussion in der Gruppe bei entsprechenden Reisen bedeutet durchaus eine Intensivierung der Berührung und Auseinandersetzung mit der Vergangenheit. Es kommt hinzu, daß Bereiche in solch unmittelbarer Begegnung erfahren werden und erfahren werden können, die manchem an der Geschichte Interessierten bisher nicht oder wenig zugänglich waren. Gedacht ist dabei unter anderem an das Alltagsleben und sich aufdrängende Fragen der Technikgeschichte.

Bei alledem gilt, daß dem Reisenden ein *Zusammenhang* vermittelt und das Gesehene aus seiner Vereinzelung herausgehoben werden muß. Hier liegt eine Chance und Aufgabe gerade von Gruppenreisen.

Es unterliegt kaum einem Zweifel — auf einiges wurde bereits hingewiesen —, daß die Verwirklichung der skizzierten Möglichkeiten einer ganzen Reihe von hindernden Bedingungen unterliegt. Gerade Erwachsene bringen aus ihrem jeweils eigenen Lebenszusammenhang Vorprägungen, ja Vorurteile mit, die die sachgerechte Aufnahme und Verarbeitung des Gesehenen beeinträchtigen können. Das von der Auswahl der besuchten Orte durch den Veranstalter geförderte Interesse gerade am Großen und Außergewöhnlichen vermittelt häufig mindestens unzureichende und schiefe Kenntnisse und Erfahrungen. Hier wirken auch die Zufälligkeit des Erhaltenen und selbstverständlich die technischen Bedingungen eines Reiseablaufs, auf die oben bereits verwiesen wurde,

Ein spezielles Problem mag diesen ausgewählten Überlegungen noch angefügt werden. Im günstigen Fall kann eine Reise auch einen Beitrag leisten zur Erfahrung des Zusammenhangs von Vergangenheit und Gegenwart der besuchten Region. Aber das häufig starke Erlebnis der Vergangenheit über ihre Monumente, die das ganz andere deutlich werden lassen, kann den *Zugang zur Gegenwart des Landes versperren* und diese zurücktreten lassen. Nicht zuletzt auch deshalb bleibt hier ein Bereich der Erwachsenenpädagogik, der fürderhin besonderer Aufmerksamkeit und Bearbeitung bedarf. Ansätze dazu sind zu erkennen.

Literatur

Günter, W. (Hrsg.): Handbuch für Studienleiter, Starnberg 1982
Hey, B.: Die historische Exkursion. Zur Didaktik und Methodik des Besuchs historischer Stätten, Museen und Archive, Stuttgart 1978
Studienkreis für Tourismus (Hrsg.): Studienreisen zwischen Bildungsanspruch und Vermarktung, Starnberg 1978
Materialien und Ergebnisse der Tagung „Geschichte erfahren" (Gruppe „Geschichte erfahren auf Reisen") der Evangelischen Akademie Loccum vom Dezember 1984

Exkursionen, Lehrpfade, alternative Stadterkundungen

Bernd Hey

Ausflüge und Besichtigungen, Studienreisen und Exkursionen, Museums- und Ausstellungsbesuche, Stadtrundgänge und Stadtrundfahrten gehörten schon lange zur Praxis schulischen Unterrichts, zum Programm historischer Vereine, waren Angebot kommerzieller Reiseunternehmen und touristische Attraktion vieler Städte, bevor sie von der Geschichtsdidaktik wahrgenommen und neu durchdacht wurden. Es ist kein Zufall, daß gleichzeitg um 1977 / 1978 mit der Aufnahme der Bestrebungen einer modernen Museumspädagogik (Geschichtsdidaktik 1977, H. 3; Kuhn / Schneider 1978; Hug 1978, später Riesenberger / Tauch 1980, Geschichtsdidaktik 1984, H. 1) auch jene Form des historischen Lernens außerhalb von Schule und Hochschule zum ersten Male die Beachtung der Geschichtsdidaktiker fand (Hasch 1977; Hey 1978a): sowohl Museumspädagogik als auch Exkursionsdidaktik wandten sich *neuen Lernorten* für Geschichte zu und waren wichtige Forschungsfelder einer sich neu entwickelnden *außerschulischen Geschichtsdidaktik* (vgl. Hey 1984a). Anregungen aus der — auch in Veröffentlichungen reflektierten — Praxis der Nachbarfächer Geographie (Erdkundeunterricht 1971, H. 13; Ritter / Schreiber 1976; Knirsch 1979; Geographie heute 1981, H. 3; Praxis Geographie 1981, Beiheft) und Kunst(geschichte) (Kunst + Unterricht 1976, Sonderheft; 1979, H. 58; 1981, H. 65) mögen hierbei einige Hilfestellung gegeben haben.

Relativ weit hat Hey (1978a, 17) den Begriff der *historischen Exkursion* gefaßt: „Die historische Exkursion ist eine Organisationsform des historisch-politischen Unterrichts, die ein bestimmtes Thema durch die Arbeit an und mit (möglichst) originalen historischen Zeugnissen außerhalb der Schule erschließt." Er behandelt ausführlich die Lernorte historische Stätte, Museum und Archiv. Anders grenzt Ziegler (1977, 109) die Exkursion als „jede Art von Besichtigung geschichtlich aussagekräftiger Überreste an ihrem geschichtlichen Ort" vom Museumsbesuch ab (dagegen wieder Hey 1980, 37). Als positive Möglichkeiten der Exkursion werden in Erfahrungsberichten (Hasch 1977; Böhning u. a. 1982; Hey / Radkau 1983) immer wieder der Umgang mit gegenständlichen Quellen, die Anschaulichkeit („sinnliche Wahrnehmung") solchen Geschichtslernens, die Notwendigkeit partnerschaftlichen und fachübergreifenden Arbeitens, schließlich die Fülle möglicher Arbeitsformen und Medien genannt — alles Faktoren, die zur Motivation der Exkursionsteilnehmer bei der „Arbeit vor Ort" beitragen. Daß *Geschichte im historischen Raum* faßbar wird, unterscheidet die Exkursion vorteilhaft gegenüber der eher „papierenen" Darbietung von Geschichte im Klassenzimmer.

Aber auch Hemmnisse und Grenzen der Exkursion werden in Praxis und Veröffentlichungen immer wieder deutlich: Neben ihrer Abhängigkeit von äußeren Umständen (zum Beispiel dem Wetter, der Zugänglichkeit ihrer Ziele, aber auch bürokratischen Zwängen) bildet die größte Barriere die *Stummheit der Objekte,* die ihre historische Aussage zunächst in sich verschließen. *Vorwissen* des Besuchers und *Aufbereitung der Objekte* sind daher geboten; sie sind im Museum durch neue Formen der Präsentation und Information am ehesten herzustellen; vielfach helfen auch die von örtlichen Museumspädagogen oder Museumsämtern erstellten Unterrichtsmaterialien. Schwieriger ist die Lage beim Besuch historischer Stätten: Will man sich nicht mit dem häufig didaktisch unfruchtbaren Mittel einer Führung begnügen — einer Wiederherstellung der Situation von Lehrervortrag und Frontalunterricht —, sind Literatur und archivalische Quellen unentbehrliche Hilfsmittel zur Aufschließung der Objekte (vgl. Hey 1978b). Ebenso wird deutlich, daß eine enge Einbindung der Exkursion in Vor- und Nachbereitung, also auch in den innerschulischen Unterricht, unerläßlich ist.

In den USA ist schon früh, zum Teil in den 1930er Jahren, in einigen Bundesstaaten ein Programm zur erläuternden Beschilderung historischer Stätten initiiert worden: sogenannte *marker* wurden an historisch bedeutsamen Punkten und Schauplätzen der Geschichte aufgestellt. Mit diesem *marker program* hängt die Entstehung von *historical trails* eng zusammen: Thematisch zusammengehörige Stätten wurden durch einen *trail* zum Abwandern oder Abfahren miteinander verbunden. Solche *trails* können relativ kurze Stadtrundgänge sein (zum Beispiel der *Freedom Trail* in Boston), aber auch — im Nachvollzug historischer Routen — Wege von der Länge mehrerer hundert Meilen, zum Beispiel der *Santa Fe Trail* oder der *Chisholm Cattle Trail* (vgl. George 1978). Zusätzlich werden dem Benutzer Broschüren und Karten zur Information angeboten.

Gerade in den letzten Jahren sind auch in Europa eine Fülle *historischer Lehrpfade* entstanden, in England (*Trails*) ebenso wie in Frankreich (*Itinéraires*), Italien (*Itinerari*) und in der Bundesrepublik Deutschland. Gemeinsame Kennzeichen sind eine bestimmte Thematik, ein festgelegter Weg („*learning by going*") und eine Reihe von Haltepunkten oder Stationen. Eine Beschilderung des Lehrpfades ist weniger häufig als in den USA, aber so gut wie immer wird schriftliches Informationsmaterial bereitgestellt. Grundsätzlich kann der Lehrpfad ohne Führungspersonal abgegangen werden, aber auch Führungen sind durchaus möglich und üblich (vgl. Hey 1984b).

Es fällt auf, verwundert aber eigentlich nicht, daß ein neues Medium wie der Lehrpfad sich besonders mit bisher (vor allem in offiziösen Sightseeing-Offerten) *vernachlässigten historischen Themen* befaßt, sie sind „nicht unbedingt identisch mit den beliebten Routen touristischer Besucher der Stadt" (Sandler 1981, 29). So bedient sich besonders die bei uns noch relativ junge Industriearchäologie des Lehrpfads; erwähnt seien hier nur der Bergbaurundweg Muttental in Witten, das „Historische Gelpetal" zwischen Wuppertal und Remscheid, die Berliner Spazierwege zu Industrie und Technik und der Nürnberger Industriekulturpfad. Andere Themen sind Stadtteilgeschichte (zum Beispiel Kölner Kulturpfade und die Historischen Lehrpfade Bielefeld) und die revolutionäre, demokratische und antifaschistische örtliche Tradition.

Gerade im zuletzt angesprochenen Punkt berühren sich Lehrpfade und die sogenannten *alternativen Stadtrundgänge bzw. -rundfahrten*. Beide ziehen ja imaginäre Linien durch die Stadtlandschaft und fordern dazu auf, sie abzugehen. Dabei verhehlen die so entstehenden Begleitbroschüren und alternativen Stadtführer nicht ihre politisch-didaktische Zielsetzung und den politischen Standort der Verfasser. Besonders Berlin ist reich an solchen Veröffentlichungen, die vom Stadtplan „Hundert Jahre Revolutionäres Berlin" über historische Stadtteil- und Bezirkswanderungen bis zum „Kreuzberger Wanderbuch" reichen, das bewußt den Untertitel „Wege ins widerborstige Berlin" führt. Der Landesjugendring Berlin bietet eine Stadtrundfahrt zu Stätten der Arbeiterbewegung, des Faschismus und des Widerstands an. Aber auch in anderen Städten gibt es alternative Stadtrundfahrten und Stadtführer, u. a. in Hamburg, Frankfurt, Bonn, Bielefeld und Siegen.

Verfasser und Veranstalter sind selten professionelle Historiker, sondern Geschichtswerkstätten, Friedensinitiativen, Weiterbildungsinstituionen, Gewerkschaftsorganisationen, VVN-Gruppen usw. Entsprechend findet man diese Veröffentlichungen kaum je bei den offiziellen Verkehrsämtern; sie entstehen oft im Eigendruck oder finden sich im Programm kleiner Verlage. Nicht immer hält die Qualität strengen wissenschaftlichen Ansprüchen stand; man vermißt manchmal gründliche Archivarbeit und wünscht sich gelegentlich etwas mehr Vorsicht gegenüber Legendenbildung und allzu wenig differenzierter Erinnerung von Zeitzeugen. Da ist etwa die Rollenteilung bei der Stadtrundfahrt „Nazi-Terror und Widerstand in Hamburg" ehrlicher: Hier begleiten in der Regel ein jüngerer Stadtführer und ein ehemaliger Widerstandskämpfer die Besuchergruppe (Pach 1981).

Solche Lehrpfade und Stadterkundungen setzen sich zum Ziel, die in offiziellen Veröffentlichungen oft verschwiegene oder verdrängte Geschichte der „kleinen Leute" aufzuspüren, Zeugnisse der Industrialisierung und der Arbeiterbewegung ins Bewußtsein zu rücken, an Stätten des nationalsozialistischen Terrors und des antifaschistischen Widerstandes zu erinnern und mit dem geschichtlichen Wissen zugleich politische Bildung zu vermitteln. Zur „Spurensicherung" bedient man sich nicht nur der Archivarbeit, häufig wird *oral history* betrieben und in den Erzählungen alter Leute, im Aufspüren privater Photos auch die Lebenswelt und der Alltag der Bewohner eines Stadtteils darzustellen versucht. Die „große" Geschichte wird auf die regionale und lokale Ebene heruntergeholt und so anschaulicher, aber auch transparenter und auf alternative Möglichkeiten befragbar gemacht. „Auschwitz in Siegen suchen" (Dietermann 1983) zielt auf *Betroffenheit* der jetzt Lebenden ab, und häufig wird der Bezug zum heutigen politischen Geschehen, etwa zur Gefahr des Neonazismus, deutlich.

Daß neue Tendenzen der Stadtgeschichtsschreibung, zu der auch die oben vorgestellten Projekte gehören, Auswirkungen auf offiziellere und professionellere Veröffentlichungen haben, zeigen erste Beispiele. Nicht nur werden *Stadtführer und -prospekte* didaktisch durchdachter und in Layout und Text anspruchsvoller gestaltet, sie öffnen sich auch zunehmend neuen Inhalten. So finden sich nicht nur immer häufiger Spezialführer, etwa für Kinder oder zur

Architekturgeschichte (zum Beispiel Magoley / Wörner 1982), sondern auch anspruchsvolle wissenschaftliche Arbeiten, die versuchen, Wirtschafts- und Sozialgeschichte, Kultur- und politische Geschichte miteinander zu verbinden (zum Beispiel Kirchhoff 1982; Achilles 1983).

Nicht unerwähnt bleiben dürfen in diesem Zusammenhang jene „Straßen"-Projekte, die zugleich der Geschichtsvermittlung und der touristischen Werbung dienen: so etwa die Alte Salzstraße, die der historischen Route von Lüneburg nach Lübeck folgt, die Mühlenstraße des Kreises Minden – Lübbecke, die Bayerische Eisenstraße von Pegnitz nach Regensburg oder die Steirische Eisenstraße in Österreich. Sie reihen Stätten des Handels, der vorindustriellen Produktion und des Industriezeitalters auf, laden zum Besuch ein und informieren an Ort und Stelle mit zum Teil beträchtlichem Aufwand; so entstehen lange „Lehrpfade", die das Angenehme des Reisens mit dem Nützlichen des Wissens- und Erkenntniserwerbs verbinden, aber auch das Profitable einer Hebung des Fremdenverkehrs nicht mißachten.

Es fällt nicht leicht, ein Resumée dieser noch sehr in Bewegung befindlichen Szene zu ziehen, zumal wissenschaftliche Untersuchungen noch vielfach fehlen. Die Entwicklung dieser neuen und insgesamt positiv zu wertenden Ansätze erscheint noch offen, so sind eher Fragen angebracht: Entstehen hier neue „Lernlandschaften" etwa im Sinne der amerikanischen *environmental interpretation* (Sharpe 1976; Tilden 1967; Alderson / Low 1976) und damit neue fruchtbare Seitentriebe der Geschichtswissenschaft (Hoskins 1967)? Oder kann die Verbindung von Reiselust, Wissensdurst, touristisch-kommerziellem Interesse und wachsender Freizeit eine neue Reisepädagogik notwendig und wünschenswert machen (Kluckert 1981; Günter 1982, Hey 1983)? Und schließlich die – sicher nicht unwichtigste – Frage: Lassen sich in diesem ganzen außerschulischen Bereich vielleicht neue Berufsfelder für Historiker finden und auf Dauer etablieren (Hey 1982)?

Literatur

Achilles, F. W.: Dortmund und das östliche Ruhrgebiet. Landeskundliche Einführung und Exkursionsführer, Paderborn 1983
Alderson, W. T. / Low, S. P.: Interpretation of Historic Sites, Nashville 1976
Andel, A. / Dabringer, W.: Die Steirische Eisenstraße, Leoben 1983
Berger, J.: Kreuzberger Wanderbuch. Wege ins widerborstige Berlin, Berlin o. J.
Böhning, P. / Emer, W. / Horst, U. / Schuler-Jung, H.: Stadtgeschichte – Stadterfahrung. Das Beispiel einer curricularen Einheit von historischem Kurs und Exkursion, in: *Geschichtsdidaktik* 7 (1982), 19 – 41
Dietermann, K.: Siegen unterm Hakenkreuz. Eine alternative Stadtrundfahrt, Siegen 1983
Fischer, U. / Halter, H.: Hundert Jahre revolutionäres Berlin. Ein Stadtplan, Berlin 1978
François, P.: Itinéraires Industriels, Le Creusot 1982
George, J. C.: The American Walkbook, New York 1978
Günter, W. (Hrsg.): Handbuch für Studienreiseleiter. Pädagogischer, psychologischer und organisatorischer Leitfaden für Exkursionen und Studienreisen, Starnberg 1982
Hasch, R. (Hrsg.): Landesgeschichte und Exkursion im Geschichtsunterricht, Donauwörth 1977
Hey, B.: Die historische Exkursion. Zur Didaktik und Methodik des Besuchs historischer Stätten, Museen und Archive, Stuttgart 1978a

- Exkursionen zu historischen Stätten, in: *Schule und Museum* H. 7 (1978b), 23 — 31
- Museen, Archive und historische Stätten als außerschulische Lernorte — Zum Begriff der historischen Exkursion, in: *GWU* 31 (1980), 30 — 40
- Das Fach Geschichte in der Ausbildung von Freizeit- und Touristikfachleuten — Überlegungen aus der Sicht des Historikers, in: *Projektgruppe „Touristiker" an der Universität Bielefeld* (Hrsg.): Tourismus als Berufsfeld. Handlungskompetenzen für Freizeitberufe im touristischen Bereich, Frankfurt 1982, 130 — 160
- Environmental Interpretation und Reisen. Überlegungen zu neuen Formen der historisch-politischen Umwelterkundung, in: *Freizeitpädagogik* 3 — 4 (1983), 80 bis 93
- Geschichte in der Freizeit — Vorüberlegungen zu einer Freizeitdidaktik der Geschichte, in: *Nahrstedt, W. / Hey, B. / Florek, H.-C.* (Hrsg.): Freizeitdidaktik. Vom lehrerzentrierten Unterricht zum selbstorganisierten Lern-Environment, T. 2, Bielefeld 1984a, 149 — 183
- Der historische Lehrpfad, in: *Freizeitpädagogik* 1 — 2 (1984b), 81 — 87

Hey, B. / Radkau, J.: Auf den Spuren der Industriellen Archäologie in England: Erfahrungen in einem neuen Revier für historische Exkursionen, in: *GWU* 34 (1983), 162 — 181

Hoskins, W. G.: Fieldwork in Local History, London 1967, 2. Aufl. 1982

Kirchhoff, H. G.: Wanderungen im Kreis Neuss, 7. Aufl. Neuss 1982

Kluckert, E.: Kunstführung und Reiseleitung. Methodik und Didaktik, Oettingen 1981

Knirsch, R. R.: Die Erkundungswanderung. Theorie und Praxis einer aktivierenden Lernform für Unterricht und Freizeit, Paderborn 1979

Knudson, D. M.: Outdoor Recreation, New York 1980

Koch, C. / Täubrich, C.: Industriekulturpfad. Eine stadtgeschichtliche Wanderung im Pegnitztal, Nürnberg 1983

Kuhn, A. / Schneider, G. (Hrsg.): Geschichte lernen im Museum, Düsseldorf 1978

Magoley, H. / Wörner, N.: Architekturführer Dortmund, Dortmund 1982

Pach, S.: Alternative Stadtrundfahrten — Das Hamburger Modell, in: *Hafeneger, B. / Paul, G. / Schoßig, B.* (Hrsg.): Dem Faschismus das Wasser abgraben. Zur Auseinandersetzung mit dem Rechtsradikalismus, München 1981, 56 — 68

Paul, G.: Alternative Stadtrundfahrten — Beispiel Saarbrücken, in: *Hafeneger, B. / Paul, G. / Schoßig, B.* (Hrsg.): Dem Faschismus das Wasser abgraben. Zur Auseinandersetzung mit dem Rechtsradikalismus, München 1981, 69 — 87

Presse- und Informationsamt des Landes Berlin (Hrsg.): Spazierwege zu Industrie und Technik 1 — 6, Berlin 1983

Riesenberger, D. / Tauch, M.: Geschichtsmuseum und Geschichtsunterricht. Analysen und Konzepte aus der Bundesrepublik Deutschland und der DDR, Düsseldorf 1980

Ritter, G. / Schreiber, T. (Hrsg.): Geographische Exkursionen an Hochschule und Schule. Ein Beitrag zur Exkursionsdidaktik, München 1976

Sandler, E.: Städtische Animation. Die „Straßburger Stadtpfade": Neuentdeckung des städtischen Lebensraums, in: *Opaschowski, H.* (Hrsg.): Methoden der Animation. Praxisbeispiele, Bad Heilbrunn 1981, 29 — 35

Schlereth, T.: Artifacts and the American Past, Nashville 1980

Schwarz, K.: Berlin: Von der Residenzstadt zur Industriemetropole, Bd. II: Kompaß. Leitfaden zum Lehrpfad zu historischen Stätten des Berliner Nordens, Berlin 1981

Sharpe, G. W.: Interpreting the Environment, 2. Aufl. New York 1982

Sperl, G.: Ein Führer durch die Steirische Eisenstraße, 2. Aufl. Leoben 1984

Tilden, F.: Interpreting Our Heritage, Chapel Hill 1957, 7. Aufl. 1975

Viebahn, E.: Hämmer und Schleifkotten im Gelpetal. Der Industrie-Geschichtspfad „Historisches Gelpetal", Wuppertal 1983

Ziegler, W.: Die historische Exkursion, in: *Hasch, R.* (Hrsg.): Landesgeschichte und Exkursion im Geschichtsunterricht, Donauwörth 1977, 109 — 126

Geschichte in der Erwachsenenbildung

Bernd Faulenbach

Geschichte, über Jahrzehnte in der Erwachsenenbildung von fast marginaler Bedeutung und allenfalls als „Subsystem der politischen Bildung" betrachtet (Oppermann 1983, 291), findet seit Ende der siebziger Jahre wieder verstärktes Interesse in der Erwachsenenbildung. Um so mehr fällt auf, daß die Geschichtsdidaktik die Erwachsenenbildung erst jetzt zu entdecken beginnt, so daß „das Wissen um Rahmenbedingungen, Arbeitsformen, Inhalte und Ziele geschichtlichen Lernens in der Erwachsenenbildung noch stark unterentwickelt" ist (Kröll 1984, 7). Didaktik der Geschichte in der Erwachsenenbildung kann sich nicht einfach an universitärer und schulischer Geschichtsvermittlung orientieren, sie hat vielmehr, ausgehend von der Reflexion der Entstehung und des Wandels von Geschichtsbewußtsein in der Gesellschaft, die besonderen Voraussetzungen, Ziele, Inhalte und Formen der Beschäftigung mit Geschichte in der Erwachsenenbildung zu untersuchen und weiterzuentwickeln.

Der Grundsatz „lebenslangen Lernens", dessen gesellschaftliche Notwendigkeit und lerntheoretische Möglichkeit unstrittig sind, gilt gewiß auch für die Beschäftigung mit Geschichte. Doch weist gerade im Hinblick auf Geschichte — und zwar ungleich stärker als für andere Wissenschaftsbereiche wie etwa die Naturwissenschaften — das Erwachsenenlernen Spezifika gegenüber dem Lernen von Kindern und Jugendlichen auf.

Von grundlegender Bedeutung ist die *Erfahrbarkeit historischer Prozesse,* die sich für Erwachsene anders als für Kinder und Jugendliche stellt. Erwachsene bringen ein Stück erlebter und erlittener Geschichte, als persönliche Lebensgeschichte, in die Beschäftigung mit Geschichte ein; sie haben — wenn auch individuell und nach Lebensalter unterschiedlich — „Geschichte" bewußt oder unbewußt erfahren und erfahren sie weiter — im privaten, beruflichen, lokalen, nationalen oder auch weltpolitischen Maßstab, was als Chance, aber auch als Problem der Erwachsenenbildung zu begreifen ist. Fritz Borinski hat der historisch-politischen Bildung in der Schule lediglich „propädeutischen Charakter" beimessen wollen (Borinski 1954, 76), und für Franz Pöggeler steht dest, „daß Geschichte erst voll verstanden werden kann, wenn der Mensch das Reflektieren über seine eigene Geschichte gelernt hat, wenn er selbst bereits eine Spanne miterlebt und sich bewußt gemacht, sie problematisiert hat" (Pöggeler 1965, 59). Auch wenn diese Feststellungen den Gegensatz von historischem Lernen von Jugendlichen und Erwachsenen überbetonen, so ist doch nicht zu bestreiten, daß Geschichtsbewußtsein sich gutenteils in der Auseinandersetzung mit erfahrener Geschichte entwickelt. Erwachsenenbildung kann die *Erfahrungen der Erwachsenen produktiv für den Lernprozeß nutzen.* Allerdings können Erfahrungen — weil verabsolutiert — auch zum Problem werden und Lernen blockieren. Erwachsenenbildung kommt deshalb auch die Aufgabe zu, *Erfahrungen aufzuarbeiten,* selektive Wahrnehmungen zu transzendieren und den *Horizont eigener Erfahrungen zu überschreiten.*

Spezifisch für die Erwachsenenbildung sind auch die *Rahmenbedingungen* historischen Lernens. Die Fortsetzung oder Wiederaufnahme organisierten Lernens ist im allgemeinen — abgesehen von den Einrichtungen zum Nachholen von Schulabschlüssen (Abendschulen usw.) — zeitlich eng begrenzt, so daß ein großer Stoffkanon oder eine systematische Aufarbeitung von Geschichte unmöglich sind und allenfalls Einzelbausteine für ein umfassenderes Wissen geliefert werden können. Abweichungen zum historischen Lernen in der Schule ergeben sich auch insofern, als die Beschäftigung mit historischen Themen durchweg auf freiwilliger Basis erfolgt und teilweise biographisch vermittelt ist, weshalb die Erwachsenen meist hoch motiviert sind, so sehr auch sonst ihre Lernvoraussetzungen und Interessen sich unterscheiden mögen. Grundprinzip der Erwachsenenbildung ist dementsprechend *Teilnehmerorientierung,* die die *Möglichkeit zu aktiver Mitgestaltung* einschließt und der Tatsache Rechnung trägt, daß Neugier, Kommunikationsbedürfnis und auch Entspannung Triebkräfte der Beschäftigung mit Geschichte in der Erwachsenenbildung sind.

Die *institutionelle Vielfalt* der Erwachsenenbildung (vgl. Knoll 1973; Groothoff 1976) und der Mangel an umfassenden empirischen Arbeiten erschweren allgemeine Aussagen über den Stellenwert von Geschichte im „quartären Sektor" des Bildungssystems, zu dem so unterschiedliche Einrichtungen gehören wie die — untereinander stark differierenden — Volkshochschulen, die Bildungseinrichtungen der Kirchen, Gewerkschaften und Parteien (auch die Einrichtungen des zweiten Bildungswegs), ferner Museen, auch Geschichtsvereine, autonome Bürgergruppen usw., abgesehen davon, daß historische Bildung auch über Medien und im Medienverbund abläuft. Die für die siebziger Jahe vorliegenden Untersuchungen kommen überwiegend zu dem Ergebnis, daß Veranstaltungen zu historischen Themen in den großen Institutionen der Erwachsenenbildung nur einen sehr geringen Anteil ausmachen (ca. 2 bis 3 %, vgl. H. Schmidt 1978, 159 ff.). Offensichtlich ist Geschichte dabei für einige Institutionen (etwa die Gewerkschaften) von größerer Bedeutung als für andere (etwa die katholische Erwachsenenbildung).

Auch bei einem Vergleich mit dem Veranstaltungsangebot zur politischen Bildung insgesamt ist der Anteil von Geschichte eher gering, hier differieren die auf unterschiedler Grundlage gewonnenen Ergebnisse zwischen 11,5 % (Volkshochschulen Niedersachsens 1977) und 4 % (Analyse der Arbeitspläne deutscher Volkshochschulen 1970; vgl. Schmidt 1978, 168 f.). Dabei ist zu berücksichtigen, daß die Abgrenzung von Geschichte gegenüber Nachbargebieten vielfach schwierig ist, zumal die Beschäftigung mit Geschichte in der Erwachsenenbildung einerseits häufig aspektbezogen im Zusammenhang der politischen Bildung erfolgt, andererseits sich in verschiedene Bereiche differenziert (Oppermann 1983, 292 f.).

Der Stellenwert der Geschichte differiert nicht nur zwischen den verschiedenen Institutionen der Erwachsenenbildung, er unterliegt auch dem historischen Wandel. In ihren Ursprüngen in Dänemark und England war die Erwachsenenbildung stark an der Vermittlung von Geschichte interessiert, das gleiche läßt sich etwa für die Bildungsarbeit der deutschen Arbeiterbewegung sagen, die auf die Entwicklung eines proletarischen Geschichtsbewußtseins zielte, das freilich 1933 nachhaltig erschüttert und nach dem Zweiten Weltkrieg nicht wieder restituiert worden ist. Das in der Erwachsenenbildung der frühen Nachkriegsjahre ausgeprägte historische Interesse schwächte sich schon in den fünfziger Jahren ab und scheint in den folgenden Jahrzehnten auf vergleichsweise niedrigem Niveau „konjunkturell" geschwankt zu haben, wobei freilich auch für andere Industriegesellschaften — wenn auch nicht so ausgeprägt wie für Deutschland — ein Nachlassen historischen Interesses zu konstatieren ist.

Für ein *neues Interesse an Geschichte,* als dessen Ursache man das Nachlassen des Fortschrittsoptimismus oder einen „Nachholbedarf an geistiger, geselliger, humaner Betätigung" nach der Konzentration auf materielle Güter und Wachstum (Hug, in: Kröll 1984, 53) ansehen mag, gibt es inzwischen eine Fülle von Anzeichen, auch in der Erwachsenenbildung: die Resonanz historischer Medienereignisse; die Beteiligung am Funkkolleg Geschichte; das Entstehen von Geschichtsarbeitskreisen und -initiativen innerhalb und außerhalb von Institutionen der Weiterbildung; das Echo auf Ausstellungen usw. Es erscheint fraglich, ob man dies alles als neue „Mode der Weiterbildung" wird abtun können.

Das neue historische Interesse stützt sich nicht mehr vorrangig auf den Bildungsbürger klassischen Typs, der sich aufgrund seiner Sozialisation eine positive Einstellung zu Geschichte bewahrt hat. Häufig — insbesondere bei jungen Menschen — ist das Interesse stark *gegenwartsbezogen* gesteuert und mit der Bereitschaft zum *politisch-gesellschaftlichen Engagement* verknüpft.

Die Frage nach den *Funktionen* von Geschichte in der Erwachsenenbildung wird man nicht allein im Hinblick auf ihren Beitrag zur politischen Bildung (in einem engen Sinne) beantworten können; sie überschneidet sich vielmehr mit der Frage nach der gesellschaftlichen Funktion von Geschichte überhaupt.

Für die Erwachsenenbildung von Relevanz ist der Tatbestand, daß über Geschicht die scheinbar durch sachgesetzliche Notwendigkeiten bestimmte *Gesellschaft erfaßt und intellektuell transzendiert* werden kann; einmal dadurch, daß gerade durch die Konfrontation mit der Vergangenheit, d. h. über einen Verfremdungseffekt, ihre gegenwärtigen Strukturen und Prozesse bewußt gemacht werden (Kocka 1977, 123), zum anderen aber auch, indem die Prozesse, die zu ihrer Herausbildung geführt haben und teilweise über sie hinausweisen, aufgehellt werden. Dies hat insofern *handlungsorientierende Funktion,* als auf der einen Seite Geschichte die Veränderbarkeit gesellschaftlicher und politischer Verhältnisse beweist, andererseits aber auch utopischem Veränderungswillen entgegenwirkt. Beschäftigung mit Geschichte relativiert mithin gegenwärtige Lösungen, die durch Sachzwänge determiniert scheinen, aber weitgehend historisch bedingt sind (Mommsen 1974, 163), bildet daneben aber auch ein Gegengewicht zum abstrakt-ideologischem Denken, indem sie zur konkreten Erfassung von Wirklichkeit anhält (Bolewski u. a.

1978). Geschichte besitzt damit einen Stellenwert in unterschiedlichen Konzepten politischer Bildung: Erscheint sie in einigen geeignet, politische Rationalität (im Sinne des politischen status quo) zu fördern, so in anderen, den unabgeschlossenen Prozeß gesellschaftlicher Emanzipation bewußt zu machen und voranzutreiben.

Die wichtigste Funktion von Geschichte in der Erwachsenenbildung ist wohl, individuelle, soziale, nationale (vielleicht auch europäische) *Identität* durch den Prozeß historischer Vergegenwärtigung bewußt zu machen, nicht als etwas Starres, sondern als dem geschichtlichen Wandel unterliegend.

Die institutionell und lokal stark differierende *Spektrum historischer Themen* in der Erwachsenenbildung ist insgesamt gesehen „weitläufiger, differenzierter, aber auch verstreuter" (Oppermann 1983, 293) als das des Schulgeschichtsunterrichts. Es reicht von fernen versunkenen Kulturen, die den Reiz des ganz anderen besitzen und zuweilen durch Studienreisen erschlossen werden, bis zu Themen der Zeitgeschichte mit unmittelbar politischen Bezügen oder Themen der Heimatgeschichte. Die Themenwahl hängt von gesellschaftlicher Aktualität, aber auch von lokalen und trägerspezifischen Besonderheiten ab; so wird — was letzteres anbetrifft — Geschichte bei den Gewerkschaften vornehmlich als Geschichte der Arbeiterbewegung aufgefaßt. Stimulierend wirken bei der Themenwahl häufig „Jubiläen" (man denke etwa an die 50. Wiederkehr der NS-Machtergreifung oder an das Luther-Jubiläum 1983) oder Medienereignisse (zum Beispiel die Fernsehserie „Holocaust").

Großes Gewicht wird im allgemeinen *zeithistorischen Themen* eingeräumt. Dabei hat lange Zeit die — politisch geförderte — Beschäftigung mit der deutschen Frage eine herausragende Rolle gespielt. Die Auseinandersetzung mit der NS-Zeit verlief in Wellen; die derzeit kulminierende Welle, zum Teil angestoßen durch die Fernsehserie Holocaust und durch Schülerwettbewerbe und ähnliches verstärkt, ist gekennzeichnet durch die Fragen einer neuen Generation und die durch größere zeitliche Distanz erleichterte Fähigkeit der beteiligten Generation, sich diesen Fragen — auch hinsichtlich der eigenen Geschichte — zu stellen. Sie hat vor allem zu einer intensiven Beschäftigung mit der NS-Zeit im lokalen Raum geführt.

In den letzten Jahren hat das Interesse an Themen *lokaler und regionaler Geschichte* in der Erwachsenenbildung stark zugenommen, an der Geschichte der Stadt, des Stadtteils, des Quartiers, des Betriebs, der Kirchengemeinde usw. Diese Beschäftigung mit Geschichte setzt am erfahrbaren Lebensumkreis ein und sucht die Menschen und ihre Geschichte in den Bezügen des engeren Lebensraumes auf. Zweifellos wird Geschichte so anschaulicher, konkreter, die „Betroffenheit" der Teilnehmer muß nicht erst mühsam hergestellt werden. Auch bieten sich hier besondere Möglichkeiten für „entdeckendes Lernen". Allerdings sind doch auch die Grenzen dieses Ansatzes zu sehen: Lokal- und Regionalgeschichte sind kein Abbild gesamtgesellschaftlicher Geschichte, stehen vielmehr zu diesem in einem Interdependenzverhältnis, das nicht aus den Augen verloren werden darf, wenn Geschichte nicht verkürzt in den Blick kommen soll. Immerhin entspricht das Interesse der Erwachsenenbildung an Lokal- und Regionalgeschichte, an „Heimatgeschichte" einem verbreiteten

Bedürfnis, in dem sich der Wunsch nach Überwindung anonymer gesellschaftlicher Strukturen, die Hoffnung auf eine stabile Wir-Gruppe und der Wille nach Traditionssicherung angesichts einer scheinbar geschichtslosen Welt niederschlagen (Hug, in: Kröll 1984, 52 f.).
Das lokalgeschichtliche Interesse verbindet sich teilweise mit einer bewußten *Perspektive „von unten"*, dem Interesse an den „kleinen Leuten", ihren Lebens- und Arbeitsbedingungen, ihrem Alltag und ihrer Kultur. Dabei wird ein bewußtes Gegengewicht gegen eine Geschichte, die die „Herrschenden" im Mittelpunkt sieht, gesucht; der demokratische oder auch alternative Impuls ist unübersehbar, allerdings zuweilen auch der Hang zur Romantisierung der Vergangenheit.
Die heutige Erwachsenenbildung weist eine Vielfalt an *Formen und Methoden* der Beschäftigung mit Geschichte auf. Einen beträchtlichen Anteil haben nach wie vor die mehr traditionellen Arbeitsformen: Einzelvorträge, Vortragsreihen, Kurse, Tages- und Wochenendseminare, Wochenseminare, letztere vor allem da, wo Bildungsurlaubsgesetze die entsprechenden Voraussetzungen geschaffen haben. An Bedeutung gewonnen haben Seminare im Medienverbund (Funkkolleg Geschichte) oder Seminare, die Medienereignisse nachbereitet haben (Holocaust).
Neben diesen Formen haben sich *Arbeitskreise, Geschichtsinitiativen, Geschichtswerkstätten*, die teilweise in oder in Anlehnung an Institutionen der Erwachsenenbildung arbeiten, zu einer verbreiteten Arbeitsform entwickelt. Zum Teil sind sie verknüpft mit Engagements für die Erhaltung historisch bedeutsamer Objekte, für die Schaffung von Gedenkstätten oder andere politische Ziele. Sie widmen sich häufig lokal- und alltagsgeschichtlichen Themen, versuchen Broschüren zu erarbeiten oder Ausstellungen zu projektieren und zu realisieren, wobei sie bemüht sind, „kooperative und solidarische Arbeitsformen" zu praktizieren und — wo möglich — die „Betroffenen" zu beteiligen, etwa durch bewußte Anwendung der Methoden der Oral History und durch das intergenerationelle Gespräch. Es wird versucht, die *Beschäftigung mit Geschichte zu demokratisieren* — nicht nur in der Themenwahl, sondern auch im Forschungs- und Lernprozeß. Trotz aller Unterschiede zu diesen Arbeitskreisen und Initiativen fördern auch die traditionellen Geschichtsvereine die Beschäftigung von Bürgern (Laien) mit Geschichte und besitzen damit ebenfalls eine Erwachsenenbildungsfunktion.
Vielfach sind in den letzten Jahren *neue Formen* der Beschäftigung mit Geschichte und deren Kombination erprobt worden — Filmvorführungen, Zeugenbefragungen, Podiumsdiskussionen, Laientheater, historische Stadtrundfahrten, Museumsbesuche, Liederabende, Exkursionen, Ausstellungen, Workshops usw., die sich alle mit traditionellen Formen verbinden lassen.
Zu den methodischen Problemen allgemeiner Art gehört die besondere *Ausschnitthaftigkeit* der meisten Bemühungen um Geschichte in der Erwachsenenbildung. Sie macht ihre Ergänzung durch Veranstaltungen orientierenden Lernens nötig, ist das exemplarische Prinzip doch im Grunde auf die Beschäftigung mit Geschichte nur sehr bedingt anwendbar, abgesehen davon, daß die Themenwahl keineswegs eine bewußte Suche nach dem Exemplum

darstellt. Aber auch die aspektbezogene Beschäftigung mit Geschichte ist keineswegs für die Gewinnung einer zeitlichen Perspektive wertlos, sie spitzt lediglich die Grenzen aller Bemühung um Geschichte extrem zu.

Zu den Problemen, die sich insgesamt der Erwachsenenbildung stellen, gehört gerade im Hinblick auf Geschichte ihre *Begrenzung durch bestimmte soziale und Bildungsbarrieren.* Es kommt für bestimmte Gruppen darauf an, an ihren eigenen Erfahrungen anzuknüpfen und Schwellenangst durch den Abbau räumlicher, intellektueller und problembezogener Distanz zu vermindern. In diesem Zusammenhang kommt der Arbeiterbildung (gewerkschaftliche Bildungsarbeit) besondere Bedeutung zu.

Die Weiterentwicklung der Beschäftigung mit Geschichte in der Erwachsenenbildung wird abhängen

— von der Entwicklung der Bildungsinstitutionen und ihres Selbstverständnisses, u. a. von der Beantwortung der Frage, inwieweit Weiterbildung bei aller notwendigen Berufsbezogenheit der wissenschaftlich vermittelten Aufklärung der Gesellschaft über sich selbst Raum gibt;
— von der Frage, wie sich das Verhältnis von traditionellen und neuartigen Ansätzen der Beschäftigung mit Geschichte entwickelt, wobei gegenwärtig vieles dafür spricht, das sich auf die Dauer ein Pluralismus sehr unterschiedlicher Zugangsweisen behaupten wird;
— von dem gesellschaftlichen Interesse an Geschichte, das nach langen Jahren marginaler Bedeutung gegenwärtig sehr virulent ist, vermutlich sich aber auf die Dauer „normalisieren" wird, ohne auf das Niveau der vorhergehenden Jahrzehnte zurückzufallen.

Literatur

Bolewski, H., u. a.: Politische Erwachsenenbildung. Ein Positionspapier, in: *apz* B 48 (1978)
Borinski, F.: Der Weg zum Mitbürger. Die politische Aufgabe der freien Erwachsenenbildung in Deutschland, Düsseldorf / Köln 1954
Geschichte als Gegenstand der Erwachsenenbildung (Themenheft), in: *Hessische Blätter für Volksbildung* 33 (1983), H. 1
Groothoff, H.-H.: Erwachsenenbildung und Industriegesellschaft. Eine Einführung in Geschichte, Theorie und Praxis der Erwachsenenbildung in der Bundesrepublik, Paderborn 1976
Kocka, J.: Sozialgeschichte. Begriff — Entwicklung — Probleme, Göttingen 1977
Knoll, J. H.: Einführung in die Erwachsenenbildung, Berlin / New York 1973
Kröll, U. (Hrsg.): Historisches Lernen in der Erwachsenenbildung (Forum Geschichtsdidaktik, Bd. 2), Münster 1984
Lachauer, U.: Geschichte wird gemacht. Beispiele und Hinweise, wie man am eigenen Ort „Geschichte machen" kann, in: *Niethammer, L.,* u. a. (Hrsg.): „Die Menschen machen ihre Geschichte nicht aus freien Stücken, aber sie machen sie selbst", Berlin / Bonn 1984, 250 — 254
Mommsen, W. J.: Die Geschichtsdidaktik in der modernen Industriegesellschaft, in: *Faulenbach, B.* (Hrsg.): Geschichtswissenschaft in Deutschland, München 1974, 147 — 168
Oppermann, D.: Geschichte in der Erwachsenenbildung — Ein hoffnungsvoller Fall?, in: *Gd* 8 (1983), 291 — 296
Pöggeler, F.: Inhalte der Erwachsenenbildung, Freiburg 1965
— (Hrsg.): Geschichte der Erwachsenenbildung, Stuttgart 1965

Quandt, S.: Die Vermittlung von Geschichte in der Erwachsenenbildung. Probleme, Prinzipien, Perspektiven, in: *Hessische Blätter für Volksbildung* 33 (1983), 35 — 42
Schmidt, H.: Das Fach Geschichte in der Erwachsenenbildung. Eine Bestandsaufnahme, unveröffentlichte Magisterarbeit, Regensburg 1978

Geschichte in der gewerkschaftlichen Bildungsarbeit

Bernd Faulenbach

Gewerkschaftliche Bildungsarbeit erschöpft sich nicht in der Vermittlung von Kenntnissen an Funktionäre für konkrete Praxisfelder gewerkschaftlichen Handelns. Sie zielt vielmehr darüber hinaus auf die *Schaffung eines Bewußtseins*, „das über die Gesellschaft und die Stellung der Arbeiter in ihr orientiert, das Handlungsbereitschaft weckt und langfristige Handlungsziele setzt" (Boldt 1981, 371). In diesem Zusammenhang wird Geschichte eine beträchtliche Bedeutung beigemessen, was in einer Fülle von Seminaren, Arbeitskreisen, Ausstellungen usw. seinen Ausdruck findet.
Seit den neunziger Jahren des 19. Jahrhunderts bildete sich in der deutschen Arbeiterbewegung, deren Wurzeln in die Arbeiterbildungsvereine des Vormärz und der sechziger Jahre des 19. Jahrhunderts zurückreichen, eine besondere am *Ziel solidarischen Handelns* orientierte Bildungsarbeit heraus, in der Geschichte, insbesondere die Geschichte des Sozialismus, einen Schwerpunkt bildete. Gewiß gilt dies vor allem für die Bildungsarbeit der ideologisch dominierenden Partei — deutsche Geschichte und die Geschichte des Sozialismus waren zum Beispiel Fächer an der 1906 gegründeten Parteischule. Doch auch die stärker pragmatisch orientierten Gewerkschaften gingen in ihrer Bildungsarbeit nicht völlig an Geschichte vorüber, wie zum Beispiel der Lehrplan der seit 1906 von der Zentralkommission der Freien Gewerkschaften durchgeführten Zentralen Unterrichtskurse beweist. In der Weimarer Republik, in der den Gewerkschaften wichtige neue Aufgabenfelder zuwuchsen (man denke etwa an das Betriebsrätegesetz), für die Funktionäre geschult werden mußten, verstärkte sich der Unterschied zwischen der für Bewußtseinsbildung „zuständigen" Partei und den Arbeiterkulturorganisationen auf der einen Seite und den Gewerkschaften mit ihrer stark expandierenden Bildungsarbeit, die auf die Wahrnehmung konkreter Aufgaben zielte, auf der anderen Seite, eine Entwicklung, die 1933 abgebrochen wurde. Nach 1945 wurde weder die Arbeiterkultur vor 1933 wiederbelebt, noch das traditionelle Geschichtsbewußtsein der Arbeiterbewegung restituiert. Die Beschäftigung mit Geschichte wurde in der Bildungsarbeit zunehmend marginali-

siert, wobei der *Bruch des Kontinuitätsbewußtseins* der Arbeiterbewegung durch den Faschismus, die *Diskreditierung der Traditionen der Arbeiterbewegung* durch ihre Indienstnahme durch die SED während des Kalten Krieges, ein zum Teil mit einem vagen Fortschrittsbegriff verknüpftes *nur pragmatisches Politikverständnis,* das die Beschäftigung mit Geschichte obsolet erscheinen ließ, und die wachsende gesellschaftliche und politische *Integration der Arbeiterbewegung* und der Arbeitnehmer, die ein auf Unterscheidung angelegtes Eigenbewußtsein auflöste, zusammenwirkten. Als Problem wurde das Fehlen eines Geschichtsbewußtseins in der Arbeitnehmerschaft seit Ende der sechziger Jahre insbesondere von Intellektuellen, die in diesen Jahren zu den Gewerkschaften stießen, artikuliert. Das auch in der Bildungsarbeit sich niederschlagende verstärkte Interesse an Geschichte in den Gewerkschaften seit Ende der siebziger Jahre ist nicht zuletzt Ausdruck der durch die ökonomische und politische Krise ausgelösten *Orientierungsprobleme* und *Selbstverständnisdiskussion,* die den Wunsch nach Stabilisierung der Identität über Geschichte haben entstehen lassen. Zugleich entspricht das Interesse einem wachsenden — auch sonst in der deutschen Gesellschaft anzutreffenden — Bedürfnis nach „kultureller Heimat".

Die vor allem durch Oskar Negts Buch „Soziologische Phantasie und exemplarisches Lernen" (1968) angeregte theoretische Diskussion über Arbeiterbildung, die die Gewerkschaften zum Adressaten hat, kreist um die Rolle des *Erfahrungslernens,* den Stellenwert von *Orientierungswissen* und um die Möglichkeit, *Emanzipationsprozesse* durch Entwicklung gesellschaftlichen Bewußtseins abzustützen, wobei implizit auch die Frage historischen Lernens angesprochen wird. Negts Konzeption sieht einen von Alltagserfahrungen ausgehenden und auf Alltagshandeln rückbezogenen Lernprozeß vor, der, am „prägnanten Punkt" ansetzend, Konflikte und Widersprüche im Hinblick auf gesamtgesellschaftliche Zusammenhänge mit dem Ziel bewußt macht, gesellschaftsveränderndes Denken und Handeln zu entwickeln. Mit der Aufarbeitung kollektiver Erfahrungen — auch „individueller Lebensgeschichten" im Hinblick auf die „kollektive Klassengeschichte" (Mahnkopf 1978) — weist dieses Konzept, das auf ein die *Vergangenheit verarbeitendes zukunftsgerichtetes Bewußtsein* zielt, implizit der Beschäftigung mit Geschichte einen hohen Stellenwert zu (vgl. auch Negt 1981). Aber auch das trotz mancher Berührungspunkte im Gegensatz zu Negt von Trautwein u. a. (1976) formulierte Konzept des „Lernens in der Gewerkschaft", das weniger von Erfahrungen als von Problemen für gewerkschaftliches Handeln ausgehen will, weist insofern einen „historischen Bezug" auf, als der „Anspruch auf eine Gesellschaftsanalyse, mit deren Hilfe sich die gesamte Wissensvermittlung wieder mit den gesellschaftlichen Zielsetzungen der Gewerkschaftsbewegung verbinden läßt", über die Traditionen der Arbeiterbewegung eingelöst werden soll (Brammerts / Gerlach / Trautwein 1976, 44).

Zweifellos kann die Beschäftigung mit Vergangenheit im Hinblick auf Zukunft dazu beitragen, gewerkschaftlichem Handeln wieder eine historische Perspektive zu verleihen. Geschichte besitzt für die Gewerkschaften vor allem drei Funktionen: Stärkung des *Identitätsbewußtseins,* gesellschaftliche *Orien-*

tierungsfunktion und politische *Verwertungsfunktion* (vgl. Faulenbach, in: Kröll 1984). Erschließt sich die Arbeiterexistenz vor allem durch die Aufarbeitung von Lebensgeschichten (Mahnkopf 1978), so die Identität der Arbeiterbewegung durch Auseinandersetzung mit ihrer Geschichte. Beschäftigung mit Geschichte kann mithin der *Vergewisserung individueller und kollektiver Identität* dienen, allerdings nur dann, wenn sie unvoreingenommen betrieben wird und nicht in der Ratifikation dessen besteht, was als Identität gewünscht wird. Ebenso kann Geschichte ihre orientierende Funktion im Hinblick auf den historischen Prozeß, in dem sich Handeln der Arbeiterbewegung vollzieht, nur dann erfüllen, wenn die Beschäftigung mit Geschichte nicht ausschließlich der Legitimation aktuellen gewerkschaftlichen Handelns dient, vielmehr auch einen potentiell *kritischen Impuls* einschließt, der gegenwärtiges Handeln im Lichte der Vergangenheit und die Vergangenheit im Hinblick auf die Zukunft der Reflexion unterzieht. Der vielfach geäußerte Wunsch, aus der Geschichte zu lernen, wird dabei auf der einen Seite mehr mittelbar in der Stärkung der Fähigkeit gesehen, historische Konstellationen zu erfassen oder auch darin, „den Sinn für mögliche Folgewirkungen zu schärfen, die sich aus Entscheidungen einzelner oder sozialer Gruppen ergeben" (Mommsen 1975, 394), auf der anderen Seite unter der Prämisse der Vergleichbarkeit von historischen Konstellationen als „Lernen aus verpaßten Chancen" (Wollenberg 1983) definiert, wobei die Tendenz besteht, *kurzfristig verwertbares Wissen* aus der Geschichte für gegenwärtiges Handeln bereitzustellen und die Beschäftigung mit der Geschichte zum *Medium politischer Artikulation* zu machen. Angesichts des wachsenden Gewichts von Geschichte im öffentlichen Bewußtsein und der Verwendung von Geschichte als politisches Argument haben die Gewerkschaften schließlich auch ein — für die Bildungsarbeit relevantes — Interesse daran, ihre Beurteilung der neuesten deutschen Geschichte, insbesondere auch der Sozialgeschichte, in die gesellschaftliche Öffentlichkeit zu transportieren, wobei dies — wie die beiden DGB-Geschichtskongresse 1979 in München und 1983 in Dortmund zeigen — keineswegs mit einer selbstkritischen Sicht der eigenen Geschichte kollidieren muß.

Allerdings läßt gerade die Praxis des gewerkschaftlichen Umgangs mit Geschichte erkennen, daß Geschichte als identitätsstiftende Tradition und Geschichte als Zubringer politischer Praxis sich ständig durchkreuzen, einander ergänzen und auch widersprechen.

Die Vielfalt der Bildungsarbeit des DGB und seiner 17 Einzelgewerkschaften auf Bundes-, Bezirks- und lokaler Ebene sowie der Arbeitsgemeinschaft „Arbeit und Leben" (DGB — VHS) macht es schwer, den *Anteil von Veranstaltungen zu historischen Themen* zu bestimmen. Immerhin läßt sich sagen, daß Geschichte im Bildungsangebot der Gewerkschaften, vor allem in der Jugendbildungsarbeit, ihren festen Platz hat, daß Geschichte eher eine größere Bedeutung beigemessen wird als sonst in der Erwachsenenbildung (Schmidt 1978, 142) und daß das Interesse an Geschichte in der gewerkschaftlichen Bildungsarbeit wächst (vgl. Weinberg / Wienhold 1983, 231 ff.).

Die Seminare, die als ein- oder zweiwöchige Lehrgänge — häufig im Rahmen des Bildungsurlaubs — oder als Wochenendseminare durchgeführt werden, beschäftigen sich überwiegend mit der *Geschichte der deutschen Arbeiterbewegung,* wobei das Interesse an der „großen" politischen Geschichte noch vorherrscht und erst allmählich für gewerkschaftliches Handeln relevante sozialgeschichtliche Fragen (Arbeitergeschichte) oder auch die Regionalgeschichte stärker einbezogen werden. Daneben finden *problemorientierte,* häufig mit aktuellen Fragen verknüpfte Seminare Verwendung, zum Beispiel zur Geschichte der Arbeitszeit, der Mitbestimmung usw., bei denen zwar Geschichte nur aspekthaft in den Blick kommt, doch unmittelbar mit heutigen Problemen (die gleichsam historisch verfremdet werden) in Zusammenhang gebracht werden kann und damit eine Verwertung der Lernergebnisse im Erfahrungsbereich der Teilnehmer möglich ist.

Teilweise angeregt durch ausländische Vorbilder, die schwedische Grab-wo-Du-stehst-Bewegung oder die englischen history workshops, wird neuerdings auch in Deutschland versucht, in gewerkschaftlichen Arbeitskreisen die *lokale Geschichte* der Arbeiterbewegung, historische Ereignisse wie die NS-Machtergreifung in einem Ort oder auch die Geschichte eines Betriebes — letzteres nicht selten im Zusammenhang mit Betriebsschließungen — aufzuarbeiten, wobei teilweise „Veteranen" und jüngere Kollegen zusammenwirken. Der Prozeß *forschenden Lernens im eigenen Umfeld* impliziert ein Stück *Demokratisierung in der Methode* des Lernens; zugleich läßt er Geschichte nicht als etwas Abgespaltenes, Fremdes, sondern als etwas, was mit der eigenen Existenz in Beziehung gesetzt werden kann, in den Blick kommen. Dies gilt insbesondere für Ansätze, wie bei der Betriebsgeschichtsschreibung, bei denen auf Erfahrungen der Betroffenen zurückgegriffen werden kann und teilweise unbewältigte Erfahrungen — gegebenenfalls im intergenerationellen Gespräch — aufgearbeitet werden (vgl. Faulenbach 1984). Die *Oral History,* die dem geringen Interesse vieler Industriearbeiter an schriftlicher Form und Meinungsäußerung entgegenkommt, bietet sich bei derartigen Projekten als Vorgehensweise an; sie bedarf freilich der reflektierten Anwendung und — wo möglich — der Ergänzung durch die Auswertung schriftlicher Materialien. Ziele derartiger Arbeitskreise können Publikationen oder Ausstellungen sein, doch geht es letztlich weniger um das Ergebnis als vielmehr um den *Prozeß der Aufarbeitung, der mehr ist als die bloße Re-Produktion von Erlebtem.* Es bleibt abzuwarten, ob auch in Deutschland, in dem es keine ungebrochene Arbeiterkulturtradition gibt, dieser Ansatz zu einer Geschichtsbewegung in Anlehnung an die Arbeiterbewegung führen kann. Unverkennbar rücken bei diesem Ansatz Bildungsarbeit, Forschungstätigkeit und aktuelles Handeln nahe zusammen.

Zweifellos bieten betriebs- und lokalgeschichtliche Arbeitskreise (und Seminare) eine bedeutsame thematische Erweiterung der Beschäftigung mit Geschichte in den Gewerkschaften, die zu lange ausschließlich auf gesamtgesellschaftliche Vorgänge und politische Kräfteverhältnisse fixiert war und die Subjektivität der Arbeitnehmer ausgeblendet hat. Wichtig ist indes bei diesem neuen Ansatz, daß die Mikroebene nicht von der Makroebene isoliert, vielmehr die Spezifika und Interdependenzen zwischen beiden Ebenen mitgesehen werden.

Gewerkschaftliche Bildungsarbeit, für die Teilnehmerorientierung ein Grundprinzip, erreicht auch Arbeitergruppen, die von der übrigen Erwachsenenbildung nicht erreicht werden. Sie hat deshalb die spezifischen Lern- und Lebensgeschichten von Arbeitern zu berücksichtigen und teilweise auch eigene Formen zu entwickeln. Geschichte kommt dabei fast zwangsläufig nur ausschnittartig in den Blick, zumal die Beschäftigung mit ihr schon von den äußeren Rahmenbedingungen her nur diskontinuierlich erfolgen kann. Geschichte fungiert somit notwendigerweise als „Steinbruch". Dies erscheint solange unproblematisch, wie Geschichte nicht ausschließlich der Legitimation vorgefaßter Positionen dient, sondern auch als Weg begriffen wird, Positionen zu überprüfen, soziale Phantasie zu entwickeln und Handeln in historischer Perspektive zu ermöglichen.

Literatur

Boldt, W.: Geschichte in der Arbeiterbildung, in: *Gd* 6 (1981), 371 — 381
Brammerts, H. / Gerlach, G. / Trautwein, N.: Lernen in der Gewerkschaft, Frankfurt / Köln 1976
Faulenbach, B.: Geschichte in der Arbeiterbildung, in: *Kröll, U.* (Hrsg.): Historisches Lernen in der Erwachsenenbildung, Münster 1984, 37 — 60
— Oral History und Arbeiterbildung, in: *Gd* 9 (1984), 221 — 229
Gierke, W.: Zur lokalgeschichtlichen Aufarbeitung des Themas „Faschismus" im Bildungsurlaub, in: *Gd* 6 (1981), 383 — 390
Klönne, A.: Geschichtsbewußtsein und Arbeiterbildung, in: *Materialien zur politischen Bildung* (1979), 55 — 59
Kröger, H. / Wollenberg, J.: Geschichte der Arbeiterbewegung als Gegenstand der Arbeiterbildung, in: *Kuhlmann, R.* (Hrsg.): Hochschule und Weiterbildung, Köln 1982, 319 — 332
Mahnkopf, B.: Geschichte und Biographie in der Arbeiterbildung, in: *Brock, A.*, u. a. (Hrsg.): Arbeiterbildung, Hamburg 1978, 87 — 123
Mommsen, H.: Gegenwartshandeln und geschichtliche Erfahrung, in: *Gewerkschaftliche Monatshefte* 26 (1975), 393 — 398
Negt, O.: Soziologische Phantasie und exemplarisches Lernen, Frankfurt 1968
Negt, O. / Kluge, A.: Geschichte und Eigensinn, Frankfurt 1981
Schmidt, H.: Das Fach Geschichte in der Erwachsenenbildung. Eine Bestandsaufnahme, unveröffentlichte Magisterarbeit, Regensburg 1978
Weinberg, J. / Wienhold, H.: Politische Erwachsenenbildung der Gewerkschaften in Nordrhein-Westfalen 1976 — 1980, ???
Wollenberg, J.: Lernen aus verpaßten Chancen, in: *Zeitschrift für Sozialistische Politik und Wirtschaft* 6 (1983), 417 — 425

Geschichtsvereine

Ursula A. J. Becher

Ausgangslage

Eine der möglichen Ausdrucksformen geschichtlichen Interesses in einer Gesellschaft ist die Mitgliedschaft in historischen Vereinen. Solche Geschichtsvereine gibt es in den meisten größeren Städten und in den Regionen von einiger historischer Bedeutsamkeit. Seit langer Zeit bemühen sie sich, durch die Sammlung und Bereitstellung heimatgeschichtlicher Zeugnisse, durch die Vermittlung und Verbreitung historischer Kenntnisse die Verbundenheit der Menschen mit dem sie umgebenden geschichtlichen Lebensraum zu fördern und zu intensivieren. Von diesem Verständnis her kommen die Geschichtsvereine einem gegenwärtigen Interesse entgegen, das Heimat wiederentdeckt. In den letzten Jahren läßt sich ein zunehmendes Bedürfnis der Menschen wahrnehmen, die eigene Geschichte zu erforschen: Immer mehr Menschen möchten ihre unmittelbare Geschichte rekonstruieren — die Geschichte der eigenen Stadt, des Dorfes, eines Stadtteils, einer Berufsgruppe — und dabei aufdecken, was eine professionelle Geschichtsschreibung lange vernachlässigte: die Geschichte des alltäglichen Lebens; Arbeit und Freizeit, Kindheit und Alter, Ehe und Alleinsein, Krankheit und Tod. Die seit langem bestehenden Geschichtsvereine wären der gegebene Ort, diesen neuen Fragen und Erkenntnisbedürfnissen nachzugehen. Es stellt sich die Frage, ob und inwieweit die Geschichtsvereine Ausdrucksform gegenwärtigen Geschichtsinteresses sind.

Geschichte

Den Geschichtsvereinen geht es wie anderen gesellschaftlichen Institutionen: Ihre Geschichte gibt Hinweise auf ihre gegenwärtige Ausprägung. Ihre Gründung fällt in eine Zeit, in der sich in Deutschland die *bürgerliche Gesellschaft* ausgebildet hat. Das Vereinswesen, zu dem die historischen Vereine als ein Element unter vielen anderen gehörten, hatte für die Struktur dieser Gesellschaft eine prägende Bedeutung: Mit den Vereinen gewann die bürgerliche Gesellschaft innerhalb eines noch weitgehend absolutistischen Staatswesens einen staatsfreien Binnenraum, in dem sie sich ihrer selbst bewußt werden konnte (Becher 1978). Im Übergang vom obrigkeitlichen Anstaltsstaat zum konstitutionellen politischen System haben die Vereine eine wichtige Funktion gehabt; sie haben die Emanzipation der bürgerlichen Gesellschaft befördert und verhindert, daß Gesellschaft und Staat auseinanderfielen (Nipperdey 1972).

Die Gründungsgeschichte der Geschichtsvereine spiegelt diesen Entwicklungsprozeß. Die ersten Geschichtsvereine wurden im letzten Drittel des 18. Jahrhunderts gegründet. Ihr Selbstverständnis wird mit „gemeinnützig-patriotisch" am treffendsten bezeichnet (Heimpel 1972). Als „Patriot" galt im 18. Jahrhundert jeder Bürger, der sich *aktiv für die Verbesserung der gesellschaftlichen Zustände* einsetzte. In den „Patriotischen Gesellschaften" trafen sich Privatleute, um im gemeinsamen Diskurs Wege zu finden, soziale Mißstände zu beheben und nützliche Innovationen durchzusetzen. Verbesserungen im überschaubaren, meist kommunalen Lebensbereich waren primäre Ziele dieser auf Gemeinnützigkeit beruhenden Tätigkeit (Brunner 1968; Ruppert 1984). In diesem „gemeinnützig-patriotischen" Sinne sind auch die ersten Geschichtsvereine gegründet worden, andere — wie die Vereine in Hamburg und Lübeck — gingen aus „Patriotischen Gesellschaften" hervor. Sie wollten historische Erkenntnisse nutzbringend in die Gestaltung der Gegenwart einbringen.

Die zweite Gruppe der Gründungen fällt in die Zeit des Vormärz und ist durch seine spezifische politische, gesellschaftliche und mentale Situation geprägt. Das Selbstverständnis der in dieser Phase gegründeten Vereine orientiert sich nicht mehr an dem Veränderungswillen der Aufklärung; es ist vielmehr auf *Sammlung und Bewahrung* gerichtet. Als Beispiel kann der im Jahre 1834 entstandene „Wetzlar'sche Verein für Geschichte und Altertumskunde" gelten. Initiator war ein Jurist, der, von der Romantik beeinflußt, der Urkundensammlung und Urkundenforschung ergeben war. Die Mitglieder — Offiziere, Pädagogen, Theologen — stellten sich die Aufgabe, „die verborgenen Trümmer aus der Vorzeit zu enthüllen, das Gefährdete zu retten und das Verdunkelte ans Licht zu ziehen und zum Verständnis der Gegenwart zu bringen". Das war ganz wörtlich zu verstehen, denn neben der Sammlung von Urkunden wurden in der Umgebung der Stadt umfangreiche Grabungen nach germanischen Hügelgräbern vorgenommen. Indem man das „Vermächtnis längst verschollener Jahrhunderte" sicherte, sollte die Gegenwart so in die geschichtliche Kontinuität eingebunden werden, daß sich jede weitere Entwicklung als Erfüllung der in ihr liegenden Tendenzen ergab. Revolution war dagegen als unhistorisch abzuweisen, und ganz folgerichtig hat sich der Wetzlarer Geschichtsverein wie auch einige andere in der Revolution von 1848 aufgelöst (Becher 1980).

Nach 1850 kam es zu einer dritten Gruppe von Neugründungen historischer Vereine. Stärker als zuvor war der Einfluß der Wissenschaft. Denn die deutsche Geschichtswissenschaft hatte einen mächtigen Aufschwung genommen und stand als selbstbewußte Institution den Geschichtsvereinen dillettierender Laien gegenüber (Heimpel 1972). Das konnte Konflikte zwischen Experten und Laien hervorrufen; der *Anspruch der Wissenschaft* andererseits konnte aber auch herausfordernd auf die Arbeit der Geschichtsvereine wirken. So bemühte sich der im Jahre 1863 gegründete Bergische Geschichtsverein um die Einhaltung wissenschaftlicher Standards bei der Sicherung und Edition wichtiger Quellen, so wie sie vom Historismus gefordert wurde (Köllmann 1979).

Die nach der Reichsgründung entstandenen Vereine fügten sich in die Mentalität des neuen politischen Systems ein. Sie konnten bruchlos an die Arbeit der früheren Vereine anknüpfen, die im öffentlichen Leben eingeführt waren, und wie zuvor „*vaterländische Geschichte*" betreiben, deren Sinn vom politischen Ereignis der Reichsgründung erfüllt zu sein schien.

Gegenwärtige Tendenzen

Der historische Rückblick hat zugleich einen problematischen Grundzug ans Licht gebracht, der auch heute noch der Arbeit der Geschichtsvereine anhaftet: nachdem der kreative, aufklärerische Impetus der frühen Vereine, historische Erkenntnisse in der Veränderung politischer und gesellschaftlicher Verhältnisse praktisch wirksam werden zu lassen, verschüttet worden war, hat ein *ästhetisierender Zugang zur Vergangenheit* ein Übergewicht gewonnen, der sich in einem eher *antiquarischen Geschichtsverständnis* äußert. Bewahrung des Überkommenen — so wichtig und verdienstvoll diese Aufgabe ist, verfügten wir doch ohne die Sammlung und Sicherung von Zeugnissen nicht über die Grundlage historischer Rekonstruktionen — als vorherrschendes Motiv der Zuwendung zur Geschichte genügt nicht. Die Abhängigkeit der historischen Arbeit von den jeweiligen Erkenntnisinteressen zeigte sich sehr deutlich in der Geschichte der Geschichtsvereine. Dieser Zusammenhang wurde aber weitgehend ausgeblendet und die Illusion erzeugt, es könne eine, von den Gegenwartsinteressen abgekoppelte, reine Zuwendung zur Vergangenheit geben.

Angesichts dieses traditionellen Selbstverständnisses der Geschichtsvereine muß man immer wieder die Frage stellen, ob und inwieweit die Geschichtsvereine *die gesellschaftlichen Erkenntnisbedürfnisse in ihre Arbeit aufnehmen.* Tun sie das nicht, besteht die Gefahr, daß sie sich in ein bildungsbürgerliches Ghetto absondern und an der Entwicklung des zeitgenössischen Geschichtsbewußtseins nicht mitwirken. Eine solche Wendung wäre bedauerlich, denn von ihrer Ausstattung und ihren Möglichkeiten her wären die Geschichtsvereine prädestiniert, den immer deutlicher werdenden Fragen der Menschen nach ihrer Geschichte nachzugehen.

Die Tätigkeitsbereiche der meisten Geschichtsvereine erstrecken sich auf Publikationen, Vorträge und Exkursionen. Befragungen der Mitglieder eines Geschichtsvereins im Jahre 1979 haben ein überwiegend ästhetisches, primär kulturgeschichtliches Interesse an Themen weit entfernter Epochen ergeben (Becher 1980). Die Basis dieser Befragung ist freilich zu schmal, um daraus weitreichende Schlußfolgerungen ziehen zu können. Die statistische Untersuchung der Tätigkeit von zehn Geschichtsvereinen Norddeutschlands in den Jahren von 1950 bis 1970 zeigt leichte Verschiebungen von einer deutlichen Präferenz kultur- und geistesgeschichtlicher Themen der mittelalterlichen regionalen Geschichte zu einer stärkeren *Aufgeschlossenheit für wirtschafts- und sozialgeschichtliche Probleme der neueren Geschichte* (Luntowski 1976). Das thematische Angebot hat sich in manchen Geschichtsvereinen unter dem Einfluß professioneller Historiker verändert. Sie haben ihre an der modernen Geschichtswissenschaft orientierten Forschungen als Schwerpunkte in das Angebot des Geschichtsvereins eingebracht und sozialgeschichtliche Akzentuierungen gesetzt, die sich in den Themen der Vorträge und Aufsätze spiegeln und die Rezensionen bestimmen.

Es fragt sich, ob das Interesse und das Selbstverständnis der Mitglieder aus den Publikationen abzulesen sind. Die *Struktur der Mitgliederschaft* weist darauf hin, daß die Geschichtsvereine nur einen sehr begrenzten Ausschnitt unserer Gesellschaft repräsentieren: In sozialer Hinsicht ist das Bildungsbürgertum dominierend, das Übergewicht der älteren Generation ist deutlich spürbar. Aus dieser Zusammensetzung der Mitgliedschaft ergeben sich Folgerungen für die vorherrschenden Interessen der Geschichtsvereine. „Belehrung, Wissensvermittlung, Fortbildung und Unterhaltung" sind die dominanten Bedürfnisse der Mitglieder (Göbel 1976).

Von jüngeren Mitgliedern wird häufig ein stärker traditionskritisches Interesse artikuliert. Sie erwarten von ihrer Mitarbeit im Geschichtsverein Orientierungswissen für ihre Lebensgestaltung und politische Praxis (Becher 1980). Wenn auch ihre Forderungen nicht unmittelbar Gehör fanden, so haben die Geschichtsvereine in den letzten Jahren *neue Aufgaben* hinzugewonnen. Vor den Problemen von *Stadtsanierung* und *Denkmalpflege* stehend, haben die Gemeinden die Mitarbeit und Unterstützung der Geschichtsvereine gesucht. Die Geschichtsvereine haben diese neue Aufgabe bereitwillig aufgenommen und ihre Unterstützung zugesagt (Metschies 1983). In diesen und anderen Aufgaben, die auf die gesellschaftlichen Bedürfnisse eingehen, gewinnen die Geschichtsvereine die Chance, aus ihrer narzißtischen Selbstbeschränkung auszubrechen und auf ihre Lebenswelt einzuwirken. Noch ist nicht zu sehen, daß sich die neue Geschichtsbewegung mit den bestehenden Geschichtsvereinen verbände. In den „Geschichtswerkstätten" hat sie ihre eigene institutionelle Form gefunden, und es läßt sich heute noch nicht sagen, ob in Zukunft ein Zusammenwirken möglich wird.

Literatur

Becher, U. A. J.: Politische Gesellschaft. Studien zur Genese bürgerlicher Öffentlichkeit in Deutschland, Göttingen 1978
— Geschichte als „Schöner Leben"? Fragen an einen Geschichtsverein, in: *Huck, G.* (Hrsg.): Sozialgeschichte der Freizeit, Wuppertal 1980, 329 – 346
Brunner, O.: Die Patriotische Gesellschaft in Hamburg im Wandel von Staat und Gesellschaft, in: *Brunner, O.*: Neue Wege der Verfassungs- und Sozialgeschichte, 2. Aufl. Göttingen 1968, 335 – 344
Göbel, K.: Umsetzung der Wissenschaft in kleine Münze? Gesichtspunkte einer Analyse von Monatsschriften eines Geschichtsvereins, in: *Fürnrohr, W. / Kirchhoff, H. G.* (Hrsg.): Ansätze empirischer Forschung im Bereich der Geschichtsdidaktik (AuA, Bd. 15), Stuttgart 1976, 302 – 309
Heimpel, H.: Geschichtsvereine einst und jetzt, in: *Geschichtswissenschaft und Vereinswesen im 19. Jahrhundert,* Göttingen 1972, 45 – 73
Köllmann, W.: Wozu noch Geschichte in unserer industriellen Welt?, in: *Zeitschrift des Bergischen Geschichtsvereins* 88 (1977/79), 1 – 11
Luntowski, G.: Die Historischen Vereine und ihre Funktion für die geschichtliche Forschung und Bildung, in: *Fürnrohr, W. / Kirchhoff, H. G.* (Hrsg.): Ansätze empirischer Forschung im Bereich der Geschichtsdidaktik (AuA, Bd. 15), Stuttgart 1976, 295 bis 301
Metschies, M.: Der Denkmalpflege neue Anstöße geben, in: *Zeitschrift des Bergischen Geschichtsvereins* 90 (1982/83), 162 – 164
Nipperdey, Th.: Verein als soziale Struktur im späten 18. und frühen 19. Jahrhundert, in: *Geschichtswissenschaft und Vereinswesen im 19. Jahrhundert,* Göttingen 1972, 1 – 44
Ruppert, W.: Bürgerlicher Wandel. Die Geburt der modernen deutschen Gesellschaft im 18. Jahrhundert, Frankfurt 1984

Geschichte in der Presse

Friedrich Weigend

Da die von breiten Schichten in der Bundesrepublik Deutschland regelmäßig gelesene Presse (Tages- und Wochenzeitungen) im wesentlichen dem Typus des informativen „Generalanzeigers" ohne deklarierte Bindung an organisierte Gruppen entspricht, kann sich eine Darstellung auf solche Periodika konzentrieren. Außer acht bleiben *Organe der politischen Parteien* wie auch Kirchenblätter, in denen Geschichte grundsätzlich aus bestimmten Perspektiven vermittelt wird. Artikel und Serien historischen Inhalts dienen dort in der Regel der *ideologischen oder religiösen Information* eines bestimmten Leserkreises. Zuweilen handelt es sich auch um Dokumentationen der jüngeren Vergangenheit, die der Klärung von Vorgängen dienen, über die von anderer Seite bereits informiert wurde, so zum Beispiel über die Rolle der Kirchen im „Dritten Reich". Hier steht der Schulungszweck im Vordergrund, was dem wissenschaftlichen Niveau der einzelnen Beiträge, die oft von bekannten Kirchenhistorikern verfaßt werden, keinen Abbruch zu tun braucht.

Es gibt aber auch Presseorgane der *extremen Linken* wie der *extremen Rechten* („Deutsche Nationalzeitung"), die der offenen *Geschichtsklitterung* dienen. So werden etwa in der „Nationalzeitung" wahre oder aufgebauschte Greueltaten der Feinde Deutschlands im Kriege mit peinlicher Freude am drastischen Detail ausgemalt, erwiesene Kriegsverbrechen der Deutschen aber mit allgemeinen Behauptungen bestritten („Auschwitz-Lüge" usw.).

Außer acht bleiben bei dieser Darstellung auch historische Aufsätze in *kulturellen Monatszeitschriften* wie etwa dem „Merkur". Sie handeln ihre Themen zwar nicht nach den Regeln der Fachwissenschaft ab, bevorzugen aber ein Niveau, das überdurchschnittliche Allgemeinbildung der Leser und besonderes Problembewußtsein verlangt.

Einen neueren Typ stellen die als solche deklarierten *Geschichtszeitschriften* dar, von denen einige im Anhang aufgeführt werden. Sie weisen in ihrer Mehrzahl Auflagenhöhen nach, die andere Monatszeitschriften weit übertreffen, was auf ein anhaltendes Interesse des lesenden Publikums schließen läßt. Im Mittelpunkt der für gewöhnlich einmal monatlich erscheinenden Hefte steht jeweils eine wirkungsvoll berichtete und seriös recherchierte historische Reportage, die auf dem zeitgenössischen Titelbild angekündigt wird (Beispiele: „Die Türken vor Wien" als Jahresdatum 1683, aber auch Ereignisse, die an kein Gedenkjubiläum gebunden sind, wie etwa die deutsche Kolonialpolitik oder die Biographie Wallensteins). Neben diesem Haupttext enthalten die Hefte kürzere Beiträge allgemein interessierender Art, Hinweise auf bevorstehende Jahrestage wie auch informative Berichte aus der neueren Geschichtsforschung. Manche Zeitschriften interessieren ihre Leser auch durch ein Geschichtsquiz oder ein historisches Kreuzworträtsel. Beiträge, die aktuell Stellung beziehen, sei es als Leitartikel oder Glossen, finden sich nur in seltenen Fällen. Das Niveau der Zeitschriften ist verschieden. Es gibt solche, die seriöse Orientierung in den Vordergrund stellen, aber auch Periodika, deren Titel („Kaputte Jahre") auf eine Art Boulevardstil schließen lassen. Fast ganz verschwunden sind vom deutschen Pressemarkt die vor einigen Jahren beliebten *„Geschichtszeitungen"*. In der äußeren Form der Tagespresse nachgebildet, haben sie den nicht immer geglückten Versuch unternommen, lange vergangene Ereignisse, wie etwa die Schlacht von Cannae oder den Ausbruch des Dreißigjährigen Krieges, im Stil der Gegenwart zu aktualisieren – mit Leitartikel, Reportage, Detailnachrichten und versuchten Illustrationen. Nur gelegentlich wird ihre Form in den Geschichtszeitschriften feuilletonistisch übernommen.

Der Platz der Geschichte in den eingangs erwähnten, für ein allgemeines Publikum bestimmten *Tages- und Wochenzeitungen* ist nicht einheitlich zu bestimmen. In der Mehrzahl folgen die Blätter der *Aktualität der Gedenkdaten*. Diese werden durch eigene Dienste (Munzinger-Archiv, Ravensburg, Verlag Deicke, Kreuzlingen (Schweiz)) in fortgesetzten Listen aufgeführt, die die Redaktionen im Abonnement so rechtzeitig erhalten, daß eine journalistische Vorbereitung möglich ist. Daten der Kulturgeschichte werden durch die Feuilleton-Redaktion wahrgenommen, während die allgemeine Geschichte in die Zuständigkeit der politischen Redaktion fällt. Dazu kommen noch eigene Informationsdienste mit regionalen oder lokalen Daten, die den zuständigen Redaktionen zugehen. Im allgemeinen werden diese Daten in Form von Aufsätzen geeigneter Redaktionsmitglieder behandelt, es ist aber auch weithin üblich, Gastautoren aus der Universitätswissenschaft oder spezialisierte Privatgelehrte zur Würdigung bedeutender Personen und Ereignisse einzuladen. Solche Aufsätze haben dann ihren Platz in den Wochenendausgaben an bevorzugter Stelle.

Uneinheitlich ist die Behandlung *fortlaufender Geschichtsdaten von geringerer Bedeutung* in der Tages- und Wochenpresse. Manche Blätter wie zum Beispiel die „Süddeutsche Zeitung" begnügen sich mit einer kurzen, kursiv gesetzten, also vom aktuellen Inhalt abgehobenen Notiz mit dem Rubrikentitel „Rückblick". An dieser Stelle werden entweder nur historische Daten der Weltgeschichte, auch wenn ihnen kein „rundes" Jahrhundert entspricht, aneinandergereiht oder in kurzen, stichwortartigen Sätzen in Erinnerung gerufen. Eine ausführliche Geschichtserinnerung, die immer in Spaltenlänge in der Wochenendausgabe erscheint, hat die „Welt" im Programm. Sie trägt den Titel „Griff in die Geschichte" und wird ausschließlich durch den zur Redaktion gehörenden Historiker Walter Görlitz verfaßt.

Beinahe ständig erscheint eine in der Form ähnliche Geschichtsrubrik auch im „Deutschen Allgemeinen Sonntagsblatt", Hamburg, das von der Evangelischen Kirche Deutschlands getragen wird. Hier werden durch verschiedene Mitarbeiter geschichtliche Themen aus der Welt des Christentums, aber auch Ereignisse der allgemeinen Geschichte referierend dargestellt.

Kleinere Blätter begnügen sich mit Hinweisen auf regionale Persönlichkeiten oder Ereignisse. Oft erscheinen da auch Dokumentationen zur Zeitgeschichte des betreffenden Raums aus der Feder von Augenzeugen oder als Zusammenstellungen örtlicher Archive.

Die Geschichtswissenschaft im strengen Sinn wird in den meisten Zeitungen nur dann behandelt, wenn über einschlägige Kongresse und Symposien berichtet wird. In der Regel geschieht dies durch gastweise verpflichtete fachkundige Mitarbeiter, seltener durch kompetente Redaktionsmitglieder. *Kontroversen der Geschichtswissenschaft*, wie etwa vor einigen Jahren die Auseinandersetzung um die Kriegsschuld von 1914, werden hauptsächlich in Wochenzeitungen weitergeführt, manchmal durch Pro- und Contra-Beiträge von den Historikern selbst. *Forschungsfragen* kommen besonders aus den Gebieten der Ur- und Frühgeschichte zur Diskussion in der Tagespresse. Die wichtigen populär geschriebenen historischen Bücher, aber auch wissenschaftliche Werke von aktuellem Bezug, etwa zur Geschichte der NS-Zeit, werden in den regelmäßig erscheinenden Buchbeilagen nahezu aller Zeitungen ausführlich *rezensiert*, in der Regel durch Redakteure, bei bestimmten Themen aber auch durch gastweise verpflichtete Referenten.

Die Grundsatzprobleme des Geschichtsbewußtseins und des *Geschichtsstudiums*, besonders auch des *Geschichtsunterrichts* an der Pflichtschule werden häufig in Leitartikeln, aktuellen Kommentaren und Analysen von Lehrplänen etc. ausführlich und mit kritischer Meinungsäußerung behandelt.

Literatur

Eine wissenschaftliche Grundsatzdarstellung des Gesamtthemas ist in den letzten Jahren nicht erschienen. Eine Reihe von Dissertationen und Magisterarbeiten des *Instituts für Kommunikationswissenschaft an der Universität München* beschäftigt sich mit geschichtlichen Themen, aber unter zeitungswissenschaftlichem Aspekt. Es werden dabei die Pressekommentare zu bestimmten Vorgängen der Zeitgeschichte dargestellt und informationstheoretisch untersucht:

Annuscheit-Dirr, Monika: „Innere Emigration" im Journalismus 1933 – 1943, 1983
Bäuerle, Petra: Camuflage, der geistig-publizistische Widerstand, 1983
Heidenreich, Anne: Die Judenfrage und die „Frankfurter Zeitung", 1981
Inderst, Erika: Karikatur, ein publizistisches Mittel, 1983
Mauck, Susanne: Zur Problematik und Entwicklung des Klatschjournalismus, 1982
Schmidt, Christina: Publizistischer Widerstand im Dritten Reich, 1983
Steeger, Angela: Das Echo auf die bayerischen Illuminaten in der zeitgenössischen Publizistik 1981

Deutsche Geschichtszeitschriften (Auswahl)

Deutschland in Geschichte und Gegenwart, Tübingen
Weltgeschehen, Villingen-Schwenningen
damals, Gießen
Kaputte Jahre, Frankfurt
Nostalgie Revue, Herford
Geschichte, Küsnacht
Geschichte mit pfiff, Nürnberg
Geschichte fernsehen, Aschaffenburg
Journal für Geschichte, Braunschweig

Geschichte im Fernsehen

Achatz Frhr. von Müller

Das Fernsehen ist der quantitativ erfolgreichste Vermittler von Geschichte (Klöss 1983a; H. Dotterweich, in: „Die Zeit" 2, 1985). In keinem der Massenmedien sind allerdings auch die qualitativen Probleme der Vermittlung größer als hier. Und das nicht nur, weil — wie einer der Programmverantwortlichen es will — die „amorphe Masse von Rezipienten . . . nur zum geringen Teil fähig oder willens ist, das Gesehene auch analytisch zu verarbeiten" (Dotterweich). Tatsächlich sind es die *strukturellen und konzeptionellen Probleme und Defizite der Anbieter*, die einer Lösung oder wenigstens dauerhafter Reflexionen und Diskurse zu ihrer Methodik, Didaktik, Dramaturgie, zu ihren Inhalten und Zielen bedürfen. In der durchaus nicht mehr nur „spontanen" Literatur zum Problemfeld „Geschichte im Fernsehen" werden wiederholt die folgenden strukturellen und konditionellen Defizite genannt:

- Mangel an einem ständigen Dialog zwischen Journalismus und Wissenschaft, diversifiziert in:
  - Unfähigkeit der Wissenschaft zur „populären" Mitteilung,
  - Unfähigkeit des Journalismus zu Wahrnehmung und Akzeptanz der Komplexität wissenschaftlicher Ergebnisse und Fragestellung,
  - ständischer Dünkel der Wissenschaftler gegenüber den Massenmedien,
  - mangelhafte Reaktion der Wissenschaftler auf Fernsehproduktionen (zu geringe Wahrnehmung durch Rezensionen, zu geringe Zielakzeptanz der Filmproduktionen).
- Mangel an einer „Poetik" oder „Ästhetik" vor allem für dokumentarische Filmwerke, diversifiziert in:
  - Mißverhältnis von Bild und Text,
  - mangelhafte Dramaturgie,
  - ziellose Verwendung filmischer Mittel (hohe Schnittfrequenz, Tricks, Spielszenen, Klammerteile, Musik etc.).
- Mangel an narrativer Kompetenz, diversifiziert in:
  - Mißverhältnis von subjektiven („erwärmenden") und sachlichen Anteilen,
  - Verwendung (dynamischer) bewegter Bilder als (statische) „Lichtbilder",
  - Unfähigkeit der Historiker überhaupt zur Erzählung.
- Mangel an Zielklarheit, diversifiziert in:
  - (zu) geringer Unterhaltungsanteil,
  - (zu) hoher Unterhaltungsanteil,
  - (zu) geringer Informationsanteil,
  - (zu) hoher Informationsanteil.
- Mangel an Urteilskategorien zu Rezeption und (bewußterer) Konsumtion (vgl. dazu aber v. Borries 1983).

Diese Liste wird sich fortschreiben lassen, wobei eine ganze Reihe sogenannter „Defizite" sich auch hier als bloße Meinungsdifferenzen entlarven, die in gewohnter Weise auf „Ideologie", „Verlust", „Politisierung", „Wende" etc. zielen. Dabei entspricht die Vielfalt sowie teilweise Unbestimmtheit und Widersprüchlichkeit der kritischen Einlassungen durchaus der kaum strukturierten Quantität der Filme, Serien und Programme.

Klassifikation

Geschichte ist auch in Programmen und Produktionen präsent, die sich dem Zuschauer unter ganz anderen kategorialen Präokkupationen anbieten und auch wahrgenommen werden. Solche „Rückgriffe", Assoziationen, „Bedingungsanalysen", Wissens- und Ratefelder etc. in politischen Magazinen, Sportsendungen, Kulturmagazinen, Talk-Shows oder Quiz-Serien bedürfen dringend der fachwissenschaftlichen Analyse bzw. kritischen Teilnahme, denn gerade hier wird ein guter Teil des Geschichtsbewußtseins der „Alltagswelt" (Schörken) konditioniert. Doch das Interesse muß sich in diesem Zusammenhang auf Produktionen beschränken, die auch kategorial „Geschichte" anbieten wollen. *Fiktionale* und *non-fiktionale Formen* sind dabei zu unterscheiden. Allerdings erweisen sich die Übergänge zwischen diesen beiden Grundtypen als fließend. Das historische Dokumentarspiel (zum Beispiel „Wannsee-Konferenz") sowie der zweite Grenzfall, die „Faction"-Produktionen (zum Beispiel „Holocaust") — sie bauen fiktive „Geschichten" in faktische „Geschichte" ein — intendieren in der Regel, historische Wirklichkeit darzustellen, sie aber in fiktionale Erzählung aufzulösen.

Umgekehrt bedienen sich historische Spiel-Dokumentationen (zum Beispiel „Preußen") eingestreuter fiktionaler Handlungen, geleitet aber von dem Anspruch, historische Wirklichkeit zu dokumentieren. Solche Diffusionen gaben Anlaß, neue Klassifikationsmerkmale zu suchen. So wurde der Vorschlag gemacht, „Wissenschaft" und „Kunst" sowie „Überrest" und „Rekonstruktion" gegeneinander zu setzen (v. Borries 1983). Doch diese Klassifikation vernachlässigt in gravierender Weise die ästhetischen und dramaturgischen Dimensionen der dokumentarischen (non-fiktionalen) Produktionsweise, die immer weniger auf den „Bildteppich" (Moring 1976) zurückgreifen mag, sondern allmählich zu komplexeren Mitteln der „Bildinszenierung" findet (Klöss 1983a). Die Dominanz fiktionaler oder dokumentarischer Intentionen entscheidet letztlich über Stil, Präsentation und Rezeption. Hinter solchen Intentionen stehen wirtschaftliche Bedingungen und zuweilen auch politische Entscheidungen. Doch fiktive und dokumentarische Formen sind im Zusammenhang der Zuschauererwartungen über Unterhaltungswert und Wirklichkeitsabbildung dauerhaft aufeinander angewiesen; eine Hierarchisierung zwischen beiden Produktionsformen erscheint somit nicht möglich.

Non-fiktionale (dokumentarische) Formen

Es lassen sich folgende non-fiktionale (dokumentarische) „Gattungsformen" unterscheiden (entsprechend v. Borries 1983), differenziert nach „abnehmender Quellennähe", aber auch tatsächlicher Verwendung (zu den fiktionalen Formen s. „Geschichte im Film" in diesem Band):

- *Historische Quellenpräsentation.* Diese Form zeigt die Dokumente in ihrem archivalischen Zusammenhang, d. h. ohne didaktische oder interpretierende Aufbereitung, allenfalls mit anhängendem Kommentar. Zu diesem Typus zählen auch Formen, die die Quelle erst „konstruieren", wie Interviews mit Personen der Zeitgeschichte oder verfilmte Oral history. Beispiele: „Vor vierzig Jahren", „Zeugen des Jahrhunderts", „Augenzeugen berichten". Der Vorteil dieser Form liegt in der scheinbar unmittelbaren Konfrontation mit der „Geschichte" selbst. Doch nur die jüngere Geschichte bietet ihre Quellen oder Personage mit entsprechenden dramaturgischen Effekten an. Der Nachteil liegt auf der Hand: allzu leicht erliegt der Betrachter der „Ästhetik des Klammerteils" (Klöss 1983b), d. h. der Tendenz oder sogar Propagandawirkung der nur scheinbar unmittelbaren, tatsächlich inszenierten „Quelle" oder der „Selbstinszenierung" des „großen Mannes" im Interview. Die distanzierenden, interpretierenden Kommentare bleiben oft wirkungsästhetisch zweitrangig; ihre filmische Unterlegenheit gegenüber dem „Dokument" gerät in die Gefahr, in sachliche Unterlegenheit umzuschlagen. In jedem Fall liegen „Ab- oder Umschalten" an dieser Stelle bedenklich nahe.

- *Historische Quellenkompilation.* Diese Form bindet Quellen und Dokumente zu einem historischen Thema interpretierend und kommentierend zusammen. Dramaturgische und inszenierende Eingriffe bleiben jedoch schwach. Beispiele: „Flucht und Vertreibung", „Jene Tage im Juni". Auch hier steht die scheinbare Unmittelbarkeit im Vordergrund, eignet sich dieser Typus ausschließlich für Themen der jüngeren und Zeitgeschichte. Unmittelbare Kommentierung und Schnittfolgen ermöglichen es jedoch, die „Selbstinszenierung" der Dokumente aufzuheben. Die dabei entstehenden Widersprüche zwischen den Dokumenten sowie Bild und Ton haben jedoch schwere Wirkungsdefizite zur Folge: Überforderung, Unverständlichkeit, Schein-Objektivität. Die dramaturgischen Defizite dieser Form werden somit häufig inhaltlich nicht aufgewogen (Berger 1984).
- *Historisches Feature.* Diese Form verbindet als „filmischer Essay" Darstellung und Dokumentation eines historischen Themas. Erst hier eröffnen sich die Möglichkeiten des Mediums vollständig. Allerdings werden auch die dramaturgischen Zwänge besonders spürbar. Der dokumentarische Anteil wird in Dramaturgie und Inszenierung aufgelöst, auch dann, wenn die jeweilige „Geschichte" nur an einem Dokument oder Quellentyp entlang erzählt bzw. entwickelt wird (Gemälde, Gemäldezyklus, Architektur, Photo etc.). Beispiele: „Das 19. Jahrhundert", „Geschichte in Bildern", „Die Herren der Welt". Da bei diesem Typus alle Dokumente neu „inszeniert", d. h. in engem Zusammenhang mit Intention, Darstellung und Interpretation des historischen Themas erscheinen, ist der „Produzent" nicht auf die eigene Dramaturgie (bewegter) Dokumentarbilder angewiesen. Er inszeniert in jedem Fall, gleichgültig ob es sich um Dokumente des 2. oder des 20. Jahrhunderts handelt. Dennoch ist dieser Typus als die genuine Form für die Darstellung älterer Epochen ausgewiesen, denn sie bedürfen in jedem Falle der dramaturgischen Aufbereitung. Dabei verpflichtet der hier stets auftretende Mangel an mediengerechten Quellen und Dokumenten den „Produzenten" zu intensiver und andauernder „Spurensuche", die oft ein Kaleidoskop filmischer Mittel nach sich zieht

(Montagen, Tricks, Klammerteile, Interviews, Spielszenen etc.). Die Nachteile dieser Form ergeben sich aus dem Fehlen einer „Poetik" des Dokumentarfilms (s. oben). Allzu oft werden scheinbar nicht zu „bebildernde" Dimensionen eines historischen Stoffs ausgespart (Moring 1976) oder das Heil in einem „bewegten Lichtbildervortrag" gesucht (Berger 1984).

- *Historische Spiel-Dokumentation.* Diese Form kombiniert die Mittel der Dokumentation, des Features und der „Fiktion" (sei es als „Klammerteil" aus Spielfilmen, sei es als selbst inszenierte Spielszene). Von allen intendiert sie die intensive Verbindung von dokumentarischer Geschichtsdarstellung und Unterhaltung. In diesem Sinne werden hier alle Mittel der aufwendigen Unterhaltungssendungen des Mediums verwendet: die „Show", das „große Studio", die „Monitorwand", der „Master" oder „Moderator" etc. Beispiel: An Aufwand und Sendezeit bisher am bedeutendsten war W. Menges „Preußenserie". Der hohe Aufmerksamkeitswert dieses Typs muß gewiß als Vorteil erscheinen. Werden jedoch die Sprünge zwischen Kommentar und Spiel allzu weit, verliert die Dokumentation ihren historischen Charakter. Am Ende wirken alle „fehl am Platze" — die Moderatoren, die historischen Kostüme und die Dokumente.

„Vom Bild her denken"

Die instrumentale Produktion eines historischen Dokumentarfilms ist scheinbar schnell zu lernen: Stoffrecherche, Bildrecherche, filmische Mittel, Treatment — Anfertigung eines „Bilder-Textes" — Dreh und Schnitt mit Fachleuten, Texten auf das Bild und vielleicht ein Drehbuch für eingestreute elektronische Tricks. Dennoch sind die Produkte höchst unterschiedlich und bleiben vielfach unbefriedigend. Denn die eigentliche Schwierigkeit, die strukturelle Divergenz zwischen dem linearen Medium und der Komplexität der „historischen Zeit" mit ihrem Anspruch auf die Herstellung der Gleichzeitigkeit von diachronen und synchronen Elementen, scheint prinzipiell unlösbar. Der Verzicht auf eines dieser Elemente mag als mediengerecht gelten, doch „Geschichte" wird so nicht hergestellt. Letztlich fordert das Medium Fernsehen die Historiker und Journalisten zu einer *neuen Sprache* heraus, von der wir bisher wenig wissen. „Vom Bild her denken", schreibt R. Schörken (1981). Vielleicht entdecken die Produzenten und Rezipienten mit einer neuen Sprache der Geschichte auch eine Terra incognita historischer Zusammenhänge.

Literatur

Berger, Th.: Kann man Geschichte aus der Glotze lernen?, in: *Journal für Geschichte* 6 (1984), H. 1

Borries, B. v.: Geschichte im Fernsehen — und Geschichtsfernsehen in der Schule, in: Gd 8 (1983), 221 ff.

— Schulische Verarbeitung historischer Fernsehsendungen. Voraussetzungen und Möglichkeiten am Beispiel „Der unvergessene Krieg", in: *Ueberschär, G. R. / Wette, W.* (Hrsg.): Der Überfall auf die Sowjetunion 1941. Erkenntnisse, Analysen, Auswirkungen, Paderborn 1984

Klöss, E.: Das Mittelalter im Fernsehen. Rekonstruktion und Phantasie, in: *Mitteilungen des deutschen Germanistenverbandes* 4 (1983a)
— Die Ästhetik des Klammerteils. Oder: Nur Wochenschau ist schöner als Krieg, in: *Journal für Geschichte* 5 (1983b), H. 2
Moring, K. E.: „Das 19. Jahrhundert." Eine Fernsehreihe und ihre Entstehung, in: *Borowsky, P. / Vogel, B. / Wunder, H.* (Hrsg.): Gesellschaft und Geschichte I. Geschichte in Presse, Funk und Fernsehen, Opladen 1976
Schörken, R.: Geschichte in der Alltagswelt. Wie uns Geschichte begegnet und was wir mit ihr machen, Stuttgart 1981

Zeitschriften (mit regelmäßigen Reaktionen zu „Geschichte und Fernsehen")

Geschichte fernsehen, Aschaffenburg 1982 ff.
Journal für Geschichte, Braunschweig 1979 ff.

Archiv und Öffentlichkeit

Johannes Volker Wagner

Seit die Menschheit geordnete Gemeinwesen kennt, hat sie Archive eingerichtet und diese mit der Aufgabe betraut, die wichtigsten rechtlichen, politischen, administrativen und wirtschaftlichen Unterlagen für Staat und Gesellschaft zu sichern.
Allerdings hat sich die Aufgabenstellung der Archive im Laufe der Zeit stark gewandelt: Nach jahrhundertelangem Dasein als streng verschlossene Geheimarchive, öffneten sie sich im 19. Jahrhundert der wissenschaftlichen Forschung; sie wurden zu Schatzkammern für die Historiker und bald auch für viele „gebildete" Geschichtsinteressenten, die sich in historischen Vereinen zusammenschlossen. Heute haben die Archive eine neue Funktion zu erfüllen: Nunmehr steht der Dienst an der Gesamtheit der Staatsbürger im Mittelpunkt ihrer Arbeit. Als große historische Wissensspeicher, als Gedächtnis der Gesellschaft sollen sie nicht nur von staatlichen Organen und von der Legeslative, von Wissenschaftlern und Publizisten, von Lehrern und bildungspolitischen Multiplikatoren, sondern von allen Bürgern genutzt werden können.

Archive als umfassende Dokumentationsstellen

Mit den Aufgaben haben sich auch die *Inhalte* der Archive verändert. Wurde zunächst nur die amtliche Überlieferung, d. h. der gesammelte Niederschlag aller Rechtsgeschäfte und Verwaltungstätigkeiten staatlicher Stellen in Form von Urkunden, Amtsbüchern und Akten archiviert, so werden heute alle gesellschaftlichen Gruppen im Archiv dokumentiert. Deshalb müssen neben den amtlichen Quellen, die bei stark anwachsender Aktenflut immer noch den Hauptteil der archivischen Überlieferung ausmachen, *ergänzende Dokumentationen* aufgebaut werden, die die gesamte Lebenswirklichkeit einschließlich der Alltags- und Sozialgeschichte widerspiegeln.

An erster Stelle stehen hier die zeitgeschichtlichen Sammlungen: Materialien aus dem gesellschaftspolitischen Bereich, von Parteien, Gewerkschaften, Vereinen, Kirchen, Unternehmen, Organisationen usw.

Hierhin gehören auch die Nachlässe von bedeutenden Persönlichkeiten, von Familien und Firmen, aber auch persönliche Unterlagen einzelner Bürger, um die „Geschichte von unten", das Leben des kleinen Mannes, zu erfassen. Diesem Ziel dient auch die verstärkte Archivierung von Interviews mit Zeitzeugen (auf Tonband, Film und Video) sowie die Sammlung mündlicher Lebensberichte im Rahmen der „Oral history".

Inzwischen sind neben die schriftlich fixierten Archivalien längst gleichberechtigt die *audio-visuellen Quellen* getreten: Historische Filmdokumente, Fotos und Bilder, Tonbänder und Videoaufzeichnungen, geographische Karten und Pläne, technische Zeichnungen, Plakate und Flugblätter.

Mit dem Vordringen der elektronischen Datenverarbeitung nehmen auch die auf Magnetband gespeicherten Archivalien immer mehr zu.

Durch die erweiterte Quellensicherung und aktive Überlieferungsgestaltung sind die Archive zu umfassenden Dokumentationsstellen der gesamtgesellschaftlichen Lebensäußerungen geworden — allerdings in einem ihnen jeweils geographisch oder sachlich zugeordneten Umweltbereich; denn die Archive haben — im Unterschied zu Museen und Bibliotheken — stets einen fest umrissenen Sprengel zu betreuen und entsprechend der genau geregelten Zuständigkeiten als Archive für die gesamt- oder oberstaatliche Sphäre (Zentral-, Staats- und Parlamentsarchive), für den örtlichen Dienstleistungsbereich (Stadt- und Kreisarchive) oder als private Archivorganisationen (Adels- und Kirchenarchive, Wirtschafts- und Firmenarchive, Partei-, Presse-, Rundfunk- und Filmarchive usw.) ihr Material zu verwalten.

Archivische Öffentlichkeits- und Bildungsarbeit

Steht für die Archive die aktenbewertende, quellensichernde und quellenerschließende Tätigkeit immer noch im Mittelpunkt ihres Tuns, so gewinnt die archivische Öffentlichkeitsarbeit in Form einer wissenschaftlich differenzierten, bildungspolitisch akzentuierten und zugleich bürgernah angelegten *Geschichtsvermittlung* neuerdings erheblich an Bedeutung. Dieses neue Tätigkeitsfeld wächst den Archiven aus der Erkenntnis zu, daß sie in einer hochindustrialisierten, nach mehr und mehr Informationen verlangenden Gesellschaft neue Kommunikationsaufgaben zu erfüllen haben: Die Archive vor allem sind in der Lage, der Öffentlichkeit originäres und unverfälschtes Quellenmaterial zur Verfügung zu stellen und sie aus erster Hand über historische, politische, wirtschaftlich-soziale und kulturelle Zustände aus Vergangenheit und Gegenwart zu unterrichten. Und so verlangen die Bürger auch in wachsendem Maße zur Wahrung persönlicher Interessen, zur Befriedung ihrer wissenschaftlichen, publizistischen und kulturellen Bedürfnisse nach den Zeugnissen ihrer eigenen Vergangenheit, um sich unabhängig von manipulierten Informationen, von Vorurteilen und widersprüchlichen Ideologien ihren eigenen Standort in der Gesellschaft zu suchen.

Die archivische Öffentlichkeitsarbeit beginnt bereits bei der *Benutzerberatung* im Lesesaal und beim archivischen *Auskunftsdienst*. Hier hat sich der Kreis der wissenschaftlichen Benutzer inzwischen stark ausgeweitet. Neben dem politischen Historiker umfaßt er den Wirtschafts- und Technikgeschichtler, den Sozialwissenschaftler und Politologen, den Kunst- und Kultursoziologen und viele andere. Mehr noch: Heute kommen auch viele „Normal-Bürger" sehr unbefangen ins Archiv, da praktisch alle Personen als Benutzer zugelassen sind; lediglich das Archivgut unterliegt noch gewissen zeitlichen und persönlichkeitsrechtlichen Benutzungsbeschränkungen. In den meisten deutschen Staats- und Kommunalarchiven hat sich beim schriftlichen Archivgut eine gleitende Dreißigjahresfrist als zeitliche Benutzungsgrenze durchgesetzt. Jüngeres Aktenschriftgut kann nur mit Sondergenehmigung eingesehen werden.

Um die Arbeit der zahlenmäßig ständig anwachsenden, aber unterschiedlich vorgebildeten Benutzer zu erleichtern, halten viele Archive gedruckte und ungedruckte Gesamtübersichten, Findbücher einzelner Bestände und sachthematische Inventare bereit und bieten durch Mikrofilm-, Kopiereinrichtungen und EDV zusätzliche technische Hilfen an.

Einen Schritt weiter auf dem Weg zu einer *aktiven Öffentlichkeitsarbeit* führt das Bemühen, nicht nur einen beschränkten Benutzerkreis, sondern möglichst viele Menschen mit geschichtlichen Informationen zu erreichen und bei ihnen historisches Bewußtsein zu wecken. Hierfür wurden inzwischen unterschiedliche Vermittlungsformen gefunden.

An erster Stelle stehen immer noch die vielfältigen *Veröffentlichungen* der Archive, wobei neben Quelleneditionen, Regestenwerken und wissenschaftlichen Untersuchungen mehr und mehr populär gehaltene Darstellungen und illustrierte Dokumentationen treten; sie werden ergänzt durch archivische Mitteilungsblätter, Vortragsreihen, Dia-Serien, Unterrichtsmappen und geschichtliche Kurzinformationen in den verschiedensten Publikationsorganen.

Die Offenlegung historischer Tatbestände, ihre Veröffentlichung also, kann in einer modernen Mediengesellschaft aber nicht nur in Schrift- und Buchform geschehen, sie muß sich auch anderer Kommunikationsträger bedienen. Deshalb verfolgen einige Archive inzwischen den Weg, auch über *Filme* historische Informationen an die Öffentlichkeit zu tragen. So stellt beispielsweise das Stadtarchiv Bochum – in Zusammenarbeit mit Filmfirmen und mit dem Fernsehen – eigene historische Dokumentationen her, die anhand archivierter Filmquellen und neugedrehter Filminterviews wichtige Aspekte der Stadt und des Ruhrgebiets in der NS- und Kriegszeit aufzeigen.

Einen festen Platz in der populären Geschichtsvermittlung haben inzwischen auch die historischen *Ausstellungen* erlangt. Allerdings erhalten sie nur dann einen breiten Publikumszuspruch, wenn das Quellenmaterial, das von Hause aus spröde und unansehnlich ist, optisch erschlossen und „versinnlicht" wird. Das bedeutet: Die Archive müssen alle vorhandenen Quellengattungen heranziehen — Urkunden, Akten, Briefe, Bilder, Stiche, Plakate, Anschläge, Fotos, Filme usw. —, um die vergangene Wirklichkeit in anschaulicher Weise einzufangen, und sie müssen ihre Originaldokumente mit Alltagsobjekten der unterschiedlichsten Art so zu Arrangements komponieren, daß dadurch die Aussage der Quellen verdeutlicht wird.

Veranschaulichung bedeutet hier: Bewußt auf Inszenierungen setzen, auf das Nachstellen historischer Szenen, auf das symbolische Andeuten geschichtlicher Entwicklungen, um zu einer Präsentation zu gelangen, die bereits Interpretation ist. Die Gestaltung der Ausstellung muß zu einem wesentlichen Teil der inhaltlichen Erläuterung werden.

Wo es sinnvoll ist, verwenden die Archive auch neueste technische Mittler (Film und Dia-Selektoren, Multivision und Computer) und ergänzen ihre Ausstellung durch Kataloge, Zusatzveranstaltungen und pädagogische Erläuterungsdienste.

Neben diesen publikumswirksamen Formen der Geschichtsvermittlung wurden inzwischen noch weitere Möglichkeiten der archivischen Öffentlichkeitsarbeit erprobt: Veranstaltung von *Diskussionsabenden und Seminaren* über historische und quellenkundliche Themen; Ausschreibung von *geschichtlichen Wettbewerben*, die die Aktivität und Kreativität der Bevölkerung wecken; Durchführung von *alternativen Stadtführungen* (zu Stätten des Widerstandes und des NS-Terrors, zu Arbeitersiedlungen und Relikten der Industriekultur); verstärkte *Informationen „vor Ort"*, d. h. in den Stadtteilen, durch kleinere Ausstellungen, Filmvorführungen, Fotodokumentationen, Beschriftung historischer Gebäude; Kooperation mit Vereinen, Bürgergruppen und Firmen.

Zwar hat sich die *Zusammenarbeit mit den Schulen und Volkshochschulen* in Deutschland noch nicht zu einem festen „Service éducatif" wie in anderen Ländern (etwa Frankreich) verdichtet, doch werden auch hier Dokumente zur Unterrichtsvorbereitung und -gestaltung zur Verfügung gestellt und zusammen mit Lehrern und Schülern kleinere Ausstellungen und quellenkundliche Einführungskurse durchgeführt.

Neben der traditionell engen Verbindung zu *historischen Vereinen* und heimatkundlichen Organisationen, arbeiten inzwischen auch einige Archive mit den neu etablierten „*Geschichtswerkstätten*" zusammen, die das Gespräch zwischen den Generationen in Gang bringen und junge wie alte Menschen mit Hilfe von Dokumenten und Lebenserinnerungen an eine gemeinsame Geschichtsaufarbeitung heranführen wollen. In eine ähnliche Richtung geht der Versuch, spielend historisches Lernen einzuüben: Kinder und Jugendliche werden im Archiv mit historischen Quellen und Überlieferungen, mit Bräuchen und Gegenständen bekannt gemacht und können mit Hilfe der Archiv-Dokumente historische Szenen ausarbeiten und diese nachspielen.

Einzelne Archive (Beispiel: Stadtarchiv Bochum) gehen noch einen Schritt weiter: Sie bemühen sich, das vorhandene Archivmaterial durch schriftliche, bildliche und vor allem *gegenständliche Leihgaben aus der gesamten Bevölkerung* anzureichern und so mit Hilfe der Bürgerschaft ein umfassendes „Haus der Geschichte" aufzubauen, das zu einem lebendigen Ort der historisch-politischen Diskussion und Information für alle werden kann.

Literatur

Booms, H.: Öffentlichkeitsarbeit der Archive. Voraussetzungen und Möglichkeiten, in: *Der Archivar* 23 (1970), 17 — 32
Brachmann, B.: Archivwesen der DDR. Theorie und Praxis, Berlin (DDR) 1984
Der Archivar. Mitteilungsblatt für deutsches Archivwesen, Düsseldorf 1947 ff.
Franz, E. G.: Einführung in Archivkunde, Darmstadt 1974
Minerva-Handbücher, Archive. Archive im deutschsprachigen Raum 2 Bde., 2. Aufl., Berlin / New York 1974
Wagner, J. V.: Öffentlichkeitsarbeit und Ausstellungstechnik in Archiven, in: *Archiv und Wirtschaft*, (Beiheft 1), Dortmund 1974, 215 — 231

Denkmalpflege und Geschichte

Marion Wohlleben

Denkmalpflege und Geschichte sind in mindestens zweifacher Weise miteinander verknüpft. Zum einen sind die Denkmäler der Kunst und Geschichte (wir beschränken uns auf Baudenkmäler) Gegenstand der Denkmalpflege, deren Aufgabe es ist, die Denkmäler vor natürlichem Verfall oder gewollter Zerstörung zu schützen und für ihre Erhaltung zu sorgen. Zum anderen aber ist Denkmalpflege durch ihre Entscheidungen der Auswahl und die Art eines restauratorischen Eingriffs bewußt oder unbewußt an der *Herstellung von Geschichtsbildern* beteiligt. Insofern ist ein Denkmal nicht nur Zeugnis einer vergangenen Epoche; seine Restaurierungsgeschichte ist ein wesentlicher Teil der Denkmalrezeption und damit ein Stück Geschichte, das bis in die Gegenwart hineinreicht. Darüber hinaus ist die beschreibende, analysierende, forschende und restauratorische Arbeit eine Voraussetzung für die Vermittlung der Denkmäler.

Die Rolle der Denkmalpflege für die Herstellung von Geschichtsbildern durch Restaurierungen läßt sich deutlich anhand jener Monumente darstellen, die im 19. Jahrhundert in den Rang von Nationaldenkmälern erhoben wurden. Mit der Wiederherstellung der preußischen Marienburg (seit 1815) und des Kölner Domes (1842 — 1880) wurde der Versuch einer Wiederbelebung mittelalterlicher Orte und Bauten unternommen, die für die politischen Projektionen des entstehenden deutschen Nationalstaates einstehen sollten. Dies geschah aus der Erfahrung des historischen Bruchs und bereits in der Überzeugung, daß allein die Denkmäler überdauern im geschichtlichen Wandel und daher in Krisenzeiten als Orientierung dienen können (Brix / Steinhauser 1978, 235). Aber weder bei der Marienburg noch beim Kölner Dom ging es nur um die Erhaltung des vorgefundenen authentischen Bauwerks, sondern man adaptierte den Bestand für die Idee des Nationaldenkmals. Wiederherstellung ruinöser Teile, Purifizierung von vermeintlichen Stilunreinheiten und der Neubau im Geist der Gotik, dem als Nationalstil interpretierten Baustil, gingen dabei Hand in Hand.

Karl Friedrich Schinkel, einer der Initiatoren der Denkmalpflege in Preußen, warnte angesichts der Marienburg ausdrücklich vor derartiger Geschichtsmanipulation: „Ein solches Werk wird, als Geschöpf einer selbstsüchtigen und eitlen Zeit, mit dieser untergehen" (Brix / Steinhauser 1978, 252). Der Dichter Heinrich Heine trat 1844 für die Nichtvollendung des Kölner Domes ein. „Indem Heine gerade den unfertigen Zustand des Domes bewahrt wissen will, verweigert er sich der offiziellen, legitimistischen Interpretation des Denkmals, versucht er — mit Benjamin zu sprechen — die Überlieferung dem Konformismus abzugewinnen: Auch in trümmerhafter, ruinöser Gestalt können historische Bauwerke eine orientierende Funktion haben" (Brix / Steinhauser 1978, 248).

Die Entstehung der Denkmalpflege im frühen 19. Jahrhundert setzte die Veränderung des Kunst- und Geschichtsverständnisses des ausgehenden 18. Jahrhunderts, d. h. die Abkehr von normativen Vorstellungen und die Hinwendung zu einer historisch relativierenden, vergleichenden Geschichtsbetrachtung (Herder) voraus. Bereits Goethe würdigte das gotische Straßburger Münster in seiner spezifischen Eigenart als charakteristisches Kunstwerk aus dem Genie Erwins von Steinbach. Die bis dahin abgelehnte Gotik sieht Goethe als „ein Dokument einer Stufe menschlicher Kultur" (Brix / Steinhauser 1978, 238).

Erst die *tendenzielle Gleichwertigkeit der Geschichtsepochen* und ihrer Monumente ließ deren Erhaltung notwendig werden; Denkmalpflege war grundsätzlich nicht mehr in Frage gestellt. Kontrovers war und blieb jedoch die Frage, *was als Denkmal zu gelten habe* und wie weit konservatorische Maßnahmen *in die Substanz des Denkmals eingreifen* dürfen. Letzteres zielt auf die Bedeutung des Originals als Quelle von Informationen.

Exponenten dieses Prinzipienstreits in der Mitte des 19. Jahrhunderts waren der Franzose Viollet-le-Duc und der Engländer John Ruskin. Für Viollet-le-Duc bedeutete Wiederherstellung, ein Denkmal in den „Zustand der Vollständigkeit zurückzuversetzen, der möglicherweise nie zuvor existiert hat" (Huse 1984, 88). Damit erhielt die restaurierte Architektur Modellcharakter für das zeitgenössische Kunstschaffen. Ruskin dagegen forderte die Abstinenz von jeglicher Wiederherstellung; ein geschichtliches Denkmal müsse geschützt, aber nicht restauriert werden. Für ihn waren die mittelalterlichen Bauten Zeugnis nichtentfremdeter, handwerklicher Arbeit und standen als Gegenbild zu den unter kapitalistischen Produktionsbedingungen entstandenen Produkten.

Unterschiedliche Motivationen leiteten um die Jahrhundertwende deutsche Denkmalpfleger, als sie die Diskussion der englischen „antirestorationists" aufgriffen. Die scharfe Gesellschaftskritik Ruskins war, wenn überhaupt, nur ein Motiv neben wissenschaftlichen, berufsständischen und anderen. Reformideen, oft rückwärtsgewandte, kamen hauptsächlich aus den Reihen der Heimatschutzbewegung.

Der Historiker und Kunsthistoriker Georg Dehio verband historischwissenschaftliche mit emotionalen („Pietät") Erhaltungsbegründungen. Seine Devise „Konservieren, nicht Restaurieren", mit den „schweren Mißgriffen" der Denkmalpflege des 19. Jahrhunderts begründet, ist eine Reaktion auf die „Stilrestaurierungen", die von den historisierenden Neubauten kaum noch zu unterscheiden waren. Vehement lehnte Dehio die von Carl Schäfer geplante Wiederherstellung des Heidelberger Schlosses ab. Durch die Restaurierung sollte das unter Ludwig XIV. zerstörte Schloß nach dem gewonnenen Krieg von 1871 zum Nationaldenkmal des Deutschen Reiches avancieren. Dafür waren die Befürworter bereit, eine ungenaue und umstrittene Rekonstruktion in Kauf zu nehmen. In seiner Flugschrift von 1901 kommt Dehio zu der Beurteilung: „Verlieren würden wir das Echte und gewinnen die Imitation; verlieren das historisch Gewordene und gewinnen das zeitlos Willkürliche; verlieren die Ruine, die altersgraue und doch so lebendig zu uns sprechende, und gewinnen ein Ding, das weder alt noch neu ist, eine tote akademische Abstraktion" (Dehio 1914). Das Heidelberger Schloß wurde nicht wiederhergestellt. Die *wissenschaftlich-dokumentarische* wie auch die *emotionale* Betrachtungsweise fanden zunehmend Resonanz bei Fachleuten und in der Öffentlichkeit und führten unter dem Eindruck der Veränderungen in Stadt und Land zu einer Kursänderung in der Denkmalpflege und zu einer *Erweiterung des Denkmalbegriffs*. Die allenthalben sichtbaren Auswirkungen von Industrialisierung und Verstädterung öffneten einigen Denkmalpflegern den Blick für *gefährdete Gegenstände*, die bisher nicht in den Denkmalinventaren erfaßt waren, die „unscheinbaren Zeugnisse der Baukunst" (Paul Clemen 1911), das Bauernhaus, das Ortsbild und das Landschaftsbild.

An die weitgefaßten Erhaltungskonzepte der Zeit nach 1900 konnte die Denkmalpflege der Nachkriegszeit zunächst nicht anknüpfen. Angesichts der Verwüstungen des Zweiten Weltkriegs widmete sie sich der Wiederherstellung der bedeutenden Kunstdenkmäler und überließ den Wiederaufbau der Städte ganz den Planern und Architekten.

Erst in den siebziger Jahren wurde die staatliche Denkmalpflege von Kritikern der unwirtlich gewordenen Städte an den Universitäten (zum Beispiel die Kieler Arbeitsgruppe am Kunsthistorischen Seminar 1972) und in Bürgerinitiativen herausgefordert, dem Bau- und Zerstörungsboom in den Städten und auf dem Land mit ihren Mitteln zu begegnen und an den vor Jahrzehnten erreichten Diskussionsstand wieder anzuknüpfen. Neue Gesetze wurden erlassen, Verfahrensweisen stark formalisiert, finanzielle Mittel bereitgestellt. Die geforderte „soziale" Erhaltungsmotivation konnte sich die Denkmalpflege, unter dem Druck der Baupolitik, jedoch nicht zu eigen machen (Günter / Günter 1976). Fortschritte gibt es im Bereich der Bauforschung und vorbereitenden Untersuchungen, die Wiederherstellung und Umbauplanungen auf der Grundlage genauer Kenntnisse des Bestandes substanzschonend und oft kostensparend erlauben.

Seit die ästhetische, moralische und später auch die psychologische Bedeutung der Denkmäler für die Gegenwart erkannt worden ist, gibt es Denkmalpflege und gibt es die Diskussion um den Stellenwert des Originals.

Das Denkmal ist wie die archivalische Quelle ein *Dokument*, dessen Informationen zu erfassen, zu beschreiben, zu interpretieren und zu bewerten sind. Anders als die schriftliche Quelle aber hat das Denkmal eine *unmittelbar anschauliche Wirkung*. Denkmal und Denkmalräume werden, wie bewußt auch immer, erlebt und erfahren. Sie sind also nicht bloße Geschichtsdokumente, sondern sie ragen, vielfältig vermittelt durch Menschen oder Erinnerungen, in unsere *Gegenwart* hinein. Gerade die Denkmäler stehen dafür, daß Geschichte nicht nur Vergangenheit, sondern Teil unseres Lebens ist, der freilich der Aufklärung bedarf. Diese Aufklärung über die verschiedenen Dimensionen des Denkmals, eine *Denkmaldidaktik*, wie sie im Museums- und Ausstellungswesen existiert, wurde systematisch nicht entwickelt. Sie müßte auf zwei Ebenen stattfinden: Vermittlung der *Denkmälerkenntnis* und Vermittlung der *restauratorischen Entscheidungen*, die aufgrund von Forschungen getroffen werden. Die Bedeutung gerade dieser Offenlegung der eigenen Tätigkeit, beispielsweise für Korrekturen des Geschichtsbildes, sollte anhand wichtiger Etappen der Geschichte der Denkmalpflege deutlich gemacht werden. Zur Aufklärung über Geschichte kann Denkmalpflege aber schon dann beitragen, wenn sie an der möglichst unverfälschten Überlieferung des Bestandes festhält.

Zu ihren eigentlichen Aufgaben gehört neben der Feststellung von Denkmaleigenschaften und Erhaltung von Geschichtsspuren untrennbar die „*Gewährleistung der Lesbarkeit*" der aufgedeckten Spuren. Wenn diese am Objekt selber nicht möglich ist, müßte die Kenntnis solcher Spuren, als Träger wichtiger Informationen über Handwerkstechniken, Baumaterialien, Planänderungen, Ausstattungen, etc., an die Öffentlichkeit in Führungen, Ausstellungen und Publikationen weitergegeben werden, wie beispielsweise in der Regensburger Ausstellung über die Ergebnisse der Bauforschung in Bürgerhäusern.

Im Unterschied zu der selektiven Aneignungsweise architektonischer und städtebaulicher Leistungen bei Stadtführungen im Rahmen des Bildungstourismus stehen Ansätze, zumeist außerhalb der Denkmalpflege entwickelt, die *Geschichtserfahrung und Geschichtskenntnisse „am Ort" und zunächst für die Bewohner* fördern. Die Erhaltung des Centro Storico von Bologna (vgl. Debold / Debold-Kritter 1974) oder der Arbeitersiedlung Eisenheim (Günter / Günter 1976) für die angestammten Bewohner, oder die neueren Sanierungsmaßnahmen in Berlin-Kreuzberg mit den Bewohnern, können als beispielhaft gelten. Mit solchen Entscheidungen wird die Erkenntnis umgesetzt, daß die Geschichte nicht nur in den entrückten und ansehnlichen Monumenten der Herrschenden repräsentiert ist, sondern auch in der Gärtnervorstadt, der Arbeitersiedlung, im Bauernhof oder in der Weinberganlage.

Auch oder gerade in ihnen materialisiert sich Lebensgeschichte, kann sich Geschichtsbewußtsein konstituieren. Nicht aber, wenn Planung und Denkmalpflege gemeinsam an der Abtrennung der Lebensgeschichten und Lebensbereiche von der „großen", repräsentativen Geschichte arbeiten.

Eine zu entwickelnde Denkmaldidaktik müßte die *Vermittlung der ganzen Kultur* zum Ziel haben.

Literatur

Brix, M. / *Steinhauser, M.* (Hrsg.): „Geschichte allein ist zeitgemäß", Historismus in Deutschland, Lahn / Gießen 1978
Clemen, P.: Entwicklung und Ziele der Denkmalpflege in Deutschland (Vortrag 1911), in: *Oechelhäuser, A. v.* (Hrsg.): Auszug aus den stenographischen Berichten des Tages für Denkmalpflege, Leipzig 1910/13
Debold, P. / *Debold-Kritter, A.*: Die Planungspolitik Bolognas. Stadtentwicklung und Stadterhaltung, in: *Bauwelt* 33 (1974)
Dehio, G.: Was wird aus dem Heidelberger Schloß werden?, in: *Dehio, G*: Kunsthistorische Aufsätze, München / Berlin 1914
Günter, R. / *Günter, J.*: Architekturelemente und Verhaltensweisen der Bewohner. Denkmalschutz als Sozialschutz, in: *Hessische Blätter für Volks- und Kulturforschung* 2/3 (1976)
Huse, N. (Hrsg.): Denkmalpflege. Deutsche Texte aus drei Jahrhunderten, München 1984
Mörsch, G.: Fragen der Denkmalpflege, in: *Gebeßler, A.* (Hrsg.): Schutz und Pflege von Baudenkmälern in der Bundesrepublik Deutschland. Ein Handbuch, Stuttgart 1980

Akademiearbeit

Jörg Calließ

Der Begriff „Akademie" ist nicht randscharf und es gibt gegenwärtig zahlreiche Einrichtungen, die sich als Akademie bezeichnen, aber mit durchaus unterschiedlichem Anspruch und teilweise grundverschiedenen Ansätzen arbeiten. Als Akademie werden einmal staatlich gewährleistete Vereinigungen von Gelehrten bezeichnet, die wissenschaftliche Forschung und Kommunikation zu befördern haben, des weiteren aber auch Stätten der beruflichen Aus- und Fortbildung sowie Institutionen von politischen Parteien, gesellschaftlichen Gruppen oder Wirtschaftsverbänden, die unter den Vorgaben ihrer jeweiligen Träger Bildungs- und Schulungsaufgaben wahrnehmen. Schließlich gibt es die nach 1945 zunächst von den Evangelischen Kirchen und später auch von der Katholischen Kirche gegründeten Akademien (Boventer 1983), die vor dem Hintergrund des kirchlichen Auftrags und in einem neuen Bewußtsein für die Weltverantwortung der Christen zu einem offenen Diskurs herausfordern, der dem Ziel eines vernünftigen Austrages von Interessengegensätzen ebenso verpflichtet ist wie der viel grundsätzlicheren Aufgabe, Integration und Orientierung für die Gesellschaft zu gewinnen (May 1983, insbes. 326). Wenn im folgenden über Akademiearbeit gehandelt wird, so beziehen sich die Ausführungen im wesentlichen auf die konfessionellen Akademien und solche politische Akademien, die mit vergleichbarer Konzeption arbeiten (Boventer 1983).

Akademiearbeit ist der Aufgabe verpflichtet, in der Gesellschaft einen *Beitrag zur gegenwärtigen und zukünftigen Orientierung* zu leisten. Dementsprechend wirkt sie am Prozeß der Identitätsversicherung und Selbstverständigung, bei der Suche nach Werten und Normen, die individuelles und gesellschaftliches Handeln leiten können und sollen, und bei der Entwicklung von Zielvorstellungen für gesellschaftliche und politische Zukunftsgestaltung ebenso mit wie bei der Apperzeption und Analyse aktueller Problemlagen und bei der Konzeptualisierung von Problembearbeitungs- und Problemlösungsstrategien.

Ob und inwieweit in diesem Kontext *historischen Themen* Raum gegeben wird, läßt sich generell nicht beantworten. Nur an sehr wenigen Akademien besteht ein eigener Arbeitsschwerpunkt, der einer kontinuierlichen Auseinandersetzung mit Fragen der historischen Orientierung verpflichtet ist. Deshalb hängt es wesentlich von der jeweiligen personellen Ausstattung der einzelnen Akademien ab, welchen Stellenwert Geschichte in der Akademiearbeit einnimmt. Allgemein kann man beobachten, daß sich die Konjunkturen, denen die Wertschätzung historischen Fragens und Argumentierens in unserer Gesellschaft unterworfen ist, auch in der Akademiearbeit spiegeln. Seit dem Ende der siebziger Jahre werden in der Bundesrepublik Deutschland die historischen Dimensionen gesellschaftlicher Existenz und Entwicklung wieder stärker empfunden und reflektiert; dies findet seinen Niederschlag auch in der primär auf Gegenwartsbewältigung und Zukunftsgestaltung angelegten Arbeit der Akademien.

Bei der Thematisierung historischer Fragestellungen und bei der Einbindung dieser Fragestellungen in die Gesamtzusammenhänge von Akademiearbeit läßt sich eine große Vielfalt beobachten, die durchaus nicht immer frei ist von einer gewissen Beliebigkeit. Gleichwohl wird man feststellen können, daß in der Regel das Interesse leitend ist, historisches Wissen und historisches Denken fruchtbar zu machen und in Dienst zu nehmen für ein tieferes Verstehen der Gegenwart und für eine vernünftige Orientierung zukünftigen Handelns. Idealtypisch lassen sich in diesem Zusammenhang *drei verschiedene Ansätze* unterscheiden:

- *Die Rezeption und Kritik von Traditionen*

  Die Auseinandersetzung mit Traditionslinien der deutschen Geschichte und die Frage, inwieweit sie ein freies und humanes Leben ermöglichen oder verhindern, hat für die Arbeit der Akademien schon in den ersten Jahren nach 1945 eine wichtige Funktion gehabt und sie gewinnt gegenwärtig wieder an Bedeutung. Das Bedürfnis nach allgemeiner Vergangenheitsbewältigung dürfte dabei weithin im Vordergrund stehen.

- *Die Aufklärung über die historischen Dimensionen in konkreten Problemfeldern heutiger Politik*

    Da die systematische Erfassung und Deutung historischer Zusammenhänge ein tieferes Verstehen aktueller Probleme in all ihren Bezügen und Interdependenzen ermöglicht, eine bessere Einsicht in Größe und Grenzen unserer Handlungsspielräume vermittelt und schließlich eine Relativierung gegenwärtiger Fixierungen, Positionen und Optionen leistet, hat dieser Ansatz für die Akademiearbeit eine besondere Bedeutung. Er nimmt subjektiv oder objektiv vorhandene Bedürfnisse nach historischer Aufklärung explizit zum Ausgangspunkt und verknüpft historisches Fragen und Argumentieren unmittelbar mit den Willensbildungs- und Entscheidungsprozessen unserer Gesellschaft.

- *Die Reflexion über Theorie und Praxis historischer Orientierung in unserer Gesellschaft*

    Die in der Gesellschaft gebräuchliche und von den Akademien mitbetriebene Inanspruchnahme der Geschichte für Gegenwartsbewältigung und Zukunftsgestaltung bedarf der Grundlegung und Legitimation auf der einen Seite und der argwöhnischen Kontrolle auf der anderen Seite. Auch in diesem Zusammenhange haben Akademien Verpflichtungen und Chancen, die gegenwärtig aber nur vereinzelt wahrgenommen werden. Die Akademien können und sollten einen offenen gesellschaftlichen Diskurs anregen und fördern, der die Zusammenhänge zwischen historischer Erfahrung und politischem Handeln thematisiert und Möglichkeiten, Bedingungen und Grenzen für eine Praxis absteckt, die Geschichte und Politik aufeinander bezieht. Zum anderen können und sollten die Akademien den konkreten Umgang mit Geschichte zum Gegenstand des gesellschaftlichen Diskurses machen, um so ein Korrektiv zu entwickeln, das kontinuierlich und wirksam der Überprüfung und dem Überdenken der Praxis historischen Fragens, Denkens, Arbeitens und Argumentierens dient.

Das zentrale Instrument von Akademiearbeit sind *öffentliche Tagungen*. Dabei zielen die Akademien in der Regel nicht auf Fachgespräche im exklusiven Expertenkreis und auch nicht auf einen einbahnigen Transfer von Erkenntnissen wissenschaftlicher Forschung in eine größere Öffentlichkeit, sondern darauf, einen Kommunikationsprozeß anzustoßen und zu entwickeln, in dem die Erfahrungen, Interessen und Bedürfnisse, Fragen, Kenntnisse und Einsichten, Überzeugungen und Optionen von Personen, die in unterschiedlichen gesellschaftlichen Funktionen leben, arbeiten und handeln, gleichermaßen aufgehoben sind. Gleichgültig ob historische Fragestellungen in eigenen Tagungsprogrammen entfaltet werden, oder ob sie in Tagungsprogrammen thematisiert sind, die auf eine Auseinandersetzung mit konkreten gesellschaftlichen oder politischen Problemen der Gegenwart hin angelegt sind, in jedem Falle werden sich dementsprechend in der Akademiearbeit *historisches Wissen und historisches Argumentieren stets in einem gesellschaftlichen Diskurs* bewähren müssen, für den gerade konstitutiv ist, daß sich Vertreter verschiedener wissenschaftlicher Disziplinen daran ebenso beteiligen wie Vertreter aller Gruppen, Organisationen und Institutionen, die in unserer Gesellschaft bei der Problemdefinition, Problembearbeitung und Problemlösung auf unterschiedlichen Ebenen und mit unterschiedlicher Kompetenz beteiligt sind. Akademiearbeit eröffnet so die Chance, die sich immer wieder aufs neue öffnende Kluft zwischen Geschichtswissenschaft auf der einen Seite und gesellschaftlicher und politischer Praxis auf der anderen Seite zu verkleinern oder zu überbrücken.

Literatur

Boventer, H.: Evangelische und Katholische Akademien, Gründerzeit und Auftrag heute, Paderborn 1983 (mit Anschriftenverzeichnis, S. 242 — 245)
Jung, H.-G.: Evangelische Akademien — ihr Selbstverständnis und ihr Verhältnis zur Erwachsenenbildung, in: *Ziegel, F.* (Hrsg.): Chancen des Lernens. Evangelische Beiträge zur Erwachsenenbildung, München 1972
Leiterkreis der Evangelischen Akademien in Deutschland (Hrsg.): Der Auftrag Evangelischer Akademien. Ein Memorandum, Bad Boll 1979
May, H.: Für ein neues Orientierungssystem. Die Aufgaben evangelischer Akademien heute, in: *Lutherische Monatshefte* 22 (1983), 362 — 366

Die meisten Akademien publizieren Protokolle von ihren Tagungen, die auf Anfrage verschickt werden.

Geschichtswerkstätten

Gerhard Schneider

In den letzten Jahren entstanden in zahlreichen Städten des Bundesgebietes und in West-Berlin Geschichtswerkstätten, die sich zum Ziel gesetzt haben, vor Ort, d. h. in der betreffenden Stadt und in der Region, Untersuchungen über Herrschaft, Widerstand und gesellschaftliche Umwälzung, über soziale Kämpfe und menschliche Leiden, über Alltagsgeschehen und Lebenswelt aufzunehmen bzw. an ältere Vorarbeiten anzuknüpfen. In einem *alltags- und sozialgeschichten Zugriff* soll dabei dem vorherrschenden Wissenschaftsbetrieb an den Universitäten eine Alternative gegenübergestellt und die Distanz zwischen etablierter geschichtswissenschaftlicher Betätigung und

Publikum verringert werden. Nicht nur „von oben" oder „von außen" soll Geschichte betrachtet und begriffen werden, sondern vor allem *„von unten"* und *„von innen"*, indem das Augenmerk in erster Linie auf die Geschichte der Ausgebeuteten, Unterdrückten, Diskriminierten und Betroffenen, auf ihre Denk- und Verhaltensweisen, Lebensmöglichkeiten, Erfahrungen, Hoffnungen und Ängste, aber auch auf ihre Anpassung, Widerständigkeit und selbständige Gestaltung der Geschichte gerichtet wird. Der Schwerpunkt der Erinnerungsarbeit in den Geschichtswerkstätten ist also die *„andere Geschichte"*, wie sie vor Ort aufgespürt werden kann, ohne daß dabei die folkloristische, biedere und gefühlige „Heimatgeschichte" der Vergangenheit reproduziert werden soll.

Die „neue Geschichtsbewegung"

Die Gründung von Geschichtswerkstätten ist im Zusammenhang mit jenem seit den siebziger Jahren zu konstatierenden „Aktivismus in Sachen Geschichte" (Igel 1980, 7) zu sehen, dem — teilweise im Anschluß an örtliche Veranstaltungen zur Erinnerung an die sogenannte Machtergreifung, die „Reichskristallnacht", die Bücherverbrennungen von 1933 — eine Vielzahl *außeruniversitärer, nichtprofessioneller und nichtinstitutionalisierter Geschichtsinitiativen* entwuchs. Nach dem konservativen Klageruf der fünfziger und sechziger Jahre über den vorgeblichen „Verlust der Geschichte" (Alfred Heuss) spricht man jetzt bereits von einer „neuen Geschichtsbewegung" (Der Spiegel Nr. 23/1983, 36 – 42). Sie gehe einher mit einer Wiederentdeckung der Heimat als ursprünglichem sozialen Erfahrungsraum der Individuen.
Die Ursachen für diesen „Geschichtsboom" sind vielgestaltig (vgl. Ullrich 1984b, 11 ff.): Für die einen biete die Geschichte angesichts unsicherer Gegenwart und Zukunft die Möglichkeit des *Rückzugs in eine „heile Welt"* der Vergangenheit. Diese Sehnsucht nach einer „heilen Welt" sei die Folge einer tiefgreifenden Identitätskrise unserer Zeit. Für die anderen sei dieses neuentstandene Interesse an der Geschichte Ausdruck eines — teilweise nicht näher definierten — *Wunsches nach Veränderung* oder doch wenigstens nach Begreifen der gegenwärtigen, als instabil erachteten Verhältnisse. „Das bedeutet, daß die Verhältnisse, die in Bewegung geraten, selbst geschichtlich verstanden werden wollen — sowohl nach *der* Seite der Tradition, die anknüpft an die obrigkeitsstaatlichen Tendenzen, als auch *der* Tradition, die die geschichtliche Erfahrung der Opposition im Volk aktualisiert" (Igel 1980, 8). Gleichzeitig soll die Beschäftigung mit der Geschichte Aufschlüsse über *die eigenen historischen Wurzeln* geben: „Woher sind wir eigentlich gekommen, und warum und wie sind wir zu dem geworden, was wir heute sind?" (Wenzel 1984, 200). Findet die erste Richtung Befriedigung in historischen Biografien, Filmen und Romanen, in den üblichen Angeboten von Heimatvereinen, Heimatmuseen oder in den Produktionen der Nostalgieindustrie, fördert das Geschichtsinteresse der anderen Richtung die unmittelbare Aneignung der „eigenen Geschichte" und die radikaldemokratische Parteinahme für die von

der Geschichtswissenschaft vernachlässigten Bevölkerungsgruppen. Die Geschichtswerkstätten sind im allgemeinen der zweiten Richtung zuzuordnen.

Daneben ist die Gründung von Geschichtswerkstätten auch zu verstehen als Ausdruck einer gewissen Unzufriedenheit historisch Interessierter mit der Abgehobenheit und Folgenlosigkeit geschichtswissenschaftlicher Forschung, wobei dieser Vorwurf nicht nur an die Adresse der konservativen Geschichtswissenschaft und -schreibung gerichtet ist, sondern auch der modernen Sozialgeschichtsschreibung gilt, die zwar die „richtigen" Themen habe, sie aber nicht in einer adressatengerechten Form zu präsentieren verstehe. So steht die moderne Sozialgeschichtsschreibung den Geschichtswerkstätten zwar Pate (Frei 1984, 111); ihre Theorielastigkeit, ihr Verzicht auf „die Dimension des Alltags" und die Rekonstruktion der Geschichte „von den konkreten Lebenswelten der Menschen her" habe jedoch wesentlich dazu beigetragen, „daß die Sozialgeschichtsschreibung in der Bundesrepublik Deutschland über das Ghetto der Universitätsseminare hinaus kaum in die Öffentlichkeit hineingewirkt, geschweige denn das Bewußtsein derer erreicht hat, in deren Namen sie zu sprechen meinte" (Ullrich 1984a, 50).

Als *Alternativbewegung zur herkömmlichen Historie* sind die Geschichtswerkstätten auch Ergebnis jener sich breitmachenden partiell sozialromantischen, partiell kulturpessimistischen Fin-de-siècle-Stimmung, die die westliche Welt mit ihrem aufklärerischen Fortschrittsdenken an ihrem Ende angekommen zu sein wähnt.

Schließlich ist die Gründung der Geschichtswerkstätten auch als Reflex auf einen von vielen jüngeren Universitätshistorikern konstatierten Mangel an solidarischer und konkurrenzfreier wissenschaftlicher Kommunikation im Wissenschaftsapparat und als Ausdruck einer gewissen Unzufriedenheit mit der Verbandspolitik zu sehen (Schöttler 1984, 423).

Ziele, Methoden, Forschungsgegenstände

Auf der Gründerversammlung der bundesweiten Geschichtswerkstatt am 28. 5. 1983 wurde ein Grundsatzpapier verabschiedet, das folgende Ziele der historischen Arbeit nennt:

„... Die Geschichtswerkstatt setzt sich zum Ziel, historische Forschungs- und Vermittlungsarbeit anzuregen, zu koordinieren und zu unterstützen. Insbesondere sollen der Austausch und die Zusammenarbeit zwischen einzelnen Historiker/innen sowie zwischen Arbeitskreisen / Werkstätten gefördert und zugleich die Neubildung von örtlichen Gruppen angeregt werden.
In der historischen Arbeit wollen wir

- die Gegenwart als geschichtlich geworden und somit als veränderbar zeigen mit dem Ziel, demokratische Selbsttätigkeit zu fördern;
- insbesondere die Geschichte der Ausgeschlossenen, Unterdrückten und Beherrschten erforschen und dabei die Zusammenhänge von Herrschaft, Unterdrückung und Widerstand in der Auseinandersetzung und Lebenswirklichkeit der Massen zeigen;
- dazu beitragen, daß diejenigen, die in der bisherigen Geschichtsschreibung an den Rand gedrängt wurden, ein neues kollektives Gedächtnis entwickeln und sich ihre Geschichte wieder aneignen;

- Geschichte ausdrücklich als Geschichte von zwei Geschlechtern begreifen und als solche darstellen;
- den Alltagswirklichkeiten in ihren Veränderungen nachspüren und dem Bild entgegenarbeiten, daß Politik nur jenseits des individuellen Lebens stattfindet, der Alltag und die Menschen aber immer gleich blieben;
- die wirtschaftlichen, sozialen und ökologischen Veränderungen mit ihren regionalen, nationalen und internationalen Ursachen und Wechselwirkungen untersuchen, um so auch die bisherige Trennung zwischen lokaler und ‚Makro'-Geschichte zu überwinden;
- durch die Erforschung und Darstellung von Geschichte in die politischen und sozialen Auseinandersetzungen unserer Zeit eingreifen;
- die Begrenztheit und Subjektivität historischer Forschung deutlich machen, ohne den Versuch aufzugeben, uns auf die Perspektive der Betroffenen einzulassen;
- das Erforschen und Vermitteln der eigenen Geschichte fördern und unterstützen;
- das Erforschen und Vermitteln fremder Geschichte und die Überwindung des Eurozentrismus fördern und unterstützen.

Was bedeutet das für unsere Arbeit?
Wir streben kooperative und solidarische Arbeitsformen an und sind bereit, arbeitshemmende, hierarchische Rituale in Frage zu stellen — dies soll auch Eingang in unsere eigenen Umgangs- und Organisationsformen finden.
Wir wollen Geschichte so schreiben, zeigen und vermitteln, daß sie möglichst viele Leute verstehen können.
‚Nichtprofessionelle' Historiker/innen haben die Möglichkeit, wie alle anderen historisch Interessierten in der Geschichtswerkstatt und den lokalen Gruppen mitzuarbeiten ..."
(Gd 9 [1984], 193; mit den am 1. 6. 1984 beschlossenen Ergänzungen).

„Alltag" und „Region" erscheinen als „besonders geeignete Zugänge für eine andersartige Geschichtsanalyse" (Schöttler 1984, 421), bei der es auch darum geht, „ob wir dabei auf den Schutt alter Resignation stoßen oder ob wir in früherem Aufbegehren unsere eigene Hoffnung wiederfinden" (Wenzel 1984, 203). Diese Schwerpunktverlagerung der historischen Forschung verlangt neben der auch weiterhin unverzichtbaren Aushebung traditioneller Quellen eine verstärkte Berücksichtigung *neuer Quellengruppen* und eine Ergänzung der Aktenauswertung durch *lebensgeschichtliche Interviews* (vgl. Frei 1984, 113 ff.; Lorinser / Zang 1983, 16).
Die Erforschung des Alltagslebens ist das zentrale Anliegen aller Geschichtswerkstätten, wobei als Ziel der bislang angelaufenen Forschungsvorhaben eine „umfassende Gesellschaftsanalyse" genannt wird. Schwerpunktmäßig werden in einzelnen Geschichtswerkstätten Frauengeschichte und rassische, religiöse, soziale Minderheiten und Randgruppen und — ganz allgemein — bislang defizitär behandelte Themen des ländlichen und des Arbeiteralltags erforscht. Daneben unternehmen lokale Geschichtswerkstätten Exkursionen in der Region, bieten alternative Stadtrundfahrten an, organisieren Ausstellungen und Arbeitskreise, um auf diese Weise des Umgangs mit Geschichte möglichst auch solche Bevölkerungskreise anzusprechen, die von der herkömmlichen Geschichtsschreibung nicht angesprochen werden.

Organisation

Hinsichtlich der Organisation ist zwischen den mehr als vierzig örtlichen Geschichtswerkstätten (Adressenliste in Gd 9 [1984], 194; Geschichtswerkstatt

Nr. 4/1984, 68 ff.) und der bundesweiten Geschichtswerkstatt zu unterscheiden. Während die lokalen Geschichtswerkstätten (Versuch einer Typologie bei Frei 1984, 116) meist *basisdemokratisch* mit Entscheidungskompetenz bei den Mitgliederversammlungen bzw. den aktiv forschenden Arbeitsgruppen organisiert sind, versteht sich die bundesweite Geschichtswerkstatt als *Koordinierungsstelle* zur „Vernetzung der bestehenden Initiativen" (Schöttler 1984, 422), die allerdings auch selbst Projekte und Veranstaltungen (zum Beispiel das Berliner Geschichtsfest 1984) initiieren kann. Ihr fünfköpfiger Vorstand leistet die Koordinierungsarbeit und bringt ein Informationsblatt („Geschichtswerkstatt", bisher vier Hefte) heraus, dessen Redaktion reihum von örtlichen Geschichtswerkstätten übernommen wird.

Öffentlichkeit und interne Kritik

Während die Geschichtswerkstatt-Bewegung in der veröffentlichten Kritik als „Trend", „Mode" oder „eine Art ‚grüner' Geschichtsschreibung" abgetan wurde (Schöttler 1984, 422), zeugt die rege interne Auseinandersetzung von der Lebendigkeit und Vielfalt der Geschichtswerkstätten. Angesichts der Unsicherheit in den Forschungsmethoden und der Unterschiedlichkeit der Theorieansätze konnten Spannungen innerhalb der Geschichtswerkstätten natürlich nicht ausbleiben. Zwar konnte die Vereinnahmung der Geschichtswerkstätten durch ältere örtliche Geschichtsvereine oder durch Kommunalpolitiker im allgemeinen vermieden werden; auch blieb der gelegentlich befürchtete resignative Rückzug auf die vertraute Heimat oder auf hausbackene, heimattümelige Kirchturmpolitik bislang aus. Konfliktträchtiger und in ihren Konsequenzen noch nicht abzusehen erscheinen hingegen die Auseinandersetzungen zwischen „progressiven Jungakademikern", die bei manchen Gruppen im Verdacht stehen, die Kleinarbeit der lokalen Initiativen zu Karrierezwecken zu mißbrauchen bzw. zu vereinnahmen, und den Laienhistorikern, die — angeregt durch die schwedische „Grabe-wo-du-stehst-Bewegung" (Lindqvist 1983, 9 ff.) oder durch ländliche Aktivitäten wie das Unternehmen „Spurensicherung" (Lecke 1983) — sich selbst als Experten ihrer eigenen Geschichte verstehen und sich jegliche Bevormundung durch professionelle Historiker verbitten (vgl. Schöttler 1984, 423 f.; Frei 1984, 117 f.). Seitens etablierter Sozialhistoriker wird gar ein Abgleiten der Geschichtswerkstätten in eine *„neohistoristische Sackgasse"* (Jürgen Kocka), also ein Rückfall hinter die erreichten Positionen der neueren Struktur- und Sozialgeschichte befürchtet (Schöttler 1984, 424). Dieser Einwand ist deshalb nicht ohne weiteres von der Hand zu weisen, weil manche Feierabendhistoriker und Jungakademiker in ihrer Lust am vermeintlich überschaubareren Volksleben und in ihrer Neigung, die im Interview rekonstruierten, von den Interviewten jedoch nicht selten „begradigten" Lebensgeschichten als die einzig wahre Geschichte auszugeben, die Anwendung der methodischen Grundsätze jeglicher historischer Forschung oft vermissen lassen. Wer es unterläßt, die erforschte Gegengeschichte oder die „andere Geschichte" in den *umfassenden Herrschaftszusammenhang* einzuordnen, erliegt der bloßen „Faszination des Konkreten" (Niethammer 1980, 238). Ein solcher Ansatz kann „leicht zu einer Abfolge statischer Genrebildchen entarten und der demokratische Impuls einer Geschichte von unten in einer nach dem Vorbild der älteren Volkskunde statischen und völlig entpolitisierten Geschichtsanschauung verpuffen" (Niethammer 1980, 239).

Ausblick

Die Geschichtswerkstatt-Bewegung steht noch in ihrer Anfangsphase, in der sie mit den üblichen Schwierigkeiten der Selbstfindung und Organisation zu kämpfen hat. Insofern sind die Entwicklungsperspektiven und Überlebenschancen der Geschichtswerkstätten nur schwer abschätzbar. Immerhin zeigen die bundesweite Resonanz und die Reaktionen auf bereits vorgestellte Forschungen, daß die Geschichtswerkstätten *mehr als nur eine Modeerscheinung* sind. Geschichtslehrer und Geschichtsdidaktiker, denen in den letzten Jahren in einigen Bundesländern die Förderung des Interesses der Schüler an der Lokal- und Regionalgeschichte zum Zwecke einer Festigung der „Verbundenheit mit Volk und Heimat" von den Kultusbürokratien ans Herz gelegt wurde (zum Beispiel in Baden-Württemberg), sind gut beraten, diese Reinstallierung der traditionellen Heimatgeschichte an den Schulen mit Hilfe der Geschichtswerkstätten zu konterkarieren. Bei der lokalgeschichtlichen Behandlung bzw. Vertiefung von Projekten, Stadtspielen und Exkursionen und bei der Erstellung von Wettbewerbsarbeiten können die Angebote lokaler Geschichtswerkstätten oft hilfreich herangezogen werden.

Literatur

Arbeitsgruppe des Projekts „Regionale Sozialgeschichte": Neue Regionalgeschichte: Linke Heimattümelei oder kritische Gesellschaftsanalyse? Tendenzen einer neuen Regionalgeschichte, in: *Das Argument* 126 (1981), 239 — 252
— Regionalgeschichte: Neue Chancen für Gesellschaftsanalyse, in: *Das Argument* 131 (1982), 55 — 67
Frei, A. G.: Alltag — Region — Politik. Anmerkungen zu einer „neuen Geschichtsbewegung", in: *Gd* 9 (1984), 107 — 120
Igel, R.: Momentaufnahmen zum öffentlichen Geschichtsbewußtsein und zu neueren Entwicklungen in der Geschichtswissenschaft, in: *Demokratie- & Arbeitergeschichte* 1 (1980), 7 — 15
Lecke, D. (Hrsg.): Lebensorte als Lernorte: Handbuch Spurensicherung. Skizzen zum Leben, Arbeiten und Lernen in der Provinz, Reinheim 1983
Lindenberger, T.: Werkstattgeflüster. Überlegungen zu Selbstverständnis und Praxis radikaldemokratischer Geschichtsforschung aus der Berliner Geschichtswerkstatt, in: *Demokratie- & Arbeitergeschichte* 3 (1983), 23 — 27
Lindqvist, S.: Grabe, wo du steht. Die „Barfußhistoriker" in Schweden, in: *Demokratie- & Arbeitergeschichte* 3 (1983), 9 — 13
Lorinser, M. / Zang, G.: Beim Flicken der Löcher in den Netzen der kollektiven Erinnerung. Ein Werktag der Konstanzer Regionalhistoriker, in: *Demokratie- & Arbeitergeschichte* 3 (1983), 14 — 22
Niethammer, L.: Anmerkungen zur Alltagsgeschichte, in: *Gd* 5 (1980), 231 — 242
Schöttler, P.: Die Geschichtswerkstatt e. V. Zu einem Versuch, basisdemokratische Geschichtsinitiativen und -forschungen zu „vernetzen", in: *GuG* 10 (1984), 421 — 424

Ullrich, V.: Alltagsgeschichte. Über einen neuen Geschichtstrend in der Bundesrepublik, in: *Neue politische Literatur* XXIX (1984a), 50 – 71
— Geschichte von unten. Die neue Bewegung zur Erforschung des Alltags, in: *Journal für Geschichte* (1984b), H. 2, 9 – 15
Wenzel, G.: Die Berliner Geschichtswerkstatt — Ein Erfahrungsbericht, in: *U. Kröll* (Hrsg.): Historisches Lernen in der Erwachsenenbildung, Münster 1984, 200 – 211

Zeitschriften

Demokratie- & Arbeitergeschichte, Hrsg. Franz-Mehring-Gesellschaft, Stuttgart (bisher drei Jahrbücher seit 1980)
Geschichtswerkstatt (bisher vier Hefte seit 1982; Heft 3 erschien im April 1984 als Sondernummer der Zeitschrift „*Moderne Zeiten*")
History Workshop. A Journal of Socialist Historians 1976 ff.

Geschichte im Stadtteil

Margarethe Goldmann / Michael Zimmermann

In zahlreichen Städten der Bundesrepublik Deutschland und in West-Berlin haben sich seit dem Ende der siebziger Jahre Gruppen zusammengefunden, die die *Geschichte ihrer Straße, ihrer Siedlung oder ihres Stadtviertels* aufarbeiten, so etwa in zahlreichen Berliner Bezirken, in Hamburg-Ottensen, Hannover-Linden, Oberhausen-Eisenheim oder Recklinghausen-Hochlarmark. Zur historischen Arbeit im Stadtteil zählen weiterhin Teiluntersuchungen über lokale Vereine, Schulen, Kirchengemeinden, Partei- oder Gewerkschaftsgruppen (zum Beispiel in Bremen-Vegesack). Nicht zu unterschätzen sind zudem die Impulse, die der Schülerwettbewerb Deutsche Geschichte für die historische Arbeit im und am Stadtteil brachte. Mehrere Wettbewerbsthemen — etwa zur Veränderung des Wohnens und der Arbeitswelt, zu den Wandlungen in Familie und Freizeit sowie zum Alltag unter dem Nationalsozialismus und im Krieg — forderten orts- und stadtteilbezogene Aufarbeitungen heraus.
Einige Stadtteilgeschichtsgruppen rücken in ihrer Arbeit lange *vernachlässigte oder verdrängte Themen* in den Vordergrund, so die Konzentrationslager und deren Außenstellen (Beispiel: Dokumentation zum Lager Riespott — KZ an der Norddeutschen Hütte, Bremen); die Arbeits- und Lebensbedingungen von Fremdarbeitern und Kriegsgefangenen, die in der nahen Fabrik oder Zeche eingesetzt wurden; oder den Kampf der Roten Ruhrarmee gegen Reichswehr und Freikorps während des Kapp-Putsches 1920. Bisweilen führt die historische Auseinandersetzung mit wohnbereichsbezogenen Fragen auch zur Erforschung der Vergangenheit von quartiernahen Arbeitsstätten und Betrieben (etwa Borsigwalde und Borsig in Berlin).

Die Anlässe, die zur Aufarbeitung von Geschichte im Stadtteil-Zusammenhang führen können, sind vielgestaltig. Ihr Spektrum reicht vom Kampf gegen den Abriß von Siedlungen über das Bestreben nach einer historisch fundierten Gestaltung der Jubiläumsschrift eines Vereins und die Beschäftigung mit der Tradition der eigenen Partei oder Gewerkschaftsgruppe bis zur nicht weiter zweckgerichteten Freizeitbetätigung. Allen Gruppen scheint jedoch das *Ziel* gemeinsam zu sein, die *historischen Kenntnisse* zu erweitern, Einsicht in *Veränderungsprozesse* zu erhalten, an *historischer Identität* zu gewinnen, *Vertrautheit zur eigenen Umgebung* zu entwickeln und *soziale Bindung* zu erfahren. Unterschiedlich intensiv ist dagegen der Wunsch, mit der lokalen Geschichtsarbeit politisch zu wirken sowie Denkanstöße, neue Phantasie oder aktuelle Handlungsorientierungen im weitesten Sinne aus der historischen Erfahrung zu destillieren (Frei 1984).
Stadtteilgeschichts-Gruppen sind häufig *institutionell angebunden.* Als ihre Träger fungieren dabei Volkshochschulen, Museen, Kirchengemeinden, Bürgerhäuser, Freizeit- und Kommunikationszentren, Gewerkschaftseinrichtungen oder Ortsvereine von Parteien. Frei arbeitende Geschichtsgruppen sind meist dann auf öffentliche Unterstützung angewiesen, wenn sie die Ergebnisse ihrer Arbeit präsentieren oder publizieren wollen (Lachauer 1984, 252 f.). In diesem Zusammenhang mag eine Empfehlung des Deutschen Städtetages hilfreich sein, die die Bedeutung der historischen Traditionsbildung für die Kommunen betont (Deutscher Städtetag 1981).
Der *Lernort Stadtteil* bietet sich für geschichtliche Recherchen zunächst eher an als der Betrieb. Im Wohnquartier treffen sich Interessenten zur gemeinsamen politischen Aktion oder Freizeitgestaltung. Dort können überschaubare soziale Räume und Organisationen ausgemacht werden, die zu untersuchen auch Laien möglich scheint. Im Reproduktionsbereich ist es aber vor allem deshalb einfacher, historische Untersuchungen anzustellen und an Quellenmaterial zu gelangen als im Betriebsbereich, weil letzterer rigideren Macht- und Herrschaftsstrukturen unterworfen ist und die Unternehmensseite ihre Archive in der Regel unter Verschluß hält. Gleichwohl sollte man auch hier nicht vorschnell resignieren und die Spurensuche aufgeben (Faulenbach 1984).
Insgesamt deutet die Bildung lokaler und stadtteilbezogener Geschichtsgruppen nicht nur auf eine soziale Erweiterung des Interesses an Geschichte, sondern zugleich auch auf einen *Perspektivwechsel in der historischen Forschung* hin. Das neue Interesse an Geschichte richtet sich meist auf die Lebensweise von Arbeitern und „kleinen Leuten", auf verschüttete soziale Erfahrungen, verdrängte Erinnerungen, die Erklärung sozialer Brüche oder die Geschichte von Minderheiten und Diskriminierten.
Ein entscheidendes Charakteristikum der Geschichtsarbeit im Stadtviertel ist die Zuwendung zu Bereichen, die unter den Begriff „*Alltagsgeschichte*" subsumiert werden können. Nicht zuletzt dadurch unterscheiden sich derartige Gruppen und Initiativen von herkömmlichen Geschichtsvereinen, die meist aus hoheitlicher Perspektive Geschichte betrachten, das Volk als „Fußvolk"

nehmen (Lachauer 1984, 252) und so zur Verstetigung der vorhandenen Machtstuktur beitragen.

Auch im *methodischen Vorgehen* zahlreicher Stadtteilgeschichts-Gruppen dokumentiert sich eine Orientierung auf den „Alltag". Bevorzugt werden *lebensgeschichtliche Interviews* und *Gruppengespräche* zu thematisch eingegrenzten Bereichen verwandt. Diese Methoden geben insbesondere älteren Zeitzeugen die Chance, ihre Wahrnehmungen, Erfahrungen und Sinndeutungen weiterzugeben (Projektbericht im Hochlarmarker Lesebuch 1981; Brüggemeier 1984; Lachauer 1984). Als Wege zur Ansprache von Zielgruppen haben sich dabei neben dem persönlichen Gespräch Nachbarschaftstreffen, die Weiterempfehlung in Form eines „Schneeballsystems", Zeitungsmeldungen, Dia-Abende zu historischen Themen sowie die Kontaktaufnahme mit Organisationen (etwa Gewerkschaften und Parteien) bewährt.

Bei einigen Projekten wurden vor allem in der Anfangsphase sozial und politisch brisante und konfliktträchtige Themen bei Gesprächen und Interviews abgewehrt. Stattdessen überwogen in den Erzählungen *zunächst unstrittige Bereiche* wie Kindheitserinnerungen oder Beschreibungen des häuslichen, nachbarschaftlichen und Vereinslebens. Dieses Phänomen wird durch die Tatsache erklärlich, daß der jeweilige Gesprächspartner bzw. Mitarbeiter der Geschichtsgruppe auch im Stadtteil in ein dichtes Geflecht von Macht- und Meinungsstrukturen eingebunden ist. Solche Strukturen können meist nur sehr allmählich und behutsam aufgebrochen werden.

Neben der mündlichen Überlieferung durch Interviews, erschließen Geschichtsinitiativen auf örtlicher Ebene *weitere Quellen,* die von etablierten Archiven bisher kaum erfaßt werden. Dazu zählen private Fotografien und Dokumente, Tagebücher, Briefe, Haushaltsgeräte und andere Gebrauchsgegenstände, aber auch Schul- und Vereinschroniken, Sporttrophäen, Abzeichen oder Flugblätter und alte Stadtteilzeitungen. Die Wege zu diesen Quellen können manchmal sehr verschlungen sein; sie erfordern Phantasie, Findigkeit und Hartnäckigkeit. Für die Interpretation derartiger Quellen können die „Umstände des Auffindens ebenso bedeutsam sein wie das Fundstück selbst" (Lachauer 1984, 257).

Die stadtteilbezogene Geschichtsarbeit zeichnet sich nicht zuletzt dadurch aus, daß sie *forschendes und entdeckendes Lernen* ermöglicht. Zur Arbeitsweise gehören neben den Interviews und den Recherchen im Stadtviertel selbst auch die Suche nach herkömmlichen Quellen und die Auseinandersetzung mit der einschlägigen wissenschaftlichen Literatur. Um die Befunde und Erkenntnisse in eine sinnvolle Ordnung zu bringen, die auch den Maßstäben der Quellenkritik und der Fachhistorie standhalten kann, beziehen zahlreiche Geschichtsinitiativen ausgebildete Historiker ein. Andere Gruppen bestehen nahezu ausschließlich aus Historikern. Vor allem junge Historiker sehen in derartigen Geschichtsinitiativen eine Möglichkeit, gesellschaftlich relevant zu wirken.

Neben fachspezifischen Fähigkeiten ist ein ebenso hohes Maß an sozialer Kompetenz und persönlichem Feingefühl bei der Gruppenarbeit gefordert, wenn Spannungen etwa zwischen Mitwirkenden aus verschiedenen Generationen und sozialen Schichten oder mit gegensätzlichen politischen Auffassungen auftreten. Zudem verlangt die Bearbeitung sehr intimer biographischer Mitteilungen oft genug ein Zurücktreten des puren Forschersinns hinter die soziale Verantwortung, damit den einzelnen nicht schwerwiegende persönliche Verletzungen zugefügt werden (Brüggemeier 1984, 203 f.).

Die Geschichtsarbeit im Stadtviertel ist ein Phänomen der jüngsten Zeit; der Austausch über die einschlägigen Methoden ist erst in den Anfängen begriffen. Nicht zuletzt deshalb sieht sich diese Form der historischen Arbeit vielfältigen *Problemen und Gefahren* gegenüber. Manche Gruppen lassen sich etwa von der Fülle der Fakten überwältigen und verlieren die zur Ordnung des Materials unverzichtbaren erkenntnisleitenden Fragestellungen aus dem Auge. Nostalgisch verklärende, pittoresk anmutende Darstellungen der Vergangenheit können die Folge sein. Andere neigen dazu, die Geschichte kurzschlüssig für das gegenwärtige Handeln zu instrumentalisieren, indem sie ohne Bedacht historische Phänomene mit aktuellen identifizieren. Eine weitere Gefahr liegt in der Herauslösung eines Stadtviertels oder Ortes aus den gesamtgesellschaftlichen Kräftekonstellationen und Wirkungszusammenhängen. Dies kann zur Einhegung der „kleinen Leute" in ihren „kleinen Alltag" beitragen und die Einsicht in strukturelle Zusammenhänge und Machtverhältnisse blockieren (vgl. dazu auch Peukert 1982).

Andere Probleme wiederum ergeben sich aus den Schwierigkeiten, die der Oral History innewohnen. So wird – um nur einen Punkt zu nennen – das gegenwärtig Erzählte nicht selten vorschnell mit dem in der Vergangenheit Geschehenen oder Erfahrenen gleichgesetzt und in diesem Sinne für authentisch erklärt, ohne die vielfältigen Verdrängungs- und Überlagerungsprozesse im Bewußtsein zu bedenken (Brüggemeier 1984). Neben solchen methodenimmanenten Problemen sollten freilich jene oft sehr handfesten Pressions- und Instrumentalisierungsversuche nicht außer acht gelassen werden, denen die Geschichtsarbeit im Stadtviertel durch etablierte Machtträger oder gar die Auftrag- und Geldgeber ausgesetzt sein kann.

So wenig bisher empirisch abgesicherte Angaben über den genauen zahlenmäßigen Umfang oder das Spektrum der Zielsetzungen und Arbeitsformen innerhalb der stadtteilverbundenen Geschichtsgruppen vorliegen, so variantenreich stellen sich die *Präsentationsformen* ihrer Arbeit dar. Weit verbreitet sind – oft in Kleinverlagen publizierte – Broschüren, Bücher und Fotobände, die meist auf einen örtlich oder regional begrenzten Markt zielen. Lokalhistorische Artikel erscheinen in Stadtteilzeitungen oder im Lokalteil der etablierten Presse. Neben Ausstellungen erfreuen sich auch Dia-Vorträge mit historischem Bildmaterial wachsender Beliebtheit. Neben den kommunalen Archiven gründen sich privat geführte Kleinarchive im Stadtviertel. Aber auch herkömmliche Archive und Museen stehen oft mit den Geschichtsinitiativen in Verbindung und profitieren von deren Sammeltätigkeit. Heimatmuseen werden wiederentdeckt und aktiviert oder auch im Stadtteilzusammenhang neu eingerichtet. Auch hier umfaßt das Verhältnis zwischen alten Trägern der Geschichtsarbeit und neuen Initiativen ein Formenspektrum, das vom harten Gegeneinander bis zur arbeitsteiligen Kooperation reichen kann.

Gängige Präsentationsformen sind weiterhin der Reprint alter Fotomotive und der Führer zum historischen Stadtteilrundgang, das Kochbuch mit Rezeptsammlungen und lebensgeschichtliche Erinnerungen von Frauen, die Aufstellung von Gedenk- und Mahntafeln oder die Sammlung und Veröffentlichung von Liedern und Witzen. Laientheatergruppen nehmen sich lokalhistorischer Stoffe an; Künstler werden mit der Gestaltung von Wandbildern beauftragt, die auf die Traditionen des Wohnquartiers verweisen. Literaten verarbeiten als Stadt- oder Stadtteilschreiber die Lebenserfahrungen der Anwohner in ihren Texten. Neben Video-Produktionen, die hauptsächlich der Aufzeichnung von Interviews dienen, treten inzwischen längere Dokumentarfilme. Stadtteilfeste beleben alte Traditionen und bereiten sie für die Gegenwart auf.

Die Vielzahl der Darstellungsformen verweist auf die *Verbindung der Geschichts- mit der Kulturarbeit.* Nicht zuletzt dadurch wird die Geschichte für eine derzeit wachsende Zahl von Menschen zu einem sinnbildenden und aktivierenden Element. Über die Auswirkungen dieser Aktivitäten auf das Geschichtsbewußtsein ist bisher allerdings ebensowenig Präzises bekannt wie über den Umfang und die Art der Arbeitsplätze, die für Historiker durch das neu erwachte Interesse an der Geschichte jenseits von Schule und Universität entstehen können.

Literatur

Arbeitskreis Stadtteilgeschichte Bremen-Nord (Hrsg.): Arbeit war nicht alles..., Bremen-Vegesack 1983

Ausstellungsgruppe Ottensen, Altonaer Museum (Hrsg.): Ottensen: Zur Geschichte eines Stadtteils, 2. Aufl. Hamburg 1983

Brüggemeier, F. J.: Traue keinem über sechzig? Entwicklungen und Möglichkeiten der Oral History in Deutschland, in: *Gd* 9 (1984), 199 – 210

Deutscher Städtetag (Hrsg.): Geschichte in der Kulturarbeit der Städte. Hinweise des Deutschen Städtetages, 1981

Faulenbach, B.: Oral History und Arbeiterbildung, in: *Gd* 9 (1984), 221 – 230

Findbuch des Schülerwettbewerbs Deutsche Geschichte, Hrsg. Kurt-A.-Körber-Stiftung, Postfach 80 06 60, Hamburg 80

Freizeitheim Hannover-Linden (Hrsg.): Unsere Geschichte, unsere Lieder. Lokale Arbeitersängerbewegung. Lieder, Dokumente, Erzählungen, Daten, Hannover 1983

Galinski, D. / Herbert, U. / Lachauer, U. (Hrsg.): Nazis und Nachbarn. Schüler erforschen den Alltag im Nationalsozialismus, Reinbek 1982

Hochlarmarker Lesebuch. Kohle war nicht alles. Hundert Jahre Ruhrgebietsgeschichte, 2. Aufl. Oberhausen 1982

Kollegengruppe der Klöckner-Werke AG (Hrsg.): Riespott – KZ an der Norddeutschen Hütte. Berichte, Dokumente, Erinnerungen über Zwangsarbeit 1935 – 1945, Bremen 1984

Lachauer, U.: Geschichte wird gemacht. Beispiel und Hinweise, wie man am eigenen Ort „Geschichte machen" kann, in: *Niethammer, L. / Hombach, B. / Fichter, T. / Borsdorf, U.:* „Die Menschen machen ihre Geschichte nicht aus freien Stücken, aber sie machen sie selbst." Einladung zu einer Geschichte des Volkes in NRW, Berlin / Bonn 1984, 250 – 264

Museumspädagogischer Dienst Berlin (Hrsg.): Dokumentation und Diaschau über Borsig und Borsigwalde, Berlin o. J.

Peukert, D.: Arbeiteralltag — Mode oder Methode?, in: *Arbeiteralltag in Stadt und Land.* Neue Wege der Geschichtsschreibung (*Argument*-Sonderband 94), Berlin 1982, 8 bis 39
Projektgruppe Eisenheim an der FH Bielefeld (Hrsg.): Rettet Eisenheim. Gegen die Zerstörung der ältesten Arbeitersiedlung im Ruhrgebiet, Berlin 1977
Schmidt, H.: „Heißhunger auf Geschichte." Ortsvereine entdecken ihre Vergangenheit, in: *Die neue Gesellschaft* 10 (1983), 900 — 906
Stadt Recklinghausen (Hrsg.): „Eim Stück von uns." Geschrieben von *Werner Ruzicka* in Verbindung mit der Hochlarmarker Theatergruppe, Recklinghausen 1984
Voss, G.: Der zweite Blick. Prosper-Ebel. Chronik einer Zeche und ihrer Siedlung, Berlin 1983
Wannseeheim für Jugendarbeit e. V. Berlin (Hrsg.): Spurensicherung in der Köllnischen Heide. Jugendliche untersuchen das Leben in ihrem Stadtteil, Teil I und II, Berlin 1979

Historische Beratung

Jochen Huhn

Historische Beratung bezeichnet einen Sonderfall der Vermittlung zwischen Geschichtswissenschaft und Lebenswelt. Ihr Ziel ist, die *Informationsbasis für aktuelle Entscheidungen* zu verbessern.
Entscheidungen in Wirtschaft, Verwaltung, auf allen Ebenen der Politik (von der Kommunalpolitik bis zur internationalen Politik) haben eine historische Dimension: in der Genese des anstehenden Problems, in den mit diesem Problem verbundenen historischen Vorstellungen der Beteiligten und in ähnlichen Problemlagen der Vergangenheit. Die Bedeutung der historischen Dimension variiert mit dem Charakter der Entscheidungen (zum Beispiel Routineentscheidungen oder innovatorische Entscheidungen) wie auch die Beachtung variiert, die ihr von den Entscheidungsträgern geschenkt wird. Dennoch üben historische Vorstellungen und Argumente bei Entscheidungen einen Einfluß aus, der allerdings empirisch noch wenig erforscht ist (Bach 1977; Faber 1977; May 1973). Er reicht von nicht reflektierter Beeinflussung durch historische Vorstellungen bis zum gezielten Heranziehen historischer Erfahrungen.
Historische Beratung existiert als Bereich *geschichtsdidaktischer Forschung und Praxis* bislang nur in Ansätzen, obwohl Historiker beraten haben, seit es eine Geschichtswissenschaft gibt. Es sei hier nur an Rankes Historisch-politische Zeitschrift und an seine politischen Denkschriften für Friedrich Wilhelm IV. aus den Jahren 1848 bis 1851 erinnert. Von didaktischem Interesse ist, ob Historiker bei der Historischen Beratung Aussagen als Wissenschaftler machen können oder nur als historisch gebildete Laien.

Da jede Entscheidung eine Zukunftsperspektive hat, d. h. von Zielvorstellungen und Erwartungen ausgeht, deren künftige Realisierung in der Gegenwart nicht zu beweisen ist, sind wissenschaftliche *Handlungsanweisungen* durch den Historiker *nicht möglich*. Wohl kann er durch wissenschaftliches Aufarbeiten der jeweiligen historischen Dimension zur Verbesserung der Informationsbasis anstehender Entscheidungen und damit zur *Handlungsorientierung* beitragen. Diese Handlungsorientierung kann evtl. auch Prognosen enthalten, die jedoch als „wenn-dann"-Aussagen nur einen gewissen Wahrscheinlichkeitsgrad beanspruchen und nur eine Komponente im Entscheidungsprozeß darstellen können (Hofmann 1975).

Für die Zuwendung der Geschichtswissenschaft zur Historischen Beratung als didaktischer Aufgabe spricht die alltägliche Erfahrung, daß historische Argumente bei Entscheidungen zwar eine Rolle spielen, diese jedoch die Vermutung nahelegt, daß die Orientierungsfunktion der Geschichtswissenschaft dabei meist nicht zum Zuge kommt.

Bei Historischer Beratung geht es nicht in erster Linie um die Verbesserung der historischen Bildung der Entscheidungsträger, sondern darum, *gezielt historische Informationen für den Entscheidungsprozeß bereitzustellen*. Zum Beispiel können Diskontinuitäten für ein Spezialgebiet untersucht werden, um die Bedeutung verschütteter Traditionen für gegenwärtige Entscheidungen zu erkunden, oder Kontinuitäten wie zum Beispiel relativ stabile Institutionen (in der Verwaltung oder in anderen Zusammenhängen), um deren Normen und Funktionen im jeweils kontemporären Zusammenhang zu erkennen und so zu präziseren Fragestellungen für die Überprüfung geplanter Maßnahmen zu kommen (Hofmann 1975). Erkenntnisse für gegenwärtiges Handeln können auch aus der Analyse ähnlicher Problemlagen in der Vergangenheit gewonnen werden, wobei historische Kompetenz sich gerade darin zeigen dürfte, daß die beliebten schnellen Analogieschlüsse vermieden werden und die Erkenntnisse zu differenzierten Aussagen führen (zum Beispiel bei den Fragen im Zusammenhang mit ausländischen Arbeitnehmern und ethnischen Minderheiten).

Im allgemeinen werden vom Interesse der Entscheidungsträger her sehr *spezielle Fragen an die Vergangenheit* zu formulieren sein, für deren Antwort geschichtswissenschaftliche Kompetenz erforderlich ist. Über Historische Beratung können Ergebnisse historischer Spezialforschung für gegenwärtiges Handeln fruchtbar gemacht werden, die oft nur dem Kreis der engeren Fachkollegen zugänglich sind.

Da Historische Beratung zwar geschieht, die Bedingungen, unter denen sie erfolgt, und ihre Wirksamkeit noch kaum untersucht sind, muß es sich bei den Aussagen über ihre *Möglichkeiten* mehr um Hypothesen für geschichtsdidaktische Forschung als um gesicherte Feststellungen handeln. Diese Weise der Verbreitung wissenschaftlicher Kompetenz wurde bislang mehr von Soziologen und Politologen untersucht als von Historikern, deshalb müssen für die Erörterung der Problematik einer Historischen Beratung auch deren Ergebnisse herangezogen werden, so weit sie einen Transfer erlauben. Einerseits ergeben sich Begrenzungen der Transfermöglichkeiten vermutlich aus den Beschränkungen der Geschichtswissenschaft im Hinblick auf die Problemdefinition für aktuelle Praxis-Entscheidungen (Kaufmann 1977, bes. 53 ff.). Andererseits geben der in der Geschichtswissenschaft grundsätzlich angelegte multidisziplinäre Zugriff, das differenzierte Eingehen auf die Zeitdimension und speziell die Tendenz, nur unter sorgfältiger Berücksichtigung des Besonderen (spezifischer Konstellationen) zu Verallgemeinerungen mit begrenzter Reichweite zu gelangen, der Historischen Beratung die Chance größerer Praxisnähe.

Alltägliche Erfahrung und wissenschaftliche Untersuchungen (Bach 1977; Faber 1977) zeigen einen „Bedarf an Geschichte", der weniger auf Information vor Entscheidungen als vielmehr auf die *Legitimation bereits getroffener Entscheidungen* zielt. Es ist jedoch zu beachten, daß es sich hierbei nur um die sichtbarste Form der Verwendung historischer Forschungsergebnisse handelt. Eine direkte Umsetzung von Forschungsergebnissen in praktische Maßnahmen – wie dies bei den Natur- und besonders den Technikwissenschaften häufig der Fall ist – wäre desgleichen unmittelbar zu erkennen. Sie ist in der Geschichtswissenschaft und in den Sozialwissenschaften jedoch eine seltene Ausnahme. Von dieser technischen und der legitimatorischen ist eine *diskursive „Verwertung"* sozialwissenschaftlicher und historischer Forschungsergebnisse zu trennen, durch die Entscheidungen indirekt beeinflußt werden. Bei ihr gehen die Erkenntnisse an verschiedenen Stellen in den Entscheidungsprozeß ein, werden im Diskurs verarbeitet. Ihre Wirkungen sind schwer zu lokalisieren (Knorr 1976, 103 ff.).

Die prinzipielle Schwierigkeit, historische Erkennntnisse direkt in praktische Maßnahmen eingehen zu lassen, mag auf den ersten Blick als Nachteil erscheinen. Es ist jedoch zu bedenken, daß dies im Bereich der Technik nur durch Konzentration auf wenige Faktoren gelingt. Im Bereich gesellschaftlichen Handelns ist eine derartige Reduktion von Komplexität nicht durchführbar. Der Komplexität der Bedingungen gesellschaftlichen Handelns entspricht auf seiten der Geschichtswissenschaft wie der Sozialwissenschaften, daß sie die Komplexität ihres Gegenstandes prinzipiell ernstnehmen (Neidhardt 1979, 328 f.). Nicht zuletzt gehört hierzu die Geschichtlichkeit gesellschaftlicher Phänomene.

Dem Verlust an direkter Handlungsanweisung entspricht ein *Gewinn an Orientierung,* die allerdings nur dann Chancen hat, wenn auch die Komplexität des Entscheidungsprozesses selber erkannt und beachtet wird. Es wäre zum Beispiel naiv, von der Annahme auszugehen, es gäbe so etwas wie „objektive" Kriterien für ein vernünftiges Informationsverhalten der an einem Entscheidungsprozeß Beteiligten (Bruder 1980). Bei einer Historischen Beratung wird also das jeweilige Feld, in dem sie geschieht, zu berücksichtigen sein.

Generelle Aussagen über Art und Ausmaß des *Bedarfs* an Historischer Beratung sind vermutlich nicht möglich. Es wird nach Bereichen und Situationen zu differenzieren sein. Gerade krisenhafte Problemlagen als Folge der Industrialisierung können in den unterschiedlichsten Bereichen eine Hinwendung zu Erfahrungen der Vergangenheit fördern. Der Historiker wird dafür ausgebildet, diese Erfahrungen angemessen aufzuarbeiten und so Trugschlüsse zu verhindern. — Der Bedarf an Historischer Beratung ist allerdings auch abhängig von der Bereitschaft der Historiker, sich der „Wissenschaftspragmatik" (Kaufmann 1969 und 1977) ihrer Disziplin anzunehmen.

Der latente Bedarf an Historischer Beratung wird nur in der Verbindung von theoretischer Klärung, empirischer, historisch-soziologischer Erforschung und Beratungspraxis zu erkunden sein.

Bei dem manifesten Bedarf scheint der Wunsch nach Legitimation bereits getroffener Entscheidungen zu überwiegen. Bei allen Bedenken gegenüber diesem Anspruch an Geschichte ist jedoch nicht zu leugnen, daß er berechtigt ist und in wissenschaftlich zu verantwortender Weise geschehen kann.

Auch bei diskursiv erfolgender Historischer Beratung zur Vorbereitung von Entscheidungen besteht — besonders bei Auftragsarbeiten — die Gefahr, daß die *Wünsche der Entscheidungsträger* in die Aufarbeitung der historischen Dimension in einer Weise eingehen, die die kritische Potenz der Geschichtswissenschaft außer Kraft setzt. Sicher müssen die Interessen der Entscheidungsträger in die Formulierung der Fragestellung eingehen. Sie dürfen jedoch nicht die Richtung der Antwort bestimmen. Wenn diese einen Informationswert für die Vorbereitung der Entscheidung haben soll, muß der Historiker den *Horizont gegenwärtigen Handelns überschreiten* und auch den Intentionen der Entscheidungsträger widersprechende Erfahrungen berücksichtigen (Beck 1982, 19 ff.). Nur so wird die Geschichtswissenschaft ihre Glaunwürdigkeit erhalten (Bruder 1980, 63).

Historische Beratung geschieht nicht nur auf Anfrage von Entscheidungsträgern, als Auftragsarbeit für einzelne Historiker oder durch Institutionen, deren Zweck wissenschaftliche Beratung ist (Parlamentsdienste, Einrichtungen der Parteien). Akademien initiieren durch Tagungen, auf denen sie Historiker und „Praktiker" aus sehr unterschiedlichen gesellschaftlichen Bereichen zusammenführen, historische Beratung. Erkenntnisse der Denkmalpflege können in Entscheidungsvorbereitungen eingehen. Bei Geschichtswerkstätten und Stadtteilprojekten verbinden sich oft historische und aktuell politische Interessen in der Hoffnung, aus der Beschäftigung mit Geschichte Hinweise für die Gestaltung des eigenen sozialen Nahbereichs zu erhalten. Auch in Presse, Funk und Fernsehen erfolgt historische Beratung, wenn in die Analyse aktueller Probleme auch deren historische Dimension einbezogen wird als Informationsangebot für die Öffentlichkeit, aber auch für die Entscheidungsträger.

Entsprechend unterschiedlich sind Art und Intensität der *Kooperation zwischen Historikern und Entscheidungsträgern*. Die Vereinigung beider Rollen im selben Personenkreis bei Geschichtswerkstätten und Stadtteilprojekten und das Angebot durch Presse, Funk und Fernsehen, das sich nicht an einzelne Personen wendet, bezeichnen die Extreme. Bei der historischen Beratung im engeren Sinne kann die Kooperation sich auf die Formulierung der Fragestellung für die historische Untersuchung und die Diskussion der Forschungsergebnisse beschränken, aber auch den Forschungsprozeß begleiten (Beck 1982, XI). Dies gilt besonders für die diskursive Form historischer Beratung. Bei der legitimatorischen kann es mit kurzen Kontakten und Abrufen vorliegender Forschungsergebnisse sein Bewenden haben.

Eine systematische Bearbeitung dieses Bereichs der Geschichtsvermittlung wird Folgen für Geschichtsforschung und Geschichtsstudium, besonders für die Rolle der Didaktik im Geschichtsstudium haben müssen (s. Abschnitt IV der Einführung zu diesem Kapitel).

Literatur

Bach, W.: Geschichte als politisches Argument. Untersuchung an ausgewählten Debatten des Deutschen Bundestages, Stuttgart 1977

Beck, U. (Hrsg.): Soziologie und Praxis. Erfahrungen, Konflikte, Perspektiven (Soziale Welt, Sonderband 1), Göttingen 1982

Beyme, K. v.: Politische Kybernetik? Politik und wissenschaftliche Informationen der Politiker in modernen Industriegesellschaften, in: *Journal für Sozialforschung* 24 (1984), 3 — 16

Bruder, W.: Sozialwissenschaften und Politikberatung, Opladen 1980

Buse, M. / Pabst, S.: Politische Wissenschaft und politische Praxis, in: *apz* B 39 (1977), 3 — 14

Calließ, J. (Hrsg.): Historische Identität und Entwicklungspolitik. Zur Rolle der Geschichtswissenschaft in der Politikberatung, *Loccumer Protokolle* 11/1981, Evangelische Akademie Loccum 1982

Erdmann, K.-D.: Die Zukunft als Kategorie der Geschichte, in: *HZ* 198 (1964), 44 — 61, 82 — 90

Faber, K.-G.: Zur Instrumentalisierung historischen Wissens in der politischen Diskussion, in: *Koselleck, R. / Mommsen, W. J. / Rüsen, J.* (Hrsg.): Objektivität und Parteilichkeit (Beiträge zur Historik, Bd. 1), München 1977, 270 — 316

Hesse, R.: Geschichtswissenschaft in praktischer Absicht. Vorschläge und Kritik, Wiesbaden 1979

Hofmann, W.: Erkenntnisprobleme moderner Verwaltungspraxis. Geschichtsschreibung mit pragmatischer Absicht, in: *Die Verwaltung* 8 (1975), 47 — 68

Kaufmann, F.-X.: Sozialpolitisches Erkenntnisinteresse. Ein Beitrag zur Pragmatik der Sozialwissenschaften, in: *Ferber, Chr. v. / Kaufmann, F.-X.* (Hrsg.): Soziologie und Sozialpolitik (Sonderheft 19 der *KZSS*), Opladen 1979, 35 — 75

— Soziologie und praktische Wirksamkeit, in: *Schäfers, B.*, u. a.: Thesen zur Kritik der Soziologie, Frankfurt 1969, 68 — 79

Keßler, E.: Historia magistra vitae. Zur Rehabilitation eines überwundenen Topos, in: *Schörken, R.* (Hrsg.): Der Gegenwartsbezug der Geschichte, Stuttgart 1981, 11 — 33

Knorr, K. D.: Politisches System und Sozialwissenschaften: Zur Plausibilität der Legitimationshypothese, in: *Strasser, H. / Knorr, K. D.* (Hrsg.): Wissenschaftssteuerung, Frankfurt 1976, 81 — 108

Mandelbaum, S. J.: The Past in Service to the Future, in: *Journal of Social History* XI, 2 (1977), 193 — 205

— Urban Pasts and Urban Policies, in: *Journal of Urban History* VI, 4 (1980), 453 bis 483

May, E. R.: „Lessons" of the Past. The Use and Misuse of History in American Foreign Policy, Oxford / London / New York 1973

Neidhardt, F.: Praxisverhältnisse und Anwendungsprobleme der Soziologie, in: *KZSS* (Sonderheft) 1979, 324 — 342

Wissenschaftszentrum Berlin (Hrsg.): Interaktion von Wissenschaften und Politik, Frankfurt / New York 1977

Die Autoren

Franzjörg Baumgart (1943), Dr. phil., Akademischer Rat am Institut für Pädagogik der Ruhr-Universität Bochum

Veröffentlichungen: Die verdrängte Revolution. Darstellung und Bewertung der Revolution von 1848 in der deutschen Geschichtsschreibung vor dem Ersten Weltkrieg, 1976 — Der umstrittene Humboldt. Über Parteilichkeit und Objektivität des historischen Urteils, in: F. Baumgart u. a. (Hrsg.): Emendatio rerum humanarum. Erziehung für eine demokratische Gesellschaft, 1985 (i. E.)

Stichwort: Kommunikative Geschichtsdidaktik

Hans Michael Baumgartner (1933), Dr. phil., Professor für Philosophie von 1976 bis 1985 am Zentrum für Philosophie und Grundlagen der Wissenschaft der Universität Gießen, seit 1985 am Philosophischen Seminar A der Universität Bonn. Mitglied der Schelling-Kommission der Bayerischen Akademie der Wissenschaften; Leiter der Sektion für Philosophie der Görres-Gesellschaft

Veröffentlichungen u. a.: Die Unbedingtheit des Sittlichen. Eine Auseinandersetzung mit Nicolai Hartmann, 1962 — Kontinuität und Geschichte. Zur Kritik und Metakritik der Historischen Vernunft, 1972 — Philosophie in Deutschland 1945 bis 1975 (Mitautor), 1978 — Mithrsg.: Historisch-Kritische Schelling-Ausgabe, 1976 ff. — J. G. Fichte Bibliographie, 1968 — Handbuch Philosophischer Grundbegriffe, 1973/74 — Zeitschrift für philosophische Forschung, 1978 ff. — Abhandlungen zur Transzendentalphilosophie, zur Philosophiegeschichte, zur Geschichtstheorie und Philosophie der Geschichte

Stichworte: Kontinuität; Narrativität

Ursula A. J. Becher, Dr. phil., Privat-Dozentin an der Abteilung für Geschichtswissenschaft der Ruhr-Universität Bochum

Veröffentlichungen: Politische Gesellschaft. Studien zur Genese bürgerlicher Öffentlichkeit in Deutschland, 1978 — Personale und historische Identität, in: Bergmann, K. / Rüsen, H. (Hrsg.): Geschichtsdidaktik: Theorie für die Praxis, 1978 — Zeitgeschichte und Lebensgeschichte. Überlegungen zu einer Theorie der Zeitgeschichte, in: Geschichtsdidaktik 4 (1979) — Didaktische Prinzipien der Geschichtsdarstellung, in: Jeismann, K.-E. / Quandt, S. (Hrsg.): Geschichtsdarstellung. Determinanten und Prinzipien, 1982 — Aufsätze zur Geschichtsschreibung, zur deutschen Aufklärung und zur Geschichte der französischen Geschichtswissenschaft

Stichworte: Periodisierung; Zeitgeschichte; Sprache; Didaktik der Zeitgeschichte; Chronologischer Geschichtsunterricht; Geschichtsvereine

Klaus Bergmann (1938), Dr. phil., Prof. für Didaktik der Geschichte an der Justus-Liebig-Universität Gießen. Mithrsg. der Zeitschrift „Geschichtsdidaktik" und der Buchreihe „Geschichtsdidaktik. Studien, Materialien" (Schwann)

Veröffentlichungen: Agrarromantik und Großstadtfeindschaft, 1970 — Personalisierung im Geschichtsunterricht — Erziehung zu Demokratie?, 1972 (2. erw. Aufl. 1977) — Geschichte und Zukunft. Didaktische Reflexionen über veröffentlichtes Geschichtsbewußtsein, 1975 (gemeinsam mit Hans-Jürgen Pandel) — Geschichtsunterricht und Identität, in: apz B 39 (1975) — Geschichtsdidaktik: Theorie für die Praxis (Hrsg. mit Jörn Rüsen), 1978 — Geschichtsdidaktik als Sozialwissenschaft, in: Süssmuth, H. (Hrsg.): Geschichtsdidaktische Positionen, 1980 — Geschichte im Alltag — Alltag in der Geschichte (Hrsg. mit Rolf Schörken), 1982 — Gesellschaft — Staat — Geschichtsunterricht (Hrsg. mit Gerhard Schneider), 1982 — Gegen den Krieg (gemeinsam mit Gerhard Schneider), 2 Bde., 1982 — Gedenkhistorie und historische Vernunft, in: forum loccum 3 (1984) — 1945. Ein Lesebuch (gemeinsam mit Gerhard Schneider), 1985 — Aufsätze, Rezensionen

Stichworte: Geschichte in der didaktischen Reflexion (Kapiteleinführung); Identität; Geschichte der Geschichtsdidaktik und des Geschichtsunterrichts; Gegenwarts- und Zukunftsbezogenheit; Emanzipation; Personalisierung / Personifizierung; Multiperspektivität; Didaktik der Alltagsgeschichte; Didaktik der Schul- und Unterrichtsgeschichte

Dieter Böhn (1938), Dr. rer. nat., Prof. für Didaktik der Geographie an der Universität Würzburg

Veröffentlichungen (Auswahl): Zeiten und Menschen. Geschichtsbuch für die Gymnasien Bayerns, Bd. 3 und 4 (zusammen mit W. Keßel), 1974 — Aufsätze: Zur Didaktik der Regionalen Geographie, 1976 — Das neue Fach Weltkunde, 1977 — Lernziele und Lehrstoff, 1976 — Normative Wertordnungen als Ansatz regionalgeographischer Arbeiten, 1976 — Vom Wissen zum Werten. Akzente fachdidaktischer Zielsetzungen im Erdkundeunterricht, in: Schönbach / Volkmann (Hrsg.): Erdkunde auf dem Prüfstand, 1982 — Wertvorstellungen prägen den Raum. Der Beitrag der Regionalen Geographie zur Wertorientierung, in: Erdkunde am Gymnasium, 1983 — (Hrsg.): Fachdidaktische Grundbegriffe in der Geographie, 1985

Stichwort: Geschichtsunterricht und Geographieunterricht

Peter Böhning (1936), Dr. phil., Studienprofessor am Oberstufen-Kolleg des Landes NW an der Universität Bielefeld

Veröffentlichungen: Die nationalpolnische Bewegung in Westpreußen (1815 — 1871), 1973 — Geschichte und Politik, 1972 — Was sind Revolutionen? Möglichkeiten wissenschaftspropädeutischen Arbeitens im Geschichtsunterricht der Sekundarstufe II, 1977 — Orientierungskurs „Geschichte": Möglichkeiten der fach- und berufsorientierenden Einführung (mit W. Emer und U. Horst), 1978 — Stadtgeschichte — Stadterfahrung. Das Beispiel einer curricularen Einheit von historischem Kurs und Exkursion (mit W. Emer, U. Horst und H. Schuler-Jung), 1982

Stichwort: Geschichtsunterricht in der Sekundarstufe II

Werner Boldt (1935), Dr. phil., Prof. für Geschichte und ihre Didaktik an der Universität Oldenburg. Mitarbeiter an der Zeitschrift „Geschichtsdidaktik"

Veröffentlichungen: Die Württembergischen Volksvereine von 1848 bis 1852, 1970 — Die Anfänge des deutschen Parteiwesens, 1971 — Fachwissenschaftliche und didaktische Aufsätze, u. a. zur Friedenserziehung

Stichworte: Geschichte im Kanon der Unterrichtsfächer (Kapiteleinführung); Projektarbeit; Projektstudium; Einphasige Lehrerausbildung

Bodo von Borries (1943), Dr. phil., Prof. für Erziehungswissenschaft unter besonderer Berücksichtigung der Geschichtsdidaktik an der Universität Hamburg

Veröffentlichungen: Deutschlands Außenhandel 1836 — 1856, 1970 — Lernziele und Testaufgaben für den Geschichtsunterricht, 2. Aufl. 1974 — Problemorientierter Geschichtsunterricht? Schulbuchkritik und Schulbuchrevision, 1980 — Römische Republik: Weltstaat ohne Frieden und Freiheit, 2. Aufl. 1984 — Aufsätze zu historischer Sozialisation und Identität, zur Didaktik der Frauen- und Kolonialgeschichte

Stichworte: Didaktik der Frauengeschichte; Programmierter Geschichtsunterricht; Leistungsmessung und Leistungsbeurteilung; Tests

Horst Callies (1934), Dr. phil., Prof. für Alte Geschichte am Historischen Seminar der Universität Hannover

Veröffentlichungen (Auswahl): Arminius, Held der Deutschen, in: Ein Jahrhundert Hermannsdenkmal 1875 — 1975, Sonderveröffentlichungen des Naturwissenschaftlichen und Historischen Vereins für das Land Lippe 23 (1975) — Der Fall Athen — Modell einer Demokratie, in: TU Hannover 3 (1976) — Was bedeutet uns heute eine Beschäftigung mit dem Altertum, in: Universitas 36 (1981) — Rom von der klassischen Republik bis zum Beginn der Völkerwanderung, 1981 — Cicero und die Krise seiner Zeit, in: L. Hieber / R. W. Müller (Hrsg.): Gegenwart der Antike, 1982

Stichwort: Geschichte und Touristik

Jörg Calließ (1941), Dr. phil., Studienleiter an der Evangelischen Akademie Loccum, Lehrbeauftragter am Historischen Seminar der TU Braunschweig

Veröffentlichungen (Auswahl): Militär in der Krise. Die bayerische Armee in der Revolution 1848/49, 1976 — Die Darstellung der Industrialisierung im Unterricht. Kriterien für eine Didaktik der Wirtschafts- und Sozialgeschichte, in: K. Bergmann / J. Rüsen (Hrsg.): Geschichtsdidaktik: Theorie für die Praxis, 1978 — Vom Ursprung des West-Ost-Konflikts, in: H. Schierholz: Frieden — Abrüstung — Sicherheit. Didaktisches Sachbuch für Schule, Jugendarbeit und Erwachsenenbildung, 1981 — Gewalt in der Geschichte. Beiträge zur Gewaltaufklärung im Dienste des Friedens (Hrsg.), 1983 — Die Regionalisierung der historisch-politischen Kultur. Nahwelt und Geschichte im Rundfunk (Hrsg. mit Siegfried Quandt), 1984 — Herausgeber zahlreicher „Loccumer Protokolle"

Stichworte: Geschichte als Argument; Akademiearbeit

Margarete Dörr (1928), Prof., Fachleiterin für Geschichte am Seminar für Erziehung und Didaktik in der Schule, Heilbronn; Lehrbeauftragte für Fachdidaktik Geschichte an der Universität Stuttgart

Veröffentlichungen: Mitarbeit am geschichtlichen Arbeitsbuch ,,Fragen an die Geschichte", hrsg. von H. D. Schmid, 1976 ff. — Fachwissenschaftliche und fachdidaktische Aufsätze

Stichwort: Historisches Wissen

Klaus Eder (1946), Dr. rer. soc., 1971 bis 1983 wissenschaftlicher Mitarbeiter am Max-Planck-Institut für Sozialwissenschaften, seit 1983 Mitglied der Münchener Projektgruppe für Sozialforschung e. V. und Lehrbeauftragter am Sozialwissenschaftlichen Institut der Universität Düsseldorf; dort zur Zeit Privatdozent

Veröffentlichungen: Die Entstehung staatlich organisierter Gesellschaften. Ein Beitrag zur Theorie sozialer Evolution, 1976 — Abhandlungen zu Problemen der Evolutionstheorie, der Rechtssoziologie und der Theorie sozialer Bewegungen, u. a.: Kollektive Lernprozesse und Geschichte. Zur Evolution der moralischen Grundlagen politischer Herrschaft, in: Saeculum 33 (1982) — Zur Rationalisierungsproblematik des modernen Rechts, in: Soziale Welt 29 (1978) — A New Social Movement?, in: Telos 52 (1982)

Stichworte: Universalgeschichte; Historische Anthropologie

Karl-Georg Faber (1925) † 1982, bis 1982 o. Prof. für Neuere Geschichte an der Universität Münster

Veröffentlichungen: Die nationalpolitische Publizistik Deutschlands von 1866 bis 1871, 1963 — Die Rheinlande zwischen Restauration und Revolution 1814 — 1848, 1966 — Was ist eine Geschichtslandschaft?, 1968 — Theorie der Geschichtswissenschaft 1971 (4. Aufl. 1978) — Strukturprobleme des deutschen Liberalismus im 19. Jahrhundert, 1975 — Zum Einsatz historischer Aussagen als politisches Argument, 1975 — Zum Stand der Geschichtstheorie in der Bundesrepublik Deutschland, 1978 — Ausprägungen des Historismus, 1979 — Funkkolleg Geschichte, 1979/80

Stichworte: Hermeneutik, Verstehen; historische Begriffe

Bernd Faulenbach (1943), Dr. phil., Wissenschaftlicher Mitarbeiter am Forschungsinstitut für Arbeiterbildung Recklinghausen

Veröffentlichungen: Geschichtswissenschaft in Deutschland (Hrsg.), 1974 — Ideologie des deutschen Wesens. Die deutsche Geschichte in der Historiographie zwischen Kaiserreich und Nationalismus, 1980 — Zahlreiche Aufsätze in Fachzeitschriften und Sammelbänden zur Geschichte der Geschichtswissenschaft, zur Sozialgeschichte des 19. und 20. Jahrhunderts und zur Didaktik der Geschichte in der Erwachsenenbildung

Stichworte: Geschichte in der Erwachsenenbildung; Geschichte in der gewerkschaftlichen Bildungsarbeit

Karl Filser (1937), Dr. phil., Prof. für Didaktik der Geschichte an der Universität Augsburg

Veröffentlichungen (Auswahl): Geschichte mangelhaft, 1973 — Theorie und Praxis des Geschichtsunterrichts (Hrsg.), 1974 — Geschichte entdecken. Unterrichtswerk in 5 Bde. (Mithrsg.), 1978 bis 1983 — Römische Kultur in Augsburg, Augsburger Reihe zur

Museumspädagogik (Hrsg.), 1980 ff. — Hakenkreuz und Zirbelnuß. Augsburg im Dritten Reich, Quellen zur Geschichte Bayerisch-Schwabens für den historisch-politischen Unterricht (mit H. Thieme), 1983 — Luther — Symbolfigur der Deutschen?, in: Wolfgang Reinhard (Hrsg.): Fragen an Luther, Schriften der phil. Fakultäten der Universität Augsburg 28 (1983) — Augsburg im Dritten Reich, in: Geschichte der Stadt Augsburg von der Römerzeit bis zur Gegenwart, 1984

Stichwort: Entdeckendes Lernen

Kurt Gerhard Fischer (1928), Dr. phil., Prof. für Didaktik der Gesellschaftswissenschaften an der Universität Gießen, Mithrsg. der Zeitschrift „Politische Didaktik" (Metzler), Hrsg. der Reihe „Zur Praxis des politischen Unterrichts" (ab 1971)

Veröffentlichungen (Auswahl): Der politische Unterricht, 1960 (3. Aufl. 1975) (zusammen mit Hermann und Mahrenholz) — Einführung in die Politische Bildung, 3. Aufl. 1973 — Polytechnische Erziehung (Hrsg.), 1970 — Zum aktuellen Stand der Theorie und Didaktik der Politischen Bildung (Hrsg.), 1977 — Wissenschaftstheoretische Grundfragen von Gesellschaftslehre und historischer Bildung, in: Schörken, Rolf (Hrsg.): Zur Zusammenarbeit von Geschichts- und Politikunterricht, 1978 — weitere Aufsätze zur Theorie und Didaktik der politischen Bildung — Autor und Hrsg. zahlreicher Schulbücher für den politischen Unterricht

Stichwort: Geschichtsunterricht und Arbeitslehre

Helmut Fleischer (1927), Dr. phil., Prof. für Philosophie an der Technischen Hochschule Darmstadt

Veröffentlichungen: Marxismus und Geschichte, 1969 — Marx und Engels, 1970 — Sozialphilosophische Studien, 1973 — Abhandlungen zu Problemen der Historik u. a.: Parteilichkeit und Objektivität im Geschichtsdenken nach Marx, in: Koselleck, R., u. a. (Hrsg.): Theorie der Geschichte. Objektivität und Parteilichkeit, 1977 — Geschichte ohne Heilsgewißheit, in: Heinemann, G. / Schmied-Kowarzik, W.-D. (Hrsg.): Sabotage des Schicksals, 1982

Stichwort: Historischer Materialismus

Klaus Fröhlich (1937), Dr. phil., wissenschaftlicher Angestellter an der Abteilung für Geschichtswissenschaft der Ruhr-Universität Bochum

Veröffentlichungen: The Emergence of Russian Constitutionalism 1900 — 1904, 1981 — Dornröschen, oder wird der Geschichtsunterricht wachgeküßt? (zusammen mit J. Jahnke), in: Gd 5 (1980) — Das Schulbuch, in: Pandel, Hans-Jürgen / Schneider, Gerhard (Hrsg.): Medien im Geschichtsunterricht, 1985

Stichworte: Richtlinien, Lehrpläne; Geschichtslehrerausbildung (Kapiteleinführung); Studium der Geschichtsdidaktik

Walter Fürnrohr (1925), Dr. phil., Prof. für Didaktik der Geschichte an der Universität Erlangen / Nürnberg, Vorsitzender der Internationalen Gesellschaft für Geschichtsdidaktik

Veröffentlichungen: Geschichtsdidaktisches Studium in der Universität (Hrsg. mit J. Timmermann u. a.), 1972 — Geschichtsdidaktik und Curriculumentwicklung, Bd. 1, 1974 — Ansätze empirischer Forschung im Bereich der Geschichtsdidaktik (Hrsg. mit H. G. Kirchhoff), 1976 — Geschichtsdidaktik im internationalen Vergleich (Hrsg.), 1979 — Ansätze einer problemorientierten Geschichtsdidaktik, 1978 — Afrika im Geschichtsunterricht europäischer Länder (Hrsg.), 1982 — Die Welt des Islams im Geschichtsunterricht der Europäer (Hrsg.), 1985

Stichwort: Empirische Unterrichtsforschung

Klaus Gebauer (1940), Dr. phil., M. A., Regierungsschuldirektor am Landesinstitut für Schule und Weiterbildung in Soest, Referatsleiter in der Abteilung Curriculumentwicklung, verantwortlich für die Fächer Geschichte, Geographie, Politik-Unterricht, Sozialwissenschaften, Philosophie und Religionslehre

Veröffentlichungen (Auswahl): Zum politischen Bewußtsein der Studenten der Pädagogischen Hochschule Bonn (Diss.), 1974 — „Situationsdefinitionsreichweite", ein Zugriff im Rahmen der empirischen Erforschung von Geschichtsunterricht, in: Walter Fürnrohr (Hrsg.): Ansätze empirischer Forschung im Bereich der Geschichtsdidaktik, 1976 — Sozialisation — Selbstbestimmung oder Fremdbestimmung, Arbeitshefte für den sozialwissenschaftlichen Unterricht Sekundarstufe II, 1981 — Ausländer in der Bundesrepublik Deutschland — Ein didaktischer Entwurf, 1982 — Utopie — Neue Inseln, „1984" und danach, Arbeitshefte für den Sozialwissenschaftlichen Unterricht Sekundarstufe II, 1983 — Der latente Faschismus — Didaktische Bemerkungen zur Kontinuität und den strukturellen Voraussetzungen, in: 50 Jahre danach, Sonderheft der Reihe Politisches Lernen, hrsg. von der Deutschen Vereinigung für politische Bildung, 1983 — Islamischer Religionsunterricht an deutschen Schulen — Arbeit an einem Curriculum in Nordrhein-Westfalen, in: Lähnemann, D. (Hrsg.): Kulturbegegnung in Schule und Studium, 1983

Stichwort: Geschichtsunterricht in Gesamtschulen

Angela Genger (1947), Dipl. Paed., Leiterin der Mahn- und Gedenkstätte Alte Synagoge Essen

Veröffentlichungen: Krieg und Frieden in der Sicht von Karl Marx. Vorschläge zur Behandlung im Unterricht, in: Ch. Küpper (Hrsg.): Historisch-politische Friedenserziehung, 1972 — Didaktische Modelle, Curriculumanalyse und Moderatorentätigkeit. Anmerkungen zu Lehr- / Lernkonzepten für die Moderatorentätigkeit im Fach Politik, in: Lehrerfortbildung zum Curriculum „Politik". Teilergebnisse eines FeoLL-Projekts 1979 — Mitarbeit an Zeitschriftenaufsätzen zur Didaktik der Lehrerfortbildung, u. a.: Baumann / Genger: Lehrerfortbildung — Lernen für die Praxis?, in: ZfPäd 3 (1978) — Zur Wirksamkeit von Lehrerfortbildung für pädagogisches Handeln in der Schule (Mithrsg.), 1981 — Überschaubarkeit und Offenheit als leitende Prinzipien, in: Alte Synagoge Essen (Hrsg.): Dokumentation zur Ausstellung „Widerstand und Verfolgung in Essen 1933 — 1945", 1981 — Mithrsg. der Dokumentation von überregionalen Fachtagungen der Lehrerfortbildner (1976, 1978)

Stichwort: Lehrerfortbildung

Siegfried George (1933), Dr. phil., Prof. für Didaktik der Gesellschaftswissenschaften an der Universität Gießen

Veröffentlichungen: Einführung in die Curriculum-Planung des politischen Unterrichts, 1972 — Sehen — beurteilen — handeln, Lese- und Arbeitsbuch zur Sozialkunde und Gesellschaftslehre, 5. / 6. Schuljahr, 1982 — Sozialwissenschaftliches Fachpraktikum, 1977

Stichworte: Politische Bildung; Geschichtsunterricht und politische Bildung

Margarethe Goldmann (1952), Referentin für Stadtteilkulturarbeit der Stadt Recklinghausen

Veröffentlichungen zur Kulturarbeit und zur Geschichte in der Kulturarbeit

Stichwort: Geschichte im Stadtteil

Dietrich Harth (1934), Dr. phil., Prof. für Literaturwissenschaft am Germanistischen Seminar der Universität Heidelberg

Veröffentlichungen: Philologie und praktische Philosophie, 1970 — Propädeutik der Literaturwissenschaft (Hrsg.), 1973 — Erkenntnis der Literatur (Hrsg. zusammen mit P. Gebhardt), 1982 — Zahlreiche Abhandlungen zu Problemen der Fachgeschichte, der Literaturtheorie und Historiographie in Fachzeitschriften und Sammelwerken, u. a.: Biographie als Weltgeschichte. Die theoretische und ästhetische Konstruktion der historischen Handlung in Droysens „Alexander" und Rankes „Wallenstein", in: DVjs 54 (1980) — Die Geschichte ist ein Text. Versuch über die Metamorphosen des historischen Diskurses, in: Koselleck, R., u. a. (Hrsg.): Formen der Geschichtsschreibung, 1982

Stichwort: Geschichtsschreibung

Karin Hausen (1938), Dr. phil., Prof. für Wirtschafts- und Sozialgeschichte an der Technischen Universität Berlin

Veröffentlichungen zur Familien- und Frauengeschichte: Historische Familienforschung, in: R. Rürup (Hrsg.): Historische Sozialwissenschaft, 1977 — Frauen suchen ihre Geschichte (Hrsg.), 1983 — Mütter, Söhne und der Markt der Symbole und Waren: Der deutsche Muttertag 1923 bis 1933, in: H. Medick / D. Sabean (Hrsg.): Emotionen und materielle Interessen, 1984

Stichwort: Didaktik der Kindheitsgeschichte

Ulrich Herbert (1951), Dr. phil., Hochschulassistent beim Arbeitsbereich Neuere Geschichte an der Fernuniversität Hagen

Veröffentlichungen: Nazis und Nachbarn. Schüler erforschen den Alltag im Nationalsozialismus (Hrsg. mit D. Galinski und U. Lachauer), 1982 — Die guten und die schlechten Zeiten. Überlegungen zur diachronen Analyse lebensgeschichtlicher Interviews, in: L. Niethammer (Hrsg.): Lebensgeschichte und Sozialkultur im Ruhrgebiet, Bd. 1, 1983 — Apartheid nebenan. Erinnerungen an die Fremdarbeiter im Ruhrgebiet, in: L. Niethammer (Hrsg.): Lebensgeschichte und Sozialkultur im Ruhrgebiet, Bd. 1, 1983 — Vom Kruppianer zum Arbeitnehmer, in: L. Niethammer (Hrsg.): Lebensgeschichte und Sozialkultur im Ruhrgebiet, Bd. 2, 1983 — Zwangsarbeit als Lernprozeß, in: ASG 1984 — Der Feind als Kollege. Politik und Praxis des ‚Fremdarbeiter-Einsatzes' in der Kriegswirtschaft des Dritten Reiches, (Diss.) 1984 (erscheint 1985) — Aufsätze zur Fremdarbeiterpolitik, Oral History und Didaktik

Stichwort: Interview / Oral History

Gerd van den Heuvel (1954), Mitherausgeber des Handbuchs politisch-sozialer Grundbegriffe in Frankreich 1680 — 1820

Veröffentlichungen: Grundprobleme der französischen Bauernschaft 1730 — 1794, 1982 — Terreur, Terriste, Terrorisme, in: Actes du 2e Coll. de Lexicologie politique, 1982 — Artikel Terreur, Féodalité, Cosmopolitisme, Liberté u. a. im Handbuch politisch-sozialer Grundbegriffe in Frankreich, 1984 ff.

Stichwort: Begriffsgeschichte, Historische Semantik

Bernd Hey (1942), Dr. phil., Professor für Kulturpädagogik an der Universität Bielefeld

Veröffentlichungen (Auswahl): Die historische Exkursion. Zur Didaktik und Methodik des Besuchs historischer Stätten, Museen und Archive, 1978 — Freizeitdidaktik (Hrsg. zusammen mit W. Nahrstedt und H.-Chr. Florek), 1984

Stichwort: Exkursionen, Lehrpfade, alternative Stadterkundungen

Detlef Hoffmann (1940), Dr. phil., Prof. für Neuere Kunstgeschichte an der Universität Oldenburg

Veröffentlichungen zur Museologie, Kunstgeschichte des 18. bis 20. Jahrhunderts, Kulturgeschichte der Spielkarten und Spiele, Mediengeschichte und Mediendidaktik

Stichworte: Geschichtsunterricht und Museen; Museum

Wolfgang Hug (1931), Dr. phil., Prof. für Geschichte und ihre Didaktik an der Päd. Hochschule Freiburg, Hrsg. des Schulgeschichtsbuches „Geschichtliche Weltkunde" mit Schülerarbeitsheften, Arbeitstransparenten, Quellenlesebüchern, Lehrerheften (Diesterweg)

Veröffentlichungen: Die Entwicklungsländer im Schulunterricht, 1962 — Geschichtsunterricht in der Praxis der Sekundarstufe I, 1977 — Die Menschenrechte (= Informationen zur politischen Bildung, 129), Neudruck 1978 — Das historische Museum im Geschichtsunterricht, 1978 — Das Freiburger Münster erzählt seine Geschichte, 1978 — Zahleiche Aufsätze zu geschichtsdidaktischen Fragen in Zeitschriften und Sammelwerken.

Stichwort: Schulbuch

Jochen Huhn (1930), Dr. phil., Prof. für Didaktik der Gesellschaftslehre an der Gesamthochschule Kassel

Veröffentlichungen (Auswahl): Politische Geschichtsdidaktik. Untersuchungen über politische Implikationen der Geschichtsdidaktik in der Weimarer Republik und in der Bundesrepublik, 1975 — Elementare Formen historischen Lernens, in: Geschichtsdidaktik (1977) — Geschichtsdidaktik — Geschichtstheorie — Geschichtslehrerstudium. Eine Problemskizze zum Verhältnis von Geschichtsforschung und Laien, in: Geschichtsdidaktik (1977) — Historisches Lernen als Erfahrung, in: Schörken, Rolf (Hrsg.): Zur Zusammenarbeit von Geschichts- und Politikunterricht, 1978 — Magisterabschluß ohne

Chance? Überlegungen zum Verhältnis von Wissenschaft und Berufspraxis für das Fach Geschichte, in: Geschichtsdidaktik (1985)

Stichworte: Geschichte in der außerschulischen Öffentlichkeit (Kapiteleinführung); Historische Beratung

Georg G. Iggers (1926), Ph. D., Prof. of History an der State University of New York in Buffalo (USA) mit dem Schwerpunkt Geschichte der Ideen (Intellectual History) im modernen Europa; Mithrsg. des „International Handbook of Historical Studies" (1980)

Veröffentlichungen: The Cult of Authority. The Political Philosophy of the Saint-Simonians, 1958 — The German Conception of History, 1968 (2. veränderte Aufl. 1983) (dt.: Deutsche Geschichtswissenschaft, 1971, 2. erw. Aufl. 1972) — Leopold von Ranke. The Theory and Practice of History (Hrsg. mit K. von Moltke), 1973 — New Directions in European Historiography, 1975 (2. veränderte Aufl. 1984) (dt.: Neue Geschichtswissenschaft, 1978) — Zeitschriftenaufsätze zur Geschichte der Geschichtswissenschaft

Stichwort: Geistesgeschichte, Ideengeschichte, Geschichte der Mentalitäten

Karl-Ernst Jeismann (1925), Dr. phil., Prof. für Neuere Geschichte und Didaktik der Geschichte an der Westfälischen Wilhelms-Universität in Münster, Hrsg. der Zeitschrift „Internationale Schulbuchforschung", Mithrsg. der Reihe „Geschichte / Politik. Studien zur Didaktik" und „Geschichte / Politik. Unterrichtseinheiten für ein Curriculum"

Veröffentlichungen: Das Problem des Präventivkrieges im europäischen Staatensystem, 1957 — Das Preußische Gymnasium in Staat und Gesellschaft. Die Entstehung des Gymnasiums als Schule des Staates und der Gebildeten, 1787 — 1817, 1974 — Geschichte / Politik. Grundlegung des historisch-politischen Unterrichts (zusammen mit G. C. Behrmann und H. Süssmuth), 1978 — Friedrich Harkort, Schriften und Reden zu Volksschule und Volksbildung (Hrsg.), 1969 — Staat und Erziehung in der preußischen Reform 1807 bis 1819 (Hrsg.), 1969

Stichworte: Tradition; Geschichtsbewußtsein

Horst-W. Jung (1938), Dr. phil., Prof. für Erziehungswissenschaft unter besonderer Berücksichtigung der Didaktik der Geschichte und/oder Politik an der Universität Hamburg

Veröffentlichungen: Anselm Franz von Bentzel im Dienste der Kurfürsten von Mainz, 1966 — Rheinland-Pfalz zwischen Antifaschismus und Antikommunismus, 1976 — Studienbuch Geschichtsdidaktik, 1978 — Historisches Lernen I. Didaktik der Geschichte, 1983 (zusammen mit Gerda von Staehr) — Historisches Lernen II. Geschichtsmethodik, 1985 (zusammen mit Gerda von Staehr) — Aufsätze u. a. zur Geschichtswissenschaft, Geschichtsidaktik und Politischen Bildung

Stichwort: Materialistische Geschichtsdidaktik

Wilhelm van Kampen (1934), Dr. phil., Leiter der Abt. Berlin-Archive und -Information in der Landesbildstelle Berlin, Vorstandsmitglied der Internationalen Gesellschaft für Geschichtsdidaktik, der International Association for Audio-Visual Media in Historical Research and Education und des Studienkreises Rundfunk und Geschichte

Veröffentlichungen (Auswahl): HOLOCAUST. Materialien zu einer amerikanischen Fernsehserie über die Judenverfolgung im „Dritten Reich", 1978 (3. überarb. Auf. 1982) — Geschichte in der Öffentlichkeit (Hrsg. zusammen mit H. G. Kirchhoff), 1979, darin: Film und Geschichte. Versuch einer Bestandsaufnahme — Illustrierte Weltanschauung. Politische Aspekte im Film des „Dritten Reiches", in: Journal für Geschichte 2 (1980) — Das „preußische Beispiel" als Propaganda und politisches Lebensbedürfnis. Anmerkungen zur Authentizität und Instrumentalisierung von Geschichte im Preußenfilm, in: Preußen im Film, 1981 — Mediendidaktische Handreichungen „Der unvergessene Krieg" (mit Bodo von Borries, G. Schneider u. a.), in: Weiterbildung & Medien 3 (1981)

Stichwort: Film

Peter Ketsch (1948), Studienrat am Gymnasium Walsrode

Veröffentlichungen: Aspekte der rechtlichen politisch-gesellschaftlichen Situation von Frauen im frühen Mittelalter (500 — 1150), in: Annette Kuhn / Jörn Rüsen (Hrsg.): Frauen in der Geschichte, Bd. 2, 1982 — Frauen im Mittelalter, Bd. 1: Frauenarbeit im Mittelalter, hrsg. von Annette Kuhn, 1983 — Frauen im Mittelalter, Bd. 2: Frauenbild und Frauenrechte in Kirche und Gesellschaft, hrsg. von Annette Kuhn, 1984 — Schulfunk, in: Hans-Jürgen Pandel / Gerhard Schneider (Hrsg.): Handbuch Medien im Geschichtsunterricht, 1985

Stichwort: Schulfunk

Jürgen Kocka (1941), Dr. phil., Prof. für allgemeine Geschichte unter besonderer Berücksichtigung der Sozialgeschichte an der Universität Bielefeld, seit 1983 Direktor am dortigen Zentrum für interdisziplinäre Forschung, Mithrsg. der „Kritischen Studien zur Geschichtswissenschaft" und von „Geschichte und Gesellschaft. Zeitschrift für historische Sozialwissenschaft"

Veröffentlichungen: Unternehmensverwaltung und Angestelltenschaft am Beispiel Siemens 1847 — 1914. Zum Verhältnis von Kapitalismus und Bürokratie in der deutschen Industrialisierung, 1969; Klassengesellschaft im Krieg. Deutsche Sozialgeschichte 1914 — 1918, 1973 (2. Aufl. 1978) — Unternehmer in der deutschen Industrialisierung, 1975 — Angestellte zwischen Faschismus und Demokratie. Zur politischen Sozialgeschichte der Angestellten: USA 1890 — 1940 im internationalen Vergleich, 1977 — Sozialgeschichte. Begriff, Entwicklung, Probleme, 1977 — Die Angestellten in der deutschen Geschichte, 1981 — Lohnarbeit und Klassenbildung. Arbeiter und Arbeiterbewegung in Deutschland 1800 — 1875, 1983 — Aufsätze zur deutschen und zur amerikanischen Sozial- und Wirtschaftsgeschichte des 19. und 20. Jahrhunderts sowie zur Theorie der Geschichte

Stichworte: Sozialgeschichte, Gesellschaftsgeschichte; Strukturgeschichte; Historische Sozialwissenschaft

Ernst Ulrich Kratz (1944), Dr. phil., Lecturer in Indonesian an der School of Oriental and African Studies, University of London

Die Autoren

Veröffentlichungen (Auswahl): Peringatan Sejarah Negeri Johor, eine Malaiische Quelle zur Geschichte Johors im 18. Jahrhundert, 1973 — Indonesische Märchen, 1973 — Aufsätze zur malaiisch-indonesichen Historiographie, Philologie und Literatur

Stichwort: Geschichtsunterricht in der Dritten Welt

Rainer Krieger (1945), Dr. phil., Akademischer Rat am Fachbereich Psychologie der Universität Gießen

Veröffentlichungen: Schwierigkeiten junger Lehrer in der Berufspraxis (mit C. Bergmann u. a.), 1976 — Determinanten der Wißbegier. Untersuchungen zur Theorie der intrinsischen Motivation, 1976 — Kognitive Motivation. Bewußtseinsvorgänge und zielgerichtetes Verhalten, in: E. Todt u. a., 1977 — Psychologische Aspekte politischer Bildung, 1978

Stichworte: Psychologie und Geschichtsunterricht; Transfer

Annette Kuhn (1934), Dr. phil., Prof. für Politische Bildung und Didaktik der Geschichte an der Universität Bonn, Mithrsg. der Zeitschriften „Geschichtsdidaktik" (Schwann) und „International Journal of Political Education" (Elsevier Scientific Publ. Co., Amsterdam) sowie der Reihe „Geschichte im Unterricht" (Kösel)

Veröffentlichungen: Die Kirche im Ringen mit dem Sozialismus 1803 — 1848, 1965 — Theorie und Praxis historischer Friedensforschung, 1971 — Einführung in die Didaktik der Geschichte, 1974 — Aufsätze, u. a.: Zum Entwicklungsstand in der Geschichtsdidaktik, in: W. Born / G. Otto (Hrsg.): Didaktische Trends, 1978 — Zur Zusammenarbeit von Geschichtsunterricht und Politikunterricht, in: Rolf Schörken (Hrsg.): Zur Zusammenarbeit von Geschichts- und Politikunterricht, 1978 — Frauen in der Geschichte (Mithrsg.), 1979 ff. — Geschichtsdidaktisches Grundwissen (mit Valentine Rothe), 1980 — Geschichtsunterricht 5 — 10 (mit Gerhard Schneider), 1981

Stichworte: Frauengeschichte; Didaktik der Friedenserziehung; Geschichtsdidaktik und Curriculumentwicklung (Kapiteleinführung); Lerntheorie und Geschichtsdidaktik; Bedingungsanalyse; Schülerinteresse; Unterrichtsplanung

Martin Kutz (1939), Dr. phil., Dozent für Wirtschafts- und Sozialgeschichte an der Führungsakademie der Bundeswehr in Hamburg, Lehrbeauftragter der Universität Hamburg, Mithrsg. der „Vierteljahresschrift für Sicherheit und Frieden"

Veröffentlichungen: Tradition und soldatische Erziehung. Zu den gegenwärtigen historischen Leitbildern der Bundeswehr, in: Schulz, K. E. (Hrsg.): Streitkräfte im gesellschaftlichen Wandel, 1980 — Reform und Restauration der Offiziersausbildung der Bundeswehr. Strukturen und Konzeptionen der Offiziersausbildung im Widerstreit militärischer und politischer Interessen, 1982 — zahlreiche Veröffentlichungen zum deutschen und europäischen Außenhandel des 18. und 19. Jahrhunderts sowie zur Wirtschafts- und Sozialgeschichte der Weltkriege

Stichwort: Historisch-politische Bildung in der Bundeswehr

Ulla Lachauer (1951), freie Journalistin beim Rundfunk und Fernsehen, wissenschaftliche Angestellte im Fach Geschichte an der Gesamthochschule Essen

Veröffentlichungen zur Geschichtsdidaktik, Arbeiten im Bereich der Nachkriegsgeschichte und des Faschismus, insbesondere zum Thema Vertriebene

Stichwort: Historische Praktika in außerschulischen Berufsbereichen

Christoph Lindenberg (1930), zur Zeit freie Forschungstätigkeit, zeitweilig Lehrbeauftrager an der Universität Tübingen, bis 1980 Lehrer an Waldorfschulen

Veröffentlichungen: Waldorfschulen: angstfrei lernen, selbstbewußt handeln, 12. Aufl. 1983 – Die Technik des Bösen. Zur Vorgeschichte und Geschichte des Nationalsozialismus, 1978 – Rudolf Steiner, in: Klassiker der Pädagogik, Bd. 2, 1979 – Die Lebensbedingungen des Erziehens, 1981 – Geschichte lehren – thematische Anregungen zum Lehrplan, 1981

Stichwort: Geschichtsunterricht in den Waldorfschulen

Ulrich Mayer (1941), Dr. phil., Rektor a. A. am Studienseminar Wetzlar, Mithrsg. der Reihe „Tempora. Lesehefte Geschichte für die Sekundarstufe I" (Klett)

Veröffentlichungen: Das Eindringen des Nationalsozialismus in die Stadt Wetzlar, 1970 – Kategorien der Geschichtsdidaktik und Praxis der Unterrichtsanalyse (zusammen mit Hans-Jürgen Pandel), 1976 – Diagramme im Geschichtsunterricht, in: Gd (1980), Neuabdruck in: Hans-Jürgen Pandel / Gerhard Schneider (Hrsg.): Handbuch Medien im Geschichtsunterricht, 1985 – Neue Wege im Geschichtsunterricht? Geschichtsdiaktik und Geschichtsunterricht in der Nachkriegszeit 1945 – 1953 (voraussichtlich 1986) – Lehrbuchautor, Aufsätze zur Geschichtsdidaktik und zur Geschichte des Geschichtsunterrichts, Unterrichtsentwürfe

Stichworte: Fachpraktikum; Kategorien der Geschichtsdidaktik

Hans Mommsen (1930), Dr. phil., Prof. für Neuere Geschichte an der Ruhr-Universität Bochum, 1974 Gastprofessur an der Harvard University, Cambridge, Mass., 1978 Gastprofessur an der University of California, Berkely, USA, seit 1983 Mitarbeiter am Wissenschaftskolleg Berlin

Veröffentlichungen: Die Sozialdemokratie und die Nationalitätenfrage im Habsburgischen Vielvölkerstaat, 1963 – Beamtentum im Dritten Reich, 1966 – Industrielles System und politische Entwicklung in der Weimarer Republik (Mithrsg.), 1974 – Sozialdemokratie zwischen Klassenbewegungen und Volkspartei (Hrsg.), 1974 – Nationale Frage und Arbeiterbewegung. Ausgewählte Aufsätze, 1979 – zahlreiche Aufsätze zur politischen und Sozialgeschichte des 19. und 20. Jahrhunderts, insbesondere zur Geschichte der Arbeiterbewegung und des Nationalsozialismus

Stichwort: Politische Geschichte

Achatz Frhr. von Müller (1943), Dr. phil., Hochschulassistent am Historischen Seminar der Universität Hamburg, Mithrsg. des „Journal für Geschichte"

Veröffentlichungen (Auswahl): Gloria bona fama bonorum. Studien zur sittlichen Bedeutung des Ruhmes in der frühchristlichen und mittelalterlichen Welt, in: Historische Studien 428 (1977) — Als Co-Autor: Geschichte der Arbeit. Vom alten Ägypten bis zur Gegenwart, 1980 — Die Stadt als Feudum: Der Kampf um das Stadtbild Neapels in Mittelalter und Früher Neuzeit, in: N. Hinske / M. J. Müller (Hrsg.): Von der Kunst, unsere Städte zu erhalten (Trierer Beiträge XII), 1983 — Zwischen „Krise" und Krisen: Italiens Gesellschaft um 1400, in: F. Seibt / W. Eberhard (Hrsg.): Europa um 1400, 1984 — Autor von Rundfunkvorträgen und Fernsehfeatures, Mitarbeit an Fernsehserien („Kolonialmacht Venedig", „Die Herren der Welt")

Stichwort: Geschichte im Fernsehen

Harro Müller-Michaels (1936), Dr. phil., Prof. für Literaturwissenschaft (Didaktik der Germanistik) an der Ruhr-Universität Bochum, Mithrsg. der Reihe „Literatur + Sprache + Didaktik" (Skriptor-Verlag), Hrsg. des „Jahrbuchs der Deutschdidaktik" (1978 ff.)

Veröffentlichungen: Dramatische Werke im Deutschunterricht, 2. Aufl. 1975 — Arbeitsmittel und Medien für den Deutschunterricht (Hrsg.), 1976 — Literatur im Alltag und Unterricht, 1978 — Positionen der Deutschdidaktik seit 1949, 1980 — Deutsche Dramen. Interpretationen zu Werken von der Aufklärung bis zur Gegenwart (Hrsg.), 2 Bde., 1981 — Aufsätze zur Literaturdidaktik und neueren deutschen Literatur

Stichwort: Geschichtsunterricht und Deutschunterricht

Bernd Mütter (1938), Dr. phil., Professor für Didaktik der Geschichte an der Universität Oldenburg

Veröffentlichungen (Auswahl): Die These von der „Eigenständigkeit des Geschichtsunterrichts". Überlegungen zum Verhältnis von Geschichtswissenschaft, Geschichtsdidaktik und Geschichtsunterricht, in: GWU (1976) — Geschichtsdidaktik an der Universität. Fakultät für Geschichtswissenschaft in Bielefeld, in: GPD (1977) — Die Geschichtswissenschaft in Münster zwischen Aufklärung und Historismus (1773 – 1902), 1980 — Wirtschaft und Gesellschaft im Zeitalter der Industrialisierung. Quellen- und Arbeitsbuch für die Sekundarstufe II (zusammen mit Jürgen Kocka), 1980, Nachdruck 1984 — Die Entstehung der Geschichtsdidaktik als eigenständige Wissenschaftsdisziplin nach dem Ersten Weltkrieg. Die geisteswissenschaftliche Richtung der Geschichtsdidaktik: Brandi, Nohl, Weniger, in: GPD (1984) — Historia vitae magistra — Geschichtsdidaktische Überlegungen zu einem alten Topos (erläutert am Unterrichtsthema „Russische Revolution"), in: Gegenwartskunde (1984)

Stichwort: Bildungstheorie und Geschichtsdidaktik

Willi Oelmüller (1930), Dr. phil., Prof. für Philosophie an der Ruhr-Universität Bochum

Veröffentlichungen (Auswahl): Kolloquien zur Gegenwartsphilosphie, (Hrsg. und Mitautor), Bd. 1 – 3: Materialien zur Normendiskussion; Bd. 4 – 6: Kolloquium: Kunst und Philosophie; Bd. 7 – 9: Kolloquium: Religion und Philosophie, 1978 ff. — Philosophische Arbeitsbücher 1 – 7, 1977 bis 1985 — Die unbefriedigte Aufklärung. Beiträge zu einer Theorie der Moderne von Lessing, Kant und Hegel, 2. Aufl. 1979 — Weiterentwicklungen des Marxismus (Wege der Forschung CXXXIII) (Hrsg.), 1981 — Zugänge zu einem philosophischen Diskurs: Mensch in den Erfahrungshorizonten Gott, Natur, Kultur, in: W. Oelmüller / R. Dölle-Oelmüller / C.-F. Geyer: Diskurs: Mensch, 1985

Stichwort: Geschichtsphilosophie

Hans-Jürgen Pandel (1940), Dr. phil., Wissenschaftlicher Mitarbeiter für Geschichte und Didaktik der Geschichte an der Universität Osnabrück, Mithrsg. der Reihe „Tempora. Lesehefte Geschichte für die Sekundarstufe I" (1984 ff.)

Veröffentlichungen (Auswahl): Geschichte und Zukunft. Didaktische Reflexionen über veröffentlichtes Geschichtsbewußtsein (zusammen mit Klaus Bergmann), 1975 — Kategorien der Geschichtsdidaktik und Praxis der Unterrichtsanalyse (zusammen mit Ulrich Mayer), 1976 — Vorüberlegungen zu einer geschichtsdidaktischen Theorie der Interpretation, in: Klaus Bergmann / Jörn Rüsen (Hrsg.): Geschichtsdidaktik: Theorie für die Praxis, 1978 — Historiker als Didaktiker, in: Klaus Bergmann / Gerhard Schneider (Hrsg.): Gesellschaft — Staat — Geschichtsunterricht, 1982

Stichworte: Zeit; Sozialisation; Kategorien der Geschichtsdidaktik; Moralisches Bewußtsein; Geschichte im Unterricht (Kapiteleinführung); Methodik; Quellenarbeit; Sozialformen; Veranschaulichen und Vergegenwärtigen; Geschichtsunterricht in der Haupt- und Realschule; Fachpraktikum

Detlev J. K. Peukert (1950), Dr. phil., Privatdozent für Neuere Geschichte an der Universität Essen — Gesamthochschule

Veröffentlichungen: Die KPD im Widerstand, 1980 — Die Edelweißpiraten, 1980 — Volksgenossen und Gemeinschaftsfremde, 1982 — Grenzen der Sozialdisziplinierung. Aufstieg und Krise der deutschen Jugendfürsorge 1878 bis 1932, 1985 — Herausgebertätigkeit und Aufsätze, u. a. zu den Themen: Nationalsozialismus; Arbeiterbewegung; Alltagsgeschichte; Geschichte der Jugend und der Sozialpädagogik; Didaktik; Lateinamerika; Mitarbeit an Ausstellungen und regionalen Geschichtsprojekten

Stichworte: Didaktik der Arbeitergeschichte; Didaktik der Heimatgeschichte

Rainer Piepmeier (1943), Dr. phil., Prof. für Philosophie an der Universität — Gesamthochschule — Paderborn

Veröffentlichungen: Aporien des Lebensbegriffs seit Oetinger, 1978 — Diskurs Geschichte (Hrsg. mit W. Oelmüller und R. Dölle-Oelmüller), 1983 — Zahlreiche Aufsätze und Lexikonartikel zu Themen der Praktischen Philsophie, Geschichtsphilosophie, Ästhetik und Religionsphilosophie; u. a. Aufklärung (philosophisch), in: Theologische Realenzyklopädie, Bd. 4 — Das Ende der ästhetischen Kategorie ‚Landschaft', in: Westfälische Forschungen 30 (1980) — Baruch de Spinoza: Vernunftanspruch und Hermeneutik, in: U. Nassen (Hrsg.): Klassiker der Hermeneutik, 1982 — Vernunftbegriff — Religionsbegriff — Gesellschaftsbegriff. Zu einer neuzeitlichen Konstellation, in: B. Gladigow / H. G. Kippenberg (Hrsg.): Neue Ansätze der Religionswissenschaft, 1983 — Die Wirklichkeit der Kunst, in: Willi Oelmüller (Hrsg.): Ästhetischer Schein, 1982 — Historisches Zeichen und Historische Erklärung, in: Der Mensch und die Wissenschaften von Menschen. Die Beiträge des XII. Deutschen Kongresses für Philosophie in Innsbruck 1981, 1983

Stichwort: Fortschritt

Siegfried Quandt (1936), Dr. phil., Prof. für Didaktik der Geschichte an der Universität Gießen, Mithrsg. der Schriftenreihe „Geschichte / Politik" (Schöningh 1976 ff.)

Veröffentlichungen (Auswahl): „Guernica". Überlegungen, Vorschläge und Matrialien zum fächerübergreifenden Unterricht (mit I. Krahl), 1974 — Kinderarbeit und Kinderschutz in Deutschland seit dem 18. Jahrhundert, 1977 — Deutsche Geschichtsdidaktiker des 19. und 20. Jahrhunderts (Hrsg.), 1978 — Aufsätze zur Sozialgeschichte und zur Didaktik der Geschichte, u. a.: Fachspezifische und fächerübergreifende Curricula und Curriculumprojekte — Geschichte (mit Wolfgang Hug), in: Curriculum-Handbuch, 1975

Stichwort: Öffentlichkeit

Klaus Remus (1954), Wissenschaftlicher Mitarbeiter an der Abteilung für Geschichtswissenschaft der Ruhr-Universität Bochum

Rainer Riemenschneider (1942), Wissenschaftlicher Mitarbeiter des Georg-Eckert-Instituts für internationale Schulbuchforschung in Braunschweig (1976 bis 1983), zur Zeit Wissenschaftlicher Mitarbeiter des Deutschen Historischen Instituts, Paris; Redakteur des „Internationalen Jahrbuchs für Geschichts- und Geographieunterricht", der Zeitschrift „Internationale Schulbuchforschung" und mehrerer Bände der Schriftenreihe des Georg-Eckert-Instituts sowie der Zeitschrift „Francia. Studien zur westeuropäischen Geschichte", hrsg. vom Deutschen Historischen Institut, Paris

Veröffentlichungen: Geschichte Europas für den Unterricht der Europäer (Hrsg. mit Karl-Ernst Jeismann), 1980 — Dezentralisation und Regionalismus in Frankreich um die Mitte des 19. Jahrhunderts, 1984 — Aufsätze zur internationalen Schulbuchforschung und historischen Schulbuchforschung sowie zur französischen Geschichte im 19. und 20. Jahrhundert

Stichwort: Georg-Eckert-Institut für internationale Schulbuchforschung

Gerhard Ringshausen (1939), Dr. phil., Prof. für evangelische Theologie und Religionspädagogik an der Pädagogischen Hochschule Heidelberg

Veröffentlichungen: Von der Buchillustration zum Unterrichtsmedium. Der Weg des Bildes in die Schule, dargestellt am Beispiel des Religionsunterrichts, 1976 — Zahlreiche Aufsätze in Fachzeitschriften und Sammelbänden zu historischen, grundsätzlichen und mediendidaktischen Problemen der Religionspädagogik sowie zur Kunstgeschichte; mehrere Unterrichtsprojekte zur Reformation und Kirchlichen Zeitgeschichte im Religionsunterricht

Stichwort: Geschichtsunterricht und Religionsunterricht

Karl Rohe (1934), Dr. phil., o. Professor für Politikwissenschaft an der Universität Essen — Gesamthochschule

Veröffentlichungen (Auswahl): Das Reichsbanner Schwarz Rot Gold. Ein Beitrag zur Geschichte und Struktur der politischen Kampfverbände in der Weimarer Republik, 1966 —

Politik. Begriffe und Wirklichkeiten, 1978 — Vom alten Revier zum heutigen Ruhrgebiet. Die Entwicklung einer regionalen politischen Gesellschaft im Spiegel der Wahlen, in: K. Rohe / H. Kühr (Hrsg.): Politik und Gesellschaft im Ruhrgebiet. Beiträge zur regionalen Politikforschung, 1979 — Die Westmächte und das Dritte Reich. Klassische Großmachtrivalität oder Kampf zwischen Demokratie und Diktatur?, 1982 — Großbritannien: Krise einer Zivilkultur?, in: Peter Reichel (Hrsg.): Politische Kultur in Westeuropa, 1984

Stichwort: Politische Kultur

Joachim Rohlfes (1929), Dr. phil., Prof. für Geschichte (Neueste Geschichte und Zeitgeschichte) und Didaktik der Geschichte an der Universität Bielefeld

Veröffentlichungen: Umrisse einer Didaktik der Geschichte, 1971 (5. Aufl. 1979) — Erziehungswissenschaft, Geschichtsunterricht, Politische Bildung, 1972 — Staat und Nation im 19. Jahrhundert, 1975 — Vermittlung und Rezeption von Geschichte, 1984

Stichworte: Exemplarischer Geschichtsunterricht; Lernziele, Qualifikationen; Operationalisierung; Begriffsbildung

Gerd Rohlfing (1937), Dr. rer. pol., Studiendirektor und Fachleiter für Geschichte / Politik am Studienseminar für das Lehramt der Sekundarstufe II (Schwerpunkt: Berufsbildende Schulen) in Bielefeld

Veröffentlichungen: Geschichte und Politik — Zur Integration von historischer und politischer Bildung, in: Wirtschaft und Erziehung (1979) — Berufsausbildung im öffentlichen Dienst und Verwaltungsbetriebslehre, in: Blankertz u. a. (Hrsg.): Sekundarstufe II — Jugendbildung zwischen Schule und Beruf, Bd. 9.2 der Enzyklopädie Erziehungswissenschaft, 1983 — Historische Bildung an beruflichen Schulen — Stiefkind der Geschichtsdidaktik, in: GPD (1983)

Stichwort: Geschichte in Berufsbildenden Schulen

Valentine Rothe, Dr. päd., Wissenschaftliche Assistentin an der Universität / Gesamthochschule Duisburg im Fache Geschichte mit den Schwerpunkten Geschichtsdidaktik und Geschichtstheorie

Veröffentlichungen (Auswahl): Die russische Revolution, 1974 — Der russische Anarchismus und die Rätebewegung 1905. Eine geschichtswissenschaftliche und geschichtsdidaktische Untersuchung, 1978 — Geschichtsdidaktisches Grundwissen, ein Studien- und Arbeitsbuch (mit Annette Kuhn), 1980 — Frauen im deutschen Faschismus. Eine Quellensammlung mit fachwissenschaftlichen und fachdidaktischen Kommentaren, 2 Bde., 1982 — Werteerziehung und Geschichtsdidaktik, 1985 (i. E.)

Stichwort: Didaktik der Universalgeschichte

Jörn Rüsen (1938), Dr. phil., Prof. für Neuere Geschichte mit besonderer Berücksichtigung der Fachdidaktik an der Ruhr-Universität Bochum, Mithrsg. der Zeitschrift „Geschichtsdidaktik" und der Reihe „Neuzeit im Aufbau"

Veröffentlichungen (Auswahl): Begriffene Geschichte, 1969 — Ästhetik und Geschichte, 1976 — Für eine erneuerte Historik, 1976 — Historische Vernunft, 1983 — Von der Aufklärung zum Historismus (Hrsg.), 1985 — zahlreiche Aufsätze zur Theorie und Didaktik der Geschichte des historischen Denkens

Stichworte: Geschichte und Utopie; Historisches Erzählen; Geschichte als Wissenschaft (Kapiteleinführung); Historismus; Historik; Historische Methode; Historische Kategorien; Gesetze, Erklärungen; Historisches Lernen; Geschichtsunterricht als Wissenschaftspropädeutik; Werturteile im Geschichtsunterricht

Ferdinand Scherf (1943), Studiendirektor am Rhabanus-Maurus-Gymnasium, Mainz

Veröffentlichungen (Auswahl): Der Betrieb als Lernort der Schule (mit W. Bichel und H. Dieth), 1974 — Schüler erforschen die Mainzer Geschichte (mit F. Schütz), 1980 — Schulgeschichtliche Beiträge in „Gymnasium Moguntinum"

Stichwort: Geschichtsunterricht und Archiv

Helmut Scheuer (1942), Dr. phil., Prof. für Neuere deutsche Literatur an der Universität — Gesamthochschule — Siegen

Veröffentlichungen: Arno Holz im literarischen Leben des ausgehenden 19. Jahrhunderts, 1971 — Naturalismus. Bürgerliche Dichtung und soziales Engagement (Hrsg.), 1974 — Biographie. Studien zur Funktion und zum Wandel einer literarischen Gattung vom 18. Jahrhundert bis zur Gegenwart, 1979 — Aufsätze zur Literatur des Naturalismus, des 16. Jahrhunderts, zu Tieck, zur modernen Literatur, zur Biographik, zur Literaturgeschichtsschreibung

Stichwort: Biographie

Hans-Dieter Schmid (1941), Dr. phil., Akademischer Rat am Fachbereich Erziehungswissenschaften I der Universität Hannover

Veröffentlichungen: Täufertum und Obrigkeit in Nürnberg, 1972 — Andere Zeiten, andere Sitten: Schule früher und heute. Unterrichtsmodell für das 3. / 4. Schuljahr, 1976 — Sozialgeschichte in der Grundschule, in: Sachunterricht und Mathematik in der Primarstufe (1978) — Vorurteile gegen Minderheiten: Antisemitismus (mit H.-G. Oomen), 1978 — Geschichtsunterricht in der DDR. Eine Einführung, 1979 — Historisches Lernen in der Grundschule (Hrsg. mit I. Hantsche), 1981 — Juden unterm Hakenkreuz, 2 Bde., (Hrsg. mit G. Schneider und W. Sommer), 1983

Stichworte: Vorurteile und Feindbilder; Historisches Lernen in der Grundschule; Geschichtsunterricht in der DDR

Gerhard Schneider (1943), Dr. phil., Prof. für Geschichte und Geschichtsdidaktik an der Universität Hannover, Mithrsg. der Zeitschrift „Geschichtsdidaktik"

Veröffentlichungen: Die Quelle im Geschichtsunterricht (Mithrsg. und Mitautor), 1975 — Geschichte lernen im Museum (Hrsg. mit Annette Kuhn), 1978 — Frauen in der Geschichte I (Hrsg. mit Annette Kuhn), 1979 (3. Aufl. 1984) — Geschichtsunterricht 5 bis 10 (Hrsg. mit Annette Kuhn), 1981 — Gesellschaft — Staat — Geschichtsunterricht (Hrsg. mit Klaus Bergmann), 1982 — Gegen den Krieg (gemeinsam mit Klaus Bergmann), 2 Bde., 1982 — Juden unterm Hakenkreuz (gemeinsam mit H.-D. Schmid und W. Sommer), 2 Bde., 1983 — Medien im Geschichtsunterricht (Hrsg. mit Hans-Jürgen Pandel), 1984 — Alltag im Nationalsozialismus (gemeinsam mit Klaus Bergmann), 1984 — Das Jahr 1945 — Ende und Anfang (gemeinsam mit Klaus Bergmann), 1985 — Aufsätze, Rezensionen

Stichworte: Geschichte der Geschichtsdidaktik und des Geschichtsunterrichts; Geschichtsbild; Veranschaulichen, Vergegenwärtigen; Didaktische Schul- und Unterrichtsgeschichte; Geschichtserzählung; Geschichtsunterricht (Kapiteleinführung); Geschichtswerkstätten

Rolf Schörken (1928), Dr. phil., Prof. für Didaktik der Geschichte und politische Bildung an der Universität — Gesamthochschule — Duisburg

Veröffentlichungen (Auswahl): Curriculum ‚Politik' (Hrsg.), 1974 — Zwischen Wissenschaft und Politik (Hrsg. zusammen mit W. Gagel), 1975 — Geschichte in der Alltagswelt, 1981 — Luftwaffenhelfer und Drittes Reich, 1984 — Mithrsg. von „Politische Bildung", „Anmerkungen und Argumente" und „Geschichtsdidaktik"

Stichworte: Geschichte als Lebenswelt (Kapiteleinführung); Alltagsbewußtsein; Geschichte im Sachbuch

Peter Schöttler (1950), Dr. phil., Wissenschaftlicher Mitarbeiter an der Universität Bremen

Veröffentlichungen: Die Entstehung der „Bourses du Travail". Sozialpolitik und französischer Syndikalismus am Ende des 19. Jahrhunderts, 1982 — Aufsätze zur deutschen und französischen Sozialgeschichte, zur politischen Theorie sowie zur Methodologie der Geschichtswissenschaft

Stichwort: Geschichte im Film

Dietrich Scholle (1948), Leiter einer Gesamtschule in Lünen a. d. Lippe, 1979 bis 1983 Mitglied der Landesschulbuchkommission Politische Bildung — Sektion Geschichte des Kultusministers des Landes Nordrhein-Westfalen

Veröffentlichungen: Ça ira! Deutsche politische Lyrik vom Mittelalter bis zum Vormärz, Teil I: Unterrichtsmodelle und Analysen, Teil II: Text- und Arbeitsbuch (zusammen mit Alwin Binder), 1975 — Beiträge zur Schulgeschichte im Nationalsozialismus sowie zum Jugendbuch über das Dritte Reich und den Zweiten Weltkrieg

Stichworte: Fachverbände für Geschichtslehrer; Schulbuchanalyse

Winfried Schulze (1942), Prof. für europäische Geschichte der Frühen Neuzeit an der Ruhr-Universität Bochum

Veröffentlichungen: Landesdefension und Staatsbildung, 1973 — Soziologie und Geschichtswissenschaft, 1974 — Reich und Türkengefahr im späten 16. Jahrhundert, 1978 — Bäuerlicher Widerstand und feudale Herrschaft, 1980 — Europäische Bauernrevolten der Frühen Neuzeit, 1982 — Aufstände, Revolten und Prozesse, 1983 — Aufsätze in Fachzeitschriften und Sammelwerken

Stichwort: Mikro-Historie

Gerda von Staehr (1936), Dr. paed., Prof. für Erziehungswissenschaft unter besonderer Berücksichtigung der Didaktik der Geschichte an der Universität Hamburg

Veröffentlichungen: Kritische Theorie und Politische Didaktik, 1973 — Zur Konstitution der politisch-historischen Didaktik. Der Zusammenhang von Geschichtstheorie, Curriculumtheorie und Lerntheorie für die Planung des politisch-historischen Unterrichts, 1978 — Historisches Lernen I: Didaktik der Geschichte (gemeinsam mit Horst-W. Jung), 1983 — Historisches Lernen II: Geschichtsmethodik (gemeinsam mit Horst-W. Jung), 1985 — Aufsätze zur Geschichtsdidaktik, Politischen Bildung und Friedenserziehung

Stichworte: Gesellschaftstheorie; Ideologie, Ideologiekritik; Ideologiekritik und Geschichtsdidaktik

Hans Süssmuth (1935), Dr. phil., o. Prof. für Neueste Geschichte und Didaktik der Geschichte an der Universität Düsseldorf, Mithrsg. der Reihen „Geschichte / Politik. Studien zur Didaktik" (Schöningh), 1978 ff.; „Geschichte und Sozialwissenschaften. Studientexte zur Lehrerbildung" (Schwann), 1978 ff.

Veröffentlichungen: Geschichtsunterricht ohne Zukunft? Zum Diskussionsstand der Geschichtsdidaktik in der Bundesrepublik Deutschland (Hrsg.), 1972 — Historisch-politischer Unterricht — Planung und Organisation. Medien (Hrsg.), 1973 — Studiengang Sozialwissenschaften: Zur Definition eines Faches (zusammen mit G. Forndran und H. J. Hummel), 1978 — Geschichte und Politik. Didaktische Grundlegung eines kooperativen Unterrichts (zusammen mit G. C. Behrmann und K.-E. Jeismann), 1978 — Geschichtsdidaktische Positionen (Hrsg.), 1980 — Geschichtsdidaktik. Einführung in Aufgaben und Arbeitsfelder, 1979 — Historisches Erzählen. Formen und Funktionen (Hrsg. mit Siegfried Quandt), 1982 — Aufsätze zur Didaktik der Geschichte und Sozialwissenschaft, zur Lehrerbildung usw.

Stichworte: Auswahl; Integration, Kooperation, Koordination; Geschichtsunterricht und Social Studies; Studium der Sozialwissenschaften

Susanne Thurn (1947), Lehrerin der Laborschule an der Universität Bielefeld, Mithrsg. des Briefwechsels Karl Kautsky / Eduard Bernstein (in Vorbereitung)

Veröffentlichungen: Frauen 1848/49, in: Gd 4 (1979) — Frankfurt 1848: Der Alltag geht seinen bürgerlichen Gang, in: Klaus Bergmann / Rolf Schörken (Hrsg.): Geschichte im Alltag — Alltag in der Geschichte, 1982 — „Gegen Demokraten helfen nur Soldaten" — Überlegungen und Zeugnisse für Unterricht über die Revolution 1848/49, in: Jörg Calließ (Hrsg.): Gewalt in der Geschichte, 1983

Stichwort: Didaktik der Alltagsgeschichte

Uwe Uffelmann (1937), Dr. phil., Prof. für mittlere und neue Geschichte sowie Geschichtsdidaktik an der Pädagogischen Hochschule Heidelberg

Veröffentlichungen (Auswahl): Geschichte des Mittelalters. Gesellschaftsprozeß als Leitthema des Unterrichts (Hrsg. gemeinsam mit C. A. Lückerath), 1982 — Wirtschaft und Gesellschaft in der Gründungsphase der Bundesrepublik Deutschland, in: apz B 1 — 2

(1982) — Historische Verhaltensforschung und Geschichtsdidaktik. Neue Bausteine zur Konzeption eines problemorientierten Geschichtsunterrichts, in: GPD 3/4 (1983) — Wirtschaft und Gesellschaft in der Gründungsphase der Bundesrepublik Deutschland. Informationen und Materialien für die Sekundarstufe II, Dortmunder Arbeiten zur Schulgeschichte und zur historischen Didaktik, Bde. 4.1 und 4.2, 1984 — Der Frankfurter Wirtschaftsrat. Weichenstellungen für politisches Kräftefeld und Wirtschaftsordnung der Bundesrepublik Deutschland, in: apz B 37 (1984)

Stichwort: Problemorientierter Geschichtsunterricht

Hans-Peter Ullmann (1949), Dr. phil., Privatdozent für mittlere und neuere Geschichte an der Justus-Liebig-Universität Gießen

Veröffentlichungen: Der Bund der Industriellen. Organisation, Einfluß und Politik klein- und mittelbetrieblicher Industrieller im Deutschen Kaiserreich 1895 — 1914, 1976 — Bibliographie zur Geschichte der Deutschen Parteien und Interessenverbände, 1978 — Deutschland zwischen Revolution und Restauration (Hrsg. zusammen mit H. Berding), 1981 — Aufsätze zur Verbandsgeschichte, Sozialpolitik sowie zu finanzgeschichtlichen Themen

Stichwort: Wirtschaftsgeschichte

Bernhard Unckel (1939), Dr. phil., Oberstudienrat an einem Gymnasium in Marburg (Lahn), Lehrbeauftragter für Didaktik der Geschichte am Fachbereich Geschichtswissenschaften der Universität Marburg

Veröffentlichungen: Österreich und der Krimkrieg, 1969 — Persönlichkeit und Struktur als methodologische Herausforderung der Geschichtswissenschaft, in: Bosch, M. (Hrsg.): Persönlichkeit und Struktur in der Geschichte, 1977 — Vom Pädagogium der Universität zum Gymnasium der Gegenwart, in: Danneberg, A. H. (Hrsg.): Gymnasium Philippinum 1527 — 1577, 1977 — Die Entwicklung des Schulwesens der Stadt Marburg seit der Reformation, in: Marburger Geschichte, 1979 — Gewalt und Widerstand — Erwägungen zur Geschichte des Widerstandes im Dritten Reich, in: Calließ, Jörg (Hrsg.): Gewalt in der Geschichte, 1983

Stichworte: Arbeitsformen; Referendariat

Rudolf Vierhaus (1922), Dr. phil., Direktor des Max-Planck-Instituts für Geschichte in Göttingen, Hon.-Prof. an der Universität Göttingen

Veröffentlichungen: Ranke und die soziale Welt, 1957 — Deutschland im Zeitalter des Absolutismus, 1978 — Über die Gegenwärtigkeit der Geschichte und die Geschichtlichkeit der Gegenwart, 1978 — Das Tagebuch der Baronin Spitzenberg (Hrsg.), 1966 — Der Adel vor der Revolution, 1971 — Eigentum und Verfassung, 1972 — Herrschaftsverträge, Wahlkapitulationen, Fundamentalgesetze, 1977 — Staaten und Stände. Vom Westfälischen zum Hubertusburger Frieden 1748 — 1763, 1984 — Wissenschaften im Zeitalter der Aufklärung (Hrsg.), 1985 — zahlreiche Aufsätze zur Geschichte der Geschichtswissenschaft und zur Theorie der Geschichte, zur Geschichte des Ständewesens, der deutschen Aufklärung, zur Bildungsgeschichte, zur Institutionengeschichte

Stichwort: Kulturgeschichte

Johannes Volker Wagner (1939), Dr. phil., Direktor des Stadtarchivs Bochum

Veröffentlichungen: Zahlreiche Beiträge zur Zeitgeschichte, Geschichtsdidaktik und Archivarbeit, Gestaltung von Dokumentarfilmen (zum Beispiel „Nationalsozialismus im Alltag"), Deutschland nach dem Krieg, Kapitulation — Neubeginn — Teilung, 1975 — Der Parlamentarische Rat 1848 — 1949, Akten und Protokolle, Bd. 1, 1975 — Nur Mut, sei Kämpfer! Heinrich König — Ein Leben für die Freiheit, 1976 — Hakenkreuz über Bochum. Machtergreifung und nationalsozialistischer Alltag in einer Revierstadt, 1983

Stichwort: Archiv und Öffentlichkeit

Wolfhard Weber (1940), Dr. phil., Prof. für Wirtschafts- und Technikgeschichte an der Ruhr-Universität Bochum

Veröffentlichungen: Monographien über den deutschen Erdölhandel im 19. Jahrhundert, über das frühindustrielle deutsche Montanwesen, Mithrsg. von „Fabrik, Familie, Feierabend. Beiträge zur Sozialgeschichte des Alltags im Industriezeitalter", 1978, und „Technik. Von den Anfängen bis zur Gegenwart", 1982

Stichwort: Technikgeschichte

Friedrich Weigend (1921), Dr. phil., Redakteur für Geisteswissenschaften an der „Stuttgarter Zeitung", Mitarbeiter zahlreicher Rundfunkanstalten in der Bundesrepublik Deutschland und Österreich

Veröffentlichungen: Aufklärung mit dem Bauernknüttel, in: Schwäbische curiosa, 1974 — Reichs- und Bundesvolk, in: „Joseph Roth", 1975 — Das Reich Gottes, 1977 — Albert Schaeffle, in: Lebensbilder aus Schwaben und Franken, Bd. VII, 1977

Stichwort: Geschichte in der Presse

Erdmann Weyrauch (1941), Dr. phil., Leiter der Abteilung zur Erforschung der Geschichte des Buchwesens, Herzog August Bibliothek, Wolfenbüttel

Veröffentlichungen (Auswahl): Zur Auswertung von Steuerbüchern mit quantifizierenden Methoden, in: Festgabe für E. W. Zeeden, 1976 — Datenverarbeitung als Quellenkritik?, in: P. J. Müller (Hrsg.): Die Analyse prozeß-produzierter Daten, 1977 — Konfessionelle Krise und soziale Stabilität. Das Interim in Straßburg (1548 — 1562), 1978 — Die bürgerliche Elite der Stadt Kitzingen (mit I. Bátori), 1981 — Überlegungen zur Bedeutung des Buches im Jahrhundert der Reformation, in: H.-J. Köhler (Hrsg.): Flugschriften als Massenmedium der Reformationszeit, 1981

Stichwort: Geschichte

Irmgard Wilharm (1940), Dr. phil., Prof. für Geschichte und Geschichtsdidaktik an der Universität Hannover, Wissenschaftlicher Beirat des „Journal für Geschichte" (Westermann)

Veröffentlichungen: Die Anfänge des griechischen Nationalstaates, 1973 — Artikel zur Fachdidaktik Geschichte, Mitarbeit am Projekt „Filmbegleitmaterial" der Niedersächsischen Landeszentrale für politische Bildung (1979) — Deutsche Geschichte in Dokumenten 1961 — 1983, 1985 — Die Sinti in Deutschland, Geschichte und soziale Situation, 1985

Stichworte: Längsschnitte, Querschnitte; Geschichtsbild

Harald Witthöft (1931), Dr. phil., o. Prof. für Wirtschafts- und Sozialgeschichte, Westfälische Geschichte und Didaktik der Geschichte, u. a. Referent für Geschichte am Institut für den Wissenschaftlichen Film, Göttingen (1961 bis 1962) und am Institut für Film und Bild in Wissenschaft und Unterricht, München (1964/65)

Veröffentlichungen (Auswahl): Der Film in der Geschichtswissenschaft, in: Research Film, 1962 — Der Film in der politischen Bildung, 1971 — Filmarbeit im Geschichtsunterricht, in: Süssmuth, Hans (Hrsg.): Historisch-politischer Unterricht, Bd. 2, 1973 — Historische Quelle und historische Darstellung im Film, in: Baumann / Meese (Hrsg.): Audiovisuelle Medien im Geschichtsunterricht, 1978 — Geschichte im Jugendbuch, in: Kampen, W. van / Kirchhoff, H. G. (Hrsg.): Geschichte in der Öffentlichkeit, 1979

Stichworte: Medien; Geschichte im Jugendbuch

Marion Wohlleben (1947), Dr. phil., Kunsthistorikerin, bisher Wissenschaftliche Angestellte im Bayerischen Landesamt für Denkmalpflege, jetzt Assistentin am Lehrstuhl Denkmalpflege an der ETH Zürich

Veröffentlichungen: „Konservieren oder Restaurieren?" Studien zur Diskussion über Probleme, Aufgaben und Ziele der Denkmalpflege um die Jahrhundertwende (1979, Dissertation, im Druck), Das Dorf als Gegenstand der Denkmalpflege (zusammen mit Ulrich Hartmann), 1984

Stichwort: Denkmalpflege und Geschichte

Heide Wunder (1939), Dr. phil., Prof. für Sozial- und Verfassungsgeschichte der Frühen Neuzeit an der Gesamthochschule Kassel

Veröffentlichungen (Auswahl): Siedlungs- und Bevölkerungsgeschichte der Komturei Christburg (13. bis 16. Jahrhundert), 1968 — Feudalismus, zehn Aufsätze (Hrsg.), 1974 — Einführung in die Geschichtswissenschaft I und II (zusammen mit P. Borowsky und B. Vogel), 1975 — Zur Mentalität aufständischer Bauern. Möglichkeiten der Zusammenarbeit von Geschichtswissenschaft und Anthropologie, dargestellt am Beispiel des Samländischen Bauernaufstandes von 1525, in: H. U. Wehler (Hrsg.): Der Deutsche Bauernkrieg 1524 — 1526, 1975 — Peasant Organization and Class Conflict in East and West Germany, in: Past and Present 78 (1978) — Serfdom in Late Medieval and Early Modern Germany, in: Social Relations and Ideas, 1983 — Hexenprozesse im Herzogtum Preußen während des 16. Jahrhunderts, in: Chr. Deng u. a. (Hrsg.): Hexenprozesse. Deutsche und skandinavische Beiträge, 1983

Stichwort: Studium der Geschichte

Wolfgang Zacharias (1941), Studienrat für Kunsterziehung, derzeit tätig in der außerschulischen Jugendarbeit in München mit den Schwerpunkten Ästhetische Erziehung, Spielpädagogik und Museumspädagogik

Veröffentlichungen (Auswahl): Ästhetische Erziehung — Lernorte für aktive Wahrnehmung und soziale Kreativität (zusammen mit H. Mayrhofer), 1976 — Projektbuch Ästhetisches Lernen (zusammen mit H. Mayrhofer), 1977 — Kinder spielen Geschichte. Historisches Lernen im Museum und im Stadtteil, Bd. 1 und 2 (Mitautor), 1977

Stichwort: Geschichtsunterricht und Ästhetische Erziehung

Michael Zimmermann (1951), Bochum, freischaffender Historiker

Veröffentlichungen zum Widerstand gegen den Nationalsozialismus, zur Regional- und Sozialgeschichte des Ruhrgebiets und zur Oral History

Stichwort: Geschichte im Stadtteil

Wienke Zitzlaff (1931), bis 1981 Rektorin einer Schule für Lernbehinderte (Sonderschule) in Lollar (Hessen) und Mitglied der Rahmenlehrplangruppe für Geschichte / Sozialkunde an Schulen für Lernbehinderte (Sonderschulen) in Hessen, 1970 bis 1975 und seit 1982 Lehrauftrag für Didaktik der Sonderschule an der Universität Frankfurt

Veröffentlichungen: Überlegungen zur Veränderung der Sonderschule für Lernbehinderte, in: Sonderpädagogik 3 (1974) — Aufgabenbereiche, Einsatz und Ausbildung von Mitarbeitern an Schulen für Lernbehinderte (Sonderschulen), in: ZfHeilpäd 9 (1974) — Polytechnischer Sachunterricht in der Schule für Lernbehinderte, in: Hofmann u. a.: Polytechnischer Sachunterricht, 1976 — Arbeitslehre an der Schule für Lernbehinderte unter historischem und politischem Aspekt, in: Baier (Hrsg.): Unterricht in der Schule für Lernbehinderte, 1978 — zahlreiche Beiträge zu schulpolitischen Fragen

Stichwort: Geschichtsunterricht in der Sonderschule

Wichtige Literatur

(zusammengestellt von Klaus Remus)

Bibliographien

Berding, H.: Bibliographie zur Geschichtstheorie, Göttingen 1977
Bergmann, K.: Bibliographien, in didaktischer Hinsicht, in: *Gd* 5 (1980), 213 — 215
Bibliographie (Auswahl), in: Filser, K. (Hrsg.): Theorie und Praxis des Geschichtsunterrichts, Bad Heilbrunn (Obb.) 1974, 237 — 252
Bibliographie, in: Pellens, K. (Hrsg.): Didaktik der Geschichte, Darmstadt 1978, 509 bis 518
Danskardt, M.: Auswahlbibliographie zur Museumspädagogik, in: *Sozialwissenschaftliche Information für Unterricht und Studium* 10 (1981), 247 — 251
Fröhling, J.: Deutschsprachige Schulbuchanalysen seit 1958. Eine vorläufige Bibliographie, in: *Internationales Jahrbuch für Geschichts- und Geographieunterricht* 16 (1975), 412 — 422
Füßmann, K. / Jaeger, F. / Remus, K.: Bibliographie, in: Borries, B. von / Kuhn, A. / Rüsen, J. (Hrsg.): Sammelband Geschichtsdidaktik: Frau in der Geschichte I / II /III (Geschichtsdidaktik: Studien, Materialien, Bd. 25), Düsseldorf 1984, 299 — 308
Gärtner, A.: Bibliographie Sachunterricht der Primarstufe, Paderborn 1976
Gies, H. / Spanik, S.: Bibliographie zur Didaktik des Geschichtsunterrichts, Weinheim / Basel 1983
Hoffmann, J. (Hrsg.): Völkerbilder in Ost und West, Auswahlbibliographie zur Friedens-, Konflikt- und Stereotypenforschung unter besonderer Berücksichtigung des Deutschlandbildes in Osteuropa sowie der deutschen Vorstellungen von den östlichen Nachbarvölkern, Dortmund 1980
Kröll, U.: Bibliographie zur neueren Geschichtsdidaktik (Forum Geschichtsdidaktik, Bd. 1), Münster 1983
Literaturverzeichnis, in: Reichert, E.: Geschichtsunterricht in der Reform, Kastellaun 1976, 155 — 172
Markmann, H.-J., u. a. (Hrsg.): Sek. II PW / Geschichte, Bibliographische Hilfen, Berlin 1977 ff.
— u. a. (Hrsg.): Sek. II PW / Geschichte, Didaktische Informationen, Berlin 1978 ff.
Neifeind, H.: Die mittelalterliche Stadt des Geschichtsunterrichts (Bibliographie), in: *Gd* 4 (1979), 275 — 279
— Methodische Probleme im Geschichtsunterricht (Bibliographie), in: *Gd* 5 (1980), 314 — 319
— Der „Frieden" als Thema des Geschichtsunterrichts (Bibliographie), in: *Gd* 5 (1980), 87 — 89
— Unterrichtseinheiten: „Die Französische Revolution" (Bibliographie), in: *Gd* 8 (1983), 208 — 209
Neifeind, H. / Regenhardt, B.: Unterrichtseinheiten zum Thema „Dritte Welt" (Bibliographie, in: *Gd* 6 (1981), 419 — 424
— Unterrichtseinheiten zum Thema „Absolutismus" (Bibliographie), in: *Gd* 6 (1981), 89 — 90

* Ausgewählt sind vor allem Beiträge, die — neben den Artikeln dieses Handbuches — zu weiterer Literatur hinführen.

Pellens, K. / Quandt, S. / Süssmuth, H. (Hrsg.): Geschichtskultur — Geschichtsdidaktik: Internationale Bibliographie (Geschichte, Politik: Studien zur Didaktik, Bd. 3), Paderborn / München / Wien / Zürich 1984

Schmid, H.-D.: Geschichte im Sachunterricht der Grundschule (Bibliographie), in: Gd 2 (1977), 187 und 275 — 277

Schneemelcher, I.: Kommentierte Auswahlbibliographie zum Thema „Schulbuch", in: Gd 5 (1980), 418 — 424

Strumberger, E.: Auswahlbibliographie für das Geschichtsdidaktik-Studium, in: Fürnrohr, W. / Timmermann, J. (Hrsg.): Geschichtsdidaktisches Studium in der Universität, München 1972, 99 — 110

Handbücher, Lexika

Entwicklungspsychologie. Ein Handbuch in Schlüsselbegriffen, hrsg. von Leo Montada und Rainer Silbereisen, München / Wien / Baltimore 1983 (mit ausführlicher Bibliographie)

Geschichtliche Grundbegriffe. Historisches Lexikon zur politisch-sozialen Sprache, hrsg. von O. Brunner / W. Conze / R. Koselleck, Stuttgart 1972 ff.

Gesellschaft, Staat, Geschichtsunterricht. Beiträge zu einer Geschichte der Geschichtsdidaktik und des Geschichtsunterrichts von 1500 bis 1980, hrsg. von Klaus Bergmann u. a., Düsseldorf 1982

Handbuch der pädagogischen Diagnostik, hrsg. von K. J. Klauer, 4 Bde., Düsseldorf 1978

Handbuch der Sozialisationsforschung, hrsg. von Klaus Hurrelmann und Dieter Ulich, 2. Aufl. Weinheim / Basel 1980

Handbuch der Unterrichtsforschung, hrsg. von K. Ingenkamp und E. Parey, Weinheim 1970

Handbuch der Unterrichtspraxis, hrsg. von O. Missner und H. Zöpfl, 3 Bde., München 1973

Handbuch des Geschichtsunterrichts, hrsg. von Herbert Krieger, 6 Bde., Frankfurt / Berlin / München 1969 — 1983

Handbuch Medien im Geschichtsunterricht, hrsg. von Hans-Jürgen Pandel und Gerhard Schneider, Düsseldorf 1985

Handbuch pädagogischer Grundbegriffe, hrsg. von Joseph Speck und Gerhard Wehle, 2 Bde., München 1970

Handbuch philosophischer Grundbegriffe, hrsg. von Hermann Krings u. a., München 1973 ff.

Handbuch Praxis des Vorbereitungsdienstes, hrsg. von Helmut Frommer, 2. Aufl. Düsseldorf 1982

Handbuch psychologischer Grundbegriffe, hrsg. von Theo Hermann, München 1977

Handbuch Schule und Unterricht, hrsg. von Walter Twellmann, 5 Bde., Düsseldorf 1981

Handbuch zum Lehrertraining. Konzepte und Erfahrungen, hrsg. von Wolfgang Mutzeck und Waldemar Pallasch, Weinheim / Basel 1983

Handlexikon zur Didaktik der Schulfächer, hrsg. von L. Roth, Darmstast 1980

Handlexikon zur Erziehungswissenschaft, hrsg. von L. Roth, München 1976

Handwörterbuch der Psychologie, hrsg. von Roland Asanger und Gerd Wenninger, 3. Aufl. Weinheim / Basel 1983

Handwörterbuch der Schulpädagogik, hrsg. von W. S. Nicklis, 2. Aufl. Bad Heilbrunn 1975

Lexikon für den Geschichtsunterricht, hrsg. von Gerold Niemetz, Freiburg / Würzburg 1984

Wörterbuch der Soziologie, hrsg. von Wilhelm Bunsdorf, 1. und 2. Aufl. Stuttgart 1969, 3. und 4. Aufl. Frankfurt 1972 und 1973

Zeitschriften und Schriftenreihen

Allgemeine Zeitschrift für Philosophie, Stuttgart-Bad Cannstatt, 1976 ff.
Anmerkungen und Argumente zur historischen und politischen Bildung, hsrg. von Friedrich J. Lucas / Paul Ackermann / Rolf Schörken, Stuttgart 1972 ff.
aus politik und zeitgeschichte. beilage zur wochenzeitung „Das Parlament", hrsg. von der Bundeszentrale für Politische Bildung, Bonn 1954 ff.
Außerschulische Bildung. Materialien zur politischen Jugendarbeit und Erwachsenenbildung. Mitteilungen des Arbeitskreises deutsche Bildungsstätten e. V., 1970 ff.
Beiträge zur Historik, hrsg. von R. Koselleck u. a., 1977 ff.
betrifft: erziehung. Das aktuelle pädagogische Magazin, Zeitschrift für Lehrer, Forum für Bildungspolitik und Erziehungswissenschaft, hrsg. von Julius Beltz, Weinheim u. a. 1968 ff.
Beiträge zum sozialwissenschaftlichen Lehrerstudium, hrsg. von Annette Kuhn u. a., Düsseldorf 1977 ff.
BIB-Report. Bibliographischer Index Bildungswissenschaften und Schulwirklichkeit. Monatsberichte der Duisburger Lehrerbücherei, hrsg. von E. Hanel u. a., Duisburg 1974 ff.
Dortmunder Arbeiten zur Schulgeschichte und zur historischen Didaktik, Dortmund 1982 ff.
Gegenwartskunde. Gesellschaft, Staat, Erziehung. Zeitschrift für Gesellschaft, Wirtschaft, Politik und Bildung (darin aufgegangen: Gesellschaft, Staat, Erziehung 1 bis 3, 1952 — 1954), Opladen 1952 ff.
Geschichte — betrifft uns. Planungsmaterial für den Geschichtsunterricht, Aachen 1983 ff.
Geschichte fernsehen, Aschaffenburg 1983 ff.
Geschichte im Unterricht. Entwürfe und Materialien, hrsg. von Annette Kuhn und Valentine Rothe, München 1974 ff.
Geschichte in Wissenschaft und Unterricht. Zeitschrift des Verbandes der Geschichtslehrer Deutschlands, Stuttgart 1950 ff.
Geschichte lehren und lernen. Schriftenreihe für Forschung und Unterricht, Frankfurt 1977 ff.
Geschichte. Politik. Studien zur Didaktik, hrsg. von Günter Behrmann u. a., Paderborn 1978 ff. (Schriftenreihe)
Geschichte. Politik. Unterrichtseinheit für ein Curriculum, hrsg. von G. Behrmann u. a., Paderborn 1976 ff.
Geschichte / Politik und ihre Didaktik. Beiträge und Nachrichten für die Unterrichtspraxis, hrsg. vom Landesverband Nordrhein-Westfälischer Geschichtslehrer, Paderborn 1973 ff.
Geschichte, Politik und Massenmedien, hrsg. von Siegfried Quandt und Guido Knopp, Paderborn 1982 ff. (Schriftenreihe)
Geschichte Sekundarstufe II. Arbeitsbücher auf Quellenbasis, Düsseldorf 1980 ff.
Geschichte und Gesellschaft. Zeitschrift für historische Sozialwissenschaft, Göttingen 1975 ff.
Geschichtsdidaktik. Probleme, Projekte, Perspektiven, Düsseldorf 1976 ff.
Geschichtsdidaktik. Studien und Materialien, Düsseldorf 1977 ff. (Schriftenreihe zur Zeitschrift „Geschichtsdidaktik")
Geschichtsunterricht und Staatsbürgerkunde, Berlin (DDR) 1959 ff. (die maßgebliche Zeitschrift für den historischen und politischen Unterricht in der DDR)
Geschichtswissenschaft & Massenmedien. Mitteilungen der Arbeitsgemeinschaft Geschichtswissenschaft und Massenmedien, Gießen 1981 ff.
GuS — Geschichte und Sozialwissenschaften. Studientexte zur Lehrerbildung, Düsseldorf 1978 ff. (Schriftenreihe)
Historie heute, hrsg. von A. Mannzmann, Meisenheim 1979 ff. (Schriftenreihe)
Historische Zeitschrift, München 1859 ff.

Internationale Gesellschaft für Geschichtsdidaktik. Mitteilungen, hrsg. von Karl Pellens, Weingarten 1980 ff.
Internationale Schulbuchforschung. Zeitschrift des Georg-Eckert-Instituts, Braunschweig ab Bd. 19, 1979 ff. (früher: Internationales Jahrbuch für Geschichts- und Geographieunterricht 10 (1965/66) – 18 (1977/78), früher: Internationales Jahrbuch für Geschichtsunterricht 1 (1951/52) – 9 (1963/64))
Journal für Geschichte, Braunschweig 1979 ff.
Lehrmittel aktuell: Informationen für die Unterrichtspraxis, Stuttgart 1972 ff.
Materialien zur politischen Bildung. Analysen, Berichte, Dokumente, Neuwied 1973 ff.
Modelle zur Landesgeschichte, Frankfurt 1979 ff.
Neue Sammlung. Göttinger Zeitschrift für Erziehung und Gesellschaft, Göttingen 1978 ff., früher Stuttgart 1961 ff.
Neue Unterrichtspraxis. Systeme und Mittel für Lehren und Lernen, Hannover 1968 ff.
Philosophische Rundschau, Tübingen 1953 ff.
Philosophisches Jahrbuch, Freiburg i. Br. 1888 ff.
Politik – Aktuell für den Unterricht. Arbeitsmaterialien aus Politik, Wirtschaft und Gesellschaft, 1975 ff.
Politik und Unterricht. Zeitschrift zur Gestaltung des politischen Unterrichts, 1975 ff.
Politische Bildung. Beiträge und Materialien zur wissenschaftlichen Grundlegung und zur Unterrichtspraxis, Stuttgart 1967 ff. (Schriftenreihe)
Politische Didaktik. Vierteljahresschrift für Theorie und Praxis des Unterrichts, Stuttgart 1975 ff.
Sachunterricht und Mathematik in der Primarstufe, Köln 1973 ff. (auch Beiträge zum gesellschaftswissenschaftlichen Lernbereich)
Schule und Museum. Museum in Unterricht und Wissenschaft, hrsg. vom Römisch-Germanischen Zentralmuseum Mainz in Verbindung mit dem Rheinischen Landesmuseum Bonn und dem Museumspädagogischen Zentrum München, Frankfurt 1976 ff.
Sozialwissenschaftliche Informationen für Unterricht und Studium, hrsg. vom Arbeitskreis Sozialwissenschaftliche Informationen, Stuttgart 1972 ff.
Studien zur internationalen Schulbuchforschung. Schriftenreihe des Georg-Eckert-Instituts für internationale Schulbuchforschung, Braunschweig, ab Bd. 25, 1979 ff. (früher: Schriftenreihe des Internationalen Schulbuchinstituts 1 – 24, 1956 – 1979)
Teaching History, London 1968 ff.
The History Teacher, hrsg. von A. Burke (The Society for History Education), Long Beach (California) 1968 ff.
Westermanns Pädagogische Beiträge, Braunschweig 1949 ff.
Zeitgeschichte, 1973 ff.
Zeitschrift für Entwicklungspsychologie und pädagogische Psychologie, Göttingen 1969 ff.
Zeitschrift für Geschichtswissenschaft, Berlin (DDR) 1952 ff.
Zeitschrift für Pädagogik, Weinheim (Bergstraße) 1955 ff.

Literaturberichte, Sammelrezensionen

Filser, K.: Der Geschichtsunterricht in der Diskussion. Zu einigen Tendenzen in der Geschichtsdidaktik, in: *Pädagogische Welt* 33 (1979), 515 – 523
Fina, K.: Didaktik und Methodtik des Geschichtsunterrichts. Literaturbericht, in: *Anregung* 22 (1976), 58 – 66 und 131 – 136
– Didaktik und Methodik des Geschichtsunterrichts. Literaturbericht, in: *Anregung* 24 (1978), 48 – 57
– (Hrsg.): Materialien zur Didaktik des Geschichts- und Gemeinschaftskundeunterrichts, München 1972

Kröll, U.: Innovationen von Politik und Geschichtsdidaktik seit 1965 bzw. 1970, in: *Vierteljahresschrift für wissenschaftliche Pädagogik* 54 (1978), 315 – 332

Kuhn, A.: Neuere Ansätze in der Didaktik der Geschichte. Zugleich einige Hinweise für das Studium der Geschichtsdidaktik, in: *Neue Sammlung* 16 (1976), 134 – 143

Kuhn, A. / Schneider, G.: Zum Entwicklungsstand der Geschichtsdidaktik, in: *Born, W. / Otto, G.* (Hrsg.): Didaktische Trends, München 1978, 324 – 351

Neifeind, H. / Regenhardt, B.: Theorie – Praxis, hin und zurück – bitte!, Teil 1 – 5, in: *Gd* 4 (1979), 275 – 279; *Gd* 5 (1980), 87 – 89; 315 – 319; *Gd* 6 (1981), 89 bis 90; 419 – 424

Nolte, H.-H.: Wirtschafts- und Sozialgeschichte in historischen Atlanten (Literaturbericht), in: *Gd* 3 (1978), 255 – 265

Rohlfes, J.: Erziehungswissenschaft, Geschichtsunterricht, politische Bildung. Ein Literaturbericht, Beiheft zur Zeitschrift *GWU*, Stuttgart 1972
– Literaturbericht Erziehungswissenschaft, in: *GWU* 27 (1976), 174 ff und 238 ff.
– Literaturbericht Geschichtsunterricht (Fachwissenschaft – Didaktik – Unterrichtsmedien), in: *GWU* 28 (1977), 421 ff., 483 ff., 549 ff., 626 ff.
– Literaturbericht Politische Bildung, in: *GWU* 30 (1979), 509 – 526, 571 – 590, 628 – 654, 694 – 719

Schneider, G.: Quellensammlungen und Materialien für den Geschichtsunterricht, in: *Schneider, G.:* Die Quelle im Geschichtsunterricht. Beiträge aus Theorie und Praxis, Donauwörth 1974, 259 – 263
– Standorte der Geschichtsdidaktik, in: *Born, W. / Otto, G.* (Hrsg.): Didaktische Trends, München 1978, 313 – 319

Schörken, R.: Impulse für die Geschichtsdidaktik, in: *NPL* 21 (1976), 443 ff.

Schwalm, E.: Geschichtsatlanten und Atlanten zum Geschichtsunterricht. Literaturbericht, in: *GWU* 32 (1981), 308 ff.

Weymar, E.: Dimensionen der Geschichtswissenschaft. Geschichtsforschung – Theorie der Geschichtswissenschaft – Didaktik der Geschichte, Teil 3, in: *GWU* 33 (1982), 129 – 153

Reader

Anwander, G. / Timmermann, J.: Geschichtsdidaktik und Curriculumentwicklung II. Analysen der Situation in Schule und Hochschule, München 1974

Bergmann, K. / Rüsen, J. (Hrsg.): Geschichtsdidaktik: Theorie für die Praxis, Düsseldorf 1978

Jung, H. W.: Studienbuch Geschichtsdidaktik. Determinanten und Positionen des historischen Lernens, Stuttgart 1978

Kuhn, A. / Rothe, V.: Geschichtsdidaktisches Grundwissen. Ein Arbeits- und Studienbuch, München 1980

Kuhn, A. / Schneider, G.: Geschichtsunterricht 5 – 10, München 1981

Schwalm, E. (Hrsg.): Texte zur Didaktik der Geschichte, Braunschweig 1979

Süssmuth, H. (Hrsg.): Geschichtsdidaktische Positionen. Bestandsaufnahme und Neuorientierungen, Paderborn 1980
– (Hrsg.): Geschichtsunterricht ohne Zukunft? Zum Diskussionsstand der Geschichtsdidaktik in der Bundesrepublik Deutschland, 2 Bde., Stuttgart 1972

Im Handel befindliche Lehrbücher
(Stand: August 1984)

zusammengestellt von Peter Ketsch

1. Lehrbücher für die Sekundarstufe I

Blick in die Vergangenheit   HS
hrsg. von J. Schwandner / F. Hutterer / W. Ziebolt
5 Bde. mit Lehrerhandbüchern (bisher Klasse 5 – 7) und Schülerarbeitsheften (bisher Klasse 5 – 6)
Oldenbourg, München 1977 bis 1980, 1982

bsv Geschichte, Ausgabe Bayern   Gy
hrsg. von K.-H. Zuber und H. Holzbauer
4 Bde. (bisher 1 – 2)
Bayerischer Schulbuch-Verlag, München 1981 ff

bsv Geschichte, Ausgabe N   Gy
hrsg. von K.-H. Zuber und H. Holzbauer
4 Bde.
Bayerischer Schulbuch-Verlag, München 1984 ff.

Curriculum Geschichte   Sek. I
hrsg. von G. A. Süß / W. Bickel / H. Dorn / W. Marzi / L. Petry
IV Teile, jeweils bestehend aus 2 Schülermaterialien, Lehrerband und informellen Tests (bisher I – III)
Diesterweg, Frankfurt 1975 ff.

erinnern und urteilen   RS / Gy
Unterrichtseinheiten Geschichte, Allgemeine Ausgabe
hrsg. von J. Grolle, W. Hilligen, F. Jahr, F. J. Lucas †, E. Schwalm
4 Bde. mit Lehrerbegleitheften
Klett, Stuttgart 1977/78, 1980/81

erinnern und urteilen   RS / Gy
Unterrichtseinheiten Geschichte
Fassung Berlin / Rheinland-Pfalz (nur Bd. IV)
Klett, Stuttgart 1982

erinnern und urteilen   Gy
Unterrichtseinheiten Geschichte
Fassung Baden-Württemberg (bisher Bd. I und II)
Klett, Stuttgart 1982 f.

erinnern und urteilen   Gy
Unterrichtseinheiten Geschichte
Ausgabe für Bayern
bearbeitet von H. J. Berbig, L. Bernlochner, A. Posset, K. Sieber, K. Sturm, F. Weichselgärtner
4 Bde. mit Lehrerbegleitheften (bisher Bd. 1 – 3)
Klett, Stuttgart 1982 ff.

Erkunden und Erkennen: Geschichte HS
hrsg. von H. Döhn und F. Sandmann
3 Bde.
Schroedel, Hannover 1966 ff.
Neubearbeitung: Bd. 1 (1972), Bd. 3 (1977) (läuft aus)

Fragen an die Geschichte Gy
hrsg. von H. D. Schmid in Zusammenarbeit mit einem Arbeitskreis
4 Bde. mit Lehrerbegleitbänden
Hirschgraben, Frankfurt 1974 ff.

Fragen an die Geschichte. Neue Ausgabe Gy
hrsg. von H. D. Schmid in Zusammenarbeit mit einem Arbeitskreis
4 Bde. (Lehrerbände s. bisherige Ausgabe)
Hirschgraben, Frankfurt 1981 ff.

Geschichte, Ausgabe B Gy
hrsg. von B. Heinloth
4 Bde. (bisher Bd. 1 — 2, Bd. 4)
List / Oldenbourg, München 1982 ff.

Geschichte, Ausgabe C
für Baden-Württemberg
hrsg. von B. Heinloth
4 Bde. (bisher Bd. 1)
List / Oldenbourg, München 1983

Geschichte HS
hrsg. von J. Schwandner / F. Hutterer / G. Voit
2 Bde. für die 7. und 8. Jahrgangsstufe
Oldenbourg, 2. Aufl. München 1973 (läuft aus)

Geschichte RS
hrsg. von E. Steinbügel unter Mitarbeit von A. Schreiegg
4 Bde.
Oldenbourg, München 1971 ff. (läuft aus)

Geschichte entdecken HS
hrsg. von K. Filser / W. Fürnrohr / K. Kunze
5 Bde. mit Lehrerhandbüchern (bisher zu Jahrgangsstufe 5) und Arbeitsheften (bisher zu Jahrgangsstufe 5 und 6)
Buchner, Bamberg 1977 ff.

Geschichte für die Hauptschule, Ausgabe für Bayern HS
hrsg. von H. Beilner / H. Hofmann / J. Ippi / K. Pelzer / P. Stötter
5 Bde. mit Lehrerhandbüchern (bisher zu Jahrgangsstufe 5 bis 7)
Auer, Donauwörth 1978 ff.

Geschichte für morgen, Arbeitsbuch für den Geschichtsunterricht in der Hauptschule HS
hrsg. von H. Heumann
3 Bde. mit Lehrerheften
Hirschgraben, Frankfurt 1980 ff.

Geschichte für morgen, Ausgabe für Hauptschulen in Bayern HS
hrsg. von H. Heumann
5 Bde. mit Lehrerheften
Hirschgraben, Frankfurt 1980 ff.

Geschichte für morgen, Ausgabe für Hauptschulen in Baden-Württemberg HS
bearbeitet von H. Heumann, H.-G. Oomen und K. Weingärtner
3 Bde. mit Lehrerheften
Hirschgraben, Frankfurt 1980 ff.

Geschichtliches Werden, Mittelstufe Gy
hrsg. von E. Reichert und S. Rother
3 Bde.
Buchner, Bamberg 1963, 1967, 1969

Grundzüge der Geschichte Gy
hrsg. von E. Kaier
vierbändige Fassung mit Lehrerbegleitbänden (bisher zu Bd. 3)
Diesterweg, Frankfurt 1963 ff. (lieferbar auch als dreibändige Fassung, allerdings nur noch Bd. 1 und Bd. 2)

Kletts Geschichtliches Unterrichtswerk C Gy
hrsg. von W. Conze u. a.
4 Bde. mit Lehrerbegleitheften
Klett, Stuttgart 1966 ff. (läuft aus)

Lebendige Geschichte — Heimat, Vaterland und Welt im Handel der Jahrhunderte HS
hrsg. von H. Mann
5 Hefte
Dümmler, Bonn 1952 ff.

Der Mensch und seine Welt. Geschichte — Politik Sek. I
hrsg. von P. G. Thielen und G. Walzik
5 Bde. (bisher Bd. 1, Bd. 2, Bd. 4) mit Lehrerbegleitbänden (bisher zu Bd. 1 und Bd. 2)
Dümmler, Bonn 1974, 1978

Menschen in ihrer Zeit, Ausgabe B RS / Gy
hrsg. von F. J. Lucas unter Mitarbeit von W. Hilligen
vierbändige Ausgabe mit Handreichungen für den Lehrer
Klett, Stuttgart 1968 ff. (lieferbar auch als fünfbändige Ausgabe für Realschulen, allerdings nur noch Bd. 1 — 4)

Die Reise in die Vergangenheit, Allgemeine Ausgabe HS / RS
hrsg. von E. Ebeling und W. Birkenfeld
4 Bde. Schüler- und Lehrerausgaben (Bd. 1/2 auch als Auswahlband)
Westermann, Braunschweig 1970 ff.

Die Reise in die Vergangenheit, Ausgabe N HS / RS
hrsg. von H. Ebeling und W. Birkenfeld
3 Bde. mit Lehrerbänden und Schülerarbeitsheften
Westermann, Braunschweig 1977 ff.

Die Reise in die Vergangenheit, Ausgabe für Baden-Württemberg HS / RS
4 Bde. mit Lehrerbänden und Schülerheften
Westermann, Braunschweig 1984

Spiegel der Zeiten, Ausgabe B RS / Gy
hrsg. von einer Arbeitsgemeinschaft von Geschichtslehrern
4 Bde. mit Handreichungen für den Lehrer
Diesterweg, Frankfurt 1968 ff.

Speigel der Zeiten, Ausgabe für Realschulen in Bayern RS
hrsg. von einer Arbeitsgemeinschaft von Geschichtslehrern
4 Bde, mit Handreichungen für den Lehrer
Diesterweg, Frankfurt 1970 ff.

Tempora. Damals und heute, Ausgabe G für Baden-Württemberg HS
hrsg. von H. Burkhardt / A. Jung / G. Noetzel / R. Seigel
4 Bde. (bisher Bd. 1 — 2) mit Lehrerheften (bisher zu Bd. 1)
Klett, Stuttgart 1983 f.

Tempora. Geschichte und Geschehen, Baden-Württemberg, Gymnasium Gy
verfaßt von G. Birk, Th. Gollhardt, U. Hammer, M. Herrmann, R. Pfeil, E. Schwalm, H.
Silbermann, H. Würfel
4 Bde. (bisher Bd. 1) mit Lehrerbänden (in Vorbereitung)
Klett, Stuttgart 1984

Tempora. Lebendige Vergangenheit, Rheinland-Pfalz, Hauptschule HS
4 Bde. (bisher Bd. 1) mit Lehrerheften (in Vorbereitung)
Klett, Stuttgart 1984

Unser Weg in die Gegenwart Gy
hrsg. von G. Grünke / G. Hirte / E. Meissner / S. Winghart
4 Bde. (bisher Bd. 1)
Buchner, Bamberg 1981

Unsere Geschichte Sek. I
hrsg. von W. Hug, H. Busley, W. Danner und F. Bahl
3 Bde. (bisher Bd. 1)
Diesterweg, Frankfurt 1984

Wurzeln unserer Gegenwart, Geschichte für die Hauptschule HS
hrsg. von W. Ackermann und W. Protzner
5 Bde. mit Lehrerhandbüchern, Schülerarbeitsheften und Lehrerkontrollheften
Baumann / Ehrenwirth, Kulmbach / München 1977 ff.

Zeitaufnahme, Geschichte für die Sekundarstufe I Sek I
hrsg. von S. Graßmann
4 Bde. mit Lehrerbänden (bisher zu Bd. 1 — 2) (Bd. 3/4 auch als Auswahlband)
Westermann, Braunschweig 1978 ff.

Zeitaufnahme, Ausgabe für Gymnasien in Baden-Württemberg Gy
hrsg. von S. Graßmann und B. Askani
4 Bde. (bisher für das 7. und 8. Schuljahr)
Westermann, Braunschweig

Zeiten und Menschen Gy
Ausgabe für Bayern
hrsg. von W. Keßel
4 Bde.
Schöningh / Blutenberg, Paderborn / München 1971 ff.

Zeiten und Menschen, Ausgabe B Gy
hrsg. von R. H. Ternbrock und K. Kluxen
4 Bde. mit didaktischem Grundriß
Schöningh / Schroedel, Paderborn / Hannover 1966 bis 1968 (Neubearbeitung 1975 bis
1978)

Zeiten und Menschen, Neue Ausgabe B RS / Gy
hrsg. von E. Goerlitz und J. Immisch
4 Bde. (bisher Bd. 3 und 4)
Schöningh / Schroedel, Paderborn / Hannover 1983

Zeiten und Menschen, Neue Ausgabe B Niedersachsen Gy
hrsg. von E. Goerlitz und J. Immisch
4 Bde. (bisher Bd. 1)
Schöningh / Schroedel, Paderborn / Hannover 1984

Zeiten und Menschen, Ausgabe C RS
hrsg. von B. Deermann und J. Immisch
4 Bde. mit didaktischem Grundriß zu Bd. 1 — 2
Schöningh / Schroedel, Paderborn / Hannover 1969 — 1971 (Neubearbeitung von Bd. 4
1978)

2. Lehrbücher im Fach Welt- und Umweltkunde für die Orientierungsstufe in Niedersachsen mit geschichtlichen Themen

Menschen — Zeiten — Räume   OS
Arbeitsbuch zur Welt- und Umweltkunde in der Orientierungsstufe
hrsg. von Th. Berger
1 Bd. mit Lehrerhandbuch
Hirschgraben, Frankfurt 1981 (lieferbar auch als inhaltsgleiche zweibändige Ausgabe)

Schöningh Welt- und Umweltkunde   OS
hrsg. von U. Braun und K. Taubert
1 Bd. mit Lehrerbuch
Schöningh, Paderborn 1981

Unsere Welt — gestern und heute   OS
hrsg. von D. Richter
1 Bd. mit Lehrerband (in Vorbereitung)
Schroedel, Hannover 1984

Welt- und Umweltkunde, Orientierungsstufe Niedersachsen   OS
hrsg. von A. Schultze u. a.
1 Bd. mit Lehrerheft und Arbeitsblättern
Klett, Stuttgart 1981

Welt- und Umweltkunde, Orientierungsstufe   OS
hrsg. von W. Hausmann und D. Richter
1 Bd. mit Lehrerband
Westermann / Oldenbourg, Braunschweig / München 1976 (Neubearbeitung 1980)

3. Lehrbücher für die Sekundarstufe II

Geschichtliches Werden, Oberstufe
hrsg. von H. Altrichter
4 Bde.
Buchner, Bamberg 1962, 1966, 1968

Grundriß der Geschichte
bearbeitet von G. Bonwetsch, E. Dittrich-Gallmeister, J. Dittrich, H.-H. Eberle, H. Gundel, H. Herzfeld, K. Leonhardt, K. Krüger, G. Ritter, F. Schnabel, F. Wilmanns, G. Wilmanns
3 Bde.
Klett, Stuttgart 1970 ff. (läuft aus)

Grundzüge der Geschichte, Historisch-politisches Arbeitsbuch
hrsg. von H.-G. Fernis, E. Kaier und H. Meyer
2 Text- und 2 Quellenbände
Diesterweg, Frankfurt 1966 ff.

Grundzüge der Geschichte, Von der Urzeit bis zur Gegenwart
(einbändige Ausgabe)
hrsg. von E. Kaier, bearbeitet von H.-G. Fernis und H. Haverkamp
Diesterweg, Frankfurt 1954 (18. Aufl. 1975)

Politik und Gesellschaft
Grundlagen und Probleme der modernen Welt
Lehr- und Arbeitsbuch für den historisch-politischen Lernbereich
Bd. 1: 1789 — 1914, hrsg. von W. Michel (auch Ausgabe für Bayern)
Bd. 2: 1914 bis heute, hrsg. von W. Kampmann und B. Wiegand
Hirschgraben, 10. Aufl. Frankfurt 1981

Politische Weltkunde
hrsg. von J. Rohlfes und E. Schwalm
12 Hefte mit Lehrerheft
Klett, Stuttgart
Politische Weltkunde I: Themen zur Geschichte
J. Rohlfes / H. Rumpf: Die Griechische Polis. Der Römische Staat, 1970
H. Forster / H. Rumpf / H. G. Walther: Herrschaft und Staat im Mittelalter. Imperium und Sacerdotium, 1972
A. Moser / K. Pellens / J. Rohlfes / H. Rumpf / F. Schmitt: Das Werden einer neuen Zeit. Staat und Staatensystem im Zeitalter des Absolutismus, 1972
Politische Weltkunde II: Themen zur Geschichte, Geographie und Politik
J. Rohlfes: Staat und Nation im 19. Jahrhundert, 1975
G. Wagner: Die Weimarer Republik, 1972
B. Hey / J. Radkau: Nationalsozialismus und Faschismus, 1976
M. Alexander / D. Düsterloh / R. Eckert / R. Multhoff / J. Rohlfes: Europa und Deutschland nach dem Zweiten Weltkrieg, 1974
D. Düsterloh / J. Rohlfes: Die Vereinigten Staaten von Amerika, 1980
J. W. Goette / B. Januschke / E. Schwalm / K.-F. Warner: Die Industrielle Revolution, 1979
D. Wiebe: Afghanistan, 1982
E. Schwalm: Indien und China. Zwei Länder der Dritten Welt. Gesellschaftliche und wirtschaftliche Probleme, 1973

Tempora. Grundriß der Geschichte
verfaßt von P. Alter / V. Dotterweich / G. Hufnagel / A. Mehl / E. Schwalm / B. Sösemann / P. Steinbach / H.-G. Walther / M. Würfel
2 Bde.
Klett, Stuttgart 1984

Weltgeschichte im Aufriß, Arbeits- und Quellenbuch für den Unterricht in Geschichte und Gemeinschaftskunde (bisherige Ausgabe)
hrsg. von H. Meyer und E. Kaier
3 Bde.
Diesterweg, Frankfurt 1955 ff.

Weltgeschichte im Aufriß, Neubearbeitung für den historisch-gesellschaftlichen Lernbereich der Sekundarstufe II
Bd. 1: Vom Altertum bis zum Ende des Absolutismus (in Vorbereitung)
Bd. 2: Von den bürgerlichen Revolutionen bis zum Imperialismus, von W. Ripper in Verbindung mit E. Kaier und W. Langenbeck, 1974
Bd. 3/1: Vom Ersten Weltkrieg bis 1945, von W. Ripper in Verbindung mit E. Kaier, 1976
Bd. 3/2: Deutschland in der Welt nach 1945 (in Vorbereitung)
Diesterweg, Frankfurt (parallel zur dreibändigen Ausgabe erscheint eine Ausgabe in Themenheften)

Zeiten und Menschen, Ausgabe O
hrsg. von R. H. Tenbrock, K. Kluxen und H.-E. Stier
2 Bde. mit Lehrerbänden (Hinweise und Interpretationen)
Schöningh / Schroedel, Paderborn / Hannover 1970 (Neubearbeitung Bd. 1 1976, Bd. 2 1983)

Zeiten und Menschen
Ausgabe K. Geschichtswerk für Kollegstufe und Grundstudium
hrsg. von R.-H. Tenbrock, K. Kluxen und E. Stier
5 Bde. (bisher Bd. 2, Bd. 3, Bd. 4/1)
Schöningh / Schroedel, Paderborn / Hannover 1979 f., 1982

Zweimal Deutschland, Lehrbuch für Politik und Zeitgeschichte
von E. Thurich und H. Endlich
1 Bd.
Diesterweg, Frankfurt 1969 (Neubearbeitung 1983)

Personenregister

Aebli, H. 355, 368
Allio, R. 724, 726
Allport, G. W. 288
Almond, G. 60
Altenstein, K. Freiherr von 611
Ankersmit, F. B. 45
Anwander, G. 524
Ardelt, R. G. 479
Aristoteles 11
Aron, R. 40
Augustinus 11, 135
Ausubel, D. P. 433

Barraclough, G. 162
Barthel, K. 257
Baudissin, W. Graf von 577
Baumann, R. 713
Baumgartner, H. M. 45, 122, 233, 496
Beatty, W. 725
Becher, U. A. J. 34, 209, 303
Becker, G. E. 425
Behrendt, R. 64 f.
Behrmann, G. C. 245
Benjamin, W. 269
Berg, C. 530, 587
Berger, P. 4, 6
Bergmann, K. 18, 29, 41, 202, 207, 211, 220, 237, 263, 318, 328, 596, 663
Bernheim, E. 85, 121, 125
Bertlein, H. 497
Bertolucci, B. 725
Biehl, P. 650 f.
Bilek, R. 425
Blankertz, H. 64, 662
Bloch, E. 30
Bloch, M. 192
Bloom, B. S. 366
Bock, G. 175 f.
Bölling, R. 661
Boldt, W. 749
Boockmann, H. 686
Borenski, F. 743
Borries, B. von 272, 293, 386, 514, 706, 761 f.

Brandt, A. von 87
Braudel, F. 13 f., 169, 182
Brecht, B. 726
Brüggemeier, F. J. 725
Bruner, J. S. 355, 381, 389, 433, 541
Brunner, O. 138, 169
Bürgel, B. H. 729
Bürger, W. 452
Burckhardt, J. 71, 151, 188

Carr, E. H. 221
Cellarius, C. 94
Ceram, C. W. 730 f.
Claußen, B. 458, 461
Clemens-Lodde, B. 425
Comenius 450
Condorcet, A. de 136, 611 ff.
Conze, W. 169
Cook, T. 735
Cox, C. B. 221
Croce, B. 192

Däniken, E. von 731
Darendorf, R. 85
Danto, A. C. 45, 148
Davis, E. 287
Davis, N. Z. 173, 725
Dehio, G. 771
Dewey, J. 433, 436
Dietze, L. 393
Dilthey, W. 151, 357
Dittmer, L. 60
Dörmer, Ch. 727
Dörner, D. 366
Dörr, M. 43, 302, 378
Dohmen, G. 460
Dregger, A. 563
Droysen, J. G. 44, 72, 84, 103 f., 121, 127, 147, 150, 201, 469, 675
Dux, G. 283

Ebeling, H. 257, 470
Eckert, G. 473, 589
Eder, K. 283

Elias, N. 99, 189
Engels, F. 95, 106, 178, 191, 301
Engström, I. 727
Erdmann, K. D. 603

Faber, K.-G. 18, 56, 84, 88
Febvre, L. 182, 192
Feiks, D. 520
Fenton, E. 629
Filser, K. 324
Fina, K. 466
Fischer, K.-G. 624
Foucault, M. 725
Freyer, H. 199
Freytag, G. 188
Friedeburg, L. von 263, 269, 523
Fröbel, J. 433
Fuchs, A. 568

Gadamer, H. G. 84, 129
Gagné, R. M. 511
Geertz, C. 173
Gehrecke, S. 569
Gentner, B. 429
Gerlach, W. 385
Giesecke, H. 242
Ginzburg, C. 173
Godard, J.-L. 726
Görlitz, W. 759
Goethe, J. W. von 770
Gramsci, A. 250
Grimm, J. 83
Grösch, D. 64 f.

Habermas, J. 3, 5 f., 29 f., 71, 101, 107, 112 f., 128, 163, 280, 282, 302, 328, 350, 391
Hasler, K. 509
Hausen, K. 175 f.
Hegel, G. W. F. 11, 90, 110 f., 136, 157, 191
Heimann, P. 501
Heine, H. 770
Heinemann, G. 592
Heller, A. 315
Hentig, H. von 380, 701
Herbart, J. F. 493, 546
Herbert, U. 509
Herbst, K. 220, 471
Herbst, W. 470
Herder, J. G. 641
Hering, S. 695
Hey, B. 738
Hillgruber, A. 185
Hilligen, W. 624
Holzer, H. 112 f.
Holzkamp, K. 252

Horwitz, H. T. 182
Hübner, P. 263, 269, 523
Hug, W. 382, 450, 470, 480, 747
Huillet, D. 726 f.
Huizinga, J. 188
Huillet, D. 726 f.
Humboldt, W. von 74, 103, 641
Husserl, E. 3, 6

Igel, R. 777
Ingenkamp, K. 514

Jäger, O. 613
Jakob, H. E. 730
Jansen, P. W. 725 f.
Jaspers, K. 19
Jauss, H. R. 52
Jeismann, K.-E. 11, 207, 225 f., 244 f., 275, 342, 474, 493, 502 ff., 507, 563, 607, 681
Jung, H. W. 225, 237, 251

Kästner, E. 471
Kant, I. 11, 13, 90, 236, 238, 301, 375
Kawerau, G. S. 471
Keller, W. 731
Kerbs, D. 646
Kerschensteiner, G. 437, 531
Kiaulehn, W. 730
Kilpatrick, W. H. 436
Klafki, W. 257, 340, 358, 361, 417, 421 f., 424 f., 501
Knab, D. 393, 395
Kocka, J. 177
Körber, K. A. 592, 594
Kohlberg, L. 280 ff.
Kohlrausch, F. 470, 493
Koselleck, R. 12, 14, 83, 87, 99, 131, 194 f.
Krieger, H. 508
Kröll, U. 743
Kruif, P. de 730
Kruppa, R. 429
Krupskaja, N. 436
Kubale, S. 569
Küppers, W. 365, 369 f., 377, 426, 523 f.
Kuhn, A. 18, 34, 114, 237 f., 243, 250 f., 319, 329, 349, 353, 363, 381, 383, 419, 502 ff., 592, 607

Lachauer, U. 784
Lamprecht, K. 165, 191
Langenohl, H. 571
Lenin, W. I. 118
Lepenies, W. 99

Personenregister   833

Leur, J. V. van 587
Leuschner, J. 680
Lévi-Strauss, C. 90
Lißmann, H.-J. 287
Lovejoy, A. 192
Lucas, F. J. 211, 215, 234 f., 470
Luckmann, Th. 4, 6
Ludwig, E. 730
Lübbe, H. 18, 42, 154, 564
Luhmann, N. 96, 112

Macpherson, C. B. 110
Maletzke, G. 458
Mann, G. 563
Mannheim, K. 199
Mannzmann, A. 345
Marrou, H.-I. 87
Marx, K. 11, 24, 84, 90, 95, 106 ff., 111, 118, 136, 162, 178, 191, 237, 301, 580
Mayer, U. 133, 248, 294, 421, 701, 706, 708
Meinecke, F. 102, 151, 182, 192
Merkes, K. 570
Merleau-Ponty, M. 3, 6
Messerschmid, F. 603
Messner, R. 366
Mickel, W. 624 f.
Mnouchkine, A. 724
Möckel, A. 570
Mollenhauer, K. 4, 29 f.
Mommsen, H. 751
Montada, L. 368
Müller, H. 289
Murtfeld, W. 568

Negt, O. 750
Nestle, W. 570
Neuhaus, E. 540
Niethammer, L. 781
Nietzsche, F. 157
Nipperdey, Th. 55, 99, 240, 564
Nußbaum, A. 435

Otto, G. 647

Pandel, H.-J. 18, 29, 41, 133, 222, 237, 248, 294, 421, 465, 496, 701, 706, 708
Paul, E. 652
Piaget, J. 368, 523, 573
Pöggeler, F. 743
Pörtner, R. 731
Poni, C. 173
Popper, K. 141
Priester, K. 250

Quandt, S. 220, 640

Radkau, J. 434
Ranke, L. von 50, 84, 104, 184, 202, 675, 787
Rethwisch, C. 612
Ribeiro, D. 90
Riefenstahl, L. 723
Riehl, W. H. 188
Riemenschneider, R. 471
Robinsohn, S. B. 240 f., 339, 341 ff., 373, 380, 382, 534, 699
Röttgers, K. 132
Rohe, K. 61
Rohlfes, J. 63, 88, 244 f., 342 f., 355, 375, 471, 504, 603, 607
Romm, M. 723
Rosselini, R. 726
Roth, H. 365, 369 f., 377, 467, 523 f., 540
Rothe, V. 303, 502
Rothfels, H. 84, 197
Rousseau, J. J. 110, 433
Rüsen, J. 46, 63, 84 ff., 120, 124, 154 f., 159, 207, 210, 212, 239, 276, 352 f., 423, 662, 681
Rumpf, H. 257
Ruskin, J. 770 f.

Schäfer, C. 771
Schäfer, K. H. 446
Schaff, A. 83
Schallenberger, E. H. 291, 471
Schaller, K. 446, 458
Scharfe, M. 733
Scheiblhuber, A. 494 f.
Schieder, Th. 40
Schiller, F. von 644
Schinkel, K. F. 770
Schlegel, F. 191
Schmetz, D. 570
Schmid, H.-D. 382, 392, 398, 470, 502 f., 509
Schneider, G. 221
Schörken, R. 33, 35, 225 f., 303, 318, 340, 355 f., 379, 504, 535, 607, 702, 764
Schrank, K. 569
Schröder, J. 561
Schröter, G. 514, 516
Schürbeuk, P. F. U. 221
Schütz, A. 3 f., 7, 37
Schulz, W. 372, 457, 501, 506
Schulze, E. 568
Schulze, W. 85, 88
Schumpeter, A. J. 181

Seghers, A. 727
Skowronek, H. 430
Spranger, E. 613
Staehr, G. von 225, 237, 251
Steinbach, E. von 770
Steinbach, L. 660, 664, 699
Steiner, R. 573
Steinmetz, R. 480 f.
Stenhausen, G. 188
Stöver, I. 478
Straub, J.-M. 726 f.
Suchmann, J. R. 389
Süssmuth, H. 243, 245, 345, 699

Thälmann, E. 580
Theuring, G. 727
Thiersch, F. 611
Thorndike, L. 388 f.
Thukydides 157, 198
Toynbee, A. J. 162, 188
Trier, J. 265
Troeltsch, E. 151

Ulbricht, W. 582
Ullrich, V. 778

Vigne, D. 725

Voltaire, J. 89, 191

Wacker, A. 22
Wadja, A. 724
Wagner, G. 508
Watzlawick, P. 349
Weber, A. 644
Weber, M. 85, 100, 153, 162, 191
Wehler, H.-U. 15, 114, 170, 377, 662
Weißgerber, L. 265
Weizsäcker, C. F. von 19
Weniger, E. 341, 357 ff., 532 ff., 605
White, H. 45
Widmann, M. 651
Wilhelm, Th. 614
Wilhelm II. 531 f., 613
Willmann, O. 470, 605
Willmanns, E. 470
Winkel, R. 454
Wittram, R. 19
Wolgast, H. 498

Zenner, M. 450
Ziegenspeck, J. 514, 516 f.
Ziegler, W. 738
Zimmermann, K. 498
Zitzlaff, W. 569

Sachregister

Ästhetische Erziehung s. Geschichtsunterricht und Ästhetische Erziehung
Akademiearbeit 718, 773 — 776, 790
Alltag, Alltagswelt 4, 34, 37, 315, 318, 323, 364, 595, 750, 779, s. auch Lebenswelt; Geschichte als Lebenswelt
Alltagsbewußtsein 36 — 40, 119, 129, 276, 372, 509, 736
Alltagsgeschichte 237, 269 f., 310 f., 313, 315 — 319, 321 f., 440, 472, 485, 491, 495, 509, 724, 737, 740, 747, 776 f., 779, 783 f.
Anschauung, Anschaulichkeit s. Veranschaulichen; Vergegenwärtigen
Anthropologie s. Historische Anthropologie
Arbeitergeschichte 311, 317, 320 bis 323, 440, 733, 740, 749 f., 752, 783
Arbeitsformen 412 f., 419, 421 — 430, 432, 447, 495, 654, s. auch Geschichte im Unterricht; Sozialformen; Methodik
Arbeitslehre s. Geschichtsunterricht und Arbeitslehre
Archiv und Öffentlichkeit 718, 765 bis 769, 785, s. auch Geschichtsunterricht und Archiv
Artikulation (des Unterrichts) 255, 418 f., 434, 461, 503 f., s. auch Methodik
Aufklärung, Epoche 89, 110, 115 f., 118, 123, 181, 191, 236 f., 301, 497, 530, 614 f., 754 f., s. auch Emanzipation
Aufklärung, pädagogisch-didaktisch 117, 198, 212, 237, 259, 289 f., 299, 351 f., 363, 473, 682, s. auch Emanzipation
Auswahl 43, 213, 233 f., 240 — 245, 254 f., 256, 258, 299, 303, 341, 375, 390, 392, 398 f., 508, 523, 583, 643, 684, s. auch Inhalt, Inhalte des Geschichtsunterrichts; chronologischer Geschichtsunterricht; exemplarischer Geschichtsunterricht; problemorientierter Geschichtsunterricht

Bedingungsanalyse 305, 371 — 374, 503
Bedürfnisse, Lernbedürfnisse 254, 255, s. auch Auswahl; Emanzipation; Schülerinteresse
Begriffe s. Historische Begriffe
Begriffsbildung 27, 258, 430, 465, 511 bis 513, s. auch Historische Begriffe; Begriffsgeschichte
Begriffsgeschichte, Historische Semantik 138, 194 — 197, 512 f.
berufsbildende Schulen s. Geschichte in berufsbildenden Schulen
Betroffenheit 238, 253 f., 255, 258, 299 f., 308, 331, 333, 464, 472, 486, 740, 746, s. auch Emanzipation; Schülerinteresse
Beurteilung von Geschichtsunterricht 232, 666, 689, 700, 704 — 709
Bewußtsein, historisches s. Geschichtsbewußtsein
Bildung, allgemein 256, 358, 387, 497 f., 539, 660, 665, 671, 735
— historische 213, 555 f., 706
— politische s. Politische Bildung
Bildungstheorie und Geschichtsdidaktik 221, 256 f., 310, 355, 357 — 363, 377 f., 387, 393, 457, 501, 663
Biographie 201 — 204, 440, 730
Bundeswehr s. Historisch-politische Bildung in der Bundeswehr

Chronologie s. Periodisierung; Zeit; Chronologischer Geschichtsunterricht
Chronologischer Geschichtsunterricht 234, 298, 390 — 392, 396, 398, 450, 508, 537, 552, 554, 698
Curriculumentwicklung 240, 250, 329, 395, 470, 502 f., 524, 680, 684

Curriculumrevision 305, 343 f., 390, 394, 401, 517
Curriculumtheorie 219, 241 f., 251, 339 f., 342, 345, 357, 361, 380, 392, 393, 401, 494, 534 f., 541, 621 f., 662, 699, s. auch Geschichtsdidaktik und Curriculumentwicklung

Darstellung (im Geschichtsunterricht) 238, 267, 269 f., 271 f., 292 f., 438, 452, 460, 465, 467, 472 f., 477, 482, 493, 495 f., s. auch Veranschaulichen; Geschichtsbild; Geschichtserzählung; Arbeitsformen; Sozialformen
Demokratie, Demokratisierung 242 f., 250, 302, 363, 381, 385, 393, 592, 595, 747, 752
Denken
— historisches 50 ff., 55, 58, 102, 120 f. 123 f., 130 ff., 143, 210, 213, 238, 247 f., 268 f., 270, 271 f., 276, 391, 419, 429 f., 468, 535, 679, 681
— politisches 63 f., 270
— utopisches 50 ff., 315
Denkmalpflege und Geschichte 434, 718, 757, 769 — 773
Deutsche Vereinigung für politische Bildung 601 — 603
Deutschunterricht s. Geschichtsunterricht und Deutschunterricht
Didaktik
— allgemein 224 f., 284, 358, 411, 412, 417, 421, 501, 662, 700, 705, s. auch Geschichtsdidaktik
— der Alltagsgeschichte 315 — 319, s. auch Alltagsgeschichte
— der Arbeitergeschichte 320 — 323, s. auch Arbeitergeschichte
— der Frauengeschichte 251, 317, 325 bis 330, 472
— der Friedenserziehung 304 — 306, s. auch Friedenserziehung
— der Heimatgeschichte 310 — 313, s. auch Heimatgeschichte
— der Kindheitsgeschichte 331 — 332, s. auch Kindheitsgeschichte
— der Schul- und Unterrichtsgeschichte 333 — 334, s. auch Geschichte der Schule und des Unterrichts
— der Universalgeschichte 243, 294, 301 — 303, 310, 473, 502, s. auch Universalgeschichte
— der Zeitgeschichte 307, 309, 318, 473, 500, 746, s. auch Zeitgeschichte
Didaktische Analyse 414 f., 501
Diskontinuität s. Kontinuität

Diskurs 18, 35, 155, 157, 159, 196, 227, 239, 248, 273, 350 f., 378, 392, 394, 776 f., 789 f.

Einphasige Lehrerausbildung 664, 697 bis 698
Einzelarbeit 424. 448, 454, 455
Einzelphänomen 174
Emanzipation 17 ff., 135, 171, 212, 236 bis 239, 243, 251, 269, 305, 315, 343, 363, 374, 376, 420, 437, 445, 455, 457, 476, 504, 529, 595, 650 f., 746, 750
Empirische Unterrichtsforschung 210, 232, 326 f., 361, 376, 435, 494, 515 f., 522 bis 525, 544, 704 f., 712 f., s. auch Beurteilung von Geschichtsunterricht
Entdeckendes Lernen 223, 255, 272, 318, 389, 425, 432 — 435, 441, 467, 597, 647, 674, 784
Entwicklung, historische 231, 277, 283 f.
Entwicklungspsychologie 27, 113, 225, 262, 280 — 283, 284, 355, 367 — 370, 377, 433, 450, 493 f., 499, 523, 539, 573, s. auch Psychologie und Geschichtsunterricht
Epoche, Epochen 94, 96 f., 139, 199, 242, 301, 543 f., 554, 574, 675, s. auch Periodisierung
Ereignis, historisches s. Tatsache, historische
Erfahrung, historische 15, 54 f., 130, 132, 226 — 228, 229, 276 f., 318, 377, 408, 438, 440, 513, 725, 736, 743, 750, 772, 784
Erkenntnis, historische 70 ff., 79 f., 104, 123 f., 130, 153, 155, 230 f., 252, 295, 412, 419, 465, 469, 476, 679, 682, 684, s. auch Interesse, erkenntnisleitendes
Erkenntnisinteresse s. Interesse, erkenntnisleitendes
Erklärung, Erklären, historische Erklärung 140 — 146, 148, 231, 294 f., 296, 707, s. auch Gesetze; Hermeneutik, Verstehen
Erwachsenenbildung s. Geschichte in der Erwachsenenbildung
Erzählen, Erzählung s. Geschichtserzählung; Narrativität; historisches Erzählen
Erziehung 221, 236 f., 243, 287 — 289, 331, 408, 497 f., 659
Erziehungswissenschaft 4 ff., 30, 236 f., 305, 349, 411, 522, 662, 682, 697, 699
Evolution, soziale; Evolutionstheorien 95 — 97, 101, 107, 111, 161, 163, 302 f., 391, s. auch Prozeß, histori-

Sachregister

scher; Universalgeschichte; Entwicklung, historische
Exemplarischer Geschichtsunterricht 256 − 258, 260, 311, 370, 390, 508
Exkursionen, Lehrpfade, alternative Stadterkundungen 446, 452 f., 738 bis 741, 779, 781, 786
Explanandum 142 f., 145
Explanans 142, 144

Fachpraktikum 664, 666, 684, 688 − 690, 697, s. auch Historische Praktika
Fachverbände für Geschichtslehrer 408, 495, 600 − 608, 698, 699
Feminismus 176, 306, 329
Fernsehen s. Geschichte im Fernsehen; Film; Medien
Film (im Geschichtsunterricht) 330, 462, 480 − 482, s. auch Geschichte im Film; Geschichte im Fernsehen; Medien
Forschung, Geschichtsforschung s. Geschichte als Wissenschaft
Fortschritt, Fortschrittskritik 12 f., 90, 128, 134 − 137, 136 f., 262, 301, 778
Fortschritt, technischer 181 f.
Fort- und Weiterbildung s. Lehrerfortbildung
Frauengeschichte 175 − 177, 251, 325 bis 330, 733, 786, s. auch Didaktik der Frauengeschichte
Friedenserziehung 290, 304 − 306, 328, 474
Frontalunterricht 422, 426, 448 f., 450, 478

Gegenwartsbezug s. Gegenwarts- und Zukunftsbezogenheit
Gegenwarts- und Zukunftsbezogenheit 18, 51 ff., 59, 71, 98, 154, 213, 215, 226, 231, 233 − 235, 238, 243, 254, 258, 261 f., 273, 274 f., 295, 308, 317, 352, 391, 430, 467 f., 473, 502, 626, 679, 706 f., 745, 752, 774 f., 788, s. auch Zukunft
Gemeinschaftskunde s. Geschichtsunterricht und politische Bildung
Geistesgeschichte 191 − 193, s. auch Mentalitätsgeschichte
Geographieunterricht s. Geschichtsunterricht und Geographieunterricht
Georg-Eckert-Institut für internationale Schulbuchforschung 292, 304, 473 f., 588 − 591, 603
Gesamtschule s. Geschichtsunterricht in Gesamtschulen
Geschichte 6, 12, 24, 32, 40, 44, 63, 71, 73 f., 83 − 89, 93, 98, 103, 108, 122, 123, 129, 130 f., 135, 147, 150, 153, 156 f., 161, 170 f., 209, 226, 230 bis 232, 233, 250, 257, 328 f., 391, 476, 489, 615, 639
— als Argument 55 − 59, 262, 721, 751, 787 f.
— als Lebenswelt 3 − 10, 37, 40, 45, 51, 55, 59, 63, 70 f., 79 f., 99, 198, 209 f., 234, 253, 259, 317, 351, 375, 593 f., 648, 668, 701, 728 f., 736, 746, s. auch Alltag; Alltagsbewußtsein; Lebenswelt
— als Lernprozeß 238, 251, s. auch Evolution, soziale; Universalgeschichte
— als Wissenschaft, Geschichtswissenschaft 7 f., 11 ff., 33, 38, 55, 59, 63, 69 − 80, 83 f., 86, 120, 122, 131, 141, 147, 153 f., 169, 170 f., 173, 178, 185, 194, 198 f., 210 − 212, 214, 230, 247 f., 259, 313, 316, 326, 339, 350 f., 458, 472 f., 512, 533 f., 615 f., 620, 635, 662, 672, 676 f., 679, 682, 717, 732, 754 f., 760, 761, 778 f., 788 f., s. auch Geschichtsschreibung; Historik; Geschichtstheorie
— der Geschichtsdidaktik und des Geschichtsunterrichts 30, 65, 215, 219 bis 223, 237, 310, 333 f., 358 f., 394 f., 408, 448, 464 f., 470 f., 493 f., 531 − 534, 545 f., 567 − 569, 580 bis 582, 612 ff., 639, s. auch Geschichte der Schule und des Unterrichts
— der Geschichtswissenschaft s. Geschichte als Wissenschaft
— der Geschlechterbeziehungen 175 f.
— der Kindheit s. Kindheitsgeschichte
— der Mentalitäten 106, 191 − 193, 196, 723, s. auch Geistesgeschichte, Ideengeschichte
— der Schule und des Unterrichts 222 f., 331, 333 − 334, 622 f., 644, 660 f., s. auch Geschichte der Geschichtsdidaktik; Geschichtsunterricht als Institution
— im Fernsehen 418, 459, 481, 525, 646, 718 f., 746, 761 − 764, 767
— im Film 459, 480, 482, 525, 646, 723 bis 727, 762 f., 767
— im Jugendbuch 497 − 500, 729 f.
— im Kanon der Unterrichtsfächer 235, 399 f., 401, 611 − 617, 682 f., s. auch Integration, Kooperation, Koordination
— im Museum 312, 489 f., 732 − 734, 739, 744, 767, 785, s. auch Geschichtsunterricht und Museen
— im Sachbuch 418, 646, 718, 728 − 731
— im Stadtteil 312, 718, 733, 739 f., 782 bis 786

- im Unterricht 18, 44, 208, 210, 212 f., 214 f., 222 f., 234 f., 238, 247 – 249, 262 f., 272 f., 277 f., 290, 294 – 296, 327 f., 329 f., 334, 378, 407 – 415, 421 f., 427 f., 434, 444 – 455 passim, 466 f., 477 f., 491 f., 534 f., 616, 678, 682 f., 684, 701 f., s. auch Geschichte der Geschichtsdidaktik und des Geschichtsunterrichts
- in berufsbildenden Schulen 396, 555 bis 558
- in der außerschulischen Öffentlichkeit 64, 201, 208, 209, 214 f., 309, 318, 326, 409, 418, 457, 484, 523, 667, 668 f., 672, 682, 684, 691 f., 717 bis 721, s. auch Öffentlichkeit
- in der didaktischen Reflexion 36, 69, 122, 129, 207 – 215, 230, 233, 241 f., 277 f., 293, 317, 323, 411 f., 490, 675, 682 f., 706, 718 f., 745 f., s. auch Geschichtsdidaktik
- in der Erwachsenenbildung 311, 410, 441, 719, 735, 743 – 748, 751, 753, 783
- in der gewerkschaftlichen Bildungsarbeit 410, 744, 749 – 753, 783
- in der Presse 418, 718, 758 – 760, 785
- Sinn der 234, 237
- Totalität der 94 f., 151
- und Touristik 734 – 737, 739 f., 746, 772
- und Utopie 50 – 54, 212, 234, 251, 315, 745

Geschichtsbewußtsein 10, 33, 36, 40 – 43, 44 f., 47 f., 53, 55, 63, 70, 105, 122, 147, 157, 198, 209 f., 225 f., 228 f., 230, 259 f., 261 f., 265, 275 – 277, 279 f., 285 f., 318 f., 351, 366 – 368, 372 f., 375, 397 f., 409, 440, 442, 457, 459, 509, 523, 535 f., 595, 599, 681 f., 720, 734, 743, 750, 756, 761, 768, s. auch Alltagsbewußtsein

Geschichtsbild 34, 39, 40, 215, 245, 260, 261 – 263, 270, 291, 294, 352, 472, 523, 675, 769

Geschichtsdidaktik
- Definition 16, 33, 44, 207 – 209, 220, 244, 339, 411, 663, 681, 713, 743, s. auch Geschichte in der didaktischen Reflexion
- als empirische Forschung 209 f., 232, 494, 523 f., 684, 686, 719 f., 790, s. auch Empirische Unterrichtsforschung
- Aufgaben 9 f., 79 f., 114, 126 f., 133, 207 – 209, 323, 402, 482, 524 f., 685, 701, 706, 717, 721, 738, 743, 772, 787, 790
- fachwissenschaftsorientierte 243, 244 f., 340, 373, 378, 502, 504, 533
- kommunikative s. Kommunikative Geschichtsdidaktik
- pragmatisch-eklektische 244, 343, 378, 502, 504
- und Curriculumentwicklung 41 f., 219, 224 f., 242 – 245, 304 f., 339 – 347, 494, 502 f., s. auch Geschichtsdidaktik; Curriculumentwicklung
- und Geschichtsunterricht 18, 212 f., 221, 284, 412, 421, 493 f., 495, 504, 523, 547, 701, s. auch Geschichte der Geschichtsdidaktik und des Geschichtsunterrichts
- und Geschichtswissenschaft 210 – 212, 213, 222, 241, 244 f., 260, 508, 512, 668, 671 f., 683, 686 f., 713, 717
- und Historik 208, 230, 495 f., 681, s. auch Geschichte in der didaktischen Reflexion; Geschichte der Geschichtsdidaktik und des Geschichtsunterrichts; Kategorien der Geschichtsdidaktik

Geschichtserzählung 260, 262 f., 267, 270, 423, 467, 472, 486, 493 – 496, 499, 540, 567, 574, s. auch historisches Erzählen; Narrativität

Geschichtslehrerausbildung 41, 232, 326, 330, 402, 414, 480, 484, 547, 562, 659 – 669, 671, 679, 683, 688 f., 695, 697, 699 – 702, 710, 712 f., 721, s. auch Einphasige Lehrerausbildung; Referendariat

Geschichtsphilosophie 89 – 93, 99 f., 101, 106, 146 f., 161, 194, 231, s. auch Geschichtstheorie

Geschichtsschreibung 15, 44, 47, 71, 83, 92, 120, 122, 123, 152, 156 – 160, 169, 173, 176, 183 f., 202, 249, 259, 269, 320 f., 328, 458, 464, 587, 728 f., 740 f., 758 f., 778, 785, s. auch Geschichte als Wissenschaft

Geschichtstheorie 141, 145, 147 f., 150, 152, 161, 166, 364, 778 f., s. auch Historik; Geschichtsphilosophie; Geschichte als Wissenschaft

Geschichtsunterricht s. auch Geschichte im Unterricht; Geschichtsdidaktik und Geschichtsunterricht; Geschichte der Geschichtsdidaktik und des Geschichtsunterrichts
- als Institution 18, 33, 41, 64, 208, 212 f., 220, 222, 240, 262, 304, 306, 334, 351 f., 393, 408, 410, 529 – 538, 604, 612 ff., 683, 701, 744
- an Waldorfschulen 572 – 575
- in der DDR 263, 580 – 585

- in der Dritten Welt 585 — 588
- in der Haupt- und Realschule 396, 410, 545 — 551
- in der Sekundarstufe II 396, 551 — 554
- in der Sonderschule 567 — 572
- in Gesamtschulen 396, 558 — 566
- und Ästhetische Erziehung 645 — 649
- und Arbeitslehre 639 — 641
- und Archiv 453, 597 — 600, 738, 768
- und Deutschunterricht 641 — 645
- und Geographieunterricht 232, 634 bis 638
- und Museen 312, 453, 467, 489 — 492, 738, s. auch Geschichte im Museum
- und Politische Bildung 232, 242, 245, 298 — 300, 308, 473, 552, 622 — 627, s. auch Politische Bildung
- und Religionsunterricht 649 — 655
- und Social Studies 627 — 634

Geschichtsvereine 310, 744, 747, 754 bis 757, 768, 783
Geschichtswerkstätten 176, 309, 312, 718, 740, 744, 747, 757, 776 — 781
Geschichtswissenschaft s. Geschichte als Wissenschaft
- und Öffentlichkeit s. Geschichte in der außerschulischen Öffentlichkeit

Geschlechterstereotype 176, 325, 327 f.
Gesellschaft, Gesellschaftsformationen 13 f., 21 ff., 95, 110 — 113, 250, 251, 302, 315, 329, 364
- bürgerliche 108, 110, 135 f., 301, 530, 611, 660, 754 f.

Gesellschaftsgeschichte 164 — 167, 179, 185 f., 299, 316, 329, 331, 677, 779, s. auch Sozialgeschichte
Gesellschaftslehre (Schulfach) s. Geschichtsunterricht und politische Bildung; Integration, Kooperation, Koordination; Geschichtsunterricht in Gesamtschulen; Hessische Rahmenrichtlinien Gesellschaftslehre
Gesellschaftstheorie 22, 42, 106, 110 bis 115, 225, 236, 250 f., 299, 302 f., 503
Gesetze 75, 140 — 146, 388, s. auch Erklärung
Gesinnungsunterricht 215, 223, 266, 531 f., 546, 563 f.
Grundschule s. Historisches Lernen in der Grundschule
Gruppenarbeit, Gruppenunterricht 424, 446, 451 f., 454, 455

Hauptschule s. Geschichtsunterricht in der Haupt- und Realschule

Hausaufgaben 428 f., 448, 515
Heimatgeschichte 262, 309, 310 — 313, 318, 398, 434, 495, 537, 540, 542, 599, 739 f., 746, 752, 754, 777, s. auch Religionsgeschichte; Geschichtsvereine; Geschichtswerkstätten; Geschichte im Stadtteil
Heimatkunde s. Heimatgeschichte
Hermeneutik, Verstehen 73 f., 86, 103, 124, 127 — 130, 143 f., 200, 376, 478, 642, 677
Hessische Rahmenrichtlinien Gesellschaftslehre 237, 238, 341, 381, 399 f., 509, 547, 560 f., 563 f., 605 — 607, 615, 620, 625 f., 640
Historik 79, 103, 120 — 123, 130, 150, 202, 233, 351, 392, 662, 684, s. auch Geschichte als Wissenschaft; Geschichtsdidaktik und Historik; Geschichtstheorie
Historisch-politische Bildung in der Bundeswehr 575 — 579
Historische Anthropologie 98 — 102, 173, 243, 322, 439, 472, 573, 672
- Begriffe 138 — 140, 147, 465, 511 f., s. auch Begriffsbildung; Begriffsgeschichte, Historische Semantik
- Beratung 184, 718, 787 — 791, s. auch Geschichte als Argument
- Kategorien 12 f., 14 f., 130 — 134, 147, 176, 211, 230, 233, 241, 258, 502, s. auch Kategorien der Geschichtsdidaktik
- Methode 58, 72 f., 84 f., 86, 103, 120 f., 123 — 127, 127 f., 154, 199 f., 211 f., 231, 247, 249, 259, 295, 316, 364, 439 f., 458, 624, 630, 673, 678, 706
- Praktika in außerschulischen Berufsbereichen 667, 690 — 694
- Sozialwissenschaft 104, 108, 170 bis 172, 186, 212, 237, 298, 302, 305, 316, 350, 361, 662, 677, 699, s. auch Sozialwissenschaften

Historischer Materialismus 75, 97, 106 bis 109, 113 f., 119, 161, 178 f., 250, 301, 582, s. auch Marxismus; Materialistische Geschichtsdidaktik
Historisches Bewußtsein s. Geschichtsbewußtsein
- Denken s. Denken, historisches
- Erzählen 44 — 50, 71, 83, 130, 132, 145, 147, 157, 158 f., 226 f., 352 f., 643, s. auch Narrativität
- Interview (Oral History) s. Interview (Oral History)

— Lernen 27, 47, 49, 207 f., 212, 224 bis 229, 241 f., 252, 257, 272 f., 275 f., 277 f., 317, 341, 356, 364, 368 f., 408 f., 410 – 412, 417 – 420, 426, 434, 448, 476, 477, 495 f., 503 f., 511 f., 529 f., 542 f., 624, 639 f., 647, 689, 702, 718, 733, 743 f., 750 f.
— Lernen in der Grundschule 396, 495, 539 – 545
— Wissen 55 f., 57 f., 87, 102, 121, 147, 150, 213, 226 f., 229, 233 f., 248, 257, 258 – 261, 271 f., 274 f., 295 f., 408, 409, 442, 452, 464, 476, 477, 524, 725, 729, 736, 751
Historismus 56, 73 f., 93, 102 – 106, 121, 125, 138, 151 f., 184, 191 f., 301, 316, 349, 361
Hochschuldidaktik 232, 664, 667, 672 f.

Ideengeschichte s. Geistesgeschichte
Identifikation, Identifikationsprozesse 18 f., 32, 225 f., 231, 262, 269 f., 278, 303, 316, 364, 374, 383, 428, 535, 540, 595, 706, 725
Identität 8, 29 – 36, 40, 46, 49, 55 f., 87, 105, 121, 129, 132, 151, 155, 198, 202, 209, 214, 227 f., 253, 272 f., 276, 303, 328, 352, 383, 442, 447, 535, 746, 750 f., 783
Identitätskrise 136 f.
Ideologie, Ideologiekritik 41, 58, 61, 115 bis 120, 155, 238, 262 f., 292, 299, 301, 381, 513, 723, 745
Ideologiekritik und Geschichtsdidaktik 214, 238, 268, 292, 305, 363 – 365, 442, 461, 476 f., 478 f., 504
Indoktrination 215, 222, 239, 245, 266, 285, 373, 564
Industrialisierung 96 f., 104, 145, 180, 199
Inhalt, Inhalte (des Geschichtsunterrichts) 215, 234, 238, 240 – 245, 254 f., 412, 442, 450, 461, 477, 484, 487, 501, 507 f., 523, 557, 582 f., 672, s. auch Auswahl
Integration, Kooperation, Koordination 235, 245, 308, 399 f., 437, 473, 490, 508, 512, 557, 558, 560, 615, 619 bis 622, 623 f., 625 – 627, 628 f., 630 f., 635 f., 640, 646, 654, 678, s. auch Geschichte im Kanon der Unterrichtsfächer
Interaktion 239, 418 f., 421, 445 f., s. auch Kommunikative Geschichtsdidaktik
Interesse, Interessen, erkenntnisleitende 86 f., 211, 233, 254, 299, 343, 350, 476, 530, 673, 745, 754, 756, s. auch Schülerinteresse; Emanzipation
Interpretation 72 f., 121, 123, 125, 128, 131, 285, 442, 478 f., s. auch Quellenarbeit; historische Methode
Interview (Oral History) 23, 237, 308 f., 312 f., 318, 338, 439 – 441, 449, 478, 509, 740, 747, 752, 763, 766, 784, 785

Jugendbuch s. Geschichte im Jugendbuch

Kapitalismus 104, 106, 199, s. auch Gesellschaft, bürgerliche; Gesellschaftsformationen
Kategorien der Geschichtsdidaktik 42, 211, 230 – 232, 233, 241, 258, 294, 421, 502, 524, 701, 706, s. auch historische Kategorien
Kindheitsgeschichte 311, 317, 331 bis 332
Klassenunterricht 422 – 425, 446, 449 f., 454
Kommunikation 6, 200, 229, 247, 276, 308, 349 f., 411 f., 418, 420, 421, 443, 445 f., 457 f., s. auch Kommunikative Geschichtsdidaktik; Diskurs
Kommunikative Geschichtsdidaktik 243, 250 f., 305, 343, 345, 349 – 354, 372 f., 376, 378, 411 f., 444, 457, 502, 504
Kontinuität 45 ff., 87, 131, 150 – 152, 231, 308, 391, 509, 788
Kooperation (der Unterrichtsfächer) s. Integration, Kooperation, Koordination
Kultur s. politische Kultur; Kulturgeschichte
Kulturgeschichte 187 – 190, 191, 320, 322, 489, 632, 756
Kultusministerkonferenz, Vereinbarungen der 306, 399, 410, 552, 555 f., 605, 663, s. auch Saarbrücker Rahmenvereinbarungen
Kunstunterricht s. Geschichtsunterricht und Ästhetische Erziehung

Längsschnitte, Querschnitte 242, 245, 419, 484, 502, 507 – 510, 675
Lebensgeschichte 23, 29, 93, 203, 236, 259, 280, 283 f., 311, 317, 322, 352, 440, 675, 743, 751
Lebenswelt 3 – 10, 20 f., 29, 33, 212, 214, 268, 310, 315, 333, 720, s. auch Alltag; Geschichte als Lebenswelt

Sachregister 841

Legitimation, Legitimierung 184, 262, 274 – 276, 383, 408, 535, 708, 751, 770, 789 f.
Lehrer (Beruf und Berufspraxis) 407, 411 f., 414, 454, 515, 524, 659 f., 663 ff., 689, 698, 701, 710, 712 f., s. auch Geschichtslehrerausbildung
Lehrerfortbildung 710 – 713
Lehrervortrag 44, 422 f., 450, 495 f., 574, 581
Lehrpfade s. Exkursionen, Lehrpfade, alternative Stadterkundungen
Lehrpläne s. Richtlinien
Lehrplantheorie 339, 341, 532 f., s. auch Curriculumtheorie
Leistungsmessung, Leistungsbeurteilung 383, 386, 399, 426, 428, 442, 448 f., 513 – 517, 518, 522, s. auch Beurteilung von Geschichtsunterricht; Tests
Lernen, soziales 69, 163, 327 f., 374 f., 388 f., 451, 550, 558, 750, s. auch Historisches Lernen; Lerntheorie und Geschichtsdidaktik
Lernorte 407, 409 f., 436, 445 f., 452 f., 529, 597, 637, 738
Lernpsychologie s. Psychologie und Geschichtsunterricht
Lerntheorie und Geschichtsdidaktik 224 f., 240, 341, 355 – 357, 372, 377, 419, 426, 432 – 434, 457, 494 f., 506, 511 f., 702, s. auch Psychologie und Geschichtsunterricht; Entwicklungspsychologie
Lernziele, Qualifikationen 34, 49, 228 f., 232, 237 f., 241 f., 245, 252, 254, 257, 296, 299, 305, 328, 339 f., 341, 344 f., 355, 370, 375, 379 – 384, 385, 396 f., 399, 408, 412, 413, 425, 428 f., 442, 447, 451, 460, 487, 503, 504, 514, 518, 521, 529, 535, 582 f., 619, 640, 641 f., 679, 684, 706, s. auch Operationalisierung

Marxismus 74, 118, 141, 180 f., 251, 320 f., s. auch Historischer Materialismus
Materialistische Geschichtsdidaktik 225, 237, 250 – 252, 340
Medien 292, 295 f., 412, 447, 449, 456 bis 462, 464, 466, 469 f., 480, 483 f., 488, 524 f., 684, 724, 766
Mentalität, Mentalitätsgeschichte s. Geschichte der Mentalitäten; Geistesgeschichte
Meta-Unterricht 223, 333 f.

Methode s. Historische Methode
Methodik 212, 219, 252, 255, 261, 278, 295 f., 412 f., 417 – 420, 421, 445, 461, 466, 471 f., 477 f., 482, 493 f., 495 f., 503, 504, 524, 574 f., 581, 584 f., 641, 643, 647
Mikro-Historie 173 – 175, 243, 752
Modernisierungstheorien 90 f., 114, 322, s. auch Theorien, historische und sozialwissenschaftliche
Moralische Entwicklung 27 f., 113, 277, 279 – 286, 300
Motivation 267, 333, 375, 417, 434 f., 442, 486, 524, 744
Multiperspektivität 34 f., 42, 155, 203, 238, 260, 263, 270, 271 – 273, 278, 294, 296, 353, 420, 442, 452, 486, 496, 521
Museum, Museumsdidaktik s. Geschichtsunterricht und Museen; Geschichte im Museum

Narrative Kompetenz 49, 352 f.
Narrativität 75, 86 f., 122, 132, 144 f., 146 – 149, 155, 226 – 228, 418, 423, 452, 468, 495 f., s. auch Historisches Erzählen; Geschichtserzählung; narrative Kompetenz
Nationalbewußtsein 41, 181, 391, s. auch Geschichtsbewußtsein; Geschichtsbild; Geschichte der Geschichtsdidaktik und des Geschichtsunterrichts
Normen 71, 102 f., 154, 157, 262, 274 f., 277, 281 f., 285 f., 300, 303, 381 f., 530, s. auch Werte

Objektivität 18 f., 42 f., 86, 126 f., 153 bis 156, 248, 249, 259, 272, 273, 275, 364, 452, 461, 465, 499, s. auch Parteilichkeit
Öffentlichkeit 38, 63 – 66, 326, 410, 484, 755, 758 f., 766 f., s. auch Geschichte in der außerschulischen Öffentlichkeit
Operationalisierung 355, 361 f., 385 bis 386, 442, 514, 521, s. auch Lernziele, Qualifikationen
Oral History s. Interview (Oral History)
Orientierung, Orientierungsbedürfnis 51, 53, 55 f., 80, 120, 124, 211, 213, 226, 233, 242, 245, 248, 261, 277 f., 303, 353, 377, 411, 533, 675, 679, 729, 745, 750 f., 774 f., 783, 788 f.

Pädagogik s. Erziehungswissenschaft
Parteilichkeit 86 f., 153, 155, 249, 350, 353, 363, 452, 532, s. auch Standortgebundenheit; Objektivität
Partnerarbeit 446, 449
Periodisierung 12 ff., 78, 93 – 98, 107, 151, 199, 202, 398, 509, 587 f., 630, 679, s. auch Epoche
Personalisierung 262 f., 268 – 270, 325, 331, 369 f., 423, 467, 472, 493, 523, 650
Personifizierung 268 – 270, 370, 494
Perspektive, Perspektivität 269 f., 271 f., 276, 290, 328, 420, 440, 465, 726, 740, 747, s. auch Multiperspektivität
Politikunterricht s. Geschichtsunterricht und politische Bildung; Integration, Kooperation, Koordination
Politikwissenschaft s. Sozialwissenschaften, systematische
Politische Bildung 213, 242, 245, 298 bis 300, 307, 355, 481, 500, 555 f., 575, 577, 615, 619, 640, 740, 744, 746, s. auch Geschichtsunterricht und politische Bildung
– Geschichte 158, 164 f., 183 – 187, 192, 316
– Kultur 60 – 63, 186, 320 f.
Polytechnische Bildung s. Geschichtsunterricht und Arbeitslehre
Praktikum s. Fachpraktikum; historische Praktika in außerschulischen Berufsbereichen
Praxisbezug 209, 238, 251, 299, 437, 660 f., 662, 667 f., 672, 681, 683, 686, 694 f., 697, 700, 710, 712 f., 719 f., 751, 775, 784, 787, 789
Presse s. Geschichte in der Presse
Primarstufe s. Historisches Lernen in der Grundschule
Problemorienterter Geschichtsunterricht 243, 253 – 255, 293, 333, 425, 430, 438, 752
Produktionsverhältnisse, Produktionsweisen, Produktivkräfte 106, 107 f., 114, 162, 179, 530, s. auch Gesellschaftsformationen
Professionalität, Professionalisierung 73, 77, 407 f., 410, 660, 663, 668 f., 683, 686 f., 704, 710 f., 741, 780, 786
Programmierter Geschichtsunterricht 442 bis 443, 449, 457, 522
Projektarbeit 223, 311, 433, 434, 436 bis 438, 558, 560, 648, 781
Projektstudium 664, 694 – 696, 697
Propädeutik s. Wissenschaftspropädeutik im Geschichtsunterricht

Prozeß, historischer 108, 135, 209, 231, 236, 251 f., 269, 283 f., 294, 304, 743, 751, s. auch Evolution, Evolutionstheorien; Geschichte
Psychologie und Geschichtsunterricht 225, 240, 251, 280, 365 – 371, 426, 433 f., 465, 503, 523, 540, 662, 701 f., s. auch Entwicklungspsychologie; Lerntheorie; Transfer
– Instruktionstheorie 368 f.
– Lernpsychologie 356, 361 f., 368 f., 386 f., 419, 511 f., s. auch Lerntheorie und Geschichtsdidaktik

Qualifikationen s. Lernziele
Quantifizierung 158, 171, 192, 200
Quellen 259, 271 f., 420, 439 f., 457, 458, 475 f., 477, 485, 587, 597, 723, 732, 738, 762 f., 765 f., 770, 772, 784
Quellenarbeit, Quelleninterpretation (im Geschichtsunterricht) 75 f., 124 f., 196, 248, 285, 296, 313, 389, 419, 424, 429, 434, 460, 467, 472, 475 – 479, 485, 487, 496, 738
Quellenkritik 72, 124 f., 194 f., 587, 598 f.
Querschnitte s. Längsschnitte, Querschnitte

Rationalität 159, 210, 213, 246 f., 275 f., 453, 668, 673, 746
Realschule s. Geschichtsunterricht in der Haupt- und Realschule
Referat 426 f., 429, 515
Referendariat 661 f., 666 f., 673 f., 684 f., 697, 699 – 702, s. auch Geschichtslehrerausbildung
Regionalgeschichte 309, 323, 434, 550 f., 595, 597, 599, 746, s. auch Heimatgeschichte
Relevanz 9, 154, 211, 233, 240 f.
Religionsunterricht s. Geschichtsunterricht und Religionsunterricht
Richtlinien, Lehrpläne 41, 64, 223, 240, 250, 260, 274, 304, 329, 339, 341, 344, 373, 380, 385, 390, 393 – 403, 410, 450, 470, 495, 502, 518, 525, 529, 535, 541 f., 547 – 549, 553 f., 556, 562, 569 f., 572, 580 – 582, 611 f., 624 ff., 635 f., 650, 680, 698, 700, s. auch Hessische Rahmenrichtlinien; Kultusministerkonferenz; Saarbrücker Rahmenvereinbarungen
Rollen, Rollenlernen 112 f., 452
Rollenkompetenz 303, 333, 379 f., 535

Saarbrücker Rahmenvereinbarungen 399, 605, 615, 619, 623
Sachbuch, historisches s. Geschichte im Sachbuch
Sachunterricht 539, 541, s. auch Historisches Lernen in der Grundschule
Schülerinteresse 213, 214, 233, 234, 240, 243, 250, 272 f., 274 f., 295, 300, 310, 326 f., 353, 374 − 379, 399, 417, 437, 455, 524, 534 f., 560, 574, 647, 698, 700, s. auch Interessen; Interessen, erkenntnisleitende; Emanzipation
„Schülerwettbewerb Deutsche Geschichte um den Preis des Bundespräsidenten" 309, 312, 318, 434, 441, 467, 591 bis 596, 599, 781, 782
Schulbuch 223, 261, 265 − 268, 270, 291 − 296, 325, 418, 443, 469 − 474, 589, 702
Schulbuchanalyse 250, 265 f., 289, 291 bis 296, 329, 473, 518, 590, 684
Schulbuchinstitut s. Georg-Eckert-Institut
Schule (allgemein) 288 f., 331, 333, 407, 409 − 411, 437, 660, 698, 700 f., s. auch Geschichtsunterricht als Institution; Geschichte der Schule und des Unterrichts
Schulfunk 481, 483 − 488
Sekundarstufe I s. Geschichtsunterricht in der Haupt- und Realschule
Sekundarstufe II s. Geschichtsunterricht in der Sekundarstufe II
Social Studies s. Geschichtsunterricht und Social Studies
Sonderschule s. Geschichtsunterricht in der Sonderschule
Sozialformen 255, 412 f., 419, 444 − 455, 654, 738, s. auch Arbeitsformen; Methodik
Sozialgeschichte 108, 164 − 168, 179, 189 f., 195, 298, 311, 321, 439, 472, 593 f., 724, 756, 776 f., 780, s. auch Gesellschaftsgeschichte; Historische Sozialwissenschaft
Sozialisation 8, 20 − 28, 31 f., 37, 49, 209, 241, 273, 287 f., 325, 327, 331, 373, 381, 414, 481, 498, 529, 535, 542, 544, 547
Sozialkunde s. Geschichtsunterricht und politische Bildung; Integration, Kooperation, Koordination
Sozialwissenschaft, historische s. Historische Sozialwissenschaft
− systematische 4 f., 305, 619, 627 f., 662, 676 f., 788 f., s. auch Studium der Sozialwissenschaften

Sperrgebiet, militärisches 736, s. auch Alltag; Geschichte als Lebenswelt; Geschichte in der außerschulischen Öffentlichkeit; Historik; politische Kultur
Spielen (Geschichte spielen im Unterricht) 427 f., 429, 768
Sprache 23, 88, 112 f., 122, 138, 194 ff., 264 − 268, 289, 292, 408, 458, 464
Stadterkundungen, Stadtführungen s. Exkursionen, Lehrpfade, alternative Stadterkundungen
Stadtteilarbeit s. Geschichte im Stadtteil
Standortgebundenheit 259 f., 276, 476 f., s. auch Parteilichkeit; Objektivität
Strukturgeschichte 168 − 170, 242, 294, 321, 472, 512, 780
Studium der Geschichte 232, 248 f., 661 f., 666 f., 671 − 676, 677 − 679, 681 f., 685 f., 688 f., 693, 697, s. auch Geschichtslehrerausbildung; Fachpraktikum; Historische Praktika in außerschulischen Berufsbereichen
− der Geschichtsdidaktik 232, 665 f., 667, 672, 681 − 687, 688 f., 697, 701, 721, 791, s. auch Geschichtslehrerausbildung; Fachpraktikum; Historische Praktika in außerschulischen Berufsbereichen
− der Sozialwissenschaften 666, 676 bis 680, 697, 701, s. auch Geschichtslehrerausbildung
Stufenlehrer 663 f., 667, 697
Systemtheorie 112, 186, s. auch Theorien, historische und sozialwissenschaftliche

Tatsache, historische 83, 87 f., 154
Team Teaching 446, 454 f.
Technikgeschichte 180 − 183, 730, 737, 739
Tests 429, 515, 518 − 522, 524, 705, s. auch Leistungsmessung, Leistungsbeurteilung
Theorien, historische und sozialwissenschaftliche 231, 322, 328 f., 479, 509 f., 616, 677 f., s. auch Evolutionstheorien; Geschichtstheorie
Touristik s. Geschichte und Touristik
Tradition 9, 17 − 19, 55, 87, 183 f., 214, 245, 276 f., 311, 408, 420, 550, 757, 774 f., 777, 788
Transfer 256, 366, 386 − 390, 430, 435, 510, 512 f., 636

Universalgeschichte 90 f., 161 − 164, 169, 188, 251, 283, 301 f., 391, s. auch

Didaktik der Universalgeschichte; Geschichte, Totalität der
Unterricht, allgemein 225, 407 f., 409 bis 414, 421, 445 f., 458, 501, 705, s. auch Geschichte im Unterricht; Sozialformen; Arbeitsformen; Geschichtsunterricht als Institution; Methodik
Unterrichtsforschung s. Empirische Unterrichtsforschung
Unterrichtsgespräch 424 f., 450, 574 f.
Unterrichtsplanung 372 f., 375, 414 f., 420, 446 f., 460, 485, 491, 501 — 506, 702, 705
Utopie s. Geschichte und Utopie; Denken, utopisches

Veranschaulichen 427, 453, 457, 461, 464 — 469, 485, 486, 493 f., 499, 738, 768, 772
Verband der Geschichtslehrer Deutschlands 495, 601 f., 603 f., 619, 686, s. auch Fachverbände
Verband der Historiker Deutschlands 342, 663
Vergegenwärtigen 213, 427, 464 — 469, 485, 493 f., 772
Vernunft 70, 111, 116, 122, 136, 149, 212, 237, 301, 350, 375, s. auch Aufklärung; Rationalität
Verstehen 231, 467, 478, 706, s. auch Hermeneutik
Volksschulen s. Geschichtsunterricht in der Haupt- und Realschule
Vorlesung 423

Vorurteile und Feindbilder 287 — 290, 292, 304, 328, 459, 474, 724, 737

Wahrheit, Wahrheitsanspruch 118 f., 154 f., s. auch Objektivität
Waldorfschule s. Geschichte an Waldorfschulen
Werte 239, 262, 274 f., 281 f., 284 f., 408, 535, s. auch Normen
Werturteile im Geschichtsunterricht 171, 223, 239, 260, 265, 267, 272 f., 274 — 278, 285 f., 295, 296, 308, 460, 488
Wiederholung 428 f., 442, 472
Wirtschaftsgeschichte 177 — 180
Wissen s. Historisches Wissen
Wissenschaftspropädeutik im Geschichtsunterricht 232, 246 — 249, 257 f., 543
Wissenschaftstheorie 381, 662 f., 698

Zeit, Zeitbegriff 6 f., 11 — 17, 23, 45 ff., 50 f., 93, 121, 126, 131, 162 f., 227 f., 231, 242, 315, 318, 391, 510, 523, 535, 542, 707, 764, s. auch Chronologischer Geschichtsunterricht; Periodisierung
Zeitgeschichte 197 — 201, 259, 439, 458, 672, 763, s. auch Didaktik der Zeitgeschichte
Zensuren s. Leistungsmessung und Leistungsbeurteilung
Zukunft 14 f., 23, s. auch Gegenwarts- und Zukunftsbezogenheit
Zukunftsbezogenheit s. Gegenwarts- und Zukunftsbezogenheit